Bewegung und Klasse

G. Botz · H. Hautmann
H. Konrad · J. Weidenholzer
(HRSG.)

BEWEGUNG UND KLASSE

Studien zur österreichischen Arbeitergeschichte

10 JAHRE
LUDWIG BOLTZMANN INSTITUT FÜR
GESCHICHTE DER ARBEITERBEWEGUNG

Mit einem Vorwort
von Bundesminister Dr. Hertha Firnberg

Eingeleitet von
Prof. Dr. Karl R. Stadler

Europaverlag
Wien · München · Zürich

*Veröffentlichung des Ludwig Boltzmann Instituts
für Geschichte der Arbeiterbewegung*

Herausgegeben von
o. Prof. Dr. Karl R. Stadler
Johannes-Kepler-Universität Linz

*Gefördert durch den Fonds zur Förderung der
wissenschaftlichen Forschung in Österreich
und durch das Bundesministerium
für Wissenschaft und Forschung*

Umschlag und Einband von Wilhelm Kögl

Lektorat Peter Aschner

© 1978 by den Autoren
Gesamtherstellung Europa Verlag GesmbH Wien
Printed in Austria
Satz und Druck Gutenberg Wiener Neustadt
ISBN 3-203-50693-9

Inhalt

Vorwort von Bundesminister Dr. Hertha Firnberg 11
  Karl R. Stadler
Arbeitergeschichte und Geschichte der Arbeiterbewegung in
Österreich 13

I. BIOGRAPHISCHE BEITRÄGE 19

Einleitung 21
  Josef Marschner
Ludwig Boltzmann 23
  Wolfgang Häusler
Karl Scherzer (1821–1903) und die Anfänge der österreichischen
Arbeiterbewegung im Revolutionsjahr 1848 43
  Rudolf G. Ardelt
Friedrich Adler: Probleme der Identitätsbildung 63
  Gerfried Brandstetter
Rudolf Großmann (»Pierre Ramus«). Ein österreichischer
Anarchist (1882–1942) 89
  Ernst K. Herlitzka
Josef Luitpold Stern (1886–1966) Versuch einer Würdigung 119
  Herbert Steiner
Franz Koritschoner 159
  Katalin Soós
Koloman Wallisch und die ungarische Räterepublik 175
  Hans Schafranek
Kurt Landau 193
  Reinhold Wagnleitner
Walter Wodak in London 1947 oder die Schwierigkeit, Sozialist
und Diplomat zu sein 217

II. REGIONALSTUDIEN 243

Einleitung 245
  Ernst Hanisch
Die sozialdemokratische Fraktion im Salzburger Landtag
1918–1934 247

Robert Hinteregger
Die steirische Arbeiterschaft zwischen Monarchie und
Faschismus 269

Hanns Haas
Fortschritt und Deutschtum. Kärntner sozialdemokratische
Slowenenpoltik in der Ersten Republik 297

Gerhard Oberkofler
Die Auflösung des Republikanischen Schutzbundes (1933). Eine
Initiative der Tiroler Bürokratie 329

Kurt Greussing
Vorarlberger Sozialdemokraten in der Illegalität 1934–1938 341

Wolfgang Neugebauer
Die Arbeiterbewegung in Wien im Widerstand 1934–1945 361

Willibald I. Holzer
Am Beispiel der Kampfgruppe Avantgarde/Steiermark
(1944–1945). Zu Genese und Gestalt leninistisch-maoistischer
Guerilladoktrin und ihrer Realisierungschance in Österreich 377

III. KULTUR- UND GEISTESGESCHICHTE 425

Einleitung 427

Michael Pollak
Intellektuelle Außenseiterstellung und Arbeiterbewegung: Das
Verhältnis der Psychoanalyse zur Sozialdemokratie in Österreich
zu Beginn des Jahrhunderts 429

Helge Zoitl
Bildungsarbeit der deutschen Sozialdemokratie in Österreich vor
dem Ersten Weltkrieg 449

Josef Weidenholzer
Austromarxismus und Massenkultur. Bildungs- und Kulturarbeit
der SDAP in der Ersten Republik 481

Reinhard Kannonier
Zur Entwicklung der österreichischen Arbeitermusikbewegung .. 501

Rudolf Neck
Aus den letzten Jahren des Sozialistengesetzes. Ein Pamphlet zum
90. Geburtstag Kaiser Wilhelms I. 511

Johann Dvorak/Michael Weinzierl
Wissenschaft, Erziehung und Gesellschaft während der Englischen
Revolution 1640–1660 519

Helmut Konrad
Die Sozialdemokratie und die »geistigen Arbeiter«. Von den
Anfängen bis nach dem Ersten Weltkrieg 545

Gernot Heiß
Zur antimilitaristischen Taktik der österreichischen
Sozialdemokratie vor dem Ersten Weltkrieg. Die Diskussion auf
dem Gesamtparteitag von 1903 561

Melanie A. Sully
Social Democracy in Britain and Austria 581

IV. SOZIALGESCHICHTE 593

Einleitung 595

Helene Maimann
Bemerkungen zu einer Geschichte des Arbeiteralltags 599

Ulrich Kluge
Agrarpolitik und Agrarkrise 1918 bis 1933. Möglichkeiten und
Grenzen agrarhistorischer Forschung in Österreich und
Deutschland 629

Edith Saurer
Steuerwiderstand und Strafe. Schmuggel in Österreich im
Vormärz und im Neoabsolutismus 647

Hans Hautmann
Hunger ist ein schlechter Koch. Die Ernährungslage der
österreichischen Arbeiter im Ersten Weltkrieg 661

Peter Feldbauer/Wolfgang Hösl
Die Wohnverhältnisse der Wiener Unterschichten und die
Anfänge des genossenschaftlichen Wohn- und Siedlungswesens .. 683

Robert Hoffmann
Entproletarisierung durch Siedlung? Die Siedlungsbewegung in
Österreich 1918 bis 1938 713

John Bunzl
Arbeiterbewegung, »Judenfrage« und Antisemitismus. Am
Beispiel des Wiener Bezirks Leopoldstadt 743

Bernd T. Marin
Antisemitismus unter Arbeitern? Einige Daten und Thesen zum
»Klassencharakter« des nachfaschistischen Antisemitismus in
Österreich 765

Everhard Holtmann
Thesen zur gewerkschaftlichen Politik in der Übergangsperiode
von der Demokratie zur Diktatur 791

Gerhard Botz
Streik in Österreich 1918 bis 1975. Probleme und Ergebnisse
einer quantitativen Analyse 807

Die Autoren der Festschrift 833

BERTOLT BRECHT

FRAGEN EINES LESENDEN ARBEITERS

Wer baute das siebentorige Theben?
In den Büchern stehen die Namen von Königen.
Haben die Könige die Felsbrocken herbeigeschleppt?
Und das mehrmals zerstörte Babylon –
Wer baute es so viele Male auf? In welchen Häusern
Des goldstrahlenden Lima wohnten die Bauleute?
Wohin gingen an dem Abend, wo die Chinesische Mauer fertig war,
Die Maurer? Das große Rom
Ist voll von Triumphbögen. Wer errichtete sie? Über wen
Triumphierten die Cäsaren? Hatte das vielbesungene Byzanz
Nur Paläste für seine Bewohner? Selbst in dem sagenhaften Atlantis
Brüllten in der Nacht, wo das Meer es verschlang,
Die Ersaufenden nach ihren Sklaven.
Der junge Alexander eroberte Indien.
Er allein?
Cäsar schlug die Gallier.
Hatte er nicht wenigstens einen Koch bei sich?
Philipp von Spanien weinte, als seine Flotte
Untergegangen war. Weinte sonst niemand?
Friedrich der Zweite siegte im Siebenjährigen Krieg. Wer
Siegte außer ihm?
Jede Seite ein Sieg.
Wer kochte den Siegesschmaus?
Alle zehn Jahre ein großer Mann.
Wer bezahlte die Spesen?
So viele Berichte.
So viele Fragen.

Vorwort

Mit besonderer Freude übermittle ich dem Ludwig-Boltzmann-Institut für Geschichte der Arbeiterbewegung anläßlich seines zehnjährigen Bestandes meine Glückwünsche zu dem Jahrzehnt fruchtbarer, umfassender und weitgespannter wissenschaftlicher Arbeit. Nicht nur die vorliegende Festschrift des Institutes, sondern auch zahlreiche Publikationen haben die Gründung dieses Forschungsinstitutes an der Universität Linz voll gerechtfertigt.

Es ist dem Ludwig-Boltzmann-Institut für Geschichte der Arbeiterbewegung in den letzten Jahren nicht nur gelungen, über die Universität Linz hinaus – in Verbindung mit dem Projektteam Geschichte der Arbeiterbewegung im Bundesministerium für Wissenschaft und Forschung – zahlreiche Arbeiten anzuregen und Lücken in der bisherigen historischen Forschung aufzuzeigen, sondern auch manche dieser Lücken zu füllen. Es wurden Brücken zur Soziologie, Politikwissenschaft, Ökonomie und Statistik geschlagen, um nach Möglichkeit ein Gesamtbild einzelner Ereignisse oder ganzer Epochen, in denen die österreichische Arbeiterbewegung eine entscheidende Rolle spielte, zu erhalten. Neue Quellen wurden erschlossen und herangezogen, Randbereiche, insbesondere auch des Arbeiterbildungsbereiches, in Konnex gesetzt. Nicht unerwähnt bleiben sollen die zahlreichen, bisher schmerzlich vermißten biographischen Beiträge.

Erfreulich ist auch die Tatsache, daß sich vor allem jüngere Sozialwissenschafter zunehmend mit der Geschichte der Arbeiterbewegung auseinandersetzen und deren Methode in die anderen sozialwissenschaftlichen Disziplinen hineintragen. Sie folgen damit einer Konzeption sozialwissenschaftlicher Forschung, die das Leben der Menschen als gesellschaftliche Dimension und den Prozeß ihrer Auseinandersetzung mit der Natur als Einheit zu begreifen bemüht ist. Es wäre wünschenswert, wenn diese Art sozialgeschichtlicher Forschung auch in der Lehrerausbildung ihren Niederschlag finden könnte, um einen möglichst großen Kreis von jungen Menschen mit diesen Fragen zu konfrontieren.

Besonderes Verdienst hat sich das Ludwig-Boltzmann-Institut für Geschichte der Arbeiterbewegung auch durch die stetige und intensive Förderung des wissenschaftlichen Nachwuchses erworben.

Das Ludwig-Boltzmann-Institut für Geschichte der Arbeiterbewegung hat in der Entwicklung der Sozialgeschichte, ja der Sozialwissenschaften Österreichs eine Pionierrolle eingenommen, für die ich seinem Leiter, Herrn Univ.-Prof. Karl R. Stadler, sowie seinen Mitarbeitern herzlich danken möchte.

DR. HERTHA FIRNBERG
BUNDESMINISTER
FÜR WISSENSCHAFT UND FORSCHUNG

Karl R. Stadler
Arbeitergeschichte und Geschichte der Arbeiterbewegung in Österreich

> Nun brauche ich Ihnen nicht zu sagen, daß das Gebiet der Sozialwissenschaften in Österreich relativ jung ist, sich nach sehr hoffnungsvollen Ansätzen in den dreißiger Jahren erst in den sechziger Jahren wieder zu entfalten begann und seit 1970 der Nachholbedarf etwas beschleunigt aufgeholt wird. Das gilt für die Soziologie, für die Politologie, für die Sozialpsychologie und die Sozialpsychiatrie sowohl an den Universitäten als auch in außeruniversitären Instituten[1].

Diese Feststellung der Frau Bundesminister für Wissenschaft und Forschung in ihrer Ansprache vor der Generalversammlung der Österreichischen Gesellschaft für Soziologie am 18. Juni 1977 trifft vollinhaltlich auf die Geschichtsschreibung der Arbeiterbewegung zu, die sich ebenfalls erst in der letzten Zeit im Wissenschaftsbetrieb durchsetzen konnte. Gerade auf diesem Gebiet ist der Nachholbedarf in Österreich ganz besonders augenscheinlich, wenn man unser Land mit anderen Staaten und Kulturkreisen vergleicht. In den angelsächsischen Ländern mit ihrer gefestigten Tradition der sozial- und wirtschaftsgeschichtlichen Studien war es naheliegend, die Arbeiterbewegung in die historische Betrachtung einzubeziehen. In Frankreich war es der von der Französischen Revolution ausgehende Anstoß, der zu immer neuer Beschäftigung mit den sozialen Bewegungen anregte. Die einzigartige organisatorische Stärke der deutschen Arbeiterbewegung fand ihren Niederschlag in einem außerordentlich umfangreichen theoretischen und historischen Schrifttum, während in der kommunistischen Welt seit 1917 das Studium der Geschichte und der Ideologie der Arbeiterbewegung integraler Bestandteil des Wissenschafts- und Ausbildungssystems geworden ist.

In Österreich hingegen finden wir eine andere Situation vor: trotz des reichen Erbes an klassischen Schriften und Geschichtswerken aus der Schule des Austromarxismus ist die Thematik Arbeiterbewegung nie systematisch und institutionell in den Wissenschaftsbetrieb eingedrungen. Das mag sowohl an der Personalpolitik gelegen sein als auch

an dem Vorurteil, welches das Anliegen der Arbeiterschaft als
»parteipolitisch« abtat, im Gegensatz zu der »staatspolitischen« Rolle
von Hof, Regierung und Bürgertum. Robert A. Kann hat es in einem
geistvollen Essay, der von der Zeit vor hundert Jahren handelt, aber
von überraschender Aktualität ist, folgendermaßen formuliert:

> Unpolitisch war danach nämlich implicite, was das bestehende System
> stützte, politisch alles, was das System über den rein fachlichen, sozusagen
> technischen Bereich hinaus in entscheidenden Punkten reformieren könnte.
> Anders ausgedrückt, könnte man auch sagen, *quieta non moveri* ist
> unpolitisch, Bewegung über einen gewissen Punkt hinaus ist im Sinne des
> Systems der altösterreichischen Exekutive politisch[2].

Wir beginnen zwar, diese Einstellung in der Praxis zu überwinden,
aber der Nachholbedarf ist immer noch beträchtlich. Der wachsende
Einfluß der Gesellschaftswissenschaften hat sich auch in unserem
Bereich fühlbar gemacht, wie das Angebot an relevanten Lehrveranstaltungen zeigt, während die Studentenbewegung der späten sechziger
und frühen siebziger Jahre, deren Auswirkungen, zwar abgeschwächt,
auch in Österreich spürbar waren, immer mehr Studierende dazu
veranlaßt, sich von ihrer Fächerwahl her mit gesellschaftskritischen
Fragestellungen zu befassen:

> Vor allem die theoretische Auseinandersetzung mit der Organisations- und
> Parteifrage, mit den strategischen Konzepten der Arbeiterbewegung, ihren
> ökonomischen und politischen Kämpfen, der Versuch, die Klassiker des
> Sozialismus aufzuarbeiten, all das veranlaßte eine steigende Anzahl von
> Studenten, ihre ersten größeren Untersuchungen – Diplomarbeiten und
> Dissertationen – Problemen der Geschichte der Arbeiterklasse und ihren
> Organisationen zu widmen,

schreibt Helene Maimann in der Einleitung zu dem von ihr herausgegebenen Verzeichnis aller einschlägigen österreichischen Dissertationen und Diplomarbeiten zwischen 1918 und 1978. Die Auswahlkriterien für diese Bibliographie werden wie folgt definiert:

> Eine heute erstellte Bibliographie zu »Arbeitergeschichte und Arbeiterbewegung« muß sich an den in den letzten Jahrzehnten eingetretenen
> subjektiven und objektiven Veränderungen der Lebens- und Arbeitsbedingungen des Arbeiters, bzw. der Arbeiterbewegung orientieren. Der heute
> bereits allgemein anerkannte Ansatz, daß »Arbeiterbewegung« nicht mehr
> nur organisations- und ideengeschichtlich zu fassen ist, bewog die Bearbeiter des vorliegenden Verzeichnisses, alle jene Dissertationen bzw. Diplomarbeiten, die sich mit den sozialen, wirtschaftlichen und politischen Bedin-

gungen des Arbeiterdaseins beschäftigen, ebenso aufzunehmen wie Untersuchungen über die Organisation und Ideengeschichte der Arbeiterorganisationen: dieses Konzept entspricht der heute notwendigen Ausweitung der traditionellen Historiographie der Arbeiter*bewegung,* in der methodisch Nachfolgeformen des Historismus überwiegen, zu einer Historiographie der Arbeiter*klasse,* die sich an sozialwissenschaftlichen Fragestellungen orientiert[3].

Längst nicht mehr beherrschen die Vertreter der historischen und politikwissenschaftlichen Disziplinen allein das Feld: Studenten der Philosophie, der Soziologie, der Staats- und Wirtschaftswissenschaften, der Literatur- und Theaterwissenschaften, der Pädagogik und der Kunstgeschichte greifen wichtige Forschungslücken auf.

Auch das Ludwig-Boltzmann-Institut für Geschichte der Arbeiterbewegung ist von Anbeginn von einer sozialwissenschaftlichen Fragestellung ausgegangen, was sich in seinen Publikationen und den von ihm unterstützten Forschungsvorhaben ausdrückt. Seit wir im Jahre 1972 mit der Veröffentlichung einer Schriftenreihe begannen, galt für diese folgende Grundsatzerklärung:

> Die Schriftenreihe des Ludwig-Boltzmann-Instituts für Geschichte der Arbeiterbewegung legt ihren Schwerpunkt auf jenen Teil der politischen und der Sozialgeschichte, auf den schon ihr Titel hinweist. Anders als die traditionelle Geschichtsschreibung hierzulande, von der die Sozialgeschichte im allgemeinen und die Arbeiterbewegung im besonderen eher vernachlässigt worden sind, wollen die Beiträge zu dieser Reihe nicht in den gegenteiligen Fehler einer isolierten Behandlung der Arbeiterbewegung verfallen. Deren Geschichte und Problematik lassen sich nicht in formale Wissenschaftskategorien zwängen, sondern erfordern in Wahrheit ein interdisziplinäres Studium, in dem Historiker mit Nationalökonomen, Soziologen wie Politologen und Staatsrechtlern zusammenwirken müssen[4].

Dies ergibt für unsere Arbeit ein Instrumentarium, das durch die stärkere Betonung von kollektiven Faktoren in Wirtschaft und Gesellschaft die Geschichtswissenschaft zu einer Sozialwissenschaft macht, die zwar von der Zeitdimension ausgeht, aber die Gesamtheit der gesellschaftlichen Bezüge mitberücksichtigt. Da der Historiker der Arbeiterbewegung nicht alle – oder selbst viele – der anderen Sozialwissenschaften meistern kann, ergibt sich naturgemäß die Notwendigkeit einer Teamarbeit, das Abwägen und Abstimmen der einzelnen Elemente in der Darstellung von Ereignissen, Persönlichkeiten und Entwicklungsgängen. Diese Interdisziplinarität setzt sich allmählich durch und erscheint auch in der Vielfalt der Arbeiten in diesem Bande.

Wir haben bereits im Titel *Bewegung und Klasse* ausgedrückt, daß wir nicht mehr allein die *Organisationen* der Arbeiterklasse in unsere Betrachtung aufnehmen, seien sie nun politischer, gewerkschaftlicher, genossenschaftlicher oder kultureller Art, sondern die Entstehung und Entwicklung der Klasse an sich, ihre Lebensbedingungen und Wirkung auf die gesamtgesellschaftliche Szene einbeziehen. Neben die bereits etablierte »Geschichte der Arbeiterbewegung« tritt als neuer Begriff »Arbeitergeschichte«, die durch ihre Verknüpfung mit den Bewegungen der Arbeiterklasse über bloße Sozialgeschichte, d. h. die Darstellung der Arbeits- und Lebensbedingungen der niederen Schichten, hinausgeht und sich bis in die geistigen und kulturellen Bereiche erstreckt. Dadurch auch wird es uns erleichtert, jene Praxis zu überwinden, vor der uns der allzufrüh verstorbene Amerikaner Robert Wheeler gewarnt hat: daß wir nämlich als Folge einer individualistisch-humanistischen oder elitären Tradition die Arbeiterbewegung von der Spitze her, »von oben«, studieren, Persönlichkeiten, Programme und Ideologien überbewerten und die Basis vernachlässigen oder gar ignorieren. Wheelers Appell, mit Hilfe quantitativer Untersuchungen systematisch und nicht nur impressionistisch an die Massenbasis der Arbeiterbewegung heranzukommen, steht im großen und ganzen als Aufgabe noch immer vor uns[5].

Das heißt allerdings nicht, daß der historische Aspekt im engeren Sinn nicht ein unerläßliches Gerüst für unsere Arbeit darstellt. Wir haben deshalb in dem vorliegenden Buch Beiträge aus folgenden vier Bereichen aufgenommen: Biographien; Regionalgeschichte; Kultur- und Geistesgeschichte; und Sozialgeschichte. Diese Beiträge stehen in keinem äußeren Zusammenhang, sondern dokumentieren nur die Interessenschwerpunkte der Autoren, die zum überwiegenden Teil von Angehörigen des akademischen Mittelbaus, jüngeren Wissenschaftlern aus verschiedenen Universitäten des In- und Auslandes stammen. Die Ausnahmen sind die Vertreter jener Organisationen, die im *Projektteam Geschichte der Arbeiterbewegung* des Bundesministeriums für Wissenschaft und Forschung mit Universitätslehrern, Archivaren und Bibliothekaren zusammenwirken.

Diese sind der *Verein für Geschichte der Arbeiterbewegung,* der vor allem das Schriftgut der österreichischen Sozialdemokratie verwaltet, der Verein *Internationale Tagung der Historiker der Arbeiterbewegung,* der alljährlich seit 1965 wissenschaftliche Konferenzen in Linz durchführt, und das *Dokumentationsarchiv des österreichischen Widerstands,* in dem Materialien zur Arbeiterbewegung einen führenden Platz einnehmen. Ihnen folgte 1968 unser *Ludwig-Boltzmann-Institut für Geschichte der Arbeiterbewegung,* das selbst im Universitätsbereich verankert ist und sich daher der Förderung der universitären Forschungs- und Lehrtätigkeit zu Fragen der Arbeiterbewegung widmen kann. Als Koordinationsstelle zwischen privaten Vereinen und staatlichen Einrichtungen, akademischen Lehrern und Archivaren hat sich nun das 1973 auf Anregung der Frau Bundesminister geschaffene Projektteam vollauf bewährt[6].

Zum zehnjährigen Bestand unseres Instituts und als Zeichen des wachsenden Interesses junger Wissenschaftler verschiedener Disziplinen an unserer Thematik legen wir diesen Band der Öffentlichkeit vor, in der Hoffnung, daß er zu weiteren Arbeiten in diesem Bereich anregen möge.

ANMERKUNGEN

1 Hertha Firnberg, *Zur Rolle der Sozialwissenschaften in der österreichischen Wissenschaftspolitik: Das Anwendungsdefizit der Soziologie,* Österreichische Zeitschrift für Soziologie 1/1978, S. 5
2 Robert A. Kann, *Hochschule und Politik im österreichischen Verfassungsstaat (1867 bis 1918),* in: *Geschichte und Gesellschaft.* Festschrift für Karl R. Stadler zum 60. Geburtstag (Hrsg. Gerhard Botz, Hans Hautmann und Helmut Konrad), Wien 1974, S. 510
3 Einleitung zu: *Arbeitergeschichte und Arbeiterbewegung. Dissertationen und Diplomarbeiten in Österreich 1918–1978,* hrsg. von Helene Maimann unter Mitarbeit von Roswitha Böhm, Wien 1978.
4 Schriftenreihe des Ludwig-Boltzmann-Instituts für Geschichte der Arbeiterbewegung, Nummern 1 bis 7, Wien 1972 bis 1978, Umschlagtext.
5 Robert Wheeler, *Quantitative Methoden und die Geschichte der Arbeiterbewegung: Möglichkeiten und Grenzen,* in: *Internationale Tagung der Historiker der Arbeiterbewegung* (»IX. Linzer Konferenz«), Linz, 11. bis 15. September 1973, Tagungsberichte, Band 7. Bearbeitet von Helmut Konrad, Wien 1975, S. 296
6 Für Details vergl. Karl R. Stadler, *Problematik und neue Impulse in der Geschichtsschreibung der Arbeiterbewegung,* in: *Wissenschaft und Weltbild..* Festschrift für Hertha Firnberg, hrsg. von Wolf Frühauf, Wien 1975, S 394–6.

I.
Biographische Beiträge

Einleitung

Die Abteilung »Biographische Beiträge« enthält insgesamt neun Aufsätze über Persönlichkeiten, die in der Geschichte der österreichischen Arbeiterbewegung eine (mehr oder weniger bedeutsame) Rolle spielten. Der zeitliche Bogen spannt sich vom Revolutionsjahr 1848 bis in die ersten Jahre nach dem Zweiten Weltkrieg. Ein Teil der Beiträge stellt Männer vor, deren Namen man zwar »schon irgendwann einmal gehört hat«, deren Wirken aber selbst dem Fachhistoriker bisher so gut wie unbekannt geblieben ist. Ein anderer Teil behandelt Persönlichkeiten, die zwar allgemein bekannt sind und über die bereits des öfteren geschrieben wurde, deren Biographien aber noch immer Forschungslücken aufweisen. Die Autoren dieser Aufsätze waren bemüht, gerade die unbekannten Episoden im Lebenslauf aufzuhellen und damit zur Abrundung des jeweiligen Persönlichkeitsbildes einen nützlichen Beitrag zu leisten. An der Spitze unserer Abteilung steht ein Artikel über Ludwig Boltzmann. Er fällt zwar thematisch aus dem Rahmen und hat weder direkt noch indirekt mit »Geschichte der Arbeiterbewegung« zu tun, wurde aber von den Herausgebern gewünscht, um jenen Mann vorzustellen und zu ehren, der den Forschungsinstituten der Ludwig-Boltzmann-Gesellschaft seinen Namen gegeben hat.

In einer Zeit, da die traditionelle Geschichtsschreibung im Sinne des bürgerlichen Historismus mit Recht immer mehr kritisiert wird, da neue Methoden und neue Fragestellungen in soziologischer, sozialstatistischer, quantifizierender, sozial- und strukturgeschichtlicher Richtung notwendig werden, mag die Beschäftigung mit der Einzelpersönlichkeit, die »Lebensbeschreibung« im klassischen Sinn, veraltet und hausbacken scheinen. In der Geschichte wirken jedoch nicht nur und nicht allein allgemeine objektive, vom Willen und Bewußtsein der Menschen unabhängige Ursachen, Umstände, Notwendigkeiten und Kategorien wie etwa ökonomische und gesellschaftliche Strukturen (Substrate, bei deren Untersuchung man von der Rolle der Persönlichkeit weitgehend abstrahieren kann), sondern auch Zufälle, *konkrete* historische Ereignisse, die von Einzelursachen, also handelnden Menschen, abhängig sind. Die Erforschung historischer Persönlichkeiten bleibt, sofern man ihre Rolle nicht voluntaristisch überbewertet, sondern sie im Zusammenklang mit und in ihrer Abhängigkeit von der allgemeinen geschichtlichen Entwicklung betrachtet, eine unabdingbare Aufgabe. Faktoren wie Klugheit, Weitblick oder umgekehrt Unfähigkeit und Kurzsichtigkeit derer, die historisch wirken, nicht zu berücksichtigen, sie als irrelevant beiseite schieben zu wollen, würde bedeuten, die lebendige konkrete Geschichte blutleer zu machen und ihr einen fatalistischen, mystischen Charakter zu geben.

Hans Hautmann

Josef Marschner

Ludwig Boltzmann

Das Institut für Geschichte der Arbeiterbewegung feiert in diesem Jahr sein zehnjähriges Bestehen. Es trägt in seinem vollständigen Titel den Namen des bedeutendsten österreichischen Physikers, wie alle Forschungsinstitute, die von der im Jahre 1960 gegründeten Ludwig-Boltzmann-Gesellschaft ins Leben gerufen worden sind. Diese Gesellschaft, ein gemeinnütziger Verein zur Förderung der wissenschaftlichen Forschung in Österreich, ehrt so einen Pionier der modernen Naturwissenschaft. Die folgenden Ausführungen[1] haben den Zweck, Leben und Werk dieses Mannes darzustellen, wobei auch für Nichtphysiker die Leistungen Boltzmanns erhellt werden sollen.

Biographisches

Am 20. Februar 1844 wurde Ludwig Eduard Boltzmann in Wien geboren. Der Vater, k. k. »Cameral-Concipist«, starb frühzeitig als Finanzkommissär in Linz. Sein Sohn Ludwig war zu dieser Zeit ein fünfzehnjähriger Gymnasiast. Die Witwe blieb mit den Kindern (Ludwig, dem um zwei Jahre jüngeren Albert und der wesentlich jüngeren Tochter Hedwig) in Linz, wo Ludwig das Gymnasium absolvierte, während der jüngere Bruder noch als Mittelschüler verstarb.

G. Jäger berichtet, daß der junge Boltzmann ein fleißiger Schüler gewesen sei, immer bestrebt, Klassenbester zu sein. In der Mittelschule trat besonders sein Hang zu den Naturwissenschaften hervor. Durch eigenen Fleiß gelangte er zu einem großen Herbarium. Auch Käfer und Schmetterlinge sammelte er. Diese Vorliebe trat später in verstärktem Maße wieder hervor, als er schon Professor der Experimentalphysik in Graz war. Er legte sich dort eine große Sammlung von Schmetterlingen an, die er alle selbst fing und präparierte, zum Teil auch aus Raupen zog. Auch der Botanik blieb er treu und galt selbst bei Fachleuten als großer Pflanzenkenner.

Nachdem er im Jahre 1863 die Reifeprüfung am Linzer Gymnasium abgelegt hatte, ging er an die Wiener Universität, wo er sich dem Studium der Mathematik und der Physik widmete. Der Mathematiker Petzval, der Physiker v. Ettinghausen, insbesondere aber Stefan waren hier seine Lehrer. Daß er letzteren sehr schätzte, zeigt der Nachruf, den er seinem Lehrer hielt, als dessen Denkmal an der Wiener Universität enthüllt wurde. Wie nahe der Umgang des Lehrers mit dem Schüler gewesen sein mag, geht aus Boltzmanns folgenden Worten hervor: »Als ich (noch Universitätsstudent) in vertrauten Umgang mit Stefan trat, war sein erstes, daß er mir Maxwells Abhandlungen in die Hand gab, und da ich damals kein Wort Englisch verstand, noch eine englische Grammatik dazu; ein Lexikon hatte ich von meinem Vater überkommen.« Auf diese Weise lernte Boltzmann anhand der Maxwellschen Arbeiten Englisch, das er später so gut beherrschte, daß er seine Vorlesungen in Amerika in dieser Sprache halten konnte.

Mit der französischen Sprache wurde Boltzmann schon von Jugend auf vertraut gemacht. Auch im Italienischen, das Boltzmann fließend las, konnte er sich mündlich verständigen. Von ihm rührt die Übersetzung der in der Ostwaldschen Bibliothek naturwissenschaftlicher Klassiker erschienenen englischen Schrift Maxwells über Kraftlinien her.

1866 promovierte Boltzmann zum Doktor der Philosophie. Ein Jahr später legte er die Prüfung für das Lehramt an Mittelschulen aus Mathematik und Physik ab. Im selben Jahr (1867) habilitierte er sich an der Wiener Universität als Privatdozent und wurde gleichzeitig Stefans Assistent am physikalischen Institut[2].

1869 wurde Boltzmann als ordentlicher Professor für mathematische Physik nach Graz berufen, also bereits im Alter von fünfundzwanzig Jahren. In den Jahren 1870 und 1871 arbeitete er in Heidelberg bei Bunsen und dem Mathematiker Königsberger, in Berlin bei Kirchhoff und Helmholtz. 1873 erfolgt die Berufung als ordentlicher Professor der Mathematik nach Wien. (Daraus wird ersichtlich, wie sehr Boltzmann auch mit der Mathematik vertraut war.) Drei Jahre später übernahm er die Leitung des physikalischen Instituts der Universität Graz, wo er die Vorlesungen über Experimentalphysik hielt. Im gleichen Jahr verheiratete er sich mit einer Grazerin, Henriette von Aigentler. In Graz, wo Boltzmann vierzehn Jahre lang wirkte, war er bereits ein Physiker von internationalem Ruf, der auch Studierende aus dem Ausland anzog, wie S. Arrhenius und W. Nernst.

Der Hofratstitel, der 1889 Boltzmann verliehen wurde, war damals noch eine große Auszeichnung für Universitätsprofessoren. Selbst der Titel eines Regierungsrates, den er schon 1881 erhalten hatte, galt noch als eine Ehrung für Professoren an Provinzuniversitäten.

Eine große Genugtuung für ihn muß 1890 seine Berufung nach München als Professor für theoretische Physik gewesen sein. Jetzt erst war er eigentlich in einer seinem Wesen entsprechenden Stellung.

Doch mag der Abschied von Graz ihm nicht leicht gefallen sein, da er dort mit seiner Familie eine glückliche Zeit verbracht hatte[3]. Als Stefan im Jahr 1894 starb, folgte Boltzmann erneut einem Ruf an die Universität Wien, wo er als Stefans Nachfolger Professor für theoretische Physik wurde. Hier blieb er mit einer Unterbrechung (1900 bis 1902), die er an der Universität Leipzig verbrachte, bis zu seinem Tod am 5. September 1906.

Nach dem Tod von Ernst Mach, der an der Wiener Universität Vorlesungen über Naturphilosophie hielt, erfuhr Boltzmanns Lehrauftrag 1903 noch eine Erweiterung. Er hielt wöchentlich eine dreistündige Vorlesung über Fragen der Philosophie.

Boltzmann hielt sich zweimal in den USA auf. 1899 trug er an der Universität Worcester, Massachusetts, vor, und 1905 hielt er 30 Vorträge an der damals schon renommierten University of California in Berkeley. (Bei dieser Gelegenheit schrieb er auch einen humorvollen Reisebericht, den er *Reise eines deutschen Professors ins Eldorado* betitelte.) Boltzmanns Größe und Leistungen wurden schon zu seinen Lebzeiten anerkannt. Er erhielt zahlreiche Einladungen zu Gastvorträgen, wurde im In- und Ausland gewürdigt und zum Mitglied bedeutender Akademien gewählt[4].

Über die letzten Lebensjahre berichtet G. Jäger:

> Um Boltzmanns sechzigsten Geburtstag (1904) würdig zu feiern, taten sich alle Physiker der Welt zusammen und schufen die »Boltzmannfestschrift«. Eine umfang- und inhaltsreiche Schöpfung, bietet sie zugleich in einzelnen Abhandlungen für den physikalisch gebildeten Leser ein Dokument des damaligen Standes der gesamten Physik. Die Wiener Physiker überreichten dem Jubilar an seinem Geburtstag in seiner Wohnung die künstlerisch ausgestattete Festgabe und feierten ihn am Abend desselben Tages bei einem Festbankett.

Damals zeigte sich Boltzmann wahrscheinlich zum letztenmal als geselliger, humorvoller Mensch. Mehr und mehr fiel er in Depressionen. Neben asthmatischen Erscheinungen quälten ihn schmerzvolle Anfälle von Angina pectoris. Am 5. September 1906 schied Boltzmann in Duino bei Triest freiwillig aus dem Leben[5].

Der Mensch

Übereinstimmend beurteilen Schüler, Freunde und Biographen Boltzmann als gütigen, toleranten Menschen.

Aus Boltzmanns menschlichen Eigenschaften sticht besonders seine große Güte hervor. Es ist nicht bekannt, daß bei ihm, wenigstens in seiner letzten Wiener Zeit, je ein Kandidat bei der Prüfung durchgefallen wäre. Den jüngeren wissenschaftlichen Arbeitern stand er jederzeit mit Rat und Tat zur Seite[6].

Seine Schülerin Lise Meitner sagte von ihm:

Sein Verhältnis zu den Studenten war sehr menschlich betont. Er hat sich sicher jeden, der etwa beim Semesterabschluß bei ihm kolloquierte, nicht nur auf sein physikalisches Können angesehen, sondern auch versucht, hinter seine allgemeinen Charaktereigenschaften zu kommen. Äußere Formen haben ihm gar nichts bedeutet, und er hat keine Scheu gehabt, gefühlsbetonte Worte zu gebrauchen. Die paar Studenten, die an dem fortgeschrittenen Seminar teilnahmen, hat er von Zeit zu Zeit in sein Haus eingeladen: Dann hat er uns vorgespielt – er war ein sehr guter Klavierspieler – und allerlei persönliche Erlebnisse erzählt[7].

Seine Hörer erlebten in ihm einen »geborenen akademischen Lehrer[8]«. Er bereitete alle Vorlesungsexperimente mit den Assistenten aufs gründlichste vor, er entfernte alles dekorative Beiwerk, wollte jeden Hörer zum vollen und klaren Verständnis der Wahrheit führen. Er suchte in der Vorlesung den engagierten menschlichen Kontakt zu den Studenten. So heißt es in den Schlußworten zu seiner zweiten Antrittsvorlesung *Über die Prinzipien der Mechanik* (Wien 1902):

... Heute wollte ich Ihnen vielmehr nur ein Geringes bieten, für mich freilich auch wiederum alles, was ich habe, mich selbst, meine ganze Denk- und Empfindungsweise ... Ebenso werde ich auch im Verlauf der Vorlesungen von Ihnen gar mannigfaltiges fordern müssen: angestrengte Aufmerksamkeit, eisernen Fleiß, unermüdliche Willenskraft. Aber verzeihen Sie mir, wenn ich, ehe ich an dieses alles gehe, Sie für mich um etwas bitte, woran mir am meisten gelegen ist, um Ihr Vertrauen, Ihre Zuneigung, Ihre Liebe, mit einem Wort, um das Höchste, was Sie zu geben vermögen, Sie selbst.

Boltzmanns klares Urteil, intellektuelle Redlichkeit und theoretische Kapazität[9], gepaart mit seiner menschlichen, demokratischen Einstellung gegenüber allen Studierenden, sicherte ihm große Bekanntheit und Beliebtheit. Bei seiner Antrittsvorlesung über Naturphilosophie betrug die Höhrerzahl sechshundert[10]!

Unter Boltzmanns menschlichen Eigenschaften soll auch sein Interesse an der Musik erwähnt werden. Er »war ein vorzüglicher Klavierspieler. Mit seinem Sohn, der die Violine spielte, musizierte er viel gemeinschaftlich. Eines Tages fand nun der Vater, daß ihn der Sohn überholen könnte. Er nahm deshalb neuerdings Klavierstunden und hat sich noch in höheren Jahren im Klavierspiel bedeutend vervollkommnet. Er spielte zum Beispiel die Beethovenschen Symphonien in der Bearbeitung von Liszt für Klavier zu zwei Händen. In der Hofoper hatte Boltzmanns Familie durch viele Jahre zwei Stammsitze. Er war auch ein großer Freund der philharmonischen Konzerte. Damit war Boltzmanns Vorliebe für die Kunst noch nicht erschöpft. Die klassische Literatur besaß in ihm einen begeisterten Verehrer. Seinen Schiller kannte er fast auswendig«, vermerkt Jäger in seiner biographischen Darstellung[11].

Wenig Hinweise findet man auf Boltzmanns politische Haltung: Zunächst galt sein Interesse der Wissenschaft, an der er mit Leidenschaft und Hingabe an die Sache arbeitete. Dennoch war Boltzmann nicht der Typus des »weltfremden« Gelehrten. Stand die Wahl aber zwischen der Verfolgung materieller Interessen und der Suche nach Erkenntnis, so entschied sich Boltzmann für letztere. In seinem Nachruf auf Loschmidt erzählte er:

> Ein österreichischer Staatsmann machte sich einmal mir gegenüber über die Einseitigkeit der deutschen und speziell der österreichischen Gelehrten lustig. Er führte das bekannte Beispiel des Sinologen Pfitzmaier an, der anno 1870 vom Deutsch-Französischen Kriege erst durch die Lektüre einer chinesischen Zeitung Kenntnis erhalten haben soll. Ich weiß nicht, ob das wahr ist, aber wenn, so hatte Pfitzmaier einen großen Vorgänger in Archimedes, der auch, in seine Kreise vertieft, die Eroberung von Syrakus überhörte. Gewiß, wir werden dies in unserem Interesse bedauern. Große Männer sollten auch im öffentlichen Leben nicht feiern. Aber gerade gegenwärtig, wo mehr denn je jede Partei nur für materielle Interessen kämpft, tut die ideale Gestalt eines Mannes wohl, der seine materiellen Interessen vergißt; und so soll uns die Erinnerung an solche Männer stählen im Kampfe, der heutzutage ausschließlicher denn je auf den Schultern der Männer der Kunst und Wissenschaft ruht, in dem Kampf für das Ideale[12]!

Neben dem Wunsch, für seine wissenschaftlichen Auffassungen und Ziele die Menschen zu begeistern, war es Boltzmanns Bemühen, an sich und andere moralische Anforderungen zu stellen. Jedoch war, wie Broda meint, der gesellschaftliche Standort Boltzmanns nicht immer geeignet, Zusammenhänge bis zum letzten Ende zu verfolgen oder gar praktisch kompromißlos zu handeln:

> Die geistige Lage Boltzmanns war insofern schwierig, als er bürgerlicher Abkunft war, stets in günstigen materiellen Verhältnissen lebte und das

armselige Leben der Ausgebeuteten und Entrechteten, etwa der Industriearbeiter seiner Zeit, nicht kannte. Mit dem Sozialismus kam er, soweit wir wissen, niemals auch nur in entfernte Berührung[13].

Jäger sagt von ihm, er »war ein kaisertreuer Bürger, ein gut deutsch gesinnter Mann. Seine große Verehrung des Deutschtums gipfelte in der Bewunderung Bismarcks und Moltkes[14]«.
Sicherlich wird man Boltzmanns politischer Einstellung damit allein noch nicht gerecht. Boltzmann sah sich auch als Republikaner und Demokraten. Broda konstatiert leise, auf Selbstanalyse beruhende Ironie, wenn Boltzmann im *Antrittsvortrag zur Naturphilosophie* davon spricht, daß »man einen alten Demokraten zum Hofrat ernennt, damit er vollends aus einem Saulus zum Paulus werde[15]«. Boltzmanns Weltoffenheit und seine Bereitschaft zur Toleranz anderer verurteilte die Krawalle nationalistischer Studenten an der Wiener Universität, welche die vom Ministerpräsidenten Grafen Badeni angestrebte Versöhnung mit den Tschechen vereiteln wollten[16]. Unterdrückung sei Boltzmann überhaupt zuwider gewesen, und so war es auch natürlich, daß er republikanische Gedanken hegte. Mit Wohlgefallen zitierte er in seiner amerikanischen Reisebeschreibung Schiller: »Noch ein paar tausend solcher Kerle wie ich, und aus Deutschland soll eine Republik werden, gegen die Rom und Sparta Nonnenklöster waren ... Die Freiheit brütet Kolosse aus[17].« So erklärt sich eine andere Aussage aus Boltzmanns Weltanschauung – einer Verbindung von mechanischem Materialismus und den Gedanken Darwins[18], wenn er in seiner Leipziger Antrittsvorlesung »über die Prinzipien der Mechanik« feststellt:

> Die begeisterte Freiheitsliebe eines Cato, Brutus und Verrina entstammt Gefühlen, die durch rein mechanische Ursachen in ihrer Brust keimten, und es erklärt sich wiederum mechanisch, daß wir mit Behagen in einem wohlgeordneten monarchischen Staat leben und doch gerne sehen, wenn unsere Söhne den Plutarch und Schiller lesen und sich an den Reden und Taten schwärmerischer Republikaner begeistern. Auch hieran können wir nichts ändern; aber wir lernen es begreifen und ertragen. Der Gott, von dessen Gnade die Könige regieren, ist das Grundgesetz der Mechanik[19].

Physik

Aus der Biographie Boltzmanns zeigt sich, daß er schon in sehr jungen Jahren wissenschaftliche Anerkennung fand. Boltzmanns Name erscheint in der physikalischen Literatur im Jahre 1865 zum erstenmal.

Die Veröffentlichung des damals Einundzwanzigjährigen trug den Titel: *Über die Bewegung der Elektrizität in krummen Flächen*, wozu es einleitend heißt:

> Nachdem ich meine Rechnungen bereits beendigt hatte, erschien Beers Einleitung in die Elektrostatik, Lehre vom Magnetismus und Elektrodynamik, in welcher dieselbe Frage behandelt wird. Da jedoch die gegebene Lösung fehlerhaft ist, so glaube ich meine Untersuchung hiemit der Öffentlichkeit übergeben zu sollen.

Dieses Vorgehen nennt Jäger typisch für das Entstehen der meisten Arbeiten Boltzmanns, auch der allerhervorragendsten:

> Erschien eine beachtenswerte Leistung, die jedoch Fehler und Lücken in der Darstellung aufwies oder sonst sehr schwer verständlich war, da trat Boltzmann mit seiner unvergleichlich klaren Vorstellungsgabe lichtverbreitend auf den Plan, der auch zum Kampfplatze werden konnte. Dieser seiner Eigenart verdankt Boltzmann seine gigantischen Leistungen auf dem Gebiete der kinetischen Gastheorie. Diese Eigenart machte ihn zum Vorkämpfer der Faraday-Maxwellschen Elektrizitäts- und elektromagnetischen Lichttheorie auf deutschem Boden[20].

Kinetische Theorie der Materie

Der Schwerpunkt von Boltzmanns wissenschaftlichem Werk liegt auf dem Gebiet der statistischen Mechanik und der Strahlungstheorie[21]. Dabei spielt es für das Verständnis Boltzmanns eine entscheidende Rolle, daß seine Arbeiten eng mit dem Sieg der Atomlehre und damit der mechanischen Wärmetheorie und der kinetischen Theorie (»Bewegungstheorie«) der Materie zusammenhängen bzw. diesen Sieg der Atomlehre mit hervorgebracht haben[22]. Zu Boltzmanns »Lebzeiten« galt die bereits 400 v. Chr. von Demokrit vertretene Vorstellung, daß die Materie aus Atomen bestehe, als fragwürdige Hypothese, die niemand recht ernst nehmen wollte[23]«. Die kinetische Theorie der Wärme, derzufolge Wärme als Bewegungsenergie von kleinsten Teilen der Materie begriffen wird[24], setzte die atomare bzw. molekulare Struktur der Materie jedoch naturphilosophisch voraus. Diese mechanische Energie- bzw. Wärmelehre wurde zuerst für Gase entwickelt, weil diese das Studium der erwähnten physikalischen Erscheinungen erleichterten und die günstigsten Voraussetzungen bzw. die einfachsten Verhältnisse darboten[25].

Eine zentrale Annahme dieser entstehenden Theorie war, daß die Moleküle ein und desselben Gases sich alle mit der gleichen Geschwindigkeit bewegen. Diese Annahme widerlegte James Clerk Maxwell (1831–1879), indem er 1859 aufgrund von statistischen Überlegungen eine Geschwindigkeitsverteilung der Luftmoleküle berechnete[26]. Die statistische Berechnung war notwendig, da die Bestimmung der Lagen und Geschwindigkeiten der ungeheuren Anzahl von Einzelatomen eines Makrokörpers völlig unmöglich ist[27].

An dieser Arbeit Maxwells setzte Boltzmann an. Er errechnete als erster in voller Allgemeinheit die Häufigkeit von Atomen mit bestimmter Energie. Er bestimmte also, welcher Teil der Atome eines unter bestimmten Bedingungen gehaltenen Gases einen Energiegehalt aufweist, der zwischen vorgegebenen unteren und oberen Grenzen liegt. Diese Häufigkeitsverteilung entspricht einer Kurve, die in der Nähe des Mittelwerts des Energiegehalts der einzelnen Atome ein Maximum aufweist und nach beiden Seiten rasch abfällt. Es ist also unwahrscheinlich, daß ein Atom sehr viel mehr oder sehr viel weniger als die mittlere Energie aufweist[28].

Diese von Boltzmann 1868 ausgearbeitete und seitdem als »Maxwell-Boltzmann-Statistik« bezeichnete Verteilung gilt aber nicht nur für Luftmoleküle, sondern auch für Gase, Gasgemische und Gase, auf die ein äußeres Kraftfeld, z. B. ein Schwerefeld wirkt[29]. »Mit dieser Statistik konnte Boltzmann dann die mittlere freie Weglänge zwischen zwei Zusammenstößen der Moleküle berechnen, die mittlere Geschwindigkeit usw., und diese Größen dann in Relation zu makroskopisch beobachtbaren Größen wie Gasdruck, Temperatur, Entropie usw. setzen«, notiert K. Seeger[30].

Im Zusammenhang mit der Maxwell-Boltzmann-Statistik muß auch die von Boltzmann 1872[31] aufgestellte Gleichung, heute bekannt als »Boltzmann-Gleichung«, genannt werden: sie gestattet die Berechnung der Verteilungsfunktion und damit der Stromdichte in einem »Gas« von Leitungselektronen in einem Gasplasma, Metall oder Halbleiter. Diese Verteilung unterscheidet sich von der Maxwell-Boltzmann-Verteilung dadurch, daß sie den Nicht-Gleichgewichtszustand[32] des Stromflusses repräsentiert[33].

Entropie

Ludwig Boltzmanns Beitrag zur Klärung der Geltung des sogenannten zweiten Hauptsatzes der Thermodynamik wird von manchen als sein Lebenswerk betrachtet. Worum geht es dabei? Lehrt der erste Hauptsatz das Gesetz der Erhaltung der Energie[34], so besagt der zweite

Hauptsatz, daß in einem abgeschlossenen, wärmeisolierten System, das aus mehreren Teilsystemen verschiedener Temperatur besteht, sich allmählich eine einheitliche mittlere Temperatur einstellt. (Wir können niemals beobachten, daß der Wärmestrom von einem kälteren Körper auf einen wärmeren übergeht, so daß er diesen noch stärker erhitzen würde, während der kältere Körper dabei noch stärker abkühlen würde.) Bei einem solchen Prozeß, der irreversibel verläuft, nimmt ein bestimmter Wert zu: die Entropie[35]. Deshalb wird dieser Satz auch als »Entropieprinzip« bezeichnet. »Entropie« heißt wörtlich etwa »nach innen gekehrte, d. h. nicht mehr verwandlungsfähige oder nutzbare Energie[36]«. Damit ist die Tatsache gemeint, daß Arbeit zwar vollständig in Wärme umgewandelt werden kann, daß aber Wärme niemals restlos in Arbeit zurückverwandelt werden kann, ohne daß sonst irgendwo ein Energieumsatz stattgefunden hat[37]. Das Entropieprinzip spricht den Naturvorgängen in einem abgeschlossenen, sich selbst überlassenen System Einsinnigkeit und Irreversibilität zu[38].

Bei jedem energetischen Umwandlungsprozeß geht durch Zerstreuung (durch Reibung oder Wärmeleitung) ein Teil der dabei auftretenden Wärme verloren und kann auf keine Weise wiedergewonnen werden[39].

Boltzmanns Leistung besteht nun in einem völlig neuen Verständnis der Phänomene, die der zweite Hauptsatz beschreibt. Boltzmann legt seiner Deutung des Entropieprinzips den Begriff der Wahrscheinlichkeit zugrunde. Max Planck zeigt Boltzmanns Überlegung:

> Die Natur zieht (...) wahrscheinlichere Zustände den minder wahrscheinlichen vor, indem sie nur Übergänge in der Richtung größerer Wahrscheinlichkeit ausführt. Die Wärme geht von einem Körper höherer Temperatur zu einem Körper tieferer Temperatur über, weil der Zustand gleicher Temperaturverteilung wahrscheinlicher ist als jeder Zustand ungleicher Temperaturverteilung. Die Berechnung einer bestimmten Größe der Wahrscheinlichkeit für jeden Zustand eines Körpersystems wird ermöglicht durch die Einführung der atomistischen Theorie und der statistischen Betrachtungsweise. Für die Wechselwirkungen der einzelnen Atome könnten dann die bekannten Gesetze der allgemeinen Dynamik, Mechanik und Elektrodynamik zusammengenommen, ganz ungeändert bestehen bleiben[40].

Boltzmann gelang es, mit Hilfe der kinetischen Gastheorie für die Entropie eine Formel zu finden, die besagt, daß die Entrophie proportional dem Logarithmus der Wahrscheinlichkeit ist. Sie lautet:

$$S = k \cdot \log W$$

Dabei bedeutet S den Zahlenwert der Entropie, W den Wert der Wahrscheinlichkeit, und k ist eine universelle Konstante, deren Zahlenwert bestimmt wurde. Sie wird auch als Boltzmannsche Konstante bezeichnet[41].

Mit dieser Formel ist es Boltzmann gelungen, Antwort auf das Problem der Einsinnigkeit thermischer Vorgänge zu geben. Das Problem besteht darin, daß die Gesetze der analytischen Mechanik, denen doch die einzelnen Atome gehorchen sollen, die Einseitigkeit nicht kennen, die für die Thermodynamik so bezeichnend ist. Durch die Zurückführung der Entropiezunahme auf den Übergang von Unwahrscheinlichkeit in Wahrscheinlichkeit hat Boltzmann auch dieses Problem gelöst. Denn die Zustände großer Entmischung (bzw. großer Temperaturunterschiede) sind nicht unmöglich, sondern nur sehr unwahrscheinlich. Umgekehrt gilt z. B.: Wenn ein wärmerer Körper an einen ihn berührenden kälteren Körper Wärme abgibt, so ist das nur enorm wahrscheinlich[42].

In dieser statistisch-wahrscheinlichkeitstheoretischen Betrachtungsweise ist auch der »Wärmetod« unserer Welt zugleich der Zustand der maximalen Wahrscheinlichkeit. Boltzmann selbst hat es so ausgedrückt:

> Geordnete Bewegung geht immer mehr in ungeordnete über. Die Mischung der verschiedenen Temperaturen, der Stellen mehr oder minder lebhafter Molekularbewegung muß eine immer gleichförmigere werden. Daß diese Mischung nicht schon von Anfang an eine vollständige war, daß die Welt vielmehr von einem sehr unwahrscheinlichen Anfangszustand ausging, das kann man zu den Fundamentalhypothesen der Gastheorie zählen, und man kann sagen, daß der Grund ebensowenig bekannt ist, wie überhaupt der Grund, warum die Welt gerade so und nicht anders ist. Aber man kann noch einen anderen Standpunkt einnehmen. Zustände großer Entmischung respektive große Temperaturunterschiede sind nach der Theorie nicht absolut unmöglich, sondern nur äußerst unwahrscheinlich, allerdings in einem geradezu unfaßbar hohem Grade. Wenn wir uns daher die Welt nur als groß genug denken, so werden nach den Gesetzen der Wahrscheinlichkeitsrechnung daselbst bald da, bald dort Stellen von Dimensionen des Fixsternhimmels mit ganz unwahrscheinlicher Zustandsverteilung auftreten. Sowohl bei ihrer Bildung als auch bei ihrer Auflösung wird der zeitliche Verlauf ein einseitiger sein; wenn sich also denkende Wesen an einer solchen Stelle befinden, so müssen sie von der Zeit genau denselben Eindruck gewinnen, den wir haben, obwohl der zeitliche Verlauf für das Universum als Ganzes kein einseitiger ist. Die hier entwickelte Theorie geht zwar kühn über die Erfahrung hinaus, aber sie hat gerade die Eigenschaft, welche jede derartige Theorie haben soll, indem sie uns die Erfahrungstatsachen in ganz neuartiger Beleuchtung zeigt und zu weiterem Nachdenken

anregt. Im Gegensatz zum ersten Hauptsatz erscheint nämlich der zweite als bloßer Wahrscheinlichkeitssatz[43].

Elektrizitätstheorie und Strahlungstheorie

Eine Besonderheit an Boltzmanns wissenschaftlichen Forschungen war der enge Zusammenhang zwischen theoretischen und experimentell-technischen Überlegungen:

> Die Klarheit, welche Boltzmanns Arbeiten auszeichnet, hat ihren Grund wohl nicht zum geringsten Teil darin, daß er nicht nur theoretischer Physiker war, sondern sich, besonders in seinen jungen Jahren, viel und erfolgreich mit der Experimentalphysik beschäftigte. Boltzmann war vielleicht der erste, der auf dem Kontinent eingehend Maxwells Elektrizitäts- und elektromagnetische Lichttheorie studierte. Aus Maxwells Theorie folgte, daß die Dielektrizitätskonstante eines Körpers gleich dem Quadrat seines Berechnungsexponenten ist. Es war natürlich für die Haltbarkeit der Theorie außerordentlich wichtig, durch Experimente zu zeigen, ob die theoretische Folgerung auch den Tatsachen entspricht. Zu dem Zweck arbeitete Boltzmann erst eine neue Methode aus, die Dielektrizitätskonstante zu messen. Er zeigte, daß dies möglich sei, wenn man die Kraft bestimmt, mit welcher eine elektrisch geladene Metallkugel die Kugel eines Nichtleiters anzieht. Dieser Arbeit folgte die viel bewunderte und oft zitierte Abhandlung: *Über die Verschiedenheit der Dielektrizitätskonstanten des kristallisierten Schwefels nach verschiedenen Richtungen.* Da im Schwefel nach verschiedenen Richtungen die Lichtgeschwindigkeit und somit auch der Brechungsexponent verschieden ist, mußte dies nach Maxwells Gesetz auch für die Dielektrizitätskonstante gelten, was von Boltzmann tatsächlich bestätigt wurde[44].

Auf dem Gebiet der Strahlungstheorie gelang Boltzmann eine Arbeit, die ihn sehr bekannt machte: Er bestätigte 1884 das von seinem Lehrer Stefan aufgestellte Gesetz über den Zusammenhang von Temparatur und der ausgestrahlten Wärmemenge von Körpern. Bereits Newton hatte angenommen, daß die Wärmemenge, die ein Körper einem zweiten zustrahlt, proportional der Temperaturdifferenz der beiden Körper sei. Man hat jedoch bald erkannt, daß dies nur angenähert, nämlich nur für geringe Temperaturdifferenzen gilt. Physiker wie zum Beispiel Dulong und Petit und andere hatten längst die Unhaltbarkeit der Newtonschen Annahme erwiesen, bis Stefan zeigte, daß sich deren Versuche durch die Annahme darstellen lassen, daß die ausgestrahlte Wärmemenge proportional der vierten Potenz der absoluten Temperatur des strahlenden Körpers sei. Dies ist das berühmte Stefansche Strahlungsgesetz[45].

Bartoli meinte hier jedoch, daß gewisse Erscheinungen bei strahlenden Körpern dem zweiten Hauptsatz der Thermodynamik widersprächen. Hier griff nun Boltzmann einen Gedanken Maxwells auf: er berücksichtigte den von Maxwells Theorie behaupteten Druck der Wärmestrahlen, die auf einen Körper auftreffen[46]. Es gelang Boltzmann dadurch, »nicht nur vollständige Übereinstimmung mit dem zweiten Hauptsatz zu erzielen, sondern auch geradezu aus diesem das von Stefan ausgesprochene Gesetz zu deduzieren, nach welchem die Gesamtstrahlung eines schwarzen Körpers der vierten Potenz der absoluten Temperatur proportional ist[47]«. Seither heißt dieses Strahlungsgesetz das Stefan-Boltzmannsche Gesetz.

Der Physiker H. A. Lorentz nennt die Ableitung des Stefanschen Gesetzes durch Boltzmann den »erste(n) große(n) Fortschritt, der seit Kirchhoff in der Strahlungstheorie gemacht wurde ...«, und bezeichnet sie als eine »wahre Perle der theoretischen Physik[48]«.

Als dann W. Wien neun Jahre nachher sein Verschiebungsgesetz[49] entdeckte, heißt es bei Lorentz, »hatte man es so weit gebracht, wie es überhaupt mit Hilfe der Thermodynamik und der allgemeinen elektromagnetischen Theorie möglich war, und (es) war der Punkt erreicht, wo die speziellen Strahlungstheorien, welche auf bestimmten Vorstellungen über den Mechanismus der Erscheinungen beruhen, einzusetzen hatten[50]«. Diese Vorstellungen, fügt E. Broda hinzu, wurden durch die Quantentheorie von Max Planck auch geliefert[51].

Im selben Jahr (1884) erschien auch, angeregt durch Helmholtz, Boltzmanns Arbeit *Über die Eigenschaften monozyklischer und anderer damit verwandten Systeme*, in der er mechanische Analogien zum zweiten Hauptsatz der Thermodynamik gab. Sie stellten den Ausgangspunkt zu seiner späteren Darstellung der Maxwellschen Theorie, über die Boltzmann ein zweibändiges Werk verfaßte, das den Titel trug: *Vorlesungen über Maxwells Theorie der Elektrizität und des Lichtes*, (erschienen 1891 und 1893). Unter den zahlreichen Einzelproblemen, die Boltzmann in der Theorie der Elektrizität behandelte, sollen besonders seine Überlegungen des Hall-Effektes[52] erwähnt werden. Dieses von Hall entdeckte Phänomen besteht in der Entstehung einer Spannungsdifferenz quer zum Stromfluß bei Einwirkung eines senkrechten Magnetfeldes. Boltzmann stellte über dieses Phänomen eine Theorie auf, die H. A. Lorentz in seinem Nachruf auf Boltzmann würdigt:

> Er (Boltzmann) zeigt, daß diese Erscheinung sich in der Voraussetzung einer einzigen bewegten Elektrizität in einfachster Weise erklären läßt und daß man aus der Größe des Effektes die Geschwindigkeit der strömenden

Elektrizität ableiten kann. Diese Geschwindigkeit bestimmt nämlich die Kraft, welche durch das äußere magnetische Feld ausgeübt wird und die von Hall entdeckte Erscheinung zur Folge hat. Man kann diese Betrachtung sofort in die Sprache der heutigen Elektronentheorie übersetzen, und wir müssen daher Boltzmann die Ehre geben, zum erstenmal die Geschwindigkeit der einen Strom konstituierenden Elektronenbewegung bestimmt zu haben[53].

Philosophische Fragen

Ludwig Boltzmann gehörte zu den Forschern, die sich nicht nur den einzelwissenschaftlichen Fragen ihres jeweiligen Fachgebietes widmeten, sondern darüber hinaus sich mit philosophischen Problemen beschäftigten. Boltzmanns Überlegungen zur Naturphilosophie bzw. Erkenntnistheorie sind eine konsequente Weiterführung seiner Tätigkeit als Physiker. Er kam als Physiker zur Philosophie, weshalb er die Auffassungen der Philosophen »nicht nur vom Katheder, sondern vor allem vom Arbeitstisch des praktisch-theoretisch oder experimentell-arbeitenden, überaus produktiven und erfolgreichen Wissenschaftlers aus[54]« studierte und kritisierte. Er beschränkte sich aber nicht nur auf die Naturphilosophie, sondern nahm auch Stellung zur Logik[55], zu ethischen Fragen[56] und zur Ästhetik[57]. Seine Argumentation ist dabei so entscheidend von Darwin bestimmt, daß man Boltzmann als Darwinisten bezeichnen darf. Darwins Lehre nimmt in Boltzmanns philosophischer Weltanschauung eine bedeutende Stellung ein: »Wenn Sie mich nach meiner innersten Überzeugung fragen, ob man unser Jahrhundert einmal das eiserne Jahrhundert oder das Jahrhundert des Dampfes oder der Elektrizität nennen wird, so antworte ich ohne Bedenken, das Jahrhundert der mechanischen Naturauffassung, das Jahrhundert Darwins wird es heißen[58]«, äußerte Boltzmann einmal. Und an anderer Stelle sagt er: »Nach meiner Ansicht ist alles Heil für die Philosophie zu erwarten von der Lehre Darwins[59] ...«

Es ist nicht möglich, in Kürze Boltzmanns Ausführungen zu den erwähnten Fragen der Philosophie darzustellen; hier soll der Name Darwin genügen[60]. Die Grundzüge der erkenntnistheoretischen Auffassungen Boltzmanns sollen jedoch erläutert werden, da sie mit dem einzelwissenschaftlichen Werk Boltzmanns in engster Beziehung stehen. Hier ist es zweckmäßig, zunächst Boltzmanns Stellung zum Verhältnis von Philosophie und Wissenschaft allgemein aufzuzeigen. Seine Haltung kann man dabei als Ablehnung der Metaphysik charakterisieren, mit dem gleichzeitigen Wunsch, eine fortschrittliche, an der Klärung wissenschaftlicher Probleme interessierte Philosophie den

Einzelwissenschaften an die Seite zu stellen. Die Metaphysik (Boltzmann meint darunter aprioristisches Systemdenken und Begriffsgebäude ohne Absicherung durch die Erfahrung[61]) müsse ersetzt werden durch das Bündnis zwischen Philosophie und Wissenschaft.

Nachdrücklich verweist der Schluß von Boltzmanns Vortrag *Über statistische Mechanik* aus dem Jahre 1904 auf diese Möglichkeit. Darin heißt es:

> Ich bin hier philosophischen Fragen nicht aus dem Wege gegangen, in der festen Hoffnung, daß ein einmütiges Zusammenwirken der Philosophie und Naturwissenschaft jeder dieser Wissenschaften neue Nahrung zuführen wird, ja daß man nur auf diesem Weg zu einem wahrhaft konsequenten Gedankenaustausch gelangen kann. Wenn Schiller zu den Naturforschern und Philosophen seiner Zeit sagte: »Feindschaft sei zwischen Euch, noch kommt das Bündnis zu frühe«, so stehe ich nicht mit ihm im Widerspruch, ich glaube eben, daß jetzt die Zeit für das Bündnis gekommen ist[62].

Wenn Boltzmann an gleicher Stelle meint, »wenn wirkliche Fortschritte möglich sind, so sind sie nur vom Zusammenwirken beider Wissenschaften zu erwarten[63]«, so kann man ihn zu Recht als einen Vorläufer der wissenschaftsorientierten Philosophie des Wiener Kreises verstehen[64].

In der Erkenntnistheorie begriff sich Boltzmann als Realist. Dieser Auffassung zufolge wird eine vom erkennenden Subjekt unabhängige, durch die Erkenntnis beschreibbare Wirklichkeit angenommen. Später hat er seinen Standpunkt auch als Materialismus bezeichnet[65]. Er richtete sich damit gegen die damals einflußreiche Naturphilosophie Ernst Machs, derzufolge die Materie (oder die »Welt«) bloß ein Komplex von Sinnesempfindungen sei, die wir in der Wissenschaft in eine »denkökonomische« Ordnung bringen. Die Empfindungen seien unser einziges Element der Erfahrung[66] und Atome und Moleküle bloße »Begriffe zur ökonomischen Darstellung und Veranschaulichung dieser gesetzmäßigen Beziehungen unserer Sinneswahrnehmungen und Vorstellungen[67]«, nicht aber Bestandteile einer objektiv existierenden Außenwelt.

Für Boltzmann hingegen ist die Behauptung der Existenz objektiver Realität notwendig. Sie ist eng mit seiner atomistischen Auffassung der Wirklichkeit verbunden: Die Analyse der Natur durch die Physik ist eine Analyse des Verhaltens der Moleküle und Atome und nicht bloß unserer Empfindungskomplexe bzw. Sinnesdaten wie bei Ernst Mach. Die Theorie ist ein »Abbild« der Natur. »Es ist ein eigentümlicher Trieb des menschlichen Geistes, sich ein solches Abbild zu schaffen und es der Außenwelt immer mehr und mehr anzupassen ... Die stete

Vervollkommnung dieses Abbildes ist nun die Hauptaufgabe der Theorie«, sagt Boltzmann in seinem Vortrag *Über die Bedeutung von Theorien* (1890)[68]. Der Standpunkt Machs hingegen trägt die Gefahr des Solipsismus in sich: Boltzmann verweist diejenigen, die behaupten, daß die Materie bloß ein Komplex von Sinneswahrnehmungen sei, auf die Konsequenz, daß dann auch die übrigen Menschen nur Empfindungen des Aussagenden wären. Broda rekonstruiert die Überlegung Boltzmanns:

> Es wird betont, daß die Mitmenschen sich äußeren Einflüssen gegenüber, beispielsweise bei Berührung mit dem Feuer, ebenso verhalten wie wir selbst, und daß es daher keine Komplizierung, sondern eine Vereinfachung unseres Weltbildes darstellt, wenn wir ihnen die gleichen Empfindungen wie uns selbst zuschreiben, damit aber das Monopol durchbrechen, das das denkende Subjekt nach Ansicht des subjektiven Idealismus haben soll. Wenn wir aber den Menschen außerhalb des eigenen Ichs die gleiche Existenz zuschreiben wie uns selbst, so ist es bis zur Bejahung der objektiven Existenz der unbelebten Materie nur ein weiterer – und notwendiger – Schritt[70].

In der Argumentation gegen einen Vortrag Wilhelm Ostwalds über den Materialismus (1896) versucht Boltzmann, die ruinösen Konsequenzen des streng subjektivistischen Standpunkts aufzuzeigen: »Überhaupt hat das Mißtrauen zu den aus den direkten Sinneswahrnehmungen erst abgeleiteten Vorstellungen zu dem dem naiven Glauben entgegengesetzten Extrem geführt«, schreibt Boltzmann, und weiter:

> Nur die Sinneswahrnehmungen sind uns gegeben, daher – heißt es – darf man keinen Schritt darüber hinausgehen. Aber wäre man konsequent, so müßte man weiter fragen: Sind uns auch unsere gestrigen Sinneswahrnehmungen gegeben? Unmittelbar gegeben ist uns jedoch nur die eine Sinneswahrnehmung oder der eine Gedanke, den wir jetzt im Moment denken. Wäre man konsequent, so müßte man nicht nur alle anderen Wesen außer dem eigenen Ich, sondern sogar alle Vorstellungen, die man zu allen früheren Zeiten hatte, leugnen. Woher weiß ich denn davon? Durch Erinnerung; aber woher weiß ich, daß nicht bloß die Erinnerung vorhanden ist, die Wahrnehmung aber, an die ich mich erinnere, niemals vorhanden war, wie das bei Irren fortwährend und hie und da auch bei Nichtirren vorkommt? Will man also nicht zum Schlusse kommen, daß überhaupt nur die Vorstellung, die ich momentan habe, und sonst gar nichts existiert, – was schon durch den Nutzen des Wissens für die Handlungsweise widerlegt wird –, so muß man schließlich bei aller dabei nötigen Vorsicht doch unsere Fähigkeiten zugeben, aus den Wahrnehmungen auf etwas, das

wir nicht wahrnehmen, Schlüsse zu ziehen, die wir freilich immer zu korrigieren haben, sobald sie mit Wahrnehmungen in Widerspruch kommen[71].

Boltzmann, der Realist und Atomist, war ein entschiedener Gegner des Machismus im besonderen und des Idealismus im allgemeinen[72]. Die Polemik gegen den Idealismus zieht sich durch viele Kapitel seiner *Populären Schriften*[73]. Zusammen mit Boltzmanns weltanschaulichem Bekenntnis zum Darwinismus mag dies ein Grund für die negative Einstellung vieler seiner Fachkollegen ihm gegenüber gewesen sein. Sicher hat ihn diese Gegnerschaft zu seiner materialistischen Philosophie und zur Atomistik von seiner Umgebung isoliert und bedrückt[74].

Wenn Boltzmanns Philosophie auch »in den Annalen der Wissenschaft nicht ebenso unsterblich sein wird wie seine Mathematik und Physik«, wie einer seiner Schüler meint[75], so darf man doch vermuten, daß ein Teil von Boltzmanns Ausführungen, besonders seine realistisch-materialistische Erkenntnistheorie, eine notwendige philosophische Voraussetzung seiner von den Gegnern ebenfalls bekämpften Atomistik war. Wenige Jahrzehnte nach Boltzmanns Tod erfuhr jedoch gerade letztere eine Bestätigung, die die Welt auch heute noch technologisch entscheidend mitgestaltet: die Verwertung der Atomenergie.

ANMERKUNGEN

1 Ich stütze mich dabei auf die Biographie Boltzmanns von G. Jäger, abgedruckt in: *Neue österreichische Biographie*. Geleitet v. A. Bettelheim, 2. Bd. Wien 1925. S. 117–137, weiters auf das informationsreiche Werk von E. Broda: *Ludwig Boltzmann. Mensch, Physiker, Philosoph*. Wien 1955. Professor Broda gebührt das Verdienst, immer wieder auf die wissenschaftliche, insbesonders aber auch die kritisch-philosophische Bedeutung Ludwig Boltzmanns hingewiesen zu haben. Vgl. auch die Aufsätze: E. Broda: *Ludwig Boltzmann. Zum Geburtstag des großen österreichischen Gelehrten am 20. Februar*. In: *Weg und Ziel. Monatsschrift für Fragen der Demokratie und des wissenschaftlichen Sozialismus*. 4. Jg. Nr. 2, Wien 1946. 89f., und: E. Broda: *Die philosophischen Auffassungen Ludwig Boltzmanns*. In: *Weg und Ziel. Monatsschrift...* 14. Jg. Nr. 7/8, Wien 1956. S. 525–534. Verwendet habe ich weiters ein Manuskript von Prof. Dr. Karlheinz Seeger (Vorstand des Ludwig-Boltzmann-Instituts für Festkörperphysik): *Ludwig Boltzmann – Leben und Werk*. Wien, Mai 1973.
Ebenso:
W. Johnston: *Österreichische Geistes- und Kulturgeschichte*. Wien–Köln–Graz 1974,
A. Fuchs: *Geistige Strömungen in Österreich. 1867–1918*. Wien 1949,

M. Planck: *Vorlesungen über Thermodynamik.* 11. Aufl. Berlin 1964,
M. Planck: *Vorträge und Erinnerungen.* Darmstadt 1975, und
H. J. Störig: *Kleine Weltgeschichte der Wissenschaft.* 3. Aufl. Stuttgart 1965.
2 Vgl. G. Jäger: *Ludwig Boltzmann.* In: *Neue österreichische Biographie.* 2. Bd. Wien 1925. 130–132.
3 Vgl. G. Jäger: a. a. O., 134
4 G. Jäger gibt einen Überblick: »1885 wurde er (Boltzmann, J. M.) wirkliches Mitglied des kaiserlichen Akademie der Wissenschaften in Wien, 1888 Mitglied der preußischen Akademie in Berlin und auswärtiges Mitglied der königlich schwedischen Akademie, 1891 ordentliches Mitglied der bayrischen Akademie. 1894 erhielt er die Würde eines Ehrendoktors der Universität von Oxford. Überhaupt schätzten die Engländer Boltzmanns Arbeiten sehr hoch. Er stand in Korrespondenz mit allen hervorragenden englischen Physikern. Es seien nur kurz erwähnt: Maxwell, Lord Kelwin, Lord Raylaigh, Bryan usw., sowie der Holländer H. A. Lorentz, der Boltzmanns wissenschaftliche Bedeutung in einer wunderbaren Gedächtnisrede in der deutschen physikalischen Gesellschaft schilderte, ferner Kamerlingh-Onnes, der Schwede Pjerkness u. a. Er wurde Mitglied, zum Teil Ehrenmitglied der Akademien von Upsala, Turin, Rom, Amsterdam, Petersburg, New York, London, Paris, Christiania, Washington, St. Louis, wobei wir nur die wichtigsten hervorheben.
An sonstigen Auszeichnungen wollen wir noch anführen den A.-Freiherr-von-Baumgartner-Preis der Wiener Akademie der Wissenschaften (1875), den königlich bayrischen Maximilian-Orden (1899), das Ehrenzeichen für Kunst und Wissenschaft, verliehen vom Kaiser von Österreich (1900), den Otto-Vahlbruch-Preis der Göttinger Universität (1902), die goldene Medaille und den Preis der Peter-Wilhelm-Müller-Stiftung.« G. Jäger, a. a. O., 135f.
5 Vgl. G. Jäger, a. a. O., 135. So beurteilt W. Johnston den Tod Boltzmanns: »Der Wiener Physiker Ludwig Boltzmann, als Lehrer sehr beliebt und als fleißiger Forscher bekannt, stieß mit seinem Selbstmord am 5. September 1906 in Duino bei Triest die gesamte Gelehrtenwelt vor den Kopf. Boltzmann, der streng katholisch erzogen worden war, litt seit einem Bankett anläßlich seines sechzigsten Geburtstages an Depressionen. Überarbeitet durch jahrelange aufreibende Tätigkeit im Laboratorium, beunruhigte ihn seine zunehmende Kurzsichtigkeit, und er fürchtete, die Schaffenskraft verloren zu haben. Das auslösende Moment für seine völlig unerwartete Handlung waren schließlich immer ärger werdende Anfälle von Angina pectoris. Als erster Physiker, wenn nicht sogar als erster Naturwissenschaftler überhaupt, der sich selbst das Leben genommen hatte, wurde er allgemein betrauert; seine Kollegen jedoch waren von Boltzmanns Tod so schockiert, daß sie annahmen, er habe unter temporärer Unzurechnungsfähigkeit gelitten. Gleichsam um das akademische Europa zu beruhigen, zitierte ein Nekrolog einen Ausspruch, den Boltzmann Jahre zuvor getan hatte: »›Nur eine Person, die nicht bei Sinnen ist, kann sich selbst das Leben nehmen.‹« W. Johnston, a. a. O., 184f.
6 G. Jäger, a. a. O. 136
7 L. Meitner: *Briefliche Mitteilung.* Zit. nach: E. Broda: *Ludwig Boltzmann. Mensch, Physiker, Philosoph.* Wien 1955, 19.
8 F. Streintz, *Grazer Tagblatt,* 20. Februar 194. Zit. nach Broda, a. a. O., 11.
9 »Die Idee«, sagt er, »welche mein Sinnen und Wirken erfüllt, ist der Ausbau der Theorie.« Zit. nach E. Broda; a.a. O., 13.
10 Vgl. A. Höfler, *Süddeutsche Monatshefte* 3, 418 (1906). Zit. nach Broda, a. a. O., 11.
11 Vgl. G. Jäger, a. a. O., 136

12 G. Jäger, a. a. O., 137
13 E. Broda: *Die philosophischen Auffassungen Ludwig Boltzmanns,* a. a. O., 533, und E. Broda: *Ludwig Boltzmann* ..., a. a. O., 130f.
14 G. Jäger, a. a. O., 137
15 E. Broda, a. a. O., 131
16 H. Mache: mündliche Mitteilung. Zit. nach E. Broda, a. a. O., 8
17 Vgl. E. Broda, a. a. O., 9.
18 Vgl. den Abschnitt über die Philosophie Boltzmanns.
19 Vgl. E. Broda, a. a. O., 131
20 G. Jäger, a. a. O., 126. Broda weist darauf hin, daß Boltzmann bescheiden nur als Interpret Maxwells gelten wollte.
21 Vgl. K. Seeger: *Ludwig Boltzmann – Leben und Werk.* Manuskript, Wien 1973.
22 Vgl. E. Broda, a. a. O., 57.
23 K. Seeger, a. a. O., 2.
24 Vgl. H. J. Störig: *Kleine Weltgeschichte der Wissenschaft.* 3. Aufl. Stuttgart 1965. 411.
25 Ebenda. Als wichtigste Förderer und Pioniere der kinetischen Gastheorie können Rudolf Emanuel Clausius (1822–1888) und Karl Krönig (1822–1879) angesehen werden.
26 Vgl. K. Seeger, a. a. O., 2. und: H. J. Störig, a. a. O., 412f.
27 Vgl. E. Broda, a. a. O., 60.
28 E. Broda, a. a. O., 60f.
29 Vgl. E. Broda, a. a. O., 61.
30 K. Seeger, a. a. O., 2.
31 Ihr hundertjähriges Jubiläum 1972 wurde in Wien mit einem internationalen Symposium begangen.
32 Damit sind Zustände gemeint, »bei denen im betrachteten System ein ständiger, einseitig gerichteter Transport von Stoff oder Energie stattfindet«. E. Broda, a. a. O., 62.
33 K. Seeger, a. a. O., 2.
34 »Ein abgeschlossenes System behält seine Gesamtenergie unverändert, gleichgültig, welche Veränderung die einzelnen Energiebestandteile des Systems (mechanische, kalorische, elektrische, strahlende und chemische Energie) erleiden.« Hermann von Helmholtz: *Über die Erhaltung der Kraft,* 1847. Zit. nach H. J. Störig, a. a. O., 409.
35 Der Begriff »Entropie« geht auf E. Claudius (Vgl. Anm. 25) zurück und wird mathematisch bestimmt als der Quotient einer Wärmemenge dividiert durch deren absolute Temperatur: ($\Delta S = \frac{\Delta Q}{T}$). Unter der »absoluten Temperatur« versteht man die um 273 vermehrte Celsiustemperatur. Kelvin (1824–1907) führte die sogenannte absolute Temperaturskala ein, deren Nullpunkt − 273 °C beträgt.
36 Vgl. H. J. Störig, a. a. O., 411.
37 Vgl. Max Planck: *Vorlesungen über Thermodynamik.* 11. Aufl. Berlin 1964, 80f.
38 Max Planck hat darauf hingewiesen, daß der Begriff »Irreversibilität« von Naturvorgängen genaugenommen nicht bedeutet, daß der Vorgang, – etwa durch geeignete Technologien – nicht möglicherweise doch in »umgekehrter Richtung verlaufen« kann, sondern daß ein bestimmter Ausgangszustand eines sich selbst überlassenen Systems nicht mehr hergestellt werden kann. Vgl. M. Planck: *Zur Geschichte der Auffindung des physikalischen Wirkungsquantums.* In: *Vorträge und Erinnerungen,* Darmstadt 1975, 16f.
39 Vgl. H. J. Störig, a. a. O., 411.
40 M. Planck: *Die Einheit des physikalischen Weltbildes.* In: *Vorträge und Erinnerungen,* a. a. O., 41.

41 Vgl. E. Broda, a. a. O., 72. E. Broda erläutert die Formel: »Daß gerade eine logarithmische Funktion Entropie und Wahrscheinlichkeit verbindet, läßt sich qualitativ verständlich machen. Die Entropie ist eine additive Funktion, insofern als man z. B. zwei gleichen Körpern, deren Entropie man durch Wärmezufuhr bei bestimmter Temperatur im gleichen Maß steigern will, einfach doppelt soviel Wärme zuführen muß als einem einzigen Körper. Dagegen ist die Wahrscheinlichkeit eine multiplikative Funktion. Wenn beispielsweise für den Sechserwurf eines Würfels eine bestimmte Wahrscheinlichkeit ($1/6$) besteht, so besteht für den gleichzeitigen Sechserwurf zweier Würfel bekanntlich eine Gesamtwahrscheinlichkeit, die dem Produkt der Einzelwahrscheinlichkeiten gleich ist, in unserem Falle also ($1/6$) × ($1/6$) = ($1/36$). Der sich aus der Theorie Boltzmanns ergebenden Anforderung, daß die gesuchte Funktion der Wahrscheinlichkeit im gleichen Maß wie die Entropie zunehmen muß, genügt die Logarithmus-Funktion; durch Logarithmieren werden ja Produkte in Summen verwandelt.« Ebenda.

42 M. Planck, a. a. O., 41.

43 L. Boltzmann, aus einer Vorlesung in St. Louis (1904), Zit. nach G. Jäger, a. a. O., 125. Vgl. auch E. Broda, a. a. O., 77f.

44 G. Jäger, a. a. O., 126f.

45 Vgl. G. Jäger, a. a. O., 127f.

46 Diese Annahme wurde von P. N. Lebedev im Jahr 1901 auch experimentell bestätigt. Vgl. E. Broda, a. a. O., 57.

47 H. A. Lorentz, *Vhdlg. d, phys. Ges.* 9 (1907). Zit. nach E. Broda, a. a. O., 57

48 H. A. Lorentz, zit. a. a. O., 56f.

49 Dieses Gesetz besagt, daß die Schwingungszahl, bei der das Maximum der Strahlungsemission eines schwarzen Körpers liegt, der absoluten Temperatur proportional, die entsprechende Wellenlänge der Temperatur verkehrt proportional ist.

50 H. A. Lorentz, a. a. O., 57

51 E. Broda, a. a. O., 57

52 Der Titel von Boltzmanns Arbeit lautet: *Zur Theorie des von Hall entdeckten elektromagnetischen Phänomens.*

53 H. A. Lorentz, zit. nach G. Jäger, a. a. O., 128.

54 E. Broda, a. a. O., 87.

55 In einem Vortrag über Schopenhauer (1905); vgl. E. Broda, a. a. O., 106.

56 Ebenfalls in seiner Auseinandersetzung mit Schopenhauer. Vgl. E. Broda, a. a. O., 121.

57 So in seiner Antrittsvorlesung über die *Prinzipien der Mechanik.* Vgl. E. Broda, a. a. O., 127.

58 L. Boltzmann, zit. nach E. Broda: *Die philosophischen Auffassungen Ludwig Boltzmanns,* a. a. O., 529.

59 L. Boltzmann, zit. nach E. Broda: *Ludwig Boltzmann . . .,* a. a. O., 92.

60 Der interessierte Leser sei hier auf das ausführliche Buch E. Brodas verwiesen.

61 Als Beleg sei hier an eine polemische Entgegnung Boltzmanns auf einen von W. Ostwald gehaltenen Vortrag über das »Glück« erinnert. Boltzmann schreibt: »Warum erscheint mir nun ein scheinbar so harmloser Aufsatz wie der besprochene Ostwaldsche für die Wissenschaft so gefährlich? Weil er einen Rückfall in das Wohlgefallen am rein Formalen bedeutet, in die für den Fortschritt so verderbliche Methode der sogenannten Philosophen, Lehrgebäude aus bloßen Worten und Phrasen zu konstruieren und bloß auf eine hübsche formale Verflechtung derselben Gewicht zu legen, was man rein logische oder gar aprioristische Begründung nannte, ohne darauf zu achten, ob diese Verflechtung auch genau der Wirklichkeit

entspricht und in den Tatsachen genügend begründet ist; einen Rückfall in die Methode, sich von vorgefaßten Meinungen beherrschen zu lassen, alles unter dieselben Einteilungsprinzipe zu beugen, in dasselbe System künstlich hineinzwängen zu wollen, die wahre Mathematik vor lauter algebraischen Formeln, die wahre Logik vor lauter anscheinend schulgerecht gebauten Syllogismen, die wahre Philosophie vor lauter philosophisch sich herausputzendem Krimskrams, den Wald vor lauter Bäumen nicht sehen zu wollen...« Zit. nach E. Broda, a. a. O., 91.

62 Zit. nach E. Broda, a. a. O., 92. Dabei könnte Philosophie z. B. Selbstreflexion der wissenschaftlichen Begriffsbildung bedeuten. Im selben Vortrag heißt es: »(Heutzutage)... zeigt sich bei den Naturforschern sogar eine große Vorliebe, philosophische Gegenstände zu behandeln, und wohl mit Recht. Eine der ersten Regeln der Naturforschung ist es ja, niemals blindlings dem Instrumente, mit dem man arbeitet, zu trauen, sondern es nach allen Seiten zu prüfen. Wie sollten wir da den uns angeborenen oder historisch entwickelten Begriffen und Meinungen blindlings vertrauen, um so mehr, als schon Beispiele genug vorliegen, wo sie uns in die Irre führten? Wenn wir aber einmal die einfachsten Elemente prüfen, wo wäre da die Grenze zwischen Naturforschung und Philosophie, an der wir haltmachen sollten?« Zit. nach E. Broda, a. a. O., 89f.
63 Zit. nach E. Broda, a. a. O., 90.
64 Darauf verweist auch W. Johnston, Vgl. a. a. O., 197.
65 Und zwar in seinem Vortrag vor der philosophischen Gesellschaft in Wien im Jahre 1905: »Der Idealismus behauptet nur die Existenz des Ich, die Existenz der verschiedenen Vorstellungen, und sucht daraus die Materie zu erklären. Der Materialismus geht von der Existenz der Materie aus und sucht daraus die Empfindungen zu erklären.« Zit. nach E. Broda, a. a. O., 119.
66 Vgl. E. Mach: *Beiträge zur Analyse der Empfindung.* Jena 1886, 4. Aufl. 1903.
67 Aus Boltzmanns Polemik gegen W. Ostwald. Zit. nach E. Broda: *Ludwig Boltzmann*... a. a. O., 119f.
68 Dieser Vortrag ist abgedruckt in: Boltzmann, L.: *Populäre Schriften.* Leipzig 1905. 76–80. Vgl. auch E. Broda, a. a. O., 94f. Im Zusammenhang mit diesem Zitat soll auch auf die zustimmende Zitierung Boltzmanns durch Lenin in dessen Streitschrift gegen den Machismus verwiesen werden. Vgl. W. I. Lenin: *Materialismus und Empiriokritizismus.* Berlin (DDR) 1972. Bes. 288–291.
69 E. Broda, a. a. O., 116. Broda bezieht sich dabei auf eine Polemik Boltzmanns gegen den philosophischen Idealismus mit dem Titel *Über die Frage nach der objektiven Existenz der Vorgänge in der unbelebten Natur* (1897). Auch diese Abhandlung ist enthalten in den *Populären Schriften.* Vgl. 162–178.
70 E. Broda, a. a. O., 116.
71 Zit. nach E. Broda, a. a. O., 115.
72 Gemeint sind Machismus und Idealismus als erkenntnistheoretische Strömungen.
73 Darauf verweist auch Albert Fuchs: *Geistige Strömungen in Österreich.* 1867–1918. Vgl. bes. 212.
74 Vgl. E. Broda: *Die philosophischen Auffassungen Ludwig Boltzmanns,* a. a. O. 534. Broda schreibt: »Schon zwei Jahrzehnte vor seinem Tod hatte Boltzmann seinem Freund Kienzl gesagt, daß er sich in seinen letzten und höchsten Ideen von niemandem verstanden wisse. Über die Ursache seines Selbstmordes ist viel gegrübelt worden. Die Meinung wurde vertreten, neben körperlichen Leiden hätten ihn die Angriffe gegen die Atomistik in den Tod getrieben«.
75 A. Höfler, a. a. O., zit. nach E. Broda, a. a. O., 87.

Wolfgang Häusler

Karl Scherzer (1821–1903) und die Anfänge der österreichischen Arbeiterbewegung im Revolutionsjahr 1848

Am 21. Februar 1903 schrieb die *Arbeiter-Zeitung* über den in Görz verstorbenen Ministerialrat Scherzer:

> Mit Karl Scherzer ist ein ganzer Mann aus dem Leben geschieden. (...) Die Buchdrucker Wiens haben Scherzer viel zu danken; wäre dieser Mann nicht gewesen, so wären selbst die nur kurze Zeit dauernden Erfolge der Typographen von 1848 nicht erzielt worden[1].

Und Karl Höger, der Organisator und Historiker der österreichischen Buchdrucker, sagte in seinem Nachruf:

> Scherzer war ein Liberaler, aber ein Liberaler, der den Postulaten vor und von 1848 treugeblieben ist und von denselben auch nicht das kleinste Stückchen preisgab. (...) Wir lobpreisen sein goldenes Herz für das arbeitende Volk, (...) wenn er auch keiner der Unsrigen gewesen ist[2].

Wir wollen den Spuren dieses Mannes nachgehen, der nicht nur in den Annalen der Wissenschaft des 19. Jahrhunderts, sondern auch in der Geschichte der österreichischen Arbeiterbewegung einen ehrenvollen Platz verdient. Scherzer entstammte einer protestantischen Familie, die im 18. Jahrhundert von Eger über Nürnberg nach Wien gekommen war[3]. Sein Vater gehörte als Besitzer der »Sperlsäle«, jener berühmtesten Altwiener Gast- und Vergnügungsstätte in der Leopoldstadt[4], zum wohlhabenden Großbürgertum der Residenzstadt.

Der am 1. Mai 1821 geborene Karl war für die Beamtenlaufbahn bestimmt. Früh erwachtes wissenschaftliches und praktisch-technisches Interesse veranlaßten den Knaben aber, sich der Buchdruckerkunst zuzuwenden, während sich sein Bruder Johann Georg als Weinhändler etablierte. 1834 bis 1836 absolvierte Karl Scherzer als Praktikant in der Staatsdruckerei seine Lehre und vervollkommnete anschließend seine Fachkenntnisse und seine Allgemeinbildung auf ausgedehnten Reisen. Diese Wanderjahre führten ihn nach Deutschland, Belgien, den Niederlanden und Frankreich; als er 1842 noch in die Vereinigten Staaten reisen wollte, riefen ihn dringende Familienangelegenheiten zurück nach Wien. Der Plan, selbst eine Buchdruckerei zu gründen, scheiterte am Widerstand der vormärzlichen Behörden, denen der weitgereiste, mit den liberalen Anschauungen des Auslandes »infizierte« junge Mann nicht ganz geheuer vorkam.

Scherzer widmete sich daraufhin nationalökonomischen und philologischen Studien. In diesen Lehr- und Wanderjahren hatte er sich jene Weltkenntnis und jenes universale theoretische Rüstzeug erworben, die ihm später die umfassende Entfaltung seiner wissenschaftlichen Interessen ermöglichen sollten.

Auf dem Gebiet der Buchdruckerkunst erlebte Scherzer eine geradezu revolutionäre Erneuerung der Technik[5]. Mit der am 29. November 1814 erschienenen Nummer der Londoner *Times,* die auf der Schnellpresse des deutschen Erfinders Friedrich König gedruckt worden war, begann eine neue Epoche in der Geschichte des Druckwesens: die handwerklich betriebene Kunst Gutenbergs machte industriellen Produktionsformen Platz. Es wäre falsch, wenn man von der durch die Zensur erzwungenen Stagnation des österreichischen Zeitungswesens im Vormärz auch auf eine entsprechende technologische Rückständigkeit im Druckereibetrieb schließen wollte. Die Wiener Druckereien hatten besonders, was das Setzen in fremden Sprachen und Lettern betraf, eine reiche Tradition (Mechitaristen, hebräische Druckerei des Anton von Schmid).

Die 1814 gegründete Österreichische Staatsdruckerei entwickelte unter der Direktion Alois Auers (1827–1871)[6], der dieses Institut von 1841 bis 1866 leitete, bedeutende Neuerungen. Auer war eine Vielzahl von typographischen Erfindungen und Verbesserungen zu verdanken; man entwickelte in der Staatsdruckerei Herstellungsmethoden für Blindentexte und konnte 35 orientalische Alphabete setzen. Bis 1851 waren in der Staatsdruckerei 43 eiserne Handpressen, 46 Schnelldruck- und 24 Kupferpressen angeschafft worden; die Zahl der Beschäftigten stieg von 1841 bis 1850 auf ein Vielfaches an (115 bzw. 909)[7]. Der jungverstorbene Christian Leo Müller (1799–1844), der bei Friedrich König gearbeitet hatte, verpflanzte gemeinsam mit Königs Neffen Friedrich Helbig die Schnellpressenfabrikation nach Wien; als genialer Erfinder kam er dem Prinzip der Rotationspresse bereits sehr nahe. Schon lange zuvor war der Buchdruck von alten Bindungen befreit worden: 1767 erlosch das Aufsichtsrecht der Wiener Universität; die Buchdruckerkunst wurde zu einem freien Gewerbe, was Kaiser

Joseph II. 1788 so formulierte: »Wer sich Lettern, Farbe, Papier und Presse einschafft, kann drucken wie Strümpfe stricken[8].«

Mit dieser industriellen Revolution im Buchdruckergewerbe standen die noch zäh fortlebenden Strukturen patriarchalisch-zünftlerischer Betriebsorganisation im Widerspruch. Für die Gesellen bedeutete die neue Entwicklung keine Verbesserung ihrer Lage. Mit dem Übergang vom Handwerksbetrieb zur Massenproduktion war es den Prinzipalen möglich, die billige Arbeitskraft der Lehrlinge verstärkt heranzuziehen. Schon 1791 protestierten die Setzer in einem Majestätsgesuch dagegen, freilich ohne Erfolg. Der Schriftsetzer Stephan Born, der 1848 die *Arbeiter-Verbrüderung* in Deutschland begründete, schrieb über diese Ausnützung der Arbeitskraft der Lehrlinge, die zugleich dem Herabdrücken des Gesellenlohnes diente:

> Einen jungen Menschen fünf Jahre lang an die Kette zu legen, um ihn während der letzten drei Jahre als fertigen Arbeiter für eine lächerlich geringe Entschädigung auszubeuten, war ein schreiender Mißbrauch[9].

Die Mechanisierung der Betriebe brachte nicht nur eine Gefährdung der Arbeitsplätze mit sich, sondern auch zur Ausnützung der kostspieligen Maschinen verlängerte Arbeitszeiten und Nachtarbeit. Besonders in den kleineren Offizinen, die gegenüber der Konkurrenz der Großdruckereien einen schweren Stand hatten, machten sich diese Mißstände extrem bemerkbar. Übermäßige Arbeitsdauer in dunklen, von Öldunst und Staub erfüllten Kellerräumen zwischen stampfenden Maschinen – so sah die Kehrseite des technischen Fortschrittes für die meisten Setzer, Drucker und Schriftgießer im Vormärz aus. Die Lebenserwartung dieser Berufsgruppe war ungemein niedrig, die Schwindsucht als typische Berufskrankheit hielt unter den Arbeitern reiche Ernte. Jeder Zusammenschluß zur Erkämpfung besserer Arbeitsbedingungen war durch das vom Strafgesetz verhängte Assoziationsverbot unmöglich gemacht; nur die Organisierung von Unterstützungsvereinen wurde geduldet. So trat, nachdem einzelne derartige Vereinigungen schon in Linz und Innsbruck gegründet worden waren, 1842 der *Verein zur Unterstützung erkrankter Buchdrucker- und Schriftgießer-Gehilfen Wiens* ins Leben[10].

Vor diesem Hintergrund müssen die Bestrebungen Scherzers gesehen werden, der auf seinen Reisen die Folgen der Produktionsumstellung in vielen europäischen Staaten studiert hatte. Anders als die meisten Zeitgenossen seiner Klasse sah Scherzer nicht über die sozialen Mißstände hinweg – der Fortschrittsoptimismus des aufsteigenden Bürgertums verband sich bei ihm mit einem wachen Sinn für die berechtigten Anliegen der arbeitenden Menschen. So schrieb Scherzer schon am 15. Juli 1845 im deutschen *Journal für Buchdrukkerkunst:*

> Mögen wir (...) in allen den staunenswerten Erfindungen im Gebiete der Mechanik ebenso viele Triumphe des menschlichen Geistes und die unabweichlichen Fortschritte unserer Zeit erkennen und bewundern, aber hüten wir uns, sie als Vorboten einer besseren, glücklicheren Zukunft mit Jubel zu begrüßen! (...) Aber die furchtbaren Erscheinungen, unter denen sich jetzt nach allen Richtungen hin soziale Armut kundtut, bilden bloß die Übergangsperiode zu jener Organisation der Arbeit, welche jedem im Gesellschaftsverbande Lebenden auch Zeit und Muße verschaffen wird, seinen wahren Lebenszweck und seine Pflichten gegenüber der menschlichen Gesellschaft genauer zu erkennen[11].

Noch im Vormärz setzte sich Scherzer eingehend mit dem brennenden Problem des »Pauperismus«, der wachsenden Verelendung breiter Massen bei steigender Produktivität der Volkswirtschaft, auseinander. Die Drucklegung seiner schon 1847 fertiggestellten Schrift *Über das Armtum* verhinderte die Zensur; erst im Revolutionsjahr konnte diese Broschüre, deren Gehalt die meisten einschlägigen Abhandlungen in Österreich übertraf, erscheinen[12]. Den Ertrag dieser Schrift widmete Scherzer dem Wiener Allgemeinen Hilfsverein, der die Not der untersten Volksschichten zu lindern versuchte. Der Text der Broschüre zeigt, daß ihr Autor nicht nur mit der gängigen bürgerlichen Pauperismusliteratur vertraut war, sondern auch vom sozialistischen Schrifttum Kenntnis hatte; er verweist ausdrücklich auf Friedrich Engels' *Lage der arbeitenden Klasse in England.* Scharf charakterisiert Scherzer die negativen Folgen der kapitalistischen Anwendung der technischen Errungenschaften:

> Statt den Beteiligten die Vorteile der Einführung des Mechanismus in der Industrie genießen zu lassen, haben selbstische Fabriksherren die Maschinen bloß zur Erreichung ihrer materiellen Vorteile benützt, eine Unmasse fleißiger Arbeiter sind brotlos geworden und verarmt und fristen ihr Leben nunmehr durch das Mitleiden wohlhabender Nebenmenschen; andere hat Not und Unglück zu Verbrechern gemacht, und sie fallen nun dem Staate zur Last; und so haben die herrlichsten Triumphe des menschlichen Geistes gerade zum größten Nachteil für die Menschheit ausgeschlagen[13]!

Noch hatte Scherzer die Organisierung der Arbeiterschaft zur Aufhebung dieses Zustandes nicht ins Auge gefaßt – Reformen von oben sollten Abhilfe schaffen. Neben der Verbesserung des Schul- und

Bildungswesens, Beseitigung der Kinderarbeit, Förderung der Auswanderung, Errichtung von Leihbanken, Gefängnisreform und Einführung der Einkommensteuer hält Scherzer folgende Maßnahmen für notwendig:

> Die Erbauung von Häusern in großem Maßstabe, wo ganze Arbeiterfamilien in gesunden, lichten, wohnlichen Räumen gegen billige Zinsungen Unterkommen fänden, wo ein Arbeiter dem andern Hilfe und Unterstützung angedeihen lassen könnte; die Errichtung von Waschhäusern und Badeanstalten, welche dem Handwerker um mäßigen Preis den Genuß der Reinlichkeit und Gesundheitspflege verschaffen; die Gründung von Hilfsvereinen für Kranke und Erwerbsunfähige; von Armenkolonien, wo überschüssige und brotlos gewordene Fabriksarbeiter bei der Urbarmachung und Bebauung des Bodens Verwendung fänden[14].

Bei dem Vorschlag der Binnenkolonisation – der Verfasser denkt besonders an Ungarn und Siebenbürgen – klingt noch die Populationistik des 18. Jahrhunderts nach; die josephinisch-aufklärerische Tradition im sozialen Denken des protestantischen Bürgersohns wird hier deutlich spürbar.

Das Revolutionsjahr ermöglichte es Scherzer, seine nicht nur aus theoretischen Überlegungen, sondern aus dem direkten Kontakt mit den Buchdruckern gewonnenen Ansichten in die Praxis umzusetzen. So galt Scherzers Tätigkeit 1848 vor allem der Besserstellung seiner Berufskollegen – ein Ziel, das er nur im Rahmen einer umfassenden sozialen Reform für erreichbar hielt. Sein Bruder Johann Georg trat als Offizier des bewaffneten Bürger-Corps in den Märztagen eindrucksvoll in Erscheinung – er war es, der an der Spitze einer Deputation in der Hofburg den Rücktritt Metternichs forderte. Berühmt geworden ist die Antwort, die dieser Repräsentant des oppositionellen Bürgertums dem Staatskanzler, der zu ihm von einem Straßenkrawall sprach, gab: »Durchlaucht! Hier handelt es sich nicht um einen Straßenkrawall, sondern um eine Revolution, an der alle Stände teilhaben[15].« Johann Georg Scherzer, der sich im Verlauf des Sturmjahres besonders in der Organisation der Nationalgarde engagierte, gehörte auch zu den Rednern am Grab der Märzgefallenen.

Der 13. März, der Tag des Sieges der bürgerlichen Revolution über das von Metternich repräsentierte Regierungssystem, brachte auch die hinter dem Bürgertum stehenden Schichten des werdenden Proletariats in Bewegung. Die Ausweitung der liberalen Märzerrungenschaften über das Besitzbürgertum hinaus und soziale Reformen bildeten den Hauptinhalt der demokratischen Bestrebungen von 1848.

Karl Scherzer stand von Anfang an auf der Seite der Buchdrucker, die ihre Forderungen schon bald anmeldeten. Bekanntlich brachte das Sturmjahr nach den Jahrzehnten der drückendsten Zensur eine wahre Explosion der Publizistik; ein lesehungriges Publikum wurde der Abnehmer einer wahren Flut von Neuerscheinungen auf dem Wiener Zeitungsmarkt (insgesamt erschienen im Verlauf des Jahres 1848 227 Zeitungen). Diese Hochkonjunktur wirkte sich auf die Lage der Druckereiarbeiter günstig aus; sie wurden die Avantgarde im Kampf um eine gerechtere Regelung der Arbeitsverhältnisse.

Der Schriftsetzer Hueber dichtete in seinem *Jubelruf bei Aufhebung der Zensur in Österreich am 15. März 1848*:

> Hat doch Zensur des Setzers Fleiß
> Zu Schanden oft gemacht
> Und ihm für Plage, Müh' und Schweiß
> Nur wenig Lohn gebracht.
> Das hört nun auf, wir sind erfreut,
> Doch mehr freut sich die Welt,
> Der manches, was in Dunkelheit,
> Jetzt offen wird erzählt[16].

In dieser neuen Öffentlichkeit wurden nun auch die Anliegen der Buchdrucker diskutiert[17]. Besprechungen in den einzelnen Betrieben bereiteten den Zusammenschluß vor, der am 1. April 1848 erfolgte: 464 Gehilfen wählten aus ihren Reihen acht Kollegen, die mit der Führung der Verhandlungen mit den Prinzipalen beauftragt wurden. Zu diesem Ausschuß gehörten Karl Scherzer und der Setzer Ferdinand Dorstenstein, der uns noch öfter begegnen wird.

Die demokratische Presse gab den Forderungen der Typographen Raum[18], die im *Promemoria der Wiener Buchdrucker- und Schriftgießer-Gehilfen an die Herren Repräsentanten des löblichen Buchdrucker-Gremiums* am 9. April zusammengefaßt wurden[19]. Das *Promemoria* verlangte einen Mindestwochenlohn von 7 bis 8 fl. CM, eine Beschränkung der Lehrlingsaufnahme, zehnstündige Arbeitszeit und Arbeitsgarantie bei der Einführung von Schnellpressen. Daß die Prinzipale diesen Forderungen, die ihrer unumschränkten Macht in den Offizinen ein Ende setzten, Widerstand leisten würden, war vorauszusehen. Angesichts der Solidarität der Gesellen sahen sie sich aber zum Nachgeben gezwungen – eine Katzenmusik, die dem Gremialvorsteher Sollinger dargebracht wurde, trug wesentlich dazu bei. Wenn auch nicht bei allen Druckereibesitzern die Punkte des *Promemoria* durchgesetzt werden konnten, kann man doch vom ersten Kollektivvertrag in der Geschichte der Gewerkschaftsbewegung Österreichs sprechen; Scherzer, der sich als Vermittler und geschickter Taktiker bei den

Verhandlungen bewährt hatte, wurde von den Gesellen durch eine Dankadresse und die Überreichung eines silbernen Ehrenbechers gefeiert.

Daß die Prinzipale dem Zusammenschluß der Arbeiter mißtrauisch gegenüberstanden, beweisen einige Vorfälle im Juni. So berichtete der Buchdruckereibesitzer Franz Raffelsperger ärgerlich, daß vier Gesellen, unter ihnen Dorstenstein, »mit ihrem Studentenhute mit Federn, mit Wehrgehängen und mit dem deutschen Bande über die Schultern dekoriert, (...) nachdem sie vorher mein Personale in der Arbeit gestört und durch Verbreitung ihrer agitatorischen Reden meiner Anstalt abwendig zu machen suchten, das unverschämte Ansinnen stellten, daß ich als Erfinder der typometrischen Landkarten und als Inhaber der k.k. typo-geographischen Kunstanstalt (...) die von ihnen entworfenen Vorschriften als überspannte Satz- und Druckpreise nebst vielen anderen Dingen anzunehmen, zu unterschreiben und zu beobachten hätte«. Dieser Unternehmer, der sich über die Störung seiner patriarchalischen Betriebsordnung entrüstete, »erklärte in ganz festem Tone, sich durchaus nichts von Untergeordneten vorschreiben zu lassen[20]«. Auch der Direktor der Staatsdruckerei, Auer, der sich auf die von seiner Anstalt gezahlten hohen Löhne berief, empfand die Forderungen der Arbeiter bezüglich der Lehrlingseinstellung als Unbotmäßigkeit und klagte über ihre »gefahrdrohenden Umtriebe[21]«.

Für die Druckereiarbeiter ergab sich aus diesem Interessenkonflikt mit den Unternehmern die Notwendigkeit, den Aufbau einer Organisation in Angriff zu nehmen. Am 30. April versammelten sich die Typographen Wiens im Sperlsaal. Scherzer forderte sie zur Gründung eines Typographenvereins auf, der Fachinteressen, wissenschaftliche und politische Themen erörtern sollte[22]. In dieser Frühphase der Organisation trat Scherzers Einfluß hinter dem des Literaten und Studenten Ludwig Eckardt (1827–1871) zurück, der für einen gemeinsamen Verein der Prinzipale, Setzer, Drucker, Schriftgießer, Korrektoren und Faktoren eintrat und die zu schaffende »Typographen-Legion« in die akademische Legion eingliedern wollte. »Die Uniform wird dem Zwecke entsprechend einfach, aus deutschem Hut mit schwarzen Federn, Bluse und schwarzer Hose, Degen und deutscher Kokarde auf dem Hute bestehend sein und von den Herren Prinzipalen auf Vorschuß hergestellt[23].«

Während sich so im Kreise der mit Recht auf ihre ersten Erfolge stolzen Buchdrucker die Tendenz bemerkbar machte, sich von den übrigen Arbeitern auch äußerlich abzusondern, trat Scherzer mit einem umfassenden Programm an die Öffentlichkeit. In einem eindringlichen Appell rief er zur Gründung einer Arbeiterzeitung auf:

An Männer des Fortschritts!

In dem welterschütternden Augenblick, wo wir, befreit von den Fesseln eines despotischen Regierungssystems, uns wonnetrunken in die Arme der Freiheit stürzen, ist es von höchster Bedeutung, die bisher so ungerecht gedrückten Arbeiterklassen über ihr neues Verhältnis zur Gesamtheit, über ihre Pflichten und Rechte gegen dieselbe so viel und so schnell als möglich zu belehren.

Und dies könnte am wirksamsten und erfolgreichsten durch Gründung einer *Arbeiter-Zeitung* geschehen, welche im liberalen Tone gehalten die Volksklassen von den Bewegungen unserer Zeit und deren Wirkung auf die ganze große Gesellschaft unterrichtet.

Eine weitere, nicht minder edle Aufgabe wäre es, die Arbeiterklassen durch öffentliche Anschläge, durch eine sogenannte Mauer-Lecture von den wichtigsten Ereignissen fortwährend in Kenntnis zu setzen und sie in populärer Weise darüber aufzuklären[24].

Alle befreundeten Redaktionen werden um Aufnahme des nachstehenden Aufrufes höflichst ersucht.

Durchdrungen von der großen Wichtigkeit und dem segenbringenden Einfluß eines derartigen Unternehmens, beabsichtigt der Gefertigte im Vereine mit Gleichgesinnten ein Volksblatt im Interesse des *Nährstandes* zu gründen, die Redaktion desselben unentgeltlich zu leiten und sich dabei auch außerdem nach Kräften pecuniär zu beteiligen. Der Gefertigte fordert demnach alle *wahren* Menschenfreunde, denen es um die heilige Sache der Freiheit und der Gleichheit wirklich ernst ist, hiermit auf, sich diesem populären Unternehmen eifrig anzuschließen und es durch ihren Beitritt zu fördern und zu unterstützen. Obschon es sich bei der Herausgabe dieses die Rechte der Arbeiter vertretenden Blattes durchaus um keinen Gewinn, sondern lediglich um Erzielung der Regiekosten handelt, so muß doch dasselbe, soll es seinen humanen Zweck vollkommen erreichen, dermaßen *billig* verkauft werden, daß die Kosten auf eine andere Weise als durch die Pränumerationsbeträge gedeckt werden müssen. Aus diesem Grunde schlägt der Gefertigte die Emission von Anteilen im Betrage von 20, 50 und 100 Gulden CM vor, welche zwar als fonds perdu zu betrachten wären, jedoch im Falle einer günstigen Gestaltung von der Gesellschaft jährlich mit drei Perzent verzinst werden sollten.

Dies sind die Grundlinien einer Unternehmung, welche sich die Lösung des *wichtigsten* Problems, die Zukunft der Arbeiterklassen zur Aufgabe stellt, und die nur durch die regste Teilnahme, durch die großmütigste Unterstützung entstehen und gedeihen kann. – Das Programm ist vollendet und wird für den Fall, daß dieser Vorschlag die gewünschte Aufnahme findet, unverweilt veröffentlicht werden. Zuschriften, welche eine Beteiligung an dieser humanen Sache zum Zwecke haben, erbittet sich der Gefertigte unter seiner Adresse an die löbliche Buchhandlung von Kaulfuß Witwe, Prandl & Co.

Wien, 8. Mai 1848

Carl Scherzer
408, Praterstraße[25].

Am 22. Mai betonte Scherzer erneut die Notwendigkeit einer Vereinsgründung[26]. Anfang Juni, nach den Barrikadentagen des Mai, reiste Scherzer ins Salzkammergut. Sein kurzer Abschied vom politischen Getriebe der Hauptstadt bedeutete freilich kein Nachlassen seines Interesses an sozialen Problemen. Mit Bestürzung sah Scherzer im Hallstätter Salzbergwerk die Knappen, »fahle, bleiche, traurige Gestalten«, und rief aus:

> Der Staat verkauft den Zentner Salz mit 5 fl. Münze, ihm kostet er nach eingeholten Erkundigungen kaum 50 Kreuzer – sollte er da auf die Erhaltung jener, welche ihm dieses bedeutende Erträgnis verschaffen, nicht menschenfreundlichen Bedacht nehmen? Darum ist das Salz auch so bitter, weil es befeuchtet ist mit den Tränen dieser Gramgebeugten[27]!

Nach Wien zurückgekehrt, mußte Scherzer die wachsende Entfremdung zwischen dem Wiener Bürgertum und den Erdarbeitern beobachten, die im Juni beinahe zum offenen Konflikt geführt hätte. Für diesmal konnte der Sicherheitsausschuß die eine Erhöhung ihres kargen Lohnes fordernden Arbeiter noch beschwichtigen[28].

Die drohende Haltung der Nationalgarde gegen die Arbeiter wurde von Scherzer, der bis 22. Juli in der Redaktion der *Zeitung für die Wiener Nationalgarde* tätig war, kritisiert:

> Wir ersuchen daher den Herrn Oberkommandanten, die Nationalgarde nur in der dringendsten Gefahr unter Waffen treten zu lassen, und nicht auf das bloße Gerücht eines Böswilligen oder Leichtgläubigen gleich schwere Geschütze auffahren zu lassen, die Familien der ganzen Residenz zu beunruhigen, die ruhigen Bürger in ihren Berufsgeschäften zu stören[29].

Die Agitation für die Reichstagswahlen gab Scherzer erneut die Möglichkeit, auf die Arbeiterfrage hinzuweisen, die das Besitzbürgertum teils verdrängte, teils mit Notstandsarbeiten oder karitativen Maßnahmen lösen wollte. In der Liste der Wahlmänner der Leopoldstadt wird Scherzer an erster Stelle genannt – wohl ein Ehrenvorrang, den man seiner angesehenen Familie einräumte[30]. Er selbst kandidierte nicht für die Wahl; seinen Bruder entsandte der Wahlkreis Klosterneuburg in das erste österreichische Parlament, wo er sich der Linken des Hauses anschloß. Karl Scherzer sah die Aufgabe des Reichstages nicht nur in der Verwirklichung der politischen Demokratie, sondern auch in der sozialen Reform.

Bei dieser Gelegenheit lernen wir Scherzers politisches Programm kennen:

Eine Kammer – direkte Wahlen ohne allen Zensus – unentgeltliche Volkserziehung – Arbeiterkolonien – Auswanderung auf Staatskosten – innigstes, festes Anschließen an Deutschland – energisches Auftreten gegen alle Anmaßungen des Panslawismus – Gleichstellung aller Stände und Konfessionen – Aufhebung jener Steuern, welche auf den nötigsten Lebensbedürfnissen lasten, dagegen Einführung der gerechtesten, der bewährtesten aller Steuern, der Einkommensteuer – Aufhebung der Klöster – Aufhebung des Lottospieles[31].
Die Proletariatsfrage ist eine Lebensfrage für Österreich, für die Menschheit geworden! (...) Wir dürfen in dem Proletarier, in dem erwerbslosen, hungernden Arbeiter nicht mehr unseren Feind, wir müssen in ihm unseren Freund, unsern Bruder erblicken! Wir müssen anerkennen, daß Mensch ein größerer Name sei als Fürst oder König! Wir müssen anerkennen, daß jeder im Gesellschaftsverbande lebende Arbeiter auch ein Recht auf Arbeit habe! (...) Gestehen wir's offen, unsere Märzrevolution kam nicht bloß aus dem Kopf, sie kam auch aus dem Magen; denn der Hunger, das ist der größte Revolutionär! Und darum wird es hauptsächlich darauf ankommen, jenes Minimum zu ermitteln, welches jeder strebsame Arbeiter zur Aufrechterhaltung seiner Menschenwürde, zur Bestreitung seiner Lebensbedürfnisse von der Gesellschaft zu fordern berechtigt ist. Dieses Minimum festzustellen, muß eine der Hauptaufgaben des Reichstages sein; nur glauben wir, daß dieses Problem nicht durch die Gelehrtenwelt, sondern durch den Sozialisten, durch den arbeiterfreundlichen Mann seine Lösung finden wird[32].

Mit großer Freude nahm Scherzer die Kunde von der Gründung des Wiener Arbeiter-Vereins auf, den der Buchbindergeselle Friedrich Sander im Juni ins Leben gerufen hatte. Scherzer, der mit seinen Vereinsaufrufen im Bürgertum keinen greifbaren Erfolg erzielen konnte, begrüßte den Zusammenschluß der Arbeiter:

Während dieses Unternehmen [Scherzers geplante *Gesellschaft der Arbeiter-Freunde*] mit allen Qualen der Teilnahmelosigkeit von Seite der besitzenden Klassen zu kämpfen hatte, entstand durch die unverdrossenen Bemühungen einiger Arbeiter der erste Wiener Arbeiter-Verein ohne die geringste Unterstützung der besitzenden Stände. Es ist eine der erfreulichsten Erscheinungen, welche die Märztage ins Leben gerufen, und verdient seines edlen Zweckes willen die allgemeinste Beachtung, die innigste Teilnahme. Wer einer dieser Versammlungen einer Klasse der Bevölkerung beigewohnt, die man gemeinhin mit dem Ausdruck »ungebildet« bezeichnet, wer die Aufmerksamkeit gesehen, welche man selbst minder interessanten Vorträgen zuwendet, wer die Ruhe der Ordnung beobachtet, welche jedes einzelne Mitglied beseelte, muß von dem Wunsche ergriffen werden, daß sich so manche durch Intelligenz und Stellung weit bevorzugte Versammlungen an dem parlamentarischen Betragen dieser Arbeiter ein Beispiel nehmen[33].

Für Scherzer galt es nun, den Zusammenschluß der Wiener Buchdrucker zu fördern – die *Typographia* führte im Sommer 1848 nur noch ein Schattendasein. Anfang Juli hatte der Verwaltungsrat der Nationalgarde die Auflösung der Typographenlegion angeordnet. So mußte Scherzer neu beginnen; er konnte sich dabei auf Druckereiarbeiter stützen, die sich nicht mehr in zünftlerischer Beschränktheit als »Künstler«, sondern als Vorhut der Arbeiterklasse fühlten. Der Setzer Josef Hermann Hillisch stellte die Verbindung zum Arbeiterverein, dessen Mitglied er war, her. Hillisch redigierte die seit Anfang Juli erscheinende *Österreichische Typographia*, die erste selbständige Zeitung der Wiener Arbeiter[34].

Der junge Schriftsetzer formulierte sein Programm mit Worten, die sich von den Illusionen des Frühjahrs 1848 deutlich abheben:

Ich will als Arbeiter zu meinen Kameraden durch dieses Journal sprechen. (...) Ich will mit Mut, Ausdauer und Uneigennützigkeit gegen jene Prinzipale oder Herren in die Schranken treten, welchen der »Zopf noch immer hinten hängt«, oder welche, die Menschenrechte des Arbeiters vergessend, sich unduldbare Eigenmächtigkeiten erlauben[35].

Noch klarer und mit dem Hinweis auf Scherzers Bedeutung für diese Wendung in der Bewußtseinsbildung der Wiener Buchdruckergesellen schrieb Hillisch wenig später:

Fragt Herrn Scherzer, euern warmen Freund, ob er euch für Künstler hält; er wird »nein!« sagen, hingegen auch als die »ersten Handwerker« bezeichnen. (...) Fordert es nicht die Bescheidenheit, fordert es nicht der Geist der Zeit, daß der Typograph, den andern Arbeitern gegenüber, sich nicht selbst erhöhe, sondern mit dem stillen Bewußtsein seiner größeren Bildung zum vereinten brüderlichen Aufstreben den andern Arbeitern freundlich die Hand reiche[36]?

Scherzer betonte wiederholt die Notwendigkeit eines festen Zusammenschlusses; in der Versammlung vom 9. August wurde die Gründung des *Gutenberg-Vereins der Buchdrucker Wiens* beschlossen, für den schon 471 Anmeldungen vorlagen[37]. Noch im August mußte Scherzer sich krankheitshalber zur Kur nach Bad Gleichenberg begeben – so verzögerte sich die Konstituierung des Vereins. Jene Arbeiter, die auf seiner Seite standen, bemühten sich redlich, die zünftlerischen Vorstellungen vieler ihrer Kollegen zu zerstören. In diesem Zusammenhang fiel auch das Wort von der »Arbeiteraristokratie«, das späterhin noch oft gerade in bezug auf die Buchdrucker gebraucht werden sollte:

> Werft nieder die chinesische Mauer des Kastenwesens, zerreißt die Zwangsjacke des Vorurteiles, vertilgt in eurem Herzen den Stolz der Arbeiter-Aristokratie[38].

Nach der Krise des 23. August, als im blutigen Kampf der bürgerlichen Nationalgarde gegen die Erdarbeiter der Klassenkonflikt offen ausbrach, versuchten die fortgeschrittensten Buchdrucker, eine breite Grundlage für die Solidarität aller Arbeiter Wiens zu schaffen. Hillisch, der die *Arbeiter-Zeitung*, das Organ des Arbeitervereins, redigierte, schrieb:

> Gleiche Achtung, gleiches Recht! rufe ich mit vor Zorn und Entrüstung zitternder Stimme wieder aus, ich rufe es aus im Namen der 40 000 Arbeiter Wiens[39].

Während der Abwesenheit Scherzers führte Ferdinand Dorstenstein die Geschäfte der Buchdrucker. Die Wiener nahmen Kontakte mit den Bestrebungen der deutschen Kollegen auf; Josef Habegger wurde als Deputierter zum Frankfurter Buchdruckerkongreß entsendet. Am 26. August wurden die Statuten des Gutenberg-Vereins beschlossen; das Herz des Vereins bildete die Bibliothek, deren Grundstock von Scherzer gestiftet wurde. 1849 erschien sogar ein gedrucktes *Bücher-Verzeichnis der Gutenberg-Bibliothek*, das leider in keiner Wiener Bibliothek mehr aufzufinden ist[40].

Erst nach der Rückkehr Scherzers wurde es mit der Konstituierung des Vereins ernst – sie erfolgte am 1. Oktober 1848 im Vereinslokal in der Gardegasse am Spittelberg. Den ausführlichen Bericht im *Österreichischen Buchdrucker-Organ* hat Höger wiedergegeben[41]. Von den Rednern – Scherzer, Dorstenstein, Eckardt – erntete der Dichter Ludwig August Frankl besonders großen Beifall, als er auf das Zusammenwirken von Akademischer Legion und Setzern in den Barrikadentagen des Mai anspielte:

> Unsere Straßen waren die Setzkästen, die Quadersteine die Lettern, und Sie halfen uns eine Schrift zu setzen, die klar und deutlich zu lesen war, Sie halfen uns, Plakate im Lapidarstil an die Straßenecken schlagen, die, weiß Gott, nicht zur schlechten Presse gehörten.

Scherzer wollte in seiner Ansprache den Vereinszweck vor allem im Sinn sozialer Reformtätigkeit verstehen – gegenüber politischem Engagement sollte vorsichtige Distanz gewahrt bleiben:

> So bildet unser Verein einen kleinen Staat im Staate, und obschon, soll derselbe zwecksentsprechend und wahrhaft nutzbringend sich entfalten

unser Hauptaugenmerk auf die Verbesserung unserer sozialen Verhältnisse gerichtet bleiben muß, so dürfte es doch in unserer so vielbewegten Zeit schwer fallen, nicht zuweilen auf das Gebiet der Politik hinüber zu streifen! Aber die Stellung, die wir in dieser Beziehung einnehmen wollen, muß eine scharf begrenzte, muß eine passive sein. Wir wollen lernen, aber nicht lehren; wir wollen uns erst mit dem schwierigen, geheimnisvollen Mechanismus der Staatsmaschine vollends vertraut machen, bevor wir tatkräftig in dieselbe eingreifen. Darum mögen in diesen Räumen wohl politische Debatten geführt, aber nie Beschlüsse darüber gefaßt werden.

Am 5. Oktober wurden Scherzer und Dorstenstein zum Präsidenten bzw. Vizepräsidenten des Vereins gewählt. Alle Hoffnungen, die man an diese Gründung geknüpft hatte – der Vorsitzende des Arbeitervereins, Sander, hatte wegen des geplanten »Arbeiterparlaments« Fühlung mit dem Gutenberg-Verein aufgenommen –, wurden mit der Niederlage der Wiener Oktoberrevolution zunichte.

Die Buchdrucker standen in der ersten Reihe des Kampfes gegen die Konterrevolution. Politisch bewußt gewordene Setzer weigerten sich damals, an der Drucklegung reaktionärer Zeitungen mitzuarbeiten, die – wie etwa der *Wiener Zuschauer* – ihr Erscheinen einstellen mußten. Scherzer, der in seiner Inaugurationsrede des Gutenberg-Vereins in der Politik eine passive Haltung empfohlen hatte, nahm an den bewaffneten Auseinandersetzungen – soviel wir wissen – nicht teil. Sein Bruder bekleidete nach dem Rücktritt Streffleurs für kurze Zeit (7. bis 9. Oktober) die Stelle eines Oberkommandanten der Wiener Nationalgarde, fühlte sich aber der schwierigen militärischen und politischen Aufgabe nicht gewachsen und trat zurück.

Die unpolitische Richtung, die Scherzer dem Gutenberg-Verein zugewiesen hatte, verhinderte seine Auflösung nach dem Sieg der militärischen Gegenrevolution, der sonst alle demokratischen und Arbeitervereine zum Opfer fielen. Das Vereinslokal blieb allerdings unter der Herrschaft des Kriegsrechts geschlossen, die Tätigkeit des Vereins war praktisch stillgelegt. Daran konnte auch der Umstand nichts ändern, daß Scherzer im September 1849 auf einer Reise nach Berlin Beziehungen zum wenig später aufgelösten deutschen Gutenbergbund anzuknüpfen versuchte. Die Zeit des Wiener Gutenberg-Vereins war abgelaufen; 1852 wurden er ebenso wie die 1850 begründete Invalidenkasse aufgehoben, die Bibliothek und das Vermögen wurden ohne Entschädigung konfisziert. Nur der Krankenhilfsverein durfte fortbestehen; auch er machte in dieser Zeit der dunkelsten Reaktion durch unerfreuliche Defraudationsaffären eine schwere Krise durch.

Die Militärgerichte machten auf ihrer Suche nach »Schuldigen« an den Ereignissen von 1848 auch vor den Führern des Gutenberg-Vereins nicht halt. Dorstenstein wurde 1852 »wegen Bildung und Leitung eines unerlaubten Vereines von politischer Tendenz« zu achtwöchigem Profosenarrest verurteilt[42]; er fand nach seiner Abstrafung keine Anstellung mehr – über sein weiteres Schicksal ist uns nichts bekannt. Welchen ungeheuren Rückfall gegenüber der kurzen Blüte des freien Worts in der Achtundvierziger-Revolution die Säbelherrschaft bedeutete, zeigt das Beispiel des siebzehnjährigen Buchdruckerlehrlings Johann Gurresch, der wegen Schmähungen des Monarchen zu zehnjähriger Schanzarbeit (!) verurteilt wurde[43].

Zu dieser Zeit war Scherzer schon ferne seiner Heimat. Er, der 1849/50 wiederum vergeblich um die Bewilligung zur Errichtung einer Druckerei angesucht und 1849 das Doktorat von der Universität Gießen bekommen hatte, lernte in Meran den bedeutenden Reisenden Moritz Wagner (1813–1887)[44] kennen, mit dem er nach Amerika ging (1852–1855). Die Ergebnisse dieser ausgedehnten Forschungsreise, die außer den USA auch die noch nahezu unerschlossenen mittelamerikanischen Staaten zum Ziel hatte, machten Scherzers Namen in der wissenschaftlichen Welt bekannt – Alexander von Humboldt rühmte Scherzers Verdienste. Bei Scherzers Heimkehr ließ es sich das Militärgericht aber nicht nehmen, ihn, der seinerzeit im Verfahren gegen Dorstenstein in absentia zu drei Monaten Arrest verurteilt worden war, vor seine Schranken zu zitieren. Dem mittlerweile berühmt Gewordenen wurde die Strafe zwar nicht nachgesehen, aber – in krausem Amtsdeutsch – gemildert:

> Obiges Erkenntnis wurde dem inzwischen abwesend gewesenen und erst jetzt zurückgekehrten Dr. der Philosophie Karl Scherzer am heutigen Tage vorschriftsmäßig kundgemacht, und, nachdem sich derselbe der ihm zuerkannten Strafe gefügt hatte, ihm die vom hohen k.k. Militär-Gouvernement im Wege der Gnade ausgesprochene Verwandlung obiger Strafe in achttägigen Hausarrest bekanntgegeben[45].

Aufgeschlossene Staatsmänner erkannten trotz dieser Justizgroteske Scherzers hohe Qualifikationen; Minister Bruck lud ihn zur Teilnahme an der *Novara*-Expedition ein. Scherzer bearbeitete den nationalökonomisch-statistischen Teil des von ihm redigierten Berichtes über diese berühmte Weltumsegelung, der ein ungeheurer Erfolg wurde[46]. Seine Forschungen blieben aber nicht nur auf sein eigentliches Fachgebiet beschränkt; er zeichnete sich auch durch reges völkerkundliches und naturwissenschaftliches Interesse aus. Das damals erstmals beschriebene *Anthurium scherzerianum* – heute eine beliebte Zimmerpflanze – erinnert mit seinem Namen an diesen großen österreichischen Reisenden und Forscher.

Es ist hier nicht möglich, Scherzers weitere Laufbahn ausführlicher darzustellen: Nach einer dritten Weltreise, die ihn in den Fernen Osten führte, wurde er 1872 Generalkonsul in Smyrna, ging 1878 in dieser Eigenschaft an die sächsischen Höfe und 1881 nach Genua. 1897 pensioniert, verbrachte er seinen Lebensabend im milden Klima von Görz. Seine Asche wurde auf dem evangelischen Friedhof Wien-Matzleinsdorf beigesetzt – die Grabstätte dieses großen Forschers und Österreichers ist heute nicht mehr bekannt.

Die Ehrungen, die ihm aufgrund seiner bedeutenden wissenschaftlichen Leistungen zuteil wurden, haben Scherzer nie die Arbeiter vergessen lassen, deren Streben nach Wissen und Bildung in ihm den ersten Freund und Förderer gefunden hatte. 1868, als die liberale Ära wieder den Neubeginn der Arbeiterorganisation ermöglichte, erinnerte Scherzer – nunmehr Ministerialrat und »Ritter von« – in einer Ansprache die Wiener Buchdrucker an ihre Vorkämpfer von 1848:

> Was wäre aus unserem Vereine, ja, ohne der Übertreibung beschuldigt zu werden, was wäre aus Österreich geworden, hätte man damals nicht jede freie Regung in ihrem Keime erstickt, jede Assoziation schonungslos zertreten! (...) Aus diesem Grunde lassen Sie uns das Herannahen eines neuen Freiheitsmorgens mit Freude und dankbarem Herzen begrüßen! Ihre Versammlungen und humanen Bestrebungen werden von nun an nicht mehr mit verdächtigen Blicken betrachtet oder als staatsgefährliche Konspirationen angefeindet werden[47].

Als die Wiener Buchdrucker 1882 das vierhundertjährige Jubiläum der Kunst Gutenbergs in ihrer Stadt feierten, hatte Scherzer den Ehrenvorsitz im Festkomitee[48].

Bei all seiner Sympathie für die Bildungsbestrebungen der Arbeiterbewegung und die gewerkschaftliche Organisation stand Scherzer den politischen Zielen der Sozialdemokratie distanziert gegenüber. Seinen bürgerlichen Standpunkt hat er, der auch 1848 nicht Revolutionär, sondern Reformer gewesen war, nie verlassen. Konfrontiert mit den Verhältnissen in den englischen Fabriken, die er als Reisebegleiter von Kronprinz Rudolf 1877 kennenlernte, appellierte er zur Besserung ihrer Lage nicht an die Klassenorganisation der Arbeiter, sondern an das »intelligente Wohlwollen« der »Industrieherren«[49]. Die Bismarcksche Sozialgesetzgebung hielt Scherzer für ein geeignetes Mittel, »der auch in Deutschland drohenden demokratisch-sozialistischen Bewegung bei Zeiten einen schützenden Damm entgegenzustellen, um dieselbe für die Gesellschaft möglichst unschädlich zu machen[50]«. Seine Anschauung über das Verhältnis von Unternehmern und Arbeitern – wir würden sie heute als »Sozialpartnerschaft« bezeichnen – drückte Scherzer so aus:

> Der Arbeiter gelte dem Arbeitgeber als ein Gehilfe in dem beruflichen Werke, mit dem gemeinsam er es fördern will, nicht aber als ein Gegenstand gewinnsüchtiger Spekulation, und in dem Arbeitgeber erkenne der Arbeiter den erfahrenen Führer, den Vermittler ersprießlicher Arbeitstätigkeit[51].

Aus diesen Zitaten wird hinlänglich klar, daß Scherzer bei all seinem Interesse für die sozialen Fragen seiner Zeit keineswegs ein Sozialist genannt werden darf. Er war ein Liberaler, der ein Stück Weges, und zwar das schwerste und wichtigste Stück – den Anfang –, mit der entstehenden Arbeiterbewegung gegangen ist. Es hat nicht allzu viele bürgerliche Politiker und Intellektuelle im Österreich des 19. Jahrhunderts gegeben, die so wie Scherzer die Arbeiterschaft als Träger des historischen Fortschritts erkannten. Man denke nur – als Gegenbeispiel – an den »Achtundvierziger« Karl Giskra, der nachmals als reaktionärer »liberaler« Innenminister »die soziale Frage bei Bodenbach« aufhören ließ und die Arbeiterbewegung polizeilich unterdrückte.

Die edle Kunst Gutenbergs zählt zu ihren Jüngern viele Männer, die in der Geschichte der fortschrittlichen Bestrebungen des Bürgertums und der Arbeiterschaft einen festen Platz haben. Das Aufklärungsdenken eines Benjamin Franklin hat in der Persönlichkeit Karl Scherzers, der seinen Wahlspruch »prodesse mundo« (der Welt nützen) wahr zu machen suchte, einen legitimen Erben gefunden. Aus der Geschichte der Arbeiterbewegung wären unzählige Namen von Schriftsetzern zu nennen, die oft ganz unterschiedliche Tendenzen bezeichnen – man denke nur an Stephan Born, Karl Schapper, Pierre Joseph Proudhon, um die Spannweite der frühen Arbeiterbewegung um 1848 anzudeuten. Auch die durch brutale Unterdrückung erstickten und verschütteten Anfänge der österreichischen Arbeiterbewegung im Revolutionsjahr, an deren Spitze die Buchdrucker und mit ihnen Karl Scherzer standen, verdienen es, dem Dunkel der Vergessenheit entrissen zu werden.

ANMERKUNGEN

1 Karl Ritter von Scherzer (in der Folge abgekürzt: Sch.) gestorben, in: *Arbeiter-Zeitung*, Nr. 51 (21. 2. 1903), 6.
2 Karl Höger, *Karl von Sch.*, in: *Vorwärts! Zeitschrift für Buchdrucker und verwandte Interessen*, Nr. 9 (27. 2. 1903), 43 f.
3 Zu Sch.s Biographie siehe Constant von Wurzbach, *Biographisches Lexikon des Kaisertums Österreich*, Bd. 29, Wien 1875, 227–238; Karl Krupitz, *Dr. Karl Ritter von Sch.*, in: *Mitteilungen der k.k. Geographischen Gesellschaft in Wien 1903*, 161–166; *Dr. Karl Ritter von Sch. Eine biographische Skizze*, Wien 1907; Albin Oppolzer, *Karl Sch.*, Diss. Wien 1949; Hans Rusinek, *Ein Buchdrucker als Forschungsreisender*, in: *Der Anführgspan*, Nr. 18 (März 1965), 11–12.
4 Richard Groner, *Wien wie es war*, Wien–München 1965, 547. An den Vater Sch.s erinnert noch die Scherzerstraße in Wien II.
5 Vgl. Hermann Barge, *Geschichte der Buchdruckerkunst von ihren Anfängen bis zur Gegenwart*, Leipzig 1940; S. H. Steinberg, *Die Schwarze Kunst. 500 Jahre Buchdruck*, München 1958.
6 Alois Auer war der Vater von Karl Auer von Welsbach.
7 Anton Mayer, *Wiens Burchdruckergeschichte 1482–1882*, Bd. 2, Wien 1887, 165 ff.
8 Ebenda, 275.
9 Stephan Born, *Erinnerungen eines Achtundvierzigers*, Leipzig ²1898, 14.
10 *Unterstützungsvereine für Buchdrucker in Wien*, in: *Österreichisches Buchdrucker-Organ*, Nr. 1 (5. 8. 1848), 5–8.
11 Zitiert nach: Gerhard Beier, *Schwarze Kunst und Klassenkampf*, Bd. 1, Frankfurt 1966, 66.
12 Diese Schrift war von Sch. selbst gesetzt worden: *Wiener Abendzeitung*, Nr. 157 (4. 10. 1848), 641.
13 Sch., *Über das Armtum*, Wien 1848, 6.
14 Ebenda, 8.
15 Heinrich Reschauer, *Das Jahr 1848. Geschichte der Wiener Revolution*, Bd. 1, Wien 1872, 295.
16 Josef Alexander von Helfert, *Der Wiener Parnaß im Jahre 1848*, Wien 1882, Nr. 336.
17 Zum Vergleich mit der Situation außerhalb Wiens siehe: Anton Wieser, *Anno 1848*, in: *Vorwärts! Zeitschrift für Buchdrucker und verwandte Interessen*, Nr. 10 (4. 3. 1904) bis Nr. 18 (29. 4. 1904).
18 Mehrere Wiener Typographen: *Ein freies Wort für gedrückte Arbeiter*, in: *Die Constitution*, Nr. 13 (5. 4. 1848), 153–157.
19 Veröffentlichung als Flugblatt und in: *Die Constitution*, Nr 19 (12. 4. 1848), 276 f. Text bei: Karl Höger, *Aus eigener Kraft! Die Geschichte eines österreichischen Arbeitervereines seit 50 Jahren*, Wien 1892, 74 f. Högers Werk ist eine unentbehrliche Quelle für die Organisationsgeschichte der Wiener Buchdrucker, zumal das von ihm ausgeschöpfte Archiv der Buchdruckergewerkschaft 1938 vernichtet wurde.
20 HHStA, Reichstagsakten 1848, Fasz. 147, 223. Raffelsperger rächte sich auf höchst unschöne Art in der von ihm redigierten und herausgegebenen Zeitung an Sch.: »So hat z. B. der genannte Bürger Carl Sch. sich nicht entblödet, aus jugendlichem Leichtsinn die zweideutige Rolle eines Vorstehers oder Präsidenten der typographischen Arbeiter zu spielen und nach seiner Meinung, da ihm selbst die Behörde keine Druckerei verleihen wollte und nicht verliehen hatte, die unstatthaften

Forderungen lauer Arbeiter (denn jeder wohldenkende Typograph hielt sich von diesen Versammlungen entfernt) zu formulieren gewußt.« *Der Unparteiische,* Nr. 42 (31. 8. 1848), 332.
21 HHStA, Reichstagsakten 1848, Fasz. 149, 251.
22 Höger (Anm. 19), 86 f.
23 Ludwig Eckardt, *Der erste Arbeiterverein ist gegründet!* o. O. u. J. (Wien 1848).
24 Dieser Satz ist im Manuskript gestrichen.
25 Der Text dieses Aufrufs ist nach dem Original in der Handschriftensammlung der Österreichischen Nationalbibliothek wiedergegeben (Autographe 105/15–2). Er erschien in der von Ludwig August Frankl herausgegebenen *Wiener Abendzeitung,* Nr. 37 (8. 5. 1848), 151, in Moritz Saphirs *Humorist,* Nr. 113 (11. 5. 1848), 467, in Theodor Meynerts *Der österreichische Nationalgardist und konstitutionelle Staatsbürger,* Nr. 19 (13. 5. 1848), 75 und in Moritz Mahlers *Der Freimütige* Nr. 43 (21. 5. 1848), 178.
26 Sch., *An die Freunde der Arbeiter,* in: *Wiener Abendzeitung,* Nr. 49 (22. 5. 1848), 204.
27 Sch., *Politische Staubferien,* in: *Der Humorist,* Nr. 162 (7. 7. 1848), 670.
28 Als Mitglied dieser führenden Behörde der kleinbürgerlichen Demokratie wird ein Scherzer am 20. 6. 1848 genannt, es dürfte sich eher um Johann Georg handeln. HHStA, Reichstagsakten 1848, Fasz. 138, Protokoll 20. 6. 1848.
29 *Zeitung für die Wiener Nationalgarde,* Nr. 9 (20. 6. 1848), 56.
30 HHStA, Reichstagsakten 1848, Fasz. 147, 579.
31 Sch., *An die Wahlmänner,* in: *Wiener Abendzeitung,* Nr. 77 (30. 6. 1848), 319.
32 Sch., *Welches ist die Hauptfrage des Reichstages?,* in: *Nationalblatt. Volkszeitung für wahre Freiheit,* Nr. 3 (5. 7. 1848), 12.
33 Sch., *Der erste Wiener Arbeiter-Verein,* in: *Der Humorist,* Nr. 178 (26. 7. 1848), 734.
34 Vgl. dazu Kurt Paupié, *Die Arbeiterpresse vor Hainfeld,* in: *Archiv. Mitteilungsblatt des Vereins für Geschichte der Arbeiterbewegung* 2 (1962) – 4 (1964). Hillisch (1825–1897) gelang nach 1848 der Übergang in das bürgerliche Leben. 1855 gab er in Linz, wohin er übersiedelt war, *Gedichte eines Handwerksburschen* heraus; im gleichen Jahr wurde er Badeverwalter in Bad Hall. Er starb als Gebäudeinspektor des Linzer Landhauses. Vgl. Gerhart Baron, *Der Beginn. Die Anfänge der Arbeiterbildungsvereine in Oberösterreich,* Linz 1971, 34.
35 Hillisch, *Mein Programm,* in: *Österreichische Typographia,* Nr. 1/2 (2. 7. 1848), 1.
36 Hillisch, *Der Buchdrucker in seinem Verhältnis zu anderen Arbeitern,* in: *Österreichische Typographie,* Nr. 6/7 (23. 7. 1848), 22. Wie sehr Hillisch im Kreise seiner Berufskollegen, die an zünftischen Vorstellungen festhielten und sich als »Künstler« von den übrigen Arbeitern abgrenzen wollten, für seine Anschauungen zu kämpfen hatte, zeigten die Anwürfe gegen ihn in einem satirischen Flugblatt:
> Es ist niemend anders als Herr Hillisch, der mit seinem höllischen Unsinnsgeskribel, mit der arrogantesten Profanität dem vorschreiten wollenden Künstler in den Weg tritt und sein Erglühen für das Wahre und Heilige zu ersticken sucht. Herrn Hillischs »Typographica« (ich meine, seine Aufsätze) sind vom Anfange bis zum Ende nichts – als ein Sammelplatz von gemeiner, die Kunst und ihre Anhänger herabsetzender Schundigkeit, und Herr Hillisch würde besser tun, Journale zu setzen als zu – schreiben.

Dieses Pamphlet beharrt auf der Errichtung einer Typographen-Legion und appostrophiert Hillisch abschließend in beleidigender Weise:
> Herr Hillisch! Literat, Künstler und Geselle! –
> Wahrhaftig zu viel, bei meiner armen Seele!

Geselle wäre ja allein schon gut,
In dessen Mitte sein Charakter ruht.
J. L. Harisch, *Gegengift für typographische Reaktionäre* – Johann Fischer, *Satyros. Beilage zum Gegengift* (Flugblatt in der Sammlung Walter Maderner, Wien).

37 Ferdinand Häusler, *Verhandlungen bei der allgemeinen Versammlung am 9. August,* in: *Österreichisches Buchdrucker-Organ,* Nr. 2 (12. 8. 1848), 11–13.
38 Franz Bösl, *Über den Wiener Typographen-Verein,* in: *Österreichische Typographia,* Nr. 12/13 (13. 8. 1848), 49.
39 Hillisch, *Das Arbeitergesindel,* in: *Arbeiter-Zeitung,* Nr. 3 (14. 9. 1848), 9.
40 Höger (Anm. 19), 126.
41 Ebenda, 109–116.
42 Kriegsarchiv, Zivil- und Militärgouvernement Wien, Ziviluntersuchungen, Nr. 3228/9. Allgemeines Verwaltungsarchiv, Grundbuch politisch bedenklicher Personen, D 29.
43 Ebenda, G 138. Den Eindruck dieses und unzähliger anderer Terrorurteile vermag auch die Amnestie im Jahre 1855 kaum zu lindern.
44 Vgl. Sch., *Moritz Wagner. Ein deutsches Forscherleben,* München 1888.
45 Kriegsarchiv (Anm. 42). Ich werde andernorts ausführlicher über das Verfahren gegen Dorstenstein und Sch. berichten.
46 Eine Auswahl aus dieser immer noch lesenswerten Reisebeschreibung wurde von Günter Treffer herausgegeben: Karl von Sch., *Die Weltumseglung der »Novara« 1857–1859,* Wien–München–Zürich 1973.
47 Höger (Anm. 19), 362.
48 *Österreichische Buchdrucker-Zeitung,* Nr. 26 (29. 6. 1882), 282–284, 290.
49 Sch., *Weltindustrien. Studien während einer Fürstenreise durch die britischen Fabriksbezirke,* Stuttgart 1880, 311. Über Sch.s Beziehungen zu Kronprinz Rudolf siehe zuletzt Brigitte Hamann, *Rudolf. Kronprinz und Rebell,* Wien–München 1978, 94–96.
50 Sch., *Wirtschaftliche Tatsachen zum Nachdenken,* Leipzig 1881, 69.
51 Sch., *Die Buchdruckerkunst und der Kulturfortschritt der Menschheit,* Berlin 1882, 32.

Rudolf G. Ardelt

Friedrich Adler:
Probleme der Identitätsbildung

Vorbemerkung

In den Publikationen über Friedrich Adler stehen – man kann sagen, erwartungsgemäß – das Attentat auf den k. k. Ministerpräsidenten Karl Graf Stürgkh am 21. Oktober 1916 und der darauffolgende Prozeß im Mittelpunkt des Interesses[1]. Kindheit und Jugend erscheinen hierbei nur als »Vorgeschichte«, als solche stellen sie für die Historiker anscheinend kein historisch relevantes Faktum dar[2].

Die Briefe zwischen Vater und Sohn, die im Nachlaß beider weitgehend erhalten sind[3], zeigen jedoch, daß gerade die Zeit des Überganges vom Jugendlichen zum jungen Erwachsenen für Friedrich Adler eine dramatische Phase seiner Persönlichkeitsentwicklung darstellte, erfüllt von persönlichen Krisen, heftigen Auseinandersetzungen mit Victor Adler, ja auch psychosomatischen Störungen.

Diese – äußerlich durch das Studium Friedrich Adlers in Zürich gekennzeichnete – Phase weist aber über die individual-biographische Problematik auch auf die weitere Problematik der politischen Sozialisation des Sohnes einer der ersten hervorragenden Führungspersönlichkeiten der österreichischen Sozialdemokratie in der Periode unmittelbar nach Hainfeld hin: Daß Friedrich Adler als Angehöriger der »zweiten Generation« einer Gruppe bürgerlicher Intellektueller in Führungspositionen in der Arbeiterbewegung seine politische Heimat ebenda fand, stieß in den neunziger Jahren des 19. Jahrhunderts auf mehr Hindernisse, als es das gerne gewählte Paradigma einer »selbstverständlichen« Nachfolge des Sohnes nach dem Vater – das auf den ersten Blick sehr plausibel erscheint – vermuten läßt.

In der folgenden Untersuchung dieses Problemkreises sollen Erkenntnisse und theoretische Ansätze der dynamischen Psychologie sowie der Entwicklungspsychologie – wie sie in den letzten Jahren gerade in der »Psychohistorie« auch innerhalb der Geschichtswissenschaft Eingang gefunden haben – einbezogen werden[4]. Auch wenn viele Ergebnisse der Anwendung etwa psychoanalytischer Interpretationen mit stark klinischer Ausrichtung problematisch erscheinen[5], dürfte diese Vorgangsweise, vorsichtig angewandt, allein schon durch den heuristischen Wert der theoretischen Modelle der Persönlichkeitsentwicklung gerechtfertig sein.

Erik H. Erikson, einer der Väter der Psychohistorie, hat in seinen Werken besonders auf das Problem der Herausbildung einer fest umrissenen Identität in der Übergangsphase von der Pubertät und Adoleszenz zum Erwachsenenalter hingewiesen, d. h. jener Phase der Bildung eines mehr oder minder fest umrissenen »Selbst-Verständnisses«, die mit den krisenhaften Erscheinungen der Ablösung vom primären Sozialisationsmilieu der Familie und der Adaptierung an das sekundäre Sozialisationsmilieu der gesellschaftlichen Umwelt eines »Erwachsenen« verbunden ist[6]. In dieser Phase erfahren Rollenmuster, Werte, Normen, Verhaltensweisen, wie sie in der Familie erlernt worden sind, besonders bei nicht mehr durch Traditionen gefestigten, sondern vielmehr durch raschen Wandel und Inhomogenität gekennzeichneten sozio-kulturellen Systemen, zum Teil eine starke Umformung, die vom Jugendlichen als Krise seiner selbst erfahren wird.

Bei der Untersuchung dieses Problems an der Person Friedrich Adlers handelt es sich deshalb nicht allein um eine individualpsychologische oder individualbiographische Fragestellung, sondern vielmehr auch um eine sozialhistorische Problematik, was der Forderung Hans-Ulrich Wehlers nach einer Modifikation des oft auf das quasi isolierte Individuum und seinen engeren familiären Umkreis zentrierten psychohistorischen Ansatzes entspricht[7].

Die soziale Ambivalenz des familiären Milieus Friedrich Adlers

In der Historiographie der Arbeiterbewegung wird meist über das Problem der Integration von bürgerlichen Intellektuellen und deren Funktion innerhalb der Institutionen der Arbeiterklasse hinweggegangen[8]. Es erscheint heute als Selbstverständlichkeit, war es aber gerade in den frühen Jahren der Arbeiterbewegung keineswegs, wofür sich gerade bei Victor Adler zahlreiche quellenmäßige Belege finden[9]. In einer Zeit der klaren Trennung und Differenzierung zwischen dem proletarischen und dem bürgerlichen Milieu ergab sich – dies ist vor allem für das Deutsche Reich wie auch die Habsburgermonarchie kennzeichnend – für »Renegaten« des Bürgertums eine wesentliche Funktion beim Aufbau der Institutionen der Arbeiterbewegung, da damit der Arbeiterklasse der Eintritt in die »bürgerliche Öffentlichkeit«[10] und die Möglichkeit der politischen Aktion im Rahmen der Regeln der politischen Auseinandersetzung und Konfliktaustragung des bestehenden gesellschaftlichen Systems eröffnet wurde.

»Hainfeld« als Symbol für den »legalen« Weg der Arbeiterbewegung müßte also eigentlich unter diesem Aspekt der Adaptierung der politischen Strategie der Arbeiterbewegung an das bestehende politische und gesellschaftliche System untersucht werden. Damit konnte in der österreichischen Reichshälfte die Phase des Niederganges in den achtziger Jahren überwunden werden, zugleich kam es jedoch zu einer charakteristischen Herausbildung zweier Ebenen der Arbeiterbewegung: der genuin proletarischen an der Basis und einer »bürgerlich« dominierten an der Spitze des Organisationsapparates, dort also, wo die Institutionen als »Repräsentanten« der Arbeiterklasse den entsprechenden repräsentativen Institutionen der anderen gesellschaftlichen Klassen wie auch des »Staates«, vor allem auch dem Medienapparat mit seiner Einflußnahme auf die »Öffentlichkeit«, gegenübertraten. Dadurch kam einer der Gegenseite entsprechenden Qualifikation der Funktionsträger eine strategisch wichtige Bedeutung zu – ein Kriterium, das von proletarischen Funktionsträgern in jener Zeit nicht oder nur unvollkommen erfüllt werden konnte.

Eine besondere Rolle spielte jedoch auch die ideologische Legitimierung des Emanzipationskampfes des Proletariates durch Marx und Engels in Form des »wissenschaftlichen Sozialismus«, wodurch eine Orientierung an den Kriterien einer dem Bürgertum entsprungenen Wissenschaftsauffassung erfolgte. Dies führte gleichzeitig aber sicherlich auch zu einer Abwertung genuin proletarischer ideologischer Ausdrucksformen.

Fand die Identifikation der Angehörigen des Bürgertums in der Arbeiterbewegung in einer spezifischen ideologischen Selbstdarstellung – im Bereich der Journalistik wie auch der wissenschaftlichen Publizistik besonders stark ausgeprägt – ihren Ausdruck, so war die soziale Integration nur peripher erfolgt: Arbeitswelt, familiäres Milieu und Lebensführung differierten weiterhin klar gegenüber dem proletarischen Milieu. Dies und die Tatsache, daß die bürgerliche Intelligenz der Arbeiterbewegung ihren Lebensunterhalt durch den Verkauf der Arbeitskraft an die Arbeiterbewegung bestritt, machte sie aber auch anfällig sowohl für Angriffe der Gegner außerhalb wie auch für Mißtrauen und Vorurteile innerhalb der Arbeiterklasse. Sicher ist die Gefahr des »Parasitismus« dieser bürgerlichen Funktionäre auch historisch nicht von der Hand zu weisen.

Victor Adler – selbst Gegenstand vieler Angriffe – war sich dieser Situation des Widerspruches zwischen seiner »bourgeoisen« Herkunft und Charakteristika einerseits und der ideologischen Bindung an die Arbeiterklasse andererseits sehr wohl bewußt und litt auch unter diesem Spannungszustand. Ja, es läßt sich bei ihm der Versuch feststellen, mit allen Mitteln diese Relikte seiner »Bourgeois«-Vergangenheit abzustreifen: die völlige Verausgabung seines Vermögens[11], das Bemühen, die eigenen materiellen Existenzbedingungen auf ein Minimum zu reduzieren, was schließlich zu verschiedenen Hilfsaktionen von Freunden, etwa auch von Engels[12], und Verwandten[13] führte, um die Familie vor einem völligen materiellen Zusammenbruch zu retten. Auch die Selbstdisziplinierung und die völlige Hintanstellung persönlicher, gesundheitlicher und familiärer Interessen und Bedürfnisse sind Indikatoren für einen für diese ambivalente Bindung an zwei verschiedene soziale Milieus charakteristischen psychischen Spannungszustand.

Eine aggressive, nach außen gerichtete Ausdrucksform fand diese Ambivalenz bei Victor Adler jedoch auch gegenüber anderen Angehörigen der bürgerlichen Intelligenz in seinen Vorurteilen gegen deren »wahre« Motive, in seinen – etwa bei Benno Karpeles dokumentierten – Versuchen, sie von der Arbeiterbewegung fernzuhalten, bzw. in den Anforderungen an seine Mitarbeiter bezüglich materieller Selbstverleugnung und intellektueller Selbstdisziplinierung[14].

Friedrich Adler verspürte diesen ambivalenten Charakter von Victors »Selbstverleugnung«. So schreibt er beispielsweise am 20. Juni 1898 an den Vater:

> Ich weiß sehr gut, daß Du manchmal gewisse Mängel Deines jetzigen Milieus bitter empfindest, würdest Du aber heute wieder Dein Vermögen nehmen und ruhiger, behäbiger Privatmann werden[15]?

Und Friedrich Adler verspürte auch deutlich, daß Victor Adler die Bedürfnisse und Interessen von Frau und Kindern »geopfert« hatte, wie die Internalisierung dieses »Opfer«-Gedankens bei ihm selber später zeigte[16]. Emma Adler nennt selbst als den auslösenden Faktor ihrer psychischen Erkrankung die finanzielle Misere der Familie[17]. Mit dem Ausbruch dieser Krankheit der Mutter 1891 trat aber im Gefüge der Familie ein wesentlicher Wandel ein, und dies gerade in der für die Persönlichkeitsentwicklung Friedrich Adlers wichtigen Phase der Pubertät. Die Familie stellte nach dem Ausfall der Mutter bei gleichzeitiger Abwesenheit des Vaters infolge seiner politischen Tätigkeit nur mehr ein rudimentäres System dar – damit waren die Kinder in direkter und indirekter Weise auch »Opfer« der Selbstverleugnung des Vaters geworden.

Trotz dieser »Misere« war die Familie nicht »proletarisiert« worden: Verwandte, Freunde gehörten dem Bürgertum an, die Kinder erhielten eine bürgerliche Schulbildung, das »intellektuelle« Milieu blieb erhalten, ebenso wie die Sommerurlaube in Parschall am Attersee, die Kuraufenthalte, um nur einige illustrative Punkte zu nennen.

Die psychische Erkrankung Maria Adlers, »Muckis«, im Sommer 1897 dürfte jedoch das Selbstverständnis des Vaters in besonderem Maße erschüttert haben, eine Tatsache, die bei der Frage der Studien- und Berufswahl des ältesten Sohnes Friedrich dann eine entscheidende Rolle spielen sollte. Victor Adlers Briefe aus dieser Zeit zeigen Resignation und Enttäuschung, ja deutliche Zweifel an der Richtigkeit des eigenen Lebensweges. Friedrich Adler hält ihm schließlich auch in einem Brief vom 8. September 1901 diese »Mutlosigkeit für die Zukunft« vor[18]. Victor Adler hatte selbst schon am 13. November 1899 darüber geschrieben und in bezug auf das »Parteileben« die Meinung ausgesprochen:

> Wenn man nicht ganz besonderes Glück hat, so bedeutet es bestenfalls eine ganz ungeheure Kraftverschwendung. Ich kann es noch heute nicht bedauern, daß ich's getan, weil kein anderer Mensch zur Hand war und es gemacht werden mußte ... aber heute, wo ich ersetzt werden könnte, möchte ich so oft und so gern zurück – aber jetzt bin ich zu alt, um was Neues anzufangen[19] ...

In seinem 47. Lebensjahr zeigte Victor Adler also deutliche Tendenzen, die Ambivalenz seiner Position zwischen Bürgertum und Proletariat zu lösen, wozu er sich jedoch vor allem aufgrund seines gesundheitlichen Zustandes – er litt an starkem Herzasthma – nicht mehr imstande fühlte.

Für Friedrich Adler ergab sich in diesem Milieu – marginal mit dem Bürgertum wie mit dem Proletariat verbunden – eine besondere primäre Sozialisationssituation, die zu einer kritischen Periode führte, je näher der Schulabschluß kam, da sich kein Paradigma eines durch Traditionen eines sozialen Milieus gefestigten weiteren Lebensweges anbot: Einerseits konnte der »bürgerliche« Weg eines Hochschulstudiums gewählt werden, das im damaligen gesellschaftlichen Verständnis die Vorbereitung auf eine bürgerliche Berufsexistenz darstellte. Andererseits besaß aber die Arbeiterbewegung selbst kein gefestigtes Paradigma einer Berufslaufbahn bzw. auch nur einer »typischen« Berufsvorbildung. Das Leitbild des quasi professionellen »Intellektuellen« war nicht unbestritten, eine darauf funktional abgestimmte Berufsvorbildung gab es nicht. Das zweite Leitbild stellte der »Arbeiter« dar, wofür Friedrich Adler sich jedoch aufgrund seiner intellektuellen Interessen und seiner schulischen und außerschulischen Vorbildung als »überqualifiziert« betrachtete. Die »Vatergeneration« konnte nicht direkt als Leitbild dienen, hatte sie doch ihren Weg zur Arbeiterbewegung bereits im Erwachsenenalter *nach* einer mehr oder minder langen Zeit einer bürgerlichen Existenz gefunden. So stellte sich Friedrich Adler mit dem Schulabschluß in dramatischer Weise, d. h. gekennzeichnet durch hohe Unsicherheit und affektive Spannungszustände, die Frage, wie er selbst einen Weg finden könnte abseits der von der Gesellschaft angebotenen Paradigmata.

Jugend, familiäre Situation und politische Sozialisation

Daß Friedrich Adler seit seiner Kindheit mit der Arbeiterbewegung und ihren politischen Kämpfen in Berührung gekommen war, ist bereits zur Genüge aus vorliegenden Arbeiten bekannt[20]. Diese Berührung ist jedoch allein nicht hinreichend, um die starke affektive Bindung an die Arbeiterbewegung zu erklären, die ihn bereits beim Schulabschluß kennzeichnete und während seines ganzen Lebens erhalten blieb. Gerade das Beispiel seines Bruders Karl zeigt, daß diese Bindung *keine* Selbstverständlichkeit war, denn für beide Brüder war äußerlich das Milieu identisch, Karl wandte sich aber schließlich immer stärker von der Arbeiterbewegung ab. Die Bindung an die Arbeiterbewegung erfuhr bei Friedrich Adler vielmehr erst in der Pubertät ihre entscheidende Prägung, wobei einerseits Faktoren des primären Sozialisationsmilieus, vor allem die Beziehung zum Vater, andererseits aber auch Faktoren des schulischen Milieus eine Rolle spielten.

Das familiäre Milieu hatte sich – wie schon erwähnt – Anfang der neunziger Jahre völlig geändert: waren vorher Wohlstand und eine dominante Rolle der Mutter maßgeblich, wobei diese einen ausgeprägt protektiven Erziehungsstil zeigte, so verschlechterte sich die finanzielle Situation der Familie bis hin zu hohen Schulden, und es kam zur Umstrukturierung der Rollenverteilung in der Familie durch die Erkrankung der Mutter. Der vorher – wie Emma Adler in ihren Erinnerungen berichtet – stark »behütete« und auch »verwöhnte« älteste Sohn erhielt plötzlich – für die Zeiten der Abwesenheit des Vaters – die führende Rolle in der Familie zugewiesen und damit eine Verantwortungslast, die er vorher nicht gekannt hatte und für deren Ausfüllen er in keiner Weise »geübt« war[21]. Zu dieser psychischen Belastung traten dann – wie Friedrich Adler 1898 seinem Vater in einem langen »Bekenntnisbrief« gesteht – die Probleme der Pubertät[22]. In diesem Brief schildert Friedrich Adler jedoch auch das familiäre Milieu selbst in folgender Weise:

> Ich weiß sehr gut, was ich Dir und Mutter verdanke. Ihr wart das Milieu, in dem ich lebte, in dem es keine niedrigen Gedanken gab, sondern nur Thatkraft, Entschlossenheit, Opfermut und Güte[23].

Und 1901 schreibt er Ähnliches anläßlich des Geburtstages des Vaters:

> Ich weiß es noch nicht, ob es nicht verschwendet sein wird, all das Gute, das mir Menschen gethan. Ich kann mir nicht vorstellen, daß es ein Kind besser haben kann, als ich es zu Hause gehabt, daß aber, was auf mich wirkte, nur gut und schön war, so daß Du und Mutter für mich immer der Maßstab aller Dinge bleiben[24].

In diesen Schilderungen schlägt sich das subjektive Bild Friedrich Adlers nieder, das zudem eine gewisse Idealisierung aufweist, denn es übergeht die dunklen Seiten des Familienlebens, die zumindest in den verschiedenen Entbehrungen, denen die Kinder ausgesetzt waren, gegeben waren. Stellt man aber diesem Heterostereotyp die Probleme der Pubertät gegenüber, so wird verständlich, daß Friedrich Adler seine »Verwirrungen« dieser Jahre als diametralen Gegensatz dazu empfand. Das Thema Sexualität war – bis auf eine Episode der Aufklärung Marias und Friedrichs durch den Vater – in der Familie kein Gegenstand des Gespräches zwischen Kindern und Eltern. 1898 erzählt Friedrich seinem Vater die dadurch eingetretene Veränderung in seiner Beziehung zu ihm:

> Dich oder Mutter zu fragen *traute* ich mich nicht. Denn so verhältnismäßig frei und nahe wir miteinander standen, darüber war nie gesprochen worden. Ich erinnere mich noch genau, wie Du auf Muckis Frage uns beiden erklärtest, wie die Kinder in der Mutter entstehen, und fragtest, ob uns noch etwas unklar sei. Das war es allerdings nicht, denn ich wußte damals schon von anderer Seite ... den Vorgang der *Zeugung*. Ich antwortete nichts, und seither war das eine Wand, die zwischen uns bestand[25] ...

Was Friedrich Adler hier schildert, ist die Entstehung einer Kommunikationsbarriere zwischen seinem Vater und ihm, die bis in die Studienzeit erhalten blieb, ab 1897 jedoch durchbrochen wurde durch mehrere dramatische Versuche des Sohnes, wieder mit dem Vater ins »Gespräch«, d. h. zu einem offenen Dialog zu kommen. Friedrich Adler geriet hier also in eine Isolierung gerade gegenüber jenen Bezugspersonen, denen in dieser Zeit der Pubertät und Adoleszenz eine entscheidende Rolle bei der Lösung der persönlichen Probleme hätte zukommen können.

Bei der Untersuchung der Beziehung zwischen Vater und Sohn läßt sich allerdings noch ein zweiter Faktor der Entfremdung zwischen beiden finden. So treten Heterostereotype des Vaters in Friedrichs Briefen auf, die keineswegs mit dem oben zitierten Idealbild übereinstimmen. Beispielsweise wendet sich Friedrich Adler in seinen Briefen aus der Studienzeit aggressiv gegen einen Interaktionsstil des Vaters, den er mit den Wörtern »Politiker« und »Irrenarzt« bezeichnet[26]. Beide Wörter haben eine eindeutig negative semantische Konnotation. Daß diese Heterostereotype sehr tief in Friedrich Adlers Psyche verankert waren, zeigt ihre Wiederkehr während der Untersuchungshaft im Jahre 1917, als Friedrich sich vom Verhalten des Vaters hinsichtlich seiner Zurechnungsfähigkeit bedroht fühlt[27]. Und tatsächlich versuchte Victor Adler beispielsweise, »abweichendes« Verhalten seines Sohnes auf eine psychische Störung zurückzuführen[28]. Und hinsichtlich des Stereotyps vom Politiker gibt Friedrich Adler selbst eine Beschreibung:

> Ich habe Dir das schon früher einmal gesagt, daß, wenn ich persönlich in Frage komme, ich nie gerade und offen mit Dir sprechen kann, weil Du mir nicht ebenso entgegenkommst, sondern mit allen Mittelchen, die ich aber leider durch unsere lange Bekanntschaft doch zu genau kenne und eventuell selber anwende – verstehst, Deine Ziele zu erreichen ... Daß ich in meinem Brief vom »taktischen Fehler« gesprochen, halte ich vollkommen für berechtigt, denn Du stehst eben auf dem Standpunkt des Politikers[29] ...

Friedrich Adler spricht hier also von einer zweiten Ursache für die Isolierung gegenüber dem Vater, die in einer von ihm als unfair empfundenen Verhaltensweise des Vaters begründet liegt. Er fühlt sich dem Vater damit unterlegen, gerade in Augenblicken, in denen er seine Identifikation mit ihm offen zeigt. Zu diesem Unterlegenheitsgefühl trat aber noch verstärkend ein zweites Moment, das ebenfalls im Kommunikationsstil des Vaters eine wesentliche Rolle spielte. Friedrich Adler hatte den Vater ambivalent erfahren: als »Menschen« und als »Rollenträger«. Gerade aber auch in den Fällen einer angenehm erfahrenen Kommunikation ist diese seitens des Vaters durch die Merkmale eines »argumentativen« Vorgehens gekennzeichnet, das auf die intellektuelle Gleichrangigkeit des Partners abzielt, die jedoch beim Jugendlichen Friedrich Adler nicht gegeben war. Letzlich spielte der Vater trotz seiner »fortschrittlichen« Ansichten über Erziehung gerade in dieser Form der Kommunikation seine väterliche Überlegenheit aus. In dem schon erwähnten Brief vom 31. Mai 1898 artikuliert Friedrich Adler seine eigenen Probleme in der Kommunikation mit dem Vater erstmals ganz offen:

Ich sprach nie mit Leuten, die mir überlegen waren. Ich malte mir aus, deshalb, weil ich nichts geben, und das, was sie mir geben, aus Büchern lernen könnte. In Wirklichkeit war es aber irgendeine Art von Eitelkeit, die ich nicht näher definieren kann. Wie ich selbst darunter gelitten, mit keinem Menschen ganz ehrlich reden zu können, besonders kamen natürlich Hans [v. Halban] und Du in Betracht, kannst Du Dir kaum vorstellen[30] ...

Es waren also Minderwertigkeitsgefühle, sowohl das Moralische als auch die intellektuellen Fähigkeiten betreffend, die den Sohn gegenüber dem Vater verstummen ließen, ihn aber damit hinderten, sich selbst in seinen Problemen zu artikulieren. In dieser Briefstelle zeigt sich aber auch die Tatsache, daß Friedrich Adler sein Unterlegenheitsgefühl selbst wieder »schuldhaft« als moralischen Unwert, nämlich als »Eitelkeit«, rationalisiert. Auch diese stellte einen Verstoß gegen den Normenkodex des familiären Milieus dar.

Diese Empfindungen der moralischen und intellektuellen Minderwertigkeit führten Friedrich Adler in eine weitgehende Selbstisolierung, da er anscheinend auch nicht den Anschluß an eine peer-group außerhalb der Familie fand. Er zog sich in eine Welt der Bücher und in einen Zustand der »Grübeleien« zurück, der wiederum auf den Tadel und die offen artikulierte Mißbilligung des Vaters stieß[31].

Dieser Rückzug auf sich selbst war vor allem der Versuch, das zerbrochene Vertrauensverhältnis zu seiner Umwelt auf eine neue Basis zu stellen, es neu zu strukturieren, wobei die »Bücher« an die Stelle realer Bezugspersonen traten. Und es dürfte eben diese Situation gewesen sein, die die entscheidenden Weichen für die weitere enge affektive und intellektuelle Bindung an die Arbeiterbewegung stellte.

Hinzu trat der außerfamiliäre Faktor einer zunehmenden Differenzierung in der Wahrnehmung der schulischen Umwelt. Mit dreizehn bis vierzehn Jahren begann Friedrich Adler zunehmend den sozialen Druck des bürgerlichen Schulmilieus zu empfinden, der ihn in einen Loyalitätskonflikt zwischen Familie und Schulkameraden brachte:

So muß ich Dir sagen, daß ich bei *allen* jungen Leuten, mit denen ich je verkehrt habe, als »gestempelt« gegolten habe, daß ich zum Beispiel in der Schule nur hätte existieren können als erklärter Gegner oder »gestempelter« Anhänger der Sozialdemokratie. Es mag ja unangenehm sein, daß man von einem Buben, gerade weil er der Sohn ist, eine ausgesprochene Meinung verlangte, aber es ist so. Dadurch, daß man von mir schon mit 13 oder 14 Jahren immer die Verteidigung der Sozialdemokratie verlangte, beschäftigte ich mich eingehend damit und wurde wirklich Sozialdemokrat[32] ...

Die Freunde Friedrich Adlers aus der Schulzeit selbst sind immer »bürgerlich«, er schließt sich aber vor allem an sie an, weil er sie als Objekte einer möglichen »Bekehrung« betrachtet, was sich vor allem an seinem Vetter Hans von Halban noch später zeigt[33]. Da er damit jedoch eine »führende« Rolle übernahm, wurde für ihn die peer-group nicht ein Ort der Selbstfindung, sondern war mehr ein Ort der Kompensation seiner sonstigen Unterlegenheitsgefühle.

Über die entscheidende Ursache der Bewahrung der Bindung an den Vater über die genannten Gründe hinaus kann man jedoch höchstens vage Vermutungen anstellen. Wesentlich war, daß der Wunsch nach der Bewahrung dieser Identifikation und der Wiederherstellung des Vertrauens eine entscheidende Triebfeder in der Entwicklung Friedrich Adlers in den nächsten Jahren darstellte. Das Instrument der Bewahrung der Bindung zum Elternhaus und besonders zum Vater war die Befassung mit theoretischen sozialistischen Schriften sowie der Aufbau eines Glaubens an die eigene Berufung, ebenfalls für die Arbeiterbewegung tätig sein zu müssen. Zugleich mit der Identifikationsmöglichkeit verlieh diese affektive Bindung an die Arbeiterbewegung und die Rezeption des Weltbildes des Sozialismus Friedrich auch eine zumindest relative Sicherheit in seinem Selbstverständnis, seiner Identität, von der aus er Kriterien für seine Lebensplanung bei gleichzeitiger Ablösung vom primären Sozialisationsmilieu gewann.

Ihren äußeren Ausdruck fand diese Identitätsgewinnung in der Wunschvorstellung, ein »sozialistischer Theoretiker« zu werden, wobei die Vorbilder aus der Literatur und dem Bekanntenkreis der Familie – Engels, Karl Kautsky, Bernstein, Heinrich Braun – sicherlich eine Rolle spielten. Der Vater selbst stand diesen Interessen nicht völlig negativ gegenüber, vor allem aber Engelbert Pernerstorfer förderte sie stark[34]. Wurde diese Identität vor allem auf dem Gebiete der intellektuellen Auseinandersetzung gefunden, so suchte Friedrich in diesem beruflichen Leitbild Lebenssinn und Lebensaufgabe mit jener zu integrieren, was an sich in dieser Lebensphase allgemein typisch ist.

Wie zerbrechlich jedoch diese Identität war, zeigen einige Charakteristika der Äußerungen Friedrich Adlers, in denen die Abwehrmechanismen gegen eine Bedrohung dieser Identität sichtbar werden: So rücken vor allem die persönlichen und sozialen Beziehungen und Interessen – wie Sorge und Verantwortung gegenüber Verwandten und Familienmitgliedern – gegenüber der Arbeit für die »Sache« an eine sekundäre Stelle. In seinem »Bekenntnisbrief« vom 31. Mai 1898 erklärt er dem Vater:

> Ich weiß auch, daß es Dir Sorge machen wird, was eventuell aus Mutter, Mucki und Karl werden soll, wenn Du eventuell arbeitsunfähig wirst und

ich nichts für sie verdienen kann. Ich begreife das sehr gut, aber so riesig ich diese Menschen auch gern habe, ich kann nichts für sie opfern, was der Sache entzogen wäre. Und ich meine auch, Du wirst es verstehen, denn ich glaube fest, daß es unmöglich gewesen wäre, daß Du Dein ehemaliges Vermögen der Sache entzogen hättest, um Deiner Kinder willen[35].

Wie tief diese Ablehnung von Verantwortung für nahestehende Menschen in ihm sich einprägte, zeigte sich beim Attentat auf Stürgkh, wo gegenüber der Mutter dieselben Argumente wieder auftauchten[36]. Es fällt aber auch auf, daß er diese Verhaltensmuster mit dem Verhalten des Vaters gegenüber seinen Kindern legitimiert.

In engem Zusammenhang damit steht auch Friedrich Adlers geradezu panische Angst vor einer Berührung mit dem bürgerlichen Leben: Die Sorge um Alltagsdinge wie die materielle Existenzsicherung scheint seine Identität zu gefährden, ebenso wie der Besuch einer Ausbildungsinstitution der bürgerlichen Gesellschaft. Dies zeigt sich aber auch in seiner strikten Ablehnung aller gesellschaftlichen Formen bürgerlich-studentischen Lebens: Trinken, Rauchen, »Unterhaltung«, das Lesen »leichter« Literatur sind ihm verhaßt, womit er auch vom Vorbild des Vaters deutlich abweicht[37].

Und als weiteres Indiz für diese Labilität muß man Friedrich Adlers »Zeit«-Begriff in Betracht ziehen: Er ist bemüht, jeglichen »Verlust« von Zeit zu vermeiden, und spricht hier bezeichnenderweise davon, daß Tätigkeiten, die nicht funktional seinem Ziele untergeordnet sind, die Zeit »tödten«[38].

Faßt man diese Phase vom dreizehnten bis zum achtzehnten Lebensjahr zusammen, so kann man feststellen, daß es gerade die familiäre Situation, ihre zerfallende Struktur, war, die den äußeren Bedingungsrahmen für die Entstehung eines Leitbildes war, in dem die Identifikation mit der »Sache« der Arbeiterbewegung eine entscheidende Rolle spielte. Psychisch wirksam werden hier vor allem die Schuldgefühle, die aus dem als »abweichend« empfundenen Verhalten während der Pubertät entspringen, sowie das intellektuelle Unterlegenheitsgefühl gegenüber dem Vater, das zum Aufbau einer Kommunikationsbarriere zwischen der Bezugsperson und dem Jugendlichen führt. Weiters muß man die Tatsache nennen, daß Friedrich das außerfamiliäre Milieu als »bürgerlich« erfährt und durch den in der Schule ausgeübten Druck zu einer Entscheidung zwischen zwei Loyalitäten gezwungen wird, die ihn zum Aufbau einer Identität als »Sozialdemokrat« führt. Von den Affekten her ist seine Persönlichkeit jedoch zum Zeitpunkt seines Schulabschlusses, 1897, noch äußerst labil, was seinen Niederschlag in einer Fixierung auf ein »Lebensziel«

findet, das dann mit starken Affekten gegen alle Bedrohungen verteidigt wird.

Damit kann man aber auch zeigen, daß die politische Sozialisation Friedrich Adlers einen Prozeß mit einer äußerst komplexen Struktur aufweist, der von dem einfachen Erklärungsschema einer quasi »selbstverständlichen« Nachfolge des Sohnes nach dem Vorbild seines Vaters eindeutig abweicht. Es wäre ja durchaus denkbar, daß gerade in dieser kritischen Phase auch ein vollkommener Bruch mit diesem Vorbild stattgefunden hätte.

Probleme der Studienwahl

Hat Friedrich Adler sich zuerst passiv-rezeptiv mit den theoretischen Schriften der Sozialdemokratie befaßt, so ändert sich dies, als er 1896 auf das Gebiet der materialistischen Geschichtsauffassung stößt. Erstmals versucht er 1897 seine Identität auch nach außen hin zu beweisen:

> Es kam mir damals der Gedanke, sie [R.A: die materialistische Geschichtsauffassung] einheitlich darzustellen, da ich für mich keine solche Darstellung vorfand. Ich studierte alle zugänglichen Schriften und hoffte mir während des Freiwilligen-Jahres so weit klar zu werden, daß ich es schreiben könne. Das sollte nach meiner Meinung *Dir* zeigen, daß, soweit man überhaupt bei einem Menschen, der *noch nicht* studiert hat, sehen kann, ich die Eignung zu dem habe, was ich wollte. Ich wurde zurückgestellt und sah nun, da es ans Handeln ging, daß *mir* das *Bewußtsein* meines Könnens fehlte. Ich war in einem vollständigen Taumel, sah aber, daß irgend etwas geschehen müsse[39] . . .

Mit diesem »Beweis« seiner Fähigkeiten wollte er also gegenüber dem Vater sein Gefühl der Berufung legitimieren, das er noch 1901 empfand:

> Ich gehöre nun zu dem Kreis von Menschen, aus denen das Bedürfnis nach geistigen Arbeitern in der Arbeiterbewegung gedeckt wird und das nicht gedeckt werden könnte, wenn jeder aus dem Kreis sagen würde, es sind noch genug andere da, ich gehe Schmetterlinge fangen[40]. . . .

Und er stellt an den Vater die Frage:

> Aber ich möchte Dich doch fragen, konntest Du bei anderen Menschen in meinem Alter wesentlich bessere Vorbedingungen für diese Art Beruf finden als bei mir, oder glaubst Du überhaupt, daß kein Mensch von

vornherein sich mit socialistisch-theoretischen Dingen beschäftigen soll, sondern diese immer nur gemacht werden sollen von Leuten, die zufällig dahin verschlagen werden und sich nicht genügend bilden konnten, wie es nöthig wäre, was Du wohl zugeben wirst[41]...

Der letzte Passus enthält auch eine versteckte Kritik am Vater, was besonders in einem Brief vom 10. Juni 1898 zutage tritt:

> Es gibt dabei aber noch zwei Seiten der Sache: Dilettanten, die etwas wissen, und solche, die nichts wissen. So unangenehm es mir ist, ich muß Dir sagen, daß ich Dich nicht zu denen rechnen kann, die etwas wirklich wissen. Ich sage nicht, daß es Dir abgeht gerade in Deinem Falle, jedenfalls aber glaube ich, daß Du es auch ganz gut brauchen könntest[42]...

Das Erlebnis des Scheiterns an einer selbstgestellten Aufgabe in dem genannten Sommer 1897 verunsicherte Friedrich Adler jedoch in einem solchen Grade, daß er vor allem Zeit gewinnen wollte, sich selbst wieder zu finden. Als der selbstverständlichste Weg bot sich ein Hochschulstudium an, gegen das jedoch Friedrich starke Bedenken hegte.

Besonders der spezialisierte Charakter der Ausbildung, funktional abgestimmt auf die Arbeitsteilung der bürgerlichen Gesellschaft auf wissenschaftlichem Gebiet, kollidierte mit dem integralen wissenschaftlichen Ansatz der an Marx und Engels orientierten Theorie. Wie weitgesteckt dieser Ansatz von Friedrich Adler wurde, legt er in mehreren Briefen dar:

> Ich will vor allem Naturwissenschaften und dann Nationalökonomie und etwas Geschichte und Philosophie studieren. Das brauche ich, um wie immer in der Partei thätig zu sein, ich glaube, daß ich es mindestens in einer Beziehung, nämlich als Theoretiker sein kann[44]...

Oder:

> Ich will *Nationalökonomie* und Geschichte studieren im Allgemeinen. Ich weiß, das ist etwas Dilettantenhaftes. Das gibt aber noch keine Wissenschaft, die die Exaktheit der Naturwissenschaften auf die Sociologie usw. anwenden kann. *Man braucht aber Sociologen,* und ich will einer werden, wobei ich weiß, daß es nicht die Wissenschaft, sondern die kämpfenden Menschen sind, an deren Seite ich stehe. In der Wissenschaft werde ich ein Dilettant sein, ich will aber auch gar nichts anderes... Vor allem *muß* ich höhere Mathematik studieren, um dann theoretische Physik und Chemie zu verstehen. Nach diesen Dingen werde ich Physiologie und Entwicklungsgeschichte treiben, dann kommt noch vieles, vieles und dann erst Physlosophie (sic!) und Geschichte[44]...

Die hier zu findende Betonung der Naturwissenschaften beruhte auf Friedrich Engels *Anti-Dühring*[45] und entsprach dem damaligen Bestreben, die gesellschaftswissenschaftliche Analyse am Vorbild der Wissenschaftsauffassung der Naturwissenschaften zu orientieren[46].

Angesichts dieses Anspruches mußte die Hochschulbildung als ungenügend erscheinen. Friedrich Adler wies aber auch Vorurteile gegenüber der Universität auf, was ihren Charakter als Stätte wirklicher »Arbeit« betraf[47], ein Urteil, das er allerdings bereits im ersten Studienjahr revidierte. Zweitens glaubte er, sich den Wissensstoff analog seiner Praxis während der Zeit an der Oberrealschule wesentlich rascher und konzentrierter durch Bücher aneignen zu können – ein Urteil, das er während der gesamten Universitätszeit beibehielt[48]. Drittens sah er aber in den praktischen Übungen an der Universität, vor allem dann in Zürich in der Arbeit im Laboratorium, einen Zeitverlust, wenngleich er diesen Arbeiten auch eine gewisse Erziehungsfunktion wie Gewöhnung an Drill, Genauigkeit usf. zuschrieb[49]. Sein Interesse lag ja nicht an einer Berufsvorbildung, sondern vor allem an einer theoretischen Schulung.

Deutlich kommt aber in den zitierten umfassenden Studienwünschen das von Erik H. Erikson als für diese Phase typisch bezeichnete »experimentelle« Verhalten eines jungen Erwachsenen zu Ausdruck, das sich in einem »Moratorium« vor der stärkeren Festlegung auf bestimmte Rollenschemata des Erwachsenen niederschlägt[50]. Das Studium entsprach aber nicht diesem Grundzug dieser Phase der Entwicklung, sondern stellte subjektiv vielmehr die Gefahr einer vorzeitigen Fixierung dar.

Dieser »experimentelle« Charakter der Zielvorstellungen Friedrich Adlers kommt aber auch in der Bereitschaft zum Ausdruck, Risiken auf sich zu nehmen. Nicht umsonst bekennt er sich zur Lebensauffassung in Shelleys und Goethes *Prometheus*, dem »Verständnis« und der »Liebe für den lebenden, thätigen, kämpfenden Menschen«[51], die sich ja auch in den zitierten Schilderungen des familiären Milieus findet. Noch 1901, als er mit dem Physikstudium schon fast fertig ist, bekennt er dem Vater:

> Ich wage ein par (sic!) Jahre, und das ist für mich vorderhand das allerwichtigste, einmal etwas Freiheit zu haben und Gelegenheit, das, was in den Kopf gestopft ist, zu sichten und sich klar zu werden, was noch nöthig ist. Wenn ich mich jetzt wieder in ein ganz specielles Problem vergraben würde, hätte ich überhaupt das Gefühl, nie mehr im Leben klar sehen zu können, wohin ich eigentlich will, sondern von Kleinigkeit zu Kleinigkeit zu taumeln. Das ist das, was ich will, einmal eine Zeit ruhig in die Luft zu schauen[52] . . .

Hier fordert er noch einmal ein Moratorium für sich – ein deutliches Zeichen, daß er seine Identität noch nicht gefestigt hat. Insbesondere ist es die Vision einer »ganzheitlichen« Existenz, intellektuell wie arbeitsmäßig, die ihn ganz im Sinne dieser prometheischen Lebensauffassung sowohl in seinem Widerstand gegen den Vater als auch in einer Art individueller Rebellion gegen die bestehenden Verhältnisse und die gesellschaftlich gültigen Paradigmata einer bestimmten Berufslaufbahn bzw. -vorbildung bestärkt. Wie stark dies mit Ängsten vor dem Verlust einer »sinnvollen« Existenz als Mensch und damit einer eigenen individuellen Identität verbunden ist, zeigt sich beispielsweise in folgender Briefstelle:

> Die beiden Dinge, die eigentlich so weit auseinander sind, haben ja wirklich einen gemeinsamen Boden, und der ist die kapitalistische Gesellschaftsordnung, deren Gesetze Du verkündest und angibst, welchen Strafen der verfällt, der sie übertritt. Ob das Dein Beruf macht? Daß Du alle Schlechtigkeiten aufzeigst, gegen das Ganze kämpfst und verlangst, sich einstweilen vollständig zu unterwerfen! Du siehst alles Leben nur von dieser einen schwarzen Seite und gibst nicht einmal zu, daß der einzelne sich nicht von vornherein ganz unterwerfen kann, ohne die Möglichkeit zu verlieren, sein Leben möglichst brauchbar einzurichten. Ich bin nichts weniger als ein Anarchist, aber etwas Spielraum muß doch der einzelne haben, damit er etwas leisten kann, und kann ihn auch haben, solange er das Ganze nicht stört. Und Du kannst es nicht verlangen, daß man sich von vornherein bedingungslos unterwirft, und nun in dem Fall sogar, nur um seine persönlichen materiellen Verhältnisse besser zu stellen. Denn von der jetzigen Gesellschaftsordnung abgesehen, würden doch alle Dinge etwas anders aussehen und bis weit hinein in alle Verantwortlichkeit geändert sein. Aber wir sind nicht so weit, wirst Du mit Recht sagen, und das sind Phantastereien. Das sind sie, aber ich mußte Dich doch erinnern an Dinge, die Du doch weißt, und die doch etwas in Betracht kommen[53] . . .

Der Anspruch auf die Ganzheitlichkeit der menschlichen Existenz – auch in anderen Briefen immer wieder geäußert – ist zugleich aber ein Schutzwall gegen die Ängste vor dem Verlust des Konstruktes seiner Identität, das starke Parallelen zu religiösen Vorstellungen über den Sinn des Lebens aufweist. Nur im Unterschied zu diesen erfolgt die Sinngebung des Lebens für den Atheisten Friedrich Adler allein durch die Vision der »Ganzheit«, die dem innerweltlichen Lebensrahmen Struktur und Zusammenhalt über die pure Existenz hinaus schafft. Diese »pure Existenz« als Gattungswesen Mensch erscheint ihm als »Haupt der Medusa«[54]:

Was Du über Deine Ethik sagst, so ist es doch nach meiner Ansicht nur die halbe Wahrheit, daß alles nur Freude an der *Arbeit* sei. Sicher, die Arbeit aller Art befriedigt den Betätigungswillen unserer verschiedenen Muskeln und Nerven, aber es gibt doch noch immer eine Zeit, wo auch noch ein anderer Teil unseres Seins Betätigung haben will, unser Gehirn die Zusammenhänge unserer Arbeiten sucht und ein Ziel finden *will*, einen Glauben an *eine* Dauer. Und das weißt auch Du ganz gut und hast es schon oft gesagt, daß die Kleinarbeit unmöglich wäre, wenn nicht das Ganze wäre. Und sicher gibt es Menschen, denen ihre Arbeit nur Handwerk und die sich einen Glauben suchen getrennt von *ihr,* und manchmal sogar diesen nicht finden. Aber weil es solche Unglückliche gibt, darf man doch nicht leugnen, daß es schöner und glücklicher für den Menschen ist, wenn seine Arbeit in die Richtung seines ganzen Seins fällt[55] . . .

1897 ist Friedrich Adler noch nicht fähig, sich in dieser Klarheit gegenüber dem Vater zu artikulieren, er steht vor allem unter dem Eindruck seines subjektiven Scheiterns in der Darstellung der materialistischen Geschichtsauffassung. Sein Wunsch, eine »Zwischenzeit« zu erhalten, findet in der Bereitschaft seinen Niederschlag, zuerst als Einjährig-Freiwilliger zum Militär einzurücken, und als er zurückgestellt wird, seine schulische Ausbildung in einer weiterführenden technischen Schule wieder aufzunehmen. Als er jedoch von den Lehrplänen her sieht, daß er hier vor allem den schon erlernten Stoff wiederholen würde, entwirft er dem Vater in einem Brief einen anderen Plan, der gekennzeichnet ist durch das Bewußtsein, daß seine Identifikation mit dem Proletariat nur auf einer geringen eigenen Erfahrungsbasis beruht. So will er drei Monate in eine Grube im Falkenauer Bergwerksrevier und dann weitere neun Monate in eine Fabrik als ungelernter Arbeiter gehen[56]. 1901 nennt er den Grund, warum er eine Zeitspanne von einem Jahr will: den eigentlichen Wunsch, »solange (zu) studieren, als es geht« – wie er ihn in den zitierten Briefen später äußert –, wagt er dem Vater gegenüber noch nicht auszusprechen[57].

Als er 1898 dem Vater nochmals den Wunsch, ein Jahr in einer Fabrik zu verbringen, vorträgt, wird aber auch eine zweite Motivation sichtbar: Eine Parteitätigkeit betrachtet er nicht als »wirklichen Beruf« im Sinne der Realität der Arbeitswelt der kapitalistischen Gesellschaft. Hat er hier Vorbehalte seiner Umwelt gegen die »Intellektuellen« in der Arbeiterbewegung internalisiert, so erfolgt dies auch hinsichtlich des Vorwurfes, »ich sei auf die Aufhetzung der Arbeiter ökonomisch angewiesen[58]«. Diese Einstellung behält er später nur in modifizierter Form bei – vor allem strebt er dann eine qualifizierte Position in einer Fabrik an[59].

Wesentlich ist aber der Wunsch, in die Fabrik zu gehen, als Ausdruck der inneren psychischen Situation Friedrich Adlers: In diesem Plan kann er dieses Jahr, das er als Zeitgewinn für die Stabilisierung seines Selbstbewußtsein sucht und vom Vater fordert, »sinnvoll« in seine Identität, die schon geschildert wurde, einbauen, ohne sich Ängsten aussetzen zu müssen, die durch bürgerliche Ausbildungs- und Weiterbildungsparadigmata ausgelöst werden. In dieser Situation kam es daher in besonderem Maße auf die Reaktion des Vaters an, der einerseits als Identifikationsobjekt und andererseits aufgrund seiner väterlichen Gewalt von Bedeutung war.

Der Konflikt mit dem Vater

Erikson verweist auf die entscheidende Bedeutung von Bezugspersonen für die Ausbildung einer gefestigten, homogenen Identität des jungen Erwachsenen, er weist aber auch darauf hin, wie schwierig die Situation gerade in dieser Phase ist, die durch die Ablösungstendenzen von den Bezugspersonen der Familie gekennzeichnet ist[60].

Überblickt man das Verhalten Victor Adlers, wie es in den Briefen an Friedrich seinen Niederschlag gefunden hat, so zeigt sich von Anfang an eine scharf pointierte Kontraposition zu den Wünschen und Zielen des Sohnes. Vor allem handelt es sich um das Problem der Entschlüsselung der Verhaltensäußerungen des Sohnes, um das Begreifen ihrer subjektiven persönlichen Funktion.

Äußerlich zeigt sich in den Briefen eine oft geradezu panisch zu nennende Besorgtheit Victor Adlers um seinen Sohn: Er verlangt genau über alle Tätigkeiten des Sohnes in Zürich Auskunft, hat Bedenken gegen das Studium außerhalb Wiens, also außerhalb des Bereiches seiner Kontrolle, hat 1898 Bedenken gegen das Physikstudium auch deshalb, weil er sich darunter nichts vorstellen kann, während er das Chemiestudium, das Friedrich 1897 vorerst gewählt hat, aus der eigenen Erinnerung kennt. Besorgt erkundigt er sich immer wieder nach dem Gesundheitszustand des Sohnes, nach seiner finanziellen Lage, besorgt mahnt er ihn auch immer wieder, sich durch nichts von seinem Studium ablenken zu lassen.

Hauptpunkt der Besorgnis des Vaters war jedoch die künftige materielle und gesundheitliche Absicherung der Existenz Friedrichs, was maßgeblich zu seiner Einflußnahme auf die Ausbildung nach dem Abschluß der Oberrealschule beitrug.

Gerade diese Besorgnis als Charakteristikum der Beziehung des Vaters zum Sohn führte dazu, daß Victor Adler die Verhaltensäußerungen seines Sohnes nicht verstand – die Anklage Friedrichs gegen den Vater, er betrachte alles unter dem Blickwinkel des Irrenarztes, wurde schon erwähnt und ist in dieser Hinsicht bezeichnend für das Problem der Kommunikation zwischen den beiden. Aus Friedrich Adlers Briefen sind aber auch die Vorurteile seines Vaters gegen »Büchermenschen« und »Theoretiker« bekannt[61], aus der Literatur kennt man aber auch die schon erwähnten Vorurteile und Skrupel des Vaters gegen »bürgerliche« Söhne in der Arbeiterbewegung.

Wesentlich trugen zu diesem »Un-Verständnis« gegenüber dem Sohn sicherlich die Projektionen eigener Probleme bei: familiärer Probleme, materieller Sorgen, aber auch die nur selten so offen eingestandenen Enttäuschungen und Verletzungen der politischen Tätigkeit, auf die bereits eingegangen wurde. Gewiß ist auch in Betracht zu ziehen die Ablenkung durch Probleme des Tages, 1897 Muckis Erkrankung, 1898 die politischen Ereignisse.

Im Jahr 1897, also in jenem Augenblick, in dem der Sohn autonom bestimmte Zukunftspläne äußert, vor allem in dem Plan vom September, in die Fabrik zu gehen, spielt Victor Adler seine volle väterliche Autorität aus, um den Sohn zur Aufgabe seiner Pläne zu zwingen, und nannte diese Wünsche kurzerhand »Unvernünftigkeit Deiner nebelhaften Pläne«, »Deine romantischen Schrullen«, ». . . ebenso wie irgendein Robinsonplan irgend eines Gymnasiasten«, »kindisch naive Schrulle«, »Entdeckungsreise in das Proletariermilieu«[62]. Er spricht von seiner »Pflicht, dafür zu sorgen, daß Du auf eigenen Füßen stehen und einen angemessenen Lebensunterhalt erwerben kannst«, aber auch bezeichnenderweise von der »sozialen Stellung« des »Standards für Dich« als Gegenstand seiner Sorge. Als Alternativen bleiben offen: der Besuch des Polytechnikums und »hernach, – falls Du auch Lust zu theoretischen Studien hast – Dich damit beschäftigen, wenn Du einen festen Dich ernährenden Beruf hast. Das ist das Vernünftige und das, was Dir *alle* Bahnen für die Zukunft offen läßt . . .«, oder der Besuch einer technischen Mittelschule und dann der Eintritt in eine Fabrik:

> Ob Du den »Ehrgeiz« hast oder nicht, qualifizierter Arbeiter zu sein, ich habe die Pflicht und den unbeugsamen Willen, Dich *mindestens* dazu auszubilden. Deine Entdeckungsreisen in das Proletariermilieu haben so lange Zeit; sie sind lange nicht so wichtig, als Du meinst, und sie sind wertlos, weil Du sie antreten willst ohne jedes Wissen, ohne jede Erfahrung, als grüner Junge. Als ungelernter Mensch, der nicht einmal harte Hände hat, auf die Walz zu gehen, ist eine Thorheit, und ich werde sie nicht zugeben . . . Solange ich einen Finger rühren kann und einen Ton in der Kehle habe, werde ich mit aller Energie und wenn es sein muß mit Strenge Dich davor schützen, ein verbummelter Lumpenproletarier zu werden, möge es sein unter welchem Titel immer[63].

In diesen Zeilen sind Besorgnis, Nichtverstehen und direktiver Interaktionsstil in einem sichtbar, wenngleich viele der Argumente aus der Perspektive des Vaters durchaus »verständlich« erscheinen – wesentlich ist die Differenz zwischen den Standpunkten von Vater und Sohn: der Vater wird durch seine Position eine unmittelbare Bedrohung der labilen Identität des Sohnes. Es kommt dadurch aber auch zu einer Behinderung des Ablösungsprozesses des Sohnes vom Vater, sosehr sich der Sohn auch am Vorbild des Vaters orientiert.

Das resignative Moment in Victor Adlers Persönlichkeit, seine eigene Persönlichkeitskrise, spielte dabei eine wesentliche Rolle. »Arbeit« und »Lebensführung« betrachtete er vor allem von diesem Ausgangspunkt aus – in den hochfliegenden Plänen der Jugendlichen erblickte der die Gefahr ihres Scheiterns:

> *Seine Arbeit* macht jedem Freude und *jede* Arbeit, ja es gibt keine andere Freude als das Bewußtsein der eigenen Leistung. Das ist meine ganz Ethik überhaupt. Freilich muß man diese Freude immer erst wieder entdecken. Einem Menschen, der von Natur so durch und durch faul ist, wie ich, geht's immer wieder wie dem, der sich unter Seufzen zwingt, aufzustehen, und sich dann freut, daß es früh so schön ist im Wald – aber morgen ächzt er wieder. Ich halte nicht viel von der qualitativen Verschiedenheit des Anlasses zur Freude an der Betätigung seiner Kraft. Sie muß nur nicht gar zu einseitig sein, etwa bloß Muskelarbeit. Aber sicher ist, daß Du, der von Natur aus etwas weniger faul zu sein scheint, ebenso viel Freude aus der Electrotechnik oder Chemie hättest ziehen können als jetzt aus der theoretischen Physik. Daß ich Dir wünsche, in die Praxis hineinzukommen, ist nicht allein, weil ich nicht will, daß Du mit materiellen Sorgen zu tun hast, deren Bitterkeit ich genauer kenne als mancher ärmste Proletarier – sondern vor allem, weil ich Dich *im Strom* sehen möchte, im Strom der Dinge, im Strom der Menschen – nicht abseits, wo größere Gefahr ist. Wer blaue Theorie treibt, spielt va banque, muß ein ganzes Stück Leben einsetzen und hat hundert Chancen, daß er auf falschem Wege sein Leben geopfert, gegen sich. Um Mißverständnissen auszuweichen: Unter »Strom« meine ich das Parteileben *ganz zuletzt*[64] ...

In seinem Antwortbrief betrachtet aber Friedrich Adler gerade diese Ansicht als ein Produkt des Liberalismus, »wo alle Hoffnung für die Hebung des Wohlstandes der Menschen in der Technik lag«, während er die Gegenwart als Zwischenperiode wertet, in der die Hinwendung zur praktischen Arbeit in der Technik, aber auch – wie er in einem anderen Brief ausführt – die Hinwendung zur Wissenschaft das »Abseits-Stehen« bedeutet[65].

Bis zum Ende des Studiums blieben die Positionen von Vater und Sohn unverändert – Modifikationen erhielten allerdings die konkreten

Formen der Ausbildung des Sohnes: sie stellten jeweils eine Resultante zwischen den Wünschen des Vaters und Friedrichs dar, zugleich aber auch bilden sie für die Biographen einen Inidkator für die »Macht«-Positionen jedes der beiden.

Noch im September 1897 einigten sich Victor und Friedrich Adler äußerlich auf einen Kompromiß: Friedrich Adler sollte vorerst in Zürich ein Jahr Chemie studieren. Für beide hatte aber dieses Jahr eine unterschiedliche Bedeutung: Friedrich hatte damit das Jahr ausgefüllt mit einem Studium, das seinen naturwissenschaftlichen Interessen entgegenzukommen schien – der Vater hatte ihm ein Moratorium gegeben[66]. Der Vater hingegen hatte einen Teilerfolg erzielt, da er den Sohn zu einem Studium mit der Aussicht auf eine bürgerliche Existenz bewogen hatte, das außerdem noch genügend »Praxisnähe« und »Theorieferne« auszeichnete, wovon er sich eine erzieherische Wirkung auf den Sohn erhoffte. Eine Chance bestand immerhin, daß sich dieser damit anfreunden würde, zumal auch sein engster Freund, Hans von Halban, in Zürich studieren durfte.

Friedrich Adler befand sich aber nach eigener Aussage zu dieser Zeit auf einem Tiefpunkt seines Selbstvertrauens – er empfand später diesen Zustand als eine Art Bewußtlosigkeit. Der Kompromiß war also durch eine für den Vater günstige Situation entstanden, die sich bei Friedrich in einem erneuten Ausbruch von Unterlegenheitsgefühlen äußerte.

Im Frühjahr 1898 trat dann auch eine entscheidende Wende ein: Durch Benno Karpeles hatte Friedrich zum Leidwesen des Vaters Kontakte zu österreichischen Sozialdemokraten sowie zur schweizerischen Partei gefunden; durch politische Ereignisse in Italien, von denen vor allem italienische Arbeiter in der Schweiz ebenfalls betroffen waren, kam Friedrich Adler in den Semesterferien sehr intensiv mit dem politischen Leben in Berührung. Die »Bewegung« schien ihm plötzlich alles[67]. Zu dieser Zeit wird er aber durch einen Artikel im Zürcher *Volksrecht* auch wieder auf die Idee gebracht, seine Zusammenfassung der materialistischen Geschichtsauffassung nochmals zu versuchen. Und diesmal gelingt es ihm und versetzt ihn in eine Art Rauschzustand des Glückes[68]. Dieses Erfolgserlebnis gibt ihm nun plötzlich genügend Selbstvertrauen, um die alten Pläne aus dem Vorjahr wieder aufzunehmen. Der »Bekenntnisbrief« vom 31. Mai 1898 zeigt aber auch gegenüber dem Vater ein Selbstvertrauen, das ihn erstmals offen über ihr Verhältnis seit seinem dreizehnten Lebensjahr sprechen läßt[69]. Wesentlich hinsichtlich des Studiums ist aber sein in diesem Brief geäußerter Wunsch, das Chemiestudium sofort abzubrechen:

Ich glaube, daß ich soweit erzogen bin, um mit der *Arbeit* anfangen zu können. An diese Arbeit will ich mich jetzt machen, an dem Platze, an den mich das Leben gestellt[70].

Hatte er 1897 seinem Vater nur vage seine Wünsche geäußert, so erstellt er nun die schon erwähnten Studienprogramme in der ganzen Breite der Wissensgebiete, die er als notwendig erachtet. Wie labil jedoch seine Lage tatsächlich war, zeigen die aggressiven Vorwürfe gegen den Vater, als dieser aus Arbeitsgründen eine Diskussion über die Pläne aufschieben will und den Sohn ersucht, wenigstens das Semester zu Ende zu bringen. So droht Friedrich Adler mit dem Abbruch ihrer Beziehungen[71] und stellt das Studium, besonders die Laborarbeiten, als eine unerträgliche Last dar[72]. Entscheidend ist aber, daß er die Trennung vom Vater nicht vollzog, sondern sich im Sommer wieder auf einen Kompromiß mit ihm einigte: das Physikstudium, an dem Victor Adler keinen Gefallen fand und dem er nur nach einer Intervention Leo Arons zustimmte – schien es ihm doch zu sehr der Theorie verhaftet[73]. Friedrich Adler hatte nun einen entscheidenden Schritt in Richtung seiner Pläne getan – allerdings im Rahmen einer ursprünglich von ihm abgelehnten Ausbildungsinstitution. Es war vor allem seinem Lehrer, dem Ordinarius für Physik Prof. Kleiner, zu verdanken, daß er sich in diesen Kompromiß fand, da dieser auf Friedrich Adler wie auf keinen anderen Studenten einging und ihm außerhalb des regulären Studienplanes ein rasches Weiterkommen ermöglichte[74]. Die Übernahme eines Dissertationsthemas nach drei Semestern sowie dann auch das Angebot einer Assistentenstelle dürften Friedrich Adler gerade auf dem Gebiet der Physik starkes Selbstvertrauen gegeben haben.

Der Spannungszustand verschwand allerdings nicht: So erlitt Friedrich 1900 einen physischen Zusammenbruch, der ihn zu einem Aufschub seiner Prüfungen zwang, und 1901 kam es wieder zu einer Auseinandersetzung mit dem Vater wegen des weiteren Verlaufes seiner Tätigkeit und Arbeit nach dem Abschluß des Studiums, der bevorstand[75]. Zugleich spielte auch die Frage der Heirat mit Kathia Germanischkaja eine Rolle. Dem Vater schien vor allem die Verbindung von Ehe und Verweigerung einer materiellen Absicherung der eigenen Existenz unvereinbar[76]. Friedrich hingegen erhoffte sich von der Heirat neue »Kraft[77]«. Gerade diese Heirat erwies sich jedoch dann als das stärkste Motiv, die weiterreichenden Studienpläne aufzugeben und einen gesicherten Beruf zu suchen.

Faßt man diese Phase von Konflikten zwischen 1897 und 1901 zusammen, so wird eines deutlich: Die Ablösung vom Vater gelingt

Friedrich Adler nur unvollkommen, er wird vielmehr gerade durch das Universitätsstudium von seinem jugendlichen Leitbild weggeführt – dieses Leitbild bleibt aber erhalten, wenngleich nun abgeschwächt durch das Auftreten eines zweiten Leitbildes, der wissenschaftlichen Beschäftigung mit der Physik und des akademischen Lehrberufes. Vor allem wird er aber nicht durch eine innere Entwicklung schließlich zur Suche nach einem bürgerlichen Beruf geführt, sondern durch die materiellen Zwänge, die bei der Gründung der Familie entstanden sind, was den inneren Konflikt weiterbestehen läßt. Darum kann man die Hinwendung zur Wissenschaft, die ihren Höhepunkt in der Habilitation in Zürich fand, nicht als »Entwicklung« und evolutionären Wandel der Identität betrachten, sondern vielmehr als Überlagerung zweier Identitäten, die weiterhin als Ambivalenz in der Persönlichkeitsstruktur Friedrich Adlers erhalten blieben.

Schlußbemerkung

Es sollte Aufgabe dieser Untersuchung sein, die Problematik der Entwicklung der Persönlichkeitsstruktur Friedrich Adlers näher zu analysieren und damit ein biographisches Darstellungsschema, wie es nicht nur in den biographischen Arbeiten zur Person Adlers zum Ausdruck kommt, in Frage zu stellen und zu modifizieren. Es zeigt sich – dank der Quellenlage, die fast einen Ausnahmefall darstellt –, daß es keine lineare Entwicklung war, die Friedrich Adler ebenfalls in den Bereich der Arbeiterbewegung führte, sondern daß es gerade eine kritische Phase der Entfremdung war, die – durch andere Faktoren mitbeeinflußt – zu einer starken Identifikation mit der Tätigkeit des Vaters führte. Diese Identifikation erfolgte jedoch unter den starken psychischen Spannungen der Pubertät und Adoleszenz und erhielt dadurch ebenso wie durch den Konflikt mit dem Vater eine eigene Prägung. Victor Adler hat selbst festgestellt, daß er in dem Wesen seines Sohnes nur eine verzerrte Widerspiegelung seiner eigenen Person sah, die Ausprägung einer bestimmten Seite seiner eigenen Persönlichkeit[78]. Einer Persönlichkeit, die vor allem auch gesellschaftsgeschichtlich durchleuchtet werden muß auf ihre Ambivalenzen hin, welche nur vor dem Hintergrund der jungen Arbeiterbewegung zu verstehen sind. Gerade die Probleme dieser »ersten« Generation von bürgerlichen »Renegaten« in ihrer Beziehung zur Arbeiterklasse spielen immer wieder – als Projektionen des Vaters auf den Sohn bzw. als internalisierte Bewußtseinsmomente des Sohnes – in dessen Entwicklung eine Rolle. Sie tragen schließlich dazu bei, daß Friedrich Adler auf dem Weg zur Arbeiterbewegung und einer Tätigkeit in ihrem Rahmen, bis zum Ende des ersten Jahrzehnts des 20. Jahrhunderts, gleichsam einen »Umweg« einschlägt – aber damit nicht mehr einen Weg, wie ihn der Vater genommen hatte: Friedrich Adler war sich des Spannungszustands bewußt. War der Vater in seinen ersten drei Lebensjahrzehnten einfach »Bourgeois« gewesen, so lebte Friedrich Adler immer in der ambivalenten Situation zwischen Neigung und Anpassung an äußere Zwänge, unter denen nicht zuletzt die Widerstände des Vaters während der Studienzeit des Sohnes eine wesentliche Rolle spielten.

ANMERKUNGEN

1 Friedrich Adler, *Vor dem Ausnahmegericht.* 18. und 19. Mai 1917, 3. Aufl., Wien 1967; Julius Braunthal, *Victor und Friedrich Adler. Zwei Generationen Arbeiterbewegung,* Wien 1965; Robert A. Kann, *Am Beispiel Friedrich Adlers,* in: *Neues Forum* 13 (1966) 154 und 155/156; Ronald Florence, *Fritz. The Story of a Political Assassin,* New York 1971; Gerhard Botz, *Der 21. Oktober 1916,* in: *Die Zukunft* (1976) 20, 14–20. Botz allein versucht – aber nur als Problem einer biographisch-genetischen Erklärung des Attentates – »psychologische« Erklärungen von der Kindheit her zu geben. Alle Autoren greifen jedoch auf die Dokumentation Friedrich Adlers, vor allem in der 2. Auflage seines oben zitierten Werkes (Wien 1923), die auch das Protokoll der Aussagen vor dem Untersuchungsrichter im Rahmen der Voruntersuchung enthält, zurück. Der hier vorgelegten Untersuchung wurden jedoch die Briefe Friedrich und Victor Adlers aus der Jugendzeit zugrunde gelegt.
2 Vgl. dazu Edward Hallet Carr, *Was ist Geschichte?* Stuttgart 1963 (Urban-Bücher. 67), 7 ff, der sich mit dem Problem der »Relevanz« historischer Fakten auseinandersetzt.
3 Die Briefe befinden sich im Adler-Archiv im Verein für Geschichte der Arbeiterbewegung, Wien. Der Gesamtbriefwechsel zwischen Victor Adler und Friedrich Adler umfaßt die Mappen 69 bis 79. Für die freundliche Hilfe bei der Benützung dieser Archivbestände muß hier vor allem Prof. Ernst Herlitzka gedankt werden.
4 Vgl. dazu *The Journal of Psychohistory* (New York 1973 ff.), das sich speziell diesem Themenkreis widmet. Für den deutschen Sprachraum vgl. die Anregungen von Hans-Ulrich Wehler, *Geschichte als Historische Sozialwissenschaft,* Frankfurt 1973 (edition suhrkamp. 650) und dems. (Hrsg.), *Geschichte und Psychoanalyse,* Frankfurt, Berlin, Wien 1974 (Ullstein Buch. 3032). Von psychoanalytischer Seite siehe auch Harald Leupold-Löwenthal, *Psychoanalyse und Geschichtswissenschaft,* in: *Zeitgeschichte* 2 (1974/75), 83–91.
5 Vgl. dazu meine Anmerkungen in: *Psychoanalyse und historische Biographie,* in: *Zeitgeschichte* 3 (1975/76), 234–243 vor allem hinsichtlich der hermeneutischen Probleme der psychoanalytischen Interpretation durch den Historiker sowie des individualpsychologischen Ansatzes.
6 Einen guten Überblick bietet Erik H. Erikson, *Identität und Lebenszyklus. Drei Aufsätze,* Frankfurt 1973 (suhrkamp taschenbuch wissenschaft. 16); ausführlicher ders., *Jugend und Krise. Die Psychodynamik im sozialen Wandel,* Stuttgart 1970. Eriksons theoretische Ausführungen bieten vor allem den Vorteil, daß besonders auf die Probleme des sozialen Wandels sowie die Beziehung der Persönlichkeitsent-

wicklung zum gesellschaftlichen Umfeld eingegangen wird. Einen kurzen Überblick über die verschiedenen Theorien der Persönlichkeitspsychologie gibt Erwin Roth, *Persönlichkeitspsychologie. Eine Einführung*, Stuttgart, Berlin, Köln, Mainz 1969 (Urban-Taschenbuch. 115). Vgl. auch Erwin Roth und Elisabeth Ardelt *Entwicklungspsychologische Aspekte des Jugendalters*, in: Helga und Horst Reimann (Hrsg.), *Die Jugend*, München 1975, 115–139 (Das Wissenschaftliche Taschenbuch, Abt. Soziologie – Soziale Probleme. 2).

7 Hans-Ulrich Wehler, *Geschichte und Psychoanalyse*, in: ders., *Geschichte als Historische Sozialwissenschaft*, 85–123, hier 85.
8 Vgl. dazu etwa die Studien von Hans Hautmann und Rudolf Kropf, *Die österreichische Arbeiterbewegung vom Vormärz bis 1945*, 2. Aufl., Wien 1976 (Schriftenreihe des Ludwig-Boltzmann-Instituts für Geschichte der Arbeiterbewegung. 4), in deren Versuch einer sozio-ökonomischen Erklärung der Ideologie der Arbeiterbewegung diesem Problem zu wenig Beachtung geschenkt wird.
9 Z. B. in Emma Adler, *Biographie Victor Adlers* (unveröff. maschinschrift. Manuskript), Adler-Archiv, Mappe 29, 172
10 Vgl. dazu den theoretischen Ansatz von Jürgen Habermas, *Strukturwandel der Öffentlichkeit*, 5. Aufl., Neuwies, Berlin 1971 (Sammlung Luchterhand. 25)
11 Braunthal, *Victor und Friedrich* Adler, 90 ff.
12 Ebda, 92 f.; Friedrich Engels an Victor Adler, London 19. Mai 1892, in: *Victor Adler und Friedrich Engels*, hrsg. v. Friedrich Adler, Wien 1922 (Victor Adlers Aufsätze, Reden und Briefe. 1), S. 35f.
13 Braunthal, *Victor und Friedrich Adler*, 96f über die Hilfe etwa Heinrich Brauns.
14 Vgl. Emma Adler, *Biographie*, 148 und 172; zu Karpeles siehe Benno Karpeles an VA, London 29. Juli 1897 und ders. an VA, Wien 16. Mai 1907. Adler-Archiv, Mappe 123
15 Friedrich Adler (FA) an VA, Zürich 20. Juni 1898
16 FA an VA, Zürich, 31. Mai 1898 und FA an VA, Zürich 20. Juni 1898
17 Emma Adler, Biographie, 185f.
18 FA an VA, Zürich 8. September 1901
19 VA an FA, Wien 13. November 1899
20 Vgl. dazu die Aussagen Friedrich Adlers in der Voruntersuchung, k. k. Landesgericht Wien in Strafsachen, Vr XXXIV 644/16, Vernehmung des Beschuldigten, Adler-Archiv, Mappe 39 (im folgenden Vernehmungsprotokoll)
21 Emma Adler, *Biographie*, 151, 167f. und 193; vgl. auch im Vernehmungsprotokoll die Aussage Friedrich Adlers, daß er Privatunterricht anstelle der Volksschule erhielt.
22 FA an VA, Zürich 31. Mai 1898
23 Ebda.
24 FA an VA, Zürich 23. Juni 1901
25 FA an VA, Zürich 31. Mai 1898
26 FA an VA, Zürich 20. Juni 1898
27 FA an VA, Wien (Landesgericht) 21. Februar 1917 und 25. Februar 1917
28 Das geht aus dem Brief FA an VA, Zürich 20. Juni 1898 hervor.
29 Ebda.
30 FA an VA, Zürich 31. Mai 1898
31 Das geht aus dem Brief FA an VA, Zürich 8. September 1901 hervor.
32 FA an VA, Zürich 6. November 1897
33 FA an Hans Halban jun., Zürich 12. Oktober 1947, Abschrift, Adler-Archiv, Mappe 117; sowie Hans Halban an VA, Zürich 1. Juni 1898, Adler-Archiv, Mappe 120

34 FA an Anna Pernerstorfer, Entwurf eines Kondolenzschreibens, Adler-Archiv, Mappe 136 und Vernehmungsprotokoll, 5b.
35 FA an VA, Zürich 31. Mai 1898
36 FA an Emma Adler, Wien (Landesgericht) 11. November 1916
37 Z. B. im Brief FA an VA, Zürich 3. September 1901.
38 FA an VA, Zürich 20. Juni 1898 und Zürich 3. September 1901. Dies entspricht dem Phänomen der Diffusion der Zeitperspektive, das Erikson, *Identität und Lebenszyklus*, S. 150 ff. beschreibt.
39 FA an VA, Zürich 31. Mai 1897.
40 FA an VA, Zürich 18. September 1901.
41 Ebda.
42 FA an VA, Zürich 10. Juni 1898.
43 FA an VA, Zürich 31. Mai 1898.
44 FA an VA, Zürich 10. Juni 1898. Vgl. auch Vernehmungsprotokoll, 5.
45 Ebda. Vgl. auch Vernehmungsprotokoll 5a verso.
46 FA an VA, Zürich 20. Juni 1898.
47 FA an VA, Zürich 31. Mai 1898.
48 Ebda.
49 FA an VA, Zürich 10. Juni 1898.
50 Erikson, *Identität und Lebenszyklus*, 137.
51 FA an VA, Zürich 31. Mai 1898.
52 FA an VA, Zürich 18. September 1901.
53 Ebda.
54 FA an VA, Zürich 25. September 1901.
55 FA an VA, Zürich 29. November 1899.
56 FA an VA, Parschall/Oberösterreich 7. September 1897.
57 FA an VA, Zürich 25. September 1901.
58 FA an VA, Zürich 31. Mai 1898.
59 FA an VA, Zürich 29. November 1899 und FA an VA, Zürich 18. September 1901.
60 Erikson, *Identität und Lebenszyklus*, 138.
61 Geht aus den Briefen FA an VA, Zürich 14. Dezember 1897 und FA an VA, Zürich 17. Oktober 1898 hervor.
62 VA an FA, Katharinenbad, 11. September 1897.
63 Ebda.
64 VA an FA, Wien 13. November 1899.
65 FA an VA, Zürich 29. November 1899.
66 FA an VA, Zürich 31. Mai 1898.
67 FA an VA, Zürich 15. März 1898.
68 FA an VA, Zürich 21. April 1898 und 31. Mai 1898.
69 Ebda.
70 Ebda.
71 FA an VA, Zürich 10. August 1898, 16. Juni 1898, 20. Juni 1898.
72 FA an VA, Zürich 20. Juni 1898.
73 Leo Arens an VA, 17. August 1898, Adler-Archiv, Mappe 82.
74 FA an VA, Zürich 6. März 1899
75 Briefe von September bis November 1901 beziehen sich auf diesen Konflikt.
76 VA an FA, Wien 12. September 1901.
77 FA an VA, Zürich 25. September 1901.
78 »Der eine ist eine Karikatur meiner Tugenden, der andere (Anm. R. A.: Karl Adler) meiner Laster ...« Zit. nach Braunthal, *Victor und Friedrich Adler*, 276.

Gerfried Brandstetter

Rudolf Großmann (»Pierre Ramus«) Ein österreichischer Anarchist (1882–1942)

Gründe für eine biographische Skizze Rudolf Großmanns bestehen in mehrfacher Hinsicht. Auf der einen Seite liegt seine umfangreiche publizistische und propagandistische Tätigkeit vor – etwa vierzig Bücher und Broschüren, einige eigene Zeitschriften und zahllose Artikel und Übersetzungen in europäischen und amerikanischen Zeitschriften. Vom vielfältigen Engagement Rudolf Großmanns zeugen auch seine weltweiten persönlichen Verbindungen, durch die sein umfangreicher und noch immer wenig benutzter Nachlaß eine sozialgeschichtliche Fundgrube darstellt. Auf der anderen Seite ist Großmann von der politisch und sozialgeschichtlich orientierten Historiographie weitgehend ignoriert geblieben oder wird nur höchst gelegentlich erwähnt.

Erst in jüngerer Zeit – und ausschließlich im Ausland – findet, zumeist von anarchistischer Seite aus, eine Neuentdeckung Großmann-Ramus' statt. Diese Darstellungen sind jedoch großteils unkritisch-apologetisch und können einer so kontroversiellen Persönlichkeit wie Rudolf Großmann kaum gerecht werden. Auch entspringt ihrer sympathisierenden Haltung die Tendenz zur Legendenbildung.

Eine Beschäftigung mit Rudolf Großmann als sogenannter »historischer Persönlichkeit« erscheint schon vom methodischen Ansatz her grundsätzlich fragwürdig. Großmann ist aber auch – im Sinne dieser Geschichtsauffassung der Geschichte machenden Einzelpersönlichkeit – kein geeignetes Objekt solcher Hagiographie. Er ist weder als origineller Theoretiker noch als politischer Pragmatiker hervorgetreten, sondern als rastloser Propagandist. Eine historische Sichtweise, welche die Relevanz sozialhistorischer Phänomene an deren durch den Verlauf der Geschichte erwiesenem Erfolg mißt, wird an Randfiguren wie Großmann (und Randerscheinungen wie Anarchismus) vorbeigehen.

Großmanns Biographie, eingebettet in eine Darstellung anarchistischer Propaganda und Subkultur, verdient als Untersuchungsgegenstand in anderer Hinsicht Interesse. So wie sich die Geschichte des

Anarchismus exemplarisch als Möglichkeit nutzen läßt, »die restriktiven Bedingungen zu fundamentaler Gesellschaftsveränderung herauszuarbeiten«*, kann auch eine biographische Darstellung Rudolf Großmanns Aufschlüsse geben zu allgemeineren Fragen nach der »Möglichkeit oder Unmöglichkeit einer Transformation der Wirklichkeit durch eine die gegebene politische Wirklichkeit radikal verneinende Utopie**«. In diesem Sinn versteht sich dieser Beitrag auch als einer über die Bedingungen relevanter und fortwirkender politischer Arbeit.

Rudolf Großmann, am 15. April 1882 in Wien als Sohn eines jüdischen Kaufmanns geboren und als Dreizehnjähriger in die Vereinigten Staaten ausgewandert, begann seine politisch-journalistische Laufbahn in der amerikanischen sozialistischen Bewegung. Unter dem Einfluß von John Most wandte er sich bald dem Anarchismus zu. Nach einer Verurteilung in Zusammenhang mit einem Streik flüchtete er unter dem Pseudonym Pierre Ramus nach England, wo er in Londoner anarchistischen Kreisen eine führende Rolle spielte, aber auch für deutsche Blätter Beiträge schrieb. 1907 kehrte er, inzwischen ein vielbeachteter anarchistischer Theoretiker und Publizist, nach Österreich zurück***.

Die Propaganda des Wortes (1907–1914)

Die Bedingungen, unter denen Rudolf Großmann bis zum Ausbruch des Ersten Weltkrieges seine propagandistischen und organisatorischen Aktivitäten entfaltete, waren für seine anarchistischen Zielsetzungen ungünstig. Die österreichische Arbeiterbewegung, die noch Anfang der achtziger Jahre von einer starken radikalen Basis mit anarchistischen Tendenzen gekennzeichnet war, stand seit dem Hainfelder Parteitag im großen und ganzen im sozialdemokratischen Lager. Eine Rekonstruktion des »antiautoritären Sozialismus« nach dem Beispiel der deutschen Jungen[1], wie sie seit 1890 wieder unternommen wurde und die unter August Krcal und Johann Rißmann zu einer mehr oder minder offen anarchistischen Organisation, gruppiert um die Zeitschrift *Zukunft* (1892–1895), geführt hatte, war fehlgeschlagen[2].

Die Ursachen hiefür lagen hauptsächlich in der in Österreich spezifisch späten Industrialisierung und dem damit verbundenen deutlichen und raschen Wandel der Gesellschaftsstruktur. Was den Aufschwung der organisierten Arbeiterbewegung bedingte, förderte den Niedergang des anarchistischen Einflusses. Das Ende des Arbeiter-Anarchismus in Österreich um 1896 hatte jedoch nicht sein vollständiges Ende als virulentes Element innerhalb der sozialen Bewegung zur Folge. Nach verschiedenen Ansätzen im Raum Steiermark, Kärnten und Salzburg³ entstanden ab 1903 auch in Wien und Böhmen neue Gruppierungen wie die Floridsdorfer Opposition um die Zeitschrift *Wahrheit*, die *Freisozialisten* Simon Starcks im Falckenauer Kohlerevier und der *Sozialdemokratische Arbeiterbund in Österreich* in Wien. Allen Gruppen gemeinsam waren verschiedene anarchistische Prinzipien wie Antiparlamentarismus, antihierarchische und föderalistische Organisationskonzepte und die Befürwortung des »rein wirtschaftlichen« Kampfes gegenüber dem »politischen« Kampf des Proletariats. Ohne nennenswerten Einfluß zu erlangen, stellten sie doch einen Reflex auf die inneren Widersprüche der zur Massenpartei angewachsenen Sozialdemokratie dar, wie sie durch die Programmrevision von 1901 nur oberflächlich übertüncht worden waren⁴.

Eine 1905 in Wien abgehaltene Einigungskonferenz scheiterte am sektiererischen Dogmatismus der einzelnen Gruppen, deren einziger wirklicher gemeinsamer Nenner wohl die Gegnerschaft zur Sozialdemokratie war. Insgesamt bot sich die anarchistische Subkultur Österreichs vor Rudolf Großmanns Rückkehr als Tummelplatz für Weltverbesserungsvorschläge aller Art – von Gewaltlosigkeitsprinzipien, Vegetarismus und Bodenreformplänen bis hin zu individueller »Menschenveredelung« – dar⁵.

Diese Entwicklung war freilich kein österreichisches Phänomen. Dem Entzug der tradierten sozioökonomischen Basis des Anarchismus, der halbagrarischen, handwerklich-kleingewerblichen proletarischen Schichten, die den Typus des frühen Industrieproletariats prägten, entsprach die ideologische Krise, welche die anarchistische Bewegung insgesamt um 1900 erfaßte. Der von den Anarchisten – und nicht nur von ihnen – im Todeskampf geglaubte Kapitalismus konsolidierte sich in einer weltweiten Konjunkturphase. Der erwartete punktuelle Zusammenbruch des kapitalistischen Systems war ausgeblieben und ließ sich in einer kurzen Welle der »Propaganda der Tat« nicht herbeibomben⁶. Diese neue Situation führte nicht nur zur vollständigen Trennung zwischen der sozialistischen und der anarchistischen Bewegung, sondern bei den Anarchisten auch zur Suche nach neuen Wegen⁷.

Die dem weitgehenden Verlust der Arbeiterschaft entsprechenden Neuzugänge aus dem wirtschaftlich gefährdeten Kleinbürgertum, den depravierten Handwerkern und kleinen Angestellten, führten zum Aufbrechen der früher relativ homogenen anarchistischen Ideologie und Bewegung in ein nach allen Richtungen offenes Sammelbecken für Unzufriedene und gesellschaftliche Außenseiter. Im deutschsprachigen Anarchismus schlug die offensichtliche Unmöglichkeit, das kapitalistische System kurzfristig zu stürzen, um in die Verinnerlichung der

Revolution, die zur »Empörung« des einzelnen und damit auch zur Wiederentdeckung Max Stirners führte[8]. Der sich auf Stirner berufende *individualistische Anarchismus* spielte zwar in quantitativer, organisatorischer Hinsicht nur eine geringe Rolle[9]; stirnerianische Einflüsse fanden sich aber beinahe überall im Geflecht der anarchoiden Subkultur, bei Anthroposophen, Freiwirtschaftlern, der Siedlungsbewegung, der Boheme und den Literaten.

Individualanarchismus war aber nur ein Aspekt des Agglomerats von konkurrierenden Ideologien, das den Anarchismus vor dem Ersten Weltkrieg charakterisierte. Beinahe gleichzeitig erfolgte die Rezeption der Lehren Leo Tolstois (1828–1910). Etwa ab 1875 hatte der international gefeierte Schriftsteller in kleineren Schriften eine Weltanschauung entwickelt, die in der radikalen Ablehnung von Staat, Eigentum, Heer, Hierarchie und Gewalt genuin anarchistische Züge enthielt[10].

Oberste Postulate des um die Jahrhundertwende entwickelten Tolstoianismus waren vor allem Gewaltlosigkeit und das Prinzip einer altruistischen »Liebe«, ein über bloße Solidarität hinausgehender Gedanke von Menschenverbrüderung[11]. Trotz ihrer starken Abhängigkeit von den russischen Verhältnissen fanden Tolstois Ideen bald auch im Westen Anhänger. Die vom Tolstoianismus repräsentierte individuelle moralische Kraft und die damit verbundene Lebensreform und Agrarromantik ließen sich nahtlos in das neue anarchistische Ideologienagglomerat einfügen. Besondere Bedeutung erhielt Tolstois radikaler Pazifismus durch die herannahende Katastrophe des Ersten Weltkrieges.

Eine weitere, allerdings entgegengesetzte Entwicklung bahnte sich in Frankreich an, als zum selben Zeitpunkt antistaatliche und antiparlamentarische Ideen in der Form des *Syndikalismus* einen entscheidenden Einbruch in die Arbeiterklasse erzielten[12].

Die Zeit von 1902 bis etwa 1906 stellte den Höhepunkt dieser einzigen proletarischen Massenbewegung mit anarchistischen Tendenzen dar. Seit 1906 gehörten militante Aktionen einschließlich des Generalstreiks auch zum offiziellen Programm des französischen Syndikalismus. Diese Militanz und Schlagkraft bewirkten die Faszination, die er auf die Arbeiterbewegung anderer Länder ausübte[13].

Als durch den internationalen anarchistischen Kongreß in Amsterdam 1907 die Bildung anarchosyndikalistischer Organisationen nach französischem Muster empfohlen wurde, war der Höhepunkt dieser spontanistischen und aktionistischen Bewegung schon vorüber. Nach einer Reihe mißglückter Streiks erlahmte auch der revolutionäre Elan der französischen Arbeiterschaft. Die Bedingungen für den Aufbau syndikalistischer Organisationen waren in Deutschland und Österreich, wo, im Unterschied zu Frankreich, geeinte sozialistische Bewegungen existierten, ohnehin schwierig. So beruhte der Einfluß des Anarchosyndikalismus vor allem auf dem Nimbus der revolutionären Arbeiterorganisation, der von der reformistischen Praxis der deutschen und österreichischen Gewerkschaften abstechen mußte. Das erklärt auch, warum Rudolf Großmann, obwohl »kommunistischer Anarchist« im Sinne Kropotkins, so vehement für das syndikalistische Prinzip des Generalstreiks eintrat. Ähnlich wie für Georges Sorel erfüllte es für ihn die Funktion eines »sozialen Mythos«, der den angestrebten »neuen Menschen« hervorbringen sollte[14]. Die »Steigerung« und »Veredelung« des Individuums war auch die Ebene, auf der sich die radikalen Klassenkampfparolen der Syndikalisten mit stirnerianischem Egoismus und friedfertigem tolstoianischen Edelanarchismus vereinen ließen.

Rudolf Großmanns *Anarchistisches Manifest* war die Schrift, die das neue anarchistische Selbstverständnis, die Ablösung der »Propaganda der Tat« durch die Propaganda des Wortes programmatisch zum Ausdruck brachte.

Neben einer kurzen, feudale und kapitalistische Produktionsverhältnisse gleichsetzenden Kritik der bestehenden Wirtschafts- und Gesellschaftsform wurde darin das Bild einer etablierten kommunistischen Anarchie ausgemalt, die nach dem Prinzip der Herrschaftslosigkeit aufgebaut war[15]. Träger dieses Systems war das »befreite Individuum«. Die Befreiung sollte durch die Überwindung bestehender autoritärer, hierarchischer Strukturen wie Staat, Parlamentarismus und Monopolwirtschaft und durch persönliche Rebellion gegen alle Konventionen erreicht werden. Leitbilder des nur seiner Vernunft gehorchenden Anarchisten waren die Ideale Tolstois und Nietzsches[16]. Der deutlich kleinbürgerliche Charakter des Manifests zeigte sich vor allem darin, daß sich seine Kritik am bestehenden System beinahe ausschließlich auf die Zirkulationssphäre bezog, d. h. immer wieder auf die Wiederherstellung »gerechter Tauschbeziehungen« hinzielte und die kapitalistische Produktionsweise als Abweichung von »ewigen« Gesetzen der Warenproduktion verstand. Der Kapitalismus wurde folglich nicht nach ökonomischen, sondern nach moralischen Kriterien kritisiert, der kapitalistische Profit nach Art der feudalen Grundrente als »Privileg« gesehen. Angestrebtes Ziel der anarchistischen Bewegung war die retrograde Utopie einer Rückverwandlung des Proletariats in kleine Warenproduzenten und Kleineigentümer, wie sie in den Schriften Kropotkins entworfen wurde[17].

Großmanns *Manifest*, das als populäre Darstellung des kommunistischen Anarchismus gelten darf, fand in mehreren Auflagen und

Übersetzungen weite Verbreitung[18]. Syndikalistische Gedanken kamen darin, entsprechend Großmanns eigenen Vorbehalten[19], nur am Rande zum Ausdruck. Dennoch wurde gerade die Gewerkschaftsbewegung zum Ausgangspunkt des Neuaufbaus des Anarchismus in Österreich. Als Reste der früheren anarchistischen Bewegung bestanden 1907 in Wien noch zwei Gruppen, die *Schuhmachergewerkschaft* und die *Bauarbeiterföderation*. Nur die Schuhmachergewerkschaft besaß als kleine radikale Gruppe eine gewisse Bedeutung, wahrte Distanz zum Schriftsteller-Bohémien Großmann und war auch in der Lage, ab 1910 ein eigenes Blatt herauszugeben, beendete aber mit Kriegsausbruch ihre Tätigkeit.

Ende 1907 erschien die erste Nummer des von Großmann gegründeten *Wohlstand für Alle,* dessen Titel das theoretische Vorbild Kropotkins verriet[20]. Der *Wohlstand,* der in kurzer Zeit die beachtliche Auflage von 2000 Stück erreichte, fungierte nicht nur als Tribüne für die Diskussion anarchistischer Theorie, sondern hatte auch die Aufgabe, Gegeninformation und Propagandamaterial zu bieten.

Als Agitationsfeld kam die straff geführte Sozialdemokratie kaum in Frage, vielmehr konzentrierten sich die Versuche, Anarchismus innerhalb bestehender Organisationen zu propagieren, auf die Gewerkschaften. Von kleineren Erfolgen abgesehen, gelang dies jedoch nicht. Sozialdemokratie und Gewerkschaftsbewegung waren, wie Victor Adler 1908 zutreffend bemerkte, »zwei Seiten derselben proletarischen Bewegung und in Österreich noch mehr als in anderen Ländern miteinander verknüpft[21]«.

Die propagandistische Praxis beschränkte sich daher zunehmend auf öffentliche Vorträge über sozialpolitische Themen, zu denen sozialdemokratische Arbeiter eingeladen wurden und in denen über »direkte Aktion«, Generalstreik und Parlamentarismus referiert und diskutiert wurde. Anfang 1912 war diese Phase beendet.

Gleichzeitig mit dem *Wohlstand für Alle* war auch ein eigener syndikalistischer Verein, die *Allgemeine Gewerkschaftsföderation für Niederösterreich,* gegründet worden. Obwohl der Verein mit einer Mehrheit von Schuhmachern und Metallarbeitern eine proletarische Struktur erkennen ließ, lag die Leitung der Vereinstätigkeit bald ausschließlich in Großmanns Händen. Die im Mai 1908 veröffentlichte, von ihm verfaßte *Prinzipienerklärung* bezeichnete als Hauptaufgabe der Gewerkschaftsföderation die »geistige Entwicklung des Arbeiters zum Sozialismus, zur herrschaftslosen Gesellschaft[22]«. Eine Bildung von Betriebsgruppen erfolgte jedoch ebensowenig wie ein Zusammenschluß mit der erwähnten Schuhmachergewerkschaft. Auch der erhoffte Zustrom unzufriedener Gewerkschafter blieb aus. Die

Rückschläge der Gewerkschaften während des Konjunkturrückganges 1909–1911 und 1913 drückten sich zwar in Austritten, kaum aber in Übertritten zur Allgemeinen Gewerkschaftsföderation aus. Großmann selbst verlegte seine Tätigkeit zunehmend auf die Publizistik und unternahm ab 1909 ausgedehnte Vortragsreisen, die ihn auch nach England, Frankreich und der Schweiz führten. Bei einer von ihm am 18. September 1909 in Zürich abgehaltenen Versammlung zum Thema »Der Krieg und das Proletariat« kam es zu einer scharfen Auseinandersetzung zwischen ihm und Fritz Adler, der aufgrund dieser Eindrücke in einem Brief an Victor Adler Großmann als ein »für die Sozialdemokratie höchst gefährliches Individuum« bezeichnete[23].

Rudolf Großmann sah sich aber bald auch innerhalb der Gewerkschaftsföderation Angriffen gegenüber. Der Kurs des *Wohlstand* unter seiner Leitung und maßgeblichen Autorschaft nannte sich zwar noch immer »kommunistischer Anarchismus«, trug aber in der Betonung kultureller Aspekte, der absoluten Gewaltlosigkeit und Autoritätsfeindlichkeit, zunehmend tolstoianische Züge[24]. Die Opposition innerhalb der Föderation, der sich auch die tschechischen Anarchisten Wiens anschlossen, wuchs[25]. Großmanns Versuch, durch verstärkte Agitation in der Provinz verlorenes Terrain wettzumachen, verbesserte seine Position nicht wesentlich. Im Herbst 1911 trat er mit verbliebenen Anhängern aus der Allgemeinen Gewerkschaftsföderation aus, um eine neue Organisation zu gründen. Die Föderation setzte noch bis 1914 eine Scheinexistenz fort. Im Oktober 1914 erfolgte ihre freiwillige Auflösung.

Die neugegründete *Freie Gewerkschaftsvereinigung* erlebte ihre Feuertaufe bei den Teuerungsunruhen des Herbstes 1911. Für einige Monate wurde der junge, als Agitator bereits polizeibekannte Leo Rothziegel (1892–1919) Schriftführer des Vereins. Die föderalistische Struktur der Gewerkschaftsvereinigung sah überall, wo mehr als zehn Mitglieder vorhanden waren, eine eigene Ortsgruppe vor. Rothziegel, verbittert über die Inaktivität des »Kaffeehausanarchismus«, zog sich schon Anfang Februar 1912 zurück[26]. 1913, als in einer schwierigen wirtschaftlichen Lage die sozialdemokratischen Gewerkschaften Rückschläge hinnehmen mußten, konnte die Freie Gewerkschaftsvereinigung bei den Buchdruckern kurzfristig Erfolge erzielen. Neben Rudolf Großmann profilierte sich dabei auch der später im Jännerstreik bekanntgewordene Ernst Hübl[27]. Aber – und das blieb der wunde Punkt auch dieser Organisation – die Freie Gewerkschaftsvereinigung war keine Gewerkschaft, sondern nur ein für syndikalistische Propaganda gegründeter Verein von Mitgliedern der Zentralverbände[28].

Das Schwergewicht der Aktivitäten Rudolf Großmanns lag ohnehin auf anderen Gebieten. Mit der zunehmenden Kriegsgefahr trat die antimilitaristische Propaganda in den Vordergrund. Großmann hatte sich auf diesem Gebiet bereits auch literarisch versucht[29]. Seine zahlreichen antimilitaristischen Artikel wurden wesentlicher Bestandteil des *Wohlstand für Alle*. Sie betonten die Notwendigkeit konsequent freier, aufgeklärter Erziehung in Schule und Familie, des Engagements der Gewerkschaften und Arbeitervereine und warfen der Sozialdemokratie Versagen in dieser Frage vor. Der 1. Mai wurde als Tag des Antimilitarismus propagiert. Schwerpunktnummern des *Wohlstand* zu diesem Thema wiesen mit Autoren wie Leo Tolstoi, Upton Sinclair und William Morris beachtliches literarisches Niveau auf[30].

In organisatorischer Hinsicht geschah jedoch wenig. Pläne, die Großmann gemeinsam mit dem holländischen Anarchisten Domela F. Nieuwenhuis 1909 für einen Antimilitaristen-Kongreß in Wien gehegt hatte, wurden vorzeitig bekannt und mußten fallengelassen werden[31]. Als 1913 innerhalb der europäischen anarchistischen Szene eine Kontroverse um Kropotkins Parteinahme für die Alliierten ausbrach, beteiligte sich Großmann auf seiten der Kropotkin-Gegner daran, was auch zu einer persönlichen Polemik zwischen ihm und dem Historiker des Anarchismus, Max Nettlau, führte[32]. Auf Österreich hatte diese Kontroverse allerdings keine Auswirkung mehr: eine eigenständige antimilitaristische Bewegung existierte faktisch nicht[33].

Die Bildung neuer anarchistischer Arbeiterorganisationen war also wiederholt und erfolglos versucht worden. Auch die antimilitaristische Propaganda zeigte kaum greifbare Resultate. Letztlich hinterließen Großmanns Aktivitäten nur in einem Bereich sichtbare Spuren: in seinem publizistischen Schaffen und seinem Beitrag zur Bildung einer anarchistisch beeinflußten Bohème und Subkultur im Wien der Jahre vor dem Ersten Weltkrieg.

Die Grundzüge dieser Subkultur, die gleichzeitig und mit vielen persönlichen Querverbindungen mit der deutschen anarchistischen Szene entstand, sind in der Verbindung einer anarchistischen Intelligenz mit Autodidakten und sogenanntem »Lumpenproletariat« charakterisiert. Solche ökonomisch und sozial deklassierte, aber lern- und aufstiegswillige autodidaktisch gebildete Arbeiter[34] bildeten den proletarischen Anstrich der Zirkel, die sich um den *Wohlstand* und eine Reihe anderer Blätter gruppierten[35]. Organisatorisch fand diese Subkultur in einer Reihe von Vereinen wie den Großmann-Gründungen *Kulturgemeinschaft Freie Generation* und *Verein Leo Tolstoi*, dem *Verein für Ethik und Kultur »Die Bresche«* und K. F. Kocmatas Gründung *Freie Tribüne* ihren Niederschlag[36]. Auch wenn die diversen Aktivitäten über diese Zirkel hinaus kaum größere Publizität erlangten, bestanden über private Korrespondenzen oder die *Deutsche Briefgesellschaft* und die anarchistische Presse vielfältige Verbindungen zu anarchistischen Kreisen des Auslands[37].

Als bedeutendster Schriftsteller aus diesem Kreis kann wohl Alfons Petzold gelten, der nach seiner Übersiedlung nach Klosterneuburg im Jänner 1911 in engeren Kontakt mit Großmann trat und zwischen 1911 und 1913 in *Wohlstand für Alle* und dessen literarischem Beiblatt *Ohne Herrschaft* unter dem Pseudonym »De profundis« publizierte[38]. Rudolf Großmanns eigene Veröffentlichungen wurden insgesamt doch nur in in- und ausländischen anarchistischen Kreisen rezipiert.

Ein bohèmehaftes »Sich-Ausleben« wie im Münchner Tat-Kreis war für Großmanns Wiener Zirkel untypisch[39]. Zwar propagierte auch er eine anarchistischen Vorstellungen entsprechende freie, promiskuitive Sexualität[40], sein Privatleben mit seiner Lebensgefährtin Sonja und seinen zwei Töchtern berührte es offenkundig nicht.

»Friedenskrieger des Hinterlandes« (1914–1918)

Der Kriegsausbruch setzte Großmanns »Kulturanarchismus« und seiner antimilitaristischen Propaganda ein jähes Ende. Er hatte am 24. Juli in der letzten Nummer des *Wohlstand für Alle* einen Leitartikel »Man schürt zum Kriege« publiziert, in dem er auf die offensichtlichen unmittelbaren Kriegsvorbereitungen der Mittelmächte hinwies. Der tags darauf ausgerufene Ausnahmezustand bestätigte die geäußerten Befürchtungen und brachte den exponierten Antimilitaristen auch in persönliche Gefahr. Er wurde am 6. August 1914 als »verdächtiger Ausländer« verhaftet und dem Bezirksgericht Klosterneuburg eingeliefert[41]. Nach mehrwöchiger Untersuchungshaft wurde der Kriegsdienstverweigerer entlassen, sein Wohnsitz in Klosterneuburg aber überwacht. Eine zweite Verhaftung im März 1915 schien zunächst gefährlicher. Bei einem Gesinnungsgenossen Großmanns, dem Stadtbahnbediensteten Rudolf Hacker, wurde ein Teil des Manuskripts »Friedenskrieger des Hinterlandes«, einer pathetischen autobiographischen Schilderung seiner Erlebnisse während des ersten Kriegsjahres[42], beschlagnahmt und Großmann abermals eingeliefert[43]. Die gegen ihn erhobene Hochverratsanklage wurde nach mehrmonatiger Untersuchungshaft und zahlreichen Verhören aus Verfahrensgründen schließlich fallengelassen. Großmann, der seine Ablehnung, den Fahneneid zu leisten, mit den ethischen Prinzipien Tolstois begründete, wurde im eigenen Haus in Klosterneuburg konfiniert. Die Behörden gestatteten ihm ein- bis zweimaligen, auf jeweils sechs Stunden beschränkten Ausgang, gleichzeitig wurde ihm wöchentliche Meldepflicht beim

Gendarmerieposten Klosterneuburg auferlegt. Diese Maßnahmen hatten zwar offiziell bis Kriegsende 1918 Gültigkeit, in der Praxis gelang es ihm aber wiederholt, sie zu umgehen.

In Anbetracht der allgemeinen Situation war Großmanns persönliche Lage relativ günstig. 1916 heiratete er seine langjährige russische Lebensgefährtin und Mutter seiner zwei Töchter, Sonja Ossipowna-Friedmann[44]. Im Sommer 1917 erwarb Sonja Großmann (das Vermögen war wegen behördlicher Repressionen und Pfändungen zur Gänze auf sie übertragen) ein neues, größeres Haus in Klosterneuburg-Kierling, wozu die Polizeidirektion Wien die Bewilligung erteilte: »Die Inanspruchnahme staatlicher Mittel beim Erwerb eines Hauses, das die Genannte zweifellos mit ihrem Gatten zu bewohnen gedenkt, bedeutet vielleicht eine teilweise Abkehr von den anarchistischen Grundsätzen[45].«

Trotzdem wurden im Verlauf des Jahres 1916 in der ausländischen anarchistischen Presse verschiedene unzutreffende Gerüchte von einer Verurteilung Großmanns zu 20 Jahren Zuchthaus kolportiert[46].

Tatsächlich bedeutete die Kriegszeit mit dem Wegfall der Redaktionsarbeit für den *Wohlstand* und ohne die intensive Vortragstätigkeit für den rastlosen Schriftsteller und Journalisten eine äußerst fruchtbare Schaffensperiode.

Neben der Arbeit an seinem autobiographischen Roman verfaßte er unter dem Eindruck des Attentats auf Graf Stürgkh ein Manuskript, das Friedrich Adlers Tat als Konsequenz auswegloser sozialdemokratisch-marxistischer Politik verstand, wobei auch persönliche Ressentiments Großmanns, der mit Adler 1909 in der erwähnten Zürcher Diskussion konfrontiert gewesen war, eine Rolle spielten[47]. In unveröffentlichten Manuskripten setzte er sich mit Kropotkins Kriegsbefürwortung auseinander und prognostizierte für den Anarchismus der Nachkriegszeit eine Spaltung in je eine Richtung Kropotkins und Tolstois[48]. Seine eigene »unparteiische« antimilitaristische Haltung, die er in seinem Roman idealisierte, hinderte ihn freilich nicht daran, an der allgemeinen antirussischen Stimmung zu profitieren. Unter dem Pseudonym »Von einem russischem Staatsmann im Exil« veröffentlichte er 1916 im bürgerlichen Anzengruber-Verlag Gebrüder Suschitzky eine Propagandaschrift gegen Rußland und seine Verbündeten[49]. Die Schrift, deren Autorschaft während des Krieges zumindest seinem damaligen Gesinnungsgenossen Karl F. Kocmata bekannt war[50], trug ihm Jahre später eine heftige Polemik Erich Mühsams ein und ramponierte auch sein Ansehen als konsequenter Antimilitarist – als Anarchist war Großmann innerhalb der Bewegung ohnehin seit langem eine äußerst umstrittene Persönlichkeit[51].

Mühsam, der selbst zu Kriegsbeginn kurzzeitig dem allgemeinen Chauvinismus verfallen war[52], warf Großmann vor, sich als »der einzige und unantastbare und konsequente Befolger der anarchistischen und antimilitaristischen Idee aufzuspielen[53].«.

Die Selbstgerechtigkeit, mit der Großmann sein persönliches Verhalten als Richtschnur anarchistischen Handelns apostrophierte, und der Sozialdarwinismus, den er den Teilnehmern und Opfern des Weltkrieges gegenüber entwickelte, waren in der Tat frappierend:

> Die Befreiungsmission der Menschheit, ihre geistige und kulturelle Zukunft, erleidet keine Einbuße durch den Verlust einer willenlos sich hinschlachten lassenden oder andere Menschen hinschlachtenden Masse der Unvernunft, Grausamkeit und des unseligen Vermögens, Böses tun zu können. Vielleicht ist darin eine gewisse Auslese des Krieges zu erblicken, die er erbarmungslos trifft? Was in seinem Dienst und für ihn fällt, ist des Untergangs wert! Das Böse vertilgt sich selbst, diese Manifestation bietet jeder Krieg in kolossaler Massenentfaltung dar[54].

Diese Haltung, zusammen mit seiner undifferenzierten und abstrakten Ablehnung jeder Art von Gewalt, sollte auch die Agitation unter den Heimkehrern, einem wesentlichen revolutionären Potential nach dem Zusammenbruch der Monarchie, äußerst erschweren.

Anarchist in der Revolution (1918–1922)

Trotz Konfinierung waren Großmanns vielfältige Kontakte während der Kriegszeit nicht völlig abgerissen. Sie beschränkten sich nicht auf pazifistische Kreise wie die Gruppe um Olga Mišar und Francis Onderdonk bzw. die Bohème, die sich um Karl F. Kocmatas *Ver!* gruppierte und der u. a. auch Peter Altenberg angehörte. Auch zum linksradikalen Flügel des sozialistischen Jugendverbandes, hier vor allem zu den Gruppen Leopoldstadt, Ottakring und Favoriten, bestanden Verbindungen[55]. Auch zu den Mitgliedern der *Freien Vereinigung sozialistischer Studenten* Anna Frey-Schlesinger, Elfriede Friedländer (=Ruth Fischer) und Therese Schlesinger waren persönliche Kontakte vorhanden, die sich erst durch Großmanns expliziten Antibolschewismus 1918 in politische und persönliche Gegnerschaft verwandelten[56]. Sein Standardargument gegen die sozialdemokratische Führung, der Vorwurf des »Terrorismus gegen freie Meinungsbildung«, stieß in der sozialistischen Jugendbewegung auf eine gewisse Resonanz, nicht zuletzt durch die Vorgangsweise der Verbandsführung, die trotz Verlangen die Aussendungen der Jugendinternationale aus Gründen einer Burgfriedenspolitik unterschlug[57].

Als nach dem Ausschluß der Gruppe Leopoldstadt Otto Pfeffer die *Vereinigung der Arbeiterjugend* gründete und die freiwillig ausgetretene Favoritener Gruppe unter der Führung Wilhelm Weigants im Dezember 1917 als *Verein der arbeitenden Jugend* auftrat, war in beiden Gruppen persönlicher Einfluß Leo Rothziegels wie auch Rudolf Großmanns gegeben[58]. Im Verlaufe des Jahres 1919 wurden diese Kräfte allerdings zumeist durch Leo Rothziegel zur *Föderation Revolutionärer Sozialisten Internationale* (FRSI) gebracht, wovon der Großteil später zur KPDÖ fand. Was Großmanns Einfluß in der revolutionär gestimmten Arbeiterschaft und Jugend von Anfang an schwächen mußte, war sein dogmatisches Auftreten gegen *jede* Macht und *jede* Gewalt – auch die revolutionäre. Als er während des Jännerstreiks trotz Konfinierung bei einer Streikversammlung von Arbeitern als Redner auftrat, befürwortete er Streik und soziale Revolution in so allgemeiner Weise, daß die Behörde darin keinen Anlaß zum Einschreiten sah[59].

Noch während der beiden letzten Kriegsjahre hatte Großmann begonnen, seinen Kampf gegen die Sozialdemokratie in seinem Sinne auch theoretisch umfassend zu begründen. Grundlage dieser eklektizistischen Auseinandersetzung mit dem »Hegelianismus als philosophischem Fäulnisfundament des Marxismus«, der materialistischen Geschichtsauffassung und den sozioökonomischen Lehren des Marxismus war die sogenannte »Plagiatstheorie« von Wladimir Tscherkessow[60], die Marx und Engels vorwarf, im wesentlichen nur die überholten Anschauungen des Frühsozialisten Victor Considérant übernommen, entstellt und daraus irrige Konsequenzen abgeleitet zu haben[61]. Großmann hatte dabei – unzutreffend – sein Buch *Die Irrlehre des Marxismus* als Gemeinschaftsarbeit mit Max Nettlau dargestellt, was Nettlau, der die Considérant-Hypothese für falsch hielt, energisch bestritt[62].

Der Verlauf der russischen Revolution und besonders das Schicksal der russischen Anarchisten wie auch die Erfahrungen der Räteregierung in Ungarn bestimmten Großmanns weitere Haltung in Österreichs Revolution; er lehnte die Diktatur des Proletariats wie auch eine Räteherrschaft gleichermaßen entschieden ab. Damit ging die Verbindung zu den syndikalistischen Kräften, die sich in der FRSI organisierten, verloren.

Lediglich im Lagerhaus der DDSG verblieben Großmann einige revolutionär gesinnte Arbeiter als Anhänger[63].

War das Organ der anarchistischen Bewegung vor dem Krieg nach Kropotkins Parole *Wohlstand für Alle* benannt, so deutete seine Fortsetzung nach dem Krieg als *Erkenntnis und Befreiung im Sinne Leo*

Tolstois[64] programmatisch den weiteren Kurs an. Großmann hatte die Ziele des neugegründeten *Bundes herrschaftsloser Sozialisten* (B. h. S.) in fünf Punkten zusammengefaßt:

1. Die Gesellschaft ohne Staat, ohne Herrschaft, ohne Regierung.
2. Die kommunistische Gemeinwirtschaft, die Abschaffung aller Eigentumsmonopole (Kapitalismus); wirtschaftliche Existenzverbürgung für jeden Mann, jede Frau, jedes Kind.
3. Abschaffung des Zentralismus in der Gewerkschaftsbewegung; statt seiner die selbständige und föderalistische Betriebsorganisation, deren anarchosyndikalistische Kampfmittel, direkte Aktion, Generalstreik, Antiparlamentarismus.
4. Die Beseitigung jeglicher Gewalt und Diktatur, des Militarismus und die Verwirklichung des Friedens durch den aktiven und absoluten Antimilitarismus.
5. Geistige Befreiung durch die Propaganda des Kirchenaustrittes und der Konfessionsloserklärung[65].

Dieses Programm stellte ein Konglomerat aus gemeinwirtschaftlichen Prinzipien Kropotkins, anarchosyndikalistischen Methoden und tolstoianisch-pazifistischer Philosophie dar. Daß in der Ideologie des B. h. S. das tolstoianische Element überwog und Großmann auch Kropotkin tolstoianisch uminterpretierte[66], war wohl darauf zurückzuführen, daß *Duchoborze* (»Geisteskämpfer«) zu sein die nächstliegende Art war, aus der fehlenden Arbeiterbasis eine ideologische Tugend zu machen.

Immerhin bestanden im Sommer 1919 bereits sieben Gruppen des B. h. S., die neun Wiener Bezirke erfaßten, eine *Herrschaftslos-sozialistische Vereinigung geistiger Arbeiter »Freiheit«*, in der neben Großmann auch Ernst Viktor Zenker hervortrat, und eine Untergruppe, der sogenannte *Kunst- und Kulturbund* unter Dr. Viktor Krüger. Bis Anfang 1920 traten zu diesen bestehenden Vereinen noch eine Neuauflage der anarchistischen Schuhmacher hinzu, die *Freie Schuhmachergewerkschaft Wiens* im XV. Bezirk, eine Jugendgruppe *Bund Freie Jugend* unter Karl Moldauer, die Siedlungs- und Produktionsgenossenschaft *Neue Gesellschaft* sowie Ableger des B. h. S. in Steyr, Graz, Leoben, Mürzzuschlag und ab Ende 1920 auch in Wiener Neustadt.

Die Propagandatätigkeit erstreckte sich auf Vorträge über Prinzipien und Geschichte des Anarchismus und Syndikalismus. Einen weiteren thematischen Schwerpunkt bildete die Kritik von Theorie und Praxis des Marxismus. Neben eigenen Veranstaltungen waren in den Jahren 1919 und 1920 die große Zahl der Heimkehrer- und Arbeitslosenversammlungen bevorzugte Schauplätze solcher Agitation. Den Großteil dieser Arbeit bewältigte Rudolf Großmann mit seinen unbestrittenen rednerischen Fähigkeiten im Alleingang, wenn daneben auch der Operettenlibrettist Rober Bodansky (pseud. Danton), Dr. Kurt Sonnenfeld, Ernst Kerpen und Karl Moldauer zum Einsatz kamen. Nicht alle mochten Großmanns tolstoianischem Kurs folgen. Die aktiven Syndikalisten stießen zum Teil zur FRSI, die zunächst noch eine kritische Distanz zu den Kommunisten bewahrte[67]. Kocmata, vor dem Weltkrieg dem engsten Kreis der Wiener Anarchisten zuzuzählen, ging seit Anfang 1919 mit seiner *Revolution!* andere Wege. Nachdem er mit Ignaz Heinrich Holz-Reyther (pseud. Ernst Muthmann) und dem Schriftsetzer und früheren Großmann-Mitarbeiter Konrad Hofer 1919 vorübergehend die stirnerianische *Vereinigung individueller Anarchisten* gegründet hatte, war er bereits 1920 zusammen mit Hofer und Ketzlick im Umkreis der Kommunistischen Partei zu finden. Der Zusammenhang dieser Subkultur von rasch gegründeten und wieder aufgelösten Bünden und Gruppen war locker, Trennungslinien sind nur schwer anzugeben.

Tatsächlich stand aber bereits 1919 fest, daß der B. h. S. in das Potential der organisierten Arbeiterschaft kaum einzudringen vermochte, die Mehrzahl der Arbeitslosen aber vor allem von der auf 50.000 Mitglieder ansteigenden Kommunistischen Partei erfaßt wurde. Auch Großmann erkannte die Gefahr, mit dem B. h. S. nur eine Neuauflage seiner bedeutungslosen Vorkriegsorganisationen zu erreichen. Es kam daher der Mitarbeit in den neugeschaffenen Arbeiterräten wesentliche Bedeutung zu. Einer aktiven Mitarbeit in den Arbeiterräten standen jedoch schon deren Satzungen entgegen. Das dezidiert antimarxistische Programm des B. h. S., die Ablehnung jedes Parteieneinflusses, der Machtübernahme durch das Proletariat und des marxistischen Klassenkampfbegriffs bot nur wenig Möglichkeit der Zusammenarbeit mit Sozialdemokraten und Kommunisten. Wählbar waren »alle manuellen und geistigen Arbeiter beiderlei Geschlechts, die in der Beseitigung der kapitalistischen Produktionsweise das Ziel und im Klassenkampf das Mittel der Emanzipation des arbeitenden Volkes erkennen, ihrer Berufsorganisation angehören und das zwanzigste Lebensjahr überschritten haben[68]«.

Großmann, der namens des B. h. S. dem Arbeiterrat der Inneren Stadt angehörte[69] und vom Mandatsprüfungsausschuß der Reichskonferenz beratende Stimme zugesprochen erhielt, wurde vom Plenum der Reichskonferenz nicht zugelassen. Er verblieb jedoch weiterhin im Arbeiterrat des 1. Bezirks und agitierte dort vehement gegen den Einfluß der Parteien in den Räten[70]. Die Kommunisten betrachtete er ausschließlich als linke Fraktion der Sozialdemokratie, was ihm die geschlossene Gegnerschaft beider Fraktionen eintrug. Seine *Allgemeinen Richtlinien eines positiven sozialistischen Aktionsprogramms für die Arbeiterräte* forderten die Auflösung aller Zentralen, Verteilung der vorhandenen Lebensmittel durch die Arbeiterräte, die Einstellung aller Miet- und Hypothekarzinsen, die Erklärung alles brachliegenden Bodens zu Freiland, die Gründung von Produktionsgemeinschaften, statistische Feststellung der gesellschaftlich notwendigen Arbeitszeit und -quantität und schließlich allgemeine Entwaffnung durch die Volkswehr bis zu deren eigener Auflösung[71].

Die einmütige Ablehnung aller Punkte seines Programms wie auch die Nichtzulassung zu Kreisarbeiterrat und Reichskonferenz ließen eine Mitarbeit bald als sinnlos erscheinen:

> Solange der Arbeiterrat nichts anderes ist als ein Instrument der Parteidemagogie rechts wie links, kann es uns Herrschaftslosen gleichgültig sein, wenn uns der Eintritt in den Arbeiterrat (...) verwehrt wird[72].

Trotzdem verblieb er zunächst weiter im Arbeiterrat des 1. Bezirks, nicht zuletzt, um seine Nichtzulassung propagandistisch gegen die »marxistische Diktatur« verwenden zu können. Am 20. Mai 1920 war diese Episode abgeschlossen. Zusammen mit Kocmata wurden auch alle anderen Mandate des B. h. S. aberkannt und Großmann aus dem Rat des 1. Bezirks ausgeschlossen. Nach einer erfolglosen Berufung teilte er seinen Lesern mit, »daß wir es nicht sonderlich bedauern; in *diesen* Arbeiterrat, der eine Spiegelfechterei zwischen Sozialdemokraten und ›Kommunisten‹ darbietet, gehören wir nicht hinein[73]«.

Um so energischer stürzte er sich in andere Aktivitäten. 1921 veröffentlichte er die *Neuschöpfung der Gesellschaft*, in der er sich in Anlehnung an Kropotkin detailliert mit anarchistisch-föderalistischer Organisation von Landwirtschaft und Industrie auseinandersetzte[74]. Ansätze zu einer praktischen Verwirklichung gab es aber nur im Bereich des Siedlungswesens. Nach langen Verhandlungen zwischen verschiedenen Kolonistengruppen hatte sich Anfang 1920 die »Siedlungs- und Produktionsförderungsgemeinschaft *Neue Gesellschaft*« konstituiert, die ca. 40 Hektar Boden bei Mariabrunn in der Nähe Wiens gepachtet hatte und nun nach dem Beispiel Tolstois und ähnlichen Vorstellungen Gustav Landauers Rodungs- und Kultivierungsarbeit leisteten[75].

Im Oktober 1920 existierten bei Mariabrunn bereits mehrere »herrschaftslos-sozialistische« Kleinsiedlungen, die Gruppen *Fruchthain, Eden, Zukunft* und *Menschenfrühling*[76].

Die Bestrebungen Großmanns, den B. h. S. bundesweit zu etablieren, scheiterten letztlich. Zwar gelang es, in der Steiermark einige Gruppen zu organisieren, die sich vornehmlich aus Kreisen des Vorkriegsanarchismus rekrutierten. In dem Maße, wie das fluktuierende anarchistische Anhängerpotential ab 1920 zu den etablierten Parteien fand und die Siedlungsaktivitäten in den Vordergrund traten, konzentrierte sich die anarchistische Propaganda wieder auf individuelle Überzeugungsarbeit, nun auch im ländlichen Raum, wofür Großmann eine eigene Agitationsbroschüre verfaßte[77].

Für Rudolf Großmann, einen ehrgeizigen Propagandisten mit internationalen Erfahrungen und Beziehungen, mußte dieser beschränkte Aktionsbereich allerdings zu wenig sein. Er besaß schon seit seinem Aufenthalt in England intensive persönliche und publizistische Verbindungen zum deutschen Anarchismus und hatte u. a. zahlreiche Artikel im *Freien Arbeiter* (Berlin) und im *Pionier* veröffentlicht. Der deutsche Anarchosyndikalismus hatte sich im Verlauf der Novemberrevolution und der anschließenden Kämpfe zu einer starken Bewegung entwickelt, die sich im Dezember 1919 als *Freie Arbeiter-Union Deutschlands (Syndikalisten)* (FAUD/S) konstituierte. Sitz der Geschäftskommission (Rudolf Rocker, Augustin Souchy, Fritz Oerter) war Berlin.

Etwa zu Beginn des Jahres 1921 entstand im Ruhrgebiet eine Opposition innerhalb der FAUD(S) gegen die Berliner Führung, deren Ursachen in taktischen, ideologischen und nicht zuletzt persönlichen Differenzen lag[78]. Sie gruppierte sich um das ab Juli 1921 in Düsseldorf erscheinende Blatt *Die Schöpfung*, deren Herausgeber der ehemalige Redakteur des *Pionier*, Fritz Köster, war, zu dem Großmann gute Kontakte unterhielt. Großmann, der nach seinem Referat auf dem Internationalen Antimilitaristischen Kongreß in Den Haag[79] Anfang April 1921 eine zweimonatige Vortragstournee durch Deutschland unternahm, griff aktiv in die Debatte ein und propagierte, im Gegensatz zur vorerst zurückhaltenden Geschäftsleitung, revolutionären Aktionismus[80]. Nach der Niederschlagung der Märzkämpfe 1921 wandte sich dieser Aktionismus vor allem Siedlungsprojekten zu, die in Deutschland von Gustav Landauer propagiert worden waren[81] und für die auch Großmann intensiv eintrat. Tatsächlich kamen einige solcher Siedlungszellen nach dem Vorbild von Heinrich Vogelers (1872–1942) Arbeits- und Künstlerkolonie Barkenhoff bei Worpswede/Bremen zustande[82]. Auf einer ähnlichen Ebene lagen auch Projekte für Schulen im Geiste des spanischen libertären Pädagogen Francisco Ferrer (1859–1909), dem Großmann schon zwei Schriften gewidmet hatte[83].

Im großen und ganzen bedeutete das Eingreifen Großmanns auf seiten der Düsseldorfer Opposition eine Schwächung des deutschen

Syndikalismus. Was sich in Österreich aus Mangel an einer eigenständigen anarchosyndikalistischen Bewegung nicht zeigen konnte, trat in dieser Auseinandersetzung klar zutage: Großmanns Auffassung von Anarchismus und Anarchosyndikalismus als einer Ideengemeinschaft, nicht einer Interessengemeinschaft, wogegen sich die Berliner Geschäftskommission der FAUD(S) auch wehrte. Was als »Individualisierung« und »Föderalisierung« in Österreich schlichte Folge einer fehlenden starken Betriebsbasis war, wurde im Ruhrgebiet, wo die Syndikalisten sich auch bei Betriebsratswahlen in beträchtlichem Maße durchsetzen konnten[84], zum Kampfruf gegen einen angeblichen Zentralismus. Gleichzeitig bestanden ähnliche Verbindungen Großmanns zu den Hamburger Anarchisten um den *Alarm* Carl Langers, mit dessen Mitarbeiter Carl Dopf, einem ehemaligen österreichischen Sozialdemokraten, er besten Kontakt hatte und der auch in seiner Zeitschrift veröffentlichte[85].

Die Hamburger Anarchisten, deren engerer Kreis ideologisch Großmann sehr nahestand, sich zum kommunistischen Anarchismus Kropotkins wie zu den Ideen Tolstois bekannte und auch gegenüber dem stirnerianischen Individualanarchismus offen war, wurden ab 1923 praktisch als eine Art »Expositur des österreichischen kommunistischen Anarchismus« betrachtet[86]. Für sie waren, wie bei Großmann selbst, auch persönliche Animositäten für ihre Haltung in dieser Auseinandersetzung ausschlaggebend. Zu diesem Zeitpunkt war die anarchistische Subkultur allerdings schon weitgehend zu politischer Bedeutungslosigkeit abgesunken.

Der »herrschaftslose Sozialist« (1922–1932)

Mit dem Abflauen der revolutionären Situation stellten sich für Großmann und seinen neugegründeten B. h. S. die alten Fragen der Organisation, Taktik und Ideologie aufs neue. An den Maximalforderungen der Anarchisten hatte sich seit dem Ende der Monarchie wenig geändert. Zwar gab es nun eine Republik – auf der Grundlage des von Großmann so heftig bekämpften Parteiensystems und des Parlamentarismus. Aus den bestehenden proletarischen Basisorganisationen, den Arbeiterräten, fanden sich die herrschaftslosen Sozialisten ausgeschlossen. Im realpolitischen Faktum der Koalition der Sozialdemokratie mit den bürgerlichen Kräften konnten sie nur die totale Preisgabe des Sozialismus für Ministersessel erblicken. Die ab Herbst 1918 von den Sozialdemokraten unter Ferdinand Hanusch in Angriff genommene Sozialpolitik hatte wiederum die Grundlagen eines Wohlfahrtsstaates gelegt, welche von den Anarchisten nur mehr schwerlich wie früher als reine »Palliativmittel« bezeichnet werden konnten[87]. Nicht zuletzt honorierte die Arbeiterschaft diese Leistungen durch den deutlichen steten Anstieg der Mitgliederzahlen bei den Freien Gewerkschaften, die Ende 1921 mit über einer Million Organisierten ihren Höchststand erreichten[88]. Als ab 1922 diese Zahlen durch Krise, Arbeitslosigkeit und auch politisches »roll-back« wieder zu sinken begannen, wiederholte sich die Vorkriegssituation: Austritte wirkten sich kaum als Zuwachs bei den Anarchisten aus. Dies um so weniger, als die anarchistischen Gruppen vor dem Weltkrieg, die *Allgemeine Gewerkschaftsföderation* und die *Freie Gewerkschaftsvereinigung*, zumindest nominell, gewerkschaftliche Organisationen waren, der B. h. S. von Struktur und Praxis her jedoch eher eine lockere bündische Fortsetzung des *Kulturbundes Freie Generation* und anderer ähnlicher Tolstoi-Vereinigungen[89]. Eine Ausnahme bildet nur die Neuauflage der syndikalistischen Gruppe des Gastgewerbes, die bereits vor dem Krieg bestanden hatte.

Diese insgesamt fehlende gewerkschaftliche Orientierung, die in Gegensatz zum nach wie vor aufrechterhaltenen ideologischen Anspruch stand[90], war auch der Anlaß für die anarchosyndikalistische *Internationale Arbeiter-Assoziation* (I. A. A.) in Berlin, in der namhafte Anarchisten mitarbeiteten, den B. h. S. nicht anzuerkennen[91]. Einen entscheidenden Einfluß auf die eingeschlagene Richtung des B. h. S. übte dabei Großmann selbst aus, der auch hier seine Auffassung des Anarchismus als einer »höheren« Kulturbewegung durchsetzte. Sein grundsätzlicher, zwischen Kommunisten und Sozialdemokraten nicht differenzierender Antimarxismus ließ keinen Spielraum für Aktionsgemeinschaften oder zumindest Unterstützung der im »roten Wien« unternommenen sozialpolitischen Anstrengungen. Die einzige Ausnahme bildete wohl die auf dem ersten Bundeskongreß des B. h. S. 1922 beschlossene Unterstützung der *Kinderfreunde*[92], eine Passage, die allerdings schon 1925 auf Antrag von Sonja Großmann wieder ersatzlos gestrichen wurde, weil die Kinderfreunde aus anarchistischer Sicht bereits zu sehr ins Fahrwasser der Partei geraten waren[93].

Wo Rudolf Großmanns persönlicher Einfluß nicht in diesem Ausmaß vorherrschte, wie in der relativ starken und autonomen Grazer Gruppe, waren noch länger Aktionsgemeinschaften mit Marxisten möglich. So bildete der B. h. S. 1924 zusammen mit der Grazer KPÖ und der *Mietzinslegion Graz*[94] ein Aktionskomitee, das unter kommunistischer Führung in Flugblättern und Demonstrationen gegen das Abgabenteilungs-Gesetz und die diesbezügliche Haltung der Sozialdemokratie Stellung bezog und dies auch ausdrücklich als Anfang einer »Einheitsfront des Proletariats« verstand[95].

Großmanns Schwerpunkt wurde aber wieder die antimilitaristische Propaganda. Zusammen mit Olga Mišar und Francis Onderdonk vom *Bund der Kriegsdienstgegner* organisierte der B. h. S. eine Serie von Vorträgen und Versammlungen in Wien und der Provinz, wobei vor allem Großmann selbst als Redner auftrat. 1925 als Delegierter der Kriegsdienstgegner und des B. h. S. nach London zu einem Pazifistenkongreß entsandt, gab er in seinem Bericht einen Überblick über Tätigkeit und Stärke des B. h. S., die er mit »über 4000 Arbeiter, Arbeiterinnen und einem sehr kleinen Prozentsatz von Intellektuellen« bezifferte, die in 60–70 Ortsgruppen organisiert seien, Angaben, die zweifellos zu hoch gegriffen waren[96]. Die schon vor dem Krieg gepflogene sporadische Herausgabe von antimilitaristischen Schwerpunktnummern wurde beibehalten. Aber auch in den regulären Ausgaben der *Erkenntnis und Befreiung* bildeten antimilitaristische Artikel einen fixen wesentlichen Anteil.

Als Antimilitarist vertrat Großmann angesichts der wieder etablierten staatlichen Gewalt und der sich formierenden faschistischen und republikanischen paramilitärischen Verbände einen kompromißlosen Standpunkt. Der Fortbestand eines Heeres, auch unter republikanischen Vorzeichen, bedeutete für ihn keinen wie immer gearteten Fortschritt, garantierte doch schon seine bloße Existenz den Weiterbestand des verhaßten Staates. Als Mittel gegen den Militarismus und damit einen »Hauptpfeiler« des Staates propagierte er »prinzipielle aktive und passive Militärdienstverweigerung unter allen Umständen und mit allen Mitteln der sozialwirtschaftlichen Aktion des Individuums und der revolutionären Gewerkschaftsbewegung«, intensive Propaganda und Erziehungsarbeit und die Forderung nach »vollständiger *Auflösung* aller und jeder Waffen- und Militärformation während einer Revolution[97]«. Bei einer militärischen Aggression gegen eine solchermaßen entmilitarisierte kommunistisch-anarchistische Gesellschaft sah sein Konzept keinerlei militärischen Widerstand, sondern vor allem psychologische und soziale Verteidigung vor: zunächst einmal »Abbau des Feindbildes, dezentralisierten passiven Widerstand mit Mitteln der Obstruktion, der Sabotage und Gehorsamsverweigerung[98]«. Auf Soldaten sollte wehrzersetzend eingewirkt, gegen die Befehlshaber der Aggressoren Ächtung, Boykott und Unterbindung persönlicher Leistungen angewandt werden. Als weiterreichende Maßnahmen zur Überwindung einer derartigen militärischen Aggression wurden Verweigerung von Nahrungsmitteln, Generalstreik, Munitionsvernichtung und Unterbindung wichtiger Transport- und Nachschubwege erachtet[99].

Dieses antimilitaristische Konzept beruhte im wesentlichen auf einem Appell an »richtiges« anarchistisches Bewußtsein, Zivilcourage, den Ideen Tolstois und auch schon Gandhis sowie Großmanns eigenen Erfahrungen während des Krieges. Die österreichische Realität war allerdings durch eine rapide Radikalisierung, Militarisierung und Zunahme politischer Gewalttaten gekennzeichnet[100]. Großmann bekam dies bald genug am eigenen Leib zu spüren. Als der *Bund der Kriegsdienstgegner* im Mai 1924 in Frauenthal, Bezirk Deutschlandsberg, einen »Antimilitaristischen Bauerntag« mit Großmann als Redner abhalten wollte, wurden er und seine Gesinnungsgenossen von Angehörigen der Heimwehr überfallen, bei St. Florian aus dem Zug gestoßen und mißhandelt. Ein Grazer Gericht sprach gegen die Täter nur in zwei Fällen geringfügige bedingte Arreststrafen aus[101].

Obwohl er es also am eigenen Leib erfahren hatte, schien Großmann den Heimwehrüberfall doch nicht in Zusammenhang mit dem kontinuierlichen Vormarsch der Reaktion sehen zu wollen beziehungsweise die Gefahr von rechts zu unterschätzen, wie auch seine unkritische Haltung zu rechtsradikalen antiparlamentarischen Kräften zeigt[102]. Der organisierte Mord an Arbeitern durch Angehörige faschistischer Wehrverbände[103] schien ihm keineswegs die Existenz sozialdemokratischer Schutztruppen zu rechtfertigen, die er im Gegenteil schon als Faschisierung der Sozialdemokratie interpretierte: »Um den Fascismus der Reaktion zu bekämpfen, soll das Proletariat selbst einen reaktionären Fascismus bilden[104].« Zur Bekämpfung der realen Gefahr des Faschismus hingegen nannte Großmann in Verkennung der politischen Machtverhältnisse vor allem Generalstreik, Steuer- und Mietzinsstreik, bis die faschistischen Organisationen entwaffnet und aufgelöst seien[105].

Aber auch in dieser Frage trat der Kampf gegen den Faschismus hinter den Kampf gegen den »Hauptfeind« Marxismus zurück. Während in Deutschland etwa Erich Mühsam demonstrativ für eine linke Aktionsgemeinschaft von Anarchisten und Kommunisten eintrat, hatte Großmann, gestützt auf die Erfahrungen russischer Anarchisten im Sowjetstaat, schon 1920 eine scharf antikommunistische Position bezogen[106]. Die Bezeichnung von Kommunisten als »Moskauer Faschisten[107]« ließ jene zugrunde liegende, links und rechts gleichsetzende Totalitarismus-Ideologie erkennen, die sich gegen Marxisten im allgemeinen und in Österreich gegen den Austromarxismus im besonderen richtete. In der zweiten, 1927 erschienenen Auflage seiner *Irrlehre des Marxismus* widmete Großmann diesem Aspekt ein eigenes ausführliches Kapitel[108], das zeigen sollte, »welches *einzige* Resultat aus dem Schoße der marxistischen Klassenkampftheorie hervorgegangen ist: nämlich der Faschismus[109]«. Anhaltspunkt für diese Ansicht bildete die marxistische Forderung nach Eroberung des Staats, die für ihn essentiell faschistisch sein mußte, denn »jede Eroberung der Staatsmacht bedeutet Faschismus«, mochte sich dieser Faschismus nun (sozial-)»demokratisch« oder »bolschewistisch« nennen[110].

Eine besondere Variante erhielt dieses Faschismus-Verdikt durch die Ereignisse vom 15. Juli 1927. Hatte Großmann sie bereits als »Entscheidungssieg der Reaktion über das Proletariat Wiens« beurteilt[111] und der B. h. S. in einem Nachruf die Gefallenen des 15. und 16. Juli als »Opfer einer entfesselten Gewalt des Staates und der Irreführung durch marxistische Theorie und Parteipraxis« betrauert[112], so bezeichnete ein Artikel der *Erkenntnis und Befreiung* im Anschluß daran den Republikanischen Schutzbund als »gar nichts anderes, als es die faschistischen Sturmtruppen Italiens sind, (...) eine gute Schutztruppe des Kapitals«. Marxismus war demnach »schleichender, heimlicher, jesuitischer Faschismus, gegen den der italienische infolge seiner offenen, unverhüllten Brutalität insoferne ungefährlicher und leichter bekämpfbar ist, als er sich keine Maske vornimmt[113]«.

Die abstrakte und selbstgerechte pazifistische Haltung Großmanns und seine Ablehnung jeder Art von Gegengewalt rief unter deutschen wie österreichischen Anarchisten Gegner auf den Plan. Nachdem sein langwieriger Privatkrieg gegen den Dresdener Anarchisten Oskar Kohl, in dem mehrere Organisationen für und wider Stellung bezogen[114], ihn zur umstrittensten Persönlichkeit des deutschsprachigen Anarchismus hatte werden lassen, geriet er nun zunehmend unter Kritik aus den eigenen Reihen. Ein Artikel, der auf die Julieignisse 1927 Bezug nahm, griff seinen »starr gewaltlosen« Standpunkt an und verwarf sein Argument, daß Waffenanwendung bei Revolutionen »veraltet« sei[115]. Erich Mühsam, von Großmann schon jahrelang als »Bolschewik« apostrophiert, attackierte ihn nun seinerseits als »Oberwachtmeister der wahren anarchistischen Tugend«, der die anarchistischen Lehren in seinem Sinne umfälsche[116]. Dies ermutigte angesichts der wachsenden Bedrohung durch den Heimwehrfaschismus auch in Österreich eine kleine Gruppe von Anarchosyndikalisten, in Mühsams *Fanal* gegen ihn aufzutreten: »Und die österreichischen Anarchisten der Klosterneuburger Richtung? Großmann-Ramus wird sich eingestandenermaßen rechtzeitig der Bewegung erhalten, ansonsten wird man gewaltlos ein Flugblättchen verteilen[117].« Die zutreffenden Vorwürfe Mühsams gegen Großmann als Autor der erwähnten mittelmächtefreundlichen Schrift gegen das zaristische Rußland[118] sind wohl als Schlußpunkt einer Entwicklung zu sehen, in der Großmann sich am Ende in der deutschen wie der österreichischen anarchistischen Szene weitgehend isoliert sah[119].

Eine Affäre um die Bibliothek des früheren Londoner *Communisti-*

schen Arbeiter-Bildungs-Vereins, die an die Geschäftsstelle der FAUD in Berlin übergegangen war, der Großmann langjährig entlehnte ältere Schriften nicht zurückgeben wollte, führte zu einer gemeinsamen Entschließung der FAUD(S) und der *Anarchistischen Vereinigung Berlin* gegen ihn[120]. Der *Freie Arbeiter* in Berlin, das Organ der *Föderation Kommunistischer Anarchisten Deutschlands* (FKAD)[121], hatte sich Großmanns Gegnern noch nicht angeschlossen.

Großmanns 1929 an die FKAD gerichteter Vorschlag, den *Freien Arbeiter, Erkenntnis und Befreiung* und *Fanal* zusammenzuschließen, lief wohl auf eine Liquidierung von Mühsams Zeitschrift hinaus. Die Fusion kam aber nicht zustande, nur auf lokaler Ebene schlossen sich Leser der *Erkenntnis* und des *Freien Arbeiters* zusammen[122]. Auch in Österreich formierte sich nun eine Opposition gegen Großmanns Kurs. Aus einer kleinen syndikalistischen Zelle, die an die FAUD angeschlossen war, der FAUOe unter der Führung Edmund Redischs und Ludwig Kraffts, entstand um 1930 die *Contra*-Gruppe, die auch ein eigenes gleichnamiges Blatt herausgab[123].

Ein Ende mit Schrecken (1932–1942)

Unter dem Eindruck der ständig zunehmenden Arbeitslosigkeit hatte Rudolf Großmann gegen Ende der zwanziger Jahre wieder verstärkte Propaganda für Binnenkolonisation betrieben und sich auch als Redner bei Landbesetzungen in den Donauauen im Herbst 1931 beteiligt[124]. Die Führung der militanten Kolonisten war aber an die Freiwirtschaftler Franz Newerkla und Alfons Bach und einige Aktive der *Contra*-Gruppe übergegangen[125]. Um Großmann war es ruhiger geworden, als Anfang September 1932 sein Name in der österreichischen Boulevardpresse in Zusammenhang mit einer Sterilisationsaffäre reißerische Schlagzeilen machte[126]. Mit dem Höhepunkt der Weltwirtschaftskrise, rund 600 000 Arbeitslosen in Österreich und dem allgemeinen Elend der Arbeiterklasse hatte die von Großmann und dem B. h. S. betriebene Propaganda gegen den § 144 eine neue Variante erhalten. Waren früher vor allem Verhütungsmittel empfohlen worden, so rückte nun die Sterilisierung der Männer als »Ausweg« aus dem die Lage der Arbeiterfamilien zusätzlich verschlechternden Kinderreichtum in den Vordergrund. Das »Recht auf Vasektomie« wurde in einer eigenen Broschüre gefordert[127]. Diese Propaganda fiel, da sie bei einem besonders drückenden persönlichen Problem vieler Arbeiterfamilien ansetzte, auf fruchtbaren Boden, und der B. h. S. stieß erstmals wieder auf ein breiteres Interesse in der Arbeiterschaft[128].

Ab 1931 blieb es nicht bei bloßer Propaganda. Freiwillige, die zwischen ein bis drei Wochenlöhne für den Eingriff zu bezahlen hatten, wurden angeworben und nach Graz, Wien, St. Pölten und Leoben weitergeleitet, wo die Eingriffe vorgenommen wurden[129]. Als im August 1932 in Graz eine in einer Privatwohnung befindliche Sterilisierungspraxis entdeckt wurde, kam es zur Verhaftung vieler Beteiligter. Großmann, der den Eingriff auch an sich selbst hatte vornehmen lassen, wurde als Hauptschuldiger bezeichnet und kam für mehrere Monate in Untersuchungshaft. Gegen Jahresende wieder freigelassen, nahm er ab Jänner 1933 seine Vortrags- und Redakteurstätigkeit wieder auf. Durch die Vasektomie-Affäre war er endgültig zu einer Zielscheibe reaktionärer Kreise geworden[130].

Das mittlerweile etablierte Dollfuß-Regime, die Aktionen gegen Schutzbund und Kommunisten und die Maßnahmen gegen Einrichtungen der Arbeiterschaft konnten ein Klima der Selbstjustiz gegen Großmann erzeugen. In der Nacht vom 6. Mai 1933 wurde er von fünfzehn bis zwanzig Nationalsozialisten überfallen und bewußtlos geschlagen. Um so unerwarteter brachte der vor einem Grazer Schöffensenat vom 6. Juni bis zum 4. Juli 1933 geführte Prozeß, bei dem sich Großmann selbst geschickt verteidigte, den Freispruch aller Angeklagten[131]. Infolge der Nichtigkeitsbeschwerde des Staatsanwalts lief das Verfahren allerdings weiter. Großmanns politischer Betätigung war aber praktisch bereits ein Ende gesetzt. Innenminister Fey hatte Vorzensur und Einstellung der *Erkenntnis und Befreiung* angeordnet. Großmanns Archiv und die umfangreiche Bibliothek wurden auf Initiative Albert de Jongs vom Amsterdamer Institut für Sozialgeschichte übernommen.

Der Spruch des Obersten Gerichtshofes vom 8. Mai 1934 trug den Wertsetzungen des Ständestaats bereits Rechnung: Rudolf Großmann wurde wegen Anstiftung zu vierzehn Monaten schweren Kerkers verurteilt, wovon er etwa zehn Monate in Karlau bei Graz verbüßte. In die Zeit danach fiel noch ein längerer Aufenthalt bei Verwandten seiner Gattin Sonja in England. Sein Gesundheitszustand – er litt bei ständigem Übergewicht an einer Herzkrankheit – war bereits stark angegriffen. Der Anschluß Österreichs, den er bis zuletzt nicht für möglich hielt[132], zwang ihn zu sofortiger Flucht. Sechs Wochen lang tauchte er, Tag für Tag das Quartier wechselnd, bei Freunden unter. Sein Freund Karl Wawra, der lange Zeit für ihn als sogenannter »Sitzredakteur« fungiert hatte, brachte ihn schließlich nach Vorarlberg, von wo ihm die Flucht in die Schweiz und anschließend nach Frankreich gelang. Dort besaß er Verbindungen zu E. Armand, der einige seiner Schriften übersetzt hatte und ihm auch für eine neue Broschüre noch das Vorwort schrieb[133].

Der Spanische Bürgerkrieg und im besonderen darin die Rolle der spanischen Anarchisten mußten Großmann, den Verfechter kompromißlos pazifistischer Haltung, naturgemäß stark beschäftigen, aber nur mehr einige Artikel, die 1938 in der New Yorker *Cultura proletaria* erschienen, bezeugen es[134]. Wenige Monate nach seiner Freilassung als politischer Flüchtling fielen die deutschen Truppen bereits in Frankreich ein. Seine Flucht, vom International Rescue and Relief Committee organisiert, führte Richtung Süden[135]. Über Spanien und Tanger gelangte Großmann nach Marrakesch, wo er zunächst in einem Flüchtlingslager aufgenommen wurde. Seine Familie – Sonja und die beiden Töchter Lily und Erna, die bereits 1938 in die USA gelangt waren[136] – erreichte zu Weihnachten 1941 für ihn eine Einreisebewilligung der mexikanischen Regierung, die an den mexikanischen Konsul in Casablanca ging. Am 20. Mai 1942 bestieg Rudolf Großmann das Schiff, das ihn nach Veracruz in Mexiko bringen sollte. Am 27. Mai erlag er, von den Ereignissen der letzten Jahre gezeichnet, auf hoher See einem Herzschlag. Die politische Laufbahn des unermüdlichen Propagandisten, die mit einer Flucht begonnen hatte, fand auf einer Flucht ihr Ende.

... der Ruf nach »keiner Herrschaft« mag insofern der bestehenden dienen, als er den Ruf nach einer besseren übertönt, jedoch ist dies immerhin ein Bärendienst, und die Herrschenden nehmen ihn entsprechend auf. (B. Brecht)[137].

ANMERKUNGEN

* Peter Lösche: *Anarchismus. Versuch einer Definition und historischen Typologie,* in: *Politische Vierteljahresschrift,* 15. Jg, Heft 1, Köln 1974, S. 53–73, hier S. 53
** Ulrich Linse: *Die Transformation der Gesellschaft durch die anarchistische Weltanschauung. Zur Ideologie und Organisation anarchistischer Gruppen in der Weimarer Republik,* in *Archiv für Sozialgeschichte,* 11. Band, 1971, S. 289–372, hier S. 291
*** Die vorliegende biographische Skizze beschränkt sich auf Rudolf Großmanns Tätigkeit in Österreich. Eine genauere Darstellung seiner Aktivitäten in USA und England wird noch an anderer Stelle veröffentlicht; Kurzbiographie in Gerfried Brandstetter: *Anarchismus und Arbeiterbewegung in Österreich 1889–1914,* phil. Diss. Salzburg 1977, S. 181–183.

1 Dazu Hans Manfred Bock: *Geschichte des »linken Radikalismus«. Ein Versuch,* Frankfurt/Main 1976, S. 38–73
2 S. Gerhard Botz/Gerfried Brandstetter/Michael Pollak: *Im Schatten der Arbeiterbewegung. Zur Geschichte des Anarchismus in Österreich und Deutschland,* Wien 1977 S. 38–50

3 *Neues Leben* (Berlin) v. 14. 6. 1900, *Der freie Sozialist* (Graz), 1. Jg., Nr. 1–6; typisch Franz Prischings Blatt *Der g'rode Michl. Parteilose Monatsschrift für allseitige Reform.* (Graz), Jg. I–IV, 1903–1906; Salzburger Landesarchiv, Geh. Präs. Fasz. 22/2
4 Vgl. Norbert Leser: *Zwischen Reformismus und Bolschewismus. Der Austromarxismus als Theorie und Praxis,* Wien 1968, S. 222 f.
5 Dazu Gerfried Brandstetter: *Anarchismus und Arbeiterbewegung in Österreich 1889–1914,* Phil. Diss. Salzburg 1977, S. 63–81
6 Zu diesem Aspekt des Anarchismus s. James Joll: *Die Anarchisten,* Berlin 1966
7 Rudolf de Jong: *Ontstaan, groei en ontwikkling van het anarchisme,* in: *Anarchisme. Een miskende stroming?,* Amsterdam 1967, S. 17–47, hier S. 40
8 Dazu umfassend Hans G. Helms: *Die Ideologie der anonymen Gesellschaft. Max Stirners »Einziger« und der Fortschritt des demokratischen Selbstbewußtseins vom Vormärz bis zur Bundesrepublik,* Köln 1966
9 Ulrich Linse: *Organisierter Anarchismus im Deutschen Kaiserreich von 1871,* Berlin 1969, S. 83
10 Dt. gesammelt in Leo Tolstoi: *Rede gegen den Krieg und andere politische Schriften,* Frankfurt/Main 1969
11 Henri Arvon: *L'anarchisme.* 6ᵉ edition, Paris 1974, S. 60
12 Dazu vor allem Henri Dubief: *Le syndicalisme revolutionnaire,* Paris 1969; F. F. Ridley: *Revolutionary syndicalism in France,* London 1970 ; Jaques Julliard: *Fernand Pelloutier et les origines du syndicalisme d'action directe,* Paris 1971
13 George Woodcock: *Anarchism. A History of Libertarian Ideas and Movements,* Harmondsworth 1970, S. 303 f.
14 Vgl. Georges Sorel: *Über die Gewalt,* Frankfurt/Main 1969, S. 143–147
15 Pierre Ramus: *Das anarchistische Manifest,* Berlin 1907, S. 8
16 Ramus, *Manifest,* S. 16; ausführlicher in Botz/Brandstetter/Pollak, S. 61–66; vgl. Adolf Hemberger: *Das historisch-soziologische Verhältnis des westeuropäischen Anarchosyndikalismus zum Anarchismus,* Phil. Diss. Heidelberg 1963, S. 181 ff.
17 S. vor allem Peter Kropotkin: *Der Wohlstand für Alle,* Zürich 1896; ders.: *Landwirtschaft, Industrie und Handwerk oder Die Vereinigung von Industrie und Landwirtschaft, geistiger und körperlicher Arbeit,* Berlin 1904; ders.: *Gegenseitige Hilfe in der Tier- und Menschenwelt,* Leipzig 1908; ders.: *Die Eroberung des Brotes,* Berlin 1921; zum Begriff des »Kleinbürgertums« vgl. Annette Leppert-Fögen: *Die deklassierte Klasse. Studien zur Geschichte und Ideologie des Kleinbürgertums,* Frankfurt 1974, bes. S. 78 ff.
18 Übersetzungen und Neuauflagen: tschech., New York 1908; 2. dt. Aufl., *Wohlstand für Alle. Das anarchistische Manifest,* Zürich 1913; schwed., Stockholm 1918; norweg. Kristiania 1919; 3. dt. Aufl., Wien – Klosterneuburg 1922; kastellanisch: Mexiko 1925
19 Pierre Ramus: *Die Internationale der revolutionären Gewerkschaftsbewegung,* in: *Die Erkenntnis,*1. Jg., Nr. 20, v. 28. 9. 1907; ders.: *Zur Kritik und Würdigung des Syndikalismus,* Berlin 1908.
20 Peter Kropotkin: *Der Wohlstand für Alle.* Dt. v. B. Kampffmeyer, Zürich 1896
21 Vorwort in Julius Deutsch: *Geschichte der österreichischen Gewerkschaftsbewegung,* Wien 1908, S. VII
22 *Wohlstand für Alle,* 1. Jg., Nr. 9
23 Zit. in Rudolf Neck: *Arbeiterschaft und Staat im Ersten Weltkrieg 1914–1918,* I/1, Wien 1964, S. 134
24 Vgl. E. Appenzeller: *El movimiento anarquista en Austria,* in *La Protesta* (Buenos Aires), 22 de enero de 1923, S. 2–3

25 *Die sozialistische und anarchistische Bewegung im Jahre 1909*, Wien 1910, S. 78 (= SAB)
26 Brief Leo Rothziegels an Pierre Ramus v. 2. 2. 1912, in *Nachlaß Pierre Ramus* 3c, IISG Amsterdam
27 Zu Hübl s. Rudolf Neck: *Arbeiterschaft und Staat im Ersten Weltkrieg* I/2, Wien 1968, S. 490, und Hans Hautmann: *Die verlorene Räterepublik. Am Beispiel der Kommunistischen Partei Deutschösterreichs*, Wien 1971, S. 91 f.
28 Vgl. Leo Rothziegel: *Der Syndikalismus in Deutschösterreich*, in: *Der freie Arbeiter* (Wien), 2. Jg., Nr. 10, v. 8. 3. 1919, S. 78–80
29 Pierre Ramus: *Unsere Heimat. Antimilitaristische Szenen und Dialoge*, Paris 1909; schwed. Übersetzung: *För hem och härd. Skadespel*, Stockholm 1917
30 Vgl. Botz/Brandstetter/Pollak, S. 77–80
31 Niederösterreichisches Landesarchiv Präs. 1499/ex 1918 (= NÖLA)
32 S. *Nachlaß Max Nettlau* 1895–1914, I, S. 192 (handschriftl. MS im IISG Amsterdam; Pierre Ramus: *Ausnahmen im Antimilitarismus?* in: *Wohlstand für Alle* VII, Nr. 13, v. 9. 7. 1913; ders.: *Anarchistischer Revisionismus, Imperialismus und Sozialdemokratie*, in *Der Freie Arbeiter* (Berlin), v. 14. 6. 1913
33 NÖLA Präs. 2241/ex 1913
34 Exemplarisch an Carl Dopf dargestellt von Michael Pollak: *Religiöse Sozialisation, politisches Handeln und Weltanschauung, dargestellt am Leben des Anarchisten Carl Dopf*, in Botz/Brandstetter/Pollak, S. 119–168
35 Vor allem F. K. Kocmatas Zeitschriften *Neue Freie Worte, Zukunft, Das Gesindel;* Franz Prischings *Der g'rode Michl; Volkswille* (Graz); das linksbürgerliche Wochenblatt *Die Waage;* die Blätter des freisozialistischen Reichstagsabgeordneten Simon Starck, *Freie Worte* und *Neue Bahnen*
36 Die von Negt/Kluge am Typ der Arbeiterpartei entwickelte Kritik der Organisationsform des Vereins als sog. »bürgerlichen Idealverein« könnte zutreffend auch auf diese anarchistischen Vereinigungen angewendet werden: »Hier findet der ›Individualismus zu mehreren‹ statt (...)«, s. Oskar Negt/Alexander Kluge: *Öffentlichkeit und Erfahrung. Zur Organisationsanalyse von bürgerlicher und proletarischer Öffentlichkeit*, 4. Aufl., Frankfurt/Main 1976, S. 421 f.
37 Vgl. Gerhard Botz: *Der Arbeiter-Schriftsteller Carl Dopf (1883–1968) und die anarchistische Subkultur*, in Botz/Brandstetter/Pollak, S. 99–118, hier S. 100 f.
38 Vgl. Tagebucheintragung v. 14. 12. 1911, in Alfons Petzold: *Das rauhe Leben. Autobiographischer Roman*. Ergänzt durch ein Tagebuch vom 1. Jänner 1907 bis 5. November 1922, Wien 1947, S. 463; einige Gedichte Petzolds im *Wohlstand* von mir angeführt in Botz/Brandstetter/Pollak, S. 95 f.
39 Zu diesem Aspekt anarchistischer Subkultur vgl. Franz Jung: *Der Torpedokäfer*, Neuwied/Berlin 1972, S. 77–82; Lawrence Baron: *Sex, Stirner und Stammtisch. Erich Mühsams individualistischer Anarchismus*, Berlin 1978
40 Pierre Ramus: *Mutterschutz und Liebesfreiheit*, Berlin 1907; ders.: *Sozialphilosophische Tendenzen und Ziele des modernen Anarchismus*, in: *Jahrbuch der freien Generation für 1911. Volkskalender und Dokumente zur Weltanschauung des Sozialismus–Anarchismus*, redigiert v. Pierre Ramus, Klosterneuburg 1909, S. 5–24; dazu Brandstetter, in Botz/Brandstetter/Pollak, S. 80–83
41 NÖLA III/1177 P./ex 1918
42 Als Fortsetzungsroman zuerst veröffentlicht in *Erkenntnis und Befreiung* 1. Jg. (1919), Nr. 15 – III. Jg. (1921), Nr. 26; Buchausgabe: Pierre Ramus: *Friedenskrieger des Hinterlandes. Schicksalsroman eines Anarchisten im Weltkriege*, Mannheim 1924
43 NÖLA Präs. Z 1652/ ex 1915

44 Franz Planer: *Das Jahrbuch der Wiener Gesellschaft,* Wien 1929, S. 490
45 NÖLA III/1177 P./ex 1918
46 S. *De Vrije Socialist. Social-anarchistisch Orgaan,* v. 11. 3. 1916; Berichtigung am 8. 4. 1916
47 S. weiter oben.
48 *Die Internationale des Anarchismus im Jahre 1915.* Von Pierre Ramus, 1. Teil, S. 6 f. (handschriftl. MS im *Nachlaß Pierre Ramus 2,* IISG Amsterdam)
49 *Der Zar und der Pesthauch seines Regierungssystems.* Von einem russischen Staatsmann im Exil, Wien/Leipzig 1916
50 Ein Brief Karl F. Kocmatas an Rudolf Großmann v. 6. Aug. 1916 beginnt mit »Mein lieber russischer Staatsmann im Exil!« (...) *Nachlaß Pierre Ramus* 3A, IISG Amsterdam
51 Erich Mühsam: *Eine notwendige Klarstellung,* in *Fanal,* 4. Jg., Nr. 11, August 1930, S. 261-264
52 Linse, *Organisierter Anarchismus,* S. 313 ff.
53 E. Mühsam, *Klarstellung,* S. 262
54 Ramus, *Friedenskrieger des Hinterlandes,* hier zit. nach *Erkenntnis und Befreiung,* III. Jg., Nr. 26, S. 2
55 Wolfgang Neugebauer: *Bauvolk der kommenden Welt. Geschichte der sozialistischen Jugendbewegung in Österreich,* Wien 1975, S. 96-103
56 Mündl. Auskunft Leopold Horniks v. 5. 5. 1972
57 Neugebauer, *Bauvolk,* S. 101
58 Neugebauer, *Bauvolk,* S. 103
59 Bericht der Polizeidirektion Wien an k. k. Statthaltereipräs. v. 16. 4. 1918, in NÖLA III/1177 P./ex 1918
60 Geb. 15. 9. 1846 in Georgien – gest. 18. 8. 1925 in London; s. Biographie Tscherkessows von Pierre Ramus: in *Erkenntnis und Befreiung* VII (1925) Nrn. 37 u. 38
61 Pierre Ramus: *Die Irrlehre und Wissenschaftslosigkeit des Marxismus im Bereich des Sozialismus,* Wien/Klosterneuburg; 2. Aufl. Wien 1927 (Neudruck: Zürich 1977)
62 Notiz in »Dossier Ramus«, *Nachlaß Max Nettlau,* IISG Amsterdam; zur Considérant-Hypothese s. neuerdings die Anmerkung der Herausgeber Magdalena Melnikow und Hans Peter Duerr in Rudolf Rocker: *Aus den Memoiren eines deutschen Anarchisten,* Frankfurt/Main 1974, S. 11; auch in der anarchistischen Bewegung war Großmanns »Irrlehre« umstritten. Nach Ansicht Arthur Lehnings, des Hrsg. der Oeuvres Bakounines, war er »völlig inkompetent: er hatte von Marxismus keine Ahnung«. Mündl. Auskunft v. A. L. (Amsterdam) v. 26. 7. 1972
63 Mündl. Auskunft Leopold Horniks v. 5. 5. 1972
64 Vom 2. September 1927 bis 22. Juli 1928 wurde das Blatt je nach Wunsch der Empfänger als *Erkenntnis und Befreiung* oder *Der Anarchist* versandt bezw. kolportiert; die Ausgaben v. 29. Juli 1928 und 5. August 1928 noch unter beiden Titeln, Haupttitel aber *Erkenntnis und Befreiung;* ab 12. August 1928 bis 1933 nur mehr als *Erkenntnis und Befreiung,* s. Anmerkung Johann Schauers, in *Archiv. Mitteilungsblatt des Vereins für Geschichte der Arbeiterbewegung,* 11. Jg., Heft 4, Oktober–Dezember 1911, S. 96
65 *Prinzipien des Bundes herrschaftsloser Sozialisten,* o. O., o. J.
66 Z. B. Pierre Ramus: *Leo Tolstoi als Denker und Revolutionär des Anarchismus,* in *Erkenntnis und Befreiung,* 2. Jg., 1920, Nr. 51, S. 1-3; vgl. E. Appenzeller, a. a. O.
67 Hautmann, *Die verlorene Räterepublik,* S. 88-94
68 Rolf Reventlow: *Zwischen Alliierten und Bolschewiken (Arbeiterräte in Österreich 1918-1923),* Wien 1969, S. 51

69 *Erkenntnis und Befreiung* 1. Jg., 1919, Nr. 16
70 *Meine Tätigkeit im Arbeiterrat*, in *Erkenntnis und Befreiung*, 1. Jg., Nr. 30, S 4
71 *Allgemeine Richtlinien eines positiven sozialistischen Aktionsprogramms für die Arbeiterräte*, Wien (1919)
72 *»Kommunistische« Taktik in den Arbeiterräten*, in *Erkenntnis und Befreiung*, 2. Jg., 1920, Nr. 9, S. 4
73 *Erkenntnis und Befreiung*, 2. Jg., 1920, Nr. 29
74 Pierre Ramus: *Die Neuschöpfung der Gesellschaft durch den kommunistischen Anarchismus*, Wien/Klosterneuburg 1921, bes. S. 162 ff.
75 *Eine Tolstoi-Kolonie bei Wien*, in *Erkenntnis und Befreiung* II, 1920, Nr. 42
76 Die Gartensiedlung *Eden* besteht, wenn auch verändert, noch heute.
77 Pierre Ramus: *Bauer, Pfarrer, Christus*, Wien 1921
78 Hans Manfred Bock: *Syndikalismus und Linkskommunismus von 1918–1923*, Meisenheim am Glan 1969, S. 175 ff.
79 Pierre Ramus: *Militarismus, Kommunismus und Antimilitarismus. Thesen zu einem Referat für den Internationalen Antimilitaristen-Kongreß im Haag*, März 1921, Uerdingen 1921
80 Vgl. *Die Schöpfung* (Düsseldorf) I, 1921, Nr. 42.
81 Linse, *Organisierter Anarchismus*, S. 275–281
82 Vgl. Heinrich Vogeler: *Siedlungswesen und Arbeitsschule*, Hannover 1919; ders.: *Das neue Leben. Ein kommunistisches Manifest*, Hannover 1919; Vogeler schrieb 1919 auch eigene Beiträge für Großmanns *Erkenntnis und Befreiung*, so *Erkenntnis*, in 1. Jg., 1919, Nr. 38, *Die Revolution und die christliche Kirche*, in 1. Jg., 1919, Nr. 46 und *Programmatische Richtlinien einer Arbeitsschule der Freiheit* in 1. Jg., 1919, Nr. 56; Vogeler wandte sich später dem Kommunismus zu und trat 1924 in die KPD ein.
83 Pierre Ramus: *Francisco Ferrer. Sein Leben und sein Werk*, Paris 1910 (Neuaufl. Wien 1922); ders.: *Francisco Ferrer und seine Mission vor österreichischen Gerichtsschranken*. Erkenntnissenatsverhandlung gegen Rudolf Großmann (Pierre Ramus) über die Anklage der öffentlichen Herabwürdigung des Eigentums und Gutheißung von ungesetzlichen oder unsittlichen Handlungen etc. (Grazer Landesgericht 8. 4. 1911). Geleitwort Domela F. Nieuwenhuis, Paris 1911; Wiener Neustädter herrschaftslose Sozialisten kauften ein Grundstück und errichteten eine Bauhütte für eine geplante Ferrer-Schule, doch mußte 1925 das Projekt aus Geldmangel eingestellt werden, vgl. *Erkenntnis und Befreiung* VII, 1925, Nr. 42.
84 Bock, *Syndikalismus und Linkskommunismus*, S. 172
85 Karl Dopf: *Wege und Irrwege. Lebensabrisse eines ostmärkischen Papierarbeiters*, Hamburg 1943/1944, S. 209–212 (maschin. MS im Ludwig-Boltzmann-Institut für Geschichte der Arbeiterbewegung, Linz); Veröffentlichungen Dopfs in *Erkenntnis und Befreiung* z. B. 1. Jg. 1919, Nr. 54; V. Jg., 1923, Nr. 9
86 G. Botz, *Carl Dopf*, S. 106 f.
87 Vgl. Hans Hautmann: *Ferdinand Hanusch – der Staatssekretär*, in: *Ferdinand Hanusch. Ein Leben für den sozialen Aufstieg*, Wien 1973, S. 75–104
88 Fritz Klenner: *Die österreichischen Gewerkschaften*. Bd. 1, Wien 1951, S. 552
89 Vgl.: *Was ist und will der Bund herrschaftsloser Sozialisten? Die auf der Bundestagung am 25. und 26. März 1922 angenommenen Leitsätze und Richtlinien unserer Anschauung und Betätigung*, Wien/Klosterneuburg 1922, S. 2 f.
90 *Was ist und will der B. h. S.*, S. 10–14
91 Brief Augustin Souchys v. 7. 4. 1925, in *Erkenntnis und Befreiung* VII (1925), Nr. 22
92 *Was ist und will der B. h. S.*, S. 27

93 *Erkenntnis und Befreiung* VII (1925), Nr. 33
94 Sprecher der Mietzinslegion war der B. h. S.-Aktivist Adalbert Hirmke, s. *Erkenntnis und Befreiung* VI, 1924, Nr. 47
95 Flugblätter »An das werktätige Volk!« und »Proletarier, auf!«; vgl. »Eine Kommunistenversammlung in Graz gesprengt«, in *Der Tag* (Wien), v. 25. 8. 1924; »Krawalle in Graz«, in *Die Stunde* (Wien) v. 25. 8. 1924; »Kommunistenausschreitungen«, in *Tagespost* v. 25. 8. 1924
96 *Erkenntnis und Befreiung* VII, 1925, Nr. 29; Karl Vlach, der 1928 zur Bewegung stieß, schätzt ca. 1000 Anhänger, mündliche Auskunft K. Vlachs v. 20. 3. 1978; die Auflage der *Erkenntnis* war durch deutsche Abnehmer allerdings höher.
97 Ramus, *Militarismus, Kommunismus, Antimilitarismus*, S. 17 f.
98 Ebenda, S. 20
99 Ebenda, S. 21 f.; Großmanns Konzept einer gewaltlosen Verteidigung nimmt auf verblüffende Weise wesentliche Elemente der gegenwärtigen »sozialen Verteidigung« vorweg, ohne allerdings erkennbar rezipiert worden zu sein; vgl. u. a. Adam Roberts (Hrsg.): *Gewaltloser Widerstand gegen Aggressoren. Probleme, Beispiele, Strategien*, Göttingen 1971; Theodor Ebert (Hrsg): *Ziviler Widerstand. Fallstudien der innenpolitischen Friedens- und Konfliktforschung*, Düsseldorf 1970; ders.: *Gewaltfreier Aufstand. Alternative zum Bürgerkrieg*, Frankfurt/Main 1970 und weitere Arbeiten Eberts; ferner *Demokratische Sicherheitspolitik. Von der territorialen zur sozialen Verteidigung*, München 1974; Dieter Senghaas (Hrsg.): *Friedensforschung und Gesellschaftskritik*, Frankfurt 1973; laufende Beiträge in *Gewaltfreie Aktion. Vierteljahreshefte für Frieden und Gerechtigkeit*, (Berlin) 1969 ff.
100 Dazu Gerhard Botz: *Gewalt in der Politik. Attentate, Zusammenstöße, Putschversuche, Unruhen in Österreich 1918 bis 1934*, München 1976
101 Vgl. »Die Ordnungsgarde des Herrn Rintelen«, in *Arbeiterwille* v. 1. 6. 1924; *Tagespost* v. 1. 6. 1924; Großmanns Sicht der Ereignisse: »Die Helden der Heimwehr«, in *Erkenntnis und Befreiung* V, 1923, Nr. 2
102 Vgl. z. B. die positive Würdigung der Publikationen des Sturmruf-Verlags, in *Erkenntnis und Befreiung* V, 1923, Nr. 36
103 Vgl. etwa Botz, *Gewalt in der Politik*, S. 94–97 u. 102–104
104 *Erkenntnis und Befreiung* V, 1923, Nr. 7
105 *Erkenntnis und Befreiung* V, 1923, Nr. 10
106 Pierre Ramus: *Bolschewismus, Diktatur und Anarchismus*, in *Der Freie Arbeiter* (Berlin), XIII, 1920, Nrn. 3. u. 4
107 »Brandmarkung«, in *Erkenntnis und Befreiung* VIII, 1926, Nr. 39
108 Abschnitt »Marxismus, Faschismus und der proletarische Klassenkampf«, in *Irrlehre*, S. 176–195
109 Ebenda, S. 178
110 Ebenda, S. 184 f.
111 *Erkenntnis und Befreiung* IX, 1927, Nr. 30
112 *Erkenntnis und Befreiung* IX, 1927, Nr. 32
113 Norbert Bartoschek: *Marxismus und Faschismus*, in *Erkenntnis und Befreiung* IX, 1927, Nr. 34
114 *Am Pranger der Wahrheit. Gegen die Berufsverleumder und Femeschufte Oskar Kohl (Dresden) samt Konsorten in der Freien Arbeiter-Union Deutschlands*, Wien (1927); zur Auseinandersetzung s. Material »Dossier Ramus« im *Nachlaß Max Nettlau*, IISG Amsterdam
115 G. Berg: *Vergleichende Revolutionsgeschichte*, in *Fanal* II, Nr. 8, Mai 1928, S. 176–182
116 *Hundertprozentiger Anarchismus*, in *Fanal* III, Nr. 10, Juli 1929, S. 238 f.

117 Ludwig Krafft: *Vor dem Faschismus in Österreich,* in *Fanal* IV, Nr. 1, Oktober 1929, S. 18 f.
118 S. weiter oben Erich Mühsam in *Fanal* IV, Nr. 11, August 1930, S. 261–26
119 Vgl. u. a. auch die heftigen Angriffe der antiautoritären rätekommunistischen Richtung der deutschen AAUE gegen den »Konjunkturanarchisten« Großmann, in *Proletarischer Zeitgeist,* 11. Jg. 1932, Nr. 1
120 Abgedr. in *Fanal* II, Nr. 12, Sept. 1928, S. 287–288
121 Weimarer Nachfolgeorganisation der vor dem Weltkrieg bestehenden *Anarchistischen Förderation Deutschlands* (AFD).
122 Ulrich Linse: *Die Transformation der Gesellschaft durch die anarchistische Weltanschauung. Zur Ideologie und Organisation anarchistischer Gruppen in der Weimarer Republik,* in *Archiv für Sozialgeschichte,* 11. Band, 1971, S. 289–372, hier S. 356.
123 *Contra.* Anarchistische Zeitschrift. (Wien), 1.–2. Jg., 1930–1931; den »Anti-Ramus«-Charakter der Gruppe bestätigt Arthur Lehning, mündl. Auskunft v. 26. 7. 1972.
124 Flugblatt »Warum Innenkolonisation?«, mit dem von den Kolonisten und dem B. h. S. für eine Massenversammlung am 25. Mai 1932 geworben wurde, *Nachlaß Pierre Ramus,* IISG Amsterdam
125 Vgl. »Bodenbesetzung durch eine Gruppe Arbeitslose in der Lobau! Der Arbeitslosenführer Newerkla verhaftet!« in *Arbeiter-Ausgabe.* Unabhängiges Organ der Werktätigen und Arbeitslosen Österreichs (Wien), 1. Jg., Nr. 14, v. 24. 10. 1931; Eigentümer, Herausgeber, Verleger und für den Inhalt der *Arbeiter-Ausgabe* verantwortlich war Franz Newerkla
126 Vgl. Karl Flanner: *Die Sterilisierungsbewegung im Jahre 1932,* in *Archiv,* 17. Jg., Heft 3, 1977, S. 66–70 u. 77
127 *Vasektomie – Das Zauberwort der Verjüngung! Liebe ohne Laster! Wie verhütet man ungewollte Empfängnis und Schwangerschaft?,* Wien o. J.
128 Mündl. Auskunft Karl Vlachs v. 20. 3. 1978; vgl. Flanner, *Sterilisierungsbewegung,* S. 66; schon am 2. Dezember 1929 hatte sich Rudolf Großmann als Redner bei einer Demonstrationsversammlung gegen die Verurteilung des Grazer Arztes Dr. Hermann Schmerz, der vasektomische Eingriffe vorgenommen hatte, eingesetzt.
129 Flanner, *Sterilisierungsbewegung,* S. 68
130 Vgl. Robert Körber: *Rassesieg in Wien, der Grenzfeste des Reiches,* Wien 1939, S. 209
131 Für Großmanns exzellente rednerische Fähigkeiten spricht, daß der Richter des Erstverfahrens, von Großmann beeindruckt, sich danach mit ihm befreundete, Auskunft K. Vlachs v. 20. 3. 1978; der Marxist Leopold Hornik bezeichnet R. G. als »blendenden Redner«, freilich auch als »Phrasendrescher«. Auskunft Leopold Horniks v. 5. 5. 1972
132 Mündl. Auskunft Karl Vlachs v. 20. 3. 1978
133 Pierre Ramus: *Le communisme anarchiste comme réalisation pour les temps actuels,* Paris 1934.
134 Marie Martin: *Présentation,* in *Anarchisme et non-violence* 16, Janvier–Février 1969, S. 2–6, hier S. 6
135 Angaben zur Flucht übereinstimmend bei Eugen Relgis: *Evocando a Pierre Ramus. En el 25° aniversario de su muerte,* in *Reconstruir* (Buenos Aires), Mayo–Junio de 1967, S. 20–23; Lilly Schorr: *Pierre Ramus (1882–1942),* in *Befreiung* (Mühlheim/Ruhr), Nr. 7, 1966, S. 2–3, u. mündl. Auskunft A. Souchys v. 25. 4. 1972
136 Sonja Großmann gest. 14. 11. 1974; Töchter Lilly (= Dr. Lilly Elisabeth Schorr) und Erna leben in den USA, freundl. Auskunft v. Lilly Schorr.
137 *Gesammelte Werke.* Band 19, Frankfurt/Main 1967, S. 407

Ernst K. Herlitzka

Josef Luitpold Stern (1886–1966).
Versuch einer Würdigung

Autobiographisches (I):
Hier einige Ziffern als Gerüstwerk meines Daseins:
Am 16. April 1886 in Wien geboren als Kind eines großen, starken, Gerechtigkeit ohne Rücksicht liebenden Mannes und einer kleinen, feinfühligen, der Dichtung und Philosophie recht zugeneigten Frau. Er wienerisch, aber ungarischen Geblüts – sie vom Lande, eine Mährin, die deutsch und čechisch spricht. Er schwarz, sie blond. Er Meerschaumdrechsler, sie Tuchmacherstochter.
Ich selbst ein Bub mit blonden Haaren, der mit fünf Jahren Geige spielt, früher Noten als Buchstaben kennenlernt. Vier Jahre Volksschule. In der Schule begleite ich den Gesang der Buben mit meiner Geige (Burggasse-Volksschule). Meine liebste Erinnerung: ich sitze auf dem Schoße des Lehrers und guck' gleichzeitig mit ihm in die Hefte der Schüler.
Mit zehn Jahren Gymnasiast, Piaristengymnasium. Unter meinen Lehrern: Wilhelm Jerusalem. Mit fünfzehn Jahren in guter Fühlung mit Wissenschaft und Kunst. Als Sechzehnjähriger theoretisch geschulter Sozialist. In diesem Alter bereits Vortragender im Verband Jugendlicher Arbeiter, bereits Mitarbeiter der Arbeiter-Presse. Die ersten Gedichte erscheinen. Briefwechsel mit Dehmel, Liliencron und Henckell.
Als Gymnasiast, nach dem Tode meines Vaters, Hauslehrer, 80 Heller die Stunde. Aber ich unterrichtete leidenschaftlich gerne[1].

»Aber ich unterrichtete
leidenschaftlich gerne ...«

1886–1904

Als Josef Luitpold Stern das Licht der Welt erblickt, ist die sozialdemokratische Arbeiterbewegung der Donaumonarchie noch gespalten in »Gemäßigte« und »Radikale«. Victor Adler, der 1886 zur Partei stößt, beginnt das mühevolle Werk der Einigung mit der Herausgabe der *Gleichheit*, einem, wie es in der Abonnementeinladung heißt, »in jeder

Richtung hin unabhängigen Blatt, das auf dem Standpunkt der sozialdemokratischen Arbeiterpartei steht und daher mit aller Energie die Interessen des arbeitenden Volkes vertreten wird«. Drei Jahre später, nach dem Einigungsparteitag zu Hainfeld, erscheint – nach behördlicher Einstellung der *Gleichheit* – die *Arbeiter-Zeitung* (12. Juli 1889). Josef Luitpold Sterns Vater, wird – einige Zeit später – neben Julius Popp Administrator des Blattes.

Was Josef Luitpold Stern in der eingangs zitierten Briefstelle über die ersten Jahre seines Erdendaseins in so unnachahmlich klarer und komprimierter Form aussagt, läßt sich – wenn wir den Spuren nachgehen – in jeder Phase dokumentieren. Hier können freilich nur die wesentlichsten Konturen nachgezeichnet werden, aber einige frühe Kindheitserinnerungen seien dennoch erwähnt. In seinen gesammelten Werken, *Das Sternbild* (Band IV, 7. Buch), berichtet er in einer kurzen Prosa-Skizze (*Legende der Wirklichkeit*):

> Meine Mutter hat gerne erzählt, daß ich als Kind, noch kaum der Sprache mächtig, mein Mundwerk heiter zu üben verstand. Wenn ich morgens den Vater in der Küche das Frühstück für uns alle bereiten hörte, erhob ich mich pflichteifrig in meinem Bettchen und rief den viel älteren Geschwistern (zwei Schwestern) zu: »Tinderlein, tet auf, treipiertel tieben!« (Kinderlein, steht auf! Dreiviertel sieben!)!

Und er fügt abschließend hinzu:

> Ist das nicht schon die Melodie meines ganzen Lebens? Selber wachsam, andere zum Schulgang des Lebens zu wecken.

In einer anderen Erinnerung, zwei Jahre vor seinem Tod auf Tonband gesprochen[2], sagt er über seine Eltern:

> Mein Vater war Jude, unverkennbar im Äußeren. Er hat Wiener Dialekt gesprochen. Ursprünglich Steinmetz, offenkundig Arbeiter im Eisenbahnbau, kam er frühzeitig aus der Slowakei herüber, aus Preßburg, das ein Völkergemisch aus Deutschen, Slowaken und Ungarn aufwies. Er war ein monumentaler Mann, ganz groß in seiner Breite und seiner Heftigkeit, eigentlich ein jähzorniger Mann. Er wurde arbeitslos beim Bahnbau und hat auch als Drechsler Zeiten furchtbarer Krise mitgemacht...
> Meine Mutter war dagegen eine vollkommen andere Frau; Tuchweberstochter aus Mähren. Sie hat Herder gelesen, und der Einfluß von Herder war auf mich riesengroß. Eigentlich habe ich es von meinem Vater, daß ich die Worte drechsle, und von meiner Mutter, daß ich die Gefühle spinne und webe...

Seine frühesten Kindertage sind, bedingt durch sein Elternhaus, mit den Anfängen der organisatorischen und politischen Entwicklung der jungen Arbeiterbewegung engstens verknüpft. Die erste Maifeier des Jahres 1890 erlebt der Vierjährige, auf den Schultern des mitmarschierenden Vaters reitend, als einen feierlichen Akt, der ». . . eigentlich meine erste religiöse Weihe war . . .«. Nicht selten kommt es vor, daß die Mutter beschlagnahmte und der Konfiskation verfallene Exemplare der *Arbeiter-Zeitung* im Kinderwagen, unter dem darüber thronenden Stern-Büblein, zur Verteilerstelle bringt.

In seine Kindheitstage fallen unter anderem die Gründung des *Verbandes Jugendlicher Arbeiter* und der Wiener Volksbuchhandlung (1894), die Badenische Wahlreform des Jahres 1896 und der Einzug der ersten Sozialdemokraten in den Reichsrat (1897). Die Feiertage der Partei sind auch für ihn Festtage. Er wächst heran in der Zeit des Kampfes um den Achtstundentag, in der Zeit der permanenten Wahlrechtskämpfe. Die politischen Zielsetzungen der Partei, ihre Kämpfe für den »Aufstieg einer Klasse« motivieren ihn, der sich frühzeitig »in guter Fühlung mit Wissenschaft und Kunst« befindet und »als Sechzehnjähriger theoretisch geschulter Sozialist« ist, ihre Sache auch zu der seinen zu machen. Dem voran geht aber zunächst noch die Pflichtschule.

Der Schulbub dramatisiert mit Mitschülern aus dem Stegreif Lesebuchstücke, der Gymnasiast besucht aus freien Stücken die Gesangsstunden; zu Hause wird musiziert, das musische Erbe ist unverkennbar: mütterlicherseits gibt es Sänger, väterlicherseits Theaterblut. Musik begleitet, nein erfüllt ihn sein ganzes Leben lang. Sie hat an jeder seiner Wortschöpfungen Anteil und ist untrennbar mit seinem dichterischen Schaffen verwoben. So kam es denn auch viel später fast zwangsläufig zu den zahlreichen Vertonungen ebenso zahlreicher Stücke aus seinem Schaffen.

Dem Fünfzehnjährigen stirbt im Oktober des Jahres 1901 sein Vater. Victor Adler hält ihm die Grabrede: ». . . Er ist aus der Arbeiterschaft hervorgegangen und ihr bis zum letzten Augenblick treu geblieben. Er war nicht nur Angestellter der *Arbeiter-Zeitung*, er war mit seinem Herzen und mit Liebe bei der Sache[3]. . .« Es gab damals noch keine Krankenkasse, keine Unterstützung, und so folgten Zeiten bitterster Not.

. . . Als Gymnasiast, nach dem Tode meines Vaters, Hauslehrer, 80 Heller für die Stunde. Aber ich unterrichtete leidenschaftlich gerne.

Der Gymnasiast bringt sich aber auch als Adressenschreiber durch.

Nebenbei unterrichtet er bereits im *Verband Jugendlicher Arbeiter*, (in einem Kellerlokal in der Lerchengasse) Stenographie und arbeitet als Redakteur am Verbandsorgan *Der Jugendliche Arbeiter*, das erste Gedicht des Sechzehnjährigen; ein Sonnett auf Emile Zolas Tod, erscheint 1902 im *Brünner Volksfreund*, weitere Gedichte aus der Gymnasiastenzeit sind unter anderen *Der grüne Garten, Winter, Ehe es Frühling wird* und *Die Wege singen*[5]; manches davon ist als Schlüsselgedicht zu verstehen.

Autobiographisches (II):
... Nach der Matura 1904 an der Spitze der Wiener sozialistischen Studenten. Redakteur des *Jugendlichen Arbeiters*. Vortragender in Arbeiterorganisationen. Langsam, nein raschestes Verwurzeln in allen Feldern der Massenschulung. Eintreten für sozialistische Kunst. Wiener Abende für Karl Henckell, Franz Diederich. Daneben juristische, nationalökonomische, geschichtliche Studien.
Als Lehrer in großindustriellen Häusern geschärft den Blick für die Tatsachen der Klassengegensätze, ohne romantische Anbetung der Massen, ohne wirklichkeitsfremde Verachtung des Organisationsgeschickes der Wirtschaftsführer...
1908 von Ferdinand Avenarius telegraphisch zur *Kunstwarte* berufen. Übersiedlung nach Dresden. Ein Jahr lang dort. 1909 Ende des Jahres wieder in Wien, das Jahr Abwesenheit genügte. Nun schoß ringsum Betätigung auf. Gründung der Wiener Arbeiterbildungszentrale. Gestaltung der Wiener Arbeiterbüchereien; dieses Beispiel für die mitteleuropäischen Arbeiterbüchereien ein Signal. Gleichzeitig Bibliothekar des Wiener Volksheimes.
1909 Erscheinen des Buches über Wiener Volksbildungswesen im Verlag Diederichs, Jena. Fühlung mit Victor Adler, Adolf Braun. Mitarbeit an der Wiener *Arbeiter-Zeitung,* am *Kampf.* Fühlung mit Ludo Hartmann, Emil Reich. 1911 Theaterkritiker und Redakteur der *Arbeiter-Zeitung,* Mitkämpfer für die Volksbühnenbewegung. 1912–1913 mitten in einem immer dichteren Mosaik aller Massenkulturströmungen der Stadt Wien. 1913–1914 künstlerischer Leiter der *Volksbühne,* des *Strom*[6].

»... raschestes Verwurzeln in allen Feldern der Massenschulung...«

1904–1914

Dieser in atemberaubender Kürze dargestellte Lebensweg der Jahre 1904 bis zum Ausbruch des Ersten Weltkrieges überspringt oder übergeht die Jahre bis zur Rückkehr nach Wien. Fünf Jahre, die wesentlich zur Entfaltung des Volksbildners Josef Luitpold Stern beigetragen haben.

In diesen Jahren tritt der Student Josef Luitpold Stern, der 1904 an der Wiener Universität Jus inskribiert hat, der *Freien Vereinigung sozialistischer Studenten* sowie dem *Sozialwissenschaftlichen Bildungsverein* bei. In beiden Vereinigungen wird er Schriftführer, also Funktionär. Funktionär zu sein bedeutet aber für ihn nicht, bloß den Statuten gemäß zu »funktionieren«, er geht weiter. Er wird zum spiritus rector bedeutsamer Vorträge auf akademischem Boden und unter anderem Wegbereiter der jungen Wissenschaft der Soziologie, die von bedeutenden Gelehrten wie Max Adler und Alfred Adler erstmals an die akademische Jugend herangebracht wird. Er organisiert Fachbibliotheken und besucht - pro domo - freiwillig andere Seminare (Nationalökonomie, Geschichte).

Emil Reich, einer der Großen des österreichischen Volksbildungswesens, wird auf den rührigen Studenten aufmerksam, der in einem Kunstseminar Vorträge über Musik und Gesellschaft hält. Er veranlaßt den damals Neunzehnjährigen, einen Vortrag über den nach seiner Verurteilung vom Tode bedrohten russischen Dichter Maxim Gorki zu halten. Von der aufrüttelnden Fernwirkung der politischen Vorgänge im Zusammenhang mit der ersten russischen Revolution 1905[7], in deren Verlauf der Zar sich gezwungen sah, dem Volk das allgemeine Wahlrecht zu bewilligen, ergriffen, forderte er in diesem seinen ersten Vortrag im Volksheim für Gorkis Rettung leidenschaftlich internationale brüderliche Hilfe:

> ... Mit Tolstois Wort »Ich kann nicht schweigen« begann ich dem Volksheim und so der Wiener Volksbildung für sechzig Jahre zu dienen,

sagt Josef Luitpold Stern rückblickend in *Das Haus mit den hundert Fenstern*[8], einer Erinnerung an das Ottakringer Volksheim.

Dem Ottakringer Volksheim am Kofler-Park (heute Ludo-Hartmann-Platz), das so viel dazu beitrug, die Denkkräfte zu wecken, die im Menschen schlummern, und dem Wirken Josef Luitpold Sterns an dieser Volksbildungsstätte müßte ein eigenes Kapitel gewidmet werden. Hier nur so viel oder besser gesagt so wenig: Im Februar 1901 von einer Gruppe aufgeschlossener Hochschullehrer ins Leben gerufen – der Kursbetrieb fand zunächst in gemieteten, armseligen Kellerräumen am Urban-Loritz-Platz statt – erfolgte im Herbst 1905 die Übersiedlung in das aus eigener Kraft geschaffene Haus am Kofler-Park. Am 5. November 1905 wurde diese erste Abendhochschule Europas ihrer Bestimmung übergeben. Sie war das Werk praktischer Idealisten, das

Werk von Männern wie Emil Reich und Ludo Hartmann, mit denen Josef Luitpold Stern später im Laufe seiner Mitarbeit enge freundschaftliche Beziehungen verbinden. Er wird Bibliothekar des Hauses, Vorstandsmitglied, Schriftführer, zeitweilig Sekretär, und auch hier sind alle diese Funktionen nur als Begriffe zu verstehen, die ihren Inhalt aus den richtungsweisenden Aktivitäten Sterns beziehen.

> ... Er leitet Kurse in einer neuen Richtung: Literatursoziologie, allgemein verständlich und mit leidenschaftlichem Feuer. Er vergrößert die Büchereien, er bringt sie mit den Kursen in Zusammenhang. Er schafft einen schönen Lesesaal. Die literarische Fachgruppe gewinnt sich die Liebe der Dichter jener Zeit. Hermann Bahr, Arthur Schnitzler, Robert Musil, Stefan Zweig kommen. In der Hörerschaft verbirgt sich noch die nächste Generation: Ernst Waldinger, Rudolf Brunngraber, Alfons Petzold[9] ...

Damit sind wir aber über den gesteckten Zeitraum hinausgeraten, und wir wenden uns wieder dem Studenten zu. Im Vordergrund der politischen Szene jener Jahre steht der Kampf um das allgemeine, gleiche und direkte Wahlrecht, das am 26. Jänner 1907 Gesetz wird. Am 14. Mai 1907 wird zum ersten Male nach den Bestimmungen des neuen Wahlrechts gewählt: die österreichischen Sozialdemokraten werden mit 83 Abgeordneten die stärkste Fraktion im neuen Reichsrat. Das alte Kurienparlament hat zu bestehen aufgehört.

Im darauffolgenden Jahr beschließt Josef Luitpold Stern seine Wiener Studentenjahre mit dem juristischen Absolutorium. Im gleichen Jahr (1908) erreicht ihn eine telegraphische Aufforderung von Ferdinand Avenarius (1856–1923), einem Neffen Richard Wagners, der als Herausgeber der *Kunstwarte* großen Einfluß als Kunsterzieher besaß, als Sekretär zu ihm nach Dresden zu kommen. Er leistet dem Ruf Folge und übersiedelt für fast ein Jahr nach Dresden.

1909 nach Wien zurückgeholt, wird er in der Folge die für die Arbeiterbildung unentbehrliche Kraft, der Streiter gegen Ungeist, Denkfaulheit und seichte Halbheiten, der unermüdliche Verkünder seiner Maxime: »Keine Kultur ohne Arbeit, keine Kultur ohne Arbeiter; Kunst, Wissenschaft und ihre Anwendung – alles hat sein Geheimnis in der tätigen Hand, im tätigen Hirn.«

Hier darf nochmals die vorangestellte Briefstelle zitiert werden:

> ... Nun schoß ringsrum Betätigung auf. Gründung der Wiener Arbeiterbildungszentrale. Gestaltung der Wiener Arbeiterbüchereien: dieses Beispiel für die mitteleuropäischen Arbeiterbüchereien ein Signal. Gleichzeitig Bibliothekar des Wiener Volksheimes. Mitkämpfer für die Volksbühnenbewegung ...

1909 wendet sich der deutsche Dichter und Verleger Eugen Diederichs (Jena) an Josef Luitpold Stern und beauftragt ihn, das aufstrebende Wiener Volksbildungs-Wesen »... in einer zuverlässigen, aber anregend lesbaren Schrift ...« darzustellen. Diese Arbeit, *Das Wiener Volksbildungswesen*, die erste ihrer Art und bis in die jüngste Vergangenheit immer wieder zitiert, erscheint 1910 in Jena. Ludo M. Hartmann ist von ihr dermaßen beeindruckt, daß er dem Autor rät, diese Arbeit als staatswissenschaftliche Dissertation der Universität Heidelberg vorzulegen[10].

Eine einzige Prüfung konnte zum Doktorat und dann zu einer Dozentur führen. Die Schrift wird zwar angenommen, aber anscheinend nicht folgerichtig (Volksbildung als Bestandteil der akademischen Lehre!) ästimiert. Das konventionelle Examen mißlang (auf dem Gebiet der Literaturgeschichte!); Stern verzichtete auf eine Wiederholung.

Ehe wir fortfahren, muß hier noch einer kulturellen Großtat jener Tage gedacht werden: der Gründung des Vereins *Volksbühne* (14. September 1906)[11]. Es war dies das Wagnis, auch einem minderbemittelten Publikum – im Dienste der Volksbildung – gute Theatervorstellungen zu erschwinglichen Preisen zu bieten. Das Mitteilungsblatt des Vereines, *Der Strom*, von dem Kulturredakteur der *Arbeiter-Zeitung* Stefan Großmann redigiert, zählte zu den bedeutendsten literarischen Blättern seiner Zeit[12]. Dank der vorzüglichen Publikumsorganisation (bis zum Ausbruch des Ersten Weltkrieges zählt man 25.000 Mitglieder) wird das Wagnis zum vollen Erfolg. Erstklassige Schauspieler wie zum Beispiel Fritz Kortner, Rudolf Forster, Maria Mayer, Maria Eis bieten hochwertiges Theater und befreien so die Besucher (von 1906 bis 1913 waren es 150.000!) von der bisherigen Auffassung, daß Volkskunst gleichbedeutend mit »Schmiere« sein müsse. Die Volksbühne war eine Institution, die die volle Anerkennung aller geistig interessierter Kreise fand und nur von dem acht Jahre nach ihrer Gründung ausbrechenden Weltkrieg abgewürgt werden konnte.

1913 löst Josef Luitpold Stern Stefan Großmann in der Redaktion des *Strom* ab und entfaltet auch im Leitungsgremium der *Volksbühne* eine von sprühender Geistigkeit beflügelte Initiative.

Im April 1911 – mitten im Wahlkampf anläßlich der Reichsratswahlen vom 13. Juni 1911 – erklingt, gesungen vom Chor des Arbeitersängerbundes Wien, das *Trotzlied*[13]. Der Chormeister, Josef Seyfried, mit dem Josef Luitpold Stern durch seine Mitarbeit an der *Arbeiter-Zeitung* in freundschaftlichem Kontakt steht, hat den Text unter dem Titel *Drum singt die Welt* in einer deutsch-amerikanischen Gewerkschaftszeitung entdeckt und das Gedicht vertont. Die Uraufführung – fast ein Geburtstagsgeschenk für den damals 25jährigen Dichter – wird ein überwältigender Erfolg. Das Lied, das bis heute nichts von seinem mitreißenden Schwung eingebüßt hat, leitet eine Periode kämpferischen und klassenbewußten Arbeitersanges ein.

Wir schreiben das Jahr 1912: Der politische Horizont ist verdüstert durch die Annexion von Bosnien-Herzegowina (1910) und durch die Balkankrise (1912/1913). Im Südosten der Habsburger-Monarchie fließt Blut. Die Internationale hält in Basel einen außerordentlichen Kongreß ab, mit nur einem Tagesordnungspunkt: »Die internationale Lage und die gemeinsame Aktion gegen den Krieg« (24. und 25. November 1912). Victor Adler hält damals im Münster zu Basel seine aufrüttelnde Rede, in deren Verlauf er leidenschaftlich gegen die »Untat einer Kriegsentfesselung« protestiert.

Josef Luitpold Stern, mittlerweile auch in der Kulturredaktion der *Arbeiter-Zeitung* tätig, ferner mitwirkend am Aufbau der Wiener Organisation der *Kinderfreunde*, geistiger Motor der *Zentralstelle für das Bildungswesen der deutschen Sozialdemokratie in Österreich* (kurz: Bildungszentrale) übernimmt im Juni deren Bibliotheksabteilung. Bereits im Herbst wird unter seiner Leitung ein Bibliothekskurs eingerichtet, der sich über sechs Wochen erstreckt und an dem sich dreißig Bibliothekare beteiligen. Zweck der Sache ist, der Zersplitterung im Bereich der Arbeiterbüchereien Einhalt zu gebieten. In der Folge intensiviert er diese Kurse und reorganisiert das gesamte Arbeiterbüchereiwesen durch Herausgabe eines Handbuches für Arbeiterbibliothekare mit einem neuen Entlehnungs- und Beratungssystem und durch die Zeitschrift *Bildungsarbeit*[14] mit umfangreichen Buchbesprechungen und Hinweisen zur proletarischen Festkultur. So heißt es zum Beispiel:

> ...Die Erfolge einer Bibliothek drücken sich nicht so sehr in hohen Entlehnungsziffern als in der Entlehnung guter und fördernder Werke aus. Eine Bibliothek, die wahllos und ohne genaue Beratung jedes einzelnen Lesers arbeiten wollte, wäre für unsere Bildungsarbeit bedeutungslos. Es kommt darauf an, jedem einzelnen Arbeiter und jeder einzelnen Arbeiterin gerade solche Bücher zuzuführen, die für ihre geistige Entwicklung von Bedeutung sind...

So also wirkt er unentwegt, »... mitten in einem immer dichteren Mosaik aller Massenkulturströmungen der Stadt Wien ...« als unerschrockener Kämpfer auf dem Nebenkriegsschauplatz der Unkultur, zu der sich wachsende Kriegshysterie gesellt. Er kämpft für des Volkes geistige Abwehrkraft, indem er durch seine Lehrtätigkeit den Mitmenschen als Voraussetzung jeder friedlichen Aufwärtsentwicklung neben dem Weg zur Kultur auch den Weg zur Weltbrüderlichkeit weist.

Das »immer dichtere Mosaik« wird aber 1914 jählings zerschlagen. Die verheißungsvolle Entwicklung wird durch den Ausbruch des Weltkriegs unterbrochen. Die stolze Bilanz, die Stern noch für das erste Halbjahr 1914 veröffentlicht, kann sich sehen lassen. Über 40.000 Entlehnungen in 32 Zentralbibliotheken außerhalb Wiens, »... von Dornbirn bis Mödling, von Villach bis Mährisch-Ostrau, aber in Wiens dreizehn Zentralbibliotheken 116.447 Entlehnungen, von denen immerhin schon weit über 12.000 auf die Gesellschaftswissenschaften, fast 8.000 auf die Naturwissenschaften entfielen...« Er schließt den Bericht mit den Worten: »Zurück bleiben die Frauen und Kinder; sie sind im Grunde diejenigen, die heute die eifrigsten Lesermassen darstellen. Kunst und Wissenschaft bieten den Menschen zu jeder Zeit, also auch im Krieg, Trost und Kraft.«

Aber nicht nur die kulturelle Arbeit, auch die internationale Verständigung über die Grenzen des Reiches hinaus wird unterbrochen: der für August 1914 nach Wien einberufene 10. Internationale Sozialistenkongreß, für den seitens der österreichischen Sozialdemokratie schon alle organisatorischen Vorbereitungen getroffen sind, findet nicht statt.

Zu Kriegsausbruch übernimmt Josef Luitpold Stern die Redaktion der *Glühlichter*, die, als »humoristisch-satirisches Arbeiterblatt« deklariert, seit ihrem Erscheinen (1896/1897) in Wort und Bild gegen die Obrigkeit opponieren. Unter seiner Leitung hebt sich die etwas verflachte Diktion. Er legt auch Wert auf gehobene Aussage in Form von künstlerischen Graphiken. So erscheint zum Beispiel im ersten Vierteljahr 1915 ein Sonderheft *Gegen den Krieg – Sechs Kriegsnummern der Glühlichter*, mit Zeichnungen von Alfred Kubin, George Karau, D. R. Andre, Anton Babion und Walter Crane. Diese (u. a) permanente Umgestaltung der *Glühlichter* zum pointierten Antikriegsblatt führt nach zahlreichen Beschlagnahmen zur Einstellung des Blattes (April 1915).

Damit ist auch Robert Danneberg, der Leiter der Bildungszentrale und des Unterrichtsausschusses, der Sorge für einen Nachfolger Sterns in der Redaktion der *Glühlichter* enthoben. In einem Brief an Victor Adler[15] vom 13. Jänner 1915 weist er darauf hin, daß die gemusterten Jahrgänge 1886–1883 bald einrücken müssen. »... Da zu diesen Jahrgängen auch Stern gehört, so wird nun die Neubesetzung der Redaktion der *Glühlichter* aktuell.«

Es bewegt ihn aber auch noch eine andere Sorge, die aus der

nachfolgenden Briefstelle hervorgeht und die auch ein wenig die
Erwerbssituation, in der sich Stern befindet, erhellt. Danneberg
schreibt hier:

> ... Bei der Gelegenheit möchte ich privat und ohne etwa von Stern dazu
> aufgefordert worden zu sein, darauf aufmerksam machen, daß Stern der
> einzige Mensch aus dem Hause[16] hier ist, der einrücken muß, ohne einen
> Anspruch auf irgendwelche Bezüge zu haben, obwohl er faktisch, wenn
> auch nicht formell, ein Angestellter ist.

Doch zurück zu 1914.

Sterns Antikriegshaltung versteift sich, als sich im ausbrechenden
»Stahlgewitter« neben jenen, die, geistig ungerüstet, von der Kriegsbegeisterung erfaßt, ihrem Hurrapatriotismus – in welcher Form auch
immer – Ausdruck verleihen, auch die deutschen Dichter zu Worte
melden. In seinem bekannten Artikel im Dezember-Heft 1914 des
Kampf[17], bei dem er seit 1910 regelmäßig Mitarbeiter ist, geht er mit
den »Fern-vom-Schuß-Lyrikern« sehr hart ins Gericht:

> ... Als dieser Krieg ausbrach, stand die deutsche Kunst in heller Blüte.
> Aber seine Möglichkeit war dem Bewußtsein der Dichter in Wahrheit
> fremd. Die Mörser und Haubitzen waren gerüstet, die Jamben und
> Trochäen keineswegs. Dennoch ist der geistige Landsturm im Augenblick
> zur Stelle gewesen. Korps um Korps – ein nie zu vergessendes Schauspiel
> flinkster Anpassungsfähigkeit.

Stern teilt sie – die Dichter – ein in »Nationale«, »Militante«,
»Utopisten« »Abenteurer« etc., bringt schockierende Beispiele von
seelisch verkorkster Kriegsbegeisterung und läßt auch die Arbeiterdichter nicht ungeschoren. Nicht zuletzt wendet er sich auch gegen den
langjährigen und vor allem als jungen, vielversprechenden Lyriker
geförderten Freund Alfons Petzold, den er wie folgt apostrophiert:

> ... Ähnlich gewandelt hat sich Alfons Petzold:
>
> »Die Bücher hinein, das Schwert heraus,
> Schußfreudig die blanke Büchse,
> Und losgeritten im donnernden Braus,
> auf die französischen Füchse!
>
> Noch steht der Tag im hellen Brand,
> Doch eilt mit Fahne und Eisen,
> Wir wollen zur Nacht in Engeland
> Bären und Füchse verspeisen.«

Alfons Petzold betet sogar:
»O daß ich könnte jetzt jeder Kugel sein,
Die fröhlich zischend ein rotes Menschenherz grüßt.
O daß ich könnte jetzt atmen in jeder Säbelklinge,
die flammenrasch ein weises Menschenherz küßt.«

Die Bestürzung ob dieser Zeilen und die daraus resultierende Entfremdung widerspiegelt sich in einem Briefwechsel[18], der bis in das dritte Kriegsjahr hineinreicht und in dessen Verlauf es schließlich wieder zur seelischen Gleichgestimmtheit kommt, die ihre Apotheose in der Rede Petzolds[19] über Josef Luitpold Stern findet (26. März 1916). Im Verlauf dieser Rede würdigt Petzold öffentlich des Freundes Buch *Herz im Eisen*[20] – eine Sammlung von Antikriegslyrik »für Friedensfreunde«: eine erste Friedenskundgebung mitten im Kriege!

». . . Und dem Schmerz der Stunden zum Trotze . . .«

1915–1918

Im April des Jahres 1915 – Josef Luitpold Stern ist gerade 29 Jahre alt – erfolgt seine Einberufung zum Landsturm. Sein Resümee über diese wohl einschneidendste Zäsur in der frühen Halbzeit seines Lebens ist lapidar: ohne Sentiment, aber auch bar jeden Ressentiments:

Autobiographisches (III):
. . . 1914 Krieg. Antimilitarist. Infantrist (1915). Im Kampf gegen die sozialpatriotische Richtung. An der Front in Tirol, am Isonzo, in Albanien. Herz im Eisen entsteht, Einakter, Bilal, Gesang vom Rückzug[21].

Aber was verbirgt sich nicht alles dahinter!
Abgesehen von seiner unmißverständlich dargelegten inneren Haltung, abgesehen von der jedem normalen Menschen innewohnenden Furcht vor dem Tod, begleitet ihn auch die Sorge um das zurückgelassene, unterbrochene Lebenswerk, die Sorge um die Existenz »nachher« und nicht zuletzt auch die Sorge um den Unterhalt seiner Mutter, die er ohne materielle Unterstützung weiß.
Am 5. Juli 1915 erfolgt die Abfahrt zur Front in Tirol. Im Viehwaggon – die Assoziation »Schlachtvieh – Schlachtfeld« ist naheliegend! – entsteht jenes Gedicht, das unter dem Titel »Trotziger Abschied« viel zitiert, bis heute nichts von seiner Wirkung eingebüßt hat:

Wenn das Eisen mich mäht,
wenn mein Atem vergeht,
sollt stumm unterm Rasen mich breiten.
Laßt das Wortegespiel,
's war kein Held, der da fiel,
's war ein Opfer verlorener Zeiten.
's war einer der nie
nach Völkerblut schrie,
's war ein Bürger erst kommender Zeiten.
Wenn das Eisen mich mäht,
wenn mein Atem vergeht,
sollt stumm unterm Rasen mich breiten.

Die Gegensätzlichkeit, die zwischen diesen Zeilen und jenen – zuvor zitierten – von Alfons Petzold ist erschütternd. Dort flammende Begeisterung ob der Möglichkeit, fremdes Blut vergießen zu dürfen, hier trotziger Gleichmut angesichts der Möglichkeit, sein eigenes Blut und Leben hingeben zu müssen. Und in der Zeile »... 's war ein Bürger erst kommender Zeiten ...« klingt bereits jenes Motiv auf, das zu einem Grundmotiv in Josef Luitpold Sterns dichterischem Schaffen wird und das sich zum Beispiel in »... Zu meiner Zeit in tausend Jahren werden die Menschen vor Freude sterben ...« in besonderer Art darbietet. Der *Trotzige Abschied* erscheint bereits am 9. Juli 1915 in der *Arbeiter-Zeitung* unter der Rubrik »Aus dem Tagebuch eines Landsturmmannes«. In dieser Rubrik erscheinen übrigens die meisten der in *Herz im Eisen* zusammengefaßten *Skizzen und Strophen*. Und so manche von ihnen fallen der Kriegszensur zum Opfer[22].

Zwei Feldpostkarten an Friedrich Adler, der damals den *Kampf* redigierte, seien hier textlich wiedergegeben, da sie Zeugnis von Sterns ungebrochener Werkfreudigkeit beziehungsweise von der Einfügung in die gegebenen Umstände einerseits und von einem vorsichtigem Zweckpessimismus andererseits geben:

19. Mai 1915
Bruck a. d. Leitha
Landwehrkaserne

L. Fr.

Wäre es Ihnen möglich, mir von allen *Kampf*-Heften, die Beiträge von mir enthalten, zwei Freiexemplare zur Verfügung zu stellen? Frau Lamm würde mir die betr. Nummern aus den Inhaltsverzeichnissen gewiß heraussuchen. Ich wäre Ihnen sehr dankbar dafür, da ich eben daran bin, alles, was ich geschrieben habe, zu sammeln, zu feilen und zu gruppieren – Totengräberarbeit.

Herzlich Ihr
J L S

Die zweite Nachricht lautet kurz[23]:

22. Juni 1915
Vorläufig *vermutlich* Zeit zum Lesen und Schreiben,
Schauen und Faulenzen. Gegend wunderbar!
Adresse: Korp. Stern LJR 1, 52. H. Brig. Feldpost 607

Das »vermutlich« dauerte – vermutlich – bis zum 5. Juli 1915. Von nun an ist er – um ein Wort Victor Adlers zu variieren – als passives Material der Weltgeschichte in das mörderische Geschehen an den Fronten in den Dolomiten und am Isonzo physisch und seelisch miteinbezogen und wird bis zur Neige davon ausgelaugt. Nicht ausgeschöpft ist aber sein »Genius des standhaften Herzens«. Und nicht nur erlahmt nie sein dichterisches Schaffen, auch sein künstlerisches Interesse bleibt wach, seine Anteilnahme an jedem Funken von kulturellem Wollen ist nahezu notorisch.

Aus der Zeit seiner redaktionellen Tätigkeit bei den *Glühlichtern* datiert auch seine Freundschaft mit dem Künstlerehepaar George und Elisa Karau. George Karau, akademischer Maler und Architekt, hat er in schwerer Zeit, insbesondere durch Veröffentlichungen von Graphiken, die Karau als Mitarbeiter bei den *Glühlichtern* schuf, den Weg zur Öffentlichkeit gebahnt; Elisa Karau schätzt er als Rezitatorin[24].

Mit den Karaus korrespondiert er auch per Feldpost. In einem solchen Brief vom 9. Februar 1917 zeigt er sich erfreut über die Idee George Karaus, Graphiken aus den *Glühlichtern* – ». . . die voll starker Kunst und Eigenart sind . . .« – in einer großformatigen Serie herauszubringen, und erklärt sich bereit, die Originale hierfür zur Verfügung zu stellen. Dies ist um so bemerkenswerter, als er unter anderem berichtet, daß er vierzehn Monate ununterbrochen an der vordersten Front verbracht habe. Es heißt dann weiter:

> . . . In den letzten Monaten geht es mir besser. Ich bin Schriftführer bei einem Feldgericht[25]. Allen Sorgen gegenüber bin ich aber geblieben, der ich gewesen. Und dem Schmerz der Stunden zum Trotze, ist manches Dichterische entstanden: Strophen, Skizzen, Dramatisches. Und viel wäre da, was Sie[26] später vielleicht einmal zu künstlerischem Schaffen, zu Buchschmuck reizen wird.

Stern berichtet auch, daß er an einem Einakter-Zyklus schreibe und daß »eine kleine Kindergeschichte in Hexametern[27]« fertig geworden sei.

An der Dolomitenfront und am Isonzo – 1916/1917 – entsteht ein

Einakter-Zyklus, ».. . konzipiert aus der Sphäre der Kriegserlebnisse. Alles spielt in der Dämmerung zwischen Tag und Nacht, wie für Luitpold diese Zeit eben eine Zeit ohne Helligkeit war[28]«. Von diesen vier Einaktern[29] – zeitkritische Aussagen in dichterisch gehobener Sprache – erschien *In der Dämmerung* erstmals im *Kampf* in der Mai-Juni-Nummer 1916 und verfiel mit fast der gesamten Nummer der Zensur[30]. Der Einakter *Schnee* wurde von der *Arbeiter-Zeitung* vom 24. Dezember 1916, *Die Flucht* am 27. Mai 1917 veröffentlicht.

Eine Reihe von Prosastücken – zum überwiegenden Teil noch in den Dolomiten, zum Teil in Albanien (an der albanisch-mazedonischen Front, wohin Stern bis Ende des Krieges abkommandiert war) entstanden – sind im gesammelten Werk[31] unter dem Titel *Der Schrei der Opfer* zusammengefaßt. Es ist im Grunde genommen abermals eine Art verschlüsselter Lyrik, in der Herzenschiffre des Dichters abgefaßt. Es ist von Menschen die Rede, die dem grausamen, menschenverzehrenden Dasein jener Tage des Völkermordens Paroli bieten, indem sie sich in eine andere Wirklichkeit versetzen. Sie werden von ihren Kameraden, die sie nicht begreifen können, schlicht als »partiell Irre« angesprochen. So zum Beispiel der junge Einjährige Peter Toca (in *Bilal oder die Erhebung der Gefallenen*), der in der Kriegshölle auf der Cima della Croce den Anruf der Toten vernimmt: seine Gehirnwellen stellen sich auf metaphysischen Empfang um. Und so übernimmt er – irre?, nein, überwältigt von der Vision einer gerechteren Wirklichkeit aus dem Jahrtausend der erst kommenden Menschlichkeit – die Mission zur Rehabilitierung *aller* Kriegstoten und opfert sein reiches, armes Leben. Ähnlich – um ein weiteres Beispiel anzuführen – ist es mit dem Leutnant Rade Lungulow (in *Deri kur?*): Aus der Konfrontation mit dem Fall der Desertion eines blutjungen Albaners erwächst auch ihm der Zweifel an der »normalen Wirklichkeit«; der Sprung in die andere Dimension endet mit dem scheinbar sinnlosen Tod der beiden, einem Tod, der aber in Wahrheit die »andere Wirklichkeit« bestätigt.

Alle diese Prosastücke – wovon immer sie handeln: der Mensch oder das »kleine Ich« stehen im Mittelpunkt! – schließen letztlich thematisch an das Balladenwerk *Die Rückkehr des Prometheus*[32] an: Immer handelt es sich um das Schicksal Niegerühmter, deren Opfergang dazu beiträgt, jene Gesellschaftsordnung mitvorzubereiten, wie sie in des Dichters Motiv von ». . . Zu meiner Zeit, in tausend Jahren . . .« als klingende Vision, als Sphärenmusik ertönt.

In der Zusammenschau läßt das dichterische Schaffen der Kriegsjahre erkennen, daß Josef Luitpold Stern ob des Erlebens und Erleidens der Greuel des Krieges keineswegs in Apathie, Selbstmitleid oder nutzlosen Weltschmerz verfiel. Nein! »Dem Schmerz der Stunde zum Trotze« ist jedes dieser Stücke – sei es nun in *Herz im Eisen* oder im *Schrei der Opfer* – ein zukunftsweisender Feldruf an die Menschlichkeit. Während der in die verhaßte Uniform gezwängte Leib des Landsturmmannes Stern (ewiger Titular-Korporal; ein Soldat, der nie geschossen hat!) Feldwache steht, sind Geist und Herz stets auf dem »Quivive« für die Sache des Humanismus, für die Sache der Menschheitsliebe:

> ... zwängt mich ins Kriegsgewand,
> preßt Waffen in mein' Hand,
> ich bleib' im Wahngetriebe
> ewig Soldat der Liebe[33] ...

Der weise und bittere *Gesang vom Rückzug*[34] schließt den Reigen: Hier wird noch einmal die ganze Sinnlosigkeit und abgrundtiefe Verworfenheit des Krieges gezeigt (»... seht ihn euch an, den Rückzug, er ist der wahre Aufmarsch des Krieges...!«). Aber auch hier geht es ihm – wie überhaupt! – nicht um den Reiz, reziproke Kriegsdichtung zu produzieren, denn im »Vorspruch« verweist er auf das Motiv:

> Vormarsch, Angriff und Eroberung,
> euch wurden Hymnen gesungen die Fülle.
> Nicht müde macht eure Verherrlichung
> die Sänger der Jahrtausende.
> Eure Strophen lernen – wie lange noch? –
> die Kinder in der Schule.
>
> Mein Teil ist
> der Gesang vom Rückzug.
>
> Was die andern verschweigen,
> was die andern beschämt,
> sei angestimmt
> *für die Schulen der Zukunft,*
> *daß aus Kindern erwachsen*
> *kraftvolle Völker.*

Autobiographisches (III):
1918 Rückkehr. Bisher ohne Wohnung. Ohne meine Bücher. 1919 Leiter des Reichsbildungsamtes der Volkswehr. Aus Kasernen Schulen. Gleichzeitig Leiter des österreichischen Arbeiterbildungswesens. 1922 erneute

Abkehr von Wien. Leitung des sudetendeutschen Arbeiterbildungswesens.
Dichter und Lehrer. Viele Hindernisse. Erlebnisse im Schaffen und Anblick
erwachender Massen von unbeschreibbarer Herrlichkeit.
In Verbundenheit mit den Massen; doch zugleich in Kameradschaft mit
Künstlern, Wissenschaftern und Frauen.
Bald nicht mehr jung, immer noch ohne Hausrat. Ein Nomade. Die
Wegrichtung: die Zukunft. – Genügt das[35]?

»... Erlebnisse im Schaffen und Anblick erwachender Massen von unbeschreiblicher Herrlichkeit ...«

1918–1934

Als der nunmehr 32jährige kurz vor Weihnachten 1918 heimkehrt, ist ihm die Sorge um die leibliche Nahrung nicht so wichtig wie die Sorge um die geistige Nahrung jener, die weiterhin den Soldatenrock tragen, als Angehörige der jungen Volkswehr, denen er sich als Dichter von *Herz im Eisen* besonders verpflichtet und verbunden fühlt. Eine Begegnung mit Julius Deutsch, dem nunmehrigen Staatssekretär für Heereswesen – er ist mit ihm seit den Tagen ihrer Zugehörigkeit zur Jugendbewegung der Partei befreundet – veranlaßt ihn zu der Frage: »Was geschieht in der Volkswehr für das Bildungswesen?« So wird die Idee eines Reichsbildungsamtes der österreichischen Volkswehr geboren.

»... Aus Kasernen Schulen ...«: Wie einfach das klingt! Aber die Größe einer Idee beruht meist auf der Einfachheit ihrer Konzeption. Der Titular-Korporal wird »Bildungsoffizier« (ein neugeschaffener Dienstrang). Weit vorausschauend wie immer, geht er an die Arbeit: »Die Aufgabe ist, kurz gefaßt, den Soldaten das Denken zu lehren, ihn reif zu machen für den geschichtlichen Gang der Entwicklung[36]«, stellt er fest. Und anläßlich des ersten Jahrestages der Ausrufung der Republik sagt er in einer Rede: »Wir haben im ersten Jahr der Republik der Volkswehr und mit ihr dem ganzen Volk den Mut zum Lernen erringen geholfen[37].« Aus der Zeit seiner Arbeit im Reichsbildungsamt der Volkswehr datiert auch seine Freundschaft mit Theodor Körner, die ein ganzes Leben währen soll.

»... Gleichzeitig Leiter des österreichischen Arbeiterbildungswesens ...«: Nahezu zwangsläufig setzt der Heimkehrer seine durch den Krieg unterbrochene Arbeit in der reaktivierten Arbeiterbildungszentrale sowie im Unterrichtsausschuß fort. Er ist auch für die Redaktion der *Bildungsarbeit* und der *Kunstnachrichten* verantwortlich. Ebenso läßt er sich den weiteren Ausbau der Arbeiterbibliotheken angelegen sein: 83 Arbeiterbüchereien mit dreizehn Kinderbüchereien entstehen in der Folge. Sie sind die Vorläufer der heutigen Wiener Städtischen Büchereien.

».. . 1922 erneute Abkehr von Wien ...«: Im August 1922 erhält Josef Luitpold Stern eine Einladung zur 1. Internationalen Arbeiterbildungskonferenz in Brüssel. Die Teilnahme daran hängt von der Kostenfrage ab. Der schweizerische Arbeiterbildungsausschuß erklärt sich bereit, für die Kosten des österreichischen Delegierten aufzukommen, worauf die belgischen Genossen beschließen, ihrerseits die Kosten zu übernehmen. Ein diesbezügliches Telegramm an Stern gelangt nicht in seine Hände, weil er zu diesem Zeitpunkt die Parteischule in Karlsbad leitet. In einem Brief an Fritz Adler[38] beklagt er sich, daß ihm das Büro der Bildungszentrale das Telegramm sowie einen Brief, »sei es aus Einsichtslosigkeit oder aus Absicht«, unterschlagen habe. Es heißt dann weiter:

... Ich halte es für notwendig, Ihnen dies zur Kenntnis zu bringen, als einen der vielen Anlässe, die mich bewegen, von der Leitung der Bildungszentrale zurückzutreten.
Es ist um der Sache des österreichischen Arbeiterbildungswesens willen überaus zu bedauern, daß der Parteivorstand trotz meiner wiederholten Hinweise den Vorgängen im Unterrichtsausschuß so geringe Bedeutung geschenkt hat. Ich hoffe, daß mein Fortgang diese Beachtung erzwingen wird.
                       Mit den besten Grüßen stets Ihr
                       Josef Luitpold Stern

Es müssen also ziemlich gewichtige Ursachen gewesen sein, die ihn veranlaßten, drei Jahre nach der Geburt seines Sohnes[39] einem Ruf zur Übernahme der Leitung der *Zentralstelle für Bildungswesen der Deutschen Sozialdemokratischen Arbeiterpartei in der Tschechoslowakei* Folge zu leisten. Zuerst in Teplitz, dann in Prag entwickelt er auch in seinem neuen Wirkungsbereich die gewohnte Initiative: Sonntagsschulen, Arbeiter-Sinfonie-Konzerte, Reorganisation des Büchereiwesens und Betriebsrätekurse gehören ebenso in das umfangreiche Programm wie die Herausgabe von Leitfäden für Arbeiterbildner oder die epochale Ausstellung zur Geschichte der Arbeiterklasse im *Haus der Arbeit* in Aussig. Darüber hinaus machen ihn zahlreiche Vortragsreisen, die hauptsächlich nach Deutschland führen, als Lehrer und Redner im deutschen Sprachraum bekannt.

». . . in Verbundenheit mit den Massen ...«: Im Dezember 1923 hält Josef Luitpold Stern auf dem Parteitag in Aussig das vielbeachtete Referat *Klassenkampf und Massenbildung,* in dem er gegen die Kanonisierung der Massendummheit zu Felde zieht:

... Das Volksbildungswesen hat die Aufgabe, den mittelalterlichen Menschen, den Genoveva-Anbeter vor der Rotationsmaschine umzuwandeln in den modernen, naturwissenschaftlich gesinnten Monteur. Die Arbeiterbildung hat die Aufgabe, die Massen reif zu machen für die politischen, gewerkschaftlichen, genossenschaftlichen und kulturellen Aufgaben des alles umspannenden Klassenkampfes.

Stern geht in diesem Referat weit über die theoretisch-ideologische Rhetorik hinaus und gibt praktische Hinweise zur Organisations- und Finanztechnik der Arbeiterbildungswesens. Er bemüht sich, durch seine Darstellungen die vielfältigen Beziehungen zwischen Massenschulung und Klassenkampf erkennbar zu machen und die Erkenntnis zu wecken, daß der Kapitalismus auch ein Verbrechen am Intellekt, am Charakter und am Gemüt der Masse sei.

Dieses Referat, das ein Pendent zu Sterns Jugendarbeit über das Wiener Volksbildungswesen darstellt, erscheint erstmals 1924 in Prag als Broschüre und erlebt bis 1930 eine Auflage von 30.000 Exemplaren!

»... Groß ist es, Arbeiterkultur zu wünschen, größer sie zu schaffen...«: Diese Worte – eine Widmung für einen Absolventen[40] des ersten Jahrganges der im Jänner 1926 von der Partei und den Gewerkschaften ins Leben gerufenen Arbeiterhochschule[41], deren Leitung Josef Luitpold Stern nach seiner »Heimholung« anvertraut wird – sind symptomatisch: immer wieder steht er impulsgebend an der Wiege volksbildnerischer Institutionen der Arbeiterbewegung, und immer folgt der Vision vom Ziel eine Art kategorischen Imperativs für die Erreichung dieses Zieles.

Auch der Arbeiterhochschule, an deren Gründung und Einrichtung[42] Josef Luitpold Stern schon vor der Übernahme maßgeblich beteiligt war, müßte ein umfassendes Kapitel gewidmet werden. Sie stellt zweifellos einen Höhepunkt des österreichischen Arbeiterbildungswesens dar. Unter den Vortragenden finden sich Praktiker und Theoretiker der Partei und der Gewerkschaftsbewegung wie Karl Renner, Otto und Helene Bauer, Karl Seitz, Max Adler, Otto Neurath, Siegmund Kunfi, Theodor Körner, Adolf Schärf und Oscar Pollak. Von den Absolventen – damals »Namenlose aus den Massen« – begegnen wir zwei Jahrzehnte später manchen in hohen und höchsten öffentlichen Ämtern[43]. Andere wieder – darunter vor allem auch Angehörige des Lehrkörpers – bleiben in der Emigration oder zählen zu den »Opfern verlorener Zeiten«.

Was sich in diesem Rahmen mit kleinen, jedoch beflügelten Schritten vollzieht, ist die Fortsetzung des Aufbruchs einer Klasse »auf dem Wege zur Kultur«, begonnen im 19. Jahrhundert, unterbrochen durch den ersten großen Krieg des 20. Jahrhunderts und in der Zwischenkriegszeit einem Höhepunkt zustrebend: »Welcher Weg von der Zeit der Kinderarbeit bis zum Aufklingen von Kinderchören in den Arbeiter-Sinfonie-Konzerten von heute! Welcher geistiger Werdegang vom Manufakturarbeiter ... bis zum Betriebsrat mit der Sehnsucht nach der Arbeiterhochschule[44] ...«

Diese kurzen Jahre bis 1934, in denen Josef Luitpold Stern auch weiterhin wieder die Arbeiterbildungszentrale betreut, werden durch seine Arbeitsfreudigkeit und Hingabe zu einem Teil dessen, was er als »hymnischen Alltag« empfindet. Die Bildungszentrale wird zum Ort der Begegnung mit Wissenschaftern, Volksbildnern, bildenden und darstellenden Künstlern, Literaten und Musikern, nicht nur aus den Kreisen der Partei, sondern auch aus Kreisen von Gesinnungsfreunden. Die Arbeiterbüchereien können unter Sterns Leitung stolze Bilanzen aufzeigen: 1931 z. B. weisen sie, bei einem Bestand von mehr als 200.000 Bänden und über 46.000 Lesern, weit über zwei Millionen Entlehnungen auf, darunter 12 Prozent wissenschaftliche Werke.

Alles, was ringsum geschieht und dazu beiträgt, Kultur und Bildung – im weitesten Sinne – zu fördern, findet seine Anteilnahme und wird ihm Anlaß zu dichterischer Aussage, kulturweisender Mitarbeit oder kritischer Betrachtung.

Die Bautätigkeit der Wiener Gemeindeverwaltung in der Zwischenkriegszeit, die, vom Geist völlig neuer Baugesinnung beseelt, erstmals den arbeitenden Massen Wohnkultur zu eigen gibt, inspiriert ihn zu dem Hymnus *Die neue Stadt*, aus dem »... ein neuer, erdengläubiger Psalmengeist ...« emporsteigt und jene selig preist, die »... ihre Kräfte einsetzen für menschenwürdige Heimstätten[45] ...«

Der *Arbeiter-Kalender* – eine der ältesten periodischen Publikationen der österreichischen Arbeiterbewegung (erstmals 1872 erschienen) – wird unter seiner Redaktion (1926 bis 1930) sowohl vom Inhalt her als auch in der typographischen Gestaltung völlig aus der Kalender-Diktion gelöst und erscheint, mit künstlerisch wertvollen Graphiken bereichert – wegweisend für neue Buchkultur –, als Jahrbuch. Zu den Gedenktagen des Staates und der Partei erscheinen, von ihm redigiert, inhaltlich wertvolle Festschriften[46].

Stern wird Vorsitzender der *Vereinigung Sozialistischer Schriftsteller*[47], die neben Autorenlesungen von namhaften Mitgliedern und Erörterungen von substantiellen Berufsfragen immer wieder auch ihre Stimme gegen den mittlerweile in Deutschland grassierenden braunen Faschismus erhebt[48].

Er erkennt wie kein anderer die eminente Bedeutung der jungen Medien Film[49] und Rundfunk für die Massenbildung und ist unentwegt bemüht, »... die Stimme des Sozialismus in fast allen europäischen Sendern zur Geltung zu bringen[50]«. In diesem Zusammenhang erinnert man sich zwangsläufig seines Rundfunkvortrags am 1. Mai 1930, *Der Arbeiter und die Kultur*[51], den er mit folgenden Worten beschließt:

> ... Kein festlicherer Augenblick als, da die Menschenstimme am Mikrophon die Menschlichkeit aller Nationen und Rassen anruft und grüßt.
> Kein festlicherer Augenblick als, da durch die Schwingungen des Äthers der SOS-Ruf der Kultur von morgen seine Empfänger sucht:
> Achtung, Achtung, Achtung jeder schaffenden Hand, jedem schaffenden Hirn! Gruß den glücklichen Geschlechtern, denen das Dreigestirn von Arbeit, Wissenschaft und Kunst in die Stunden jedes ihrer Tage leuchtet!

Er selbst ist und bleibt zu jeder Stunde des Tages Wissensbringer und Kulturträger: es gibt kein müßiges Geplauder, kein Gespräch ohne kühne geistige Kombination mit der Realität, keinen Vortrag, aus dem der Hörer nicht geistig bereichert fortgeht und die Welt aus neuer Sicht betrachten gelernt hat.

Aber trotz all seiner euphoristischen Zukunftsvisionen weiß er genau um die Gegenwart Bescheid, weiß und fordert er immer wieder, daß die vorhandenen und in ihrer Vielgestaltigkeit geschichtlich erklärbaren Kulturinstitutionen sowie die auf Kultur abzielenden Organisationen der Arbeiterbewegung sich dem Gesetz der kulturellen Konzentration zu beugen haben, daß eine ständige zentrale Annäherung aller dieser Vereine oder Vereinigungen an die tägliche Kulturarbeit erfolgen muß, um die Effizienz der edlen Bestrebungen zu gewährleisten.

Dieser Sorge wird er allerdings durch die jählings hereinbrechenden Februarereignisse, die alle Visionen von Kultur grausam zerstören, enthoben.

»... Gib ihm die Hand, er ist ein Flüchtling[52] ...«

Tschechoslowakei (1934–1938):
Die brutale Niederschlagung der Demokratie in Österreich im Februar 1934 zwingt auch ihn zur Flucht über die nahe Grenze nach Brünn[53]. Frau und Kind bleiben in Wien. Abermals wird sein Wirken als Volksbildner im Augenblick der Kulmination unterbrochen, wie zwanzig Jahre zuvor durch den Ausbruch des Ersten Weltkrieges. Nur zeitweilig ist es ihm möglich (so zum Beispiel im April 1936)[54] auch seine Frau Maria[55] nachkommen zu lassen. Er nimmt sofort wieder seine ihm angeborene Tätigkeit auf, zunächst als Vortragender an der

Brünner Masaryk-Hochschule, deren Ehrenmitglied er seit den zwanziger Jahren ist. In hunderten deutschen Industrieorten (in Böhmen, Mähren und Schlesien) hält er – vielfach vor Arbeitslosen – Vorträge, leitet Kurse und beginnt gleichzeitig mit der Herausgabe der *Hundert Hefte*[56], einer Sammlung seiner dichterischen Arbeiten. Es gibt keinen Leerlauf. Die Zwangspausen zwischen den Vorträgen sind ausgefüllt mit ungebrochener schöpferischer Tätigkeit.

So beschäftigt er sich in den Brünner Exiljahren unter anderem eingehend mit den zwölf griechisch geschriebenen Büchern der Selbstbetrachtungen von Mark Aurel. Seinen Niederschlag findet dieses Studium in dem Zyklus *Aurelianischer Vorklang*, der – zusammen mit zehn weiteren Zyklen von Nachschöpfungen aus mehr als zwanzig Sprachen – zu einer Auswahl von bisher unbekannter Weltlyrik gedeiht[57].

Er ergänzt und bereichert sein Balladenwerk *Die Rückkehr des Prometheus*[58] sowie das *Knabenbuch*[59], in dem die Kindheit großer Vorkämpfer der Menschlichkeit geschildert wird. Und es entsteht – sicherlich nicht ganz zufällig – seine erste abendfüllende Bühnendichtung, *Georg Forster, der Mann zwischen den Nationen*[60], die er eine »republikanische Rhapsodie« nennt: das Werk läßt nicht von ungefähr Bezüge zu des Dichters eigenem Schicksal erkennen.

Seine Vortragstätigkeit bleibt indes nicht auf das deutschsprachige Gebiet der Tschechoslowakei beschränkt. Immer wieder fährt er unter nicht zu unterschätzenden Gefahren über Deutschland in die Schweiz, wo er von Bern aus größere Vortragsreisen unternimmt. In Bern, in der Montbijoustraße 61, befindet sich der Sitz der *Schweizerischen Arbeiterbildungszentrale* (SABZ), deren Leiter, Hans Neumann, es ihm ermöglicht, seine Schrift *Die Bücherei*[61] – eine Fundgrube an bibliothekarischen Aphorismen! – herauszugeben. In einem Vorwort lobt Neumann an diesem kleinen Lehrbuch »die Horizonte, die hinter der unscheinbaren Arbeit der Bibliothekare aufleuchten«. Schließlich gelingt es Stern auch noch, eine vierbändige Gesamtausgabe seines dichterischen Schaffens in Brünn herauszubringen. Unter welch schwierigen Voraussetzungen und oft erschütternden Umständen all diese Arbeiten der Brünner Jahre entstehen, läßt sich unter anderem auch aus Sterns Briefen an das Ehepaar Karau aus jenen Jahren herauslesen[62].

Den Karaus eröffnet er im Herbst 1935 – er ist wieder einmal auf einer Vortragstournee –, daß er damit beginne, seine dichterischen Arbeiten in hundert Heften erscheinen zu lassen[63].

Fünf Hefte sind schon erschienen... Ich bin mein eigener Verleger und

Kolporteur. Ich beginne ohne Geld. Erste Raten sind einfach erhungert. (Mittags durch Monate ein halber Liter Kakao); aber das gehört dazu[64] ...

Schon zu diesem Zeitpunkt denkt er, allen Widrigkeiten zum Trotz, an eine Gesamtausgabe in Buchform:

Die Hefte sind nicht periodisch. Ohne Bindung der Erscheinungszeit. Die ersten Hefte erschienen so bunt, damit verschiedenem Geschmack (Lyrik, Ballade, Prosa) stets entsprochen werden kann. Die Gesamtausgabe wird ganz anders gruppiert sein[65].

Kurz vor Weihnachten schreibt er aus Karlsbad (21. Dezember 1935):

Ich war seit August nicht mehr in Brünn. Bisher dreizehn Hefte erschienen. Die nächsten Hefte gehen Dir in den nächsten Tagen zu. Doppelnummern kosten das Doppelte. Den Drittelerlös der ersten Hefte behaltet bitte als Liliputaner-Weihnachtsgruß.

Es ist rührend, wie er trotz eigener drückender Notlage bemüht ist, Freunde zu beschenken. Von materiellen Nöten berichtet er selten. Ebenso selten sind Passagen über seine seelische Verfassung, und wenn, dann meist im Zusammenhang mit Tröstungen:

... aber ich wünsche Dir sehr aufrichtig, was mir selbst in den vielen schweren Stunden meines Schicksals bisher zur Seite gestanden ist: ganz innen, fern von der Außenwelt, eine beobachtende Gelassenheit, kein volles Ergriffenwerden vom Sturm des Außen, ein merkwürdiges Schweben in sich selbst. So erhältst Du Dich Deinem Kinde und jeder Deiner Aufgaben. Wie habe ich denn sonst den Krieg überstanden und mancherlei nachher? Ich habe ja auch nichts, als mich selbst. Aber sich selbst muß man mit aller, aller Kraft haben[66].

Und diese Kraft des Sich-Habens wohnt ihm permanent inne, ihm, der zu einem modernen Nomaden der Volksbildung geworden ist, unbelastet von irdischen Gütern, aber im Bewußtsein, daß man »inmitten der Raublust des Daseins Schatzbehälter bleiben und das Funkeln zwischen Gewölk sein kann«[67].

Das Jahr 1937 beginnt sehr trist. Just am dritten Jahrestag des 12. Februar 1934 berichtet er aus Brünn, daß er vielleicht bis September ohne Arbeit und ohne Stütze sein werde.

Im März gelingt es ihm, wieder eine Vortragstournee zustande zu bringen, aber auch diese Tournee bedeutet nur eine Verschiebung der wachsenden Schwierigkeiten. Einziger Lichtblick in dieser Situation ist das Erscheinen des ersten Bandes der Gesamtausgabe (*Herz im Eisen*): ». . . Ein festlicher Augenblick, all meinen Sorgen zum Trotz, die dichterische Ernte schwankt in die Scheune[68] . . .«. Mitte Juni sind zwei weitere Bände druckfertig: *Schrei der Opfer* (Prosa) und das Buch *Prometheus* (Balladen, Campanella, Afroamerika). Dazu schreibt er:

> All dies in Unruhe und Ungeduld, in Entbehrung und Sorge des äußeren Lebens. Aber nichts davon in das Reich der Kunst einzulassen, dort, in meiner Heimat, nur Ruhe und Maß, Überfluß und Heiterkeit des Schaffens gelten zu sehen, das ist die Aufgabe. Jetzt, in Vergessenheit, bin ich meiner mehr als je bewußt[69].

Um die Jahreswende 1937/38 begegnet er in Brünn dem jungen Komponisten Hans Aldo Schimmerling, der – »schon im Schatten Hitlers« – Sterns Gedichte kennenlernt und einen abendfüllenden Liederzyklus, *Der rollende Globus* (sechzehn Gedichte – eine gesungene Weltgeschichte!), schreibt. Stern bemerkt hierzu nachdenklich: ». . . Ganz arm zu sein und seine eigene Strophen in reicher Melodik zu wissen und zu hören – seltsam[70]!« Wie arm er wirklich ist, geht aus einem Brief vom 15. August 1938[71] hervor, wo es – wieder im Zusammenhang mit einer Tröstung – heißt:

> Ich bin seit Jahren in einer Kammer ohne Kasten. Ich kenne keine Badewanne, kein Telephon. Kleidung, Schuhwerk, alles nicht gut und wenig. Nahrung kärglich. Wer weiß, was Kunst ist, sieht in der Verarmung nicht den Raub des letzten Lebens. Es gibt mitten in der Not einen Reichtum. – Ich predige nicht. Ich weiß es. Nicht vergeblich der Hörige der Vergangenheit werden[72].

Er fühlt das Altern und liest in den Runzeln und Falten seines Gesichtes »schlimme Bemerkungen des Lebens«. Es gibt familiäre Sorgen finanzieller Natur; sein Sohn hat Schwierigkeiten mit der Emigration. Mittlerweile ist Hitler in Österreich einmarschiert.

Winzige Mosaiksteinchen sind es bloß; aber sie sind wichtig und notwendig zum besseren Verständnis des Wesens dieses Mannes, dessen Leidensjahre noch lange nicht zu Ende sind.

Frankreich (1938–1940):
Als der »Führer« sich anschickt, das Sudetenland zu »befreien« und die Demokratie an der Moldau zu zerstören, flieht Stern mit dem letzten erreichbaren Flugzeug – abermals völlig mittellos – nach Frankreich.

Die erste Station ist Paris. Er trifft dort im November 1938 ein.

Auch hier lebt er mehr als dürftig. In einem kleinen Hotel (Paris, rue Rochechouard 64), in einer winzigen Mansarde, fristet er sein Dasein. »Abermals Emigrant, abermals rechtlos, verdächtiger Fremdling, aber keinen Augenblick ruht die kämpferische Feder[73].« Er lernt in kürzester Zeit Französisch, veranstaltet u. a. im Louvre Kunstführungen und hält einen vielbeachteten Vortrag über Emile Zola, dessen Tod Thema seines ersten Sonetts aus der Mittelschülerzeit war. Hier entsteht eine ganze Anzahl von Gedichten[74], hier entsteht auch seine zweite Bühnendichtung, *Michael Servetus, der Mann zwischen den Kirchen*, eine religiöse Rhapsodie[75].

Im Mai 1940 erfolgt Hitlers Angriff auf Frankreich. Schon vorher flieht Stern nach dem Süden. In Montauban findet er einen Kreis Wiener Emigranten vor, unter ihnen Wilhelm Ellenbogen, Alfred Polgar, Friederike Zweig. Diese kurzen Tage relativer Beschaulichkeit[76], ausgefüllt von Abenden reger geistiger Geselligkeit, bilden für lange, lange Jahre die kargen seelischen Ressourcen für die kommenden Stunden bitterster Trostlosigkeit. Den vorrückenden deutschen Truppen und den ihnen folgenden SS-Schergen entzieht er sich durch weitere Flucht in den unbesetzten Teil Frankreichs. Es ist aber keine »Flucht in die Freiheit«, es ist der Anfang eines Weges, der ihn durch drei Internierungslager führt: Stadio des Colombes, Cepoy und Montargis.

Aber so wie seinerzeit in den Schützengräben des Ersten Weltkrieges schweigt der Genius des standhaften Herzens auch hier nicht: Stern schreibt, hält Vorträge, sucht und findet Mittätige über den Stacheldraht hinweg. Die Haltung des Flüchtlings Josef Luitpold Stern, die in den gedankenschweren Strophen, entstanden im trostlosen Stacheldrahtmilieu[77], zutage tritt, ist die nämliche, die den Soldaten des Ersten Weltkrieges auszeichnet: Herz und Seele für eine »weisere Zukunft« zu stählen. Sie ist zukunftsbezogen und dem »Dichter erst kommender Zeiten« wesenseigen:

> Einmal wird man dennoch rufen:
> Josef Luitpold mit Gepäck!
> Was pack ich in den Rucksack?
> Was leg ich in das Herz?
> Das bittere Brot der Gegenwart,
> das pack ich in den Rucksack.
> Lieder weiserer Zukunft
> leg ich in das Herz[78].

Die Hoffnung auf Entlassung erfüllt sich nicht. Die Flucht geht weiter über die Pyrenäen nach Spanien und führt schließlich – nach der

Einschiffung in Lissabon (im September 1940) – an die Gestade Amerikas.

Amerika (1940–1948):
Für den bereits Vierundfünfzigjährigen beginnen nunmehr die vielleicht bittersten Jahre seines Lebens. Abermals drückende Armut und Einsamkeit, aber dennoch ist er unentwegt schöpferisch tätig. Solchermaßen überwindet er immer wiederkehrende Perioden tiefster Resignation. Dem ersten Hungerjahr in New York – er muß Englisch lernen und bringt sich kümmerlich als Hilfsarbeiter durch – folgen Jahre die »hart, sinnlos, erniedrigend sind, ein Atmen für nichts[78]!« Ende 1941 findet er in Philadelphia eine Stelle als Fürsorger und Lehrer[79] der Neger und ihrer Kinder in der Slumgegend dieser Stadt. Er wird ihnen nicht nur Lehrer, er wird ihr Freund, der ihnen ein bißchen Selbstbewußtsein vermittelt. Es geht ihm kaum besser als der dort ansässigen Negerbevölkerung, aber gerade das schlägt Brücken von Mensch zu Mensch. Diese Stellung hat er bis zu seiner Heimkehr inne. Rückblickend darauf schreibt er:

... Von Amerika habe ich nicht viel gesehen. Ich wohne in einem Slum. Ohne Geld kommt man aus so einem Viertel nicht heraus. Eine Rückkehr nach Europa ist undenkbar. Wer zahlt die Fahrt, wer erwartet einen? Die schlichte Antwort heißt: Niemand! Seltsamerweise höre ich solche Selbstbeantwortungen ohne Erregung an. Zudem weiß ich, daß Altern und Dahingehen die nächsten Jahre begleiten, Jahre, die ich, solange es geht, redlich zu nutzen gewillt bin. – Damit sei das Fenster in mein Herz wieder geschlossen[80]!

Solche »Mollakkorde« sind verhältnismäßig selten. Denn in all diesen Jahren war weder der Dichter noch der Volksbildner Stern untätig: er nutzt sie redlich. Die Zeit ist ausgefüllt mit zahlreichen Kursen und Vorträgen in Colleges und Educational Centers[81]. Die Zickzackwege seiner Vortragstätigkeit führen, mit Ausgangspunkt Philadelphia, bis nach Washington und über Chicago nach Montreal. Das ist freilich nicht »viel Amerika«, aber es ist dennoch Wegroute in einer kleinen geistigen Welt. Er unterhält rege Kontakte zu den *Friends of Austrian Labour* (New York)[82], er begegnet manchen Freunden aus der Alten Welt, so zum Beispiel dem Komponisten Hans Aldo Schimmerling[83]. Dieser Begegnung verdanken wir zahlreiche Kompositionen, Kantaten, Orchesterballaden und Vertonungen von Gedichten aus der Zeit der französischen Internierung. Stern tritt als Geiger auf und schreibt kulturbezogene Beiträge für verschiedene amerikanische Zeitungen. Er setzt die Herausgabe der *Hundert Hefte* fort. Es erscheint eine zweisprachige Ausgabe seines *Knabenbuches* unter dem Titel *Sons Like These* in der Übersetzung von Luise Salm[84]. Es entsteht die theatralische Rhapsodie *Ein armer Mann wie Shakespeare*[85] und schließlich auch der Zyklus *William Blakes Visionen*[86]. Zwei Reden sollen hier besonders erwähnt werden: die Rede *Für die Republik Österreich*, die er im fünften Kriegsjahr unter dem Eindruck der Moskauer Deklaration vom 1. November 1943 anläßlich einer Kundgebung in New York (März 1944) hält, und seine Rede zum hundertsten Geburtstag Heinrich Heines im Dezember 1947, im Kreise der *Friends of Austrian Labour*[87].

Aus den in den Anmerkungen erwähnten Briefen an Elisa Karau – sie hat vor 1934 als Vortragskünstlerin entscheidend dazu beigetragen, die dichterische Kraft von Sterns Balladenwerk der Öffentlichkeit zu Bewußtsein zu bringen – erfahren wir manch wertvolle Details über Sterns Leben und Schaffen in den amerikanischen Jahren. Es gibt aber auch aufschlußreiche Passagen der Rückschau. Schon in seinem ersten Brief[88] verweist er darauf, daß er seine selbstverlegerische Tätigkeit in Brünn nicht aus »lächerlicher Ruhmsucht« und nicht aus »Möglichkeiten irgendeines Gewinns« begonnen habe, sondern in der stillen Überzeugung, »daß die steigenden Fluten der Umwälzungen« all seine Spuren wegschwemmen werden, wenn nicht er selbst »die Botschaften seiner Werke an die Ufer werfe«. Er schickt Elisa Karau alles, was in Amerika von ihm erschienen ist, und fast jedem Brief sind Augenblicksschöpfungen – eine Strophe, ein Aphorismus oder Neufassungen – beigefügt. Wir erfahren, daß die vier Bände seines Gesamtwerkes bis 1938 »in wenigen Exemplaren, verpackt in Kisten«, in der Schweiz liegen. Er berichtet, daß sein Sohn Hans Martin[89] als tüchtiger Ingenieur, verheiratet mit einer amerikanischen Lehrerin, in Rockford bei Chicago ansässig ist. Elisa Karau nimmt regen und verständnisvollen Anteil an seinem Schaffen in der Neuen Welt. Im Zuge dieser geistigen Zwiesprache stellt sie einmal die Frage: Für wen alle diese Strophen und Seiten? Nur für einige? Nicht oder noch nicht für viele, für alle? Der Dichter antwortet darauf:

> Mit dieser Frage darf ich mich seit den Februartagen 1934 nicht beschäftigen. Wie ein Kirchenvater einer neuen, mörderisch verfolgten Bewegung habe ich, vereinsamt in verlorenen Augenblicken, das Unverlierbare leise vor mich hinzuflüstern[90].

Das ist eine sehr gewichtige Selbstaussage über das Wesen seiner dichterischen Mission; sie ist verifiziert durch sein Werk.

1947/1948 mehren sich die Kontakte mit der alten Heimat. Briefe flattern hin und her. Das Gefühl, er sei vergessen und es erwarte ihn niemand, schwindet vollends, als ihn am 30. Oktober 1947 ein Brief des Leiters des Bildungsreferates des Österreichischen Gewerkschaftsbundes, Franz Senghofer, eines Mitarbeiters aus der Zeit der Tätigkeit in der Wiener Arbeiterbildungszentrale vor 1934, erreicht. Der Brief enthält die Aufforderung, die Leitung des im Entstehen begriffenen neuen Bildungsheimes der Bau- und Holzarbeitergewerkschaft (Schloß Weinberg, Kefermarkt, OÖ.) zu übernehmen. Der beiliegende ausführliche Bericht über die Bildungsarbeit der neuerstandenen österreichischen Gewerkschaftsbewegung erfüllt Stern mit seelischer Hochstimmung:

> Euch allen meine Anerkennung, meine brüderlichen Grüße, ja in Erinnerung an zehntausend dahingesunkene Vorkämpfer für Massenschulung meinen Dank für Eure bildnerische Beharrlichkeit!,

heißt es in seinem Antwortschreiben vom gleichen Tag.

Sein letzter Brief an Elisa Karau[91] vor seinem Abflug in die alte Heimat klingt aus in einem sieghaften Resümee über die grauen Jahre des Exils:

> In Unsicherheit, Armut, Wirkungslosigkeit, in Erniedrigung geraten, aber die Laborantenarbeit der Verwandlung der Bitterkeiten in Mut und in schöpferischen Trotz nie aufgegeben: das waren meine grauen Tage 1934-1948. Vor dem Schliff ist er grau, der Diamant. Grau – das ist das Licht im Exil.

». . . Ich dichte Wirklichkeit . . .«
1948–1966

Im Alter von 48 Jahren von der Barbarei des Faschismus ins Exil getrieben, kehrt Josef Luitpold Stern nach vierzehn Jahren »auf der Himmelsbogenstraße, von Kontinent zu Kontinent[92]« in die Heimat zurück. Er ist 62 Jahre alt – und er beginnt neu, als Rektor des Bildungsheimes Schloß Weinberg. Zu Beginn der elften Schulungswoche berichtet er an Elisa Karau[93]:

> Meine Tätigkeit setzt nichts fort, was ich bis 1934 aufgebaut habe. Was immer ich bis dahin geschaffen habe, es werken jetzt andere daran. Ich beginne völlig neu. *Und es gelingt.* Das innere Leben der Schule ist voll Geistigkeit. Otto Rudolf Schatz[94] malt. In der nächsten Woche wird eine Orgel gekauft. Mitte September erfolgt die offizielle Eröffnung. – Ich komme hier nicht mehr, fast vermeine ich kaum je mehr, zu dichterischem Schaffen. Aber ich dichte Wirklichkeit. – In einem Vierteljahr sehe ich klar,

ob ich nach den USA zurückkehre oder endgültig im Schloß Weinberg bleibe.

Von irgendwann und irgendwo kommt, auf leisen Sohlen, ein Gerücht des Weges, das verlautet, Stern sei von Weinberg enttäuscht. Kurz vor der offiziellen Eröffnung der Schulungsstätte (18. September 1948) nimmt er dazu brieflich Stellung[95]:

> Ich bin nicht zurückgekehrt, um irgend etwas anderes zu erwarten, als mir angeboten wurde: das Experiment, eine großangelegte Arbeiterschule ins Werk zu setzen. Diese Aufgabe fand ich vor, griff sie auf und habe sie verwirklicht. Ich habe nicht den leisesten Grund, ich habe keine Zeit, enttäuscht zu sein. Wer das Schloß betritt, wer einen Vortrag anhört, weiß, daß hier wieder einmal die Stimme der Göttin Zukunft zu vernehmen ist.

Hier wird schon deutlich fühlbar, daß Stern nicht mehr an eine Rückkehr in die USA oder, besser gesagt, an eine neuerliche Abkehr von der Heimat denkt.

Und wieder einmal klingt (»... die Stimme der Göttin Zukunft...«) das Leitmotiv seines Wesens, Wirkens und Schaffens an, das ihn zum Dichter, zum »Sänger erst kommender Zeiten« bestimmt hat. Er hat sich nie am mystisch-magischen Gehalt alter Legenden und Lehren berauscht, er hat sie stets realistisch ausgedeutet und mit modernem Gehalt ausgestattet, indem er ihre Möglichkeitsform in die Zukunft projizierte: »Sieh, ich reich dir meine Hände, komm, wir ändern die Legende, ich der Adam, Eva du[96]!«

Es wäre nun freilich reizvoll, das »Experiment Weinberg« anhand der zahlreichen zur Verfügung stehenden Berichte in seinen einzelnen Phasen zu schildern. Die Gesamtkonzeption des hier unternommenen Versuchs einer Würdigung des Lebens und des Werkes Josef Luitpold Sterns läßt es aber angebracht erscheinen, auch weiterhin so oft wie möglich auf Selbstdarstellungen des Dichters zurückzugreifen[97].

Nur soviel zu Weinberg.

Das alte Ritterschloß aus der Zeit der Renaissance – einst Feudalsitz – wird nach der russischen Besetzung auf Initiative von Rudolf Holowatyi[98] von der Gewerkschaft der Bau- und Holzarbeiter gepachtet und zu einem geistigen Stützpunkt der österreichischen Gewerkschaftsbewegung umgeformt. Hierzu der Volksbildner Stern: »Die Gewerkschaften sind die größte Kulturmacht, weil sie die materielle Voraussetzung für den Kulturaufstieg der Arbeiterbewegung schaffen.« Auch in Weinberg wird Selbstverwaltung praktiziert. Für die hunderte Zweiwochenkurse stellen sich namhafte Persönlichkeiten[99] als Vortragende zur Verfügung, tausende Kursteilnehmer verlassen diese Schulungsstätte geistig bereichert und erfüllt von unauslöschlichen Eindrücken. Die Gewerkschaft Bau-Holz ist allerdings allein auf die Dauer den finanziellen Anforderungen nicht gewachsen[100]. 1953 muß der Kursbetrieb eingestellt werden, Josef Luitpold Stern findet seine »persönliche Geborgenheit bis zum Übertritt in den Ruhestand im Bildungsreferat des Österreichischen Gewerkschaftsbundes[101]«.

Der Ehrungen gibt es viele in diesen Jahren.

Schon 1948 erhält der Dichter aus der Hand des Wiener Stadtrats und späteren Bundespräsidenten, Franz Jonas – einst Absolvent der Döblinger Arbeiterhochschule –, den Preis der Stadt Wien für Volksbildung. Es folgen 1956 der Ehrenring der Stadt Wien, 1958 der Staatspreis für Volksbildung und der Professorentitel, 1961 – anläßlich seines 75. Geburtstages – geht die würdige Luitpold-Feier im Großen Saal des Wiener Konzerthauses (in Anwesenheit des Bundespräsidenten Dr. Adolf Schärf) in Szene. Er wird Ehrenmitglied des Österreichischen Schriftstellerverbandes, des Wiener Volksbildungswerkes und zweier Volkshochschulen; er wird auch wiederholt in den Vorstand des Österreichischen PEN-Clubs berufen. Die goldene Ehrennadel des Deutschen Allgemeinen Sängerbundes sowie der goldene Ring der Büchergilde sind weitere Zeichen besonderer Wertschätzung.

Die »runden Geburtstage« in den Jahren 1951, 1956, 1961 und 1966 geben Anlaß zu oft tiefschürfenden Würdigungen seiner Person (nicht nur in seiner Gesinnung nahestehenden Publikationsorganen!), und sie geben darüber hinaus Auskunft über sein Schaffen bis in die jeweilige Gegenwart. Im August 1958 stirbt seine Frau »nach sechsundsechzig Jahren und sieben Tagen eines ungewöhnlichen Lebens[102] . . .«. Bald darauf verschlimmert sich sein Augenleiden (grauer Star), er muß operiert werden und büßt die Sehkraft des linken Auges fast völlig ein.

Aber auch das beeinträchtigt nicht seine Gesamttätigkeit, die er in den Arbeitspausen der Weinberg-Jahre, später dann im Rahmen seiner Arbeit im Bildungsreferat des Gewerkschaftsbundes und erst recht nach seiner Pensionierung in gewohnter Weise als Vortragender und als Schreibender fortsetzt.

Es erscheinen Anthologien wie *Das Josef Luitpold-Buch* (Wien 1948), *Das Sternbild* (1954, eine einmalige siebenbändige Ausgabe zu je 150 Exemplaren, in der die 70 erschienenen Nummern der *Hundert Hefte* zusammengefaßt sind); *Bruder Einsam* (1960), *Genius des standhaften Herzens* (1961), *Freiheit steigt aus dunkler Nacht* (1961). Schließlich ist es ihm noch gegönnt, das Erscheinen seiner gesammelten Werke *Das Sternbild*[103] (5 Bände, Europaverlag, Wien 1964) zu erleben.

Er stirbt am 13. September 1966 im Alter von achtzig Jahren und wird in einem von der Stadt Wien zur Verfügung gestellten Ehrengrab auf dem Grinzinger Friedhof beigesetzt. Man rühmt ihn zu Recht als Nestor der österreichischen Volksbildung und beklagt mit Recht – mit seinem Hinscheiden – den Tod des letzten Arbeiterdichters.

». . . Tritt nicht zum Dichter hin, tritt hin zum Werk[104] . . .«

Kurz vor seiner Heimkehr aus Amerika bekennt er (in einem Brief) in einer Art Selbstbetrachtung, daß er, auf die vielen, wohl aufzuzählenden Fehler seiner Natur nicht achtend, sechzig Jahre lang beglückt großen Gedanken hingegeben war[105]. Und in einem weiteren Brief[106] heißt es in bezug auf sein Leben und Schaffen:

> Ich dichte (und lebe) zyklisch. Einige Stoffe, Motive, Gruppen beschäftigen mich (wie ich am Ende sehe) wie geheime Pläne und Aufträge immer wieder. Und dies *gleichzeitig*. – Ich ordne meine Dichtungen nicht nach Jahren, sondern nach ihrer inneren Handlung. Ob das richtig ist, bleibt zu prüfen. Aus meinen sechzig Frühlingen mache ich den *einen* Frühling meines Daseins, aus Begegnungen mit Frauen die *eine* Liebe und den *einen* Abschied. Die Erzählungen folgen nicht, wie sie entstanden, sie folgen den Jahrhunderten, den Erdteilen . . .

Solchermaßen ist auch die Gliederung seines gesammelten Werkes zu verstehen: sie folgt keiner Zeiteinteilung.

Der *Gesang von kleinen Ich*[107] umfaßt – in acht Zyklen – das lyrische Hauptwerk des Dichters. Bei der Lektüre beginnt man ein bisher unbeachtetes Wunder zu begreifen, nämlich, daß auch der Alltag zur Sternstunde werden kann. Es öffnen sich helle Fenster in die große und kleine Welt. Mikrokosmos und Makrokosmos sind gleichermaßen eingefangen. Alle Betrachtungen münden letztlich in die vom Dichter im *Hymnischen Alltag* visionär gesehene Zukunft, für die es keine zeitlich festgesetzte Grenze gibt: »Zu meiner Zeit in tausend Jahren wird es Menschen geben, die vor Freude sterben.« Er ist der »Wanderer und (zugleich) der Brunnen«: die im Brunnensockel eingemeißelte Inschrift »Quod accipio reddo cuivis . . .« (»Was ich empfange, gebe ich jedem weiter«) gilt für sein Schaffen. Das »Geflüster der Liebe« etwa ist diesseitigen *und* jenseitigen Ursprungs: Liebe in uns, Liebe um uns, Liebe über uns. Und die »Herzlandschaft der Verlassenheit« lehrt uns, daß das Glück, namens Menschlichkeit, nicht wirklich sterben kann: es ist nur manchmal scheintot . . .

Das *Babylonische Entzücken*[108] – elf Zyklen von Nachschöpfungen aus mehr als zwanzig Sprachen – bringt uns Heutigen die Zeugnisse der

Brüder im Geiste nahe. Erhebung und Erbauung bringt uns der *Aurelianische Vorklang*, der die philosophischen Selbstbetrachtungen Mark Aurels der Vergessenheit entreißt. Erschütterung, aber auch tröstliche Zuversicht entnehmen wir den Kerkerpoesien des Boethius: es ist das Nein des Geistes zu roher physischer Gewalt. Ganz ähnliche Haltung spricht auch aus *Gandhis Gesängen im Kerker* und aus *Campanella*. Ob altmexikanische Spruchweisheiten *(Flöten und Gedanken)*, ob afro-amerikanische *(Schatten über Harlem)* oder südafrikanische Lyrik *(Gesang vor dem Donner)*, ob nordamerikanische Bergarbeiter-Lyrik *(Kohlenstaub auf der Fiedel)*, ob Patois-Sonette oder englische Lyrik *(Singend weitergezogen* und *William Blakes Visionen)*, ob ägyptische, griechische oder indianische Gedanken: es kommt nicht auf das Woher an. Das Wissen darum, daß die Menschen ferner Zeiten und Zonen, angesichts der Ungerechtigkeit (aber auch der Schönheit) ihrer Umwelt und ihrer Gegenwart nicht stumm geblieben sind, läßt uns aufhorchen und unser Ohr dem »Echo der Jahrhunderte« hinneigen.

Eine Betrachtung der beiden Bücher *Herz im Eisen (Das mörderische Jahrhundert)* und *Der Schrei der Opfer (Von der Jagd auf die Menschlichkeit)*[109] wurde bereits vorweggenommen. Hier – zur Ergänzung vielleicht – eine Stelle aus einem Brief an Elisa Karau (Philadelphia, 27. Jänner 1948), die zugleich auch eine humanistisch-soziologische Reflexion, geboren aus bitteren Erfahrungen, darstellt:

Die Erschaffung einer von Menschenjagden befreiten Gesellschaft ist das Werk durchgreifender Wissenschaft und ist ohne diese Praxis undurchführbar. Ob man dabei beten oder tolerant sein will, ist nur eine Form des Verhaltens, das dem neuen Lebensinhalt noch nicht gewachsen ist. Man kann mit Gebet und ohne Gebet, mit Toleranz und ohne Toleranz unwillig und unfähig sein, die menschliche Gesellschaft von ihrer großen Krankheit, der Armut, zu heilen.

Das große Balladenwerk *Die Rückkehr des Prometheus*[110] erscheint erstmals im Verlag der Büchergilde Gutenberg (Berlin 1927) mit den kongenialen Holzschnitten von Otto R. Schatz. Es enthielt damals 31 Balladen[111]; in der letzten Ausgabe ist das Werk auf 117 Balladen angewachsen. In diesen Balladen spürt der Dichter alle jene Menschen auf, die gleich Prometheus – bewußt oder unbewußt – eine edlere und gerechtere Zukunft anstreben. Er spürt die Niegerühmten auf, deren Taten, bescheiden oft, aber oft auch mit eigenem Blut bezahlt, die Wahnsinnstaten wohlfeiler Helden ihres Nimbus entkleiden. Er spürt ihnen nach in aller Welt und findet sie zu allen Zeiten, in allen

Erdteilen und Ländern, in allen Gesellschaftsschichten. Und indem er von ihrem schlichten Heldentum singt, wird daraus eine Weltgeschichte der Menschlichkeit in Balladen.

Anläßlich des Erscheinens der Brünner Ausgabe des *Prometheus* schreibt der Dichter an Elisa Karau[112]:

> Ich weiß eine Deutung des gesamten Balladenwerkes, die mir neu ist. Prometheus ist *einmal* – mit dem Feuer – zu den Menschen gestiegen. Und *einmal* wurde er mit Zwang von ihnen gerissen. Prometheisch ist es, bleibt es, furchtlos zu wiederholen, was das Glück der Menschheit braucht. Die ewige Wiederkehr ist prometheisch. Aber prometheisch ist auch – ohne Zwang und in anderer Liebe zum Glück – weise sich abwenden zu können. Die Rückkehr des Prometheus ist nicht nur Ankunft und Wirkung, das ist auch adliger Abschied. – So nimmt die schöne Gwen, so nimmt die japanische Pächterfamilie Abschied. Mohammed, Geo Chavec, Ranvier, Komensky: Abschiednehmen.

Wieder eine Schlüsselstelle, in der sich ein wesentlicher Teil des Lebensschicksal des Dichters ahnungsvoll widerspiegelt; die Heimkehr des Dichters schließlich – ist sie nicht auch eine Rückkehr des Prometheus?

Das an die Balladen anschließende *Knabenbuch*[113] erscheint ebenfalls erstmals in Brünn mit vierzehn Gedichten. In diesen Gedichten wird hauptsächlich die Kindheit (Knabenzeit) großer, mit Vorbildwirkung ausgestatteter Männer – unter ihnen Rembrandt, Rousseau, Michelangelo, Brahms, Sun Yat-sen, Einstein, Gandhi etc. – in einer Art imaginärer Reportage geschildert. Nichts an diesen Momentaufnahmen ist reine Erfindung. Aber schon allein die Kunst des Findens der Quellen nötigt einem Respekt ab. Dazu gesellt sich noch die Formschönheit der Aussage, die sich auf das Wesentliche konzentriert: auf den Moment, in dem diese Kinder zum Ichbewußtsein erwachen.

Und hier einige Aussagen des Dichters zu seinen wichtigsten Bühnendichtungen[114]. Vorweg eine Briefstelle (an Elisa Karau, Brünn 15. September 1935), die das dramatische Schaffen betrifft:

> Es ist eine neue Verzweigung im alterndem Baum, mir selbst benjaminische Verwunderung. Ich bin darauf gekommen, daß Dramatik in Unglück und Verzweiflung ihren Grund hat!

Georg Forster, der Mann zwischen den Nationen – eine republikanische Rhapsodie – behandelt das Schicksal des deutschen Natur- und Völkerkundlers gleichen Namens (geboren 1754, gestorben 1794 in Paris), der als Anhänger der Französischen Revolution der Reichsacht verfällt. Das Stück entstand – wie schon vorweggenommen – in den Brünner Jahren. *Michel Servetus, der Mann zwischen den Kirchen* – eine religiöse Rhapsodie – behandelt das Schicksal des spanischen Arztes und Theologen gleichen Namens (geboren um 1511, gestorben 1553), der in Genf auf Betreiben Calvins als Gotteslästerer verbrannt wurde. Über die Entstehung des Werkes und über die wunderbare Errettung des Manuskriptes berichtet der Dichter selbst im *Sternbild* (Bd. IV, 7. Buch, S. 317).

Diese beiden Werke, die den Lyriker nirgendwo verleugnen können (und auch nicht wollen), wurden unter Leon Epp am Wiener Volkstheater je zwölfmal aufgeführt[115]. Sie fanden die Würdigung namhafter Theaterkenner, wurden aber auch – zum Teil rüde – abgelehnt.

Lassen wir zunächst wieder einmal den Dichter zu Worte kommen:

> Dramaturgisch ist der Aufbau des Forster-Dramas vielleicht eine Merkwürdigkeit. Seine zwei Teile zeigen die zwei Staaten Deutschland und Frankreich symmetrisch, so sehr, daß der Regisseur nicht so viele Schauspieler braucht, als das Personalverzeichnis angibt, sondern oft nur die Hälfte.
> Es stehen in Beziehung zueinander die Bürger von Paris und von Mainz. Der französische Kommissär und der preußische Landjäger: sind sie nicht eine Gestalt? Und der französische Arzt und vielleicht Dr. Wedekind? Da gäbe es noch allerlei Gemeinschaftliches für Doppelrollen zu suchen und zu finden und die zwei Nationen dadurch scharf in ihrer – Verwandtschaft (!) aufzuzeigen.
> Dies gilt auch für den Servetus, der ja in den Szenen ganz so aufgebaut ist wie der Forster, um zu zeigen, daß die Struktur ihre dichterische Berechtigung hat, während das Shakespeare-Spiel zeigen will, daß es immer auch andere Formen gibt[116].

Über die Aufführung des *Forster* und des *Servetus* – die allerersten Vorverhandlungen finden schon Ende 1947 brieflich statt – macht er sich Sorgen, weil ihm das Publikum »geistig völlig unvorbereitet« erscheint.

Die Entstehung des Shakespeare-Stückes, der theatralischen Rhapsodie *Ein armer Mann wie Shakespeare*, wird allgemein entweder mit New York 1940 oder Philadelphia 1941 (ff.) datiert. Beides stimmt nur halb. Tatsächlich spricht er erstmals im März 1947 in einem Brief an Elisa Karau von einem dramatischen Fragment, »in dessen Mittelpunkt Shakespeare selbst steht[117]«. In der Folge schickt er ihr eine Reinschrift des gesamten Stückes in Form von rund dreißig Luftpostbriefen. Elisa Karaus gelegentliche Anregungen oder Fragen veranlassen ihn zu verschiedenen Änderungen oder Neuformulierungen, die er laufend nachträgt und mit erläuternden Hinweisen versieht. Am 8. Oktober 1947 schickt er ihr abschließend die zwei Vorworte. In diesem Brief erzählt er, wie er vor sieben Jahren in New York nach seiner Ankunft »sogleich den Weg zur Public Library fand« und »ohne Vorwissen eines Zweckes« über Shakespeare zu lesen begann (»Mittags, ohne Mahl«). Es heißt dann weiter:

> Mit schlechtem Bleistift mache ich mir auf schlechtem Papier Notizen; sie sind noch vorhanden. Einige Jahre später sah ich mir die Notizen an. Ich stellte sie um, ich ordnete sie – da lag der dramatische Teil vor mir. Einige Jahre später schrieb ich dazu die Erzählung des Marseiller Buchdruckers. Und wieder etwas später die Einleitung. Jetzt seh' ich mit Dankbarkeit auf den Oktobertag 1940 zurück, als ich arme, verlassene Seele den Lesesaal betrat. Te spiritum laudamus.

Epilog

Nach diesem Blick in die Werkstatt des Dichters nun doch noch abschließend einen Blick auf ihn selbst. Und abermals ist es eine Selbstdarstellung, die Aufschluß gibt über sein lebenslanges Tun[118]:

> In den großen Jahren meiner eingreifenden Wirksamkeit war ich nie der Meinung, ein chiliastisches Jahrhundert in die Welt bringen zu können. Aber jener Glanz der zehntausend Abende, die Hörsäle der Volkshochschulen, die Schalter und Regale der öffentlichen Bibliotheken, die Volksbühnen, die Arbeiter-Symphoniekonzerte, die Feiern des ersten Maitages, des zwölften Novembers, neue Chöre, neue Bilder, neue Strophen, die Olympiaden des Proletariats, die Schutzhütten der Naturfreunde – und damit verbunden manches Recht des arbeitenden Menschen, Schutz seiner Gesundheit, Schutz seines Verstandes – das muß immer wieder versucht werden, ja diese Versuche sind der *Sinn* der Weltgeschichte von nun an.

Diese immerwährenden Versuche waren es, die ihn zum Kulturweltbürger werden ließen, als er am Wanderstab des Exiliierten Europa auf der Flucht vor dem Faschismus durchquerte, um schließlich an die Gestade Amerikas gespült zu werden. Zurückgekehrt, setzte er diese Versuche unbeirrt fort. Es war ihm vergönnt, den fortschreitenden Ausbau der Rechte des arbeitenden Menschen zu erleben. Er hat »der Volksbildung sein Lebenswerk dargebracht, das geprägt durch Menschen- und Friedensliebe, durch Toleranz und Opferbereitschaft, bewährt durch feste Haltung in der Emigration, im inneren Reichtum der Dichtergabe zu besonderer Harmonie gediehen ist[119]«.

Er war kein »homo politicus« im überkommenen Sinne, er war zeitlebens ein Lehrer und Lernender zugleich, für den Politik fast alle ideellen und materiellen Betätigungsgebiete des öffentlichen Lebens umschloß. Was er uns als Volksbildner und Dichter übermittelt hat, sprengt den Rahmen der Ideologie, die sein Leitstern war: es ist Humanismus auf der Basis des Sozialismus, der für ihn gleichbedeutend war mit einer Gesellschaftsordnung der Gerechtigkeit.

ANMERKUNGEN

1 Aus einem Brief an Elisa Karau, Prag, 12. 2. 1924.
2 Aufgenommen von Rudolf Marchfeld, stellvertretender Chefredakteur i. R. des Nachrichtendienstes (ORF).
3 *Das Sternbild*, gesammelte Werke (5 Bände, 1964–1966), Bd. V., 9. Buch. – In der Folge mit STB bezeichnet.
4 Der erste Jahrgang der Zeitschrift *Der Jugendliche Arbeiter* erschien 1902.
5 STB, Bd. I, 1. Buch.
6 Aus dem unter 1 zitierten Brief.
7 März 1905. Auf dem Gesamtparteitag der österreichischen Sozialdemokratie (Wien 28. 10.–12. 11. 1905) führte die Bekanntgabe, daß der Zar das allgemeine Wahlrecht bewilligen mußte, zu ungeheurer Erregung. Die Partei rief in einem Manifest »an das arbeitende Volk aller Zungen in Österreich« zum entscheidenden Kampf um das allgemeine, gleiche und direkte Wahlrecht auf.
8 STB, Bd. IV, 7. Buch.
9 Gertrud Steininger-Pachorneg in der Einleitung zu STB, Bd. IV.
10 Damals gab es die Fakultät an der Wiener Universität nicht.
11 Die Initatoren waren Engelbert Pernerstorfer, Leopold Winarsky, Hans Kulhanek, Stefan Großmann und Berthold Viertel.
12 Am *Strom* wirkten u. a. mit: Anton Wildgans, Max Mell, Alfred Kubin, Karl Bröger, Alfons Petzold u. a. m.
13 Das *Trotzlied* erschien auch unter dem Titel *Arbeiter-Lied* im *Arbeiter-Kalender* 1911. Hier die erste und die dritte Strophe:
Wir pflügen den Grund, wir werfen die Saat,
Doch andere schneiden das Brot.
Wir heben die Hämmer, wir drehen das Rad,
Und leben doch bitter in Not.
Drum ruft in die Welt: Es genieße wer schafft!
Es lebe der Trotz und die Kraft!
Verzagt nicht, ihr Kinder, ihr Männer, ihr Frau'n,
Und wie man ins Joch euch schnürt
Auch uns will die Erde noch fröhlich schau'n,
Nur kühn ins Licht marschiert!
Wir sprengen die Haft! Es genieße, wer schafft!
Es lebe der Trotz und die Kraft!
14 Die *Bildungsarbeit* (1. Jg. 1909) erscheint zunächst bis einschließlich 5. Jg. 1913/1914. Von September 1914 bis Juli 1919 war sie eingestellt. Dann: 1919 (6. Jg.) bis 1933.

15 Adler-Archiv des Verein für Geschichte der Arbeiterbewegung (VfGdA), Mappe Nr. 104.
16 Gemeint ist das damalige Parteihaus in der Rechten Wienzeile.
17 *Der Kampf*, Heft 11–12, 1. Dezember 1914: *Die deutschen Dichter und der Krieg* – STB Bd. IV, 7. Buch.
18 STB, Bd. IV, 7. Buch, *Der Kampf um eine Freundschaft*, und STB, Bd. II, 3. Buch, *Herz im Eisen* (Anmerkungen).
19 *Herz im Eisen. – Aus dem Tagebuch eines Landsturmmannes*. Erschienen 1916 bei J. H. W. Dietz, Stuttgart. Das Titelblatt, geschaffen von Alfred Kubin, wurde damals sofort konfisziert. Die Graphik Kubins wurde in STB, Bd. 2, Seite 2, erstmals veröffentlicht.
20 *Der klagende Spiegel*, STB, Bd. II, 1. Buch, Seite 133 ff.
21 Aus dem unter 1 zitierten Brief.
22 Dem Autor dieser Zeilen war es möglich, einige dieser Konfiskationen wieder zu beschaffen. (Siehe hierzu STB, Bd. II, Seite 457: *Die Wahrheit überlebt die Zensur.*)
23 Ohne Ortsangabe; vermutlich auf halbem Wege zur Front. Beide Karten sind im Adler-Archiv des VfGdA (Mappe 193) aufbewahrt.
24 Die Korrespondenz wird auch in der Zeit der Emigration (1934 ff.) fortgesetzt.
25 Gericht der k. u. k. 90. Infantriedivision.
26 Gemeint ist George Karau.
27 Dieses entzückende Epos, eine gemütstiefe, oft hauchzarte Seelenmalerei, erschien erstmals unter dem Titel *Hochzeit im Schnee* im *Arbeiter-Kalender* 1918. Ihm liegt die Erzählung eines Tiroler Standschützen (Jugenderinnerung) zugrunde. Es handelt von einem kleinen Buben, der auf dem Schulweg von einem Schneesturm überrascht und vom Dorfschneider gerettet wird. Seine Rettung bringt die zerrüttete Ehe der Eltern wieder ins Lot und wird auch Anlaß zur Hochzeit des Schneiders. In STB, Bd. IV, 7. Buch, unter dem Titel *Der Schneesturm*. J. L. Stern las das Epos zur Weihnachtszeit 1949 im Margaretner Volksbildungshaus; die reizende Miniaturzwischenspiele komponierte Viktor Korda.
28 Alfred Zohner in *Der Dichter, Kämpfer und Künder Josef Luitpold*, Einleitung zu STB, Bd. I, Seite 5 ff.
29 *Lolo, In der Dämmerung, Die Flucht* und *Schnee*. Josef Luitpold Stern bezeichnete diese Einakter als »scheue Prophezeiungen«.
30 Die Ermittlung der Konfiskation erfolgte durch den Autor dieser Zeilen.
31 STB, Bd. II, 4. Buch.
32 STB, Bd. III, 5. Buch.
33 Das Gedicht trägt den Titel *Bekenntnis*. 1915 an der Tiroler Front entstanden, wurde es als illegales Flugblatt an der Front und im Hinterland verbreitet.
34 STB, Bd. III, 5. Buch. Erstmals 1919 veröffentlicht.
35 Schluß des unter 1 zitierten Briefes.
36, 37 In *Der Freie Soldat*, 2. 4. 1919 bzw. 12. 11. 1919.
38 Adler-Archiv des VfGdA, Mappe 202. Datiert: Salzburg, 16. 9. 1922.
39 Im Frühjahr 1919 heiratet J. L. Stern Maria Kaspar (geboren 6. 8. 1892, Wien), die er in der Zeit seiner Tätigkeit im Volksheim Ottakring als bildungseifrige Kunstteilnehmerin (und spätere Mitarbeiterin) kennengelernt hat. Im Herbst wird sein Sohn Hans Martin geboren.
40 Franz Rauscher (Jg. 1900), nach 1945 Staatssekretär und später Leiter des Österreichischen Gesellschafts- und Wirtschaftsmuseums.
41 Die Arbeiterhochschule war in einem aus der Zeit Maria Theresias stammenden Schlößchen untergebracht (Sickenberggasse, Wien/Nußdorf). Sie wurde als Internat geführt.

42 Die Gestaltung des Gebäudes besorgte der Architekt George Karau, dem damit eine Synthese von architektonischer Gegebenheit und erforderlicher Zweckmäßigkeit gelang.
43 Hier zwei Namen für viele: Karl Maisel, Absolvent des Jahrganges 1926; nach 1945 Sozialminister der Zweiten Republik. Franz Jonas, Absolvent des Jahrgangs 1930; nach 1945 Bürgermeister von Wien und 1966–1974 Bundespräsident.
44 *Auf dem Weg zur Kultur*, in *Der Kampf*, Jg. 19, Mai 1926. In STB, Bd. IV, Seite 193f unter dem Titel *Auf den Wegen zur Kultur*.
45 *Die neue Stadt*, geschrieben anläßlich der Eröffnung des Engels-Hofes in Wien-Floridsdorf, vertont von Amadeus Pisk, von O. R. Schatz in Holz geschnitten; vom Stock gedruckt erschienen im Verlag der Büchergilde Gutenberg, Berlin 1927: ein Höhepunkt moderner Buchkultur! In STB, Bd. I, 1. Buch. Zu den Vertonungen: Insgesamt haben mehr als dreißig Komponisten – darunter sehr namhafte – weit über hundert Balladen, Gedichte etc. von J. L. Stern vertont. Im *Sternbild* ist am Schluß eines jeden Bandes ein Verzeichnis der Vertonungen sowie der Graphiken enthalten.
46 *Zehn Jahre Republik* und *Der Tag von Hainfeld*, beide im Verlag der Wiener Volksbuchhandlung.
47 Vorläuferorganisation der heutigen Vereinigung Sozialistischer Journalisten und Schriftsteller, eine Fachorganisation des Bundes Sozialistischer Akademiker, Intellektuellen und Künstler (BSA). Den Vorsitz übergab J. L. Stern im Februar 1934 an Rudolf Brunngraber.
48 Siehe den Tätigkeitsbericht, *Arbeiter-Zeitung*, 10. 2. 1934.
49 Auf die Bedeutung der Kinematographie für die agitatorische Praxis verwies Stern übrigens schon in seinem ersten Beitrag in *Der Kampf* (Jg. IV, 1910/11, Heft 1).
50 Franz Senghofer anläßlich J. L. Sterns 70. Geburtstag in *Der Österreichische Arbeitersänger*, 1. 4. 1956.
51 1933 als Broschüre im Verlag der Wiener Volksbuchhandlung erschienen.
52 Titel des 2. Abschnittes in STB, Bd. II, 3. Buch.
53 Stern überschreitet die Grenze bei Znaim, angeblich mit einem gefälschten Paß. Mitte November 1935 kommt es in dieser Angelegenheit seitens des Kreisgerichtes Znaim zu einer Anklage wegen Paßfälschung. Aus einem unvollständig erhalten gebliebenen Briefwechsel mit Julius Deutsch, der mit Otto Bauer die Leitung des Auslandsbüros österreichischer Sozialdemokraten (ALÖS) innehatte, geht hervor, daß sich das ALÖS erfolgreich um ein Abolutionsverfahren bemühte. (VfGdA, Parteiarchiv, Mappe 153 und Mappe 157, ALÖS-Korrespondenzen 1935 und 1936).
54 Brief an Julius Deutsch, Warnsdorf, 3. 5. 1936.
55 Für seine Frau Maria, die im Zuge der Februarereignisse und Anfang 1935 abermals verhaftet wird und außerordentliche Charakterfestigkeit beweist, erbittet und erhält er Unterstützung seitens der ALÖS (Brief an Otto Bauer, Karlsbad, 4. 2. 1935).
56 Julius Deutsch unterstützt ihn dabei mit Darlehen, die Stern pünktlich zurückzahlt. Für sich persönlich lehnt er jede Unterstützung seitens des ALÖS ab. (Brief an Julius Deutsch, Warnsdorf, 17. 9. 1935).
57 STB Bd. I, 2. Buch, *Babylonisches Entzücken*.
58, 59 STB, Bd. III, 2. Buch.
60 STB, Bd. III, 6. Buch, *Europäische Tragödien*.
61 *Die Bücherei, Einrichtung, Finanzierung, Entlehnung, Beratung. Fünfzig kleine Kapitel*. Bern 1936.
62 Die Korrespondenz mit den Karaus erstreckt sich über die Zeit von 1917 bis 1938

und später, an Elisa Karau, von 1947 bis 1966. Insgesamt übernahm der VfGdA von Elisa Karau im März 1972 rund 280 Korrespondenzstücke sowie das Manuskript der ersten Fassung des *Prometheus*.
63 Die Karaus übernehmen auf seine Bitte hin den Vertrieb der *Hundert Hefte* in Wien im Kreise verbliebener Freunde und Gesinnungsgenossen: 1 Heft Kč 2.– (d. s. 60 Groschen); davon überläßt er ihnen 20 Groschen pro Heft für Vertriebsspesen.
64 Warnsdorf, 22. 9. 1935.
65 Jägerndorf 2. 10. 1935.
66 Zürich, 4. 2. 1936 (vermutlich nach einem Bericht Elisa Karaus von Schwierigkeiten mit ihrer Tochter Berta?)
67 Briefstelle 13. 8. 1936 (ohne Ortsangabe).
68 Briefstelle, Teplitz-Schönau, 25. 3. 1937.
69 Brünn, 17. 6. 1937.
70 Briefstelle 12. 6. 1938 (ohne Ortsangabe).
71, 72 Briefstelle 15. 8. 1938 (ohne Ortsangabe).
73 Viktor Korda über J. L. Stern, STB, Bd. II, 3. Buch (Anmerkungen).
74 STB, Bd. II, 3. Buch, Zyklus *Pariser Monate*.
75 STB, Bd. III, 6. Buch, *Europäische Tragödien*.
76 Hier entstehen u. a. die Patois-Sonette, STB, Bd. I, 2. Buch, *Babylonisches Entzücken*.
77 STB, Bd. II, 3. Buch, Zyklen *Von Stacheldraht zu Stacheldraht* und *Flucht in die Freiheit*.
78 Aus einem Brief an Elisa Karau (Philadelphia, 25. 3. 1947), die mittlerweile mit ihrer Tochter nach England emigriert ist, wo sie eine Stellung als Hausgehilfin gefunden hat.
79 The College Settlement of Philadelphia (eine Quäker-Organisation).
80 Brief an Elisa Karau, Philadelphia, 25. 5. 1947.
81 So zum Beispiel im Labour Educational Center (Philadelphia) über »Music and Society« (zehn Abende, Herbst 1944).
82 Friends of Austrian Labor Inc., New York, ein Kreis österreichischer sozialdemokratischer Emigranten um Wilhelm Ellenbogen.
83 Hans Aldo Schimmerling (geboren 1900, Brünn), Komponist und Dirigent. Emigrierte 1939 ebenfalls nach den USA und wurde in New York ansässig. Nahm sich insbesondere auch der Arbeiterchöre an.
84 Louise Salm, aus der Familie der Grafen Salm; seit 1939 in New York.
85 Über dieses Werk berichtet er in der Folge sehr ausführlich an Elisa Karau.
86 William Blake (1757–1827) englischer romantischer Lyriker, Maler und Zeichner (STB, Bd. I, 2. Buch, *Babylonisches Entzücken*). In einem Brief an Elisa Karau (27. 8. 1947) heißt es hierzu: »Ich habe William Blake völlig durchgearbeitet und viele Gedichte übersetzt. In einer ersten Fassung ist eine merkwürdige (ein Heft umfassende) Auswahl seiner sozialen Visionen fertig. Titel: *Die Sandale*.«
87 STB, Bd. IV, Seite 135: *Vier Reden*.
88 Philadelphia, 5. 2. 1947.
89 Hans Martin Stern emigrierte im Oktober 1938 und kam am 4. November in New York an.
90, 91 Philadelphia 15. 5. 1947 bzw. 19. 4. 1948.
92 Gedicht, geschrieben am 30. 4. 1948 auf dem Flug nach Europa.
93 Brief an Elisa Karau 16. 8. 1948.
94 Otto Rudolf Schatz (1900–1961), Maler und Graphiker. Holzschnitte, Aquarelle, Fresken (z. B. Schloß Weinberg), Sgraffiti, Buchillustrationen, Mosaike.
95 Brief an Elisa Karau 15. 9. 1948.

96 *Das neue Menschenpaar*, STB, Bd. I, 1. Buch, Seite 112.
97 Es wäre eine dankenswerte Aufgabe, alle auffindbaren Briefe zu sammeln und zu edieren. Hier wurden bewußt – in Fußnoten oder auszugsweise – nur Briefe erwähnt, die bisher noch nicht bekannt waren.
98 Rudolf Holowatyi (1905–1951), österreichischer Gewerkschafter. 1934 illegal tätig (zehn Jahre schweren Kerkers). Emigrierte 1936 nach einer Amnestie nach Schweden.
99 Unter ihnen Otto Koenig, Franz Theodor Csokor, Felix Hubalek, Karl Ziak, Ernst Glaser, Oskar Spiel.
100 So zum Beispiel mußte der Rektor die gesamte Verwaltungs- und Büroarbeit gemeinsam mit nur einer Sekretärin (Gertrude Steininger) bewältigen.
101 Franz Senghofer in *Josef Luitpold in Weinberg* (in *ÖGB-Bildungsfunktionär*, Jänner–März 1970.)
102 *Rede in der Feuerhalle* (STB, Bd. IV, 7. Buch) und *Gesang tief in die Tiefen der Sternenbahnen* (STB, Bd. I, 1. Buch, Zyklus *Schule der Einsamkeit*). Maria Stern wurde auf dem Grinzinger Friedhof beigesetzt.
103 Die Herausgabe besorgte Karl Ziak, damals Cheflektor des Europaverlages, gemeinsam mit dem Dichter.
104 STB, Bd. I, 1. Buch, *Gesang vom kleinen Ich*.
105, 106 An Elisa Karau, Philadelphia, 18. 2. 1948 bzw. 7. 3. 1948.
107 STB, Bd. I, 1. Buch: *Glitzert, Plejaden*.
108 STB, Bd. I, 2. Buch.
109 STB, Bd. II, *Die große Warnung (Von der Jagd auf die Menschlichkeit)*.
110 STB, Bd. III, 5. Buch, *Genius des standhaften Herzens (Vom Ruhm der Niegerühmten)*.
111 Die 2. Auflage erscheint im Selbstverlag des Emigranten Stern (56 Balladen) 1936 in Brünn. Die 3. Auflage erscheint unter dem Titel *Genius des standhaften Herzens* 1961 in Wien.
112 Brief vom 20. 6. 1936, Brünn.
113 2. Auflage Wien 1961. Im vorliegenden Gesamtwerk sind 27 Gedichte enthalten.
114 STB, Bd. III, 6. Buch, *Europäische Tragödien*.
115 *Servetus* in der Spielzeit 1952/53, *Forster* in der Spielzeit 1958/59. Die Bühnenmusik zu *Servetus* komponierte Paul Kont. Er wandelte sie später in eine Servetus-Suite um.
116 Philadelphia, 16. 10. 1947.
117 Philadelphia 25. 3. 1947.
118 Philadelphia 3. 4. 1947.
119 Aus dem Text der Urkunde anläßlich der Verleihung des Staatspreises für Volksbildung.

Herbert Steiner
Franz Koritschoner

Franz Koritschoner wurde am 23. Feber 1892 in Wien geboren und am 7. Juni 1941 im Konzentrationslager Auschwitz umgebracht. Man weiß, daß er schon in jungen Jahren Mitglied und später Funktionär des *Verbandes jugendlicher Arbeiter* in Wien war, während des Ersten Weltkrieges zu den aktiven Kriegsgegnern gehörte und einer der leitenden Persönlichkeiten der linksradikalen Gruppen war, die in der Schweiz mit W. I. Lenin Verbindung hatten. Nach Beendigung des großen Jännerstreiks im Jahre 1918 wurde Koritschoner verhaftet und erst knapp vor dem Zusammenbruch der österreich-ungarischen Monarchie entlassen[1].

Koritschoner schlug Lenin schon Anfang 1915 vor, seine Artikel in deutscher Sprache zu drucken. Die Zeitschrift der Zimmerwalder Linken, *Vorbote*, an der Lenin, K. Radek, G. Sinowjew, Henriette Roland-Holst, A. Pannekoek und andere mitarbeiteten, veröffentlichte in ihrer ersten Ausgabe im Jänner 1916 Koritschoners Artikel *Opportunistische und radikale Tendenzen in der Sozialdemokratie Österreichs*. Diese Arbeit liefert eine informative Analyse über die Haltung der Arbeiterschaft und der Sozialdemokratischen Partei zu Beginn des Weltkrieges.

Koritschoner übermittelte Lenin mehrere Beiträge für russische Zeitungen, und am 14. Oktober 1916 fand eine persönliche Begegnung Koritschoners mit Lenin statt. In einem Brief an N. I. Bucharin schreibt Lenin über diese Begegnung[2]:

> Sehr gefreut habe ich mich auch über die Bekanntschaft mit Franz: mit ihm ist offensichtlich im Sinne bolschewistischer Propaganda ernsthaft gearbeitet worden; hier haben Sie wahrscheinlich ein großes Verdienst. Dieser Mensch bemüht sich, in die Sache einzudringen, und erweckt große Hoffnungen.

Am 4. Jänner 1917 traten Koritschoner und seine Freunde in einer Arbeiterversammlung in Hernals gegen den sozialdemokratischen Abgeordneten Volkert auf. »Wegen dieses Zwischenfalls wurde gegen Franz Koritschoner, stud. jur., XIX., Chimanistraße 29, die Amtshandlung nach § 327 M. St. G. eingeleitet[3].«

Koritschoner scheint mehrmals in den Akten des Innenministeriums und des Kriegsministeriums auf. In einem dieser Berichte heißt es: ». . . daß Franz Koritschoner auch den Plan propagiert, Friedrich Adler aus dem Kerker zu befreien[4] . . .«

Koritschoner hielt die Gründung der Kommunistischen Partei Österreichs für verfrüht, aber eine weitere Tätigkeit innerhalb der Sozialdemokratischen Partei nicht mehr für zweckmäßig. So trat er mit seiner Gruppe einige Monate später der KPÖ bei und gehörte im Mai 1919 bereits zu deren Führung[5]. Koritschoner übte in der KPÖ verschiedene leitende Funktionen aus und nahm bis zum Jahre 1926 auch an den fraktionellen politischen Auseinandersetzungen teil. In der Kommunistischen Internationale wirkte er aktiv an deren Kongressen und Beratungen mit[6].

Von 1926 an war er in der Roten Gewerkschaftsinternationale in Moskau beschäftigt. Dort entfaltete er eine reiche publizistische Tätigkeit und war einer der engsten Mitarbeiter von A. Losowsky, dem bedeutendsten Leiter der R. G. I. 1937 wurde F. Koritschoner unter falschen Beschuldigungen verhaftet und bis 1940 in verschiedenen Gefängnissen und Lagern gehalten. Anfang April 1941 lieferten die Behörden der UdSSR Koritschoner an der deutsch-sowjetischen Grenze bei Lublin an die Gestapo aus. Diese brachte ihn als Sonderhäftling in das Polizeigefangenenhaus in Wien, später ins Landesgericht und zeitweise aufgrund seines schlechten Gesundheitszustandes in das Inquisitenspital. Am 3. Juni 1941 erfolgte seine Überstellung in das KZ Auschwitz, wo er schon nach einigen Tagen (9. Juni) umgebracht wurde[7].

Im Zuge der Überprüfungen ungerechtfertigter Verhaftungen und Verurteilungen durch die Justizorgane der UdSSR nach dem 20. Parteitag der KPdSU wurde Koritschoner postum rehabilitiert. Bisher liegt über diesen bedeutenden und begabten Funktionär der österreichischen Arbeiterbewegung noch keine Biographie vor. Im Rahmen dieses Beitrages soll vor allem Koritschoner selbst zu Wort kommen. Die nachfolgenden Auszüge aus seinen eigenen Aufzeichnungen werden damit erstmals veröffentlicht. Koritschoners Arbeit *Die österreichische Arbeiterbewegung während des Krieges und der Revolution* enthält viele Tatsachen, die den Behörden nicht bekannt wurden und daher auch keinen Niederschlag in amtlichen Dokumenten fanden.

Ich wollte ursprünglich für diesen Beitrag eine Zusammenfassung dieser Teile seiner Arbeit publizieren, doch würden derart willkürlich entnommene Absätze wohl manche neue Erkenntnisse vermitteln, aber den Intentionen des Autors widersprechen, der eine zusammenfassende Darstellung und Einschätzung der Lage gab.

Es erschien daher zweckmäßiger, einen Abschnitt geschlossen zu veröffentlichen, der das Verhältnis der Linksradikalen zu Friedrich Adler kennzeichnet. Dies wurde nämlich, durch spätere Ereignisse, besonders jenen nach 1919 bestimmt, von allen Beteiligten verzerrt dargestellt. Außerdem hat dieser ungekürzte und unbearbeitete Teil aus Koritschoners wichtigstem Werk den Vorteil, seine politische Haltung besser zu zeigen[8].

Besonders erwähnenswert sind noch die Abschnitte über den Jännerstreik und über die Gründung der KPÖ, sowie das Kapitel über die Vorgänge am 12. November 1918.

Nach einer Zusammenfassung über Friedrich Adlers Wirken in der Arbeiterbewegung vor 1914 schreibt Franz Koritschoner:

»Als der Krieg ausbrach, hatte Adler, der ein Gegner der aktivistischen Anträge Keir Hardie-Vaillants gewesen, eine vermittelnde Haltung eingenommen: ›als Soldat durchhalten für das Vaterland, als Arbeiter für die Internationale‹. Eine Zweiseelentheorie, die der theoretischen Unklarheit des Zentrismus entsprach und den lebhaften Widerspruch besonders Rosa Luxemburgs hervorrief. Die Schaffung des Vereines *Karl Marx* durch Friedrich Adler war hingegen eine durchaus positive Leistung und der erste Versuch, trotz Militärzensur und Versammlungsbeschränkung die Stimme der Arbeiter zur Geltung zu bringen. Durch die Tatsachen selbst vorwärts getrieben, durch Kriegspsychose und Korruptionserscheinungen in der Sozialdemokratischen Partei auf das tiefste angeekelt, hoffte Adler, ohne an die Massen appellieren zu müssen, durch Bearbeitung der Vertrauensmänner den Apparat der S. D. P. von der Durchhaltepolitik auf eine proletarische Taktik umzustellen, ohne aber den Apparat selbst und seine Struktur wesentlich zu verändern. Die Illusionen Adlers wurden noch dadurch genährt, daß mehrere führende Linke ihn darin unterstützten, die Linksradikalen aber meist junge, aus der Jugendbewegung hervorgegangene, ziemlich unbekannte Elemente darstellten, deren Bundesgenossenschaft keineswegs machtpolitisch zu hoch gewertet werden durfte. So versuchte Adler zu vermitteln und, die Rolle des marxistischen Zentrums auf Österreich übertragend, Zimmerwalder Linke und Zimmerwalder Rechte zu verbinden auf dem Boden einer Taktik, die sich innerhalb des Parteirahmens bewegte, aber organisatorische Maßnahmen ergriff, welche zur Zersprengung der Parteieinheit führen konnten, wenn breitere Massen, von der Taktik der Sozialdemokratie angewidert, nach organisatorischem Ausdruck ihres Unwillens strebten.

In dem Augenblick, da der Verein *Karl Marx* aus dem bloßen Studienzirkel einer kleinen Sekte ein Zentrum proletarischer Agitation wurde, begann eine verschärfte persönliche Hetze gegen Friedrich

Adler, dem man, persönliche Beweggründe unterschiebend, im Interesse der Organisationsform in aller Form den Krieg erklärte. Die Sozialpatrioten drohten ihm mit seiner Entfernung aus der Redaktion des *Kampf*, um ihn entweder auf diese Weise einzuschüchtern und von weiteren Attacken abzuhalten oder zu neuerlichen Vorstößen zu reizen, um ihn dann von Rechts wegen liquidieren zu können. Besonders der Buchdruckerführer Schigl führte einen zähen Kleinkrieg gegen Adler und seinen Anhang, und die Rechtselemente des Vereines *Karl Marx* unterstützten durch ihre schwankende Haltung die Offensive der offenen Gegner. So war Adler fast isoliert. Geschieden von den Linksradikalen durch organisatorische und prinzipielle Auffassungen, außerstande, die legalen Linken für einen ernsten Kampf zu mobilisieren, mit allen Mitteln von den Sozialpatrioten und Sozialimperialisten angegriffen, war er fast auf sich allein gestellt und mußte individuelle Methoden als nutzbringend und möglich betrachten, da sie seiner eigenen Lage entsprachen, unter der er furchtbar litt.

Unterdessen hatte sich herausgestellt, daß der imperialistische Krieg für die österreichische Staatlichkeit verhängnisvoll zu werden begann. Der Pazifismus in der österreichischen Sozialdemokratie erwachte. Hatte man noch vor kurzem den unbedingten U-Boot-Krieg gefeiert, so schwelgte man nun in sentimentalster Friedensbereitschaft, welche später nach den Vierzehn Punkten Wilsons zur Preisgabe aller marxistischen Grundauffassungen führen sollten.

Adler stand der Masse skeptisch gegenüber. Die mehr oder minder spontanen Marktkrawalle, kleine Streiks, die geschickt ausgelöst wurden, waren für Adler keine Vorboten kommender Massenbewegungen, sondern zufällige Klassenkampfepisoden. Sein Blick war konzentriert auf das innerparteiliche Leben, auf das Eigenleben der Instanzen, welches sich in jeder Weise von den durch dieselben repräsentierten Massen unterschied. Als die Sozialdemokratie, die ›Friedensliebe‹ der Regierung unterstützend, einen Vorstoß für die Einberufung des Parlaments unternahm, fand sie Gegenliebe nicht nur bei bürgerlichen Ideologen, Professoren etc., sondern auch bei aktiven bürgerlichen Politikern wie dem Präsidenten des Abgeordnetenhauses Dr. Sylvester und bei Feudalherren, die teils aus nationalen Gründen, teils um Österreich zu retten, die Einberufung der beiden Häuser des Reichsrates erstrebten. Eine Versammlung wurde vorgesehen, die, auf geladene Gäste beschränkt, die Stimme der ›Demokratie und Verfassungsmäßigkeit‹ vom feudalen bis zum sozialdemokratischen Flügel des behördlich genehmigten Pazifismus erschallen lassen sollte. Aber Ministerpräsident Stürgkh, der von einer Beschränkung des faktisch bestehenden Absolutismus eine Gefahr für das Reich erblickte, trug dieser Stimmung nicht Rechnung. Er verbot diese Versammlung und demonstrierte so nicht allein für Fortdauer des Krieges und den Durchhaltewillen der Regierung, sondern auch für den Fortbestand der absoluten Herrschaft und der Ausschaltung der Mitregierung nicht allein der Volksmassen, sondern sogar seiner adeligen Standesgenossen, welche aus Furcht einzulenken gedachten.

Diese Stellungnahme der Regierung rief eine ziemlich starke Erbitterung hervor, allerdings mehr in den oberen Schichten der Sozialdemokratie als in den breiteren Massen, welche wohl mit Begeisterung von der ersten öffentlichen Kundgebung gegen den Absolutismus und seine weitgehenden Kriegsziele gehört hatten, aber keineswegs die Professorenvorträge und Parlamentstiraden als Errungenschaften hinzunehmen gewillt waren.

Eine scheinbar geringfügige Angelegenheit sollte Adlers Stellung von Grund aus verändern. Lustig von Prean, Sohn des Hauptmannes Lustig im Kriegspressequartier, schrieb einen Artikel über den kurz vorher verstorbenen Austromarxisten Eckstein, mit dem Adler innig befreundet war. Adler antwortete, indem er scharf gegen die Seichtheit des Artikelschreiber polemisierte. Der geschäftsführende Chefredakteur Leuthner (Austerlitz befand sich auf Urlaub) verweigerte die Aufnahme des Artikels unter zynischem Hinweis auf die Bedeutung Lustigs im Kriegspressequartier, und die übrigen Redakteure der *Arbeiter-Zeitung*, welche fast alle kriegsenthoben waren, nahmen scharf gegen Adler Stellung. Adler forderte die Intervention der Pressekommission, welche nicht erfolgte, wandte sich beschwerdeführend an den unterdessen zurückgekehrten Chefredakteur Austerlitz, wieder ohne Erfolg. Das Bedürfnis, die Kriegsenthebung der *Arbeiter-Zeitung*-Redakteure zu sichern, war stärker als das Streben Adlers, einen bürgerlichen Tintenkuli schlimmster Observanz journalistisch zu züchtigen. Eine Wiener Konferenz wurde einberufen, in der das Verbot der geplanten Volksversammlung erörtert und als zweiter Punkt die Frage der *Arbeiter-Zeitung* aufgerollt wurde. Fritz Adler ritt meisterhaft seine Attaque, bezeichnete die *Arbeiter-Zeitung* als Herd der Korruption, wurde von den versammelten Funktionären auf das übelste beschimpft, von Max Winter als bewußter Parteiverderber angegriffen und als Querulant und Schädling behandelt. Die legale Linke verhielt sich passiv, durch die geschickte Handhabung der Geschäftsführung wurde fast allen Anhängern Fritz Adlers das Wort abgeschnitten, und Paul Richter, der zu den Sympatisanten des *Vereines Karl Marx* gehört hatte, beantragte ›Übergang zur Tagesordnung‹.

Adlers Protest gegen die Kriegspolitik und die Korruption der

Sozialpatrioten sollte durch einen Geschäftsordnungskniff zertreten werden. Der Antrag Richter wurde angenommen. Hundert Vertrauensmänner stimmten dafür, zwanzig, die legale Linke, enthielten sich der Abstimmung, und nur drei Personen stimmten dagegen, wobei einer derselben, Kreissekretär Honay vom Jugendverband, aus internen Gründen der Verbandspolitik Adler unterstützte, dessen Standpunkt er nicht völlig teilte.

Diese Abstimmung bedeutete für Adler ein politisches Todesurteil, das Scheitern seiner Taktik, alles auf die Vertrauensmänner einzustellen, alles von ihrer Aktivität zu erwarten. Adlers Trugschluß ging vor allem daraus hervor, daß er die Korruption der Sozialpatrioten an einem ziemlich untauglichen Objekt aufzeigte, denn wenn auch das Wort von den ›Kriegsenthobenen des Klassenkampfes‹ wie ein Peitschenschlag die Sozialpatrioten traf, so wäre es den durchschnittlichen Vertrauensmännern doch weit verständlicher gewesen, wenn Fragen der Genossenschaftspolitik oder das Verhalten der Gewerkschaften zur Kriegsanleihe in den Vordergrund des Interesses gerückt worden wären. Viele Vertrauensmänner, welche in jener Nacht gegen Adler gestimmt hatten, versuchten später im Klassenkampf ihre proletarische Pflicht zu erfüllen und suchten Berührung mit den kleinen Gruppen der Linksradikalen, welche allein in jener Nachtsitzung ihr Bekenntnis für Friedrich Adler abgelegt hatten.

Als gebrochener Mann verließ Adler die Beratung im Wiener Eisenbahnerheim. Als besonders erschwerender Umstand muß in Betracht gezogen werden, daß Seitz überhaupt leugnete, von Adler über den vorgefallenen Korruptionsfall informiert worden zu sein, und auf die Erklärung Fritz Adlers, daß der Parteivorstand sehr wohl wisse, was geschehen sei, sich mit der läppischen Ausrede aus der Affaire zog, es sei ihm offiziell nichts bekannt.

Das Vertrauen zu den Personen, die Adler immer gegen die Linksradikalen verteidigt hatten, war geschwunden. Losgelöst von den Massen, völlig vereinsamt, individualistischen Gedankengängen durchaus nicht abgeneigt, mußte Adler zu einer individualistischen Tathandlung schreiten. Während einer Unterredung mit Austerlitz hatte Adler davon erfahren, daß Ministerpräsident Stürgkh bei Meißl und Schaden zu dinieren pflegte. Adler überlegte nicht lange, wer das Objekt seiner individualistischen Aktion werden sollte, da Stürgkh sicherlich einer der meistgehaßten Männer Österreichs war und die Ausnahmeverfügungen sich an seinen Namen knüpften.

Die Details des Attentats sind bekannt, Adler zielte auf Stürgkh, traf, ließ sich entwaffnen, wurde verhaftet und in die Polizeidirektion eingeliefert.

Adlers Tat war eine Flucht in die Öffentlichkeit und eine Appellation von den schlechtberatenen Vertrauensmännern an die Massen des Proletariats. Das Attentat galt keineswegs dem zufälligen Träger des absolutistischen Systems in Österreich, sondern der sozialpatriotischen Politik, welche durch Adlers Vater repräsentiert wurde. Am Abend des Attentates berief Victor Adler die in Wien weilenden Abgeordneten und höheren Funktionäre der Partei zu sich, erklärte die Tat seines Sohnes als die Handlungsweise eines Wahnwitzigen, für den die Partei keine Verantwortung trage. Dies war das Signal zu einem allgemeinen Feldzug der Sozialpatrioten gegen Friedrich Adler und seinen Anhang. In den Massen allerdings wurde der Schuß Friedrich Adlers als ein Signal zur Befreiung der Proletarier aufgefaßt. Am Abend des Adler-Attentates wurden mehr als zwanzig Arbeiter verhaftet, weil sie gesprächsweise die Ermordung Stürgkhs öffentlich gebilligt hatten. Der Verein *Karl Marx* wurde behördlich aufgelöst. Gabriele Proft versendete ein Zirkular, worin sie die Einstellung der Arbeiten des Vereines *Karl Marx* anzeigte und die Mitglieder ermahnte, sich nicht zu voreiligen Schritten hinreißen zu lassen.

Die Linksradikalen, nun ihres legalen Zentrums beraubt, mußten versuchen, einen Ersatz dafür zu schaffen. Sie setzten sich mit den legalen Linken in Verbindung, um die Gründung eines neuen Vereines anzubahnen, fanden jedoch außer bei der alten Therese Schlesinger kein Verständnis dafür. So wurde ein eigener Verein gegründet. Die Statuten eines ehemaligen Vereins sozialdemokratischer Handelsakademiker mußten die Grundlage bieten. Der wissenschaftliche Verein *Bildung* wurde zum neuen legalen Rahmen der nun intensivierten illegalen Propaganda.

Unmittelbar nach dem Adler-Attentat begann die *Arbeiter-Zeitung* ihre Offensive gegen den Attentäter. ›Fritz Adler hat sich durch seine Tat von selbst außerhalb der Partei gestellt‹, konstatierte die *Arbeiter-Zeitung* und verherrlichte den ermordeten Gegenrevolutionär als pflichtgetreuen Arbeiter. Für Adler war es vollständig klar, daß seine Tathandlung den endgültigen Bruch mit der Sozialdemokratie herbeiführen muß. In seiner späteren Verteidigungsrede hat er dies auch deutlich ausgesprochen. Am Tage nach seiner Verhaftung, als Victor Adler ihm völlig gebrochen die Frage stellte, ob er bei dem Attentat an seinen alten Vater gedacht habe, antwortete ihm Adler selbstbewußt: ›Ja, ich habe gerade an meinen alten Vater gedacht.‹

Die Bedeutung des Adlerschen Schußes war in der damaligen Situation ein Signal zur geistigen Loslösung von der Ideologie der Sozialpatrioten, und das weitere Einschwenken der Sozialpatrioten in eine sozialpazifistische Ideologie unter Wahrung des alten Standpunktes von der Landesverteidigung bewies, daß die Parteileitung den Umschwung in der Massenstimmung wohl zu werten verstand.

Am Tage nach dem Adler-Attentat hielt das linksradikale Aktionskomitee eine Beratung ab, die durch eine tragikomische Verwechslung beinahe mit der Aushebung des Komitees geendet hätte (ein Mitglied des Aktionskomitees, der Reichenberger Genosse Rothenstein, wurde irrtümlicherweise als Heiratsschwindler verfolgt, und die Wache wollte in seiner Wohnung Hausdurchsuchung halten). In jener Sitzung wurde beschlossen, sofort ein Manifest zugunsten des ›außerhalb der Partei stehenden Friedrich Adler‹ zu erlassen, ohne individualistische Kampfmethoden anzuempfehlen oder zu rechtfertigen. Das Manuskript des Manifestes wurde bei einer Hausdurchsuchung vernichtet und wurde nur in wenigen Exemplaren verbreitet, hektographiert, da es unmöglich war, in der allgemeinen Desorganisation einen Setzer zu finden. Ein Teil der Mitglieder des Aktionskomitees zog sich von der Arbeit zurück und landete im Lager der legalen Linken. Die Mehrheit blieb aktiv und arbeitete nun unter wesentlich günstigeren Umständen innerhalb der proletarischen Organisationen. Die Auflage der *Arbeiterpolitik* vergrößerte sich; trotz ihres wesentlich theoretischen Inhaltes und der wesentlichen Beschäftigung mit deutschen Problemen, die den österreichischen Arbeitern fremd waren, waren nicht weniger als 220 feste Abnehmer der *Arbeiterpolitik* im deutschen Sprachgebiet Österreichs zu verzeichnen.

Ebenso wie die sozialdemokratische Parteileitung eine scharfe Agitation gegen ›Adlers Untat‹ eingeleitet hatte, versuchte sie auch sich der radikalen Elemente zu entledigen. Die legale Linke rückte ebenfalls von Adler ab. Wenn auch Robert Danneberg noch während des Krieges eine Sammlung Adlerscher Aufsätze herausgegeben und Adlers Verteidigungsrede durch eine parlamentarische Interpellation immunisiert wurde, so war das dennoch nicht mehr als die Sympathieerklärung des tschechischnationalen Klerikers Pater Zaradnik, der im Parlament erzählte, daß er am Tage vor dem Adler-Attentat von Stürgkh gefordert habe, die Verfolgung der tschechischen christlichen Vereine einzustellen, der Ministerpräsident dies abgelehnt habe und er als Priester der heiligen römisch-katholischen Kirche den österreichischen Gewalthaber vor das Gericht Gottes zitiert habe. Die Darstellung Adlers als Werkzeug der göttlichen Vergeltung war die allgemeine Auffassung bei den slawischen Klerikalen, während die polnische Sozialdemokratie, deren Kaisertreue unterdessen übel belohnt worden war, Adlers Attentat verurteilte, wie dies insbesondere Ignaz Daszynski tat, weil es die Rückkehr zur Verfassungsmäßigkeit ermöglicht und damit den Verfall Österreichs aufgehalten habe.

Außer dem Flugblatt des Wiener Aktionskomitees zirkulierte in Wiener Neustadt eine Zeichnung Eduard Schönfelds, die sich polemisch gegen die Neustädter *Gleichheit* wandte, in der Engelbert Pernerstorfer seinen alten Gegner als armen, erblich belasteten Mann dem Mitleid der Leser empfahl. Die Zeichnung stellte ein Kreuz dar, an das Adler genagelt war, während zu Füßen des Kreuzes Pernerstorfer stand und den Märtyrer verhöhnte und anspuckte. Darunter die Verse: ›Nun hängst Du am Kreuze, nun bist Du tot, Du erblich belasteter Idiot.‹

Während die bürgerliche Presse des deutschen Sprachgebietes mit der Sozialdemokratie wetteiferte, die Tat Adlers zu verurteilen, wurde er von der gesamten nichtdeutschen Presse, soweit dies aus Polizeigründen möglich war, mit Sympathie behandelt. Auch im Ausland weckte Adlers Tat ungeheure Sympathie. In Holland und Schweden wie in der Jugendinternationale wurde er als einer der Vorkämpfer der sozialen Revolution gefeiert, während Radek in der *Arbeiterpolitik* sich Adler gegenüber sehr skeptisch verhielt und in einem ungemein geistreichen Artikel die Worte schrieb: ›Lieben wir Friedrich Adler, aber folgen wir Liebknecht.‹

Einen Monat später kam aus Zürich eine Botschaft Lenins an die österreichischen Linksradikalen. Es herrschte damals tiefste Depression, da das Adler-Attentat trotz lebhafter Sympathie bei den Arbeitern keine Aktionen ausgelöst hatte und die militärgerichtliche Untersuchung gegen einzelne führende Genossen die legale Tätigkeit hemmte. ›Killing is not murder‹, schrieb Lenin, ›und Eure Agitation für Friedrich Adler ist richtig, aber besser hätte er daran getan, den ehrlichen (illegalen) Kampf gegen die Taktik seines Vaters aufzunehmen und damit den österreichischen Imperialismus zu treffen, als einen Verzweiflungsakt zu begehen, der losgelöst von der Masse ist. Individualistische Aktionen sind nicht zu verurteilen, aber nur in Verbindung mit der Massenbewegung gutzuheißen. Ein Sozialdemokrat verzweifelt nicht.‹ Lenin erwähnte die Nutzlosigkeit der individualistischen Aktionen der Sozialrevolutionäre vor 1905 und das Fehlen derselben während der Massenaktion. Er verkannte keineswegs die aufrüttelnde Wirkung dieser individuellen Aktion, verwies aber auf die Notwendigkeit der Fortsetzung systematischer Propagandagruppen, Organisation und Zirkelbildung. ›Für Euch gilt es weiterhin ehrliche Arbeit zu leisten.‹

Die Leninsche Stellungnahme schuf nicht allein die notwendige theoretische Klarheit, da ein Teil des Aktionskomitees wirklich in individualistischen Gedankengängen befangen war, sondern gab auch Richtlinien für das taktische Verhalten.«

ANMERKUNGEN

1 *Österreichisches Biographisches Lexikon 1815–1950,* Band IV, Wien 1969, S. 128. Zu dieser Periode hat auch Wolfgang Neugebauer, *Bauvolk der kommenden Welt, Geschichte der sozialistischen Jugendbewegung in Österreich,* Wien 1975, einiges über das Wirken von Koritschoner beigetragen. Koritschoner scheint in zahlreichen Dokumenten der Polizei, des Innen- und des Kriegsministeriums auf. Sie sind ausführlich zitiert bei Rudolf Neck, *Arbeiterschaft und Staat im Ersten Weltkrieg, 1914–1918,* Bd. 1, 1964; Bd. 2, 1968. S. auch K. Steinhardt, *Erinnerungen,* MS.
2 W. I. Lenin, *Briefe,* Bd. IV, August 1914 – Oktober 1917, Dietz Verlag, Berlin 1967, enthält zahlreiche Bemerkungen über Koritschoner (Franz). Im Brief an N. I. Bucharin vom 14. 10. 1916 auf S. 304 sind die Bemerkungen über Koritschoner enthalten.
3 Allgemeines Verwaltungsarchiv, Ministerium des Innern, 22 in gen. 543/1917.
4 Ebenda, K 2071/1917.
5 Hans Hautmann, *Die Anfänge der linksradikalen Bewegung und der Kommunistischen Partei Deutschösterreichs 1916–1919,* Wien 1970, und Hans Hautmann, *Die verlorene Räterepublik,* Wien 1971, sind die umfassendsten Studien zu diesem Problem. Die Haltung Koritschoners während dieser Periode wird darin allseitig dargestellt.
6 Herbert Steiner, *Die Kommunistische Partei Österreichs von 1918–1933,* Bibliographische Bemerkung, Wien 1968. Koritschoners politische Stellung wird dort erläutert – siehe Seite 5, 6, 9, 12, 17, 18, 21, 23, 24, 27–29, 33, 34, 37, 39, 40, 42–45, 48, 55, 62, 69.
7 Dokumente über diese Zeit liegen im Museum Auschwitz und im Dokumentationsarchiv des österreichischen Widerstandes. Zusätzliche Briefe, Dokumente sowie einige Handschriften und ein bisher unveröffentlichtes Manuskript F. Koritschoners, *Die österreichische Arbeiterbewegung während des Krieges und der Revolution* (173 Seiten), sind im Besitze einer nahen Verwandten, die mir freundlicherweise Einsicht gewährte und die Veröffentlichung gestattete. Die Mutter von Franz, Eugenie Koritschoner, und die Schwester, Luise Koritschoner, wohnten zu dieser Zeit noch in Wien 19., Chimanistraße 29. Sie besuchten Franz mehrmals im Gefängnis. Am 13. 6. 1941 mußten sie die Wohnung räumen und übersiedelten nach Wien 2., Adamberg. 10, in ein kleines Zimmer, von wo sie am 24. 9. 1942 in das KZ Theresienstadt deportiert wurden. Die Mutter und die Schwester erhielten eine Mitteilung der Gestapo, nach der Franz Koritschoner im »KZ Mauthausen« verstorben sei und die Übergabe der Urne mit der Asche gegen Bezahlung von 80 DM erfolgen könne. Erwiesenermaßen ist Koritschoner jedoch im KZ Auschwitz umgekommen.
8 Das Kapitel Seite 28–37 ist hier wiedergegeben und reicht bis Seite 44a. Der zweite Teil behandelt den Prozeß und die Haltung verschiedener Gruppen dazu. Koritschoner vermerkte am Ende: »Adler, der pazifistische Volksheld, hat Adler, den Klassenkämpfer, erschlagen. Schon vor seiner Wandlung in den Umsturztagen 1918 war seine historische Mission erfüllt, eine Gestalt der Vergangenheit, verklärt durch eine individualistische Tat, aber kein Wegweiser, kein Mann des proletarischen Klassenkampfes.«
Nach der Verurteilung Friedrich Adlers veranstalteten linksradikale Jugendliche eine Demonstration, wobei mehrere von ihnen verhaftet wurden. Die Zimmerwalder Linken in Österreich gaben ein Flugblatt heraus (S 44a), in dem sie zur Befreiung F. Adlers und zum Kampf gegen die Bourgeoisie und den imperialistischen Krieg aufriefen.

Dazu auch Josef Schiller: *Neue Tatsachen über den Jännerstreik 1918*, in: *Weg und Ziel*, 1960. Koritschoner schildert auch seine Gespräche mit F. Adler (S. 154) nach dessen Entlassung aus dem Gefängnis. Es war dies einen Tag vor der Zusammenkunft Adlers mit Vertretern der neugegründeten KPÖ. Adler sagte zu Koritschoner: »Ich würde mit Ihnen gehen, aber ich gehe nicht mit jenen.«
Die Tätigkeit Koritschoners wird auch von seinem Freund Roman Rosdolsky in dessen Arbeit: *Studien über revolutionäre Taktik*, Archiv Drucke 2, VSA, Berlin 1973, S 119 u. f., gewürdigt. Auf S. 164 wird irrtümlich angegeben, daß Koritschoner im Wiener Landesgericht gestorben sei.

Faksimiles von Schriftstücken aus dem Nachlaß von Koritschoner

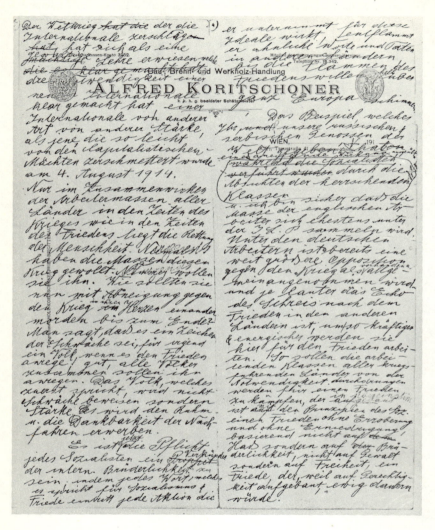

Handgeschriebenes Manuskript auf dem Geschäftspapier des Vaters

5) Auf diese Weise kann die die Internationale selbst während des Krieges wieder-belebt werden und kann ihre früheren Fehler sühnen. Aber es muß eine andere Internationale wieder auf-leben, anwachsend nicht nur in numerischer Stärke sondern auch in revolution. Inbrunst, in Klarheit des Ausblicks, in den Vorberei-tungen zur Überwindung der Gefahren des Absolutismus der Geheimdiplomatie u. der kapitalistischen Verschwörungen gegen den Frieden.

Arbeiter der Welt vereinigt euch! Vereinigt euch im Kriege wider den Krieg!

Mit soz. Grüßen

Berlin
Den 1.

K Lieb

+ wie wir sie
+ im prakt. ...
sollen, wie wir sie
zur Tat machen

+ Untergehen
+ ...
Abgesandten des ...

+ wird eine ... Tilgung
wo immer So... ...
worden sind ...

+. So muß die ...
als eine and... ...
aufleben

Postsparkassen-Konto 3052. Mitglied des österr.-ungar. Inkasso-Vereines.
Telephon Nr. 14.342.

Bau-, Brenn- und Werkholz-Handlung
Alfred Koritschoner
k. k. h. g. beeideter Schätzmeister

WIEN, _____ 191__
XX/1, Treustraße 41 (Brigittenauer-Lände).

Telegramme: HOLZ-KORITSCHONER WIEN-BRIGITTENAU

Nr. _219_

Herr _Kiritschener Georg_
Frau

wird hiemit zu dem am 5. November 1916 um 9 Uhr vormittags im Saale des Favoritner Arbeiterheims, X. Bezirk, Laxenburgerstrasse 8-10, stattfindenden

Arbeitertag

eingeladen.

TAGESORDNUNG:

1. Ernährungsfragen. Berichterstatter: Matthias Eldersch. 2. Die rechtliche Stellung der Arbeiter im Kriege. Berichterstatter: Franz Domes.

Die Einberufer:

Dr. Viktor Adler, Friedrich Austerlitz, Franz Domes, Matthias Eldersch, Georg Emmerling, Ferdinand Hanusch, Anton Hueber, Quirin Kokrda, Adelheid Popp, Gabriele Proft, Dr. Karl Renner, Jakob Reumann, Karl Seitz, Ferdinand Skaret, Laurenz Widholz, Wilhelm Wilhelm.

☞ Diese Zusammenkunft ist nur geladenen Gästen zugänglich und der Eintritt nur unter Vorweisung dieser auf Namen lautenden Einladung gestattet. ☜

Sozialdemokratische Parteiorganisation Ottakring
XVI, Klausgasse 30 (Arbeiterheim)

Einladung

für ....

zu der am Freitag den 6. April 1917, pünktlich um 8 Uhr abends im Parterresaal I des Arbeiterheims, XVI, Klausgasse 30, stattfindenden

Vertrauensmänner-Versammlung

Tagesordnung:

1. Die geplante Erhöhung der Parteimitgliedsbeiträge
2. Bezirksangelegenheiten

Parteigenossen und -Genossinnen! In Anbetracht der wichtigen Tagesordnung ersuchen wir nicht nur um bestimmtes, sondern auch pünktliches Erscheinen.

Mit Parteigruss

Adolf Berger
Sekretär

Karl Volkert
II. Obmann

Die Einladung erfolgt auf Grund des § 2 des Vereins- und Versammlungsgesetzes und ist diese Einladung unbedingt mitzubringen.

Verlag des Vereines. — „Vorwärts", Wien V. — 8653·17

Katalin Soós
Koloman Wallisch und die ungarische Räterepublik

Koloman Wallisch[1], hervorragende Gestalt und Märtyrer der internationalen Arbeiterbewegung, war bis August 1919 in der ungarischen, dann in der österreichischen Arbeiterbewegung tätig. Wegen seiner Teilnahme am Februaraufstand 1934 verurteilte ihn die Dollfuß-Regierung zum Tode und ließ ihn hinrichten. Das Leben Koloman Wallischs zog die Aufmerksamkeit namhafter Schriftsteller wie Bertolt Brecht und Anna Seghers auf sich, aber eine umfassende historische Monographie ist über ihn noch nicht geschrieben worden und bleibt eine Aufgabe der Zukunft[2].

Mit diesem Aufsatz über die Tätigkeit des sozialdemokratischen Arbeiterführers zur Zeit der ungarischen Räterepublik wollen wir zur Vervollständigung des Bildes Koloman Wallischs beitragen.

Während der schicksalhaften Stunden der Proklamierung der Räterepublik in Ungarn war Koloman Wallisch in Budapest[3]. Dort erlebte er die Überreichung der Vyx-Note, in der die Pariser Friedenskonferenz im Zeichen des Kampfes gegen den Bolschewismus – mit der Errichtung einer neutralen Zone unter alliierter Kontrolle – von der ungarischen Regierung die Übergabe weiterer Gebiete forderte. Auf Károlyis Vorschlag dankte die Berinkey-Regierung, die versagt hatte, ab, um einer rein sozialdemokratischen Regierung Platz zu machen. Wallisch nahm an den Sitzungen der Landesleitung der SDP am 20. und 21. März 1919 teil, die sich mit der Frage der Machtübernahme befaßten. Dann beschloß die Landesleitung unter dem Einfluß der Stellungnahme der Linken, ein Abkommen mit den Kommunisten zu treffen[4]. Der Zusammenschluß der beiden Arbeiterparteien war – laut dem ungarischen Historiker Tibor Hajdu – die notwendige Folge des Sieges der Revolution des Proletariats. Zu dem Abkommen war es durch die Stärke und den Einfluß der Kommunisten, durch die Einheitsbestrebung der Arbeiterschaft und durch die Enttäuschung über die Entente gekommen, was logischerweise zur Annäherung an Sowjetrußland führte. Am 21. März unterschrieben die Vertreter der KMP und der SDP das Abkommen über den Zusammenschluß, proklamierten die Diktatur des Proletariats und stellten den Revolutionären Regierungsrat auf[5].

Die Proklamation der Räterepublik hatte sehr große nationale und internationale Bedeutung: sie wurzelte tief in der ungarischen Vergangenheit und versuchte auf die schon seit langem drängenden sozialen und nationalen Probleme Antwort zu geben[6]. Außerhalb der Grenzen Rußlands waren die ungarischen Arbeiter die ersten, die die Macht eroberten und der kapitalistischen Ausbeutung ein Ende setzten; die Revolution siegte auf friedlichem Weg. Die geographische Lage des Landes machte es zum Vorposten der Revolution des Proletariats in Mitteleuropa[7].

In Szegedin stand im Zuge der Ereignisse János Udvardi, Sekretär der KMP in Szegedin, im Vordergrund, der sich ebenfalls in Budapest aufhielt und in der Nacht vom 21. zum 22. März auf Befehl des Volkskommissars Rezsö Fiedler, vor Wallisch, mit einem Sonderzug nach Szegedin fuhr. Er hatte den Auftrag, unterwegs in jeder Station die Proklamation der Diktatur des Proletariats zu verkünden, in Szegedin ein Revolutionäres Exekutivkomitee zu gründen und darauf zu achten, daß dessen Tätigkeit nicht in Gegensatz zur Tätigkeit der Räteregierung gerate[8]. Am 22. März um 9 Uhr morgens verkündete Udvardi bei der gemeinsamen Sitzung der Kommunisten, Sozialdemokraten und militärischen Vertrauensleute im Generalversammlungssaal des Stadthauses die Fusion der beiden Parteien und die Proklamation der Diktatur des Proletariats. Dann stellte man für die Führung der Angelegenheiten die temporäre Liste des lokalen Revolutionären Exekutivkomitees zusammen. Praktisch erklärten alle Behörden, Vereine und Körperschaften der Stadt Szegedin, einschließlich des Militärs, ihren Anschluß an die Diktatur des Proletariats[9]. Ein Teil der lokalen Führer der Kommunistischen Partei stand der Fusion am Anfang mißtrauisch gegenüber, aber im Laufe der Debatten zeigte sich, wer von den Führern der Sozialdemokratischen Partei zur Arbeit in den neuen revolutionären Organisationen hinzuzuziehen war.

Wallisch, der im Laufe des Nachmittags in Szegedin ankam, beteiligte sich vom ersten Augenblick an an der Geburt der Diktatur des Proletariats und an der Arbeit, und die revolutionären Organisationen zählten auch auf seine Mitwirkung.

Die Nachricht über die Ereignisse vom 21. März verbreiteten sich wie ein Lauffeuer in der Stadt. Am 22. März gegen Mittag wurde auf einer improvisierten Volksversammlung, und am Nachmittag durch Plakate, die Proklamation der Diktatur des Proletariats verkündet. Das Ereignis wurde auch in den Kasernen kundgetan, wo man sofort mit der Organisation der Roten Armee begann[10].

»Jeder hat eingesehen«, schreibt die Szegediner Zeitung *Proletár,* »daß es keine andere Wahl gibt: Gegenüber dem Imperialismus der

Entente, die Ungarn ersticken, es seiner Gebiete berauben, es um jede Lebensmöglichkeit bringen will, kann es nur die Diktatur des Proletariats geben! Die andere Kraft, die zur ungarischen Revolution des Proletariats geführt hat, ist der Entschluß der Arbeiter, der armen Bauern und der Soldaten, nicht mehr das Joch des Kapitalismus tragen zu wollen[11].«

Um sieben Uhr abends setzte sich das Exekutivkomitee des Szegediner Arbeiterrates zusammen. Die Sitzung wurde von Udvardi eröffnet; er verkündete die Fusion der beiden Arbeiterparteien und die Konstituierung des Revolutionären Exekutivkomitees. Er teilte mit, daß der Arbeiterrat in seiner bisherigen Zusammensetzung aufgelöst wurde, aber seine Tätigkeit bis zu den neuen Wahlen fortzuführen habe. Udvardi machte die Versammlung darauf aufmerksam, daß in der Diktatur des Proletariats die Gesetze sehr streng seien, und wies auf die Gefahr der Gegenrevolution hin, die in Szegedin, wo sich sogar zwei imperialistische Armeen aufhielten, besonders groß war[12].

Über die Budapester Ereignisse referierte Koloman Wallisch. In seiner Rede skizzierte er die Umrisse einer neuen außenpolitischen Orientierung und bekannte sich zu der Allianz mit Sowjetrußland:

> Bis jetzt hat sich die Partei nach Westen orientiert und hat die Befreiung von dort erwartet. Jetzt hat es sich aber erwiesen, daß man uns, entgegen jeder demokratischen Auffassung, niederstampfen will. Hierauf haben sich die Sozialisten zusammengefunden und sind auf den Gedanken gekommen, nicht mehr nach Westen zu blicken, sondern nach Osten, und gegen die imperialistischen Staaten die Verbindung mit der Sowjetrepublik zu suchen ... und der Sowjetrepublik unsere Allianz anzubieten.

Wallisch verkündete das Abkommen über die Vereinigung der beiden Arbeiterparteien, nahm mit Freude die Verwirklichung der Arbeitereinheit zur Kenntnis und forderte die Versammelten zu erfolgreicher gemeinsamer Arbeit auf[13].

In der Abendsitzung billigte der Szegediner Arbeiterrat die Liste, die das Revolutionäre Exekutivkomitee in der Vormittagssitzung aufgestellt hatte. An der Spitze der Stadt stand jetzt das Direktorium mit sieben Komitees (das revolutionäre Standgericht, das Polizeikommissariat, das Pressekomitee für Kultur und Erziehungswesen, der Ernährungsausschuß, der Gesundheits- und Sozialausschuß, das Militärkommando und das Propagandakomitee), die auch die Macht übernahmen. Das Direktorium bestand aus Dr. Antal Czibula, János Udvardi und Koloman Wallisch[14].

Daß Ungarn im Krieg eine schwere Niederlage erlitten hatte und daß bei der Gestaltung seines weiteren Schicksals die imperialistischen

Bestrebungen der Großmächte und die nationalistischen Interessen ihrer osteuropäischen Alliierten entscheidend ins Gewicht fallen würden, erfuhr Szegedin früher als die anderen Städte unter ungarischer Herrschaft. Nach dem Waffenstillstandsabkommen vom 13. November 1918 hatten die Alliierten unter anderem das Recht, jeden von ihnen bezeichneten Ort oder strategischen Punkt zu besetzen, sowie das Recht auf freien Durchzug und Aufenthalt im ganzen Land. Die strategische Bedeutung Szegedins war für die nach mitteleuropäischem Einfluß strebenden Franzosen durch den Eisenbahnknotenpunkt und die Brücken über die Theiß gegeben. Die über die Szegediner Eisenbahnbrücke führende Eisenbahnlinie verband Rumänien mit den Ländern der Entente; von hier aus konnte man zwischen Serbien und Rumänien ausgleichend wirken, deren Verhältnis wegen der Frage der Aufteilung des Banats gespannt war. Ab Dezember 1918 wurde Szegedin stufenweise von den Franzosen, Ujszeged, der am linken Ufer der Theiß liegenden Stadtteil, von den Serben besetzt.

Das Proletariat nahm also in Szegedin die Lenkung seines Schicksals unter den sehr ungünstigen Umständen der französischen Besetzung in die Hand. Die französische Stadtkommandantur fühlte sich für ein offenes militärisches Auftreten nicht stark genug – den französischen Soldaten standen bewaffnete rote Soldaten Aug in Aug gegenüber –, aber in ihrem Schreiben an den Stadtkommandanten Neuberger deutete sie an, daß ihre Soldaten Szegedin stärker als bisher besetzen würden, und forderte den Stadtkommandanten auf, die Stadt den Franzosen zu übergeben. In seiner Antwort teilte Neuberger mit, daß das Exekutivkomitee der Räterepublik nicht geneigt sei, die Stadt zu übergeben; er forderte die Franzosen sogar auf, die Stadt zu verlassen[15]. Im Lauf des 22. März griffen die kommunistischen Soldaten und Neubergers Matrosen sogar an zwei Stellen die Wachen der Franzosen an. Die Franzosen verhafteten mehrere Personen, ließen ihren Kanonenpark nach Ujszeged abziehen und gaben der Artillerie den Befehl, die Stadt zu beschießen[16], falls ihre Wachen auf der anderen Stadtseite angegriffen würden.

In Anbetracht des Kräfteverhältnisses war Wallisch mit dem offensiven Vorgehen gegen die Franzosen nicht einverstanden. Er meinte, man sollte sich den französischen Besatzungstruppen gegenüber so verhalten wie bisher, und hielt es für nötig, die Arbeiterschaft zu veranlassen, eventuellen französischen Provokationen auszuweichen[17].

In einem am 23. März an die Bewohner der Stadt Szegedin gerichteten Aufruf gab das Direktorium kurz den Stand der nationalen und der Szegediner Ereignisse und den Organisations- und Personalwechsel in den lokalen Organen des Staatsapparates bekannt. Es hieß, jeder sei verpflichtet, sich den Befehlen des Direktoriums unterzuordnen; Preiswucher und Gerüchtemacherei würden unter Strafe gestellt. Man forderte eiserne Disziplin, saubere Haltung und ehrliche Arbeit auf allen Linien[18]. Am Morgen des 23. März hatten die Franzosen alle wichtigeren Punkte der Stadt besetzt. Als Mitglied der aus den neuen und alten Stadthäuptern bestehenden Deputation nahm auch Wallisch an den Verhandlungen mit dem französischen Stadtkommandanten teil. Ein provisorisches Abkommen kam zustande, aufgrund dessen die Mitglieder für die Aufrechterhaltung der Ordnung durch die ungarischen Truppen hafteten. Daraufhin wurden die französischen Truppen von den Straßen und Gebäuden abgezogen[19].

Das Szegediner Revolutionäre Komitee begann seine Tätigkeit am 23. März; in einer zehn Stunden dauernden Sitzung diskutierte man über die wichtigsten Maßnahmen, die im Interesse des Proletariats vorzunehmen waren. Solange die Organisation der Räterepublik in der Hauptstadt und in der Provinz nicht ausgebaut war, sollte das Direktorium selbständig entscheiden; im Zuge dieser Entscheidungen sollte es bestrebt sein, mustergültige Direktiven herauszugeben und die Lehren der russischen Sowjetrepublik anzuwenden[20].

Das Direktorium begann auch seine ersten Anordnungen zu treffen. Am 23. März erschien die Verordnung zur Sicherung der allgemeinen Versorgung, die auch von Wallisch unterschrieben war. Die Verordnung forderte die Bewohner der Stadt auf, binnen 24 Stunden ihre Vorräte an Lebensmitteln und Kleidung anzumelden. Die Lebensmittelhändler hatten ihre Vorräte innerhalb von 18 Stunden anzumelden, während Kaufleute der allgemeinen Versorgung binnen 72 Stunden eine Liste ihres Inventars vorzulegen hatten. Gemäß dieser Verordnung sollte jeder, der sich dem Befehl widersetzte, vor ein Standgericht gestellt werden[21].

Das Direktorium empfing am 24. März in der Ratshalle des Stadthauses die Leiter der städtischen Ämter, und von diesem Tag datierte auch der Runderlaß an die Beamten. Das Direktorium vertrat den Standpunkt, daß jene Beamte, die dem neuen Regime nicht dienen wollten, abtreten könnten, ohne Schaden zu nehmen; diejenigen aber, die auf ihrem Posten bleiben wollten, sollten gewissenhaft und pflichtbewußt arbeiten[22]. Das Inkrafttreten der Diktatur des Proletariats, der Ausbau des neuen Staatsapparates zog in Szegedin keine Massenentlassungen von Beamten nach sich. Nur der Obergespan und der Bürgermeister, die noch am 13. März vom Arbeiterrat ihres Amtes enthoben worden waren, schieden aus ihrem Amt. Es blieben jedoch unter anderen der gegenrevolutionär eingestellte Vizebürgermeister sowie das ganze Personal der Polizei im Amt. Derlei unerfreuliche Dinge zeigten sich im ganzen Land.

Die Mitglieder des Direktoriums wandten sich in mehreren Reden an die Beamten. Czibula referierte über das umfassende Programm zur Kommunalisierung einer ganzen Reihe von Unternehmen. Dann ergriff Wallisch das Wort und forderte die Beamten auf, die neue Ordnung zu festigen und einvernehmlich zusammenzuarbeiten[23]. »Jeder, der eine Idee hat, hat die Pflicht, damit herauszurücken«, sagte er. »Wenn wir von irgendeiner Arbeit hören, die wert ist, in Angriff genommen zu werden, werden wir sie in Angriff nehmen. Wir gehen nicht mehr ins Ministerium, sondern packen selber an. Was wir an kleinen Veränderungen in den letzten Monaten begonnen haben, das setzen wir jetzt mit gesteigertem Elan fort. Wir verfügen dazu über die Vermögen der Szegediner Bourgeoisie. In seinem Amt soll jeder den einfachsten Weg zu finden suchen, ohne Schwierigkeiten, Hindernisse oder Behinderungen. Erledigen Sie, bitte, lebenswichtige Angelegenheiten ohne einen Augenblick Verzögerung. Wer das tut, den ehren, schätzen und unterstützen wir. Wir machen aber keine Umstände mit demjenigen, der uns Hindernisse in den Weg legt[24] ...«

Das Direktorium und das Revolutionäre Exekutivkomitee verschafften den Forderungen und dem Willen des Proletariats, das die Macht ergriffen hatte, auf immer neuen Gebieten Geltung. Am 25. März erschien der Erlaß über die Pflichtversicherung der Arbeiter[25], weiters die Anordnung »An die Werktätigen des Unterrichtswesens in Szegedin« über die Umgestaltung des Schulunterrichts im sozialistischen Geist, die für das Direktorium auch Wallisch unterschrieb[26]. Dem Standpunkt des Kulturkomitees entsprechend, wurde die Religion zur Privatangelegenheit erklärt und der Religionsunterricht in den Schulen verboten. Über die übrigen Pläne und Personalvorschläge des Kulturausschusses zur Schulreform in Szegedin berichtete die Presse ausführlich. Der Gesundheitsausschuß plante für die Verbesserung des Gesundheitswesens von Szegedin die Einrichtung von Fürsorgeämtern zur Bekämpfung der Tuberkulose, der Geschlechtskrankheiten und Zahnerkrankungen und arbeitete auch Vorschläge für das Bäderwesen aus[27].

Die Zeitung *Szegedi Vörös Ujság* (Szegediner Rote Zeitung) berichtete am 25. März im Nachrichtenteil über ein »Propagandaseminar« für alle jene, die die Begabung zum Agitator zu haben glaubten; sie gab die Einführung der Pressezensur bekannt und berichtete über die Sitzung der freien Organisation der Szegediner Journalisten, die sich einstimmig der Sozialistischen Partei anschlossen.

Die Szegediner Presse begann mit der Veröffentlichung der ersten

Erlässe der Revolutionsregierung, das Tagblatt *Délmagyarország* (Südungarn) veröffentlichte die von Lenin unterzeichnete Botschaft des VIII. Kongresses der Bolschewistischen Partei Rußlands an die Regierung der ungarischen Räterepublik[28]. Unter den Artikeln über die prinzipiellen Fragen der Diktatur des Proletariats ist der im *Délmagyarország* veröffentlichte *Revolutionäre Leitfaden* in der Zusammenstellung von Gyula Juhász hervorzuheben.

»Was ist die Diktatur des Proletariats in Ungarn?« lautete die Frage, die in Punkt 5 des *Leitfadens* gestellt wurde. »Die Diktatur des Proletariats in Ungarn ist die friedliche, unblutige und die Möglichkeit des Endsieges verheißende Selbstverteidigungsmaßnahme der Gesamtheit der ungarischen Werktätigen, eine notwendige Folge der Geschichte, die logisch an die siegreiche Weltrevolution anknüpft, die im Frühling 1917 von Osteuropa ausging; ein Ereignis für die Menschheit, das seit der Verbreitung des Christentums nicht seinesgleichen hatte«, antwortete der Autor, ein Sohn der Stadt[29].

Der Plan des Direktoriums zur Linderung der Wohnungsnot nahm nach einigen Tagen klare Umrisse an. Der wesentlichste Punkt des Programms vom 26. März war, daß, solange die Wohnungsnot bestehe, niemand das Recht auf eine Wohnung mit mehr als drei Zimmern habe. Es wurde bestimmt, daß im Verhandlungsausschuß des Wohnungsamtes nur Proletarier als Beisitzende fungieren durften[30].

Am 26. März begann die Reorganisierung und Erweiterung des Polizeiapparates. Die Volkswache und die Rote Wache der Armee des Proletariats sollten aus dem alten Personal der Polizei unter Einbeziehung verdienter, gewerkschaftlich organisierter Soldaten aufgebaut werden[31].

Das Direktorium veröffentlichte ferner eine Verordnung über die Anbaupflicht. Der in der Presse vom 27. März veröffentlichte und auch von Wallisch unterschriebene Erlaß forderte die Landbesitzer auf, gemäß dem Telegramm des Volkskommissariats für Ackerbau, ihren Boden pflichtgemäß zu bestellen; bei Nichtbefolgung wurden harte Strafen durch den revolutionären Gerichtshof angedroht[32].

Am 26. März wurden in der ganzen Stadt Parteiversammlungen abgehalten. Die in der *Szegedi Vörös Ujság* veröffentlichte Aufforderung machte es jedem Parteimitglied zur Pflicht, bei der seiner Wohnung am nächsten gelegenen Parteiorganisation zu erscheinen und an der Sitzung teilzunehmen. Aber der 26. März war für das Proletariat von Szegedin der letzte Tag der revolutionären Aufbauarbeit.

Die Franzosen sahen dem Ausbau der Macht der Arbeiterklasse nicht tatenlos zu. Seit dem mit dem Direktorium geschlossenen Abkommen konzentrierten sie in Szegedin eine bedeutende militärische Übermacht und bereiteten den Sturz der Diktatur des Proletariats vor. Am 26. März überreichte der Stadtkommandant Betrix dem Direktorium ein Ultimatum, in dem er unter anderem die Übergabe von 2500 Gewehren und 15 Maschinengewehren forderte; weiters sollte die militärische Stärke des Direktoriums in Szegedin auf höchstens 1300 Soldaten beschränkt bleiben[33].

Diese Forderungen verletzten die Bewegungsfreiheit, die der ungarischen Seite im Waffenstillstandsabkommen zugesichert worden war. Ihre Erfüllung hätte bedeutet, daß das Direktorium der Macht der französischen Kommandantur ausgeliefert gewesen wäre. In dieser Angelegenheit konnte das Direktorium nicht ohne Zustimmung der Räteregierung und des Szegediner Revolutionären Exekutivkomitees entscheiden. Das Volkskommissariat für Heerwesen ordnete an, daß das Direktorium soviel Kriegsmaterial wie möglich von Szegedin in ein Gebiet verlagere, das nicht unter französischer Kontrolle stand, und daß auch die revolutionäre Streitmacht die Stadt verlasse[34]. Auf der Sitzung, die vom Abend des 26. bis zum Morgengrauen des 27. März dauerte, erklärte das Revolutionäre Exekutivkomitee, daß es infolge der lokalen Verhältnisse nicht in der Lage sei, weitere Instruktionen der Revolutionsregierung durchzuführen, und man beschloß deshalb, gemäß dem Befehl des Volkskommissariats für Heerwesen die Stadt zu räumen[35]. Die Mitglieder des Direktoriums, ein Teil des Exekutivkomitees, revolutionäre Arbeiter und rote Soldaten verließen Szegedin. Hinsichtlich ihrer Zahl weichen die Angaben voneinander ab[36].

Die Macht des Proletariats war in Szegedin nach fünf Tagen zu Ende. Das Proletariat, mit dem Direktorium an der Spitze, hatte aber auch in dieser historisch sehr kurzen Zeit sehr viel geschaffen: es entstanden die lokalen Organisationen des neuen Staatsapparats, die die Interessen des Proletariats, der werktätigen Klassen wahrnahmen; es machte, aus eigener Initiative und gemäß den Anordnungen des Revolutionären Regierungsrates, die ersten Schritte zur Entwicklung der Sozialpolitik und der Kulturpolitik im sozialistischen Geist. Wallisch beteiligte sich nicht nur an der mutigen und optimistischen Politik, die zu den schönsten Traditionen in der Geschichte der Arbeiterbewegung der Stadt gehört, sondern war auch einer ihrer Anführer. Am 27. März verließ auch er Szegedin.

»Wir schnürten nun zum ersten Mal unser Bündel, um zu fliehen«, schreibt Paula Wallisch. »Bündel ist nicht symbolisch gemeint, sondern ich hatte tatsächlich nur ein Bündel, in dem etwas Wäsche zusammengepackt war. Kolomans Mutter mußten wir in der besetzten Stadt zurücklassen; wir fuhren nachts auf einem Leiterwagen mit Ochsengespann, zusammengekauert, in Tücher gehüllt, als wären wir Landsleute aus Szegedin auf dem Weg nach Kiskunfélegyháza. Wir waren nun Flüchtlinge und ganz auf die Gastfreundschaft angewiesen. Mit uns waren auch die Familien der kommunistischen Führer geflüchtet[37].«

Am 27. März rissen die Franzosen Szegedin aus der Räterepublik heraus. Sie erklärten, die Stadt befinde sich in der neutralen Zone, stellten den Telefon-, Post- und Personenverkehr zwischen Budapest und Szegedin ein und zogen in den ersten Apriltagen von Algyö bis Röszke einen Kordon um die Stadt[38]. In Szegedin entstand hierauf eine eigenartige Situation, die von Béla Kelemen, einem der Führer der Gegenrevolution, »denaturierter Bolschewismus« genannt wurde – schreibt Tibor Hajdu. Der frühere Obergespan, der Regierungskommissar und andere bürgerlich-demokratische Politiker bildeten ein neues Direktorium, das, zwischen dem lokalen Arbeiterrat und den Franzosen lavierend, bis zum Beginn der Intervention die Stadt Szegedin regierte[39].

Das Direktorium, das Szegedin verlassen hatte, und das Exekutivkomitee – darunter Wallisch – hielten sich vom 27. März bis zum 16. April in Kiskunfélegyháza auf[40]. Während dieser Zeit entfalteten sie eine rege politische Tätigkeit; sie hielten regelmäßig Sitzungen ab und versuchten, mit Szegedin in Kontakt zu bleiben; ihre Beauftragten waren auch mehrere Male in Budapest, um die Räteregierung über die Tätigkeit des Direktoriums zu informieren und Instruktionen für weitere Aufgaben einzuholen.

In einer am 27. März an das Volk von Szegedin gerichteten Flugschrift und in einer am 29. März in der Presse veröffentlichten Botschaft begründete das Direktorium seinen Abzug mit dem Befehl der Räteregierung, erklärte die Verordnungen der Franzosen für nichtig und stellte fest, daß es seinen Wirkungskreis beibehalten und daß es allein Befehls- und Exekutivgewalt habe[41]. Dem entsprach ein Brief an den französischen Stadtkommandanten, in dem Oberst Betrix aufgefordert wurde, die Bedingungen des Waffenstillstandsabkommens zu erfüllen; widrigenfalls, so wurde angedeutet, würde das Direktorium nicht die Geschicke der Stadt lenken – was es, mit gebundenen Händen, ohnehin nicht tun konnte[42].

In der Sitzung des Exekutivkomitees vom 30. März berichtete Udvardi über seine Reise nach Budapest: Er habe mit Béla Kun gesprochen, der sogar den Guerillakampf gegen die Franzosen verboten habe. Nach all dem sah Udvardi die Aufgabe des Direktoriums nur noch in der Organisierung des Gebietes und der Roten Armee und in der Verbreitung von Flugschriften. Seinen Standpunkt unterstützte auch Wallisch: »Jetzt müssen wir schon mit voller Kraft die Untergrundarbeit beginnen[43].«

In der Sitzung des Exekutivkomitees vom 1. April, an der auch die Vertreter des Szegediner Arbeiterrates teilnahmen, tauchte die Möglichkeit der Rückkehr des Direktoriums und des Exekutivkomitees nach Szegedin auf. Udvardi faßte den neuen Plan zusammen: Es gibt zwei Möglichkeiten, sagte er. Entweder bietet die französische Kommandantur dem Direktorium die Garantie, daß es seine Tätigkeit in Szegedin ungestört durchführen könne, oder die Szegediner Proletarier verlassen die Stadt, und die Regierung der Stadt wird vom französischen Kommandanten und der dort verbleibenden Bourgeoisie übernommen[44].

Vom 3. bis zum 6. April hielt sich Wallisch in Budapest auf und führte Besprechungen mit Béla Kun und mehreren Mitgliedern der Räteregierung. Im Lauf der Besprechungen erkannte Kun an, daß das Szegediner Direktorium eine richtige Politik betrieben hatte, gab aber auch der Meinung Ausdruck, daß sich die politische Lage geändert habe und daß das Szegediner Direktorium und das Exekutivkomitee eventuell nach Szegedin zurückkehren müßten, mit Ausnahme jener Personen, deren unbehelligte Rückkehr die Franzosen nicht garantieren würden; sie sollten von der Räteregierung in Kiskunfélegyháza, Kistelek und Kecskemét untergebracht werden[45].

Der Bericht Wallischs über seine Reise nach Budapest wurde in den Sitzungen des Exekutivkomitees am 7. und 8. April diskutiert, worauf am 10. April wichtige Beschlüsse gefaßt wurden:

1. Jedes Mitglied des Szegediner Direktoriums und des Exekutivkomitees erkennt den Willen der Mehrheit als verpflichtend an und erklärt sich mit den anderen voll und ganz solidarisch.

2. Den Instruktionen der Räteregierung wird in allem Folge geleistet, und das Prinzip der Solidarität wird anerkannt, sofern es nicht zu den Anweisungen der Regierung in Widerspruch steht. Jene Mitglieder des Exekutivkomitees, die mit Zustimmung der Franzosen nach Szegedin zurückkehren können, sind, den Intentionen der Regierung gemäß, verpflichtet, zurückzukehren, dürfen aber keinerlei politische Funktion ausüben, solange nicht die Rückkehr sämtlicher Mitglieder des Exekutivkomitees ermöglicht wird. Sie werden alles unternehmen, um Szegedin im Geiste der Diktatur des Proletariats zu leiten und binnen kürzester Zeit die Rückkehr der abwesenden Mitglieder des Exekutivkomitees zu ermöglichen.

3. Jene Mitglieder des Exekutivkomitees, die nicht nach Szegedin zurückkehren können, sind verpflichtet, ihren von der Regierung erhaltenen Auftrag der vom Exekutivkomitee beauftragten Person zur Kenntnis zu bringen.

4. Das Szegediner Direktorium beziehungsweise das Exekutivkomi-

tee informiert unverzüglich durch eine Delegation von drei Mitgliedern die Räteregierung über die Lage[46].

Im Mittelpunkt der Tätigkeit des Direktoriums und des Exekutivkomitees stand also in der ersten Hälfte April wieder das Problem der Rückkehr nach Szegedin. Da aber die französische Zustimmung fehlte, kam es trotz aller Anstrengungen der Regierung nicht dazu, und unter der französischen Besetzung entwickelte sich Szegedin allmählich zu einem Zentrum der Konterrevolution.

Zum Aufenthalt des Szegediner Direktoriums und des Exekutivkomitees in Kiskunfélegyháza wäre noch zu sagen, daß man in dieser Zeit auch über ein revolutionäres Gericht verfügte, das auf Anweisung aus Budapest eingesetzt worden war und vor das die wegen konterrevolutionärer Umtriebe eingelieferten Gefangenen gestellt wurden. Auch Wallisch war Mitglied des revolutionären Gerichtshofes. Wie aus zwei erhalten gebliebenen Protokollen hervorgeht, war er sogar am 2. April Vorsitzender dieses Gerichts. Das revolutionäre Gericht fällte in fünf oder sechs Fällen ein Urteil und sprach ein Todesurteil aus, das aber nicht vollstreckt wurde; der Verurteilte wurde auf freien Fuß gesetzt. Auch die anderen Angeklagten, die vor das revolutionäre Gericht gestellt worden waren, wurden alle freigelassen[47].

Am 16. April gingen das Direktorium, das Exekutivkomitee und mit diesem auch Koloman Wallisch mit der Roten Wache nach Felsötanya. Hier erteilte ihnen am 12. Mai Jenö Landler, der Volkskommissar des Inneren, die Vollmacht, den unteren und den oberen Gehöftbezirk von Szegedin unter dem Namen »Szegedin-Vorstadt« vorübergehend in ein verwaltungsmäßig selbständiges Gebiet umzuwandeln und dort die Rätewahlen abzuwickeln[48]. Mit dieser Verordnung stellte das Direktorium in der Gegend von Szegedin ungefähr 140.000 Joch städtisches Gehöftgebiet unter seine Verwaltung.

Das Direktorium organisierte die Rätewahlen, die in Felsötanya am 18. Mai, in Alsótanya am 1. Juni stattfanden[49]. Der gewählte, aus 100 Mitgliedern bestehende Arbeiter-, Soldaten- und Bauernrat hielt am 10. Juni seine konstituierende Sitzung ab und wählte an die Spitze des neuen Verwaltungsgebietes ein aus drei Mitgliedern bestehendes Präsidium, ferner aus jeweils zehn Personen bestehende Verwaltungsausschüsse und kontrollierte die neue Verwaltungsorganisation von Szegedin-Vorstadt.

Aufgrund der Wahlen wurde neben Udvardi und Czibula auch Wallisch Mitglied des dreiköpfigen Präsidiums und kam in Felsötanya auch an die Spitze der landwirtschaftlichen Abteilung, beziehungsweise des Agrarkomitees. In der Sitzung vom 10. Juni hielt Wallisch einen Vortrag über die Ziele der Räterepublik und die Aufgaben der Räte.

In derselben Sitzung wurden Wallisch, Udvardi und Dr. Jenö Holló zu Delegierten des Rätekongresses gewählt[50].

Das Szegediner Direktorium fand also neue Aufgaben: aus den Arbeiterführern wurden Führer der armen Bauern. Es ist das Verdienst von Udvardi, Czibula und Wallisch, daß in Szegedin-Vorstadt die Verwaltung nicht lahmgelegt wurde. Das Standesamt funktionierte, der Schulbesuch war obligat, man organisierte freien Unterricht für Erwachsene, versorgte die Bevölkerung mit Bedarfsartikeln, unterstützte Witwen, Waisen und Invaliden und bot auch der Roten Armee der Räterepublik die eigenen Kräfte an[51].

Die Leitung der Agrarpolitik der Räteregierung in Szeged-Felsötanya war die Aufgabe Wallischs. Der aus dreizehn Mitgliedern bestehende Agrarausschuß hielt unter Wallischs Vorsitz am 17. Juni seine konstituierende Sitzung ab und veranstaltete regelmäßig Sitzungen. Es wurde ein dreiköpfiger Besitzregelungsausschuß gewählt. Wallisch organisierte die Bebauung der herrenlosen Felder und dann, der Weisung der Räteregierung entsprechend, den Drusch und die Lagerung des Getreides[52]. Es war ein schwerer Fehler der Agrarpolitik der Regierung, daß sie in ihrer Angst vor der Zersplitterung des Bodens die Gründung von landwirtschaftlichen Genossenschaften anstrebten, anstatt den Boden zu verteilen[53]. Diese Agrarpolitik führte trotz Wallischs Bemühungen auch in den Bezirken von Szegedin-Vorstadt zu Enttäuschungen, da die Mehrheit des Grundbesitzes teils aus ein bis zehn Joch großen Kleinparzellen, teils aus von der Stadt gepachtetem Land bestand. Es kam weder zu der erwarteten Bodenverteilung noch zur Sozialisierung; die Besitzverhältnisse blieben unverändert.

Eine sehr wichtige Etappe in der Tätigkeit Wallischs zur Zeit der Räterepublik war seine Teilnahme am Parteitag, der am 12. und 13. Juni stattfand. Auf diesem Parteitag wurde über zwei Hauptfragen debattiert:
1. über die Art der Ausübung der Diktatur des Proletariats,
2. über den endgültigen Namen der vereinigten Partei[54].

Wallisch stand in der Debatte und im Kampf, den die Kommunisten, die Zentristen und die rechtsgerichteten Sozialdemokraten untereinander führten, auf seiten der Kommunisten.

»Ich ersuche die Genossen, das Programm nicht als endgültig zu betrachten, denn wir haben es zu spät erhalten und konnten uns damit nicht so gründlich befassen, wie es notwendig wäre«, sagte Wallisch in seinem Referat. Hinsichtlich der Ausübung der Diktatur des Proletariats wies er darauf hin, daß jene, die aus Szegedin in die Gehöfte, auf den gefährlichsten Platz, gedrängt wurden, die Möglichkeit hatten, Erfahrungen zu sammeln. »Sie wollten alles so gut wie möglich machen, und das Ergebnis war, daß man auf sie gepfiffen hat.« (Bewegung). »Aber als sie den ersten Mann verhafteten, da wurde auch die kleinste Bitte erfüllt. Man muß also energisch auftreten. Was den Namen der Partei betrifft, bin ich der Ansicht, daß wir aufrichtig sein und offen sagen sollen, was wir sind: Kommunisten.« (Beifall)[55].

Wenn man Wallischs späteren Lebenslauf in Betracht zieht, kann man ihn, bloß aufgrund seines Referates auf dem Parteikongreß, natürlich nicht als Kommunisten ansehen; er war und blieb sein ganzes Leben lang Linkssozialist. Seine Erklärung ist trotzdem wichtig, denn sie zeigt, daß er sich während der Räterepublik mit der proletarischen Revolution identifizierte und in seiner prinzipiellen Stellungnahme sowie in seiner praktischen Tätigkeit den Kommunisten sehr nahe kam.

Einzelne Mitglieder des Direktoriums und des Exekutivkomitees von Szegedin-Vorstadt standen auch in Verbindung mit dem politischen Generalstreik der Szegediner Arbeiter im Juni, der gegen die konterrevolutionäre Regierung und die französische Besatzungsmacht zur Wiederherstellung der Macht der Proletarier in Szegedin organisiert wurde[56]. Die Räteregierung beauftragte mit der Vorbereitung des Streiks Péter Kovács und János Szabó, die sich am 27. März zusammen mit dem Szegediner Direktorium nach Kinskunfélegyháza begeben hatten. Szabó war der Leiter der Abteilung für landwirtschaftliche Kleinbetriebe des Direktoriums von Szegedin-Vorstadt. Am 19. Juni berichteten Czibula in einem an die Führer der Räterepublik gerichteten und Wallisch in einem an die Redaktion der Zeitung *Népszava* adressierten Telegramm ausführlich über den Juni-Streik in Szegedin[57]. Béla Kun schrieb in seinem Antworttelegramm an das Direktorium von Szegedin-Vorstadt, sie sollten im Kampf für die Befreiung des Proletariats der ganzen Welt in ihrem festen Glauben an die internationale Revolution ausharren, der Sieg werde nicht ausbleiben[58]. Im Lauf der Unterdrückung des Juni-Streiks fanden die Gendarmen beziehungsweise das französische Kriegsgericht bei Péter Kovács eine Visitenkarte Wallischs, auf der stand: »Klären Sie die Arbeiter über die Lage auf[59] . . .«

Das Direktorium von Szegedin-Vorstadt hielt im Laufe der Monate Juni und Juli für die Einwohner der Gehöfte politische Versammlungen ab, bei denen auch Wallisch als Redner auftrat und über die auch die Landespresse berichtete.

Auf einer Landarbeiterversammlung am 8. Juni in Felsótanya sprach Wallisch über die politische Lage und die Kriegslage und wies auf die todesmutige Entschlossenheit der Budapester Arbeiter hin, die für die Befreiung der Bergwerke und der Fabriken kämpften, damit die Bevölkerung alle Industrieprodukte bekommen könne, die sie unbedingt benötigte[60]. Am 29. Juni hielt Wallisch in Alsótanya anläßlich der Bekämpfung des konterrevolutionären Aufstandes in Budapest eine Rede. Die Versammlung sandte an die Revolutionsregierung, an das Oberkommando der Armee und an die Rote Wache Begrüßungstelegramme[61].

Am 21. Juli veranstaltete das internationale Proletariat eine große antiimperialistische Demonstration gegen die Intervention in Sowjetrußland, für die Verteidigung der ungarischen Räterepublik und für die Annullierung des Friedens von Versailles. Dieser großen Bewegung schloß sich auch die Bevölkerung von Szegedin-Vorstadt an. Am 21. Juli demonstrierte sie in einer ganzen Reihe von Volksversammlungen für die Diktatur des Proletariats und gegen die Szegediner konterrevolutionäre Regierung. Wallisch hielt in Szatymaz und Dorozsma Reden, die von der Versammlung mit Begeisterung aufgenommen wurden, und dann wurde ein einstimmiger Resolutionsantrag eingebracht: »Die Volksversammlung nimmt mit großer Begeisterung die Demonstration des Proletariats der Entente vom 21. dieses Monats für das Rätesystem zur Kenntnis. Sie erklärt, daß sie bis zum letzten Atemzug zur Diktatur des Proletariats steht ... Das Volk des Gebietes von Szegedin warnt gleichzeitig die konterrevolutionäre Regierung, die sich in Szegedin organisiert hat, sie möge nicht mit den Bauern rechnen; sie möge sich fortscheren, ebenso wie die Regierung Gyula Károlyi, und nicht warten, bis man sie mit Sensen und Hacken fortjagt. Hoch die III. Internationale! Hoch das Proletariat der Entente[62]!«

Aber das Landvolk und mit ihm die revolutionären Kräfte von Szegedin-Vorstadt konnten die nahende Tragödie nicht aufhalten. »... In der Geschichte der kleinen Länder geht der Kampf der Revolution und der Konterrevolution an der internationalen Kraftlinie dieser beiden Kräfte vor sich, und unter den politischen, technischen und militärischen Gegebenheiten des 20. Jahrhunderts beeinflussen die internationalen Kräfteverhältnisse – besonders in einer so grundlegenden sozialen Frage, auch wenn sie die Möglichkeit der Bewegung nicht determinieren – ihr Ergebnis, ihren faktischen Verlauf doch in großem Maße[63]«, schreibt der ungarische Historiker György Ránki.

Die ungarische Räterepublik wurde nach ihrer an heldenmütigen Kämpfen reichen Existenz von 133 Tagen durch Interventionen von außen gestürzt. Die Hauptkräfte der Konterrevolution im Inneren konzentrierten sich in dem von den Franzosen besetzten Szegedin; Horthys Armee, Prónays Sonderkommando brachen von hier aus zum Vergeltungskrieg gegen die besten Söhne des ungarischen Volkes auf. Das Sonderkommando Prónay hielt auch im Gebiet von Szegedin-Vorstadt ein Femegericht: in Szatymaz wurden vier Mitglieder des

Direktoriums gehenkt[64]. In der ersten Augustwoche hatte die Konterrevolution im ganzen Land die Macht ergriffen. Koloman Wallisch mit seiner Frau Paula und viele andere Revolutionäre mußten fliehen und in die Emigration gehen.

ANMERKUNGEN

1 Koloman Wallisch wurde am 28. Februar 1889 in Lugos geboren. Sein Vater war Zimmermann, er selbst arbeitete bereits mit elf Jahren als Maurerlehrling. 1905 trat er in die Gewerkschaft der Bauarbeiter und in die Sozialdemokratische Partei ein. In seiner Jugend wanderte er durch Österreich und Deutschland, wo er an der Arbeit der Gewerkschaft teilnahm. In seine Heimatstadt zurückgekehrt, wurde er bald in die Leitung der Gewerkschaften gewählt. 1910 rückte er zum Militärdienst ein, und kaum hatte er abgerüstet, brach der Weltkrieg aus. Er leistete Militärdienst in Szegedin, wo er aktiv an der Arbeiterbewegung teilnahm. Die Leitung der Lohnkämpfe, sein Auftreten bei Versammlungen lenkten die Aufmerksamkeit der Behörden auf ihn, und das Militärkommando der Stadt schickte ihn als Strafe zuerst an die russische, dann an die italienische Front. Als er in der ersten Novemberhälfte 1918 von der italienischen Front heimkehrte, wurde Wallisch zum Sekretär der Stadtorganisation der Sozialdemokratischen Partei in Szegedin gewählt. Siehe: Paula Wallisch, *Ein Held stirbt.* Karlsbad 1935; Kálmán Lászlóné, *Wallisch Kálmán.* Im Band: *A szocialista forradalomért.* Budapest 1975. S. 754–755.
»Sofort nach seiner Ankunft in Szegedin« – schreibt Paula Wallisch – »berief Koloman für einen der nächsten Tage eine Sitzung aller Vertrauenspersonen der Partei und für den Abend eine Versammlung ein, zu der er einen Vertreter des Budapester Parteivorstandes erbat. Schon in der Sitzung war es als Wunsch aller ausgesprochen worden, daß er die Leitung des Parteisekretariats übernehme. In der nachfolgenden Versammlung wurde dann auch beschlossen, ihn als Parteisekretär zu bestellen. Ein Herzenswunsch Kolomans war in Erfüllung gegangen. Nicht versorgt wollte er werden. In seiner Heimatstadt hätte er nicht nur sofort eine Arbeitsstelle gefunden, sondern auch mit Hilfe eines Schwagers, der Baumeister war, sich nach Ablegung der Meisterprüfung bald selbständig machen können. Ein ruhiges, behagliches Leben, eine auskömmliche Existenz wäre ihm sicher gewesen. Aber Koloman wollte in der Arbeiterbewegung wirken, er wollte dem Sozialismus dienen« . . . P. Wallisch, a. a. O., S. 121.
Nach dem Sieg der bürgerlich-demokratischen Revolution im November 1918 leitete also Wallisch die politische Organisationstätigkeit der Sozialdemokratischen Partei in Szegedin.
Der Arbeiterrat in Szegedin bot Wallisch alle Möglichkeiten zur Bewahrung und Weiterentwicklung der Errungenschaften der Revolution, zum Kampf gegen die verhaßten Exponenten der bürgerlichen Verwaltung und zur Verbesserung der Lebensverhältnisse der Arbeiterklasse. Eine wichtige Etappe dieses Kampfes war Anfang März 1919 der Szegediner Kongreß der Arbeiterräte, der auf Druck der linken Sozialdemokraten und der Kommunisten die Sozialisierung der Produktionsmittel und die entschädigungslose Aufteilung des Grundbesitzes forderte.
Am 13. März erließ der Szegediner Arbeiterrat, so wie andere Arbeiterräte, als

Krönung seines gegen die bürgerliche Verwaltung geführten Kampfes eine Verordnung über die Machtübernahme, in deren Verlauf Koloman Wallisch zum Kommissar (Obergespan) gewählt wurde. Der Beschluß des Arbeiterrates und der SDP richtete sich gegen die bürgerliche Staatsverwaltung und die Kommunisten. Wallisch, der das Ziel der SDP ausdrücklich im Kommunismus sah, erkannte nicht die historische Bedeutung der Konstituierung der neuen Arbeiterpartei und organisierte, der landesweiten Tendenz der SDP gemäß, Aktionen gegen diese.

2 Weitere Literatur über Koloman Wallisch: Bertolt Brecht, *Koloman Wallisch-Kantate.* in: *Délmagyarország,* 17. Juli 1966 (Das Manuskript des Gedichtes wurde in einem Berliner Archiv von László Kálmán, einem Szegediner Forscher, gefunden); Anna Seghers, *Der letzte Weg des Koloman Wallisch.* In: *Neue Deutsche Blätter* 10/1934; Paul Kéri, *Soldat der Revolution Koloman Wallisch,* Karlsbad 1934; *Koloman Wallisch, das Leben und Sterben eines Revolutionärs,* Zürich; Rubin Szilárd, *Az utolsó órák.* Im Band: *Magvetök.* Budapest 1959; *Damals, als der Galgen drohte ...* Aus dem »Wiener Tagebuch« der Naomi Mitchison, Wien 1961; Günther Nenning, *Koloman Wallisch,* in: *Werk und Widerhall,* hrsg. Norbert Leser, Wien 1964; Csongor Gyözö, *A Schutzbündler halála. Élet és Tudomány* 7/1974.
3 Koloman Wallisch, *Bemerkungen zu den Aussagen des Zeugen Albory beim Prozeß Wallisch.* Móra Ferenc Muzeum Szeged.
4 Tibor Hajdu, *A Magyarországi Tanácsköztársaság.* Budapest 1969. S. 23 ff; K. Wallisch, *Bemerkungen,* a. a. O.
5 T. Hajdu, a. a. O.
6 Péter Hanák/Miklós Laczkó/György Ránki, *Gazdaság, társadalom, társadalmi-politikai gondolkodás Magyarországon a kapitalizmus korában.* Im Band: *Vita Magyarország kapitalizmuskori fejlödéséről,* Budapest 1971, S. 49.
7 T. Hajdu, a. a. O., S. 51 f.
8 Válogatott Dokumentumok Csongrád Megye Munkásmozgalmának Történetéből. A Csongrád megyei munkásmozgalom 1917-1919. augusztus 1. Szerkesztette, a bevezetést és a dokumentumok jegyzeteit irta Gaál Endre. Szeged 1969. Im Weiteren: VDCsMMT/S. 263 f.; A forradalmak szegedi szemtanui. Visszaemlékezések 1918-19-re. Összeállitotta Csongor Gyözö. Szeged 1959. S. 6.
9 VDCsMMT. a. a. O., S. 263 ff, *Szegedi Vörös Ujság* 22. März 1919.
10 VDCsMMT, a. a. O., S. 266 ff.
11 Ebenda, S. 266.
12 Ebenda, S. 268 f.
13 Ebenda, S. 269 f.
14 Ebenda, S. 264 f.
15 Sándor Tonelli, *A franciák Szegeden,* 1918, december 1920 március, Szeged 1939.
16 *Szegedi Vörös Ujság* 23. März 1919; VDCsMMT, a. a. O., S. 27. Sándor Tonelli, *A Szegedi forradalmi mozgalmak.* Im Band: Béla *Kelemen Dr. A szegedi ellenforradalom és a szegedi kormány történetéhez 1919.* Szeged 1923. Im Weiteren: Tonelli S. 42.
17 MSZMP Központi Bizottsága Párttörténeti Intézetének Archivuma H-v-16.
18 VDCsMMT, a. a. O., S. 273.
19 Tonelli, a. a. O., S. 42 ff.
20 VDCsMMT, a. a. O., S. 279 f.
21 Ebenda, S. 274.
22 *Szegedi Napló,* 25. März 1919.
23 Ebenda.
24 Ebenda.
25 *Szegedi Napló,* 25. März 1919.

26 Endre Gaál, *A szegedi Munkásság harca a Tanácsköztársaságért 1917–1919.* Szeged 1956. S. 215 f.
27 Ebenda, S. 214 f.
28 *Délmagyarország,* 25. März 1919.
29 Ebenda; vgl. hiezu: László Péter, *Juhász Gyula a forradalmakban.* Budapest 1965.
30 VDCsMMT, a. a. O., S. 289.
31 *Szegedi Vörös Ujság,* 26. März 1919.
32 E. Gaál, a. a. O., S. 213.
33 Tonelli, a. a. O., S. 44.
34 Csongrád megyei Levéltár (im weiteren: CsmLt/Szeged Külvárosi Direktórium Közigazgatási iratok XVI-101-3.)
35 VDCsMMT, a. a. O., S. 28; Szegedi Napló 28. März 1919.
36 Die Zahl der aus Szegedin Ausgezogenen wird von dem ehemaligen telegrafischen Pressebericht auf 60 Personen außer den Mitgliedern des Direktoriums geschätzt; Hajdu schreibt über 800, Gaál über 1000 Personen.
37 P. Wallisch, a. a. O., S. 126 f.
38 VDCsMMT, a. a. O., S. 28.
39 T. Hajdu, a. a. O., S. 92.
40 Vgl. hiezu: K. Wallisch, *Bemerkungen,* a. a. O.
41 A Magyar Munkásmozgalon Történetének Válogatott Dokumentumai. Hatodik kötet. A Magyar Tanácsköztársaság 1919. március 21. – 1919. augusztus 1. elsö rész 1919 március 21–1919. junius 11. A kötetet összeállitotta Sándorné Gábor/Tibor Hajdu/Gizella Szabó. Budapest 1959. Des weiteren: MMTVD 6/A/S. 54 f.
42 VDCsMMT, a. a. O., S. 305 f.
43 CsmLt. A Szeged Külvárosi Direktórium I. Jegyzökönyvek XVI–101. Protokoll der Sitzung vom 30. März.
44 Ebenda, Protokoll der Sitzung vom 1. April.
45 A Tanácsköztársaság Csongrád megyében. Hódmezövásárhely 1959. Dokumentumok 6 a, b.
46 Ebenda.
47 Im Zusammenhang mit dem revolutionären Gericht und der Tätigkeit Wallischs muß bemerkt werden, daß als Teil der Heimwehrangriffe gegen Wallisch im Jahre 1929 in der Wiener Zeitung *Freiheit* eine Artikelserie publiziert wurde unter dem Titel: *Die Greueltaten des Koloman Wallisch in Ungarn.* In der fiktiven Anklage spielte ein gewisser Albory, ein Adeliger italienischer Nationalität, eine große Rolle. Die Gegner Wallischs verhörten verschiedene Zeugen, die »belastende« Aussagen gegen ihn machten. In einer Gerichtseingabe machte Wallisch Bemerkungen zu diesen Aussagen und wandte sich zur selben Zeit an die Parteisekretariate der SDP in Ungarn um Schutz, damit diese Zeugenaussagen auf ihren entsprechenden Wert reduziert würden, ebenso wie die im allgemeinen über die sogenannten »Greuel« der Kommune auch im Ausland künstlich verbreiteten Nachrichten. (Diese Dokumente sind im Szegediner Móra Ferenc Museum heute noch zu sehen). Wallisch klagte den Redakteur der Zeitung wegen Ehrenbeleidigung, der Prozeß endete im Februar 1931 mit dem Freispruch Wallischs und der Verurteilung des Redakteurs zu einer Geldstrafe. (Siehe hiezu: K. Wallisch, a. a. O., P. Wallisch, a. a. O., S. 201 ff.; G. Csongor, a. a. O., S. 11 ff.; CsmLt. Szeged Külvárosi Direktórium Közigazgatási iratok XVI-101-3; *Arbeiterwille* 8. und 19. Mai 1929.)
48 K. Wallisch, *Bemerkungen,* a. a. O.; CsmLt Szeged Külvárosi Direktórium. Közigazgatási iratok XVI-101-3.
49 CsmLt Szeged Külvárosi Direktórium I. Jegyzökönyvek XVI-101.; XVI-101-3.

50 Ebenda.
51 E. Gaál, a. a. O., S. 122 f.; Antal Ujlaki, *Szeged a forradalomban és a nemzeti feltámadásban*. Szeged, 1921, S. 74.; CsmLt Szeged Külvárosi Direktórium iratai.
52 CsmLt. Szeged Külvárosi Direktórium iratai I. Jegyzökönyvek XVI-101.; VIII. Mezögazdasági ügyek XVI-101-6.
53 T. Hajdu, a. a. O., S. 377 ff.; Ferenc Oltvai, *A szocializált nagybirtok Csongrád megyében*. 1919. április-augusztus. Levéltári Közleméyek 1959. S. 334 ff.
54 T. Hajdu, a. a. O., S. 247 ff.
55 A Magyar Munkásmozgalom Történetének Válogatott Dokumentumai. Hatodik kötet. A Magyar Tanácsköztársaság 1919. március 21–1919. augusztus 1. Második rész 1919. junius 11–1919. augusztus 1. A kötetet összeállitotta Sándorné Gábor/Tibor Hajdu/Gizella Szabó; im weiteren: MMTVD. 6/B/S. 34.
56 VDCsMMT., s. 32.; E. Gaál, a. a. O., S. 179 f.
57 MMTVD 6/B. S. 269.
58 Ebenda, S. 284.
59 E. Gaál, a. a. O., S. 185.
60 MMTVD 6/A. S. 694.
61 VDCsMMT. S. 504 f.
62 MMTVD. 6/B. S. 487.
63 P. Hanák/M. Laczkó/G. Ránki, a. a. O., S. 52 f.
64 VDCaMMT, S. 34.

Hans Schafranek
Kurt Landau[1]

1921 tritt Kurt Landau, der am 29. Januar 1903 als Sohn eines wohlhabenden Weinhändlers[2] in Wien geboren wurde, der Kommunistischen Partei Österreichs bei – ein für einen Angehörigen der jüdischen Intelligenz jener Tage nicht ungewöhnlicher Schritt[3]. Ein Jahr später nimmt er bereits eine leitende Funktion in der Bezirksorganisation Wien-Währing ein.

Langsam verebbt die revolutionäre Sturmflut in Österreich. Die Kommunisten versuchen ihre Taktik den neuen objektiven Bedingungen (»relative Stabilisierung«) anzupassen, was seinen Niederschlag in heftigen innerparteilichen Kontroversen findet[4].

Während viele Teilnehmer dieser Fraktionskämpfe ihre Auseinandersetzungen primär auf nationaler Ebene austragen und in der Kommunistischen Internationale nur einen Schiedsrichter sehen wollen, erkennt Landau frühzeitig den Rückkopplungseffekt der Diskussionen in KPR und Komintern: Anfang 1923 übt er in Anlehnung an die Positionen Bordigas[5] und Acevedos[6] heftige Kritik an den Beschlüssen des IV. Weltkongresses der Komintern über die »Arbeiter-Regierung«: Koalitionsregierungen mit Sozialdemokraten seien als Revision des marxistischen Staatsbegriffes strikte abzulehnen[7]; Ziel seiner Attacken ist aber nicht nur die von Brandler geführte Zentrale in der KPD, sondern gleichermaßen der »Opportunismus« Sinowjews[8].

Während die Gremien der österreichischen Komintern-Sektion den unter dem Deckmantel der »Bolschewisierung« angeordneten antitrotzkistischen Kampagnen seit 1924 blind folgen[9], ergreift Landau – inzwischen zum Leiter der Agit-Prop-Abteilung beim ZK und zum Kulturredakteur der *Roten Fahne* avanciert – auf einer Wiener Vertrauensmännerkonferenz im Frühjahr 1925 Partei für den verfemten Gründer und Organisator der Roten Armee[10]. In einer Resolution verteidigt Landau vehement die von Trotzki 1923 in *Literatur und Revolution* formulierten Thesen von der Unmöglichkeit einer eigenständigen proletarischen Klassenkultur[11] – eine Streitfrage auch in den russischen Prolet-Kult-Komitees[12] – und attackiert damit den kulturellen Überbau zu Stalins »Sozialismus in einem Land[13]«.

Im Zeitraum 1923 bis 1925 kristallisiert sich in der KPÖ eine Wendung in den Streitigkeiten zwischen den von Frey und Tomann geführten Flügelgruppen heraus. Unter dem starken Einfluß von

Komintern-Emissären formiert sich um Koplenig, Fiala und andere eine Pufferfraktion, die sich durch gläubige Ergebenheit gegenüber der sowjetischen Parteiführung auszeichnet[14] und durch demokratisch nicht legitimierte Maßnahmen allmählich die Sektion kontrolliert[15]. Angesichts dieser Entwicklung vereinigen sich die Flügelgruppen von Frey und Tomann kurz vor dem 8. Parteitag (September 1925). Im März 1926 schließt sich Landau unter dem Vorbehalt eigenständiger internationaler Positionen dieser vereinigten Opposition an. Die »Ultralinken, Trotzkisten, prinzipiell Prinzipienlosen[16]« werden, soweit sie nicht ihrer Überzeugung abschwören und öffentlich vor dem ZK kapitulieren[17], an der Jahreswende 1926/27 aus der KPÖ ausgeschlossen und gründen die *Kommunistische Partei Österreichs-Opposition*[18]. Innerhalb dieser neuen Organisation plädiert Landau – zunächst erfolgreich – für die Konzeption einer zweiten kommunistischen Partei, die sich nicht als (ausgeschlossene) Fraktion der offiziellen Sektion begreift[19]. Dieser Kurs wird indes bald korrigiert. Da die KPÖ-O selbst ideologisch heterogen und teilweise nur durch den Druck der Parteileitung zusammengeschweißt ist, erzeugen sowohl die sich neu stellenden Fragen als auch ungeklärte Probleme der vergangenen Fraktionskämpfe mit häufig wechselnden Konstellationen neues Konfliktpotential: Im April 1928 schließt die KPÖ-O Landau und die ihm nahestehenden Mitglieder (Mayer, Kuba, Daniel, Heinrich, Thoma) aus[20], die um die Zeitschrift *Der Neue Mahnruf* eine zweite linksoppositionelle Organisation bilden. Diese Gruppe verfügt in Graz über mehr Anhänger als die offizielle KPÖ[21].

Mit der Zersplitterung der oppositionellen kommunistischen Organisationen stellt das Österreich der Zwischenkriegszeit durchaus keinen Sonderfall dar[22]. Auch in Deutschland existieren damals mehrere Gruppen, die sich den Zielsetzungen der russischen Linksopposition annähern. Leo Trotzki, 1929 von Stalin in die Türkei ausgewiesen, bemüht sich um die Einigung seiner verstreuten Anhänger. Zunächst soll Landau diese Tätigkeit auf persönliche Einladung hin als Sekretär in Prinkipo unterstützen, lehnt jedoch ab[23]. Daraufhin ersucht Trotzki Landau, in Deutschland – im Brennpunkt des Kampfes gegen den in seiner Gefährlichkeit von der Komintern sträflich verkannten aufkommenden Faschismus – die organisatorische Vereinheitlichung der Linksoppositionellen zu forcieren[24]. Landau übersiedelt im September 1929[25] ins Zentrum der revolutionären Arbeiterbewegung Berlins, in den »Roten Wedding«. Vor allem aufgrund seiner emsigen Bemühungen[26] schließen sich die trotzkistischen Gruppierungen Deutschlands[27] im März 1930 zur *Vereinigten Linken Opposition der KPD (Bolschewiki-Leninisten)* zusammen[28]. Landau wird in die provisorische Reichsleitung gewählt und arbeitet intensiv am Zentralorgan *Der Kommunist* mit. Wenige Tage später nominiert ihn eine Konferenz der internationalen Linksopposition in Paris zum Mitglied des *Internationalen Büros*[29], das weitere Impulse zur ideologischen und organisatorischen Verschmelzung setzen soll.

Die *Vereinigte Linke Opposition der KPD* gewinnt bei der kommunistischen Parteibasis (die durch das Anwachsen der NSDAP alarmiert, jedoch durch die Früchte der »Sozialfaschismus«-Theorie, des RGO-Kurses etc. weitgehend politisch entwaffnet wird) Einfluß; zehn Delegierte einer Konferenz des Unterbezirks Berlin-Nord (Wedding) der KPD unterzeichnen im Mai 1930 eine Resolution der Bolschewiki-Leninisten; weitere dreißig Vertreter protestieren offen gegen die Reaktion der KPD-Führung auf diese Deklaration – die gewaltsame Vertreibung der oppositionellen Delegierten durch Ordner aus der Konferenz[30]. Auch im Freidenkerbund, in der *Roten Hilfe* und im *Industrieverband für das Baugewerbe* wächst in der Folgezeit der trotzkistische Einfluß[31].

Die offiziellen Kommunisten reagieren auf diese Entwicklung nicht nur durch zahlreiche Ausschlüsse[32] und bedenkenlose Anwendung von Brachialgewalt[33], sondern aktivieren – wie wir heute wissen[34] – zur inneren Zersetzung der internationalen linken Opposition zahlreiche Agenten, die sie in diese Gruppen einschleusen. Einer der bekanntesten unter ihnen – Roman Well alias Robert Soblen[35] – wird zum wichtigsten Gegenspieler Landaus. In einer Reichsleitungssitzung im Juni 1930 polemisiert Well aus durchsichtigen Gründen gegen die von Landau angeblich verbreitete Panikstimmung (»Hitler vor der Tür«), prognostiziert eine »kalte Revolution« der Nazis durch »Faschisierung des Staatsapparates[36]« und vermeint eine grundlegende Wendung der KPD-Politik konstatieren zu können; außerdem fordert Well die Kooptierung von Gräf-Franck in die Reichsleitung[37], bei dem ebenfalls zahlreiche Indizien für eine Tätigkeit im Auftrag der GPU sprechen[38]. Eine Reichskonferenz im Oktober 1930 bestätigt Landau in seiner Funktion als Vertreter im Internationalen Büro, kann jedoch keine politische Klärung erzielen[39]. Landau setzt seit Jänner 1931, gestützt auf die Mehrheit der Berliner Leitung, eine Reihe von Funktionsenthebungen und Ausschlüssen durch[40], womit die Krise jedoch keineswegs beigelegt ist.

Trotzki, der inzwischen mit Landaus Anhängern in Österreich schlechte Erfahrungen gemacht hat, ergreift aus Gründen, die hier nicht diskutiert werden können, eindeutig für Well Partei[41] und fordert mit mehrheitlicher internationaler Unterstützung ein Referendum[42], während Landau sich von einer internationalen Konferenz unter

Einschluß der Bordigisten eine Klärung erhofft[43]. Nachdem mehrere Vermittlungsversuche scheitern und auch Pierre Franks Mission in Berlin erfolglos bleibt[44], spaltet sich die deutsche ILO-Sektion am 31. Mai 1931.

Der von Landau geführte Teil der deutschen Linksopposition, der weiterhin das Zentralorgan *Der Kommunist* publiziert, sucht neue internationale Verbindungen: Im April 1932 konstituiert sich in Berlin die *Internationale Arbeitsgemeinschaft linksoppositioneller Gruppen in der Komintern*[45], mit angeschlossenen Sektionen bzw. befreundeten Organisationen in Deutschland, Österreich, Frankreich, Ungarn, Griechenland, USA, Belgien, Italien[46]. Bindendes Element dieser Konkurrenzorganisation zur ILO sind anfänglich weniger politische Differenzen zu den Positionen Trotzkis als vielmehr dessen als bürokratisch empfundene Organisationsmethoden.

Wenngleich die *Linke Opposition der KPD (Bolschewiki-Leninisten)*, als deren wichtigste Theoretiker und Organisatoren neben Kurt Landau Hans Schwalbach und Alexander (»Sascha«) Müller fungieren, ihre numerische Basis in der entscheidenden Endphase der Weimarer Republik ebensowenig auszudehnen vermag wie die gleichnamige offizielle ILO-Sektion[47] – sie dürfte jeweils 300 Mitglieder nicht überstiegen haben –, so beschränkt sie sich doch keineswegs darauf, theoretische Analysen zu erstellen und rein propagandistisch zu wirken, sondern greift aktiv – nach Maßgabe ihrer bescheidenen Kräfte – in die Klassenkämpfe des deutschen Proletariats ein. Davon zeugen zahlreiche Versuche, praktische einheitsfronttaktische Abkommen mit kommunistischen und sozialdemokratischen Organisationen zur Abwehr der ansteigenden faschistischen Flut zu schließen[48], ebenso wie etwa ihre Beteiligung am BVG-Streik Anfang November 1932[49].

Als im Februar 1933 die lange Nacht des Faschismus über Deutschland hereinbricht, übersteht sie wie andere Splittergruppen die ersten Vernichtungsschläge besser als die durch schwerfällige bürokratische Apparate in ihrer Aktionskraft gelähmten Massenparteien der deutschen Arbeiter. Eine im März 1933 abgehaltene illegale Konferenz beschließt die Errichtung eines Oppositionszentrums in der KPD und die Herausgabe einer vierzehntäglich erscheinenden Zeitung, die den Namen *Der Funke* trägt[50]. Dieses Organ findet nicht nur in SAP- und trotzkistischen Kreisen Verbreitung, sondern bahnt sich auch den risikoreichen Weg zu den KPD-Mitgliedern[51]. Als Erfolg dieser Arbeit kann schon im Frühjahr 1933 die Herausgabe einer Jugendzeitung, gemeinsam mit oppositionellen Funktionären des Kommunistischen Jugendverbands, verbucht werden[52]. Im Sommer 1933 fällt das erste Mitglied dem Wüten der SA zum Opfer[53]. Die trotz der unerhört schwierigen Bedingungen erfolgreiche Festigung der organisatorischen Binnenstruktur und die Auseinandersetzungen mit anderen linken Gruppierungen (insbesondere mit der SAP)[54] finden jählings ein Ende, als es der Gestapo im Frühjahr 1934 gelingt, die Organisation zu infiltrieren und fast vollständig zu zerschlagen. Innerhalb weniger Wochen werden mehr als hundert Mitglieder und Sympathisanten verhaftet[55], die wichtigsten Funktionäre werden Ende Juli 1934 angeklagt[56].

Das Abreißen der internationalen Verbindungen, die Notwendigkeit einer legalen Publikationsmöglichkeit und die Erfordernisse eines möglichst kontinuierlichen Kommunikationsnetzes zwischen den versprengten Kadern erweisen die Bedeutung der Installierung einer Auslandsvertretung. Kurt Landau verläßt deshalb, zusammen mit seiner Frau Katia (eigentlich Julia) Landau, bereits im März 1933 Deutschland[57] und findet in der Pariser Emigration ein neues politisches Betätigungsfeld. Im Juni 1933 folgt der ehemalige Orgleiter Hans Schwalbach nach[58].

Neben der Aufrechterhaltung der Verbindungen mit den deutschen Militanten ist Landau als Mentor der *Marxisten-Internationalisten* – so nennt sich die internationale Fraktion ab März 1933 – seit dieser politischen Zäsur vor allem mit zwei relevanten Problemen konfrontiert: Zunächst gilt es Bilanz zu ziehen über das Ausmaß des historischen Versagens der KI und die damit verbundenen Fragen der organisatorischen und politischen Neuorientierung der internationalen Arbeiterbewegung aufzurollen und einer Klärung zuzuführen[59]; gleichermaßen wichtig ist es für ihn, an der Vereinigung der französischen linksoppositionellen Gruppen 1933/34 mitzuwirken und um die AV einen Kern von gleichgesinnten französischen Genossen zu scharen, der als programmatischer Kristallisationspunkt jener Einrichtungstendenzen agieren soll; dieser zweite Aspekt kann hier – wenngleich dokumentarisch relativ präzise rekonstruierbar[60] – nicht untersucht werden, weil der zwangsläufig damit verbundene Rekurs auf die Geschichte trotzkistischer, bordigistischer und syndikalistischer Tendenzen in Frankreich sowie innerparteilicher Oppositionsströmungen in der KPF die gebotene räumliche Begrenzung dieser knappen Skizze bei weitem sprengen würde.

Trotzki will angesichts des »4. August 1914[61]« der KPD zum Aufbau einer neuen illegalen Klassenpartei des deutschen Proletariats voranschreiten – eine Konzeption, die er erstmals am 12. März 1933 formuliert[62], nicht ohne zunächst auf den heftigen Widerstand seiner Anhänger in Deutschland zu stoßen[63]; das »unwiderlegbare Zeugnis dafür, daß in Deutschland nicht nur das Schicksal der KPD besiegelt wurde, sondern auch das der KI in ihrer Gesamtheit[64]«, veranlaßt ihn schließlich, den bis dahin (Juli 1933) verfochtenen Kurs auf eine Reform der Komintern insgesamt aufzugeben[65]. Weiß sich Landau bis zu diesem Zeitraum mit dem Trotzkismus als »einer lebendigen, geistigen Strömung im Kommunismus[66]« verbunden – ungeachtet des organisatorischen Bruchs und zunehmender politischer Divergenzen –, so wird die ideologische Nabelschnur mit der Einschätzung Trotzkis, die KPD habe mit der kampflosen Kapitulation vor dem deutschen Faschismus ihre revolutionäre Rolle endgültig erschöpft, und den daraus resultierenden oben erwähnten Konsequenzen unwiderruflich zerschnitten.

Im Gegensatz dazu entwickelt Landau die Konzeption eines »neuen Zimmerwald« – wofür er besonders Rosmer, den »französischen Liebknecht«, zu gewinnen sucht – und erläutert dazu erstmals am 26. März 1933 seine Vorstellungen:

> Der Auflösungsprozeß der Komintern, der durch die deutsche Katastrophe in sein letztes entscheidendes Stadium getreten ist, fordert gebieterisch, daß alle Kommunisten, die sich zu den Grundsätzen der ersten vier Weltkongresse der Komintern bekennen[67], innerhalb der Komintern und in jedem Land einen festen Bund bilden, ein organisiertes kommunistisches Zentrum, fähig, im Kampf um die Wiedergeburt der Komintern, für den Neuaufbau der kommunistischen Parteien einen entscheidenden Teil des Proletariats zu gewinnen. Wir Linken müssen in einer solchen Organisation den linken Flügel bilden, der im Prozeß der Arbeit die gesamte Organisation für unsere Prinzipien gewinnt. Diese kommunistische Organisation wird entweder die zentristische Bürokratie niederkämpfen und die kommunistischen Parteien reorganisieren, oder sie wird selbst das Fundament einer neuen wirklichen kommunistischen Partei bilden[68].

Diese programmatische Bestimmung der zu leistenden Aufgaben ist auch das Leitmotiv der legalen Ausgabe der Zeitung *Der Funke. Organ der Marxisten-Internationalisten*, die seit Mai 1933 in Paris erscheint (in Wien gedruckt) und zu einem erheblichen Teil von Landau selbst geschrieben wird[69]. Diese publikationstechnischen Möglichkeiten werden mit einem Schlag zunichte gemacht, als der Faschismus auch in Österreich erfolgreich seine Hand nach der Macht ausstreckt: die Illegalisierung der österreichischen Anhänger Landaus (*Neuer Mahnruf*) im Februar 1934 bewirkt, zusammen mit der fast gleichzeitig stattfindenden Zerschlagung der deutschen Gruppe, eine eklatante Begrenzung des Aktionsradius der von Landau geführten Pariser AV[70]. Zwar bleibt diese in den nächsten zwei Jahren keineswegs untätig[71], doch sind ihre materiellen und politischen Möglichkeiten im wesentlichen auf Zirkelarbeit beschränkt[72]. Landau intensiviert allerdings seine Kontakte zu der Ende 1934 entstandenen kommunistischen Oppositionsgruppe *Que Faire* (um André Ferrat, G. Kagan, P. Rimbert, P. Brizon, P. Lenoir u. a.); er wird Redakteur der gleichnamigen theoretischen Zeitschrift und versucht – letztlich erfolglos – sie auf seine strategische Konzeption festzulegen[73].

Eine von außen wirkende Kette politischer Ereignisse wird zum Katalysator für die partielle Durchbrechung dieses Zirkeldaseins: 1936 setzt Stalin die massenhafte und systematische physische Liquidierung seiner politisch längst entmachteten innerparteilichen und aller potentiellen zukünftigen Gegner mittels eines gigantischen Repressionsapparates in Gang; die gesamte alte Garde des Bolschewismus wird zum Ziel nicht mehr politischer Angriffe, sondern der Revolverläufe der GPU. Von den Kellern der Lubjanka bis in die entferntesten Eiswüsten Sibiriens kommen die Exekutionspelotons der politischen Polizei nicht mehr zur Ruhe.

Als am 24. August 1936 der erste große Moskauer Schauprozeß mit Todesurteilen für alle Angeklagten sein ruhmloses Ende findet, ist Landau in höchstem Grade alarmiert; die Verteidigung der bolschewistischen Führer, nunmehr als »Abschaum«, »Hyänen«, »Schakale«, »tollgewordene Hunde[74]« tituliert, bedeutet für ihn nicht nur eine selbstverständliche Pflicht des proletarischen Internationalismus – auch und gerade gegen den Strom der Volksfront-Euphorie in Frankreich, deren »Fellow-travellers« aus dem nichtkommunistischen Lager zumeist großzügig über die Massenmorde hinwegsehen –, sondern gleichermaßen ein »persönliches« Anliegen von erheblicher Bedeutung: einer der Hingerichteten, Valentin Olberg, war 1930–31 Mitglied der Landau-Gruppe in Berlin[75].

Landau ergreift in der Pariser Emigration sofort die Initiative für eine breite politische Solidaritätskampagne zugunsten der Opfer Stalins und richtet am 30 August 1936 ein Aktionseinheitsangebot an Heinrich Brandler[76]; dieser lehnt ein solches Ansinnen rundweg ab[77]; die KPO verteidigt den Sinowjew-Prozeß als einen »Akt der berechtigten Abwehr gegen ein konterrevolutionäres Komplott[78]« und bestätigt damit in zynischer Konsequenz zentrale Kettenglieder der Kritik Trotzkis an ihr[79]; die SAP, in einem rasanten Rechtskurs seit 1933[80] mittlerweile im »Lutetia-Kreis[81]« zur Vorbereitung der deutschen Volksfront gelandet, zeigt gleichfalls völliges Desinteresse gegenüber den Vorschlägen Landaus, muß sich jedoch einer zunehmend an Einfluß gewinnenden Linksopposition in den eigenen Reihen erwehren, die sich Anfang 1937 organisatorisch verselbständigt[82]. Lediglich die Trotzkisten und die ultralinke Gruppe *Internationale* (um Maslow) beteiligen sich schließlich[83]; etliche gemeinsame Diskussionsveranstaltungen, die den Prozessen und den Perspektiven der russischen Revolution gewidmet sind, werden organisiert[84]; weitergehende Vorschläge Landaus (u. a. Schaffung eines gemeinsamen Arbeiterbildungsvereins als Aktionszentrum gegen die »liberale« Bildungsarbeit der Volksfront; eine gemeinsame Broschüre über den Moskauer Prozeß – Landau nimmt zu diesem Zweck Kontakte mit der tschechischen Gruppe um Kalandra auf[85]) scheitern an ideologischer Unversöhnlichkeit oder organisationsbornierten Interessen. Während die Trotzkisten vor allem Mitglieder für ihre eigene Organisation rekrutieren wollen, verknüpfen die Maslow-Anhänger ihre Kritik am Stalinismus mit »sektiererischen« Forderungen, die aus ihrer Ablehnung der Verteidigung der SU als eines »staatskapitalistischen« Systems resultieren[86]; insgesamt betrachtet, hat diese Kampagne also kaum greifbare positive Resultate gezeitigt.

Das zweite Ereignis, das auf einer ungleich größeren Basis die internationale Arbeiterbewegung berührt und alle Probleme revolutionärer Theorie und Praxis einer schonungslosen Prüfung unterzieht, ist der Ausbruch des spanischen Bürgerkrieges (Juli 1936), der von Anfang an mit einer sozialen Revolution von einer Tiefen- und Breitenwirkung verknüpft ist, die alle bisherigen revolutionären Erhebungen seit dem Rückfluten der ersten Welle (1921 bzw. 1923) weit in den Schatten stellt und in manchen Aspekten auch die russische Revolution 1917 übertrifft; das wird von so verschiedenartigen politischen Autoren wie Leo Trotzki[87], Andres Nin[88] und Augustin Souchy[89] bestätigt, um nur einige wenige zu nennen, die sich mit der Problematik intensiv befaßt haben.

Aus aller Herren Ländern strömen seit Sommer 1936 Revolutionäre, der jahrelangen illegalen politischen Tätigkeit in ihrer Heimat oder der bitteren Erfahrungen eines oftmals zermürbenden Zirkeldaseins in den Emigrationszentren müde, nach Spanien. Landau, obwohl gesundheitlich von den Mühen des Emigrantenlebens gezeichnet[90], und seine Frau Katja finden keine ruhige Minute mehr. Täglich verfolgen sie die Nachrichten vom Kriegsschauplatz: die Schlagzeilen verkünden die bevorstehende Belagerung Madrids durch die faschistischen Truppen. Quälend lastet die erzwungene Untätigkeit. Nach einigen Versuchen gelingt es durch Vermittlung von Fosco recte Nicola di Bartolomeo (einem italienischen Trotzkisten, der enge Beziehungen zur POUM unterhält[91]) und Mika Etchebehere (der Frau des argentinischen POUM-Funktionärs Hipolyte Etchebehere, der seit 1931 mit Landau politisch zusammenarbeitet[92]), die Verbindung zu Andres Nin und Juan Andrade vom Exekutivkomitee der POUM herzustellen.

Anfang November 1936 treffen Landau und seine Frau Katja in Barcelona – trotz des langsamen Rückflutens der Revolution noch immer Brennpunkt der Radikalisierung der spanischen bzw. katalonischen Arbeiter[93] – ein. Mit der Übersiedlung verlegt auch die Auslandsvertretung der *Marxisten-Internationalisten* ihren Standort[94]. Landau wird von der POUM beauftragt, als Koordinator für ausländische Journalisten, Schriftsteller und »gewöhnliche« Milizionäre zu wirken; er unterhält ein eigenes Büro mit mehreren Mitarbeitern, arbeitet als politischer Instruktor und organisiert auch so »banale« Angelegenheiten wie Essen, Schlafplätze etc.[95]. Wichtigster Treffpunkt der zahlreichen ausländischen POUM-Anhänger ist das von der POUM in Besitz genommene Hotel Falcon:

> Dort schwirrte ein Schwarm von Journalisten, Politikern, Emigranten aus aller Welt herum, gaben sich sämtliche sozialistischen und kommunistischen Oppositionsgruppen ein Stelldichein. Die SAP, vertreten durch Max Diamant und Willy Brandt, Funktionäre der KPO-Richtung Brandler, Rätekommunisten aus Holland, Trotzkisten aus Amerika, Frankreich, England, Südamerika, italienische Maximalisten, deutsche Anarcho-Syndikalisten, der Jüdische Bund, sie alle waren da. Als einzige bildeten die italienischen Maximalisten und die SAP eigene militärische Einheiten, die sich der POUM-Miliz eingliederten. Viele dieser Emigranten hatten im Weltkrieg als Soldaten gedient, besaßen militärische Erfahrung, brannten in echter Begeisterung darauf, der spanischen Revolution politisch und militärisch beizustehen. Die Leiter der POUM hatten weder Zeit noch Lust, an den Diskussionen und Fraktionsintrigen dieser Gruppen teilzunehmen. Deshalb bestellten sie den Österreicher Kurt Landau, den Leiter der Gruppe *Funke,* zum Koordinator und Ratgeber, der die brauchbaren Kräfte dieser Freiwilligen sammeln und organisieren sowie die internationalen Beziehungen ausbauen sollte[96].

Landau erwartet vom Aufschwung der spanischen Revolution ein Fanal für die europäische Arbeiterklasse, deren Neuorientierung er seit 1933 als notwendig, jetzt über das Vehikel POUM als praktisch realisierbar betrachtet. Auf einer internationalen Konferenz in Barcelona[97], an deren Vorbereitung er in Zusammenarbeit mit dem Internationalen Sekretariat der POUM maßgeblich beteiligt ist, soll sich die Funktion der POUM als Achse des »neuen Zimmerwald« konkretisieren; um eine Verwässerung der revolutionären Zielsetzungen des angestrebten »internationalen Kampfblocks« zu vermeiden, erarbeitet er programmatische Grundsätze, deren Annahme ihm als unabdingbares Kriterium für das Zustandekommen und die praktische Tätigkeit dieses Aktionszentrums erscheint:

1. Prinzipielle Ablehnung der Volksfront, Kampf gegen den Faschismus als proletarischer Klassenkampf für den Sozialismus und die proletarische Diktatur, aktive Unterstützung unserer sozialistischen Revolution gegen ihre offenen (faschistischen) und versteckten (Non-Interventionisten) äußeren Feinde und gegen die demokratische Konterrevolution des Stalinismus und Reformismus.
2. Revolutionärer Kampf gegen den Krieg, Ablehnung jeder Unterstützung imperialistischer Staaten im Krieg, unversöhnlicher Kampf gegen den sich vorbereitenden reformistischen und stalinistischen Burgfrieden in den Versailler Siegerstaaten.
3. Anerkennung des proletarischen Klassencharakters der Sowjetunion und damit der Pflicht des internationalen Proletariats, die USSR im Krieg mit allen Mitteln des Klassenkampfes zu verteidigen. Kampf gegen die innere Reaktion in der proletarischen Diktatur in der USSR, Kampf gegen den Stalinismus und für die politische Gleichberechtigung aller politischen Anhänger der Sowjetmacht[98].

Der Hoffnung, die revolutionäre Entwicklung in Spanien werde tiefgehende Impulse auf die Neuorientierung der Arbeiterbewegung in der internationalen Arena ausstrahlen, verleiht er in zahlreichen Artikeln, Briefen, Diskussionen[99] und, was hier Erwähnung verdient, in einer Radiorede lebhaften Ausdruck, die – zum dritten Jahrestag des österreichischen Februaraufstandes – über Radio POUM (Barcelona) ausgestrahlt wird:

... Heute sprechen wir zu euch, vom revolutionären proletarischen Barcelona aus, von den Radiostationen, die das Proletariat in Besitz genommen hat in jenen Julitagen, in denen das spanische Proletariat das vollendete, was ihr, österreichische Genossen, im Februar 1934 begonnen habt. Es führt ein gerader Weg vom österreichischen Februar 1934 zum revolutionären spanischen Juli. Der Weg, den ihr drüben in Österreich gewiesen habt, ihn sind wenige Monate später, im Oktober 1934, die Bergarbeiter in Asturien gegangen. Die asturische Oktoberrevolution aber war der grandiose Prolog der siegreichen Julirevolution 1936... In wenigen Wochen werden wir im revolutionären Barcelona zur internationalen Konferenz aller revolutionärer Gruppen und Parteien zusammentreten, und wir hoffen, daß auch aus den Reihen der proletarischen Revolutionäre Österreichs Vertreter zu uns kommen werden. Stärker als die Macht der Apparate, stärker als der trübe Strom der Verleumdung wird sich die Wahrheit erweisen, wird sich die unbesiegbare Kraft unserer sozialistischen Revolution zeigen[100]...

Als Mitglied des *Londoner Büros,* einer losen, zwischen Sozialdemokratie, »offiziellem« Kommunismus und Trotzkismus oszillierenden internationalen Tendenz, unterhält die POUM enge Kontakte mit der SAP, die Max Diamant und Willy Brandt als Repräsentanten und gleichzeitig als Leiter der deutschen POUM-Sektion nach Barcelona entsendet. Sie unterstützen jenen POUM-Flügel, der auch nach den Erfahrungen des Regierungseintritts Nins in die katalonische Generalidad dem Volksfront-Kurs nicht abgeneigt ist und den heftigen antitrotzkistischen Attacken der katalonischen (PSUC) und spanischen (PCE) Stalinisten, geschürt von sowjetischen »Beratern[101]«, durch Distanzierungen zu entgehen sucht. Die spanischen SAP-Repräsentanten geraten damit in Konflikt zur POUM-Mehrheit und zu ihren eigenen oppositionellen Mitgliedern, deren wichtigste Vertreter – nach dem Ausschluß aus der SAP – zum gleichfalls vehement gegen Brandt und Diamant opponierenden Landau Kontakte herstellen[102].

Landau wird in heftige Polemiken um die Militarisierung, die De-facto-Auflösung der Milizen und deren Ersetzung durch die »Volksarmee« verwickelt – im Gegensatz zu Brandt lehnt er die von der KP favorisierte Konzeption der »Volksarmee« bedingungslos ab[103]. Auch den aus der positiven Einschätzung der Volksfront-Politik entspringenden Optimismus Brandts[104] über die Perspektiven der spanischen Revolution teilt Landau nicht: die blutige Niederschlagung des proletarischen Aufstandes in Barcelona (Mai 1937) – eines letzten, verzweifelten Versuchs, den seit der Jahreswende 1936/37 rapid voranschreitenden Abbau der revolutionären Errungenschaften rückgängig zu machen und die Tradition des Juli 1936 neu zu beleben – durch die gemeinsamen Anstrengungen von PSUC, Kommunistischem Jugendverband, Esquerra Catalunya (der bürgerlichen Regierungspartei in Katalonien) und regulären Einheiten der Sturm- und Zivilgarde[105] interpretiert er zu Recht als entscheidende Etappe auf dem Weg des sozialen, politischen und auch militärischen Niedergangs[106]. Der von der *Prawda* bereits am 17. Dezember 1936 in zynischer Deutlichkeit angekündigte Vernichtungskurs gegen alle antistalinistischen Kräfte (»Was Katalonien betrifft, hat die Säuberung von Trotzkisten und Anarchisten begonnen und wird ebenso energisch durchgeführt wie in der UdSSR[107]«) weitet sich ab Mai 1937 aus zur Hexenjagd gegen alles, was links von der KP steht: ungezählte spanische und ausländische POUM-Anhänger, Linkssozialisten, Anarchisten und Trotzkisten fallen den Pogromen zum Opfer[108], annähernd 15.000 antifaschistische politische Gefangene[109] schmachten im Sommer 1937 in den »offiziellen« Kerkern oder den zahlreichen GPU-Gefängnissen[110].

Landau fühlt sich nach den Barrikadenkämpfen in Barcelona, die er als Augenzeuge erlebt hat[111], im Vorort Saria nicht mehr sicher genug; er bittet Augustin Souchy um Rat; dieser stellt ihm in der *Laetana*, dem

Hauptquartier des Regionalkomitees der anarcho-syndikalistischen CNT, einen Raum zur Verfügung[112]; da Souchy kurze Zeit danach als Beauftragter der CNT eine mehrwöchige Auslandsreise antritt (um verschiedene sozialistische Parteien über die sich zuspitzende Situation zu informieren), rät er Landau, das Gebäude in der Zwischenzeit nicht zu verlassen. Dieser Rat fußt auf einer durchaus realistischen Einschätzung der Lage: ein anderes Quartier, in dem Landau sich vorübergehend aufgehalten hatte, wird offensichtlich bereits von der Polizei beobachtet; als Peter Blachstein (Spanien-Vertreter der von der SAP abgespaltenen Gruppe *Neuer Weg*) dort Zuflucht sucht, wird er sogleich verhaftet[113].

Aus nicht restlos zu klärenden Gründen verläßt Landau den relativ sicheren Unterschlupf[114] in der CNT-Zentrale, um erneut unterzutauchen – diesmal unter erschwerten Bedingungen: er weiß, daß er sich seit der Verhaftung fast des gesamten Exekutiv- und Zentralkomitees der POUM (16. Juni 1937) und der Illegalisierung der Partei in akuter Lebensgefahr befindet. Denn an diesem Tag wird seine Kampfgefährtin Katja in einem illegalen POUM-Quartier verhaftet, mit einem Sammelsurium abstruser Beschuldigungen, die sich bis zur offenen antisemitischen Hetze steigern[115], überhäuft und faktisch als Geisel festgehalten, um Landau zu veranlassen, sich den Schergen zu stellen. Diese Praxis der Sippenhaftung stellt keineswegs einen Einzelfall dar[116].

Trotz dieser widrigen Lebensumstände verfaßt Landau in rastloser Ergebenheit für die revolutionäre Sache im Untergrund viele Artikel, die ihren Weg ins Ausland finden[117]. In diesen Arbeiten entwickelt er u. a. fragmentarisch eine grundsätzliche Bolschewismus-Kritik, von der ausgehend er auch gegen Trotzki und seine Anhänger scharf polemisiert[118].

Welcher Verbrechen wird Kurt Landau beschuldigt? In den brutalen, zumeist von Nichtspaniern geführten Verhören, denen Katja Landau und ihre Mitgefangenen unterworfen werden, schälen sich einige Komplexe heraus, die den weitreichenden Arm der russischen Geheimpolizei anschaulich demonstrieren[119]: Neben der (unzutreffenden) Behauptung, Landau sei Mitglied des Exekutivkomitees der POUM, wird ihm die angebliche Bildung einer »terroristischen« Vereinigung vorgeworfen, die nicht nur für die Auslösung der Mai-Ereignisse in Barcelona die Verantwortung trage, sondern sich . . . die Ermordung Stalins und der Kominternführer zum Ziel gesetzt habe[120]. Eine von Philipp Dengel verfaßte Sondernummer der *Internationale*, die einem einzigen Thema gewidmet ist: »Warum der Trotzkismus aus der Arbeiterbewegung ausgelöscht werden muß!« (September 1937), bezeichnet Landau als »offiziellen Theoretiker« der POUM und verrät in dankenswerter Offenheit, in welcher Richtung sich die »politische« Auseinandersetzung entwickelt:

> Nach allen internationalen und auch deutschen Erfahrungen muß jeder Trotzkist wie ein direkter Agent des Faschismus behandelt werden. Jede Verbindung mit diesen Elementen ist ein Verbrechen an der Arbeiterklasse, an denen, die in Deutschland ihre heldenmütige Arbeit gegen den Faschismus durchführen. Der Kampf gegen diese faschistischen Agenten in den Reihen der Arbeiterschaft ist ebensogut die Aufgabe der Sozialdemokraten wie der Kommunisten[121].

Während sich unter vielen POUM-Militanten seit Mai 1937 Resignation und Demoralisierung angesichts des schwachen Widerstands gegen die Zerschlagung der POUM einstellen, bleibt Landaus Optimismus ungebrochen; davon zeugt u. a. ein Brief, den er Ende Juli 1937 an seinen langjährigen österreichischen Mitstreiter Karl Daniel richtet:

> ... Trotz der verdammt schweren Situation fühle ich mich wie der Fisch im Wasser ... Es ist ein Kampf auf Leben und Tod, der jetzt zwischen uns und den Stalinisten entbrannt ist. Sie sind zehnmal stärker als wir, aber bis jetzt haben sie es nur mit gebrochenen Männern (UdSSR) oder einem einsamen Literaten (Leo) oder mit winzigen Gruppen zu tun gehabt. Hier aber werden wir die Möglichkeit haben, statt eines kleinen Fraktionskampfes oder eines literarischen Kampfes den Klassenkampf der Arbeiter gegen den Stalinismus zu entfachen. Selbst wenn wir unterliegen sollten, was ich nicht glaube, selbst wenn wir alle vernichtet werden, die diesen Kampf leiten, wir werden so tiefe Spuren hinterlassen, daß in einer neuen Situation der Kampf zwischen Revolution und Stalinismus von neuem als Klassenkampf des revolutionären Proletariats gegen die stalinistische Konterrevolution entbrennen wird. An unseren harten Knochen wird sich Stalin zumindestens einige Zähne ausbrechen ... Die POUM stellt dar die einzige politische Großmacht, auf die sich der Marxismus gegenwärtig stützen kann. Obgleich die Partei tausend Schwächen aufweist, sind die besten ausländischen Genossen, vor allem unsere Milizionäre, mit einer Begeisterung für die Partei, wie man sie selten sieht. Wer von hier ins Ausland zurückgeht, gleichgültig ob er SAP oder KPO oder weiß der Teufel was war, der geht als »Emissär der POUM« nicht mit Aufträgen oder mit Geld beladen wie ... (unleserlich), sondern der geht erfüllt von der großen Begeisterung für unsere Partei und ihren Kampf und von einem tödlichen Haß gegen den Stalinismus erfüllt ins Ausland zurück[122].

Wenige Wochen später, am 23. September 1937, wird Kurt Landau in seinem Versteck aufgespürt und verschleppt. Erteilen wir Katja Landau das Wort:

Kurt wurde in einem Vorort Barcelonas im Haus von POUM-Genossen untergebracht. Die Frau, die ihn beherbergte, hieß Carlota Duran. Sie kam gerade nach Hause und sah einen großen schwarzen, sehr eleganten Wagen vor ihrem Haus halten. Mein Mann saß auf der Terrasse, schreibend wie immer. Zwei Männer in Zivil und ein Sturmgardist stiegen aus, sagten ihm, er solle seinen Rock holen, und sind sofort mit ihm davongefahren. Sie hatte nicht den Mut, einzugreifen, was sie mir auch offen gestand. Warum mein Mann aufgeflogen ist: Vielleicht, weil die in Freiheit befindlichen POUM-Genossen aus dem Haus ein Hauptquartier gemacht hatten, was in diesem ruhigen Vorort sehr auffallen mußte[123].

Sämtliche Nachforschungen beim Generalkommissariat für öffentliche Ordnung wie auch in allen offiziellen Gefängnissen bleiben erfolglos. Der Generaldelegierte der öffentlichen Ordnung, Paulino Gomez, erklärt denen, die sich für Landaus Verschwinden interessieren, daß er aus Valencia keinerlei Informationen als Antwort auf seine Intervention bekommen konnte[124].

Trotz einer Flut von Verleumdungen seitens der Propagandamaschinerie des Komintern-Apparats in allen Ländern gelingt es diesem nicht restlos, den kritischen Geist und die Solidarität mit den Opfern der stalinistischen Repression gänzlich zu ersticken; insbesondere das Verschwinden Andres Nins[125], der als alter Revolutionär international bekannt ist, ruft oppositionelle Strömungen auf den Plan; neben etlichen Versuchen, in Frankreich und England Solidaritätskampagnen zu entfalten, gewinnen vor allem drei internationale Untersuchungskommissionen an Ort und Stelle – unter Beteiligung namhafter Vertreter des *Londoner Büros*[127] – einen gewissen Einfluß. Die letzte dieser Delegationen, bestehend aus J. MacGovern (Sekretär der ILP) und F. Challaye (Professor an der Sorbonne, Mitglied des Untersuchungskomitees über die Moskauer Prozesse), reist im November 1937 nach Katalonien[128], um unter anderem die Situation in den staatlichen Gefängnissen zu untersuchen und die Umstände des Verschwindens einzelner ausländischer Vertreter von Arbeiterorganisationen (Erwin Wolff, Marc Rein, Kurt Landau etc.) sowie den Fall Nin zu klären.

Katja Landau, die mittlerweile im *Carcel de mujeres* (Frauengefängnis) von Barcelona einsitzt, wendet sich an den katalonischen Präsidenten L. Companys, den Innenminister und alle entscheidenden Justiz- und Polizeibehörden und fordert unter Androhung eines Hungerstreiks: 1. Nachricht über den Aufenthaltsort und das Schicksal Kurt Landaus; 2. Antwort auf die Frage, ob sie als Geisel verhaftet oder welches der Grund ihrer Verhaftung sei; 3. wenn nichts gegen sie vorliegt, sofortige Entlassung[129]. Am 8. November 1937 greift sie tatsächlich zu diesem äußersten Kampfmittel: 500 eingekerkerte

Frauen (zum Großteil Deutsche) solidarisieren sich mit ihr und treten gleichfalls in den Hungerstreik. Die vorhin schon erwähnte Untersuchungskommission, die zu einigen Gefängnissen Zutritt erhält, staunt nicht schlecht, als sie von hunderten Gefangenen – nach KP-Lesart »faschistische Agenten« – mit dem Gesang der *Internationale* begrüßt wird[130].

Will die Regierung Negrin angesichts dieses Druckes die dominierende Machtstellung der KP in entscheidenden Sektoren des Staatsapparats nicht allzusehr ins Licht der Öffentlichkeit gerückt wissen, so ist sie aus taktischen Gründen gezwungen, partiell von den offenkundigsten KP-Diffamierungen abzurücken; dazu kommen seit Herbst 1937 auch reale Interessengegensätze[131]. Diesem Umstand ist vermutlich auch die persönliche Intervention des Justizministers Manuel Irujo zuzuschreiben, aufgrund derer Katja Landau am 22. November 1937 den Hungerstreik abbricht und freigelassen wird[132]. Sie wird jedoch eine Woche später von der *Grupo de Información* erneut verhaftet, »selbstverständlich« ohne Haftbefehl, und zusammen mit Elsa Henschke (KPO) zum Paseo San Juan (GPU-Quartier in Barcelona) gebracht[133]. Einer der dortigen »Verhörspezialisten«, Leopold Kulczar[134], ist ein »alter Bekannter« von Kurt und Katja Landau aus der Zeit der KPÖ-Fraktionskämpfe 1924/25. Kulczar – eine der zwielichtigsten Gestalten der österreichischen Arbeiterbewegung – spricht in einem geradezu pathologischen Haß von Kurt Landau, er schwört »blutige Rache« und behauptet, in einer »Spezialmission« nach Spanien gekommen zu sein; seine tatsächliche Funktion im Apparat bleibt umstritten[135].

Dies führt uns zurück zu der Frage, wer die Entführung und Ermordung Landaus geplant, organisiert und durchgeführt hat. Alle Indizien deuten auf die GPU hin, doch ist es mit – vielleicht unlösbaren – Schwierigkeiten verbunden, die beteiligten Personen zu eruieren – die Mörder wissen, wie in ungezählten ähnlichen Fällen, ihre Spuren zu verwischen.

Nach der Version Erich Wollenbergs[136], die Carola Stern übernimmt[137], wird Kurt Landau von deutschen Apparatleuten entführt und zu Tode gefoltert; körperliche Mißhandlungen, die man unzweifelhaft annehmen kann, sind auf jeden Fall für Landau mit ständiger Lebensgefahr verbunden, da er Bluter ist[138]. Es wird berichtet, Walter Ulbricht habe den französischen Kommunisten André Marty beauftragt, Landau zu »liquidieren« – dieser Forderung sei Marty auch nachgekommen[139]. Auch wenn sich dies nicht verifizieren läßt, so bleibt jedenfalls die Tätigkeit beider Funktionäre eines der dunkelsten Kapitel in der Geschichte des spanischen Bürgerkrieges[140]. Landaus

Spur läßt sich noch bis zur calle Corcega 299 (Fremdenpolizei) verfolgen, dann verliert sie sich im Dunkel[141].

Julian Gorkin – als ehemaliger Chefredakteur des POUM-Zentralorgans *La Batalla* und Leiter des internationalen Sekretariats mit Landau gut bekannt – berichtet in einem Brief an Elsa Poretsky[142] von seinem Aufenthalt im Staatsgefängnis von Barcelona: Demnach traf er dort einen gleichfalls inhaftierten Freund, der ihm versicherte, Kurt Landau sei ins Hotel Colon – Sitz der PSUC, der katalonischen Komintern-Sektion – gebracht, im Keller des Hotels getötet und anschließend verbrannt worden[143]. Katja Landau dagegen schließt nicht aus, daß ihr Mann in die Sowjetunion verschleppt wurde und dort das Schicksal unzähliger Gesinnungsgenossen erlitt[144].

Nach ihrer erneuten Verhaftung Anfang Dezember, die mit einer wahren Odyssee durch staatliche und Geheimgefängnisse verbunden ist, droht man ihr mit einem Prozeß wegen militärischer Spionage; inzwischen hat jedoch, aufgrund der geschilderten Begebenheiten, der »Fall Landau« eine wenn auch bescheidene Publizität erlangt; Otto Bauer und Friedrich Adler werden bei der Komintern vorstellig und bemühen sich um Katjas Freilassung[145]; Interventionsversuche werden auch von der Gruppe *Gauche révolutionnaire* um Marceau Pivert unternommen[146]; dieser Intervention ist es vermutlich zu verdanken, daß Katja kurze Zeit später entlassen und aus Spanien ausgewiesen wird – im Austausch gegen eine Anzahl von Flugzeugen![147] In Paris angelangt, versucht sie, vor allem mit Hilfe des russischen Menschewiken Abramovic, die Vorgänge in Spanien zu erhellen. Die Stalinisten begnügen sich nicht mit der Ermordung eines revolutionären Kämpfers: im Oktober 1938, als der Prozeß gegen die prominentesten POUM-Führer inszeniert wird[148], beschuldigen sie Landau und einige seiner Mitkämpfer im Zusammenhang mit dem Prozeß, . . . als Gestapo-Agenten gewirkt zu haben[149]. Gegen diese infame Verleumdung protestieren einige Organisationen und zahlreiche Einzelpersönlichkeiten mit Telegrammen an den spanischen Ministerpräsidenten Negrin, z. B. A. Rosmer, F. Brupbacher, Victor Serge, Ignazio Silone, Brandler, Fröhlich, Thalheimer, Marceau Pivert, Madeleine und Maurice Paz, Rapaport, M. Fourier, Martinet und andere[150].

Doch um diese Zeit ernten die »offiziellen« Kommunisten Spaniens bereits die Früchte ihrer Volksfront-Politik: sie werden von ihren bürgerlichen Bündnispartnern, denen sie in den Sattel geholfen haben, Zug um Zug ausgeschaltet. Ein halbes Jahr später befindet sich ganz Spanien unter der Knute des Faschismus.

ANMERKUNGEN

1 Diese skizzenhafte Darstellung ist eine Vorarbeit für eine politische Biographie Kurt Landaus, die der Verfasser in Kürze fertigstellen wird.
2 Laut mündlicher Mitteilung von Katja Landau de Balboa an den Verfasser (Cuernavaca/Mexiko, 28. August 1977).
3 Vgl. John Bunzl, *Klassenkampf in der Diaspora. Zur Geschichte der jüdischen Arbeiterbewegung,* Wien 1975, S. 125.
4 Vgl. dazu die demnächst erscheinende Studie von Fritz Keller: *Trotzkismus in Österreich* (Titel Rohmanuskript), Wien 1976.
5 Amadeo Bordiga (1889–1970), Herausgeber der Zeitschrift *Il Soviet* (Neapel); 1921 Führer der KPI; 1923 ins EKKI-Präsidium gewählt; akzeptiert die Einheitsfrontpolitik nur auf gewerkschaftlicher Ebene; 1926 auf dem Lyoner Kongreß der KPI von Gramsci und Togliatti ausgebootet; scharfer Kritiker des stalinistischen Kurses; 1930 Parteiausschluß; zahlreiche Buch- und Zeitschriftenveröffentlichungen.
6 Acevedo war Delegierter der spanischen Sektion.
7 Vgl. den Artikel *Zehn Jahre Kampf der österreichischen Linken,* in: *Der neue Mahnruf. Organ der Kommunistischen Linksopposition,* Nr. 19/1932.
8 Vor allem der folgende Passus aus der Rede Sinowjews wurde von Landau einer heftigen Kritik unterzogen: »Wenn alles gut geht, werden wir aus einer solchen Regierung (Koalitionsregierung aus Sozialdemokraten, Gewerkschaftlern, Parteilosen und Kommunisten, H. S.) einen Sozialdemokraten nach dem anderen hinausbugsieren, bis die Macht in den Händen der Kommunisten übrigbleibt.« (Vgl. Protokoll des IV. Weltkongresses der Kommunistischen Internationale, Bd. I, Hamburg 1923, S. 192.)
9 Vgl. *Rote Fahne. Zentralorgan der Kommunistischen Partei Österreichs,* 23. November 1924, 28. Dezember 1924, 20. Jänner 1925, 22. Jänner 1925; dagegen war noch am 23. Jänner 1924 der Nekrolog Trotzkis auf Lenin in der *Roten Fahne* erschienen.
10 Vgl. *Neuer Mahnruf,* a. a. O.; ein Protokoll dieser Konferenz wurde nie veröffentlicht, so daß auf diese spätere Darstellung zurückgegriffen werden mußte. Sie deckt sich jedoch inhaltlich mit diversen Artikeln Landaus in der »Roten Fahne« (Mai 1925).
11 Vgl. Leo Trotzki, *Literatur und Revolution,* München 1972, S. 155 ff. Dagegen: Andreas Rez, *Trotzki und die Frage der proletarischen Kultur,* in: *Inprekorr,* Nr. 16, 18. April 1925.
12 Siehe dazu die Resolutionen in der von der KP herausgegebenen Zeitschrift *Arbeiterliteratur,* Wien 1924.
13 Noch im Mai 1924 schrieb Stalin: »Aber die Macht der Bourgeoisie stürzen und die Macht des Proletariats in *einem* Land errichten heißt noch nicht, den vollen Sieg des Sozialismus sichern. Das Proletariat des siegreichen Landes, das seine Macht gefestigt hat und die Führung über die Bauernschaft ausübt, kann und muß die sozialistische Gesellschaft aufbauen. Bedeutet das aber, daß es damit schon den vollständigen, endgültigen Sieg des Sozialismus erreichen wird, das heißt, bedeutet es, daß das Proletariat mit den Kräften eines Landes allein endgültig den Sozialismus verankern und das Land gegen die Intervention und folglich auch gegen eine Restauration völlig sichern kann? Nein, das bedeutet es nicht. Dazu ist der Sieg der Revolution wenigstens in einigen Ländern notwendig«. (*Über die Grundlagen des Leninismus,* Werke, Bd. 6, S. 95.) Dagegen heißt es bereits im Dezember 1924: »Es ist unzweifelhaft, daß die ... Theorie der Unmöglichkeit des Sieges des

Sozialismus in *einem* Lande, sich als künstliche, lebensunfähige Theorie erwiesen hat«. (Vgl. *Die Oktoberrevolution und die Taktik der russischen Kommunisten*, a. a. O., S. 353.) Die Unterstreichungen stammen aus dem Original, zitiert wurde aus der Ausgabe: Stalin, *Werke*, Berlin (DDR) 1950 ff.
14 Vgl. Lucien Laurat, *Le Parti Communiste Autrichien*, in: Jacques Freymond (Hrsg.), *Contributions à l'Histoire du Comintern*, Genf 1965, S. 88.
15 Vgl. Fritz Keller, *Der Trotzkismus* . . ., a. a. O., S. 36 ff.
16 Vgl. *Rote Fahne*, 8. Jänner 1927.
17 Siehe etwa die Erklärungen von Max Sternberg (*Rote Fahne*, 13. Jänner 1927) und, nach einigem Zögern, die um so devotere Stellungnahme Tomanns (*Rote Fahne*, 22. Juni 1927).
18 Als Zentralorgan dieser Organisation wird die Zeitung *Arbeiterstimme* publiziert, die von Jänner 1927 bis August 1933 erscheint (134 Nummern).
19 Siehe etwa die Reichskonferenz der KPÖ-Opposition vom 22. Mai 1927; vgl. *Arbeiterstimme. Organ für die Werktätigen Österreichs*, Nr. 8, Wien, Anfang Juni 1927.
20 Vgl. *Klassenkampf. Organ der Kommunistischen Opposition (Marxistisch-Leninistische Linke)*, Nr. 1, Wien, Mai 1928.
21 Vgl. *Rote Fahne*, 23. April 1929.
22 Einen guten Überblick hierüber verschafft Fritz Belleville, *Der Weltbund der linkskommunistischen Opposition*, in: *Fahne des Kommunismus. Zeitschrift der orthodoxen Marxisten-Leninisten* (= Leninbund), Berlin, Nr. 1 und 2/1930.
23 Lt. mündlicher (28. August 1977) und schriftlicher Mitteilung (10. März 1977) von Katja Landau de Balboa.
24 Ebenda.
25 Ebenda.
26 Mündliche Mitteilung N. N. (Lyon, 14. Oktober 1977) an den Verfasser.
27 Es handelt sich hierbei um die seit 1925 bestehende »Weddinger« und »Pfälzische Opposition«, deren namhafteste Vertreter zumeist 1927 aus der KPD ausgeschlossen wurden; ferner um die trotzkistische Opposition im Leninbund (um Grylewicz) sowie die sächsische Gruppe *Bolschewistische Einheit*, die 1928/29 dem Leninbund beigetreten war; vgl. Rüdiger Zimmermann, *Der Leninbund. Linke Kommunisten in der Weimarer Republik*, unveröff. Diss., Darmstadt 1976.
28 Vgl. *Der Kommunist. Zeitschrift der Vereinigten Linken Opposition der KPD (Bolschewiki-Leninisten)*, Nr. 1, Berlin, Mitte April 1930. Eine Diplomarbeit über den deutschen Trotzkismus wird demnächst fertiggestellt: Wolfgang Alles (Mannheim), *Politik und Geschichte der deutschen Trotzkisten ab 1930*.
29 Dem *Internationalen Büro* gehörten ferner an: A. Rosmer, M. Shachtman, A. Nin und Leon Sedov; vgl. Rüdiger Zimmermann, *Der Leninbund*, a. a. O., S. 335.
30 Die Resolution ist abgedruckt in: *Der Kommunist*, Nr. 3, Berlin, (Ende Mai 1930).
31 Vgl. *Der Kommunist*, Nr. 5 (Anfang Juli 1930) Nr. 11 (Anfang Oktober 1930); Nr. 14 (Ende Dezember 1930); Nr. 1 (Mitte Januar 1931); Nr. 3 (März 1931); Nr. 4 (Mai 1931).
32 Vgl. *Der Kommunist*, Nr. 1 (Mitte April 1930); Nr. 2 (Anfang Mai 1930); Nr. 3 (Ende Mai 1930); Nr. 4 (Mitte Juni 1930); Nr. 8 (Ende August 1930); Nr. 9 (Anfang September 1930); Nr. 13 (Mitte Dezember 1930); Nr. 1 (Mitte Januar 1931); Nr. 3 (Mai 1931).
33 Vgl. *Der Kommunist*, Nr. 11 (Anfang Oktober 1930); Nr. 12 (Anfang November 1930); Nr. 14 (Ende Dezember 1930); Nr. 1 (Mitte Januar 1931); Nr. 3 (März 1931); Nr. 4 (Mai 1931).
34 Vgl. Georges Vereeken, *The GPU in the Trotskyist Movement*, London 1976;

International Committee of the Fourth International (Hrsg.), *How the GPU murdered Trotsky*, London 1976.
35 Vgl. Arthur Spencer, *A Strange Interlude. A footnote to the Soblen Case*, in: *Survey*, Oktober 1963, S. 113 ff.
36 Vgl. *Bulletin International de l'Opposition Communiste de Gauche*, Nr. 7, Paris, Mai 1931, S. 5 f.
37 Ebenda, S. 7.
38 Vgl. Leo Trotzki, *Ernste Lehren aus einer unernsten Sache* (28. Jänner 1933), in: *Permanente Revolution. Zeitschrift der Linken Opposition der KPD (Bolschewiki-Leninisten)*, Nr. 5 (erste Februarwoche 1933); Arthur Spencer, *A Strange Interlude*, a. a. .O., S. 113 ff.
39 Vgl. *Der Kommunist*, Nr. 12 (Anfang November 1930).
40 Vgl. *Mitteilungsblatt der Reichsleitung der Linken Opposition der KPD (Bolschewiki-Leninisten)*, Nr. 1, (Juni 1931); *Der Kommunist*, Nr. 3 (März 1931).
41 Vgl. Leo Trotzki, *Die Krise der deutschen Linksopposition. Brief an alle Sektionen der Internationalen Linken* (17. Februar 1931), in: *Internationales Bulletin der Kommunistischen Links-Opposition* (deutsche Ausgabe), Nr. 6 (April 1931).
42 Das *Mitteilungsblatt . . .*, a. a. O., enthält zahlreiche Zustimmungserklärungen der angeschlossenen Sektionen.
43 Vgl. G. Vereeken, *The GPU . . .*, a. a. O., S. 24.
44 Das *Mitteilungsblatt . . .*, Nr. 2 (Juli 1931), enthält den genauen Bericht Pierre Franks über seine Interventionsversuche.
45 *Der Kommunist*, 3. Jg., Nr. 7 (April–Mai 1932).
46 Es handelt sich hierbei um folgende Gruppen:
Deutschland: *Linke Opposition der KPD (Bolschewiki-Leninisten)*
Österreich: *Kommunistische Linksopposition (= Mahnruf*-Gruppe).
Frankreich: *Gauche Communiste*.
Griechenland: *Spartakos*-Gruppe.
Ungarn: Emigranten der KPU-Opposition in Österreich und USA.
USA: Weisbord-Gruppe.
Belgien: *Ligue des Communistes Internationalistes*.
Italien: Bordigisten (kein formeller Anschluß)
47 Diese publiziert als Zentralorgan die Zeitung *Die permanente Revolution* (bis Februar 1933).
48 Vgl. *Der Kommunist*, 3. Jg., Nr. 1 (Ende Jänner–Anfang Februar 1932); Nr. 11 (Juli 1932); Nr. 16 (Oktober 1932); Nr. 17 (Dezember 1932); 4. Jg., Nr. 4 (Februar 1933).
49 Vgl. *Der Kommunist*, 3. Jg., Nr. 18 (Dezember 1932).
50 Vgl. *Der Funke. Organ des Linken Flügels der KPD (Marxisten-Internationalisten)*, Nr. 1, Paris–Wien–Prag, (Mai 1933).
51 E. Wollenberg berichtet, daß die stalinistischen Methoden der Denunziation an die Gestapo seit 1933/34 zum Repertoire der »Politik« der KPD gehörten: »In Berlin, Breslau und anderen Städten fabrizierten sie ›Rundbriefe‹, in denen vor der ›zersetzenden Tätigkeit‹ namentlich aufgeführter Trotzkisten, ehemaliger Kommunisten oder antistalinistischer Sozialisten gewarnt wurde, mit genauen Angaben über Wohnungen, illegale Quartiere und politische Aktivität. Diese ›Rundbriefe‹ fielen dann wunschgemäß in die Hände der Gestapo. Auf diese Weise liquidierte der Apparat im Sinne Ulbrichts mit Hilfe der Gestapo eine Reihe antifaschistischer Gruppen, die in Opposition zur KPD-Zentale standen«. (Vgl. Erich Wollenberg, *Der Apparat – Stalins Fünfte Kolonne*, in: *Ost-Probleme*, 3. Jg., Nr. 19, 12. Mai 1951, S. 578).

52 Vgl. J. Kämpfer, *Klassenkampf unter dem Hakenkreuz*, in: *Der Funke*, Nr. 9, Paris, (November 1933).
53 Vgl. *Der Funke*, Nr. 8, Paris (Oktober 1933).
54 Besonders um die Frage der Gewerkschaftsarbeit: vgl. *Der Funke*, Nr. 6, Paris (September 1933).
55 Vgl. *Der Funke*, Jg. 2, Nr. 4, Paris, Juli 1934 (hektographiert).
56 Anklageschrift d. GenStA beim KG Berlin vom 28. Juli 1934 gg. H. Jacobi u. a. wg. ill. Tätigkeit, in: *Archiv des Instituts für Zeitgeschichte* (München), F 212.
57 Lt. mündlicher Mitteilung von Katja Landau de Balboa (Cuernavaca, 28. August 1977), an den Verfasser.
58 Lt. mündlicher Mitteilung N. N. (Frankfurt, 16. September 1977) an den Verfasser.
59 Vgl. Brief Landaus an die Kommunistische Linksopposition d. 15. Rayons, Paris, 26. März 1933.
60 An dieser Stelle möchte ich einem ehemaligen Mitarbeiter Landaus – der ungenannt bleiben will – meinen Dank aussprechen; durch die freundliche Bereitstellung seines Privatarchivs konnten zahlreiche unveröffentlichte Schriften Landaus aus den Jahren 1933 bis 1937 ausgewertet werden.
61 Trotzki verglich damit die kampflose Kapitulation der KPD vor dem deutschen Faschismus mit der Preisgabe des Internationalismus durch die SPD 1914 (Kriegskredite!).
62 Vgl. Leo Trotzki, *Die Tragödie des deutschen Proletariats* (14. März 1933), in: *Unser Wort. Halbmonatsschrift der deutschen Sektion der Internationalen Linken Opposition*, Jg. 1, Nr. 2, Anf. April 1933; ders., *KPD oder neue Partei?* (Brief an das Internationale Sekretariat), 12. März 1933, in: *Schriften über Deutschland*. Band II, *Gesammelte Werke* 1, Frankfurt 1971, S. 482.
63 Vgl. *Der Funke*, Nr. 1, Paris–Wien–Prag (Mai 1933).
64 Leo Trotzki, *Man muß von neuem kommunistische Parteien und eine Internationale aufbauen* (15. Juli 1933), in: *Schriften*, a. a. O., S. 604.
65 Ebenda, S. 610 ff.
66 W. Bertram (= Kurt Landau), *Von Brüssel nach Barcelona*, unveröff. Manuskript, o. O. (Barcelona), o. J. (1937), S. 4.
67 Der Verweis Landaus auf die ersten vier KI-Kongresse kontrastiert merkwürdig mit seinen früheren Stellungnahmen, insbesondere, da jenes Element der trotzkistischen »Tradition« von ihm just zu dem Zeitpunkt aufgenommen wurde (1933), als er mit dem Trotzkismus brach.
68 Landau an die Kommunistische Linksopposition (15e Rayon), Paris, 26. März 1933.
69 Landau publizierte zahlreiche Artikel unter den Pseudonymen »Wolf Bertram« und »Spectator«.
70 Als Konsequenz mußte z. B. *Der Funke* sein Erscheinen einstellen, im Juli 1934 erschien die letzte (hektographierte) Nummer.
71 1935/36 erschien in Paris ein *Internationales Bulletin* (hrsg. von d. AV), im gleichen Zeitraum einige Nummern der *Marx-Lenin-Blätter. Diskussionsmaterial der Linksoppositionellen in der Komintern* – ebenfalls zu einem Großteil von Landau selbst verfaßt.
72 Vgl. *Der Funke. Organ des Linken Flügels in der KPD (Marxisten-Internationalisten)*, Nr. 1/2 (Jänner/Februar 1937).
73 Siehe etwa: Wolf Bertram, *Fraktion oder Unabhängige Organisation? Ist die Frage einer neuen Partei eine taktische oder eine grundsätzliche Frage?* Unveröff. Manuskript, o. O. (Paris), o. J. (1935); ders.: *Wo steht und wohin steuert die UdSSR?* in: *Der Funke*, Nr. 1/2 (Jänner/Februar 1937).

74 Diese und ähnliche verbale Monströsitäten fehlen in keiner russischen bzw. KI-Publikation jener Jahre; siehe etwa: *Prozeßbericht über die Strafsache des trotzkistisch-sinowjewistischen terroristischen Zentrums;* hrsg. vom Volkskommissariat für Justizwesen der UdSSR, Moskau 1936.
75 Vgl. *Not Guilty. Report of the 1938 Commission of Inquiry into the Charges made against Leon Trotsky in the Moscow Trials,* New York 1972, S. 97–115.
76 Brief Landau an Heinrich Brandler, Le Ciotat, 30. August 1936, in: *Archiv IfZ,* F 212.
77 Das ablehnende Antwortschreiben Brandlers ist nicht erhalten geblieben; lt. Katja Landau schrieb er, mit »trotzkistischen Verrätern« wolle er nichts zu tun haben (mündliche Mitteilung, 10. September 1977); siehe auch: *Der Funke,* Nr. 1/2 (Jänner/Februar 1937).
78 *Der Internationale Klassenkampf;* hrsg. von der I. V K. O., Nr. 4/1936.
79 Die KPO hatte zwar die ultralinke KI-Politik der »dritten Periode« (1929–1934) kritisiert, aber die parallele Entwicklung in der SU aus dieser Kritik ausgeklammert.
80 Vgl. Hanno Drechsler, *Die Sozialistische Arbeiterpartei Deutschlands* (SAPD), Meisenheim/Glan 1965.
81 Vgl. Ursula Langkau-Alex, *Volksfront für Deutschland?* Band 1: *Vorgeschichte und Gründung des »Ausschusses zur Vorbereitung einer deutschen Volksfront«, 1933–1936;* Frankfurt 1977, S. 138 ff.
82 Vgl. Hanno Drechsler, *Die sozialistische . . .,* a. a. O., S. 349.
83 Brief Landaus (der Adressat ist offensichtlich ein dänischer Anhänger der *Marxisten-Internationalisten*), Paris, 28. September 1936.
84 *Internationales Bulletin;* hrsg. von der AV der deutschen Linken, Paris, Ende Oktober 1936.
85 Brief Landaus an Zaviš Kalandra, Paris, 19. Oktober 1936.
86 »Andrea«, *Notwendige Zusammenfassung aller revolutionären Kräfte gegen Reformismus und Stalinismus und der Versuch unserer Zusammenarbeit mit der Maslowgruppe und Trotzkisten,* in: *Der Funke,* Nr. 1/2 (Jänner/Februar 1937).
87 Leo Trotzki, *Die spanische Lehre. Eine letzte Warnung,* in: *Der einzige Weg. Zeitschrift für die Vierte Internationale,* Hrsg. von d. MAS, RKÖ, IKC unter Mitarbeit des IS, März 1938, S. 60.
88 Rede des Genossen Andres Nin in Valencia am 1. September 1936, in: *Informationen des P. O. U. M.* (Deutsche Ausgabe), Nr. 2, Barcelona, o. J. (1936)).
89 Augustin Souchy, *Anarcho-Syndikalisten über Bürgerkrieg und Revolution in Spanien,* Darmstadt 1969, S. 256.
90 Vgl. Mika Etchébère, *Ma guerre d'Espagne a moi. Une femme a la tête d'une colonne au combat,* Paris 1976, S. 129, 133.
91 Vgl. »Fosco« (= Nicola di Bartolomeo), *Mon role à Barcelone en août et septembre 1936;* abgedruckt in der Dokumentation von Pierre Broué: *Léon Trotsky. La Révolution Espagnole,* Paris 1975, S. 624.
92 Lt. schriftlicher Mitteilung von Pierre Broué (Grenoble, 23. Jänner 1978).
93 Anschaulich geschildert von George Orwell, *Mein Katalonien. Bericht über den spanischen Bürgerkrieg,* Zürich 1975, S. 8 ff.
94 Vgl. *Spanisches Informationsbulletin.* Hrsg. von der AV der deutschen Linken in Spanien, Barcelona (Mitte November 1936).
95 Christine Kanzler/Werner Wögerbauer an den Verfasser (Paris, 9. Jänner 1978) – nach Mitteilungen von Paul und Clara Thalmann.
96 Paul Thalmann, *Wo die Freiheit stirbt. Stationen eines politischen Kampfes,* Olten 1974, S. 137.

97 W. Bertram, *Von Brüssel nach Barcelona,* a. a. O.; ders.: *Die Krise der internationalen Arbeiterbewegung und die Aufgaben der internationalen Konferenz von Barcelona,* unveröff. Manuskript (1937); ders.: *De Bruxelles à Barcelone* (nicht textgleich mit: *Von Brüssel . . .*), in: *Juillet,* Juni 1937, S. 59 ff; ferner J. Gorkin, *Internationale Konferenz in Barcelona,* in: *Die Spanische Revolution. Organ der Arbeiterpartei für marxistische Einheit* (P. O. U. M.), Nr. 6, Barcelona (Anfang Mai 1937).
98 Kurt Landau, *Die Krise der internationalen . . .,* a. a. O., S. 6.
99 Siehe etwa: *Für den Sieg der spanischen Revolution! Für ein »neues Zimmerwald!«* in: *Der Funke,* Nummer 5/6 (Mai–Juni 1937).
100 *Zum 3. Jahrestag der Februartage in Österreich. Entwurf einer Rede des Gen. Wolf Bertram, zu halten im Radio POUM am 12. Februar 1937, 8 Uhr 45 (Zeitangabe für Barcelona),* S. 1, 3.
101 Vgl. Pierre Broué/Emile Témime, *Revolution und Krieg in Spanien. Geschichte des spanischen Bürgerkrieges,* Bd. II, Frankfurt 1975, S. 469 ff.
102 Hier wäre vor allem Peter Blachstein zu nennen, der als Spanien-Vertreter der Gruppe *Neuer Weg* wirkte.
103 Vgl. *Politischer Informationsbrief* Nr. 1, hrsg. von der AV der deutschen Linken, Gruppe *Der Funke,* Barcelona, 1. März 1937; dagegen Willy Brandt: *Ein Jahr Krieg und Revolution in Spanien,* Paris 1937.
104 Schriftliche Mitteilungen von Paul Thalmann (Nizza, 20. Juni 1976) und Katja Landau (Cuernavaca, 10. März 1977) an den Verfasser.
105 Vgl. Fenner Brockway, *The truth about Barcelona,* London 1937; Victor Alba, *Histoire du POUM,* Paris 1975, S. 265 ff.; Felix Morrow, *Revolution und Konterrevolution in Spanien,* Essen 1976, S. 42 ff.; Rudolf Rocker, *Die spanische Tragödie,* Berlin 1976, S. 86 ff.
106 Lt. Mitteilung von Paul Thalmann (20. Juni 1976); indirekt in einem unvollständigen Manuskript Landaus (Mitte August 1937, ohne Titelangabe), S. 36 f. Seine erste Stellungnahme vermittelt allerdings eine andere Einschätzung, wozu möglicherweise die Funktion der Verteidigung von POUM-Positionen beigetragen hat: Spectator, *Die Ereignisse von Barcelona und ihre Lehren* (21. Mai 1937), hrsg. von den Marxisten-Internationalisten, Gruppe Paris.
107 Zit. nach Hugh Thomas, *Der spanische Bürgerkrieg,* Berlin/Darmstadt/Wien 1961, S. 283.
108 Vgl. W. G. Krivitsky, *In Stalin's Secret Service,* New York/London 1939, S. 105; Broué/Témime, *Revolution und Krieg . . .,* a. a. O., S. 374 ff.
109 Lt. Katja Landau, *Le stalinisme en Espagne,* Paris 1938, S. 8.
110 Z. B. in Barcelona: Puerta del Angel 24; Paseo de San Juan 104; Calle de Montaner 321; Calle de Corcega 299; Calle de Vallmajor 5; in Valencia: das ehemalige Kloster Santa Ursula; in Madrid: Calle de Atocha; Paseo de la Castellana; in Alcalá de Henares, um nur die wichtigsten zu nennen; vgl. José Peirats, *La CNT en la revolución española,* Bd. III, Paris 1971, S. 217 ff.
111 Vgl. Paul Thalmann, *Wo die Freiheit . . .,* a. a. O., S. 197.
112 Lt. mündlicher Mitteilung von Augustin Souchy (München, 2. März 1977) an den Verfasser; siehe jetzt auch seine Autobiographie: *Vorsicht: Anarchist! Ein Leben für die Freiheit. Politische Erinnerungen,* Darmstadt/Neuwied 1977, S. 117.
113 Lt. schriftlicher Mitteilung von Paul Thalmann (Nizza, 22. Jänner 1978).
114 Während Souchy vermutet, Landau habe das Gefahrenmoment unterschätzt (*Vorsicht . . .,* a. a. O., S. 119), äußerte Katja Landau die Ansicht (mündliche Mitteilung, 10. September 1977), Kurt Landau sei als Marxist in anarchistischer Umgebung nicht sehr willkommen gewesen und habe es deshalb vorgezogen, einen anderen Unterschlupf aufzusuchen.

115 Katja Landau, *Le stalinisme* ..., a. a. O., S. 37.
116 Vgl. V. S.: *Crimes à Barcelone*, in: *La Révolution Prolétarienne*, Nr. 249 (25. Juni 1937).
117 Im Organ der PSOP (*Juin 36*) wurden im Mai 1939 mehrere Artikel Landaus, die er während der Illegalität verfaßt hatte, veröffentlicht, z. B.: *Bolchévisme, Trotskisme, Sectarisme* und *Le Trotskisme et la Révolution Espagnole*.
118 Siehe Anm. 117; ferner das bereits erwähnte, Mitte August 1937 verfaßte unvollständige Manuskript; dies dürfte seine letzte Arbeit sein.
119 Geradezu groteske Formen nahmen diese Verhöre bei den führenden POUM-Funktionären an, die – wie etwa Gorkin – permanent mit den stereotypen Fragen konfrontiert wurden: »Quelle est votre opinion sur Staline? Quelle est votre opinion sur Trotsky? Croyez-vous que Trotsky est plus révolutionnaire ou moins révolutionnaire que Staline? Quelle a été votre intervention dans les journées de mai? Quelle est votre attitude actuelle vis-à-vis de l'URSS? Quelle es votre attitude vis-à-vis du gouvernement actuel? Aviez-vous plus de sympathie pour le gouvernement précédent (c'est-à-dire pour le gouvernement Largo Caballero) que pour le gouvernement actuel?« (*Résultats d'une deuxième enquête*, in: *La Révolution Prolétarienne*, Nr. 254, 10. September 1937, S. 698).
120 Katja Landau, *Le stalinisme* ..., a. a. O., S. 35.
121 Philipp Dengel, *Warum der Trotzkismus aus der Arbeiterbewegung ausgelöscht werden muß*, in: *Die Internationale. Zeitschrift für Praxis und Theorie des Marxismus*, Sondernummer 1937, S. 9 f., S. 27.
122 Brief Landaus an Karl Daniel, Barcelona, 28. Juli 1937.
123 Schriftliche (10. März 1977) und mündliche Mitteilung (10. September 1977) von Katja Landau an den Verfasser.
124 Katja Landau, *Le stalinisme* ..., a. a. O., S. 34.
125 Vgl. *L'assassinat de Andrés Nin. Ses causes, ses auteurs*, (Spartacus-Cahiers Mensuels-Nouvelle Série, no. 19), Paris 1939; *Nin assassiné*, in: *La Révolution Prolétarienne*, Nr. 252 (10. August 1937).
126 Vgl. Victor Alba, *Histoire* ..., a. a. O., S. 318 f.
127 Vgl. *Résultats d'une enquête*, in: *La Révolution Prolétarienne*, Nr. 251 (25. Juli 1937); *Résultats d'une deuxième enquête*, in: *La Révolution Prolétarienne*, Nr. 254 (10. September 1937); 128, *La troisième délégation internationale en Espagne*, in: *Independent News. Service de Presse Hebdomadaire du Bureau d'Informations Franco-Britanniques*, Paris, Nr. 15 (11. Dezember 1937).
129 Vgl. *Sobre la desaparición y probable asesinato de Kurt Landau y la huelga del hambre de su compañera*, in: *Boletin de Información sobre el proceso politico contra el P. O. U. M.*, Nr. 6, Barcelona (15. Dezember 1937); *Independent News*, Numéro Special (16. November 1937); *Les assassins du Guépéou en Espagne. La »disparition« de Landau et la grève de la faim de sa femme*, in: *La Révolution Prolétarienne*, Nr. 259 (25. November 1937).
130 Broué/Témime, *Revolution* ... a. a. O., S. 375.
131 Vgl. Fernando Claudin, *Die Krise der kommunistischen Bewegung*, Bd. I, (*Die Krise der Kommunistischen Internationale*), Berlin 1977, S. 271.
132 *Independent News*, Nr. 15 (11. Dezember 1937), S. 3.
133 Katja Landau, *Le stalinisme* ... a. a. O., S. 36.
134 Biographische Daten über Leopold Kulczar sind dem *Dictionnaire biographique du Mouvement Ouvrier International*, Bd. 1, *Autriche*, Paris 1971, S. 179 zu entnehmen.
135 Katja Landau schrieb über Kulczar u. a.: »J'ai toujours eu l'impression qu'il n'appartenait pas à l'appareil, mais qu'il voulait faire carrière avec le cas Landau. Je

crois que dans le G. P. U. on avait plutôt un certain mépris pour lui, mais on l'a admis parce qu'il venait de très haut«. (Katja Landau, *Le stalinisme* . . . a. a. O., S. 40.) Prof. Alfred Magaziner, der sowohl Katja Landau als auch die Kulczars seit den zwanziger Jahren kannte, schloß eine Tätigkeit Leopold Kulczars im Auftrag der GPU nicht aus, fügte aber hinzu, seine Kontakte mit den Russen könnten auch normaler diplomatischer Natur gewesen sein – Kulczar war Sekretär an der spanischen Botschaft in Prag (lt. Katja Landau Militärattaché); er berichtete u. a.: »Nach Katja Landaus zweiter Verhaftung habe ich mit Leopold K. ein Gespräch geführt – drei Tage vor seinem Tode –, und wir haben den ganzen Nachmittag gestritten; er behauptete damals, daß die Polizei bei ihr Karten von Madrid oder Barcelona gefunden hätte, die für Luftangriffe wichtig seien; daraufhin habe ich ihn gefragt, *wann* diese Karten gefunden worden seien, und er antwortete, sie seien *nach* der Verhaftung entdeckt worden; ich habe ihm auf den Kopf zugesagt, daß dies ganz gewöhnliche Polizeitricks seien, mit denen absolut nichts anzufangen sei, und wir sind in Unfrieden geschieden«. (Mündliche Mitteilung von Prof. Alfred Magaziner an den Verfasser, 8. März 1978).
136 Vgl. Erich Wollenberg, *Der Apparat* . . . a. a. O., S. 579.
137 Vgl. Carola Stern, *Ulbricht – Eine politische Biographie*, Berlin 1966, S. 81.
138 Lt. mündlicher Mitteilung von Katja Landau an den Verfasser (10. September 1977).
139 Carola Stern, a. .a. O., S. 81.
140 Zu Marty siehe Broué/Témime, a. a. O., Bd. 2, S. 487, bes. Anm. 47; Hugh Thomas, *Der spanische* . . . a. a. O., S. 271; zu Ulbricht: Thomas, a. a. O., S. 237.
141 Er wurde dort angeblich noch von POUM-Anhängern gesehen (lt. K. Landau).
142 Elsa Poretsky ist die Witwe von Ignaz Reiss, der – knapp zwei Monate nach seinem aufsehenerregenden Bruch mit dem Stalinismus – am 4. September 1937 bei Lausanne von einem GPU-Kommando auf offener Straße »liquidiert« wurde.
143 Julian Gorkin an Elsa Poretsky (Menton, 20. Dezember 1972); dieser Brief wurde mir freundlicherweise von Katja Landau zur Verfügung gestellt.
144 Mündliche Mitteilung von Katja Landau (10. September 1977).
145 Mündliche Mitteilung von Prof. Magaziner (8. März 1978).
146 Mündliche Mitteilung von Katja Landau (10. September 1977).
147 Schriftliche Mitteilung von Katja Landau (10. März 1978).
148 Vgl. Andrés Suarez, *El proceso contra el P. O. U. M. Un episodio de la revolución española*, Paris 1974; *Independent News*, Numero Special (*Le procès du P. O. U. M.*), Paris, o. J. (1938).
149 Vgl. *Der Funke. Organ der Marxisten-Internationalisten*, Nr. 4/1938 (November–Dezember).
150 Ebenda.

Reinhold Wagnleitner

Walter Wodak in London 1947 oder die Schwierigkeit, Sozialist und Diplomat zu sein

Dr. Walter Wodak hatte sich seit Beginn seiner Mission in London Ende 1945, zunächst als Sonderbotschafter der SPÖ und dann seit Anfang 1946 als österreichischer Sozial- und Presseattaché, als äußerst aktiver Diplomat bewährt. Vor allem hatte er seine ausgezeichneten Kontakte zu führenden Politikern der regierenden Labour Party und zu Beamten des britischen Außenministeriums dazu verwendet, den Standpunkt der SPÖ, insbesondere den seines Freundes, Vizekanzler Dr. Adolf Schärf, in wichtigen politischen Fragen darzulegen[1].

Der Beschluß des Außenministerrates in New York vom 11. Dezember 1946, eine Konferenz von Sonderbeauftragten für die Ausarbeitung des österreichischen Staatsvertrages in London einzusetzen[2], war Ende 1946 ein ermutigendes Zeichen dafür, daß nun endlich mit einer konzentrierten Behandlung der Österreichfrage durch die Alliierten gerechnet werden könne. Optimisten, zu denen sicherlich auch Walter Wodak zählte, glaubten sogar an die Möglichkeit eines Vertragsabschlusses noch im Jahre 1947.

Als aber nähere Einzelheiten des amerikanischen Vertragsentwurfes, vor allem die Kompensationsklauseln und die Bestimmungen über fremdes Eigentum in Österreich, bekannt wurden, sah Wodak voraus, daß die österreichische Regierung bei den kommenden schwierigen Verhandlungen nicht nur mit sowjetischen ökonomischen Forderungen zu rechnen haben werde[3]. Deshalb versuchte er sofort die Unterstützung der Labour-Regierung für eine Abänderung der nach Meinung der SPÖ-Führung die wirtschaftliche Unabhängigkeit Österreichs gefährdenden amerikanischen Klauseln zu erlangen. So betonte er am 22. Jänner 1947 gegenüber Kontrollminister John B. Hynd, daß es für die SPÖ eine Grundsatzfrage sei, jeden ausländischen ökonomischen Einfluß, von woher er auch komme, abzulehnen.

> Es wäre für uns unmöglich, Vertragsbestimmungen zuzustimmen, die Österreich wirtschaftlich an die USA ausliefern würden. Wir hätten nicht gegen den russischen Einfluß gekämpft, um uns an die Kapitalisten auszuliefern[4].

Hynd, zu dem Wodak freundschaftliche Kontakte pflegte, versprach, sofort bei Außenminister Ernest Bevin zu intervenieren[5]. Auch Adolf Schärf, der Ende Jänner als Mitglied der österreichischen Delegation nach London kam, wollte bei Ernest Bevin scharf gegen die Übergabe wesentlicher »Teile unserer Wirtschaft in die Hände des amerikanischen Kapitals« protestieren[6]. Da Bevin wegen dringender Palästinabesprechungen Schärf nicht empfangen konnte, legte Walter Wodak dem britischen Außenminister am 12. Februar 1947 die von Schärf autorisierten sozialistischen Bedenken gegen die amerikanischen Vertragsbestimmungen vor[7]. Nach vielen Gesprächen mit Mitgliedern der britischen Regierung und Beamten des Foreign Office glaubte Wodak hoffen zu können, daß seine Initiative in London doch auf fruchtbaren Boden gefallen sei, hatten seine Gesprächspartner doch den Eindruck erweckt, als würde die Regierung Attlee gewillt sein, die amerikanischen Kompensationswünsche im Sinne einer raschen Konsolidierung der österreichischen Wirtschaft nicht zu unterstützen[8].

Als Walter Wodak jedoch Anfang Februar Einblick in den britischen Vertragsentwurf bekam, mußte er erkennen, daß die Vorschläge des Foreign Office zur Restitution des alliierten Vermögens in Österreich noch über jene der amerikanischen Regierung hinausgingen[9]. Sofort versuchte Wodak die britische Regierung davon zu überzeugen, daß diese Vorschläge für Österreich untragbar seien. Den Österreichexperten des Foreign Office, Michael F. Cullis, wies er auf die »politischen Schwierigkeiten, die aus derartigen Vertragsbestimmungen erwachsen würden«, hin und erreichte von Cullis die Zusage, daß das britische Außenamt diese Klauseln noch einmal beraten würde[10]. Kontrollminister John B. Hynd konnte Wodak überdies am 20. Februar überzeugen, daß es mit der britischen Rechtsauffassung, nach der Österreich am 12. März 1938 zu existieren aufgehört hatte, unvereinbar sei, wenn für Kompensationen ein anderes Datum als dieses gewählt werde[11].

Das Foreign Office hatte aber schon am 13. Februar 1947 beschlossen, den britischen Entwurf nicht zu ändern, »but to leave the matter to Austrian initiative[12]«. Man glaubte sich eine günstigere Formel um so eher sparen zu können, als Lord Hood bei einem Gespräch mit Bundeskanzler Leopold Figl, Vizekanzler Adolf Schärf und Außenminister Karl Gruber am 1. Februar 1947 den Eindruck gewonnen hatte, daß »in general the Austrian representatives seemed pleased with the way things were going and had no bones to pick with us[13]«. Wichtig für das vorläufige Festhalten am britischen Kompensationsvorschlag war wohl auch die Haltung Außenminister Grubers, der dem britischen politischen Vertreter in Wien, William Mack, am 10. Jänner 1947 zwar sein Bedauern über den britischen Vorschlag mitgeteilt hatte, Mack aber bat, diesen Einwand nur als inoffiziell anzusehen[14]. Obwohl Dr. Karl Gruber bei einem Gespräch mit dem Superintending Under-Secretary of State im Foreign Office, Sir Oliver Harvey, am 11. Februar 1947 erklärte, daß »he was not altogether happy over the British thesis in regard to compensation«, protestierte der österreichische Außenminister nicht prinzipiell gegen die britische Formel, sondern argumentierte mit einer aus diesen Klauseln resultierenden Schwächung der westlichen Position in der Frage des deutschen Eigentums[15].

Walter Wodak allerdings, der die »Leisetreterei« Außenminister Grubers und des diplomatischen Vertreters Österreichs in London, Dr. Heinrich Schmid, kritisierte[16], erklärte in seinem besagten Gespräch mit Außenminister Bevin am 12. Februar 1947 im House of Commons klipp und klar, daß die SPÖ-Führung diese Staatsvertragsbestimmungen nicht akzeptieren könne. Bevin ließ erkennen, daß in dieser Frage die amerikanische Regierung die treibende Kraft sei; nicht aus besonderem Engagement, »sondern weil sie vage Formulierungen präzis ausgedachten vorzöge[17]«. Nachdem Wodak auf die Frage Bevins, warum denn nun von österreichischer Seite nicht endlich ein offizieller Vorschlag vorgelegt werde, geantwortet hatte, daß »es da gewisse Hindernisse zu geben scheine«, habe ein erstaunter Bevin versprochen, »er werde versuchen, das Seinige zu tun[18]«.

Walter Wodak wurde aber in weiteren Gesprächen mit Beamten des Foreign Office klar, daß die britische Regierung weiter auf ihren Kompensationsvorschlägen bestehen werde, obwohl diese »jeder moralischen Grundlage entbehren. Es handelt sich darum, daß in Österreich noch etwas zu holen ist, während Kompensationsforderungen für Schäden, die in Österreich erlitten wurden, gegen Deutschland nicht einbringlich sind[19]«. Er vermutete, daß die britischen und amerikanischen Ölgesellschaften über den Weg der Kompensationsbestimmungen eine Entschädigung für das vom Dritten Reich in Österreich zwischen 1938 und 1945 geförderte Erdöl erhalten wollten, so »daß sie die von den Deutschen gebauten Einrichtungen zur Ölproduktion kostenlos übernehmen können[20]«. Kurz darauf erfuhr Wodak vom österreichischen Gesandten Leitmayer, daß über diese Frage schon seit Monaten geheime Verhandlungen zwischen verschiedenen ausländischen Kapitalgruppen und Minister Dr. Peter Krauland stattgefunden hätten, von denen nicht einmal das österreichische Außenamt informiert worden sei[21].

Walter Wodak mobilisierte darauf sofort die »Österreichgruppe« der Labour-Parlamentarier Bill Warbey, Jenny Lee und Barbara Ayrton Gould, um die britische Regierung umzustimmen. Staatsminister Hector McNeil, dem Wodak über Vermittlung Warbeys die ablehnende Haltung der SPÖ darlegen konnte, betonte allerdings, daß die britische Regierung vom Prinzip der Kompensation nicht abgehen könne. McNeil deutete aber an, daß man im Foreign Office erwarte, es werde zu einer allgemeinen Herabsetzung der alliierten Forderungen gegen Österreich kommen, wenn nur einmal deren Ausmaß überblickbar sei[22].

Das Ausbleiben einer offiziellen österreichischen Initiative veranlaßte Walter Wodak, Vizekanzler Schärf eine konzertierte Aktion gegen die amerikanischen und britischen Forderungen vorzuschlagen. Danach sollte Adolf Schärf sofort nach London kommen, Bundespräsident Dr. Karl Renner mit einem Protestschreiben bei Bevin und Attlee intervenieren, die *Arbeiter-Zeitung* endlich einen klaren Artikel über den Protest der SPÖ veröffentlichen, eine aus allen britischen Parteien bestehende Parlamentarierdelegation die britische Regierung unter Druck setzen und außerdem Expertisen von bedeutenden britischen Nationalökonomen erstellt werden[23]. Seine Labour-Freunde munitionierte Wodak mit einem Memorandum, aus dem deutlich hervorging, daß die Übergabe der wichtigsten österreichischen Erdölproduktionsstätten in die Hände des westlichen Kapitals »would be absolutely unbearable from a political point of view, the whole question of Zistersdorf having become the symbol of the fight for the economic independence of Austria[24]«.

Wodaks schwere Bedenken wurden auch auf britischer Seite geteilt. So erfuhr er am 24. Februar vom britischen Kontrollminister John B. Hynd, daß dieser überzeugt war, daß sich die Experten des Foreign Office über die Tragweite ihrer Vorschläge gar nicht im klaren gewesen wären, jetzt aber nicht mehr zurückkönnten, »und sie hätten daher die ›ingeniöse‹ Idee gehabt, ihren Ministern einzureden, daß man die englischen Forderungen so hoch als möglich ansetzen solle, um die Russen dann zu einer Herabsetzung ihrer Forderungen zu bewegen[25]«. Hynd sagte auch zu, noch einmal persönlich mit Bevin zu sprechen.

Am Tag darauf gelang es Walter Wodak, die Informationsabteilung des Foreign Office über eine Anfrage der United Press, warum die britische Regierung in der Kompensationsfrage einen derart intransigenten Standpunkt vertrete, zu einer offiziellen Stellungnahme zu bewegen. Die britische Haltung in dieser Frage, hieß es, sei »neither adamant nor unyielding«, und man werde die wirtschaftlichen Schwierigkeiten Österreichs in die endgültigen Überlegungen unzweifelhaft einbeziehen. Außerdem machte der Sprecher des Foreign Office klar, daß nach britischer Ansicht die Verantwortung für die zu hohen Forderungen bei der österreichischen Regierung zu suchen sei.

If the Austrian Government would have drawn the attention of His Majesty's Government to the implications of the British proposals at an earlier date, a different attitude might have been adopted from the outset[26].

Walter Wodak betrachtete den Versuch des britischen Außenamtes, die Schuld auf die österreichische Regierung abzuwälzen, als ein Zeichen schlechten Gewissens und als Beweis für die Uninformiertheit der Beamten des Foreign Office. Diesen Mangel an Information führte er auf die fehlende offizielle Initiative Außenminister Grubers zurück, der es, obwohl er schon vor seiner Abreise nach London vertraulich über den britischen Vorschlag informiert worden war, unterlassen habe, die verantwortlichen britischen Minister von den negativen ökonomischen und politischen Konsequenzen zu überzeugen. Statt dessen habe sich Dr. Karl Gruber,

> wie zu erwarten war, auf die amerikanische Hilfe verlassen und angenommen, daß die Engländer der amerikanischen Meinung in dieser Frage ohne weiteres folgen werden. Ganz gegen seine Erwartung sind die Amerikaner im entscheidenden Augenblick schwankend geworden, und es schien sogar so, als ob sie ihren Vorschlag zugunsten des englischen zurückziehen würden. Es scheint Gruber dann doch gelungen zu sein, die Amerikaner davon abzubringen und bei der Stange zu halten, mit dem Resultat, daß keine Einigung erzielt und die Lösung dieser Frage vertagt wurde. Bemerkenswert ist noch, daß Berichten zufolge die SU-Delegation die englische Forderung *nicht grundsätzlich* ablehnte, sondern nur zu *hoch* fand[27].

Wodak war es aber nun gelungen, eine Parlamentarierdelegation aller Parteien zu Staatsminister Hector McNeil zustandezubringen, da es nun nicht mehr darum ging, »die verantwortlichen Minister umzustimmen«, sondern »die Beamten des Foreign Office, die die Minister schlecht beraten haben, ... unter Druck zu setzen[28]«. Inzwischen hatte er auch von John B. Hynd erfahren, daß dieser Premierminister Attlee ausführlich über die sozialistischen Bedenken informiert hatte. Außerdem teilte ihm der britische Kontrollminister mit, daß auch Ernest Bevin »über die hier in London geäußerten Bedenken voll informiert« sei, und »die von seinen eigenen Beamten gemachten Fehler [hätten] ihn sehr betroffen[29]«.

Walter Wodak konnte nun zumindest sicher sein, daß sein entschiedenes Eintreten gegen die britische Kompensationsformel in London wenigstens in Wien Früchte getragen hatte, nachdem ihm Vizekanzler Schärf mitgeteilt hatte, daß sich jetzt »alle österreichischen Parteien auf den Standpunkt gestellt [haben], den Du einnimmst[30]«.

Auf der 51. Sitzung der Stellvertreter der Außenminister in Moskau am 5. April 1947 beschloß die britische Delegation, endlich den Vorschlag auf Zwei-Drittel-Kompensation aufzugeben, da nicht nur die USA und die Sowjetunion grundsätzlich gegen Entschädigung opponierten, sondern auch »in view of the strong representations made not only by the Austrian Government but by our own people in Vienna who have pointed out that the burden of two-thirds compensation would be too heavy for the Austrian economy to sustain[31]«. Allerdings verzichtete die britische Delegation nicht grundsätzlich auf Kompensationen; der neue Vorschlag sah nur vor, daß diese Frage in zweiseitigen Verhandlungen zwischen Österreich und den betroffenen Staaten gelöst werden sollte[32].

Walter Wodak betonte aber gegenüber Oberst Wilkinson am 14. April 1947 in Wien, wohin er vergeblich gereist war, um mit der österreichischen Delegation zur Außenministerratstagung nach Moskau zu fahren, daß nicht nur der zurückgezogene britische Vorschlag für Österreich katastrophal gewesen wäre, auch »the most recent British draft was scarcely less so[33]«. Wodak hatte erkannt, daß der neue britische Text nur optisch vorteilhafter erschien[34], seine vagen Formulierungen aber nun sogar Forderungen nach vollständiger Kompensation möglich erscheinen ließen[35]. Dabei befürchtete Wodak vor allem, daß die Regierung der USA, die wegen der großen Zahl österreichischer Emigranten das wichtigste Land für die Kompensationsfrage waren, später freie Hand hätte, auf eine ihr politisch nicht genehme österreichische Regierung Druck auszuüben, oder aber, trotz ihres Kompensationen ablehnenden Standpunktes, dem Drängen der starken jüdischen Lobby nicht widerstehen könnte[36].

Schon vor seiner Reise nach Wien hatte Walter Wodak nach Veröffentlichung der Truman-Doktrin und der damit endgültig publik gemachten Spaltung der Welt in zwei Lager grundsätzliche Überlegungen über die Auswirkungen der neuen internationalen Lage auf den Staatsvertrag angestellt. Die bisherigen Verhandlungen hatten gezeigt, daß die wirtschaftlichen Interessen der Großmächte in Österreich - unter dem Titel »deutsches Eigentum« – zur eigentlich entscheidenden Frage für das Zustandekommen des Staatsvertrages geworden waren. Wodak war aber durchaus optimistisch, daß ein ökonomischer Kompromiß mit der Sowjetunion zu erreichen sei. Als Modell verwies er dabei auf den Vertrag zwischen Finnland und der Sowjetunion über das deutsche Eigentum in Finnland vom 3. Februar 1947, in dem die Sowjetunion zugestimmt hatte, das in ihrer Hand befindliche deutsche Eigentum gegen eine Kompensationszahlung dem finnischen Staat zu übergeben[37]. Auch bei seinem Gespräch mit Oberst Wilkinson am

14. April 1947 erklärte der österreichische Diplomat, daß die Frage des deutschen Eigentums in Österreich auf der Basis des finnisch-sowjetischen Vertrages in bilateralen Verhandlungen zufriedenstellend gelöst werden könne[38]. Dieser zumindest überlegenswerte Vorschlag stieß auf britischer Seite allerdings auf wenig Gegenliebe, denn solche Verhandlungen ließen wohl erwarten, daß dabei die westlichen Interessen zu kurz kommen würden. Außerdem war man völlig überzeugt, daß die österreichische Regierung nicht stark genug sein werde »to stand up for themselves[39]«. Ebenso zweifelte man daran, ob die Sowjetunion »would in fact ever agree to put the matter up for discussion with the genuine intention of reaching a settlement[40]«, unterließ es aber auch, den Vertragswillen der sowjetischen Regierung durch einen Vorschlag auf dieser Basis zu prüfen.

In einer Analyse der politischen Situation nach dem Scheitern der Moskauer Außenministerratstagung kam Walter Wodak zu dem Schluß, die Sowjetunion müsse schon längst erkannt haben, daß sie in Österreich wegen der starken Position der Westmächte keine politische Lösung in ihrem Sinne erreichen könne. Deshalb würde die Sowjetunion nun nur mehr verhindern wollen, daß sich ein von der prowestlichen ÖVP geführtes Österreich ausschließlich zur Bastion amerikanischer und britischer Interessen entwickle. Wodak erkannte klar den begrenzten Handlungsspielraum der österreichischen Regierung und den engen Zusammenhang der österreichischen mit der deutschen Frage, meinte aber doch, daß Fortschritte erzielt werden könnten, wenn man die Sowjetunion von einer freundschaftlichen Haltung Österreichs, bei gleichzeitiger absoluter Wahrung der österreichischen Unabhängigkeit, zu überzeugen vermöchte. Sollte das politische Ziel, Österreich so weit wie möglich von allen Großmächten unabhängig zu machen, beibehalten werden, dann mußten nach Wodaks Meinung nicht nur die Verhandlungsmethoden geändert werden. Wenn möglich, sollte ein sozialistischer Außenminister, ein Beamter »oder wenigstens eine nicht mit dem Stigma der Sowjetfeindschaft oder Hörigkeit gegenüber den Amerikanern belastete Persönlichkeit als Vertreter Österreichs zur Verhandlung« geschickt werden[41]. Selbst nach Abbruch der Moskauer Außenministergespräche schienen immer noch viele Indizien darauf hinzuweisen, daß die Sowjetunion ernsthaft am Abschluß der Österreichverhandlungen interessiert sei. So habe Außenminister Molotow schon wiederholt zu erkennen gegeben, daß die Frage der jugoslawisch-österreichischen Grenze kein ernsthaftes Hindernis mehr darstelle[42], und auch in anderen umstrittenen Fragen sei schon Einstimmigkeit erzielt worden[43].

Tatsächlich setzte nun gerade auf britischer Seite ein allmählicher

Stimmungswechsel ein, und man begann sich im Foreign Office zu fragen, ob ein österreichischer Staatsvertrag unter den gegenwärtig erreichbaren Bedingungen den westlichen Interessen nicht abträglicher wäre als ein längerer vertragsloser Zustand. Schon aus einer Aktennotiz des Foreign Office vom 1. April 1947, deren Inhalt der britische Chefverhandler Lord Hood voll zustimmte, war hervorgegangen, daß man im Falle eines Abschlusses des Staatsvertrages zu diesem Zeitpunkt das Risiko weniger bei Österreich als bei den westlichen Alliierten sah.

> It is possible that Austria will be exposed to pressure from the Soviet bloc whatever the nature of the treaty; if, however, the treaty is unsatisfactory from our point of view, the Soviet will be able to exercise much more pressure without running the risk of creating trouble with the West. This is the counterbalance to the advantage of a quick treaty – not the disadvantage to Austria, but the disadvantage to ourselves[44].

Die ökonomischen Schwierigkeiten Großbritanniens, die Übernahme britischer Machtpositionen in Europa durch die USA, die sich nach Verkündung der Truman-Doktrin im Frühjahr 1947 langsam, aber deutlich vollzog, ließen prinzipielle strategische und politische Bedenken gegen die Aufgabe der westlichen Positionen in Österreich gegenüber den Vorteilen eines Kompromisses in der Frage des deutschen Eigentums mit der Sowjetunion immer mehr an Bedeutung gewinnen[45].

Dies zeigte sich gerade in der britischen – und amerikanischen – Ablehnung der Taktik Karl Grubers während der Verhandlungen des Außenministerrates in Moskau. Der österreichische Außenminister vertrat in Moskau die Meinung, daß die Annahme des – ungeliebten – russischen Entwurfes und der baldige Abschluß des Vertrages den katastrophalen Auswirkungen einer weiteren Verzögerung der Verhandlungen auf die innenpolitische Entwicklung in Österreich auf jeden Fall vorzuziehen wäre[46]. Die britische Delegation in Moskau konnte sich dabei des Eindrucks nicht erwehren, daß Außenminister Gruber, der vor der Konferenz allzu optimistische Erwartungen erweckt hatte, gerade auch deswegen auf einen frühen Abschluß drängte, weil er, in Ermangelung einer starken Hausmacht in der ÖVP, bei einem Scheitern der Verhandlungen um seine politische Position fürchten mußte[47].

Zweiseitige Verhandlungen zwischen Österreich und der Sowjetunion, wie sie von Karl Gruber vorgeschlagen worden waren, kamen aber für das Foreign Office überhaupt nicht in Frage, bedeuteten

Grubers »dangerously optimistic arguments« doch, daß diese Verhandlungen unter Ausschluß der Westmächte stattfinden würden[48]. Im Falle eines für die Westmächte ungünstigen Abschlusses wäre man dann mit einer Situation konfrontiert gewesen, in der »it is we who will have to risk creating an international incident if we want to get them [die Sowjetunion] out[49]«. Lord Hood ging in seiner Ablehnung eines frühen Staatsvertrages sogar noch weiter und behauptete, daß die Sowjetunion auf jeden Fall entschlossen sei, ihr »pound of flesh« zu bekommen, und wie auch immer gearteten Vertragsbestimmungen keine Beachtung zollen werde, »even if these were based on international law, which had the effect of depriving them of it[50]«. William Mack faßte am 7. April 1947 die Kritik des britischen Außenamtes an der Strategie Karl Grubers zusammen:

> It is childish of Dr. Gruber to think that the subjection of concerns taken over by the Soviet to Austrian law will enable the Austrian Government to take them under their control[51].

Der Mißerfolg Außenminister Grubers und Minister Kraulands in Moskau bewirkte heftige Kritik innerhalb der SPÖ, aber auch in der ÖVP überlegte man eine Ablösung der beiden ÖVP-Minister[52]. Auch bei einer Unterredung zwischen Walter Wodak und Außenminister Ernest Bevin am 30. April 1947, nur 36 Stunden nach Bevins Rückkehr aus Moskau, kam die Frage einer Umbildung der österreichischen Regierung zur Sprache. Dabei ließ Bevin erkennen, daß auch er ein Junktim zwischen Grubers Eintreten für einen frühen Vertrag und seiner Stellung als Außenminister vermutete[53]. Außerdem schien es dem britischen Außenminister bedenklich, »wenn Gruber zu sehr mit den Amerikanern identifiziert sei[54]«. Walter Wodaks Kritik an seinem Chef stützte sich auf dessen »kriegerische« Bemerkungen nach seiner Rückkehr aus den USA Ende 1946[55], auf Dr. Karl Grubers Vorgehen beim Kompromißvorschlag der österreichischen Regierung in der Frage des deutschen Eigentums, wo er die SPÖ mit einem fait accompli konfrontiert hatte[56], und auf die mangelnde Zusammenarbeit des österreichischen Außenministers mit den SPÖ-Ministern der Regierungskoalition. Ernest Bevin betonte, daß die Koalition zwischen ÖVP und SPÖ unbedingt erhalten werden müsse, was seiner Meinung nach aber eine Auswechselung einzelner Minister nicht völlig ausschloß[57].

Die Notwendigkeit der Aufrechterhaltung der Kooperation zwischen ÖVP und SPÖ, zentrale Maxime der britischen Österreich-Politik seit Kriegsende, ließ die Österreich-Experten des britischen Außenamtes klar gegen eine Änderung der österreichischen Regierung Stellung beziehen. In seiner Analyse der sozialistischen Kritik an Außenminister Dr. Karl Gruber hob Michael F. Cullis hervor, daß diese vor allem auf der Befürchtung beruhe, der österreichische Außenminister verlasse sich zu sehr auf amerikanische Unterstützung, einschließlich gewisser finanzieller Kreise mit Interessen in Österreich, und sei von der Stärke der USA und ihrem Willen, ihre Politik in Mitteleuropa durchzusetzen, übermäßig beeindruckt. Grubers Stellungnahmen nach seiner Rückkehr aus den USA Ende 1946, wo sein »head ... seriously turned« worden sei, ließen die österreichischen Sozialisten befürchten, daß die Außenpolitik Dr. Karl Grubers

> would lead Austria into excessive dependence on »American capitalism«. What they would like is for Austria to pursue a genuinly neutral course, retaining full control of her own economic resources and looking primarily to *this* country for such foreign support as she needs.
> All this is rather theoretic; and it is I am afraid true that the Austrian Socialists have always been somewhat theoretic in their outlook[58].

Zwar bemerkte Cullis, ein sozialistischer Außenminister könnte für die österreichische Regierung »in some ways« vorteilhafter sein, optierte aber trotzdem für die Beibehaltung Karl Grubers, da Adolf Schärf, der seiner Meinung nach fähigste SPÖ-Kandidat, wegen seiner Position als Vizekanzler wohl nicht in Frage käme. Cullis kam deshalb zu dem Schluß, daß

> in the specific case of Dr. Gruber, he is with all his faults (which are mainly those of inexperience an impetuousity) an able and energetic young man, with a European outlook and a thoroughly western-minded orientation. He is also one of the three or four members of the Austrian Government with any real drive and ability[59].

William Mack aber, der aus der SPÖ-Kritik an Gruber schon wieder einmal Volksfrontgelüste der linken Sozialisten herauszuhören glaubte, konnte dem Foreign Office aus Wien befriedigt berichten, daß seine massiven Interventionen zugunsten der Beibehaltung der österreichischen Regierungsmannschaft bei Vizekanzler Schärf »had the desired effect[60]«.

Als jedoch Ernest Bevin von Karl Grubers harter öffentlicher Kritik an der alliierten Verhandlungsführung in Moskau erfuhr, wies er seine Beamten noch einmal an, zu überlegen, ob er der österreichischen Regierung empfehlen solle »to drop Dr. Gruber or the reverse[61]«. Der britische Außenminister fand Grubers Stellungnahme »extremely injudicious, and [it] has caused him serious doubts as to whether Dr. Gruber is an altogether suitable Foreign Minister[62]«. Dies um so mehr, »as he was considered to be too much in the pockets of the Americans, and that made Austria's position with the Soviet Union more difficult[63]«. Die Österreichexperten des Foreign Office stimmten Bevin bei, daß Grubers Ansprache »petulant« gewesen sei, verwiesen aber allerdings darauf, daß er seine Position nicht hätte halten können, hätte er sich mit den Ergebnissen der Moskauer Außenministerratstagung zufriedener gezeigt. Es sei zwar richtig, bemerkte Bernard Burrows,

> that Dr. Gruber is closely tied up with the Americans, but I venture to doubt whether the Russians are more suspicious of him than they would be of a Foreign Minister who divided his favours equally between ourselves and the Americans. We should presumably not at all relish having a Foreign Minister who was not more closely connected with the »Anglo-Saxons« than with the Russians. The Russians will surely never make any concessions of their own free will to anything but a Communist Austrian Government[64].

Ernest Bevin ließ sich wohl von seinen Beamten überzeugen, daß eine Änderung der österreichischen Regierung nicht wünschenswert wäre, bemerkte aber, daß »Gruber is difficult and provocative however we try to help. We will keep clear and leave him to the Americans[65]«.

Nach diesem Machtwort des britischen Außenministers war die Angelegenheit für das Foreign Office erledigt, für Walter Wodak sollte sie aber noch ein unangenehmes Nachspiel haben. Seine in diplomatischen Kreisen gewiß unübliche Initiative gegen den österreichischen Außenminister bei Ernest Bevin war mit voller Zustimmung Vizekanzler Adolf Schärfs unternommen worden und deckte sich mit der Stimmung für die Ablösung Karl Grubers und Peter Kraulands innerhalb der SPÖ[66]. Obwohl Wodak Schärfs Rückendeckung besaß, wurde seine Position in London gefährdet, nachdem Außenminister Gruber, wohl von dem britischen konservativen Diplomaten William Mack, über Wodaks Intervention informiert worden war[67].

So erfuhr Walter Wodak vom österreichischen diplomatischen Vertreter in London, Heinrich Schmid, daß dieser von Gruber beauftragt sei, auf die Labour Party einzuwirken, sich aus der österreichischen Innenpolitik vor allem in der Frage der Person des österreichischen Außenministers herauszuhalten. Die Volkspartei empfinde es als unerträglich, daß die SPÖ wegen des direkten Drahtes von Vizekanzler Schärf zur Labour Party so tue, als hätte sie ein

Monopol in den Beziehungen zur britischen Regierung. Mit einem Hinweis auf seine Pflichten als Beamter verlangte Schmid von Wodak, sich in Zukunft von der Labour Party fernzuhalten. Wodak wurde von seinem unmittelbaren Vorgesetzten klargemacht, daß seine Beförderung zum ersten Sekretär auf dem Spiel stand; außerdem mußte er damit rechnen, daß das österreichische Außenamt seine Abberufung aus London in Betracht zog[68]. Dies konnte zwar von Adolf Schärf, der Wodaks wichtige Rolle in London durchaus zu schätzen wußte, verhindert werden; der österreichische Vizekanzler sah allerdings seine »Besorgnisse bestätigt, daß man unter Umständen Dich in die Zange nehmen werde[69]«.

Nun wurde aber plötzlich die Österreich-Frage von der Enthüllung der »Figl-Fischerei«, die auch in London wie eine Bombe einschlug, überschattet. Schon am 11. Juni 1947 erfuhr das britische Außenministerium, daß Karl Gruber, nachdem er von den Verhandlungen zwischen Spitzenpolitikern der ÖVP und der KPÖ Kenntnis erhalten hatte, sofort zur amerikanischen Vertretung geeilt war und um Vermittlung eines geeigneten amerikanischen Journalisten zur Enthüllung dieser Geheimkontakte gebeten hatte. Auf die Frage, warum Bundeskanzler Figl diese Initiative nicht selbst ergriffen habe, habe Gruber erklärt, daß er von Figl persönlich mit dieser Aufgabe betraut worden sei[70].

Im Foreign Office machte sich allerdings Verwunderung über den Zusammenhalt in der ÖVP breit, als man über John Cheetham von Bundeskanzler Figl erfuhr, daß dieser Karl Gruber keineswegs ermächtigt habe, Informationen über die Gespräche zwischen ÖVP und KPÖ weiterzugeben[71].

Walter Wodak, der von Vizekanzler Schärf sofort am 11. Juni 1947 telefonisch informiert worden war, daß diese Krise die österreichische Regierung nicht in ihrer Existenz gefährde, gelang es, die Beamten des britischen Außenministeriums, die die Ereignisse in Österreich im Zusammenhang mit der politischen Situation in Ungarn sahen, einigermaßen davon zu überzeugen, daß die Verhandlungen der Kommunisten mit dem rechten Flügel der Volkspartei nur ein vorübergehendes österreichisches Kuriosum gewesen seien[72]. Aus den ausführlichen schriftlichen Berichten Adolf Schärfs mußte Walter Wodak allerdings erkennen, daß diese Geheimverhandlungen durchaus nicht zufällig zustandegekommen waren. Der österreichische Vizekanzler hatte Informationen, nach denen eine Gruppe von österreichischen Unternehmern mit der Sowjetunion ins Geschäft kommen wollte. Durch eine Verständigung mit der Sowjetunion, über die liberale Gruppe innerhalb der ÖVP und über die SPÖ hinweg, wäre nun versucht worden, über das Rußlandgeschäft zumindest einen Teil der Exportgewinne als Fluchtkapital ins Ausland zu bekommen[73].

Trotz Walter Wodaks Bemühungen, das Foreign Office zu beruhigen, zeigten sich dessen Beamte gerade über das Zusammenwirken rechter Volksparteipolitiker mit den Kommunisten »rather puzzled[74]«. Man vermutete in London eine Verschwörung zwischen den linken und rechten Extremen gegen die gemäßigten Gruppierungen in Österreich, um so mehr, als nun sogar der konservative österreichische Diplomat Heinrich Schmid Julius Raab als einen »little fascist (not for quotation!)« beschrieben hatte[75]. Dieser Eindruck wurde noch durch die britischen Berichte aus Wien verstärkt. So bemerkte John Cheetham am 19. Juni 1947, es sei klar,

> that discreet contact has been maintained for some time between the Russians and Communists on the one hand, and Raab and other members of the extreme right wing of the People's Party on the other. Many of these people are unscrupulous, and your conjecture about extremes drifting together is probably correct. Raab may well have felt that his influence as an advisor of Figl was waning and that he was being supplanted as a political figure by the young guard of the party (Gruber, Hurdes, Krauland and Graf). As you rightly remark there is no love lost between the two sections. I think that Raab certainly had his eye on a ministerial post and that his part in the intrigue was due to a desire to reassert himself in the political world. As for the Russians, I think experience has shown that they have no repugnance for working with »reactionaries« if the latter are so foolish to play their game[76].

Nachdem das britische Außenamt den ersten Schock über die »Figl-Fischerei« überwunden hatte, erkannte man in London, daß die Kommunisten die eigentlichen Verlierer waren. Allerdings war man überzeugt, daß auch die ÖVP, vor allem Leopold Figl, Julius Raab und Karl Gruber, viel Prestige eingebüßt habe[77]. Andererseits ließ die Haltung der Sozialisten im Foreign Office keine Zweifel aufkommen, daß nun ihr Ansehen

> has been more than proportionally enhanced. Once the first flush of anger at People's Party disloyalty had subsided, it was replaced by realisation that the Socialists had been presented with a classic opportunity for making political capital. They have been wise enough to do so by a dignified display of magnanimity which is likely to lose nothing of its effect by being so evidently in the best interests not only of the Socialists but also of Austria[78].

Noch unverständlicher wurde dem Foreign Office die Haltung der ÖVP, als man von Vizekanzler Schärf erfuhr, daß die KPÖ auch versucht habe, an die Sozialisten heranzutreten, von diesen aber abgewiesen worden sei. Obwohl Schärf daraufhin sofort Bundeskanzler Figl über die kommunistische Initiative informiert hatte, verheimlichte dieser die schon arrangierten Gespräche zwischen ÖVP und KPÖ seinem Koalitionspartner auch weiterhin[79].

Trotz des Prestigegewinnes der SPÖ, deren Vertrauenswürdigkeit wegen ihrer ausgleichenden Politik sowohl bei den Briten als auch bei den Amerikanern stark zugenommen hatte, kam Walter Wodak in einer vorausschauenden Analyse der »Figl-Fischerei« doch zu dem Schluß, daß sich die Situation für Österreich durch die »Packelei« zwischen ÖVP und KPÖ grundsätzlich verschlechtert habe. Setzte sich nun doch in London immer mehr die Meinung durch, »man solle die Besetzung in Österreich aufrechterhalten, da sonst die Gefahr bestehe, daß die Kommunisten einen Staatsstreich machen[80]«. Die britische Haltung zu den Vorgängen in Österreich, Besorgnis gepaart mit ratlosem Kopfschütteln, geht wohl am besten aus einer Bemerkung John Cheethams hervor:

> Lastly, I cannot help observing that nothing more typically Austrian than the events of the week can be conceived[81].

Die konsequent antikommunistische Haltung der SPÖ-Führung verstärkte nun eine Entwicklung, die sich schon seit einigen Monaten angekündigt hatte. Bis zum Frühjahr 1947 hatte vor allem die ÖVP mit großen politischen Sympathien und einer bevorzugten Behandlung durch die amerikanischen Vertreter in Österreich rechnen können, während zu den Sozialisten eine gewisse Distanz bestanden hatte. Nun aber, nach Verkündung der Truman-Doktrin, die eine Verschärfung des Konflikts zwischen den »beiden Welten« erwarten ließ, stieß die Politik Außenminister Grubers, die Politik eines Vertrages um (fast) jeden Preis, zunehmend auf britische (und amerikanische) Ablehnung. Zwar bedeutete die Truman-Doktrin keineswegs eine Revolutionierung der amerikanischen Außenpolitik, hatten sich die USA doch schon seit Kriegsende immer mehr in Europa engagiert. Aber die Festschreibung dieses Engagements als Prinzip der amerikanischen Politik und der entschlossene Beginn der Realisierung dieses Konzepts durch den Marshall-Plan markierten doch eine politische Zäsur – auch für Österreich. Die Befürchtung, daß Österreich nach einem baldigen Abzug der Besatzungstruppen zwar dem direkten Einfluß der Westmächte, nicht jedoch dem der Sowjetunion entzogen sein werde, verstärkte sich im Laufe des Jahres 1947 immer mehr.

Nun trafen sich aber gerade nach dem Scheitern der Moskauer

Außenministerratstagung die Positionen der USA und der SPÖ-Führung in ihrer prinzipiellen Opposition gegen zu weit gehende ökonomische Kompromisse mit der Sowjetunion, und die gemeinsame Ablehnung der Strategie Außenminister Grubers leitete eine immer stärkere Annäherung zwischen den führenden österreichischen Sozialisten und den amerikanischen Behörden in Wien ein[82]. Der strikte Antikommunismus der SPÖ-Führung konnte außerdem auch konservative Kreise in den Vereinigten Staaten und in Großbritannien überzeugen, daß die SPÖ als Partei eine »Bastion der österreichischen Unabhängigkeit« sei[83].

So häuften sich seit Mai 1947 in den Briefen Adolf Schärfs an Walter Wodak die Hinweise, daß die amerikanischen Behörden in Österreich nun ihre Besatzungspolitik genau mit der SPÖ absprachen. Auch das neue SPÖ-Forderungsprogramm vom 6. Mai 1947 hatte laut Schärf einen großen Eindruck auf die Amerikaner gemacht, und sie seien »außerordentlich zufrieden« gewesen[84], ja, die Reduzierung der Besatzungslasten für Österreich durch die USA wurde vom österreichischen Vizekanzler als direktes Resultat dieser neuen politischen Freundschaft bezeichnet[85]. Am deutlichsten beschrieb Adolf Schärf die veränderte Situation in Wien wohl in einem Brief an Walter Wodak vom 16. Juli 1947:

Unser Verhältnis zu den Amerikanern hier ist sehr gut, zweifellos im Grunde genommen besser als das der Amerikaner zur ÖVP. Dorthin bestehen noch immer gute und enge Beziehungen – Du-Worte und freundschaftliche Zusammenkünfte –, aber im Wesen wird die Politik der Volkspartei von den Amerikanern mißbilligt[86].

Gleichzeitig machte sich in der SPÖ eine Stimmung der Enttäuschung über die mangelnde Unterstützung durch Großbritannien breit, von dessen Labour-Regierung man sich seit 1945 große Dinge erhofft hatte[87]. Der bestens informierte und mit den Klagen der SPÖ sympathisierende britische Journalist G. E. R. Geyde berichtete am 7. Juli 1947, daß die österreichischen Sozialisten wegen der Labour-Politik gegenüber Österreich, besonders aber wegen der offensichtlichen Bevorzugung der ÖVP durch die britischen politischen und militärischen Vertreter in Österreich, frustriert seien. Durch die gesamte Partei ziehe sich die Meinung, daß die Labour-Regierung »don't talk the same language« und »if among British . . . there is anyone capable of acting as real ear or mouthpiece of the British Labour Government, he has been brilliantly successful in concealing the fact from us[88]«. Andererseits seien die österreichischen Sozialisten nun überzeugt, daß die Amerikaner »– contrary to the general opinion which considers them backers and associates of the reactionary Volkspartei to the exclusion of other parties – have, according to these secret Austrian reports, greatly modified their attitude[89]«.

Die britischen Vertreter in Wien protestierten gegen diese »wildly exaggerated« Kritik, mußten allerdings zugeben, daß »there is a grain of truth in the contention that, generally speaking, our contacts with the Austrian Socialists are not as close and frequent as they might be[90]«. Neben der für die SPÖ spürbaren Bevorzugung der konservativen Kräfte durch die britischen Vertreter in Österreich machte sich aber nun eine Entwicklung bemerkbar, die die gesamte britische Außenpolitik nach dem Zweiten Weltkrieg entscheidend beeinflußte. Großbritanniens ungeheure Kraftanstrengung während des Zweiten Weltkrieges hatte zwar entscheidend zur Niederlage des Faschismus beigetragen, die daraus resultierende Verschuldung leitete aber eine ökonomische Dauerkrise ein, die es der Regierung Attlee, aber auch nachfolgenden britischen Regierungen fast unmöglich machte, im Konflikt der beiden Supermächte alternative Positionen durchzusetzen[91]. Es mangelte einfach überall an finanziellen Mitteln. So beklagte William Mack, daß die Briten in Wien nicht einmal über eine zentrale Lokalität verfügten, wo sie informelle Treffen mit Politikern der SPÖ veranstalten könnten, während es den amerikanischen Offizieren und Beamten in Wien jederzeit möglich sei, mit den österreichischen Sozialisten bei gutem Essen (und Bier und Wein) die laufenden politischen Probleme durchzusprechen[92].

Auch Walter Wodak, der seit Beginn seiner Mission in London Ende 1945 versucht hatte, seine britischen Gesprächspartner zu überzeugen, daß die Sympathie der britischen Militärs und Beamten in Österreich für die ÖVP nicht erkennen lasse, daß in London eine sozialistische Regierung amtiere, erkannte, daß die Regierung Attlee in ihren außenpolitischen Entscheidungen durch die britische Wirtschaftskrise stark gehemmt war[93]. Dennoch hoffte er gleich vielen Labour-Linken noch immer, daß die Regierung Attlee, sozusagen als dritte Kraft zwischen der Sowjetunion und den USA, vermitteln könne. Eine derartige Vermittlerposition eines sozialdemokratischen Großbritannien hätte nach Wodaks Meinung auch das Zustandekommen eines ökonomischen Kompromisses in der Frage des österreichischen Staatsvertrages fördern können. Wodak, der überzeugt war, daß ein dauerhafter Friede nur durch einen Ausgleich mit der Sowjetunion zu erreichen sei, und der dem von der deutschen Armee verwüsteten kommunistischen Staat auch das moralische Recht auf Entschädigungen nicht absprach, konnte in der Frage des deutschen Eigentums kein grundsätzliches Hindernis für den Abschluß des Staatsvertrages erkennen, eine Einstellung, die sich in den folgenden Jahren als durchaus richtig erweisen sollte. Wodak, der nicht nur einer sowjetischen, sondern auch jeder amerikanischen und britischen wirtschaftlichen Bevormundung Österreichs ablehnend gegenüberstand, glaubte, daß nur ein von beiden Machtblöcken politisch und wirtschaftlich unabhängiges Österreich Chancen auf Bestand habe, ja überhaupt erstrebenswert sei. Der sozialistische Diplomat warnte deshalb seine Parteifreunde in Österreich davor, sich zu sehr auf die amerikanische Politik zu verlassen:

> Nichts wäre meiner Meinung nach verderblicher, als wenn wir österreichischen Sozialisten und Gewerkschafter in den Fehler verfallen würden, den so viele in Österreich machen, »England abzuschreiben«. So sehr ich die Schwierigkeiten kenne, die es hier gibt, so sehr hoffe ich, daß das große Experiment gelingen wird, und was das für uns bedeutet, brauche ich besonders Dir nicht zu sagen[94].

Wodak wies Vizekanzler Schärf nicht nur darauf hin, daß gerade innerhalb der Labour Party großes Interesse an Österreich bestehe und die Regierung Attlee schon viel für Österreich geleistet habe[95], er hoffte vor allem, daß der innenpolitische Linkstrend in Großbritannien doch noch auf die Außenpolitik der Labourregierung abfärben werde[96]. Daß er dabei sowohl die ständig wachsende ökonomische Abhängigkeit Großbritanniens von den USA unter- als auch die Bereitschaft der Labourregierung zum Ausgleich zwischen der Sowjetunion und den Vereinigten Staaten überschätzte, zeigte die Außenpolitik Ernest Bevins, die sich, manchmal recht unfreiwillig, in fast allen grundsätzlichen weltpolitischen Fragen auf die Positionen des State Department einpendelte, recht deutlich[97]. Zwar gab es in London und Washington auch weiterhin Politiker und Beamte, die für einen raschen Abschluß des Staatsvertrages eintraten, gerade im Foreign Office aber setzte sich nun langsam die Überzeugung durch, daß ein Hinausschieben des Staatsvertrages größere Garantien für die Sicherung der westlichen Interessen in Mitteleuropa biete.

Aus zwei grundsätzlichen Memoranden von James Marjoribanks, »Do We Really Want an Austrian Treaty?« vom 24. September 1947 und »Is an Austrian Treaty Advisable?« vom 26. September 1947, geht deutlich hervor, daß man dem Staatsvertrag nur mehr dann zustimmen wollte, wenn die Sowjetunion zu einer »complete reversal« ihrer Position bereit sei[98]. Zwar erkannte man die negativen Folgen einer länger dauernden Besetzungsperiode für Österreich, vor allem die Verlängerung der direkten sowjetischen Einflußmöglichkeiten im Osten und die Verstärkung separatistischer Bestrebungen im Westen, meinte aber, daß der Vertragsabschluß grundsätzlich erst dann möglich sei, wenn Großbritannien und die USA die absolute Sicherheit hätten, daß der Einfluß der Sowjetunion nach Abzug der Besatzungstruppen vollständig ausgeschaltet wäre.

Angesichts dieser prinzipiellen Haltung, Österreich unter allen Umständen in den westlichen Einflußbereich einzubeziehen, bekam nun auch das diplomatische Feilschen um günstigere Vertragsbedingungen, solange die westliche Position in Österreich nicht endgültig gefestigt war, eine neue – untergeordnete – Dimension, denn »the actual terms of the Treaty, in view of the Soviet capacity for interpreting any definition to suit their own interests, are less important[99]«.

Sir Oliver Harveys Zusammenfassung der Haltung des Foreign Office in der Frage des österreichischen Staatsvertrages für Ernest Bevin am 25. September 1947 macht die veränderte Strategie der Briten deutlich:

> Mr. Marjoribanks has written a valuable but disturbing paper. It would be disastrous to conclude an Austrian treaty in November only to see the whole of Austria sucked under the iron curtain a few months later, as our forces withdrew. The way in which the Soviets are now exploiting the economy of their half of Austria shows how this could be done.
>
> Though the chances now seem against the conclusion of a treaty in November, the alternative of indefinite prolongation of Four Power occupation is hardly more satisfactory if it means, as it would, the effective division of Austria into two. But even this seems preferable to the first alternative[100].
>
> Our objective for the next few years must clearly be to stop Austria becoming an iron curtain country, thus bringing the Soviets to the Alps. This will demand prolonged planned economic assistance to Austria, whether any treaty is concluded or not. Though even under the most favourable treaty, with every paper provision against Russian exploitation, Austria will be strongly drawn towards the satellites for economic reasons, just as she used to be drawn towards Germany, unless the Western Powers can guarantee her economic assistance[101].

Man war also im Foreign Office schon gegen Ende des Jahres 1947 bereit, wenn auch nur unter großen Bedenken und immer wieder mit dem Hinweis auf die Errettung Österreichs vor der dauernden sowjetischen Bedrohung, sich mit der Perspektive einer langfristigen Besetzung Österreichs abzufinden. Während man im britischen Außenamt die Verdrängung des ökonomischen – und damit politischen – Einflusses der Sowjetunion als Hauptaufgabe der westlichen Österreich-Politik betrachtete, wurde aber eine gleichzeitige Einschränkung britischer und amerikanischer Interessen, die logische Voraussetzung für eine echte Neutralisierung Österreichs, keineswegs ins Auge gefaßt. Ende 1947 faßte James Marjoribanks die Ziele der britischen Österreichpolitik in den kommenden Jahren in einer Analyse für den britischen Außenminister präzise zusammen:

> What we are trying to do in Austria is to get the Russian troops out as soon as possible and with Western support (notably American economic aid) build up the Austrian State into an effective counterweight to Soviet penetration in Central Europe[102].

Walter Wodak, der diese Entwicklung im Foreign Office mit großer Sorge verfolgte, versuchte die zuständigen Beamten des britischen Außenministeriums von der großen Gefahr, die diese Position für die innenpolitische Entwicklung in Österreich – einschließlich der Stärkung der separatistischen Kräfte in den westlichen Bundesländern – bedeutete, zu überzeugen. Seine mit großem Engagement vorgetragenen Einwände machten zwar auf seine britische Gesprächspartner starken Eindruck, konnten sie aber zu keiner grundsätzlichen Änderung ihrer Politik bewegen[103].

Wodak war noch immer überzeugt, daß die Sowjetunion bei Garantie einer wirklichen Unabhängigkeit Österreichs durchaus noch zu Zugeständnissen zu bewegen sei[104]. Der baldige Abschluß des Staatsvertrages würde aber, auch bei Beibehaltung des vorliegenden sowjetischen Textes, »einen wesentlichen Fortschritt gegenüber dem jetzigen Zustand schaffen[105]«.

Vizekanzler Schärf, dessen Briefe an Wodak schon seit geraumer Zeit Aufschluß über die Annäherung der politischen Vorstellungen der SPÖ an die der USA gegeben hatten, erkannte aber, daß die Westmächte einen ökonomischen Kompromiß auf der Basis der sowjetischen Vorschläge nicht dulden würden, ja, daß Österreich bei Eingehen auf die sowjetischen Vorstellungen jede Unterstützung der Westmächte verlieren würde. Er sei sicher, so schrieb Schärf am 6. Oktober 1947 in einem Brief an Walter Wodak,

> daß dann, wenn wir uns Rußland vollständig unterwerfen, die Westmächte nichts dagegen tun werden, sondern uns die Unterwerfung ermöglichen. Ich glaube aber, daß es ganz ausgeschlossen wäre, daß sie uns dann etwas geben, damit wir es an die Russen weitergeben. Die ganze amerikanische

und englische Politik ist unverständlich, wenn man nicht ihre Besorgnis erkennt, daß wir das, was wir von ihnen erhalten, eben an die Russen weitergeben könnten!
Ich glaube, es bleibt uns nichts anderes übrig, als uns darauf einzustellen, daß wir zunächst nicht zum Staatsvertrag kommen[106].

Seit Mitte 1947 hatte sich die SPÖ-Führung immer mehr von dem Ziel eines raschen – und damit ungünstigen – Abschlusses des Staatsvertrages entfernt, und nun, im Oktober 1947, waren die führenden österreichischen Sozialisten bereit, sich auf eine lange Phase zähen und geschickten Verhandelns zur Erreichung günstigerer Bedingungen einzustellen, vor allem, weil sie auf die ökonomische Unterstützung der Westmächte nicht verzichten zu können glaubten[107].

Noch einmal versuchte Walter Wodak während eines Wien-Besuchs anläßlich des SPÖ-Parteitages Ende Oktober 1947 seine Parteifreunde davon zu überzeugen, daß ein Staatsvertrag nur über einen Ausgleich mit der Sowjetunion erreicht werden könne, aber seine Thesen entsprachen nicht mehr dem neuen Kurs der SPÖ-Führung. Hinter der von Walter Wodak in London seit Kriegsende vertretenen Position, daß Österreich nur dann aus dem Machtkonflikt der Großmächte herausgehalten und wirklich unabhängig werden könne, wenn die österreichische Regierung nicht nur jeden sowjetischen Einfluß ablehne, sondern auch gegenüber den Westmächten eine echte politische Unabhängigkeit anstrebe, war Anfang 1947 auch Vizekanzler Adolf Schärf noch voll gestanden[108]. Die Verschärfung des Ost-West-Konfliktes nach Ablehnung des Marshall-Planes durch die Sowjetunion und der in ihrem Einflußbereich liegenden osteuropäischen Staaten, die zunehmende Einflußnahme der Sowjetunion in der Tschechoslowakei und in Bulgarien, insbesondere aber die Ereignisse in Ungarn Mitte 1947 hatten die SPÖ-Führung jedoch überzeugt, daß die Verfechtung eines wirklich neutralen Kurses gegenüber allen Großmächten für Österreich ein zu großes Wagnis bedeuten würde.

Ende November 1947 ließ deshalb Vizekanzler Adolf Schärf seinem Freund Walter Wodak über Walter Hacker mündlich eine deutliche Warnung zukommen, »daß Du Deine russophile Politik sofort einstellen sollst, da die Partei sich sonst genötigt sehen wird, Dich zu desavouieren[109]«. Die Abkühlung des Verhältnisses zwischen Schärf und Wodak, der dem österreichischen Vizekanzler mitteilte, »daß mich der Inhalt, die Diktion Deiner Botschaft und die Art ihrer Übermittlung persönlich nicht gefreut hat, brauche ich wohl nicht besonders zu betonen[110]«, währte allerdings nicht lange. Weder konnte und wollte Adolf Schärf auf die ausgezeichneten Dienste »seines Mannes« in

London verzichten, noch ließ Wodak je Zweifel darüber aufkommen, daß sein Eintreten für eine echte Neutralität Österreichs keinem Ausverkauf an die Sowjetunion gleichgesetzt werden könne[111].

Allerdings mußte Walter Wodak erkennen, daß das Sich-Eingraben der Großmächte in ihre bisherigen Positionen, zumindest vorläufig, unabhängige österreichische Initiativen unmöglich machte[112]. Wodaks Einsicht in die britische Außenpolitik sowie seine Kenntnis der innenpolitischen Situation Österreichs hatten ihn gegen Ende 1947 überzeugt, daß eine Politik der völligen Neutralität Österreichs, wenn möglich unter Führung der SPÖ, aus weltpolitischen Gründen kurzfristig nicht durchführbar war.

Sein grundsätzliches Dilemma, das auf seiner Doppelrolle – offizieller österreichischer Diplomat und gleichzeitig politischer Verbindungsmann der SPÖ in London – basierte und mit dem er während seiner Mission in London immer wieder konfrontiert wurde, hatte Walter Wodak schon lange erkannt. So schrieb er Anfang Juni an Adolf Schärf, es scheine immer wieder die alte Geschichte zu sein, »daß Konservative immer behaupten, daß sie in Wirklichkeit keine Parteipolitik machen, während die bösen Sozialisten Parteipolitik in alles hineintragen[113]«.

Zu sehr war Walter Wodak allerdings von der Möglichkeit überzeugt, daß ein nach allen Seiten unabhängiges Österreich eine Lösung der Staatsvertragsfrage garantieren würde, als daß er sich von dieser zentralen Idee hätte abbringen lassen. Wie seine Initiativen in den kommenden Jahren in London beweisen sollten, ließ der sozialistische Diplomat auch weiterhin nichts unversucht, um seinen Beitrag zur Schaffung eines wirklich neutralen österreichischen Staates zu leisten[114].

ANMERKUNGEN

1 Siehe dazu: Wagnleitner, Reinhold: *Das erste Jahr der Mission Walter Wodaks in Großbritannien 1945–46. Ein Beitrag zur Entwicklung der britisch-österreichischen Beziehungen nach dem Zweiten Weltkrieg*. Dieser Aufsatz erscheint demnächst in den Akten des *Colloque Deux Fois l'Autriche: après 1918 et après 1945, 8 au 12 Novembre 1977*, des *Centre d'Etudes et de Récherches Autrichiennes* der *Université de Haute Normandie* in Rouen.

2 United States Delegation Minutes, Council of Foreign Ministers, 3rd Session, 22nd Meeting, New York, December 11th, 1946, Foreign Relations 1946, vol. II, S. 1521–1530.

3 Zu den Staatsvertragsverhandlungen im Jahre 1947 siehe: Stourzh, Gerald: *Kleine Geschichte des österreichischen Staatsvertrages*. Mit Dokumententeil. – Graz, Wien,

Köln 1975, S. 29 ff und 35–48; Fellner Fritz: *Teilung oder Neutralisierung? Zur österreichischen Geschichte des Jahres 1947 nach den »Foreign Relations of the United States«.* In: *Österreichische Zeitschrift für Außenpolitik,* 14. Jg., Heft 4, 1974, S. 199–216; Ardelt, Rudolf G. und Hanns Haas: *Die Westintegration Österreichs nach 1945.* In: *Österreichische Zeitschrift für Politikwissenschaft,* 4. Jg., Heft 3, 1975, S. 379–399; Schärf, Adolf: *Österreichs Erneuerung 1945–1955. Das erste Jahrzehnt der Zweiten Republik.* Wien 1955, S. 138–144, 165–178 und 205–206; Gruber, Karl: *Zwischen Befreiung und Freiheit. Der Sonderfall Österreich.* Wien 1953, S. 112–145, 154–155 und 162–185; Gruber, Karl: *Ein politisches Leben. Österreichs Weg zwischen den Diktaturen.* Wien, München, Zürich 1976, S. 108 ff.

4 Bericht über die Besprechung mit John B. Hynd am 22. Jänner 1947, Nachlaß Wodak.
5 Ebd.
6 Notizen für die Unterredung zwischen Vizekanzler Adolf Schärf und Außenminister Ernest Bevin, undatiert, Nachlaß Wodak.
7 Walter Wodak an Adolf Schärf, London, 7. Februar 1947, Nachlaß Wodak: Bericht über Unterredung am 12. Februar 1947, Nachlaß Wodak. Dazu ist wohl noch anzumerken, daß es keineswegs üblich war, daß Außenminister Bevin einen Diplomaten im Range Wodaks empfing. Wodak kam nicht nur Bevins große Sympathie für den Kampf der österreichischen Arbeiterbewegung in der Zwischenkriegszeit zugute, er verfügte auch über eine ausgezeichnete Vermittlerin in der Person der Labour-Abgeordneten Barbara Ayrton Gould. Außerdem lassen die zahlreichen Berichte Wodaks über seine Gespräche mit dem britischen Außenminister vermuten, daß Ernest Bevin ihm wohl auch persönliche Sympathien entgegenbrachte.
8 Walter Wodak an Adolf Schärf, London, 12. Jänner 1947, Nachlaß Wodak.
9 PRO C 168/22/3. Draft Treaty with Austria. British Proposal, 2nd Draft, 3. Jänner 1947; PRO C 1042/22/3. 3rd Draft, 18. Jänner 1947. Zur amerikanischen Österreichpolitik 1947 siehe: *Foreign Relations of the United States.* Vol. II. Council of Foreign Ministers; Germany and Austria. Washington, D. C. 1972, S. 112–772, 795–810 und 1167–1228. Nach dem britischen Entwurf sollten nicht nur zwei Drittel jenes Vermögens, das bis zum Anschluß im Besitz von Staatsbürgern der alliierten Staaten gewesen war, sondern auch jene Werte, die zwischen dem 12. März 1938 und Kriegsbeginn von alliierten Staatsbürgern erworben worden waren, ersetzt werden. Außerdem sollte die österreichische Regierung alle Staatsbürger der Vereinten Nationen diskriminierenden Gesetze, die nach dem Anschluß beschlossen worden waren, aufheben, eine Forderung, die auch den Interessen der westlichen Erdölkonzerne entgegenkam. Dazu kam noch, daß im britischen Vertragsentwurf vorgesehen war, daß alle jene Personen entschädigt werden sollten, die schon am 8. Mai 1945 alliierte Staatsbürger gewesen waren. Dies bedeutete eine Verpflichtung des österreichischen Staates zur Entschädigung des größten Teils der österreichischen Emigranten, vor allem in den USA.
10 Walter Wodak an Adolf Schärf, London, 7. Februar 1947, Nachlaß Wodak.
11 Bericht über die Unterredung mit Mr. John B. Hynd, Chancellor of the Duchy of Lancaster, am 10. Februar 1947, Nachlaß Wodak.
12 PRO C2491/22/3. Record of Interdepartmental Meeting, Foreign Office, 13. Februar 1947.
13 PRO C 1940/22/3. FO minute Lord Hood, 3. Februar 1947.
14 PRO C 785/22/3.
15 PRO C 2941/22/3. FO minute Sir Oliver Harvey, 11. Februar 1947.

16 Walter Wodak an Adolf Schärf, London, 10. Februar 1947, Nachlaß Wodak.
17 Bericht über Unterredung am 12. Februar 1947, Nachlaß Wodak.
18 Ebd.
19 Walter Wodak an Adolf Schärf, London, 17. Februar 1947, Nachlaß Wodak.
20 Ebd.
21 Ebd.
22 Amtsvermerk vom 20. Februar 1947, Nachlaß Wodak. Zur Österreichgruppe der Labour-Parlamentarier siehe: Wagnleitner, *Das erste Jahr der Mission Walter Wodaks in Großbritannien 1945–46.*
23 Walter Wodak an Adolf Schärf, London, 21. Februar 1947, Nachlaß Wodak.
24 Memorandum, undatiert, Nachlaß Wodak.
25 Walter Wodak an Adolf Schärf, London, 24. Februar 1947, Nachlaß Wodak.
26 Walter Wodak an Adolf Schärf, London, 26. Februar 1947, Nachlaß Wodak.
27 Ebd.
28 Walter Wodak an Adolf Schärf, London, 11. März 1947; Walter Wodak an Adolf Schärf, London, 22. März 1947, Nachlaß Wodak.
29 Bericht über Unterredung mit Mr. John B. Hynd, Chancellor of the Duchy of Lanchester, am 21. März 1947, Nachlaß Wodak.
30 Adolf Schärf an Walter Wodak, Wien, 10. März 1947; Adolf Schärf an Walter Wodak, Wien, 27. März 1947, Nachlaß Wodak.
31 PRO CE 963/46/70. Lord Hood an das Foreign Office, 5. April 1947. John Cheetham bedauerte am 21. April 1947 in einer Unterredung mit Walter Wodak, daß die Briten in der Kompensationsfrage einen Fehler gemacht hätten. »Der Fehler sei in London gemacht worden. Wenn die Urheber dieses Fehlers nur einige Tage in Wien gewesen wären, hätten sie ihn wohl unterlassen.« Bericht über Unterredung mit Mr. Cheetham am 21. April 1947, Nachlaß Wodak.
32 PRO C5839/22/3. Annex, Article 42 – Paragraph 4 (U. K. Proposal).
33 PRO CE 1560/27/24. Conversation with Dr. Wodak, 15. April 1947. Die Datierung dieses Gesprächs differiert in den Aufzeichnungen Oberst Wilkinsons (15. April 1947) und Walter Wodaks (14. April 1947)
34 Bericht über Unterredung mit Oberst Wilkinson am 14. April 1947, Nachlaß Wodak.
35 Bemerkungen zu dem neuen englischen Vorschlag über Kompensation, 15. April 1947, Nachlaß Wodak.
36 Ebd.
37 Walter Wodak an Adolf Schärf, London, 3. April 1947, Nachlaß Wodak.
38 Bericht über Unterredung mit Oberst Wilkinson am 14. April 1947, Nachlaß Wodak.
39 PRO CE 1560/27/24. Conversation with Dr. Wodak, 15. April 1947.
40 PRO CE 1560/27/24. Report of Conversation with Dr. Wodak, 15. April 1947.
41 Bemerkungen zu der politischen Lage nach Scheitern der Moskauer Verhandlungen über den Staatsvertrag, undatiert, Nachlaß Wodak.
42 PRO C 6348/22/3. Record of the interview between the Secretary of State and Dr. Gruber on 24th April. Siehe dazu auch die Unterredung des Autors mit Mr. Michael F. Cullis im Foreign and Commonwealth Office am 13. Jänner 1978. Mr. Cullis sei an dieser Stelle herzlichst gedankt.
43 Bemerkungen zu der politischen Lage nach Scheitern der Moskauer Verhandlungen über den Staatsvertrag, undatiert, Nachlaß Wodak.
44 PRO C 14045/6922/3. FO minute E. F. Given, 6. April 1947.
45 Zur britischen Außenpolitik 1947 siehe: Shlaim, Avi, Peter Jones and Keith Sainsbury: *British Foreign Secretaries since 1945.* – Newton Abbot, London, North

Pomfret, Vancouver 1977, S. 27–46; Northedge, F. S.: *Descent from Power, British Foreign Policy 1945–1973.* London 1974, S. 17–109; Frankel, Joseph: *British Foreign Policy 1945–1973.* London, New York, Toronto 1975, S. 181–188; Meehan, Eugene J.: *The British Left Wing and Foreign Policy. A Study of the Influence of Ideology.* New Brunswick, New Jersey 1960, S. 104–118; Medlicott, W. N.: *Comtemporary England 1914–1964. With Epilogue 1964–1974.* – London 1976, S. 484–498.

46 PRO C 6348/22/3. Record of interview between the Secretary of State and Dr. Gruber on 24th April; PRO C 6356/22/3. Record of interview between Secreatary of State and Dr. Gruber on 25th April; PRO C 6348/22/3. FO minute Cullis, 1. Mai 1947.

47 Interview des Autors mit Michael F. Cullis im Foreign and Commonwealth Office am 13. Jänner 1978.

48 PRO C 6348/22/3. FO minute Burrows, 2. Mai 1947.

49 Ebd.

50 PRO C 6348/22/3. FO minute Lord Hood, 5. Mai 1947.

51 PRO C 14045/6922/3. FO minute Mack, 7. April 1947.

52 PRO C 6415/22/3. Mack an das Foreign Office, 29. April 1947.

53 Bericht über Unterredung mit Außenminister Bevin am 30. April 1947 um 7 Uhr abends im House of Commons, London, 2. Mai 1947, Nachlaß Wodak.

54 Ebd.

55 Ebd. Siehe dazu: Wagnleitner, *Das erste Jahr der Mission Walter Wodaks in Großbritannien 1945–46.* Nachdem Dr. Karl Gruber William Mack mitgeteilt hatte, daß er in den USA erfahren habe, daß die Vereinigten Staaten wahrscheinlich bald einen Krieg gegen die Sowjetunion beginnen würden, erklärte ihm der britische Vertreter in höflicher britischer Diplomatensprache, »that the views expressed that evening seemed to indicate that a good time was being had by all present«. PRO 63973, Mack an Burrows, 10. Dezember 1946. Im Foreign Office wunderte man sich über die »extravagant hopes which Gruber entertains of the Americans«. PRO 63973, Dean an Mack, 10. Jänner 1947.

56 Wagnleitner, *Das erste Jahr der Mission Walter Wodaks in Großbritannien 1945–46.*

57 Bericht über Unterredung mit Außenminister Bevin am 30. April 1947, um 7 Uhr abends im House of Commons, 2. Mai 1947, Nachlaß Wodak. Bevin erklärte dabei »in seiner witzigen Art, ich könne von ihm nicht erwarten, daß er der Gewerkschaft der Außenminister in den Rücken falle«. Walter Wodak an Adolf Schärf, London, 2. Mai 1947, Nachlaß Wodak.

58 PRO C 6831/35/3. FO minute Cullis, 5. Mai 1947.

59 Ebd.

60 PRO C 6945/22/3. Mack an Dean, 3. Mai 1947.

61 PRO 63979. FO minute Henniker, 8. Mai 1947; PRO 7037/35/3; Times, 8. Mai 1947, Austria and the Treaty Talks.

62 PRO 63979. FO minute Henniker, 8. Mai 1947.

63 Ebd.

64 Ebd. FO minute Burrows, 9. Mai 1947.

65 Ebd. FO minute Bevin, undatiert.

66 Adolf Schärf an Walter Wodak, Wien, 12. Mai 1947, Nachlaß Wodak.

67 Walter Wodak an Adolf Schärf, London, 23. Mai 1947, Nachlaß Wodak. Gespräch des Autors mit Michael F. Cullis im Foreign and Commonwealth Office am 13. Jänner 1978.

68 Ebd. Siehe auch: W. Wodak an A. Schärf, London, 3. Juni 1947, Nachlaß Wodak.

69 Adolf Schärf an Walter Wodak, Wien, 28. Mai 1947, Nachlaß Wodak.
70 PRO C 8015/35/3. Cheetham an das Foreign Office, 11. Juni 1947.
71 PRO C 8665/35/3. Political Situation in Austria: Reported Secret Negotiations for Government Changes, Mr. Cheetham to Mr. Bevin, 26. Juni 1947.
72 PRO C 8041/35/3. FO minute Jellicoe, 11. Juni 1947; PRO C7966/35/3. FO minute Burrows, 11. Juni 1947; Walter Wodak an Adolf Schärf, London, 16. Juni 1947, Nachlaß Wodak.
73 Adolf Schärf an Walter Wodak, Wien, 16. Juni 1947; Adolf Schärf an Walter Wodak, Wien, 24. Juni 1947, Nachlaß Wodak.
74 PRO C 8100/35/3. Burrows an Cheetam, 13. Juni 1947.
75 Ebd.
76 PRO C 8592/35/3. Cheetham an Burrows, 19. Juni 1947.
77 Diese Einschätzung wurde im Falle Karl Grubers von Vizekanzler Schärf nicht geteilt, der die Enthüllung der Geheimverhandlungen zwischen ÖVP und KPÖ als »eine wirkliche Tat« wertete. Adolf Schärf an Walter Wodak, Wien, 16. Juni 1947, Nachlaß Wodak.
78 PRO C 8665/35/3. Political Situation in Austria. Reported Secret Negotiations for Government Changes, Mr. Cheetham to Mr. Bevin, 26. Juni 1947.
79 PRO C 9267/35/3. Austria. Communist Attempts to Secure Reconstruction of Government, Mr. Mack to Mr. Bevin, 9. Juli 1947.
80 Walter Wodak an Adolf Schärf, London, 16. Juni 1947, Nachlaß Wodak. So schrieb James Marjoribanks Mitte Juli 1947, daß »we must not discount the possibility of a Communist putsch.« PRO C 9267/35/3. FO minute Marjoribanks, 12. Juli 1947.
81 PRO C 8301/35/3. Cheetham an Dean, 12. Juni 1947.
82 Adolf Schärf an Walter Wodak, Wien, 12. Mai 1947, Nachlaß Wodak.
83 Walter Wodak an Adolf Schärf, London, 24. Juni 1947, Nachlaß Wodak.
84 Adolf Schärf an Walter Wodak, Wien, 12. Mai 1947, Nachlaß Wodak.
85 Adolf Schärf an Walter Wodak, Wien, 24. Juni 1947; Adolf Schärf an Walter Wodak, Wien, 1. Juli 1947; Adolf Schärf an Walter Wodak, Wien, 2. Juli 1947, Nachlaß Wodak.
86 Adolf Schärf an Walter Wodak, Wien, 16. Juli 1947, Nachlaß Wodak.
87 Adolf Schärf an Walter Wodak, Wien, 10. Juli 1947, Nachlaß Wodak.
88 PRO C 9864/1416/3. G. E. R. Gedye für *Daily Herald* am 7. Juli 1947.
89 Ebd.
90 PRO C 9864/1416/3. Cheetham an Dean, 9. Juli 1947.
91 Strange, Susan: *Sterling and British Policy*. London 1971; Brown, A. J.: *The Great Inflation, 1939–1951*. London 1955.
92 PRO C 10659/35/3. Mack an Burrows, 1. August 1947.
93 Walter Wodak an Adolf Schärf, London, 3. April 1947, Nachlaß Wodak; Wagnleitner, *Das erste Jahr der Mission Walter Wodaks in Großbritannien 1945–46*.
94 Walter Wodak an Adolf Schärf, London, 25. Juli 1947; Walter Wodak an Adolf Schärf, London, 12. Mai 1947; Walter Wodak an Adolf Schärf, London, 24. Juni 1947; Walter Wodak an Adolf Schärf, London, 22. Juli 1947, Nachlaß Wodak.
95 Walter Wodak an Adolf Schärf, London, 25. Juli 1947, Nachlaß Wodak.
96 Walter Wodak an Adolf Schärf, London, 12. Mai 1947, Nachlaß Wodak.
97 Epstein, L.: *Britain–Uneasy Ally*. Chicago 1954.
98 PRO C 12601/22/3. *Do We Really Want an Austrian Treaty?*, James Marjoribanks, 24. September 1947; PRO 64101. *Is an Austrian Treaty Advisable?*, James Marjoribanks, 26. September 1947.
99 PRO C 12938/22/3. Conclusions, James Marjoribanks, 24. September 1947.
100 Im schlimmsten Fall, hatte James Majoribanks geschrieben, »the transfer of the

Austrian Government to Salzburg might have to be contemplated. These steps, however drastic, would in my view be preferable to Soviet penetration of Austria's economy as far west as Switzerland, with its consequent grave implications on the future of Western Germany and Italy.« PRO C 12601/22/3. *Do We Really Want an Austrian Treaty?*, James Marjoribanks, 24. September 1947.
101 PRO C 12938/22/3. FO minute Sir Oliver Harvey, 25. September 1947.
102 PRO C 15823/14027/3. FO minute James Majoribanks, 5. Dezember 1947.
103 Walter Wodak an Adolf Schärf, London, 29. September 1947, Nachlaß Wodak.
104 Ebd.
105 Memorandum, undatiert, Nachlaß Wodak; siehe auch: *The Austrian Treaty*, Memorandum, undatiert, Nachlaß Wodak.
106 Adolf Schärf an Walter Wodak, Wien, 6. Oktober 1947, Nachlaß Wodak.
107 Karl Czernetz an Walter Wodak, Wien, 30. Oktober 1947, Nachlaß Wodak. Siehe dazu: Stourzh, *Kleine Geschichte des österreichischen Staatsvertrages*, S. 29.
108 Siehe oben, S. 1 f.
109 Gesprächsnotiz, undatiert; Walter Wodak an Adolf Schärf, London, 26. November 1947, Nachlaß Wodak.
110 Walter Wodak an Adolf Schärf, London, 25. November 1947, Nachlaß Wodak.
111 Walter Wodak an Karl Czernetz, London, 2. Dezember 1947; Adolf Schärf an Walter Wodak, Wien, 16. Dezember 1947; Walter Hacker an Walter Wodak, 19. Dezember 1947, Nachlaß Wodak.
112 Zum Einfluß des Cherrière-Planes auf die Staatsvertragsverhandlungen siehe: Stourzh, *Kleine Geschichte des österreichischen Staatsvertrages*, S. 45 ff.
113 Walter Wodak an Adolf Schärf, London, 3. Juni 1947, Nachlaß Wodak.
114 Interview des Autors mit Chancellor of the Exchequer Denis Healey im Treasury, London, am 14. Jänner 1977, Tonbandaufzeichnung. Zur diplomatischen Mission Walter Wodaks in London in den folgenden Jahren sind weitere Publikationen geplant.

II.
Regionalstudien

Einleitung

Je besser eine Epoche durch die Geschichtswissenschaft aufgearbeitet ist, desto eher wird das Forschungsinteresse auf Detailfragen und auch auf regionale Fragen gerichtet. Dies gilt natürlich für die Geschichte der Arbeiterbewegung ebenso wie für andere Bereiche der historischen Forschung. So ist es kein Zufall, daß alle Beiträge, die in der Abteilung *Regionalstudien* für diesen Sammelband eingetroffen sind, die Zeit von 1918 bis 1945 behandeln, jenen Zeitraum, dem bisher die meisten organisations- und theoriegeschichtlichen Veröffentlichungen gewidmet waren.

Während aber die Untersuchungen, die sich mit der Arbeiterbewegung des Gesamtstaates oder der theoretischen Entwicklung in diesem Zeitraum beschäftigen, ihr Augenmerk überwiegend dem Austromarxismus zuwenden, stehen bei den Regionalstudien doch andere Fragen im Mittelpunkt. Das hat seine Ursache nicht zuletzt darin, daß die Arbeiterbewegung in den Bundesländern nur wenig in die große Theoriediskussion integriert war und daß sich in ihrem politischen Verhalten sogar manchmal grundlegende Unterschiede zu den Zentralen feststellen lassen. Dazu kommt allerdings, daß die Regionalgeschichte durch Sonderentwicklungen der Bundesländer oder aber ganz einfach durch bestehende Forschungs- und Informationslücken andere Forschungsinteressen entwickeln muß.

In fast allen Bundesländern steckt die Aufarbeitung der Geschichte der Arbeiterbewegung noch in den Anfängen. Daher überwiegt das Bedürfnis nach Gesamtdarstellungen größerer Epochen, die einerseits dem legitimen Bildungsinteresse jener Menschen Rechnung tragen, die heute in den Organisationen und Parteien der Arbeiterbewegung stehen und nach ihren Traditionen suchen, die die gegenwärtige politische und gewerkschaftliche Arbeit motivieren können, die aber anderseits nicht zuletzt die Verfasser dieser Beiträge zu Detailuntersuchungen anregen werden und sollen.

Nicht zufällig liegt aber das eindeutige Hauptgewicht dieser Regionalstudien auf Arbeiten, die Beiträge zur Erforschung der Jahre der Illegalität der österreichischen Arbeiterbewegung darstellen. Das liegt großteils an der für diese Epoche besonders günstigen österreichischen Archivsituation, aber auch an dem Umstand, daß diese Jahre derzeit wohl die einzigen sind, die dem Forscher die glückliche Kombination von offenen Archiven und der Befragungsmöglichkeit vieler damals aktiv politisch Handelnder in diesem Ausmaß bieten können. Das Arbeiten mit »lebenden Quellen« bringt einen Anreiz, der gerade von jenen Historikern, die sich der Geschichte der Arbeiterbewegung annehmen und daher auch nach methodischen Neuerungen suchen, gerne aufgegriffen wird. Zudem ist gerade auf diesem Gebiet die Zahl der publizierten Untersuchungen sehr groß, so daß trotz mancher Kritik an einigen bisher erschienenen Arbeiten die regionale oder themenzentrierte Aufarbeitung vor einem wissenschaftlich ausreichend abgesicherten Hintergrund stattfinden kann.

Die ursprüngliche Konzeption der Abteilung *Regionalstudien* verfolgte die Absicht, möglichst aus jedem Bundesland einen Beitrag zu erhalten, um ein bundesweites Bild von Forschungsinteressen zu bieten. Es ist nicht ganz gelungen, dieses Vorhaben zu verwirklichen. Dennoch können wir mit Stolz darauf verweisen, daß mit Ausnahme von Niederösterreich, Oberösterreich und Burgenland zu jedem Bundesland ein Beitrag eingetroffen ist, daß also auch Stiefkinder der bisherigen Forschung zur Geschichte der Arbeiterbewegung, wie etwa Vorarlberg, hier vertreten sind. An die Spitze gestellt wurden jene Arbeiten, die Gesamtdarstellungen von größeren Epochen sind, die weitere Reihenfolge ergab sich aus der Chronologie.

Das zentrale Anliegen, das hinter den Überlegungen zur Aufnahme eines Abschnittes von Regionalstudien in diesem Sammelband stand, war ein doppeltes. Einerseits sollte damit die Geschichte der Arbeiterbewegung näher an die Geschichte der arbeitenden Menschen herangeführt werden, also weg von der Theoriegeschichte und von jenen Arbeiten, die zentrale Organisationsgeschichte ganz im Sinn und im Stil der herkömmlichen Geschichtsschreibung als Geschichte von »großen Männern« liefern.

Die Regionalgeschichte kann dank der Überschaubarkeit des Quellenmaterials wesentlich empirischer arbeiten als die Geschichte der Zentralen. Manche These, die bisher unkritisch von der Theoriegeschichte abgeleitet wurde, kommt dadurch ins Wanken oder kann erstmals wirklich empirisch abgesichert werden. Andererseits ging es uns aber auch darum, wie etwa Ernst Hanisch einleitend zu seinem Beitrag bemerkt, der Regionalgeschichte »den biederen Stallgeruch der dillettierenden Heimatkunde, vermischt mit überschäumendem Lokalpatriotismus«, zu nehmen. Gerade die Regionalgeschichte bietet doch, wesentlich eher als die Geschichte der Zentralen, Möglichkeiten der Anwendung neuer wissenschaftlicher Methoden, sie kann wesentlich eher Elemente der Sozialgeschichte für sich nutzbar machen und soziale und politische Prozesse viel exakter und empirisch abgesicherter darstellen. Wir hoffen, mit diesem Abschnitt des Sammelbandes einen Beitrag zur Realisierung dieser Anliegen geleistet zu haben.

Helmut Konrad

Ernst Hanisch

Die sozialdemokratische Fraktion im Salzburger Landtag 1918–1934

Der theoretische Bezugsrahmen

Die österreichische Zeitgeschichtsforschung ist primär an der Bundespolitik interessiert. Aus guten Gründen. Die Bundesebene umfaßt aber keineswegs das ganze politische System. Länder und Gemeinden bilden Subsysteme mit eigenen Valenzen. Von diesen Subsystemen her sind bestimmte allgemeine Aussagen über Österreich in der Zwischenkriegszeit konkretisier- bzw. korrigierbar. Schließlich lebten die Menschen in Gemeinden und Ländern ebenso, wie sie im Staat lebten.

Auch die Historiographie der österreichischen Arbeiterbewegung ist vornehmlich auf die Zentrale ausgerichtet. Wiederum aus guten Gründen. Aber auch hier gilt: Der Austromarxismus deckte keineswegs die österreichische Sozialdemokratie ab. Die Landesparteiorganisationen hatten ihren eigenen Stellenwert[1]. Von den Ländern her eröffnen sich auch in diesem Bereich Korrekturmöglichkeiten für gesamtstaatliche Analysenergebnisse.

Allerdings setzt das voraus, daß Regionaluntersuchungen den biederen Stallgeruch der dilettierenden Heimatkunde, vermischt mit überschäumendem Lokalpatriotismus, abstreifen und den Kontakt zur modernen Forschung herstellen. Falls dies geschieht, lassen sich unter Umständen auf lokaler Ebene der soziale Wandel, bestimmte politische Verhaltensmuster schärfer und genauer beobachten als auf gesamtstaatlicher Ebene[2].

Es gehört bereits zur Standardformel historiographischer und politikwissenschaftlicher Untersuchungen, die Erste Republik einem konfliktorientierten, zentrifugalen Demokratiemodell zuzuordnen, die Zweite Republik hingegen einem konsensorientierten, stabilen Modell[3]. Diese Standardformel mag für die Bundespolitik gelten; für einige Länder in der Ersten Republik gilt sie jedenfalls nicht. Zu diesen Ländern gehört mit Sicherheit das Bundesland Salzburg. An diesem Fallbeispiel läßt sich klar zeigen, daß in Salzburg bereits in der Ersten Republik ein auf Konsens basierendes Demokratiemodell verwirklicht wurde.

Anton Pelinka hat das Konsens- bzw. Konkordanzmodell im Anschluß an Arend Lijphart graphisch folgendermaßen dargestellt[4]:

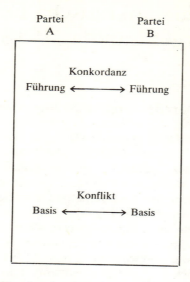

Das Modell gilt für eine fragmentierte politische Kultur.
Versucht man dieses Modell für Salzburg in den Jahren 1918 bis 1934 zu konkretisieren, so läßt sich folgendes feststellen:
- die Parteieliten arbeiteten nach dem Konkordanzprinzip sehr eng zusammen;
- die Gesellschaft war nach sozialen Schichten, nach festgefügten Parteistrukturen, nach Ideologien deutlich fragmentiert;
- es ist jedoch durchaus fraglich, ob diese Segmentierung der Basis einfach unter die Rubrik »Konflikt« zu subsumieren ist.

Zum letzten Punkt einige Bemerkungen: Es gibt gewiß Anzeichen, daß die Parteieliten zeitweilig unter dem Druck der Basis standen – so 1918–1921 die Sozialdemokraten unter dem Druck der hungernden, frierenden Massen; so ab 1927 die Christlichsozialen unter dem Druck der Heimwehr. Dieser Druck konnte von den Parteiführungen jeweils aufgefangen werden. Man soll jedoch auch die Frage stellen, ob die Fragmentierung der Basis tatsächlich einer gesteigerten Konfliktbereitschaft entsprach. Solange konkrete Untersuchungen über die Anhängerschaft der Parteien fehlen, empfiehlt es sich, mit den Urteilen vorsichtig zu sein.

Ein wichtiger Indikator für die Konfliktbereitschaft an der Basis bildet das Ausmaß der politischen Gewalt. Für Salzburg gilt: Sowohl die Ausrufung der Republik als auch der 15. Juli 1927 und der Februar 1934 verliefen ohne größere Auseinandersetzungen. Bis zum Juli 1934 gab es in Salzburg kein Todesopfer politischer Gewalttaten. Gerhard Botz verzeichnet in seiner *Chronik der politischen Gewalttaten* bis Ende 1932 lediglich fünf Salzburger Vorkommnisse; vier von ihnen passierten bezeichnenderweise in Hallein[5]. All das spricht für eine relativ geringe Bereitschaft zur politischen Gewalt.

In den Konsens der Parteieliten waren alle drei »klassischen« politischen Parteien eingeschlossen; bis Anfang der dreißiger Jahre teilweise auch die Nationalsozialisten. Das Aufgeben des Konsens 1933/34 geschah denn auch nicht aus dem Lande selbst, sondern wurde von der Bundespolitik erzwungen.

Die Gründe für das Funktionieren der Konsensdemokratie können hier nicht detailliert analysiert werden. Einige Faktoren sollen jedoch aufgezählt werden:

- Salzburg ist eines der kleinsten Bundesländer. Große Teile sind gebirgig. Es gibt nur wenige natürliche Ressourcen; es gibt auch relativ wenig Großgrundbesitz. Die kleinen und mittleren Bauern bestimmen die Agrarstruktur.
- Das Land war noch relativ wenig industrialisiert. Vor allem fehlte eine konzentrierte große Industrie mit einer konzentrierten Arbeiterklasse. Handel und Gewerbe wurde durch eine überwiegend kleingewerbliche Struktur geprägt.
- Die geringe Ressourcenbasis brachte das bestimmende Leitbild hervor: »Wir sitzen alle in einem Boot«; nur die praktizierte Einheit von Bürgern, Bauern und Arbeitern könne – so wurde übereinstimmend gesagt – das Land vor dem Chaos retten. Dieser Konsens wurde auch durch die Entstehungsgeschichte der Republik geformt. Im Oktober 1918 übernahmen die Parteien gemeinsam die Verantwortung; im Gegensatz zur Bundespolitik konnte der Konsens aber bis 1933 im wesentlichen durchgehalten werden.
- Die Parteien wiesen einen geringen Grad an Ideologisierung auf. Das gemeinsame Ziel: das Wirtschaftswachstum des Landes sicherzustellen, ließ in der Zweck-Mittel-Relation wenig Spielraum. Hier konnte immer wieder ein pragmatisch formulierbarer Kompromiß erzielt werden. Die Exponenten der beiden wichtigsten Parteien, der christlichsoziale Landeshauptmann Franz Rehrl und der sozialdemokratische Landeshauptmann-Stellvertreter Robert Preußler fanden auch in ihrem persönlichen Verhältnis eine tragfähige Basis[6]. Sie trug auch nach 1934. Rehrl gehörte bis zuletzt zum demokratisch-republikanischen Flügel der Christlichsozialen Partei.

● Die Konsensbildung wurde durch die Landesverfassung – die die Wahl der Landesregierung nach dem Verhältniswahlrecht vorsah – entschieden gefördert[7]. Der Zwang, jeweils fünf Jahre in der Landesregierung gemeinsam zu beraten, schliff etliche Kanten ab. Es gelang dort, die meisten Beschlüsse einstimmig zu fassen.

Die Salzburger Sozialdemokratie

Ein Grundsatz der Historiographie der österreichischen Arbeiterbewegung, speziell des Austromarxismus der Zwischenkriegszeit, lautet: Die Sozialdemokratie wurde von einem Widerspruch zwischen Theorie und Praxis bestimmt. Die revolutionäre marxistische Theorie geriet jeweils in Widerspruch zur reformistischen Praxis der Partei; das führte dann zur »Politik der radikalen Phrase«[8].

Dieser Grundsatz ist von den Ländern her zu relativieren. Bei der Salzburger Sozialdemokratie gab es *keinen* solchen Widerspruch zwischen Theorie und Praxis: einer reformistischen Ideologie entsprach eine reformistische Praxis. Als Leitideologie diente nicht der Klassenkampf, sondern die »Sozialpartnerschaft« und die Klassenharmonie! Bereits in der Eröffnungssitzung der Provisorischen Landesversammlung am 7. November 1918 verkündete der Parteiführer Robert Preußler dieses Programm des Konsenses:

> Bauern, Bürger und Arbeiter sollen in dieser Zeit allergrößter Gefahr zusammentreten in brüderlicher Eintracht, um alles Böse fernzuhalten[9] . . . .

Die Salzburger Parteielite fühlte sich durch die Schaffung eines demokratisch-republikanischen Freistaates »vollständig befriedigt«; ihr Ziel war auf Freiheit und Gleichheit der Bürger vor dem Gesetz gerichtet. Die entschiedene Reformtätigkeit peilte keine Systemüberwindung in Richtung Sozialismus an, sondern Sozialismus bedeutete für sie – nach einer Formel Preußlers – eine höhere Stufe der Gerechtigkeit, das heißt, die Arbeiter sollen in den Konsens der Klassen gleichberechtigt einbezogen werden. Die sozialdemokratische Fraktion kämpfte im Landtag hartnäckig und beharrlich um eine ökonomische und rechtliche Besserstellung der Arbeiter – im Rahmen des Kapitalismus und im Rahmen eines liberal-demokratischen Systems.

Die Leitideen gruppierten sich um Aufklärung und Fortschritt. Der bürgerliche Fortschrittsoptimismus wurde von der Arbeiterbewegung ungebrochen weitergetragen; es war der Citoyen, der sich gegen den Bourgeois erhob; zitiert wurde nicht Marx, sondern Goethe und

Schiller, Heine und Lenau, Freiligrath und Herwegh. Von der sozialistischen Ideologie war in Salzburg der Frühsozialismus weit mehr präsent als der Marxismus. Schüchterne Versuche, an die Grenzen des Systems zu gelangen, wurden bald aufgegeben. Josef Witternigg stellte zwar am 30. Jänner 1920 den Antrag, eine Kommission einzusetzen, die untersuchen sollte, welche Industrie und welcher Großgrundbesitz für eine Sozialisierung in Frage kämen – doch als der Antrag von den bürgerlichen Parteien abgelehnt wurde, ließ man es dabei bewenden[10].

Diese Kompromißbereitschaft wurde dadurch unterstützt, daß auf der Gegenseite im Landtag keine ausgeprägte Kapitalistenklasse stand, sondern – wie Preußler es in einer Budgetrede einmal formulierte: »Die meisten von ihnen sind ja keine Kapitalisten, sondern hart arbeitende Bauern[11]«. Selbst bei einem so neuralgischen Punkt wie dem Budget stimmten die Sozialdemokraten meistens dafür. Die Regierung – und damit auch der christlichsoziale Landeshauptmann – wurde letztlich immer mit den Stimmen der Sozialdemokraten gewählt. Die großen Vorhaben des Landes (Ausbau der Elektrizitätswirtschaft, Schmittenhöhebahn, Gaisbergstraße, Großglocknerstraße, Festspiele) wurden von der Sozialdemokratischen Partei mitgetragen, auch wenn die Initiative von christlichsozialer Seite ausging. Nüchtern kalkulierte die Fraktion ein, daß die Steigerung des Wirtschaftswachstums durch die Förderung des Fremdenverkehrs auch die Arbeitslosenzahl herunterdrücken würde. Die Geschichtsschreibung der Arbeiterbewegung hat für diese Einstellung den Begriff »Trade-Unionismus« bereitgestellt; das bedeutete aber auch: ein durchaus entschiedenes Eintreten für die politischen und sozialen Rechte der Unterprivilegierten.

Dafür zwei Beispiele:

Im Frühjahr 1919 wurde im Landtag eine neue Gemeindewahlordnung beraten. Der bürgerliche Vorschlag sah die Unterscheidung zwischen einer Gemeinde A (Verhältniswahlrecht) und einer Gemeinde B (Stimmenmehrheit) vor; vor allem sollten Personen, die Armenunterstützung bezogen, lediglich das aktive Wahlrecht haben, während Ehrenbürgern zwei Stimmen zustehen sollten. Josef Witternigg erklärte, daß für die Sozialdemokraten in dieser Frage kein Kompromiß möglich sei: »Die gegenwärtige Zeit erfordert volle Demokratie[12].«

Als zweites Beispiel sei die Diskussion um die Reformierung der ländlichen Dienstbotenordnung genannt. Die alte Dienstbotenordnung räumte den Bauern noch das Recht auf leichte körperliche Züchtigung ihrer Knechte ein. Auch hier bewies die sozialdemokratische Fraktion Stehvermögen und kämpfte lange und zäh für eine Anpassung an die modernen Verhältnisse: für die Arbeitszeitregelung, für den Urlaubsanspruch der Landarbeiter usw.

Der Konsens wurde lediglich in einer Frage ausgefranst und einer stärkeren Belastung ausgesetzt: im Verhältnis zur katholischen Kirche. Die Frage hatte in Salzburg – aus der historischen Tradition des Erzstiftes – eine besonders emotionale Grundierung des Pro und Contra. Vor allem eröffnete sie die Möglichkeit eines offenen Zusammenspiels von Sozialdemokraten und Deutschfreiheitlichen gegen die Christlichsozialen. Das wurde gelegentlich auch ausgenützt. In einem Fall führte diese Zusammenarbeit sogar zu einem Mißtrauensvotum gegen den Landeshauptmann und zu dessen Rücktritt. Dieser Fall ist auch als Muster der Konfliktregelung von Interesse; daher sei er hier kurz dargestellt.

Am 22. September 1921 beschloß der Halleiner Gemeinderat – in dem die Sozialdemokraten die Mehrheit hatten –, die Bürgerspitalkirche den Altkatholiken für den Gottesdienst zur Verfügung zu stellen. Der katholische Stadtpfarrer protestierte und intervenierte. Der christlichsoziale Landeshauptmann Meyer wies die Bezirkshauptmannschaft von Hallein an, den Beschluß zu sistieren; daraufhin erfolgte eine Anfrage der Sozialdemokraten im Landtag, die dem Landeshauptmann Gesetzesverletzung und Korruption vorwarf. Der Beantwortung der Anfrage durch den Landeshauptmann verweigerten die Sozialdemokraten und die Deutschfreiheitlichen nach einer erregten Debatte die Zustimmung. Landeshauptmann Meyer und die christlichsozialen Landesräte legten ihre Ämter nieder. Nach internen Verhandlungen und nachdem die Sozialdemokraten den Vorwurf der Korruption formell zurückgezogen hatten, wurde die Regierung in der alten Zusammensetzung und mit den Stimmen der sozialdemokratischen Fraktion neuerlich gewählt[13]. Damit war zwar dieser Konflikt beendet, die Religionsfrage bot aber immer wieder neuen Zündstoff.

Parteimitglieder und Landtagswahlen

Tabelle 1: Sozialdemokratische Parteimitglieder in Salzburg

Jahr	Mitglieder
1913	3 007
1919	11 297
1920	10 681
1921	14 981
1922	16 840
1923	14 291
1924	13 268

Jahr	Mitglieder
1925	12 738
1926	12 238
1927	13 002
1928	13 400
1929	13 906
1930	13 120
1931	11 973
1932	10 838

Quellen: Berichte der Parteivertretung der Sozialdemokratischen Arbeiterpartei Deutschösterreichs an den Parteitag; Jahrbücher der österreichischen Arbeiterbewegung.

Von einem verhältnismäßig niederen Stand im Jahre 1913 schnellte die Mitgliederzahl 1919 fast auf das Vierfache hinauf. Dieses Ergebnis wurde unter anderem durch die Einbeziehung der Frauen erzielt. Bis 1922 konnte ein kontinuierliches Wachstum gesichert werden. Auf der Höhe der Inflationskrise, 1922, erreichte die Salzburger Sozialdemokratie ihre größte Mitgliederzahl. In der politisch und ökonomisch relativ stabilen Folgezeit bis 1927 erfolgte ein Rückgang um mehr als 4000 Mitglieder; ab 1927 stieg die Zahl wieder leicht an und sank in den dreißiger Jahren neuerlich.

Tabelle 2. Sozialdemokratische Stimmen bei den Landtagswahlen

Wahljahr	Sozialdemokratische Stimmen	Prozent	Mandate
1919	24 107	29,66	12
1922	33 082	34,15	10
1927	36 506	32,07	9
1932	29 810	25,69	8

Quelle: Salzburg Informationen

Da sowohl die Anzahl der Wahlberechtigten als auch die Abgeordnetenzahl der Landtage sich jeweils änderten, lassen nur die Prozente eine deutliche Tendenz erkennen. Sie stimmt ungefähr mit der Entwicklung der Mitgliederzahl überein. Höhepunkt: 1922, niedrigstes Ergebnis: 1932.

Berufsstruktur der sozialdemokratischen Abgeordneten

Tabelle 3. 1918–1919: 9 Mandate

Arbeiter	1
Parteiangestellte	3
Bahnangestellte	4
Lehrer	1

Tabelle 4. 1919–1922: 12 Mandate

Bauern	1
Parteiangestellte	3
Bahnangestellte	4
Lehrer	4

Tabelle 5. 1922–1927: 10 Mandate

Privatangestellte	1
Parteiangestellte	2
Bahnangestellte	3
Lehrer	4
Als Ersatzmitglieder wurden in den Landtag nominiert:	
Heimarbeiterinnen	1
Hausfrauen	1

Tabelle 6. 1927–1932: 9 Mandate

Hausfrauen	1
Parteiangestellte	2
Bahnangestellte	3
Lehrer	3

Tabelle 7. 1932–1934: 8 Mandate

Hausfrauen	1
Arbeiter	1
Parteiangestellte	1
Bahnangestellte	2
Lehrer	3

Quellen: Landtagsprotokolle, Salzburg Information

In allen Wahlperioden sind drei Berufskategorien am stärksten vertreten: Parteiangestellte, Eisenbahner und Lehrer. Der relativ hohe Anteil der Parteiangestellten (1918: ein Drittel) in der Fraktion entspricht einer allgemeinen Tendenz in der Sozialdemokratie[14]; kritisch kann man diese Tendenz als Verbürokratisierung ansprechen. Allerdings muß dann sogleich hinzugefügt werden, daß ein manuell Arbeitender kaum die Möglichkeit besaß, über seine Zeit und sein Einkommen so zu disponieren wie ein bürgerlicher Rechtsanwalt.

Das Bild sieht bereits anders aus, wenn man anstelle des ausgeübten den erlernten Beruf hernimmt. Die drei Parteiangestellten, Robert Preußler, Josef Witternigg und Hans Leukert, waren alle ursprünglich Arbeiter; nämlich Glasbläser, Hutmacher und Zimmermann[15].

Der hohe Anteil der Eisenbahner entsprach der Struktur der organisierten Salzburger Arbeiterschaft. Aber auch hier spielte die leichtere Freistellung vom Dienst und die berufliche Sicherheit bei der Kandidatur eine Rolle.

Auffallend ist auch der hohe Anteil der Lehrer. 1918 war nur einer, ab 1919 waren vier und 1932 immer noch drei Lehrer in der sozialdemokratischen Fraktion. Auch dafür waren sozialhistorische Gründe maßgeblich. Falls ein Lehrer nicht kirchlich gesinnt war, konnte er seine oppositionelle Einstellung nur bei den Deutschnationalen oder den Sozialdemokraten artikulieren. Bei den bürgerlichen Deutschnationalen war es für die Lehrer jedoch schwierig, ihr Bildungsprivileg zur Geltung zu bringen; sehr wohl konnten sie dies bei den Sozialdemokraten. Bezeichnenderweise wies die sozialdemokratische Landtagsfraktion keinen einzigen Akademiker auf. Das tat übrigens ihrem Niveau keinen Abbruch; im Gegenteil! Da weiters die Schulfrage thematisch im Landtag einen großen Raum einnahm, konnten die Lehrer ihre Sachkompetenz hier voll ausspielen. Die sozialdemokratische Fraktion bestand (wie zu erwarten) hauptsächlich aus Männern. Insgesamt waren nur drei Sozialdemokratinnen im Landtag. Am längsten bezeichnenderweise Anna Witternigg (die Frau des Nationalrates Josef Witternig), von 1924 bis 1934.

Funktionsdauer, Altersstruktur, Geburtsort

Tabelle 8. Längste Funktionsdauer

	1918–1934	1919–1934
	Baumgartner	Neumayr
Quelle: Salzburg	Emminger	Riedler
Informationen	Preußler	

Ergänzt durch Witternigg (ausgeschieden 1922) und Breitenfelder (gestorben 1928), bildeten die in Tabelle 8 genannten Namen die Kerngruppe der Sozialdemokraten im Landtag. Preußler, der bereits vor dem Ersten Weltkrieg die Sozialdemokraten im Landtag vertreten hatte, war die unbestrittene Autoritätsperson; das wurde durch seine Funktion als Landeshauptmann-Stellvertreter (1918–1934) noch unterstrichen. 1919/20 war Preußler gleichzeitig: Bundesrat, Nationalrat, Landtagsabgeordneter, Gemeinderat und Landeshauptmann-Stellvertreter. Er, Witternigg und später Emminger fungierten als Allround-Sprecher, während die übrigen Fraktionsmitglieder stärker spezialisiert waren.

Tabelle 9. Altersstruktur der sozialdemokratischen Fraktion im Jahr 1919

30 bis 40 Jahre	4
40 bis 50 Jahre	5
50 bis 60 Jahre	3

Quelle: Josef Kaut, *Der steinige Weg*

Die ältesten Abgeordneten – Preußler und Leukert – waren 1919 jeweils 53 Jahre, die jüngsten – Neumayr und Breitenfelder – 32 und 35 Jahre alt. Das Durchschnittsalter betrug 1919 43,2 Jahre.

Tabelle 10. Geburtsort der sozialdemokratischen Abgeordneten des Jahres 1919

Herzogtum Salzburg	4
Außerhalb	7
Unbekannt	1

Quelle: Josef Kaut, *Der steinige Weg*

Bei dem ausgeprägten Landespatriotismus, ja Landeschauvinismus, der in Salzburg in den zwanziger Jahren herrschte, spielte die Herkunft eine wichtige Rolle. Es war für die sozialdemokratische Fraktion kein geringes Handikap, daß ihre überwiegende Mehrheit außerhalb Salzburgs geboren war. Die vor dem Ersten Weltkrieg im Land Salzburg nur schwach entwickelte Arbeiterbewegung bedurfte jedoch der »Entwicklungshilfe« von auswärts. Dieser Faktor war noch in einer anderen Hinsicht von Bedeutung: die das Parteileben bestimmenden Männer – Preußler, Witternigg, Leukert, Emminger – kamen aus Grenzgebieten;

speziell Preußler, der – in der damaligen Terminologie gesprochen – aus Deutschböhmen stammte, trug in die Salzburger Sozialdemokratie einen »Deutschnationalismus«, der die übliche großdeutsche Einstellung à la Otto Bauer noch bei weitem übertraf; vor allem fehlte die Orientierung auf eine gesamtdeutsche Revolution. Etwas ironisch pointiert könnte man sagen, daß auch dieser Faktor zur Konsensbildung beitrug. Darüber wird noch zu reden sein.

Einige thematische Schwerpunkte der Landtagsarbeit

Die Sicherung der Ernährung

Vier Jahre Krieg hatten den Viehbestand dezimiert und die Agrarproduktion radikal eingeschränkt[16]. Das Land Salzburg war außerstande, sich selbst zu versorgen. Der Haß gegen das Requisitionssystem hatte sich bei den Bauern fest eingegraben. Aber auch in der Republik mußten die Städte ernährt werden, und dazu bedurfte es des Requisitionssystems. An Stelle der k. k. Truppen kam nun die Volkswehr. Die daraus resultierenden Konflikte hat Otto Bauer konkret und anschaulich analysiert[17]. Das Grundmuster des Interessenkonfliktes sah so aus: Die Arbeiter und die städtische Bevölkerung verlangten nach Brot, die Bauern konnten und wollten möglichst wenig abliefern.

Eine der Hauptaufgaben, mit der sich der am 7. November 1918 zusammengetretene Landtag zu beschäftigen hatte, war, die Versorgung der Bevölkerung sicherzustellen. Vom Landtag wurden zwei Ausschüsse gebildet: ein Landwirtschaftsausschuß mit dem Präsidenten der Landwirtschaftsgesellschaft Johann Lackner und ein Ernährungsausschuß mit dem Sozialdemokraten Josef Breitenfelder als Obmann. Die Sozialdemokratie hatte durch die Übernahme des Vorsitzes dieses wichtigen Ausschusses zu erkennen gegeben, daß sie – wie Breitenfelder eigens betonte – bereit war, die Verantwortung für die kritische Zeit voll und ganz zu übernehmen[18]. Lackner und Breitenfelder waren beide auf Konzilianz und Zusammenarbeit eingestellt. Für beide war die Aufgabe nicht leicht. Drastisch formulierte es Preußler: Aus den Berichten des Ernährungsausschusses blicke der »bleiche Tod[19]«. Familien mit Säuglingen hatten monatelang keine Milch bekommen; von 140 Stück Vieh, die für die Ernährung der Stadt und der Umgebung notwendig waren, wurden lediglich vier Stück aufgetrieben; in der Stadt traten bereits Fälle von Hungertod auf. Immer wieder kam es zu kleinen Plünderungen und zu Hungerdemonstrationen.

Die sozialdemokratische Fraktion fürchtete eine Wiederholung des 19. September 1918. An diesem Tag war es in Salzburg zu einer spontanen, ausufernden Hungerrevolte mit ausgedehnten Plünderungen gekommen. Die Fraktion hatte Angst vor dem Bolschewismus. Witternigg klagte: Die Menschen seien durch den Krieg und den Hunger verroht, die Autoritätsstrukturen hätten sich aufgelöst:

> Wie Ratten stürzen sie sich auf die mit Vorräten beladenen Autos und Fuhrwerke[20]. Wenn die gegenwärtigen Ernährungsverhältnisse nicht anders werden, können wir machen, was wir wollen, wir treiben die hungernde Bevölkerung dem Bolschewismus zu, direkt dem Kommunismus zu[21].

Die Parteiführer mußten ihre ganze Autorität aufbieten, um die Massen auf der Parteilinie zu halten; die aber hieß: Sicherung der Eigentumsverhältnisse und Zusammenarbeit mit allen übrigen Klassen. »Wir wollen ein einig Volk von Brüdern sein[22]«, Arbeiter, Bürger und Bauern müßten sich zusammenschließen, um zu retten, was noch zu retten sei. Die Parteiführung pochte immer wieder auf ihr Verdienst, dem kommunistischen Sturm »die Brust gezeigt« zu haben.

Ein weiteres Dilemma der Sozialdemokraten kann so umschrieben werden: Sie lehnten staatliche Zwangsmittel ab und mußten doch immer wieder zu ihnen greifen. Preußler erklärte im Landtag:

> Ich habe dem Landeshauptmann-Stellvertreter Gruber von Oberösterreich offen gesagt, ihr werdet uns noch dazu treiben, daß wir eines schönen Tages mit ein paar tausend Wagen in das Innviertel hineinfahren und selbst für Salzburg Lebensmittel requirieren und jeden niederschießen, der uns in den Weg tritt[23].

Der sozialdemokratische Klub versuchte diesem Dilemma einerseits durch Appelle an das praktische Christentum der Bauern zu entkommen – die Bauern müßten nun wirklich so handeln, »wie der Nazarener schon vor 2000 Jahren gefordert hat[24]«, andererseits versuchte es der Klub durch Drohungen: Karl Emminger rief im Februar 1919 erregt in den Landtagssaal:

> Ein Gewaltmensch bin ich nicht; ich könnte keiner Fliege etwas zuleide tun. Aber wenn wir Menschen finden, welche ihre Brüder verhungern lassen, dann sage ich: Her damit! Knüpfen wir sie einfach auf[25]!

Die schlechte Ernährungssituation wurde durch den ausgedehnten Schleichhandel noch zusätzlich verschlechtert. Daher forderten die Sozialdemokraten unentwegt die Einführung eines Viehkatasters, um eine genaue Kontrolle des Viehbestandes zu ermöglichen. Die wenigen Fabriken mußten wegen Kohlenmangels den Betrieb einstellen; zu den Heimkehrern kamen die entlassenen Arbeiter. Das Land entschloß sich, auf eine primitive Stufe des Tauschhandels zurückzugreifen. Deputationen wurden in die Schweiz und in die Tschechoslowakei geschickt, um Holz gegen Nahrungsmittel anzubieten. Die Bemühungen um die Sicherung der Ernährung wurden sehr wesentlich von dem Gegensatz Zentralismus–Förderalismus tangiert. Im Unterschied zu den Christlichsozialen (vor allem zu Franz Rehrl[26]), die, unabhängig davon, welche Partei in Wien an der Regierung war, gegen den Zentralismus loszogen, hing die Haltung der sozialdemokratischen Fraktion weit stärker von der Wiener Parteiführung ab. In der ersten Phase, solange die Sozialdemokraten den Staatskanzler stellten, kritisierte die Fraktion die ununterbrochene Hetze gegen Wien. Preußler warf den Christlichsozialen vor: Sie seien jetzt gegen das »arme, hungernde Wien« negativ eingestellt; vor dem Wien des Kaisers jedoch seien die bürgerlichen Parteien »auf dem Bauche gekrochen[27]«. Diese Haltung änderte sich aber, sobald die Sozialdemokraten auf Bundesebene in Opposition gingen. Nun wurde auch die Einstellung der Salzburger Sozialdemokraten stärker antizentralistisch; die Basis des Konsens konnte so verbreitert werden. Allerdings blieb der Vorwurf bestehen, daß die Salzburger Sozialdemokraten nach dem Willen der Wiener Partei fungierten. Der Großdeutsche Ott sprach diesen Vorwurf einmal drastisch so aus: »Ihr steht stark unter der Rute der Wiener Diktatur . . . Da heißt es parieren, oder es fliegt einer[28]!«

Die Anschlußfrage

Die wirtschaftliche Not war eines der Motive für die Anschlußbewegung. Auch hier gab es einen prinzipiellen Konsens der drei Parteien im Landtag, wenngleich zeitweise aus unterschiedlichen ideologischen und taktischen Gründen[29]. Bereits am 13. November 1918 begrüßte Preußler namens der Sozialdemokraten die Anschlußerklärung der Provisorischen Nationalversammlung in Wien[30]. Auf Preußlers »Deutschnationalismus« wurde bereits oben hingewiesen. Seine Reden strotzten zeitweise von pathetischen Bekenntnissen zum deutschen Volk. Der Zusammenschluß des »großen deutschen Volkes« war der Traum seiner Jugend. Noch 1924 wollte er sein »geliebtes Deutschböhmen« befreien[31]. Diese Einstellung brachte ihm wohlgemessene Lobreden von der deutschfreiheitlichen Seite ein. Preußlers »Deutschnationalismus« wurde vorwiegend aus kulturellen Motiven gespeist – das deutsche Volk habe den anderen Völkern am meisten an Kultur gegeben[32]; es war der Stolz des sozialen Aufsteigers, der sich seine Bildung selbst erworben hatte und nun darauf aus war, auch die anderen daran teilhaben zu lassen; es war die Hoffnung auf die große, deutsche »rote Republik«. Dieser Anschlußenthusiasmus war gekoppelt mit einem hochemotionalisierten St.-Germain-Komplex. Falls er die Macht hätte, meinte Preußler, würde er innerhalb von 24 Stunden die Führer der Entente aufhängen lassen: als die am Krieg Mitschuldigen und als Kapitalisten, die die unschuldigen österreichischen Arbeiter »elend krepieren« ließen[33].

Die prinzipielle Anschlußbereitschaft aller Parteien wurde bald gebremst, bald angefeuert durch den politischen Aggregatzustand, in dem sich die Deutsche Republik jeweils befand. Es war für die Parteien von größter ideologischer und politischer Bedeutung, ob der Anschluß an ein konservatives oder an ein sozialistisches Deutsches Reich erfolgen sollte. Allerdings: den Anschluß an eine Räterepublik wollte keine Partei, auch nicht die Sozialdemokraten!

Die Sozialdemokraten lehnten auch die »Artischockentheorie[34]« ab, das heißt die Versuche einzelner Länder, sich selbständig und unabhängig von Wien an Deutschland anzuschließen: der ganze Staat Deutsch-Österreich sollte es sein! Dabei agierten die Sozialdemokraten jedoch merkwürdig inkonsequent. Das wird deutlich bei ihrer Haltung zum Salzburger Versuch, sich an das bayerische Wirtschaftsgebiet anzuschließen.

Am 16. Dezember 1919 brachten der deutschfreiheitliche und der christlichsoziale Klub einen Dringlichkeitsantrag für den Anschluß an Bayern ein. Begründung: Die ungeheure Notlage zwinge dazu. Die Dringlichkeit scheiterte am Einspruch des sozialdemokratischen Klubs. So wurde der Antrag dem Verfassungs- und Verwaltungsausschuß überwiesen, in dem Preußler den Vorsitz führte. Im Plenum wetterte er dann zwar gegen die versuchten Sonderanschlüsse der Länder, aber der etwas umformulierte Antrag wurde mit den Stimmen seiner Partei angenommen[35].

Mißtrauisch reagierten die Sozialdemokraten im Frühjahr 1920 auf den Besuch des französischen Capitaine de l'Epine in Salzburg. Dieser sprach auch mit Landeshauptmannstellvertreter Rehrl. Gerüchte wollten wissen, daß es dabei um die Errichtung einer süddeutschen Monarchie unter der Herrschaft der Wittelsbacher ging. Am 10. Juni 1920 stellten die Sozialdemokraten diesbezüglich eine Anfrage im Landtag[36]. Preußler begründete sie damit, daß jeder separate Anschluß an Bayern »Hochverrat am deutschen Volke« sei. Nachdem Rehrl glaubwürdig versichern konnte, daß über dieses spezielle Thema nicht gesprochen wurde, ließ man es dabei bewenden. Das Mißtrauen der

Sozialdemokraten hatte aber seine guten Gründe. Tatsächlich gab es in der aufkommenden Heimwehrbewegung, die in sehr intimen Kontakten zu den bayerischen Einwohnerwehren stand, in dieser Hinsicht konkretere Pläne[37].

Bis zum Friedensvertrag von St. Germain war die Bundesregierung in der Anschlußbewegung führend, dann übernahmen die Länder die Initiative. Das hieß aber gleichzeitig, daß die Initiative von einer sozialistisch dominierten Bundesregierung auf christlichsozial dominierte Landesregierungen überging. Die Anschlußabstimmung vom 29. Mai 1921 in Salzburg wurde gegen das ausdrückliche Verbot der christlichsozialen Regierung Mayr durchgeführt. Als taktischer Ausweg übernahmen die politischen Parteien anstelle der Landesregierung die Organisierung der Abstimmung. Auch dabei wurde Einmütigkeit praktiziert, zumindest im Plenum des Landtages und in den offiziellen Aufrufen. Intern indessen war die Frage: länderweise oder bundesweite Abstimmung durchaus kontrovers. Hier spiegelte sich wieder der Konflikt: Anschluß des ganzen Staates oder Anschluß der einzelnen Länder, Anschluß an ein reaktionäres Bayern oder Anschluß an ein fortschrittliches Deutsches Reich. Einige Jahre später hat Otto Bauer die Abstimmungen des Jahres 1921 als eine »kleinbürgerlich-reaktionäre Anschlußbewegung« charakterisiert[38]. 1921 jedoch erhielt der sozialdemokratische Klub von der Partei die Vollmacht, nach eigenem Gutdünken zu entscheiden. Diese Entscheidung fiel für eine Volksabstimmung in Salzburg aus, wobei der deutschnationale Druck der Straße auch eine Rolle spielte. Zwar weigerten sich die Sozialdemokraten, am Abend des 17. Mai gemeinsam mit den bürgerlichen Parteien eine Anschlußkundgebung zu veranstalten – Robert Preußler wurde sogar von randalierenden deutschnationalen Studenten insultiert –, aber bei der Abstimmung zogen die Sozialdemokraten voll mit. Dementsprechend eindrucksvoll war das Ergebnis: 98,7 Prozent der abgegebenen Stimmen waren für den Anschluß[39]!

Es war allen Parteien klar, daß diese Abstimmung lediglich eine rhetorisch-demonstrative Funktion hatte. Denn kurzfristig und konkret erreichte sie nur eines: daß am Rathausbogen eine Gedenktafel angebracht wurde. Längerfristig, vor allem sozialpsychologisch, bestanden allerdings durchaus Verbindungslinien vom 29. Mai 1921 zum 10. April 1938.

Die Heimwehr

Der Konsens der Parteien wurde durch die aufkommende Heimwehrbewegung arg strapaziert. In Salzburg gelang es jedoch, die

Zusammenarbeit bis 1933/34 durchzuhalten; das spricht einerseits für ihre breite Basis, andererseits aber auch für die relative Schwäche der Salzburger Heimwehrbewegung. Vor allem Landeshauptmann Rehrl verstand es, sich die Heimwehr vom Leibe zu halten. Sein Partner, Robert Preußler, betonte mehrmals, in Salzburg wäre ein Heimwehrführer wie Richard Steidle eine durchaus »lächerliche Figur[40]«.

Aus den Landtagsprotokollen kann man den diffusen Entstehungshintergrund der Heimwehr ziemlich genau ablesen. 1918/19 war es die Furcht vor Plünderungen durch rückflutende Soldaten und Kriegsgefangene, dann die Furcht vor einer ausländischen Besetzung, weiters die Furcht vor der Münchener Räterepublik, die eine Bewaffnung der Bevölkerung motivierte; in allen drei Fällen stimmten auch die Sozialdemokraten – unter gewissen Bedingungen – für eine solche Bewaffnung. Am 4. Dezember 1918 stellte der Obmann des Militärausschusses, Josef Witternigg, den Antrag, die bestehenden Bürgerwehren sollten ihre Waffen gegen Evidenzhaltung durch die Gemeinden *behalten*[41]! Einige Monate später waren die Sozialdemokraten jedoch bereits vorsichtiger. Sie lehnten einen christlichsozialen Antrag auf Bewaffnung der Gemeinden ab. Die offizielle bewaffnete Macht – Volkswehr und Gendarmerie – genüge vollkommen, um Unruhen hintanzuhalten. Bald aber enthüllte sich die Ironie dieser Argumentation, denn ein ehemaliger Soldatenrat (Hans Prodinger) und ein Volkswehrleutnant (Karl Itzinger) entpuppten sich als Drahtzieher der Heimwehr.

Im Frühjahr 1920 wurde dann der Einfluß der bayerischen Rechten (Orgesch, Orka) von entscheidender Bedeutung. Am 28. Februar 1920 kam der Obergeometer Rudolf Kanzler nach Salzburg, um erste Vorbereitungen zu treffen. Von Salzburger Seite nahmen der besagte Leutnant Itzinger, der ehemalige christlichsoziale Landesrat Schernthanner und der katholische Bauernbündler Hauthaler an der Besprechung teil[42]. Weitere Unterredungen folgten. Bald kamen Waffen, Geld und militärische Führer aus Bayern. Auch ein Kurierdienst wurde eingerichtet. Die Fäden reichten bis in die Landesregierung. An der ersten Ausbauphase der Salzburger Heimwehr waren alle nichtsozialistischen Parteien beteiligt: Teile der Christlichsozialen ebenso wie Teile der Großdeutschen, der Freiheitliche Bauernbund ebenso wie die Nationalsozialisten.

Von den Sozialdemokraten wurde diese Aufrüstung aufmerksam registriert. Am 23. November 1920 bekannten sich der christlichsoziale und der großdeutsche Landtagsklub offen zur Heimwehr[43]. Daraufhin stellte Karl Emminger namens der Sozialdemokraten die Anfrage an die Landesregierung, ob sie über die illegalen Waffentransporte aus

Bayern informiert sei. In diesem Zusammenhang erklärte er: Die Sozialdemokratie lehne jede Rätediktatur entschieden ab; die Arbeiterschaft sei bis jetzt auch nicht bewaffnet. Einigermaßen widersprüchlich hieß es dann aber in derselben Rede: Was die Arbeiter an Waffen besäßen, wollten sie gerne abliefern[44]. Bei seiner Interpellationsbeantwortung mußte Landeshauptmann Meyer zugeben, daß tatsächlich Waffen in »größerem Umfang« eingeführt und beschlagnahmt wurden. Preußler warnte die Parteien nachdrücklich vor einem Bürgerkrieg. Falls die Aufrüstung der einen Seite weitergehe, müßten sich auch die Arbeiter bewaffnen: »... Wie tolle Hunde abmurksen wird sich die Arbeiterschaft Salzburgs nicht lassen[45].«

Bis 1927 vegetierte die Heimwehr dahin. Doch in den Verkehrsstreik, der als Folge des 15. Juli auch in Salzburg lückenlos und diszipliniert durchgeführt wurde, versuchte sie bereits aktiv einzugreifen. Diesen Druck konnte die Landesregierung abfangen. Doch die Drohungen der Heimwehr waren von nun an ernsthafter ins politische Kalkül einzubeziehen.

Für die Art der Konfliktregelung im Landtag geben zwei Resolutionsanträge ein sehr klares Muster ab. Beide Anträge bezogen sich auf den 15. Juli 1927. Einige christlichsoziale Abgeordnete hatten einen Antrag, betreffend Dank an die Heimwehr, einige sozialdemokratische Abgeordnete einen Antrag, betreffend Dank an den Republikanischen Schutzbund, eingebracht. Im Verfassungs- und Verwaltungsausschuß wurde beiden Anträgen die politischen Giftzähne gezogen. Abstrakt, ohne bestimmte Namen zu nennen, wird in dem Bericht an das Plenum der Dank an *alle* ausgesprochen, die zur Beruhigung der Lage beigetragen hätten[46]. An den Bericht schloß sich eine heftige politische Debatte an; beide Parteien ließen Dampf ab, dann aber wurde der Bericht *einstimmig* akzeptiert.

NSDAP – Liquidierung der Demokratie

Seit dem Einzug der sechs Nationalsozialisten – in Uniform und mit »Heil Hitler« – war die relativ ruhige Atmosphäre im Landtag dahin. Mit den ein bis zwei Abgeordneten der »alten« Nationalsozialisten konnte noch ein Konsens erzielt werden[47], mit der Hitlerbewegung gelang dies nicht mehr. Ein Krach, ein Tumult jagte den anderen; die Zuhörer auf der Galerie mischten sich ein; es kam zu Schlägereien im Landtag; laufend mußte über Auslieferungsbegehren entschieden werden; viele Ehrenbeleidigungen waren anhängig. Die ideologischen Angriffe der Nationalsozialisten richteten sich auf eben diesen vorherrschenden Konsens, auf das »System«, das eine solche Koalition ermöglichte, auf die – wie es hieß – »Bettgemeinschaft« zwischen Christlichsozialen und Sozialdemokraten, auf die »Bonzen«, die »pakkelten« und es sich dabei gutgehen ließen. Die Sozialdemokraten – fortwährend als »Arbeiterverräter« beschimpft – wurden so in eine Klemme getrieben: einerseits die langsame Liquidierung der Demokratie durch die Regierung Dollfuß, andererseits die dezidiert antiparlamentarische Stoßrichtung der Nationalsozialisten. Die sozialdemokratischen Landtagsabgeordneten (vor allem der Schutzbundführer Karl Emminger) ließen sich provozieren und reagierten sich mit Schimpfwörtern ab.

Bei der Eröffnungssitzung der neuen Legislaturperiode am 19. Mai 1932 erklärte der christlichsoziale Landtagsklub noch deutlich: Er bekenne sich zur Demokratie und zur geltenden Verfassung[48]. Durch die dauernden Angriffe irritiert, verweigerten die Sozialdemokraten zum ersten Mal dem christlichsozialen Kandidaten für das Amt des Landeshauptmannes ihre Stimmen. Erst beim dritten Wahlgang wurde Rehrl mit den sozialdemokratischen Stimmen gewählt.

Die Nationalsozialisten überschwemmten den Landtag mit einer Flut von Anträgen, meist nur um der propagandistischen Optik willen und um ihren Anspruch auf die Vertretung der »wahren Volksinteressen« zu untermauern. Beispielsweise lagen am 22. November 1932 fünfzehn Anträge vor, vierzehn davon stammten von den Nationalsozialisten. Die etablierten Parteien versuchten zunächst, die »politischen Säuglinge«, wie die Nationalsozialisten ironisch verniedlichend bezeichnet wurden, mit Hilfe der Geschäftsordnung ausrutschen zu lassen, was allerdings nur unvollkommen gelang.

Durch die Wirtschaftskrise und durch die Angriffe der Nationalsozialisten bedingt – diese präsentierten einen Arbeitslosen (Erich Wagner) als Abgeordneten –, begannen die Sozialdemokraten, sich stärker als antikapitalistische Partei zu profilieren; Robert Preußler zitierte sogar Marx. Im übrigen blieb er jedoch bei seinem Ceterum censeo: Schuld an der Wirtschaftskrise in Österreich sei der Friedensvertrag von St.-Germain.

Am 3. März 1933 gelang noch einmal eine Einigung aller drei Parteien. Die Bundesregierung wurde von allen drei Parteien aufgefordert, die Strafmaßnahmen gegen die streikenden Eisenbahner rückgängig zu machen[49]. Mit diesem Eisenbahnerstreik hingen ja auch die Ereignisse im Wiener Nationalrat am 4. März unmittelbar zusammen. Die »Ausschaltung« des Parlaments und die darauffolgenden Verfassungsbrüche brachten die Sozialdemokraten in den Landtagen in eine außerordentlich schwierige Situation. Hier war zwar noch ein Forum, wo sie öffentlich und frei reden konnten. Ihre Reden schwankten jedoch zwischen Pathos, Beschwörungen und Drohungen hin und her – alles Zeichen einer tiefen Verunsicherung. Gegen die Politik der Bundesregierung traten im Landtag Sozialdemokraten und Nationalsozialisten (selbstverständlich aus unterschiedlichen Motiven) gemeinsam auf. Umgekehrt stimmten Christlichsoziale und Sozialdemokraten gemeinsam für die »Ruhelegung« der nationalsozialistischen Mandate nach dem Verbot der politischen Tätigkeit der NSDAP. Der sozialdemokratische Klub war sich aber dabei durchaus bewußt, daß politische Ideen mit Gewaltmaßnahmen nicht zu unterdrücken sind[50].

Nachdem die Nationalsozialisten den Landtag verlassen hatten, kehrte wieder Ruhe ein – es war eine Ruhe, die bereits an einen Friedhof erinnert. Die Sozialdemokraten waren noch immer zu einer »brüderlichen Zusammenarbeit« bereit – auch eine Verfassungsänderung schlossen sie nicht aus . . .: »Wir in Salzburg haben nie gegenseitige Konflikte ausgelöst[51].«

Am 19. Dezember 1933 konnte Landeshauptmann-Stellvertreter Robert Preußler seine letzte große Budgetrede halten. Sie enthielt drei bemerkenswerte politische Aussagen:

- Preußler gab seine Anschlußeuphorie auf. Ein Anschluß an das Dritte Reich sei unmöglich!
- Er, der alte Antiklerikale, setzte sich für ein Weiterverbleiben der Geistlichen in der Politik ein; er sah in dem Beschluß der Bischöfe eine Minderung des demokratischen Potentials der Christlichsozialen Partei.
- Er verlangte die völkerrechtliche Neutralität Österreichs: »Wir fordern auch feierlichst, daß die Regierung, wenn die Umtriebe des Dritten Reiches gegen Österreich nicht aufhören, den Großmächten den Antrag unterbreitet – worauf diese warten –, Österreich als neutralen Staat zu erklären, dann können sich die draußen für alle Zeiten den Mund abwischen[52].«

Zum Schluß soll kurz die folgende Frage angeschnitten werden: Welche Konsequenzen hatte die Konsenspolitik der Parteielite für die Arbeiter? Jede mögliche Antwort wird von den ökonomischen und sozialen Voraussetzungen ausgehen müssen; die aber hießen: geringer Industrialisierungsgrad, Überwiegen der agrarisch-kleingewerblichen Struktur, geringe ideologische Schulung der Arbeiterklasse, Konzentration auf dem Sektor öffentlicher Dienst (Eisenbahner) usw. Ende der zwanziger Jahre gewann dann ein Faktor überragende Bedeutung: die Weltwirtschaftskrise. Es gehört zu den allgemeinen Einsichten der Geschichte der österreichischen Arbeiterbewegung, daß eine längere ökonomische Krise meist eine organisatorische Schwächung der Arbeiterbewegung mit sich brachte. Aber Organisation ist eines, Klassenbewußtsein der Arbeiter etwas anderes. Gerade was das letzte anbelangt, tappen wir jedoch völlig im dunkeln. Hier müßte der nächste Schritt der Forschung getan werden: nicht hypothetisch-behauptend, sondern empirisch-konkret!

Empirisch nachweisen kann man, daß mit Beginn der Republik die politische Partizipation der Arbeiter erweitert wurde. Das war keine gering zu bewertende Verbesserung der Chancen und eine deutliche Reduzierung der politischen Ungleichheit. Auf der sozialpolitischen Seite wurde durch den Achtstundentag und das Betriebsrätegesetz auch eine merkbare Entlastung erreicht. In mühevoller Kleinarbeit wurde versucht, die soziale Lage der Lehrer und der Landarbeiter, der Angestellten und der Beamten, vor allem aber der Arbeitslosen anzuheben. Die Parteielite im Landtag kämpfte im politischen Alltag zäh und unbeirrbar, um diese politischen und sozialen Errungenschaften zu halten, was eben wegen der agrarisch-kleingewerblichen Struktur der Salzburger Wirtschaft gar nicht einfach war. Auch war der politische Spielraum der Parteiführung durch die Hungerkrise zu Beginn und durch die Weltwirtschaftskrise am Ende der demokratischen Republik relativ eingeengt.

Die Konsenspolitik brachte spürbare politische und soziale Verbesserungen; sie wollte (konnte?) jedoch keine systemsprengenden Reformen anpeilen. Sie vermochte auch nicht, das Abschwimmen des christlichsozialen Partners ins »austrofaschistische« Fahrwasser – wenn dies in Salzburg auch nur zögernd, unwillig und mit relativ gemäßigten Folgen geschah – zu verhindern. Am 12. Februar 1934 saß die Parteiführung im Gefängnis.

ANMERKUNGEN

1 Hier muß angemerkt werden, daß es fast von allen Ländern Geschichten der Arbeiterbewegung gibt; allerdings von unterschiedlichem wissenschaftlichen Wert.
2 Vgl. dazu Herman Freudenberger/Gerhard Mensch, *Von der Provinzstadt zur Industrieregion (Brünn-Studie). Ein Beitrag zur Politökonomie der Sozialinnovation, dargestellt am Innovationsschub der industriellen Revolution im Raume Brünn,* Göttingen 1975, S. 9, G. Bingham Powell Jr., *Social Fragmentation and Political Hostility. An Austrian Case Study,* Standford 1970.
3 Vgl. Arend Lijphart, *Typologies of Democratic Systems,* in: *Comparative Political Studies,* 1 (1968/69), S. 3 ff. Gerhard Lehmbruch, *Proporzdemokratie. Politisches System und politische Kultur in der Schweiz und Österreich,* Tübingen 1967; G. Bingham Powell Jr., *Social Fragmentation and Political Hostility. An Austrian Case Study,* Standford 1970; Kurt Steiner, *Politics in Austria,* Boston 1972; Anton

Pelinka, *Von der Konkurrenz zur Konvergenz. Unterschiede im Demokratieverständnis der Ersten und Zweiten Republik,* Thesenpapier zum »Colloque Deux Fois L'Autriche: après 1918 et après 1945« in Rouen.
4 Anton Pelinka, *Politik und moderne Demokratie,* Kronberg 1976, S. 35.
5 Gerhard Botz, *Gewalt in der Politik. Attentate, Zusammenstöße, Putschversuche, Unruhen in Österreich 1918 bis 1934,* München 1976, S. 259 ff. Die Liste ist allerdings für Salzburg nicht vollständig.
6 Josef Kaut, *Der steinige Weg. Geschichte der sozialistischen Arbeiterbewegung im Lande Salzburg,* Wien 1961. *Franz Rehrl, Landeshauptmann von Salzburg 1922–1938,* hrsg. von Wolfgang Huber, Salzburg 1975.
7 Friedrich Koja, *Das Verfassungsrecht der österreichischen Bundesländer,* Wien– New York 1967, S. 233.
8 Norbert Leser, *Zwischen Reformismus und Bolschewismus. Der Austromarxismus als Theorie und Praxis,* Wien – Frankfurt – Zürich 1968.
9 Verhandlungen der provisorischen Salzburger Landesversammlung, Salzburg 1919, S. 12.
10 Verhandlungen, 30. Jänner 1920, S. 1760. Vgl. allgem. Erwin Weissel, *Die Ohnmacht des Sieges. Arbeiterschaft und Sozialisierung nach dem Ersten Weltkrieg in Österreich,* Wien 1976 (Veröffentlichungen des Ludwig-Boltzmann-Institutes für Geschichte der Arbeiterbewegung.)
11 Verhandlungen, 11. Juni 1920, S. 259.
12 Verhandlungen, 18. März 1919, S. 1031.
13 Verhandlungen, 16. November 1921, 16. Dezember 1921, 10. Jänner 1922; vgl. auch Ernst Hanisch, *Franz Rehrl – sein Leben,* in: *Franz Rehrl,* S. 17.
14 Zum Vergleich:
Wilhelm H. Schröder, *Probleme und Methoden der quantitativen Analyse von kollektiven Biographien. Das Beispiel der sozialdemokratischen Reichstagskandidaten* (1898–1912), in: *Quantitative Methoden in der historisch-sozialwissenschaftlichen Forschung,* Stuttgart 1977, S. 88 ff.; Johann Kriegler, *Die politischen Führungskräfte des Burgenlandes in der Ersten Republik,* in: *50 Jahre Burgenland,* Eisenstadt 1971 *(Burgenländische Forschungen,* Sonderheft III.), S. 134 ff. Peter Gerlich und Helmut Kramer, *Abgeordnete in der Parteiendemokratie. Eine empirische Untersuchung des Wiener Gemeinderates und Landtages,* Wien 1969; Hans Maukner, *Der niederösterreichische Landtag in der Ersten Republik,* in: Österreich in Geschichte und Literatur, 11 (1967), S. 71 ff.; Harry Slapnicka, *Oberösterreich. Die politische Führungsschicht 1918–1938,* Linz 1976; Hubert Regner, *Der Salzburger Landtag. Versuch einer politikwissenschaftlichen und organisationstheoretischen Analyse,* phil. Diss., Salzburg 1975.
15 Vgl. die Kurzbiographien bei Josef Kaut, *Der steinige Weg,* S. 255 ff.
16 Vgl. Josef Lackner, *Die Volksernährung in Salzburg im 1. Weltkrieg,* Hausarbeit, Historisches Institut Salzburg.
17 Otto Bauer, *Die österreichische Revolution,* Werkausgabe, 2. Bd., Wien 1976, S. 649 ff.
18 Verhandlungen, 5. Februar 1919, S. 727.
19 Ebd., 10. Jänner 1919, S. 505.
20 Ebd., 13. November 1918, S. 51.
21 Ebd., 21. Februar 1919, S. 839.
22 So Emminger am 10. Jänner 1919, S. 501.
23 Ebd., 23. Juni 1919, S. 49 f.
24 10. Jänner 1919, S. 507.
25 21. Februar 1919, S. 845.

26 Vgl. Herbert Dachs, *Franz Rehrl und die Bundespolitik,* in: *Franz Rehrl,* S. 215 ff.
27 Verhandlungen, 11. Dezember 1918, S. 275.
28 22. Dezember 1926, S. 480.
29 Vgl. allgem.: Alfred D. Low, *The Anschluss Movement 1918–19 and the Paris Peace Conference,* Philadelphia 1974; Stanley Suval, *The Aschluss Question in the Weimar Era. A Study of Nationalism in Germany and Austria, 1918–1932,* Baltimore – London 1974; speziell: Wolfgang Stifter, *Die Anschlußbewegung im Bundesland Salzburg nach 1918,* Hausarbeit am Historischen Institut der Universität Salzburg, 1974. Evelyn List, *Die Propaganda des Austromarxismus am Beispiel der sozialdemokratischen Anschlußbewegung 1918–1933,* phil. Diss., Wien 1976. Susanne Miller, *Das Ringen um die »einzige großdeutsche Republik«. Die Sozialdemokratie in Österreich und im Deutschen Reich zur Anschlußfrage 1918/19,* in: *Archiv für Sozialgeschichte* 11 (1971) S. 1 ff.
30 Verhandlungen, 13. November 1918, S. 30.
31 Verhandlungen, 6. März 1924, S. 626.
32 Ebd., 11. Dezember 1918, S. 286.
33 Ebd., S. 285.
34 Vgl. dazu: Stanley Suval, *The Anschluss Question,* S. 19.
35 Verhandlungen, 16. Dezember 1919, S. 1308 ff.
36 Verhandlungen, 10. Juni 1920, S. 156 ff.
37 Vgl. Ludger Rape, *Die österreichischen Heimwehren und die bayerische Rechte 1920–1923,* Wien 1977, S. 77 ff.
38 Otto Bauer, *Wandlungen und Probleme der Anschlußpolitik,* in: *Der Kampf* 20 (1927), S. 295.
39 Vgl. dazu: Wolfgang Stifter, *Die Anschlußbewegung,* S. 92 ff. Helmut Schreiner, *Franz Rehrl im Salzburger Landtag,* in: *Franz Rehrl,* S. 89 ff.
40 Verhandlungen, 22. Dezember 1927, S. 722.
41 Verhandlungen, 4. Dezember 1918, S. 228 f.
42 Ludger Rape, *Die österreichischen Heimwehren,* S. 118; vgl. auch *Heimatschutz in Österreich,* Wien 1935, S. 179 ff.
43 Verhandlungen, 23. November 1920, S. 487.
44 Ebd., S. 488 ff.
45 Ebd., S. 828.
46 Verhandlungen, 22. Dezember 1927. Eine eklatant falsche Darstellung im Jahrbuch der österreichischen Arbeiterbewegung 1929, Wien 1930, S. 247. Seit 1927 erscheinen in den Jahrbüchern regelmäßig Berichte über die Landtagsarbeit. Weiters verfaßte Eduard Baumgartner zwei Rechtfertigungs- bzw. Agitationsschriften: *Die Arbeit der Sozialdemokraten in den Gemeinden Salzburgs und die Hemmnisse dieser Arbeit,* Salzburg 1931; *Die Arbeit der Sozialdemokraten im Salzburger Landtag,* Salzburg 1932.
47 Vgl. dazu: Ernst Hanisch, *Zur Frühgeschichte des Nationalsozialismus in Salzburg 1913–1925,* in: *Mitteilungen der Gesellschaft für Salzburger Landeskunde* (1977). S. 371 ff.
48 Verhandlungen, 19. Mai 1932, S. 2.
49 Verhandlungen, 3. März 1933, S. 146.
50 Verhandlungen, 30. Juni 1933, S. 5.
51 Verhandlungen, 28. November 1933, S. 29.
52 Verhandlungen, 19. Dezember 1933, S. 53.

Robert Hinteregger

Die steirische Arbeiterschaft zwischen Monarchie und Faschismus

Emotional angereicherte und oftmals eingeübte stereotype Urteile, die bei Zeitgenossen und Historikern gleichermaßen als bequeme Denk- und Handlungsmarkierungen dienten, haben das Bedürfnis nach differenzierter Erklärung der Geschichte der Ersten Republik stellenweise verschüttet, und eine Koalitionsgeschichtsschreibung hat zumeist eine Vielzahl von Ursachen in unverbindlicher Aufzählung für die tragischen Februarereignisse des Jahres 1934 verantwortlich gemacht[1]. Es gehört dagegen zu den ausdrücklichen Zielen dieser Arbeit, nicht in einen unverbindlichen Pluralismus von Ursachen zu flüchten, der sich angesichts der eingestandenen Unmöglichkeit einer monokausalen Erklärung anböte, sondern vielmehr eine Hierarchie von Ursachen zu erstellen, die aus der steirischen Perspektive zu den unglücklichen Februarereignissen führten. Diese Vorgangsweise möchte einen vagen Relativismus hintanhalten, der einen übergeordneten Wertmaßstab als anmaßend ablehnt, dabei aber selbst in Ideologieverdacht gerät und zur analytischen Erklärung des Geschehens kaum maßgeblich beitragen kann. Um das erkenntnistheoretische Ideal der Objektivität anzustreben, ist ein methodisches wissenschaftliches Credo an einfühlendes Verständnis notwendig, das aber rationaler Kontrolle zugänglich bleibt, und an eine Intuition, deren Ergebnisse aber einer kritischen Nachprüfung standhalten. Doch auch die Auswahl des Objektes impliziert bereits Wertungen, und schon die Fragestellung filtert den historischen Quellenbestand und strukturiert damit die historischen Ereignisse in ihrem Sinn. Es ist daher unerläßlich, daß diese Auswahlkriterien expliziert werden: die vorliegende Arbeit versteht sich in erster Linie als ideologiekritisch und sozialgeschichtlich. Das ausgefranste Substantiv »Sozialgeschichte« hat allerdings in den jüngsten Diskussionen eine solche Bedeutungsinflation erfahren, daß eine Präzisierung notwendig scheint: Gemeint ist eine Geschichte, deren Strukturierungskerne nicht ausschließlich politische Ereignisse sind, sondern allgemein gesellschaftliche und soziale Vorgänge, eine Geschichte, die zu einer »integralen Synthese« der historischen Teilbereiche zu gelangen sucht und sich insgesamt als historische Sozialwissenschaft versteht[2].

Aufgrund zahlreicher historischer Anhaltspunkte könnte für eine Arbeit über die Erste Republik wohl nur ein dichotomisches Gesellschaftsmodell als Leitlinie dienen, während sich die strukturell funktionalen Theorien, die im Gefolge Talcott Parsons die amerikanische Soziologie dominieren, mit ihrer Annahme eines wohlfunktionierenden sozialen Organismus und harmonischer Solidarität zur Erfassung des gestellten Themas bestimmt als inadäquat erweisen müßten. Allerdings darf ein zugrunde liegendes Modell nicht eine automatische Abfolge von latenten Klassengegensätzen bis zu einem unausweichlichen Konflikt postulieren und sich in seinem Abstraktheitsgrad nicht über den Individuen etablieren, sondern es muß vielmehr zahlreiche Schaltstellen enthalten, an denen historische Akteure den keineswegs strikt deterministischen Ablauf der Ereignisse lenken können, und eine Reihe von Variablen berücksichtigen, wie zum Beispiel das Vorhandensein von Beschwichtigungsstrategien und effektiven Mechanismen zur Kanalisierung des Konfliktes[3].

Die Annahme eines Klassengegensatzes als der dominanten Spannung innerhalb der Gesellschaft der Ersten Republik leugnet auch nicht die Möglichkeit von gesellschaftlichen Gegensätzen und Spannungen, die diese hauptsächliche Frontlinie überlagern, oder von vermittelnden Positionen, Gruppen und Schichten, die sich nicht nahtlos in dieses angenommene dichotomische Gesellschaftsbild einfügen, um so weniger, als sich die anschließende Untersuchung auf ein österreichisches Bundesland bezieht, dessen Länderverfassung ein Proporzsystem vorschrieb, also eine Zusammenarbeit innerhalb der Landesregierung, die zu einer Abschleifung der Gegensätze und zu Kompromißformeln führen mochte, so daß es »Mittelstellungen, Rücksichten und Verantwortungen aller Art« gegeben habe[4].

Obgleich also die Entwicklung eines Bundeslandes während der Ersten Republik für die gesamtösterreichische Geschichte nicht signifikant sein kann, ist diese Arbeitsbeschränkung einerseits methodisch berechtigt, weil sie eine besondere Quellennähe verbürgt[5], andererseits sachlich, weil sich der Entwicklungsgang der Ersten Republik gleichsam aus der Entwicklung der Bundesländer und Wiens zusammensetzt, die ihre Eigenheiten als »historisch-politische Individualitäten« gerade bei der Konstituierung der Republik lautstark in Erinnerung riefen.

Eine Arbeit, die einen Versuch zur Erklärung der Februarereignisse unternimmt, darf sich nicht allein auf dieses punktuelle Ereignis konzentrieren und sich mit einer – längst vorhandenen – minutiösen Darstellung des Bürgerkrieges begnügen, sondern sie muß vielmehr versuchen, mindestens bis zum Zusammenbruch der Monarchie auszuholen, um strukturelle Leitlinien festzustellen, die schließlich zu jener unheilvollen innenpolitischen Verstrickung in den dreißiger Jahren geführt haben.

Während der Endphase der Monarchie gab es viele Indikatoren, die auf eine außergewöhnlich starke Legitimitätskrise des monarchistischen Systems in der Steiermark hinwiesen:

Etliche amtliche Stimmungsberichte deuteten darauf hin, daß die maßvolle Sozialdemokratie Gefahr laufe, die Kontrolle über die Unzahl an unruhigen und unzufriedenen Elementen zu verlieren[6]. Gerade die Arbeiterschaft der obersteirischen Industriereviere war schon vor dem Krieg der gewerkschaftlichen und politischen Organisierung schwer zugänglich gewesen, und während der Umbruchsphase wechselte »jäher Radikalismus« mit »unbegründeter Depression[7]«. Die andauernde Gärung in den steirischen Industriezentren und Städten griff schließlich wegen der unnachsichtigen Getreide-, Vieh-, Heu- und Strohrequisitionen auch auf die bäuerliche Bevölkerung über. Obgleich die steirische sozialdemokratische Parteileitung im Verlauf der zahlreichen Novemberversammlungen im Jahr 1917 die gelockerte Parteidisziplin vorübergehend zu straffen vermochte, konnte sie doch nicht verhindern, daß der im Wiener Neustädter Industrierevier ausgebrochene Jännerstreik – wenngleich mit Verspätung – auch auf das steirische Industriegebiet übergriff. Die verschärfte Neufassung des Arbeiterhilfsdienstgesetzes, die oftmals provozierende Tätigkeit der Beschwerdekommissionen und die Willkürakte in den militarisierten Betrieben, die zunehmende Ernährungsnot und schließlich auch die neuerliche Vertagung des Parlaments führten während der ersten Jahreshälfte 1918 zu weiteren Streikaktionen, welche die Parteileitung allerdings abwiegelte, so daß es zu einer empfindlichen Vertrauenseinbuße bei der Industriearbeiterschaft kam, was wiederum Ansätze zu eigenständigen Arbeiterräten in den Betrieben erzeugte.

Die drohende Gefahr einer unkontrollierbaren Radikalisierung der steirischen Industriearbeiterschaft zwang die steirische Sozialdemokratische Partei während der ersten Jahreshälfte 1918 zu jener nach links koalitionsbereiten Politik, die beim politischen Gegner Unbehagen erzeugen mußte und die das christlichsoziale »Volksblatt« als Gaukelspiel zwischen den Ideen einer friedlichen Reform und der Gewalttheorie verurteilte. Die in den letzten Monaten vor dem Zusammenbruch der Monarchie zunehmend staatsverneinende und antidynastische Tendenz der zahlreichen sozialdemokratischen Versammlungen, der emsige Ausbau der Parteiorganisation in der Steiermark und die von der Parteileitung inszenierten umfassenden Lohnbewegungen trugen dazu bei, spontane Streikaktionen in den Industriezentren während dieser Zeitspanne trotz der latenten Erregung der Arbeiterschaft zu verhindern[8]. Über die sozialdemokratischen Konsumvereine fanden sozialrevolutionäre Tendenzen auch in kleinbäuerlichen Kreisen Verbreitung. Die prekäre Situation des deutschen Mittelstandes und die »tiefgehende Verstimmung« über die politischen Gesamtverhältnisse bedingten, daß auch diese Schichten des deutschösterreichischen Bürgertums in der Steiermark unmittelbar vor dem Zusammenbruch der Monarchie kein reges Interesse an einer innenpolitischen Neugestaltung mehr zeigten[9].

Die innenpolitische Lage in der Steiermark gestaltete sich zusehends prekärer, als die vermehrte Werbetätigkeit für das politische Programm der südslawischen Maideklaration zu Beginn des Jahres 1918 gegen den heftigen Widerstand deutschnational gesinnter Kreise die nationale Frage aktualisierte und die südslawische Propaganda schließlich merklich von der loyalen Maideklaration abrückte und zu dem staats- und dynastiefeindlichen Programm von Korfu tendierte[10]. Das Pendant zu dieser regen Werbetätigkeit für einen eigenständigen südslawischen Staat bildete die dynamische, als unpolitisch deklarierte deutschnationale Volksratsbewegung, deren Forderungsprogramm schließlich neben den nationalen Kardinalforderungen auch soziale und wirtschaftliche Postulate enthielt und die schließlich mit ihrer Wendung gegen die Parlamentsabgeordneten und den Parlamentarismus an sich einen eminent politischen Zug annahm. Die steirische Sozialdemokratische Partei wandte sich schließlich in einer lebhaften Agitation gegen die auch in Arbeiterkreisen erfolgreiche Werbetätigkeit der Volksräte, deren »demagogischen Charakter« die Zeller Konferenz der alpenländischen Sozialdemokraten energisch anprangerte[11].

Erst als sich das Wortgeklingel deutschnationaler Resolutionen und die vielfältigen Pläne christlichsozialer Provenienz zum Umbau der Donaumonarchie als undurchführbar erwiesen, zerbrach die im Rahmen der Volksratsorganisation geschlossene Koalition der bürgerlichen Parteien in der Steiermark an der Ernährungsmisere, die den unmittelbaren Impuls für den Umsturz in der Steiermark gab.

Vielmehr traten im Oktober Vertreter der steirischen Arbeiterschaft und der Industriellen in Verhandlungen miteinander, so daß in der zweiten Oktoberhälfte eine »mehr oder minder geheime Verschwörung gegen den k. k. Statthalter Graf Clary[12]« einsetzte, die schließlich einen vielgliedrigen Wohlfahrtsausschuß konstituierte, den sie mit der Verwaltung des Landes und insbesondere mit der Leitung der Ernährungsagenden betraute. Es erwies sich als wichtigste Aufgabe des neugegründeten Wohlfahrtsausschusses, den Staatsgedanken wieder zur Geltung zu bringen, das Volksgewissen wieder zu heben, das Vertrauen in die behördliche Autorität, welches zahlreiche einander widersprechende papierene Vorschriften und Erlässe untergraben hatten, wiederherzustellen und die divergierende Entwicklung von Armee und Bürokratie aufzuhalten.

Die Demission des wegen seiner persönlichen Liebenswürdigkeit selbst in Arbeiterkreisen einigermaßen beliebten Grafen Clary stellte durchaus nicht nur eine personelle Veränderung an der höchsten Stelle der Verwaltung dar, sondern vielmehr einen Systemwechsel. Am 6. November konstituierte sich die Provisorische steirische Landesversammlung, die sich in ihrer demokratischen Zusammensetzung deutlich von dem alten Privilegienlandtag unterschied.

Im Anschluß an die Grazer Einrichtung konstituierten sich teilweise in Zusammenarbeit mit spontan entstandenen Arbeiter- und Soldatenräten, immer aber unter Zuziehung bürgerlicher Vertreter, zahlreiche Bezirkswohlfahrtsausschüsse, die allerdings in der Regel die wirtschaftlichen Belange ihrer Bezirke gar zu eifersüchtig wahrnahmen[13]. Zum selbstgewählten Aufgabenbereich dieser Bezirkswohlfahrtsausschüsse zählten ab November 1918 auch die Aufstellung und Kontrolle der Heimwehren, die anfänglich ausschließlich dem Sicherheitsbedürfnis der Stadt- und Marktbewohner dienten und unter gleichmäßiger Beteiligung verläßlicher Bevölkerungselemente aus Arbeiterkreisen sowie aus bäuerlichen und bürgerlichen Bevölkerungsschichten entstanden[14]. Erst zu Beginn des Jahres 1919 klassifizierten vereinzelt Einwände gegen neuerliche Heimwehrgründungen diese als »Schutztruppe der besitzenden Klassen« und als Gegengewicht zur sozialdemokratisch orientierten Volkswehr[15].

Die allgemeine politische Aktivierung der steirischen Bevölkerung während der Umsturzmonate blieb also nicht auf die industrialisierten Landstriche beschränkt, sondern dehnte sich unter der Initiative Martin Steigenbergers auch auf die Landbevölkerung aus, indem Steigenberger in enger Anlehnung an die Pfarrorganisationen Bauernräte gründete. Diese Pfarrbauernräte, die durchwegs eine antimarxistische Komponente aufwiesen, bewährten sich im Anschluß an die selbständige untersteirische Heimwehrorganisation unter der Leitung Dr. Willibald Brodmanns in den Abwehrkämpfen gegen die südslawischen territorialen Aspirationen. Diese selbständige Einrichtung paramilitärischer Verbände in den südlichen und östlichen Landesteilen der Steiermark bildete in zweierlei Hinsicht eine eminente Gefahr für eine friedliche innenpolitische Entwicklung: einerseits kam es zu Zusammenstößen mit der Gendarmerie, als sich die Bauern mit Waffengewalt den Requisitionen widersetzten, und andererseits vermehrten diese

Verbände die sozialdemokratischen Befürchtungen vor möglichen Restaurationsplänen konservativer Kreise und führten zur Aufstellung einer zunächst geheimgehaltenen *Roten Garde*[16].

Diese antikommunistische Orientierung der Heimwehren im untersteirischen Grenzgebiet erfolgte zu einer Zeit, als die kommunistische Werbetätigkeit in der Steiermark einen Höhepunkt erreichte. Während sich die kommunistische Agitation in der ersten Februarhälfte 1919 merklich intensiver gestaltete, nahmen die sozialdemokratischen Gegenredner in vielen Versammlungen zunächst in unverbindlichen und dehnbaren Formulierungen dazu Stellung. Erst ein Umsturzversuch, den die Kommunisten in der Grazer Innenstadt am 22. Februar 1919 inszeniert hatten, leitete eine unnachgiebige Haltung der steirischen Sozialdemokraten gegenüber der kommunistischen Agitation ein, eine Haltung, die in einer unzweideutigen Resolution des Grazer Soldatenrates vom 22. Februar 1919 deutlich zum Ausdruck kam und den steirischen Sozialdemokraten auf dem ersten Nachkriegsparteitag den Vorwurf der Intransigenz eintrug[17]. Selbst die Errichtung einer Rätediktatur im benachbarten Ungarn und in Bayern und das zahlreiche Propagandamaterial, das über die Grenze geschleust wurde, konnten nach der Verhaftung der aktivsten kommunistischen Führer zunächst keinen neuerlichen Aufschwung der Kommunistischen Partei in der Steiermark mehr bewirken.

In der Obersteiermark hingegen konnte ein Kommunismus ausländischer Prägung nach dem Ausweis übereinstimmender Konfidentenberichte nicht recht Fuß fassen[18], und die von Ungarn aus gelenkte kommunistische Agitation, die vor allem die Knittelfelder Eisenbahner zur Proklamation des Eisenbahnerstreiks animieren wollte, fand in diesem Landesteil keinen Anklang. Es mag sein, daß die traditionell radikale Ausrichtung der Arbeiterschaft in der obersteirischen Schwerindustrie ein Einsickern einer ausländischen kommunistischen Ideologie verhinderte.

Andererseits führte eben diese radikale Ausrichtung zu spontanen Sozialisierungsaktionen im Hüttenwerk Donawitz und im Kohlenbergbau Seegraben, welche die sozialdemokratische Parteileitung zu einer eindeutigen Deklarierung zwangen, die sich erheblich von der bislang benützten radikalen Phraseologie unterscheiden mußte und deren gemäßigtes Ergebnis eine Ernüchterung innerhalb der obersteirischen Arbeiterschaft zur Folge hatte, die sich in einem deutlichen Stimmenrückgang bei den Landtagswahlen im Frühjahr 1919 niederschlug.

Auf dem ersten Nachkriegsparteitag beklagten die steirischen Sozialdemokraten vor allem, daß es den reaktionären Landesregierungen von Kärnten und der Steiermark gelungen sei, die Sozialisierung der

Alpinen Montangesellschaft zu verhindern, und daß die Reaktion überhaupt im Länderpartikularismus eine Stütze finde. Ein föderalistisch aufgebauter Bundesstaat müsse vor allem die Schul- und die Agrarreform den klerikalen Ländern ausliefern. Die steirischen Redner stimmten darin überein, daß sich die Agitation vor allem gegen den Klerikalismus richten müsse, der mit Lebensmittelspenden und geistlichen Drohungen gleichermaßen Stimmenfang betreibe.

Die Stimmung der steirischen Arbeiterschaft richtete sich entschieden gegen eine nachgiebige Koalition mit den Christlichsozialen. Dementsprechend traten die steirischen Sozialdemokraten auch im Juli 1920 aus der informellen Parteienkoalition im steirischen Landtag aus, die ein Relikt der Übergangszeit darstellte und ihren Zweck, die Sicherung der Verwaltung in wirtschaftlicher Hinsicht, bald nicht mehr zu erfüllen vermochte, während sie die Sozialdemokraten trotzdem in der Verantwortung für unpopuläre wirtschaftliche Maßnahmen festhielt.

Die Diagnose des ersten sozialdemokratischen Nachkriegsparteitages, daß der Länderpartikularismus eine Stütze der Reaktion sei, bestätigte sich, als die steirische Landesregierung im Jahr 1921 unter der Ägide des Landeshauptmannes Anton Rintelen an der reaktionären Anschlußkampagne christlichsozial regierter Bundesländer festhielt und dadurch den Sturz der entschieden demokratisch orientierten Regierung Mayr herbeiführte[19].

Für das Jahr 1921 gibt es zahlreiche Indikatoren, die eine Zuspitzung des Klassengegensatzes zwischen der Arbeiterschaft und den besitzenden Klassen anzeigen: Einerseits demaskierte eine dringliche Anfrage im steirischen Landtag die bewaffneten Bauernformationen als bezahlte Schutztruppe des steirischen Großkapitals[20], andererseits erfolgten 1921 in der Steiermark ein Ausbau der Arbeiterräte und die Einrichtung von Arbeiterwehren, die sich neben ihrem ursprünglichen Zweck, die Betriebe vor Plünderungen zu schützen, immer eindeutiger gegen die Bourgeoisie richteten. Am 6. September 1922 fand die konstituierende Sitzung des Grazer Bezirksarbeiterrates statt, zu dessen ausdrücklichem Pflichtenkreis neben dem Kampf gegen den Lebensmittelwucher vor allem Maßnahmen gegen die Aufrüstung reaktionärer Gruppen zählten, die als Heimwehren, Frontkämpfervereinigungen und Hakenkreuzlerverbände im ganzen Land entstanden[21].

Während der beiden Jahre 1922 und 1923 führte die Wirtschaftskrise zu vermehrter Arbeitslosigkeit, Kurzarbeit, Wohnungselend, steigenden Preisen und schließlich zu einem Druck des Unternehmertums auf die Sozialgesetzgebung. Das Jahr 1922 bildet überhaupt ein Scharnierjahr in der steirischen Geschichte, denn im Dezember dieses

Jahres kam es zu einem schweren Zusammenstoß zwischen sozialdemokratischen Arbeitern und dem als unpolitisch deklarierten Heimatschutz Walter Pfrimers im Bezirk Judenburg: nach einer fortwährenden provokanten Demonstration bürgerlicher Militärmacht[22] und einer empfindlichen Lohnreduktion im Gußstahlwerk Judenburg erfolgte eine sozialdemokratische Waffensuche bei einigen Selbstschutzverbandsleuten, was zu einer Verhaftung sozialdemokratischer Vertrauensleute führte und zu einem ausgedehnten Streik, dessen demütigenden Abbruch der Pfrimersche Heimatschutz erzwang. Laut Bericht des Gendarmeriekommandanten Meyszner befand sich die steirische Arbeiterschaft zu diesem Zeitpunkt bereits in der Defensive, und die Führer hätten sich von der Schlagkraft der Heimwehr bestürzt gezeigt[23]. Diese beschämende Niederlage war auch der eigentliche Anlaß für die Gründung des Republikanischen Schutzbundes in der Steiermark, dessen Konstituierung Landesrat Ludwig Oberzaucher und Kurt Sonnhammer der steiermärkischen Landesregierung am 5. Juni 1923 anzeigten. Zweck der Vereinigung sei es, die Kraft der republikanisch gesinnten deutschösterreichischen Bevölkerung zusammenzufassen, um unter anderem nachstehenden Programmpunkten Geltung zu verschaffen: Sicherung der republikanischen Staatsverfassung und Unterstützung der bestehenden Sicherheitseinrichtungen bei Aufrechterhaltung von Ruhe und Ordnung und Abwehr jeder gewaltsamen Störung oder etwaiger Putschversuche.

Das Jahr darauf stand auch in der Steiermark ganz im Zeichen der Agitation pro und contra den 1922 abgeschlossenen Genfer Pakt. Nach den Wahlen im April richteten sich die Sozialdemokraten auf eine verschärfte Opposition ein, zu deren Kardinalpunkten vor allem die Durchsetzung sozialer Forderungen gehörte. In der Debatte des Parteitages forderten die steirischen Delegierten vor allem Aufmerksamkeit für die dringliche Wohnungsfrage und endlich eine Durchsetzung der produktiven Arbeitslosenfürsorge[24].

Die Arbeitslosenfrage bildete in der hochindustrialisierten Steiermark während der Ersten Republik überhaupt einen Gradmesser des politischen Klimas. Bereits 1923 mußte Landesrat Hartmann Angriffe der Arbeitslosenkomitees gegen die Gewerkschaftsbürokratie zurückweisen, indem er die beschwichtigende Politik der Gewerkschaften mit dem Hinweis auf die verheerenden Folgen einer Demonstration rechtfertigte und bedeutete, daß die Grazer Polizei großteils reaktionärer Gesinnung sei und daß auch die Wehrmacht keinen Schutz mehr biete, weil sie mit monarchistisch gesinnten Offizieren verseucht sei[25].

In einer programmatischen Rede beim Zusammentritt des neugewählten steirischen Landtages brachte Landesrat Resel die sozialdemokratischen Beschwerden gegen die christlichsozial-großdeutsche Landtagskoalition vor. Zu diesen Gravamina gehörten die Vorkommnisse bei der steirischen Gendarmerie und Polizei, die Einrichtung einer Technischen Nothilfe, deren Mitglieder als Streikbrecher fungieren konnten, die Übergriffe des Landeshauptmannes Rintelen in der Verwaltung, besonders die Einschränkung der Autonomie der nichtbürgerlichen Gemeinden durch die einseitige Handhabung des staatlichen Aufsichtsrechtes über die Umlagenbeschlüsse, die Mißachtung der Rechte von Berufsvertretungen sowie die Bespitzelung von Vertrauensmännerversammlungen, endlich die Hindernisse gegen eine demokratische Umgestaltung der Verwaltung.

1924 geriet die steirische Industriearbeiterschaft in eine wirtschaftliche Krise, und die Sozialdemokratische Partei erlitt in der Steiermark einen auffallenden Mitgliederrückgang, ebenso die Gewerkschaften. Fälle von ausgesprochener Klassenjustiz, die schleppende Erledigung der Alters- und Invaliditätsversicherung und vor allem die katastrophale Ernährungslage verringerten den Glauben der Arbeiterschaft an den Sozialismus. Schließlich trugen auch die schikanöse Behandlung sozialdemokratischer Gemeinden, denen die gebührenden Anteile an der Warenumsatz- und Einkommensteuer vorenthalten wurden, die Einrichtung einer Technischen Nothilfe bei der Gendarmerie und die Einschränkung der Rechte der Vertrauensmänner zu dem weitverbreiteten Unmut der steirischen Industriearbeiterschaft bei. Auf dem gesamtösterreichischen sozialdemokratischen Parteitag kehrte sich diese Unzufriedenheit der steirischen Arbeiterschaft gegen die vermeintlich ineffiziente Tätigkeit der sozialdemokratischen Abgeordneten, während sich die Klagen doch in Wirklichkeit gegen Zustände richteten, gegen die das Parlament machtlos war, weil die Oppositionsrolle der Partei keine Möglichkeit ließ, auf die Verwaltung Einfluß zu nehmen[26]. Und diese oppositionelle Haltung der Bundespartei änderte sich auch dann nicht, als Seipel unter dem Einfluß christlichsozialer Landtagsgruppen demissionierte und Ramek eine Regierung unter Beiziehung der bürgerlichen Vertrauensleute der Landtagsmehrheiten bildete.

In diesem Zusammenhang ist eine zunehmende Interesselosigkeit der Industriearbeiterschaft an der parlamentarischen Tätigkeit festzustellen, die sich immer deutlicher in unattraktiven und für die Arbeiterschaft unergiebigen Kompromissen erschöpfte und der die dramatischen Augenblicke fehlten. Damit in Zusammenhang vermerkten amtliche Berichterstatter eine rege Werbetätigkeit kommunistischer Agitatoren in der Steiermark, vor allem unter den Arbeitslosen, die sich auch anläßlich des letzten Metallarbeiterstreiks in einer heftigen Stellungnahme gegen die sozialdemokratische Gewerkschaft bemerkbar gemacht habe[27].

Dem zunehmenden Radikalismus der steirischen Arbeiterschaft entsprechend, nahm die sozialdemokratische Fraktion des steirischen Landtages eine scharf oppositionelle Haltung ein, bis mit dem 1. Oktober 1925 eine Demokratisierung der Verwaltung Platz griff, indem die Referate der Landesregierung/Burg, die ein monarchistisches Überbleibsel darstellten, aufgelöst und an die autonome Landesregierung angegliedert wurden, so daß die demokratischen Kontrollmöglichkeiten erweitert wurden. Zu einer empfindlichen Verschärfung des politischen Klimas kam es erst wieder, als am 11. Oktober 1926 die Neuwahl des Landeshauptmannes auf dem Programm stand und die sozialdemokratische Landtagsfraktion sich mit einer langandauernden Obstruktion gegen die Wiederwahl des ehemaligen Landeshauptmannes Anton Rintelen wehrte, der sich gemeinsam mit dem steirischen Finanzminister Jakob Ahrer im Zusammenhang mit der Affäre um die Zentralbank und die Steirerbank als Träger eines korrupten Systems erwiesen habe. Nach den Landtagswahlen 1927 änderte sich die innere Zusammensetzung des steirischen Landtages, in dem die Christlichsozialen keine unverbrüchliche Mehrheit mehr hatten, so daß eine »Regierungskoalition in der Steiermark jedenfalls auf tönernen Füßen stehen müsse«.

Einen Angelpunkt in der Geschichte der Ersten Republik bildeten die Ereignisse des 15. Juli 1927, als in Wien nach einer Massendemonstration gegen ein zweifelhaftes Gerichtsurteil der Justizpalast in Brand geriet. Diese Ereignisse in der Bundeshauptstadt wirkten sich vor allem in der Steiermark nachhaltig aus, wo der Schutzbund während des Generalstreiks im Anschluß an den Justizpalastbrand wichtige Straßen kontrollierte, einen Teil der Landeshauptstadt besetzte und Polizei und Gendarmerie bei der Ausübung ihres Dienstes überwachte. Da fast jeder Kontakt mit der Bundeshauptstadt unterbrochen war, kursierten in der Steiermark die wildesten Gerüchte, welche die allgemeine Unsicherheit vermehrten. In der Obersteiermark drohte der Konflikt gar zu eskalieren, als der obersteirische Heimwehrführer Dr. Walther Pfrimer und Oberinspektor Meyszner den bewaffneten Heimatschutz des oberen Murtales als Gendarmerieassistenz aufboten, was sich gegen die streikende Arbeiterschaft von Judenburg, Fohnsdorf, Zeltweg und Knittelfeld richtete. Unter dem Eindruck eines kurzfristigen provokatorischen Ultimatums Pfrimers, den Streik abzubrechen, die Telefonverbindungen mit Wien wiederherzustellen, den Schutzbund zu demobilisieren und die Straßen zu räumen, brachen die steirischen Sozialdemokraten den Streik schließlich ab. Die steirische Presse nahm in ihrer Berichterstattung vor allem an den Brucker Ereignissen Anstoß, denn in dieser obersteirischen Industriestadt habe das Exekutivkomitee der Sozialdemokratischen Partei eine Art Diktatur des Proletariats ausgerufen, Standrecht und Ausnahmezustand über die Stadt verhängt und das Gericht und andere Bundesämter in ihrer Tätigkeit behindert.

Der *Arbeiterwille* insistierte darauf, daß die Ereignisse vom 15. Juli im strikten Widerspruch zu den realen Machtverhältnissen stünden, daß es sich jedenfalls um keine Kraftprobe gehandelt habe und daß das »läppische und provokatorische Ultimatum« des Heimatschutzes beim Abbruch des Streiks keine Rolle gespielt habe. In der ausführlichen Debatte über die Juliereignisse im steirischen Landtag dominierten trotz gelegentlicher Ausfälle Einsicht und Kompromißbereitschaft[28]. Trotzdem beschleunigten die Ereignisse des 15. Juli die Ausbildung zweier Bevölkerungsklassen, indem sie als Katalysator für die in verschiedene Gruppen und Grüppchen gespaltene aggressive Reaktion dienten. Es kann nicht bestritten werden, daß der Verkehrsstreik in der Steiermark die realen Machtverhältnisse insgesamt zugunsten des Bürgertums verschob, indem ein »stiller Faschismus« entstand. Nach dem politischen Situationsbericht des Abgeordneten Machold auf dem Ottakringer Parteitag habe der Verkehrsstreik in der Steiermark »zugrunde gegangene politische Bankerotteure, ... alle die monarchistischen Offiziere, alle die hakenkreuzlerischen Provinzadvokaten auf den Plan gerufen und einen stillen Faschismus erzeugt, der das ganze Land mit Heimwehrformationen durchsetzte[29]«.

Es gibt in der Tat zahlreiche Indizien für eine Konjunktur des Faschismus nach dem 15. Juli, die die euphorische Siegeszuversicht der Heimwehr rechtfertigen konnten:

- das Aufmarschverbot des Landeshauptmannes Paul, das sich vor allem gegen einen Schutzbundaufmarsch anläßlich eines ASKÖ-Sportfestes richtete; die Vorfälle in Haus und Scheifling, in welchen Orten sozialdemokratisch gesinnte Lehrer von der Heimwehr kurzerhand abgesetzt wurden;
- die im Landtag eingebrachte Gesetzesvorlage für ein Antiterrorgesetz, das die Koalitionsfreiheit und das Streikrecht der Bundesangestellten einengen sollte; die Auflösung der Personalvertretung der Grazer Polizei; das ungünstige Ergebnis der Soldatenratswahlen am 16. Oktober; der Judenburger Antrag an den Parteitag über die Provokation und Pressionen der Heimwehr und schließlich die Gründung zahlreicher Heimatschutzvereine, über die der *Arbeiterwille* unter der Rubrik *Nachrichten aus der Steiermark* aufmerksam laufend berichtete.

Am 13. September 1927 konzedierte schließlich auch der *Arbeiterwille,* daß die Sozialdemokratische Partei durch die Julierereignisse in die Defensive gedrängt worden sei und daß sie jetzt vor allem die Gewerkschaftsfreiheit verteidigen müsse.

Die sozialdemokratischen *Richtlinien für die Durchführung der Gemeinderatswahlen* vom Jänner 1928, die besorgt darauf hinwiesen, daß die bürgerliche Agitation die Julierereignisse demagogisch in den Vordergrund rücke, bewiesen allerdings einen groben Mangel an politischem Augenmaß, wenn sie namentlich die Brucker Ereignisse als blamabel anführten, während die Sozialdemokraten gerade bei der Brucker Gemeinderatswahl zu der schon bestehenden absoluten Mehrheit noch zwei Mandate dazueroberten hatten.

Im allgemeinen aber verstärkte sich der Druck auf die sozialdemokratisch organisierte Arbeiterschaft in den Betrieben. Die Mitgliederwerbung des Heimatschutzes dehnte sich auf die obersteirischen Industrireviere aus, und insgesamt ließen sich 15 000 bis 20 000 Arbeiter zum Beitritt überreden, teils aus Ernüchterung, teils aus Zwang. In den obersteirischen Industriebezirken bildeten die Werkswohnungen, die nicht dem Mieterschutz unterstanden, ein zusätzliches Pressionsmittel, um die Arbeiter in die Heimwehren oder in die »Unabhängigen Gewerkschaften« zu zwängen. Die eigentliche Gefahr für die Sozialdemokratische Partei lag allerdings darin, daß die in die »Unabhängigen Gewerkschaften« hineingepreßten Arbeiter sich diesem Gedankengut anglichen und sich der Bewegung innerlich näherten. Es lassen sich triftige sozialpsychologische Gründe dafür anführen, daß Überläufer aus der Arbeiterklasse sich schließlich fast zwangsläufig auch dem Gedankengut der Heimwehr in gewissem Maße anpassen mußten[30].

Das ideologische Konglomerat des Steirischen Heimatschutzes versuchte in Anlehnung an die Ideen Karl Vogelsangs und Othmar Spanns auch die steirische Industriearbeiterschaft anzusprechen, indem dieses Programm die horizontale Gesellschaftsschichtung zugunsten einer Vereinigung heterogener Gesellschaftsklassen eliminieren wollte und sich die Agitation nicht eigentlich gegen die Demokratie richtete, sondern vielmehr gegen den absoluten mechanistischen Parlamentarismus, um die »Seele des deutschen Arbeiters« rang und gerade in der Steiermark die soziale Seite des Heimatschutzgedankens propagierte. Das Jahrbuch der Heimatschutzbewegung bestätigte nachträglich diese erfolgreiche Werbetätigkeit um die Arbeiterschaft, wenn es anführte, daß in soziologischer Hinsicht in erster Linie der alpenländische Bauer und dann der deutsche Arbeiter das Rückgrat der Bewegung gebildet hätten[31].

Die Unternehmer entwickelten massive Strategien, um die freigewerkschaftlichen Mandate zu reduzieren: dazu gehörten die Entlassung von freigewerkschaftlichen Vertrauensmännern, die Neueinstellung von Bauernburschen anstelle sozialdemokratisch gesinnter Arbeitsloser, die Einschränkung des Wahlgeheimnisses bei den Betriebsratswahlen und das Verbot, freigewerkschaftliche Zeitungen zu verteilen. Die Arbeiter setzten sich anfangs zur Wehr und beantworteten die Aufnahme von »unabhängigen« Gewerkschaftlern in die Betriebe mit Streiks und Protestkundgebungen. Am 10. Mai 1928 traten 550 Bergarbeiter in Hüttenberg in Kärnten spontan in den Streik gegen die Entlassung von Freigewerkschaftlern und deren Ersetzung durch Heimwehrleute. Obgleich sich die Belegschaften weiterer Betriebe der Alpinen Montangesellschaft mit den Hüttenberger Arbeitern solidarisierten, schlossen die Führer des Metallarbeiterverbandes und des Verbandes der Bergarbeiter mit der Alpinen Montangesellschaft und dem Stahlwerksverband den sogenannten Hüttenberger Pakt ab, in dem sie den »unabhängigen« Heimwehrgewerkschaften die Gleichberechtigung und den Unternehmern das Recht auf freie Arbeiteraufnahme zugestanden, somit das Recht, die staatliche Arbeitsvermittlung zu umgehen[32]. Viele Unternehmer schoben die von den Freien Gewerkschaften abgeschlossenen Kollektivverträge beiseite und schlossen unvorteilhafte Einzelverträge ab. Viele amtliche Stimmungsberichte vermerkten die Mißstimmung der Arbeiterschaft den Betriebsräten gegenüber, wenn diese rieten, eine ergebnislos verlaufene Streikversammlung abzubrechen, wie es der sozialdemokratischen Politik entsprach, die sich seit dem Ottakringer Parteitag 1927 auf loyale Verhandlungen und ein Abschleifen der Gegensätze eingespielt hatte[33].

Trotz dieser sozialdemokratischen Politik des pragmatischen Einlenkens und der kleinen Kompromisse stellte der sozialdemokratische Landtagsabgeordnete Gföller bei der Besprechung des Landesbudgets resümierend fest, daß die letzte Zeit in der Steiermark eine Periode der Förderung des schleichenden Faschismus durch die Landesregierung gewesen sei, der Förderung einer Bewegung, die aus den Zeiten des Krieges oder des Umsturzes stamme[34]. Es ist in der Tat eine personelle und programmatische Kontinuität zwischen den Heimwehren aus den Umsturztagen und dem Heimatschutz der späten zwanziger Jahre festzustellen.

Diese Konjunktur des Faschismus zeigte sich auch im steirischen Landtag, als ein Antrag für die Schaffung eines Gesetzes zum Schutz der Republik zur Debatte stand, das der Bundesregierung besondere Machtbefugnisse einräumen sollte, um politische Streiks zu ahnden und Anschläge auf die Sicherheit und Ordnung des Staates erfolgreich abzuwehren. Die sozialdemokratische Fraktion wies ein derartiges Ansinnen, das Koalitionsrecht unter dem Deckmantel des Schutzes der Republik zu verhindern, entrüstet zurück als faschistische Methode, die geeignet sei, die Rechte der Arbeiter und Angestellten zu untergraben[35]. Ein Symptom dieser neuerlich zunehmenden Radikalisierung war der Zusammenstoß zwischen Arbeiterschaft und Heimwehr in dem obersteirischen Markt St. Lorenzen am 18. August 1929, bei dem Heimwehrmitglieder die Festwiese besetzten, um Koloman Wallisch am Sprechen zu hindern.

Der provozierte Zusammenstoß von St. Lorenzen ließ ebensowenig einen Zweifel daran, daß sich zumindest die steirische Heimwehr systematisch auf einen Staatsstreich vorbereitete, wie in Graz erörterte diesbezügliche Pläne, die die *Frankfurter Zeitung* veröffentlichte[36].

Der St. Lorenzener Zusammenstoß führte zu einem Appell des Republikanischen Schutzbundes Graz an den Parteivorstand, die Wehrhaftmachung der organisierten Arbeiterschaft zu verwirklichen und durch einen vermehrten politischen Einfluß Partei- und Gewerkschaftsmitglieder zum Schutzbund zu bringen.

Die faschistische Konjunktur[37] einerseits und die drohende Zersplitterung der jugendlichen Anhängerschaft der Sozialdemokratie durch kommunistische Strömungen andererseits bewirkten eine vermehrte Werbetätigkeit des Republikanischen Schutzbundes.

Diese außerparlamentarische Zuspitzung, die parlamentarische Pattstellung und die ungünstigen wirtschaftlichen Verhältnisse führten zu einer Krise der österreichischen Demokratie, die schließlich eine Eigendynamik des Faschismus freisetzte, welche durch professionelle Putschisten, gedankenlose und unwissende Abenteurer und einfältige Provinzspießer in Gang gehalten wurde. Erst nach den Nationalratswahlen von 1930 schien sich in Österreich ein politischer Systemwechsel anzubahnen, denn das eingeleierte Parteiensystem machte einer vielfältigeren Gruppierung Platz; diese schien auch die Möglichkeit wechselnder Allianzen anzubieten und der Opposition den für das Bürgertum aufreizenden Charakter der klassenhaften parlamentarischen Kontrolle zu nehmen.

Für die obersteirischen Sozialdemokraten brachten diese Nationalratswahlen mit einem Verlust von 8086 Stimmen eine herbe Enttäuschung, obgleich auch die bürgerlichen Parteien Stimmen an den Heimatschutz verloren, der im Wahlkreis Obersteiermark ein Grundmandat erobern konnte und mit acht Mandaten in den Nationalrat einzog.

Das vordergründige Problem war aber zunächst wiederum die mit voller Wucht einsetzende strukturell und konjunkturell bedingte

Arbeitslosigkeit, die den Unternehmern wiederum Gelegenheit bot, eine generelle Offensive gegen die Löhne und Gehälter der Arbeiter und Angestellten durchzuführen. Die Arbeitslosigkeit wurde auch durch die Inanspruchnahme der produktiven Arbeitslosenfürsorge nicht wesentlich gemildert, auf welche zudem oftmals aus politischen Gründen verzichtet wurde, um den sozialdemokratischen Gemeinden den Brotkorb höher zu hängen. Die Arbeitslosigkeit, ein Barometer der wirtschaftlichen Notlage, zeigte noch 1931 eine ununterbrochen steigende Tendenz; allein die Anzahl der in der Metallindustrie beschäftigten Arbeiter hatte gegenüber 1922 in der Steiermark um 55 Prozent abgenommen.

Neben der Metallindustrie zog die Wirtschaftskrise die steirische Bauindustrie, den Bergbau und die Holzindustrie besonders in Mitleidenschaft. Die steirische Hüttenindustrie, die noch Ende 1928 rund 6000 Arbeiter beschäftigt hatte, wies Ende 1931 nur mehr einen Beschäftigtenstand von 4000 auf.

Damit im Zusammenhang schrumpfte der Mitgliederstand der Freien Gewerkschaften in der Steiermark von einem Maximum von 128 547 auf 48 104 im Jahr 1931 zusammen. Schuld an diesem Mitgliederschwund waren die Arbeitslosigkeit, die Reklame der »Unabhängigen Gewerkschaften« und die mangelhafte Organisation der Freien Gewerkschaften. Die demoralisierende Wirkung der Wirtschaftskrise zeigte sich in einzelnen Betrieben der Schwerindustrie – vor allem in der Alpinen Montangesellschaft – erst, nachdem die Konjunktur schon wieder eingesetzt hatte. Es ist bezeichnend, daß eine empfindliche Schwächung der gewerkschaftlichen Organisation vor allem unter den fachlich nicht qualifizierten Arbeitern der Hüttenindustrie erfolgte.

Die ständig steigende Arbeitslosigkeit drohte aber auch den Steirischen Heimatschutz in Mitleidenschaft zu ziehen, der 1931 an persönlichen, politischen und wirtschaftlichen Differenzen zu zerbrechen schien. Die von den Unternehmern geförderten »Unabhängigen Gewerkschaften« gerieten in eine Krise, als viele Arbeiter einsehen mußten, daß ihnen die Zugehörigkeit keinen ersichtlichen Nutzen brachte. Auch die geschickte Agitation und die vermehrte Versammlungstätigkeit der steirischen Nationalsozialisten trugen zur Desorganisation des Steirischen Heimatschutzes bei. Diese Umstände führten zu einer dramatischen Aktion, die einen Ausweg aus der verfahrenen Situation bahnen sollte: zum Putschversuch des Judenburger Advokaten Walter Pfrimer, den die Literatur oftmals zu einem Operettenputsch verniedlicht. Am 13. September 1931 inszenierte der Judenburger Advokat unter dem Vorwand, Koloman Wallisch halte in Liezen oder in Trieben eine umstürzlerische Versammlung ab, einen durchaus ernsthaften Putschversuch, der allerdings an der dilettantischen Planung und vor allem am Ausbleiben der erhofften Unterstützung durch Gendarmerie und Bundesheer zusammenbrach.

Machold rügte in seiner zusammenfassenden Betrachtung über den Pfrimer-Putsch im steirischen Landtag vor allem das zaudernde Verhalten der politischen Behörden und der Exekutive des Bundes und des Landes während des Umsturzversuches.

Das Verhalten der steirischen Behörden war jedenfalls geeignet, das ärgste Mißtrauen gegen die Objektivität der steirischen Behörden zu erzeugen und die Kritik des *Arbeiterwillen* an der Faschisierung der steirischen Behörden zu bestätigen. Der sozialdemokratische Abgeordnete Leichin kritisierte vor allem das zögernde und zwiespältige Verhalten der Bezirkshauptleute während des Putsches, das ein merkwürdiges Licht auf die Steiermark werfe. Der intellektuelle Urheber dieses Verhaltens sei der steirische Landeshauptmann Rintelen, dessen zwielichtiges Verhältnis zur Heimwehrbewegung die Autorität und die Gesetzestreue der Bezirkshauptleute untergraben habe[38].

Dieser »Operettenputsch« diente jedenfalls als Katalysator zur Verbindung von Heimatschutz und NSDAP, die nach vorsichtigen Sondierungen in Klagenfurt Anfang November in Graz ein Bündnis ratifizierten, wenngleich dieses erste Bündnis schon Ende Dezember wieder auseinanderbrach[39]. Während einer Debatte im steirischen Landtag gab der steirische Heimatschutzführer Meyszner unumwunden zu, daß das Ziel der Heimwehrbewegung die Beseitigung der demokratischen Republik und die Aufrichtung einer Diktatur sei, und wandte sich gegen eine Demokratie auf Kündigung, gegen ein System der Halbheit, das jeden Gedanken so lange verpacke und verwässere, bis schließlich ein feiges Kompromiß zum Schaden der Allgemeinheit herauskomme.

Andererseits stieß die kompromißbereite Haltung des sozialdemokratischen Parteivorstandes auf heftige Kritik beim linken Flügel der Partei und mehr noch bei den Kommunisten, deren Komitees schon seit den ersten Jahren der Republik gegen die Gewerkschaftskommission und die »flaue Politik« der Partei Stellung genommen hatten, die zumeist vor unüberlegten Demonstrationen und riskanten Streiks abgeraten hatten[40].

In den Quellen finden sich auch zahlreiche Klagen über die Pervertierung der Arbeiter- und Betriebsräte von einem revolutionären Instrument zu einer reformistischen Institution.

Die latente Vertrauenskrise drückte sich in der heftigen Kritik am nachgiebigen Verhalten der Partei den obersteirischen Putschisten gegenüber und an ihrer Zustimmung zum Budgetsanierungsgesetz oder zur umstrittenen 28. Arbeitslosenversicherungsnovelle aus. Die in zahlreichen Bezirksversammlungen kundgetane Abneigung vor parlamentarischen Kompromissen zeugte zwar von einer Verkennung der parlamentarischen Möglichkeiten, artikulierte aber doch die Stimmung weiter Kreise der Arbeiterschaft.

Besonders aufschlußreich ist die Beobachtung, daß die Parteiführung den Kontakt zur Arbeiterschaft zu verlieren drohte. Käthe Leichters und Otto Bauers auf dem Grazer Parteitag aufgestellte Forderung nach einer Wiederbelebung des Arbeiterrates erstrebte eine neuerliche Demokratisierung der Partei, um dem Übelstand abzuhelfen, daß innerhalb der Partei die geistige Auseinandersetzung über Parteitaktik und -ideologie schulmeisterlicher Belehrung wich[41]. Im besonderen drohte die Partei den Kontakt zu den Arbeitslosen zu verlieren, die naturgemäß einer radikaleren Politik zugeneigt und einer radikaleren Phraseologie hörig waren. Mit dem Rückgang der Anzahl der Gewerkschaftsmitglieder gingen auch die ideologischen Bindeglieder verloren, welche die Arbeiter mit dem Produktionsprozeß und damit mit den Gewerkschaften verbanden.

Diese Lockerung der ideologischen Bindung trachteten die steirischen Kommunisten durch eine intensivere Werbetätigkeit auszunützen. Die kommunistische Agitation richtete sich dagegen, daß die »Kampffront der Arbeitslosen« durch die Einrichtung privater Wohltätigkeitsvereine desorganisiert würde, und suchte das revolutionäre Potential durch die Einrichtung von Arbeitslosenkomitees, kommunistischen Arbeiterwehren und zahlreichen Hilfsorganisationen in den Griff zu bekommen. Im März 1932 erreichte die kommunistische Werbetätigkeit in der Steiermark einen ersten Höhepunkt, als die Kommunisten in 46 Versammlungen und »lärmenden Kundgebungen« die durch die Ungunst der Verhältnisse bedingte Radikalisierung der Arbeiterschaft auszunützen suchten und ihre Ideen mit besonderem Nachdruck in die Menge schleusten. Ihre intensive Propagandatätigkeit richtete sich vor allem gegen die Sozialdemokratische Partei, in der Hoffnung, deren radikalen Flügel abspalten zu können. Als ein behördliches Aufmarschverbot, der verhaßte »Winkler-Erlaß«, mit Erfolg repressiv wirkte, verlegten die steirischen Kommunisten ihre Tätigkeit in die Betriebszellen und gründeten revolutionäre Gewerkschaftsoppositionen, die sich gegen die nachgiebige Gewerkschaftshierarchie richteten, und die kommunistische Arbeiterwehr, die Schutzbundangehörige abwerben sollte.

Während sich aber die politisch geschulte Industriearbeiterschaft gegen die »Lockungen kommunistischer Agitatoren« einigermaßen resistent erwies, erzielte die angestrengte kommunistische Werbetätigkeit innerhalb der steirischen Landbevölkerung eine bedeutende Vermehrung der kommunistischen Zellen[42].

Einen Wendepunkt in der steirischen Parteienkonstellation bildeten die Kommunalwahlen vom April 1932, die insgesamt einen durchschlagenden Wahlerfolg der NSDAP brachten, welche ab diesem Zeitpunkt auch in der Steiermark mit einer massiven Propaganda einsetzte, deren Repertoire von plakativen Methoden bis zu subtileren Formen der Beeinflussung reichte. Der Frontwechsel des Alpine-Direktors Anton Apold auf die Seite der NSDAP kündigte in der Steiermark die Assimilierung des Heimatschutzes an die NSDAP an, welche das Liezener Abkommen schließlich besiegelte[43]. Der Abschluß dieses Liezener Abkommens brachte die Gefahr mit sich, daß es Konstantin Kammerhofer, dem dynamischen Führer des steirischen Heimatschutzes, gelingen könnte, alle rebellischen Elemente der Heimwehr auf einen großdeutsch-pronazistischen Kurs einzuschwören. Starhemberg konnte zwar die verhängnisvollen Folgen einer potentiellen Meuterei verhindern, indem er energisch gegen die Landesleiter Stellung nahm, zwang dafür aber Dollfuß, energischere Maßnahmen gegen die Sozialdemokraten zu unternehmen. Zu diesen repressiven Maßnahmen gehörte neben der Maßregelung der Eisenbahner, die einen zweistündigen Demonstrationsstreik durchgeführt hatten, vor allem die Auflösung des Republikanischen Schutzbundes, nachdem sich in der obersteirischen Industriestadt Kapfenberg Schutzbündler am 17. März 1933 mit Waffengewalt gegen eine von Gendarmerie und Heimwehr durchgeführte Razzia zur Wehr gesetzt hatten. Die Auflösung des Republikanischen Schutzbundes in der Steiermark löste vor allem in der obersteirischen Industriearbeiterschaft nach übereinstimmenden Quellenaussagen eine verbitterte Stimmung aus[44].

Die eilig zusammengeflickten Notverordnungen der Regierung Dollfuß, die nur zum Teil wirtschaftlichen Inhalts waren, zum Teil aber durchaus politische Maßnahmen darstellten, führten schließlich auch in der Steiermark zu einer Konfiskationspraxis, die mehrmals den sozialdemokratischen *Arbeiterwillen* traf, zu Waffensuchen in Arbeiterheimen, Parteisekretariaten, Konsumvereinen und Druckereien; die engstirnige Auslegung einzelner Notverordnungen bewirkte eine Einschränkung noch vorhandener Rechte[45].

Das schrittweise Vorgehen der Regierung gegen die sozialdemokratischen Machtpositionen verstärkte die Gärung in den steirischen Betrieben. Der Brucker Delegierte Linhardt formulierte die Gravamina der obersteirischen Arbeiterschaft auf der Reichskonferenz am 15. und 16. April 1933, deren Ziel eine Selbstverständigung war und das

Bemühen um Rechenschaftslegung vor einer Parteimitgliedschaft, die in Bewegung geraten sei und in die Mißtrauen, Zweifel und Unzufriedenheit eingekehrt seien[46]. Linhardt stimmte mit Buttinger überein, daß der »Mechanismus der politischen Willensbildung« gegen die Partei zu wirken beginne, indem vor allem die Arbeitslosen der Partei mangelnde Initiative aus Angst um die eigenen Pfründen vorwürfen. Er artikulierte eine weit verbreitete Mißstimmung, wenn er ausführte, daß sich die Arbeiterschaft in den Gedanken eingelullt habe, im Schutzbund ein Instrument zu haben, das alle Widerwärtigkeiten von der Partei fernhalten könne[47]. Ein zweiter steirischer Delegierter, Gamsjäger aus Mürzzuschlag, bekundete in seiner Wortmeldung, daß die vom Parteivorstand initiierte Änderung der Taktik, welche die Umstellung auf eine außerparlamentarische Opposition erforderte, auf den Unverstand breiter Arbeiterkreise stoßen müsse: die Arbeiterklasse habe sich bewußt der oftmals geforderten strengen Disziplin und Geschlossenheit gefügt, und es sei unverständlich, daß nunmehr »irgendwelche örtliche Rührigkeit« gezeigt, verzettelte Ortsaktionen durchgeführt werden sollten[48].

Im Gegensatz dazu erklärte sich der Grazer Delegierte Machold mit der Haltung der Parteileitung grundsätzlich einverstanden, wenn er auch konzedierte, daß sich die steirische Arbeiterschaft mit steigender Erbitterung gegen die halbfaschistischen Methoden der Regierung wende. Jedenfalls warnte Machold vor einer illusionären Einschätzung des Kräfteverhältnisses und wies auf die disziplinären Mechanismen hin, die Gendarmerie und Militär zu Regierungsinstrumenten umfunktionierten[49]. Auch der Fohnsdorfer Bürgermeister Horvatek meldete in einer bedachten Stellungnahme Einwände gegen einen überstürzten Aktionismus an, indem er darauf hinwies, daß selbst ein siegreich bestandener Bürgerkrieg die wirtschaftlichen Nöte nicht lindern könnte, so daß es darum gehe, »unsere Positionen zu bewahren und einem Zusammenstoß auszuweichen[50]«.

Zum Abschluß der Konferenz monierte Friedrich Adler, daß die Arbeiterschaft jedenfalls an die Perspektive des Gesamtbildes anzuknüpfen habe, und Theodor Körner postulierte bedingungsloses Vertrauen in die Weisungen des Parteivorstandes. Koloman Wallisch, der als Schriftführer der Parteikonferenz fungierte, stimmte diesen in »eindrucksvollen Reden« vorgebrachten Argumenten zu.

Seit dem Mai 1933 setzte allerdings eine zweite Phase der halbfaschistischen Diktatur ein, die angesichts der weitgesteckten nationalsozialistischen Forderungen eine Abschirmung des Regierungskurses gegenüber den Nationalsozialisten enthielt, die Auflösung der Nationalsozialistischen und der Kommunistischen Partei verfügte und zur

Einziehung der Mandate der nationalfaschistischen Abgeordneten und Gemeinderäte führte sowie zur Bestellung von Sicherheitsdirektoren, die die Kompetenz der demokratisch gewählten Landeshauptleute empfindlich einengten.

Mit dieser Intensivierung des Systems korrespondierte in der Steiermark eine Zeit relativer Ruhe, in der es keine sozialdemokratischen Straßenkundgebungen und Flugblätteraktionen gab. Ein aufschlußreicher Bericht des steirischen Landesgendarmeriekommandos an das Bundeskanzleramt vermerkte, daß die Sozialdemokratische Partei ihre Tätigkeit den gegenwärtigen Verhältnissen angepaßt habe und sorgfältig darauf bedacht sei, jedweden Konflikt mit der Behörde zu vermeiden. Die Partei, die zahlenmäßig gleich stark geblieben sei, arbeite an ihrer inneren Geschlossenheit und habe an moralischer Kraft zugenommen[51]. In dieselbe Kerbe schlug ein Polizeibericht, der erläuterte, daß sich die steirische Gendarmerie seit dem Beginn der Notverordnungen in erster Linie mit dem hartnäckigen und fanatischen Widerstand der Nationalsozialisten auseinandersetzen müsse, während dieser Bericht nur beiläufig erwähnte, daß der steirischen Gendarmerie »in analoger Weise auch noch der Kampf gegen Sozialdemokraten und Kommunisten oblag[52]«.

Dementsprechend stellte auch die punktweise Auseinandersetzung des sozialdemokratischen Landtagsabgeordneten Gföller mit dem autoritären Kurs sogar eine maßvolle Apologetik des autoritären Regimes dar, das sich vom nationalsozialistischen wohltuend unterscheide[53].

Unter dem massiven Druck der nationalsozialistischen Agitation gingen die steirischen Sozialdemokraten bald eine engere Verbindung mit den bürgerlichen Parteien im Landtag ein. Zwar sperrten sie sich zunächst noch gegen die Aberkennung der Mandate der verbotenen Parteien, weil der Bundeskanzler gleichzeitig Maßnahmen gegen den sozialdemokratischen *Arbeiterwillen* traf, der nicht mehr auf dem Weg der Kolportage und durch Austräger, sondern nur noch gegen doppelte Gebühren von der Post zugestellt werden durfte, doch machten sie einen Rückzieher, als sich die an die Regierungsvorlage geknüpften schlimmen Befürchtungen nicht erfüllten. Trotzdem gestaltete sich ihre Stellungnahme zu der Gesetzesvorlage heikel, weil diese als steirisches Spezifikum neben den Mandaten der Nationalsozialisten und des Heimatschutzes auch die kommunistischen Mandate einziehen wollte. Mit ihrer Zustimmung zu dieser Gesetzesvorlage, die ihnen einen wenig später eingestandenen Vertrauensverlust ihrer Anhängerschaft eintrug[54], nahmen auch die steirischen Sozialdemokraten Zuflucht zu jener »qualifizierten Mehrheit«, die sich schließlich als hohe juristische Formel erwies, welche sich auch gegen die Sozialdemokraten instrumentalisieren ließ.

Dieses trügerische Klima der Verständigung kühlte sich rasch ab, als nach der Zusammenkunft Dollfuß' mit Mussolini in Riccione im Herbst 1933 wiederum verstärkte Maßnahmen der Regierung gegen die Sozialdemokratie einsetzten und die letzten demokratisch gesinnten Landbundmitglieder aus der Regierung eliminiert wurden. In seinem Grundsatzreferat auf dem letzten sozialdemokratischen Parteitag im Herbst 1933 resümierte Otto Bauer, daß eine friedliche und verfassungsmäßige Entwirrung nunmehr unwahrscheinlich geworden sei, obgleich sich innerhalb der Bauernschaft eine wirkliche Opposition gegen die faschistischen Kräfte gebildet habe. Es ist aufschlußreich, daß Otto Bauer unter lebhaftem Beifall gegen den Widerstand des Establishments der Partei den Antrag unterstützte, die Linksopposition zu Wort kommen zu lassen, die sich in den letzten Monaten unter dem Eindruck einer verfehlten Politik des Parteivorstandes gebildet hatte. Unter den 27 Delegierten, aus denen sich diese Linksopposition auf dem Parteitag zusammensetzte, befanden sich auch Abgeordnete aus der Steiermark. Die Kritik dieser innerparteilichen Opposition betraf vor allem die Taktik der Parteiführung, die sich nicht wirksam gegen den schleichenden Faschismus zur Wehr zu setzen verstehe, welcher einen von der Parteiführung erwarteten Augenblick gleichsam in politischer Zeitlupe zu Monaten ausdehne. Der angeklagte »austromarxistische Fatalismus« habe eine besondere Prägung, indem er den Verzagten niederdrückende Argumente gegen eine offensive Strategie liefere.

Es ist besonders aufschlußreich, daß eine von der Linken verfaßte Resolution gerade einen in der Steiermark von den Nationalsozialisten angezettelten Bergarbeiterstreik als Indiz für die Unschlüssigkeit und das Zaudern der Parteileitung anführte, der von der Parteileitung eingedämmt worden sei, »anstatt den Streik auf alle Bergwerksgebiete auszudehnen, die Hakenkreuzler zu entlarven und die Führung zu übernehmen[55]«.

In der Steiermark verstärkte sich indessen nach dieser neuerlichen Kehrtwendung des faschistischen Regimes die Propagandatätigkeit der Sozialdemokratischen Partei wiederum, so daß vor allem das Mürz- und das Murtal von einer regen Werbetätigkeit erfaßt wurden. Zu der bereits im Oktober konstatierten »intensiven und geheimen Wühlarbeit« gesellten sich eine rege illegale Flugzettelpropaganda und eine betriebsame Versammlungstätigkeit[56].

Diese vermehrte Propagandatätigkeit veranlaßte den im Jänner 1934 ernannten Sicherheitsdirektor für Steiermark, Oberst Franz

Zellburg, zu schärfstem Einschreiten gegen alle illegalen Parteien und zur Organisierung eines vertraulichen Nachrichtendienstes, um »mit größter Tatkraft und Konsequenz alles zur Niederhaltung staatsfeindlicher Bestrebungen zu veranlassen«, während er den vaterländischen Wehrformationen und Kameradschaftsverbänden »jedwede Förderung und Unterstützung angedeihen« ließ[57].

Diese Entwicklung führte schließlich zu den verhängnisvollen Februarereignissen, die Norbert Leser mit Recht als ein unentschuldbares, vom Regierungslager provoziertes Verbrechen auffaßt, das nicht nur der österreichischen Arbeiterbewegung, sondern der österreichischen Demokratie schweren Schaden zugefügt habe[58]. Ein Polizeibericht vermerkte, daß die Steiermark jenes Bundesland gewesen sei, in dem die Aufruhrbewegung nach Umfang und Intensität am gefahrvollsten hervorgetreten sei[59]. Brennpunkte der Auseinandersetzung in der Steiermark waren die Landeshauptstadt Graz und ein Teil des obersteirischen Industrierevieres.

Es gibt zahlreiche minutiöse Darstellungen über die Februarereignisse in der Steiermark, deren einfache Wiederholung unnötig erscheint und zu keinem besseren Verständnis der Problematik beitragen würde. Es lohnt sich aber immerhin, aus dem nur für den Dienstgebrauch angefertigten Manuskript über das Eingreifen des Bundesheeres anzuführen, daß die größeren Industriegebiete des oberen Mur- und Mürztales am Aufstand zum großen Teil unbeteiligt blieben, während die Berichterstattung über den »Aufruhrherd Bruck« in einem auffallenden Gegensatz zur nüchternen Berichterstattung über die Verhältnisse in der übrigen Steiermark steht und den kämpfenden Schutzbündlern »verbissene Zähigkeit« attestiert[60].

Die Mehrheit der steirischen Arbeiterschaft stand nach den Februarereignissen unter dem Eindruck der erlittenen Niederlage und des daraus resultierenden Verlustes aller im öffentlichen Leben errungenen Machtpositionen und des beherrschenden Einflusses der Partei auf die Arbeiterschaft. Gendarmerieberichte vermerkten argwöhnisch, daß sich eine Radikalisierung eingestellt habe, denn die Sozialdemokraten schlössen sich fester mit den Kommunisten zusammen[61].

Im ganzen erwies sich jedoch die Konsistenz der Partei in der Steiermark als widerstandsfähig, denn der anfangs einsetzende Abbröckelungsprozeß zur NSDAP und zur Vaterländischen Front kam bald zum Stillstand, und der größte Teil der steirischen Arbeiterschaft hielt an der verbotenen Partei fest.

Die historiographische Literatur über den Austromarxismus droht teilweise in den Sog der pointierten Thesen Norbert Lesers zu geraten, die in ihrer inhaltlichen Schlüssigkeit und stilistischen Brillanz gleichsam einen suggestiven Einfluß ausüben. Die anschließende Conclusio versucht daher, die konzisen Thesen Lesers zu vernachlässigen und gleichsam induktiv die Ergebnisse der vorliegenden Arbeit punktweise aufzuzählen:

In einer Hierarchie der Ursachen, die zu den österreichischen Februarereignissen führten, rangiert an oberster Stelle die provokante Politik des Regierungslagers, welches, indoktriniert durch die Außenpolitik des faschistischen Italien, die rechtsstaatlichen Sicherungen schrittweise ausschaltete und korrespondierend dazu die sozialen Machtpositionen der Sozialdemokratischen Partei demolierte. Aber der Hinweis auf die machtgierige Politik des österreichischen Regierungslagers und auf die ungünstige außenpolitische Konstellation macht eine kritische Auseinandersetzung mit der Politik der Sozialdemokratischen Partei während der Ersten Republik nicht obsolet; im folgenden soll diese Auseinandersetzung aus steirischer Perspektive unternommen werden:

Die Arbeit bestätigt zunächst die Hypothese Käthe Leichters, daß die Partei im wesentlichen eine Politik für die beschäftigten Arbeiter gemacht habe, während die Arbeitslosen dem Einfluß und der Kontrolle der Parteileitung entglitten. Mit dem empfindlichen Rückgang der Anzahl der Gewerkschaftsmitglieder seit Beginn der Wirtschaftskrise gingen auch die ideologischen Bindeglieder verloren, welche die Arbeiter mit dem Produktionsprozeß und damit mit den Gewerkschaften verbanden. Gerade die vielfach unqualifizierte und schwer organisierbare Arbeiterschaft der obersteirischen Hüttenindustrie, die argen Pressionen ausgesetzt war, erwies sich durchaus nicht immun gegen eine ideologische Infizierung mit dem Heimatschutzgedankengut, das gerade in der Steiermark die soziale Komponente des Heimatschutzprogramms propagierte.

Das verschwommene Linzer Programm, das auf die Zugkraft einer offensichtlich sozialistischen Politik verzichtete, verschiedene Interpretationen zuließ und nicht zuletzt an die umworbenen Mittelschichten der Gesellschaft adressiert war, denen es den Bestand der kapitalistischen Ordnung zusicherte, hütete sich ängstlich davor, die revolutionären Energien der Arbeitslosen einzuspannen, und vermochte andererseits mit seinen vorsichtigen Parolen nicht die Mittelschichten zu gewinnen und ihre latente Aversion gegen den Kapitalismus zu mobilisieren. Daß diese Mittelschichten in einer latent revolutionären Situation durch eine entschiedenere Propaganda hätten gewonnen werden können, bewiesen die teilweise erfolgreichen Solidarisierungsversuche der Kommunisten mit der steirischen Kleinbauernschaft.

Die Ereignisse in der Steiermark bestätigen auch eindrücklich die Diagnose Otto Leichters, daß die auf dem Ottakringer Parteitag inaugurierte Politik der Flexibilität und der kleinen Kompromisse die Offensive des Hahnenschwanzes geradezu provozierte. Andererseits mußte diese Politik der Nachgiebigkeit die Unzufriedenheit breiter Arbeiter- und Arbeitslosenschichten gegen die kompromißbereite Gewerkschaftshierarchie erzeugen, welche Unzufriedenheit die steirischen Arbeitslosenkomitees bereits 1922 artikuliert hatten.

Die steirische Geschichte liefert auch zahlreiche Anhaltspunkte dafür, daß nicht eigentlich die Ereignisse des 15. Juli selbst ein (illusionäres) Kräftegleichgewicht veränderten, sondern daß vielmehr die Disposition der Partei nach dem Verkehrsstreik und vor allem nach dem Ottakringer Parteitag, der erstmals die vorhandene Stimmung der Koalitionsbereitschaft artikulierte und die Partei mit Zaghaftigkeit und Kompromißbereitschaft infizierte, das in der Steiermark seit 1922 bestehende reale Machtdefizit vermehrte.

Der 15. Juli bildete allerdings auch in der Steiermark einen Katalysator, mit dem es gelang, in einer als unpolitisch aufgezäumten eminent politischen Bewegung um Haus und Hof bangende Bauern, ehrlich empörte Spießbürger und den »deutschen Arbeiter« unter der Führung der Provinzintelligenz im Zeichen eines undifferenzierten Antiparlamentarismus unter einen Hut zu bringen. In diesem Zusammenhang muß noch einmal auf die zunehmende Interesselosigkeit der steirischen Industriearbeiterschaft an der parlamentarischen Tätigkeit hingewiesen werden, die sich immer sichtbarer in unergiebigen Kompromissen erschöpfte und der die dramatischen Augenblicke fehlten.

Es gab in der Steiermark zumindest seit der Auflösung des Republikanischen Schutzbundes eine radikale Gegenströmung innerhalb der Sozialdemokratischen Partei, die, legitimiert durch die Resolution der Linken auf dem Herbstparteitag 1933, seit dem Oktober 1933 in Flugzettelaktionen und durch rege Versammlungstätigkeit meist den Generalstreik und den endgültigen Kampf gegen Regierung und Bürgertum propagierte.

Damit in Zusammenhang steht der seit dem Grazer Parteitag ventilierte Gedanke, durch die Einsetzung eines an die Umsturzzeit erinnernden Parteirates das Manko an innerparteilicher Demokratie auszugleichen. Der anläßlich der Reichskonferenz im Frühjahr 1933 zu spät unternommene ernsthafte Versuch der Parteileitung, die fest installierte Disziplin innerhalb der Sozialdemokratischen Partei mit selbständiger Initiative und politischer Phantasie zu vertauschen, stieß zu diesem Zeitpunkt allerdings auf Unverständnis und Hilflosigkeit der steirischen Arbeiterschaft, deren rechtzeitige politische Revolutionierung die Einrichtung des Republikanischen Schutzbundes als einer stramm disziplinierten Kampforganisation verhindert hatte.

Obgleich die vielfach widerspruchsvolle und inkonsequente Politik der Partei auch in der Steiermark einen »Mechanismus der politischen Willensbildung« gegen die Partei in Gang setzte, konnten die steirischen Sozialdemokraten nach den Märzereignissen bei gleichbleibender Mitgliederzahl immerhin eine Zeitlang einen Gewinn an moralischem Kredit verbuchen, als sie ihre Tätigkeit den restriktiven Verhältnissen anpaßten.

Überhaupt darf eine Arbeit, die sicher nicht in Verdacht gerät, das historistische Instrumentarium allzu ausgiebig zu strapazieren, Verständnis für die Haltung der Parteileitung während der entscheidenden Ereignisse im Frühjahr 1933 reklamieren, die sich dann allerdings in verhängnisvoller Weise nicht mehr revidieren ließen:

Die Heterogenität des Regierungslagers, die glaubhaften Bemühungen Miklas', eine Rückkehr zu Verfassung und Parlament in die Wege zu leiten, die Möglichkeit eines finanziellen Schiffbruchs der Regierung und die mögliche ausländische Schützenhilfe gegen die Installierung eines autoritären Regimes mochten die Parteileitung lange Zeit zur Hoffnung berechtigen, den Parlamentarismus wieder einrenken zu können.

Die Besorgnis, zwischen zwei Faschismen zu geraten, und die Furcht davor, daß die radikalisierte Anhängerschaft einen Generalstreik vom Zaun brechen könnte, mögen diese illusionäre Hoffnung vermehrt haben.

Eine historische Arbeit darf sich bei aller Neigung zur analytischen Aufschlüsselung nicht damit begnügen, die auf dem Reichsparteitag vorgebrachten und in einem Bericht an die II. Internationale dingfest gemachte Kritik an der Parteileitung zu rezipieren. Vielmehr muß auch Dannebergs strikte Verwahrung gegen den Verdacht angeführt werden, daß die Parteileitung die ihr zustehende Initiative mit Vokabeln wie »spontan« und »aus der Masse kommend« auf die Anhängerschaft abschieben wolle, um eine unnachgiebige Kritik a posteriori zu vermeiden.

ANMERKUNGEN

1 Über den 12. Februar als historiographisches Problem siehe Karl Haas, *Der 12. Februar 1934 als historiographisches Problem*, in: *Vom Justizpalast zum Heldenplatz*, S. 156–158.
2 Vgl. Jürgen Kocka, *Sozialgeschichte – Strukturgeschichte – Gesellschaftsgeschichte*, in: *Archiv für Sozialgeschichte* 15, S. 1–42.
3 Indikatoren dieser manifesten Klassenspannungen sind Forderungen, Ressentiments, Hoffnungen und Proteste, die sich in glücklichen Fällen auch in den historischen Quellen aufspüren lassen. Meßbare Indikatoren einer derartigen Legitimitätskrise sind überdies die Anzahl der Ausschreitungen, Streiks, Demonstrationen und Unruhestiftungen sowie auch die Anzahl der Stimmen, die für die Parteien abgegeben werden, welche gegen das bestehende System auftreten. Die Intensität der Klassenspannungen hängt wiederum von verschiedenen Variablen ab: Ideologien können ihren Programmwert verlieren, ihre Gültigkeit einbüßen, herrschende Ideologien können Subideologien deformieren, es können sich Führeroligarchien bilden, die den Kontakt zur demokratischen Basis verlieren und eine eigenständige Politik treiben, die den Parteianhängern uneinsichtig bleibt. Es ist beispielsweise durchaus zweifelhaft, ob die austromarxistischen Führer ihre Politik unentwegt »im Einklang mit dem Fühlen und Denken der Massen« betrieben, was Otto Leichter als konstitutives Merkmal des Austromarxismus anführt (in einem *Kampf*-Aufsatz vom September 1927). Schließlich sind der Grad an sozialer Mobilität und die Psychologie der Klassenmitglieder für den Bestand organisierter Interessengruppen maßgeblich. Es ist aufschlußreich, daß in der Steiermark nur 8,4 Prozent der Schüler eine Bürger- oder Hauptschule besuchten, der Grad an sozialer Mobilität in vertikaler Richtung somit sehr gering sein mußte.
4 Haus-, Hof- und Staatsarchiv (HHStA), Neue Politische Abteilung (N. P. A.) Karton 293, f. 314 ff. Bericht an die II. Internationale über den Februaraufstand am 12. 2. 1934.
5 Dieses Argument gilt für die Steiermark zur Zeit allerdings nur bis 1927, während die Bestände des Steiermärkischen Landesarchivs ab diesem Zeitpunkt einer rigoros gehandhabten Archivsperre unterliegen, so daß eine vermutete gewissermaßen intime Quellenschicht ab diesem Zeitpunkt nicht in die Untersuchung einbezogen werden konnte.
6 Steiermärkisches Landesarchiv (StmkLA) Präsidialakten (Präs.), E 91/1974–1917, Bericht vom 7. August 1917, in dem der Berichterstatter darauf hinweist, daß das Selbstbewußtsein des steirischen Arbeiters steige, der die lediglich »akademische Demokratisierung« der sozialdemokratischen Parteileitung mißbillige.
7 Johann Hirsch, *Zur Soziologie des Austrofaschismus*, in: *Der Kampf* 22 (Mai 1929), S. 222–227.
8 StmkLA Präs., E 91/2217–1918, E 91/2376–1918. Seit Jahresfrist stieg die Anzahl der organisierten Arbeiter in der Steiermark von 12.000 auf das Doppelte an.
9 StmkLA Präs., E 91/2217–1918.
10 Kriegsarchiv Präs., 52–1918.
11 Allgemeines Verwaltungs-Archiv (AVA) Präs. MdI 22–20 458–1918, Protokoll der Verhandlungen des Parteitages der Sozialdemokratischen Arbeiterpartei Deutschösterreichs in Wien. Wien 1920. Bericht der Parteivertretung, S. 30 f.
12 *Arbeiterwille*, 11. November 1928.
13 Als der Grazer Wohlfahrtsausschuß seinen Beschluß mitteilte, an die Bildung von Bezirkswohlfahrtsausschüssen im ganzen Land zu schreiten, hatten sich in den

Bezirken Gröbming, Leibnitz, Mürzzuschlag und Knittelfeld bereits derartige Einrichtungen konstituiert.

14 Die Heimwehrgründungen erfolgten ganz gemäß der »Organisation des Wehr- und Sicherheitswesens für die deutsche Steiermark«, welche die bereits erfolgten Heimwehrbildungen nachträglich sanktionierte und Grundsätze für die Aufstellung weiterer Heimwehren festlegte.
15 StmkLA Präs., E 91/935–1919, Bericht der Bh. Liezen vom 24. April 1919.
16 Kriegsarchiv Lbh. Stmk., Na. Nr. 433/1–19, Nachricht vom 4. März 1919, der zufolge die Mißhandlung einer Gendarmeriepatrouille in Hartberg gar zur Delegation von größeren Volkswehreinheiten und Arbeiterhilfkorpsabteilungen in die Oststeiermark führte.
17 Protokoll der Verhandlungen des Parteitages der Sozialdemokratischen Arbeiterpartei Deutschösterreichs in Wien 1919, Wien 1920, S. 175.
18 StmkLA Präs., E 91/3416–1919, Abschnitt *Kommunistische Bewegungen außerhalb von Graz,* Bericht vom 4. März 1919.
Außerdem geben zahlreiche Berichte Auskunft, die sich im AVA befinden: StA. d. I. 4525–19, 4526–19, 3245–19 oder 4170–19.
19 Vgl. dazu meinen in Kürze in *Österreich in Geschichte und Literatur* erscheinenden Aufsatz über die Anschlußkampagne österreichischer Bundesländer während der Ersten Republik.
20 Stenographische Berichte über die Verhandlungen des steiermärkischen Landtages, 8. Sitzung vom 30. März 1921, S. 158–175.
21 Die Tätigkeit der Sozialdemokratischen Partei Steiermarks. Bericht der Landesparteivertretung an den Landesparteitag für die Zeit vom 1. Juli 1922 bis 20. Juni 1923.
22 StmkLA Präs., E 91/2171–1922, Bericht vom 6. November 1922, der die Möglichkeit nicht ausschließt, daß die Heimwehren »auffälliger und mehr als notwendig« mit Gewehr und Munition manipuliert hätten.
23 StmkLA Präs. E 91/2171–1922. In dem Bericht ist weiterhin angeführt, daß das Verhalten der Arbeiterschaft durchaus den Eindruck gemacht habe, als erwartete sie einen bewaffneten Heimwehrüberfall.
24 Protokoll des sozialdemokratischen Parteitages 1924, S. 193.
25 StmkLA Präs., E 91/Polizeiberichte über Versammlungen 1921–1925.
26 Protokoll des sozialdemokratischen Parteitages 1924, S. 193 f.
27 StmkLA Präs., E 91/Polizeiberichte über Versammlungen 1921–1925.
28 Stenographische Berichte über die Sitzungen des steiermärkischen Landtages, 9. Sitzung vom 17. und 18. November 1927, S. 182 ff. und 6. Sitzung vom 25. Juli 1927.
29 Protokoll des sozialdemokratischen Parteitages 1927, S. 198 f.
30 Es zeigt sich auch am Beispiel dieses Problems, daß die Sozialpsychologie zu einer unentbehrlichen Nachbarwissenschaft der Geschichtswissenschaft geworden ist, seit die Geschichte ihr methodisches Selbstverständnis geändert hat und der kanonisierte Verstehensbegriff den wissenschaftstheoretischen Ansprüchen nicht mehr genügen konnte.
31 *Österreichisches Heimatschutz-Jahrbuch 1933,* Graz o. J.
32 Arnold Reisberg, *Februar 1934. Hintergründe und Folgen,* Wien 1974, S. 133 f.
33 StmkLA Präs., E 91/Polizeiberichte über Versammlungen 1921–1925; AVA, BK. Staatsamt und Bundesministerium für Inneres 1927–1929, 13/6, Karton 2381, 131.273–28.
34 Stenographische Berichte über die Sitzungen des steiermärkischen Landtages, 10. Sitzung vom 22. November 1927. Gföller führte aus, die Führer dieser

Bewegung seien diejenigen, die 1918 als Siegfriedler die Volkstage veranstaltet hätten.
35 Ebenda, 9. Sitzung vom 17. und 18. November 1927.
36 Charles A. Gulick, *Österreich von Habsburg zu Hitler,* Band 4, Wien 1948, S. 156.
37 Das Attributiv »faschistisch« ist in diesem Zusammenhang gleichsam provisorisch gebraucht, weil eine Wesensbestimmung des »Austrofaschismus«, die Anspruch auf Verbindlichkeit hätte, bislang nicht geglückt ist. Von den konstitutiven Merkmalen des Faschismus wies die angeführte »faschistische Konjunktur« in der Steiermark aber bestimmt eine konsequente Gegnerschaft gegen alle Spielarten des Sozialismus auf.
38 Stenographische Berichte über die Sitzungen des steiermärkischen Landtages, 16. Sitzung vom 20. November 1931.
39 Bruce F. Pauley, *Hahnenschwanz und Hakenkreuz. Der Steirische Heimatschutz und der österreichische Nationalsozialismus 1918–1934,* Wien-München-Zürich 1972, S. 107 ff.
40 StmkLA Präs, E 91/Polizeiberichte über Versammlungen 1921–1925.
41 Protokoll des sozialdemokratischen Parteitages 1931.
42 AVA, BK Inneres 22/Stmk., vor allem die Kartons 5134–5139 enthalten aufschlußreiches Material.
43 Bruce F. Pauley, a. a. O., S. 159 ff.
44 Archiv der Geschichte der Arbeiterbewegung (AGA), Parteiarchiv 65 A, Protokoll der Reichskonferenz am 15. und 16. April 1933.
45 Stenographische Berichte über die Sitzungen des steiermärkischen Landtages, 43. Sitzung vom 7. April 1933, S. 755–758.
46 AGA, Parteiarchiv 65 A, Protokolle der Reichskonferenz am 15. und 16. 4. 1933, S. 10 ff.
47 Ebenda, S. 38 ff.
48 Ebenda, 2. Tag, S. 13 ff.
49 Ebenda, S. 18 ff.
50 Ebenda, S. 1a ff.
51 AVA, BK Inneres, 22/Stmk., K. 5135, 187.702/33, Bericht des Landesgendarmeriekommandos an das Bundeskanzleramt vom 11. Juli 1933.
52 HHStA N. P. A., Fascikel 279 f., 91ff.
53 Stenographische Berichte über die Sitzungen des steiermärkischen Landtages, 46. Sitzung vom 16. Juni 1933, S. 804–812.
54 Ebenda, 56. Sitzung vom 22. Dezember 1933, S. 1919.
55 AGA, Mappe 66, Außerordentlicher Parteitag vom 15. und 16. Oktober 1933, Resolution der »Linken«.
56 AVA, BK Inneres 22/Stmk., diesbezügliches Material findet sich vor allem in den Kartons 5136 und 5137.
57 HHStA N. P. A., Fascikel 279, f. 91 ff.
58 Norbert Leser, *Zwischen Reformismus und Bolschewismus. Der Austromarxismus als Theorie und Praxis,* Wien-Frankfurt-Zürich 1968.
59 HHStA N. P. A., Fascikel 279, f. 91 ff.
60 *Der Februar-Aufruhr 1934. Das Eingreifen des Bundesheeres zu seiner Niederwerfung* (Nur für den Dienstgebrauch). Im Auftrag des Bundesministeriums für Landesverteidigung als Manuskript gedruckt, VI. Teil.
61 AVA, BK Inneres 22/Stmk., K 5138, 177.601, Bericht des Landesgendarmeriekommandos an das Bundeskanzleramt vom 19. Mai 1934, K 5138, 195. 117 u. a.

Hanns Haas

Fortschritt und Deutschtum
Kärntner sozialdemokratische Slowenenpolitik in der Ersten Republik

I

In Österreich ist es dem Absolutismus nicht gelungen, den Staat zu vereinheitlichen. Er bleibt eine recht zufällige Agglomeration von »historisch-politischen Individualitäten« und ethnischen Gruppen der unterschiedlichsten zivilisatorischen und gesellschaftlichen Entwicklung. Der Kapitalismus verschärft die Unterschiede, die zwischen ihnen bestehen. Die gesellschaftliche Emanzipationsbewegung des Bürgertums führt daher zu einer Auffächerung der nationalen Bewegung. Die letzte Konsequenz ist der »Kampf der österreichischen Nationen um den Staat[1]«.

Besondere Bedeutung hat dieser Prozeß für die nichtdeutschen Nationalitäten. Denn schon der absolutistische Staat war in seinen führenden Gewalten deutsch, der aufgeklärte Absolutismus förderte schließlich die Entwicklung der deutschen Bourgeoisie. So hat der Nationalismus für die nichtdeutschen Nationalitäten zu seiner Funktion als bürgerliche Emanzipationsideologie noch die besondere Funktion als Mittel zur Brechung der »Vorherrschaft der Deutschen[2]«. Mit seiner Hilfe erkämpfen sie die gesellschaftliche Emanzipation von deutsch-bürgerlichen Gewalten.

Zu diesem Modell der historischen Entwicklung gibt es allerdings das Gegenmodell Kärnten. Denn hier sprengt der Kapitalismus nicht die traditionellen Herrschaftsverhältnisse und das vorgegebene Verhältnis von deutschsprachigen Oberschichten und slowenischsprachigen Unterschichten, sondern er bestätigt sie. Er emanzipiert die slowenische Volksgruppe nicht, sondern hält sie weiterhin in Abhängigkeit. Er stärkt nicht die ethnische Identität der Volksgruppe, sondern germanisiert die Slowenen[3].

Diese Entwicklung ist das Ergebnis der unterschiedlichen Ausgangsposition der bürgerlichen Nationalbewegung von deutschsprachigen und slowenischsprachigen Kärntnern Mitte des 19. Jahrhunderts. Denn Kärnten war wohl zu einem Drittel slowenisch, wobei die

Slowenen kompakt den südöstlichen Teil des Landes besiedelten[4]. Auch war die Grenze zwischen den beiden Sprachgebieten sehr deutlich gezogen. Doch hatten die Slowenen so gut wie keinen Anteil an den höheren gesellschaftlichen Schichten. Die Städte auch des slowenischen Gebietes waren deutschsprachig, deutschsprachig waren sämtliche Herrschaftsgewalten staatlicher und privater Natur. Deutschsprachig war vor allem das Bürgertum[5].

Im Absolutismus hatte das deutsch-slowenische Verhältnis eine nur untergeordnete wirtschaftliche und politische Bedeutung. Erst in der bürgerlichen Revolution von 1848 forderten die Nationen politische Selbstbestimmung im Rahmen des bestehenden Staates. Nun aber interpretierte die deutschsprachige Nationalbewegung Kärntens ihren Geltungsbereich großzügig als jenen Bereich, den sie wirtschaftlich und politisch im Griff hatte: sie beanspruchte ungeschmälert auch das slowenische Drittel Kärntens. Die deutschsprachige Nationalbewegung war also von vornherein expansiv. Ihr »nationaler« Anspruch ist nichts weiter als eine herrschaftsstabilisierende Ideologie[6].

Nun entsteht infolge der bürgerlichen Revolution auch eine slowenische Nationalbewegung Kärntens, die versucht, ihre ethnische Gruppe gesellschaftlich und politisch zu einigen. Doch sind die deutschsprachigen Oberschichten im Besitz so gut wie aller relevanten wirtschaftlichen Ressourcen des Landes; sie dominieren die politische Verwaltung.

Das Zensuswahlrecht und die auf seiner Grundlage bestimmte Repräsentanz in Orts- und Schulräten bestätigt diese Vorherrschaft[7]. Die herrschende Schicht kann die gesellschaftliche Modernisierung in systemstabilisierendem Sinne einsetzen. »Industie, Handel und Verkehr«, schreibt der deutschnationale Historiker Martin Wutte 1906, »sind also in Kärnten die besten Bundesgenossen des Deutschtums. Sie sind fast durchwegs in den Händen der wirtschaftlich stärkeren und fortschrittlicheren Deutschen, mit ihrer Entwicklung schreitet auch die Weiterverbreitung der deutschen Umgangssprache vor[8]«. Wird dieser Mechanismus in Frage gestellt, stützt ihn das deutsch-liberale System politisch ab. So argumentiert die Kärntner Advokatenkammer in einer Eingabe aus dem Jahre 1909 gegen Gleichstellungsbestrebungen der Slowenen:

»Die geographische Abgeschlossenheit des Landes Kärnten schweißt die dasselbe bewohnenden Volksstämme aneinander, und die Übermacht des deutschen Volksstammes an Volkszahl, Besitz und Kapital gewährt ihm Vorteile vor den slawischen Mitbewohnern, welche, weil sie eben natürliche sind, ihm nicht genommen oder abgestritten werden können. Diese natürlichen und unabänderlichen

Verhältnisse bestehen seit Jahrhunderten, und ebensolange haben sie ihre Folgen[9].«

Die beste Sicherung deutsch-bürgerlicher Herrschaft bietet die Germanisierung der Slowenen. Als Instrument gesellschaftlicher Besitzstandspolitik ist sie eng mit der gesellschaftlichen Modernisierung verknüpft. So werden zu Beginn des bürgerlichen Zeitalters vor allem jene gebildeten Mittelschichten eingedeutscht, die in Schule und Bürokratie den unmittelbaren Kontakt mit den beinahe ausschließlich kleinbäuerlichen Slowenen auf staatlicher Ebene herstellen. Als mit der Intensivierung der kapitalistischen Produktionsweise die slowenischen Kleinbauern in den Regelkreis der Wirtschaft einbezogen werden, schafft die deutsche Oberschicht erneut eine aus Assimilanten bestehende Schicht von subsidiären Sachwaltern ihrer Interessen. Sie privilegiert eine mittlere Funktionärsschicht zumeist slowenischer Nationalität als Vermittler zwischen Stadt und Land, stellt ihr aber gleichzeitig die Aufgabe, die Abhängigkeit der slowenischen Kleinbauern wirtschaftlich und politisch zu sichern. Dieses Dorfbürgertum ist dann der eigentliche regionale Träger des Chauvinismus, weil seine sozialen Privilegien von der Rolle abhängen, die es im System der wirtschaftlichen und nationalen Unterdrückung der Slowenen einnimmt. »Diese Leute waren zum größten Teil Slowenen, bezeichneten sich aber als Deutsche«, beschreibt der Sozialdemokrat Anton Falle 1930 ihre Lage. »Das sind die sogenannten ›windischen Deutschnationalen‹, die Führer des Landbundes. Ihr Anhang, der zumeist von ihnen wirtschaftlich abhängig ist, bildet die Gefolgschaft des Landbundes[10].«

Die deutsch-bürgerliche Dominanz über die Slowenen findet ihren Niederschlag im Kärntner Parteiwesen. Das Privilegiensystem garantiert auf Jahrzehnte die Herrschaft der Liberalen, die in Kärnten frühzeitig zum Deutschnationalismus überwechseln. »Die politische Führung der Deutschen«, schreibt Martin Wutte, »hatten seit Einführung der Verfassung die Deutsch-Liberalen, seit Anfang der neunziger Jahre die antisemitischen Deutsch-Nationalen[11].« Doch mit der Demokratisierung des Wahlrechts gelangen anfangs städtische und agrarische Mittelschichten, nach der Jahrhundertwende auch Kleinbauern und Arbeiter zur politischen Mitbestimmung. Die deutsch-bürgerliche Vorherrschaft, insbesondere im slowenischen Gebiet, ist in Frage gestellt. Die slowenische konservative Partei entsteht. In dieser Situation erfährt die deutsch-bürgerliche Parteienlandschaft eine Differenzierung, sie spaltet sich in eine urbane und eine agrarische Bewegung. Als Großdeutsche und als Kärntner Bauernpartei sind sie in der Ersten Republik die führenden bürgerlichen Parteien des Unterlandes. Sie leben parasitär von der Beherrschung der Slowenen.

Die Großdeutschen waren als Partei vor allem beamteter Schichten in der Lehrerschaft verankert[12]. Sie betrachteten das Kärntner Schulwesen geradezu als ihren Partei-Besitzstand, weshalb sie sich auch entschieden gegen eine Demokratisierung des aus dem Privilegiensystem stammenden Lehrerernennungsgesetzes wehrten[13]. Auf diese Weise war der überwiegende Teil der Lehrer deutschvölkisch eingestellt[14]. Sie waren aus begreiflichen Gründen national. Sie sicherten ihre gesellschaftliche Position, indem sie den Ausbau eines slowenischen Schulwesens verhinderten. In das vorgegebene Muster der politischen Beherrschung der Slowenen durch germanisierte Slowenen paßt es dann wieder ausgezeichnet, daß sie vornehmlich slowenischer Abkunft waren. »Eine Kärntner Spezialität!« – wie der *Arbeiterwille* kommentiert, die im übrigen auch das Lernziel bestimmt: »Für die deutschnationalen Lehrkräfte existieren die Kärntner Slowenen nur als Gegenstand der Germanisierung[15].«

Was den Landbund betrifft, so hatte er die politische Abhängigkeit vor allem der slowenischen Kleinbauern zu garantieren. Als Partei des chauvinistischen Dorfbürgertums ist uns der Landbund bereits begegnet: mit seiner Hilfe sichert eine privilegierte Mittelschicht ihre eigene Position im deutsch-bürgerlichen Herrschaftssystem, indem sie die Slowenen vom Anschluß an ihre Nationalbewegung abhält: »Weil der Landbund im gemischtsprachigen bzw. windischen Sprachgebiete vielleicht seine festesten Positionen in Kärnten hat«, bestätigt der Landbundsekretär Supersberg den Erfolg dieser Politik, »hat sich bei den Wahlen die Anzahl der Windischen nicht so ausgewirkt, weil sie nur zwei Landtagsabgeordnete und kein Nationalratsmandat erobern konnten[16].«

Die wirtschaftliche und politische Unterdrückung der Slowenen wird schließlich durch eine äußerst verfeinerte deutschnationale Ideologie ergänzt. Sie erklärt die bestehenden Verhältnisse als unabänderlich. Es gilt das Diktum eines Martin Wutte: »In Wirklichkeit ist die Eindeutschung ja eine ganz natürliche Entwicklung, die im Interesse Kärntens geschützt werden muß[17].«

Zum bestehenden Modell der gesellschaftlichen Modernisierung darf es keine Alternative geben. Deshalb suggeriert die deutschnationale Ideologie die Minderwertigkeit oder wenigstens Rückständigkeit der slowenischen Sprache und Kultur und verneint die Möglichkeit einer nationalen Resurrektion der Slowenen. Die dennoch vorhandene slowenische Nationalbewegung wird als Ruhestörung diffamiert: sie werde von landfremden Elementen getragen. Als die slowenisch-klerikale Bewegung gegen Ende des Jahrhunderts an Bedeutung gewinnt, trägt sie der damit geschaffenen politischen Situation Rechnung, indem sie die vom herrschenden System abhängigen Slowenen als »deutschfreundlich« für die deutsche Nation reklamiert, die nationalbewußten aber politisch kriminalisiert[18]. Zeitweise versucht sie sogar, die damit erreichte politische Spaltung der slowenischen Volksgruppe zu »objektivieren«, indem sie die »deutschfreundlichen Slowenen« als »Windische« zu einer eigenen Nationalität hochstilisiert[19].

In diesem Zusammenhang ist das Bekenntnisprinzip zu erwähnen, das die Slowenen zwingt, sich entweder als »Nationalslowenen« zu bekennen und sich den damit verbundenen Repressionen auszusetzen, oder aber ihre Abhängigkeit von der deutsch-bürgerlichen Herrschaft als Leugnung ihrer Nationalität zum Ausdruck zu bringen und für das »Deutschtum« zu votieren. Erscheint der Widerspruch zwischen Nationalität und Nationalitätsbekenntnis allzu groß, bleibt noch die Wahlmöglichkeit »Windisch«.

Unter diesen Voraussetzungen sind die Volkszählungen eigentlich »Sprachwahlen« von ganz besonderer Bedeutung. Denn sie zeigen, welches Ausmaß die politische Überfremdung der Slowenen erreicht hat. Sehr offen formuliert den Zusammenhang zwischen Volkstumsbekenntnis und politischer Repression der Landbundsekretär Supersberg in seiner Analyse der Volkszählung von 1923, bei der es gelang, »die Anzahl der sich der slowenischen Umgangssprache Bedienenden mit 37.224 Personen festzusetzen, während die wirkliche Anzahl der Slowenen nach Geburt, Abstammung usw. auf ein Drittel der Gesamtzahl der Einwohner Kärntens zu rechnen ist[20]«. Die Volkszählungen bestätigen also das Ergebnis einer wirtschaftlich begründeten, politisch verfestigten und ideologisch gestützten Dominanz deutschsprachiger Oberschichten über die slowenische Nationalität. Sie sind der bis dahin deutlichste Ausdruck der *strukturellen Gewalt,* mit der die Slowenen an ihrer sozialen und nationalen Emanzipation gehindert werden. Treffend hat der sozialdemokratische Abgeordnete Zeinitzer bei den Kulturautonomiegesprächen diesen Mechanismus aufgedeckt: »Die Führung von Slowenen durch radikale Deutschnationale oder Angehörige des Landbundes ohne parteimäßigen Einschlag sei ebenso Unnatur wie die Struktur des Heimatbundes[21].«

Für die Endphase der Habsburger-Monarchie belegt die Beamtenpolitik Kärntens vortrefflich den herrschaftstabilisierenden Charakter des Deutschnationalismus. So ist bekannt, daß im zweisprachigen Kärnten in der Zeit von 1908 bis 1917 der Anteil der deutschen Konzeptbeamten von 94,9 auf 98 Prozent stieg, bei den Rechnungs- und Kanzleibeamten von 84 auf 88 Prozent. Die Lage der Slowenen verschlechterte sich offenkundig[22]. Sozialer Aufstieg war ihnen kaum möglich. Doch wie die nationale Unterdrückung eine politische Form der wirtschaftlichen und sozialen Unterdrückung war, so war die nationale Emanzipation die Voraussetzung wirtschaftlicher und sozialer Besserstellung. Die nationale Frage war identisch mit der sozialen Frage. In ihrer Gesamtheit konnten die Slowenen gesellschaftlichen Aufstieg nur auf dem Wege einer Einigung ihrer ethnischen Gruppe erzielen. Ihr Nationalismus hatte emanzipatorischen Charakter.

Die agrarisch-konservative Bewegung der Slowenen allein ist politisch zu schwach, um das bestehende politische System zu ändern; die christlichsoziale Bewegung, mit der sie sich zeitweise verbündet, kommt ihrerseits gegen die deutschnationale Vorherrschaft nicht an; sie ist außerdem im Kärntner Unterland so gut wie gar nicht verankert. Allein die Sozialdemokratie kommt als objektiver Bündnispartner in Frage. Sie ist die dritte, die größte deutschsprachige Partei des Unterlandes. Schon bei den ersten Reichsratswahlen nach dem allgemeinen und gleichen Wahlrecht im Jahre 1907 konnte der slowenische Kandidat Etbin Kristan im Wahlkreis III 1446 Stimmen erzielen. Bei den Wahlen in den Nationalrat und in den Kärntner Landtag vom 19. Juni 1921 waren die Sozialdemokraten in den 51 Gemeinden der Zone A führend: es entfielen auf sie 11.847 Stimmen, auf den Landbund 5143, auf die Großdeutschen 1769, auf die Partei der Kärntner Slowenen 9075 und auf die Christlichsozialen lediglich 494 Stimmen[23].

Die Geschichte der Kärntner Sozialdemokratie verlief wie die Arbeiterbewegung anderer österreichischer Alpenländer als »steiniger Weg«. Immer wieder berichtet die Kärntner Partei auf den Reichsparteitagen von Beeinträchtigungen ihrer Tätigkeit[24]. Die politische Struktur des Landes ist mit dem Privilegienwahlsystem gegen eine Demokratisierung abgesichert. Bei Landtagswahlen kann die Sozialdemokratische Partei erst 1909 ihr erstes Mandat erlangen[25]. Kärnten ist ein vornehmlich agrarisches Land. Die Strukturbereinigungen der alpenländischen Industrialisierung haben die heimische Industrie weitgehend zerstört[26]. Die Schwerpunkte der Industrie haben sich in die Steiermark und nach Krain verlagert. Unter diesen Voraussetzungen ist die Partei 1907 über ihren Wahlerfolg selbst erstaunt. »Das agrarische Kärnten sendet somit zwei sozialdemokratische Abgeordnete ins Parlament«, berichtet sie an den Parteitag[27]. Der Kärntner Partei gelang es frühzeitig, im ländlichen Bereich, insbesondere aber im slowenischen Gebiet, Fuß zu fassen[28]. So wird die Sozialdemokratie 1921 bereits zur stimmenstärksten Partei Kärntens.

Als führende Kraft des Landes haben die Kärntner Sozialdemokraten die Aufgabe, die wirtschaftliche Modernisierung des Landes zu forcieren. In Kärnten gelangt das Selbstverständnis der österreichischen Sozialdemokratie als innovatorische Kraft zu besonderer Bedeutung. Die Partei hat sich nicht nur für die unterdrückten und ausgebeuteten Klassen einzusetzen: es ist ihre Aufgabe, die wirtschaftliche Stagnation des Landes zu überwinden, das intellektuelle Niveau der Bevölkerung zu heben und ihr eine gesicherte Zukunft zu gewährleisten[29].

Wirtschaftlicher Fortschritt ist unter Kärntner Verhältnissen bisher beinahe ausschließlich deutsch-bürgerlichen Interessen zugute gekommen. Nun hat die Sozialdemokratische Partei gewiß die Perspektive einer Überwindung der kapitalistischen Gesellschaft und Errichtung einer neuen wirtschaftlichen Ordnung, die nicht mehr im Interesse des Bürgertums und als germanisierender Faktor wirkt. Als reformistische Partei stimmt sie ihre Politik allerdings auf den bestehenden Zustand ab: sie forciert Ausbau und Modernisierung des bestehenden Wirtschaftssystems. Von der Richtigkeit ihrer Analyse der nationalen Frage hängt es ab, ob sie damit auch die politischen Konsequenzen des bestehenden Systems akzeptiert. Nun wird sich zeigen, ob sie ihrer emanzipatorischen Aufgabe für beide Nationalitäten Kärntens gerecht wird.

Die Sozialdemokratie Kärntens erkennt nicht den Zusammenhang zwischen nationaler Unterdrückung und sozialer Frage. Sie will für die Slowenen nur eine soziale Frage gelten lassen. »Denn das slowenische Volk leidet keinesfalls an der nationalen Not. An was es leidet, ist die wirtschaftliche Not, die zu beseitigen den nationalen Hetzern ohne Ausnahme nicht einfällt«, heißt es im *Arbeiterwillen* vom 27. Mai 1914[30]. Nationalismus und Chauvinismus hält die Partei für ideologische Begleiterscheinungen bürgerlicher Machtkämpfe. »Daß dieselbe [die slowenische Nation] in Gefahr ist, würde die Masse des slowenischen Volkes gar nicht wissen, wenn nicht die vielen Pfäfflein unter anderer Hilfe beständig dafür sorgen würden«, meint der *Arbeiterwille*. »Diese bilden auch den eigentlichen Sauerteig des slowenischen Volkes und haben so recht das Volk in ihren Klauen[31].« Doch ist die vergeblich abstinente Haltung der Sozialdemokraten ein vorsichtiges Votum für das Deutschtum.

Das deutsch-bürgerliche System stabilisiert das deutsch-slowenische Verhältnis durch seine ideologische Harmonisierung. Die wirksamste Form der Germanisierung ist erreicht, wenn an der »Natürlichkeit« der bestehenden Ordnung nicht gezweifelt wird. Die Slowenen werden mit Hilfe struktureller Gewalt ihrer Nationalität entfremdet, auf die Anwendung manifester Gewalt kann weitgehend verzichtet werden. Das deutschnationale Bürgertum hält den Nationalitätenkampf für überflüssig, weil er seine Position erschüttern würde.

Die herrschende Klasse erklärt ihre partikularen Interessen zum allgemeinen Interesse des Landes, wenn sie die bestehende Ordnung sichert[32]. Doch auch die Sozialdemokratie begründet ihre Ablehnung nationaler Auseinandersetzungen damit, daß Kärnten, »das wirtschaftlich so schwach ist und dessen Bevölkerung auf sich selbst und damit auf ein friedliches Auskommen der beiden Volksstämme angewiesen ist, ... durch nationale Streitigkeiten mehr zu Schaden käme wie irgendeine andere reiche Provinz[33]«.

Sie bestätigt die Harmonisierung der vorgegebenen Ordnung: »Der überflüssigste und schädlichste Streit ist nach Kärnten getragen worden: der Sprachenstreit. Das Land erfreute sich bisher in nationaler Hinsicht eines leidlichen Friedens, der durch einzelne lokale Wetterleuchten nicht bedroht war. Vor allem fanden die breiten Schichten der Bevölkerung ihr Auskommen bei den bestehenden eingelebten Verhältnissen, die ihren praktischen Bedürfnissen vollständig entsprachen[34].« Die Partei hat mit dem wirtschaftlichen Modernisierungskonzept der Deutschnationalen auch deren politische Vorstellungen übernommen. Denn die »bestehenden eingelebten Verhältnisse« waren die Hierarchie zwischen Deutschen und Slowenen und ihre logische Konsequenz die Germanisierung der Slowenen. Die Kärntner Sozialdemokratie war deutsch.

»Alles rein deutsch organisiert«, berichtet sie über den Wahlkreis Klagenfurt-Land an die Parteizentrale. »Alles rein deutsch organisiert, auch die slowenischen sozialdemokratischen Arbeiter wählen den deutschen Sozialdemokraten«, heißt es über Völkermarkt. Einzig im Reichsratswahlkreis III – Eberndorf, Eisenkappel, Ferlach, Bleiburg – kandidierte 1907 Etbin Kristan von der Südslawischen Partei[35].

Offenkundig versteht es die Kärntner Sozialdemokratie als ihre Aufgabe, den Prozeß der Integration der nun entstehenden slowenischen Arbeiterschaft in die deutsche Wirtschaftsordnung abzusichern, indem sie die slowenische Arbeiterschaft deutsch sozialisiert. Der Kärntner Deutschnationalismus hat von jeher slowenisch mit rückständig-konservativ gleichgesetzt, deutsch hingegen mit fortschrittlich. Die Sozialdemokratie unterstützt eine derartige Ideologie. Wie anders könnte es sonst interpretiert werden, daß sie 1909 über die Slowenisch-Klerikalen im »slowenisch-deutschen« Bezirk Rosegg berichtet: »Die Slowenen halten im Rosegger Bezirk ohne feste Organisation aus nationalen Gründen zusammen«, über die Arbeiterbewegung hingegen anführt: »Die Arbeiter sprechen alle deutsch und sind in der deutschen Landespartei organisiert[36].« Da wird man an einen Satz Otto Bauers erinnert: »Jede neue Gewerkschaftsgruppe, jede neue sozialdemokratische Organisation ist ein neuer Angriffspunkt der deutschen Kultur[37]...« Bauer spricht von deutschen Arbeitern, die dank der

Sozialdemokratie ihren »Anteil an der deutschen Kultur« erhielten. Wie das Beispiel Kärnten zeigt, gewann die Sozialdemokratie allerdings auch slowenische Arbeiter für das Deutschtum.

Solange die Partei politische Verantwortung nicht selbst oder nur in bescheidenem Ausmaß mitzutragen hatte, konnte sie diese ihre deutsche Politik als Internationalismus ausgeben. Ihre Analyse der nationalen Auseinandersetzungen als Phänomen ausschließlich bürgerlicher Machtkämpfe war nicht so leicht als falsch nachweisbar. Doch haben sich schon zur Zeit der Habsburger-Monarchie die verhängnisvollen Konsequenzen der deutsch-orientierten Politik gezeigt. Die Sozialdemokratie wählte den falschen Bündnispartner, als sie sich auf deutschnationale Seite stellte.

Die Kärntner Partei will in den Deutschnationalen Liberale sehen. So begründet sie bei den Landtagsergänzungswahlen im Wahlbezirk Tarvis-Arnoldstein im Jahre 1904 ihre Unterstützung für den deutschnationalen Kandidaten damit, daß ihre Sympathien immer auf freiheitlicher Seite stünden[38]. Bei den Reichsratsergänzungswahlen für den Wahlbezirk Klagenfurt-Völkermarkt 1905 gibt sie mit den sozialdemokratischen Wählern den Ausschlag für den Sieg des Deutschnationalen Seifritz vor dem Slowenen Grafenauer, um den Slowenen den Eintritt ins Parlament zu versperren[39]. Massiv unterstützt sie auch bei den Landtagswahlen 1909 in der allgemeinen Kurie des Wahlbezirkes Klagenfurt den deutschnationalen Kandidaten Metnitz[40]. Noch bei den ersten aufgrund des allgemeinen Wahlrechts vorgenommenen Reichsratswahlen im Jahre 1907 arbeiteten die Sozialdemokraten den Deutschnationalen in die Hände, so daß die Deutschnationalen ihre früher ganz unbestrittene Macht halten konnten[41].

Doch es zeigte sich, daß die Arbeiterbewegung von diesem Bündnis mit den Deutschnationalen politisch kaum profitierte. Denn wenn es schon schwer zu verantworten war, daß die Sozialdemokraten ihren Einfluß als Massenpartei geltend machten, um die deutschnationale Herrschaft über den Fall des Privilegienwahlsystems hinaus zu halten, so wußten die Deutschnationalen diese Unterstützung durchaus nicht zu würdigen. Sie beherrschen das politische Leben Kärntens beinahe uneingeschränkt. So hatten sie für die Reichsratswahlen eine Wahlkreiseinteilung durchgesetzt, die ihre Dominanz sichern sollte. Bei einem Stimmenanteil von 50 Prozent erreichten sie insgesamt sechs von zehn Mandaten. Auf Landtagsebene war die deutschnationale Wahlgeometrie noch eindeutiger; bei annähernd gleichen Stimmenverhältnissen garantierte die Landtagswahlordnung von 1902 den Deutschnationalen 1909 37 von insgesamt 43 Mandaten. Lediglich drei Mandate fielen auf die Christlichsozialen, zwei auf die Slowenisch-

Klerikalen und eines auf die Sozialdemokraten! Einer Demokratisierung des Landeswahlrechtes oder einer Änderung der Einteilung der Reichsratswahlkreise standen sie durchaus ablehnend gegenüber. Sie sahen ihre beinahe unangefochtene Alleinherrschaft durch das allgemeine Wahlrecht und die Wahlrechtskampagnen für den Landtag gefährdet und reagierten entsprechend aggressiv[42]. Ein politisches Zusammenwirken zwischen Sozialdemokraten und Deutschnationalen war nach 1910 kaum mehr denkbar.

»Unter unseren Parteigängern im ganzen Lande *ohne Ausnahme* herrscht eine solche *Erbitterung* gegen die Deutschnationalen, daß unsere Parteianhänger auch für die Nationalen selbst dann nicht in die Stichwahl gehen würden, wenn es die Kärntner Landesvertretung mitsamt der Wiener Regierung beschließen würde«, schreibt der Abgeordnete Arnold Riese am 7. Juni 1911 an das Parteisekretariat nach Wien. »Ich führe hier nur noch an, daß die Kampfesweise unserer Nationalen die allerwiderwärtigste ist und daß alle unsere Vertrauensmänner dem Genossen Austerlitz zujubeln, wenn er sagt: Wir müssen nicht unter *allen* Umständen für die Nazi stimmen[43].« Unter diesen Umständen kam es zeitweise sogar zu einer Zusammenarbeit zwischen Sozialdemokraten und Slowenisch-Klerikalen.

Die deutschnationale Wahlkreiseinteilung für die Reichsratswahlen richtete sich in besonderer Weise gegen die Slowenen. Die Volkszählungsergebnisse legten die Einrichtung von zwei Wahlkreisen mit slowenischer Bevölkerungsmehrheit nahe. Gegen derartige – übrigens von christlichsozialer Seite vorgebrachte – Forderungen hatten die deutschnationalen *Freien Stimmen* nur das Argument der »Landeszerreißung« zur Hand: Eine solche Wahlkreiseinteilung »hätte mit einem Schlage all die herrlichen Ansätze zu einer friedlichen nationalen und kulturellen Durchdringung von altersher schon deutsch durchsetzter slowenischer Landesteile, wie sie durch die jahrzehntelange aufopfernde Arbeit unserer nationalen Schutzvereine geschaffen wurde, vernichtet[44]«. Die Wahlkreise wurden daher so festgelegt, daß für die Slowenen bei den Reichsratswahlen 1907 etwas mehr als die Hälfte der slowenischen Stimmen verloren waren. Für ein deutschnationales Mandat benötigte man im Landesdurchschnitt 3800 Stimmen. Die 9441 slowenischen Stimmen ergaben aber nur das eine Mandat Franz Grafenauers[45]. Die Slowenen waren also in einer recht ähnlichen Lage wie die Sozialdemokraten, bei denen 13.153 oder 24,4 Prozent aller abgegebenen Stimmen nur für zwei Mandate reichten. Beide Parteien waren Opfer der deutschnationalen Wahlgeometrie.

Unter diesen Umständen ist es begreiflich, wenn es schon 1907 zu einer Art von Wahlübereinkommen zwischen Sozialdemokraten und

Slowenisch-Klerikalen kam. Dabei anerkannten die Sozialdemokraten den slowenischen Charakter des Wahlkreises III und erhielten dafür die Unterstützung der Slowenen im Wahlkreis Villach zugesichert. Grafenauer erzielte allerdings bereits im ersten Wahlgang die erforderliche Mehrheit. Zur Wahl von Arnold Riese heißt es in einer Analyse der Kärntner Partei: »Bei den Reichsratswahlen trat der christlichsoziale Wahlwerber knapp vor der Wahl zurück, und es blieben nur der sozialdemokratische und der radikaldeutsche Bewerber; da letzterer als Los-von-Rom-Apostel von den deutschen und slowenischen Klerikalen besonders angefeindet wurde, stimmten diese für den Sozialdemokraten, und der Kandidat der Volkspartei, Dr. Aichelburg, kam ernstlich gar nicht mehr in Frage[46].« Für die nächste Reichsratswahl war die Wiederholung der Wahlabsprache vorgesehen. »Wahlkreis III (der slowenische), in welchem der Slowene Grafenauer mit dem deutschen Agrarier Schumy in die Stichwahl [kommt] und wir bei der Stichwahl Wahlenthaltung üben werden – weil wir den Kreis den Slowenen nicht wegnehmen dürfen«, programmierte Riese am 7. Juni 1911. Grafenauer und Riese wurden in ihren Wahlkreisen bestätigt[47].

Nationale Toleranz bewies die Partei 1907 auch damit, daß sie im slowenischen Wahlkreis für den ersten Wahlgang die Kandidatur eines Genossen der südslawischen Partei zuließ. An ihrer Organisationsstruktur änderte sie allerdings nicht das Geringste. 1911 berichtete sie über den slowenischen Wahlkreis nach Wien: »Da die gesamten Agitationsarbeiten in diesem Bezirk ständig und ausnahmslos von uns (und nicht von Laibach aus) besorgt werden und wir auch alle Kosten tragen müssen – der Bezirk gehört der Kärntner Landesorganisation an –, hat die Landesparteivertretung beschlossen, daß sie sich diesmal um Nominierung des Kandidaten *nicht an die slowenische Partei-Exekutive* wenden, sondern selbst einen Kandidaten in Vorschlag bringen wird[48].«

Die deutschnationale Gewaltpolitik richtet sich gleichermaßen gegen Slowenen wie gegen Sozialdemokraten. Vorübergehend kooperieren die Sozialdemokraten mit den Slowenen. Doch die sozialdemokratische Analyse der nationalen Frage bleibt weiterhin unvollkommen, wenn sie die nationalen Auseinandersetzungen als bürgerliche Machtkämpfe abtut. »Fortschritt und Deutschtum« bleibt die Devise ihres politischen Handelns. Am deutsch-slowenischen Verhältnis ändert sich daher auch nichts. Die Kärntner Arbeiterbewegung hat zur Zeit der Monarchie keinen aktiven Beitrag zur gesellschaftlichen Emanzipation der Slowenen geleistet.

Schließlich wird sie selbst Opfer deutschnationaler Gewaltpolitik, als der Kriegsabsolutismus des Ersten Weltkriegs die demokratische

Bewegung der Slowenen ebenso wie die Sozialdemokratie auszuschalten droht. Erst in dieser Situation deckt die Partei schonungslos den antisozialdemokratischen Charakter deutscher Besitzstandspolitik auf. In der Reichsparteikonferenz vom 30. Mai 1918 kommentiert Gröger sie – um einen Begriff der zwanziger Jahre vorwegzunehmen – als »Bürgerblock«: »Bei uns vollzieht sich ein Zusammenschluß aller bürgerlichen Parteien, angeblich, um die Teilung des Landes zu verhindern. Aber die Front wird sich bald gegen die Arbeiter richten[49].«

II

»Die Demokratie hat einen mächtigen Sieg errungen. Ihn auszunützen, muß unsere nächste Sorge sein«, erklärte die sozialdemokratische Landespartei Kärntens am 26. Oktober 1918[50]. Am 10. November tritt der provisorische Landtag im Landhaus zusammen.

Die Partei hat die Massen zu einer Kundgebung aufgerufen. Der *Arbeiterwille* berichtet: »Während im Sitzungssaale die Verhandlungen geführt wurden, erschienen im Landhaushofe mehr als 6000 Menschen, darunter zahlreiche Soldaten und Invalide. Ab drei Uhr nachmittags standen in der Stadt alle Betriebe still. Die gesamte Arbeiterschaft zog vom Kardinalsplatz mit roten Fahnen und Standarten in den Landhaushof. Sie wurden von sozialdemokratischen Abgeordneten und Mitgliedern des Soldatenrates begrüßt und willkommen geheißen. Aus tausenden Kehlen ertönte der Ruf nach Freiheit, Frieden und Republik[51].«

Doch der Friede in Kärnten war nicht gesichert. Die Monarchie war zerfallen; damit stellte sich auch die Frage nach der staatlichen Zukunft des Kärntner Unterlandes. Die vorläufige Landesversammlung für Kärnten definierte das Land als »das geschlossene deutsche Siedlungsgebiet des ehemaligen Herzogtums Kärnten und jene gemischtsprachigen Siedlungsgebiete dieses Herzogtums, die sich auf Grund des Selbstbestimmungsrechtes ihrer Bewohner dem Staatsgebiet des Staates Deutschösterreich verfassungsgemäß anschließen[52]«. Bis zur Durchführung der endgültigen Grenzbestimmung sollte Kärnten unter der Verwaltung des Landes bleiben. Doch war Unterkärnten bei der letzten Volkszählung überwiegend als slowenisch ausgewiesen[53]. So verlangte auch Laibach die Angliederung eines Teiles von Kärnten an den im Entstehen begriffenen jugoslawischen Staat[54]. Die Beibehaltung des bisherigen Verwaltungszustandes wurde als Präjudizierung der staatlichen Zugehörigkeit beurteilt. Bürgerlich-nationale Kräfte wollten daher einen Teil des Landes direkt kontrollieren.

Militärische Besitzstandssicherung war vom Standpunkt konsequenter Friedenspolitik zu verurteilen. Die Kärntner Sozialdemokratie wollte die reaktionären Kräfte beider Nationalitäten an dieser Form der Austragung des Grenzstreits hindern. Sie suchte das Einvernehmen mit den Vertretern der Slowenen in Kärnten.

»Wenn in dieser Hinsicht zwischen den Deutschnationalen und Slowenischnationalen eine gegenseitige Aussprache ermöglicht wurde, so ist das ein Verdienst der sozialdemokratischen Vertreter im Vollzugsausschuß«, schrieb der *Arbeiterwille*[55].

Doch die Sozialdemokraten konnten den Frieden nur für wenige Tage sichern. In diesem Zusammenhang ist allerdings daran zu erinnern, daß nach den Beschlüssen vom 26. Oktober 1918 die Kärntner Landesversammlung nur aus deutschfreiheitlichen, christlichsozialen und sozialdemokratischen Abgeordneten bestand, die Slowenisch-Klerikalen also ausschloß. Unbeschadet der Definition des Landes als deutsches *und* gemischtsprachiges Gebiet trug man also der Tatsache der Aufgliederung Österreichs nach ethnischen Einheiten Rechnung. Außerdem lehnte der slowenische »Generalkommissär für das slowenische Kärnten«, der seit 2. November 1918 in Klagenfurt amtierte, die Nominierung slowenischer Vertreter in die Landesversammlung ab[56]. Die Verhältnisse waren also rechtlich und politisch gänzlich ungeklärt.

Gegen Mitte November begann schließlich die militärische Inbesitznahme von Kärntner Gebiet durch die Slowenen[57]. Für die nationalistische Geschichtsschreibung setzt die heroische Zeit der Abwehrkämpfe ein. Vom Standpunkt einer fortschrittlichen Wissenschaft konstatiert man allerdings eher das Ende der sozialdemokratischen Versuche, die vorläufige Regelung der Verwaltungsfrage ohne Blutvergießen zu erreichen. Die Grenzkämpfe waren politisch ohne Sinn. Ein Zusammenhang zwischen »Abwehrkampf« und Volksabstimmung konnte bis heute nicht nachgewiesen werden[58].

Was hingegen als politisches Erbe dieser Zeit schwer wiegt, ist die Tatsache, daß seit den Abwehrkämpfen die Solidarität zwischen den Kärntner Nationalitäten einerseits und zwischen den arbeitenden Kräften der benachbarten Länder Kärnten und Slowenien andererseits schwer gestört ist. Daran haben nur deutschnationale Kreise Interesse; daher wird der Abwehrkampf das Geschichtsbild Kärntens auch weiterhin bestimmen[59].

Zu dieser Geschichtsinterpretation ist jedenfalls einmal festzuhalten, daß die Kämpfe der Jahre 1918/1919 gegen den erklärten Willen der Sozialdemokraten erfolgten. In Laibach dominierten die Militärs; die Landesregierung wurde zumeist erst nachträglich von den militärischen

Aktivitäten benachrichtigt[60]. Die Sozialdemokraten galten als »national unzuverlässig«. Was die Kärntner Sozialdemokratie betrifft, konnte die deutschnationale Geschichtsschreibung nie genug beklagen, daß sie sich nicht von Anfang an mit Feuereifer dem »Abwehrkampf« zur Verfügung stellte. Denn auf gewisse militärische Sicherungsprojekte von Oberkommandant Hülgert vom 14. November 1918 erklärte der Vorsitzende des aus den Vertretern aller politischen Parteien zusammengesetzten Wehrausschusses, Melcher, »unsere Kräfte seien zu schwach, um den Einmarsch zu verhindern, ein Widerstand wäre vergeblich; es würde die friedliche (!) Besetzung von einzelnen Orten zu einer feindlichen Invasion gemacht, wenn die Jugoslawen bewaffneten Widerstand fänden; er selbst könne sich aus politischen Gründen für keinerlei bewaffneten Widerstand erklären und müßte erst einen Beschluß seiner Partei erwirken«[61]. »Selbst einzelne nationale Abgeordnete«, rügt Wutte, »verfielen Anfang November der sozialdemokratischen Psychose ›Nie wieder Krieg!‹[62]«

Nun war die »Friedenspsychose« der Deutschnationalen das Ergebnis einer recht realistischen Einschätzung der militärischen Lage, die der Wehrausschuß in einem Schreiben vom 23. November an das Innenministerium in dem lapidaren Satz zusammenfaßte: »In einen Krieg mit Jugoslawien darf es [Kärnten] sich nicht einlassen[63].«

Die antimilitaristische Einstellung der Kärntner Sozialdemokratie hingegen war grundsätzlicher Natur; einen »Abwehrkampf« zur Beibehaltung des bisherigen administrativen Zustands billigte sie nicht. Sie wollte eine friedliche Regelung der Streitfragen. Am 11. Dezember veröffentlichte der *Arbeiterwille* eine Grundsatzerklärung der Sozialdemokratischen Partei, wonach es »der Bevölkerung in den national strittigen Gebieten freigestellt sein solle, durch eine Abstimmung selbst zu entscheiden, ob sie zu dem jugoslawischen oder deutschösterreichischen Staate gehören will[64]«. Eine Besetzung solcher Gebiete war letztlich noch keine Präjudizierung der Grenzentscheidung. Nun griffen aber die südslawischen Militärverbände über das »strittige« Gebiet hinaus, und es war die Besetzung von Klagenfurt zu befürchten. Nur widerstrebend, wie Wutte berichtet, stimmten nunmehr Sozialdemokraten und Christlichsoziale in der vorläufigen Landesversammlung vom 5. Dezember den militärischen Sicherungsmaßnahmen zu[65]. Was die Deutschnationalen betrifft, so hatten sie die »Friedenspsychose« gründlich überwunden; die slowenische Militärpolitik lieferte ihnen den plausiblen Vorwand, eine Politik zu desavouieren, die Blutvergießen vermeiden wollte. Wutte beschreibt ihren militaristischen Geist: »Der sehnlichste Wunsch der Soldaten, aber auch weiter Schichten der Kärntner Bevölkerung, die mit Sorge und Unmut das Vorgehen der

Jugoslawen und die scheinbare Untätigkeit der Regierung verfolgt hatten, war erfüllt: der Weg zum Kampf mit den Waffen war frei[66].«

Der Triumph des chauvinistischen Bürgertums war die Niederlage der Sozialdemokraten. Noch am 3. Dezember hatte die sozialdemokratische Landtagsfraktion den Internationalismus der Arbeiterbewegung beschworen: »Die Sozialdemokraten sind seit jeher gegen jede nationale Unterdrückung und Verfolgung aufgetreten. Wir erklären auch heute unsere brüderliche Solidarität mit den Völkern aller Nationen, weil wir darin die einzige Gewähr für den Weltfrieden und die Befreiung des Proletariats aus den Fesseln des Kapitalismus erblikken[67].« Doch kann sie die Kämpfe nicht verhindern. Die Partei ist erneut mit dem Militarismus in seinen bedenklichsten Formen konfrontiert. Bei den Grazer Waffenstillstandsverhandlungen dominieren die »kriegerischen Zivilvertreter«, wie der Delegierte des Staatsamtes für Äußeres, Hoffinger, nach Wien berichtet. Sie »wollen ... Waffenruhe abbrechen und Völkermarkt mit Gewalt nehmen[68]«. In letzter Minute gelingt es einem Mitglied der amerikanischen Studienkommission, zwischen den Delegierten zu vermitteln. Die Demarkationslinie für die Besetzung und Administration soll von amerikanischer Seite festgelegt werden[69].

Die politische Grundlage für den Grazer Waffenstillstand vom 22. Jänner 1919 ist allerdings die Verständigungsbereitschaft der Sozialdemokraten. So spricht die slowenische Partei in ihrem Parteiorgan *Naprej* den Militärs das Recht ab, die Grenzfrage durch ein fait accompli zu lösen[70]. In der Regierungssitzung vom 3. Jänner verweigert sie ihre Zustimmung zur Bildung einer militärischen Freiwilligenorganisation[71]. Der Internationalismus der Arbeiterbewegung bestätigt sich. Schließlich begrüßt die sozialdemokratische Landesparteileitung von Kärnten »den Protest der südslawischen Sozialdemokratie gegen die Gewalt- und Eroberungspolitik, die die südslawische Regierung in Kärnten betreibt«: »Die deutsche und südslawische Arbeiterschaft muß alles daran setzen, um jedes weitere Blutvergießen zu vermeiden, den Frieden zu festigen und die Gewaltpolitik der Bourgeoisie zu verhindern. Die Überwindung des Kapitalismus durch den Sozialismus kann nur im gemeinsamen Kampf des Proletariats aller Nationen erfolgen[72].« Nach Laibach entsendet sie die folgende Adresse: »Die am 12. Jänner in Klagenfurt tagende Konferenz der Sozialdemokratischen Partei Kärntens schließt sich eurem Protest vom 4. Jänner an und sendet der südslawischen Arbeiterschaft brüderlichen Gruß[73].«

Die Sozialdemokraten zwingen dem nationalistischen Bürgertum ihren Willen auf. Gröger gibt beiden Seiten die Schuld. Doch ist für die Komplikationen nicht zuletzt das deutschnationale Programm für die

Grenzziehung verantwortlich, da es eine unnachgiebige Haltung in der Frage der vorläufigen Administration Kärntens nahelegt. Die Sozialdemokraten distanzieren sich nunmehr von dieser Politik der Deutschnationalen. »Ich habe in der heutigen Sitzung der Landesregierung verlangt, daß der Standpunkt der Unteilbarkeit des Landes aufgegeben werden muß und daß getrachtet werden muß, die Verhandlungen zu einem günstigen Abschluß zu bringen, damit in dem armen Land Kärnten endlich die notwendige Ruhe einzieht. Hiezu ist von deutscher Seite die Geneigtheit vorhanden, wie ja auch das neuerliche Anbot der Friedensverhandlungen vom 8. Jänner beweist. Ich hoffe, daß auch die Slowenen das Bedürfnis nach Ruhe haben werden«, schreibt Gröger am 11. Jänner an Bauer[74]. »Die Anwesenheit eines Genossen bei den Verhandlungen halte ich schon deshalb für notwendig, um dem Übernationalismus auf der unseren und slowenischen Seite entgegenzuwirken[75].«

Die Kärntner Sozialdemokratie handelte damit gewiß »recht sozialdemokratisch«, wie Gröger den Entwurf der Adresse an die Laibacher Partei kommentiert[76]. Jedenfalls ermöglichte sie nunmehr einen Waffenstillstand, der auf Monate weiteres Blutvergießen verhinderte, das doch ohnehin sinnlos war, »da die endgültigen Grenzen zwischen den beiden Ländern in Paris nach großen Richtlinien niedergelegt werden und nicht auf Grund der augenblicklichen Besetzung irgendeines Teiles des Landes durch kleine bewaffnete Abteilungen«, wie es im Grazer Abkommen hieß[77].

Doch in den Monaten April bis Juni 1919 inszeniert das nationalistische Bürgertum erneut Grenzkämpfe. Die südslawische Sozialdemokratie verweigert dabei dem aggressiven Vorgehen ihrer Bürgerlichen die Zustimmung[78]. Am 2. Mai verlangt sie in der Sitzung der Laibacher Landesregierung Aufklärung darüber, auf wen der Bruch des Waffenstillstandes zurückzuführen sei. Die Antwort der Bürgerlichen ist ausweichend und zugleich typisch: Sie wundern sich, warum man die Schuldigen zu Hause suche und nicht beim Gegner[79].

Die österreichische Sozialdemokratie hat ihrerseits nach vorübergehenden militärischen Erfolgen der Kärntner Seite Anfang Mai allen Grund, gegen die nationalistischen Exzesse der eigenen Seite vorzugehen. Die Wiener Regierung muß die politischen und militärischen Stellen Kärntens dringlich auf die Konsequenzen der Überschreitung der Waffenstillstandslinie aufmerksam machen. Sie sieht »in dem eigenmächtigen Vorgehen Kärntens eine Gefährdung des ganzen Staates und vor allem Kärntens selbst, das bei den nahen Friedensverhandlungen für diese Eigenmächtigkeiten zur Verantwortung gezogen würde[80]«. Täglich erwartet man einen jugoslawischen Gegenangriff unter Beteiligung serbischen Militärs. Doch die Klagenfurter Waffenstillstandsverhandlungen scheitern an der Weigerung, das besetzte Gebiet herauszugeben.

Gröger hat auf der Salzburger Länderkonferenz vom Februar 1920 mit dieser deutschnationalen Gewaltpolitik gründlich abgerechnet: »Das eine steht fest, daß die Staatsregierung dem Lande Kärnten in jeder Hinsicht entgegengekommen ist. Allerdings konnte sich pflichtgemäß die Staatsregierung nicht dazu entschließen, jene Politik mitzumachen, von der Herr Dr. Pflanzl gesprochen hat, jene Politik der Waffen in der Hand. Die Staatsregierung war damit einverstanden, daß der Abwehrkampf, insoweit er berechtigt war, geführt wurde. Sie war aber nicht einverstanden, daß eine Kriegspolitik im Lande geführt wurde, und Herr Dr. Pflanzl wird sich gewiß daran zu erinnern wissen, welche Kämpfe wir Sozialdemokraten im Landtage gegen diese kriegerische Politik geführt haben. Schließlich und endlich hat ja die Kriegspolitik dorthin geführt, was wir vorausgesagt haben. Sie führte zur zweimonatigen Besetzung der Stadt Klagenfurt, und ich muß, so leid es mir tut, schon sagen, daß der Schaden in dieser allerschwersten Zeit die größten Kriegshetzer waren, die in der Stunde der Not nicht am Platze waren[81].«

Die deutschnationale Geschichtsschreibung weiß von slowenischen Übergriffen in den Jahren 1918–1920 zu berichten. Als sinnvolle Ergänzung daher Kärntner deutschnationale Gewaltpolitik: »Bei den Internierungen sind leider sehr schwere Mißbräuche vorgefallen, die größtenteils dem sogenannten national-politischen Ausschusse zur Last fallen, der in den stürmischen Tagen eine Art Nebenregierung gebildet hatte«, muß Hoffinger nach Wien melden[82]. »Dazu kommt noch«, heißt es weiter, »daß in den ›befreiten‹ Gebieten unsere Volkswehr raubt und plündert, Frauen schändet und Kirchen entweiht, was die dortigen Einwohner außerordentlich erbittert. Wie ich erfahre, hat die Stimmung in Südost-Kärnten, die noch während der jugoslawischen Besetzung stark zu uns hinneigte, in den letzten Tagen ganz umgeschlagen, so daß eine eventuelle Abstimmung heute für uns kaum günstig ausfiele. Behörden gegenüber Soldateska ziemlich machtlos[83].«

Staatssekretär Bauer selbst ergreift die Initiative: »Die Landesregierung müßte selbst unter größten finanziellen Opfern sofort den durch Plünderungen, Internierungen und Gewalttätigkeiten geschädigten Personen *liberalste Entschädigung* gewähren. Auch ist es unumgänglich notwendig, daß das durch die Kirchenschändungen und die Vertreibung der slowenischen Geistlichkeit tief verletzte religiöse Gefühl der dortigen Einwohner wieder versöhnt werde; es müßten daher ehestens slowenisch sprechende Priester zur Beruhigung und Aufklärung entsendet und die betroffenen Kirchen möglichst feierlich wieder eingeweiht werden[84].«

Am 14. Mai war durch Korrespondenzmeldung bekanntgeworden, daß die Friedenskonferenz in Südkärnten eine Volksabstimmung vorsehe. Bauer will rasch und unbürokratisch den Eindruck wettmachen, den die jüngste deutschnationale Militärpolitik bei den Slowenen hinterlassen hat: »Nur sofortige Maßnahmen in diesem Sinne und weitestgehende Zusicherungen betreffs Autonomie und Sprachenschutz könnten im Rosental und Südostkärnten doch noch die Volksabstimmung beeinflussen und ein günstiges Resultat des Plebiszits erhoffen lassen[85].«

Die Sozialdemokraten wollen die Volksabstimmung für Österreich gewinnen. In der Zone A des Abstimmungsgebietes sind die Sozialdemokraten bei den Nationalrats- und Landtagswahlen vom 19. Juni 1921 die stärkste Partei. »Mehr als die Hälfte der für Deutschösterreich abgegebenen Stimmen waren sozialdemokratische Stimmen«, rechnete Anton Falle 1930 nach[86]; die Sozialdemokraten sind die politisch »entscheidende Partei des Landes[87]«. Es ist offenkundig, »daß das Abstimmungsgebiet nur mit Hilfe der ›Roten‹ gerettet werden kann«, wie der *Arbeiterwille* am 28. September 1920 den Deutschnationalen klarmacht.

Die Zone A war bei den letzten Volkszählungen zu etwa zwei Dritteln slowenisch. Mit Hilfe des Selbstbestimmungsrechtes soll also eine überwiegend nichtdeutsche Bevölkerung für »Deutsch«-Österreich gewonnen werden. Nun sind Volkszählungen unter Kärntner Verhältnissen nichts anderes als ein Indikator für die wirtschaftliche und politische Überfremdung der Slowenen. Es ist zu erwarten, daß dieser Mechanismus auch in der Volksabstimmung seine Bestätigung erfährt. Tatsächlich argumentiert die deutschnationale Geschichtsschreibung bis heute, die Kärntner Slowenen hätten 1920 zu einem erheblichen Teil für das Deutschtum votiert, als sie sich für Österreich entschieden. Die Kärntner Sozialdemokratie hat sich nach dem Ersten Weltkrieg für die Beibehaltung der Einheit Kärntens ausgesprochen. Sie muß verhindern, daß aus der Abstimmung über die staatliche Zugehörigkeit eine »nationale Wahl« wird. Die Volksabstimmung darf nicht zu einer Bestätigung des hierarchischen Verhältnisses zwischen den beiden Kärntner Nationalitäten werden. Die Partei kann nur als deutsch-slowenische Bewegung nationalösterreichische Politik machen, will sie nicht in das Fahrwasser nationalistischer Politik geraten.

Die Sozialdemokratie hat jedoch im Rahmen der deutschen Überfremdung der Slowenen traditionell die Aufgabe, die slowenische Arbeiterschaft deutsch zu sozialisieren. Nach dem Zusammenbruch der Monarchie versteht sie sich erst recht als deutsche Partei. Bisher zählte sie nicht zu den führenden politischen Kräften des Landes, weshalb sie ihre Politik als Internationalismus ausgeben konnte. Nunmehr aber ist sie in der Regierung vertreten; sie ist die führende politische Partei im Unterland. Ihre deutsche Orientierung ist nicht mehr zu verbergen.

Die »Revolution« arbeitet für die österreichische Sache. »Für uns bedeutet das Abstimmungsergebnis einen Sieg der Demokratie und der sozialdemokratischen Errungenschaften über die reaktionäre Militärherrschaft des Staates SHS«, schreibt Florian Gröger[88].

Eine Flugschriftenreihe, *Sozialdemokratische Mitteilungen für das Abstimmungsgebiet,* führt der slowenischen Arbeiterschaft diese Gesichtspunkte vor Augen. »Die sozialpolitischen Errungenschaften der österreichischen Arbeiterschaft sind das Ziel der Arbeiter in der Zone A«, wirbt Gröger im *Arbeiterwillen* für Österreich[89].

Die Partei versucht, ihre vorgeblich übernationale Ideologie zu beweisen, indem sie diese sozialpolitischen Fragen in den Mittelpunkt ihrer Propaganda stellt. Aussagen zur nationalen Frage sind vor der Volksabstimmung eher selten. Zumeist wird die Relevanz der nationalen Frage für die Arbeiterbewegung geleugnet. »Wir beurteilen die Abstimmung weniger vom nationalen als vom politischen, sozialen und kulturellen, wirtschaftlichen und strategischen Standpunkt, und dementsprechend ergeben sich die Richtlinien für uns von selbst«, schreibt Gröger im *Arbeiterwillen* vom 5. September 1920.

Durch mehrere Jahrzehnte konnte die Partei diese Beurteilung der nationalen Frage als Phänomen rein bürgerlicher Klassenauseinandersetzungen glaubhaft vertreten; sie gab politische Selbstbestimmung als Alternative zu nationaler Selbstbestimmung aus, förderte in Wirklichkeit aber deutsche Interessen. Nun gerät sie in eine schwierige Lage, da sie sich offen bekennen muß. Da zeigt sich denn auch sehr rasch, daß die Partei weder über- noch international ist, sondern schlichtweg deutsch. Sie wirbt als fortschrittliche Partei für das Deutschtum.

Bezeichnend für diese ihre Absicht ist ihre Zustimmung zur Gründung eines Arbeiterbataillons am 9. Mai 1919. Da heißt es: »Wir leben in einer Republik, alle Vorrechte sind abgeschafft, die Wehrmacht ist eine Waffe des arbeitenden Volkes geworden, die sich nicht mehr schützend vor die gierigen Kapitalisten stellt, die Sozialisierung ist auf dem besten Wege, die Ziele der Arbeiterbewegung scheinen der Verwirklichung nahe. All die Freiheit, die wir uns errungen, all der geistige und wirtschaftliche Fortschritt ist abhängig von der Zugehörigkeit zu unserem republikanischen Schicksal unseres deutschen Bodens in Kärnten[90].«

Von hier war es nur mehr ein Schritt zu explizit deutschnationalen Positionen, die das slowenische Siedlungsgebiet mit dem Hinweis auf den niedrigen Grad der ethnischen Integration der Slowenen reklamierten. In der *Arbeiter-Zeitung* äußert Gröger tatsächlich diesen Gedankengang. Die Zone A, heißt es da, sei überwiegend von Slowenen bewohnt, doch fühlten sich die Kärntner Slowenen immer schon in erster Linie als Kärntner, und ihre Sprache und Kultur habe mit jener der übrigen Slowenen nichts gemeinsam; außerdem beherrschten die Slowenen in ihrer überwiegenden Mehrzahl die deutsche Sprache[91]. In mustergültiger Weise wird der Zusammenhang zwischen sozialdemokratischer Parteipolitik und kultureller Eindeutschung der Slowenen hergestellt, wenn es im *Arbeiterwillen* vom 5. September 1920 heißt: »Die Arbeiterschaft des Abstimmungsgebietes hat mehr als ein Menschenalter hindurch Schulter an Schulter mit der Arbeiterschaft des alten Österreich um ihre politische und wirtschaftliche Befreiung gekämpft.«

Die Kärntner Sozialdemokratie bleibt eine deutsche Partei. Was sie zur Volksabstimmung in die Waagschale wirft, ist ihre traditionelle Ideologie von Fortschritt und Deutschtum. Unter diesen Voraussetzungen war von den Versprechungen der Sozialdemokraten für die Slowenen auch nicht viel zu halten. Die Partei hat sich jedenfalls nicht ihrem Grundsatz gemäß verhalten, den sie in den *Sozialdemokratischen Mitteilungen* für das Abstimmungsgebiet vom 9. September 1920 verkündete: »Die Stärke der Kärntner Sozialdemokratischen Partei ist die beste Garantie für einen Minderheitenschutz der Kärntner Slowenen.« In *Abwehrkampf und Volksabstimmung* hat sie sich für eine Lösung der nationalen Frage nach deutschbürgerlichem Vorbild eingesetzt. Sie hat auch nach dem 10. Oktober 1920 keine alternative Slowenenpolitik versucht. Doch profitiert von dieser Art Kärntner Slowenenpolitik letztlich nur die deutschnationale Reaktion. Die Gewaltpolitik, die sich vorerst gegen die Slowenen richtet, richtet sich bald auch gegen die Sozialdemokraten. Aus einer Position der Schwäche heraus versucht die Partei schließlich, ihre Versprechungen des Jahres 1920 einzulösen.

III

Der »Abwehrkampf« endete mit der Besetzung Klagenfurts durch reguläres jugoslawisches Militär; seine Bedeutung für die Grenzziehung ist umstritten. Als Exerzierfeld reaktionärer Militärpolitik hat er sich hingegen bestens bewährt. In Kärnten wurde das Heer wie in anderen österreichischen Ländern demokratisiert. Die Soldaten erhielten von sozialdemokratischer Seite den Auftrag »zur Aufrechterhaltung der Ruhe und Ordnung und zum Schutz der neuen Freiheit[92]«. Die neugegründete Volkswehr ist der Garant der republikanischen Ordnung. Doch die Grenzkämpfe festigen den Einfluß der Berufsmilitärs. Nach dem 5. Dezember 1918 wird die politische Kontrolle des Heeres eingeschränkt[93]. Die innere Demokratie wird zusehends abgebaut. »Noch schlechter« [als in der Steiermark], berichtet Staatssekretär Deutsch im Parteivorstand der Sozialdemokratischen Arbeiterpartei vom 7. September 1919, »steht es eigentlich in Kärnten, wo wir unsere starke Stellung infolge der Interesselosigkeit der Genossen und des Krieges gegen die Jugoslawen verloren haben. Der Soldatenrat hat dort nichts mehr zu reden[94].«

Der Militarismus wirft seine Schatten auf das eben errungene demokratische System. Landesbefehlshaber Hülgerth kann von einer Position der Stärke aus die Demokratie für das Debakel im Abwehrkampf verantwortlich machen. Es entsteht eine neue Dolchstoßlegende: »Die Ursachen des schließlichen Mißerfolges lagen weder im Lande noch in den seitens des Landesbefehlshabers getroffenen militärischen Vorbereitungen, sondern waren lediglich *eine Folge der unhaltbaren innerpolitischen Verhältnisse Deutschösterreichs[95]*.«

Die Grenzkämpfe geben den überkommenen Gewalten die Handhabe zum Aufbau einer Gegenmacht. »Schaffung und Ausbau der Heimwehr-(Alarm-)Organisation« gehen auf Anfang Dezember 1918 zurück, als »die Bauern und ihre Knechte sowie einige Bürger zu den Gewehren griffen und sich den in ihrem Gebiet kämpfenden oder sichernden Volkswehrbaonen anschlossen, doch ohne sich direkt in ein Volkswehrbaon einreihen zu lassen[96]«. Die Sozialdemokraten bekämpfen die Alarmkompagnien als »Werkzeuge einer politischen, monarchistischen Partei[97]«; doch wird am 24. April auf ihrer Grundlage die Heimwehr geschaffen, die als Wehrorganisation bürgerlicher Kräfte die überkommene militärische Ordnung akzeptiert[98]. »Eine ähnliche Organisation würde auch in anderen Ländern bei Berücksichtigung ihrer Besonderheiten von Vorteil sein«, faßt Hülgerth seine Ratschläge für die neue Wehrorganisation der Republik zusammen[99].

Die Kräfte der Vergangenheit haben aufgeholt. Sie sammeln sich Ende 1920 im »Heimatschutzverband Kärnten«. Dessen vorgeblicher Zweck liegt »im Schutze und der Sicherung des ungeteilten Kärntens, im Schutze von Person, Arbeit und Eigentum und in der Aufrechterhaltung von Ruhe und Ordnung[100]«. Wie er sein Ziel, »die Versöhnung aller Volksklassen und den Wiederaufbau Kärntens [zu] fördern«, erreichen will[101], demonstriert er in seiner antislowenischen Politik. Es vergehen keine vier Wochen, und schon macht er sich durch Gewaltanwendung gegen Slowenen bemerkbar. Besonders hat er es auf den slowenischen Abgeordneten Poljanec abgesehen. So stört er am 12. November 1922 eine von der politischen Behörde bewilligte Versammlung in St. Margarethen im Rosental[102]. Die Szene wiederholt sich am 25. Februar 1923 in Windisch-Bleiberg ob Ferlach. Poljanec verwahrt sich gegen diese Methoden der politischen Gewalt: »In diesem terroristischen Auftreten des Heimatschutzverbandes erblicke ich eine grobe Verletzung der Versammlungs- und Redefreiheit«, klagt er im Landtag[103].

Die Sozialdemokratische Partei teilt bei aller Distanz zur slowenischen Parteipolitik diese Meinung. »Österreich ist nicht Italien, und diese Fascistenmethoden könnten bei uns Erfolge zeitigen, die von ›Ruhe und Ordnung‹ sehr weit entfernt sind«, kommentiert der *Arbeiterwille* den Orgesch-Aufmarsch in St. Margareten[104].

Mittlerweile stellt sich als vornehmlicher Zweck des Heimatschutzes der Kampf gegen die Arbeiterbewegung heraus. Er ist »die Gewaltorganisation der Reaktion[105]«. Die Sozialdemokratische Partei stellt nach den Wahlen vom 19. Juni 1921 als stimmstärkste Partei den Landeshauptmann. Um der Bewegung einigermaßen Herr zu werden, will die Landesregierung wenigstens reichsdeutsche Einflüsse ausschalten[106]. Inkonsequent bleibt die Landesregierung nur insofern, als sie am 16. April 1922 den Heimatschutzverband gegen den *Politischen und wirtschaftlichen Verein für die Slowenen in Kärnten* verteidigt. Sie will in folgender Erklärung vom 12. Februar 1921 keine Gewaltandrohung gegen die slowenische Minderheit erblicken: »Der Heimatschutzverband legt feierlichen Protest ein gegen jede Absicht, die deutsche Einheit des Landes anzutasten, und erklärt, mit allen seinen Kräften für ein ungeteiltes Kärnten einzutreten und für die Aufrechterhaltung von Gesetz und Ordnung auch in jenen Fällen zu sorgen, in denen sich die berufenen Behörden zu schwach erweisen[107].«

Als Selbstschutzorganisation in »nationalen« Fragen findet der Heimatschutzverband für gewöhnlich schon deshalb nicht die Billigung der Sozialdemokraten, weil er die Arbeiterschaft ausschließt. Die Kärntner Sozialdemokratie trifft die Unterstellung einer »vaterlandslosen Gesinnung« doppelt hart.

Die »Klassifizierung des Deutschtums« läßt der Abgeordnete Pomarolli im Landtag vom 6. April 1921 nicht gelten. »Deutsche sind wir alle«, führt er aus, »ich glaube nicht, daß ein Tscheche, auch ein verkappter nicht, unter uns ist, ich glaube, daß auch kein Italiener oder Ungar unter uns ist. Deutsche sind wir alle, nur betonen wir dies Deutschtum nicht fortwährend und brüllen es nicht jedem ins Gesicht[108].« Doch er richtet seine Frage an die falsche Adresse: »Sind die deutschen Sozialdemokraten nicht verläßlich, wenn es sich um das Volkstum handelt[109]?« Denn das chauvinistische Bürgertum schickt sich an, auf seinen ideellen Grundlagen der Jahre 1918/1920 antidemokratische Politik zu betreiben. Landesbefehlshaber Hülgerth – wenige Jahre später der Leiter des Kärntner Heimatschutzes – hatte schon 1919 gewußt: »Der selbständige Freiheitskampf des Landes wird, wie jener der Tiroler, in Hinkunft für die politische Orientierung Kärntens nicht ohne Einfluß bleiben[110].«

Das Versprechen wird eingelöst. Im Kampf gegen die Slowenen entstanden, bildet der Heimatschutz nunmehr den Kern antidemokratischer Politik. Es war vergeblich, wenn Pomarolli die Verdienste der Sozialdemokraten in »Abwehrkampf und Volksabstimmung« herausstreicht: »Ich erinnere an die Abstimmungszeit! Ist es nach all dem richtig, daß Sie uns als unverläßlich hinstellen[111]?« Die aggressiven Kräfte des Bürgertums brauchen eine antinationale Sozialdemokratie, deshalb rücken sie ihr Geschichtsbild zurecht. Der wirkliche Verlierer des Abwehrkampfes ist die Sozialdemokratie.

Die Sozialdemokraten haben nach der Volksabstimmung und als Träger politischer Gewalt der antislowenischen Politik keinen entscheidenden Widerstand entgegengesetzt. Landeshauptmann Gröger unterzeichnet am 11. Oktober 1921 einen Bericht der Landesregierung, der die minderheitenfeindliche Politik in Schule, Verwaltung und Kirchenorganisation billigt[112]. In die Zeit der sozialdemokratischen Vorherrschaft fällt auch die Auseinandersetzung um die slowenischen Privatschulen[113]. Man kann es auch als Wiedergutmachung interpretieren, wenn Landesrat Lora Jahre später bescheidene Zugeständnisse der Mehrheit an die Slowenen so kommentiert: »Die nationalen Slowenen hatten vor ein paar Jahren nicht einmal die Möglichkeit, eine Privatschule in Kärnten zu errichten[114].« Im Landtag allerdings üben die Sozialdemokraten – wie übrigens auch die Christlichsozialen – stets große Zurückhaltung. Mehrmals kritisieren Abgeordnete beider Parteien den deutschnationalen Stil der antislowenischen Öffentlichkeitspolitik[115].

Doch erst die Politik des Bürgerblocks aus dem Jahre 1923 bewirkt die entscheidende Wende in der sozialdemokratischen Slowenenpolitik. Die bürgerlichen Parteien haben die Wahlen des Jahres 1921 verloren. Für die Nationalrats- und Landtagswahlen vom 21. Oktober 1923 schließen der Landbund für Kärnten, die Christlichsoziale Volkspartei für Kärnten, die Großdeutsche Partei Kärnten und die Nationalsozialistische Partei Kärnten am 23. August 1923 ein Wahlübereinkommen[116]. Man will, »daß Kärnten ein ›weißes‹ Land bleibt«, wie Schumy in der zweiten Sitzung der Landesverbandsleitung der

Großdeutschen und des Landbundes am 26. April 1923 ausführt[117]. Die Anregung für die Einheitsliste ging vom Heimatschutzverband aus. Er bot sich an, »sehr energisch bei den Wahlen mitzuwirken, und würden die Kosten der Wahlen die Finanzleute des H. Sch. V. tragen«, wurde am 21. Juni 1923 in der Vollzugsausschußsitzung der Großdeutschen Volkspartei mitgeteilt[118]. Die Parteien nahmen an. Selbst die Nationalsozialisten, die sonst immer Wahlenthaltung übten, gingen von diesem Grundsatz ab, um nicht in Kärnten »als dem derzeit südlichsten Grenzland der deutschen Heimat neuerlich die Bildung einer roten Landesregierung mit ihren marxistischen Verwaltungskünsten« zu ermöglichen[119].

Die Wahl war denn auch von chauvinistischen Argumenten bestimmt. Das Wahlübereinkommen hielt »eine Rettung unserer Heimat nur [für] möglich, wenn der unheilvolle Einfluß der marxistischen Irrlehre und ihrer meist jüdischen Vertreter auf Gesetzgebung und Verwaltung weitgehend eingeschränkt wird[120]«. »Soll es künftig anders werden«, heißt es sinngemäß im Wahlaufruf der Einheitsfront, »dann müssen die Kärntner so wählen, daß es unmöglich wird, daß die Stelle des Landeshauptmannes wieder von einem Vertreter der internationalen und jüdischen Sozialdemokratie besetzt wird[121].«

Die Wahl fiel auf den 21. Oktober. Die »heimattreue« Wahlpropaganda assoziiert dazu den 10. Oktober 1920. Der Bürgerblock nimmt die Volksabstimmung für parteipolitische Zwecke in Beschlag:

> Kärntner und Kärntnerinnen!
> Ihr habt bereits einmal durch Eure Geschlossenheit einen stolzen Sieg errungen. Ihr habt vor nicht langer Zeit mit einem grünen Stimmzettel Euer Land von Euren äußeren Feinden befreit. Nun tut desgleichen und befreit das Land von Euren inneren Feinden mit dem weißen Stimmzettel, der die Aufschrift trägt: Kärntner Einheitsliste!
> Erst wenn auch in diesem Kampfe der Sieg errungen ist, dann habt Ihr Eure Heimat und Euer Volk von fremden Einflüssen befreit und Eurem Vaterland einen wertvollen Dienst erwiesen!
> Darum auf und heraus, Mann und Frau! In unserer Front wird und darf es keine Drückeberger geben[122]!

Der Heimatschutzverband kannte von jeher nur einen Feind: die »Minderheiten« nämlich, ob es die slowenische war oder aber die »marxistische Minderheit in Kärnten[123]«; kärntnertreue Gesinnung wurde beiden abgestritten. Die bürgerlichen Parteien übernahmen diese Ideologie. »Nunmehr kann die Entscheidung für alle heimattreuen Kärntner ... nicht mehr schwerfallen«, dekretiert die Einheitsliste[124]. Die Sozialdemokraten fanden sich unversehens – um die

Diktion der Zeit zu gebrauchen – in einer Schußlinie mit den Slowenen.

Antislowenische Politik war zum Exerzierfeld antidemokratischer Politik geworden. Die Sozialdemokraten zogen die richtigen Konsequenzen, indem sie nunmehr versuchten, die Minderheitenfrage den Versprechungen des Jahres 1920 gemäß zu regeln. Sie setzten sich auf Landtagsebene für die Schaffung entsprechender Ausschüsse ein, die die Gravamina der Slowenen zu prüfen und Lösungsvorschläge für die wichtigsten Fragen, insbesondere für die Schulen, ausarbeiten sollten[125]. Mit ihrer offensiven Taktik zwangen sie die bürgerlichen Parteien zum Mitmachen. Gemeinsam mit ihnen brachten sie am 14. Juli 1927 im Landtag einen Gesetzesentwurf ein, der die Slowenenfrage auf der Grundlage der Kulturautonomie lösen sollte[126]. Als »eine österreichische Lehre für die Welt« feiert der *Arbeiterwille* vom 15. Juli 1927 die Initiative. Es fehlt nicht der berechtigte Hinweis auf die eigenen Verdienste. »Der neue Gesetzesentwurf, den wir schon als Gesetz begrüßen können, da er von allen Parteien eingereicht wurde, verdankt nichtsdestoweniger sein Entstehen in erster Linie den Bemühungen und der Anregung der Sozialdemokraten[127]«.

Doch die slowenischen Abgeordneten hatten dem Entwurf nicht zugestimmt. Es war daher auch vorschnell geurteilt, daß »für die Sozialdemokratie die Lösung nationaler Fragen keine Schwierigkeiten hat[128]«. Das Gesetz basierte auf dem Konzept der kulturellen Selbstverwaltung der Minderheiten. Der Staat verzichtete partiell auf die Ausübung seiner Hoheitsrechte. So sollten die Slowenen das Recht auf eigenständige und eigenverantwortliche Regelung ihrer kulturellen Fragen erhalten; insbesondere wurde ihnen in Schulfragen eine gewisse Autonomie zugesichert. Die Kulturautonomie war nach dem Weltkrieg erstmals in Estland gesetzlich verankert worden[129]. Ihrer Konzeption nach lehnte sie sich an altösterreichische Vorbilder an, insbesondere an den mährischen Ausgleich von 1905. Vom mährischen bzw. estländischen Experiment übernahmen die Kärntner Sozialdemokraten das Bekenntnisprinzip, wonach die Autonomie ausschließlich für jene Slowenen Geltung haben sollte, die sich zu ihrer Nationalität bekannten.

Doch das Bekenntnisprinzip dient unter Kärntner Verhältnissen ausschließlich deutschnationalen Interessen, da es die in Abhängigkeit geratenen Slowenen für das Deutschtum in Anspruch nimmt, die »Nationalslowenen« aber ins politische Ghetto verweist. Die deutschnationale Intelligenz Kärntens sah in dem Gesetz daher folgerichtig keine Gefährdung ihrer Interessen. Sie rechnete mit 15.000 Slowenen, die die Kulturautonomie in Anspruch nehmen würden, und das bei immerhin noch 37.000 Slowenen aufgrund der Volkszählung von 1923[130]. Das Gesetz legalisierte geradezu die wirtschaftlich und politisch bedingte Spaltung der Minderheit. Die Slowenen aber forderten zu Recht eine Regelung ihrer nationalen Frage, die möglichst viele Slowenen miteinschloß. Sie wollten insbesondere den muttersprachlichen Unterricht ihrer Kinder garantiert wissen[131].

Was die Sozialdemokraten betrifft, so erkannten sie die Aufteilung der Slowenen in deutschfreundliche und nationale als Zwang. »Die deutschfreundlichen Slowenen hätten keine andere Legitimation für ihr Vorhandensein als die, daß sie sich in einem staatspolitischen Gegensatz zu den organisierten nationalen Slowenen fühlen, und in der steten Betonung dieses Gegensatzes liege eine Kränkung für die nationalen Slowenen, denn der Redner sei überzeugt, daß der Großteil dieser nationalen Slowenen gut kärntnerisch fühle und nur sein Volkstum pflegen wolle«, führt Landesrat Zeinitzer im Schulausschuß aus[132]. Doch mit seiner Forderung, endlich »die Wünsche der deutschfreundlichen Slowenen klarzulegen und zu sagen, ob sie Slowenen oder Deutsche sind«, kam er bei den deutschnationalen Vertretern dieser Gruppe nicht durch[133]. Schließlich fanden sich die Sozialdemokraten mit den bestehenden Verhältnissen ab und forderten auch ihrerseits ein kaum modifiziertes Bekenntnisprinzip.

An der Frage »objektives oder subjektives Prinzip« scheiterten die Verhandlungen. Die Verhandlungsbereitschaft der Sozialdemokraten ist allerdings nicht in Zweifel zu ziehen. Sie zeigte sich etwa darin, daß sie – wie übrigens auch die Christlichsozialen – bereit waren, die bestehende utraquistische Schule aufzulösen und für Kärnten in absehbarer Zeit nur noch deutsche und slowenische Schulen zu akzeptieren[134].

Letztlich war den Kärntner Sozialdemokraten bekannt, daß die Autonomie die nationalen Bedürfnisse der Kärntner Slowenen nicht befriedigen konnte. Sie glaubten selbst nicht an eine Änderung des deutsch-slowenischen Verhältnisses. So berichtete die Kärntner Landesleitung am 22. Juli 1926 an die Parteizentrale, das Gesetz hätte »eine große politische, aber keine wesentliche praktische Bedeutung[135]«. Damit war offenkundig gemeint, daß die Kulturautonomie die Rechte der Slowenen auf Minderheitenschutz garantieren sollte, damit jeder Anhaltspunkt für deutschnationale chauvinistische Politik entfiel. Das ganze Gesetzeswerk hatte nur im Sinne, die selbstverständlichsten Rechte der Slowenen zusammenzufassen; so sollte das durch Staatsgrundgesetz ohnehin gewährleistete Recht auf Errichtung von Privatschulen wiederholt oder die im Friedensvertrag von St.-Germain vorgesehene Unterstützung des Minderheitenschulwesens geregelt werden. Eine über den Status quo hinausreichende Perspektive fehlte durchaus. Die Sozialdemokraten waren von den manifesten Formen antislowenischer Politik erschreckt: die Kulturautonomie sollte den bestehenden Rechtszustand fixieren, damit die deutschnationale Gewaltpolitik ein Ende fand. Die strukturellen Formen antislowenischer Politik hingegen erkannte die Sozialdemokratie auch jetzt nicht. Damit bestand allerdings wenig Aussicht auf einen Abbau der bestehenden Spannungen. Denn nur eine großzügige Lösung der Slowenenfrage, die nationale Unterdrückung als Begleiterscheinung wirtschaftlicher Ausbeutung versteht und sich daher umfassend für die Stärkung der ethnischen Identität der Minderheit einsetzt, entzieht dem antidemokratischen Chauvinismus den Boden. Vorrangig blieb die Frage, ob die Partei selbst ihre deutsche Mission aufgab.

ANMERKUNGEN

1 Hans Mommsen, *Die Sozialdemokratie und die Nationalitätenfrage im habsburgischen Vielvölkerstaat.* Band 1, *Das Ringen um die supranationale Integration der zisleithanischen Arbeiterbewegung (1867–1907),* Wien 1963 (Veröffentlichungen der Arbeitsgemeinschaft für Geschichte der Arbeiterbewegung in Österreich, 1); Helmut Konrad, *Nationalismus und Internationalismus. Die österreichische Arbeiterbewegung vor dem Ersten Weltkrieg,* Wien 1976 (Ludwig-Boltzmann-Institut für Geschichte der Arbeiterbewegung. Materialien zur Arbeiterbewegung 4)
2 Richard Charmatz, *Österreichs innere Geschichte von 1848 bis 1907,* Band 1, *Die Vorherrschaft der Deutschen,* Leipzig 1900 (Aus Natur und Geisteswelt, 242)
3 Hanns Haas und Karl Stuhlpfarrer, *Österreich und seine Slowenen,* Wien 1977, *Die Ideologie des Antislowenismus,* S. 39–52; Hanns Haas, *Ansätze zu einer Strukturanalyse minderheitenfeindlicher Politik. Dargestellt am Problem der Kärntner Slowenen in den zwanziger Jahren,* in: Österreichische Zeitschrift für Politikwissenschaft 6 (1977), Seite 147–162
4 *Die Slovenen in Kärnten. Slovenci na Koroškem. Gegenwärtige Probleme der Kärntner Slowenen. Sodobni problemi koroških Slovencev.* Hrsg. v. Zentralverband slowenischer Organisationen in Kärnten – Zveza slovenskih organizacij na Koroškem – und dem Rat der Kärntner Slowenen – Narodni svet koroških Slovencev, Klagenfurt – Celovec o. J.; Martin Wutte, *Die sprachlichen Verhältnisse in Kärnten auf Grundlage der Volkszählung von 1900 und ihre Veränderungen im 19. Jahrhundert,* in: Carinthia I 96 (1906), Seite 153–193
5 Alfred Ogris, *Die Bürgerschaft in den mittelalterlichen Städten Kärntens bis zum Jahre 1335,* Klagenfurt 1974 (Das Kärntner Landesarchiv, 4)
6 Hanns Haas, *Genesis und Funktion minderheitenfeindlicher Politik in Kärnten,* in: Raumplanungsgespräch Südkärnten, Wien, Jänner–September 1977, hrsg. v. Slowenischen Wissenschaftlichen Institut, Wien 1977, Seite 17–44
7 Haas, Stuhlpfarrer, Seite 14–24

8 Wutte, *Die sprachlichen Verhältnisse,* Seite 174; siehe dazu Andreas Moritsch, *Das nationale Bewußtsein in Kärnten in der zweiten Hälfte des 19. Jhdts.,* in: Österreichische Osthefte 12 (1970), Seite 234–245
9 Zitiert nach Karl Stuhlpfarrer, *Von der Nationalität zur Minderheit,* in: *Die Republik* 12 (1976), Seite 14
10 Anton Falle, *Die politischen und wirtschaftlichen Voraussetzungen der Volksabstimmung in Kärnten,* in: *Abwehrkampf und Volksabstimmung in Kärnten 1918–1920.* Hrsg. im Auftrage der Sozialdemokratischen Landesparteileitung Kärntens von Hans Lagger, Klagenfurt 1930, Seite 13
11 Martin Wutte, *Kärntens Freiheitskampf,* 2. Aufl., Weimar 1943, Seite 38 (Kärntner Forschungen)
12 *Der Kärntner Schulskandal,* in: *Arbeiterwille* vom 14. Juli 1926
13 Siehe dazu Hanns Haas, *Der deutschnationale Bumerang. Slowenen und Sozialdemokraten in der Ersten Republik,* in: *Neues Forum* 23 (1976), Seite 11
14 Landesparteileitungssitzung der Großdeutschen Volkspartei vom 4. Juli 1925, Allgemeines Verwaltungsarchiv Wien, Großdeutsche Volkspartei, Landesparteileitung Kärnten: von 1200 Kärntner Lehrern waren etwa 200 »nicht völkisch«.
15 *Arbeiterwille* vom 22. Juli 1926
16 Brief an das Reichsparteisekretariat des Landbundes für Österreich vom 4. Jänner 1928, Nachlaß Vinzenz Schumy, Institut für Zeitgeschichte Wien, Archivabteilung
17 Martin Wutte an Schumy, 4. Jänner 1930, Nachlaß Schumy, IfZG Wien
18 Haas, Stuhlpfarrer, Seite 48–50
19 Ebenda Seite 51
20 Siehe Fußnote 16
21 Landesrat Matthias Zeinitzer am 9. Juli 1926 in der Schulkommission des Kärntner Landtages, in: Valentin Einspieler, *Verhandlungen über die der slowenischen Minderheit angebotene Kulturautonomie 1925–1930. Beitrag zur Geschichte der Slowenen in Kärnten,* Klagenfurt 1976, Seite 67
22 Erhebung des Staatsamtes des Inneren vom Juli 1919, Zl. 23.847, Allgemeines Verwaltungsarchiv, Inneres 19/3
23 Falle, *Volksabstimmung in Kärnten,* Seite 14
24 Verhandlungen des Gesamtparteitages der Sozialdemokratie in Österreich, abgehalten zu Brünn vom 24. bis 29. September 1899 im Arbeiterheim, Wien 1899, Seite 17–18
25 Protokoll über die Verhandlungen des Parteitages der deutschen sozialdemokratischen Arbeiterpartei in Österreich. Reichenberg 19. bis 24. September 1909, Wien 1909, Seite 70
26 Andreas Moritsch, *Sozial- und wirtschaftshistorische Entwicklung in Südkärnten,* in: *Raumplanungsgespräch Südkärnten,* Seite 11–16
27 Protokoll über die Verhandlungen des Parteitages der deutschen sozialdemokratischen Arbeiterpartei in Österreich. Wien, 30. September bis 4. Oktober 1907, Wien 1907, Seite 52.
28 Verhandlungen des Parteitages der deutschen Sozialdemokratie Österreichs, abgehalten zu Linz vom 29. Mai bis einschließlich 1. Juni 1898, Wien 1898, Seite 118–119
29 Aufschlußreich dafür die Antrittsrede Landeshauptmann Grögers im Kärntner Landtag, Verfassungsgebender Landtag von Kärnten, 3. Sitzung am 22. Juli 1921, Seite 22–23
30 *Arbeiterwille* vom 27. Mai 1914
31 Ebenda
32 Haas, Stuhlpfarrer Seite 17–18

33 *Volkswille* vom 22. Oktober 1903.
34 Ebenda
35 Fragebogen der Parteileitung aus dem Jahre 1908, Allgemeines Verwaltungsarchiv, S. D. Parteistellen, Kärnten/Wahl, Karton 140
36 Ebenda
37 *Sozialdemokratie und Deutschtum,* Wien 1907 *(Lichtstrahlen,* 13), in: Otto Bauer, *Werkausgabe,* Band 1, Wien 1975, Seite 34. Die Partei änderte an ihrer deutschen Organisationsstruktur nichts, auch wenn sie wußte: »In der vorwiegend slowenischen Bevölkerung dieses Gebietes [gemeint ist der Bezirk Hermagor] ist es sehr schwer möglich, einzudringen.« Protokoll der deutschen sozialdemokratischen Arbeiterpartei in Österreich. Abgehalten zu Salzburg vom 26. bis 29. September 1904, Wien 1904, Seite 51; zweisprachige Wahlpropaganda gab es hingegen, siehe dazu Haas, *Bumerang,* Seite 8
38 Nach Walter Lukan, *Franz Grafenauer, 1860–1935, Abgeordneter der Kärntner Slowenen,* Phil. Diss., Wien 1969, Seite 50
39 Ebenda, Seite 167
40 Ebenda, Seite 52–54
41 Karl Dinklage, *Geschichte der Kärntner Arbeiterschaft,* hrsg. v. d. Kammer für Arbeiter und Angestellte für Kärnten, Klagenfurt 1976, Seite 268 ff.
42 Janko Pleterski, *Narodna in politična zavest na Koroškem. Narodna zavest in politična orientacija prebivalstva Slovenske Koroške v letih 1848–1914,* Ljubljana 1965, Seite 380
43 Allg. Verw. Archiv, S. D. Parteistellen, Karton 180
44 *Freie Stimmen* vom 15. April 1911, zitiert nach Lukan, *Grafenauer,* Seite 155
45 Pleterski, *Narodna zavest,* S. 371–372
46 Siehe Fußnote 35
47 Siehe Fußnote 43
48 Siehe Fußnote 35
49 Reichsparteikonferenz vom 30. Mai 1918, Verein für Geschichte der Arbeiterbewegung, Wien, Archiv
50 *Arbeiterwille* vom 5. November 1918
51 Ebenda, 14. November 1918
52 Ebenda, 20. November 1918
53 Falle, *Volksabstimmung in Kärnten,* Seite 11
54 Siehe zur Haltung Sloweniens: Tamara Pečar, *Die Stellung der slowenischen Landesregierung zum Land Kärnten 1918–1920,* Phil. Diss., Wien 1973
55 21. November 1918
56 Wutte, *Freiheitskampf,* Seite 85–86
57 Ebenda, 91 ff.
58 Haas, Stuhlpfarrer, Seite 26–29
59 Auch von deutschnationaler Seite wird zugegeben, es »müßte das Geschichtsverständnis des Landes tief berühren«, wenn die tradierte Sicht von »Abwehrkampf und Volksabstimmung« sich als falsch erwiese. Wilhelm Neumann, *Abwehrkampf und Volksabstimmung in Kärnten 1918–1920. Legenden und Tatsachen,* Klagenfurt 1920, S. 14 (Das Kärntner Landesarchiv, 2); hier ist zu erwähnen, daß der Verfasser an einer mehrbändigen Geschichte der Kärntner Volksabstimmung arbeitet.
60 Pečar, *Slowenische Landesregierung,* Seite 325 f.
61 Wutte, *Freiheitskampf,* Seite 88
62 Ebenda, Seite 87
63 Allg. Verwaltungsarchiv, Staatsamt des Inneren, Zl. 1107/1918, 22 Kärnten

64　11. Dezember 1918
65　Wutte, *Freiheitskampf,* Seite 111–112
66　Ebenda, Seite 112–113
67　Zitiert bei Florian Gröger, *Abwehrkämpfe und Volksabstimmung,* in: *Abwehrkampf und Volksabstimmung,* siehe Fußnote 10, Seite 20
68　18. Jänner 1919, Haus-, Hof- und Staatsarchiv Wien, Neues Politisches Archiv, Fasz. 800, Fol. 218; siehe dazu Georg E. Schmid: *Die Coolidge-Mission in Österreich 1919.* Zur Österreichpolitik der USA während der Pariser Friedenskonferenz, in: *Mitteilungen des Österreichischen Staatsarchivs* 24 (1971), Seite 433–467
69　Schmid, *Österreichpolitik,* Seite 154
70　Pečar, *Slowenische Landesregierung,* Seite 329–330
71　Ebenda, Seite 327
72　Schriftliche Mitteilung Grögers an Bauer, 11. Jänner 1919, Zl. 483/Präs. 1919, HHStA, NPA, Präs. Fasz. 4, Fol. 840–843
73　Schreiben Grögers an Bauer, 13. Jänner 1919, Zl. 13/Präs. Fasz. 4, Fol. 845, 847
74　Brief vom 11. Jänner, siehe Fußnote 72
75　Ebenda
76　Ebenda
77　Wutte, *Freiheitskampf,* Seite 150
78　Pečar, *Slowenische Landesregierung,* Seite 424
79　Ebenda, Seite 431–432
80　Renner und Deutsch an den Landesbefehlshaber Kärnten und an die Landesregierung Kärnten, 6. Mai 1919, Allg. Verw. Archiv, 2147/St.K.
81　Stenographische Verhandlungsschrift, HHStA, NPA, Fasz. 4, Fol. 630–676
82　13. Mai 1919, Zl. I–3791/4. HHStA, NPA, Fasz. 804, Fol. 140
83　Ebenda
84　Bauer an Staatskanzlei, 16. Mai 1919, Allg. Verw. Archiv, 2322/Staatskanzlei
85　Ebenda
86　Falle, *Volksabstimmung in Kärnten,* Seite 15
87　Ebenda, Seite 8
88　In: *Abwehrkampf und Volksabstimmung,* siehe Fußnote 10, Seite 23
89　*Arbeiterwille* vom 5. September 1920
90　*Arbeiterwille* vom 9. Mai 1919
91　*Arbeiter-Zeitung* vom 9. Dezember 1918
92　*Arbeiterwille* vom 14. November 1918 über ein Gespräch zwischen sozialdemokratischen Abgeordneten und einer Soldatenversammlung
93　Wutte, *Freiheitskampf,* Seite 113
94　Protokolle im Verein für Geschichte der Arbeiterbewegung, Wien
95　Kriegsarchiv Wien, Amtsleitung 1919, Zl. 7342, Bericht vom 30. August 1919
96　Bericht, ebenda; Martin Wutte, dem der Bericht offensichtlich zur Verfügung stand, stilisierte ihn seiner Freikorpsideologie zuliebe um; da fehlt denn auch der Hinweis auf die Volkswehr; *Freiheitskampf,* Seite 130
97　Wutte, *Freiheitskampf,* Seite 131
98　Bericht, siehe Fußnote 95
99　Ebenda
100　Genehmigung seitens der Kärntner Landesregierung am 30. Dezember 1920 mit Zl. 12438/Präs., zitiert bei Zl. 2285 der Kärntner Landesregierung vom 16. April 1922: Bericht an Innenministerium. Allg. Verw. Archiv Zl. 25249/22. 22 Kärnten
101　Ebenda
102　Verfassungsgebender Landtag von Kärnten, 28. Sitzung am 29. Dezember 1921, S. 1063

103 Ebenda, 31. Sitzung vom 22. März 1923, Seite 1214
104 *Arbeiterwille* vom 24. November 1922, Wochenbeilage
105 Falle, *Volksabstimmung in Kärnten,* Seite 10
106 Am 21. Juli 1922 verweist sie einen reichsdeutschen Emissär des Landes, weil er versucht hatte, »die Ortsgruppen des Heimatschutzverbandes im Sinne der Orgeschformationen in Bayern auszugestalten, wobei er zum Kampfe gegen die organisierte Arbeiterschaft aufforderte«; Bericht vom 16. Oktober 1922, Zl. 60524–22, Allg. Verw. Archiv, Inneres, 20 Kärnten
107 Bericht vom 16. April 1922, BMfIuU, 22 Kärnten
108 *Arbeiterwille* vom 12. April 1921
109 Ebenda
110 Bericht, siehe Fußnote 95
111 Siehe Fußnote 108
112 Zl. 5428/1 B/1921, HHStA, NPA, Fasz. 773
113 Haas, Stuhlpfarrer, Seite 36–37
114 Einspieler, *Kulturautonomie,* Seite 133, Sitzung des Schulausschusses vom 7. Mai 1929
115 Landtagssitzungen vom 1. Juni 1922, Verfassungsgebender Landtag von Kärnten, Seite 899, vom 6. Juli 1921, Seite 16, 19. Dezember 1922, Seite 1063
116 Nachlaß Schumy, IfZG Wien; siehe dazu Ursula Benedikt, *Vinzenz Schumy 1878–1962. Eine politische Biographie,* Phil. Diss., Wien 1966, Seite 60
117 Nachlaß Schumy, IfZG Wien
118 Allg. Verw. Archiv, Großdeutsche Volkspartei, Landesparteileitung Kärnten; s. dazu *Arbeiterwille* vom 29. November 1923
119 Nachlaß Schumy, IfZG Wien
120 Ebenda
121 Ebenda
122 Wahlaufruf, ebenda
123 *Arbeiterwille* vom 22. November 1922
124 Wahlaufruf, IfZG Wien
125 Haas, Stuhlpfarrer, S. 53–66
126 Ebenda, Seite 56
127 *Arbeiterwille* vom 15. Juli 1927
128 Ebenda
129 Die umfangreiche Literatur siehe bei Haas, Stuhlpfarrer, Seite 126
130 Stellungnahme Martin Wuttes in der 2. Vollzugsausschußsitzung der Großdeutschen Volkspartei vom 22. April 1928, Allg. Verw. Archiv, Großdeutsche Volkspartei, Landesparteileitung Kärnten
131 Haas, Stuhlpfarrer, Seite 58–59
132 9. Juli 1926, Einspieler, *Kulturautonomie,* Seite 67
133 Ebenda
134 Ebenda, S. 128
135 Allg. Verw. Archiv, S. D. Parteistellen, Faszikel 104, Slowenen

Gerhard Oberkofler

Die Auflösung des Republikanischen Schutzbundes (1933)

Eine Initiative der Tiroler Bürokratie

Norbert Leser bedauert es in seiner Besprechung meiner Studie über die Vorgeschichte des Februar 1934 mit vollem Recht, daß der wichtige Tiroler Aspekt dieser schicksalsschweren Ereignisse in der Literatur vielfach übersehen wird[1]. Ich benütze deshalb die Gelegenheit, die die Festschrift des Ludwig-Boltzmann-Instituts für Geschichte der Arbeiterbewegung bietet, um nochmals auf die Rolle der Bürokratie in Tirol bei der Steuerung Österreichs in die faschistische Diktatur hinzuweisen[2].

Die Landesorganisation Tirol des Republikanischen Schutzbundes war von Simon Abram, den Redakteuren der *Sozialistischen Volkszeitung* August Wagner und Joseph Prahensky, den Innsbrucker Gemeinderäten Michael Viertler und Ernst Müller und von einigen wenigen fortschrittlichen Offizieren, vor allem von Ludwig Passamani, der eine Zeitlang auch sozialistischer Landtagsabgeordneter war, gegründet und am 12. April 1923 den Landesbehörden ordnungsgemäß angemeldet worden[3]. Bis 1927 waren in folgenden Orten Tirols Schutzbundgruppen aktiviert worden: Innsbruck (1923), Lienz (1924), Hall (1924), Kufstein (1924), Kirchbichl (1924), Wörgl (1924), Häring (1924), Innsbruck/Land (1927), Schönberg/Patsch (1927), Hötting (1927), Mühlau (1927), Jenbach (1927), Kitzbühel (1927), Schwaz (1927), Rattenberg (1927) und Landeck (1927). Der Gesamtstand der eingeschriebenen Mitglieder belief sich im Jahr 1927 auf ungefähr 2000 Mann.

Der Republikanische Schutzbund sollte eine Kampforganisation der Arbeiterbewegung zur Verteidigung und Erweiterung der in der revolutionären Situation nach 1918 errungenen sozialen Rechte und demokratischen Freiheiten sein. »Er will«, so formulierte Julius Deutsch in der *Volkszeitung,* »die Arbeiterklasse vor den Gewalttaten des Monarchismus und des Faschismus bewahren, er will die Demokratie verteidigen und die Republik beschützen[4].« Dem Schutzbund fehlte freilich wegen der reformistischen Politik der Sozialdemokratischen Partei die revolutionäre Perspektive, so wie sie beispielsweise Theodor

Körner bei der Konzeption einer »Roten Armee« vorgeschwebt war[5].

Von Anfang an galt die Aufmerksamkeit der herrschenden Kreise der Gesellschaft und ihres Machtapparates der Tätigkeit des Schutzbundes. Den Bezirkshauptmannschaften, die ein wichtiger Teil der örtlichen Bürokratie sind, fiel dabei eine besondere Aufgabe zu. Ich habe darauf schon in einer separaten Abhandlung hingewiesen[6], weil hier die Funktion des Staatsapparates in der bürgerlichen Demokratie deutlich sichtbar wird. Letztlich ist es ja die Bürokratie, sind es die Beamten, die Polizei und das Militär, auf die die Bourgeoisie bei der Auseinandersetzung mit den Werktätigen und bei der Durchsetzung ihrer politischen Ziele baut. Die Bezirkshauptmannschaften waren seit 1923 angewiesen, die Mitglieder des Schutzbundes scharf zu überwachen und Vorbereitungen für deren Verhaftung bei einer eventuellen Krise zu treffen.

Die Juliereignisse des Jahres 1927 waren eine Niederlage der österreichischen Arbeiterbewegung, doch hatte sich auch eine Verschärfung der Widersprüche angekündigt. In Tirol war der von der Sozialdemokratischen Partei ausgerufene Verkehrsstreik rasch zusammengebrochen. Die Heimatwehr, unterstützt von den christlichen Gewerkschaften und der nazistischen deutschen Verkehrsgewerkschaft, besetzte die Bahnhöfe und organisierte mit ihrem gut ausgerüsteten Technischen Notdienst einen provisorischen Zugsverkehr. Die Streikleitung der Sozialdemokratischen Partei hatte die Streikenden angehalten, der Gewalt widerstandslos zu weichen. Am 18. Juli 1927 ließ der Parteivorstand Tirols den allgemeinen Verkehrsstreik für Tirol bedingungslos abbrechen. Tirol habe gezeigt, so jubelte die Reaktion, wie dem »Streikwahnsinn« künftig entgegengetreten werden könne.

»Und noch eine sehr erfreuliche Lehre« verkündete der einflußreiche Tiroler Prälat Ämilian Schöpfer am 23. Juli 1927 in der vielgelesenen Zeitschrift *Das Neue Reich:*

> Die sozialdemokratischen Führer haben die Schlacht verloren. Sie haben nach unten verloren, indem sie von den eigenen Parteigenossen zur Seite geschoben und verlassen wurden; sie haben sie nach oben gegen die Regierung verloren, weil die Ordnung so bald wieder hergestellt und die Streikparole, mit der man wenigstens eine radikale Geste machen wollte, bedingungslos zurückgenommen wurde; sie haben die Schlacht zur Seite verloren, indem in Tirol die Landesregierung mit Hilfe der Gendarmerie, des Militärs und der Heimatwehren die Wiederaufnahme von Verkehr und Dienst durchgesetzt hat – und diese Überwindung des Streiks »drohte« auch auf die Nachbarländer überzugreifen.

Während der Streikaktion des Jahres 1927 war deutlich geworden, daß der Republikanische Schutzbund die einzige Organisation der

Sozialdemokratischen Partei war, die bereit und fähig schien, entschlossen und diszipliniert für die Erhaltung der errungenen demokratischen Rechte zu kämpfen. Deshalb erging schon am 5. September 1927 aus dem Büro des seit 1921 amtierenden Tiroler Landeshauptmanns Franz Stumpf folgendes Schreiben an die Bezirkshauptmannschaften:

> Wenn ich damals den Republikanischen Schutzbund als ein Instrument des Klassenkampfes bezeichnet habe, so haben die Ereignisse des 15. und 16. Juli 1927 dem nicht nur recht gegeben, sondern auch mit aller Klarheit bewiesen, daß die erwähnte Organisation nach ihrer ganzen Einstellung dem Staate als solchen und der gesetzlichen Ordnung mit erbitterter Feindschaft gegenüber steht. Es ist daher eine ganz besondere Pflicht der Behörde, dieser Einrichtung mit aller Wachsamkeit gegenüber zu stehen und ihr gegenüber alle Handhaben des Gesetzes restlos zur Anwendung zu bringen. Ich verweise nur darauf, daß der Republikanische Schutzbund die Vernichtung des Justizpalastes in Wien nicht nur nicht verhindert hat, sondern daß seine Funktionäre und Mitglieder direkt zu diesem Verbrechen aufforderten und sehr viele Mitglieder sich auch an den Beschimpfungen und Mißhandlungen der Sicherheitsbeamten und den Zerstörungsakten beteiligten. Der militärische Leiter des Republikanischen Schutzbundes, General Körner, hatte sogar die Verwegenheit, die Entwaffnung der staatlichen Sicherheitsorgane zu verlangen. Der Geist, der in der Zentrale herrscht, muß aber ohne weiteres auch als bei allen Ablegern vorhanden angenommen werden. Ich muß daher die Herren Bezirkshauptmänner auffordern, dem Republikanischen Schutzbunde die volle Aufmerksamkeit mehr als bisher und zwar auch persönlich zuzuwenden[7].

Wenige Monate später wurde den Bezirkshauptmännern die Liste der gegebenenfalls zu verhaftenden Mitglieder des Schutzbundes eingeschärft. Dieses für die Staatsmaschinerie so kennzeichnende Verzeichnis, das auch der Heimatwehr übermittelt wurde, ist mit seinem Begleitschreiben als Beilage Nr. 1 hier abgedruckt[8].

So waren in Tirol alle Vorbereitungen zur Aufhebung des Republikanischen Schutzbundes schon getroffen, als am 4. März 1933 Bundeskanzler Engelbert Dollfuß das Parlament ausschaltete und, gestützt auf das längst überholte Kriegswirtschaftliche Ermächtigungsgesetz vom Jahre 1917, diktatorisch zu regieren begann. Da in den Organisationen der Arbeiterklasse die Bewegung zur Rettung der parlamentarischen Demokratie immer kräftiger wurde, nahmen die Staatsorgane wie von selbst die ihnen von der Bourgeoisie zugedachte Aufgabe wahr und nutzten die ohnehin auf die Unterdrückung »innerer Unruhen« gerichtete Gesetzgebung voll. Zuerst wurden alle politischen Kundgebungen, Versammlungen und Aufzüge verboten, vor allem aber mußte

der Republikanische Schutzbund, von dem die meiste Gefahr drohte, niedergehalten werden. Dabei ging die Initiative von Tirol aus[9].
Am 13. März 1933 richtete Landesamtsdirektor Dr. Anton Bundsmann an den Staatssekretär für die Angelegenheiten des Sicherheitswesens in der Regierung Dollfuß, Emil Fey, nachstehendes Schreiben[10]:

> Hochverehrter Herr Staatssekretär! Da eine telefonische Anfrage nicht gut möglich ist, erlaube ich mir folgendes mit der Bitte vorzutragen, mir vielleicht gleich fernmündlich mitteilen zu wollen, wie sich Herr Staatssekretär hiezu verhalten.
> Der Republikanische Schutzbund verhält sich bei uns in seiner äußeren Erscheinung zweifellos immer vorlauter. Die letzte Woche hat er sich insoferne behördliche Funktionen angemaßt, als er bei seinen Plakaten Posten aufstellt, heute sind solche beim Gewerkschaftshaus mit Bajonett aufgezogen worden udgl. Wir haben nun hier den Gedanken, daß diese Zustände an sich nicht geduldet werden können und daß andererseits gerade gegen die braune Seite hin angestrebt werden muß, ihr den Wind durch Maßnahmen gegen links aus den Segeln zu nehmen. Der Einfluß von Deutschland herein läßt in der bürgerlichen Bevölkerung den Wunsch immer dringlicher werden, daß nach links durchgreifende Maßnahmen getroffen werden. Ich habe nun heute mit der Landesregierung gesprochen und ihr vorgeschlagen, den Tiroler Landesverein des Republikanischen Schutzbundes wegen seines ungesetzlichen Auftretens, insbesondere unter Anwendung des § 20 Vereinsgesetz, aufzulösen und bei diesem Anlasse die bereits besprochene Durchsuchung vorzunehmen. Unsere Kräfte sind hiezu stark genug. Die Gegenseite ist zweifellos stark zermürbt. Bei der gestrigen Landeskonferenz der Sozialdemokratischen Partei hat Ellenbogen mitgeteilt, daß man in Wien damit rechne, daß am Mittwoch die Parteifunktionäre verhaftet werden. Ich glaube, daß ein solcher Schritt von Tirol aus die Panik der linken Seite in ganz Österreich nur steigern würde.
> Ich würde nun bitten, mich ganz kurz wissen zu lassen, ob eine solche Maßnahme, die wir am Mittwoch oder spätestens Donnerstag steigen lassen würden, vom Standpunkte der Gesamtpolitik einem Bedenken begegnen würde. Selbstverständlich würde die Veranlassung ohne jede Berufung auf die Bundesregierung erfolgen.
> Ich bitte mir diese Anfrage nicht zu verübeln, aber ich lege Wert darauf, nichts zu unternehmen, was sich auf die gesamtstaatliche Lage ungünstig auswirken würde.
> Genehmigen, sehr verehrter Herr Staatssekretär, die Versicherung meiner vorzüglichen Hochachtung [Bundsmann].

Staatssekretär Fey gab grünes Licht. Am 15. März 1933 war es dann so weit[11]: Um 3.15 Uhr ruft Generalmajor i. R. Walter Kirsch in der Wohnung von Landesamtsdirektor Bundsmann (Straße der Sudetendeutschen Nr. 17; heute Sillgasse) an und macht Mitteilung, daß von der Bundesführung der Heimatwehren die Weisung ergangen sei, die Heimatwehren zu alarmieren. Wenig später trafen sich in der Wohnung von Bundsmann Generalmajor Kirsch, Sieghard Graf Enzenberg und Oberstleutnant i. R. Othmar Reiter. Eine telefonische Verbindung mit der Generaldirektion für öffentliche Sicherheit in Wien kam zuerst nicht zustande, etwas später wurde aber von Wien mitgeteilt, daß dort alles ruhig sei. Bundsmann berief eine Konferenz in sein Büro (Landhaus[12]) ein, an der außer den genannten Herren Landeshauptmannstellvertreter Dr. Franz Tragseil (Landeshauptmann Stumpf war offenbar krank oder außer Landes), die Landesräte Dr. Oskar Hohenbruck und Dr. Hans Gamper sowie der Landesgendarmeriekommandant und die Herren des Büros des Landeshauptmannes teilnahmen. Um 4.45 Uhr ruft Bundsmann bei Staatssekretär Fey mit der Frage an, ob die Bundesregierung mit der Durchsuchung und Aushebung der Lokale des Republikanischen Schutzbundes in Tirol einverstanden sei. Fey teilt mit, daß die Bundesregierung wegen sozialdemokratischer Aktivitäten die Alarmbereitschaft angeordnet habe, er sich wegen weiterer Schritte aber noch Mitteilung vorbehalte.

Inzwischen hatte Bundsmann dem Bundespolizeikommissariat den Auftrag erteilt, in Innsbruck Hausdurchsuchungen bei jenen Mitgliedern des Schutzbundes vorzunehmen, wo Waffen vermutet würden. Bundesheer und Gendarmerie wurden in Ausrückungsbereitschaft gestellt. Um 8.15 Uhr desselben Tages wurde vom Präsidium des Amtes der Tiroler Landesregierung an alle Bezirkshauptmannschaften der telefonische Runderlaß gegeben, sich mit den Führern der örtlichen Heimatwehren in Verbindung zu setzen. Die Landesregierung habe das Angebot der Heimatwehr, ihre in Bereitschaft stehenden Organisationen der Landesregierung zur Verfügung zu stellen, angenommen.

Am Abend des 15. März erfolgten unter schwerbewaffneter Militär- und Gendarmerieassistenz Hausdurchsuchungen im Gewerkschaftshaus der Sozialdemokratischen Partei und im Parteiheim (Hotel Sonne) in Innsbruck. Dort wurden fünfundzwanzig sehr gut erhaltene Gewehrverschläge, die aber leer waren, aufgefunden. Während der fünf Stunden dauernden Amtshandlung wurden die anwesenden Mitglieder des Schutzbundes (etwa 25 Mann) in einem Lokal des Parterres versammelt und von Gendarmen bewacht. Eine uniformierte Jugendgruppe konnte nach durchgeführter Leibesvisitation »zwecks Heimschaffung außerhalb des Kordons (geführt werden)[13]«. Die Wohnungen der Innsbrucker Schutzbundführer (Gustav Kuprian, Hans Burtscher, Anton Pallestrang, Remo Rosaro, Anton Cerny, Ferdinand

Kaiser, Wendelin Schöpf, Martin Brunnhuber, Alois Hein, Karl Spielmann, Peter Stenico, Johann Greber, Franz Bucher, Josef Minatti, Josef Kaufmann, Josef Oppitz, Josef Krabichler, Max Hupfauf, Oskar Hanel, Viktor Tomasi, Sebastian Hupfauf, Josef Menzel und Josef Kabas) wurden ebenfalls planmäßig durchsucht. Dabei konnten insgesamt elf Mannlichergewehre und verschiedene Munition beschlagnahmt werden. Schwerer wog allerdings die Beschlagnahmung von Korrespondenzen, Flugschriften und anderem Schriftenmaterial.

Auch in den Rayons der Bezirkshauptmannschaften fanden in den Wohnungen führender Schutzbündler Hausdurchsuchungen statt. Wenngleich alle diese Aktionen zunächst dem Republikanischen Schutzbund galten, wurden bei dieser Gelegenheit doch auch die Mitglieder der Kommunistischen Partei überprüft.

Das bei den Hausdurchsuchungen aufgefundene Material gab den Juristen der Landesregierung eine leichte Handhabe, die Landesorganisation Tirol des Republikanischen Schutzbundes am 16. März bei Wahrung des geltenden Rechtssystems legal aufzulösen. Insbesondere das beim Schutzbundführer Gustav Kuprian aufgefundene Konzept eines Aufrufes an die Angehörigen des Bundesheeres und der Exekutive wurde als Vorbereitung zum Hochverrat und zum Aufstand gewertet. Auflösungsbescheid und Konzept des Aufrufes sind in der Beilage Nr. 2 (2.1 und 2.2) abgedruckt[14].

Der Erfolg der Tiroler Reaktion hat Dollfuß auf seinen Weg in die offene Diktatur zweifellos bestärkt. Dies um so mehr, als der sozialdemokratische Parteivorstand in Tirol sich mit der Auflösung des Schutzbundes ohne weiteres abfand, sieht man von einer am 22. März im Landtag eingebrachten Interpellation ab, der von der Mehrheit des Landtages allerdings die Dringlichkeit abgesprochen wurde. Vom Verhalten des Parteivorstandes in Tirol konnte die Regierung Dollfuß Rückschlüsse auf jenes des Parteivorstandes in Wien ziehen. Die österreichische Sozialdemokratie blieb dabei, abzuwarten, ob sich die Situation wieder ändern werden. Am 31. März wurde die Auflösung des Republikanischen Schutzbundes für das gesamte Bundesgebiet verfügt.

In unseren Tagen hat der Staatsapparat nichts an Bedeutung verloren. Ich denke dabei nicht nur an die Entwicklung in der Bundesrepublik Deutschland. Das Wesen der Demokratie kann eben nicht danach beurteilt werden, wieviel kritisierende Journalisten es in einem Lande gibt, sondern danach, in wessen Händen die politische Macht liegt. Deshalb sind, will man die Lehren aus den geschichtlichen Erfahrungen ziehen, konkrete Maßnahmen und Vorkehrungen zur Demokratisierung des gesamten Staatsapparates notwendig.

ANMERKUNGEN

1 Norbert Leser, *Neue Literatur zum 12. Februar 1934.* In: *Zeitgeschichte,* 2. Jg., 1975, 156 ff.; hier 157 f.: G. Oberkofler, *Februar 1934. Die historische Entwicklung am Beispiel Tirols.* Innsbruck 1974. Vgl. dazu auch die Besprechung von Arnold Reisberg, in: *Zeitschrift f. Geschichtswissenschaft,* XXIII. Jg., 1975, 598. Reisberg ist der Verfasser des Standardwerkes zum Gegenstand *(Februar 1934. Hintergründe und Folgen.* Wien 1974).
2 Über die Funktion des Staates und seiner Organe im allgemeinen vgl. etwa *Marxistisch-leninistische allgemeine Theorie des Staates und des Rechts.* Band 2: *Historische Typen des Staates und des Rechts.* Berlin 1974
3 Den folgenden Notizen liegen die Präsidialakten der Tiroler Landesregierung über die Landesorganisation Tirol des Republikanischen Schutzbundes zugrunde. Landesarchiv Tirol, Präsidialakten Jg. 1933, Nr. 464 XII 57 (Sammelakt)
4 *Volkszeitung* vom 21. Juni 1924
5 Vgl. dazu Ilona Duczynska-Polanyi, *Theodor Körner und der 12. Februar 1934.* In: *Weg und Ziel,* 30, 1973, 61 ff. und Eric C. Kollmann, *Theodor Körner. Militär und Politik.* Wien 1973.
6 G. Oberkofler, *Einige Dokumente über die Funktion der Beamtenschaft beim Aufbau des Austrofaschismus.* In: *Zeitgeschichte,* 2. Jg., 1975, 216 ff.
7 Landesarchiv Tirol, Präsidialakten Jg. 1933, Nr. 464 XII 57 (Sammelakt Republikanischer Schutzbund)
8 Die Mitglieder der Ortsgruppe Innsbruck-Stadt sind darin nicht verzeichnet, da das Schreiben an die Bezirkshauptmannschaften von Tirol hinausging. Der Schriftwechsel der Landesregierung mit dem Bürgermeister der Stadt Innsbruck stand mir nicht zur Verfügung. Siehe aber oben.
9 Für das Folgende wurden neben den Präsidialakten über den Schutzbund (wie A. 3) auch jene über die Krise des Jahres 1933 benützt. Landesarchiv Tirol, Präsidialakten 1933, Nr. 896 II 7 (Sammelakt Parlamentskrise 1933). Selbst in der vorzüglichen Arbeit von Peter Huemer, *Sektionschef Robert Hecht und die Zerstörung der Demokratie in Österreich,* Wien 1975, wird bloß in einer Anmerkung (Seite 177) darauf verwiesen, daß die Aufhebung des Republikanischen Schutzbundes von Tirol ausgegangen ist.
10 Das obgenannte Schreiben stand mir nur als nicht unterschriebener Durchschlag zur Verfügung. Als Absender steht freilich Dr. Bundsmann außer allem Zweifel.
11 Aktennotizen von Bundsmann. Wie A. 3 und 9
12 Auch im Büro des Landhauses war alles vorbereitet. So war die Notbeleuchtung im Landhaus für den Fall eines Generalstreiks gesichert, indem ein eigenes Aggregat angeschafft worden war. Bei Einschaltung der Notbeleuchtung durften in den Räumen des Landeshauptmannes je eine Birne vom Luster im Vor- und im Empfangszimmer und zwei Birnen im Arbeitszimmer eingeschaltet werden. Dieselbe Regelung galt für die Räume des Landesamtsdirektors (Vorzimmer, Zimmer Dr. Rudolf Mangutsch und Arbeitszimmer des Landesamtsdirektors) sowie für die Räume des Präsidiums (Vorzimmer mit nur einer Glühbirne, Zimmer des Landesamtsdirektor-Stellvertreters Hofrat Dr. Richard Fischer und von Oberregierungsrat Dr. Egon Schreiber je zwei Glühbirnen). Mit der Notbeleuchtung ausgestattet (je eine Glühbirne) waren ferner die Telefonzentrale, das Funkzimmer und der Maschinenraum des Landhauses.
13 Im schriftlichen Bericht des die Hausdurchsuchung leitenden Beamten Kurt Sauer (Landesregierungsrat) (o. D., beim Präsidium eingelangt am 17. März 1933) heißt es: »Um 19 Uhr 30 Min. erhielt ich von dem Herrn Landesamtsdirektor

Dr. Bundsmann den Auftrag, das Gewerkschaftshaus und das Hotel Sonne nach Waffen zu durchsuchen. Militär- und Gendarmerieassistenzen waren bereits vor Erteilung des Auftrages an mich sicher gestellt worden. Um 19 Uhr 45 Min. traf ich in der Klosterkaserne ein, worauf ich nach kurzer Rücksprache mit dem Kommandanten der bereitgestellten Militärassistenz, Major Gustav Bierbaum, mit dieser Assistenz auf den Bahnhofplatz abging, wo wir 5 Minuten vor 20 Uhr einlangten. Das Bundesheer besetzte sämtliche Ausgänge des Hotels Sonne und des Gewerkschaftshauses und sperrte die Zugangsstraßen für jeden Verkehr. Beim Vereinigungsbrunnen wurde ein schweres Maschinengewehr in Stellung gebracht. Knapp nach 20 Uhr rückte die Gendarmerieassistenz unter Kommando des Gendarmerieoberinspektors Franz Gansinger an und nahm in der Salurner Straße vor dem Gewerkschaftshaus in entwickelter Linie Aufstellung. Ich verfügte sodann die Besetzung sämtlicher Gänge und Telefonstellen des Gewerkschaftshauses und der Verbindungstüren zum Gebäude des Hotel Sonne. Sodann wurde die Hausdurchsuchung systematisch durchgeführt.« Landesarchiv Tirol, Präsidialakten Jg. 1933, Nr. 896 II 7.

14 Beide Schriftstücke habe ich auch meiner Februarbroschüre (siehe Anm. 1) beigegeben. Da dieses Buch aber vergriffen ist und an eine Neuauflage zur Zeit nicht gedacht ist, ist der Wiederabdruck hier, zumal in diesem Zusammenhang, gerechtfertigt.

BEILAGE 1

1928 Februar 9. Rundschreiben des Landeshauptmannes von Tirol Franz Stumpf an die Herren Bezirkshauptmänner von Tirol betreffend Republikanischen Schutzbund.
Original. Vermerk »Reingeschrieben« und »Abgefertigt«. Präsidium des Amtes der Landesregierung von Tirol, G.Zl. 447/70 – 1928. Landesarchiv Tirol, Präsidialakten Jg. 1933, Nr.464 XII 57 (Sammelakt Republikanischer Schutzbund).

An die Herren Bezirkshauptmänner von Tirol. Eigene Adresse zu eigenen Handen. Der den Herren Bezirkshauptmännern am 21. November 1922 unter Zl. 2205/11 ausschließlich zu eigenen Handen mit dem Auftrage, daß er nicht der kanzleimäßigen Behandlung zuzuführen sei, zugegangene Erlaß behandelt die Sicherstellung jener Personen, welche für den Fall von Aufruhrbewegungen gefährlich sein können. Die Verzeichnisse dieser Personen sind in der Zwischenzeit veraltet. Mittlerweile hat sich anstelle der damals vielfach ohne organischen Zusammenhang stehenden unruhigen Elemente eine feste Organisation gebildet in der Gestalt des »Republikanischen Schutzbundes«, der, wie im h. o. Erlasse vom 5. September 1927 Zl. 2022/47 prs aufgeführt wurde, entschieden gegen das Staatsgefüge gerichtete Tendenzen verfolgt. Es heißt daher den Absichten und Unternehmungen dieses Vereines alles Augenmerk zuzuwenden, um zu verhüten, daß im Falle von Verwicklungen nicht wieder gut zu machender Schaden für die Allgemeinheit entsteht.

Die Straftaten, die in Betracht kommen, sind §§ 58 lit. a und b, 68, 76, 81, 85, 89, 279, 300, 302, 305 Str. Ges. in Verbindung mit § 8 Str. Ges.

Es ist nun hiebei gemäß §§ 175 und 177 Str. Pr. Ordng. die Notwendigkeit im Auge zu behalten, durch eine rechtzeitige Verwahrung gefährlicher Personen die Verübung der angedeuteten, vorbereiteten Straftaten zu verhindern. Zu diesem Zwecke ist erforderlich, daß man die Personen, bei denen man sich solcher Handlungen gewärtig sein muß, schon von vornherein in Vormerkung nimmt. Wenn nun bedrohliche Zustände eintreten, dann müssen sie in strengste Beobachtung genommen werden, zu welchem Zwecke sich die Bezirkshauptmannschaft auch der ihr zur Verfügung stehenden notpolizeilichen Organe bedienen kann. Zweck dieser Beobachtung soll sein, daß sich die gefährlichen Personen nicht verstecken können, um von einem der Behörde unzugänglichen oder unbekannten Orte aus ihre Unternehmungen leiten zu können.

Tritt ein Zustand ein, der die Verübung der angedeuteten oder anderer Verbrechen oder Vergehen in den Bereich der unmittelbaren Möglichkeit oder in das Stadium des Versuches rückt, dann ist mit der Verhaftung vorzugehen, wobei die Bestimmungen der Strafprozeßordnung zu beachten sind. Zu der Verhaftung sind tunlichst die normalen Kräfte des öffentlichen Sicherheitsdienstes heranzuziehen. Die in Verwahrung genommenen Personen sind gemäß § 177 Str. Pr. O. zu vernehmen und, wenn nicht die Freilassung erfolgt, binnen 48 Stunden an das zust. Gericht einzuliefern. Auf der Einlieferung sind die Verhaftungsgründe anzugeben. Unter Umständen kommt auch § 35 Verwaltungsstrafgesetz in Betracht. Die ganzen Maßnahmen erfordern genaue und pünktliche Vorbereitung. Es muß alles bis aufs kleinste vorbereitet sein. Tunlichst müssen die für die Amtshandlung in Aussicht genommenen Personen bestimmt sein. Von einer Verständigung *dieser*, wie überhaupt außerhalb des Amtes stehender Personen ist *unbedingt* abzusehen. Der Erlaß dient nur zur eigenen Kenntnis und zu jener des Stellvertreters des Amtsvorstandes.

Sein Empfang ist zu bestätigen.

Hieramts sind nachstehende Personen der maßgebenden Führer des republikanischen Schutzbundes bekannt. Allfällige weitere Funktionäre sind anher bekannt zu geben.

Innsbruck-Land: Burtscher Hans, Hötting, Höttingerau 10; Pallestrang Anton, Hötting, Frau Hittstr. 5; Bluth Arthur, Hötting, Schneeburggasse 20; Oehm Wilhelm, Hötting, Höttingergasse 36; Schmarl Rudolf, Hötting, Stamserfeld 5; Arnold Alois, Hötting, Dorfg. 2; Pirkner Johann H., Kirschentalg. 28; Froschauer Karl, Hall; Heinz Alois, Off. Stellv. Hall; Bacher Michael, Hall; Schneider Julius, Hall; Hertlen Stefan, Mühlau No. 129; Hafner Franz, Mühlau No. 38; Felber Franz, Mühlau, Reichsstraße 128; Wirthinger Engelbert, Patsch, Luftverwertg.; Weiss Josef, Rechnungsbeamter, Schönberg Sillwerke; Schön Gustav, Elektriker Ruetzwerke; Mölgg, Steinach;

Landeck: Wilberger Michael, Heizhausarb. Landeck; Pohak Klemens, Landeck, Bundesbahnschlosser; Jaklitsch Ignaz, Lagerhalter, Landeck; Oellinger Franz, Landeck; Neubauer Karl, Vizebürgermeister, Landeck;

Imst: Grissemann Ludwig, Schlosser, Arzl No. 27; Habermann Michael, Schuhmacher, Arzl 21; Neurauter Alois, BB Angestellter Arzl 21;

Reutte: Wagner Josef, Reutte;

Schwaz: Fuchs Anton, Hilfsarbeiter, Schwaz; Fischer Anton, Bergarbeiter, Schwaz; Krischek Leopold, Tischler, Schwaz; Wagner Johann, Postoffizial, Schwaz; Auckenthaler Friedrich, Sensenschmied, Jenbach; Grauss Josef, Sensenschmied, Jenbach; Markl Max, Sensenschmied, Jenbach; Stubenvoll Alois, Sensenschlosser, Jenbach;

Kitzbühel: Neumayer Josef Andreas, Maurerpolier, Kitzbühel; Nagl Martin, Hilfsarbeiter, Kitzbühel-Land; Oerer, Holzarbeiter, Kitzbühel; Pircher Eduard, Brückenschlosser, Kitzbühel; Wachal, Telefonaufseher, Kitzbühel; für Fieberbrunn ist eine Ortsgruppe noch nicht angemeldet. Es werden aber Franz Steinberger, Josef Schneider, Franz Prinz, Josef Schröder, Paul Brantner, Hermann Kaspar und Gemeinderat Johann Stenacher als radikale Elemente genannt;

Kufstein: Schuler Max, Hilfsarbeiter, Kramsach 20; Johann Josef, Maschinist, Kramsach 27; Seirer Leopold, Schlosser, Kramsach 89; Müller Johann, Lokomotivführer, Kufstein, Zellerstraße 3; Mangst Michael, Krankenkassebamter, Kufstein, Sparchen

No 43; Jäger Georg, Bäckergehilfe, Kufstein, Sparchen; Angerer Josef, Vizebürgermeister, Kufstein; Grossert Karl, Kufstein; Mandler Josef, Lokomotivführer, Kufstein; Ludl, Kufstein; Nothdurfter Thomas, Lokomotivheizer, Wörgl; Druckmüller Max, detto, Wörgl, Bahnh. Str. 71; Kohl Karl, Lokomotivführer, Wörgl 70; Rieder Narziss, Wörgl; Wimmer Rudolf, Wörgl; Unterguggenberger Peter, Wörgl; Simperl, Lokomotivführer, Wörgl; Watscher, Wörgl; Fürler Johann, Brixlegg; Prasser Josef, Brixlegg; Hauser Franz, Brixlegg; Schnitzer Anton, Brixlegg; Scheiber Hans, Häring; Sappl Hans, Häring; Oberhofer Johann, Häring; Mayerl Max, Kirchbichl; Rusch, Kirchbichl;

Lienz: Herke Hans, Lienz; Idl Anton, Lienz; Idl Karl, Lienz.

Soweit über die erwähnten Personen nicht berichtet wurde, ist ein solcher Bericht auf Grund ganz vertraulich gepflogener Erhebungen, bei denen von den Ausführungen dieses Erlasses nichts nach außen hin verlautbart werden darf, noch zu erstatten.

Auf Abschrift *ganz*

Der Landesleitung des SSV Tirol zu Handen des H. Majors Pabst, *Innsbruck* zu Zl. 426/44 vom 31. Dezember 1927 zur Kenntnis. Hiedurch ändern sich die bezüglichen Bestimmungen des Merkbuches. Innsbruck, den 9. Feber 1928. Der Landeshauptmann: Dr. Stumpf m. p.

BEILAGE 2

1. 1933 März 16. Bescheid des Amtes der Tiroler Landesregierung in Innsbruck wegen Auflösung der Landesorganisation Tirol des Republikanischen Schutzbundes.

Abschrift; Zl. 910/1-Ia. Landesarchiv Tirol, Präsidialakten Jg. 1933, Nr. 464 XII 57 (Sammelakt Republikanischer Schutzbund).

Vom Amte der Tiroler Landesregierung in Innsbruck. Zl. 910/1-Ia. Innsbruck, am 16. III. 1933. Abschrift. An den Republikanischen Schutzbund, Landesorganisation Tirol z. Hd. des Vorsitzenden Herren Nationalrat Simon Abram in Innsbruck.

Bescheid:

Mit dem Erlasse vom 27. Dezember 1923, Zl. I-1283/3, wurden die Satzungen der Landesorganisation Tirol des Republikanischen Schutzbundes im Sinne des § 7 des Gesetzes vom 15. November 1867, RGBl. Nr. 134, nicht untersagt.

Der Landeshauptmann löst auf Grund der §§ 24 und 25 des erwähnten Gesetzes diesen Verein auf, weil erwiesen ist, daß von ihm Erlässe ausgefertigt wurden, die den Bestimmungen des § 20 des Vereinsgesetzes zuwiderlaufen, daß er seinen statutenmäßigen Wirkungskreis überschritten hat und überhaupt den Bedingungen seines rechtlichen Bestandes nicht mehr entspricht.

Gegen diesen Bescheid steht die Berufung offen, welche innerhalb zwei Wochen nach Zustellung dieses Bescheides beim Amte der Tiroler Landesregierung eingebracht werden kann. Einer allfälligen Berufung wird jedoch auf Grund des § 64, Abs. 2, AVG. die aufschiebende Wirkung abgesprochen.

Gründe:

Nach § 3 der Satzungen ist der Zweck des Vereines folgender:
1. Sicherung der republikanischen Staatsverfassung;
2. Schutz von Personen und Eigentum jener Vereinigungen, welche auf dem Boden der republikanischen Staatsordnung stehen;
3. Die Unterstützung der bestehenden Sicherheitsorganisationen bei der Aufrechter-

haltung von Ruhe und Ordnung und Abwehr einer jeden gewaltsamen Störung oder eines Putsches;

    4. Eingreifen bei Elementar-Ereignissen;

    5. Mitwirkung und Unterstützung der zur Sicherung von Veranstaltungen und Kundgebungen republikanischer Organisationen berufenen Faktoren. Die Vereinigung ist eine *nicht militärische* private Einrichtung zum Wohle und Aufrechterhaltung der Republik.

Durch die amtlichen Erhebungen, sowie durch das bei den Hausdurchsuchungen bei Funktionären des Schutzbundes beschlagnahmte Schriftenmaterial ist Folgendes erwiesen:

    1. Hat der Republikanische Schutzbund durch Aufstellung von Posten, Entsendung von zum Teil bewaffneten Patrouillen durch verschiedene Ortschaften, durch Bereitstellung bewaffneter Kräfte sich den Charakter amtlicher Funktionen angemaßt, die ihm als einer privaten Organisation nicht zustehen.

    2. Ist erwiesen, daß er entgegen der satzungsgemäßen Feststellung, eine nichtmilitärische Organisation zu sein, nach militärischen Gesichtspunkten organisiert und aufgebaut war und in militärische Formationen (Kompagnien, Bataillone) gegliedert war.

Durch das beschlagnahmte Schriftenmaterial, sowie durch die wiederholt durchgeführten Beschlagnahmen ist erwiesen, daß der Schutzbund über reichliche Bestände an Kriegswaffen verfügt und daß seine Tätigkeit in der militärischen Ausbildung seiner Mitglieder bestand. Er hat dadurch seinen satzungsgemäßen Wirkungskreis überschritten.

    3. Aus einem Befehl der technischen Landesleitung des Schutzbundes für den Führerkurs 1932/33 geht hervor, daß der Schutzbund bei einer Untersuchung von Arbeiterheimen nach Waffen durch die staatlichen Organe automatisch einen Alarm seiner Mitglieder vorsieht, sohin einen Widerstand gegen Maßnahmen der gesetzlichen Organe vorbereitet hat. Es ist damit erwiesen, daß auch der 3. Punkt seiner satzungsgemäßen Ziele, die Unterstützung der bestehenden Sicherheitsorganisationen bei der Aufrechterhaltung der Ruhe und Ordnung, nicht eingehalten wurde. Auch geht aus dem Material hervor, daß der Schutzbund Übungen über die Unterbindung des Anschubes staatlicher Kräfte von und nach Tirol abgehalten hat.

    4. Aus dem Schriftenmaterial geht weiters hervor, daß der Schutzbund Verbindungen mit dem Reichsbanner schwarz-rot-gold zu staatswidrigen Zwecken aufgenommen und sich sohin mit einer ausländischen, politische Zwecke verfolgenden Vereinigung in eine Tatverbindung eingelassen hat.

    5. Endlich wurde unter dem beschlagnahmten Material ein nach einem Vermerk in 2000 Exemplaren vorbereiteter Aufruf an die Soldaten und Beamten der Sicherheitsexekutive vorgefunden, durch welchen diese im Zusammenhang mit den letzten politischen Ereignissen aufgefordert werden sollten, der gesetzmäßigen Regierung den Gehorsam zu verweigern und ein Einschreiten gegen die Widerstand leistenden Massen zu unterlassen. Es liegt sohin ein Versuch zu den in § 58c und § 65 Str. Ges. vorgesehenen Verbrechen des Hochverrates und des Aufstandes vor.

Aus diesen Gründen mußte mit der Auflösung des Vereines »Republikanischer Schutzbund, Landesorganisation Tirol« vorgegangen werden.

Mit Rücksicht auf die staatsgefährliche Einstellung der Organisation mußte einer allfälligen Berufung wegen Gefahr im Verzuge eine aufschiebende Wirkung abgesprochen werden.

Der Landeshauptmannstellvertreter: Dr. Tragseil. Für die Richtigkeit der Ausfertigung: J. Dietrich m. p.

2. 1933 März. Entwurf eines Flugblattes der Landesorganisation Tirol des Republikanischen Schutzbundes an die Soldaten und Beamten der Sicherheitsexekutive.
Landesarchiv Tirol, Präsidialakten Jg. 1933, Nr. 464 XII 57 (Sammelakt Republikanischer Schutzbund)

Soldaten! Beamte der Sicherheitsexekutive!

Die Regierung hat den Zusammentritt des Nationalrates, der höchsten gesetzgebenden Körperschaft der Republik Österreich, gegen Recht und Gesetz verhindert. Damit hat sie den Boden der Verfassung verlassen. Der Kampf der Regierung richtet sich gegen das arbeitende Volk in Stadt und Land.

Euch, Soldaten und Beamte der Exekutive, wird die eidbrüchige Regierung dazu zu mißbrauchen versuchen, die verfassungsgemäß gewährleisteten Rechte der Arbeiter und Angestellten, der Beamten, der Bauern zu beseitigen.

Wir ermahnen Euch, die Ihr Söhne des Volkes seid, an Euren auf die Verfassung geleisteten Eid.

Soldaten, Beamte der Exekutive! Das verfassungswidrige Handeln der Regierung entbindet Euch Eurer Gehorsamspflicht!

Schießt nicht auf Eure Brüder und Schwestern! Die Soldaten von Wien haben sich mit den Arbeitern verbrüdert! Folgt Ihrem Beispiel:

Schießt nicht auf Eure Brüder und Schwestern!

Kurt Greussing
Vorarlberger Sozialdemokraten in der Illegalität 1934–1938

Das Schicksal der Vorarlberger Arbeiterbewegung seit 1918 ist in historischen Darstellungen über den Rang einer Fußnote kaum hinausgekommen. Und gäbe es nicht wenigstens die verdienstvolle Arbeit von Manfred Scheuch über die *Geschichte der Arbeiterschaft Vorarlbergs bis 1918* (Verlag des ÖGB, Wien 1961), so stünde man vollends einem Paradox gegenüber: daß die neuere Geschichte eines hochindustrialisierten Landes alles, nur nicht die Geschichte seiner Arbeiter zu sein scheint. Bloßer Ausdruck konservativer Wissenschaft? Oder auch Ergebnis der besonderen sozialen Verfassung dieser Arbeiterschaft, ihrer Bewegung, deren politisch artikulierten Verständnisses von sich selbst? Der Frage ist in großen Zügen auf der Spur zu bleiben: Arbeiterbewegung in der »Provinz«.

»Provinz« als sozial-strukturelles Phänomen ist ein Produkt kapitalistischer Entwicklung, der Ballung zu großen Zentren wirtschaftlicher und politischer Dynamik. Ihr Merkmal ist die widersprüchliche Koexistenz von sich entfaltenden kapitalistischen Produktionsverhältnissen und traditionsgebundenen Produktions-, Lebens- und Bewußtseinsformen, die sich vor- bzw. nichtindustriellen Verhältnissen verdanken. Ernst Bloch hat dies als »Ungleichzeitigkeit« begriffen[1], als Auflösung und Ausdruck sozialer Widersprüche bei Bauern und Kleinbürgern im traditionalen, vorkapitalistischen Bewußtsein (das durchaus eine revolutionäre Wende erfahren kann); abgesetzt von den »gleichzeitigen« Kapitalisten, die sich in eins mit dem gesellschaftlichen Fortschritt zur »Modernisierung« erfahren; und abgesetzt erst recht vom »übergleichzeitigen« Proletariat, dessen gesellschaftliche Erfahrung es nicht nur mit der Tradition brechen läßt, sondern das in seiner politischen Organisation darüber hinaus zu einer ganz anderen Gesellschaft, zum Sozialismus, will.

Vorarlberg in der Zwischenkriegszeit, Proletariat in der »Provinz«: ein sicherlich nicht zu seltener Sonderfall. In ihm sind Ungleichzeitigkeit, Gleichzeitigkeit und Übergleichzeitigkeit zusammengeschlossen.

Der Arbeiter ist »gleichzeitig« in seiner ökonomischen Funktion, im Produktionsprozeß. Im März 1934 sind 60 Prozent aller Erwerbstätigen in Vorarlberg Arbeiter und Angestellte, rund 25 Prozent Selbständige, der Rest mithelfende Familienmitglieder usw. Bei lohn- und gehaltsabhängig Beschäftigten eine Arbeitslosenrate von etwas mehr als 20 Prozent, in großen Branchen der verarbeitenden Industrie sind die Arbeiter noch extremer betroffen: im Baugewerbe sind von 4509 Arbeitern 1958 (43,4 Prozent), in der Eisen- und Metallindustrie von 1923 Arbeitern 468 (24,4 Prozent), in der Bekleidungsindustrie von 3026 Arbeitern 981 (32,4 Prozent) arbeitslos. Lediglich die Textilindustrie (8917 Arbeiterinnen und Arbeiter) liegt mit einer Arbeitslosenrate von 13,7 Prozent merklich unter dem Schnitt[2]. In jedem fünften Familienhaushalt des Landes gibt es einen oder mehrere Arbeitslose[3].

Ein Moment der »Gleichzeitigkeit« des Proletariers ist der Erwerb seiner speziellen beruflichen Fähigkeiten. Die Erfahrung persönlicher Dequalifikation durch Arbeitslosigkeit schafft revolutionäres Bewußtsein: Im sozialistischen Widerstand in Vorarlberg 1934–38 sind fast ausschließlich beruflich qualifizierte Arbeiter und Bahnbedienstete vertreten[4].

Der Arbeiter in der »Provinz« ist »ungleichzeitig« zu Hause, im Dorf, im Alltag außerhalb des Betriebs. Durch die althergebrachte alemannische Realteilung des Bauernbesitzes erfolgte eine starke Güterzersplitterung. Das ermöglichte landwirtschaftliche Nebenerwerbstätigkeit, die wiederum verhinderte, daß der bäuerliche Hintergrund der Industriearbeiter und ihre alten Bindungen an den Boden durch die kapitalistische Entwicklung völlig zerstört wurden. Die Landbevölkerung drängte nicht im selben Maße wie anderswo in die Städte. Die im 19. Jahrhundert entstehenden Fabriken konzentrierten sich nicht auf industrielle Ballungsräume, sondern siedelten sich zerstreut über verschiedene Orte des Rheintales und des Walgaus an[5].

Das hat Auswirkungen auf die soziale Identität der Arbeiterschaft: Im Vorarlberger Dialekt ist »Arbeiter« ein Fremdwort, man spricht statt dessen abschätzig von »Fabriklern«. Das haben vor allem die aus Innerösterreich zuziehenden Arbeiter zu spüren bekommen, die in der Zwischenkriegszeit einen wichtigen Teil des sozialdemokratischen und gewerkschaftlichen Potentials stellten. Als Nichtvorarlberger waren sie »frönde Beattlar« (»fremde Bettler«), standen sie unter einem besonderen sozialen und politischen Anpassungsdruck. Den Konservativen im Land gelang es leicht, den politischen Gegner als Heimatlosen, da Nichtvorarlberger, zu markieren.

Typisch für die Art, wie dabei verfahren wurde, ist eine Szene aus dem Jahre 1919: Der aus Niederösterreich stammende Landesparteisekretär der Vorarlberger Sozialdemokraten, Anton Linder, hatte auf der Reichskonferenz der Arbeiterräte in Wien Anfang Juli 1919 die Bildung einer »Volksmiliz« kritisiert, die von der Vorarlberger Landesregierung – angeblich zur Abwehr der aus Bayern drohenden »spartakistischen Gefahr« – aufgestellt und trotz des Einspruches des Staatsamtes für Heerwesen mit Waffen ausgerüstet worden war[6]. Im Vorarlberger Landtag griff daraufhin Landeshauptmann Dr. Ender Linder mit folgenden Worten an:

> Ein Vorarlberger Abgeordneter spricht zuerst zum Landtag, wenn ihm etwas nicht gefällt. Ein wahrer Vorarlberger hätte dieses Gefühl gehabt. Sie haben bewiesen, daß Sie noch nicht Vorarlberger geworden sind, sonst hätten Sie es nicht so gemacht[7].

»Übergleichzeitig« war die Arbeiterschaft in ihrer politischen Organisation, der Sozialdemokratischen Arbeiterpartei. Mit mehr als 3400 Mitgliedern hatte die Partei 1919/1920 den höchsten Mitgliederstand der Zwischenkriegszeit erreicht. 1925 war die Zahl der Mitglieder auf etwas über 2500 gesunken, 1928 wurde noch einmal eine Zahl von mehr als 3100 Mitgliedern erreicht, 1932 waren es nur noch 2216[8]. Überraschend und ein Zeichen für den starken internen Organisationsgrad der Partei ist der Sachverhalt, daß sie eine der höchsten Veranstaltungs- und Schulungsintensitäten – bezogen auf die Mitgliederzahl – von allen Parteiorganisationen der Bundesländer (mit Ausnahme Wiens) aufwies[9]. Schwach nach außen, stark im Inneren – angesichts der Verhältnisse im Lande eine politische Enklave.

Was es hieß, am Anfang der dreißiger Jahre in Vorarlberg Sozialdemokrat zu sein, dokumentiert nichts besser als ein Foto vom 1. Mai 1932[10], das die Nüziderser Sozialdemokraten beim Auszug aus ihrer Gemeinde und auf dem Marsch ins benachbarte Bludenz zeigt: vorneweg 25 Mann hoch die Trachtenmusikkapelle, dahinter 17 Jugendliche im Blauhemd mit roter Fahne und einem Transparent »Hände weg von unseren sozialen Renten«, und dann noch 15 andere 1.-Mai-Demonstranten im Sonntagsstaat. Mehr Bekenntnismarsch als Demonstration, verstecken konnte sich da keiner.

Vorarlberg lag an der Peripherie der politischen und sozialen Auseinandersetzungen in der Ersten Republik. In der historischen Forschung schlägt sich das nieder im Fehlen einer systematischen Untersuchung der ökonomischen Entwicklung Vorarlbergs in der Zwischenkriegszeit sowie der Arbeiterbewegung dieses Bundeslandes seit 1918. Ein Beitrag zur illegalen Arbeit der Vorarlberger Sozialisten 1934–38 kann dieses Defizit natürlich nicht wettmachen, eine grobe Skizze des besonderen Kontexts, in dem der sozialistische Widerstand während dieser vier Jahre zu verorten ist, muß hier genügen. Im wesentlichen aber soll mit der folgenden Darstellung ein weißer Fleck auf der Landkarte des Widerstands gegen den Klerofaschismus beseitigt werden: in einschlägigen Untersuchungen sind den Vorarlberger Revolutionären Sozialisten höchstens ein paar allgemeine Bemerkungen gewidmet, und selbst die sind nicht immer sachlich richtig[11].

Sozialdemokratische Partei im Februar 1934[12]

Beim letzten Landesparteitag vor dem Februar 1934, am 3. April 1933 in Dornbirn, hatte es angesichts der erdrückenden Übermacht der Nationalsozialisten in Deutschland heftige Strategiedebatten gegeben: Ein Teil der Delegierten plädierte für eine Unterwanderung der Nationalsozialisten und Stärkung des Arbeiterflügels, ein anderer für illegale Arbeit. Auch auf den Parteimitgliederversammlungen und der Bezirkskonferenz beispielsweise des Bezirks Bludenz kam der Strategiekonflikt zum Ausdruck[13]. Ähnliches galt für die Bregenzer Organisation: Auf der einen Seite eine Gruppe von meist jüngeren Sozialisten, die sich in ihrer Haltung mit jener Otto Bauers identifizierten, auf der anderen Seite Bedenken gegen den revolutionären Weg und Resignation angesichts der politischen und militärischen Machtmittel des faschistischen Gegners[14]. Am Beispiel der – nach dem Februar gleichgeschalteten – sozialdemokratischen Parteizeitung *Vorarlberger Wacht* wird noch zu zeigen sein, daß diese Problematik auch in der ersten Zeit nach den Februarereignissen noch eine wichtige Rolle spielte.

Militärisch war die Sozialdemokratie in Vorarlberg überhaupt kein Faktor. Der Schutzbund war weder personell noch waffentechnisch auf eine größere Auseinandersetzung eingestellt. Nach Meinung von Alois Hammer war er »nicht einmal eine Turnorganisation, er war noch schlechter als eine Turnorganisation[15]«. Praktisch bestand nur eine Ausbildung in militärischer Marschdisziplin, gelegentlich gab es Schießübungen mit Kleinkaliberpistolen[16]. Seine wesentliche Aufgabe lag im Versammlungsschutz gegen Heimwehr und illegale SA[17].

Nach dem 12. Februar kam es in Vorarlberg denn auch zu keinerlei bewaffneten Auseinandersetzungen; es war das einzige Bundesland, in dem die klerofaschistische Diktatur von der Verhängung des Standrechts absehen konnte.

Gleichwohl war den Vorarlberger Schutzbündlern im gesamtösterreichischen Rahmen eine wichtige Funktion zugedacht: Sie sollten im Konfliktfall durch ihre Aktionen das Bundesheer bzw. die Gendarmerie binden und die Verlegung von Truppeneinheiten in ein kämpfendes

Ostösterreich (d. h. nach Wien) verhindern. Vor dem Beginn der Februarkämpfe waren Otto Glöckel und der Stabschef des Schutzbundes, Alexander Eifler, noch in Vorarlberg gewesen[18]. Ein Appell Eiflers bei einem dazu einberufenen Schutzbundtreffen im Dornbirner Arbeiterheim scheint einen nachhaltigen Eindruck hinterlassen zu haben. Neben der Hoffnung auf einen von Bregenz bis Wien sich ausbreitenden Generalstreik war das strategische Kalkül Eiflers: die Entscheidung müsse in Wien fallen. Aufgabe der Vorarlberger sei es, danach zu trachten, daß kein Militär nach Wien komme, und Militär wie Gendarmerie durch Unruhen zu binden[19]. Offensichtlich war auch an eine Unterbrechung der Arlbergbahn durch eine Sprengung der Trisannabrücke gedacht, zumindest wurde diese Möglichkeit unter Bludenzer Sozialisten diskutiert[20].

In Bludenz fanden am 12. Februar dann tatsächlich Straßendemonstrationen statt, die auch viele Neugierige anzogen. Die Demonstranten konzentrierten sich an verschiedenen Punkten der Stadt ständig neu. Auf das damalige Gendarmeriegebäude wurde ein Sprengstoffanschlag verübt[21]. Für die Behörden blieb durch diese Aktionen das Widerstandspotential wohl unklar. Für das Vorarlberger Unterland allerdings sind ähnliche Aktionen nicht bekannt geworden[21a].

Daß der sofortige Widerstand im ganzen Land nicht effektiver organisiert werden konnte, hängt nicht nur mit der Verhaftung der beiden Schutzbundkommandanten Hans Draxler (Bregenz) und Anton Linder (Dornbirn), die als einzige über die Waffenlager Bescheid wußten, unmittelbar nach dem Ausbruch der Februarkämpfe zusammen. Bereits vor den Verhaftungen agierte die Partei hilflos, die Besetzung der Arbeiterheime – in Bludenz, Dornbirn, Bregenz, Hard und Höchst – war für viele Aktive offenbar eine völlige Überraschung[22]. Und das Landesparteisekretariat ersuchte in einem Expreßbrief vom Nachmittag des 12. Februar die Funktionäre erst einmal, »auf unsere Mitgliedschaft beruhigend einzuwirken«.

Aus diesem hektografierten Rundbrief läßt sich in jeder Zeile die dramatische Ratlosigkeit herauslesen, die vorderhand nur auf Zeitgewinn hinarbeiten wollte. Um 11.50 Uhr Meldung aus Wien, daß der Generalstreik ausgebrochen sei. Um 12.30 Uhr Meldung von Radio Zürich über den Aufruf zum Generalstreik und schwere Zusammenstöße in Linz. Radio Wien teile mit, daß über die Stadt das Standrecht verhängt worden sei.

... werden Euch von den jeweilig einlangenden weiteren Nachrichten informieren. Wir ersuchen, auf unsere Mitgliedschaft beruhigend einzuwirken. Solange wir die Verbindung aufrecht halten können, werden wir dies

tun und sind uns wichtige Vorfälle aus den Orten telefonisch sofort zu melden. Sollte es zur Verhaftung meiner Person kommen, oder sollten sonstige Ereignisse eintreten, die Weisungen von hier aus unmöglich machen, so gelten die Weisungen der Bezirksstellen. . . .
    Besten Gruß
    f. d. Landessekretariat
    der Sozialdemokratischen Partei
    Vorarlbergs
              Linder[23]

Während das Landesparteisekretariat die Funktionäre noch auf Weisungen warten hieß – natürlich konnte es keine mehr geben –, hatte die Gegenseite, der Staatsapparat, schon lange vor dem 12. Februar die entsprechenden Vorkehrungen getroffen. Bereits am 29. Januar 1934 war an die Kriminalbeamten des Bezirkes Bregenz – auch an die anderer Bezirke, wie anzunehmen ist – die Anweisung ergangen, »ein Verzeichnis jener Personen zusammenzustellen, welche als aktive Sozialdemokraten bzw. Kommunisten in Frage kommen«, und »eine systematische Überwachung derselben« vorzunehmen[24].

Nach dem 12. Februar verfügte z. B. die Bezirkshauptmannschaft Bregenz sehr bald über ein exaktes Verzeichnis von aktiven Linken, auf denen die als »prominent« anzusehenden Personen gesondert ausgewiesen sind[25]. In einem weiteren von der Bezirkshauptmannschaft Bregenz angelegten Verzeichnis, das möglicherweise auf die erwähnte kriminalpolizeiliche Erhebung zurückgeht, lassen sich 50 Personen nach Berufen wie folgt aufschlüsseln: 25 Bundesbahn-Bedienstete (darunter neun Pensionisten, des weiteren Lok- und Zugführer sowie gewerbliche Berufe, fünf Angestellte/Beamte), elf Angehörige gewerblicher Berufe, vier Angehörige von Dienstleistungsberufen, sechs Hilfsarbeiter, zwei Hausfrauen, ein Gastwirt. (Sechs Personen sind als Kommunisten ausgewiesen, davon drei als Hilfsarbeiter[26].)

Im Bezirk Bregenz wurden am Abend des 12. Februar dreizehn Sozialdemokraten in »Verwahrung genommen«, sie blieben bis zum Nachmittag des 17. Februar im Gefängnis[27]. Auch in den übrigen Bezirken kamen die führenden Funktionäre in Vorbeugehaft[28].

In Vorarlberg wurde jedoch im Zusammenhang mit den Februarereignissen niemand von den politischen Behörden bestraft oder in ein Anhaltelager gebracht[29].

Die Hausdurchsuchungen in Arbeiterheimen, Konsumgebäuden und Privatwohnungen förderten keine beachtenswerten Ergebnisse zutage – im Bezirk Bregenz konnten im wesentlichen nur Zeitschriften und Fahnen konfisziert werden, ganze dreimal bloß wurde eine leichte Waffe gefunden[30].

Daß die Kassabestände der sozialdemokratischen Ortsgruppen und Vereine nicht mehr in Sicherheit gebracht werden konnten, nimmt bei dem unerwarteten Zugriff der Behörden nicht wunder. Als eine der wenigen Ortsgruppen hatte Nüziders bei Bludenz rechtzeitig geschaltet: schon vor dem 12. Februar waren die Barmittel der Organisation an arbeitslose Parteimitglieder verteilt worden – der Gendarmerie konnte ein Kassabuch mit der Bilanzsumme Null präsentiert werden[31].

»Führt die Waffen ab!«

Mit der Zerschlagung der sozialdemokratischen Organisationen war auch das Ende der Zeitung *Vorarlberger Wacht* als sozialdemokratisches Organ gekommen. 1910 gegründet und im Laufe des Ersten Weltkriegs bereits von 2000 Abonnenten bezogen[32], erschien die Zeitung am 13. Februar 1934 zum letzten Mal als sozialdemokratisches Blatt. Genau eine Woche später, am 20. Februar, ist sie – gleichgeschaltet – wieder auf dem Markt. Der frühere Untertitel »Sozialdemokratisches Organ für Vorarlberg« fehlt, statt dessen nennt sich die Zeitung jetzt – dies allerdings auch nur eine Woche lang – »Unabhängiges Organ für die Interessen der Arbeiter und Angestellten Vorarlbergs«. Später wird dieser Untertitel beseitigt. In ihrer ersten Nummer nach der Errichtung der Diktatur appelliert die Zeitung unter dem Titel »Keine Kriegskontributionen« erstaunlich weitsichtig an die neuen Machthaber:

> Man kann äußere Formen zerbrechen, man kann einen Namensruf untersagen, man kann Sekretariate schließen, man kann Vertrauensmänner verhaften – aber man kann nicht die Arbeiterschaft ausrotten und die Arbeiter auflösen. Man kann nicht eine Idee verbieten und man kann nicht eine Weltanschauung abschaffen.

Die Auflösung der Organisationen der Arbeiterschaft dürfe nicht lange währen, »sollen die Arbeiter nicht in die Hände der Nationalsozialisten, der geschworenen Feinde Österreichs, getrieben werden«. Doch in derselben Nummer stand ein Aufruf, der die den Widerstand vorbereitenden Sozialdemokraten aufs tiefste treffen mußte: Landesparteisekretär Anton Linder wandte sich mit einem vom 18. Februar datierten Appell an die »Arbeiteröffentlichkeit«, »die Besonnenheit nicht zu verlieren. . . . es bleibt nichts übrig, als sich mit den gegebenen Tatsachen abzufinden. Bewahrt ruhig Blut und denkt daran, daß an dem Unglück, das über Österreichs Volks hereingebrochen ist, nicht zuletzt der NS einen guten Teil der Schuld trägt. . . .«

Am 24. Februar ein erneuter Aufruf Linders: Waffen und Munition abliefern:

> Bewahrt Ruhe und Besonnenheit, hütet euch vor den Aposteln der braunen Barbarei ... vertraut der neuen Zeit, vertraut mir als eurem früheren Führer, der ich, meiner schweren Verantwortung bewußt, euch nur zum Besten rate!

Für viele mußte das eine Kapitulationserklärung sein: Linder war in der Vorarlberger Sozialdemokratie eine politische Persönlichkeit von Rang, ein mitreißender Redner, ein unermüdlicher Agitator und Funktionär gewesen. Kurz vor dem 12. Februar hatte er bei einem Waffenappell des Schutzbundes im Dornbirner Arbeiterheim noch Pistolen ausgegeben und von Widerstand gesprochen[33].

Zum Zeitpunkt der Abfassung seines zweiten Aufrufs konnte Linder noch nicht wissen, in welchen aktuellen Zusammenhang das in der Zeitung geraten würde: auf der Titelseite der *Vorarlberger Wacht* vom 24. Februar 1934 steht ein großer Bericht über das Todesurteil gegen den Linzer Brauereiarbeiter und Februarkämpfer Anton Bulgari und dessen Hinrichtung. Die lapidare letzte Zeile der Meldung: »Die Exekution an Bulgari wurde um 17.30 Uhr vollzogen.«

Linder, 1880 geboren und ab 1912 als Landesparteisekretär eine entscheidende Kraft in der Vorarlberger Sozialdemokratie, hatte sicherlich nie eine »rechte« Politik der Anpassung vertreten. Doch mußte er bereits nach dem Zusammenbruch der Monarchie erfahren, wie prekär die Balance zwischen revolutionärem Anspruch und dessen praktischer Durchsetzung sein konnte. Im Frühjahr 1919, als im benachbarten Bayern in mehreren Städten die Räteherrschaft ausgerufen wurde und die Vorarlberger Sozialdemokraten besonders enge Kontakte mit den Lindauer Räten hatten, drohte die Sozialdemokratie in der *Vorarlberger Wacht* immer wieder – mehr oder weniger offen – mit einer Bolschewisierung ihrer Politik. Es fehlte nicht an Versuchen, eine proletarische Gegenmacht zum bürgerlichen Staats- und Behördenapparat des Landes aufzubauen – gleichzeitig wurden auf turbulent verlaufenden Massenversammlungen die Arbeiter von den sozialdemokratischen Funktionären zu einer Art »revolutionärer Disziplin« aufgerufen – eine ständige Mobilisierung revolutionären Drohpotentials, dessen praktische Aktivierung schon wegen des Fehlens von Waffen nicht zugelassen werden konnte. Schließlich antwortete die Landesregierung mit der Aufstellung bewaffneter »Volksmilizen[34]«, und mit dem Zusammenbruch der Räteherrschaft im benachbarten Ausland mußte man schließlich froh sein, daß die politische Niederlage nicht auch zu einer blutigen militärischen wurde[35].

Vielleicht läßt sich das Verhalten Linders, der ja schon nach dem Ersten Weltkrieg kein »Junger« mehr gewesen war und den ein langjähriges Wirken in entscheidender Funktion politisch geprägt hatte, nach dem 12. Februar als Wiederholung jener zurückliegenden Grenzerfahrung begreifen, die angesichts der Niederlage offene Gewalt als Mittel der Politik moralisch nicht hätte verantworten können. Jedenfalls ließ er sich von den Behörden während der Vorbeugehaft unter Druck setzen. Seinen Aufrufen in der *Wacht* ging die Unterzeichnung einer Loyalitätserklärung voraus, in der stand, man habe schon vor den Verhaftungen die Parole ausgegeben, »daß die Parteigenossen sich zu keinerlei Ausschreitungen oder sonstigen Störungen der öffentlichen Ruhe und Ordnung hinreißen lassen sollen«. Die Führung der Partei, so hieß es, sei entschlossen, »keine gegenteiligen Weisungen von Wien entgegenzunehmen. Sie ... wird ... weiterhin alles tun, um ihr möglichstes zur Erhaltung der Ruhe und Ordnung in Vorarlberg beizutragen[36]«.

Linder selbst, der bald nach den Februarereignissen ins Schweizer Exil ging, gibt für sein Verhalten mehr als zwei Jahre später eine Erklärung, die nicht sehr erhellend scheint. Man habe ihn einerseits durch das Angebot eines Mandats und einer Stelle, andererseits »durch gewisse Drohungen zur Gleichschaltung veranlassen« wollen, deshalb sei er schließlich geflüchtet[37].

Fest steht, daß das Verhältnis der Vorarlberger Illegalen zu Linder niemals mehr unproblematisch war. Auf der einen Seite bestanden Kontakte zu ihm in der Schweiz, da Eisenbahner aus dem Raum Feldkirch-Bludenz Material von ihm bezogen[38]. Auf der anderen Seite führte beispielsweise die von illegal arbeitenden Sozialisten im Vorarlberger Unterland herausgegebene Zeitschrift *Der Kämpfer* in der Nummer 4 (Mai 1934) einen schweren Angriff auf ihn: Er habe in entscheidender Stunde »jämmerlich versagt« und komme für eine Mitarbeit nicht in Frage. »Ein Einmischen (Linders; Anm. d. Verf.) in die Kampfhandlungen der illegalen Gruppen wäre offener Kampf mit allen Mitteln[39].«

Der Aufbau der illegalen Organisation

Ihre wesentliche Aufgabe sahen die in der Illegalität arbeitenden Vorarlberger Sozialisten in der Beschaffung und im Vertrieb von Flugblättern und Zeitschriften. Alois Hammer, im Grenzort Lustenau wohnhaft, konnte bereits am 15. Februar ein in der Schweiz gedrucktes Flugblatt in einer Auflage von 5000 Stück über die Grenze bringen[40]. Nachdem die in Vorbeugehaft genommenen Sozialisten entlassen worden waren, ging es an den Aufbau der illegalen Organisation in Gestalt der bekannten Dreier-Verbindungen: nur drei Leute wußten etwas voneinander, einer von ihnen hielt die Verbindung zur nächsthöheren Dreier-Verbindung. Dabei wurde stets mit Decknamen gearbeitet. Schwerpunkte der Organisation waren die Räume Bregenz und Bludenz, während für die Bereiche Dornbirn–Hohenems und Feldkirch zwar ein Vertriebssystem für das illegale Material zur Verfügung stand, jedoch keine starken organisatorischen Kerne gebildet werden konnten.

Auf früher führende Funktionäre konnte man kaum zurückgreifen, weil sie mit großer Wahrscheinlichkeit beobachtet wurden. Materialherstellung und -beschaffung wurden von jüngeren Funktionären und Aktivisten der Arbeiterjugend übernommen: Josef Greussing, Hans Wahsel, Alois Hammer bauten in Bregenz und Lustenau die Verbindungen auf.

Robert Klopf – ein Absolvent der Arbeitermittelschule aus Deutschland –, Franz Zoller und Otto Siegl jun. führten die Organisation in Bludenz[41]. Dazu kam eine Gruppe von Eisenbahnern aus Bludenz und Nüziders[42]. Die zentrale Koordination der Dreier-Verbindungen im Vorarlberger Unterland ist sehr wahrscheinlich von Josef Greussing vorgenommen worden[43], der aber auch die Kontakte ins Oberland, z. B. nach Bludenz, hielt[44]. Daß Greussing in der Herstellung landesweiter Kontakte eine wesentliche Rolle spielte, geht auch aus der Tatsache hervor, daß er faktisch sämtliche Verbindungsleute im Land nennen konnte[45], während die vom Verfasser interviewten anderen ehemaligen Illegalen meist nur über ihre Dreier-Verbindung definitiv Bescheid gaben. Sie schätzten denn auch die Gesamtzahl der aktiven Illegalen meistens auf nicht mehr als ein Dutzend, in Wirklichkeit dürfte sie wohl 50 bis 60 betragen haben, die Endabnehmer von Material natürlich nicht mitgerechnet.

Theoretische Diskussionen gab es während der illegalen Zeit nicht[46]. »Wir sind von der Zentrale aus belehrt worden«, so der Bregenzer Hans Wahsel.

Die kontroversen Auseinandersetzungen um die politischen und strategischen Perspektiven der Revolution nach der Februar-Niederlage, die Fragen der Aktionseinheit mit der KP, des Verhältnisses von Partei, Schutzbund und »Autonomem Schutzbund«, die in den Jahren 1934/35 die Diskussion im östlichen Österreich und unter den österreichischen Auslandssozialisten bestimmten[47], fanden in Vorarlberg keinen Widerhall. Das theoretische und ideologische Bindeglied für die in der Illegalität Wirkenden war ausschließlich die *Arbeiter-Zeitung*[48].

Wenngleich auch Kommunisten in Vorarlberg in der Illegalität aktiv waren, so bestand zu ihnen von seiten der Revolutionären Sozialisten keinerlei Kontakt[49] – mit der einen Ausnahme des Transfers von Spanienkämpfern in die Schweiz, worüber noch zu sprechen sein wird. Bereits in der zweiten Nummer des *Kämpfer* (Mai 1934) stand denn auch eine harte Attacke gegen die kommunistische Kritik am angeblichen Verrat der sozialdemokratischen Führung in Österreich. Doch waren es nicht allein politische Differenzen, die einen getrennten Weg empfahlen. Die Vorarlberger Revolutionären Sozialisten gründeten ihre Organisation auf bereits jahrelang bestehende, feste persönliche und politisch-soziale Bindungen. Selten nur flogen Illegale auf, und wenn, dann wohl niemals durch Verräter in der Organisation selbst oder durch Geständnisse gegenüber den Behörden[50].

Die Kommunisten hingegen versuchten, ihre Organisation in der Illegalität erst auf- und auszubauen. Durch Berichte von Behördenspitzeln kam es Ende 1934/Anfang 1935 zu einer ersten Verhaftungswelle, bei der rund 80 Personen aktenkundig wurden – die Hälfte davon Eisenbahner, von denen einige weitreichende Geständnisse ablegten, weil ihnen mit dem sonstigen Verlust des Arbeitsplatzes gedroht wurde. 33 Personen wurden bis Anfang März 1935 zu Arreststrafen von einer Woche bis zu sechs Monaten verurteilt. Aufschlußreich die Berufsstruktur: 20 der Verurteilten waren Fabriks- oder Hilfsarbeiter – dies war offenbar auch die Zielgruppe der kommunistischen Organisation[51].

Es folgten immer wieder Verhaftungen von KP-Leuten; unter anderem wurden Anfang November 1937 aufgrund von Konfidentenberichten in einem Verhaftungsschub zahlreiche Personen festgenommen, vier möglicherweise wichtigere Funktionäre zu Strafen bis zu drei Monaten verurteilt[52]. Daß sich mancher Vorarlberger Kommunist nicht gerade wie ein gewiefter Illegaler benahm, wird an dem Fall eines Mannes aus Lustenau deutlich, der in seinem Garten den Kreßsalat in der Form eines Sowjetsterns sprießen ließ[53].

Eine wichtige Funktion in der Arbeit der RS hatten natürlich Vorarlberger Eisenbahner: sie brachten illegales Material über die Arlbergstrecke aus Innerösterreich und via Buchs aus der Schweiz[54]. Gleichzeitig wurde von Alois Hammer der Kontakt zur sozialdemokratischen *Volksstimme*-Druckerei in St. Gallen hergestellt, wo der Redakteur Franz Schmidt die Vorarlberger Sozialisten tatkräftig unterstützte[55]. Auch der vormalige sozialdemokratische Landesrat Preiß aus Bregenz scheint gute Kontakte nach St. Gallen gehabt zu haben[56]. Bedauerlicherweise ist in St. Gallen heute keinerlei Material mehr vorhanden, das aus dieser Zusammenarbeit herrührt. Infolge der schweizerischen Zensur- und Durchsuchungsmaßnahmen mußte alles illegale Material aus dieser Zeit vernichtet werden[57].

Diese doppelte Streckenführung, einerseits über den Arlberg, andererseits über den Rhein, hatte ihre besonderen Vorteile, wenn die Nordbahnstrecke aus Brünn »zu« war. Dann sollen sogar Matern der AZ per Flugzeug von Brünn nach Zürich und von dort in die St. Galler Druckerei gebracht worden sein, wo die letzte Seite der AZ mutiert und mit Informationen aus Vorarlberg gedruckt wurde[58].

Das Flugblattmaterial kam zum Teil von auswärts – vor allem kleine rote Streuzettel im Ausmaß von 5,8 × 3,7 cm mit Parolen wie »Schuschnigg, Habsburg, Hitlerei! Wir kämpfen gegen alle drei! Revol. Sozialisten« –, zum andern Teil wurden die Flugblätter als Stempeldrucke offensichtlich im Land selbst fabriziert. Die BH-Akten vermerken jedenfalls zahlreiche nächtliche Streuaktionen bis Ende 1937[59]. Unter anderem kursierten auch kleinformatige Fotos hingerichteter Februarkämpfer[60].

Eigene Mitteilungsblätter und Zeitungen brachten die Vorarlberger RS nur beschränkt zum Einsatz. Hier ist einmal ein *Mitteilungsblatt der Revolutionären Sozialisten R. S. Vorarlbergs* zu nennen, das Ende 1935 im Raum Feldkirch–Bludenz vertrieben worden zu sein scheint. Wahrscheinlich gab es nur wenige Nummern dieses im Format 21 × 33,7 cm hektografiert hergestellten, zwei- bis vierseitigen Blattes[61], das kaum auf die Vorarlberger Situation Bezug nimmt, sondern im wesentlichen Beiträge aus der illegalen AZ wiedergeben dürfte.

Wesentlicher, doch ebenfalls kurzlebig, war die Zeitschrift *Der Kämpfer,* die von Mai bis Juni 1934 mit sieben Nummern erschien. Sie führte den Untertitel »Für Wahrheit und Recht. Sozialistisches Kampfblatt für die westlichen Alpenländer Österreichs«. Der *Kämpfer* wurde in der St. Galler *Volksstimme*-Druckerei gedruckt und anfangs durch Schmuggler, dann durch sozialdemokratische Illegale über die Grenze gebracht[62]. Die 8. Nummer des *Kämpfers* wurde schließlich beschlagnahmt. Alois Hammer geriet mit der Zeitung sowie anderem Material, das er in einem Depot gesammelt hatte, in die Hände der St. Galler Kantonspolizei, wurde kurzfristig in Haft genommen, doch schließlich durch Intervention des St. Galler Polizeipräsidenten Kehl, der insgeheim mit diesen Aktionen sympathisierte, wieder freigelassen. Auch das beschlagnahmte Material kam frei, doch wurde es nicht mehr vollständig nach Vorarlberg gebracht, weil die Gefahr der Information der österreichischen Zollbehörden durch die Schweizer Organe zu groß war[63].

Die Zeitschrift, die sich vor allem auf Ereignisse in Vorarlberg beziehen sollte, war auf Anregung von J. Greussing entstanden, der den *Kämpfer* auch redigierte[64]. Die Auflage betrug anfangs ca. 500 Stück, später nur mehr 300. Die Reduktion der Auflage und die schließliche Einstellung der Zeitung hatten ihre Ursache neben den relativ hohen Kosten in den immer schwieriger werdenden Vertriebsbedingungen: sowohl in Vorarlberg als auch in der Schweiz nahm die Polizeirepression gegen das in beiden Ländern illegale Unternehmen zu. Auch war das Format mit 35 × 50,5 cm für ein illegales Blatt denkbar ungeeignet; außerdem scheint der Vertrieb über das Vorarlberger Unterland nicht hinausgekommen zu sein[65].

Inhaltlich und formal spricht die Zeitung die Sprache der Revolutionären Sozialisten, auch wenn sie sich z. B. in der Nummer 2 in einem Leitartikel »keine Namensdiskussion« aufzwingen lassen will und für die Beibehaltung der Bezeichnung »sozialdemokratisch« plädiert[66]. Die auf die Vorarlberger Situation bezogenen Meldungen und Kommentare nehmen quantitativ weniger Raum ein als die übrigen Ausführungen. Mit Ausnahme der Nr. 2 enthalten jedoch alle Ausgaben einen oder mehrere Artikel über Vorarlberg[67].

Die organisatorischen und politischen Außenkontakte der Vorarlberger Illegalen scheinen anfangs – aus naheliegenden Gründen – stärker über die Schweiz als in Richtung Innerösterreich gelaufen zu sein. Wann genau die ersten Verbindungen mit dem Untergrund in anderen österreichischen Bundesländern bzw. dem Auslandsbüro der österreichischen Sozialisten in Brünn hergestellt wurden, ist nicht klar zu eruieren. Fest steht aber, daß ein Vorarlberger Delegierter, der Bregenzer Hans Wahsel, an der »Wiener Konferenz« im September 1934 in Blánsko bei Brünn teilgenommen hat[68]. Im übrigen wurde die Verbindung zu den Bundesländern hinter dem Arlberg – wie bereits erwähnt – im wesentlichen von Eisenbahnern aus dem Raum Bludenz gehalten, doch auch durch Innerösterreicher, die als Kuriere nach Vorarlberg kamen, wie Franz Rauscher (Wien), Ferdinand Wedenig (Kärnten) und R. Zechtl (Tirol)[69].

Ein letztes Kapitel, das die Revolutionären Sozialisten der »Provinz« plötzlich in die *europäische* Auseinandersetzung zwischen Faschismus und Arbeiterbewegung einbringt: der spanische Bürgerkrieg, der Transport von Spanienkämpfern in die Schweiz. »Politiker, Gewerkschafter, Freiheitskämpfer für die Internationale Brigade nach Spanien, geflüchtete Juden und sonstige Emigranten wurden fast täglich und oftmals gruppenweise über die Grenze nach der Schweiz gebracht«, schreibt Hammer[70]. Hier gibt es in der illegalen Arbeit keine Abgrenzung zu den Kommunisten, jedem wird geholfen, mit Essen, Kleidern, Geld und einer Begleitung über die Grenze. Auf seiten der RS spielte neben Hammer der Lustenauer Gastwirt Andreas Müller eine wichtige Rolle: bei ihm war die Sammelstelle, er versteckte Spanienkämpfer und Flüchtlinge solange im Keller seines Gasthauses, bis ein Weitertransport möglich war[71]. Zwar flogen hier keine Transporte auf, doch wurde Müller in Untersuchungshaft genommen, eine Verurteilung unterblieb allerdings aus Mangel an Beweisen[72].

Auch im Raume Feldkirch wurden Spanienfreiwillige über die Berge nach Liechtenstein und in die Schweiz gebracht. Im Gegensatz zu den Kommunisten, die über einen eigenen Fonds zur Finanzierung der Transporte von Spanienkämpfern verfügten, waren die Vorarlberger RS ausschließlich auf eigene private Mittel bei der Bereitstellung von Kleidung, Verpflegung, Übernachtungsmöglichkeiten und der Hilfe beim Fluchtweg angewiesen[73].

Über erfolgreich verlaufene Transporte gibt es naturgemäß wenig Zeugnisse, hingegen existiert über Festnahmen, Ausweisungen, Zusammenarbeit der Vorarlberger Behörden mit einheimischen und Schweizer Konfidenten im Vorarlberger Landesarchiv ein umfangreiches Aktenbündel[74]. Immer wieder wurden Ausländer festgenommen, die in Vorarlberger Dörfern, oft sprach- und ortsunkundig, nach ihren Kontaktstellen suchten – so nach Iwan Landauers Gasthaus »Zur frohen Aussicht« in Hohenems oder nach dem Wirt des Gasthauses Gantner in Frastanz; aus den Zügen der Arlbergbahn heraus wurden oft Spanienfreiwillige aller Nationalitäten verhaftet, etwa wenn sie im Oktober/November 1937 angeblich zur Weltausstellung nach Paris unterwegs waren, doch kein Rückfahrticket vorweisen konnten. Allein vom 19. August bis zum 4. November 1937 wurden insgesamt 120 Spanienfreiwillige an der Ausreise in die Schweiz »gehindert«. Davon waren rund zwei Drittel Ausländer, vor allem Jugoslawen und Polen, die »in ihre Heimat überstellt«, das heißt ausgeliefert wurden.

In der zweiten Jahreshälfte 1937 gelang es den Behörden, ein – wahrscheinlich von kommunistischen Illegalen – landesweit aufgebautes Transportnetz zu infiltrieren und zu zerschlagen. Mehr als 40 Einheimische wurden dabei als Mitarbeiter des Netzes aufgedeckt – zum Teil Bergführer, Taxifahrer, Gastwirte, die nur gegen Bezahlung bereit gewesen waren, Spanienfreiwillige aufzunehmen und über die Grenze zu bringen. Und die Schweizer Behörden taten alles, um die Kontaktpersonen auch auf ihrer Seite dingfest zu machen. Den Erfolgen dieser Bemühung galt dann prompt das Lob der deutschen Nazi-Presse[75].

Die Bedingungen, unter denen die Vorarlberger illegalen Sozialisten 1934–1938 arbeiteten, sind historisch anders geformt worden als in den übrigen österreichischen Industriegebieten. Es gab deshalb keinen bewaffneten Widerstand, keine großen strategischen Auseinandersetzungen. Die Revolutionären Sozialisten bildeten eine relativ kleine, doch geschlossene Gruppe politisch Aktiver. Sicherlich haben zwei Umstände das Bewußtsein ihres Handelns bestimmt: zum einen die Erfahrung des materiellen und sozialen Drucks der kapitalistischen Entwicklung[76], zum andern – als Folge dieser Erfahrung – das Engagement in der besonders exponierten Sozialdemokratischen Partei Vorarlbergs. Doch dazu kommt ein drittes, vielleicht ebenso wichtiges Moment, das sich eher der »ungleichzeitigen« bäuerlichen Tradition des Landes verdankt: der Anspruch der persönlichen Ehre, niemand anderes Knecht, sein eigener Herr zu sein. Der selber aus einer Bauernfamilie stammende Pius Moosbrugger, der Lokomotivführer geworden ist:

> Damals – dieses feste Zur-Idee-Stehen, unbeirrt von den äußeren ungünstigen Verhältnissen, das hat auch in der bürgerlichen Welt eine bestimmte Achtung hervorgerufen, mehr Achtung als für diejenigen, die gekrochen sind.

ANMERKUNGEN

1 1935 in *Erbschaft dieser Zeit* (Frankfurt/M. 1962, Bd. IV der Gesamtausgabe). Siehe auch Blochs *Gespräch über Ungleichzeitigkeit* in: *Kursbuch* Nr. 39, 1975, S. 1–9.
2 Bundesamt für Statistik (Hg.): *Die Ergebnisse der österreichischen Volkszählung vom 22. März 1934 – Vorarlberg,* Wien 1935, Tabelle 9.
3 A. a. O., Tabelle 14.
4 Eigene Erhebungen im Zuge der Materialsammlung für die vorliegende Arbeit (vgl. Anm. 12). Die illegal arbeitenden Vorarlberger Kommunisten hingegen dürften sich etwa zur Hälfte aus Hilfs- und Fabriksarbeitern rekrutiert haben (vgl. Anm. 51).
5 Vgl. Manfred Scheuch, *Geschichte der Arbeiterschaft Vorarlbergs bis 1918,* Wien 1961, S. 20. Scheuchs Arbeit gibt wesentliche Aufschlüsse zum spezifischen Konstitutionsprozeß der Arbeiterklasse in Vorarlberg vom Ende des 18. bis zum Beginn des 20. Jahrhunderts.
6 Akte: Vorarlberger Landesregierung 1106 XXIV-226/1923 (im Vorarlberger Landesarchiv, Bregenz); Telegramm des Staatsamtes für Heerwesen an den Vorarlberger Landesbefehlshaber vom 7. Mai 1919 sowie Schreiben des Staatsamtes für Heerwesen Zl. Y3971/1919 vom 15. Mai 1919.
7 *Vorarlberger Volksblatt* vom 16. Juli 1919.
8 Diese regionale Trendbewegung ist spezifisch und nicht dem österreichischen Schnitt angepaßt (vgl. Hans Hautmann/Rudolf Kropf: *Die österreichische Arbeiterbewegung vom Vormärz bis 1945,* Wien 1974, S. 148 f.). Zur Mitgliederentwicklung der Sozialdemokratischen Partei in den einzelnen österreichischen Bundesländern hat Josef Weidenholzer, *Bildungs- und Kulturarbeit der österreichischen Sozialdemokratie in der Ersten Republik,* Diss., Linz 1977, umfangreiches Material aufgearbeitet. Hier auch weitere Angaben zur Situation der Vorarlberger Partei, besonders auf dem Bildungs- und Schulungssektor.

9 J. Weidenholzer, a. a. O.
10 Im Nachlaß von Pius Moosbrugger, Nüziders.
11 Z. B. Otto Leichter, *Zwischen zwei Diktaturen – Österreichs Revolutionäre Sozialisten 1934–1938,* Wien 1968 (s. Anm. 67).
12 Die weitere Darstellung basiert auf einem für das Ludwig-Boltzmann-Institut für Geschichte der Arbeiterbewegung (Linz) verfaßten Manuskript, das hier zum Teil gekürzt, zu einem anderen Teil mit zusätzlichem Material überarbeitet wurde.
Wesentliche Informationen wurden durch Interviews gewonnen, die im August 1972 sowie im August 1973 mit folgenden Personen geführt wurden: Alois Hammer (Lustenau), Franz Madlener (Bregenz), Josef Mayer (Bregenz), Anton Mayrhauser (Bregenz), Pius Moosbrugger (Nüziders), Ludwig Pruner (Bregenz), Ferdinand Valentini (Lochau), Hans Wahsel (Bregenz), Karl Würbel (Schruns), Franz Zoller (Bludenz). Ohne die bereitwillig erteilten Auskünfte wäre die vorliegende Abhandlung nicht möglich gewesen. Die Interview-Tonbänder sind im Besitz des Verfassers. Weitere Informationen stammen aus schriftlich festgehaltenen Gesprächen mit Josef Greussing vom April 1965 und August 1970.
Das erwähnte Manuskript enthält eine Auflistung der wichtigeren Mitglieder der Vorarlberger Revolutionären Sozialisten, meist mit Berufsangaben. Diese Auflistung muß hier entfallen.
Die im folgenden zitierten Akten befinden sich im Vorarlberger Landesarchiv in Bregenz. Hier sei für die Bewilligung der Einsicht in die Akten und die Mühe bei ihrer Beschaffung gedankt.
13 Interview Moosbrugger. Ein Bericht über den Parteitag, der auf diese Strategiefrage (verständlicherweise) nicht eingeht, in der *Vorarlberger Wacht* vom 13. April 1933. Daß die Erbitterung über den christlichsozialen Ständestaat gerade bei politisierten Arbeitern zu – wenn auch zurückhaltenden – Sympathien mit den NS führen konnte, wird aus einem Bericht im *Vorarlberger Tagblatt* vom 4. April 1938 (»Das Bekenntnis eines Marxistenführers«) deutlich. Der frühere sozialistische Gewerkschafter Emil Nesler erklärte auf einer faschistischen Kundgebung im April 1938 in Bludenz, die Arbeiter hätten »wahrlich keinen Grund, dem verflossenen christlichen Ständestaat, der alles andere als christlich und sozial war, eine Träne nachzuweinen.« Er könne heute noch nicht mit Überzeugung »Heil Hitler« sagen, doch würden sich die Arbeiter freuen, »wenn der Nationalsozialismus, den sie bekämpft hätten, ihnen den wahren Sozialismus bringe«. Ähnliche Hinweise auf die Stimmung unter manchen Sozialisten gibt Pius Moosbrugger in einem Brief an den Verfasser vom 17. März 1977.
14 Interview Mayer.
15 Interview Hammer.
16 Interviews Pruner, Mayrhauser.
17 Vgl. z. B. den Bericht in der *Vorarlberger Wacht* vom 9. August 1932 über erfolgreichen Versammlungsschutz gegen Nazis in Dornbirn.
18 Über den Besuch Glöckels wird noch in der *Vorarlberger Wacht* vom 13. Februar 1934 berichtet. Die genaue Datierung des Eifler-Besuchs ist nicht möglich, er wurde in der *Vorarlberger Wacht* nicht erwähnt. Zoller erklärte, Eifler sei unmittelbar nach seiner Rückkehr aus Vorarlberg am Wiener Westbahnhof festgenommen worden (Interview Zoller).
19 Interviews Hammer, Zoller.
20 Interview Würbel.
21 Interview Zoller.
21a Interview Hammer.
22 Interview Mayrhauser.

23 Ein konfisziertes Exemplar dieses Rundschreibens in der Akte: BH Bregenz C-280/1934.
24 Akte: BH Bregenz C-280/1934. Es handelt sich um einen handschriftlichen Vermerk, datiert vom 29. Januar 1933 (recte: 1934) auf C-Zl. 280 vom 7. Januar 1934.
25 Akte: BH Bregenz C-280/1934 vom 18. Februar 1934. Für den Bezirk Bregenz sind 101 Personen genannt (darunter sechs Kommunisten).
26 Akte: BH Bregenz C-280/1934, keine Datierung.
27 Akte: BH Bregenz C-280/1934 vom 17. Februar 1934.
28 Interview Zoller.
29 Akte: BH Bregenz C-280/1934 vom 11. November 1934.
30 Akte: BH Bregenz C-280/1934 vom 17. Februar 1934.
31 Pius Moosbrugger, »Der Februar in Vorarlberg«, in: *Arbeiter-Zeitung* vom 12. Februar 1974
32 Manfred Scheuch, a. a. O., S. 108, 120.
33 Interview Wahsel. Dies bestätigte auch Anton Mayrhauser in einem Gespräch mit dem Verfasser im März 1977.
34 Vgl. laufende Berichte und Kommentare der *Vorarlberger Wacht* zur Rätebewegung im Ausland, z. B. vom 29. März 1919, 8. April 1919 (Kommentar zur Ausrufung der bayerischen Räterepublik in München: ». . . Weltrevolution, welche allein imstande ist, alle Völker der Erde vom kapitalistischen Joch zu befreien . . ., ein tüchtiges Stück vorwärts gekommen . . .«), sowie vom 10., 11. und 13. März 1919 (über »Volksversammlungen« anläßlich der Beschlagnahmung von 12 Waggons Schlachtvieh durch Dornbirner Arbeiter). Zur Aufstellung der Volksmiliz und zum sozialdemokratischen Einspruch dagegen s. Akte: Vorarlberger Landesregierung 1277 XXIV-226/1919 in: Vorarlberger Landesregierung 1106 XXIV-226/1923
35 Schreiben von Pius Moosbrugger an den Verfasser vom 17. März 1977.
36 Durchschrift der Erklärung in Akte: BH Bregenz C 280/1934. Diese Durchschrift trägt keine Originalunterschriften. Die Erklärung dürfte auch vom Landesvorsitzenden der Sozialdemokratischen Partei, Wilhelm Sieß, unterzeichnet worden sein. Daß Linder sie unterzeichnet hat, ist auch mehreren interviewten Personen (Hammer, Wahsel, Zoller) definitiv bekannt gewesen.
37 In einem Brief vom 5. August 1936 an Julius Deutsch in Brünn, da Linder wegen der Möglichkeit einer Rückkehr nach Österreich die Flüchtlingshilfe der Schweizer Sozialdemokraten entzogen werden sollte (s. Dokumentationsarchiv des österreichischen Widerstandes DÖW 10.730).
38 Interview Moosbrugger.
39 Zur Zeitschrift *Der Kämpfer* siehe Anm. 62–67 im Text.
40 Bericht von Alois Hammer ans Parteiarchiv der SPÖ in Wien vom 7. Februar 1965 sowie Interview.
41 Interview Zoller.
42 Interview Moosbrugger.
43 Interview Wahsel.
44 Interview Zoller.
45 Aufzeichnung von Gesprächen mit Josef Greussing vom April 1965 und August 1970.
46 Interview Hammer.
47 Zu diesem Problemkomplex ausführlich Ilona Duczynska, *Der demokratische Bolschewik. Zur Theorie und Praxis der Gewalt,* München 1975, S. 245–287.
48 Interview Mayrhauser.

49 Interviews Zoller, Hammer.
50 Dem Verfasser ist als einziger Hochverratsprozeß wegen RS-Aktionen in Vorarlberg (Streuen von Flugblättern) der gegen Josef Greussing bekannt. Der Angeklagte wurde nach einer Untersuchungshaft vom Oktober 1937 bis Anfang Februar 1938 schließlich aus Mangel an Beweisen freigesprochen. Daß – zumindest in Vorarlberg – ein Gefängnisaufenthalt auch ohne Beschädigung der politischen Identität überstanden werden konnte, davon zeugen die Briefe des Inhaftierten ans Gericht und an seine Mutter (Kopien beim Ludwig-Boltzmann-Institut für Geschichte der Arbeiterbewegung).
51 Akte: BH Bludenz II-2544/1934, BH Feldkirch III-231, 271-285, 336-354/1935, alle in: BH Feldkirch – Polizeiabteilung (III) Schachtel »Kommunistische Akten aus mehreren Jahrgängen«. Es spricht wenig gegen die Annahme, daß zumindest Teile des kommunistischen Potentials für die revolutionären Versprechungen des Faschismus ebenso anfällig waren wie ein Teil der ursprünglich sozialdemokratischen Arbeiter (vgl. Anm. 13). Als im Juli 1938 die Gendarmerieposten des Bezirks Feldkirch aufgefordert wurden, ein Verzeichnis der von den Posten zwischen 1933 und 1935 geführten Kommunisten vorzulegen, kam z. B. aus Dornbirn der Bericht: »Soweit bis jetzt in Erfahrung gebracht werden konnte, sollen einige von den im Verzeichnis angeführten Kommunisten der SA und NSKK angehören und sich in den letzten zwei Jahren in keiner Weise im kommunistischen Sinne betätigt ... haben ...« Für Dornbirn folgt ein Verzeichnis von 37 Personen, darunter 20 Hilfs- und Fabrikarbeitern, teilweise fehlen Berufsangaben (Akte: BH Feldkirch III-842/1938, in: BH Feldkirch-Polizeiabteilung [III] Schachtel »Kommunistische Akten aus mehreren Jahrgängen«).
52 Akte: BH Feldkirch III-220/1937, in: Schachtel a. a. O. (Anm. 51)
53 Akte: BH Feldkirch III-1209/1936, in: Schachtel a. a. O. (Anm. 51).
54 Interview Zoller.
55 S. Bericht von A. H. (Alois Hammer) im *Vorarlberger Volkswille,* 2. Mai 1947, S. 3.
56 Interview Valentini.
57 Telefonische Auskunft vom Archiv der Druckerei im Spießerturm (St. Gallen), die die Traditionspflege der *Volksstimme* wahrnimmt, sowie von der Witwe nach Redakteur Schmidt und dessen Sohn am 14. August 1973.
58 Interview Hammer. Exemplare dieser mutierten *Arbeiter-Zeitung* waren nirgendwo auffindbar.
59 Häufige Gendarmerie-Berichte, vor allem Schachtel a. a. O. (Anm. 51).
60 Exemplare im Besitz des Verfassers.
61 Eine Nummer im Dokumentationsarchiv des österreichischen Widerstandes DÖW 4020/6, eine weitere in Akte: BH Feldkirch III-87/1935 in Schachtel a. a. O. (Anm. 51), Kopie im Besitz des Verfassers.
62 Interviews Hammer, Valentini.
63 Interview Hammer sowie Aufzeichnung eines Gesprächs mit Josef Greussing im April 1965.
64 Interview Hammer.
65 Moosbrugger, Zoller und Würbel konnten sich z. B. an den *Kämpfer* nicht erinnern.
66 Ähnlich die *Arbeiter-Zeitung* vom 27. Mai 1934, S. 3
67 Die einzigen Original-Exemplare des *Kämpfer* (aus dem Nachlaß von Josef Greussing) befinden sich heute als Leihgabe aus dem Besitz des Verfassers im Vorarlberger Landesarchiv.
Die Darstellung bei Otto Leichter, a. a. O. (Anm. 11), S. 436 f.: Die Zeitung »wurde von Julius (recte: Anton; Anm. d. Verf.) Linder, einem Vorarlberger

Sozialdemokraten und Mitarbeiter der Untergrundbewegung, redigiert, der zu diesem Zweck jede Woche von Österreich nach St. Gallen kam«, ist selbstverständlich unhaltbar.
68 Interview Wahsel.
69 Interviews Hammer, Zoller sowie Aufzeichnung eines Gesprächs mit Josef Greussing im April 1965.
70 Bericht von Alois Hammer ans Parteiarchiv der SPÖ in Wien vom 7. Februar 1965.
71 Interviews Hammer, Mayer.
72 Interview Mayer.
73 Interview Hammer.
74 Akten-Mappe in Schachtel a. a. O. (Anm. 51).
75 *Berliner Tageblatt* No. 524/525 vom 6. November 1937.
76 Erst nach Drucklegung dieser Arbeit ist dem Verf. die Monographie von Gerhard Wanner, *Die Geschichte der Vorarlberger Kammer für Arbeiter und Angestellte 1921–1938*, Feldkirch 1978, zugänglich geworden. Der Autor des Buches hat hierbei u. a. relevantes Material zur sozialen Entwicklung der Vorarlberger Arbeiterschaft in der Zwischenkriegszeit, vor allem für den Zeitraum 1927–1933, aufgearbeitet (S. 64–80).

Wolfgang Neugebauer

Die Arbeiterbewegung in Wien im Widerstand 1934–1945

Die nachstehenden Ausführungen beruhen auf jahrelangen Forschungen, die der Verfasser im Auftrag der Stadt Wien und im Rahmen des Dokumentationsarchives des österreichischen Widerstandes durchgeführt hat und die in der dreibändigen Dokumentation *Widerstand und Verfolgung in Wien 1934–1945* (Wien 1975) ihren wissenschaftlichen Niederschlag gefunden haben. Ohne in eine Wien-Überheblichkeit zu verfallen oder die Vielfalt des Widerstandes in Österreich zu leugnen, muß festgestellt werden, daß diese Arbeit über den lokalen oder regionalen Rahmen hinausgeht. Dadurch, daß in Wien sowohl die Führungsgremien der illegalen Organisationen als auch die zentralen Verfolgungsinstanzen ihren Sitz hatten (und das entsprechende Quellenmaterial im großen und ganzen hier zurückgelassen haben), gibt die Wien-Dokumentation – mit der wesentlichen Ausnahme des Partisanenwiderstandes – einen Gesamtüberblick über Widerstand und Verfolgung in Österreich. Dies betrifft insbesondere die ideologische Ausrichtung, die politischen Auseinandersetzungen und die illegale Propaganda der Arbeiterbewegung. So sind etwa die zentralen Aufrufe der Sozialisten und der Kommunisten in Wien hergestellt, verfaßt oder von hier aus verbreitet worden.

Dazu kam noch, daß die österreichische Arbeiterbewegung schon in der Ersten Republik im »Roten Wien« ihr organisatorisches und politisches Schwergewicht hatte. Die Wiener Sozialdemokratische Partei konnte mit Stolz von sich behaupten, die bestorganisierte Arbeiterpartei der Welt zu sein. Jeder vierte Wiener gehörte der Sozialdemokratischen Arbeiterpartei (SDAP) an; ihre 400.484 Mitglieder bildeten mehr als 60 Prozent der Gesamtmitgliedschaft der Partei. 60 Prozent der Wiener Wähler gaben 1932 der SDAP die Stimme; das waren 46 Prozent der Gesamtstimmenzahl der SDAP[1]. Dieses Verhältnis galt im wesentlichen auch für die vielen anderen sozialdemokratischen Organisationen, und auch die – im Vergleich zur Sozialdemokratie unbedeutende – kommunistische Bewegung hatte in Wien ihren wichtigsten Stützpunkt.

Der hohen Organisationsdichte entsprach auch das politische Bewußtsein, das von den Ideen und Theorien des Austromarxismus geprägt war[2]. Insbesondere in den Jugendorganisationen und im Republikanischen Schutzbund, der militanten sozialdemokratischen Wehrorganisation, war ein geschulter und kampfbereiter Kader von einigen tausend Aktivisten vorhanden.

Organisatorische Stärke und ideologischer Bewußtseinsstand bildeten zwei elementare Voraussetzungen für den Widerstand der Arbeiterbewegung in den elf Jahren faschistischer Herrschaft. Daß die Februarkämpfe 1934, der erste bewaffnete Widerstandskampf gegen den Faschismus in Europa, von den Sozialdemokraten getragen waren und in Wien den größten Umfang und die größte Intensität erreichten[3], war kein Zufall.

Im »Ständestaat« 1934–1938

Der Februar 1934 bildet zweifellos die größte Zäsur in der Geschichte der österreichischen Arbeiterbewegung. Der militärische Triumph der austrofaschistischen Kräfte war zwar nicht gleichbedeutend mit dem Untergang der Arbeiterbewegung, brachte aber die totale machtpolitische Niederlage der Sozialdemokratie, das Ende ihrer Organisationen und ihrer legalen Tätigkeit. Trotz der harten Repressionsmaßnahmen (bis zu KZ und Todesstrafe) und ungeachtet verschiedener sozialdemagogischer Manöver (»Aktion Winter«, »Soziale Arbeitsgemeinschaft« u. ä.) entwickelte sich eine relativ breite Untergrundbewegung. Freilich hatte sich die durch anderthalb Jahrzehnte festgefügte Struktur der österreichischen Arbeiterbewegung vorübergehend aufgelöst, und es kam zu einer Neuorientierung und Neuverteilung des Kräfteverhältnisses[4].

Die Revolutionären Sozialisten

Noch während der Kämpfe im Februar 1934 und unmittelbar danach bildeten sich in verschiedenen Wiener Bezirken die ersten Ansätze illegaler sozialistischer Parteitätigkeit. Zwar wurden die Massen der Anhänger der Sozialdemokratie – obwohl gewiß weiterhin regimefeindlich und prosozialistisch eingestellt – durch die Auflösung der Organisationen vom aktiven politischen Geschehen ausgeschaltet, für die Kader der Bewegung aber war die Fortführung ihrer politischen Tätigkeit unter den Bedingungen der Illegalität eine Selbstverständlichkeit. Allerdings erlitt die sich formierende illegale Bewegung durch die vor allem in Wien große Übertrittsbewegung zu den Kommunisten einen nicht unbeträchtlichen Aderlaß. Im Unterschied zu den Bundesländern schlossen sich in Wien kaum Sozialdemokraten der illegalen NS-Bewegung an, und nur wenige – als »Überläufer« geächtete – stellten sich dem Regime zur Verfügung[5].

Die wichtigste Initiative zum Neuaufbau setzte eine Gruppe ehemaliger Redakteure der *Arbeiter-Zeitung* um Oscar Pollak und Otto Leichter, welche die Verbindungen zwischen den einzelnen Gruppen herstellte und eine neue Parteiführung schuf. Bis zum Sommer 1934 konnten sich die Revolutionären Sozialisten (RS) als die illegale sozialistische Partei durchsetzen. In der Prinzipienerklärung der Wiener sozialistischen Organisation vom 5. September 1934 erklärte sich die Partei als »Nachfolgerin und Erbin« der SDAP[6].

In der Geschichte der RS lassen sich zwei Entwicklungsabschnitte unterscheiden. Die erste Phase, die »Periode der Rache und Romantik« (Charles Adam Gulick), war durch einen stimmungsbedingten Radikalismus und einen verständlichen, doch unbegründeten revolutionären Optimismus charakterisiert. Angesichts der offenkundigen Schwäche des Regimes und beeindruckt von der großen Zahl der zum Widerstand Entschlossenen glaubte man, das Regime durch aktiven und passiven Widerstand breiter Massen in kurzer Zeit (»kurze Perspektive«) stürzen zu können. Ihren Niederschlag fanden diese Vorstellungen in der Bildung möglichst großer Organisationen, in breiter Agitation und Propaganda und in verlustreichen, wenig zielführenden Massenaktionen wie Kundgebungen und Demonstrationen. Das Auslandsbüro österreichischer Sozialdemokraten in Brünn (ALÖS) unter Führung Otto Bauers leistete große organisatorische Hilfe, vor allem bei der Herstellung illegaler Literatur, übte aber auch politisch einen bedeutenden Einfluß auf die Parteiführung aus[7].

Eine Verhaftungswelle, der Anfang 1935 nahezu die gesamte Führung der RS zum Opfer fiel, verhalf der innerparteilichen Opposition um Josef Buttinger und Josef Podlipnig zum Durchbruch. Die neue RS-Führung stellte sich auf eine lange Dauer des illegalen Kampfes ein (»lange Perspektive«); infolgedessen wurden Partei und Jugendorganisation als Kaderorganisationen auf streng konspirativer Basis aufgebaut, die äußeren Aktivitäten stark eingeschränkt und die Schulung des Kaders zur wichtigsten Aufgabe erklärt. Dadurch sowie durch die nun vorgenommene deutlichere Abgrenzung gegenüber den Kommunisten konnte die illegale sozialistische Bewegung sowohl organisatorisch als auch politisch-ideologisch gefestigt werden. Der neue, bis zum März 1938 maßgebliche Kurs war allerdings nicht nur auf die theoretische Neuorientierung zurückzuführen, sondern auch auf die unvermeidliche Schrumpfung der Bewegung nach dem Abflauen der illusionären Nachfebruarstimmung.

Die kommunistische Volksfronttaktik wurde von den RS verworfen, weil im bürgerlichen Lager keine demokratischen Kräfte als potentielle Volksfrontpartner vorhanden waren. Die Wiederherstellung der demokratischen Rechte der Arbeiterschaft wurde als eine unabdingbare Voraussetzung für die Teilnahme am Kampf gegen Hitlerdeutschland erachtet. »Nur freie Bürger werden gegen Knechtung kämpfen«, erklärte der sozialistische Jugendführer Bruno Kreisky als Angeklagter im Wiener Sozialistenprozeß 1936[8].

Die Kommunisten

Durch die Ereignisse des Februar 1934 konnte die schon seit Mai 1933 illegale Kommunistische Partei Österreichs (KPÖ) ihren Sektencharakter überwinden und zu einer Massenpartei – unter den Bedingungen der Illegalität – anwachsen[9]. Der Zustrom vieler Sozialdemokraten, vor allem Jugendlicher, Schutzbündler und Intellektueller, der in Wien zweifellos am stärksten war, schuf die Basis für den breiten Widerstandskampf der KPÖ in den nächsten elf Jahren, er bildete das Gerippe der Partei nach 1945 und ist für sie auch heute noch – trotz mehrmaliger Aderlässe durch Krisen im Weltkommunismus – eine wichtige Stütze. Freilich ging damit keine innere Erneuerung einher; denn die Dominanz des stalinistischen, völlig moskauorientierten Apparats blieb ungebrochen[10].

Das Scheitern des »demokratischen Weges zum Sozialismus« und der enorme Aufschwung ihrer Organisationen eröffneten auch den Kommunisten eine »kurze Perspektive«, die in der Losung »Vorwärts vom Februaraufstand zum bolschewistischen Roten Oktober« gipfelte[11]. In dieser ersten Phase glaubte die KPÖ-Führung, das Aufkommen einer illegalen sozialistischen Partei verhindern zu können, bis sie dann nach Etablierung der RS zur Einheitsfrontpolitik überging. Durch »Einheitsorganisationen« vorgeblich überparteilichen Charakters (Rote Hilfe, Schutzbund, Wiederaufbaukommission, Roter Studenten-Bund, Antifaschistischer Mittelschüler-Bund), durch »Einheitsfront von unten« in Form lokaler »gemeinsamer Aktionskomitees« sowie durch »Aktionsgemeinschaft« und »Einheitsfront« mit der RS-Führung versuchten die Kommunisten ihr Ziel, die »Vereinigung der Revolutionären Sozialisten mit der Kommunistischen Partei auf der Grundlage des Marxismus-Leninismus« (Koplenig[12]), zu erreichen.

Diesen Bestrebungen blieb ebenso der Erfolg versagt wie den nach dem 7. Weltkongreß der Komintern 1935 eingeleiteten Bemühungen, eine »Volksfront«, ein Bündnis aller demokratischen Volksteile zum Sturze des Faschismus, zustande zu bringen. Erfolgreicher verliefen hingegen die Bemühungen, Institutionen und Organisationen des Regimes im Sinne der Taktik des »trojanischen Pferdes« (Dimitrow) zu unterwandern[13].

Die Volksfronttaktik, die bis 1938 und in anderer Form auch darüber hinaus für die KPÖ maßgebend war, erforderte natürlich eine Zurückstellung der eigenen Parteiforderungen zugunsten allgemeiner Minimalforderungen. In diesem Sinne proklamierte das ZK-Plenum im Juli 1936 die Losung »demokratische Republik« anstelle der bisherigen zentralen Forderung »Diktatur des Proletariats«. In logischer Konsequenz wurde der antifaschistische Widerstand nicht mehr als »revolutionärer Kampf«, als Auseinandersetzung zwischen antagonistischen Klassen, sondern als »nationaler Freiheitskampf« verstanden. Alfred Klahr, Mitglied des ZK der KPÖ, lieferte dazu im Frühjahr 1937 mit seiner theoretischen Begründung einer eigenen österreichischen Nation – in fundamentalem Widerspruch zu der bis dahin vorherrschenden deutschen Ausrichtung der österreichischen Arbeiterbewegung – die geistige Grundlage[14].

Gegen die innerparteiliche Opposition, geschart um die Zeitschrift *Ziel und Weg* (in bewußtem Gegensatz zum theoretischen KPÖ-Organ *Weg und Ziel*), die diesen abrupten und tiefgreifendsten Kurswechsel der KP-Geschichte nicht mitmachen wollte, wurde – parallel zur Säuberung in der UdSSR, die von der KPÖ-Führung enthusiastisch begrüßt wurde – eine beispiellose Hetzkampagne entfaltet, die als eine der »wichtigsten Aufgaben des antifaschistischen Kampfes der KPÖ« (Reichskonferenz 1937) bezeichnet wurde[15].

Die illegalen Freien Gewerkschaften

Neben den beiden Arbeiterparteien spielten auch die illegalen Gewerkschaften im Widerstand gegen den Austrofaschismus eine wichtige Rolle, obwohl ihre Schaffung nicht selbstverständlich war. Verhandlungen freigewerkschaftlicher Funktionäre mit dem Dollfuß-Regime scheiterten jedoch ebenso wie der von diesen Kreisen ausgehende Versuch, sich mit Zeitschriften (*Wochenschau, Der Strom*) eine halblegale oppositionelle Basis zu schaffen.

Die zuerst in eine kommunistische und eine sozialistische Richtung gespaltenen illegalen Gewerkschaftsorganisationen vereinigten sich im Sommer 1935 zu einer »Bundesleitung der Freien Gewerkschaften Österreichs«. Ihre Hauptstützpunkte hatten die illegalen Gewerkschaften, die nach dem Industriegruppenprinzip gegliedert waren, in den Wiener Großbetrieben; vor allem in der Metallbranche und unter den Angestellten waren sie stark vertreten. Die Hauptaufgaben der illegalen Gewerkschaften bestanden in der Interessenvertretung der Arbeiter in den Betrieben sowie in der politisch-propagandistischen Bekämpfung des Regimes und seiner Einrichtungen.

Politische Auseinandersetzungen zwischen Sozialisten und Kommunisten gab es vor allem über die Stellung zur staatlichen »Einheitsgewerkschaft«. Die von den Kommunisten forcierte, von den RS im wesentlichen abgelehnte »Ausnützung der legalen Möglichkeiten« brachte im Laufe der Jahre 1936 und 1937 einige Erfolge: In verschiedenen Wiener Betrieben konnten Lohnkämpfe und Streiks durchgeführt werden, in zwei Denkschriften an Bundeskanzler Schuschnigg übermittelten legale Vertrauensmänner die Forderungen der illegalen Gewerkschaften, bei den Vertrauensmännerwahlen im September 1936, der einzigen halbwegs freien Wahl im »Ständestaat« errangen die »Roten« – wie die Polizei intern eingestand – einen überwältigenden Erfolg, und die Kampagne gegen den nazistischen Metallarbeitergewerkschafter Znidaric führte zu dessen Sturz[16]. Diese Ereignisse, besonders aber die Entwicklung im Februar und März 1938, als Schuschnigg mit illegalen Gewerkschaftern Verhandlungen aufnehmen mußte, zeigten, daß die Freien Gewerkschaften trotz ihrer Illegalität ein politisch relevanter Faktor waren.

Schutzbund und linke Splittergruppen

Nach dem Februar 1934 verselbständigte sich der bis dahin sozialdemokratische Republikanische Schutzbund und erklärte sich unter dem Namen »Autonomer Schutzbund« zur »Wehrformation der Arbeiterklasse« mit »Einheitsfrontcharakter«. Seine Organisation war im wesentlichen auf Wien beschränkt. Da der Schutzbund zunehmend ins Fahrwasser der KPÖ geriet, bekämpfte ihn die RS-Führung als kommunistische Vorfeldorganisation und sprach ihm jeden Wert ab. Dies sowie die Hinwendung der KPÖ zu Volksfront und Demokratie, vor allem aber die infolge der internationalen Entwicklung immer offenkundiger werdende Aussichtslosigkeit des vom Schutzbund angestrebten »bewaffneten Aufstandes« führten 1936 zum raschen Niedergang des Schutzbundes. Die Schutzbündler stellten aber den Großteil jener nahezu 2000 österreichischen Freiwilligen, die im spanischen Bürgerkrieg 1936–1939 auf der Seite der Republik gegen Franco und seine faschistischen Verbündeten kämpften und wohl den bedeutendsten Beitrag im antifaschistischen Kampf leisteten[17].

Im Zuge der Februarereignisse entstanden aus dem Zerfall der sozialdemokratischen Massenorganisationen mehrere neue, durchwegs radikal marxistische Organisationen, und existierende Splittergruppen erhielten einen gewissen Auftrieb. Die *Rote Front,* die größte neue Gruppe, war »eine Gründung jener Wiener Jugendfrontführer und linken Parteiintellektuellen, die nicht mit Ernst Fischer zur Kommunistischen Partei übergegangen waren«. Zu ihr stieß auch der *Georg-Weissel-Bund,* der aus der schon seit Juni 1933 illegal tätigen sozialdemokratischen Mittelschülergruppe *Achtzehner* um Josef Simon hervorgegangen war. Die *Rote Fahne* vereinigte sich im Juni 1934 mit der KPÖ; ein Teil ging zu den RS. Weitere kurzlebige Splittergruppen waren die Gruppe *Funke,* die *Febristen,* ein *Bund für Gerechtigkeit und Freiheit,* die Gruppe um die Zeitschrift *Rote Post* und Anarchisten[18]. Die aus abgespaltenen oder ausgeschlossenen KP-Oppositionsgruppen hervorgegangenen Trotzkisten waren in drei einander bekämpfende Organisationen gespalten: *Kampfbund zur Befreiung der Arbeiterklasse, Bolschewiki-Leninisten* und *Revolutionäre Kommunisten.* Dazu kam 1936/37 die als »trotzkistisch« aus der KPÖ bzw. KJV ausgeschlossene *Ziel und Weg*-Gruppe[19]. Für sämtliche Splittergruppen der Linken, die fast ausschließlich in Wien konzentriert waren, gilt, daß sie es trotz ihrer oft zutreffenden politischen Analysen, ihrer fundierten Kritik an den beiden großen illegalen Arbeiterparteien nicht verstanden, die zur politischen Wirksamkeit notwendige organisatorische Stärke bzw. den entsprechenden Einfluß auf die Massen zu erlangen, und damit letztlich bedeutungslos waren.

Die christliche Arbeiterbewegung

Die christliche Arbeiterbewegung war in das System des »Ständestaates« voll integriert; sie war – wie Anton Pelinka herausarbeitete – keine Opposition *zum* System, sondern eine Opposition *im* System. Trotz der offenkundigen Erfolglosigkeit aller Bemühungen um demokratische und soziale Reformen blieb die Loyalität zu Dollfuß und Schuschnigg stets gewahrt.

Auch Ernst Karl Winter erlitt Schiffbruch mit seinem Versuch, durch Mitarbeit im System – als dritter Vizebürgermeister von Wien – das Regime zu Zugeständnissen an die Arbeiterschaft zu bewegen. Die von ihm gegründete *Österreichische Arbeiter-Aktion* und seine verschiedenen Presseorgane wurden wegen ihrer zunehmenden Kritik am »Ständestaat« 1935 abgewürgt. Auch seine späteren Bemühungen, insbesondere nach dem Juliabkommen 1936, eine »Volksfront« aller antinazistischen Kräfte von rechts bis links zu schaffen, scheiterten ebenso wie seine Anstrengungen vor dem März 1938, Schuschnigg zum Widerstandskampf gegen Hitlerdeutschland zu veranlassen.

Als völlig einfluß- und bedeutungslos kann der aus der christlichen

Arbeiterbewegung hervorgegangene Kreis um Anton Orel (Karl Vogelsang-Bund) angesehen werden. Bei Orel verband sich ein betonter Antikapitalismus mit antidemokratischen und antisemitischen Vorstellungen, die ihn in die (geistige) Nähe des Nationalsozialismus brachten[20].

Unter dem NS-Regime 1938–1945

Die kampflose Kapitulation Schuschniggs und die Besetzung Österreichs durch Hitlerdeutschland beendeten abrupt die unmittelbar vor dem 11. März 1938 entstandenen Illusionen über eine Legalisierung der Arbeiterbewegung. Eine gigantische Terrorwelle sollte jeden Widerstand und jede Opposition von vornherein ausschalten, während die gleichzeitig vor sich gehende, in einen Nebel von sozialer Demagogie gehüllte Propagandakampagne die Bevölkerung, insbesondere die Arbeiterschaft, faschistisch indoktrinieren sollte. Dazu gehörte etwa die demonstrative Rehabilitierung der im Februar 1934 gemaßregelten Schutzbündler in verschiedenen Wiener Betrieben[21]. Daß die Arbeiterbewegung in Wien – so wie in anderen industriellen Ballungszentren – unter der faschistischen Diktatur trotzdem nicht ausgerottet werden konnte, daß sie sich zum Teil aus der Arbeiterklasse erneuerte, zeigt, daß sie nicht irgendeine Partei ist, die einfach »verboten«, durch Polizei- und Gerichtsmaßnahmen aufgelöst werden kann.

Der Emanzipationskampf der Arbeiterklasse, als dessen integrierender Bestandteil der antifaschistische Widerstand aufzufassen ist, war nicht – wie die faschistische Propaganda dies hinzustellen versuchte – das Werk einiger »jüdisch-marxistischer Intellektueller«; er war und ist das notwendige Ergebnis der gesellschaftlichen Entwicklung des Kapitalismus.

Der nationalsozialistische Alltag ließ die Jubelstimmung vom März und April 1938 bald abflauen. Terror und Pogrome, Denunziantentum und Karrieristentum stießen viele Gutgläubige ab; nichteingelöste Versprechungen, Verdrängung von Österreichern durch Deutsche, Einführung neuer Steuern, soziale Entrechtung, besonders die Arbeitsverpflichtung aller Arbeitsfähigen, welche die freie Arbeitsplatzwahl einschränkte, bewirkten – vor allem im Laufe des opferreichen Krieges – einen Stimmungs- und Bewußtseinswandel breiter Kreise der Bevölkerung. Die Einschaltung der Gestapo in arbeitsrechtliche Auseinandersetzungen von seiten der Unternehmer führte den Arbeitenden die Klassenverhältnisse in der »Volksgemeinschaft« drastisch vor Augen. Aus der Arbeiterklasse kam der stärkste antifaschistische Antrieb; die Arbeiterbewegung wurde zum Hauptträger des Widerstandes, der –

wie Karl R. Stadler herausgearbeitet hat[22] – in der Regel kein gemeinsamer, sondern ein »rechter« oder ein »linker« Widerstand war.

Die Sozialisten

Der März 1938 bedeutete freilich auch für die seit vier Jahren im Untergrund operierenden Linksgruppen eine tiefe Zäsur. In Erkenntnis des ungleich härteren Terrors hatte das ZK der RS die Weisung ausgegeben, alle Aktivitäten für drei Monate einzustellen. Dies sowie die Verhaftung vieler RS-Aktivisten und die erzwungene Flucht oder Auswanderung belasteter Funktionäre führten zu einem organisatorischen Niedergang.

Die weiter aktiven Funktionäre der RS konzentrierten ihre Tätigkeit auf die Unterstützung von Angehörigen von Verfolgten, und die schon seit 1934 bestehende Unterstützungsaktion *Sozialistische Arbeiterhilfe* (SAH) – Gegenstück zur kommunistischen *Roten Hilfe* – wurde gleichsam zum Ersatz für die Parteiorganisation. Der erste Prozeß des Volksgerichtshofes in Wien am 9. Juni 1939, über den der *Völkische Beobachter* auf der Titelseite berichtete, richtete sich gegen die Führungsspitze der SAH. Eine zweite Führungsgarnitur, welche die SAH neu aufbaute und mit der Auslandsvertretung der Sozialisten in Brünn bzw. Paris Verbindungen unterhielt, wurde im Juli 1939 von der Gestapo ausgehoben. Für die Organisierung des sozialistischen Widerstandes war es besonders verhängnisvoll, daß ein führender Funktionär, der ehemalige AZ-Sportredakteur Hans Pav, zum Gestapospitzel wurde und seine Mitkämpfer verriet. Aus den Berichten des »V-Mannes Edi« geht aber hervor, daß die Tätigkeit und die Organisation der Sozialisten in Wien nach dem März 1938 doch größer waren, als man bis dahin geglaubt hatte[23].

Die Verfolgungsmaßnahmen und das Abreißen der Verbindungen zur Emigration nach dem Kriegsausbruch 1939 führten dazu, daß der sozialistische Widerstand in einzelne, voneinander isolierte Gruppen zerfiel. Einzelne Funktionäre wie Felix Slavik und Alfred Migsch unternahmen Versuche zum Neuaufbau von Organisationen. Slavik nahm auch Kontakte zu katholischen und monarchistischen Kreisen auf und wurde gemeinsam mit diesen vor den Volksgerichtshof gestellt. Von den noch weiterexistierenden sozialistischen Widerstandsgruppen war die von dem Wiener Hauptschullehrer Dr. Johann Otto Haas geführte Gruppe der Revolutionären Sozialisten am bedeutendsten. Sie hatte bis zu ihrer Aufdeckung im Juli 1942 Stützpunkte in Wien, Salzburg, Tirol, unter den Eisenbahnern und in Süddeutschland.

Die gesamtdeutsche Linie, »die Umwandlung des bestehenden nationalsozialistischen in ein sozialistisches Deutschland«, die von der sozialistischen Emigration vertreten wurde, war im wesentlichen auch für die sozialistischen Widerstandsgruppen maßgeblich. Bezeichnenderweise fehlt in den Anklagen gegen die Sozialisten die gegen Kommunisten und Monarchisten stets erhobene Beschuldigung der »Losreißung der Alpen- und Donaugaue vom Reich«. Erst im Laufe des Krieges und besonders nach der Moskauer Deklaration, in der die Unabhängigkeit Österreichs zum alliierten Kriegsziel erklärt wurde, erfolgte ein Umdenken.

Infolge des verschärften Terrors beschränkten viele oppositionelle Sozialdemokraten ihre Kontakte mit Gesinnungsfreunden auf den engsten Kreis und verzichteten auf jede nach außen gerichtete Tätigkeit. Anstelle fester Organisationen bildeten sich lose Gesinnungsgemeinschaften – von der Gestapo als »Stammtischrunden« ironisiert. Im Zusammenhang mit den Ereignissen des 20. Juli 1944 kam diesen meist aus bekannten Sozialdemokraten zusammengesetzten Kreisen eine nicht zu unterschätzende Bedeutung zu. Vertreter des deutschen Widerstandes versuchten mehrmals, österreichische Sozialdemokraten und Christlichsoziale zur Mitarbeit zu gewinnen, mußten aber zur Kenntnis nehmen, daß österreichischerseits der Wunsch nach Unabhängigkeit bereits stärker war als die Verbundenheit mit Deutschland. Adolf Schärf berichtet dies über sein Gespräch mit Wilhelm Leuschner, einem der führenden sozialdemokratischen Verschwörer. Nach dem Scheitern des Anti-Hitler-Putsches wurden auch viele sozialdemokratische Funktionäre verhaftet, darunter Adolf Schärf, Theodor Körner, Johann Böhm und Karl Seitz, der in einem Fernschreiben aus Berlin am 20. Juli als politischer Beauftragter für den Wehrkreis XVII (also Ostösterreich) genannt worden war. In der Endphase der Naziherrschaft spielten diese vornehmlich dem rechten Flügel der Sozialdemokratie zuzuzählenden Kräfte wieder eine Rolle, da sie vielfach als Repräsentanten des sozialistischen Lagers überparteilichen Widerstandsgruppen angehörten und nach dem Zusammenbruch als erste beim Wiederaufbau der sozialistischen Bewegung zur Stelle waren[24].

Die Kommunisten; Widerstand in den Betrieben

Der Widerstand der Kommunisten war – wenn man von den vorhandenen Polizei- und Gerichtsmaterialien ausgeht – zahlenmäßig der weitaus stärkste von allen politischen Gruppen. Von den 2800 erhaltenen Verfahren vor dem Oberlandesgericht Wien (OJs-Akte) betreffen schätzungsweise mehr als 80 Prozent Kommunisten; das gleiche gilt für die Volksgerichtshof-Akten und für die Tagesberichte der Gestapo Wien. Auch die illegalen Druckwerke dieser Zeit sind an die 90 Prozent kommunistischer Provenienz. In keiner Periode ihrer Geschichte hatte die KPÖ eine solche Bedeutung innerhalb der Arbeiterbewegung wie im Widerstand gegen Hitler.

Dies war möglich, weil die KPÖ von Anfang an – ohne Rücksicht auf Verluste – die Parole des aktiven Widerstandes ausgab. Schon in der ersten, am 12. März 1938 in Prag beschlossenen Erklärung des ZK trat die KPÖ für die Wiederherstellung der Unabhängigkeit Österreichs ein und gab ihrem Widerstand eine betont österreichisch-patriotische Orientierung. Während die kommunistischen Widerstandsgruppen in Unkenntnis oder in Negierung dieser Beschlüsse anfangs noch eine revolutionär-klassenkämpferische Linie vertraten, setzte sich unter dem Einfluß der Auslandsleitung und ihrer Emissäre die Volksfronttaktik durch, als deren Folge anstatt der Diktatur des Proletariats der Kampf um die Wiederherstellung eines freien und demokratischen Österreichs gefordert wurde.

Analog zur Entwicklung in anderen von Hitlerdeutschland besetzten Ländern, wo breite, meist unter kommunistischer Führung stehende nationale Widerstandsbewegungen entstanden, propagierten die österreichischen Kommunisten die Bildung einer überparteilichen »Österreichischen Freiheitsfront«. Es liegen jedoch nur wenige Hinweise auf ein Zusammenwirken mit bürgerlichen Kreisen vor – etwa die katholische Akademikergruppe Kühnl-Meithner; im allgemeinen blieb der KP-Einfluß auf die Arbeiterschaft beschränkt. In diesem Bereich konnte die KPÖ ihre größte Wirkung erzielen, weil viele zum Widerstand bereite Arbeiter, ehemalige Sozialisten und Gewerkschafter, infolge weitgehenden Fehlens eigener Organisationen mit den Kommunisten zusammenarbeiteten. Etwa ab Sommer 1938, als der Neuaufbau bzw. die Aktivierung der illegalen Organisationen in Angriff genommen wurde, entstanden unzählige Lokal- und Betriebszellen, wurden immer wieder Bezirks-, Stadt- und zentrale Leitungen gebildet. Gerade die letzteren fielen nacheinander der Gestapo in die Hände. Laut einem Bericht des Oberreichsanwaltes vom 28. Mai 1942 konnte die Gestapo Wien 1500 verdächtige Kommunisten mangels Haftraums nicht festnehmen. Darüber hinaus leisteten viele Aktivisten im Sinne der Parole »Du bist die Partei« individuellen Widerstand, wie die unzähligen Festnahmen wegen kommunistischer Mundpropaganda beweisen[25].

Besonders aktiv arbeitete die von der Gestapo »Tschechische Sektion der KPÖ« genannte Widerstandsgruppe von Wiener Tschechen, die Anschläge gegen verschiedene nationalsozialistische Einrichtungen durchführten[26]. Auch die – angeblich mehr als siebzig – von den Alliierten abgesetzten Fallschirmagenten, die hier nachrichtendienstliche oder militärische Aufgaben zu erfüllen hatten, standen zum Teil mit dem Parteiapparat der KPÖ in Wien in Verbindung[27].

Im Mittelpunkt der auf Massenwiderstand hinzielenden kommunistischen Aktivität stand die Verbreitung illegaler Druckwerke, die das Meinungsmonopol des NS-Regimes durchbrechen sollten.

Unzählige Streuzettel, Flugblätter und Zeitschriften wurden unter größten Schwierigkeiten und Gefahren hergestellt und verbreitet; über die Effizienz dieses »Lit-Apparates« gehen die Meinungen jedoch auseinander[28]. Viele der illegalen Aktivitäten, wie Streu- oder Schmieraktionen, wurden hauptsächlich vom Kommunistischen Jugendverband (KJV) getragen, wobei besonders die massenhaft an österreichische Frontsoldaten verschickten »zersetzenden« Briefe sowie die Unterwanderung der HJ durch Jungkommunisten die Aufmerksamkeit der Gestapo hervorriefen.

Bis Ende 1943 konnte die Gestapo mit ihren berüchtigten brutalen Methoden die meisten bestehenden kommunistischen Gruppen aufdecken und zerschlagen, so daß 1944 die Zahl der Hochverratsdelikte abnahm. In einem Bericht der Gestapo Wien vom März 1944 werden folgende Zahlen von Festnahmen kommunistischer Widerstandskämpfer genannt:

1938	742	1941	1507
1939	1132	1942	881
1940	837	1943	1173

Das sind zusammen rund 6300 Festgenommene. Viele von ihnen wurden hingerichtet oder kamen in Gefängnissen und Konzentrationslagern um. Für die KPÖ bedeutete diese Einbuße von tausenden meist jungen Funktionären einen unersetzlichen Verlust[29].

Neben den sozialistischen und kommunistischen Parteiorganisationen entwickelte sich der Widerstand in den Betrieben. Als Initiatoren und Leiter der Betriebszellen traten fast immer kommunistische Funktionäre auf, doch die Mehrzahl der Mitglieder – von Gestapo und Gerichten durchwegs als Kommunisten abgestempelt und verurteilt – kam aus den Reihen der Sozialisten. Szecsi und Stadler umreißen die typische Form einer solchen Betriebszelle folgendermaßen: Sie wahrte den gesinnungsmäßigen Zusammenhalt unter ihren Mitgliedern, sammelte Gelder für die Familien von Verhafteten und Verfolgten, suchte Einfluß auf allfällige Lohnverhandlungen und sonstige gewerkschaftliche Fragen zu gewinnen und unternahm gelegentlich Streu- und Flugzettelaktionen im Betrieb[30]. Bereits die bloße Spendenleistung aus

Solidarität oder karitativen Motiven wurde als »kommunistischer Hochverrat« geahndet.

Betriebszellen dieser Art gab es in fast allen größeren Betrieben Wiens sowie in verschiedenen Dienststellen der Reichs- und Gauverwaltung. Hochburgen waren die Arbeiterbezirke Simmering und Floridsdorf sowie die städtischen Betriebe Wiens, allen voran Straßenbahn und Feuerwehr; bei den Eisenbahnern reichten die Verbindungen über Wien hinaus. Auch unter den vielen tausenden Fremdarbeitern, die mehr oder weniger zwangsweise hierher gebracht wurden, bildeten sich Widerstandsgruppen, die größtenteils kommunistisch orientiert waren.

Die trotz gewisser demagogischer Tricks letztlich extrem arbeiterfeindliche, weil den Interessen des deutschen Großkapitals dienende Politik des NS-Regimes führte nicht nur zur Bildung von Widerstandsgruppen, sondern auch – damit in engem Zusammenhang – zu Arbeitskonflikten, Streiks, Arbeitsniederlegungen und Arbeitsverweigerungen. Es versteht sich fast von selbst, daß solchen spontane Aktionen der Arbeiter – als Reaktion auf Unternehmerdruck und Schikanen – strengstens verboten waren und auch dementsprechend geahndet wurden[31].

Trotzkisten, Anarchisten und sonstige Linksgruppen

Zum Unterschied von den aktivistischen Kommunisten kapselten sich die verschiedenen trotzkistischen Kleingruppen *(Kampfbund zur Befreiung der Arbeiterklasse, Proletarische Internationalisten, Organisation Proletarischer Revolutionäre, Gegen den Strom)* weitgehend ab, verbreiteten ihre – in bemerkenswerter Kontinuität erscheinenden – Publikationen nur im eigenen Kreis und konnten auf diese Weise ihre Organisationen bis 1945 aufrechterhalten. Nur die Gruppe *Gegen den Strom* wurde 1943 von der Gestapo zerschlagen. Auf die Existenz einer anarchistischen Gruppe kann nur aus dem Vorliegen illegaler Flugschriften geschlossen werden[32].

Auch in Wien bildeten sich linke NSDAP-Absplitterungen in der Art der *Schwarzen Front*, die von der Gestapo als »nationalbolschewistisch« verfolgt wurden. Linksorientiert war auch die sehr aktive Jugendgruppe um den Gymnasiasten Josef Landgraf sowie die aus »Mischlingen« im Sinne der Nürnberger Rassengesetze zusammengesetzte *Mischlingsliga Wien*. Zu den aktivsten Widerstandsgruppen in Wien zählte die von dem jugoslawischen Kommunisten Karl Hudomalj 1942 initiierte *Anti-Hitler-Bewegung Österreichs,* die auch mit der sozialistischen Gruppe Migsch sowie mit Ostarbeitern Verbindungen hatte und bis zur ihrer Aufrollung Anfang 1944 die illegale Zeitschrift *Wahrheit* herausgab[33].

In der Endphase der NS-Herrschaft bildeten sich verschiedene überparteiliche Widerstandsgruppen, von denen die *05* aufgrund ihrer Kontakte zu alliierten Stellen und zu der militärischen Widerstandsgruppe im Wehrkreiskommando XVII in Wien (Gruppe Szokoll-Käs) am bedeutendsten war. Auch hier wirkten Sozialisten und Kommunisten mit[34].

Die christliche Arbeiterbewegung

Die christliche Arbeiterbewegung wurde – als Bestandteil des Schuschnigg-Systems – im März 1938 zerschlagen; ihre führenden Funktionäre wanderten in Gefängnisse und KZ. Ansätze zum illegalen Neuaufbau der Organisationen sind nicht festzustellen. Einzig der 1938 aufgelöste Karl Vogelsang-Bund setzte seine Tätigkeit bis zur Verhaftung Anton Orels 1943 fort[35]. Zweifellos wurden aber gewisse Verbindungen zwischen den früheren Funktionären der christlichen Arbeiterbewegung aufrechterhalten, und auch zu deutschen christlichen Gewerkschaftern um Jakob Kaiser und damit zum Verschwörerkreis des 20. Juli 1944 bestanden Kontakte. Felix Hurdes und Lois Weinberger, führende Persönlichkeiten dieses Lagers, wurden im Herbst 1944 verhaftet. Mit einer gewissen Berechtigung kann daher Ludwig Reichhold, der selbst aus diesem Kreis kommt, feststellen, daß die Österreichische Volkspartei und speziell der Arbeiter- und Angestelltenbund im antifaschistischen Widerstand ihre Wurzeln haben[36].

Von politischer Herkunft und sozialer Zusammensetzung her können die monarchistischen Widerstandsgruppen wohl kaum als Teil der Arbeiterbewegung verstanden werden, doch ist darauf hinzuweisen, daß bei einigen von ihnen, der *Österreichischen Volksfront* (Gruppe Zemljak) und der *Österreichischen Arbeiterpartei* (Gruppe Polly), eine ausgeprägte soziale Programmatik anzutreffen ist. Die Gruppe Müller-Thanner hatte enge Kontakte zur sozialistischen Widerstandsgruppe um Felix Slavik[37].

Zur Bedeutung des antifaschistischen Widerstandes

Gemessen an der unerhörten Zahl der Opfer waren die praktischen Ergebnisse des Widerstandskampfes – etwa in Richtung einer Gefährdung des NS-Regimes oder einer ernstlichen Schädigung der NS-Kriegsmaschinerie – eher bescheiden. Die Befreiung Österreichs von der faschistischen Herrschaft war nicht das Werk einer Revolution von unten oder eines nationalen Freiheitskampfes, sondern das ausschließliche Verdienst der alliierten Streitkräfte. Dennoch darf der Widerstandskampf, an dem die Arbeiterbewegung den größten Anteil hatte, nicht als eine sinnlose oder vergebliche Sache abgetan werden. Er bedeutete nicht nur eine politisch-moralische Rehabilitierung Österreichs, sondern war auch im Hinblick auf den in der Moskauer Deklaration der Alliierten geforderten eigenen Beitrag Österreichs zu seiner Befreiung von eminent politischem Wert. In dem 1946 von der Bundesregierung herausgegebenen *Rot-Weiß-Rot-Buch,* das der Rechtfertigung Österreichs vor den Alliierten im Hinblick auf den Abschluß eines Staatsvertrages diente, ist dies dokumentarisch belegt.

Leider ist die für das Selbstverständnis der Zweiten Republik wichtige Bedeutung des Widerstandskampfes durch das bald nach 1945 erfolgte Erlöschen des antifaschistischen Geistes weder ins Bewußtsein der Bevölkerung eingedrungen, noch wurde sie von der österreichischen Historiographie herausgearbeitet. Um so verdienstvoller und notwendiger ist die Tätigkeit wissenschaftlicher Institute wie des Dokumentationsarchivs des österreichischen Widerstandes, des Ludwig-Boltzmann-Instituts für Geschichte der Arbeiterbewegung in Linz, des Instituts für Zeitgeschichte in Wien und anderer Universitätsinstitute anzusehen, die der Erforschung des Widerstandes und der Arbeiterbewegung im letzten Dezennium entscheidende Impulse gegeben haben.

ANMERKUNGEN

1 *Jahrbuch der österreichischen Arbeiterbewegung,* Wien 1933, S. 94 und 110 f.
2 Mit dieser auf die Gesamtbewegung bezogenen Aussage sollen keineswegs die von Norbert Leser und anderen kritisierten Mängel der austromarxistischen Führung bagatellisiert werden.
3 Siehe dazu: Kurt Peball, *Die Kämpfe in Wien im Februar 1934,* Wien 1974 (Militärhistorische Schriftenreihe, H. 25).
4 Siehe dazu ausführlich: Kurt L. Shell, *Jenseits der Klassen? Österreichs Sozialdemokratie seit 1934,* Wien 1969.
5 Otto Bauer, *Die illegale Partei,* Frankfurt/Main 1971, S. 52; Josef Buttinger, *Am Beispiel Österreichs. Ein geschichtlicher Beitrag zur Krise der sozialistischen Bewegung,* Köln 1953, S. 77; siehe dazu und zum folgenden auch: Wolfgang Neugebauer, *Die illegale Arbeiterbewegung in Österreich 1934 bis 1936,* in: *Das Juliabkommen von 1936. Protokoll des Symposiums in Wien am 10. und 11. Juni 1976,* Wien 1977, S. 136 ff.
6 *Widerstand und Verfolgung in Wien 1934–1945. Eine Dokumentation,* Wien 1975, Band I, S. 45 (im folgenden: *Widerstand Wien*).

7 Bauer, a. a. O., S. 62 f.
8 *Widerstand Wien*, Bd. I, S. 100 ff.; Neugebauer, a. a. O., S. 143.
9 Hans Hautmann, *Die Kommunisten*, in: *Widerstand Wien*, Bd. I, S. 213.
10 Siehe dazu u. a.: Theodor Prager, *Zwischen London und Moskau. Bekenntnisse eines Revisionisten*, Wien 1975, S. 159.
11 *Widerstand Wien*, Bd. I, S. 219 ff.
12 A. a. O., S. 256.
13 Aus mehreren NS-Anklageschriften gegen Kommunisten geht deren frühere Tätigkeit in katholischen oder »vaterländischen« Organisationen hervor.
14 *Widerstand Wien*, Bd. I, S. 291 f.; *Weg und Ziel*, Jg. 2, Nr. 3 und 4.
15 *Widerstand Wien*, Bd. I, S. 325, 283 f., 328 f. u. a.
16 A. a. O., S. 373 ff., 397–420 und 450.
17 Helmut Konrad, *Der Schutzbund*, in: *Widerstand Wien*, Bd. I, S. 486 ff.
18 Wolfgang Neugebauer, *Splittergruppen der illegalen Arbeiterbewegung*, in: *Widerstand Wien*, Bd. I, S. 513 ff.
19 A. a. O., S. 526 ff.
20 Siehe dazu ausführlich: Anton Pelinka, *Stand oder Klasse? Die christliche Arbeiterbewegung Österreichs 1933 bis 1938*, Wien 1972, *Widerstand Wien*, Bd. I, S. 542 ff.
21 Siehe dazu: Robert Schwarz, *»Sozialismus« der Propaganda. Das Werben des »Völkischen Beobachters« um die österreichische Arbeiterschaft 1938/1939*, Wien 1975 (Materialien zur Arbeiterbewegung Nr. 2).
22 Karl R. Stadler, *Österreich 1938–1945 im Spiegel der NS-Akten*, Wien 1966, S. 13.
23 Wolfgang Neugebauer, *Sozialisten*, in: *Widerstand Wien*, Bd. II, S. 7 ff. Hier wurden die nun im Dokumentationsarchiv des österreichischen Widerstandes (DÖW) vorhandenen Spitzelberichte sowie der Prozeßakt Pavs noch nicht verwertet. Hans Pav wurde 1947 vom Landesgericht für Strafsachen Wien als Volksgericht zu 15 Jahren Kerker verurteilt.
24 A. a. O.
25 Wolfgang Neugebauer, *Kommunisten*, in: *Widerstand Wien*, Bd. II, S. 79 ff.
26 A. a. O., Bd. III, S. 327 f. und 338 ff.
27 A. a. O., Bd. II, S. 453 ff.
28 Siehe dazu die Kritik bei: Stadler, a. a. O., S. 192.
29 *Widerstand Wien*, Bd. II, S. 82.
30 Maria Szecsi-Karl Stadler, *Die NS-Justiz in Österreich und ihre Opfer*, Wien 1962, S. 69.
31 Wolfgang Neugebauer, *Widerstand in den Betrieben*, in: *Widerstand Wien*, Bd. II, S. 310 f.
32 A. a. O., S. 407 ff.
33 A. a. O., S. 437 ff., 420ff und Bd. III, S. 348 ff.
34 A. a. O., Bd. II, S. 435 ff. und 452 ff.
35 A. a. O., Bd. III, S. 115 f.
36 Ludwig Reichhold, *Geschichte der ÖVP*, Graz-Wien-Köln 1975, S. 30 ff.
37 *Widerstand Wien*, Bd. III, S. 115 ff. und 136.

Willibald I. Holzer

Am Beispiel der Kampfgruppe Avantgarde/Steiermark (1944–1945)

Zu Genese und Gestalt leninistisch-maoistischer Guerilladoktrin und ihrer Realisierungschance in Österreich

Während die Erforschung von Ausmaß und Formen des österreichischen Widerstandes gegen die nationalsozialistische Staatsgewalt in den letzten Jahren zunehmende Intensität erfahren hat und das lange Zeit hindurch vielfach gebremste, regional überdies recht unterschiedlich ausgeprägte Erkenntnisinteresse hiebei allmählich auch auf Erfassung der Emigration[1] und deren Inbezugsetzung zu innerösterreichischen Entwicklungsprozessen ausgeweitet werden konnte, ist es um die in einen ebenfalls breiten supranationalen Kontext eingebundenen österreichischen Ansätze zur Entfaltung partisanischer Konfliktstile als Ausdruck spezifisch theoriegeleiteten Handelns bislang immer noch erstaunlich still geblieben. Dies gilt nicht nur für die an Mannschaftsstärken wie Wirkungsgrad zweifellos bedeutsamsten kommunistisch dominierten Partisaneneinheiten, die im heute steirisch-kärntisch-slowenischen Grenzgebiet – den damaligen Reichsgauen Kärnten und Steiermark sowie der Operationszone Adriatisches Küstenland – agierten, sondern in selbem Maße auch für die keineswegs ausschließlich kommunistischen Aufstandsbewegungen etwa im Salzkammergut oder gar im Ötztal[2]. Die wissenschaftliche Bearbeitung der kärntisch-slowenischen Guerilla[3], die in enger Bindung an Slowenien begonnen und geführt worden ist, im Südkärntner Raum zentriert und angesichts exzessiv antislowenischer Regierungspolitik bald von ausgeprägt sezessionistischen Tendenzen[4] geleitet war, erfolgt gegenwärtig aus hier im Detail nicht zu diskutierenden Motiven bei partiellem Engagement von Kärntner Slowenen[5] und völliger Absenz der deutschsprachigen Landeshistoriographie[6] fast ausschließlich durch jugoslawische Autoren, welche die politisch wie organisationsstrukturell als integrierter Teil der *Narodnoosvobodilna vojska in partizanski odredi Slovenije (NOV in POS)* [Volksbefreiungsheer und Partisanenabteilungen Sloweniens] figurierenden slowenischen Kärntner Partisanengruppen üblicherweise und mit einigem auch sachlogischen Grund im Rahmen der nationalslowenischen Partisanenbewegung abzuhandeln pflegen. Die Geschichte seitens österreichischer Kommunisten initiierter Guerillaeinheiten hingegen wurde vornehmlich von ehemaligen Mitgliedern in vom theoretischen Hintergrund abstrahierender und überwiegend auf Elementarfakten gehender Memoirenform skizziert und hat wohl auch in einzelnen Darstellungen zum österreichischen Widerstand gelegentlich ebensolche Erwähnung[7] gefunden. Eine in breiter Quellenbasis fundierte und den theoretischen Bezugshorizont mitreflektierende intensivere Erhellung dieses Phänomens aber steht wie seine universalhistorische Zuordnung nach wie vor aus.

Solcher Mangel an Forschungsaufwand, wie er bis weit in die sechziger Jahre Fragen des österreichischen Widerstandes im allgemeinen, des partisanischen Konflikts aber im ganz besonderen eignet, erklärt sich abseits von Problemen der Quellenlage und des methodischen Zugangs zuallererst aus der Einstellung von entscheidenden Sektoren der öffentlichen wie nichtöffentlichen Meinung zum Problem des politischen Widerstandes schlechthin, die in Österreich wie auch sonst im deutschsprachigen Raum sehr stark vom Erlebnis des Dritten Reiches bestimmt und von seltsamer Ambivalenz gekennzeichnet ist. Wiewohl die Opfer des Faschismus mitunter zum Anlaß nationaler Feierstunden geworden sind, blieben sie doch vielfach durch eine Art stillen Tabus lange Zeit der Diskussion enthoben und inoffiziell nicht selten negativ besetzt. Diese Spaltung des öffentlichen Bewußtseins, durch eine Vielzahl auch anderer Spannungsfelder indiziert, gründet wesentlich darin, daß sich ein erheblicher Teil vor allem der älteren Generation aus der geschichtlich vielfältig vorbereiteten und realpolitisch eingeübten Identifikation mit dem Nationalsozialismus und seiner Niederlage bis heute nicht zu lösen vermocht hat. Historische Kontinuitäten simulierende Gedenktafeln erinnern an die österreichischen Gefallenen des Zweiten Weltkrieges; die tief verunsichernde Frage aber nach dem ideellen Ort dieser Opfer wird sorgsam gemieden oder mit dem undifferenziert handhabbaren Klischee von der vorgeblich unausweichlichen Pflichterfüllung abgedeckt.

Die Ursachen für solches besonders unter der Generation der Dabeigewesenen verbreitete Auseinanderfallen von subjektivem Bewußtsein und objektiver Wirklichkeit können hier nur angedeutet werden. Neben späten Auswirkungen lange anhaltenden Untertanentrainings ist vor allem auf die formalistische und an Grundsätzliches kaum ernsthaft rührende Entnazifizierungspolitik zu verweisen. Verordnetes Schuldbekennen anstelle ermöglichter Einsicht erstarrte entweder in gereizter Selbstverteidigung oder mündete in die bereitwillige

Verdrängung des jüngst Vergangenen. Parteipolitische und durch ein verkürztes Demokratieverständnis erleichterte Mehrheitsopportunismen haben gemeinsam mit dem durch den Kalten Krieg beförderten Interesse an beschleunigter staatlicher Integration die systematische Ausklammerung gerade der mit dem Stigma des Bürgerkrieges belasteten partisanischen Konflikte weiter begünstigt, so daß die ehemaligen Kombattanten der Verpflichtung zu kritischer Aufarbeitung ihrer eigenen Vergangenheit auch nach dem Kriege im eigentlichen enthoben blieben und der Verfestigung diametraler und jeweils auf Heroisierung abstellender Traditionen dergestalt nichts mehr im Wege stand.

Diese zunächst gesamtgesellschaftlich verursachte und durch die österreichische Geschichtswissenschaft jedenfalls nicht gehinderte politische Fehlentwicklung, die durch das herkömmlich stark polarisierte Werturteil über die kommunistische Guerilla[8] und durch die nationalpolitischen Implikationen der Slowenenfrage weiter verschärfende Akzentuierung erfahren mußte, hat historisches Bewußsein wie soziales Verhalten auch der Folgegenerationen erheblich geprägt und namentlich partisanischen Widerstand in Neuauflage der Dolchstoßlegende dort und da dem offen geäußerten Vorwurf des Landesverrats konfrontiert. Die realpolitischen Konsequenzen solch politisch bezogener Vergangenheitsentstellung, wie sie allenthalben schon sichtbar werden, könnten auch der österreichischen Zeitgeschichtsforschung endlich gewichtiger Anlaß werden, den Komplex des österreichischen partisanischen Widerstandes vor seinem ideengeschichtlichen Bezugsrahmen stärker ins Zentrum wissenschaftlichen Bemühens zu stellen und dessen Ergebnisse gegen gängige Ressentiments und verkürzte Problembetrachtung kritisch in das nationale Geschichtsbild einzubringen. Pluralistisch konzipierten Gesellschaften, die die Hinführung des einzelnen zu intellektueller und ethischer Selbstverwirklichung in sozialer Bindung als Zielbild allen pädagogischen Wirkens ernst nehmen, wäre überdies aufgetragen, partisanisches Verhalten nicht nur in seinen historischen Konkretisierungen aufzusuchen, sondern es in seiner eigentlich konstitutiven Dimension als jederzeit aktualisierbares Verhaltensmuster, das sich in individual wie kollektiv emanzipatorischer Absicht als letztmöglicher Durchsetzungsstil gegen alle solcher Emanzipation entgegenstehenden Instanzen wenden kann, auch in den Bildungseinrichtungen sachgerechter zur Diskussion zu stellen. Die gegenwärtig so emotional wie kontrovers geführte Auseinandersetzung um Formen des Terrors sollte dem nicht hindern, sondern könnte vielleicht gerade von hierher auf eine höhere und vermittlungsfähigere Ebene auch historisch sich vergewissernder Rationalität angehoben werden. Diese Studie mag hiezu einige Anregungen geben.

Der geschichtliche Ort der Kampfgruppe Avantgarde/Steiermark – sie ist bis heute noch kaum Gegenstand umfassender wissenschaftlicher Analyse geworden[9] – ist im Überschneidungsfeld des Agitationsinteresses kommunistischer Ostemigranten, der voll entfalteten jugoslawischen Totalguerilla und einer sich zweifellos rückläufig entwickelnden innerösterreichischen Widerstandsszenerie gelegen. Am Beispiel dieser Partisaneneinheit wird dergestalt nicht nur ein Kernstück emigrantischer wie innerösterreichischer kommunistischer Widerstandsstrategie in seinen Voraussetzungen, Verlaufsstrukturen und Einwirkungsgrenzen exemplarisch diskutierbar; auch Fragen der Wechselbeziehung zwischen Emigration und Widerstand im Lande gewinnen angesichts in mehrfacher Hinsicht möglicher externer Einflußnahmen etwa auf die Formulierung des geeignetsten Aufstandsmodells, auf die Festlegung von Zeitpunkt und Ziel militärischer Operationen u. a. m. vor der je unterschiedlichen Tragfähigkeit proletarischer internationaler Solidarität verschärfte Problemkonturen. Die wohl allen supranationalen Kooperationsformen eigene Spannung zwischen internationalistischem Bekenntnis und nationalem Interesse, die häufig in den Konflikt von Internationalismus als Idee und Internationalismus als Ideologie mündet, ist vor dem Hintergrund so vielfältiger Abhängigkeitschancen auch hier durchgängig abgebildet. In engster Beziehung zu strategischen und taktischen Prinzipien werden überdies im Medium gerade des partisanischen Widerstandes gegen den Faschismus – wie auch in anderen Ländern mit starken kommunistischen Widerstandsbewegungen während des Zweiten Weltkrieges – ursprünglich mit tragende Ansätze sozialrevolutionärer Zielsetzung sichtbar, ehe diese dann, von den innen- wie außenpolitischen Entwicklungen nach 1945 nicht eben begünstigt, durch auf gemeindemokratische Mythologisierung gehende Selbststilisierungsklischees wenigstens teilweise abgedeckt worden sind.

Die Axiome zur Erörterung dieser Fragestellungen, die ihr Zentrum in der Problematik der für den politischen wie militärischen Erfolg entscheidenden Komplementarität von revolutionärer Theorie und revolutionärer Praxis haben, sind wie die Kriterien zur Beurteilung des schließlichen Ergebnisses zunächst aus dem reichen Bezugshorizont herzuleiten, den marxistisch-leninistische Theorie in mannigfach nuancierter Form in den letzten Dekaden entworfen hat. Theoretische Gestalt und mögliche praktische Einwirkungchancen sollen angesichts unseres thematischen Interesses von den Guerilladoktrinen Lenins und Maos sowie deren Realisierungen in China, der Sowjetunion und Jugoslawien abgezogen werden. Das Widerstandskonzept der österreichischen Kommunisten, insonderheit aber deren Beziehung zur Guerilla, ist diesen Modellentwürfen und praktischen Vollzugsverläufen hernach zu konfrontieren. Auf der Ebene solcherart theoriegeleiteten politischen Handelns endlich wird die Frage nach den Möglichkeiten und Grenzen der österreichischen Modellvariante unter dem Aspekt offenkundig limitierter Übertragbarkeit revolutionärer Erfahrungen am Beispiel der Kampfgruppe Steiermark besondere Beachtung finden.

I

Mit dem Begriff Guerilladoktrin[10] bezeichnet die moderne kriegswissenschaftliche Forschung gegenwärtig die in eine politische Theorie der Machteroberung und Machtbewahrung eingebettete Lehre von einer gleichermaßen politisch wie militärisch fundierten Form des bewaffneten Konfliktes, in dem die strategisch schwächere Seite zu von ihr selbst gewählten Zeitpunkten in von ihr selbst festgelegten operativen Stilen taktisch offensiv wird. Obgleich solche auch ›irregulär‹ oder ›unkonventionell‹ genannte Kriegführung wohl so alt wie der Krieg selbst ist und sich an ungezählten bewaffneten Auseinandersetzungen studieren läßt, haben eigentlich erst die Guerillaerfahrungen Napoleons in Spanien und Rußland zu Beginn des 19. Jahrhunderts erste Phänomensystematisierungen angeregt. Durchwegs unter vornehmlich militärisch-operativen Gesichtspunkten als Teil von Gesamtkriegshandlungen interpretiert, blieb Guerilla in allen frühen Kleinkriegsdoktrinen von D. V. Davydov über C. von Clausewitz und Th. E. Lawrence bis L. A. Blanqui als Assistenzfunktion regulärer Kriegführung ohne eigene Entwicklungschancen konzipiert.

Erst unter marxistischen Theoretikern kam Guerilla angesichts ihrer dort und da schon deutlich gewordenen emanzipatorischen Tendenzen als potentielle Triebkraft beschleunigten sozialen Wandels ins Gespräch. Eingebunden in die vom Marxismus-Leninismus bis in die Gegenwart facettenreich modifizierte Theorie und Praxis der proletarischen Revolution[11], figurierte Guerilla fortan im breiten Spektrum militanter Konfliktformen als eine spezifische Ausprägung des bewaffneten Kampfes, die an die Praxis des revolutionären Volkskrieges herangeführt und bei Vorliegen revolutionärer Bedingungen im nationalen wie internationalen Kontext für die Gesamtkonzeption des Klassenkampfes erwogen werden könne. Aber weder Marx noch Engels, auch nicht Lenin haben im eigentlichen Sinne eine Theorie des Partisanenkrieges entworfen. Ihr Bemühen ging vielmehr dahin, bereits existierende partisanische Äußerungsformen oppositionellen

Wollens als partikulare zu gewichten und der intendierten revolutionären Entwicklung in katalysatorischer Absicht einzuordnen.

Auf das im einzelnen recht unterschiedliche Ausmaß an revolutionärer Gewalt, wie es Marx und Engels als für die Durchführung der proletarischen Revolution notwendig ansahen, ist hier nicht näher einzugehen. Ihre wesentlichen Aussagen über die Guerilla[12] formulierten sie im Zusammenhang mit der proletarischen Unterstützung der bürgerlich-demokratischen Revolutionen des 19. Jahrhunderts. Die hier gegebene Charakteristik setzt Guerilla als Mittel zur Beschleunigung des revolutionären Gesamtprozesses in eingegrenzte und zweckorientierte Zusammenhänge mit anderen operativen Modi des auch partiell vorgestellten Volksaufstandes, deren Zielbestimmung aus der von den Volksmassen zu tragenden proletarischen Revolution herzuleiten ist. Alle Anerkennung, wie sie Marx und vor allem Engels der offenkundig wenig entwicklungsintensiv gedachten Guerilla als legitimer Form zur Austragung revolutionärer Konflikte zuteil werden ließen, erlaubt doch keinen Zweifel daran, daß der eigentliche Aufstand um die Eroberung der Macht – »eine Kunst, genau wie der Krieg[13]« und überdies »eine Rechnung mit höchst unbestimmten Größen[14]« – dem organisierten Massenkampf vorbehalten bleiben müsse. Nur in »Ausnahmefällen«, so Engels 1885 an Vera Zasulič, wäre es »einer Handvoll Leuten möglich«, durch »einen kleinen Anstoß ... Explosivkräfte freizusetzen, die dann nicht mehr zu zähmen sind[15]« und in Revolutionen münden könnten. »Die Zeit der Überrumpelungen, der von kleinen bewußten Minoritäten an der Spitze bewußtloser Massen durchgeführten Revolutionen ist vorbei[16].«

Auch Lenin hat in seinen Konkretisierungen Marxscher Revolutionstheorie an der Forderung nach organisierter und politisierter Massenbasis sowie revolutionärer Situation als unverzichtbaren Bedingungen für erfolgreiches revolutionäres Handeln festgehalten und verfrühte minoritär-adventuristische Gewaltanwendung wie konspirativen Putschismus gleichermaßen entschieden verworfen. Während aber Marx den Träger der Revolution, das Proletariat, noch als verdinglichte Wahrheit der Dialektik und somit als Subjekt des historischen Prozesses verstanden wissen wollte, wurde es in Lenins aktionsbetontem Revolutionskonzept zum Objekt verkleinert und durch die Kategorie der ›Partei der Klasse‹ substituiert, die als elitär entworfene Avantgarde durch vorbildhaftes Handeln in den zu organisierenden Massen jenes revolutionäre Bewußtsein grundlegen sollte, wie es Lenin als Voraussetzung für den aus beförderbar gedachter Krise hervorwachsenden Aufstand unumgänglich schien. Diesen schon erheblich voluntaristisch akzentuierten Ansatz, der auf die Machbarkeit von Revolutionen ging, hat E. Guevara dann noch weiter verstärkt: »Man (muß) nicht immer warten, bis alle Bedingungen für eine Revolution herangereift sind, die Führung des Aufstandes kann solche Bedingungen selbst schaffen[17].«

Lenins vergleichsweise realistischere Optik, die bei aller Wertschätzung des subjektiven Faktors letztlich doch auf die objektiven Bedingungen rekurrierte und von hierher die Wahl des richtigen Aufstandszeitpunktes entscheidend bestimmt wußte, ist paradigmatisch an seinen schon klassisch gewordenen Prinzipien ablesbar, an welchen er 1917 den bewaffneten Aufstand orientiert sehen wollte. Gestützt »auf die fortgeschrittenste Klasse« und »den revolutionären Aufschwung des Volkes«, habe er an »einem solchen Wendepunkt in der Geschichte der anwachsenden Revolution« anzusetzen, »wo die Aktivität der vordersten Reihen des Volkes am größten ist, wo die Schwankungen in den Reihen der Feinde und in den Reihen der schwachen, halben, unentschlossenen Freunde der Revolution am stärksten sind[18]«.

Lenin hat diesen in einen laufenden revolutionären Prozeß eingebettet gedachten bewaffneten Aufstand als lang andauernden Bürgerkrieg erwartet, in dem eine geringe Anzahl durch verhältnismäßig lange Zeitabstände voneinander getrennter Großkonflikte und eine Fülle kleinerer Scharmützel im Verlauf dieser Zwischenzeiten einander ablösen würden. Der im Rußland des beginnenden 20. Jahrhunderts spontan und zumeist ohne Zutun der Sozialdemokratie aus soziopolitischer Krisenstimmung erwachsene Kampf von einzelnen Personen und kleinen Gruppen schien nun Lenin vorzüglich geeignet, gleichsam katalysatorisch während solcher kampfintensitätsschwächerer Phasen den revolutionären Prozeß weiter voranzutreiben und Desintegrationsentwicklungen zu hindern. In scharfer Distanz zum individualistischen Terror des ausgehenden 19. Jahrhunderts, den Lenin als letztlichen Ausdruck des Zweifels an der Möglichkeit eines erfolgreichen Massenaufstandes deutete, rechtfertigte Lenin gegen den zögernden Flügel innerhalb der eigenen Partei den mit Partisanenkrieg gleichgeordneten ›Massenterror neuen Stils‹[19], weil dieser in Basisstimmungen fundiert und an proletarischem Emanzipationsinteresse orientiert sei, und beschrieb ihn mit marxistischer Begründung als »unvermeidliche Kampfform in einer Zeit, wo die Massenbewegung in der Praxis schon an den Aufstand heranreicht und mehr oder minder große Pausen zwischen den ›großen Schlachten‹ des Bürgerkriegs eintreten[20]«. Solchermaßen als »notwendiger Bestandteil des vor sich gehenden Aufstands[21]« identifiziert, kam partisanischer Aktion – »zweifellos ... ein einzelner Zug, ... etwas Zweitrangiges, Untergeordnetes[22]« – doch auch in Lenins Aufstandskonzeption nur äußerst limitierte Bedeutung zu. Zwar hat Lenin, der die Anerkennung aus breiter Basisstimmung hervorgewachsener partisanischer Aktivität sowie deren Kontrolle und Organisation durch die Partei vehement forderte, die kaderedukative und praktische Revolutionserfahrung vertiefende Funktion der Guerilla sowie deren Effizienz in der Unterhöhlung der Regierungsautorität durch Anschläge auf Leben oder Eigentum von Systemrepräsentanten oder ›Klassenfeinden‹ gewiß hoch eingeschätzt[23]. Aber auch er vermochte sich Partisanenkrieg unter taktischem Aspekt nur als industrieproletarisch fundierten urbanen Konfliktstil – ›neue‹ Barrikadentaktik, verwegene Überfälle durch kleine Kampfgruppen vornehmlich im städtischen Raum – ohne originäre Entwicklungsperspektive vorzustellen, der »niemals als einziges oder gar wichtigstes Kampfmittel« betrachtet werden dürfe, sondern stets »anderen Mitteln untergeordnet, mit den wichtigsten Kampfmitteln in Einklang gebracht[24]« werden müsse. Erst Mao Tse-tung führte den Partisanen aus dieser marginalen, ans ›Lumpenproletariat‹ angelehnten Funktion, wie er sie in Lenins Denken noch innehatte, heraus und zu jenem Stellenwert, den er – eingebettet in eine völlig neue Konzeption der bewaffneten Auseinandersetzung – dann vor, während und nach dem Zweiten Weltkrieg repräsentieren sollte.

Nach Verwirklichung der machtpolitischen Zielsetzungen hat man sich sowjetischerseits im Zuge des staatlichen Konsolidierungsprozesses für den raschen Aufbau einer konventionellen Armee entschieden. Von Lenin selbst nunmehr vielfältig und scharf distanziert, wurde die Einbindung der neuentdeckten Potenz ›Partisanenkrieg‹ in die Organisationsstruktur der Roten Armee schließlich versäumt. Erst Stalin, der die Guerilla im Angesicht existentieller Gefährdung der Sowjetmacht rehabilitierte, gab mit den von Vorošilov und später von Ponomarenko mobilisierten Partisanenarmeen wiederum ein eindrucksvolles Beispiel für die Einsatzchancen auf Assistenzfunktionen hin orientierter Partisanenkriegführung, das auch den österreichischen Ostemigranten zu einem wichtigen theoretischen wie praktischen Erfahrungsfeld geworden ist.

Die über den russischen Anwendungsfall hinausweisende und eigentliche Bedeutung des Leninschen Guerillaentwurfes liegt neben den hierin formulierten taktischen Handlungsanweisungen in der ideologischen Rechtfertigung des Partisanenkrieges. Die auch präventive Liquidierung von potentiellen Bürgerkriegsgegnern als ›Tötung in einem geschichtsunumgänglichen Kriege‹, die Hinwegnahme ihrer materiellen Güter als ›Expropriation‹ und damit als Antizipation historischer Notwendigkeit – all dies waren umwertende Kennzeichnungen partisanischer Operationsmodi, welche das Tun auch österreichischer Kommunisten, das sich an keinerlei österreichischer Partisanentradition vergewissern konnte, mit autoritätsgestützter historischer wie theoretischer Legitimation umgab[25]. Im Verlaufe der sich anbahnenden Lenin-Orthodoxie hat Lenins in seine Revolutionstheorie eingebetteter Guerillaentwurf, aus der russischen Situation abgezogen und auf keinerlei Generalisierung angelegt, andererseits aber doch auch in zunehmendem Maß die Politik der Komintern geleitet und hiebei jene bekannten Verengungen und Erstarrungen gefördert, welche die Durchsetzung alternativer Revolutionskonzepte wirksam behindern mußten und zunächst in die chinesische Katastrophe mündeten.

Die Außenpolitik schon des frühen Sowjetstaates bewegte sich bekanntlich im Spannungsfeld zweier einander vorerst korrespondierender Axiome. Den auf innere Konsolidierung und Fortentwicklung der Sowjetmacht gehenden Bemühungen entsprach das Interesse an Nutzung aller auf weltrevolutionäre Veränderung abzielenden historischen Möglichkeiten. Wiewohl die im einzelnen dann oft vielfach gebrochene Verbindung von aktiver Verteidigung der sowjetischen Ausgangsstellung und methodischem Vorstoß zu weltrevolutionären Weiterungen als vielleicht stabilstes Kontinuitätsmoment die künftige sowjetische Politik prägte, hat das Ausbleiben der erwarteten Weltrevolution gemeinsam mit der inhaltlichen Neufassung des proletarischen Internationalismus auf dem VI. Weltkongreß der Komintern in Moskau (1928) unter Stalin den ursprünglich auf konstruktive und ausgewogene Interdependenz angelegten Interessendualismus zwischen internationalistischem Anspruch und nationalstaatlich akzentuierter Außenpolitik zunehmend zugunsten der letzteren aufgelöst und die Inkompatibilität von dem internationalistischen Solidaritätsprinzip verpflichteter und in gleichem Maße nationalem Nutzen dienender Politik mehrfach deutlich werden lassen. Die Komintern, zentralistisch und autoritär strukturiert, geriet im Zuge dieser Entwicklung[26] immer mehr zum aktiven Stabilisierungsfaktor sowjetischen Einflusses im internationalen kommunistischen Beziehungssystem, bis angesichts rigider Dogmengläubigkeit und physischen Zwanges unter Stalin politische Realität und Bedürfnislage des Sowjetstaates sowie Kominternideologie bis ins Ununterscheidbare ineinandergingen. Der aus vorgeblicher Zielidentität von sowjetischer Außenpolitik und internationaler kommunistischer Bewegung hergeleitete Anspruch, die Prioritäten revolutionärer marxistischer Politik in konzeptualisierter Form von Moskau aus zu setzen und die nationalen Kominternsektionen auf deren anpassungswillige Reflexion zu verpflichten, mußte in der Folge angesichts auch allzu einseitig aus dem russischen Erfahrungshorizont abgezogener revolutionärer Aktionsmuster und deren eben nur vermeintlicher Exportfähigkeit die politische Arbeit so mancher kommunistischen Partei erheblich belasten, da in der Gesamtanlage der nationalen Konfliktplanung die Erfordernisse sowjetischer Staatsraison zu berücksichtigen und den diesen oft wenig verträglichen regionalen Ausgangsvoraussetzungen nicht selten voranzustellen waren. In der Komintern solcherart festgebundene nationale Sektionen liefen überdies Gefahr, um ihrer gewissermaßen systembedingten Selbstgenügsamkeit und traditionellen Disziplin willen gegenüber strategischen Innovationen zu erstarren.

II

Erste vorsichtige Anstöße zu einer Revision des Leninschen Revolutionskriegsmodells gab schon Ho Chi Minh, der in einer 1928 in Deutschland verbreiteten und seitens der Komintern inspirierten Schrift, dem sogenannten Neuberg-Buch, im Zuge konkreter Handlungsanweisungen für die prozedurale Durchführung von Rebellionen die potentiell katalysatorische Funktion der Guerilla herausstellte und gegen gängige Urbanzentrierung den Akzent auch auf die ländliche Bevölkerung legte, ohne allerdings die der Kominternlinie entsprechende Prädominanz des Proletariats und die traditionell eingrenzende Sicht partisanischer Entwicklungschancen ernsthaft in Frage zu stellen[27].

Die bis heute bedeutsamste Zäsur in der Genese marxistisch-leninistischer Revolutionskriegsdoktrin aber setzte zweifellos Mao Tse-tung, dessen militärische Schriften, selbst extrem situationsbezogene Akte des chinesischen Revolutionskrieges, zu den militärtheoretischen Schlüsseltexten unseres Jahrhunderts gezählt werden müssen, die das partisanische Konfliktgeschehen schon während des Zweiten Weltkrieges erheblich mitgeprägt haben. Ähnlich Clausewitz, so hat auch Mao, der nachdrücklicher als etwa Lenin oder Stalin den Krieg als die Hauptform revolutionärer Umgestaltung erlebte, wenig Neues in die Theorie eingeführt. Seine eigentliche Leistung bestand vielmehr darin, daß er, ausgehend von den konkreten nationalen Bedingungen, eine Reihe vordem vereinzelter, wenig beachteter oder falsch eingeschätzter Phänomene in einem aus der Praxis entwickelten und an ihr stetig modifizierten Modell zusammenfaßte. Er erreichte hierin ein Ausmaß an Identität von Denken und Handeln, wie es in anderen Entfaltungsfeldern marxistisch-leninistischer Politik kaum ihresgleichen hat. Maos ungemein präzise und originell ausgeführter Modellentwurf eines aus Guerillakrieg entstehenden und technische wie numerische Überlegenheit allmählich kompensierenden, dann endlich überwachsenden nationalen Befreiungs- und zugleich sozialistischen Revolutionskrieges, gegen Ende der zwanziger Jahre konzipiert und insbesondere in der Zeit von 1936 bis 1938 im Detail ausgeführt[28], wurde schließlich trotz zunächst nur zögernder Vermittlung seitens der Komintern zum entscheidenden Vorbild auch für den von Josip Broz-Tito in Jugoslawien initiierten Partisanenkrieg, der als einzige national- wie sozialrevolutionäre europäische Guerilla exakt nach Maos Überlegungen verlief.

Das gegen die Kominternlinie durchgesetzte und entscheidend Neuartige an Maos Modellaxiomen waren die aus der Analyse der chinesischen Situation abgeleitete Konzentration auf die Welt des Dorfes und der bäuerlichen Massen und der unerschütterliche Glaube daran, daß eine revolutionär erregte, durchorganisierte und vom Feind durch repressive Besatzungspraktiken auf den nötigen Grad an Verzweiflung gebrachte Bevölkerung, die auf ihrem eigenen Territorium und für ihre als eigene erkannten Interessen kämpft, einer in dieses Gebiet von außen eindringenden Armee auf Dauer immer überlegen sein wird, so sie sich nicht auf die Kampfregeln des Gegners einläßt, sondern ihm mit dem operativen Instrumentarium der Guerilla begegnet. Von hierher bestimmten Mao und Tito angesichts auch sozialtransformatorischer Intentionen die Bauern zur Basis der Revolution, Agrarreformen zum programmatischen Schwerpunkt, die tendenzielle Meidung der Städte und damit des Industrieproletariats zur Strategie, die Aufrüttelung der ländlichen Bevölkerung zu politischem und nationalem Bewußtsein zum Zentrum des agitatorischen Bemühens.

Von ihrer politischen wie militärisch-taktischen Grundlegung her ist Maos Totalguerilla[29] auf äußerste Integration von Truppe und Zivilbevölkerung angelegt. Im Vorfeld des Militärischen bildet die Bevölkerung des Kampfgebietes ›Aug und Ohr der Truppe‹, ›Nebel für den Feind‹, allgegenwärtige Verpflegungsbasis, unerschöpfliches Rekrutierungsreservoir und Aufnahmebecken für die Rezivilisierung im Notfall. Die Totalmobilisierung der Bevölkerung zum ›Ozean, in dem der Feind ertrinkt und in dem die eigenen Soldaten schwimmen wie die Fische im Wasser[30]‹, ist für diese Form des Krieges demnach unumgänglich. Zwang und Gehorsam allein vermögen solche Mobilisierung anhaltend gewiß nicht zu leisten. Zwar geben Verzweiflung und das Wissen um kompetente Führung und reale Durchsetzungschancen der Guerilla erste Rekruten. Konkrete Kampfdisziplin aber resultiert auf Dauer nur aus der autonom eingegangenen Bindung an die eigene und gemeinsame Sache, aus in Interesse und Überzeugung gründendem politischen Engagement[31], welches letztlich entscheidend die optimale

Umsetzung individual angenommener politischer Zielsetzungen in militärisches Handeln sicherstellt.

Die ländliche Bevölkerung, dergestalt nicht nur Basis, sondern potentieller und sukzessive realer Handlungsträger der politisch-militärischen Auseinandersetzung, wird in dieser Konzeption zur neuen, auch politisch-administrativen Ordnungsmacht. Aus strategischen wie logistischen, vornehmlich dann aber wohl aus politischen Gründen ist in den im Zuge der Kampfhandlungen befreiten Gebieten in Einlösung des konstruktiven Anspruchs durch Ersetzung oder Überlagerung bestehender Verwaltungsstrukturen ein System der neuen Ordnung zu etablieren, in dem das Eine des politischen wie militärischen Bemühens sichtbar und in der Phase noch der Irregularität ein Stück dessen antizipiert wird, was nach der Revolution in den Status des Gültigen hinübergeführt werden soll. Der sich uninteressiert Gebende wird wie der sich unbeteiligt Meinende in diesem an den Scheidelinien formierten Klasseninteresses aufbrechenden und auf radikale Neuordnung der gesamten gesellschaftlichen Beziehungen gehenden Konflikt unentrinnbar vor die nach polarisierten Lösungsvarianten vorformulierte Entscheidung gestellt. Das Grundaxiom Maoscher Totalguerilla aber, wonach »die Armee ... mit dem Volk so verschmelzen (müsse), daß dieses sie als seine eigene Armee ansieht[32]«, ist entgegen in der westlichen Antiguerillaliteratur weitverbreiteter Annahme mit einer allein auf soziale Zwänge abstellenden Mobilisierungstaktik nicht erreichbar. Weitestgehende Übereinstimmung von bisher vernachlässigten sozialen Bedürfnislagen eines überwiegenden Teiles der Bevölkerung und politischem Programm der Aufständischen liegen jeder unter den Bedingungen der Illegalität gelungenen Massenmobilisierung vielmehr uneinholbar voraus. Dieser realpolitische Konsens ist – bei angenommen fehlender Auslandsunterstützung – nicht nur die wichtigste Voraussetzung für den militärischen Erfolg; er gibt ihm auch retrospektiv seine elementardemokratische Legitimation.

Neben spezifisch situierter Bevölkerung ist die Existenz einer nicht nur zur Massenmobilisierung, sondern auch zur Staatsbildung fähigen revolutionären Organisation von entscheidender Bedeutung. Hinreichende innere Stabilität, die von einem bestimmten Augenblick an Staatsgewalt werden kann, ist hiefür ebenso unentbehrlich wie eine Ideologie, welche diese Organisation mit den Massen verbindet. Der Eignungsgrad einer leninistischen Partei für die Entfaltung jeder entwicklungsfähigen Totalguerilla wird mithin an diesen beiden Faktoren wesentlich bestimmbar.

Über die oben beschriebenen Grundvoraussetzungen hinaus band Mao die Durchsetzungswahrscheinlichkeit seiner Totalguerilla an noch drei weitere unerläßliche Bedingungen. Neben einer Bevölkerung, die so arm und verzweifelt ist, daß ihr Dauerkrieg oder ein Leben in der bestehenden Friedensordnung keinen qualitativen Unterschied bedeutet, schienen ihm eine überwiegend selbstversorgerische Agrarwirtschaft zur Ernährung trainloser Partisanenarmeen sowie großflächige Operationsräume mit schütterer Infrastruktur, in denen die Macht der Staatsgewalt versickert und der Guerilla freie Schwerpunktbildung möglich ist, unaufgebbare Notwendigkeiten allen militärischen Erfolgs.

Eine auf dieser Axiomatik beruhende Kriegführung ist, so darf vermutet werden, nur innerhalb des eigenen Landes möglich, wobei ein landfremder Okkupant erfahrungsgemäß eher als Gegner angenommen wird als eine eigene, wenn auch noch so inkompetente Regierung. Denn während die solchermaßen erleichterte innerstaatliche Polarisierung nach zunächst patriotischen Zuordnungen zum einen die Mobilisierung breiterer und tieferer Widerstandskräfte ermöglicht, als dies mit schlichten Bürgerkriegsparolen gelänge, eröffnet sich zum anderen angesichts der physisch wie geographisch üblicherweise begrenzteren konkreten örtlichen Gewalt eines fremden Eroberers den Partisanen gleichzeitig ein zumeist viel größerer Spielraum. Wie die Beispiele Maos und Titos überdies deutlich gemacht haben, wird die spätere und allmähliche Forcierung in solch nationalpatriotischen Widerstand anfangs nur keimhaft eingelagerter sozialrevolutionärer Komponenten durch die Konfliktauswirkungen selbst dann vielfältigst befördert.

Vor diesem gesamtgesellschaftlich bestimmten Bedingungshorizont entwarf Mao eine dem Politischen korrespondierende Verlaufsstruktur für den militärischen Konflikt. Die Stärke japanischer Präsenz und die ursprüngliche Schwäche des revolutionären Widerstandes, der, als Wachstumsprozeß angelegt, Krieg als permanenten Wachstumsreiz forderte, begründeten die Option für eine Strategie des Dauerkrieges mit Blitzfeldzügen, die jeder militärischen Entscheidung so lange gezielt ausweicht, als der Gegner stärker ist. Der bewaffnete Kampf durchläuft hiebei mehrere nicht notwendig linear aufeinanderfolgende Phasen, die Mao in drei Entsprechungen zusammengestellt hat: »Das erste Stadium umfaßt die Zeit der strategischen Offensive des Feindes und unserer strategischen Defensive. Das zweite Stadium wird die Zeit umfassen, in welcher der Feind eine strategische Konsolidierung vornimmt, während wir uns auf die Gegenoffensive vorbereiten. Das dritte Stadium wird die Zeit unserer strategischen Gegenoffensive und des strategischen Rückzuges der Japaner sein[33].«

Für jedes dieser Stadien, in denen die intendierte Konfliktentwicklung vom Partisanen- zum quasikonventionellen Krieg abgebildet ist, hat Mao die Rolle der Guerilleros und deren auf Koordination angewiesene Beziehung zu den stetig wachsenden regulären Einheiten der Roten Armee in allen denkmöglichen Situationen ungewöhnlich detailliert umschrieben. Demgemäß tragen die Partisanen im ersten und zweiten Stadium die Hauptlast des Kampfes, treten aber in der dritten Phase in assistierender Funktion hinter die Rote Armee zurück, werden im Zuge quantitativen und qualitativen Wachstums zu regulären Verbänden zusammengefaßt und schließlich in die Hauptstreitmacht integriert. Während die operative Taktik der Partisanenkriegführung dergestalt über die gesamte Konfliktlänge in je wechselnder Gewichtung realisierbar bleibt, fungiert Guerilla gleichzeitig als Instrument der Rekrutierung und qualitativen Schulung, die auf den Einsatz im konventionellen Bewegungskrieg vorbereitet.

Die entscheidende Voraussetzung für den Erfolg solchen Konfliktstils ist bei Vorliegen der vordem benannten gesamtgesellschaftlichen Entfaltungbedingungen das Vermögen, im Verlaufe vor allem des besonders sensiblen ersten Stadiums trotz strategischer Rückzüge doch die Initiative zu wahren und die strategische Defensive immer wieder durch vereinzelte und erfolgreiche Offensivoperationen zu durchbrechen.»Unsere Strategie ist: ›Stellt einen gegen zehn‹, unsere Taktik ist: ›Stellt zehn gegen einen‹[34].« Der flexible und initiative Truppeneinsatz wird mithin zum Kernstück dieser Kriegführung, der Krieg letztlich zu einem »Wettstreit an subjektiver Geschicklichkeit zwischen den Befehlshabern der einander bekämpfenden Armeen in ihrem Bemühen, auf der Grundlage der materiellen Bedingungen ... Überlegenheit und Initiative zu erlangen[35]«.

Vor dem Hintergrund Marxscher Geschichtsperspektive stand denn auch für Mao der berechenbare Verlauf von Krieg und Revolution nie ernsthaft in Frage. Partielle Verzögerungen des unumgänglichen Sieges waren infolge des beträchtlichen Gewichtes, das Mao den subjektiven Faktoren beimaß, vornehmlich unter dem Gesichtspunkt fehlerhafter Entscheidungen seitens der Revolutionäre erklärbar. »Der Kampf der Kräfte«, so wußte Mao zwar, »ist nicht nur ein Kampf militärischer und wirtschaftlicher Macht, sondern auch ein Kampf menschlicher Stärke und Moral[36].« Ohne die zumindest temporäre Zielkoinzidenz von Volk und Armee, von militärischer Führung und einfachem Kämpfer, ohne engstes Zueinander von objektiven und subjektiven revolutionären Bedingungen wäre Maos immer wieder geäußerte Siegeszuversicht aber trotzdem nicht erklärbar, bleibt auch seine Strategie chancenlos. An den unterschiedlichen Konfliktverläufen in Jugoslawien und Österreich ist dies dann ein weiteres Mal deutlich geworden.

III

Obgleich in der österreichischen Historiographie noch nicht hinreichend gewürdigt, lassen die bislang verfügbaren Quellenunterlagen doch keinen Zweifel daran, daß der angesichts bescheidener Parteigröße bemerkenswerte Widerstand der österreichischen Kommunisten in Umfang, Formenvielfalt und Opferanzahl den aller anderen durch politische Programme integrierten Gruppen bedeutend übertraf. Die im Schatten der großen und traditionsreichen Sozialdemokratie stehende und recht kleine Kommunistische Partei, die weder vor 1934 noch nach 1945 nennenswerte Teile der österreichischen Industriearbeiterschaft zu binden vermochte, wurde dennoch bereits im Mai 1933 durch das Regime Dollfuß verboten. Die schon frühe und gleichermaßen praktisch-politische wie ideologische Konfrontation mit den österreichischen Faschismen sorgte dergestalt trotz mancher Irrwege alsbald für eine Prägnanz der Positionen, die es ermöglicht, die Geschichte der KPÖ dieser Jahre selbst bei Bedachtnahme auf die namentlich die Parteibasis verunsichernde Periode des Hitler-Stalin-Paktes in nicht geringem Ausmaß als Konkretisierung antifaschistischer Konflikthaltung zu beschreiben. Die in den Untergrund gedrängte Partei reaktivierte in kurzer Zeit ihre Kader in der Illegalität, agitierte für Generalstreik und bewaffnete Arbeitererhebung und schloß sich auch spontan den Februarkämpfen 1934 an. Der Verlauf dieser Konfrontation, die in enormer Polarisierung innerhalb der Arbeiterschaft ausklang, führte schließlich eine nicht unerhebliche Anzahl radikalisierter Sozialdemokraten in kommunistische Organisationen, wodurch die KPÖ zu einer innerhalb der illegalen Arbeiterbewegung der Jahre 1934 bis 1945 zumindest beachtenswerten Größe avancierte.

Wichtige Operationsmodi kommunistischen Widerstandes wurden bereits in dieser frühen Oppositionsphase festgelegt. So erhob schon der 12. Parteitag der KPÖ in Prag (1934) die Forderung nach Aktionseinheit aller Arbeiter im Kampf gegen den Faschismus sowie nach Beibehaltung der traditionellen Organisationsformen, verwies auf die Chance illegaler Gewerkschaftsarbeit und proklamierte die Durchdringung möglichst vieler Massenorganisationen des austrofaschistischen Systems. Von besonderer Bedeutung waren in diesem Zusammenhang die Beschlüsse des VII. Weltkongresses der Komintern (1935), in denen auf strategisch-taktischer Ebene kommunistische Supranationalität im künftigen Vorgehen gegen die Faschismen grundgelegt wurde. Nach nicht immer glücklicher Einschätzung des Faschismus, die in den auch in Österreich kursierenden Ideologemen vom ›Sozialfaschismus‹ oder der tendenziellen Gleichordnung von bürgerlich-demokratischem Staat und faschistischen Regimes ihre auch entwicklungsgeschichtlich verhängnisvollsten Ausprägungen erfahren hatte[37], erfolgte 1935 angesichts zu geringer Durchsetzungsfähigkeit der kommunistischen Parteien im Konflikt mit den Faschismen sowie europaweit fehlender revolutionärer Situationen auch in der Komintern die große Kurskorrektur. Unter Bedachtnahme auf die übernationalen Aspekte im Einrichtungsprozeß der europäischen Faschismen formulierte der VII. Weltkongreß der Komintern in Modifikation des Leninschen Ansatzes über Arbeitereinheitsfront und Bündnispartner der Arbeiterklasse als erhofft adäquate Gegenstrategie die auf nationaler wie internationaler Ebene anzustrebende Arbeitereinheitsfront ›von oben‹, die durch ein Bündnis mit nichtproletarischen Gruppen auf der Basis des kleinsten gemeinsamen, des ›antifaschistischen‹ Nenners zur Volksfront mit antifaschistischer und, wie man sagte, allgemein demokratischer Zielsetzung erweitert werden sollte. Damit war das zentrale taktische Konzept für das Eingehen zeitweiliger Klassenbündnisse zwecks Verfolgung gemeinsamer Teilziele unter mittelfristig demokratischer Perspektive präzisiert, das dann in vielen europäischen Ländern zu einem Axiom kommunistisch inspirierten Widerstandes geworden ist. In der Phase gesamteuropäisch faschistischer Machtentfaltung hatte die Volksfrontpolitik neben kommunistisches Mitgliederwachstum fördernder Vorfelderweiterung unter anderem die Aufgabe, jene den Kommunisten allein nicht erreichbare Massenbasis zu mobilisieren, die Voraussetzung dafür ist, Formen des Massenwiderstandes forcieren und mit dem Partisanenkrieg als effizientester und organisiertester Kampfform die allgemeine bewaffnete Volkserhebung stimulieren zu können.

Auch die Führungsschichten der KPÖ, traditionellermaßen eng, in der Phase des ausgeprägtesten Zentralismus aber besonders stark auf die wechselnde Taktik des ›Generalstabs der Weltrevolution‹ fixiert, haben diese Kominternrichtlinien, die im Grunde wenig Raum für situationsgerechte und autonome Politik beließen, im wesentlichen übernommen. Das schon unmittelbar nach der Februarkatastrophe und organisch zunächst im Bereich lokaler Basisgruppen, später auch auf Parteiführungsebene nicht ganz erfolglos ansetzende kommunistische Bemühen um eine Arbeitereinheitsfront fand zwar erst nach dem Führungswechsel bei den Revolutionären Sozialisten im Jänner 1935 in der auf Wahrung als notwendig erachteter Distanz bedachten Politik der neuen Parteiführung sowie in bald aufbrechenden fundamentalen politischen und strategisch-operativen Differenzen seine Begrenzung. Die taktisch gewiß wohlüberlegte, von einem revolutionär-marxistischen Standpunkt aus aber doch eher fragwürdige Anpassung an den sozialen Status quo hingegen, wie sie die KPÖ in Propagierung der Volksfront gegen den Faschismus seit Sommer 1935 faktisch vollzog, stieß indes selbst innerhalb der Partei auf erheblichen Widerspruch, der erst durch Parteiausschluß der gegen solch demokratische Attitüde opponierenden Gruppe eingeebnet werden konnte.

Dieses in seinen Gewichtungen je wechselnde Bündnisinteresse bestimmte auch die Modifikationen der politischen Zielproklamationen. Zunächst stärker gegen den sogenannten ›Ständestaat‹, vor dem Hintergrund der wachsenden Anschlußgefahr aber zunehmend gegen den Nationalsozialismus gerichtet, stellte die KPÖ sozialrevolutionäre Parolen bald weitgehend zurück und konzentrierte ihre Forderungen auf Wiederherstellung demokratischer Verhältnisse und Verteidigung der staatlichen Souveränität. Die in Österreich auf umfassende Faschisierung gehenden Trends haben den wiederholt an alle »demokratischen und aufrechten Österreicher« gerichteten Aufrufen der Partei, »eine breite Front für eine unabhängige demokratische Republik zu bilden«[38], vor dem Anschluß freilich kaum nennenswerte Wirkungschancen belassen.

Von beträchtlicher Originalität und Folgewirkung erwies sich demgegenüber der Versuch, dieses politische Konzept durch die aus konkreten Begründungszusammenhängen entwickelte These von der tendenziell bereits vollzogenen österreichischen Nationswerdung abzustützen. In einer Artikelserie, die in der kommunistischen Zeitschrift *Weg und Ziel* im Jahre 1937 erschien[39], bemühte sich das Mitglied des ZK der KPÖ Dr. Alfred Klahr um eine – im einzelnen gewiß oft wenig überzeugende – marxistische Erklärung für das Entstehen eines eigenen österreichischen Nationalbewußtseins, wie es da und dort schon zu konkreter Gestalt gefunden hatte. Sieht man von den Legitimisten und deren allerdings gänzlich anders fundiertem Österreichverständnis ab, so war die KPÖ gegen konkurrierende Interpretationsmuster damit die erste und für einige Zeit einzige politische Partei, die nach Überwindung auch innerer Widerstände mit viel Konsequenz die Auffassung vertrat, »daß Österreich kein zweiter deutscher Staat«, daß das österreichische Volk »kein Teil der deutschen Nation, sondern auf Grund seiner historischen, wirtschaftlichen und kulturellen Entwicklung eine eigene Nation[40]« geworden sei. In dieser Annahme gründet auch jenes breite und nuancierte Spektrum mitunter bereits bedenklich forcierter patriotischer Parolen, die zunächst gegen den Anschluß gingen und in den Folgejahren neben der ideologischen Frontstellung zum Leitmotiv kommunistischen Widerstandes gegen den solcherart als auch nationale Fremdherrschaft gekennzeichneten Nationalsozialismus wurden. Darüber hinaus bezog die sicherlich eng an die außenpolitischen Interessen der Sowjetunion angelehnte und daher in wechselvoller Sprache vorgetragene, im großen aber wohl unmißverständliche Forderung der KPÖ nach Wiederherstellung eines unabhängigen österreichischen Staates auch von hierher zweifellos starke Argumente.

Seit dem Anschluß Österreichs an das Deutsche Reich stand die Tätigkeit der Partei dann vollends unter der Direktive aktiven Widerstandes gegen das nationalsozialistische Regime, wie sie seitens der im Ausland lebenden Parteiführung ausgegeben worden war. In einem nach parteieigenen Angaben von einigen ZK-Mitgliedern in der Nacht vom 11. zum 12. März 1938 in Prag beschlossenen Aufruf, über dessen reales Verbreitungsausmaß innerhalb Österreichs wir noch wenig wissen, wurde die österreichische Bevölkerung aufgefordert, den »fremden Eindringlingen und ihren Agenten« Widerstand zu leisten mit dem Ziel, »Hitlers Soldateska aus Österreich wieder hinauszujagen[41]«. Im Einklang mit den Anordnungen der Komintern entschieden sich Österreichs Kommunisten – im Gegensatz zu Abwartestrategien oder Putschplänen anderer politischer Gruppen – von Anbeginn für Formen des Massenwiderstandes, dessen in übernationale Kooperation integrierter Heranführung an die bewaffnete Selbstbefreiung der österreichischen Nation realistische Chancen beigemessen wurden. Um die eigene und immer noch schmale Basis zu verbreitern, bemühte sich die KPÖ unter vorläufiger Zurückstellung des bislang offenkundig wenig attraktiven Volksfrontmodells zunächst wiederum um die Einbindung sozialistischer Widerstandswilliger in eine kommunistisch dominierte Arbeitereinheitsfront, wobei man sich natürlich der in der Arbeiterbewegung gängigen Termini und Zielbilder bediente. Später griffen die österreichischen Kommunisten aber auf Weisung ihrer Auslandsleitung die Volksfrontparolen wieder auf. Solch wechselhafte Taktik, die in radikaler Zurücknahme noch kurz zuvor forcierter revolutionärer Kampfziele auf Wiederherstellung eines freien, unabhängigen und jetzt nur noch irgendwie demokratischen Österreich abgebildet ist und die zu immer neuem Umschreiben vor allem der ins Auge gefaßten künftigen innerstaatlichen Ordnungsstruktur nötigte, hat das in breiten Bevölkerungskreisen ohnehin tief eingesessene Meinen von der Auslandsabhängigkeit der Kommunisten weiter befördert, das Klischee von den sowjetgesteuerten ›vaterlandslosen Gesellen‹ vertieft und zum Mißerfolg kommunistischen Sammlungsbemühens sicherlich wesentlich beigetragen.

Als österreichisches Volksfrontäquivalent propagierte die KPÖ schließlich die als überparteilich ausgegebene Österreichische Freiheitsfront (ÖFF), die sich am 22. Oktober 1942 in einem von 40

Österreichern getragenen und über mehrere Medien verbreiteten Gründungsaufruf als Organisationsinstanz für alle »antifaschistischen« Österreicher vorstellte. Die ÖFF, als »einziger Weg zur Rettung unseres Volkes, zu seiner Freiheit und Unabhängigkeit« beschrieben, sollte »von allen Österreichern gebildet« werden, die bereit seien, »sich in Gruppen zu Kampfausschüssen zusammenzuschließen, um den aktiven Widerstand zu organisieren« und dergestalt den »Volkskampf gegen Hitler und seinen Krieg und für ein freies und unabhängiges Österreich[42]« vorzubereiten. Diesem Aufruf folgten eine Vielzahl in ähnlicher Diktion gehaltener Flugblätter[43], die sich – überwiegend von den alten Kadern der KPÖ verfaßt und nunmehr mit ›ÖFF‹ signiert – von vorangegangenen kommunistischen Werbeschriften oft nur geringfügig abhoben. So war denn auch den Volksfrontbestrebungen der KPÖ nur wenig Erfolg beschieden. Der intendierte Entwicklungsgang der ÖFF stagnierte auf der Ebene schon lokaler Ansätze in Gebieten mit ohnehin stärkerer kommunistischer Präsenz, und die ÖFF erlangte erst etwa ein Jahr nach diesem Gründungsaufruf in bereits existierenden kommunistischen Partisanenzirkeln der Obersteiermark erste und bescheidene Gestalt. Zwar gibt es vereinzelte Hinweise auf Zusammenarbeit mit bürgerlichen Gruppen. Im allgemeinen aber blieb der KP-Einfluß auf die Arbeiterschaft begrenzt, gelangten die Beziehungen vor allem konservativer Kreise zu den Kommunisten über »ein eher distanziertes Verhältnis vorsichtigen Mißtrauens[44]« kaum hinaus, blieben die für die Vorbereitung des Partisanenkrieges entscheidenden Versuche, das traditionell gestörte Verhältnis der KPÖ zur den Faschismen im besonderen geöffneten südösterreichischen Bauernschaft zu korrigieren und die ÖFF auch im ländlichen Raum zu verwirklichen, im wesentlichen erfolglos. Während die Volksfrontkonzeption etwa in Jugoslawien ihre historische Tragfähigkeit erweisen konnte und in Verbindung nationalpatriotischer mit sozialrevolutionären Kräften eine beeindruckende Partisanenbewegung hervorbrachte, blieb sie in Österreich vergleichsweise unerheblich. Damit aber fehlte im künftigen Operationsgebiet der Kampfgruppe Avantgarde/Steiermark auch der unumgängliche organisatorische Raster für die einschlägige Politisierung insonderheit der bäuerlichen Bevölkerung, ohne die Guerilla auf Dauer aber erfahrungsgemäß nicht auszukommen vermag.

Die aus prinzipiellen politisch-ideologischen Erwägungen heraus getroffene Entscheidung für die Strategie des Massenwiderstandes, der neben breiter Basis hohen Organisationsgrad und gesichertes politisches Bewußtsein zu unabdingbaren Voraussetzungen hat, bestimmte fortan alle Schwerpunktbildung kommunistischer Widersetzlichkeit: Bewahrung und Wiederaufbau der Parteiorganisationen sowie möglichst intensive Agitation an der Basis. Seit Sommer 1938 betrieb die Partei in zäher Beharrlichkeit die weiterhin an zentralistischen Strukturmodellen ausgerichtete Reaktivierung ihres illegalen Partei- und Gewerkschaftsapparats. Es entstanden hiebei eine Vielzahl von Lokal- und Betriebszellen, denen Bezirks-, Stadt- und zentrale Leitungen als Koordinationsinstanzen übergeordnet waren. Die Gestapo konzentrierte sich in ihrer Aufklärungstätigkeit vornehmlich auf die zentralen Leitungen und rollte von hierher mit deprimierender Regelmäßigkeit ganze Organisationssegmente auf. Auch seitens der KPÖ-Auslandsleitung nach Österreich entsandte Beauftragte wurden durchwegs innerhalb kürzester Zeit staatspolizeilich identifiziert und beschattet. Auf Grund deren weitverzweigter Kontakte führten die Festnahmen solcher Emissäre stets zu Massenverhaftungen, wodurch die illegale Partei nach und nach wertvolle Führungskader verlor und zunehmend in die Desintegration geriet. Bis Ende 1943 hatte die Gestapo auch die letzten zentralen kommunistischen Organisationsansätze zerschlagen. Der Widerstand noch in Freiheit verbliebener einzelner Aktivisten und kleinerer Gruppen orientierte sich künftighin an der Parole: ›Du bist die Partei!‹

Im weithin sichtbaren Zentrum kommunistischer Widerstandsaktivität stand neben dem als Voraussetzung hiefür notwendigen Organisationsbemühen der Vertrieb verbotener Literatur. Unzählige Streuzettel, Flugblätter, Zeitschriften u. a. m. wurden unter oft schwierigsten Bedingungen hergestellt und insbesondere von Mitgliedern des Kommunistischen Jugendverbandes (KJV) verbreitet, um dem nationalsozialistischen Meinungsmonopol ein kritisches Korrektiv entgegenzusetzen, die Basis des Widerstandes zu erweitern und den Motivationshorizont der Agierenden aktionsspezifisch zu strukturieren. Die politische Einwirkungschance dieser illegalen Druckwerke war schon damals nicht unumstritten. Gegen zeitgenössische wie auch noch gegenwärtige Kritik aber bliebe zunächst grundsätzlich daran zu erinnern, daß sich unter den Bedingungen totalitärer Herrschaft gerade im illegalen Schrifttum oppositionelles Wollen überhaupt erst kontinuierlich und sichtbar zu präsentieren vermag. Den auf Massenwiderstand gehenden Intentionen der österreichischen Kommunisten mußte überdies solch innerhalb der Arbeiterbewegung in reiche Traditionen eingebetteter literarischer Widerstand, im Ansatz schon Propaganda der Tat, neben sich anbietenden Alternativtechnologien etwa des Rundfunks nachgerade naturnotwendig zum zentralen Medium sowohl kontinuierlicher Selbstvergewisserung als auch edukativer Basiserweiterung mittels politisch oppositioneller Aufklärung werden.

Angesichts so bedrückender Verfolgungseffizienz der staatlichen

Behörden sowie der auf Abschreckung zielenden und daher ungemein streng gehaltenen Judikatur der politischen Sondergerichte ging die Zahl aus Akten nachweisbarer kommunistischer Widerstandsdelikte im Jahre 1944 erheblich zurück. Trotz dieser vernichtenden Bilanz aber propagierte die Auslandsleitung der KPÖ jetzt zunehmend Formen bewaffneten Widerstandes. Ein erstes Mal war hievon im schon benannten Gründungsaufruf der ÖFF die Rede, wo es in freilich noch konzeptualistischer Perspektive, aber schon mit konkretem Modellbezug heißt, daß »die mutigsten Söhne unseres Volkes ... ihren Ruhm darin finden (würden), mit der Waffe in der Hand gegen die Todfeinde Österreichs zu kämpfen. Die jugoslawischen Partisanen haben den Freiheitskrieg der Völker bis an die südlichen Grenzen unserer Heimat getragen; helfen wir ihnen, folgen wir ihrem Beispiel. Wenn Österreich frei sein soll, müssen auch bei uns solche Freiheitskämpfer erstehen wie die tapferen Jugoslawen[45].« Ein weiterer Aufruf, den Mitteräcker mit August 1943 datiert, geht davon aus, daß »Hitlers Untergang ... besiegelt« sei. »Verhindert mit der Waffe in der Hand durch organisierten bewaffneten Widerstand, durch den Volkskrieg in Partisanenverbänden, daß unser Land und Volk von diesem Untergang mitgerissen wird. Organisiert Partisanengruppen in allen Gebieten. Nützt die Schwäche des Regimes aus. Holt euch Waffen bei der SS, bei der SA und den Polizeiverbänden[46].«

Einer der wesentlichen Bezugspunkte für die weitere illegale Tätigkeit der KPÖ, aus dem sich die Forcierung partisanischer Konfliktformen nachgerade schlüssig herleiten ließ, wurde von den Alliierten im November 1943 mit der Moskauer Deklaration gesetzt. Molden meint zwar zunächst, daß »das Wissen um diese Stellungnahme der Alliierten ... für den österreichischen Freiheitskampf keinen grundlegenden Einschnitt bedeutet« habe, da dieser bereits zu einer Zeit entbrannt wäre, »als die Alliierten sich noch aus eben diesem Grund des österreichischen Kampfes gegen Hitler von Österreich zu distanzieren suchten«. Er räumt dann aber doch ein, daß die »alliierte Erklärung eine gewisse Aktivierung breiterer Schichten im anti-nationalsozialistischen Sinne« gebracht habe, jener vor allem, die bisher in der Annahme gelebt hätten, Österreich sei von den Alliierten bereits völlig aufgegeben. Unter diesem Gesichtspunkt sei der Akt als »zweifellos ...wertvolle psychologische Stärkung[47]« einzuschätzen. Für die weitere Präzisierung kommunistischen Widerstandswollens hingegen, insonderheit für dessen ergänzende Legitimierung, wurde die Moskauer Deklaration, »deren Zweck es war, den Widerstand in Österreich gegen das deutsche Regime zu stärken[48]«, von entscheidender Bedeutung. Österreich wurde durch dieses Dokument in bekanntlich unverhüllt bestimmter Weise »daran erinnert, daß es für die Teilnahme am Kriege an der Seite Hitler-Deutschlands eine Verantwortung trägt, der es nicht entrinnen kann, und daß anläßlich der endgültigen Abrechnung Bedachtnahme darauf, wieviel es selbst zu seiner Befreiung beigetragen haben wird, unvermeidlich sein wird[49]«.

Nunmehr vermochte die KPÖ nicht nur auf ein seitens der Alliierten garantiertes Kampfziel zu verweisen, sondern man durfte auch von der Verantwortung sprechen, die zu tragen man verhalten sei, vom Beitrag, der zur Befreiung Österreichs geleistet werden müsse, der bei den Friedensverhandlungen zugunsten Österreichs verrechnet werden und die Mitschuld des Landes am Kriege mildern würde. Die Krönung dieses Beitrages sollte nach Auffassung der KPÖ der kommunistischer Revolutionsdoktrin als klassische Form des politischen Umsturzes geltende bewaffnete Aufstand sein, dessen modus operandi in dem mit Juni 1944 datierten Manifest *Auf zum Kampf für die Freiheit und Wiedergeburt Österreichs*[50] näher ausgeführt ist.

In folgerichtig enger Anlehnung an die Moskauer Deklaration geht die KPÖ in diesem Entwurf davon aus, daß »die reale Möglichkeit für unseren eigenen Freiheitskampf...gegeben«, daß auch hierzulande »die Voraussetzungen für die allgemeine Volkserhebung, für den nationalen Volkskrieg gegen die deutschen Unterdrücker herangereift« wären. »Wir Kommunisten«, so heißt es weiter, »halten die Zeit für gekommen, auch in Österreich die bewaffnete Volkserhebung, den nationalen Volkskrieg...vorzubereiten... Die Erfahrung in anderen Ländern zeigt, daß überall der Partisanenkampf der stärkste Schutz des Volkes, das Rückgrat der Freiheitsbewegung, die Basis für die allgemeine Volkserhebung ist.« Unter Hinweis auf die vornehmlich in Südkärnten schon existierenden Partisanenzirkel werden deshalb »alle organisierten Kräfte der österreichischen Freiheitsbewegung« aufgefordert, »die planmäßige Hilfe für die Partisanen, die Mobilisierung kampfentschlossener Österreicher zu ihrer Verstärkung sowie die Organisierung neuer Partisanengruppen und Stützpunkte in anderen Gebieten Österreichs als entscheidende Aufgabe« anzunehmen. Unmittelbares Ziel müsse es sein, »den Partisanenkrieg auf ganz Kärnten auszudehnen und die Voraussetzungen zu schaffen, daß er nach Tirol und vor allem nach Obersteiermark übergreifen« könne. Die Vorbereitung dieses Partisanenkrieges, der als tendenziell schon aus sich selbst heraus auslösefähiger Faktor für solch bewaffnete Volkserhebung vorgestellt wurde, war mithin zum dringlichsten Ziel der KPÖ erklärt. Die ÖFF sollte im Zuge des Konfliktverlaufes nach jugoslawischem Vorbild, wo Volksbefreiungsausschüsse in den einzelnen Orten die revolutionäre Macht repräsentierten, die Grundlagen für diese

Massenerhebung schaffen und als gleichsam administrativ-politische Basis der bewaffneten Partisanenmacht fungieren.

In enger Zusammenarbeit mit slowenischen Kommunisten war die KPÖ in der Folgezeit bemüht, die dergestalt aus ursprünglich eher attributiver in nunmehr zentrale Funktion angehobene Guerilla auch in Österreich in Gang zu bringen. Am Modell der Kampfgruppe Avantgarde/Steiermark, die neben anderen Zirkeln[51] aus dieser Kooperation hervorgegangen ist, soll im folgenden paradigmatisch versucht werden, vor dem Hintergrund des faktographischen Rahmens die im Konzept formulierten Annahmen auf ihre Tragfähigkeit hin zu überprüfen und eine Antwort auf die Frage nach den Durchsetzungschancen solcherart ins Werk gesetzter leninistisch-maoistischer Guerilladoktrin anzudeuten. Das Erklärungsmuster reflektiert hiebei eine Anzahl für Guerilla konstitutiver und oben entwickelter Bedingungsfaktoren, ohne jedoch erschöpfende Interpretationen geben zu wollen.

IV

Am Abend des 17. September 1944 erreichten und überschritten 21 in italienische Uniformen gekleidete Kombattanten, größtenteils ehemals österreichischer Staatszugehörigkeit, in Begleitung von fünf ortskundigen slowenischen Partisanen im Gebiet der Petzen die alte österreichische Grenze. Die Gruppe umging Bleiburg im Westen, setzte in der Nacht vom 18. zum 19. September zwischen Lippitzbach und St. Nikolai in zwei großen, aus der Sowjetunion mitgebrachten Schlauchbooten über die Drau und verschwand in den südöstlich des Griffener Bergs gelegenen Wäldern.

Damit hatte eine wichtige Teiloperation eines in umfassendere Zusammenhänge eingelagerten Unternehmens begonnen, über dessen politische Genese wir aus zuverlässigen Quellen bislang nur ungenügende Kenntnis haben. Seit Ende 1943 waren in Moskau lebende ZK-Mitglieder der KPÖ, so vor allem Johann Koplenig, Franz Honner und Friedl Fürnberg, bemüht gewesen, in Kontakten mit Vertretern der jugoslawischen KP die Möglichkeiten zur Formierung österreichischer Kampfgruppen in slowenisch-südösterreichischer Grenznähe abzuklären. Die entscheidenden Gespräche fanden aber erst Anfang 1944 in Moskau statt, als der »Oberste Stab und das Nationalkomitee (der jugoslawischen Partisanenbewegung, der Verf.) . . . eine gemeinsame Mission nach Moskau (entsandten), die dort am 12. April eintraf und mit Vertretern der sowjetischen Regierung ein Übereinkommen über die Hilfe für die Volksbefreiungsarmee traf[52]«. Da in Slowenien mit der Partisanenbasis Črnomelj nunmehr ein militärisch hinlänglich gesichertes ›befreites‹ Gebiet nahe der österreichischen Grenze verfügbar war und jugoslawischerseits Einwände politischer Natur kaum vorgelegen haben sollen, flog die sowjetische Luftwaffe schließlich eine Gruppe von 24 vornehmlich österreichischen, aber auch fremdnationalen kommunistischen Emigranten, viele von ihnen ehemalige Interbrigadisten, über slowenisches Partisanengebiet, wo sie am 28. Mai 1944 nahe Črnomelj mit Fallschirmen absprangen.

Obgleich schon von den Sowjets ausgebildet und ausgerüstet, verblieb die Einheit nun noch dreieinhalb Monate in der slowenischen Basis, wo sie sich in enger Bindung an den Hauptstab und das Politkommissariat der *NOV in POS* auf die für ehemalige Spanienkämpfer oder Partisanen ja nicht gänzlich neuartige Aufgabe vorzubereiten suchte. Gespannt beobachtete man die weitere Entwicklung der militärischen Lage und des sich im Sommer 1944 bereits deutlich abzeichnenden nationalsozialistischen Zusammenbruchs. Wohl hatte die Rote Armee die sowjetischen Grenzen nach dem Westen hin schon überschritten; in Rumänien war die Regierung Antonescu gestürzt worden, Finnland war aus dem Krieg ausgeschieden; die Landungen in Italien und der Normandie waren geglückt, weite Teile West- und Südeuropas in der Hand von Briten und Amerikanern. Aber die Fronten näherten sich nur langsam den vormals österreichischen Grenzen, und das unverhüllte Vernichtungswollen, mit dem die Exekutive der in ihrer spektakulärsten Widerstandsaktion gescheiterten deutschen Opposition gegen Hitler nach den Ereignissen des 20. Juli 1944 begegnete, gab ein bedrückendes Beispiel von der Durchsetzungskraft des staatlichen Verfolgungsapparats selbst noch während der letzten Monate des Krieges. Hinzu kommt, daß die künftige Reaktion der örtlichen Bevölkerung auf das Auftauchen regimefeindlicher Partisanenverbände von den österreichischen Gruppenmitgliedern, die seit ihrer Emigration im Zusammenhang mit den Februarkämpfen oder der Teilnahme am spanischen Bürger- und Interventionskrieg nicht mehr in Österreich gewesen waren, kaum mit hinreichender Zuverlässigkeit eingeschätzt werden konnte. Die den Emigranten über verschiedene Kanäle aber doch erreichbaren Informationen legten es indessen nahe, den für das Gelingen jeder Guerilla entscheidenden Faktor Bevölkerung als zumindest unkalkulierbares Risiko, wenn nicht gar als potentielle Gefahr anzusetzen. Das letztliche Scheitern der *Partisanengruppe Leoben-Donawitz* und das Fehlen einer volksfrontartigen, breiten politischen Basisorganisation gaben überdies jenen auch kommunistischen Emigranten schon zugänglichen konkreten Erfahrungshorizont, der die Erwartung größerer partisanischer Entwicklungsperspektiven für das deutschsprachige Südösterreich wohl nicht zuließ. Sollte der partisanische Einsatz dennoch versucht werden und nicht den Charakter absehbarer Selbstaufopferung annehmen, so war der Augenblick des Eintritts ins Kampfgeschehen so zu wählen, daß die Zeitspanne bis zur Niederlage des Deutschen Reiches in etwa abschätzbar, das Risiko der Guerilla mithin berechenbarer wurde. Diese Taktik, die den Mangel an tragfähiger Massenbasis für einen kürzeren Zeitraum zu kompensieren vermag, könnte neben den von Wachs genannten »Strafexpeditionen deutscher Wehrmachtseinheiten«, die den »Übergang auf österreichisches Gebiet verhindert[53]« hätten, als wichtige Ursache für den beträchtlich hinausgezögerten Einsatzzeitpunkt vermutet werden.

Solch weniger nach maoistisch-jugoslawischem Entwurf auf qualitatives Wachstum angelegte, sondern eher in Nachahmung des sowjetischen Vorbilds an politischen und militärischen Assistenzfunktionen orientierte Konzeption wird auch in den politischen und militärisch-taktischen Modellvorstellungen der Gruppe erkennbar. Neben den Grundzügen leninistisch-maoistischer Guerilladoktrin, wie sie das sowjetische und das jugoslawische Beispiel insonderheit in seiner slowenisch-kärntischen Variante anschaulich vermittelten, lieferten eigene Erfahrungen, die man während der Kämpfe in Spanien, im Verbande der Roten Armee oder in eigener Partisanentätigkeit in den vom Deutschen Reich besetzten sowjetischen Gebieten gewonnen hatte, die hiefür wichtigsten Orientierungspunkte. Die in Aussicht genommene großflächige, wald- und gebirgsreiche sowie weitgehend agrarische kärntisch-steirisch-slowenische Grenzregion bot mit ihrer äußerst spärlich entwickelten Infrastruktur, den durchwegs kleinen Siedlungen und der geringen Exekutivpräsenz zwar wichtige natürliche Voraussetzungen für das Gelingen der Guerilla. Das vielfach gebrochene Verhältnis der österreichischen Kommunisten zur bäuerlichen Bevölkerung indessen lenkte das Rekrutierungsinteresse der Gruppe – abseits von Hoffnungen, vereinzelt oder in kleinen Zirkeln in den Wäldern Verborgene integrieren zu können – von Anbeginn primär auf näher, aber doch außerhalb des engeren Operationsfeldes gelegene Industrie- und Bergbauzentren wie Graz oder Köflach, wo die KPÖ über traditionell gute Basisbindungen verfügte. Angesichts solchermaßen realistisch bescheiden eingeschätzter Fähigkeit zur Mobilisierung der bäuerlichen Bevölkerung des unmittelbaren Kampfgebietes avancierte die strikte Koordination der Gruppenaktivitäten mit den oft in denselben oder angrenzenden Räumen operierenden slowenischen Partisanenverbänden, insbesondere mit dem *Lackov-odred* und der *Šlancer-Brigade,* sowie die enge Anlehnung an das gemischtsprachig bis slowenisch besiedelte Territorium zu zentralen Voraussetzungen eigener und in ihren Entwicklungschancen begrenzt geahnter Kampfführung. Die militärischen Zielsetzungen beschränkten sich denn auch nach sowjetischem Vorbild auf den globalen Kampfhandlungen assistierende Funktionen, wobei die Gefährdung des gegen Kriegsende als potentielles Rückzugsgebiet immer bedeutsamer werdenden südösterreichischen Grenzraumes, vor allem der logistisch wichtigen Verkehrswege, weiters die Anziehung und Bindung deutscher Verbände, die Bedrohung herausragender Systemrepräsentanten wie Polizei-, Gendarmerie-, Militär- und Parteiangehörige sowie der Aufbau eines funktionierenden Nachrichtendienstes und die Übermittlung wichtiger Informationen via Funk nach Moskau und Črnomelj im Vordergrund stehen sollten. Da aber all dies ohne weitgehende Zielübereinstimmung mit der bäuerlichen Bevölkerung nicht geleistet werden konnte und Organisationen der ÖFF im präsumptiven Kampfgebiet fehlten, sah sich die Einheit vordringlich auf die Notwendigkeit politischer Sympathisantenwerbung verpflichtet, die am kommunistischen Volksfrontprogramm auszurichten war.

Schon die erste Konfliktphase ließ die Folgen fehlender systemkritischer Politisierung breiterer Bevölkerungsteile deutlich werden. Zwar war man auch in den ›befreiten‹ Gebieten Sloweniens gezwungen gewesen, zumeist nachts zu marschieren. Dank ortskundiger slowenischer Führer und einer kooperationswilligen Bevölkerung, »die ihre kärglichen Lebensmittel mit uns teilten und uns ihre Unterstützung angedeihen ließen[54]«, blieb die Gruppe auf ihrem langen Marsch nach Norden aber doch ohne Verluste. Die hiezu ungemein kontrastierende und ängstlich-ablehnende Haltung der deutschsprechenden Bevölkerung im Operationsraum Saualpe hat die Einheit dann ein erstes Mal beträchtlich entmutigt. Fortwirkende Teilidentifikation mit Regime und großdeutscher Staatlichkeit beförderten wie die Solidarität mit den in der deutschen Wehrmacht stehenden eigenen Gruppenangehörigen vor dem Hintergrund vielfältig latenter Inkonformitätsressentiments wie eigener Erfahrungen mit versprengten Deserteuren Neigungen in der Bevölkerung, die von außen eingedrungene und fremdländisch durchsetzte Einheit – der Kampfgruppe gehörten auch zwei Spanier, zwei Italiener und drei Sowjets an –, deren Mitglieder jedenfalls regionsfremd und weitestgehend nichtbäuerlich waren, durch die Optik regimeinterner Sprachregelung zu sehen, welche in den Massenmedien alles Partisanische kontinuierlich als ›Banditentum‹ vorgestellt hatte. Wachs meint, daß vor allem die ländliche Bevölkerung in den »rückständigen Gebieten«, in denen die Gruppe operierte, »zutiefst von der Goebbels-Propaganda beeinflußt[55]« gewesen sei. Tatsächlich wurde die widerstandsorientierte Gegenpropaganda in den Städten vor allem gegen Ende des Krieges hin wieder deutlicher spürbar, versickerte aber zumeist an der Peripherie der urbanen Zentren. Die Landbevölkerung wurde von Gegeninformationen nicht in gleichem Maße erreicht, stand aber ihrerseits voll unter der Dauerbeeinflussung der gleichgeschalteten Medien.

Die starke Enttäuschung, die sich innerhalb der Kampfgruppe angesichts der dem Partisanischen sich zunächst verweigernden Bevölkerung breitmachte, eröffnet aber auch, in welchem Ausmaß die Kommunisten durch ihre Konzentration auf die moderne Industriearbeiterschaft die gleichzeitige Ungleichartigkeit, d. h. das Nebeneinander historisch unterschiedlich verorteter sozialer Gruppierungen, aus dem Blick verloren hatten. Abseits fortwirkender Hypotheken aus der Ersten Republik und allzu divergierender gesellschaftspolitischer Zielvorstellungen hat die bedrückend lange andauernde Basisschwäche der Kampfgruppe im Operationsgebiet in dieser Fehleinschätzung bäuerlicher Bewußtseinslage eines ihrer wichtigsten Erklärungsmomente. Hinzu kam schließlich die allgegenwärtige Drohung des nationalsozialistischen Unterdrückungsapparats und die Sorge vor immer schärfer werdender Ahndung bei Meldeverweigerung staatsfeindlicher Aktivitäten. Auch tendenziell Sympathisierende sahen sich dergestalt zur Meldung gezwungen, wollten sie nicht Gefahr laufen, von Nachbarn wegen Nichtmeldens denunziert zu werden.

Obgleich die Kampfgruppe, durch einsetzenden Schneefall und zunehmende Lebensmittelknappheit veranlaßt, zumeist abgelegenere Bauerngehöfte aufsuchte, nach Eintritt der Dunkelheit kam und vor Tagesanbruch wieder ging, wurde doch regelmäßig die Partisanenmeldung an die Behörden erstattet. »In den meisten Fällen nahmen sie (die Betroffenen, der Verf.) unsere Anwesenheit teilnahmslos hin. Sie konnten ja angesichts unserer Bewaffnung nicht anders[56].« Zwar versichert Wachs, daß man sich gegenüber Kleinbauern und Arbeitern stets korrekt verhalten, für alles mit aus der Sowjetunion mitgebrachter deutscher Währung bezahlt und in sowohl sozialselektiver wie effizienzorientierter Absicht Requirierungsüberfälle vornehmlich gegen »nazistische Großbauern oder fanatische Ortsbauernführer[57]« gerichtet habe. Desungeachtet konnte man zunächst nicht hindern, daß die bäuerliche Bevölkerung »die erstbeste Gelegenheit[58]« wahrnahm, um Anwesenheit, zahlenmäßige Stärke sowie Art der Bewaffnung und Ausrüstung der Partisanen den Behörden bekanntzugeben.

Erst gegen Ende des Jahres 1944, als die Gesamtlage am absehbaren Zusammenbruch des Dritten Reiches kaum noch Zweifel ließ, änderte sich die Haltung der Bevölkerung im Operationsgebiet. Einmal war es der Kampfgruppe gelungen, die propagandistisch forcierte stereotype

Diffamierung tätig zu widerlegen und sich durch scharfe Frontstellung gegenüber primär auf Selbsterhalt gerichteten Deserteursgruppen der bäuerlichen Bevölkerung als Schutzfaktor zu empfehlen. Vor dem Hintergrund zunehmenden nationalsozialistischen Autoritätsverfalls schien sich die Formation überdies als künftige Machtinhabe vorwegnehmende revolutionäre Ordnungsinstanz auszuweisen. Auch von hierher ist die schließliche Bereitschaft vieler Bauern zu erklären, mit der Partisanenmeldung wenigstens einige Stunden zuzuwarten. Diese Praktik ermöglichte es dem von beiden Seiten mit physischer Vernichtung bedrohten Dritten, zwischen den polarisierten Positionen zu existieren, ohne sich erkennbar gegen eine der beiden potentiellen Exekutionsinstanzen zu stellen. Die Kampfgruppe erhielt zwar nunmehr häufiger Hinweise auf Bewegungen der Exekutivverbände, selten aber reichte das Engagement für den politischen Widerstand und dessen Ziele bis zur Aufgabe von Familie und materieller Habe. Die schon von Mao festgestellte Korrelation von Eigentumsgröße und Grad an familialem Eingebundensein mit dem Ausmaß an Widerstandsbereitschaft, durch die Perspektive des ohnehin und auch ohne eigenes Zutun unabwendbaren Kriegsendes weiter verstärkt, hat auch für Österreich seine Gültigkeit erwiesen.

Fehlende Basisbindung und mangelhafte Ortskenntnis behinderten insonderheit im Gebiet der Saualpe denn auch alle Versuche zur Entfaltung eigener Initiative und zwangen die ständig defensive und vor allem mit Problemen des Überlebens befaßte Gruppe, wiewohl sie sich während der ersten Wochen ihres Österreichaufenthalts fast ausschließlich nachts und in bewaldetem Terrain abseits der Straßen bewegte, in eine Anzahl aufoktroyierter und auch deshalb opferintensiver bewaffneter Konflikte mit seitens der Bevölkerung umgehend verständigten Partisanenbekämpfungstrupps, ohne der Einheit realistische Chancen auf vereinzelte Offensivoperationen zu eröffnen. Die durch diesen Sachverhalt begünstigte, ebenso konzentrierte wie erfolgreiche Streifentätigkeit der Exekutive und akuter Lebensmittelmangel bewogen die Einheit schon nach wenigen Tagen zur Aufgabe der überwiegend deutschsprachig besiedelten Saualpenregion. In der Nacht vom 29. zum 30. September 1944 überquerte sie zwischen Reichenfels und Bad St. Leonhard die Talsohle der Lavant und wandte sich südostwärts. Mit Eintragung vom 4. Oktober 1944 vermerkt die Chronik des Gendarmeriepostenkommandos Schwanberg die Ankunft der Partisanen im Bereich der Koralpe: »Vom Oktober bis zum Jahresende tauchen sie in verschiedenen Intervallen im hsg. Überwachungsgebiet der Koralpe sowie in den angrenzenden Gemeinden Garanas und Gressenberg auf. Da sie bewaffnet sind, wirkt dies auf die

Bevölkerung beunruhigend. Auch wurden von der Bevölkerung Lebensmittel etc. zur Abgabe verlangt[59].«

Erste zwar vereinzelte, aber doch ermutigendere Begegnungen mit offenkundig freundlicher gesinnten Bewohnern haben es der angesichts durchgängiger Erfolglosigkeit desintegrativen Tendenzen und disziplinären Anfechtungen ausgesetzten Kampfgruppe erleichtert, ihre »ursprüngliche Verbitterung über das verräterische Verhalten mancher unserer Landsleute nicht auf alle[60]« zu übertragen. Auch das in Sandmanns Erinnerungen aus der Kampfzeit der österreichischen Partisanengruppe *Avantgarde*[61] anklingende Selbstverständnis der Einheit, die sich als handlungsfähige Elite, als schon bewußter Vortrupp noch unartikulierten Bevölkerungsinteresses vorzustellen suchte, konnte aus ersten zaghaften Basisresonanzen Legitimation und Auftrag herleiten. Der hier und jetzt angenommene Name *Kampfgruppe Steiermark* bezeichnet mithin nicht die geographische Herkunft der Gruppenmitglieder und also autochthonen Widerstand – der Rekrutierungsschwerpunkt lag vielmehr im Raum Wien –, sondern einfach das glücklichere Operationsgebiet, das der Einheit reelle Chancen zu weiterer Entfaltung zu bieten schien. Desungeachtet sah sich die Kampfgruppe außerstande, selbständig in dieser überwiegend deutschsprachig besiedelten Region zu agieren. Nach einem fehlgeschlagenen Versuch, den Bahnkörper der Linie Graz–Bruck/Mur im Raum Klein-Stübing zu sprengen, zog sich die mittlerweile auf sechzehn Mitglieder dezimierte Formation ins gemischtsprachige österreichisch-slowenische Grenzgebiet zurück, wo sie sich Mitte Oktober mit dem slowenischen Lackov-odred, das infolge starken deutschen Drucks vom Pohorje in das Gebiet nördlich der Drau herübergewechselt war, zu gemeinsamen Operationen im weiten Raum zwischen Lavamünd und Maribor verband. Da in den großen Orten an der ungefähren Sprachgrenze kleinere und größere Einheiten der Exekutive zwecks Einengung slowenischer Guerillatätigkeit stationiert waren, nahmen Intensität und Häufigkeit der bewaffneten Konflikte nunmehr zwar stark zu. Bis Ende November war der Kern der Kampfgruppe Steiermark, die bis dahin keinerlei nennenswerten Zuzug erhalten hatte, auf zwölf Mann – 50 Prozent ihrer ursprünglichen Mannschaftsstärke – zusammengeschrumpft. Dennoch sind die durch die nunmehrige Kooperation mit dem slowenischen Verband gewährleistete Basisbindung und die hiedurch erreichte größere militärische Schlagkraft in dieser für die Existenz der Einheit ungemein sensiblen Phase als nachgerade ausschlaggebende Überlebensfaktoren einzuschätzen. Bis Ende März 1945 verblieb die Kampfgruppe denn auch im Verband mit dem Lackov-odred, überwiegend eng angelehnt an die mehrheitlich slowenisch besiedelten ländlichen Gebiete des ehemals österreichisch-jugoslawischen Grenzraumes. Zu diesem Zeitpunkt umfaßte das Operationsfeld der vereinigten Verbände den Raum Lavamünd bis Maribor und erstreckte sich auch auf Bereiche um Deutschlandsberg, Schwanberg, Wies und Eibiswald. Am 28. März 1945 erst löste sich eine Gruppe von neun Partisanen aus dieser Formation, um im Raum Brendlalm-Glashütten Lebensmittellager einzurichten und mit intensiverer Basisarbeit zu beginnen, während sich der Haupttrupp erneut auf den Remšnik zurückzog, wo man gelegentlich von den Sowjets aus der Luft versorgt wurde. Mitte April endlich, als die Kriegslage das Deutsche Reich zu konzentriertem Einsatz aller verfügbaren Truppen und damit zur weitestgehenden Entblößung des Hinterlandes zwang, kehrte auch die Hauptgruppe der österreichischen Abteilung aus dem österreichisch-slowenischen Grenzgebiet wieder in das ursprüngliche Aktionsfeld auf der Koralpe zurück.

Die enge Anlehnung an das gemischtsprachige Territorium und die Kampfgemeinschaft mit dem Lackov-odred, beides entscheidende Bedingungen für das militärische Überleben der Gruppe, könnten dem Rekrutierungsinteresse der Einheit gleichwohl eher hinderlich gewesen sein. Es darf vermutet werden, daß das eine wie das andere die Projektion latenter antislowenischer Ressentiments auch auf die österreichische Kampfgruppe erheblich erleichtert haben mag. Auf Grund schon der räumlichen Distanz konnte man im deutschsprachig besiedelten Teil des Operationsgebietes überdies erst relativ spät mit intensiverer Werbetätigkeit ansetzen. Die großen Linien dieser politischen Agitation werden in einem Flugblatt deutlich, das im Verlauf der Monate März und April 1945 in drei Versionen entstanden und bei Aufklärungsunternehmen mitgenommen, bei Bauern zur Weitergabe deponiert oder einfach vorgelesen worden ist. Im Zentrum steht auch hier das Postulat österreichisch-nationaler Identität und hieraus abgeleiteter Eigenstaatlichkeitsforderung: »Österreich den Österreichern[62]!« Obgleich das Blatt keinerlei Charakteristik österreichischen Eigenseins entwirft und erstaunlicherweise auch auf die von Klahr angebotenen Erklärungsmomente verzichtet, erfolgt dessen Ausgrenzung doch in gleichsam negativem Definitionsverfahren durch grelle Ausstattung eines die Die-Gruppe kennzeichnenden Heterostereotyps, welches nicht unwesentlich auf Mobilisierung gängiger antideutscher Vorurteile abhebt, namentlich von hierher das Phänomen der nationalsozialistischen Herrschaft über Österreich als doch überwiegend von außen aufgezwungenes interpretiert und zur Beschreibung ›des Deutschen‹ auf Dissimilation gehende Synonyme wie Piefke, Besatzer, Nazibonze, Fremdherr, Ausbeuter u. a. m. bemüht. Die bisherige

Ineffizienz des »Kampfes gegen die Deutschen« wird auf dessen Unorganisiertheit und Vereinzeltheit zurückgeführt, die »seit 1942« bestehende und als überpolitisch vorgestellte ÖFF als erfolgversprechendes Alternativmodell angeboten. »Sie bildete sich aus allen Schichten und Parteien Österreichs, die gewillt waren, gegen die landfremden Unterdrücker zu kämpfen, bis Österreich frei sein werde.«

Die Notwendigkeit solchen Kampfes »für ein freies, unabhängiges, demokratisches Österreich« wurde aus einem breiten Motivspektrum hergeleitet, in dem vordergründige und tendenziell opportunistische Momente dominierten und wertrationaler Auseinandersetzung mit den österreichischen Erscheinungsformen des Faschismus nur wenig Raum gegeben wurde. Aus der auch hier breit bezogenen Moskauer Deklaration wird zunächst auf die Chance künftiger Eigenstaatlichkeit verwiesen, aus beidem die historische Verpflichtung für die Initiierung partisanischen Widerstandes entwickelt. »Jeder Österreicher, der will, daß seine Heimat wieder von den Piefkes frei werde, muß alle seine Kräfte einsetzen, damit dies so bald als möglich geschehe!« Um die breite Gruppe der Uninteressierten zu polarisieren, die Eigenrekrutierungen zu fördern und die potentielle Feindseite, sei es auch nur den Volkssturm, zu schwächen, mußte die gesamte Bevölkerung auf praktikable Formen möglicher Widersetzlichkeit festgelegt werden. »Jeder«, so heißt es, könne »in irgendeiner Art am Kampfe gegen die Deutschen beitragen. Die Arbeiter sabotieren in den Fabriken, die Bauern entziehen ihre Lebensmittel dem Zugriff der Nazis, sie verhindern, daß ihre Söhne ins Heer gehen, sie gehen nicht zum Volkssturm, die Urlauber kehren nicht mehr zur Truppe zurück und gehen zu den Freiheitskämpfern über.« In emotional akzentuierten, zumeist aber durchaus realistischen Bildern wird aus der offensichtlichen Ausweglosigkeit der sich kontinuierlich verschärfenden militärischen Lage und dem Hinweis auf die selbstzerstörerischen Intentionen finaler nationalsozialistischer Führungschaotik ein Spannungsfeld aufgebaut, welches den an anderen als den gebotenen Lösungsvarianten Orientierten in die rasche Entscheidung zwingen sollte. Wo der Bezug auf historische Verpflichtung, die Untergangsapotheose und die wirksam beförderte Angst vor Mitverantwortung und Mituntergang nicht verschlugen, drohte die künftige Autorität mit physischer Gewalt, die, als Bestrafung vorgestellt, die Legitimität des eigenen, noch nicht legalen Handelns betonen sollte. Man meint, in Lenins *Lehren des Moskauer Aufstands* zu lesen, wenn es da heißt: »Glaubt nicht, daß die Freiheitsfront nicht weiß, wer mit ihr und gegen sie war. Die Verräter werden der gerechten Bestrafung zugeführt werden. Heute gibt es kein

Abwarten mehr, heute gibt es nur ein Für oder Gegen Österreich.« Und das Flugblatt endet mit jener ins Deutsche übertragenen Kampfformel, die üblicherweise auch die militärischen Schriftstücke der *NOV in POS* beschließt: »Tod dem Faschismus! Freiheit dem Volke!«

Solches Selbstverständnis, in dem der Anspruch auf gewichtige Teilhabe am Neuordnungsprozeß anklingt und in dem wohl auch manch gruppenspezifisches Interesse an vorwegnehmender politischer Einflußsicherung aufgehoben ist, wird namentlich im letzten Flugblatt der Kampfgruppe (30. April 1945) deutlich. Ein mit 24. April datiertes Exemplar war noch bestrebt gewesen, die österreichische Bevölkerung auf die Rote Armee vorzubereiten und die bevorstehende neuerliche Besetzung als Befreiung anzusprechen. Die Rote Armee, so schrieb man, komme »in unser Land, um uns zu helfen, die landfremden Unterdrücker zu verjagen und wieder ein freies Volk zu werden[63]«. Sie werde »keinerlei territoriale und soziale Veränderung vornehmen«, und die »einfachen Nazimitglieder« hätten denn auch »nichts zu befürchten, sofern sie sich ihr gegenüber loyal« verhielten. Das letzte Flugblatt aber stellte dann bereits die mittlerweile gebildete Provisorische Regierung ins Zentrum, mit der sich die Kampfgruppe sofort und uneingeschränkt identifizierte und als deren Ordnungs- und Exekutivorgan sie sich verstand. Man deutete die Regierung Renner, in der »wirklich alle vaterlands- und freiheitsliebenden Schichten des österreichischen Volkes vertreten[64]« seien und in der Kommunisten erstmals bedeutsame Funktionen eingeräumt waren, aus der Optik der Moskauer Deklaration als ersten Schritt zur Wiederherstellung von Österreichs staatlicher Unabhängigkeit und bemühte sich, dieser Regierung Autorität zu verschaffen. Jeder Österreicher, sei es »im befreiten oder von Nazis noch besetzten Gebiet«, wurde angewiesen, sich »voll und ganz unserer Regierung zu unterstellen. Wer dies nicht sofort tut, ist ein Landesverräter und wird als solcher abgeurteilt werden.« Als »ausübendes Organ der österreichischen Regierung« befahl die Kampfgruppe, die aus bislang verfolgter Illegalität nun den Sprung in die Positionen legaler Macht versuchte, die »sofortige Bildung österreichischer Ortskomitees, in denen kein Nazifunktionär Platz haben darf«. Alle Ortsgemeinden der Umgebung waren gehalten, »Vertreter« zur Kampfgruppe zu entsenden, um mit ihr »die nächsten Maßnahmen zu beraten«. Auch Gendarmerie- und Polizeipostenkommandos wurden zu enger Kooperation aufgefordert: »In jedem Orte müssen die Nazifunktionäre festgenommen und ausgeliefert werden.«

Jede auch nur kursorische Würdigung von Formen und Inhalten des hier knapp skizzierten Werbebemühens hat zunächst den sozialpsychologisch zwar erklärbaren, politisch aber gewiß wenig nützlichen und deshalb erstaunlichen Grad an Unverständnis anzumerken, das die Partisanen all jenen entgegenbrachten, welche die Präferenz der ihr Handeln begründenden Motive vorzugsweise an den Sorgen des Kriegsalltags bestimmten und diese der Idee von Österreichs staatlicher Wiedergeburt überzuordnen neigten. Im Zuge des allmählichen Durchsetzungsprozesses partisanischer Einwirkungschancen wird aber zugleich ein anderes als Paradoxon partisanischen Verhaltens deutlich. Während sie ihr eigenes Tun namentlich in gegenwärtig unterdrückter Pluralität des Denkens und Handelns begründet sehen wollten, ließen auch die österreichischen kommunistischen Partisanen, hatten sie sich erst einmal eingerichtet, eben diesen Anspruch auf abweichende Formen subjektiver Selbstverwirklichung auch außerhalb der präzise ausgegrenzten polaren Kombattantenbeziehungen nicht mehr zu. Neben gewiß vorhandenen Ansätzen zu dialogischer Auseinandersetzung begegnete die Kampfgruppe Steiermark dem großen Kreis Uninteressierter in auf Basisverbreiterung gehender Absicht vornehmlich auf den Ebenen manipulativer Einwirkung oder der Androhung physischen Zwanges. Zwar ist die historisch-analytische Aufarbeitung des Anschlusses und allen Folgegeschehens bei Akzentuierung von Fragen nationaler Identitätsfindung als unbestreitbares Verdienst ihrer politischen Agitation gebührend hervorzuheben; gleichzeitig aber bleibt kritisch darauf zu verweisen, daß in allen Flugblättern Motive dominierten, die aus tendenziellem Opportunismus heraus zum Frontwechsel bewegen sollten, während die Breite jener angebotenen Gründe, die an das Gewissen, die humane, sozialistische oder anderwärtig ethische Verpflichtung zum Widerstand gegen das als solches wünschenswert deutlich gekennzeichnete politische Verbrechen appellierten, eigentlich enttäuschend gering war. Im Zusammenhang mit der durchwegs ungenügenden Begründung des propagandistischen Konzepts zentraler Setzungen wie beispielsweise der Unterscheidung zwischen österreichischer und deutscher nationaler Identität, der mangelhaften Vermittlung ideologischer Zielbilder an je vorgefundene Bewußtseinsstandards, dem völligen Verfehlen im ländlichen Raum vorherrschender Werthorizonte und Problemlagen, alles überdies in einer das Bäuerliche eher distanzierenden Sprache vorgebracht, summierten sich diese Faktoren letztlich zu gewichtigen Strukturschwächen kommunistischer Propaganda, ohne deren angemessene Inrechnungstellung kein Erklärungsmodell reduzierter partisanischer Erfolgschancen auszukommen vermag.

Im Überschneidungsbereich von im weitesten Sinne politischer Propaganda und in Antizipation künftiger Staatlichkeit behaupteter Legitimität der noch illegalen Autorität liegt schließlich der systematische Ort des politischen Terrors, der an Fällen revolutionärer Judikatur vor allem gegen Ende des Krieges mehrfach nachgewiesen werden kann. Als Äquivalent zu Geiselnahme und Repressalie eine Erscheinungsform des irregulären bewaffneten Konflikts, richtet er sich wie die beiden anderen gegen im Tatsinn Unschuldige und wird unter dem Signum illegaler Gerichtsbarkeit am stellvertretenden Opfer vollstreckt. Auf das Endziel des Widerstands hin gesehen, ist Terror als Akt der aggressiven Mobilmachung zu begreifen, verständigendes Signal für die Handlungsfähigkeit formierter Opposition. Seine in nichts stationäre Unangreifbarkeit erlaubt den übermächtigen Zugriff am gewählten Ort und demonstriert, daß die Macht des Machthabers nicht zu schützen vermag. Nirgends bietet er Ziel, während der Gegner, überall in die sichtbare Repräsentation gezwungen, allerorten Ziel bleibt. Abseits der Siedlungszentren, wo die Staatsgewalt lediglich in vereinzelten Gendarmen, Beamten oder Parteifunktionären gegenwärtig war, konnte sie mühelos überwältigt werden, selbst wenn die Masse der Landbevölkerung dieses Vorgehen nicht teilte. Jede Uniform und damit alles, was sie als Devise vertritt, die Gesamtheit der staatlichen Sachwalter soll sich durch solche illegale Gerichtsbarkeit, die durch die Tötung von Systemfunktionären die feindliche Autorität aufzuheben sucht, bedroht fühlen.

So drang, wie die Chronik des dortigen Gendarmeriepostenkommandos berichtet, in der Nacht zum 26. April 1945 ein Kommando der Kampfgruppe Steiermark in den Markt Schwanberg ein und »verschleppte den Ortsgruppenleiter (der NSDAP) Rudolf Kotzmann nach Oberfresen im Koralmgebiete, woselbst Kotzmann erschossen wurde[65]«. Der Apotheker war seitens der Kampfgruppe der Mitschuld an der Exekution eines Widerstandszirkels bezichtigt worden, die auf Anordnung des Kreisleiters der NSDAP in Deutschlandsberg, Dr. Hugo Suette, erfolgt war. »Schriftliche oder mündliche Unterlagen über die Mitschuld Kotzmanns an der Ermordung der Gruppe Mooslechner gab es damals nicht[66].« In der Nacht vom 29. zum 30. April stieß dann eine Patrouille der Kampfgruppe in die Ortschaft Trag, Gemeinde Hollenegg vor. »Sie nahm den Landwirt Ferdinand Weixler vlg. Bachhans mit und entführte ihn ins Koralmgebiet vlg. Waldsteinbauer. Dort wurde Weixler erschossen. Er war Bataillonskommandant des Volkssturmes, als solcher unkameradschaftlich, daher unbeliebt[67].« Obleich im ersten Falle Mitschuld an der Exekution einer Widerstandsgruppe, im zweiten Unbeliebtheit als Motive für die Tötungen behauptet wurden, erscheinen diese Motive doch beide Male als eher vordergründige, als mehr oder minder bewußte Rationalisierungen des vordem beschriebenen Anspruchs auf revolutionäre Judikatur. Schlaglichtartig konnte durch solche Tötung von Systemrepräsentanten wie Ortsgruppenleitern oder Volkssturmkommandanten, beide aus partisanischer Optik zudem mit dem Odium der Kollaboration belastet, die Macht der Guerilla sichtbar dokumentiert werden.

Nimmt man konkrete Rekrutierungsgrößen als möglichen Indikator für den Erfolg verbalpropagandistischer und militärischer Werbeversuche, so wird der Wirkungsgrad der Kampfgruppe diesbezüglich gleichwohl recht niedrig anzusetzen sein. Zwar war es allmählich gelungen, das Netz von Verbindungen und Stützpunkten im Operationsgebiet erheblich auszuweiten und dadurch an Handlungsfähigkeit zu gewinnen. Nennenswerte Rekrutierungen aus dem Operationsgebiet aber blieben der Einheit über Monate hin versagt. So mancher Bauer hörte der Aufforderung, seiner Einberufung zum Volkssturm nicht nachzukommen, schweigend zu und rückte am folgenden Tag mit seinen Söhnen zur vermeintlichen Pflichterfüllung ein. Tesar berichtet aber auch von einem etwa sechzigjährigen Landwirt, der, auf sein Verhalten im Einberufungsfall angesprochen, geantwortet haben soll: »Wann's so weit ist, habt's um einen mehr oben[68]!« Die Sorge, das Leben in einem Volkssturmeinsatz für eine diskreditierte und verlorene Sache aufs Spiel setzen zu müssen, die angesichts fortschreitender staatlicher Desintegration größer werdende Überlebenschance in den Wäldern – beides klingt als Motiv für den Zulauf der letzten Wochen hier schon unüberhörbar an.

Ende November 1944 hatte die Einheit mit zwölf Kombattanten ihren personellen Tiefststand erreicht; zur Jahreswende betrug ihre Kampfstärke wiederum nur rund zwanzig Mann, und auch in den Monaten Jänner bis Februar gab es außerordentlich wenig Zugänge. Erst in den letzten Kriegsmonaten änderte sich dieses Bild: »In dem Maße, wie die deutschen Heere in Ungarn zurückgeschlagen wurden, kamen immer mehr Leute zu uns, der größte Teil gegen Ende März und im April[69].« Desertierte Angehörige der deutschen Wehrmacht, Menschen aus dem weiteren Operationsgebiet, vor allem auch von ihren Arbeitsplätzen geflohene Zwangsverpflichtete und Kriegsgefangene stellten die wichtigsten Rekrutierungsgruppen. Vor dem von Wachs als Desertionsgrund hervorgehobenen Wunsch, »ihr junges Leben für die Befreiung unserer Heimat von den verhaßten Hitler-Faschisten einsetzen[70]« zu dürfen, werden das legitime Interesse, dem heraufziehenden Inferno der bevorstehenden deutschen Niederlage und befürchteter, von Goebbelsscher Propaganda in kräftigen Bildern geschilderter sowjetischer Kriegsgefangenschaft zu entgehen, als Primärmotive für solch späte Widerstandsentscheidung zu benennen sein. Es ist kein Zweifel darüber erlaubt, daß partisanische Existenz in den letzten Kriegswochen, als der staatliche Verfolgungsapparat schon darniederlag und über reine Registrierungsfunktionen kaum mehr hinausgelangte, angesichts der größeren Überlebenschancen und der Aussicht, der drohenden Kriegsgefangenschaft zu entrinnen, vielen auch durchaus anders Orientierten als eine erstrebenswerte Übergangsalternative erscheinen mußte. Da die ursprüngliche und recht lockere Organisationsstruktur der Kampfgruppe diesen nunmehr unvermittelt herandrängenden und erheblichen Zuzug nicht mehr sinnvoll zu integrieren vermochte, wurde die Einheit wenige Wochen vor Kriegsende in ein österreichisches, ein sowjetisches und ein gemischtnationales Bataillon gegliedert, über deren Einzelstärken keine verläßlichen Angaben vorliegen. Anfang Mai 1945 soll die Formation etwa 500 Mann[71] gezählt haben.

Dieser Kräftezuwachs ermöglichte der Kampfgruppe Steiermark bei gleichzeitigem Machtverfall des nationalsozialistischen Herrschaftsapparats denn auch erstmals die Behauptung einer strategischen Basis und die Entfaltung größerer Eigeninitiative. Von dem nun in Glashütten liegenden Hauptquartier aus geleitet, reichte die operative Tätigkeit der Einheit alsbald bis in den Raum um Deutschlandsberg. In der Nacht zum 8. Mai 1945 schließlich besetzte der Verband im wesentlichen kampflos Schwanberg, in der Nacht zum 9. Mai auch Deutschlandsberg. Die wichtigsten Gebäude und Dienststellen wurden von Partisanen gesichert, Waffen und Transportmittel requiriert und die Zufahrtswege gegen sich zurückziehendes Militär abgeschirmt. »Gendarmerie und Freiheitskämpfer«, so die Schwanberger Chronik, »halten Ruhe und Ordnung aufrecht[72]«; da und dort zeigte man rot-weißrote Fahnen. Über Auftrag sowjetischer Armeedienststellen verlegte die Formation dann über Stainz nach Gleisdorf, wo sie am 15. Mai 1945 im Einvernehmen mit dem örtlichen sowjetischen Kommando aufgelöst wurde.

V

Die Diskussion um die historische Einordnung von Ausprägungen antifaschistischen Widerstandes wird gerne in kritischer wie polemischer Absicht um Aspekte der Widerstandseffizienz zentriert. Dabei bleibt nicht immer hinreichend berücksichtigt, daß solche Fixierung das Wesen des beispielsweise lediglich auf Anpassungs- oder Teilhabeverweigerung angelegten passiven Widerstandes überhaupt verfehlt. Bei der Beurteilung all jener Oppositionsformen freilich, die über den Wunsch nach sittlicher Selbstbewahrung hinaus auf Veränderung des Unrechtssystems abzielten, ist die Frage nach der unmittelbaren politisch-militärischen Wirksamkeit natürlich von einiger Relevanz. Dies gilt im besonderen für den partisanischen Widerstand während des Zweiten Weltkrieges, der, eingebunden in einen globalen und militärisch aktualisierten Konflikt, im operativen Gesamtkontext gewiß zuallererst Assistenzfunktionen erfüllte, als stärkstes politisches wie gewalttechnisches Mittel zur Durchsetzung nationaler Befreiung und zur Auslösung sozialrevolutionärer Transformationen im regionalen Rahmen aber gleichzeitig auch tendenziell auf sukzessive Erringung von Souveränität mittels gewaltsamen Systemsturzes abstellte.

Die verfügbaren Quellen lassen nun keinen Zweifel am bescheidenen militärischen Wirkungsgrad der Kampfgruppe Steiermark, ein Befund, der durch die retrospektive Selbsteinschätzung seitens führender Gruppenmitglieder[73] im wesentlichen bestätigt wird. Die beabsichtigte Mobilisierung der Bevölkerung zum Ozean, in dem der Feind ertrinken sollte, war nicht geglückt. Auch hatte die materielle Schädigung des Dritten Reiches durch Sprengung von Gleisanlagen, Brücken und Betriebseinrichtungen sowie durch Überfälle auf Exekutivstreifen, kleinere Truppenkörper und Stützpunkte den kriegführenden Staat gewiß kaum Substanz gekostet. Bei den durch die Kampfgruppe gebundenen Einheiten, über deren Stärke nur Vermutungen[74] angestellt werden können, handelte es sich zudem überwiegend um lokale Polizei-, Gendarmerie- und Volkssturmverbände, die ohnehin vornehmlich für den Einsatz im Hinterland gedacht waren. Unter recht intensiver Ausnutzung der letztlich vorgefundenen objektiven Bedingungen ist es der Kampfgruppe aber doch gelungen, die Autorität der nationalsozialistischen Herrschaft im Operationsgebiet insoweit zu erschüttern, als sich viele staatliche Funktionsträger infolge zunehmender Partisanengefahr in ihrer Amtsausübung verunsichert oder eingeschränkt sahen. Der Bevölkerung waren darüber hinaus Zeichen gesetzt, daß alternatives politisches Handeln möglich sei.

Der quantitative Wachstumsauftrag ist sowohl für das auf rein politisch-militärische Unterstützungsfunktionen festgeschriebene sowjetische Partisanenmodell als auch für den als qualitativ veränderungsfähig gedachten Entfaltungsgang der Totalguerilla maoistisch-titoistischen Zuschnitts gleichermaßen konstitutiv. Angesichts der eng begrenzten Einwirkungschancen und des bis zum Kriegsende weitgehend statisch gebliebenen Entwicklungsverlaufes der Kampfgruppe Steiermark gewinnt die Frage nach den solcher Wachstumserwartung hindernd entgegenstehenden Faktoren deshalb entscheidende Bedeutung. Lenin wie Mao galten die Forderungen nach organisierter und politisierter Massenbasis im Zusammen mit einer revolutionären Situation, in welche die am revolutionären Prozeß beteiligten Menschen subjektive Einsicht haben, als unerläßliche Voraussetzungen allen erfolgreichen revolutionären Handelns. Trotz voluntaristischer Tendenzen waren die objektiven Bedingungen bei Lenin für die Wahl des Aufstandszeitpunktes stets ausschlaggebend. Dies gilt in noch verstärktem Maße für die Durchsetzungschancen Maoscher Totalguerilla, für deren Entfaltung die Totalmobilisierung der Zivilbevölkerung eine nachgerade zentrale Erfolgsdeterminante darstellt. Armut der Bevölkerung, Verzweiflung und anderwärts nicht realisierbare Änderung des als unerträglich Erkannten haben sich seither als weitere Erfolgsvoraussetzungen immer wieder bestätigt.

Keine dieser Eingangsbedingungen traf im Operationsgebiet, für das man sich schließlich entschied, voll zu. Die kommunistischen Organisationen waren zu diesem Zeitpunkt gesamtösterreichisch vielmehr bereits zerschlagen. Vor allem im deutschsprachigen ländlichen Raum, ohnehin traditionell konservativ bis deutschnational und im kärntischen wie steirischen Grenzland schon früh faschistischen Strömungen geöffnet, war das Organisations- und Politisierungsbemühen der KPÖ in ganz besonderem Ausmaß erfolglos geblieben. Die hier lebende Bevölkerung, vergleichsweise weder arm noch existentiell gefährdet, zudem immer noch – wenn auch abnehmend – in partieller Solidarität mit Regime und Ideologie befangen, mit ihren wehrfähigen Jahrgängen außerdem zur Wehrmacht eingezogen, war Ende 1944, da sich auf weltpolitischer Ebene neue Lösungen unaufhaltsam anzubahnen begannen, weniger denn je zu bewaffnetem Aufstand bereit oder auch nur fähig. Beides, der angesichts fehlenden revolutionären Bewußtseins zu früh, aus der Perspektive des Gesamtkonfliktverlaufes aber zu spät gewählte Aufstandszeitpunkt standen neben der Realabsenz der zum Wehrdienst Befohlenen dem Rekrutierungsstreben der Kampfgruppe wirksam im Wege. Trotz vielfältigsten Unmuts jedenfalls konnte von einer revolutionären Situation doch keine Rede sein, und die Rekrutierungserwartungen blieben daher auch unerfüllt. Selbst das Vertrauen in den katalysatorischen Effekt der durch eine minoritäre Aktionsgruppe gesetzten revolutionären Tat wurde durch die Entwicklung nirgends bestätigt. Das in Überschätzung des subjektiven Faktors sichtbare und offenkundig unrealistisch übersteigerte voluntaristische Selbstverständnis mancher Gruppenmitglieder, aus dem Glauben an die Machbarkeit von Revolutionen hergeleitet, scheint den durch ein Jahrzehnt der Emigration ohnehin enorm erschwerten analytischen Blick auf den Stabilitätsgrad der konkreten gesellschaftlichen Konstellation eher noch weiter getrübt zu haben.

Der Kampfgruppe ist es auch in der Folge nicht gelungen, die gegen Ende des Krieges zunehmend stärker werdende Unzufriedenheit und

Erbitterung, die sich allerdings in dem Bürgerlich-Bäuerlichen zugänglicheren Widersetzlichkeitsformen artikulierten, zu kanalisieren, ideologisch zu formieren und in Rekrutierungen umzusetzen. Schon die in den Jahren zuvor fehlgeschlagenen Volksfrontbestrebungen hatten deutlich gemacht, daß sich Südösterreichs deutschsprechende Bauern von kommunistisch dominiertem Oppositionswollen kaum ansprechen ließen. Während Mao und Tito soziale Bedürfnislagen eines breiten ländlichen Proletariats mit der Forderung nach Agrarreformen ins programmatische Zentrum stellen konnten, verfügten Österreichs dem Bäuerlichen seit jeher distanzierte Kommunisten offenbar über keinerlei auf ausschließlich revolutionäre Weise realisierbare Zielvorstellungen, die sie mit den ländlichen Massen überzeugend verbunden hätten. Die Zielprojektion enthielt überhaupt kein so sehr existentielles Bevölkerungsinteresse, das nicht auch ohne risikobeladene Eigeninitiative erreichbar schien, und der als ›Banditentum‹ hinlänglich denunzierte partisanische Widerstandsstil fand im bäuerlichen Bewußtsein, dem in Österreich kaum genuin partisanische Traditionen eigen waren, wohl nur wenig positive Resonanz. Die mannigfachen Strukturgebrechen kommunistischer Agitation haben vielmehr das historisch gewordene Mißtrauen gegenüber Österreichs Kommunisten weiterhin wachgehalten und die engere Einbindung der Partisanen in bäuerliche Trägerschichten nachhaltig behindert. Komplexen Realitäten wie zum Beispiel labilen nationalen Zuordnungen, der Genese und Gestalt nationalsozialistischer Herrschaft, der Frage nach der künftigen Staatlichkeit u. a. m. war mit der Reduktion auf einfache Frontstellungen, ein Wesensmoment auch Maoscher Werbepraktiken, im österreichischen Fall sichtlich nicht beizukommen. Der in solch objektivierbaren Sachverhalten fundierten Beitrittsunwilligkeit breitester Bevölkerungsschichten des Kampfgebietes korrespondierte mithin ein für die Entfaltung einer Totalguerilla generell äußerst geringer Eignungsgrad der in Rede stehenden revolutionären Organisation, wobei das Fehlen eines charismatischen Führers vom Format etwa Maos oder Titos die Wachstumschancen weiter verringert haben mag.

Viele der hier benannten Hinderungsfaktoren erweisen sich näherer Analyse als Initialschwächen eines von außen an eine Bevölkerung herangetragenen Aufstandsversuches. Totalguerilla als Verfahren inner- wie überstaatlichen Konfliktentscheids entsteht und entwickelt sich ja nur dort, wo strukturelle Spannungen in einem politischen System auf friedliche und systemevolutionäre Weise nicht mehr oder nicht in absehbarer Zeit ausgeglichen werden können. So begannen Jugoslawiens Kommunisten unter dem Oberbefehl ihres nicht emigrierten Generalsekretärs unmittelbar nach einer militärischen Niederlage und im eigenen Lande einen zunächst von patriotischen Parolen dominierten Volksbefreiungskrieg, der gegen den landfremden Okkupanten und dessen Kollaborateure ging, der dank deren Brutalität zur Massenbewegung heranwachsen und hiebei deshalb Momente des Bürgerkrieges mit aufnehmen konnte, weil eben eine Mehrheit der jugoslawischen Bevölkerung an sozialrevolutionären Veränderungen ebensosehr interessiert war wie an der Wiedererlangung nationaler Autonomie. Im ›angeschlossenen‹ und als solches auf seiten des Dritten Reiches im Kriege stehenden Österreich hingegen drang bei absehbar gewordenem, von vielen als bevorstehende Katastrophe eingestuftem Kriegsende eine nicht der Region zugehörige, fremdländisch durchsetzte, soziostrukturell nichtbäuerliche und erkennbar kommunistisch orientierte Einheit, die mit Sowjetbürgern und Slowenen gar ›nationale Feinde‹ in ihren Reihen hatte, in aufstandsunberührte Gebiete ein, wo sie auf Desinteresse an soziökonomischer Umgestaltung, ja, auf Besorgnis vor einer solchen und mit ihren patriotischen Parolen zudem auf nationale Zuordnungslabilität traf. Während fernerhin in Jugoslawien verworrene Zuständigkeiten in den von Interessensphären überlagerten Besatzungszonen den expandierenden Partisanen beträchtliche Freiräume beließen, amtierte in Österreich eine zahlreiche und zumeist ortsansässige Exekutive, die vor allem im ländlichen Raum auch noch aufs engste in die Bevölkerung eingebunden war. Der Versuch, im Gegensatz zum maoistisch-titoistischen Modell, wo die militärische Pyramide von den lokalen Basen her aufgebaut worden war, die Guerilla ohne vorangegangene und hinlängliche Politisierungs- und Organisationsarbeit gleichsam zu importieren, erwies im österreichischen Anwendungsfall exemplarisch erstmals all seine Fragwürdigkeit; eine Erfahrung übrigens, die durch den in manchem vergleichbaren Fehlschlag Che Guevaras in Bolivien ein weiteres Mal bestätigt worden ist. Die den konkreten Problemfeldern des Operationsraumes vielfältig entfremdete Kampfgruppe scheiterte aber nicht zuletzt auch am Subjektivismus ihrer wichtigsten Protagonisten, welche die lokalen Bedingungen allzu lange falsch eingeschätzt oder ignoriert und es nur ungenügend verstanden hatten, die objektiv vorhandenen sozialen Konfliktstoffe an ihre eigenen programmatischen Vorstellungen zu vermitteln und in Entwürfen realisierungsfähiger Lösungsvarianten wiederum in den sozialen Kontext einzubringen. Unzureichende Theorierezeption und mangelhafte politische Analysen, die die konkrete Wirklichkeit verfehlten, begünstigten vielmehr gemeinsam mit der Überschätzung der eigenen Kräfte die Neigung zu allzu schematischer Übernahme unzulässig generalisierter Modellelemente, wodurch das ohnehin schon enorme Auseinander von objektiv bereits verfügbarer revolutionärer Theorie und schließlich gesetzter Praxis weitere Verschärfung erfahren mußte.

Die angesichts eigener Schwäche und rückläufiger innerösterreichischer Widerstandsentwicklung besonders ausgeprägte Anlehnung an die Sowjetunion und an Jugoslawien wirft aber noch ein anderes Problem auf, das im folgenden wenigstens anzureißen ist. Während die globale Perspektive der sowjetischen Außenpolitik den Interessen der österreichischen Kommunisten im wesentlichen wohl entsprochen haben sollte, eröffnete sich durch die Abhängigkeit von slowenischem Kooperationswollen doch ein gewichtiges nationalpolitisches Spannungsfeld, das nicht nur auf die Haltung der Bevölkerung im Operationsgebiet zurückwirken mochte, sondern auch für die österreichische Nachkriegsentwicklung über Jahre hinweg von erheblicher Bedeutung geworden ist. Obgleich die in diesem Zusammenhang interessierende Frage nach eventuellen konkreten Bedingungen für die slowenische Hilfsbereitschaft – sie ist mit dem Verweis auf internationale proletarische Solidarität wohl nicht hinreichend aufgeklärt – gegenwärtig auf Grund der Quellenlage nicht ausgelotet werden kann, erlaubt es eine Anzahl von Indizien doch, eine mögliche Dimension dieses Problemkomplexes wenigstens in Umrissen anzudeuten. So wird beispielsweise am Phänomen der Bildung fremdnationaler Einheiten im Verbande der jugoslawischen Partisanenbewegung[75] die unverkennbare politische Absicht deutlich, mittels einzelner dieser Formationen eigene Gebietsansprüche vorzubereiten bzw. fremde abzuwehren. Tito schuf sich damit Anwälte in eigener nationaler Sache. Ansätze zu diesbezüglicher Verwertung etwa des slowenischen Partisanenkrieges in Südkärnten, wie sie Škerl[76] in seiner umfangreichen Studie im *Koroški Zbornik* 1946 forcierte, sind in ihrer Zielrichtung ebenso unmißverständlich wie vereinzelte Versuche, Mitglieder des ebenfalls von österreichischen Kommunisten in Slowenien zusammengestellten I. Österreichischen Bataillons für eine öffentliche Option zugunsten jugoslawischer Gebietsforderungen zu bewegen.

Abseits von Intentionen, sozialrevolutionäre Tendenzen in Österreich zu fördern, ließ man jugoslawischerseits doch auch über den erhofften Territorialzuwachs schon 1944 keine Zweifel aufkommen. So berichtete das in Großbritannien hergestellte und maßgeblich von Kommunisten redigierte österreichische Emigrantenblatt *Zeitspiegel* am 30. September 1944 vom Aufschwung der Partisanentätigkeit in Österreich und zitierte in diesem Kontext aus einer Ansprache Titos an die *I. Dalmatinische Brigade*, in der es geheißen hatte: »Es rückt der Zeitpunkt heran, wo wir die Grenzfragen unseres Landes diskutieren werden ... Aber unser Volk kämpft auch für die Befreiung seiner

Brüder, die durch Jahrzehnte unter einer Fremdherrschaft litten. Unsere Brüder in Istrien, im slowenischen Küstenland und in Kärnten müssen und werden befreit werden, damit sie, als Resultat ihres Kampfes, in ihrem eigenen Land, mit ihren eigenen Brüdern ein freies Leben führen können[77].« Dazu druckte der *Zeitspiegel* dann noch den seitens des Moskauer Senders *Freies Österreich* verbreiteten Kommentar ab: »Titos Rede findet auf österreichischer Seite volles Verständnis. Es ist selbstverständlich, daß das jugoslawische Volk . . . das Anrecht auf jene Teile von Kärnten hat, die seit jeher von Slowenen bewohnt waren. In dieser Frage wird es keinen Konflikt zwischen dem jugoslawischen Volk und den österreichischen Patrioten geben, und jeder Versuch offener oder getarnter Nazielemente, einen Kampf gegen die Slowenen zu entfachen, wird mißlingen[78].«

Zwar hat Vogelmann[79] in seiner Untersuchung darauf hingewiesen, daß ein derartiger oder ähnlich bemerkenswerter Kommentar aus Moskau nie wieder gesendet worden ist. Dennoch gibt es wenig Grund zu der Annahme, daß die in der Sowjetunion weilenden Kommunisten jugoslawischen Forderungen gegenüber konzilianter gewesen sein sollten als die Mitglieder der auf direkte slowenische Unterstützung angewiesenen Kampfgruppe. Trotz des hier anklingenden und möglicherweise zumindest temporären Konnexes zwischen slowenischer Kooperationsöffnung und vielleicht auch aus lediglich taktischen Gründen avisierter österreichisch-kommunistischer Bereitschaft zu eventuellen Territorialkonzessionen bleibt doch grundsätzlich anzumerken, daß in dieser nicht nur für die KPÖ, sondern auch für das Schicksal des künftigen österreichischen Staates aus zeitgenössischer Sicht unter Umständen ausschlaggebend scheinenden Endphase des Krieges allein Jugoslawien das Widerstandsunternehmen der österreichischen Kommunisten wirksam zu unterstützen bereit gewesen ist. Dies gewinnt angesichts der Befreiungsbeitragsforderung der Moskauer Deklaration doch einigen Stellenwert – auch wenn in diesem Dokument über die künftigen Staatsgrenzen Österreichs nichts Definitives ausgesagt ist.

*

Unter den Bedingungen des Ost-West-Gegensatzes und der Nord-Süd-Polarisation hat sich die Guerilla nach dem Zweiten Weltkrieg vor unterschiedlichen ideologischen Entwürfen namentlich in der Dritten Welt als wirksame Handlungsanweisung zur nationalen Befreiung und als beschleunigender Faktor der Dekolonisation vielfach bewährt; für den revolutionären Sozialismus ist der Stellenwert des Partisanenkriegs bis in die Gegenwart von beträchtlicher Relevanz geblieben. Die wechselnden Erfolgsquoten der einzelnen Konfliktverläufe haben aber auch die österreichische Erfahrung von der äußerst limitierten Übertragbarkeit revolutionärer Modelle, deren grundsätzlich offener Erfolgschance und der entscheidenden Bedeutung situationsadäquater und innovativer Modellmodifikationen mehrfach bestätigt. Folgt man Maos hoher Einschätzung des subjektiven Faktors für den Verlauf des revolutionären Prozesses, wird jeder ›verlorene Sieg‹ vornehmlich aus Fehlern und Mißgriffen der Revolutionäre herzuleiten sein. Über solcher an Effizienz als Resultante praktischer Vernunft orientierter Fragestellung aber sollte die individualethische Dimension – partisanischer Widerstand als Akt motivierten Abweichens im sozialen Verhalten – nicht aus dem Auge verloren werden. Im gegenständlichen Falle waren es kommunistische Emigranten, die aus sicherem Asyl in der Sowjetunion in von der Gestapo kontrollierte und umkämpfte Gebiete zurückkehrten, um in Behauptung von Art, Idee und Ort, von österreichisch-nationaler Identität und Heimat unter dem Risiko von Freiheits- und Lebensverlust bewaffneten Widerstand zu beginnen, dessen ideelle Zielkultur sich in den Traditionen der Arbeiterbewegung unverlierbar aufgehoben wissen durfte. Im äußerst selektiven Prozeß der militärischen Auseinandersetzung konkretisierte sich hier eine Form personalen Existenzvollzugs, die die Einheit von Denken und Handeln auch in Problemsituationen, das Eingeständnis des von den sozialen Standards abweichenden Soseins durch die bezeugende Tat selbst unter Exekutionsandrohung als Orientierungspunkte personalen Handelns ernst nahm. Von den 24 Partisanen, die sich in Moskau zusammengefunden hatten, konnten lediglich acht die Kampfzeit unversehrt überdauern; insgesamt siebzehn überlebten den Krieg, sieben kamen zu Tode. Abseits mittelbarer Folgewirkungen wie der vielerwähnten späteren staatsvertragspolitischen Verwertbarkeit, ungeachtet auch der national- und gesellschaftsintegrativen Tendenzen, die der Widerstand im Sozialgefüge der Zweiten Republik freizusetzen vermochte, bleibt diese Qualität individualen Wirklichkeitsbezugs allein um ihrer selbst willen schon historischer Anmerkung wert, gleich, wie man die Erscheinungsformen der kommunistischen Guerilla, die das Bild des Zweiten Weltkrieges ohne Zweifel in erheblichem Maße mitgeprägt hat, retrospektiv und aus den Erfahrungshorizonten der Nachkriegsentwicklung heraus beurteilen mag.

ANMERKUNGEN

1 Aus der Fülle neuerer Arbeiten zum thematischen Rahmen vgl. insbesondere Franz Goldner, *Die österreichische Emigration 1938 bis 1945*, Wien-München 1972 *(Das einsame Gewissen* 6); Karl R. Stadler, *Opfer verlorener Zeiten. Geschichte der*

Schutzbund-Emigration 1934, Wien 1974; Helmut Müssener, *Exil in Schweden. Politische und kulturelle Emigration nach 1933,* München 1974; Karl Vogelmann, *Die Propaganda der österreichischen Emigration in der Sowjetunion für einen selbständigen österreichischen Nationalstaat (1938–1945),* phil. Diss. Wien 1973 (Hektograph); Helene Maimann, *Politik im Wartesaal. Österreichische Exilpolitik in Großbritannien 1938–1945,* Wien-Köln-Graz 1975 *(Veröffentlichungen der Kommission für Neuere Geschichte Österreichs* 62). Kritisch zu den beiden letztgenannten Werken Reinhard Bollmus, *Österreichs Unabhängigkeit im Widerstreit. Neuere Arbeiten über das politische Exil der Österreicher in Großbritannien und der Sowjetunion 1938–1945,* in: Zeitgeschichte 4 (1976), S. 56–75. Jüngere Detailstudien neuerdings in: *Österreicher im Exil 1934–1945. Protokoll des Internationalen Symposiums zur Erforschung des österreichischen Exils von 1934 bis 1945* (Wien, Juni 1975), Hrsg. Dokumentationsarchiv des österreichischen Widerstandes u. a., Wien 1977.

2 Vgl. Sepp Plieseis, *Vom Ebro zum Dachstein. Lebenskampf eines österreichischen Arbeiters,* Linz 1946 sowie: Sepp Plieseis, *Partisan der Berge. Lebenskampf eines österreichischen Arbeiters,* Hrsg. Josef Mader, Berlin (Ost) 1971. Zu den hier vom Herausgeber vorgenommenen Bearbeitungen wünschenswert kritisch die Rezension von Herbert Steiner in: *Archiv für Sozialgeschichte* 12 (1971), S. 707–709 und die Auseinandersetzung: *Der antifaschistische Partisanenkampf in Oberösterreich und die Fälschungen der Revisionisten am Buch des Genossen Sepp Plieseis,* in: *Kommunist. Theoretisches Organ des Kommunistischen Bundes Österreichs* 1 (Dez. 1976) Nr. 3, S. 72–85. Weiters Hermann Mitteräcker, *Kampf und Opfer für Österreich. Ein Beitrag zur Geschichte des österreichischen Widerstandes 1938–1945,* Wien 1963, S. 123–126 sowie: Otto Molden, *Der Ruf des Gewissens. Der österreichische Freiheitskampf 1938–1945,* Wien 1958, S. 125–128.

3 Die gegenwärtig ausführlichste Dokumentation in: *Zbornik. Dokumenta i podataka o narodnooslobodilačkom ratu jugoslovenskih naroda,* Hrsg. Vojnoistorijski Institut Jugoslovenske Armije, Tom VI (Borbe u Sloveniji), Hrsg. Institut za zgodovino delavskega gibanja, Beograd-Ljubljana 1949 ff. Einen knappen Abriß der Ereignisse gibt Olga Kastelic, *Kratek oris protofašističnega boja na Koroškem,* in: *Zbornik Koroške,* Hrsg. Vladimir Klemenčič, Ljubljana 1959, S. 37–46. Eine detailliertere Darstellung versucht Method Mikuž, *Pregled zgodovine narodnoosvobodile borbe v Sloveniji,* 5 Bde., Ljubljana 1960–1973, insbesondere die Bände 3, 4 und 5.

4 Zur Slowenenaussiedlung immer noch grundlegend Tone Zorn, *Poizkusi izselitve koroških Slovencev med drugo svetovno vojno,* in: *Kronika* 14 (1966), S. 73–82 und 133–140. Anmerkungen zur Aussiedlungsfrage, allerdings ohne zufriedenstellende Quellen- und Literaturangaben, bei Stefan Karner, *Kärntens Wirtschaft 1938–1945. Unter besonderer Berücksichtigung der Rüstungsindustrie. Mit einem Nachwort von Albert Speer,* Klagenfurt 1976 *(Wissenschaftliche Veröffentlichungen der Landeshauptstadt Klagenfurt* 2), S. 120–127. Ebenfalls ohne Verweis auf die reiche slowenische Literatur hiezu neuerdings auch die ansonsten überaus verdienstvolle Studie von Hanns Haas–Karl Stuhlpfarrer, *Österreich und seine Slowenen,* Wien 1977, S. 74 ff. Zur sezessionistischen Zielsetzung siehe etwa France Škerl, *Koroška v boju za svobodu,* in: *Koroški Zbornik,* Hrsg. Bogo Grafenauer u. a., Ljubljana 1946, S. 493–603. Der auch von Haas-Stuhlpfarrer, *Österreich und seine Slowenen,* vorgetragene Versuch, die sezessionistische Konfliktzielorientierung unter Hinweis auf die Befreiungsbeitragsforderung der Moskauer Deklaration als »politisch, moralisch wie historisch ... belanglos« (S. 89) einzuschätzen, ist gegenwärtiger wie künftiger und notwendig differenzierter

Problemsichtung, die das ursprüngliche ›Warum‹, das ›Wofür‹ und das ›Wogegen‹ slowenischen Widerstandes sowie das ›zu wessen letztlichem realpolitischen Nutzen‹ bei aller wechselseitigen Bedingtheit und partiellen Überschneidung analytisch doch wohl exakt auseinanderzuhalten hätte, indes wenig hilfreich.

5 *Koroška v borbi. Spomini na osvobodilno borbo v slovenski koroški.* Hrsg. Zveza bivsih partizanov Slovenske Koroške, Celovec (Klagenfurt) 1951; Karel Prušnik-Gašper, *Gamsi na plazu*, Ljubljana 1974 (erscheint demnächst in deutscher Übersetzung).

6 Dazu Alfred Ogris, *Ausgewähltes Schrifttum zur mittelalterlichen und neueren Geschichte Kärntens (1959–1971)*, in: MIÖG 81 (1973), S. 344–432. Kritische Anmerkungen hierüber in meiner Studie: *Geschichtswissenschaft und politisches Bewußtsein. Zur gesellschaftlichen Funktion von Zeitgeschichte in Kärnten*, in: *Zukunft*, (Jänner 1977), S. 25–29. Auch Haas-Stuhlpfarrer, deren Untersuchung die Kontinuität des Antislowenismus in Österreich zum eigentlichen Thema hat, haben den Komplex des Partisanenkrieges, dessen Stellenwert gerade für die jüngeren Ausprägungen antislowenischer Einstellungen nicht hoch genug eingeschätzt werden kann, leider fast völlig ausgeklammert.

7 Am ausführlichsten bei Mitteräcker, *Kampf und Opfer für Österreich*, S. 107–136. Interessante Quellenverweise gibt auch Karl R. Stadler, *Österreich 1938–1945 im Spiegel der NS-Akten*, Wien 1966 *(Das einsame Gewissen* 3), S. 327–333 und 374–376.

8 Heinz Kühnrich hat schon in seiner Studie: *Die Darstellung der Partisanenbewegung in der westdeutschen Historiographie*, in: *Zeitschrift für Geschichtswissenschaft* 8 (1960), S. 7–40, sowie in seinem Werk: *Der Partisanenkrieg in Europa 1939–1945*, Berlin (Ost) 1965, auf das fragmentarische Verständnis hingewiesen, das den Partisanenbewegungen insbesondere des Zweiten Weltkrieges in den Untersuchungen vieler westlicher Autoren zuteil geworden ist. Mit Recht bezeichnet Kühnrich das Rechtfertigungsstreben ehemals betroffener Militärs, Auslegungsversuche des Kriegsvölkerrechts sowie die durch gegenwärtige Ereignisse angeregte Suche nach effizienten Gegenstrategien unter weitestgehender Ausklammerung der sozioökonomischen und politischen Verursachungen von Guerilla als vorherrschende Erkenntnisinteressen, die aber angesichts des Wesens von Partisanenkrieg das Phänomen selbst verfehlen müssen. Zum aktuellen Diskussionsstand in der Beurteilungsproblematik vgl. die Literaturübersicht bei Ernstgert Kalbe, *Antifaschistischer Widerstand und volksdemokratische Revolution in Südosteuropa. Das Hinüberwachsen des Widerstandskampfes gegen den Faschismus in die Volksrevolution (1941–1944/45). Ein revolutionsgeschichtlicher Vergleich*, Berlin (Ost) 1974, S. 167 ff.

9 Walter Wachs, *Kampfgruppe Steiermark*, Wien-Frankfurt-Zürich 1968 (*Monographien zur Zeitgeschichte*); Mitteräcker, *Kampf und Opfer für Österreich*, S. 126–132; Willibald I. Holzer, *Die österreichischen Bataillone im Verbande der NOV in POJ. Die Kampfgruppe Avantgarde/Steiermark. Die Partisanengruppe Leoben-Donawitz. Die Kommunistische Partei Österreichs im militanten politischen Widerstand*, phil. Diss. Wien 1972 (Masch.), S. 190–237 und 458–462.

10 Zu Begriffskontur und reichhaltiger weiterführender Literatur vgl. Claus D. Kernig, *Guerilladoktrin*, in: *Sowjetsystem und Demokratische Gesellschaft. Eine vergleichende Enzyklopädie*, Hrsg. Claus D. Kernig, 6 Bde., Freiburg-Basel-Wien 1966–1972, Bd. 2 (1968), Sp. 1122–1144. Aus der Fülle neuerer Arbeiten siehe auch: *Guerilleros, Partisanen. Theorie und Praxis*, Hrsg. Joachim Schickel, München 1970. Unter Hervorhebung des gewalttechnischen Aspektes Walter C. Soderlund, *An Analysis of the Guerrilla Insurgency and Coup d'État as Techniques of Indi-*

rect Aggression, in: *International Studies Quarterly* 14 (1970), S. 335–360.
11 Dazu Chalmers A. Johnson, *Revolutionstheorie,* Köln-Berlin 1971. Zum übergeordneten Problemzusammenhang vgl.: *Communism and Revolution. The Strategic Uses of Political Violence,* Hrsg. Cyril E. Black u. a., Princeton 1964 sowie: *Guerilla Warfare and Marxism,* Hrsg. William J. Pomeroy, London 1969. Die Beziehung von Guerilla und Revolution im planetaren Kontext zuletzt ausführlich bei Richard E. Kießler, *Guerilla und Revolution. Parteikommunismus und Partisanenstrategie in Lateinamerika,* Bonn-Bad Godesberg 1975 *(Schriftenreihe des Forschungsinstituts der Friedrich-Ebert-Stiftung* 115).
12 Zur systematischen Entfaltung der Problemstellung vor allem Friedrich Engels, *Ausgewählte militärische Schriften,* 2 Bde., Berlin (Ost) 1958/1964 passim sowie: Jehuda L. Wallach, *Die Kriegslehre von Friedrich Engels,* Frankfurt/M. 1968. Im einzelnen vgl. hiezu folgende Schriften von Friedrich Engels: *Der Krieg in Italien und Ungarn,* (1849), in: Karl Marx-Friedrich Engels, *Werke* (MEW), Bd. 6 (1970), S. 381–384; *Die Niederlage der Piemontesen,* (1849), in: MEW, Bd. 6 (1970), S. 385–392; *Persien-China,* (1857), in: MEW, Bd. 12 (1969), S. 210–215; *Über den Krieg,* (1870/71), hier die Abschnitte 1–15, insbes. Abschnitt 12, in: MEW, Bd. 17 (1971), S. 11–87; *Preußische Franktireurs,* (1870), in: MEW, Bd. 17 (1971), S. 203–207; *Der Kampf in Frankreich,* (1870), in: MEW, Bd. 17 (1971), S. 167–171. Marxens Bemerkungen zur Guerilla vor allem in: *Das revolutionäre Spanien,* (1854), in: MEW, Bd. 10 (1970), S. 433–485 und: *Marx an Ludwig Kugelmann in Hannover,* (13. 12. 1870), in: MEW, Bd. 33 (1966), S. 162–165.
13 Friedrich Engels, *Revolution und Konterrevolution in Deutschland,* (1851/52), in: MEW, Bd. 8 (1960), S. 95.
14 Ebenda, S. 95.
15 *Friedrich Engels an Vera Zasulič,* (23. 4. 1885), zit. nach Kießler, *Guerilla und Revolution,* S. VII.
16 Friedrich Engels, *Einleitung* [zu Karl Marx, *Klassenkämpfe in Frankreich 1848 bis 1850*], (1895), in: MEW, Bd. 22 (1970), S. 523.
17 Ernesto Che Guevara, *Der Partisanenkrieg,* Hamburg 1968, S. 11.
18 Vladimir I. Lenin, *Marxismus und Aufstand. Brief an das Zentralkomitee der SDAPR,* (1917), in: Vladimir I. Lenin, *Werke,* 40 Bde., Reg. Bd. 1, 2, Berlin (Ost) 1955–1965, Bd. 26 (1961), S. 4 f.
19 Zur Gleichsetzung siehe Vladimir I. Lenin, *Die Lehren des Moskauer Aufstands,* (1906), in: *Werke,* Bd. 11 (1958), S. 163.
20 Vladimir I. Lenin, *Der Partisanenkrieg,* (1906), in: *Werke,* Bd. 11 (1958), S. 208.
21 Vladimir I. Lenin, *Die gegenwärtige Lage Rußlands und die Taktik der Arbeiterpartei,* (1906), in: *Werke,* Bd. 10 (1959), S. 107.
22 Lenin, *Der Partisanenkrieg,* S. 205.
23 Vgl. Vladimir I. Lenin, *Taktische Plattform zum Vereinigungsparteitag der SDAPR,* (1906), in: *Werke,* Bd. 10 (1959), S. 146 f.
24 Lenin, *Der Partisanenkrieg,* S. 211.
25 Detailliert Holzer, *Die österreichischen Bataillone,* S. 22 ff.
26 Vgl. dazu Kermit E. McKenzie, *Comintern and World Revolution, 1928–1943. The Shaping of Doctrine,* London-New York 1964 *(Studies of the Russian Institut,* Columbia University).
27 Ausführlich hierüber Kießler, *Guerilla und Revolution,* S. 83 ff.
28 Die drei in unserem Zusammenhang wichtigsten Schriften: *Strategie des chinesischen revolutionären Krieges* (1936); *Strategische Fragen im Guerillakrieg gegen Japan,* (1938); *Über den verlängerten Krieg* (1938), sind in dem von Sebastian Haffner eingeleiteten Band: *Mao Tse-tung. Theorie des Guerillakrieges oder*

Strategie der Dritten Welt, Reinbek bei Hamburg 1966 (rororo aktuell 886), bequem zugänglich.
29 Zur Totalität des revolutionären Volkskrieges vgl. den Essay von Sebastian Haffner, *Der neue Krieg,* in: *Mao Tse-tung. Theorie des Guerillakrieges,* S. 5–34.
30 Vgl. Mao Tse-tung, *Aspects of China's Anti-Japanese Struggle,* Bombay 1948, S. 48 sowie: Mao Tse-tung, *Über den verlängerten Krieg,* in: *Mao Tse-tung. Theorie des Guerillakrieges,* S. 133–201, hier S. 169 f.
31 Dieser Zusammenhang neuerdings wieder bei Richard G. Plaschka, *Zur Motivation im ›Partisanen‹- und Guerillakrieg,* in: *Beiträge zur neueren Geschichte Österreichs,* Hrsg. Heinrich Fichtenau u. a., Wien-Köln-Graz 1974 *(Veröffentlichungen des Instituts für österreichische Geschichtsforschung* 20), S. 445–453.
32 Mao, *Über den verlängerten Krieg,* S. 198.
33 Ebenda, S. 154.
34 Mao Tse-tung, *Strategie des chinesischen revolutionären Krieges,* in: *Mao Tse-tung. Theorie des Guerillakrieges,* S. 35–102, hier S. 85.
35 Mao, *Über den verlängerten Krieg,* S. 178.
36 Ebenda, S. 160.
37 Vgl. hiezu jetzt auf der X. Linzer Konferenz gehaltene Referate und Diskussionen in: *Internationale Tagung der Historiker der Arbeiterbewegung (›X. Linzer Konferenz‹ 1974). Arbeiterbewegung und Faschismus/Der Februar 1934 in Österreich,* bearbeitet von Gerhard Botz, Wien 1976 *(ITH-Tagungsberichte* 9).
38 Belegstellen bei Franz Marek, *Im Kampf gegen den deutschen Faschismus. Zur Geschichte der KPÖ von 1938 bis zur Befreiung,* in: *Weg und Ziel* 12 (1954), S. 866–884, hier S. 868. Weitere Details bei Magdalena Koch, *Der Widerstand der Kommunistischen Partei Österreichs gegen Hitler von 1938 bis 1945,* phil. Diss. Wien 1965 (Masch.), insbes. S. 4 ff.
39 Hierüber zuletzt Fritz Keller, *KPÖ und nationale Frage,* in: *Österreichische Zeitschrift für Politikwissenschaft* 6 (1977), S. 183–191.
40 Johann Koplenig, *Zum Kampf der Kommunistischen Partei Österreichs 1934 bis 1945,* in: *Weg und Ziel* 12 (1954), S. 709–721, hier S. 717.
41 Aufruf des ZK der KPÖ zur Annexion, abgedruckt in: *Die Kommunisten im Kampf für die Unabhängigkeit Österreichs,* Hrsg. Stern-Verlagsgesellschaft, Wien 1955, S. 63–64, hier S. 63.
42 Aufruf zur Bildung der Freiheitsfront (Im Sender ›Freies Österreich‹, 22. und 23. 10. 1942), abgedruckt in: *Die Kommunisten im Kampf,* S. 146–151, hier S. 149 und 151.
43 Vgl. hierüber aus den Beständen des Dokumentationsarchives des österreichischen Widerstandes (DÖW) die Kompendien 220 und 727.
44 Molden, *Der Ruf des Gewissens,* S. 22.
45 Aufruf zur Bildung der Freiheitsfront, S. 148 f.
46 Bericht der Abhörstelle der Stapoleitstelle Wien an RSHA Berlin (10. 8. 1943), zit. bei: Mitteräcker, *Kampf und Opfer für Österreich,* S. 107.
47 Molden, *Der Ruf des Gewissens,* S. 23.
48 Gerald Stourzh, *Kleine Geschichte des österreichischen Staatsvertrages. Mit Dokumententeil,* Graz-Wien-Köln 1975, S. 13.
49 Moskauer Deklaration über Österreich, (1. 11. 1943), abgedruckt in: *Rot-Weiß-Rot-Buch. Gerechtigkeit für Österreich! Darstellungen, Dokumente und Nachweise zur Vorgeschichte und Geschichte der Okkupation Österreichs (nach amtlichen Quellen),* 1. Teil, Wien 1946, S. 199. Zur Entstehungsgeschichte vgl. die gründliche Darstellung bei Fritz Fellner, *Die außenpolitische und völkerrechtliche Situation Österreichs 1938. Österreichs Wiederherstellung als Kriegsziel der Alliierten,* in:

Österreich. Die Zweite Republik, Hrsg. Erika Weinzierl u. a., 2 Bde., Graz-Wien-Köln 1972, Bd. 1, S. 53–90, insbes. S. 61 ff.
50 *Auf zum Kampf für die Freiheit und Wiedergeburt Österreichs.* Manifest der KPÖ, (10./11. 6. 1944), DÖW 4024/120; hier auch die folgenden Belegstellen.
51 Zur Einordnung in übergreifende Zusammenhänge vgl. Holzer, *Die österreichischen Bataillone,* passim.
52 Vlado Strugar, *Der jugoslawische Volksbefreiungskrieg 1941–1945,* Berlin (Ost) 1969, S. 276.
53 Schriftliche Mitteilung von Walter Wachs an den Verfasser.
54 Wachs, *Kampfgruppe Steiermark,* S. 12.
55 Ebenda, S. 15.
56 Ebenda, S. 15.
57 Ebenda, S. 35, ähnlich auch S. 28.
58 Ebenda, S. 15.
59 Auszugsweise Abschrift aus der Chronik des Gendarmeriepostenkommandos Schwanberg, Eintragung vom 4. 10. 1944, DÖW 1a.
60 Wachs, *Kampfgruppe Steiermark,* S. 18.
61 Vgl. hierüber Anton Sandmann, *Einige Erinnerungen aus der Kampfzeit der österreichischen Partisanengruppe ›Avantgarde‹,* DÖW 1a.
62 Dieses und die folgenden Zitate: *Österreich den Österreichern!* Flugschrift der ÖFF, Kampfgruppe Steiermark, (März 1945), DÖW 570.
63 Dieses und die folgenden Zitate: *Österreich den Österreichern!* Flugschrift der ÖFF, Kampfgruppe Steiermark, (24. 4. 1945), DÖW 570.
64 Dieses und die folgenden Zitate: *Österreicher!* Flugschrift der ÖFF, Kampfgruppe Steiermark, (30. 4. 1945), DÖW 1a.
65 Auszugsweise Abschrift aus der Chronik des Gendarmeriepostenkommandos Schwanberg, Eintragung vom 26. 4. 1945, DÖW 1a.
66 Schriftliche Mitteilung von Walter Wachs an den Verfasser.
67 Auszugsweise Abschrift aus der Chronik des Gendarmeriepostenkommandos Schwanberg, Eintragung vom 29. 4. 1945, DÖW 1a.
68 Willi Tesars *Erinnerungen,* DÖW 1a.
69 Schriftliche Mitteilung von Walter Wachs an den Verfasser.
70 Wachs, *Kampfgruppe Steiermark,* S. 25.
71 Ebenda, S. 40.
72 Auszugsweise Abschrift aus der Chronik des Gendarmeriepostenkommandos Schwanberg, Eintragung vom 8. 5. 1945, DÖW 1a.
73 Vgl. hiezu die diversen Erinnerungsberichte, DÖW 1a.
74 Mit »annähernd 5000 Mann« (S. 23) nennt Wachs, *Kampfgruppe Steiermark,* der sich hiebei auf »Kundschafter, Erzählungen von Bauern und eigene Schätzungen« (schriftliche Mitteilung von Walter Wachs an den Verfasser) stützt, eine wohl eher nach unten korrekturfähige Zahl.
75 Zu diesem Problemzusammenhang vgl. zuletzt meine Studie: *Internationalismus und Widerstand. Zu Idee und Funktion des proletarisch-internationalistischen Prinzips im Widerstand der europäischen Arbeiterbewegung,* in: *Österreichische Zeitschrift für Politikwissenschaft* 6 (1977), S. 163–182, insbes. S. 176ff.
76 Škerl, *Koroška v boju za svobodu,* passim.
77 *Zeitspiegel* 6 (1944), Nr. 39, S. 2.
78 Ebenda, S. 2.
79 Zu diesen den Kommentar abschwächenden bis zurücknehmenden Erklärungen vgl. Vogelmann, *Die Propaganda der österreichischen Emigration in der Sowjetunion,* S. 163 und 176.

III.
Kultur- und Geistesgeschichte

Einleitung

Die Geschichte der Arbeiterbewegung, so wurde im letzten Jahrzehnt zur Genüge lamentiert, war so wie alle jungen historischen Wissenschaften an den großen Linien, den »Haupt- und Staatsaktionen«, orientiert. Aufgrund des großen Nachholbedarfs wurden periphere Erscheinungen wie etwa regionale oder kulturelle Phänomene vernachlässigt oder im besten Fall eben peripher behandelt.

Erkenntnisse über das Verhältnis der Arbeiterbewegung zur allgemeinen Kultur und über ihre speziellen Kulturformen waren zumeist Nebenprodukte, Randbemerkungen in größeren Arbeiten.

Unser Anliegen war es, diese Bereiche aus dem Schattendasein einer Fußnotenexistenz zu befreien. Ausschlaggebend dafür war die Erkenntnis, daß sich gerade aus dem Studium peripherer Erscheinungen wesentliche Einschätzungen »zentraler« Phänomene ergeben.

Da die Thematik selbst noch wenig durchforscht ist, konnte die Auswahl der Beiträge auch von keiner Systematik geleitet sein. Sie orientierte sich vielmehr an den bisherigen Forschungsschwerpunkten.

Nicht von ungefähr haben die meisten Beiträge in irgendeiner Form mit Bildung und daher mit sozialpsychologischen Fragen zu tun. Gerade das subjektive Moment ist in der Geschichte der Arbeiterbewegung bislang vernachlässigt worden.

Mehr, als es gerade in den letzten Jahren unter dem Eindruck eines falschverstandenen Ökonomismus negiert wurde, war und ist die Arbeiterbewegung eine soziale Bewegung, die von intentionalen Momenten geprägt ist. Dabei kommt den Intellektuellen, den geistigen Arbeitern, eine wichtige Rolle zu, die freilich nicht immer zum Nutzen der Arbeiter selbst sein muß.

Neben diesen Beiträgen steht ein Aufsatz über das Verhältnis der Sozialdemokratie zum Militarismus, der auf den ersten Blick vielleicht nicht in diese Konzeption hineinzupassen scheint. Aber auch hier wird aufgezeigt, daß diese Frage nicht ausschließlich von den »großen Linien« her beantwortbar ist.

Schließlich ist noch zu bemerken, daß die Beiträge der Sektion Kultur- und Geistesgeschichte keineswegs nur österreichische Themen behandeln. Gerade der Vergleich mit ausländischen Erscheinungen, auch wenn er wie hier nur ansatzweise erfolgt, ermöglicht eine Relativierung der eigenen Entwicklung und trägt somit zu der rationalen Erkenntnis bei, derer die Arbeiterbewegung bedarf, wenn Geschichte irgendwelche Lehren ermöglichen soll.

Josef Weidenholzer

Michael Pollak

Intellektuelle Außenseiterstellung und Arbeiterbewegung

Das Verhältnis der Psychoanalyse zur Sozialdemokratie in Österreich zu Beginn des Jahrhunderts

Nach den Jahren des Wiederaufbaues und eines »intellektuellen Stillstandes« war die Studentenbewegung Ende der sechziger Jahre nicht nur ein Zeichen des politischen und ideologischen Aufbegehrens, sondern auch ein Zeichen der Suche nach jenen Erklärungsansätzen, die für die Interpretation des Wandels unserer Gesellschaft am aussagefähigsten sind. Dabei drängte sich der Rückgriff auf Marx und Freud geradezu auf, da sie durch die Erforschung des Sozialen und des Psychischen jene Grundlagen geliefert haben, ohne die man sich die aktuellen westlichen Weltanschauungen nicht vorstellen kann.

Seit den zwanziger Jahren wurden des öfteren Versuche unternommen, die beiden Interpretationssysteme miteinander zu verbinden. Von Siegfried Bernfeld über Wilhelm Reich bis zu den Vertretern der Frankfurter Schule galt als Hypothese, daß die Verbindung dieser beiden revolutionären Betrachtungsweisen auch sozial revolutionär wirksam werden müßte. Gestützt auf freudo-marxistische Theorien konnte die Studentenbewegung schließlich ihr Bewußtsein zum revolutionären schlechthin deklarieren. Die Regression der Studentenbewegung in intellektuelle Textinterpretationszirkel brachte die Illusionen dieser Einstellung klar an den Tag.

Ohne offensichtliche Konvergenz der theoretischen Ansätze, ohne programmatische Anerkennung oder Übernahme entwickelte sich in den ersten Jahrzehnten des 20. Jahrhunderts eine praktische Zusammenarbeit zwischen Arbeiterbewegung und Psychoanalyse, die durch die gemeinsame soziale Herkunft wichtiger Funktionäre und Psychoanalytiker vermittelt wurde. Die Analyse dieser praktischen gegenseitigen Beeinflussung drängt die Hypothese auf, daß nicht so sehr theoretische Übereinstimmung wie vielmehr soziale Zugehörigkeit darüber bestimmen, welche Theorien politisch wirksam werden.

Bereits lange vor Reichs Versuchen, Marxismus und Psychoanalyse in einem System zu verbinden, weisen Schulexperimente und Texte zur

Erziehungs- und Jugendpolitik der Sozialdemokratie auf den Einfluß der Psychoanalyse hin.

Die Struktur des psychoanalytischen Milieus jener Zeit, gekennzeichnet durch die Dominanz einiger weniger Leitfiguren (allen voran Freud), und die relativ geringe Mitgliederzahl weisen dabei darauf hin, daß diese Einflüsse persönlich vermittelt waren. Unsere Betrachtung kann sich daher auf die Verbindungslinien einiger weniger Psychoanalytiker zur Arbeiterbewegung konzentrieren: Freud, Adler und Reich. Mit Ausnahme einiger weniger Gegebenheiten kann man Freud kein besonderes Naheverhältnis zur Arbeiterbewegung nachsagen. Seine persönliche Freundschaft mit Victor Adler und die Bewunderung, die er dem Gründer der österreichischen Sozialdemokratie stets entgegenbrachte, trugen sicherlich dazu bei, daß Freud – politisch ein typischer bürgerlicher Liberaler – 1927 in einem Wahlaufruf von Intellektuellen die SP unterstützte, weil ihm diese Partei in einer Zeit des Aufstiegs des Faschismus als einzige Garantin bürgerlich-demokratischer Freiheitsrechte erschien.

Alfred Adler war politisch immer links engagiert gewesen, und die wissenschaftliche Konzentration auf die Probleme der Pädagogik erklären seine Tendenz, im Zusammenwirken mit der Wiener Schulverwaltung während der Ersten Republik zu versuchen, seine Thesen in der Realität zu überprüfen.

Reich, der einer wesentlich jüngeren Generation angehörte als Freud und Adler, entwickelte seine praktische Tätigkeit auf einem Gebiet, auf dem ihn die gesellschaftlichen Vorurteile und Machtmechanismen am stärksten behinderten, dem Gebiet der Sexualerziehung und -beratung. Er war es auch, der politisch am klarsten Stellung bezog und seine Tätigkeit als Psychoanalytiker seiner politischen Aktivität zeitweise unterordnete.

Freud: Assimilation und Emanzipation

Aus mehreren Briefen Freuds geht hervor, daß er lange Zeit hindurch eine Karriere als Politiker in Betracht gezogen hat. Wie viele jüdische Studenten seiner Generation wurde Freud während seines Studiums von den liberalen Ideen angezogen. Als 1867 die Liberalen erstmals an die Macht kamen, konzentrierten sich die unterschiedlichsten Reformhoffnungen auf sie. Freud berichtet in der *Traumdeutung* über die Reaktion der jüdischen Bevölkerung und insbesondere seiner Familie. Die Eindrücke dieser, wie er sagte, »glücklichen und hoffnungsvollen Jahre« ließen ihn sogar ein Jusstudium in Betracht ziehen[1].

Die Bemühungen um eine Verfassung, um die Verankerung individueller Freiheitsrechte, um die Eindämmung kaiserlicher und kirchlicher Macht mußte der jüdischen Bevölkerungsgruppe als Garantie dafür erscheinen, endlich eine gleiche Behandlung zu erfahren. Freuds Familie gehörte zu jenen Ostjuden, die sich um die Mitte des 19. Jahrhunderts in österreichischen Städten, insbesondere in Wien, niederließen[2]. Diese meist armen Juden versuchten mit Hilfe ihrer Bildungsstrategien einen sozialen Aufstieg, dessen Preis meist die Assimilation an die Kultur der deutschsprachigen Bevölkerung war.

Freuds Verhältnis zum Judentum und zur deutschen Kultur war widersprüchlich. Aus seiner Jugendzeit stammen Zeugnisse, die auf seinen Willen hinweisen, die Ghettomentalität und die strikte jüdische Familienmoral abzulegen und sich sogar demonstrativ von ihr abzuwenden[3]. In seinem Alter wurden dagegen die Hinweise auf seine jüdische Zugehörigkeit in einem positiven Sinne stärker[4]. In seiner Studienzeit war Freud Mitglied einer radikalliberalen Studentengruppe, des *Lesevereins der deutschen Studenten Wiens*[5], die 1878 wegen ihrer Radikalität aufgelöst wurde. Spätere sozialdemokratische Spitzenfunktionäre wie Victor Adler, Engelbert Pernerstorfer und Heinrich Braun waren Mitglieder derselben Gruppe sowie ihrer Nachfolgeorganisation, der *Akademischen Lesehalle* in Wien, der neben den bereits genannten Persönlichkeiten auch Arthur Schnitzler und Theodor Herzl, der Gründer der zionistischen Bewegung, angehörten.

Unter dem Druck der spezifischen Verhältnisse der österreichisch-ungarischen Monarchie war dem Liberalismus nur ein kurzes Leben gewährt. Als politische Kraft des deutschsprachigen Bürgertums versagte er vor den beiden wesentlichen Problemen der Monarchie: der Nationalitätenfrage und der sozialen Frage. Als Vertreter einer Politik, die in erster Linie auf die Aufrechterhaltung der staatlichen Einheit unter Führung des deutschsprachigen Teils, der als kulturell höher entwickelt angesehen wurde, abzielte, waren die Liberalen unfähig, die nationalen Forderungen der anderen Völker der Monarchie zu verstehen. Ab Ende der siebziger Jahre wird im österreichischen bürgerlichen Liberalismus auch das deutschnationale Element immer stärker.

In den Studentengruppen traten diese Tendenzen früher und stärker auf. Dem traditionellen Liberalismus wurde dort auch vorgeworfen, die sozialen Probleme nicht zu lösen, ja sogar die Armut produziert zu haben. Durch die gleichzeitige Betonung der deutschnationalen Elemente entsprangen aus den radikalliberalen Studentengruppen widersprüchliche politische Richtungen.

Für die Intellektuellen jüdischer Herkunft ergaben sich bei dieser Entwicklung hauptsächlich zwei Möglichkeiten. Sie konnten den Weg in die deutschnationale Richtung nicht mitvollziehen. In Analogie zu dieser Entwicklung konnten sie ihre jüdische Eigenart betonen und eine Art jüdischen Nationalismus entwickeln, was Theodor Herzl mit seiner zionistischen Bewegung tat, die in ihren Ausdrucksformen und Stilelementen in jener Zeit oft die deutschnationalen Burschenschaften kopierte[6]. Die zweite Möglichkeit war ein weiterer konsequenter Weg der Emanzipation, der mehr sein mußte als bloß Assimilation an die deutschsprachige Kultur. Die Suche nach einer Verbindung mit der Arbeiterbewegung war die logische Konsequenz. Die Bedeutung jüdischer Intellektueller in der jungen österreichischen Arbeiterbewegung wird so verständlich.

Die Entwicklung der liberalen Studentenbewegung zum Deutschnationalismus und die gleichzeitige Unfähigkeit Freuds, einen Anschluß an die Arbeiterbewegung zu finden, können erklären, daß er ab 1885 wieder intensivere Beziehungen zu jüdischen Gruppen unterhielt: so stellte er seine ersten Gedanken zur Traumdeutung nicht im Seminar in der Berggasse vor, sondern im Dezember 1897 den Kameraden der jüdischen Gruppe B'nai B'rith[7].

Es weist viel darauf hin, daß Freud, ohne eine religiöse Bindung anzuerkennen, seine jüdische Zugehörigkeit sehr bewußt empfand und sie auch betonte. Dem Bedürfnis während der Studentenzeit, in der Assimilation die Erinnerung an den »armen Judenbuben«, der er einmal gewesen war, zu vergessen, folgte aus der Erkenntnis der Entwicklung des deutschsprachigen Bürgertums eine Betonung der eigenen Herkunft. Das Buch *Der Mann Moses und die monotheistische Religion* kann auch als Auseinandersetzung mit der jüdischen Frage gelesen werden.

Freuds geistige Haltung ist eine objektivierende, auf Distanz eingestellte Betrachtungsweise, die zur Relativierung neigt. In seinem allgemeinen Habitus ist er ein typischer bürgerlicher Intellektueller, der Extremen abgeneigt ist. Sogar auf jenem Gebiet, auf dem er zeit seines Lebens mit starkem Widerstand gegen die von ihm erkannte Wahrheit zu kämpfen hatte, dem der Psychoanalyse, dürften einige theoretische Konflikte, vor allem mit Adler und Reich, durch diese Haltung mitbedingt worden sein.

Um den Widerstand gegen die Psychoanalyse in Schranken zu halten, war er zu vielen sozialen Kompromissen bereit, zu einer Art »Wohlverhalten«. So vermied er, von wenigen Ausnahmen abgesehen, jede politische Stellungnahme. Er versuchte auch, die jüdische Abstammung der meisten Psychoanalytiker der ersten Generation zumindest nicht nach außen aufscheinen zu lassen. Freuds Plan, Jung zum Präsidenten der Internationalen Psychoanalytischen Gesellschaft zu machen, war hauptsächlich durch die Hoffnung motiviert, daß die Präsidentschaft eines Nichtjuden helfen könnte, die Widerstände gegen die Psychoanalyse abzubauen[8]. Dieses Bewußtsein der sozialen Notwendigkeiten, denen er Rechnung tragen mußte, um seine Lehre rein erhalten und verbreiten zu können, erklärt Freuds vorsichtige, um nicht zu sagen ängstliche Haltung auf allen Gebieten außerhalb seiner Analysearbeit. Diese dauernde Selbstkontrolle hat sicherlich seine eher pessimistische und skeptische Weltsicht mitgeprägt. Die Anwendung der Psychoanalyse auf kulturelle und philosophische Probleme in dem Werk *Das Unbehagen in der Kultur* (1930) beweist deutlich Freuds Kulturpessimismus.

Diese relativierend abwägende Haltung, dieser typische intellektuelle Liberalismus entsprach durchaus der Einstellung vieler sozialdemokratischer Führungspersönlichkeiten, vor allem Victor Adlers. Freud gehörte objektiv zu einem Milieu von Intellektuellen, die in der Sozialdemokratie tätig waren oder ihr nahestanden.

Gerade an der Universität, wo die national-liberalen Ideen sich zur politischen Doktrin verfestigt hatten, war auch der praktische Antisemitismus besonders stark entwickelt. Der Zugang zu Lehrstühlen war für Juden mit enormen Schwierigkeiten verbunden. Freuds Karriere bis zu seiner Ernennung zum Ordinarius, 1919, ist dafür eine Illustration. Diese rassistische und ideologische Haltung des Lehrkörpers der Wiener (und ganz allgemein der österreichischen) Universität um 1900 erklärt, daß viele der originellsten intellektuellen Neuerungen außerhalb der offiziellen akademischen Institutionen entstanden, in »Salons«, Kaffeehäusern und Privatseminaren.

Die vorherrschenden Ideologien in den akademischen Institutionen waren ein deutschnationaler Liberalismus und ein Katholizismus, deren gemeinsamer Nenner der Antisemitismus war. Die Nahebeziehung der jüdischen Intelligenz zur Sozialdemokratie, der Bewahrerin intellektueller Toleranz, war nur zu natürlich. Diese Beziehungen erklären auf der anderen Seite die Offenheit der österreichischen Sozialdemokratie für neue Ideen und Denkansätze, auch wenn sie gegen marxistische Grundauffassungen verstießen. Das bezeugen insbesondere die Buchbesprechungen in der theoretischen Zeitschrift *Der Kampf,* in denen philosophische und psychologische Werke nichtmarxistischer Provenienz rezensiert wurden und gerade das in den Vordergrund gerückt wurde, was in verschiedenen politischen Teilbereichen, vor allem in Erziehungs-, Jugend- und Gesundheitspolitik, politisch fruchtbar gemacht werden konnte.

Die Haltung der Sozialdemokratie dem Freudschen Werke gegenüber geht aus der ihm zum siebzigsten Geburtstag gewidmeten

Würdigung im *Kampf* hervor: »Aber wir Sozialisten müssen uns seines Besitzes doppelt freuen, weil seine Lehren und Auffassungen unser Ringen um die Befreiung des Menschen von der psychologischen Seite her befruchteten und befeuerten, weil sie Marxens großes Lehrgebäude sinnvoll ergänzen und psychologisch vertiefen[9].«

Ohne der Sozialdemokratie geistig zugerechnet werden zu können, hatte Freud erkannt, daß sie in diesem Lande zur Zeit des aufsteigenden Klerikofaschismus und Nationalsozialismus der einzige Garant jener Freiheit ist, ohne die heterodoxes wissenschaftliches Arbeiten unmöglich wird. Er unterschrieb 1927 einen Wahlaufruf zu ihren Gunsten. Von allen politischen Kräften stand ihm nur die Sozialdemokratie freundlich gegenüber. 1928 überließ ihm die Wiener Gemeindeverwaltung in der Nähe seines Wohnhauses ein Grundstück, damit die Psychoanalytische Vereinigung dort ein Institut und ein Ambulatorium errichten könne. Wegen Geldschwierigkeiten der Vereinigung kam es aber nie zum Bau.

Zu seinem achtzigsten Geburtstag, als die Sozialdemokratie bereits verboten und ein Teil ihrer Führung in der Emigration war, wurde Freud im *Kampf* wieder gewürdigt; gleichzeitig wurde jede reduktionistische Synthese zwischen Marxismus und Psychoanalyse ebenso abgelehnt wie jene rigiden marxistischen Freudkritiken, die ihn in Bausch und Bogen als »idealistisch« verdammten[10].

Adler: Emanzipatorische Pädagogik

Vierzehn Jahre jünger als Freud und von 1902 bis 1911 dessen enger Mitarbeiter, kann Alfred Adler dennoch nicht als Schüler Freuds eingestuft werden. Er hatte schon vor 1902 einige wichtige Arbeiten publiziert, und in seinen Forschungen waren Akzente vorhanden, die eine Unterordnung unter Freuds Anschauungen bereits sehr unwahrscheinlich gemacht hätten.

Wie Freud aus einer jüdischen Familie stammend, war er doch nicht denselben Identitätsproblemen ausgesetzt: Freuds vor allem während der Studienzeit geübte Überidentifikation mit der Kultur des liberalen deutschsprachigen Bürgertums entsprach dem sozialen Aufstiegsbewußtsein einer im Assimilationsprozeß befindlichen, relativ armen Ostjudenfamilie. Adler dagegen stammte aus einer seit Generationen assimilierten, wohlhabenden Händlerfamilie. Der kulturelle Widerspruch war für ihn kein Problem der persönlichen Identität, sondern eher ein praktisches Problem im beruflichen Fortkommen.

Als Student schloß er sich den sozialistischen Studenten an, und seit seiner ersten Veröffentlichung unterstrich er die soziale Funktion der Medizin, die den Menschen nicht als einzelnen, sondern als Gesellschaftsprodukt verstehen müsse[11]. Seit seiner Studentenzeit hatte Adler engste Verbindungen zur Elite der österreichischen Arbeiterbewegung, die seine praktische Zusammenarbeit mit der Gemeinde Wien erleichterten. Adlers Frau, die Mitglied des radikalen Flügels der russischen Studenten war, hatte in Zürich und Wien studiert.

Adler gehörte auch zu jenem Kreis sozialistischer Intellektueller, die im Hause Lazarsfeld verkehrten. Sophie Lazarsfeld war seine begeisterte Schülerin[12]. Sie verstand es, linke Intellektuelle in ihrem Hause zusammenzuführen. So verkehrten Friedrich Adler, Rudolf Hilferding und Otto Bauer bei den Lazarsfelds, dem sicher wichtigsten sozialistischen intellektuellen »Salon« Wiens um 1900.

Lange Zeit hindurch verstand Adler seine Arbeit als Engagement für den Sozialismus. Sein Hauptanliegen war nicht die Erarbeitung einer allgemeinen psychologischen Theorie, sondern die praktische Verwertung psychologischen Wissens. Das Interesse für die Neurologie hatte Adler und Freud zusammengebracht. Ihr unterschiedliches Erkenntnisinteresse war mitbedingend für ihre Konflikte, die 1911 zum Bruch führten. Der wissenschaftliche Anlaß war Freuds Konzentration auf die Rolle der Sexualität und die Begründung der Neurosen durch die Libidoverdrängung. Dem Thema seiner *Studie über die Minderwertigkeit von Organen* (1907) folgend, interpretierte Adler die Neurosen in erster Linie als Resultat von Minderwertigkeitskomplexen, die biologische, soziale und kulturelle Gründe haben können. Durch Kompensationsbemühungen können diese, nach Adler, glücklich gelöst werden, sie können aber auch zu Neurosen führen. Nach Adler entsprechen die von Freud angeführten Sexualbefunde meist Selbsttäuschungen des Patienten oder Täuschungen des Psychotherapeuten.

Adlers politisches Engagement war sicherlich ein zusätzlicher Grund für Freuds Feindschaft[13]. Das Jahr 1911 gehört zu jener Periode, in der Freud gegen eine feindliche Umgebung kämpfen mußte und nur die Ausarbeitung, Verteidigung und Verbreitung seiner Lehre im Sinne hatte. Sein akademisches Fortkommen war durch seine Herkunft außerordentlich behindert. Erst 1919 wurde er Ordinarius. Theoretische Reinheit und eine treue Gefolgschaft seiner Schüler waren in seinen Augen unbedingt nötig, um seiner Lehre die Anerkennung auf Dauer zu sichern. Freud vermied in diesen Jahren alles, was seine Schwierigkeiten hätte vermehren können: die Euphemisierung der Bezugnahme auf jüdisches Brauchtum, die D. Bakan in allen Schriften Freuds nachweist[14], gehört genauso dazu wie die politische Abstinenz.

Es ist möglich, daß Freud in Adlers Aktivitäten auch eine Gefährdung sah, weil sie zusätzlich Vorurteile hätten mobilisieren können.

Je nach der Stellung der Autoren wird die Auseinandersetzung zwischen Adler und Freud meist auf die Persönlichkeit des Gegners zurückgeführt: So spricht Josef Rattner von einem Verbot Freuds an die Mitglieder seines Kreises, Adlers Zusammenkünfte im Café Siller zu besuchen[15]. Ein anderer Anhänger Adlers, Manès Sperber[16], führt den Bruch auf den Altersunterschied und Freuds »Originalitätssucht« zurück.

Wenn man Freuds Intoleranz, die Teil seiner Strategie in einer seiner Lehre feindlichen Umgebung war, als »Originalitätssucht« bezeichnet, so kann man dem Werk Adlers berechtigterweise einen Mangel an theoretischer Konsistenz nachweisen. Viele seiner Werke gleichen einer Mischung aus alltäglichem psychologischen Vorverständnis und wissenschaftlicher Analyse. So ist der Grundunterschied zwischen Freud und Adler – Sexualtrieb versus Wille zur Macht – durchaus jener, der einen analytischen Erklärungsansatz von einer Sichtweise der guten Menschenkenntnis trennt. Und die Betrachtungen Freuds und Adlers zum Problem der Traumdeutung unterstreichen diesen Unterschied: dem System der Symbole, in denen sich Verdrängungen ausdrücken, steht eine Symbolanalyse gegenüber, die nicht allzuweit vom gesunden Menschenverstand entfernt ist[17].

Man wird Adler allerdings nicht gerecht, wenn man seine Bedeutung an der logischen Konsistenz seiner Theorien messen will. Es sind sicherlich jene nach streng wissenschaftlichen Kriterien etwas »banalen« Seiten seines Werkes, die seinen Erfolg erklären. Seine Bemühungen waren nicht theoretischer Art, sondern praxisbezogen. Sein Ziel war eine emanzipatorische Pädagogik und die psychologische Beratungstätigkeit.

Die sozialdemokratische Wiener Gemeindeverwaltung bot ihm dazu die Gelegenheit: Die demokratische Erziehung ist der Tenor von Adlers Schriften zur Pädagogik und Neurosenprophylaxie. Außerhalb der akademischen Institutionen hatte Adler sein Publikum im Volksheim und am Pädagogischen Institut der Stadt Wien, in dem auch die Pioniere der Sozialpsychologie, das Ehepaar Bühler, wirkten und in dem Paul Lazarsfeld Ende der zwanziger Jahre seine ersten großen soziographischen Untersuchungen organisierte. Die Behandlung von Kriegsneurotikern während des Ersten Weltkrieges hatte Adler zu der Überzeugung gebracht, daß die Prophylaxe das einzig wirksame Mittel sei und daß diese mit der Kindererziehung einsetzen müsse. Er arbeitete nach dem Krieg eng mit der Wiener Schulverwaltung zusammen[18] und richtete am Wiener Volksheim eine »Beratungsstelle für Erziehung« ein, in der er Eltern, Erzieher und schwierige Kinder beriet.

Der Erfolg dieser Beratungsstelle war so groß, daß der Wiener Magistrat in der Folge weitere Beratungsstellen eröffnete, insgesamt 28, die möglichst eng mit den Schulen in Verbindung standen. Adlers Veröffentlichungen waren auch hauptsächlich den Problemen der praktischen Menschenkenntnis und der Beratung gewidmet, die Eltern und Lehrern in der Praxis helfen sollte[19]. 1929 eröffnete die Gemeinde Wien eine Klinik zur Neurosenbehandlung, das *Mariahilfer Ambulatorium,* dessen Leitung sie ebenfalls Adler übertrug[20].

Das wichtigste pädagogische Experiment unter Adlers Leitung war die 1931 von der Initiative des Schulreformers Otto Glöckl ausgehende Gründung einer nach individualpsychologischen Gesichtspunkten organisierten Schule, deren Schüler hauptsächlich aus den Unterschichten stammten[21]. Im Lehrerverhalten und in Klassenbesprechungen sollten die Erkenntnisse Adlers nutzbar gemacht werden: die Bedeutung der Stimulierung, nicht der Strafe; die Erziehung zum Gemeinschaftsgefühl; die Berücksichtigung der Stellung des Kindes in der Geschwisterreihe.

Die theoretische Distanzierung Adlers von Freud bezieht sich interessanterweise auf jene Punkte, in denen auch Wilhelm Reich – allerdings aus anderen Gründen – den Bruch vollzog: die Bedeutung des Sozialen und die Verneinung der Todestrieb-Hypothese. War Freud in seiner akademisch-theoretischen Vorgangsweise zum Kulturpessimisten geworden, so blieben die »Sozialberatungspraktiker« Adler und auch Reich dem Optimismus in bezug auf die Gesellschaftsentwicklung verbunden.

Von allen stand Adler der Sozialdemokratischen Partei am nächsten. Sein enges Verhältnis zu den führenden Intellektuellen der Partei geht schon daraus hervor, daß er im theoretischen Organ *Der Kampf* im ersten Erscheinungsjahr einen medizinischen Artikel veröffentlichte[22]. Seine Werke wurden regelmäßig im *Kampf* besprochen. In der Beurteilung des wissenschaftlichen Verdienstes strich der *Kampf* aber dennoch Freuds Vorrangstellung heraus[23]:

> Die sehr richtigen und wichtigen Einsichten Alfred Adlers und seiner Schüler konnten erst auf diesem (Freuds) Boden erwachsen, und daß sie dieses Herkommen geflissentlich leugnen, ist ihr schwerster Fehler.

Die Theorieschwäche von Adlers Werk öffnete es für eine gesellschaftliche Massenpraxis, für die Freud auch die Psychoanalyse vorgesehen hatte[24], was ihm aber zu seinen Lebzeiten nie gelang. Dieser

Theoriemangel führte aber andererseits auf vielen Gebieten geradezu zur Übernahme gesellschaftlicher Vorurteile, wie im Falle der Homosexualität, in der Adler ein Leiden sah, das das Fortbestehen der Art gefährde und für das man den staatlichen Zwang zur Heilung fordern müsse[25].

Freuds rigider akademischer Habitus stellte sich sicherlich jenen sozialen Kontakten entgegen, die eine breitere gesellschaftliche Anwendung der Psychoanalyse erst ermöglicht hätten. Seine gesellschaftliche Praxis blieb auf das Bürgertum beschränkt. Adlers Umgangsformen waren eher jovialer Art, er fühlte sich in der Beratungspraxis und in den Bildungsinstitutionen der Arbeiterbewegung wohl. Nichts unterstreicht besser diesen Unterschied als die wissenschaftliche Strenge des Seminars in der Berggasse und die gemütlichen Treffen der Adlerschen Runde im Café Siller. Die soziale Relevanz, die Adlers Arbeiten damit garantiert wurde, ändert aber nichts an den theoretischen Unzulänglichkeiten, die sich auf die Dauer auch in der Praxis negativ auswirkten.

Reich: Versuch einer Synthese

Anders als Adler kann Reich als ein Schüler, ja sogar als der Lieblings- oder Musterschüler Freuds eingestuft werden: bereits kurz nach seinen ersten Kontakten mit Freud wird er 1919 als 24jähriger Student in die Psychoanalytische Vereinigung aufgenommen. Reich gehört zu jenen Psychoanalytikern, denen Freud schon nach kurzer Ausbildung Patienten anvertraute und die auf diese Weise sehr früh klinische Erfahrungen sammeln konnten.

Seit seinen ersten Studentenjahren war Reich Mitglied der sozialdemokratischen Studentenorganisation und der Sozialdemokratischen Partei. Sehr früh beschäftigte ihn daher auch das Problem einer theoretischen Synthese zwischen Marxismus und Psychoanalyse. In der Psychoanalyse galt sein Hauptaugenmerk vorerst der Erforschung der biologischen Grundlagen der Libido, die der Psychoanalyse zu einer materiellen Begründung verhelfen sollten.

Nach Beendigung seines Medizin- und Psychiatriestudiums übernahm Reich 1924 eine Assistentenstelle am Wiener Psychoanalytischen Ambulatorium, das er dann von 1928 bis 1930 leitete[26]. Die Patienten des Ambulatoriums waren von ihrer sozialen Herkunft her weiter gestreut als die in der psychoanalytischen Privatpraxis. Die Kosten der Analyse beschränkten deren Anwendung vorerst auf das wohlhabende Bürgertum. Die Tätigkeit im Ambulatorium lenkte

Reichs Hauptaugenmerk auf die sozialen Ursachen der Neurosen. Die Betonung dieses Gesichtspunktes, der von Freud zwar aufgezeigt, aber nicht konsequent analysiert worden war, bewirkte Differenzen Reichs mit dem Wiener psychoanalytischen Milieu und später mit Freud selbst.

Im Gegensatz zu Adler verarbeitete Reich diese Erkenntnisse theoretisch. Ausgehend von Freuds Definition des Triebes als Grenzbegriff zwischen Seelischem und Somatischem, analysierte Reich den Zusammenhang zwischen Aggressionen, psychischen Erkrankungen und dem Sexualleben. Er entdeckte dabei, daß jene auf eine Beeinträchtigung der genitalen Sexualität zurückzuführen seien[27]. Unter genitaler Sexualität versteht er dabei die Fähigkeit, einer der Libidostauung adäquate Befriedigung zu erlangen.

Reich gelangt durch diese Studien zur Ablehnung der Todestrieb-Hypothese, also der Annahme eines zweiten grundlegenden Triebes als Ursache aggressiver Tendenzen, für den nach Reich jeder Beweis fehlt. Er gerät dadurch in einen Konflikt mit Freud, dessen Arbeiten ab Mitte der zwanziger Jahre immer stärker durch kulturpessimistische Züge geprägt sind. In seinen Reflexionen über seine Beziehungen mit Freud führt Reich diesen Konflikt hauptsächlich auf außerwissenschaftliche Faktoren zurück. Jedenfalls dürfte die Trennung beiden schwergefallen sein. Freuds Rücksichten auf das Familienleben, die Beachtung der Regeln, die ihm durch die jüdische Erziehung vermittelt worden waren, trugen, laut Reich, dazu bei, aus Freud einen in seinem persönlichen Leben gebrochenen Mann zu machen[28]. Reichs geringe Rücksicht auf die Beurteilung seines Privatlebens und sein politisches Engagement, in dem er durch seine Arbeiten nur bestärkt wurde, haben neben den wissenschaftlichen Gegensätzen sicherlich zum Bruch beigetragen.

Die Behandlung von Patienten aus allen gesellschaftlichen Klassen machten Reich immer klarer, daß Art und Häufigkeit psychischer Krankheiten durch die Gesellschaftsordnung mitbedingt sind. Reich beteiligte sich an einer grundsätzlichen Diskussion über das Verhältnis von Psychoanalyse und Marxismus, die von Siegfried Bernfeld initiiert worden war. Diese theoretische Diskussion unter Psychoanalytikern fand zu einer Zeit statt, in der ganz allgemein unter Marxisten ein großes Interesse für psychologische Theorien herrschte, die die Vermittlungsmechanismen zwischen Unterbau und Überbau erklären helfen könnten. Das theoretische Organ der Sozialdemokraten, *Der Kampf*, veröffentlichte 1926, im Jahr des siebzigsten Geburtstages Freuds, neben einer Würdigung seines Werks einen Artikel über die Individualpsychologie Adlers[29], einen weiteren über die Sozialpsychologie Hendrik de Mans[30] und einen Artikel Siegfried Bernfelds über Sozialismus und Psychoanalyse[31].

Reich selbst veröffentlichte nach seinem Übertritt zur Kommunistischen Partei einen theoretischen Text zu diesem Problem[32]: *Dialektischer Materialismus und Psychoanalyse.* Einander methodisch durch ihren materialistisch-dialektischen und ideologiekritischen Charakter ergänzend, stelle die Psychoanalyse das Bewußtwerden der gesellschaftlichen Sexualunterdrückung dar, so wie der Marxismus der Ausdruck des Bewußtwerdens der wirtschaftlichen Ausbeutung einer Mehrheit durch die Minderheit sei.

Der entscheidende Wendepunkt im Wirken Reichs sind die Unruhen des Jahres 1927 und der Brand des Justizpalastes. Von der Entschlußlosigkeit und der Unfähigkeit der sozialdemokratischen Führung enttäuscht, kritisiert er diese heftig und wird 1930 aus der Partei ausgeschlossen[33]. Er tritt zur Kommunistischen Partei über. Von der sozialen Gebundenheit der psychischen Krankheiten immer mehr überzeugt, gibt er die individuelle Psychotherapie auf und wendet sich der präventiven Behandlung von Neurosen und der Sexualberatung zu. Freud ist mit dieser Tätigkeit vorerst einverstanden, unterstützt sie auch, nimmt aber wegen ihrer offensichtlich politischen Aspekte nicht daran teil, weil er das mit seinem wissenschaftlichen Ethos für unvereinbar hält.

Reich gründete 1929 mit gleichgesinnten Gynäkologen und jungen Psychoanalytikern die *Sozialistische Gesellschaft für Sexualberatung und Sexualforschung,* die in Wien sechs Zentren eröffnete. Diese waren von Anfang an überfüllt, vor allem von schwangeren Mädchen und Frauen aus Arbeiterfamilien; dies zeigte, daß das Problem der Abtreibung ein Indikator der sozialen Diskriminierung in Fragen der Sexualität war.

Daneben war Reich ab 1930 sehr aktiv in der kommunistischen Jugendbewegung tätig, hielt Vorträge, nahm an Manifestationen teil und reiste in die Sowjetunion, wo ihn vor allem die antiautoritären Kindererziehungsexperimente Vera Schmidts beeindruckten. Auch nach seiner Distanzierung von seiner kommunistischen Vergangenheit hielt er daran fest, daß nur die praktische politische Tätigkeit in der Wiener Jugend ihm die wahren Mechanismen der sexuellen Unterdrückung klargemacht habe. In den Diskussionen machte er die Erfahrung, daß theoretische Probleme gar kein Interesse hervorriefen, daß hingegen praktische Fragen über sexuelle Störungen, Abtreibung, Geburtenkontrolle, Kindererziehung und Eheprobleme von brennender Aktualität waren.

Das Verhältnis Reichs zur Kommunistischen Partei war immer

äußerst kompliziert: es gelang ihm nie, die offizielle Verurteilung der Psychoanalyse als bourgeois-dekadente Theorie rückgängig zu machen. Vielmehr kann man annehmen, daß Reich geduldet und gestützt wurde wegen seiner Erfolge in propagandistischer Hinsicht. Diese Spannungen waren sicherlich eine wesentliche Triebkraft für die Präzisierung seiner theoretischen Positionen.

Um seine praktische analytische Tätigkeit mit seiner politischen Agitation vereinbaren zu können, mußte er jederzeit imstande sein, sich ideologisch und theoretisch zu rechtfertigen. In Zusammenarbeit mit der Sozialdemokratie konnte Adler theoretisch unklar bleiben: eine teilweise ideologische Übereinstimmung und die Bereitstellung pragmatischer Konzepte für die konkrete Politik genügten einer Partei, in der ein liberales intellektuelles Klima herrschte. Die strenge Doktrin der KP verlangte dagegen eine dauernde Rechtfertigung, die Übereinstimmung mit der offiziellen Linie; das hatte aber zumindest den Vorteil, zu einer theoretischen Klarheit zu zwingen, die für Reichs Arbeiten dieser Jahre ausgesprochen fruchtbar war.

Reichs berufliche Situation in Wien wurde immer unerträglicher: Nach der Verschärfung seines Konfliktes mit Freud versuchte Federn, der Leiter der Wiener Psychoanalytischen Gesellschaft, Reich das Seminar über Analysetechnik zu entziehen. Er wurde offiziell aufgefordert, nicht mehr an politischen Veranstaltungen teilzunehmen. 1930 wanderte er unter diesem Druck nach Berlin aus, wo ein liberaleres intellektuelles Klima herrschte. Die wichtigsten Jahre, in denen Reich Politik und Analyse verband, verbrachte er in Berlin in Zusammenarbeit mit der Kommunistischen Partei. Man kann annehmen, daß Freud, der einmal sagte, er habe die ganze Menschheit zum Patienten, sich der sozialen Ursachen psychischer Prozesse voll bewußt war, daß er aber die Erkenntnisse auf diesem Gebiet für zu unsicher hielt, um persönlich klar Stellung zu beziehen. Noch dazu erkannte Freud in diesen Jahren sehr deutlich die der Psychoanalyse durch den heraufziehenden Faschismus drohende Gefahr. Von der historischen Notwendigkeit des Überlebens seiner Lehre gewiß stärker überzeugt als von der des Überlebens der Arbeiterbewegung, begann er sehr bewußt alle Akte zu vermeiden, die für die Psychoanalyse bei den kommenden Machthabern ein sicheres Todesurteil auslösen würden. Jene, die damals noch vom Sieg des Sozialismus überzeugt waren, mußten von dieser Haltung abgestoßen werden.

Als Reich 1934 ohne Angabe von Gründen aus der Psychoanalytischen Gesellschaft ausgestoßen wurde, dürfte neben den allgemeinen Schwierigkeiten, denen eine junge, um ihre akademische Anerkennung ringende Disziplin ausgesetzt war, politisch auch entscheidend gewesen sein, daß sich die deutsche und die österreichische Psychoanalytische Gesellschaft den neuen Machthabern gegenübern keine Blößen geben wollten.

Emigration und Verleugnung der Arbeiterbewegung

Die Diktatur Dollfuß' nach den Bürgerkriegstagen im Februar 1934 bedeutete für viele der Sozialdemokratie nahestehende Psychoanalytiker vorerst eine Periode des Abwartens, aber für manche auch bereits die Emigration. Freud selbst, der den Christlichsozialen auch wegen ihres Antisemitismus negativ gegenüberstand, lebte zurückgezogen und führte die Analysen in seiner Privatpraxis weiter. Einige Jahre später konnte er sich von den Nationalsozialisten keine Duldung mehr erwarten. Den ersten Bücherverbrennungen fielen auch seine Werke zum Opfer. Nach dem Anschluß intervenierten Roosevelt und Mussolini für Freud, der Wien im Juni 1938 verlassen konnte und ein Jahr später in London starb.

Für seine enge Zusammenarbeit mit der sozialdemokratischen Verwaltung Wiens bekannt, verließ Adler 1934 Österreich und ließ sich in New York nieder. Während einer seiner Vortragsreisen starb er in Aberdeen. Reichs Emigration führte über Norwegen in die Vereinigten Staaten, wo er seine Lehre von den soziologischen Analysen weg in Richtung der Erforschung der biologischen Energie entwickelte.

Für viele intellektuelle Emigranten waren die Vereinigten Staaten das Endziel. Die Rate der österreichischen Emigration in die USA war von 1918 bis 1938 relativ gleichbleibend und gehörte zu den höchsten Europas. Aber 1934 änderten sich die vorherrschenden Emigrationsgründe und die soziale Zusammensetzung der Auswanderer. Bis 1930 entstammten die meisten Emigranten Arbeiter- und Bauernfamilien. Danach nahm die Emigration Intellektueller stark zu. Unter den Motivationen wurden zugleich politische, religiöse und ethnische Gründe häufiger[34].

Die Intellektuellenemigration dieser Jahre, hauptsächlich von Menschen jüdischer Herkunft, kann man als den wichtigsten Kultur- und Wissenschaftsexport Österreichs interpretieren. Meist fanden diese Emigranten relativ rasch Arbeit auf ihrem wissenschaftlichen Gebiet. Die meisten unter ihnen zogen es vor, nach dem Kriege in den Vereinigten Staaten zu bleiben, wo sie wesentlich bessere Arbeitsbedingungen vorfanden als in Österreich. In den Human- und Sozialwissenschaften war der Aderlaß besonders groß[35].

Viele der Emigranten jüdischer Herkunft in den Human- und

Sozialwissenschaften waren Sympathisanten oder engagierte Mitglieder der Sozialdemokratie gewesen (Adler und Reich unter den Psychoanalytikern, aber auch z. B. der Jurist Kelsen oder der Soziologe Lazarsfeld, um nur die Bekanntesten zu nennen). Es ist auffallend, daß bei vielen von ihnen die Bezugnahme auf die Arbeiterbewegung und den Sozialismus sehr rasch nach ihrer Ankunft in den USA wegfällt und sogar, vor allem nach dem Kriege und während des Kalten Krieges, einer expliziten Verdammung nicht nur des Kommunismus, sondern des Sozialismus schlechthin Platz macht. Das gilt in unterschiedlichem Maße auch für Adler und Reich.

Die Biographen Adlers, die lange Zeit hindurch seine Weggefährten waren, betonen in einer oft penetranten Weise, daß nach Adler »Psychologen nie Politik betreiben sollten[36]«. Sicherlich gilt für Adler in den dreißiger Jahren eine ähnliche Haltung wie für Freud: alles zu tun, um die eigene Lehre nicht zu gefährden, sondern möglichst weit zu verbreiten. Manès Sperber beschreibt diesen Willen folgendermaßen: »Die Individualpsychologie zur Erzieherin der Menschheit zu machen, durch sie Politik und Religion – irgendeinmal – ersetzt zu wissen, dieses Ziel (Adlers) ist revolutionär, ist mit dem Pathos der Gemeinschaft gesetzt[37].«

Reichs Erfahrungen mit der KP und sein Parteiausschluß im Jahre 1934 konnten nur zu einer politischen Verbitterung oder einer politikfeindlichen offensiven Haltung führen. Das letztere war der Fall. Eine politische Lösung für die Emanzipation des Menschen zog er nicht mehr in Erwägung. Seine Haltung glich unter dem Einfluß seiner Studien der Orgonenergie immer mehr einer libertär-anarchistischen Einstellung, die sich undifferenziert gegen alle großen Organisationen wandte. Die Arbeitsbedingungen, die ihm in der neuen Heimat ermöglicht wurden, spielten neben dieser intellektuellen Entwicklung sicherlich mit, seine Identifikation mit den USA zu entwickeln. Sein Verfolgungswahn, seine Angst vor seinen vermeintlichen politischen Feinden, führte schließlich zu seiner mitleiderregenden Selbstverteidigung in seinem Prozeß, der tragikomisch enden mußte.

Die allgemein sehr rasch gelungene Integration linker, meist jüdischer Intellektueller in den USA, von denen die Psychoanalytiker nur ein Beispiel sind, hängt auch damit zusammen, daß alle soziologischen Faktoren, die ihr berufliches Fortkommen in Österreich verhindert hatten, ihnen in den USA zugute kamen. Die jüdische Abstammung, die an Österreichs Universitäten ein wesentliches Hindernis für eine Berufung und den Aufstieg war, spielte in den amerikanischen Universitäten der Ostküste eher eine für den Bewerber positive Rolle. Die in Österreich sich natürlich ergebende Nahebeziehung zur Arbeiterbewegung konnte in den Vereinigten Staaten mit ihrer völlig anders gearteten politischen Struktur nicht weitergeführt werden. Die guten Arbeitsbedingungen an den amerikanischen Universitäten trotz des Krieges mußten die USA schließlich als besten Garanten der wissenschaftlichen Freiheit, wenn nicht sogar der Freiheit schlechthin erscheinen lassen. Als während des Kalten Krieges von vielen dieser Emigranten eine klare Stellungnahme verlangt wurde, war es nicht allzu verwunderlich, daß sie den Sozialismus zur Vergangenheit zählten und sich mit dem Land identifizierten, das ihnen die besten Möglichkeiten bieten konnte[38].

In Österreich gelang es der Arbeiterbewegung nach dem Kriege nie wieder, die Intellektuellen in demselben Maß anzuziehen, wie dies in der untersuchten Periode der Fall war. Die Emigranten blieben im Ausland, und die Hauptquelle avantgardistischer Intellektueller, die in einem organischen Verhältnis mit der Sozialdemokratie lebten, war vernichtet worden: der jüdische Bevölkerungsteil. Aus einer immer wieder gefährdeten Minderheitenstellung heraus mußten die Emanzipationsbestrebungen der Juden im 19. Jahrhundert mit jenen der unterdrückten Bevölkerungsmehrheit, der Arbeiterklasse, konvergieren. Daß gerade in den Jahren der Entstehung einer einheitlichen Arbeiterbewegung und ihrer Konflikte mit der Staatsgewalt eine Welle des Antisemitismus durch die Monarchie tobte, konnte diese Konvergenz nur festigen. 1882 begannen die Deutschnationalen unter Georg Ritter von Schönerer das Kleinbürgertum mit antisemitischen Argumenten zu mobilisieren[39]. Nach den ersten Hoffnungen, unter einer bürgerlich-liberalen Regierung eine endgültige Gleichberechtigung zu erlangen, mußte diese Welle des Antisemitismus zu einem Umdenken führen. Die Assimilation an das deutschsprachige Bürgertum konnte keine Lösung sein. Trotz aller Assimilationsbemühungen blieb das jüdische Bürger- und Kleinbürgertum gesellschaftlich in einer Außenseiterposition, nicht zuletzt, weil das deutschsprachige Bürger- und Kleinbürgertum der Monarchie in den Juden Konkurrenten sah, die seine Hegemoniestellung hätten unterminieren können und die man am leichtesten mit rassistischen Ideologien disqualifizieren konnte.

Viele politisch engagierte liberale Juden sahen nun deutlich, daß Emanzipation nur gesamtgesellschaftliche Emanzipation bedeuten kann und nicht mit der Anpassung an das herrschende deutschsprachige Bürgertum gleichgesetzt werden darf. Victor Adlers Entwicklungsgang in jenen Jahren ist symbolhaft für das politische Verhalten des intellektuellen jüdischen Kleinbürger- und Bürgertums, das damals den Schritt zur Arbeiterbewegung vollzog. Der engere Kreis der »Austromarxisten«, die die Zeitschrift *Der Kampf* herausgaben – Otto

Bauer, Max Adler, Friedrich Adler –, gehörte dieser spezifischen Gruppe an. Die Synthese zwischen Politik und Theorieentwicklung war in der österreichischen Sozialdemokratie oft gegeben, da Intellektuelle, denen eine wissenschaftliche Karriere erschwert oder verschlossen war, für die Politik optierten: Otto Bauers Persönlichkeit weist auf einen solchen inneren Konflikt hin, Friedrich Adlers Werdegang ist ein deutliches Beispiel. Als Bewerber für einen Physiklehrstuhl der Universität Zürich vorgesehen, überließ er diesen Platz seinem Studienkollegen und Freund Albert Einstein[40].

Im Falle der Psychoanalyse ist die Nahebeziehung zur Arbeiterbewegung auch durch die jüdische Abstammung der meisten ihrer Vertreter in der ersten Generation mitvermittelt. Bedeutet dies, daß die jüdische Abstammung quasi-natürlich zu bestimmten wissenschaftlichen Beschäftigungen und zur Arbeiterbewegung führte? Keineswegs. Die soziologische Analyse, die hier für die Verbindung zwischen der Arbeiterbewegung und den Intellektuellen in einer sehr spezifischen Situation vorgeschlagen wird, wendet sich gegen alle naturalistischen und kulturrassischen Interpretationen. Die Anerkennung der Bedeutung des ethnischen Faktors erlaubt es aber gerade, diesen Vorurteilen entgegenzutreten. Es sind keine inhärenten Eigenschaften jüdischer Intellektueller, die zu ihrer Konvergenz mit der Arbeiterbewegung führten, sondern es war die spezifische soziale Stellung dieser Gruppe.

Auch Manès Sperber akzeptiert die Charakterisierung der Psychoanalyse als jüdische und österreichische (vielleicht eher Wiener) Wissenschaft; aber nicht, weil nur Wiener Juden diese erfinden konnten, sondern weil die gesellschaftliche Stellung der Wiener Juden eine solche war, die psychologische Fragestellungen sicherlich begünstigt hat[41]. Zu den oberen Gesellschaftsklassen gehörig, waren sie von diesen doch ausgeschlossen. Diese relative Distanz zur Klasse, zu der sie objektiv gehörten, schärfte einen kritischen Blick, der die morsche Dekadenz der »guten Gesellschaft« in der Nähe ihres Abgrundes erkennen und die psychische Spiegelung dieses Prozesses kalt analysieren konnte.

Auch die Konvergenz mit der Arbeiterbewegung entspricht dieser distanzierten Haltung jener Klasse gegenüber, der die jüdischen Intellektuellen nach sozio-ökonomischen Kriterien zwar objektiv angehörten, von deren gesellschaftlichem Leben sie aber ausgeschlossen blieben. Der Anschluß an die Arbeiterbewegung war meist ein Schritt weiter auf dem Weg zur Emanzipation, auf dem sich nach der Ablegung des Glaubens die Assimilation an das Bürgertum als Sackgasse herausgestellt hatte. Diesem Umstand, dieser strukturellen

Konvergenz zwischen der Arbeiterbewegung und einer ethnisch als Außenseiter definierten Fraktion des intellektuellen Bürgertums ist es zu verdanken, daß auch der Austromarxismus eine der letzten innovativen marxistischen Reflexionen ist, die im Schoße der Arbeiterbewegung erarbeitet wurden. Danach kommt es, wie Perry Anderson nachgewiesen hat, zu einem immer stärker werdenden Bruch zwischen politischer Bewegung und Theorieentwicklung[42]. Neben dieser für die Entwicklung der marxistischen Analyse fruchtbaren Situation war die Nahebeziehung zwischen der Sozialdemokratie und den innovativsten human- und sozialwissenschaftlichen Entwicklungen, wozu die Psychoanalyse gehört, Resultat dieser spezifischen sozialstrukturellen Situation Wiens und Österreichs um die Jahrhundertwende bis zum Beginn des Faschismus 1934. Die Experimentierfreudigkeit des »Roten Wien« findet so eine Erklärung.

Nachdem diese sozialstrukturellen Bedingungen durch den Faschismus endgültig zerstört worden waren, konnte es nicht mehr zu einer solchen Osmose kommen. In der Emigration und unter günstigen universitären Arbeitsbedingungen verkümmerten oft die bewußten Versuche, die verschiedensten Forschungsarbeiten politisch revolutionär wirksam werden zu lassen. Mangels eines ähnlich reichen Reservoirs an avantgardistischen Intellektuellen in ihren Reihen verlor die österreichische Sozialdemokratie nach 1945 jene Experimentierfreude und theoretische Brillanz, die sie vor dem Kriege international ausgezeichnet hatten.

ANMERKUNGEN

1 Zu Freuds Leben siehe: E. Jones, *Das Leben und Werk von Sigmund Freud,* 3 Bände, Hans Huber Verlag, Stuttgart-Bern 1962.
2 Zwischen 1856 und 1910 stieg die jüdische Bevölkerung Wiens von 19.600 auf 175.318 Personen.
3 Siehe z. B. einen Brief Freuds an Emil Fluß, 18. 9. 1872, der in der Korrespondenz nicht veröffentlicht wurde *Incidences de la psychanalyse,* in: *Nouvelle Revue de Psychanalyse,* Paris, 1, 1970.
4 D. Bakan geht so weit, die Psychoanalyse als Verweltlichung der jüdischen mystischen Tradition darzustellen, *Freud and the Jewish Mystical Tradition,* Nostrand Company, Princeton, NJ, zitiert nach der französischen Ausgabe: Payot, Paris 1977, S. 39
5 W. J. Mc.Grath, *Student radicalism in Vienna,* in: *Journal of Contemporary History,* 2, 1967.
6 Siehe I. Mosse, *Germans and Jews,* H. Fertig, New York 1970.
7 D. Bakan, a. a. O. S. 45
8 O. Mannoni, *Freud,* rororo, Reinbek 1971, S. 103

9 J. K. Friedjung, *Das Revolutionäre im Freudschen Werk,* in: *Der Kampf,* XIX, Wien Juni 1926, S. 261
10 M. W., *Sigmund Freud und der revolutionäre Sozialismus,* in: *Der Kampf, Internationale Revue,* III, 1936, S. 157
11 Siehe: M. Sperber, *Alfred Adler oder das Elend der Psychologie,* Molden, Wien 1970, S. 36.
12 Sie veröffentlichte ein Buch über die Frauenemanzipation, das stark von Adler beeinflußt ist: S. Lazarsfeld, *Wie die Frau den Mann erlebt,* Verlag für Sexualwissenschaft, Leipzig/Wien 1931.
13 Siehe E. Jones, a. a. O., 2. Bd., S. 159 ff.
14 D. Bakan, a. a. O., S. 45
15 J. Rattner, *Alfred Adler,* rororo, Reinbek 1972, S. 29
16 M. Sperber, *Alfred Adler . . .,* a. a. O., S. 50 ff.
17 Siehe M. Sperber, ibid.: S. 52; S. Freud, *Die Traumdeutung* (Leipzig-Wien, 1907), Studienausgabe, Fischer, Frankfurt 1972; A. Adler, *Der Sinn des Lebens* (Wien 1933), Fischer, Frankfurt, 1974, S. 174 ff.
18 R. Orgler, *Alfred Adler; Der Mann und sein Werk,* Urban Schwarzenberg, Wien 1956, S. 217 ff.
19 Siehe A. Adler, *Praxis und Theorie der Individualpsychologie, Vorträge zur Einführung in die Psychotherapie für Ärzte, Psychologen und Lehrer* (München 1920), Frankfurt 1974; *Menschenkenntnis* (Leipzig 1927), Frankfurt 1972.
20 J. Maitron, G. Haupt, Hg., *Dictionnaire biographique du mouvement ouvrier, I, Autriche,* Editions ouvrières, Paris, 1971, S. 17
21 R. Orgler, a. a. O., S. 219
22 A. Adler, *Über Vererbung von Krankheiten,* in: *Der Kampf,* I, 1908, S. 425–430
23 J. K. Friedjung, a. a. O. 1936, S. 260
24 Siehe Freuds Hinweise auf die Prophylaxe; in: *Vorlesungen zur Einführung in die Psychoanalyse,* Fischer, Frankfurt, S. 287.
25 A. Adler, *Das Problem der Homosexualität,* Fischer, Frankfurt 1977, S. 89
26 Zur Biographie Reichs siehe: I. Ollendorf-Reich, *Wilhelm Reich, A Personal Biography,* Penguin, London 1969; W. Burian, *Psychoanalyse und Marxismus, eine intellektuelle Biographie Wilhelm Reichs,* Makol, Frankfurt 1972; C. Sinelnikoff, *L'oeuvre de Wilhelm Reich,* I, II, Maspéro, Paris 1970.
27 W. Reich, *Die Funktion des Orgasmus,* Verlag für Sexualwissenschaft, Leipzig 1927
28 W. Reich, *Reich speaks about Freud,* Orgonon Inst. Press, 1967.
29 A. Neuer, *Die Individualpsychologie Alfred Adlers,* in: *Der Kampf,* 1926, S. 226 ff.
30 O. Jenssen, *Sozialpsychologische Marxkritik oder marxistische Sozialpsychologie,* ibid., S. 216 ff; und P. Lazarsfeld, *Die Psychologie in Hendrik de Mans Marxkritik,* ibid. S. 270 ff.
31 S. Bernfeld, *Sozialismus und Psychoanalyse,* ibid. S. 385 ff.
32 W. Reich, *Dialektischer Materialismus und Psychoanalyse,* in: *Unter dem Banner des Marxismus,* III, 1929
33 Siehe dazu eine Notiz in: *Der Vertrauensmann,* 6 Jg., Wien 1930, S. 16.
34 Für genaue statistische Angaben, siehe: R. Knoll, *Die Emigration aus Österreich im 20. Jahrhundert. Kolloquium: Zweimal Österreich. Nach 1918 und nach 1945,* Rouen, 8.–12. November 1977.
35 Eine von Gerald Stourzh und Friedrich A. Hayek erstellte Liste von Österreichern auf amerikanischen Universitätsstellen kann als Indikator für den Umfang dieses Kulturexportes angeführt werden: Geisteswissenschaften 61 (18%), Sozialwissenschaften 103 (30%), Mathematik, Physik, Biologie 72 (21%), Medizin 90 (27%), Architektur, Technik 12 (4%).

36 H. Orgler, a. a. O., S. 232
37 M. Sperber, *Alfred Adler, Der Mensch und seine Lehre,* München 1926, S. 9
38 Siehe dazu das signifikante Interview mit P. Lazarsfeld, in: *Kölner Zeitschrift für Soziologie und Sozialpsychologie,* 4, 1976, S. 794–807.
39 Siehe die Schilderung von J. S. Bloch, *My Reminiscences. Vienna and Berlin,* R. Löwit, London 1923, S. 30 ff.
40 L. S. Feuer, *The social roots of Einsteins Theory of Relativity,* in: *Annales of science,* vol. 27, 3, 1971, S. 278 ff. und 4, S. 313 ff.
41 M. Sperber, *Alfred Adler oder das Elend der Psychologie,* Molden, Wien 1970, S. 67/68
42 P. Anderson, *Considerations on Western Marxism,* New Left Book, London 1976

Helge Zoitl

Bildungsarbeit der deutschen Sozialdemokratie in Österreich vor dem Ersten Weltkrieg

Einleitung

Die Kampfbedingungen der österreichischen Arbeiterbewegung hatten sich in den Jahren nach Hainfeld entscheidend verändert, wobei diese Veränderungen Jahr für Jahr, sowohl in regionaler Differenzierung als auch in zeitlicher Phasenverschiebung (Ungleichzeitigkeit durch unterschiedliche Struktur), an den wenn auch oftmals unvollständigen Berichten der Parteivertretung an die Parteitage abzulesen waren[1]. Es war die Zeit des Heraustretens aus dem Vereinswesen, des Hineinwachsens in das Stadium der Massenorganisationen[2].

War die Parteiorganisation (und auch die ihr nahestehenden gewerkschaftlichen und Bildungsvereine) anfänglich immer wieder gezwungen, »sich gegen gesetzwidrige Einmischungen und Behinderungen von Seite der Behörde zu schützen[3]«, so gelang es ihr dennoch, schließlich in den verschiedensten Teilen der österreichischen Reichshälfte einen festen organisatorischen Bau zu errichten. In der Frühphase galt es, auf die verschiedenartigsten Repressalien flexibel zu reagieren, den durch die Rechtslage fixierten Rahmen voll auszuschöpfen, vor allem aber die Kampfmittel der Partei optimal einzusetzen. So war es notwendig, die durch das Vereinsgesetz garantierte Vereins- und Versammlungsfreiheit vor Einschränkungen und Übergriffen – wenn nicht anders möglich, durch §-2-Versammlungen – zu bewahren, ferner den Organisationsausbau voranzutreiben, in vielen Fällen Rechtsberatung, Rechtshilfe und bei Verurteilungen oftmals Unterstützung zu gewähren[4]. Neben den politisch-ökonomischen Kämpfen sah man in der Versammlungstätigkeit und in der Ausgestaltung von Partei- und Gewerkschaftspresse zu einem schlagkräftigen Instrument die wichtigsten Pfeiler sozialdemokratischer Agitation, die, wenn nicht in Gleichsetzung, so doch in engem Konnex zur »Bildungsarbeit« verstanden wurde[5].

Insofern war die Bildungsfrage, die gesamte Problematik der Organisierung und Ausrichtung des Bildungswesens, stets begleitender Bestandteil in der Diskussion von Organisationsfragen.

Hier soll ausschnittweise die Transformation der Bildungsarbeit als besondere Praxis der Arbeiterbewegung von den »weiteren« zu den »engeren« Bildungsbestrebungen kurz dargelegt werden[6], und zwar von der Sozialdemokratie als »Kulturbewegung« über den organisatorischen Formierungsprozeß in Partei und Gewerkschaften bis zum Ausbau eigenständiger Partei-Bildungsinstitutionen zwecks Kaderschulung.

Wichtige Teilbereiche bleiben dabei ausgeklammert, was zum einen darin begründet ist, daß die Vielfalt der sozialdemokratischen Organisationen eine auch nur skizzenhafte Erwähnung kaum möglich erscheinen läßt; zum andern, daß bereits eine Reihe von Monographien über Teilorganisationen der österreichischen Arbeiterbewegung vorliegt[7].

Die Sozialdemokratie als »Kulturbewegung«

In der Hainfelder Prinzipienerklärung wurde gleich eingangs unter anderem auch die Forderung nach der »Erhebung aus der geistigen Verkümmerung« gestellt[8]; aus »der vollkommensten Verthierung und Verblödung«, wie Victor Adler es ausdrückte[9].

> Das Proletariat zu organisieren, es mit dem Bewußtsein seiner Lage und seiner Aufgabe zu erfüllen, es geistig und physisch kampffähig zu machen und zu erhalten,

wurde als das »eigentliche Programm« verstanden[10].

In den einzelnen Punkten der Resolution »über die politischen Rechte« und »über Arbeiterschutz-Gesetzgebung und ›Sozialreform‹« wurden einige Voraussetzungen dieses Emanzipationsprozesses präzisiert[11]. Das Parteistatut vom Jahre 1892 ist dazu als erste Ergänzung – der noch weitere folgen sollten – hinsichtlich der anzuwendenden Mittel anzusehen[12].

Die »kulturpolitischen« Zielsetzungen, und hier besonders das vielzitierte »Recht auf Bildung«, des Hainfelder Programms bedurften eines Instruments: der Bildungsarbeit. Denn einerseits wurde bereits in der Debatte um die »Resolution über die Volksschule« klar erkannt, daß die Schule »vom Klasseninteresse beherrscht (war)[13]«, andererseits war man nicht bereit, auf das »Recht auf Bildung« zu verzichten, da dieses Recht als allein schon darin begründet angesehen wurde, daß die heutige Bildung, die heutige Summe von Wissen ebenso ein Produkt der Arbeit der gesamten Menschheit (sei), und diese Bildung dem ganzen Volk ebensogut wie seine übrigen Produkte gehör(e)[14].

Aus der Frühzeit der internationalen Arbeiterbewegung stammten auch – dem Kern nach – die wichtigsten kultur- und bildungspolitischen Zielvorstellungen der Sozialdemokratie in Österreich. 1866 war bereits in Genf anläßlich des Kongresses der Internationalen Arbeiter-Association in Weiterführung Marxscher Erziehungskonzeptionen[15], »die in genialer Vorausbestimmung das Ziel und die Wege der sozialistischen Erziehung in wenigen, aber richtigen und sicheren Strichen entwerfen[16]«, in einer Resolution als zentrales Erziehungsziel gesetzt worden:

> die Verbindung von bezahlter produktiver Arbeit, geistiger Bildung, körperlicher Übung und polytechnischer Abrichtung, (die) die Arbeiterklasse weit über das Niveau der Aristokratie und Bourgeoisie erheben (werde)[17].

Als Grundvoraussetzung für die »kulturelle« Emanzipation der Arbeiterklasse wurde der achtstündige Normalarbeitstag betrachtet, und folgerichtig wurde diese alte, ebenfalls auf dem Genfer Kongreß beschlossene Kulturforderung »der Arbeiterklasse der gesamten Welt[18]« in die Hainfelder Prinzipienerklärung aufgenommen[19]. Welche Bedeutung man insbesondere von gewerkschaftlicher Seite der Achtstundentag-Forderung beimaß, läßt sich auch an dem von Hueber seitens der Gewerkschaften gemachten Junktim erkennen, daß die Forderung nach dem allgemeinen, gleichen und geheimen Wahlrecht mit der nach dem Normalarbeitstag verquickt werden müsse[20]!

Später wurde auch verstärkt der Verbesserung der tristen Wohnverhältnisse der breiten Massen ähnliche Bedeutung zuerkannt wie dem Achtstundentag im Zusammenhang mit den Bildungsmöglichkeiten der Arbeiterfamilien[21].

Ständiger Ansatzpunkt sozialdemokratischer Kritik in Bildungsfragen war vorrangig die allgemeine Schulmisere in Österreich; die Schulfrage wurde zum festen Bestandteil der kulturpolitischen Auseinandersetzungen in den 25 Jahren bis zum Ausbruch des Ersten Weltkriegs[22]. Dies war insofern verständlich, als die staatlichen Erziehungsinstitutionen in Form der Volksschulen größtenteils nur Elementarkenntnisse, eine intellektuelle Mindestausstattung, vermittelten, genauer: vermitteln konnten. Denn allein in Wien gab es noch im Jahre 1911 458 Schulklassen mit je mehr als 60 Schülern und in Entsprechung dazu auch eine bedrückende Repetentenzahl von 160.483 für einen Zeitraum von nur fünf Jahren (1905–09)[23]. Ähnliche katastrophale Schulverhältnisse waren auch in Niederösterreich anzutreffen[24]. Noch schlimmer stand es um das Grundschulwesen, den Schulbesuch und den Analphabetismus in einigen Kronländern wie Galizien, Bukowina und Dalmatien[25].

Die Schule im Klassenstaat bot aus der Sicht der Sozialdemokratie nur das bescheidenste Maß an Bildung und konnte damit den Kulturvorstellungen der organisierten Arbeiterschaft nicht entsprechen. Insofern sah man in der Selbsthilfe auch eine unabdingbare Notwendigkeit: es wurden eigene, an Partei und Gewerkschaften gebundene Bildungsinstitutionen geschaffen. Zwar hatten diese Bildungsvereine schon lange vor dem Einigungsparteitag von Hainfeld bestanden und waren dabei – über ihre »Bildungs«-Funktion weit hinausgreifend – als Organisationskerne schlechthin Vorläufer der organisierten Arbeiterbewegung[26]. Dennoch zählte in der Verbindung bzw. Gleichsetzung von Bildung und Agitation die Vermittlung auch anderer als sozialdemokratischer Bildungsinhalte zu ihren wichtigsten Agenden. Denn oft waren sie – dabei weit über jene Forderung der »theoretischen Ausbildung der Parteigenossen[27]« hinausgehend – gezwungen, einfach erst einmal jene »intellektuelle Mindestausstattung« zu vermitteln, die eigentlich von Staats wegen geboten werden sollte. Diese Elementarbildung war, das kann nicht übersehen werden, als formale Schulung nur Vorbedingung für eine weitere politische Bildung und damit keineswegs ein konstitutives Spezifikum proletarischer Bildungsarbeit[28].

Die auf dem 2. österreichisch-ungarischen Schneidertag getroffene Feststellung, daß »trotz der allgemeinen Schulpflicht ein großer Prozentsatz (der Bevölkerung) in den nichtdeutschen Gebieten des Lesens und Schreibens völlig unkundig war[29]«, legte drastisch Zeugnis ab von jener oben erwähnten »geistigen Verkümmerung« breiter Volksschichten. In der Vermittlung von Elementarkenntnissen, den sogenannten »Kulturtechniken«, fungierten diese Bildungsvereine oft für viele ihrer Mitglieder als Schulersatz[30] – und dies auch noch im Jahre 1911:

> Angesichts der Versumpfung unserer Volksschulen bleibt es nach wie vor Aufgabe der Arbeiterbewegung, wenigstens einer kleinen Anzahl von Proletariern die primitiven Kenntnisse zu vermitteln, die ihnen der Klassenstaat versagt hat[31].

So nahm auch die deutsche Sozialdemokratie in Österreich für sich jene Worte Wilhelm Liebknechts in Anspruch, der gesagt hatte, »daß die Gründung der Arbeiterbildungsvereine eine größere historische Bedeutung hatte als die Schlacht bei Sedan[32]«, und stellte mit gleichem Stolz fest,

> daß sie für die Kulturentwicklung des deutschen Volkes in Böhmen mehr geleistet haben als diejenigen, welche die deutsche Nationalität beständig im Munde führten[33].

Dies galt damals keineswegs nur für die deutschsprachige Sozialdemokratie in der österreichischen Reichshälfte. Ganz in diesem Sinne charakterisierte Engelbert Pernerstorfer die österreichische Sozialdemokratie auf deren Parteitag 1894, an dem er als Gast teilnahm:

> Es ist wahr, Sie sind eine ökonomische Partei; aber es ist falsch, zu sagen, daß Sie *nur* eine ökonomische Partei sind. Sie sind ebensogut eine politische Partei, Sie sind eine Kulturpartei, oder besser gesagt, Sie sind *die* Kulturpartei. (...) Sie haben eine Kulturaufgabe in Österreich wie in keinem anderen Lande. (...) Was an geistigem Inhalte in unserer Zeit irgendwie wichtig, groß und edel ist – ich wüßte nicht, daß das irgendwo eine Stätte fände, als bei der organisierten Arbeiterschaft. (...) Alles, was den Kulturinhalt der Gegenwart und der Vergangenheit bildet, alles, was edel, groß und schön ist, hat sich bei Ihnen gesammelt, bei dem Häuflein der Elenden und Verachteten. Auf diesem Häuflein steht heute die Hoffnung Österreichs, unseres Vaterlandes[34].

Die Arbeiterklasse, verkörpert in der Sozialdemokratie, wird hier also zur Trägerin von Kultur schlechthin, zur einzig wahrhaft berechtigten Sachwalterin des kulturellen Erbes. Gleichzeitig »ist (hier) Kultur eine Kumulation«, die Summe der durch die Gesamtheit der Menschheit (oder eingeschränkt: der Nation) mittels produktiver Arbeit geschaffener Güter und Werte[35].

Nach dem politisch-ökonomisch-sozialen Kampf um Verbesserung der Existenzbedingungen jedes einzelnen Proletariers gewinnt ein weiterer Teilbereich stetig an Gewicht, bis hin zu eigenständiger Wertigkeit – der Kampf um Teilhabe an diesem national-kulturellen Erbe:

> Jede neue Gewerkschaftsortsgruppe, jede neue sozialdemokratische Organisation ist ein neuer Angriffspunkt der deutschen Kultur, von dem aus sie sich Hunderte von Menschen erobert, die bisher nur Deutsche hießen, die aber in Wahrheit nichts waren als Arbeitssklaven, lebendige Maschinen, ohne Selbstbewußtsein, ohne Manneswürde, ohne Anteil an der Kultur der deutschen Nation.

Und weiters kennzeichnete Otto Bauer die Funktion der Sozialdemokratie (als Summe ihrer zahlreichen Organisationen), »den Massen des arbeitenden Volkes den Zugang zu den Schätzen deutscher Kultur zu erschließen«, als Teil des Klassenkampfes:

> Nur im Klassenkampf gegen die Kapitalistenklasse können sich die deutschen Arbeiter ihren vollen Anteil an der Kultur der deutschen Nation erkämpfen! Der Klassenkampf der deutschen Arbeiterschaft, der große Kampf der Sozialdemokratie hat die Aufgabe, den deutschen Arbeitern erst Anteil an ihrer nationalen Kultur zu erstreiten, alle, die Deutsche heißen, zu einer großen nationalen Kulturgemeinschaft zu vereinen und dadurch die arbeitenden Männer und Frauen des deutschen Volkes erst wahrhaft zu *guten Deutschen* zu machen[36].

Daraus folgernd, erwuchs aus den sozialdemokratischen Organisationen ein Gegengewicht zu den traditionellen Erziehungs- und Sozialisationsinstitutionen der herrschenden Klassen, wie Kirche, Schule, Kaserne, die der Mehrheit des Volkes, den Arbeitern, ihren Kulturanteil vorenthielten. Und Engelbert Pernerstorfer meinte, für jeden einzelnen Proletarier gelte es, diesen Organisationen der Arbeiterbewegung beizutreten, »daß sich seiner der stolze Gedanke einer Gemeinsamkeit bemächtigt, die nicht bloß eine materielle ist[37]«. Besonders nach der Jahrhundertwende verstärkte sich die Betonung dieser nicht materiellen, sondern *geistigen,* d. h. Erziehungs- oder Bildungskomponente in der Agitation, deren formaler Ausdruck die organisatorische Ausgestaltung des Bildungswesens war.

Wenn Otto Bauers *Deutschtum und Sozialdemokratie,* als Streitschrift gegen die Demagogie der nationalistischen Parteien (vor allem in Böhmen) gewertet, vielleicht eine Überbetonung des nationalen Kulturerbes als zulässig erscheinen läßt, so erlangten diese Kulturfragen einen ganz anderen Stellenwert in der Auseinandersetzung um den Separatismus-Streit. War bei Bauer der Klassenkampf Voraussetzung zur (zumindest teilweisen) Teilhabe an nationaler Kultur, so wurden nun besonders von Hartmann und Leuthner Vorstellungen referiert, denen dieser Bezug schon gänzlich fehlte. Für Hartmann hatte »in bezug auf die deutschen Kulturforderungen die deutsche Sozialdemokratie genau dieselben Verpflichtungen wie die bürgerlichen Parteien«, allerdings mit der Einschränkung, daß sie diese Forderungen anders definierte. Der Kern seiner Forderungen gerann in der Befürwortung der Assimilation »auch in nationaler Beziehung«, um damit der angeblichen tschechischen Eroberungspolitik entgegenzutreten[38].

In Leuthners Beitrag, der besonders scharf gegen Renners und

Bauers Bemühungen um die Klärung des österreichischen Nationalitätenproblems polemisierte, war nur mehr von Deutschen schlechthin und Tschechen schlechthin die Rede[39]. Winarsky und auch andere Debattenredner warnten ausdrücklich vor dieser »bürgerlichen Denkweise«, die schon Gefahr laufe, in »Konkurrenz mit dem bürgerlichen Nationalismus« zu treten[40]. Schärfer verurteilte Julius Deutsch diese »starke nationalistische Strömung in der deutschen Partei, die allerdings glücklicherweise nicht die Herrschaft hat[41]«, und Beer meinte, »daß die nationalen Tendenzen, die sich kraftvoll durch Reden, aber noch kraftvoller durch Schweigen auf diesem Parteitage bemerkbar gemacht haben, nicht zu herrschenden in der Partei werden« dürften[42].

Wie sehr jedoch aufklärerisch-idealistische Elemente, teilweise von nationaler Prägung, in dieser evolutionistischen Kulturethik in einem Rückgriff auf »Ideale« der 48er-Revolution vorhanden waren[43], zeigt die Kritik an dem starken Engagement sozialdemokratischer Parteigänger in der *Freien Schule*, in der die Beeinflussung durch die »Gedankenwelt der radikalen kleinbürgerlichen Demokratie« besonders hervortrat:

> Unklare und bombastische Ausdrücke, wie Freiheit, Gleichheit, Brüderlichkeit, Gerechtigkeit, das Wahre, das Gute, das Schöne, die höchsten Güter der Menschheit usw. sind unseren Arbeitern nur zu geläufiger als das einfache und eindeutige Wort Kollektivismus[44].

Diese Vorstellungen treten besonders akzentuiert bei Pernerstorfer zutage, der von den »höchsten Fragen der Menschheit«, von »Herausarbeitung des höchsten und vollsten Menschentums« (durch »ästhetische Bildung«) spricht:

> Es kann nicht oft und ausdrücklich genug darauf hingewiesen werden, daß diese Bildung das Erste und Wichtigste für den Arbeiter ist. Denn sie macht ihn in gewissem Sinne schon, wenigstens für unsere Zeit, zu einem *ganzen* Menschen, das heißt zu einem, der ausgefüllt ist mit einem großen Lebenszweck, für den zu arbeiten in sein vielleicht nur allzu armes Leben Größe und Schwung bringt[45].

Auf Fichte zurückverweisend, sieht Max Adler in einer an die deutschsprachige Intelligenz gerichteten Werbeschrift aus dem Jahre 1910 im »Sozialismus (...) im Grunde gar keine *Arbeiter*bewegung als solche, sondern eine *Kultur*bewegung«. Die einseitige Überbewertung des »Kulturcharakters«, des »Kultursinns von ergreifender Tiefe des Empfindens und berauschender Weite des Ausblicks« kulminiert schließlich in folgendem Vergleich des Sozialismus mit einer

(...) kulturelle(n) Bewegung (...), wie es etwa auch das Christentum war; um eine Bewegung, die also *nur sekundär politisch ist, aber außerdem noch vieles andere mehr,* ein Neuaufbau des Volkes durch gewerkschaftliche, genossenschaftliche, bildungsvermittelnde und, bloß als Mittel für dies alles, politische Organisation[46].

In diesem für die Arbeiterbewegung adaptierten liberalistisch-humanistisch geprägten Kulturideal erscheint der Sozialismus schon mehr als »Werk der Erziehung« denn als Resultat und Errungenschaft des Klassenkampfes[47].

Umwandlung alter Bildungsvereine[48]

Die mehrfach vorgenommenen Abänderungen des Organisationsstatuts der deutschen Sozialdemokratie in Österreich spiegeln geradezu auch die Veränderungen in den Kampfbedingungen wider, ebenso aber auch die Fähigkeit, rasch Antwort auf eine geänderte politische Situation in Fragen der Organisation, Agitation oder Taktik im allgemeinen zu finden[49]. Die Organisationsfrage als »Anpassungs«-Vorgang wurde von Victor Adler auf dem Parteitag 1897 in Wien als österreichisches Spezifikum charakterisiert[50].

Mit diesen Abänderungen und einer damit verbundenen Verlagerung der Gewichtung im Organisationsleben kam es auch zu einer Überprüfung der Einstellung und Bewertung der Bildungsfrage, der Bildungsarbeit, des Stellenwerts der Bildungsvereine.

1891 war nach Auffassung Victor Adlers die Sozialdemokratie ursprünglich und vorerst als »Sprachrohr« und »Wortführerin der proletarischen Bewegung« definiert, beileibe noch nicht als die proletarische Bewegung an sich, die »etwas viel Breiteres, viel Größeres, etwas viel Mächtigeres als die Socialdemokratie« darstelle. Die daraus gefolgerte Zielsetzung war, »alle Ströme, alle Bewegungen in der proletarischen Bewegung« in der Sozialdemokratie zu vereinigen und ihnen politischen Ausdruck und Spitze zu verleihen[51]. Dem Parteitag wurde dabei auch eine – eingestandenermaßen unvollständige[52] – Erfolgsbilanz präsentiert, die den Zuwachs seit 1887/88 bei den Bildungs- und Fachvereinen als Verdoppelung, bei deren Mitgliederzahlen gar als Verdreifachung auswies[53].

Man war sich durchaus der Beschränkung der Möglichkeiten hinsichtlich politischer Agitation in diesen beiden Organisationsformen durch das eng begrenzte und noch sehr restriktiv gehandhabte Vereinsgesetz bewußt:

Wir hüten uns sehr, in die Fach- oder Bildungsvereine irgendwie Politik hineinzutragen. Aber in solchen nichtpolitischen Vereinen lernt der Arbeiter die Augen aufmachen, und dann sieht er allerdings politische Dinge. (»Sehr richtig!«) Das ist der Zusammenhang der Fachvereinsbewegung mit der Sozialdemokratie (»Bravo!«)[54].

So waren diese – um dem rigiden Vereinsgesetz zu entsprechen – nichtpolitischen Arbeiter-Bildungsvereine, noch ehe politische Vereine oder Gewerkschaften bestanden, Vorläufer und in der Folgezeit die ersten Träger und Säulen der sozialdemokratischen Organisierung. Geringe Mitgliederzahlen ließen sie zuerst bloß als »große Familien« erscheinen[55], dennoch kam ihnen die Funktion von Keimzellen im Aufbau der Arbeiterbewegung zu. Demgegenüber wurde jedoch bereits auf dem Folgeparteitag von Hainfeld im Jahre 1891 die Organisationsform »Bildungsverein« in Frage gestellt. Es wurde die Ansicht vertreten, daß das Eindringen der Sozialdemokratie »in die indifferente Masse, in das geknechtete Volk« nur mit dem Hebel der gewerkschaftlichen Organisierung erfolgen könne[56], weshalb bei allfälligen Neugründungen der gewerkschaftlichen Organisation Vorrang eingeräumt werden müsse.

Diese Streitfrage, welcher Organisationsform in Hinkunft der Vorzug gegeben werden sollte, beschäftigte die Delegierten der folgenden Parteitage weiterhin, auch dann, wenn festgestellt wurde, daß

die Streitfrage zwischen gewerkschaftlicher und politischer Bewegung, welche in anderen Ländern die Diskussion in der Arbeiterschaft vielfach beschäftigt, in Österreich nicht existiert, (daß) sozialdemokratische und gewerkschaftliche Bewegung nur zwei Seiten einer und derselben Sache sind[57].

Gerade durch die Klärung des Verhältnisses zwischen politischer Organisation und gewerkschaftlicher Bewegung – in der Betonung dieser »zwei Seiten« im Sinne einer Arbeitsteilung[58] – wurde der Bedeutungsrückgang und damit auch der Funktionswandel der alten Bildungsvereine deutlich gemacht. Vor allem die gewerkschaftliche Organisation mit ihrem raschen Anwachsen[59], aber auch die politische Organisation rücken später an die Stelle der Bildungsvereine und verkörpern somit den Ausbau und Aufbau der Sozialdemokratie.

Die auf dem Wiener Parteitag 1892 beschlossenen Leitlinien zur Parteiorganisation, insbesondere das System der Vertrauensmänner, begann auf Orts-, Bezirks- und Landesebene bereits bald Früchte zu tragen, wie aus den späteren Landesorganisationsberichten hervorgeht.

Die Breite und die – bei einigen Bezirksorganisationen – bis ins Detail gehende Berichterstattung der deutschen Sozialdemokratie in Böhmen an den vierten Parteitag (1894) zeugen bereits von einem relativ hohen Organisationsstand. In dem für die damaligen Verhältnisse in Österreich hochindustrialisierten und dichtbesiedelten Gebiet war bereits ein Organisationsnetz von beachtlicher Dichte geknüpft worden, das seinesgleichen bestenfalls in der Landesorganisation Niederösterreich fand. Die Ausführlichkeit in der Darstellung der Entwicklung der böhmischen Organisationen legt die Folgerung nahe, daß das böhmische Beispiel als nachahmenswert empfohlen wurde und zugleich als Orientierungshilfe für den Organisationsausbau anderer Landes-, später Kreis- oder Lokalorganisationen gedacht war[60]. (Überdies war es eine erste Demonstration der Stärke.) Vor allem das bereits erwähnte Hauptbestreben der Sozialdemokratie in Österreich, eine Auseinanderentwicklung von Partei und Gewerkschaft hintanzuhalten, bewirkte, daß zu diesem Zeitpunkt (März 1894) die Bildungsvereine einen wichtigen Bestandteil in diesem Netz bildeten, besonders in ihrer Vorläufer- und Vermittlerrolle zwischen politischem Verein und Gewerkschaften bzw. Fachvereinen.

Weiters kann allgemein gesagt werden, daß die Gründung von Bildungsvereinen zumeist Signal erster sozialdemokratischer Organisierung waren, vor allem in jenen Gebieten, die noch kaum von einer organisierten Arbeiterbewegung erfaßt waren. Dies galt insbesondere für Galizien und die Bukowina[61]. Allerdings bestand ein oft sehr enges Nahverhältnis zur gewerkschaftlichen Organisationsform, zum Teil gab es Überschneidungen[62], so daß eine genaue Scheidung in die drei oben erwähnten Haupttypen, die den Aufbau und die Entwicklung der Arbeiterbewegung in Österreich kennzeichneten und bestimmten, müßig wird. Dem politischen (Wahl-)Verein, der gewerkschaftlichen Organisation und den Bildungsvereinen wurde im Sinne jener zitierten Flexibilität je nach Maßgabe der Verhältnisse jeweils der Vorrang gegeben.

Nach der zweiten Abänderung der Beschlüsse zur Parteiorganisation nahm die Einführung von Kreis- anstelle der Landesorganisationen vor allem auf die schon relativ günstigen Verhältnisse in einigen Teilen Böhmens, Mährens, Niederösterreichs und der Steiermark Rücksicht[63], war aber für die Organisationsansätze in den rückständigen Gebieten der österreichischen Reichshälfte kaum mehr als ein Fernziel. Die spätere Anpassung der Parteiorganisation an die Badenische Wahlkreiseinteilung entsprach hier schon eher[64].

Die Funktion der Bildungsvereine als Vermittler-, Vorläufer- oder Vorfeldorganisationen für politische wie für Gewerkschafts- und

Fachvereine findet unter anderem darin ihre Bestätigung, daß man bestrebt war, eine Umwandlung der früheren Bildungsvereine einzuleiten sowie bei Neugründungen Fachvereine oder Ortsgruppen der einzelnen Distriktsverbände zu bilden. Dies ging jedoch nicht ohne eine lange Debatte über die Zweckmäßigkeit der genannten Organisationstypen vor sich, denn vor allem von gewerkschaftlicher Seite wurde eine verstärkte Förderung der gewerkschaftlichen Organisierung verlangt und besonders in diesem Zusammenhang auf verpflichtender Zugehörigkeit jedes einzelnen Sozialdemokraten zu seiner Berufs- oder Branchenorganisation insistiert[65]. Gleichzeitig gelangten besonders die Bildungsvereine ins Schußfeld gewerkschaftlicher Kritik.

Zum einen verstand man sich in der Gewerkschaft vor allem als wirtschaftliche »Kampforganisation[66]«, gleichzeitig aber auch als »Geistes- und Charakterschule[67]«, ohne dabei mit diesen Zielsetzungen zur Partei in ein Konkurrenzverhältnis treten zu wollen, in der Weise,

> daß (etwa) durch die gewerkschaftliche Bewegung die eigentliche politische Bewegung in irgendeiner Weise verwässert werden soll. Das würde von großem Schaden sein, und alle, welche glauben, daß wir unsere schöne politische Bewegung in das enge Bett des Gewerkschaftswesens hineinzwängen wollen, täuschen sich gründlich. (Beifall)[68].

Die Gewerkschaften sollten dabei in den noch weitverbreiteten Indifferentismus der unorganisierten Arbeiter einbrechen und als »wichtige praktische Schulen« diese Leute »zum Denken« bringen[69]. Die allgemeinen Ziele der Gewerkschaften wurden in einer Resolution zum Parteitag 1891 bereits prägnant zusammengefaßt[70]. Vor allem die Forderung nach Zentralisation im Sinn des Aufbaus von Reichsorganisationen der einzelnen Branchen stand von nun an im Mittelpunkt[71], jedoch bei gleichzeitiger Verbreiterung, die vorrangig auf Kosten der alten Bildungsvereine erfolgen sollte[72]. Gerade aus jener Region, in der die politische Organisation, ja die Arbeiterbewegung schlechthin seit Jahrzehnten in Bildungsvereinen verankert war[73], kam auf dem Parteitag 1896 abermals der Vorschlag, die »überlebte(n) Bildungsvereine« durch »große Gewerkschaften« abzulösen[74]. Zwar empfahl Reumann, eine spezielle Beschlußfassung in dieser Frage, wie sie Roscher forderte, abzulehnen. Dennoch war den alten Bildungsvereinen nur mehr ein kurzes Leben beschieden. Auf dem Aussiger Parteitag 1902 klagte noch einmal ein Delegierter über das Verschwinden der Bildungsvereine[75] und handelte sich damit eine massive Abfuhr vom Vertreter der Gewerkschaftskommission, Hueber, ein. Hueber stellte entschieden in Abrede, daß gerade in einer so hochindustrialisierten

Region wie Reichenberg eine straffe gewerkschaftliche Organisation nicht möglich sein sollte. Das Festhalten an den alten Bildungsvereinen, an »veralteten Formen der Organisation«, bezeichnete er als »alten chinesischen Zopf«, den man nicht abzuschneiden gedenke, sondern er solle vielmehr für einige wenige bleibendes Andenken sein[76].

Grundsätzlich war zu diesem Zeitpunkt jedoch für die organisierte Arbeiterschaft in den Industrieregionen die Frage der Organisationsform im wesentlichen schon längst entschieden. Im Bericht an den Parteitag 1904 wurde der Abschluß dieses Umwandlungsprozesses auch für den VIII. böhmischen Wahlkreis (Reichenberg) konstatiert[77].

Zentralisierung und Ausbau des Bildungswesens

1896 bezeichnete Victor Adler die österreichische Sozialdemokratie als »Partei ganz eigentümlicher Art«, die nicht allein durch ihr »Vorhandensein«, sondern auch bereits damals durch ihre Mitgliederzahl Wirksamkeit erlangte[78]. Ergänzend dazu erklärte er im nächsten Jahr, es gelte, eine dieser Mitgliederzahl entsprechende parlamentarische Repräsentanz zu erkämpfen[79]. Die deutsche Sozialdemokratie und die mit ihr verbundenen Gewerkschaften waren in nur wenigen Jahren durch den Massenzustrom zu einem gewichtigen politischen Faktor, zu Massenorganisationen geworden.

Damit blieb die Organisationsfrage weiterhin ein fester Bestandteil der Diskussionen auf den Parteitagen, um so mehr, als der Zuwachs – insbesondere nach dem imposanten Wahlerfolg von 1907, als 87 sozialdemokratische Abgeordnete ins Parlament einzogen[80] – »eine geschlossene politische Organisation (...) anstelle der nebulosen, nicht recht greifbaren und nicht recht zusammenfaßbaren« verlangte. Diese neue politische Organisation sollte endlich der gewerkschaftlichen »vollständig ebenbürtig« werden, wie Skaret auf dem Parteitag 1909 ausführte[81].

Insofern mußte auch die Frage der Organisierung des Bildungswesens der Partei vorerst in den Hintergrund treten, obwohl gleichzeitig beteuert wurde, daß auf dem nächsten Parteitag dem Bildungswesen ein eigener Tagesordnungspunkt eingeräumt werden sollte[82].

Wenn 1897 »der Kampf gegen die wieder hereinbrechende Verdummung und Verpfaffung (... als) eine der ersten, wichtigsten Tätigkeiten der Partei« angesehen wurde[83], so wurde es nun nach den Wahlen 1907 erst recht als Hauptaufgabe erkannt, die neuen Mitglieder in die Partei einzubinden und jene Wähler zu gewinnen, die vorerst noch außerhalb der Organisation standen. Diese Aufgabe wurde gleichzeitig zur »Bildungsfrage« erklärt[84]. Verstärkte Agitation und Schulung, die diesem Anspruch gemäß nur Massenschulung sein konnte, sollten hierzu als Mittel dienen.

Dies erforderte eine Koordinierung der Bildungsbestrebungen zumindest in Hinsicht auf Lehrangebot und Unterrichtsgestaltung. Welche Schwierigkeiten sich einer neuerlichen Zentralisierung anfänglich entgegenstellten, ist allein schon der Kritik Skarets zu entnehmen, daß für die Berichtsperiode 1905–07 nicht einmal die genaue Zahl der Parteimitglieder festzustellen gewesen war[85].

Nicht zuletzt spielte dabei die »Ausbildung der industriellen Regionalstruktur« und damit auch einer unterschiedlichen Sozialstruktur in Österreich eine nicht unmaßgebliche Rolle[86]. Die organisatorische Erfassung von Gewerkschaftsmitgliedern oder potentiellen Wählern der Sozialdemokratie in den zahlreichen Kleinstädten oder gar in den »Arbeiterdörfern[87]« des dicht besiedelten nordböhmischen und nordmährischen Industriegebiets mit seinem »relativ hohen gewerblichen Beschäftigungsstand« an der Gesamtbevölkerung (z. B. die Bezirke Schluckenau mit 47,9 Prozent und Rumburg mit 43,6 Prozent[88]) unterschied sich wesentlich von jener in Ballungsräumen der Großindustrie und der wenigen Großstädte – ein Problem, das sich auch in der Diskussion der »Bildungsfrage« manifestierte[89].

Anläßlich der Herausgabe des *Kampf* bestätigte Victor Adler »eine vielfach recht primitive Organisation (der) Partei«, die vor allem ohne »geordnete, irgendwie systematische Weiterbildung« habe auskommen müssen, da »die Gründlichkeit (der) Schulung (mit dem raschen Ausbau der Arbeitsfelder Partei, Gewerkschaften und Genossenschaften) nicht Schritt halten konnte«. »Im Feldlager« habe man dafür keine Zeit erübrigen können[90].

Der Verbreitung der nun schon zahlreichen Organisationen der österreichischen Arbeiterbewegung sollte nun endlich auch jene Vertiefung folgen, der man – eingestandenermaßen – jahrelang nicht hatte nachkommen können. Anläßlich des vierjährigen Bestandes des Arbeiterbildungsvereines Wien wurde als immer »dringender«, als Gebot der Stunde, die »Zentralisierung der Bildungsgelegenheitsstellen« empfunden[91], oder, wie Stefan Großmann es formulierte: »Wir müssen unser Kunst- und Unterrichtsministerium erst schaffen, das dann auch die Zentrale für unser Fest- und Vortragswesen sein könnte[92].«

Eine erste zentrale Organisation der Bildungsvereine für Wien und Niederösterreich war bereits 1891 gegründet worden, jedoch ging dieser *Unterrichtsverband der Arbeitervereine Niederösterreichs*, der neben dem Unterricht in den Elementarien und Vorträgen zu »einer Gewöhnung der Mitglieder an regelmäßiges Zusammenkommen« führen sollte[93], wieder ein. Ein zweiter, bereits effektvollerer Schritt in Richtung Zentralisierung war die Gründung des wissenschaftlichen Vereines *Zukunft* im Jahre 1903 – »unter Zustimmung und Förderung der Parteivertretung und der Gewerkschaftskommission« –, dessen Hauptzweck Vortragsvermittlung war, und der schon 1904 mit der Organisierung der *Wiener Arbeiterschule* auf das bisher kaum betretene Gebiet der systematischen Kaderschulung vorstieß[94].

Den vorläufigen Abschluß im Ausbau, bei gleichzeitiger Zentralisierung des Wiener Bildungswesens, bildete unter Beteiligung von Reichs- und niederösterreichischer Landesparteivertretung und Gewerkschaftskommission die Schaffung des *Unterrichtsausschusses der Wiener Arbeiterorganisationen,* der Ende Oktober 1908 auch die Agenden des Vereins *Zukunft* übernahm[95].

Bis zur Berichtsperiode 1907–09 hatten neben den wenigen noch verbliebenen (alten) Bildungsvereinen und den Wiener Partei-Bildungsinstitutionen vor allem die Partei- und Gewerkschaftspresse[96], besonders aber auch die beachtenswerte Verlagstätigkeit der *Wiener Volksbuchhandlung* ein Gutteil der Bildungsarbeit getragen[97]. Dennoch erachtete man die »Ausgestaltung (des) kostbarsten politischen Werkzeugs, (der) Presse«, für notwendig[98]. Die Partei sollte ihrem eben gewonnenen politischen Gewicht gemäß auch auf der Ebene theoretischer Auseinandersetzungen präsent sein. Dies sowie die tatkräftige Förderung der Zentralisierungs- und der allgemeinen Bildungsbestrebungen war auch und vor allem mit der Gründung des theoretischen Organs *Der Kampf* bezweckt:

> Diese Einheitlichkeit der Bewegung soll ihr Ausdrucksmittel finden in einer Zeitschrift, die alle geistigen Kräfte, welche auf diesen drei Arbeitsfeldern schaffen, zum Austausch der Erfahrungen und zu gemeinsamer Fortbildung zusammenführt. Das Arbeiterbildungswesen, das Bibliothekswesen der Arbeitervereine, das Kunststreben des Proletariats, alle seine Kulturbestrebungen sollen in diesem Organ kritisch und anregend behandelt werden. Ein *Spiegelbild* also des wirtschaftlichen und politischen Strebens des österreichischen Proletariats im ganzen sowie des geistigen Lebens der deutschösterreichischen Arbeiterschaft im besonderen soll der *Kampf* werden[99].

Der *Kampf* war Signal und Ausdruck zugleich für die gesteigerte Aufmerksamkeit, die nun der Bildungsarbeit auf Landesparteitagen und Gewerkschaftskonferenzen zugewandt wurde, »denn für den Sieg der Arbeiterklasse ist die sozialistische Erziehung ebenso unentbehrlich wie die Organisation selbst[100]«.

In der Begrüßungsansprache auf dem Reichenberger Parteitag 1909 betonte Victor Adler, daß trotz der Vielfalt an »Detailarbeit«, trotz der parlamentarischen Inanspruchnahme »die *geistige Arbeit* und das *geistige Leben* in der Partei eine so große ist, wie auch nicht annähernd in irgendeiner bürgerlichen Partei«. Und dies nicht zuletzt aufgrund des im österreichischen Proletariat »in so hohem Grade und mit solcher Klarheit« verankerten Bewußtseins seiner Aufgabe[101]. Diese »geistige Wiedergeburt der Partei«, wie Adler später einmal diese »neue« Bildungsarbeit apostrophierte[102], war das Resultat einer weiteren organisatorischen Konzentration, indem der *Unterrichtsausschuß* in Wien zur *Zentralstelle für das Bildungswesen* unter der Leitung von Robert Danneberg, der damals noch Student war, ausgestaltet wurde[103].

Von dieser neugeschaffenen Zentrale wurde auch bald ein eigenständiges Organ herausgegeben, das sich ausschließlich Bildungsfragen widmen sollte, mit den Schwerpunkten: Leitartikel über Bildungsfragen, über aktuelle Fragen, Dispositionen für Zyklen, Kurse, Redeunterricht, Vorlesungen und Diskussionen, Bibliothekswesen, Kunsterziehung. Unter dem Motto: »Unsere ganze Arbeit ist Lehrarbeit, Erziehungsarbeit, Bildungsarbeit«, wurde die neue Zeitschrift *Bildungsarbeit. Blätter für das Bildungswesen der deutschen Sozialdemokratie in Österreich* diesem Anspruch durchaus gerecht[104].

Zum Teil ging diese Neuorganisierung des Parteibildungswesens auf jene wichtige und zukunftsweisende Initiative zurück, die, auf dem Parteitag 1909 von Cermak (Teplitz) in der Befürwortung des Antrages seiner Bezirksorganisation gesetzt, zwei Vorschläge beinhaltete: die Einführung von Wanderkursen und die Schaffung einer auch für die Genossen in der Provinz zugänglichen Arbeiterschule, wobei letztere vor allem Kaderschulung zu leisten hätte, »weil die Ausbildung und die Schulung der Vertrauensmänner das wichtigste Kapitel unserer Parteitätigkeit sind[105]«. (Die Forderung nach Ausdehnung der Kompetenz der Wiener Bildungszentrale zu einem Reichsbildungsausschuß, der nach dem Grazer Antrag 1913 ein verbindliches Jahresprogramm ausarbeiten sollte, wurde aufgrund der unterschiedlichen Struktur der Kronländer von Danneberg nicht unterstützt[106].)

Den Teplitzer Antrag, vor allem bezüglich der Parteischule, bezeichnete Danneberg allerdings als mögliche »Krönung der ganzen Sache«. Er beklagte den Mangel an »sozialistische(r) Erkenntnis in den Massen der Arbeiterschaft und zum guten Teil selbst in den Reihen der Vertrauensmänner«. Als zentrales Problem wurde jedoch das der

Finanzierung im Falle einer Ausgestaltung nach dem Teplitzer Vorschlag angeschnitten, wobei generell die Einrichtungen der reichsdeutschen Sozialdemokratie zum Vorbild und Maßstab genommen wurden, allerdings mit der gewichtigen Einschränkung, daß der Budgetrahmen für Bildungszwecke der SPD mit ca. 55.000 Mark die Gesamteinnahmen der österreichischen Partei sogar noch überstieg[107].

Ein weiteres Problem, das bereits Otto Bauer in der Debatte angesprochen hatte, nämlich, daß die Partei in der außerparlamentarischen Wirksamkeit nachlasse, besonders in der politischen Massenaktion und dem relativ geringen Verbreitungsgrad der Parteipresse[108], wurde auch von Karl Renner bestätigt, der vor allem sagte, »daß unsere Presse leider nur die Oberschicht der Arbeiterschaft erreicht«. Als Ursache wurde die offenkundige Schwäche der Partei – mit ihrem »komplizierte(n) Apparat« –, die mangelnde Massenschulung, implicite angesprochen: man dürfe in der Parteipresse den Neuzugängen nicht nur »ein ganz fertiges traditionelles Gedankensystem« bieten, sondern müsse vielmehr wieder die »Grundfragen«, das »A-B-C des Sozialismus« behandeln[109]. Angesichts der positiven Ergebnisse in Wien wollte Victor Adler diesen Pessimismus keineswegs teilen, sondern rief zu verstärkter Anstrengung auf, weil

> dieses Bildungswesen für den Kern, für die Entwicklung der Partei und für die Quellen der Partei in alle Zukunft hinein so wichtig ist, daß wir die größten Opfer bringen werden[110].

Und tatsächlich wurde der Parteitag 1909 in Reichenberg zu einem Wendepunkt, auf dem – und hier bereits auch die Nachkriegszeit miteinschließend – für die sozialdemokratische Bildungsarbeit entscheidend die Weichen gestellt wurden[111].

Dannebergs Feststellung: »Bildungs- und Erziehungsarbeit ist ja alles, was die Partei leistet, das ist schon eine Folge des Parteiprogramms[112]«, war Programm, und aus diesem Anspruch heraus resultierte auch die Forderung nach eigenen Institutionen, die letztlich auf eine Aufwertung der Bildungsarbeit bis hin zur Gleichwertigkeit mit den anderen Großorganisationen der Arbeiterbewegung in Österreich hinauslief und schließlich auf dem Wiener Parteitag 1912 auch ihre Fixierung im neuen Organisationsstatut fand[113].

Der Zweck der verstärkten Bildungsarbeit, wie sie im Antrag Dannebergs zum Parteitag 1911 gefordert und angenommen wurde, sollte vor allem im Auffangen der gewichtigen Bestrebungen der politischen Gegner liegen[114]. Wie berechtigt die Forderungen waren, der gegnerischen Einflußnahme auf die Arbeiter entschiedener entgegenzutreten, wurde auf dem nächsten Parteitag aus Dannebergs Bericht über die Aktivitäten der nationalen Schutzvereine deutlich:

> Nach dem Ausweis für 1911 zählen die sechs größten dieser Vereine, der Bund der Deutschen in Böhmen, der Böhmerwaldbund, der Bund der Deutschen Nordmährens, der Bund der Deutschen Südmährens, die *Nordmark* und die *Südmark,* zusammen nicht weniger als 3492 Gruppen mit 312.817 Mitgliedern.

Im Vergleich dazu hatte die deutsche Parteiorganisation 1369 Lokalorganisationen mit 145.524 Mitgliedern, so daß ihnen allein in diesen sechs völkischen Vereinen ein durchaus schlagkräftiges Potential von doppelter Mitgliederstärke und Organisationsdichte gegenüberstand. (1911 unterhielt z. B. die *Südmark* 270 Bibliotheken mit 169.000 Bänden für einen Leserkreis von fast 28.000; außerdem waren drei Wanderlehrer angestellt, die zusammen in einem Jahr mehr als 400 Vorträge hielten[115]).

Nicht vergessen werden sollte aber jene Vielzahl von antisozialdemokratischen Blättern, zum Teil in der Aufmachung einer »Regenbogenpresse«, deren erklärtes Angriffsobjekt – verstärkt seit der Einführung des allgemeinen Wahlrechts und dem sozialdemokratischen Wahlerfolg – die Arbeiterbewegung war.

In der Parteipresse, deren Bedeutung man nicht erst seit dieser qualitativ neuen antisozialdemokratischen Agitation erkannt hatte[116], sah man ebenfalls ein wichtiges Instrument, diese zentralisierte Lügen- und Hetzpropaganda, vor allem in der chauvinistischen »Schriftleiter«-Presse, zurückzuweisen[117].

Daß dies in nur unzureichendem Ausmaß gelang, war der Grundtenor in der Berichterstattung zum Kapitel Parteipresse an die Parteitage. Die noch unter dem Eindruck des Wahlerfolges, »einer politischen Hochflut, wie sie in dieser Glückhaftigkeit einer Partei selten beschieden ist[118]«, von Emmerling gestellte Frage: »Was liest jetzt diese halbe Million deutscher Wähler, und wie bekommt sie Kenntnis von der Tätigkeit unserer Abgeordneten[119]?« war dem Kern nach bereits im vorangegangenen Pressereferat, in dem Austerlitz die zentralen Probleme der sozialdemokratischen Pressepolitik herausgearbeitet hatte, hinlänglich beantwortet worden.

Der viel zu geringe Verbreitungsgrad der sozialdemokratischen Presse lag demnach u. a. darin begründet, daß eine »beträchtliche Masse von Arbeitern (...) als die eigentlichen Träger« dieser »Schmutz- und Bildpresse« (in Wien: *Kronen-Zeitung* und *Neue Zeitung)* erkannt werden müßten[120]. Im allgemeinen erreiche die

Parteipresse nur eine »Oberschicht« der Arbeiterklasse; und noch betrüblicher sei die Feststellung, daß nicht einmal alle Vertrauensmänner zu ihren Lesern zu rechnen seien[121].

Dabei sollen die keineswegs unerheblichen Fortschritte im Ausbau des Pressesektors nicht übersehen werden. Innerhalb eines Zeitraumes von knapp zwanzig Jahren stieg die Auflage der *Arbeiter-Zeitung* von 12.000 (8000 in Wien, 4000 in der Provinz) bis an die 100.000er-Marke[122], von 1894 (mit einer ersten detaillierten Übersicht) war die Mindestauflage der politischen Blätter von 78.000 auf 117.750 (1903) und 335.400 (1913) gestiegen. 1913 betrug die Gesamtheit der Mindestauflagen aller politischen (mit sechs Tageszeitungen), gewerkschaftlichen, genossenschaftlichen und sonstigen Blätter und Zeitschriften 914.200[123]!

Von der Wunschvorstellung jedoch, daß jeder Bildungsfunktionär, jede Bibliothek die *Bildungsarbeit* und den *Kampf,* jeder sozialdemokratische Gemeindevertreter die *Gemeinde,* jeder Vertrauensmann und jede Lokalorganisation das Zentralorgan oder das regionale Parteiblatt abonniert hätte, war man noch weit entfernt. Das Mißverhältnis zwischen diesen Zahlenreihen wie »naturgemäßer Vertrauensmann[124]«, Bildungsfunktionär, Gemeindemandatar einerseits und den Reihen der Abonnementsziffern der genannten Organe war Gradmesser der nur begrenzten Einwirkungsmöglichkeiten (auf die Massen!) mittels der Presse[125]. Die Scherenbewegung wurde mit dem beständigen Anwachsen der Partei nur offenkundiger.

Unter diesen Vorzeichen war der Aushöhlung des Bewußtseins der Arbeitermassen, der »Abtötung« durch die gegnerische Presse nur schwer entgegenzusteuern. Gleichzeitig mit Hilfe der an Zahl und Mitgliedern wachsenden Nebenorganisationen und der Presse für jeden einzelnen Arbeiter eine Gegenöffentlichkeit zu errichten:

> Mit der Zeitung, in der Zeitung wollen wir mit ihm gemeinsam wandeln, bis er in der sozialdemokratischen Zeitung, in ihrer Form und in ihrem Gehalt die einzige ihm gemäße Auffassung des öffentlichen und des individuellen Lebens erkennt[126],

war ebenso mehr Wunsch denn Realität. Vom »Ideal der sozialistischen Agitation«, »aus jedem zufälligen Wähler« einen »bewußten Sozialdemokraten«, und noch weiterführend, »jeden Arbeiter zu einem Sozialdemokraten zu machen«, ganz zu schweigen[127]!

Kaderschulung und Masseneinfluß

»In den Anfängen«, so beschrieb Austerlitz die Funktion der Parteipresse »ist sie vorzüglich Erweckerin des proletarischen Bewußtseins, pflügt sie vorwiegend das Erdreich um, in das die Saat der proletarischen Überzeugung gesenkt wird[128].« Diese Charakterisierung war durchaus zutreffend, als die Parteipresse, vor allem das Zentralorgan, in jenen Jahren als Sprachrohr des proletarischen Emanzipationskampfes die wichtigsten politischen und sozialen Forderungen der Arbeiterbewegung in der Öffentlichkeit verkündete. Die *Arbeiter-Zeitung* war als Tagblatt noch keine zwei Jahre alt, als man bereits trotz einer nicht nur durch Verschleißschwierigkeiten eingeschränkten Resonanz mit Stolz vermerkte, »daß unser Blatt nicht nur von Arbeitern, sondern zum großen Teil auch von der Intelligenz, von Advokaten, Beamten, Lehrern und anderen mehr gelesen wird[129]«. Der Mitgliederzuwachs der Partei und der Gewerkschaften während der Wahlrechtsbewegung akzentuierte die Notwendigkeit einer beständigen Einflußnahme auf jene potentiell sozialdemokratischen Wählermassen[130], oder, wie Austerlitz 1909 lapidar feststellte: »Mit der Größe der Partei schwindet die Möglichkeit, zu unseren Genossen anders als durch die Presse zu sprechen[131].«

1906 hatte Otto Bauer noch den Wert der Parteipresse und ihrer Kolportage in bezug auf die Erziehungsarbeit relativiert, »weil die österreichischen Arbeiter dank unserer – von einigen großen Städten abgesehen – noch immer schlechten Volksschule viel weniger lesen als etwa die Arbeiter des Deutschen Reiches[132]«. Gleichzeitig plädierte er dabei für die Installierung »besonderer Organisationen für die Einführung in die sozialistische Gedankenwelt« und begründete dies mit den Besonderheiten der österreichischen Verhältnisse:

(...) wenn im Deutschen Reiche der harte tägliche Klassenkampf die Arbeitermassen zu sozialistischer Erkenntnis und sozialistischem Wollen erzieht, so müssen wir in Österreich den größten Teil unserer Kraft noch dazu verwenden, erst die Bedingungen für die kommenden Kämpfe des Proletariats zu schaffen. Darum kann in Österreich die sozialistische Erziehungsarbeit weniger als anderwärts dem politischen Kampfe selbst überlassen bleiben, darum bedürfen wir mehr als die Genossen höher entwickelter Länder bewußter erzieherischer Arbeit, um den Massen die großen Gedanken des wissenschaftlichen Sozialismus zu vermitteln[133].

In diesem klaren Votum für eine Kader- und Funktionärsschulung, die in solcher Formulierung als vom Klassenkampf vorerst abgehoben erscheint: »Der Zweck der Arbeiterschule ist, theoretisch geschulte

Agitatoren für die Partei und die Gewerkschaftsbewegung zu erziehen[134]«, war trotzdem zugleich die Orientierung am reichsdeutschen Vorbild (Arbeiterbildungsschule und Parteischule) gegeben.

So hatte die Berliner Arbeiterbildungsschule, nachdem ihr Unterrichtsprogramm von den Elementarien »gereinigt« worden war, den Unterricht auf Nationalökonomie, Geschichte, Literaturgeschichte, öffentliche Gesundheitspflege konzentriert, denn man wollte nicht länger als Schulersatz fungieren und »die schmutzige Wäsche der Bourgeoisie nachwasche(n)[135]«. Vor allem Heinrich Schulz – seit 1894 Leiter der Schule – war darauf bedacht, diesen anfänglichen »Fortbildungscharakter« abzubauen und sie vielmehr in eine »Klassenkampfschule« umzugestalten[136].

Dem folgend, widmete sich die Wiener Arbeiterschule ebenfalls vorrangig den Sozialwissenschaften, wie dies aus dem Lehrplan, der später zwar noch eine Modifizierung erfahren sollte, ersichtlich ist[137]. Für Wien betrachtete man dabei nämlich die verschiedenen bürgerlichen Bildungsinstitutionen als durchaus »neutrale[138]«, ja sogar als »heimlich revolutionär[139]« wirkende Ergänzungen, denen man getrost – im Sinne einer »Teilung der Arbeit[140]« – jene Elementar- und Fortbildung überlassen konnte, die für eine von ihren Mitteln und Möglichkeiten her beschränkte proletarische Einrichtung nur Hemmschuh und Ballast bedeuten konnten[141]. Otto Bauer begründete diese positive Einstellung gegenüber bürgerlicher Bildungsarbeit in eher widersprüchlicher Weise:

> In Österreich ist, seiner langsameren Entwicklung entsprechend, das *Bewußtsein* der Klassengegensätze noch nicht so scharf ausgeprägt wie im Deutschen Reiche. *Die* Intelligenz haßt den Klerikalismus, *die* Bourgeoisie fürchtet die zünftlerisch-agrarische Reaktion noch *mehr* als die Bewegung der Arbeiterklasse. *Beiden* erscheint erhöhte Volksbildung als ein Mittel gegen die gefürchteten kulturell und wirtschaftspolitisch reaktionären Bestrebungen[142].

Zur einvernehmlichen Zusammenarbeit, die sich besonders im *Volksheim*-Vorstand deutlich ausdrückte[143], führte die »Volksbildungsfreunde« (jetzt: »von einem Teile des Bürgertums«) nicht zuletzt die Einsicht von »der (nun) großen Macht der Arbeiterorganisationen (in Wien)[144]«!

Zwar waren die Fortschritte im Organisationsausbau, dem immer wieder das Hauptaugenmerk gelten mußte, beachtlich, besonders nach dem Wahlerfolg von 1907, dennoch aber konnten die seit den Jahren 1903/04–1908/09 auf eine neue Basis gestellten Bildungsinstitutionen der deutschen Sozialdemokratie (vor allem in Wien) mit dem Anwachsen der Mitgliederzahlen in personeller Hinsicht kaum Schritt halten. (Der Separatismus-Streit überschattete zwar diesen Zustrom, konnte ihm vorerst nur teilweise Abbruch tun.) Der Mangel an geschulten Funktionären war jedoch offenkundig[145].

Hier Abhilfe zu schaffen, war Gebot. Nach dem Teplitzer Antrag auf dem Parteitag in Reichenberg[146] und nach den im Jännerheft des *Kampf* 1910 von Otto Bauer eingebrachten Vorschlägen wurde noch im selben Jahr in Bodenbach (Deutschböhmen) die erste Parteischule veranstaltet[147].

Otto Bauer griff in seiner Konzeption auf zwei praxiserprobte Vorbilder zurück: auf die finanziell bestens abgestützte Berliner Parteischule der reichsdeutschen Sozialdemokratie und auf die Wiener Arbeiterschule, der zwei weitere in Linz und Brünn gefolgt waren[148]. Letztere waren jedoch aufgrund der Unterrichtskonzeption nur einer sehr begrenzten Teilnehmerzahl, zumeist nur einem kleinen Kreis von Funktionären, zugänglich und hatten noch einen bedeutsamen Nachteil: den Abendunterricht. Als vielzitierte »Krönung« aller sozialdemokratischen Bildungsbestrebungen sollte nun eine »Parteischule mit Tagesunterricht« stehen, die

> (den) Genossen aus der Provinz, die keine unserer drei Arbeiterschulen besuchen können, eine systematische Einführung in den wissenschaftlichen Sozialismus geben soll. Das Bedürfnis nach einer solchen Anstalt ist auf dem letzten Parteitag in einem Antrag der Teplitzer Genossen ausgedrückt worden[149].

Eine »Auslese« von ungefähr dreißig Partei- und Gewerkschaftsmitgliedern aus dreißig deutschen Organisationen des ganzen Reiches, die in einem ähnlichen Verfahren nach Vorschlag der Bezirks- oder Landes- bzw. der Branchenorganisation ausgewählt werden sollten, sollte in einem Monat – in Lehrstunden am Vormittag und Seminaren und Diskussionen am Abend – mit den weitgesteckten Themenbereichen der Nationalökonomie, der Staatslehre, der Sozialpolitik, der Rechtskunde und auch der Probleme der Gewerkschaftsbewegung vertraut gemacht werden. Nicht zuletzt auch aus Kostengründen mußte die Zahl der Referenten wie auch der Schüler klein gehalten werden[150].

Detaillierte Berichte über die erste Parteischule in der Volkshalle von Bodenbach/Elbe geben die Dichte des in nur 152 Stunden bewältigten Programms anschaulich wieder, das – im Vergleich dazu – in der Wiener Arbeiterschule immerhin in 256 (Abend-)Stunden in vier Semestern vorgetragen wurde[151]!

Die Parteischule konnte und sollte nicht mehr als »Konturen des Gebäudes« liefern, das erst durch das als Pflicht verstandene Selbststudium weiter ausgebaut werden sollte. Der Erfolg der Parteischule, ablesbar an der geforderten »praktischen Erprobung«, besonders in Blickrichtung Kaderschulung und -ausbildung:

> Die Parteischule hat nun einer Reihe von Genossen, die bisher wenig hervortraten, die Möglichkeit gegeben, vorzurücken, Funktionen einzunehmen, andere Genossen zu entlasten, eine Arbeitsteilung herbeiführen zu können, die jeder davon berührten Organisation zum Vorteil gereichen muß[152],

stellte sich auch rasch ein. Auch einzelne gewerkschaftliche Verbände erkannten die Notwendigkeit von Funktionsausbildung (Holzarbeiter, Brauer, Eisenbahner, Uhrmacher, Buchbinder, Buchdrucker[153]), doch ein Großteil der Gewerkschaften nutzte nur wenig das Angebot an Kursen und Vortragsdispositionen, die speziell auf »Theorie und Praxis der Gewerkschaften« Bezug nahmen. Dieser von Adolf Braun zusammengestellte Zyklus erschien auch als Broschüre zum Preis von 40 Heller (über die Zentralstelle)[154]. Auf dem Parteitag 1911 konnte Danneberg in bezug auf den Vertrieb dieser Anleitung nur lakonisch feststellen:

> Die Parteipresse hat die Broschüre freudig begrüßt, der größte Teil der Auflage ist aber in Deutschland verkauft worden. Der Verband deutscher Pflasterergehilfen hat mehr Exemplare bezogen als die größte Gewerkschaft in Österreich (d. h. die Metallarbeiter, H. Z.)[155]!

Dennoch war ein unverkennbarer Aufschwung unmittelbar als Auswirkung der Parteischule im Bildungswesen zu konstatieren. Bereits 1911 kamen zu den bereits bestehenden Arbeiterschulen solche in Graz und Komotau; Einzelvorträge wurden von Komotau aus für Brüx, Eger, Graslitz, Neudeck und Rothau organisiert; Kurse und Zyklen wurden von Teilnehmern der ersten Parteischule in Saaz (Westböhmen), Reichenberg, Aussig, Steyr, St. Pölten, Floridsdorf, Westschlesien, Wigstadtl, Bautsch und Bodenbach veranstaltet[156]. Diese neugewonnenen Agitatoren traten auch bald als Verfasser von *Kampf*-Beiträgen hervor[157].

Die zweite Parteischule war für August 1911 in Waidhofen/Ybbs geplant, die unvorhergesehene Auflösung des Reichsrates zwang jedoch zur Einstellung der Vorbereitungen und schließlich zur Absage[158]. Robert Danneberg erhoffte in diesem Zusammenhang als eine der »Wirkungen der Parteischule«, daß im bevorstehenden Wahlkampfe die Gegner in vielen Wahlkreisen auf geschultere Arbeiterwähler stoßen werden, unsere Agitatoren mit schärferen Waffen in den Kampf ziehen werden. Und nach geschlagener Schlacht soll allerorten die Arbeit wieder fortgesetzt werden, die die Streiter für das Ringen der Zukunft erzieht[159].

Nach den Wahlen, die für die Sozialdemokraten zwar in Wien und Niederösterreich einen überzeugenden Erfolg, insgesamt aber einen Verlust von sechs Mandaten brachten[160], wurde die nächste Parteischule – der ursprünglichen Konzeption entsprechend – nur für die alpenländischen Organisationen in Klagenfurt veranstaltet. Die Grundstruktur wurde beibehalten, es wurden nur geringfügige Verschiebungen im Lehrplan, allerdings mit der Hereinnahme von journalistischen Übungen, vorgenommen. Der Erfolg des Intensivkurses mag daran abzulesen sein, daß ein Teilnehmer als notwendige Voraussetzung eine Ausdehnung des Unterrichts auf sechs Wochen forderte[161]. Unmittelbar nach Abschluß der Parteischule wurden in mehreren Orten Arbeiterschulen und Funktionärkuse, sogenannte »Elementarschulen des Sozialismus«, eingerichtet: in Sternberg, Teplitz, St. Pölten, Jungbach, Salzburg, Linz, Hallein, Saalfelden, Brünn, Czernowitz, Klagenfurt, Spittal, Villach, Knittelfeld, Dux, Karlsbad, Graslitz, Bischofshofen, Mödling, Krumau, Bielitz, Stockerau, Neusattl[162].

Diese verstärkten Bemühungen um das Parteibildungswesen fanden einerseits organisatorisch darin ihren Niederschlag, daß je nach Organisationsstruktur der deutschen Sozialdemokratie in den einzelnen Kronländern Bildungsausschüsse auf Landes-, Kreis-, Bezirks- oder Ortsebene eingerichtet wurden[163], andererseits wurde jedoch – wie aus der seit der ersten Parteischule ständig zunehmenden Zahl von »Parteischulen im kleinen[164]« vielleicht gefolgert werden könnte – das Ziel: Absolvent=Multiplikator nur ansatzweise erreicht, da aufgrund der jahrelangen Vernachlässigung der Bedarf an geschulten Funktionären (mit dem Mitgliederzuwachs) stark angewachsen war. Aus parteiinterner Kritik sprach denn auch klar das Wissen um das ebenso ungelöste Problem der notwendigen Ergänzung zur Führer-, d. h. Kader- und Elitebildung durch eine »korrespondierende Bildung der ›Gefolgschaft‹ oder ›Masse[165]‹«.

Allein die von Danneberg auf dem Parteitag 1912 festgestellte Fluktuation der Parteimitgliedschaft ließ die Annahme von einem Mitgliederabgang von ca. 90.000 in einem Zeitraum von zweieinhalb Jahren durchaus berechtigt erscheinen[166] und gab ebenso den Mangel an eben jener geforderten »Vertiefung« wieder wie der Tatbestand, »daß die Zahl der Sportvereinsmitglieder in einzelnen Bezirken die

Zahl der Parteimitglieder weit überwiegt. Das ist ein Beweis dafür, wie seicht die Art der Agitation in diesen Gebieten war[167]«. So bemerkte Josef Seliger richtig, daß die politische wie die Bildungsarbeit endlich den unterschiedlichen deutschösterreichischen Verhältnissen angepaßt werden müsse, daß die bisher angewandten Methoden »nur eine dünne Schicht von Genossen und Genossinnen, *nicht aber die Masse* (erreichte); und das gerade ist für unseren Zweck das Entscheidende[168]«. Dies bestätigte auch Julius Deutsch; ähnlich kritisch warnte er vor den »Gefahren des Tageskampfes«, der oftmals »für die sozialistische Betätigung schlechthin« gehalten werde, besonders aber auch vor der fortschreitenden Trennung von Agitation und Erziehungsarbeit[169].

Abhilfe durch weitere Zentralisierung der Bildungsagenden in selbständigen Ausschüssen, was nach einem Vorschlag von Honheiser, einem Teilnehmer der ersten Parteischule, vor allem durch klare Loslösung von der politischen Organisation erreicht werden sollte, beinhaltete jedoch die Möglichkeit oder Gefahr, daß die Bildungsarbeit, die eingestandenermaßen nur Kaderschulung geblieben war, von der geforderten und teilweise bereits erreichten Gleichwertigkeit tendenziell eine Eigendynamik entwickeln und einer Verselbständigung anheimfallen könnte[170].

Schlußbemerkung

Die Ergebnisse sozialdemokratischer Bildungsarbeit blieben jedoch – trotz der Anstrengungen und des Aufschwunges, den das Parteibildungswesen nahm – hinter den Erwartungen zurück. Vortrags- und Schulungstätigkeit erreichten zwar immer mehr Parteigänger und Gewerkschaftsmitglieder, dennoch wurde in statistischen Berichten das noch immer weit verbreitete Desinteresse an kontinuierlicher sozialistischer Bildung festgestellt (was nicht zuletzt auch an den Lesegewohnheiten ablesbar war)[171].

Mit ihren zahlreichen Organisationsfeldern konnte die Massenpartei den breiten Mitgliederstrom auffangen und bot damit gleichzeitig eine qualitativ neue Sozialisationsform. Dem Wandel in der Parteistruktur folgte auch ein Wandel in der Bildungskonzeption und der Bildungsarbeit. Schöpften die Proletarier in der Frühphase der Organisierung ihre Erkenntnisse aus dem unmittelbaren Erfahrungs- und Lebenszusammenhang, so trat später, vor allem aber nach der Institutionalisierung und Konzentration des Parteibildungswesens, eine sozialistische Erziehung ein, die vornehmlich durch eine Intelligenz nichtproletarischer Herkunft vermittelt wurde. Diese sozialistische Erziehungsarbeit erfaßte jedoch nur eine relativ kleine Gruppe und berücksichtigte besonders das Interesse der Partei (und der Gewerkschaften) an der Abdeckung des Bedarfs an geschulten Funktionären. Diese »Rüstungsarbeit« erreichte weniger den »gemeinen Soldaten«, um in dem von Danneberg gebrauchten Bild der »tüchtigen Armee« zu bleiben, als die »Offiziere[172]«. Zur Kaderschulung, die besonders intensiv in der hier vernachlässigten Jungarbeiterorganisation betrieben wurde, stellten die Medien, die als zur Massenbeeinflussung geeignet angesehen wurden, bereits eine zweite Ebene dar: Parteipresse und ihre Kolportage. Die dritte Ebene bildeten schließlich neben der Vermittlung von elementarer Bildung und Populärwissenschaft jene Aktivitäten, die den Kampf um einen »Anteil an nationaler Kultur« ausmachten und zugleich verstärkt die Freizeitverhältnisse der Mitgliedschaft betrafen: Musik- und Theateraufführungen, Aufbau von zentralen Arbeiterbibliotheken, Lichtbildervorträge, Sport- und Gesangvereine, Kinderfreunde usf.

So sollte mittels Bildungsarbeit, mit »der Eroberung der Herzen« und besonders mit »der Revolutionierung der Gehirne«, der Gefahr entgegengewirkt werden, daß die Partei zu einer reinen »Wahlmaschinerie[173]« werden könnte. Die vorliegende Materialzusammenstellung bietet vielleicht einen Ansatz zur Beantwortung der Frage, wie weit dies gelungen ist.

ANMERKUNGEN

1 Siehe dazu die Parteitagsprotokolle der Jahre 1891 ff. (im folgenden als PPt-Jahr zitiert); bes. PPt 1896, 45 (V. Adler) und PPt 1902, 15, 55

2 Brügel, Ludwig, *Geschichte der österreichischen Sozialdemokratie,* Bd. 4, Wien 1923, 383–386

3 PPt 1894, 1

4 Hier sei auf die Berichterstattung betr. die strafrechtlichen Verfolgungen von Sozialdemokraten und Gewerkschaftern in den Parteitagsberichten verwiesen.

5 Feidel-Mertz, Hildegard, *Zur Ideologie der Arbeiterbildung,* Frankfurt/Main 1964, 70

6 Brock, Adolf (Bremen), *Arbeiterbildung in Deutschland unter den Bedingungen des Kapitalismus,* Referat zur 13. Linzer Konferenz der ITH, 1977, 1–4. Kettunen, Pauli/Turtola, Jussi, *Arbeiterbildung und Arbeiterklasse als historisches Subjekt. Anmerkungen über den Platz der Arbeiterbildung in der Erfoschung der Gesamtentwicklung der Arbeiterbewegung,* Referat zur 13. Linzer Konferenz der ITH 1977, 1–2

7 Siehe dazu die Publikationen des Ludwig-Boltzmann-Instituts für Geschichte der Arbeiterbewegung; im bes. Neugebauer, Wolfgang, *Bauvolk der kommenden Welt, Geschichte der sozialistischen Jugendbewegung in Österreich,* (Wien 1975). Kotlan-Werner, Henriette, *Kunst und Volk. David Josef Bach, 1874–1947,* Wien 1977. Uitz, Helmut, *Die Österreichischen Kinderfreunde und Roten Falken 1908–1938, Beiträge zur sozialistischen Erziehung,* Wien–Salzburg 1975. Tidl, Georg, *Die sozialistischen Mittelschüler Österreichs von 1918 bis 1938,* Wien (1977). Zoitl, Helge, *Kampf um Gleichberechtigung. Die sozialdemokratische Studentenbewegung in Wien 1914–1925,* Diss. masch., Salzburg 1976. Exenberger, Herbert, *Arbeiterbildung in Österreich: Am Beispiel der Wiener Arbeiterbüchereien,* Referat zur 13. Linzer Konferenz der ITH, 1977. Von Alfred Pfoser wurde eine Dissertation über die Arbeiterbüchereien in der Ersten Republik fertiggestellt. Weiters bearbeitet Reinhard Krammer (Salzburg) im Rahmen einer Dissertation die österreichische Arbeiter-Turn- und -Sportbewegung in der Ersten Republik.
8 PPt 1888/89, 3
9 Ebenda, 25
10 Ebenda, 3
11 Ebenda, 33 ff., 48 ff.
12 PPt 1892, 116 ff., 140 ff., 169–172
13 PPt 1888/89, 100
14 Ebenda, 107
15 Marx-Engels-*Werke*, Bd. 23, Berlin 1964, 506, 508, 512
16 Protokoll über die Verhandlungen des Parteitages der Sozialdemokratischen Partei Deutschlands. Abgehalten zu Mannheim: vom 23. bis 29. September 1906, sowie Bericht über die 4. Frauenkonferenz am 22. und 23. September 1906 in Mannheim, Berlin 1906, 340 (Heinrich Schulz, Referat zum Tagesordnungspunkt »Sozialdemokratie und Volkserziehung«).
17 Beschluß des Genfer Kongresses über die Arbeit von Jugendlichen und Kindern. 7. September 1866, in: *Die I. Internationale in Deutschland (1864–1872). Dokumente und Materialien,* Berlin 1964, 150
18 Beschluß des Genfer Kongresses über die Forderung nach gesetzlicher Beschränkung des Arbeitstages. 7. September 1866, in: ebenda, 147. Ellenbogen, W(ilhelm Dr.), *Geschichte des Arbeiterbildungsvereines in Gumpendorf (VI. Gemeinde-Bezirk von Wien). Ein Beitrag zur Geschichte der österreichischen Arbeiterbewegung. Im Auftrage des Vereinsausschusses zur Feier des 25jährigen Bestandes des Vereines verfaßt,* Wien 1892, 32.
19 PPt 1888/89, 25, 48–68
20 PPt 1894, 58, 61
21 Möller, Heinrich, *Geschichte der Schuhmacher Österreichs. Erinnerungsgabe zum sechzigjährigen Jubiläum der Schuhmacherorganisation 1871–1931,* Wien 1931, 110–11, 315–16, 468–69. PPt 1888/89, 101. PPt 1897, 85, 107. PPt 1903, 171–173. PPt 1907, 180–189 (Referent Winarsky »Zur Wohnungsfrage«), 192–198 (Debatte). PPt 1911, 283–291 (Referat Otto Bauer »Die Lebensmittelteuerung und die Wohnungsnot«). Winarsky Leopold, *Die Gemeinde Wien und die Sozialdemokratie,* in: *Bildungsarbeit* (= BA) 3 (1911/12) 36.
22 Siehe dazu die Schuldebatte am Einigungsparteitag: PPt 1888/89, 100. PPt 1897, 76–78, 83. Weiters die zahlreichen Aufsätze im *Kampf* betr. Schulfragen.
23 Winarsky, *Die Gemeinde Wien,* 37–38
24 Wesely, August, *Zur Frage der nationalen Minoritätsschulen,* in: *Kampf* 3 (1909/10), 157
25 PPt 1896, 28: »... die Arbeiterpartei in Galizien ist eine Kulturpartei, da sie die

armen, geknechteten Arbeiter und Bauern überhaupt zum politischen Leben und Denken heranzieht.« Zarnowska, Anna (Warschau), *Die Probleme der Arbeiterbildung an der Wende des 19. und 20. Jahrhunderts – Beispiel Polen,* Referat zur 13. Linzer Konferenz der ITH, 1. Lewinskyi, Wladimir (Lemberg), *Das erste Jahrzehnt der ukrainischen Sozialdemokratie in Österreich,* in: *Kampf* 3 (1909/10), 314: »Wie ungeheuer der Analphatetismus in Galizien verbreitet ist, erkennt man aus folgenden Zahlen: es gibt in Galizien 4.678 022 Analphabeten, und zwar unter den Ukrainern 2.459 410, das sind 79 Prozent, und unter den Polen 2.104 899, das sind 52 Prozent.« Diamand, Hermann, *Die Landtagswahlen in Galizien,* in: *Kampf* 6 (1912/13), 494. Rom, Adalbert, *Der Bildungsgrad der Bevölkerung in den österreichischen Alpen- und Karstländern nach den Ergebnissen der letzten vier Volkszählungen 1880–1910,* in: *Statistische Monatshefte* 18. NF (1913) 769–814. Rom, Adalbert, *Der Bildungsgrad der Bevölkerung Österreichs und seine Entwicklung seit 1880, mit besonderer Berücksichtigung der Sudeten- und Karpatenländer,* in: *Stat. Monatshefte* 19. NF (1914), 589–642.

26 Baron, Gerhart, *Der Beginn. Die Anfänge der Arbeiterbildungsvereine in Oberösterreich,* Linz 1971. Brügel, Ludwig, *Geschichte der österreichischen Sozialdemokratie,* Bde. 3 u. 4, Wien 1922/23. Bunzel, Julius, *Eine amtliche Darstellung der Anfänge der österreichischen Arbeiterbewegung,* in: VSWG 12 (1914), 284–299. Deutsch, Julius, *Vor vierzig Jahren,* in: *Kampf* 1 (1907/08), 83–86. Ellenbogen, *Arbeiterbildungsverein Gumpendorf. Festschrift anläßlich des 40jährigen Bestandes des Arbeiterbildungsvereines Wien,* Wien 1907. Herlitzka, Ernst K., *Zur Geschichte der sozialdemokratischen Bezirksorganisation Favoriten, I.,* in: *Archiv* 15 (1975), 7. Kränkel, Gustav (Teplitz), *Aus der Parteigeschichte Westböhmens,* in: *Kampf* 3 (1909/10) 428–432. Kühnel, Anton (Bilin); *Aus der Parteigeschichte des Karbitzer Gebietes,* in: *Kampf* 4 (1910/11), 184–188. Möller, *Schuhmacher Österreichs,* 77. Preussler, Robert, *Erinnerungen aus der Arbeiterbewegung,* in: *Kampf* 3 (1909/10), 474–475. PPt 1909, 103, 150. Rieger, Eduard, *Nordböhmische Reminiszenzen,* in: *Kampf* 2 (1908/09) 159. Schäfer, Anton, *Aus der Geschichte der nordböhmischen Arbeiterbewegung,* in: *Kampf* 3 (1909/10), 84–87. Steiner, Herbert, *Die Arbeiterbewegung Österreichs 1867–1898. Beiträge zu ihrer Geschichte von der Gründung des Wiener Arbeiterbildungsvereines bis zum Einigungsparteitag in Hainfeld,* Wien 1964. Wagner, Richard, *Geschichte der Kleiderarbeiter in Österreich. Im 19. Jahrhundert und im ersten Viertel des 20. Jahrhunderts,* Wien 1930, 163.

27 PPt 1892, 171
28 Feidel-Mertz, 35
29 Wagner, *Kleiderarbeiter,* 169, weiters 173
30 Siehe dazu die Tätigkeitsberichte der Zentralstelle für das Bildungswesen in den Jgg. 1 ff. der BA betr. Kursprogramme in Wien! Wagner, *Kleiderarbeiter,* 147. Ellenbogen, 32. Danneberg, Robert, *Ergebnisse sozialdemokratischer Bildungsarbeit,* in: *Kampf* 8 (1915), 278–279
31 BA 3 (1910/11), 62
32 Strauß, Emil, *Die Entstehung der deutschböhmischen Arbeiterbewegung (Geschichte der deutschen Sozialdemokratie Böhmens bis 1888),* Prag 1925, 179
33 Ebenda
34 PPt 1894, 92–93
35 Reisig, Hilde, *Der politische Sinn der Arbeiterbildung.* Mit einem Vorwort von Lutz v. Werder, Berlin 1975, 117. Im wesentlichen folgt diese Arbeit in der Kritik des sozialdemokratischen Kulturkonzepts der von Reisig für die reichsdeutsche Sozialdemokratie dargelegten Analyse. Siehe bes. Teil II., 111–183
36 Bauer, Otto, *Deutschtum und Sozialdemokratie,* Wien 1907, 14, 16–17. Siehe auch

Adler, Max, *Der Sozialismus und die Intellektuellen,* Wien 1910, 17 (zum Begriff »Kulturgemeinschaft«): »Wir sind die Erben der deutschen Kunst, wie wir die Erben der deutschen Philosophie, der deutschen Wissenschaft sind.« Siehe dazu Bach, D(avid) J(osef), *Der Arbeiter und die Kunst,* in: *Kampf* 7 (1913/14), 46
37 Pernerstorfer, Engelbert, *Gedanken über Arbeiterbildung,* in: *Kampf* 2 (1908/09), 92
38 PPt 1911, 227
39 Ebenda, 243–249
40 Ebenda, 250
41 Ebenda, 261
42 Ebenda, 269
43 Reisig, 121, 160
44 Strasser, Josef, *Was kann die »Freie Schule« noch leisten?,* in: *Kampf* 1 (1907/08), 493
45 Pernerstorfer, Engelbert, *Die Kunst und die Arbeiter,* ebenda, 40
46 Adler, Max, *Sozialismus und Intellektuelle,* 50, 51, 37, 36
47 Reisig, 174
48 Ebenda, 145: »Die politische Bildung geht zum großen Teil in Bildung zur Organisation über.«
49 PPt 1894, 131. PPt 1898, 38–40. Bauer, Otto, *Die Gesamtpartei,* in: *Kampf* 6 (1912/13), 5–17
50 PPt 1897, 111
51 PPt 1891, 16
52 Ebenda, 22
53 Ebenda, 22; Höger schätzte die Zahl der gewerkschaftlichen Vereine auf 300 mit etwa 60.000 Mitgliedern (ebenda 23).
54 Ebenda, 23
55 Brügel, *Sozialdemokratie,* Bd. 4, 83
56 PPt 1891, 71: »Wir wurden vielfach dazu gedrängt, Bildungs- und Lesevereine zu gründen. Aber ein Bildungs- und Leseverein, so gut er ist, kann nie unseren Zwecken vollkommen entsprechen. Dabei müssen wir noch froh sein, wenn die allgemeinen Arbeiter-Bildungsvereine nicht unter der Handhabung der österreichischen Gesetze zum Teufel gehen (. . .) Trotzdem die Genossen die Notwendigkeit der gewerkschaftlichen Organisation anerkennen, halten sie mit Zähigkeit an dem längst Errungenen und im Kampfe Erprobten fest, dem allgemeinen Bildungsverein.« (Roscher, Reichenberg). Hybesch (Brünn) gibt eindeutig den Fachvereinen gegenüber den Bildungsvereinen den Vorzug; siehe ebenda, 32.
57 PPt 1894, 3
58 PPt 1896, 5
59 Siehe dazu die Tabellen im Bericht der Reichskommission der Gewerkschaften Österreichs an den siebenten ordentlichen Kongreß der Gewerkschaften Österreichs in Wien 1913 und Beiträge zu der Geschichte der österreichischen Gewerkschaftsbewegung für die Jahre 1890 bis 1912, Wien (o. J.) 29–43. Deutsch, Julius, *Geschichte der österreichischen Gewerkschaftsbewegung,* I. Band, *Von den Anfängen bis zur Zeit des Weltkrieges,* Wien 1929, 388
60 Im Berichtsabschnitt »Partei-Organisation und Agitation« macht Böhmen ungefähr die Hälfte aus! Siehe PPt 1894, 8–27 (Böhmen: 15–24), 187–188 (Nachtrag)
61 PPt 1896, 26, 30; PPt 1903, 311; PPt 1909, 150
62 Als Beispiele seien hier vermerkt: in Krain der »Allgemeine Arbeiter-Rechtsschutz-, Fortbildungs- und Unterstützungsverein für Krain« mit Sitz in Laibach (1200 Mitglieder). Siehe PPt 1896, 16. Ähnlich in der Bukowina, wie aus dem

ersten Bericht einer Organisation in diesem Kronland an den Parteitag 1897 ersichtlich wird; PPt 1897, 47.
63 PPt 1894, 108–111
64 PPt 1897, 109–136, 164–173, bes. 125 (Nemec, Wien), 169 (Erklärung betr. »Organisation der österreichischen Sozialdemokratie nach selbständigen nationalen Gruppen«).
65 Auch hier gibt es eine beachtliche Zahl von Belegstellen: PPt 1891, 65–66 (Resolution). Weiters bes. im Gefolge des 1. Gewerkschaftskongresses des Jahres 1893: Deutsch, Gewerkschaftsbewegung, I, 285–286. PPt 1894, 44, 109, 115. PPt 1896, 109, 112–113, 114–115 (Anträge) 116, 118, 160, 161, 164
66 PPt 1891, 55
67 Kralik, Emil, *Nutzen und Bedeutung der Gewerkschaften,* Wien 1891, 14; zit. nach Deutsch, *Gewerkschaftsbewegung* I, 241
68 PPt 1891, 54–55
69 Ebenda, 55
70 Ebenda, 65–66
71 Deutsch, *Gewerkschaftsbewegung* I, 257 (Tischler), 264 (Bergarbeiter), 268 (Schmiede), 269 (Holzarbeiter), 270 (Drechsler), 274 (Programm der Gewerkschafts-Commission), 278 (Aufruf), 279 (Fachblätter), 281–282 (Organisationsentwurf)
72 PPt 1897, 31, 37, 42. PPt 1904, 49. Deutsch, *Gewerkschaftsbewegung* I, 322–325, 346–347, 349–350, 391. Wagner, *Kleiderarbeiter,* 203. Hueber, Anton, *Partei und Gewerkschaften in Österreich,* in: *Kampf* 1 (1907/08), 13. Strasser, Josef, *Reichenberg,* in: *Kampf* 2 (1908/09), 572
73 Schäfer, *Geschichte der nordböhm. Arbeiterbewegung,* 84–87 PPt 1898, 25–26. PPt 1909, 103 (Begrüßungsrede Schäfer/Reichenberg)
74 PPt 1896, 118 (Roscher/Reichenberg)
75 PPt 1902, 68
76 Ebenda, 102
77 PPt 1904, 49. Deutsch, *Gewerkschaftsbewegung* I, 388 (Statistik über Bildungs-, Fach- und allg. Arbeitervereine), 391. Strasser, *Reichenberg,* 572. PPt 1909, 62 (Reichenberg), 63 (Warnsdorf)
78 PPt 1896, 89
79 PPt 1897, 76
80 Nach Ansicht V. Adlers hätte schon 1897 die österreichische Sozialdemokratie bei »ein(em) vernünftige(n), ein(em) anständige(n), ein(em) europäische(n) Wahlrecht« mit 85 Mann im Parlament vertreten sein müssen. Siehe ebenda.
81 PPt 1909, 128 u. 23. Allein im zweiten Jahrgang des *Kampf* beschäftigte sich eine Vielzahl von Beiträgen ausschließlich mit Organisationsfragen.
82 PPt 1909, 129
83 PPt 1897, 76
84 Winarsky, Leopold, *Die Bildungsbestrebungen der organisierten Wiener Arbeiterschaft,* in: *Kampf* 2 (1908/09), 111
85 PPt 1907, 120. Jedoch mußte Siegmund Kaff im Juni 1913 trotz aller Bemühungen eingestehen, daß »das Schmerzenskind unserer Bewegung noch immer die politische Organisation« (sei). Siehe *Kampf* 6 (1912/13), 410.
86 Matis, Herbert/Bachinger, Karl (Wien), *Österreichs industrielle Entwicklung,* in: *Die Habsburgermonarchie 1848–1918.* Bd. I. *Die wirtschaftliche Entwicklung.* Hg. v. Alois Brusatti. Wien 1973, 220–232. Bauer, Otto, *Die soziale Gliederung der österreichischen Nationen,* in: *Kampf* 1 (1907/08), 30–38. Renner, Karl, *Nationale Minoritätsgemeinden,* ebenda, 356–361. PPt 1913, 109, 110

87 BA 1 (1909/10), H. 1, 6
88 Matis-Bachinger, 229
89 So war allein im Jahre 1907 rund ein Viertel aller gewerkschaftlich Organisierten der österreichischen Reichshälfte in Wien konzentriert. Siehe Winarsky, *Bildungsbestrebungen*, 110–111. Siehe auch bes. *Kampf* 5 (1911/12): Seliger, Josef, *Die nächsten Aufgaben der Parteiorganisation*, 19–25. Deutsch, Julius, *Gefahren des Tageskampfes*, 58–62. Honheiser, J. (Wigstadtl), *Eine Aufgabe der Parteiorganisation*, 68–71. Weber, Anton, *Agitations- und Organisationsarbeit auf dem Lande*, 71–75. Wissiak, Heinrich (Aussig), *Bildungsmittel für Arbeiter*, 173–176
90 Adler, Victor, *Neue Aufgaben*, in: *Kampf* 1 (1907/08), 7–8
91 Festschrift anläßlich des 40jährigen Bestandes des Arbeiterbildungsvereines Wien, Wien 1907, 32
92 Grossmann, Stefan, *Wie soll die Maifeier sein?*, in: *Kampf* 1 (1907/08), 378
93 Ellenbogen, 33
94 Bauer, Otto, *Die Wiener Arbeiterschule*, in: *Neue Zeit* 24/II (1905/06), 460
95 Ellenbogen, 32. Möller, 155. Winarsky, *Bildungsbestrebungen*, 111. BA 1 (1909/10), H. 8, 1. PPt 1909, 31
96 Siehe Nachweise betr. Presse in den Parteitagsprotokollen, bzw. Tab. V im Bericht der Reichskommission 1913, 40–43
97 Schroth, Hans, *Verlag der Wiener Volksbuchhandlung 1894–1934. Eine Bibliographie*. Mit einem Geleitwort von Bundeskanzler Dr. Bruno Kreisky. Einleitung und Register: Ernst K. Herlitzka. Hg. v. Verein f. d. Geschichte d. Arbeiterbewegung, Wien, (Wien 1977). Exemplarisch soll hier kurz eine summarische Übersicht über Auflagenhöhe und Absatz der von der Parteibuchhandlung im Zeitraum 1. Jänner 1910 bis 30. Juni 1911 herausgegebenen Schriften angeführt werden: Von einer Gesamtauflage von über 1,5 Mill. an Büchern, Broschüren und »sozialdemokratischen Werbeschriften« konnten immerhin 1,36 Mill. abgesetzt werden. Siehe PPt 1911, 25–26.
98 Adler, *Neue Aufgaben*, 8
99 *Der Kampf* (Editorial), in: *Kampf* 1 (1907/08), 5. Der *Kampf* konnte, wie es schon aus seinem Untertitel hervorgeht, als Nachfolgeorgan der »sozialdemokratischen Monatsschrift« angesehen werden, deren Erscheinen in erster Linie aus Finanzierungsproblemen, andererseits aber auch deshalb schon nach kurzer Zeit eingestellt wurde, da periodische Literatur (»mehr prinzipieller Natur«) ohnedies »im Überfluß« in der *Neuen Zeit* der SPD geboten wurde. Siehe PPt 1891, 29.
100 PPt 1909, 31. BA 2 (1910/11), 58–59.
101 PPt 1909, 107–110
102 PPt 1912, 188
103 PPt 1909, 129. Schneidmadl, Heinrich, *Die erste Parteischule in Bodenbach an der Elbe;* in: *Archiv* 1 (1961), H. 6/12, 3
104 BA 1 (1909/10), H. 1, 1–2: *Unsere Aufgabe* (Editorial)
105 PPt 1909, 137. Siehe auch PPt 1911, 170
106 PPt 1913, 79, 107, 109, 125
107 PPt 1909, 138–139. Siehe auch PPt 1911, 177 (Witternig)
108 PPt 1909, 135
109 Ebenda, 143–144. Siehe auch BA 3 (1911/12), 1–2
110 PPt 1909, 145
111 BA 2 (1910/11), 61 ff. (Im ersten Tätigkeitsbericht der Zentralstelle nach dem Reichenberger Parteitag ist der Aufschwung klar erkennbar.)
112 PPt 1911, 170
113 PPt 1912, 11, 81–82, 204

114 PPt 1911, 171–172
115 PPt 1912, 180. Siehe weiters BA 2 (1910/11), 19. BA 3 (1911/12), 18
116 PPt 1904, 133 (Die vertrauliche Sitzung betr. Pressewesen dauerte einen ganzen Tag.)
117 PPt 1909, 231, 232, 237 (Austerlitz), 240 (Emmerling). PPt 1911, 149: »Die gegnerische Provinzpresse, mit der wir da kämpfen, ist sicherlich keine Presse von gesteigerter journalistischer Bedeutung. ›Aber ist das Städtchen noch so klein, ein Schriftleiter muß drinnen sein.‹«
118 PPt 1909, 234
119 Ebenda, 239
120 Ebenda, 231. PPt 1912, 140
121 PPt 1909, 142 (Renner), 230 (Austerlitz). PPt 1911, 149–150 (Austerlitz)
122 PPt 1892, 151 (Popp). PPt 1911, 162 (Emmerling). Siehe auch Desput, Joseph, *Die politischen Parteien der Doppelmonarchie und ihre Presse,* in: ÖGL 20 (1976), 330.
123 PPt 1894, 147–148 (Popp). PPt 1903, 21. PPt 1913, 40
124 PPt 1909, 230 (Austerlitz)
125 PPt 1911, 29, 171 (Danneberg; in Böhmen wurden in 718 Orten mit Lokalorganisationen nur 394 Stück der *Bildungsarbeit* vertrieben!). PPt 1913, 102 (Skaret betr. *Kampf*), 103 (Skaret: »Von 1436 sozialdemokratischen Vertretern (...) haben nur 832 das Blatt [*Die Gemeinde*] abonniert.«) Siehe auch BA 5 (1913/14), 12, 51–52.
126 PPt 1909, 232 (Austerlitz)
127 Ebenda, 230 (Austerlitz), 239 (Emmerling)
128 Ebenda, 229 (Austerlitz)
129 PPt 1897, 175 (Popp)
130 Bernstein, *Aus Deutschböhmen,* 214
131 PPt 1909, 229
132 Bauer, *Arbeiterschule,* 460. Ders., *Die Arbeiterbibliothek,* in: *Kampf* 1 (1907/08), 48
133 Bauer, *Arbeiterschule,* 460
134 Ebenda, 462
135 Petrich, Fr., *Zur Geschichte der proletarischen Bildungsarbeit,* in: *Neue Zeit* 33/II (1914/15), 56
136 Feidel-Mertz, 90
137 Bauer, *Arbeiterschule,* 463–464. BA 3 (1911/12), 76. PPt 1912, 34. Danneberg, Robert, *Sozialdemokratische Bildungsarbeit,* in: *Kampf* 2 (1908/09), 458
138 Ernst, Lr., Rezension zu J. L. Stern, *Wiener Volksbildungswesen,* Jena 1910, in: *Kampf* 4 (1910/11), 431. PPt 1912, 187 (Hartmann, der ja *der* Promotor dieser Einrichtungen von sozialdemokratischer Seite war).
139 S(tern), (J. L.), *Zehn Jahre Volksheim,* in: *Kampf* 4 (1910/11), 285
140 PPt 1912, 187 (Hartmann)
141 PPt 1911, 171 (Danneberg)
142 Bauer, *Arbeiterschule,* 462 (Hervorhebung H. Z.)
143 Fellinger, Hans, *Zur Entwicklungsgeschichte der Wiener Volksbildung,* in: Fellinger, Hans/Kutalek, Norbert, *Zur Wiener Volksbildung,* Wien – München (1969), 181
144 Bauer, *Arbeiterschule,* 462
145 Wissiak, Heinrich (Aussig), *Die Parteischule in Bodenbach,* in: *Kampf* 4 (1910/11), 20. Witternig, Josef (Salzburg), *Zu neuer Arbeit,* in: *Kampf* 5 (1911/12), 30
146 PPt 1909, 83 (Antrag 5), 137 (Cermak)
147 Bauer, Otto, *Eine Parteischule für Deutschösterreich,* in: *Kampf* 3 (1909/10), 173–175. BA 1 (1909/10), H. 1, 2. Wissiak, *Parteischule,* 14
148 Bauer, *Parteischule,* 173. Ders., *Eine tschechische Arbeiterschule in Wien. Dělnická akademie,* in: BA 1 (1909/10), H. 2, 6–7. Ebenda, H. 4, 6. PPt/SPD 1906, 134

149 Bauer, *Parteischule*, 173. Wissiak, *Parteischule*, 15
150 Bauer, *Parteischule*, 174–175
151 Wissiak, *Parteischule*, 17–20. Macoun, Franz, *Die Parteischule in Bodenbach*, in: BA 2 (1910/11), 2–3
152 Wissiak, *Parteischule*, 19–21. Siehe auch PPt 1911, 171.
153 BA 2 (1910/11), 15, 45–46. BA 3 (1911/12), 5, 58
154 BA 2 (1910/11), 4, 14–15
155 PPt 1911, 171–172
156 D(anneberg), R(obert), *Wirkungen der Parteischule*, in: *Kampf* 4 (1910/11) 331–332. BA 3 (1911/12), 76
157 Siehe *Kampf* 5 (1911/12): Honheiser, J. (Wigstadtl), *Eine Aufgabe der Parteiorganisation*, 68–71. Schneidmadl, Heinrich (St. Pölten), *Zur Frage des Gesamtparteitages*, 25–28. Weber, Anton (Krumau), *Agitations- und Organisationsarbeit auf dem Lande*, 71–75. Wissiak, Heinrich (Aussig), *Bildungsmittel für Arbeiter*, 173–176
158 BA 4 (1912/13), 11. PPt 1912, 35
159 Danneberg, *Wirkungen*, 332
160 PPt 1911, 20
161 Helmer, Oskar, *Die Parteischule in Klagenfurt*, in: *Kampf* 6 (1912/13), 38. Spitanics, Johann, *Die Parteischule in Klagenfurt*, in: BA 4 (1912/13), 2
162 BA 4 (1912/13), 12–13, 27–28. BA 5 (1913/14), 13, 25, 42, 64
163 PPt 1913, 32–37
164 BA 5 (1913/14), 64
165 Feidel-Mertz, 68–69. Brock, *Arbeiterbildung*, 15 ff.
166 PPt 1912, 180–181
167 PPt 1913, 111 (Preussler). Zur ersten Einschätzung der Turnvereine siehe PPt 1900, 102 (Hueber): »Die Sport- und Turnvereine halte ich für keine sozialdemokratischen Kampforganisationen, allein wir sind nicht so intolerant, sie zu verwerfen. Wir wollen jedoch festgelegt wissen, daß dies nur Behelfe der politischen Organisation sind, die des Charakters einer Kampforganisation vollständig entbehren.«
168 Seliger, Josef, *Die nächsten Aufgaben der Parteiorganisation*, in: *Kampf* 5 (1911/12), 22
169 Deutsch, Julius, *Gefahren des Tageskampfes*, in: *Kampf* 5 (1911/12), 61
170 Honheiser, *Aufgaben der Parteiorganisation*, 69–70. Brock, 15–16
171 Danneberg, Robert, *Ergebnisse sozialdemokratischer Bildungsarbeit*, in: *Kampf* 8 (1915), 276, 279. Stern, Josef Luitpold, *Schundliteratur*, in: *Kampf* 4 (1910/11), 473. BA 3 (1911/12), 74. BA 4 (1912/13), 80. BA 5 (1913/14), 84. Zur Überbewertung des Antiklerikalismus siehe Danneberg, Ergebnisse, 276; Strasser, »*Freie Schule*«, 494; Schacherl, Michael, *Gemeinsamer Kampfboden?*, in: *Kampf* 1 (1907/08), 307
172 D(anneberg), R(obert), *Politische Erziehungsarbeit*, in: BA 5 (1913/14), 22
173 BA 1 (1909/10), H. 3, 23

Josef Weidenholzer
Austromarxismus und Massenkultur
Bildungs- und Kulturarbeit der SDAP
in der Ersten Republik

Die Erscheinungen und Ideen, die man gemeinhin unter dem Begriff »Austromarxismus« zusammenfaßt, sind mehr als bloß von lokaler Bedeutung. Unter verschiedenen Bezeichnungen gibt es in der Entwicklung der internationalen Arbeiterbewegung durchaus ähnliche Phänomene.

Gerade das letzte Jahrzehnt ist reich an derartigen Positionen, etwa alles was unter dem Begriff »Eurokommunismus« subsumiert wird. Aus diesen Gründen ist eine historische Aufarbeitung des Austromarxismus notwendiger denn je. Freilich genügt es da nicht, sich bloß in der bislang zumeist exerzierten Form einer ereignisgeschichtlichen oder personifizierenden, bestenfalls ideengeschichtlichen Vorgangsweise auseinanderzusetzen.

Um der vollen Bedeutung des Austromarxismus gerecht zu werden, bedarf es mehr als einer Analyse seiner theoretischen und realpolitischen Leistungen, der Parteiprogramme und der Biographie seiner Führer. Gerade eine Analyse seiner kulturellen Aspekte, der Frage, wie und in welchem Ausmaß er von der Parteibasis rezipiert wurde, scheint hier unumgänglich. Eine Aufarbeitung der Geschichte der Sozialistischen Bildungszentrale, die von der Partei dazu bestimmt war, die offiziellen Vorstellungen zu popularisieren, ist deswegen weit mehr als bloß Geschichte der österreichischen Arbeiterbildung: sie ist zu einem Gutteil auch Sozialgeschichte des Austromarxismus[1].

Wie kaum eine andere Arbeiterpartei der Zwischenkriegszeit war die SDAP bemüht, die subjektiven Momente zum Anknüpfungspunkt ihrer Politik zu machen. Dies liegt nun nicht ausschließlich an dem hohen Entwicklungsstand der Wiener Psychologie (Alfred Adler, Siegfried Bernfeld, Sigmund Freud etc.) oder an den neokantianischen Hintergründen der Philosophie Max Adlers. Der Hintergrund ist vielmehr in einer spezifischen sozialökonomischen Situation zu sehen, die Otto Bauer mit der Formel »Gleichgewicht der Klassenkräfte[2]« zu charakterisieren versuchte.

Keine der Klassen ist nach 1918 in der Lage, die österreichische

Gesellschaft nach ihren Vorstellungen zu organisieren. Während die Arbeiterklasse noch zu schwach ist und es ihr vor allem an Unterstützung des agrarischen Umlandes mangelt, ist das Bürgertum als Folge des Krieges zu sehr diskreditiert und steht der neuen Situation mehr oder minder hilflos gegenüber. So kommt es, daß der neue Staat von allen Klassen gemeinsam organisiert wird. Während die Arbeiterschaft, vertreten durch die Sozialdemokratie, ihre Vorstellungen auf politischer und sozialer Ebene (Verfassung und Sozialgesetzgebung) zum Tragen bringen kann, bleibt der ökonomische Bereich, die Produktion, den Prinzipien kapitalistischen Wirtschaftens verhaftet. Aber auch in der kulturellen Sphäre kann die Sozialdemokratie sich nicht durchsetzen. Ebenso wie die Sozialisierungsaktionen bleiben auch die schulpolitischen Reformvorhaben in den Anfängen stecken.

So herrschten eigenartige gesellschaftliche Bedingungen, unter denen die österreichische Sozialdemokratie zu operieren hatte. Obwohl sie die neue Republik als ihre Republik begriff, blieben die ökonomischen Machtpositionen und der kulturelle Sektor in den Händen der Bourgeoisie. Die fast vollständige »bürgerliche Hegemonie« im ökonomischen Sektor bewirkte zweierlei: Zum einen drängte das Bürgertum nach einer gewissen Periode des Abwartens darauf, die politische Ebene den ökonomischen Notwendigkeiten anzupassen. Da sich die Wirtschaft, sowohl was den internationalen Konkurrenzdruck als auch die innere Organisationsstruktur der Betriebe anbelangt, in einer Krisensituation befand, konnte dieses politische Engagement nicht ausschließlich demokratisch sein. Zum anderen wurde die Sozialdemokratie dadurch bestärkt, die politische Sphäre zu verteidigen, indem sie ihre politische Organisation festigte. Der zentrale Konflikt, der sich durch die Erste Republik hindurchzieht, ist somit vordergründig nicht »Interessenkonflikt«, sondern »Ideenkonflikt«.

Lewis Coser hat nachgewiesen, daß die Unerbittlichkeit und Unnachgiebigkeit eines sozialen Konfliktes um so mehr steigt, je mehr er sich vom reinen Interessenkonflikt zum Ideenkonflikt entwickelt[8].

Adam Wandruszka hat einen treffenden Begriff zur Charakterisierung dieser Konfliktparteien hingeführt, den des Lagers, »um für ›Bewegungen‹, ›Parteien‹ und ›Gruppen‹ einen umfassenden Ausdruck zu gebrauchen, der nicht nur durch den täglichen Sprachgebrauch gerechtfertigt erscheint, sondern auch den militanten Charakter des Phänomens gut zum Ausdruck bringt[4]«. Dieser Prozeß der Lagerbildung, der sich als »Absperrung und Trennung« von Lebenszusammenhängen äußert, erzeugt eine spezifische Lagermentalität, eine »von den Individuen rezipierte parteiliche Haltung[5]«. Daß diese »parteiliche Haltung« aber Gefahr läuft, den (ökonomischen) Realitätsbezug zu verlieren, haben nicht nur linke Kritiker des Austromarxismus festgestellt[6]. Bereits 1927 gab es auf dem Parteitag der SDAP eine wichtige Diskussion, die ganz unter dem Eindruck der Juliereignisse stattfand und bei der Otto Bauer ausführte: »Und da kommt man uns und klagt uns an: ›Ja eure Denkweise, eure Redeweise, eure Ideologie, sie hat diese Menschen verleitet, sich von der Leidenschaft einmal hinreißen zu lassen[7]!‹« Karl Renner aber kritisiert dies; Man habe die ganze Arbeiterschaft in einen »falschen Rausch versetzt«; und er fordert, das Schwergewicht des Klassenkampfes auf die Ökonomie zu legen[8].

Zusammenfassend läßt sich sagen, daß die starke Betonung des subjektiven Moments durch den Austromarxismus, seine »Politik der linken Phrase und der rechten Tat«, die hauptsächlichen Wurzeln in den politischen Vorgängen nach 1918 hatten, einer Situation, wo keine der Klassen stark genug war, die Gesellschaftsordnung ausschließlich nach ihren Vorstellungen zu organisieren. Schon 1923 schrieb Otto Felix Kanitz: »Gegenwärtig ist das Proletariat auf wirtschaftlichem und politischem Gebiet zur Abwehr gezwungen. Es gibt jedoch ein Gebiet, auf dem wir Neuland erobern können: das ist das Gebiet der revolutionären sozialistischen Erziehung[9].« Auch Paul Lazarsfeld kam (rückblickend) zu ähnlichen Feststellungen: »Ich erinnere mich an eine Formel, die ich damals aufstellte: Eine beginnende Revolution muß die wirtschaftlichen Verhältnisse auf ihrer Seite haben (Marx); eine siegreiche Revolution braucht vor allem Ingenieure (Sowjetunion); eine erfolglose Revolution bedarf der Psychologie (Wien)[10].«

Erziehungstheorie des Austromarxismus

Von seinem intellektuellen Hintergrund als Neokantianer her war natürlich Max Adler prädestiniert, (sozialistische) Gesellschaftstheorie und die (bürgerlichen) Erkenntnisse von Pädagogik und Psychologie miteinander zu verknüpfen. In seinem 1924 erstmals erschienenen Buch *Neue Menschen* spricht Adler der Erziehung die Möglichkeit ab, etwas Neutrales zu sein: »Und das ist nun in der Tat das tiefste Wesen aller Erziehung und Bildung, daß sie gar nicht neutral sein kann, weil sie keine bloße Form ist, in die jeder beliebige Inhalt eingegossen werden kann, sondern eine wirkende Kraft in der gesellschaftlichen Entwicklung[11].«

Vielmehr wird Erziehung in unmittelbare Beziehung zum Klassenkampf gesetzt. Sie muß »aus einem Klassenmittel der Beherrschung in den Händen der Bourgeoisie zu einem Klassenmittel der Selbsthilfe des Proletariats werden[12]«. Dabei kommt ihr aber mehr als nur strategische Bedeutung zu, sie wird als *conditio sine qua non* für die Überwindung der bestehenden Ordnung angesehen: »Sozialistische Erziehung der Massen – das ist es, was der Sozialismus zu seiner Verwirklichung ebenso notwendig braucht wie eine bestimmte Höhe der gesellschaftlichen Produktion und der zahlenmäßigen Entwicklung des Proletariats selbst[13].«

Diese Aussagen Adlers, die von einem großen Teil der SDAP, zumindest aber von ihren Bildungsverantwortlichen akzeptiert wurden, verdeutlichen die große Bedeutung, die dem subjektiven Element im Austromarxismus zukam und sich somit gegen den Ökonomismus Kautskys richtete. Wenngleich es kaum theoretische Arbeiten gab, die die Thesen Adlers und anderer strategisch umzusetzen versuchten, und die austromarxistische Erziehungstheorie dem Abstrakten verhaftet blieb, zeugt gerade die Praxis der Partei von einer Fülle unterschiedlichster Organisationsansätze. Diese reichen vom berühmten Arbeiter-Briefmarkensammlerverein über die Arbeitersänger bis hin zum Vortragswesen der Sozialistischen Bildungszentrale[14]. Alle derartigen Versuche lassen sich in zwei Aspekte kategorisieren, die Richard Wagner folgendermaßen zusammenfaßte: »Das Umbilden und Umschulen der proletarischen Menschen muß in zwei Richtungen erfolgen: die bürgerliche Vergesellschaftung in der Menschenbildung muß in Entgesellschaftung durch das Proletariat umgewandelt werden, der zwangsweisen Vergesellschaftung von oben muß die Herauslösung aus der bürgerlichen Menschenbildungsmaschinerie von unten her entgegenwirken, und mit dieser negativen Bildung muß die positive der sozialistischen Selbstvergesellschaftung unmittelbar verbunden sein[15].«

Die manchmal belächelten Arbeitertrachtler, Arbeiterzimmerblumenfreunde oder wie sie sonst geheißen haben, dienten nicht dem »hehren« Ziel der Adlerschen Erziehungstheorie, hatten aber immerhin die Funktion, den Arbeiter aus dem bürgerlichen Lebenszusammenhang herauszureißen, was zumeist, besonders in urbanen Regionen, von Erfolg gekrönt war.

Sozialistische Bildungszentrale

Der Aufgabe, sozialistisches Bewußtsein und ebensolche Verhaltensweisen zu schaffen, war die Zentralstelle für das Bildungswesen verpflichtet. Sie wurde 1908 gegründet, als die Partei sich auf den parlamentarischen Weg festlegte, und stellte die oberste Instanz des österreichischen Arbeiterbildungswesens dar – sie war zugleich das Sekretariat der Wiener Bildungsorganisation. Sie erstreckte ihre Tätigkeit nicht allein auf die Parteiorganisation, sondern schloß die Freien Gewerkschaften ebenso mit ein wie die Konsumgenossenschaften und seit der Errichtung der Arbeiterkammern auch diese. Sie bestand aus drei Organen: der pädagogischen Kommission, der Verwaltungskommission, und dem ihnen unterstellten Sekretariat. Zur Propagierung ihrer Ziele gab die Zentralstelle die theoretische Monatszeitschrift *Bildungsarbeit – Blätter für das sozialistische Bildungswesen* heraus.

Wenden wir uns dem organisatorischen Aufbau und den Funktionären dieser Einrichtung zu. Entscheidende Bedeutung kam dem Sekretariat der Bildungszentrale zu. Erster Sekretär war Robert Danneberg, der diese Funktion von 1908 bis 1918 ausübte. Nach seinem Aufstieg in der Parteiorganisation und der Übernahme öffentlicher Ämter legte er seine Funktion als Sekretär zurück; sein Nachfolger war Josef Luitpold Stern, der sich vor dem Krieg besonders in der Wiener Volksbildung und beim Aufbau des Arbeiterbücherwesens betätigt hatte.

Von Dezember 1922 bis Ende 1932 leitete Leopold Thaller die Zentralstelle für das Bildungswesen. Thaller ging aus der sozialistischen Jugendbewegung hervor und war als ihr Vorsitzender auch ihr Repräsentant im Wiener Gemeinderat. Während Stern vor allem auf literarischem Gebiet tätig war, galt Thaller als eher pragmatisch orientiert. Er bemühte sich besonders um den Aufbau einer Arbeiterreiseorganisation.

In der pädagogischen Kommission waren so bekannte Funktionäre wie Max Adler, Helene Bauer, Oswald Richter und Josef Luitpold Stern, in der administrativen Kommission Robert Danneberg und Edmund Reismann vertreten. Die Bildungszentrale war in folgende Abteilungen gegliedert: Büchereiwesen, Film- und Lichtbildabteilung, Exkursionsabteilung, Reiseabteilung und Vortragsabteilung. Die Vortragsabteilung (geleitet von Franz Senghofer) versuchte womöglich alle Strömungen in der Partei zu Wort kommen zu lassen. Es gelang ihr, führende Persönlichkeiten wie Max Adler, Otto Bauer und Karl Renner als Referenten zu gewinnen. Daneben gab es eine Reihe von jungen Linken wie Richard Wagner, Ludwig Birkenfeld, Leo Stern sowie Käthe und Otto Leichter und Albert Lauterbach. Besonders häufig engagierte Referenten waren die Exilungarn Sigmund Kunfi, Paul Szende und Zsoltan Ronai. Funktionäre der Arbeiterkammer und der Gewerkschaften wie Benedikt Kautsky und Viktor Stein zählten ebenso dazu wie einige dem klassischen Humanismus verpflichtete Volksbildner, etwa Otto Koenig. Die Bildungszentrale war drei pädagogischen Zielen verpflichtet: Erziehung zur Gemeinschaftlichkeit (Solidarität), Erziehung zur Selbsttätigkeit (Aktivität) und Erziehung zur Bewußtheit (Intellektualität[16]). Oder mit den Worten Josef Luitpold Sterns: ».... Verstand, Charakter und Gefühl in gleicher Stärke zu der Leuchtidee des Sozialismus entflammen zu lassen, ist die Kunst der neuen Erziehung[17].«

Diese Ziele hatten zur Folge, daß die Zentralstelle auf drei strategischen Ebenen operierte: »Schulung durch das Wort, Schulung durch das Buch und proletarische Geselligkeit[18]« (Josef L. Stern). Wir wollen den Komplex des Arbeiterbüchereiwesens in dieser Darstellung ausklammern und uns auf die beiden anderen Bereiche beschränken.

Proletarische »Gegenkultur«

Wenn man das Konzept proletarischer Gegenkultur auf die SDAP bezieht, dann finden sich derartige Ansätze am häufigsten im Bereich der proletarischen Geselligkeit. Hier ist zunächst die »entgesellschaftende« Funktion sozialistischer Festkultur hervorzuheben, die den Arbeiter aus bürgerlichen Lebenszusammenhängen herauslösen sollte. Im Lauf der Ersten Republik entwickelte man eine Art »sozialistischen Sittenkodex«, der freilich nicht aus Überlegungen der marxistischen Ethik deduziert war, sondern sich aus der Negation gewisser Erscheinungen der bürgerlichen Kultur entwickelte.

Fünf durchgängige Kritikmuster lassen sich auffinden: Übernahme von Praktiken und Verhaltensweisen des Gegners, »kommerzielles Handeln«, »seichte« Unterhaltung, Stil- und Würdelosigkeit. Ohne auf die Kritikpunkte einzeln einzugehen, lassen sich dabei generell puritanische Züge feststellen. Häufig handelte es sich allerdings um Prinzipien, die irgendwann in der aktuellen Tagespolitik von realer Bedeutung waren, etwa das Alkoholproblem, dann aber ideologisch überhöht und verabsolutiert wurden.

Dieser sozialistische Sittenkodex läßt sich mit dem von religiösen Institutionen vergleichen, zwar nicht bezüglich der Reichweite seiner Verbindlichkeit, wohl aber in der ideologischen Überhöhung gewisser Normen. Mit ihm hat er gemeinsam, daß sozialistisches Verhalten als solches von außen erkennbar und damit kontrollierbar wird. Besondere Bedeutung kommt ihm auch als Identifikationshilfe zu. Vor allem der Appell an das Individuum, sich in der angegebenen Art und Weise zu verhalten, erleichtert diesem die Eingliederung in die Organisation weit eher als nicht oder nur teilweise durchschaute theoretische Lehrsätze.

Wie für die Abgrenzung von gegnerischem Verhalten ist auch für die »positiven Maßnahmen« zur Entwicklung sozialistischer Verhaltensweise typisch, daß sie an den realen Erfordernissen des Klassenkampfes vorbeigehen. Ist es vor dem Ersten Weltkrieg die Adaption bürgerlicher Kultur[20], so sind es bis in die späten zwanziger Jahre die Gigantonomie und »Künstlichkeit« der Arbeiterfeste, die dies bewirken. Erst bewußte Rückgriffe auf spezifische österreichische Traditionen, wie beim Politischen Kabarett, lassen neue, zielführende Ansätze erkennen[21].

Eine weitere Gemeinsamkeit besteht in der sozialen Trägerschaft der Kulturarbeit. Sowohl die Abgrenzung als auch die Entwicklung neuer Formen wurden von intellektuellen Gruppierungen getragen. Die proletarische Basis zeigt im ersten Fall, daß sie nicht ohne weiteres bereit ist, ihr Verhalten dem zitierten »Sittenkodex« anzupassen, im zweiten Fall bleibt sie dem Arbeitersport und den Arbeitergesangsvereinen verhaftet, in deren Rahmen sie kein klassenkämpferisches Bewußtsein entwickeln kann.

Vorträge und Schulungen

Von wesentlich größerer Bedeutung war allerdings der Vortrags- und Schulungssektor. Auf diesem Gebiet gelang es, ein stufenmäßig systematisiertes Konzept der Schulung aufzubauen, dem in der Partei eine gewisse Verbindlichkeit zukam. Die unterste Ebene bildeten die Einzelvorträge, die in das Organisationsleben der Partei integriert waren. Daneben gab es Vortragsreihen und als unterste Stufe des schulmäßigen Unterrichts die Arbeiterschulen. Die Parteischule (im Bereich der Freien Gewerkschaften die Gewerkschaftsschule) war bereits höhere Funktionärbildung, während die Arbeiterhochschule die Krönung dieses Bildungsgebäudes darstellte.

Obwohl den *Einzelvorträgen* vom pädagogischen Standpunkt nur beschränkte Wirkung zukommen konnte, waren sie äußerst beliebt. Im Zeitraum von 1922 bis 1932 stieg die Anzahl der von der Zentralstelle vermittelten Vorträge von 731 auf fast das Zehnfache (6650)[22].

Welche Inhalte in den Vorträgen vermittelt wurden, zeigt eine Statistik, die Franz Senghofer für das erste Vierteljahr 1929 für die Wiener Parteiorganisation erstellte[23].

Vorlesungen (139)		*Medizinische Vorträge (56)*	
Ernstes und Heiteres	136	Krankheiten	38
Sinclair	1	Hygiene	18
Raimund-Nestroy	1		
Humor aus allen Sprachen	1		

Frauenvorträge (84)	
Frauenbewegung	49
Kultur der Frau	35
Sexualfragen (24)	
Sexualleben	15
Ehe	3
Prostitution	1
Bevölkerungspolitik	5
Politisches Leben in Österreich (82)	
Politische Tagesfragen	14
Politik in Österreich	9
Faschismus	10
Volksabstimmung	2
Mieterschutz	5
Polizei	15
Justiz	4
Geschwornengerichte	6
Gegner	11
Christlichsoziale	2
Hakenkreuzler	1
Heimwehr	3
Gesellschaft (15)	
Kapitalismus	3
Gesellschaft	1
Utopischer Sozialismus	2
Wissenschaftlicher Sozialismus	9
Sozialistische Bewegung (75)	
Sozialistische Führer	15
Parteiprogramm	1
Parteigeschichte	21
Parteiorganisation	2
Geistiges Leben in der Partei	1
Jugend	8
Presse	10
1. Mai	9
Schutzbund	3
Taktik	4
Stadt und Land	1
Gemeinde (10)	
Gemeindepolitik	2
Steuerwesen	1
Fürsorge	7
Kind und Erziehung (34)	
Sozialistische Erziehung	30
Schule	3
Kinderarbeit	1
Kultur des Proletariats (27)	
Bildung	4
Wissenschaft	1
Kunst	1
Festkultur	2
Fasching	1
Alkohol	10
Film	2
Wohnkultur	5
Freizeit	1
Wirtschaft (16)	
Gewerkschaften	1
Betriebsräte	1
Sozialversicherung	4
Berufskrankheiten	2
Rationalisierung	5
Kartelle und Trusts	1
Geld	1
Genossenschaften	1
Technik (3)	
Naturwissenschaften (11)	
Naturwissenschaft	2
Leben	3
Rassen	1
Tiere	1
Erde	2
Erdbeben	1
Wetter	1
Geschichte (26)	
Allgemeine Geschichte	18
Kulturgeschichte	2
Österreichische Revolution	4
Geschichte Wiens	2
Religion (31)	
Religion und Kirche	12
Päpste	2
Inquisition	2
Klerikalismus	1
Feuerbestattung	3
Religiöse Sozialisten	11
Internationale Politik (75)	
Weltwirtschaft	3
Erdöl	1
Weltpolitik	4
Völkerbund	1
Krieg	1
China	1
Mexiko	3
Europa	2
Balkan	1
Rußland	20
Italien	16
England	9
Ungarn	8
Südslawien	2
Frankreich	1

Auffallend ist zunächst der relativ hohe Anteil der »Vorlesungen« und hier wiederum die fast vollkommene Dominanz des Veranstaltungstyps »Ernstes und Heiteres«. Bei dieser Art von Vorlesungen handelte es sich um eine Mischung aus verschiedensten literarischen Werken, die zumeist auf das Können und die Fertigkeit der Rezitatoren zugeschnitten war. Versuche, bestimmte Autoren oder Themenkreise in den Mittelpunkt zu stellen, schlugen fehl. Die Tatsache, daß bloß drei derartige Veranstaltungen durchgeführt wurden, beweist das. Ein weiterer Schwerpunkt der Vorträge zeigt, daß sich die Wiener Parteisektionen mit ihren Bildungsvorträgen an die große Reserven der Unaktiven oder politisch gering Interessierten wandten. Ca. 10 Prozent der Vorträge waren medizinischen Problemen und sexuellen Fragen vorbehalten.

Besonders beliebt waren die medizinischen Vorträge bei Frauen (ca. ein Drittel). Fragen der Sexualität waren hingegen ziemlich gleichmäßig auf allgemeine Sektionsvorträge und Frauenvorträge aufgeteilt. Als politische Dimension der Vorträge über medizinische Probleme wurde es angesehen, aufzuzeigen, welche Zusammenhänge zwischen Kapitalinteresse und Krankheit, Alkohol oder Prostitution bestanden. Daneben galt es, aktuelle Tagesfragen wie Auswirkungen des Rationalisierungsprozesses auf die Gesundheit oder die Abtreibungsproblematik darzustellen[24].

Inwieweit gerade sexuelle Fragen etwa im Sinne von Wilhelm Reich auch politisch abgehandelt wurden, entzieht sich unserer näheren Kenntnis. Wir wissen lediglich, daß Wilhelm Reich Vorträge für die Zentralstelle hielt. Er wurde aber wegen seiner sexualpolitischen Ansichten Anfang 1930 aus der Partei ausgeschlossen[25].

Vorträge über Frauenbewegung, Frauenrecht und Kulturleben der Frau stellen einen Anteil von über 10 Prozent. Wichtiger ist die Feststellung, daß sie fast ausschließlich vor Frauenorganisationen und nur sehr selten in allgemeinen Sektionsversammlungen stattfanden. Dies zeigt einerseits das starke Problembewußtsein der Frauen für ihre geschlechtsspezifischen Anliegen, andererseits aber das mangelnde Verständnis der Männer für die Wichtigkeit der politischen Frauenarbeit.

Die Kategorie »Politisches Leben in Österreich«, die etwa den gleichen Prozentsatz wie die Frauenvorträge umfaßt, hat fünf Schwerpunkte. Neben Vorträgen über politische Tagesfragen und Politik in Österreich, die aber allgemein gehalten waren, stechen vor allem drei spezielle Themenkomplexe heraus: Polizei, Faschismus und Gegner. Hier zeigt sich bereits ein stark konfliktorientiertes Problembewußtsein bei politischen Fragen. Vorträge über spezielle Fragen aktueller

Natur wie Volksabstimmung und Mieterschutz sind in der Minderheit. Interessant ist auch, daß überhaupt keine Vorträge über Verfassungsfragen stattfanden, obwohl im selben Jahr unter heftigen Diskussionen die Verfassungsreform beschlossen wurde.

Vorträge über theoretische Fragen der Bewegung sind sehr dünn gesät. Ihr Anteil beträgt knapp über 2 Prozent. Die Vermittlung von Theorie kommt im Bereich der »Massenbildung« kaum zum Tragen.

Beim Themenkomplex »Sozialistische Bewegung« (11 Prozent aller Vorträge) fallen fünf Schwerpunkte auf: Parteigeschichte, sozialistische Führer, Presse, 1. Mai und Jugend. Interessant ist das häufige Vorkommen von Vorträgen über sozialistische Führer. Bezeichnend ist die Aufteilung auf einzelne Personen: Liebknecht und Luxemburg zehn, Marx, Engels, Lenin, Adler, Eisner (je einer). Die hohe Anzahl der Liebknecht/Luxemburg-Feiern zeigt die große Verehrung, die man den beiden in der SDAP angedeihen ließ.

Die große Anzahl der Vorträge muß aber auch in Beziehung zu den Vorträgen über das Parteiprogramm gesetzt werden. Hier findet sich lediglich eine Veranstaltung. Wirtschaftliche Fragen wurden in den Parteisektionen nicht sehr intensiv behandelt; vor allem der theoretische Teil der Nationalökonomie kam sehr schlecht weg.

Bei der »internationalen Politik« stoßen die Sowjetunion und Italien auf das größte Interesse. Die laufenden Entwicklungen in der Sowjetunion, wie etwa Fünfjahrpläne, wurden sehr heftig diskutiert. Obwohl man mitunter scharfe Kritik an den diktatorischen Verhältnissen in der UdSSR finden kann, war das Verhältnis zu ihr nicht von vornherein negativ. Auch die Entwicklung im faschistischen Italien verfolgte man, vor allem in Hinblick auf die Zuspitzung der Auseinandersetzungen mit dem politischen Gegner im Inland, mit großem Interesse und Sorge.

Erwähnenswert ist auch die relativ geringe Bedeutung von Vorträgen über Gemeindepolitik[26].

Die *Vortragsreihen* waren dagegen mehr auf systematische Zusammenhänge angelegt. In manchen Jahren gab es allein im Bereich der Wiener Organisation mehr als hundert solcher Zyklen. Ein Vergleich der inhaltlichen Schwerpunkte zeigt bis 1922/23 ein deutliches Übergewicht von Vortragsreihen über »Klassenkampf«, »Sozialisierung«, »Der Weg zum Sozialismus« und »Geschichte der Revolutionen«[27]. Im Mittelpunkt der Reihen stehen Vorträge über aktuelle Probleme der SDAP, die sich damals vor der Möglichkeit einer Einflußnahme auf wirtschaftliche und politische Prozesse sah, andererseits aber an der Basis ihrer Organisation mit kommunistischen Bestrebungen zu tun hatte.

So finden wir in der Reihe »Klassenkampf« Vorträge über die »Internationale zweieinhalb«, internationale Voraussetzungen des Sozialismus, Gildensozialismus, in der Reihe »Marxismus in der Praxis« unter anderem Vorträge über die Unterschiede im Klassenkampf vor und nach dem Krieg, Sozialismus oder Kommunismus und in der Reihe »Sozialisierung« Veranstaltungen über Weltwirtschaft und Sozialisierungsmöglichkeiten, kapitalistischen oder sozialistischen Wiederaufbau und wiederum Gildensozialismus.

Der ideologischen Erziehung der in jenen Jahren der Partei zuströmenden Mitgliedermassen dienten in erster Linie Zyklen über die Thematik »Warum sind wir Sozialisten?«. Das Programm dieses Zyklus sah folgendermaßen aus: »Die großen Utopisten und ihre Lehren – Marx und Engels, die Begründer des wissenschaftlichen Sozialismus – Das Kommunistische Manifest – Der Klassenkampf und seine Formen – Die Funktion des Kapitals – Kirche, Religion und Sozialismus – Schule, Massenbildung und Klassenkampf – Der Zukunftsstaat.«

Das Unterrichtsjahr 1923/24 bedeutet den Beginn eines neuen Abschnittes in der Massenbildung, der von den eben skizzierten Inhalten weg- und zu einer intensiveren Beschäftigung mit sozialwissenschaftlichen, aber auch historischen Fragestellungen hinführt[28]. Damit verbunden ist auch eine Abkehr von hauptsächlich politisch orientierten und eine Hinwendung zu mehr wissenschaftlich ausgerichteten, generalisierenden Fragen.

Wir finden jetzt Reihen über »Der Entwicklungsgedanke in Natur und Gesellschaft«, »Arbeiterbewegung in Österreich«, »Der Arbeiter in unserer Gesellschaft«, »Religion und Sozialismus«, »Die moderne Demokratie«, »Ideen und Interessen im politischen Kampf«, »Individuum und Gesellschaft«, »Die sozialistischen Hauptströmungen der Gegenwart«, »Das Wesen der Organisation einst und jetzt« und ähnliches mehr. Im Mittelpunkt der Vortragsreihen dieser Periode stehen Themen, die zu einer umfassenden Erklärung der zeitgenössischen Probleme und zu ihrer Einbettung in gesamtgesellschaftliche und historische Zusammenhänge führen sollen.

Um einen Vergleich mit der vorangegangenen Periode zu ermöglichen, sei an dieser Stelle das Programm des einführenden Vortragszyklus über »Sozialismus und Arbeiterbewegung« angeführt: *Die wirtschaftlichen Grundlehren des Sozialismus – Unsere Geschichtsbetrachtung – Klassenkampforganisationen des Proletariats – Gegner der Arbeiterschaft – Aus der Geschichte der österreichischen Arbeiterbewegung.* Aus den vorhin angeführten Vortragsreihen wäre noch die Reihe »Die sozialistischen Hauptströmungen der Gegenwart« hervorzuheben. Nach einer Diskussion über die sozialistischen Richtungen vor dem Krieg werden hier folgende Gegenwartsströmungen behandelt: der englische Sozialismus, der Bolschewismus, der Staatssozialismus, der idealistische Sozialismus und der Austromarxismus. Daneben finden wir natürlich Vortragsreihen, die auf aktuelle, tagespolitische Probleme Antwort geben sollen. Im Jahr 1924/25 ist das »Die Genfer Sanierung«, im Jahr 1926 das neue Parteiprogramm und im Jahr 1927 etwa ein Zyklus »Soziologie der Justiz«. Ab dem Jahr 1928 können wir eine neue Entwicklung sehen, die sich verstärkt internationalen Problemen zuwendet.

Ein Grund dafür dürfte sicherlich auch in der wichtigen Erkenntnis zu finden sein, daß die nun anhebenden wirtschaftlichen Krisenerscheinungen in einem internationalen Maßstab zu betrachten sind. In den Jahren 1918 und 1929 finden wir Zyklen über »Grundlagen der modernen Weltpolitik«, »Das neue Europa«, »Weltmacht Amerika«, »Englands Weltreich und Politik«, »Verkehr und Weltwirtschaft« und anderes.

Diese neue Sichtweise versucht man nun auch auf scheinbar unpolitische Bereiche wie die Literatur zu richten. So gibt es Reihen über »Die europäische Gesellschaft im Roman«, »Rußland im Roman«, »Amerika im Roman«. Man kann dies auch als Versuch werten, das nun verstärkt einsetzende Verlangen der Mitgliederschaft nach Rezitationen in politische Bahnen zu lenken. Unter den Schriftstellern, die in den drei Reihen besprochen werden sollten, finden wir neben anderen die Namen von Barbusse, Lagerlöf, Hamsun, Thomas Mann; Gorki, Gladkow, Ehrenburg; Sinclair, London, Lewis. Auch andere Vortragszyklen wie »Das Gesicht der herrschenden Klasse« wurden mit Blickrichtung auf die internationalen Entwicklungen abgehandelt. Hier finden wir die österreichischen Christlichsozialen und Großdeutschen in der Gesellschaft der englischen Tories, der französischen Radikalen, der magyarischen Gentry, der tschechischen Bourgeoisie, der KPdSU und der Monarchisten, Klerikalen und Demokraten im Deutschen Reich.

Der gleiche Vortragszyklus hat im darauffolgenden Jahr bereits ein gänzlich anderes Gesicht. Nun beginnt sich bereits eine neue Entwicklung abzuzeichnen, die an Fragen von Macht und Herrschaft anzusetzen versucht. Im Jahr 1929 werden soziologische Fragen, wie der bürgerliche Staat, Klassenjustiz, Schule als politisches Machtinstrument, Kirche und Religion und die bürgerliche Presse abgehandelt[29].

Die letzten zwei Jahre, in denen die Arbeiterbildung sich ungehindert von staatlichen Repressionen entfalten konnte, 1931 und 1932, stehen bereits ganz im Zeichen des Abwehrkampfes, und damit kommen nun abermals, wie bereits von 1919 bis 1923, politisch-strategische und ökonomische Themen in den Vordergrund.

Die Reihe »Die gegenwärtige Wirtschaftslage Österreichs« setzt sich unter anderem mit Problemen der Rationalisierung und der Arbeitslosigkeit auseinander. Der Zyklus »Ständestaat – einst und jetzt« soll die materielle Grundlage solcher politischen Ideen im feudalistischen Produktionssystem aufzeigen. Die Reihe »Der Fascismus – der Todfeind der Arbeiterklasse« soll nicht nur über Entstehung, Bedeutung und Verbreitung des Faschismus informieren, sondern vor allem Aufschluß über die Abwehr solcher Bedrohungen geben.

Die *Arbeiterschulen* stellten ein Mittelding zwischen Vortragsreihen und Parteischule dar. Ihre Inhalte unterlagen denselben Veränderungen wie die der Vortragsreihen. Im Gegensatz dazu blieb der Lehrplan der Parteischule weitgehend unverändert. Die *Parteischule*, ursprünglich nur in Wien bestehend, ging auf das Vorbild der Wiener Arbeiterschule in der Vorkriegszeit zurück[30]. Ihr Lehrplan umfaßte fünf Gebiete: Ökonomie, Soziologie, Rechtswissenschaft, Gewerkschaftskunde und Rhetorik. Die Vorlesungen über Nationalökonomie wurden ursprünglich von Karl Renner, später dann von Benedikt Kautsky gehalten und sollten auf Grundlagen der Marxschen Lehren Einblicke in die Probleme des modernen Wirtschaftsgeschehens geben. Die soziologischen Veranstaltungen waren auf die Analyse der Sozialstruktur Österreichs ausgerichtet, wobei Adolf Schärf und Helene Bauer mehr die statistischen, Sigmund Kunfi die staatssoziologischen Fragestellungen behandelten. Den rechtswissenschaftlichen Teil, der in besonderem Verfassungsfragen zum Gegenstand hatte, übernahm ursprünglich Max Adler, später Oskar Trebitsch und dann Ludwig Neumann. Gewerkschaftskunde wurde von Viktor Stein vorgetragen. Den Redeunterricht übernahmen Otto Koenig, Otto Leichter und Richard Wagner. Gerade diese rhetorischen Übungen unter der Leitung Otto Koenigs zählten zu den beliebtesten Veranstaltungen und hatten außergewöhnliche Erfolge zu verzeichnen. Neben diesen grundlegenden Bestandteilen der Parteischule gab es noch Vorträge über aktuelle Probleme, die entweder von Schülern oder von erfahrenen Referenten gehalten wurden.

Bei einer Analyse der Unterrichtsgegenstände fällt das beinahe völlige Fehlen von organisationsbezogenen Lehrinhalten auf. Die Inhalte beziehen sich eher auf eine allgemeine Erweiterung des Wissens der Funktionäre mit starker Betonung theoretischer Fragen des Sozialismus, wobei die ökonomische Seite besonders stark ausgeprägt ist.

Die Erfolge der Parteischule sind nicht von der Hand zu weisen.

Viele ihrer Absolventen wurden nach Abschluß ihrer Studien zu mehr oder minder verantwortungsvollen Aufgaben in der sozialdemokratischen Bewegung herangezogen. Außerdem gelang es, einen großen Teil der Absolventen auch nach dem Besuch der Schule weiter für die Diskussionen und Beschäftigung mit politisch-theoretischen Problemen zu interessieren[31].

Die Arbeitsgemeinschaft wählte aus ihren Reihen einen Ausschuß, der die Schwerpunkte der Tätigkeit festlegte. In regelmäßigen Zusammenkünften wurden einerseits Vorträge zur Vertiefung der in der Parteischule gewonnenen Erkenntnisse und zur Beschäftigung mit tagespolitischen Fragestellungen durchgeführt, andererseits Diskussionen über neue Probleme veranstaltet, wie etwa 1925 im Zusammenhang mit dem Agrarprogramm über die Zuwanderung ländlicher Arbeitskräfte in die Industriegebiete und ihre Auswirkungen auf die sozialen Kämpfe.

Es sei noch kurz auf die soziale Schichtung der Parteischüler eingegangen. Dazu bedienen wir uns der für den 1. bis 4. Kurs ausgewiesenen Daten über die gewerkschaftliche Zugehörigkeit. Wir haben die einzelnen Gewerkschaften in vier Kategorien zusammengefaßt, was folgendes Bild ergibt[32]:

1. Kurs	2. Kurs	3. Kurs	4. Kurs	Prozentverhältnis (auf- bzw. abgerundet)
40,3	29,9	38,6	24,7	Arbeiter
31,9	36,2	30,9	47,5	Angestellte
21,0	24,4	24,5	24,7	Öffentlich Bedienstete
6,7	9,4	8,2	3,0	keine Gewerkschaftsmitglieder

Vergleicht man die soziale Gliederung der Parteimitgliederschaft mit jener der Parteischule, kann man eine deutliche Unterrepräsentierung der Arbeiter unter den Parteischülern und somit im mittleren und höheren Funktionärskader der Organisation ersehen. Der Arbeiteranteil an der Mitgliederschaft betrug 47,49 Prozent, der an der Parteischule zwischen 24,7 und 40,3 Prozent. Stark überrepräsentiert sind Angestellte (Mitglieder 11,8 Prozent, Parteischule zwischen 30,4 und 47,5 Prozent), öffentlich Bedienstete (Mitglieder 12,3 Prozent, Parteischule zwischen 21 und 24,7 Prozent), während nichtberufstätige Hausfrauen (Mitglieder 16 Prozent, Parteischule unter 9,4 Prozent) stark unterrepräsentiert sind. Ebenfalls nicht dem Anteil an der Mitgliederschaft entsprechend sind die Prozentsätze von Freiberuflern und Selbständigen.

Diese Überlegungen führen zu dem Schluß, daß auf den oberen Schulungsebenen der Partei eindeutig Angestellte und öffentlich Bedienstete ein Übergewicht darstellten. Der hohe Anteil der letzteren läßt sich auf die starke Position der städtischen Angestellten innerhalb dieser Gruppe, die zwischen 20 und 35 Prozent betrug, zurückführen.

Die bedeutendste Einrichtung der Arbeiterbildung war sicherlich die *Arbeiterhochschule*. Wegen der wirtschaftlichen und politischen Schwierigkeiten konnte sie allerdings nur viermal durchgeführt werden. Sie war in ihrer Konzeption als Eliteschule angelegt, was sich darin zeigt, daß sie von insgesamt nur 66 Funktionären absolviert wurde.

Ihre Leitung wurde nicht der Bildungszentrale, sondern einem eigens dafür gegründeten Kuratorium übertragen, dem Otto Bauer, Robert Danneberg, Julius Deutsch, Edmund Palla (Kammeramtsdirektor der Wiener Arbeiterkammer), Adelheid Popp, Sigmund Rausnitz (Konsumgenossenschaften), Karl Renner, Paul Richter, Johann Schorsch (beide Gewerkschaftskommission), Eduard Straas und Leopold Thaller angehörten.

Die administrative Leitung der Arbeiterhochschule wurde Josef Luitpold Stern anvertraut. Die pädagogische und inhaltliche Konzeption der Arbeiterhochschule wurde maßgebend von ihm beeinflußt[33].

Da war einmal die Internatsform dieser Schule, die eine echte Lebensgemeinschaft der Schüler und Lehrer ermöglichte. Gerade dies sollte zu einer Veränderung der persönlichen Haltung und des Charakters im Sinne eines »sozialistischen Menschenbildes« führen. Wir wollen zur Illustration die Ausführungen Josef Luitpold Sterns in der Schlußfeier des 1. Kurses anführen: »Nicht allein von diesem geistigen Aufstieg soll gesprochen werden, es muß auch gesprochen werden von der großen Veränderung des einzelnen Menschen. Gesichtsausdruck und Haltung sind gesteigert und verändert worden... Diese Schule hat ihren Prüfstein darin gefunden, ob die Schüler nicht nur in ihrem Geiste, sondern auch in ihrem seelischen Inhalt gewonnen haben[34].«

Auch die Erinnerungen einzelner Absolventen der Arbeiterhochschule bestätigen diese erlebnisstarke, persönlichkeitsbildende Funktion[35].

Diese Grundkonzeption war natürlich eng mit der Idee einer demokratischen Schulverfassung verknüpft. Josef Buttinger, Absolvent der Arbeiterhochschule, beschreibt diese für die damalige Zeit einzigartigen Verhältnisse in einem Aufsatz für die Parteiillustrierte *Der Kuckuck:* »... Also möglichst unbeschränkte Selbstverwaltung. Die Hörerschaft gibt sich vor allem eine ›Verfassung‹, in der die Grundsätze für das Zusammenleben während des Aufenthalts im Internat festgelegt sind. Tagwache, Unterricht, Lernzeit, Nachtruhe, Wahl der Vertrauensmänner. Drei Vertrauensmänner, für jede Woche einen ›geschäftsführenden‹, der die laufenden Angelegenheiten zwischen Hörerschaft, Direktion und Lehrkörper regelt[36].«

Daraus ergaben sich neue Formen des Lernens. Nicht das individuelle, auf persönlichen Erfolg orientierte »Streben« war das pädagogische Ziel, sondern das kooperative Erarbeiten des Lernstoffes in Arbeits- und Diskussionsgemeinschaften. Diese neuen »kollektivistischen Formen der Lehrtätigkeit« (Buttinger) ließen auch nicht die traditionellen Lehrer-Schüler-Gegensätze entstehen[37].

Wie sehr die Lehrer von diesem neuen Stil angetan waren, zeigt die Rede Otto Bauers auf der erwähnten Schlußfeier: »Es war eine Freude, mit Ihnen zu lernen... Halten Sie es darum nicht für die Wiederholung eines jetzt schon konventionellen Grußes, halten Sie es darum *für den Ausdruck eines wirklichen Gefühls,* wenn ich Ihnen sage, daß wir Wert darauf legen, das weiterzupflegen, was sich hier herausgebildet hat: *die wirkliche Kameradschaft, die wirkliche Freundschaft*[38].«

Nach den Schilderungen der Unterrichtsatmosphäre wollen wir nun auf den Inhalt der Lehrpläne eingehen.

Der Lehrplan des ersten Kurses sah folgendermaßen aus:

Gegenstand	Stundenanzahl (Doppelstunden)	Referent
Nationalökonomie	40	Otto Bauer
Politik, Allgemeine Staatslehre	25	Karl Renner
Österreichs Verfassung	8	Adolf Schärf
Arbeiterrecht	40	Arnold Eisler
		Matthias Eldersch
		Richard Fränkel
		Edmund Palla
Gewerkschaftslehre	25	Viktor Stein
Genossenschaftswesen	10	Karl Renner
Deutsche Wirtschaftsgeschichte	20	Otto Neurath
Geschichte des Sozialismus	40	Max Adler
		Julius Deutsch
		Friedrich Adler
Weltgeschichte seit 1789	40	Sigmund Kunfi
Organisationskunde	12	Robert Danneberg

(Dieser Unterricht wurde in der Regel vormittags abgehalten. Von 16 bis 18 Uhr nachmittags wurden dann seminaristische Übungen durchgeführt.)

Gegenstand	Stundenanzahl (Doppelstunden)	Referent
Arbeitsrechtliches Seminar	22	Richard Fränkel
Statistisch-volkswirtschaftliches Seminar	24	Helene Bauer
		Otto Neurath
Journalistisches Seminar	42	Luitpold Stern
		Max Winter
Redeseminar	23	Luitpold Stern

Dazu kamen noch sportliche Betätigung im Fach »Wehrturnen« (21 Nachmittage), das von Alexander Eifler geleitet wurde, und Lehrausgänge, Betriebsbesichtigungen, Konzert- und Theaterbesuche (45 Abende und Nachmittage)[39].

Obwohl für das Unterrichtsprinzip ausländische Vorbilder vorlagen, so etwa das Modell der sozialistischen Heim-Volkshochschule Tinz-Gera in Thüringen[40], stellte die Wiener Arbeiterhochschule ein einzigartiges Experiment dar. Es verwundert nicht, daß ihre Einrichtungen, Erfahrungen und Erfolge die wachsende Aufmerksamkeit der Fachwelt vieler Staaten hervorriefen und daß sie zum Zielpunkt von Reisen vieler Arbeiterbildungsexperten wurde.

Der Bereich der intellektuellen Erziehung kann abschließend als Glanzstück der Tätigkeit der Bildungszentrale bezeichnet werden. Die verschiedenen Stufen von der Massenbildung bis zur Schulung der Funktionäre garantierten, daß der »Geist des Austromarxismus« nicht auf einige wenige Theoretiker beschränkt blieb. In zwei organisatorischen Bereichen allerdings gelang es der Bildungszentrale nicht, ihre Vorstellungen voll zum Tragen zu bringen.

Das waren zum einen die Gewerkschaften. Die zwischen den Gewerkschaftsführern und den Führern der Partei zwar nicht immer ausgesprochenen politischen Gegensätze, etwa im Sinne einer mehr pragmatischen oder einer mehr am sozialistischen Endziel orientierten Strategie, wirkten sich auch auf die Bildungs- und Kulturarbeit aus. Dies zeigte sich nicht nur in dem relativ geringen gewerkschaftlichen Engagement auf diesem Gebiet, sondern auch in unterschiedlichen Auffassungen von ihren Aufgaben und Zielen. Die Kritik der Gewerkschaften an den Grundsätzen der Bildungszentrale richtete sich vor allem gegen die zu sehr politische Ausrichtung der Bildungsarbeit. Die 1926 von Richard Wagner gegründete Wiener Gewerkschaftsschule mag als Beispiel dafür dienen, was man sich unter gewerkschaftlicher Bildungsarbeit vorstellte. Trotz dieser Initiative wurde das gewerkschaftliche Bildungswesen im ganzen Zeitraum stets als etwas Nebensächliches betrieben. Die Einbrüche der Unternehmerschaft in das subjektive Empfinden der Massen, etwa mit Beginn der »sozialen Rationalisierung«, sind mit Sicherheit auf das Fehlschlagen der gewerkschaftlichen Bildungsarbeit zurückzuführen.

Ähnliche Folgen hatte auch die zweite »Bruchstelle« im System der sozialistischen Bildungs- und Kulturarbeit in der Ersten Republik, eine Bruchstelle, die zwischen der Wiener Zentrale und den Bundesländern bestand. Ähnlich wie bei den Gewerkschaften gab es auch hier differierende politische Grundsatzpositionen, die zu Inaktivität bzw. zu unterschiedlicher Bildungspraxis führten. Die Aktivitäten der Bundesländer litten einerseits unter dem Dilemma, die für urbane Verhältnisse entwickelten Positionen der Zentralstelle nicht unmittelbar auf agrarische Bedingungen übertragen zu können, und andrerseits unter dem Unvermögen, spezifische, den Kampfbedingungen adäquate Formen der Bildungs- und Kulturarbeit zu entwickeln. Somit wurde es den Gegnern der Sozialdemokratie, im besonderen den Nationalsozialisten, ermöglicht, die kulturellen Werte der Provinz für sich zu vereinnahmen.

ANMERKUNGEN

1 Der Großteil der folgenden Ausführungen basiert auf meiner Dissertation: Josef Weidenholzer, *Bildungs- und Kulturarbeit der Sozialistischen Bildungszentrale in der Ersten Republik,* Universität Linz 1977.
2 Vgl. Otto Bauer, *Die österreichische Revolution,* Wien 1923.
3 Vgl. Lewis A. Coser, *Theorie sozialer Konflikte (The Functions of Social Conflict.* Glencoe 1956), Neuwied-Berlin 1972², S. 137 f.
4 Adam Wandruszka, *Österreichs politische Struktur. Die Entwicklung der politischen Parteien und Bewegungen,* in: H. Benedikt (Hrsg.), *Geschichte der Republik Österreich,* Teil II, Wien 1954, S. 46
5 Oskar Negt, Alexander Kluge, *Öffentlichkeit und Erfahrung, Zur Organisationsanalyse von bürgerlicher und proletarischer Öffentlichkeit,* Frankfurt-M. 1972, S. 343
6 Ebenda, S. 370 ff.
7 Parteitagsprotokoll 1927, S. 129
8 Ebenda, S. 138
9 Otto Felix Kanitz, *Eine sozialistische Erziehungsinternationale,* in: *Bildungsarbeit, Zeitschrift für das sozialistische Bildungswesen* (ab nun als BiA abgekürzt) 10. Jg. (1923), S. 43
10 Paul F. Lazarsfeld, *Eine Episode der Geschichte der empirischen Sozialforschung: Erinnerungen,* in: Talcott Parsons, Edwars Shils, Paul F. Lazarsfeld, *Soziologie – autobiographisch, Drei kritische Beiträge zur Entwicklung einer Wissenschaft,* Stuttgart 1975, S. 149
11 Max Adler, *Neue Menschen, Gedanken über sozialistische Erziehung,* zweite vermehrte Auflage, Berlin 1926, S. 31
12 Ebenda, S. 29
13 Ebenda, S. 51
14 Vgl. Weidenholzer, a. a. O., S. 128 f.

15 Richard Wagner, *Der Klassenkampf um den Menschen,* Schriftenreihe *Neue Menschen,* Hrsg. v. Max Adler, Berlin 1927, S. 185
16 Ebenda, S. 185
17 Josef Luitpold Stern, *Klassenkampf und Massenschulung,* Prag 1924, S. 19
18 Diese Gliederung hatten alle Kurse, die Stern über Arbeiterbildung hielt, zur Grundlage.
19 Vgl. Josef Weidenholzer, *Arbeiterkultur als Gegenkultur – Zur Kulturarbeit der Bildungszentrale der SDAP (1918–1932),* Referat auf der 13. Linzer Konferenz der Historiker der Arbeiterbewegung, Linz, September 1977.
20 Vgl. Henriette Kotlan-Werner, *Kunst und Volk. David Josef Bach 1874–1947, Materialien zur Arbeiterbewegung* Nr. 6, Ludwig Boltzmann Institut für Geschichte der Arbeiterbewegung, Wien 1977
21 Vgl. Friedrich Scheu, *Humor als Waffe. Politisches Kabarett in der Ersten Republik,* Veröffentlichungen des Ludwig Boltzmann Instituts für Geschichte der Arbeiterbewegung, Wien 1977
22 Vgl. Weidenholzer, a. a. O.
23 Vgl. Franz Senghofer, *Welche Vorträge werden in den Wiener Parteiorganisationen abgehalten?,* in: BiA, 16. Jg. (1929), S. 71 ff.
24 Vgl. Bernhard Blatt, *Populäre Medizin in der sozialistischen Bildungsarbeit,* in: BiA, 16. Jg. (1929), v. 75.
25 Vgl. *Der Vertrauensmann,* 6. Jg. (1930), S. 16.
26 Vgl. dazu auch Charles A. Gulick, *Österreich von Habsburg zu Hitler,* gekürzte Ausgabe, Wien 1976, S. 241
27 Vgl. Bericht 1919/20, 1921/22 und 1922/23 der Zentralstelle für das Bildungswesen, in: BiA, 7.–10. Jg. (1920–1923).
28 Vgl. die Berichte für 1923/24, 1924/25, 1926 (2. Halbjahr) und 1927 in: BiA 11.–15. Jg. (1924–1928).
29 Vgl. Bericht 1929, in: BiA 17. Jg. (1930).
30 Vgl. Otto Bauer, *Die Wiener Arbeiterschule,* in: *Neue Zeit,* 24. Jg. (1905/06), S. 402.
31 Die vorangegangenen Ausführungen basieren auf einem Gespräch, das der Verfasser mit Prof. Franz Senghofer am 3. 1. 1977 in Wien führte.
32 Vgl. Weidenholzer, *Bildungs- und Kulturarbeit...,* S. 213.
33 Hans Rusinek, *Der Arbeiterbildner Josef Luitpold Stern,* in: *Arbeit und Wirtschaft,* 5. Jg. (1951–1952), September 1951, S. 5–7
34 Rede Josef Luitpold Sterns bei der Schlußfeier des 1. Kurses der Arbeiterhochschule, in: *Von unserer Arbeiterhochschule,* in: BiA, 13. Jg. (1926), S. 116/117
35 Vgl. *Erinnerung an die Wiener Arbeiterhochschule,* in: *Arbeit und Wirtschaft,* 20. Jg. (1966), S. 23–25, sowie ein Interview, das der Verfasser mit Prof. Ernst Winkler am 8. Februar 1974 in Wien führte.
36 Josef Buttinger, *Die Wiener Arbeiterhochschule,* undatierter Artikel aus der Illustrierten *Der Kuckuck,* dem Verfasser freundlicherweise zur Verfügung gestellt von Prof. Ernst K. Herlitzka
37 Ebenda
38 Schlußfeier..., a. a. O., S. 118
39 Siehe Bericht der Zentralstelle für das Bildungswesen für 1925/26, in: BiA, 13. Jg. (1926), S. 217.
40 Vgl. dazu Artur Meier, *Proletarische Erwachsenenbildung. Die Bestrebungen der revolutionären deutschen Arbeiterbewegung zur systematischen Bildung und Erziehung erwachsener Werktätiger (1918–1923),* pädag. Diss., Humboldt Universität Berlin (DDR), 1964, neu erschienen Hamburg 1971, S. 158–163.

Reinhard Kannonier
Zur Entwicklung der Österreichischen Arbeitermusikbewegung*

1. Die Anfänge

Die Tradition der Arbeitermusikbewegung reicht bis in die Zeit der Entstehung und ersten Ausbreitung der Arbeiterbewegung selbst zurück. Ihr Überleben wäre undenkbar gewesen ohne den enormen Aufschwung der Sozialdemokratie und der Gewerkschaften in der zweiten Hälfte des 19. Jahrhunderts: dadurch erst wurden die materiellen Voraussetzungen dafür geschaffen, daß ein – wenn auch kleiner – Teil der vorhandenen Ressourcen in die Unterstützung der Bildungsbestrebungen von Arbeitervereinen fließen konnte.

Ein zweiter Grund ist mindestens ebenso wichtig, ja historisch gesehen sogar prioritär: Die Arbeiterbildungsvereine hatten in den ersten Jahrzehnten ihres Bestehens unmittelbar politische und organisatorische Aufgaben zu erfüllen. Es war immer noch »leichter«, der feudalen Bürokratie die Genehmigung von Bildungsvereinen als von gewerkschaftlichen oder politischen Organisationen abzuringen.

Wie schwierig es trotzdem war und wie rasch die Behörden die eminent politische Bedeutung von Bildungsvereinen erkannten, zeigt sich an Hand eines Berichtes der Polizei an das Staatsministerium vom 20. Dezember 1862:

> Aus dem Statutenentwurf erhellt, daß der Verein, den man hier zu begründen beabsichtigt, ganz dieselben demokratischen Prinzipien zu verfolgen berufen ist wie die gleichnamigen Vereine in Deutschland, welche – wie bekannt – den deutschen Regierungen dermalen die größte Verlegenheit bereiten, indem sie sich plötzlich als politische Vereine der gefährlichsten Sorte entpuppt haben und als solche nun, nachdem man es versäumt hatte, ihnen rechtzeitig bei ihrem Entstehen entgegenzutreten, nachträglich bekämpft werden müssen[1].

Das Staatsministerium nahm sich die Warnung zu Herzen: Alle Ansuchen in der ersten Hälfte der sechziger Jahre wurden kategorisch

---

* Gewidmet dem Andenken an den kürzlich verstorbenen hervorragenden Kenner der österreichischen Arbeitermusikbewegung, Prof. Friedrich Vogl

abgelehnt. Die österreichischen Initiatoren hatten nämlich auf die sich in Deutschland entwickelnde »Tendenzkunst« geblickt. In ihr manifestierten sich Abgrenzungsversuche gegenüber der bürgerlichen, »tendenzlosen« Liedertafelliteratur und gleichzeitig auch erste, vom Bürgertum autonome Organisationsformen der Arbeiterbewegung.

1865 war es aber dann doch so weit: Am 10. Oktober wurde in Wiener Neustadt der erste österreichische Arbeiterbildungsverein gegründet, aus dem 1867 ein Gesangsverein hervorging[2]. Daß die Entstehung der österreichischen Arbeitermusikbewegung identisch war mit der der Arbeitersänger, ist gewiß kein Zufall. Die Arbeiter waren aufgrund der materiellen und kulturellen Dominanz des Bürgertums und des Adels gezwungen, auf das billigste und einfachste musikalische Ausdrucksmittel zurückzugreifen: auf die menschliche Stimme. Zwar wurden später Arbeiterlieder und Marschstücke auch von Blasmusikkapellen gespielt, aber Instrumente waren sehr teuer und die Ausbildung an ihnen schwierig.

Im selben Jahr (1867) entstand der Arbeiterbildungsverein Gumpendorf; der Gründungsversammlung wohnten mehr als 3000 Personen bei. Am selben Abend noch ließen sich mehr als 1000 als Mitglieder in den Verein aufnehmen. Damit war der Startschuß für eine rasche Ausbreitung auf dem gesamten Gebiet der Monarchie gefallen. Hier werden nur jene wichtigsten Vereine angeführt, die auf dem Territorium des heutigen Österreich entstanden:

1869: AGV Morgenrot (Neunkirchen), ASB Linz
1870: GV Beethovenbund Wien, später Gesangssektion der Spengler
1877: AGV Morgenröte, später ASB Villach
1880: AGV Nordwestbahnbund (Wien)
1881: AGV Neudörfl (Burgenland), GV der Lokomotivfabrik Floridsdorf, AGV Stahlklang (Steyr)
1882: GV Typographia (Innsbruck), AGV Eintracht (Innsbruck)
1883: AGV Donaufeld (Wien), Club der Zeitungssetzer (Wien)
1884: AGV Morgenrot (Vöslau), AGV Eintracht (Graz)
1885: ASB Hainburg, Gesangssektion der Lebensmittelarbeiter Wien
1886: GV Edeltraut (Wien), Männerchor der Drechsler (Wien)
1887: GV Flugrad (Wien-Stadlau)
1888: AGV Liedesfreiheit (Graz), AGV Eintracht (Wels)
1889: ASB Salzburg, AGV Bruck a. d. Mur, AGV Mürzzuschlag
1890: GV Freie Typographia (Wien), ASB Hietzing, ASB Stahlklang (Simmering), AGV Frohsinn (Furthof, NÖ), AGV Hönigsberg
1891: ASB Favoriten, ASB Kaisermühlen, Metallarbeitersängerbund (Wien), ASB Ottakring, ASB Brigittenau, AGV Liederkranz (Wiener Neustadt)
1892: ASB Landstraße, AGV Typographia (Graz), AGV Klagenfurt, AGV

Arion (Liesing), AGV Liederhort (Steinabrückl), GV der Post- und Telegraphenangestellten (Wien)

1912 umfaßte der Reichsverband der Arbeitersänger bereits 330 Vereine mit 8214 Migliedern. Dieser Aufschwung der Arbeitersängerbewegung ging keineswegs ruhig und problemlos vonstatten: er war von Wellen der Repression seitens der staatlichen Organe begleitet. Insbesondere während des Ausnahmezustandes von 1884 bis 1889 hatte sie – zum Teil stellvertretend für die sozialdemokratischen Parteiorganisationen – immer wieder um ihre Existenz zu kämpfen.

2. Die musikalischen Ausdrucksformen der frühen Arbeitersängerbewegung

Wie das Volkslied, so war auch der Arbeitergesang zunächst ein unmittelbarer Ausdruck von Lebensbedingungen, Existenzsorgen und Hoffnungen. Eines der ältesten, heute noch bekannten *Arbeitervolkslieder* ist das 1844 anläßlich des schlesischen Weberaufstandes gesungene *Blutgericht* (»Hier im Ort ist ein Gericht . . .«). In ihm finden sich alle wesentlichen Charakteristika: das Lied entstand spontan, der Autor des Textes blieb unbekannt. Die Melodie wurde dem Lied »Es liegt ein Schloß in Österreich« entnommen und ist symptomatisch für den Zusammenhang von Volkslied und Arbeitervolkslied: sie steht im $^6/_8$-Takt und beginnt mit einem Quartenauftakt. Diatonik, zwei- oder dreiteilige Liedform, geradtaktige Rhythmen und das Vermeiden von großen, schwer zu treffenden Intervallsprüngen sind weitere typische Merkmale.

Die häufigste Form der Arbeitervolkslieder waren *ironische Kontrafakturlieder* (Ersetzen des ursprünglichen Textes eines Volksliedes durch einen neuen, den je konkreten Bedürfnissen entsprechenden Text bei gleichbleibender oder nur geringfügig veränderter Melodie, Einfügen von parodistischen Elementen). So war etwa gegen Ende des Ersten Weltkrieges zur Melodie des Radetzkymarsches folgender Text zu hören:

Kein Brot, kein Mehl, kein Rauchtabak,
Stier, stier, stier,
O du mein Österreich!

Solche ironischen Kontrafakturen wurden meist nur kurze Zeit gesungen und kaum in Liederbücher aufgenommen. Sie deuteten aber ein neues Wort-Ton-Verhältnis an, bei dem die Musik nicht allein mediale Funktionen zu erfüllen hatte (diese Form wurde dann u. a. in den Kabaretts weiterentwickelt).

Von *Arbeiterliedern* im eigentlichen Sinn, nämlich als kulturell-politische Ausdrucksform einer neu entstandenen und zu kollektivem Bewußtsein gelangten Klasse, kann wohl erst ab der Mitte des vorigen Jahrhunderts gesprochen werden. Ab diesem Zeitpunkt entstanden immer mehr Lieder, die den Bedürfnissen der *organisierten* Arbeiterbewegung entsprachen (im Gegensatz zu den spontan entstandenen Arbeitervolksliedern). Zusätzlich und damit verbunden entwickelte sich eine gewisse Arbeitsteilung innerhalb der Organisationen (Hand- und Kopfarbeit), die es ermöglichte, selbst Lieder zu verfassen und ihnen eine bewußte Funktion zuzuteilen (propagandistisch, programmatisch usw.). Das österreichische Arbeiterliedschaffen in der zweiten Hälfte des 19. Jahrhunderts wurde vor allem von einem Namen geprägt: Scheu. Die Brüder Josef und Andreas Scheu waren die ersten »Spezialisten« der Arbeitermusikbewegung. Josef, 1841 in Wien geboren, lernte Klavier und Waldhorn am Wiener Konservatorium und wurde 1865 Orchestermitglied im Burgtheater. Auf seine Initiative ging die Gründung des ASB Wien (1878) und später (1902) der Zeitung des österreichischen Sängerbundes zurück. Zusammen mit dem Graveur Josef Zapf schrieb er das wohl verbreitetste frühe Arbeiterlied, das *Lied der Arbeit*. Es wurde erstmals am 29. August 1868 anläßlich einer Totenfeier für Ferdinand Lassalle von der eben erst gegründeten Liedertafel des ABV Gumpendorf gesungen.

3. Um die Jahrhundertwende

Gegen Ende des vorigen Jahrhunderts begann sich die Situation für die Arbeitermusikbewegung zu verändern. Hatte bis dahin der Kampf der österreichischen Arbeiterklasse um ihre unmittelbarsten ökonomischen und politischen Interessen alles andere überschattet, waren die Bildungsvereine klein gewesen und hatten kaum über finanzielle Mittel verfügt, so trat nun für die erstarkte und auch schon im Staatsapparat einflußreich gewordene Sozialdemokratie eine gewisse »Ruhepause« ein. Sie konzentrierte sich mehr als früher auf bildungspolitische Aufgaben, und damit tauchte ein Zwiespalt auf, der früher nicht im Bewußtsein vorhanden war: nämlich der zwischen der Bedeutung der Arbeitersängerbewegung als einem Mittel im sozialen und politischen Kampf und dem Anspruch, bildungspolitische Aufgaben zu erfüllen, die zwangsläufig nur von jenen Klassen und Schichten übernommen werden konnten, die bisher über das Kulturmonopol verfügt hatten. Die Liedertafeln und Veranstaltungen, die zuvor meist in Wirtshäusern stattgefunden hatten, wurden in zunehmendem Maß von sogenannten »Sesselkonzerten« abgelöst, von Konzertformen also, die nicht originär aus der Arbeitermusikbewegung entstanden waren, sondern die in der Trennung von aktiven Sängern und passiven Zuhörern bürgerliche, konsumorientierte Formen reflektierten. Parallel dazu verlief auch der Einzug der Arbeitersänger in die früher ausschließlich Adel und Bürgertum vorbehaltenen Konzertsäle. In den Programmen waren immer häufiger Werke der klassischen Musik angeführt.

Auch in den theoretischen Organen der Sozialdemokratie fand dieser Zwiespalt seinen Niederschlag. So forderte z. B. Stephan Großmann im *Kampf* einerseits die vermehrte Produktion von Kampfliedern, anderseits die Schaffung von Elitechören[3]. Anhand der Diskussion um Richard Wagner in derselben Zeitschrift und der damit zusammenhängenden Problematik des Verhältnisses der Arbeitermusikbewegung zur bürgerlichen Kulturtradition ließe sich ebenfalls das Dilemma der Arbeiterkultur in einer historischen Phase darstellen, die zwar der Arbeiterbewegung ökonomische und politische Zugeständnisse gebracht, anderseits aber noch nicht die Lücke zwischen dem ohne Zweifel prioritären ökonomischen und politischen Kampf und der Entfaltung einer eigenständigen Kultur gefüllt hatte[4].

Einer der Exponenten in dieser Diskussion war David Josef Bach. Seine Person steht exemplarisch für die Tendenzänderung in der sozialdemokratischen Kulturpolitik um die Jahrhundertwende. War für Josef Scheu die Erziehungsfunktion der Musik, auch der klassischen, noch mit deren Einordnung in eine klassenmäßig strukturierte Gesellschaft verbunden, so trennte Bach Politik und Kunst: »Was an den großen Dichtern, an den großen Männern überhaupt wirksam ist und wirksam bleibt, ist just das, was über ihre Klasse hinausführt[5].« Für ihn bedeutete revolutionäres Denken die Anerkennung und Durchsetzung von Werken moderner Komponisten wie Gustav Mahler und Arnold Schönberg. Da Bach ab etwa 1905 über einen ziemlich großen Einfluß in den sozialdemokratischen Kulturorganisationen verfügte, wurden seine Vorstellungen denn auch bald zur Praxis (womit keineswegs ausgedrückt werden soll, daß dies die Hauptursache war): die offiziellen Veranstaltungen verloren immer mehr ihren kämpferischen, basisbezogenen Charakter, der die Frühzeit der Arbeitermusikbewegung bestimmt hatte, zugunsten eines bildungspolitischen Ideals, das die »schönen Künste« in den Vordergrund rückte.

Auf der organisatorischen Ebene lag im ersten Jahrzehnt des 20. Jahrhunderts das Hauptaugenmerk der organisierten Arbeitermusiker darauf, der Zersplitterung in unzählige Vereine und der damit verbundenen Entwicklung von vereinsbornierten Eigeninteressen einen Riegel vorzuschieben. Als 1902 der Reichsverband der Arbeitergesangsvereine Österreichs gegründet wurde, gelang es noch nicht, alle wichtigen Vereine zu erfassen. Der Landesverband Steiermark z. B. trat erst 1907 dem Reichsverband bei[6].

Trotz organisatorischer Schwierigkeiten gelang aber die Verankerung in Bereichen, in die die Arbeitersänger bis dahin noch nicht vorgedrungen waren: Frauenchöre und gemischte Chöre entstanden, und 1904 wurde im Rahmen des AGV Freiheit Wien X. der erste Kinderchor ins Leben gerufen. Zusammen mit den Kinderfreunden richteten die Vereine in der Folge eigene Kindersingschulen ein, um frühzeitig den Nachwuchs an die Arbeitersängerbewegung heranzuführen.

4. Die Arbeitermusikbewegung in der Ersten Republik

Während des Ersten Weltkrieges war die Arbeitermusikbewegung faktisch inexistent. Die Zustimmung der Sozialdemokratie zu den Kriegskrediten, die dadurch veränderten Aufgabenstellungen und die Einberufung zahlreicher Arbeitersänger hatte 1914 zur Auflösung der meisten Vereine geführt. Erst ab 1917, als sich Kriegsunlust und sozialpolitische Konflikte bemerkbar machten, trat sie – zunächst sporadisch – wieder in Erscheinung, um dann ab 1918 einen neuen Aufschwung zu erleben. Im Gegensatz zu Deutschland, wo auch kommunistische Kultur- und Jugendgruppen entstanden, die einen nicht unerheblichen Einfluß auf Teile der deutschen Arbeitersänger gewannen, blieb die österreichische Arbeitermusikbewegung fast völlig unter der Hegemonie der sozialdemokratischen Kulturorganisationen. Deren Bildungspolitik orientierte sich noch mehr als vor dem Weltkrieg auf die Rezeption bürgerlicher Kultur. Paul Pisk brachte im hauseigenen Verlag Biographien von Schubert, Mendelssohn und Schumann heraus. Die 1919 eingerichtete *Kunststelle* bemühte sich, die Ausbildung von Arbeitersängern und Chormeistern auf ein Niveau zu bringen, das es erlaubte, auch schwierigere Werke selbständig aufzuführen. Diesbezüglich wirkte es sich nun positiv aus, daß so profilierte Komponisten wie Schönberg und Webern zeitweilig die Leitung von Arbeiterchören übernommen hatten oder noch übernehmen sollten (Schönberg leitete 1895/96 den Stockerauer Metallarbeiter-Sängerbund und verfaßte unter diesem Eindruck auch einige Arbeiterchöre; Hanns Eisler übernahm 1919 die Leitung der Chöre »Karl Liebknecht« und »Stahlklang« der Siemens-Schuckert-Werke; Anton Webern leitete Anfang der dreißiger Jahre den Singverein der Kunststelle).

Für die breiteren Teile der Arbeiterschaft lagen diese Bestrebungen allerdings außerhalb des Rahmens ihrer Möglichkeiten und auch ihrer

Bedürfnisse. Sie drängten eher auf die Straße als in die Konzertsäle. Das Publikum der Arbeitersymphoniekonzerte setzte sich nur zu einem geringen Teil aus einfachen Arbeitern zusammen, die sich anderswo einfanden:

> Wir haben in den Betriebsküchen Wiener Abende veranstaltet, die hellen Jubel weckten. Es gibt künstlerisch durchaus wertvolle und jedenfalls künstlerisch zu rechtfertigende Stücke, ernste und heitere, ja auch Lieder, Couplets, Soloszenen – die ihre revolutionär sozialistische Gesinnung unbekümmert aussprechen für ein noch junges, weil ungekünsteltes Publikum. Auch eine Aufgabe auf dem Gebiet der Kunst, die uns gestellt ist[7].

Weil dieses »auch« bei den offiziellen Kulturstellen zu wenig Beachtung fand, bildeten sich bald oppositionelle Strömungen, die auch von aus bürgerlichen oder kleinbürgerlichen Schichten kommenden Musikspezialisten unterstützt wurden. In den ersten, revolutionären Nachkriegsjahren spontan und sporadisch, später auch organisiert: 1926 entstand z. B. die »Sozialistische Veranstaltungsgruppe«, die aus Laien bestand und mit Kabarettabenden große Erfolge erzielte.

Die Liederbücher der Nachkriegszeit enthielten eine Mischung aus traditionellen Arbeiterliedern und Volksliedern. Übrigens auch die von der KP herausgegebenen: in *Auf, Kommunisten, schließt die Reihen* finden sich neben der *Internationale,* der *Roten Fahne* und dem *Lied der Arbeit* auch – und zwar ohne Kontrafakturen – *Am Brunnen vor dem Tore, Hans und Liesl* und *Ich schieß den Hirsch im wilden Forst.* 17 Arbeiter- und Freiheitsliedern stehen 31 Volkslieder gegenüber, die nicht den geringsten Bezug zur sozialen Lage der Arbeiter haben. Dies ist um so erstaunlicher, als das Liederbuch 1919 herausgegeben wurde.

5. Die Arbeitermusikbewegung am Vorabend ihrer Auflösung

1926 wurde der Reichsverband aufgelöst und durch den *Österreichischen Arbeitersänger-Bund* ersetzt (im selben Jahr, in dem auch die Internationale der Arbeitersänger entstand). In den Jahren darauf folgte eine schwere Zeit: die zunehmende Aggressivität rechtsbürgerlicher Strömungen und die Wirtschaftskrise stellten die gesamte Arbeiterbewegung vor große Probleme. Den Arbeitersängern gelang es noch relativ gut, die Krisensituation bis 1932 zu überwinden. Zwar mußten zahlreiche kleinere Vereine insbesondere wegen der hohen Arbeitslosigkeit aufgelöst werden, der Mitgliederschwund hielt sich aber im

Vergleich zu anderen Organisationen in Grenzen: er betrug von 1929 bis 1932 24 Prozent. Gab es 1929 in Österreich 452 Vereine mit 15.255 Mitgliedern, so waren es 1932 immerhin noch 360 Vereine mit 11.624 Mitgliedern (davon 182 Männerchöre, 159 gemischte Chöre und 19 Frauenchöre).

Gleichlaufend mit der Verschlechterung der sozialen Lage nahm der politische Charakter der Arbeitermusikbewegung zu. Josef Pinter schrieb 1952 in der Arbeitersängerzeitung:

> Als sie (die Sozialdemokratie) nach dem Zusammenbruch der Monarchie groß und mächtig wurde, da trat zeitweilig die Mission des Arbeitergesanges als politisches Propagandamittel zurück – es lebte sogleich wieder auf, als die Unterdrückung einsetzte, als Dollfuß daranging, sein Staatsstreichregime aufzurichten[8].

Dazu zwei Beispiele: 1932, zur Feier des 40jährigen Bestandes des Gaues Wien, versammelten sich 50.000 im Wiener Stadion. Neben Webers *Freischütz*-Ouvertüre wurden der *Festgesang* von Josef Scheu und das *Solidaritätslied* (Brecht/Eisler) gespielt. Im selben Jahr fand im Simmeringer Brauhaus ein Konzert mit dem Orchester der Elektrizitätswerke, dem Arbeitersängerbund Stahlklang und der Arbeiterkindersingschule Simmering statt. Aufgeführt wurde *Der Jasager* von Brecht/Weill. Wie schon in der Entstehungszeit der Arbeiermusikbewegung bediente sich die Sozialdemokratie auch jetzt wieder der Arbeitersänger zu politischen Manifestationen.

Wie sehr die Arbeitersänger mit der organisierten Arbeiterbewegung verbunden waren, zeigt auch eine von Richard Fränkel 1930 herausgegebene Statistik. Neben der Parteizugehörigkeit (die leider nicht aufgeschlüsselt ist) wurde die Mitgliedschaft in anderen Kulturorganisationen sowie in Gewerkschaft und Schutzbund erhoben (hier werden nur die männlichen Organisierten zitiert; die Frauen waren in der Partei um durchschnittlich 15 Prozent, in der Gewerkschaft um 60 Prozent niedriger organisiert; in Baden gab es vier weibliche Schutzbundmitglieder):

	Partei %	Gew. %	andere K. O. %	Schutz bund %	männl. Mitgl.
Amstetten	40	85	43	41	339
Baden	91	83	60	47	225
Bruck a. d. Leitha	93	95	85	97	59
Bruck a. d. Mur	92	76	59	49	583
Ebenfurth	96	88	60	55	156

	Partei %	Gew. %	andere K. O. %	Schutz bund %	männl. Mitgl.
Gloggnitz	88	84	59	50	281
Gmünd	90	86	59	45	163
Graz	77	80	44	39	773
Innsbruck	69	76	40	21	221
Klagenfurt	90	76	36	47	514
Knittelfeld	99	82	61	51	363
Linz	91	85	48	42	651
Mödling	96	87	32	43	162
Salzburg	98	78	56	26	287
St. Pölten	89	82	79	54	297
Traisen	99	83	79	58	174
Vorarlberg	71	45	23	21	127
Wien	91	93	45	30	2710
Wiener Neustadt	91	82	45	44	512

Nach dem 7. März 1933 (der Ausschaltung des Parlaments durch Dollfuß) verstärkte sich der Druck auf die Arbeitergesangsvereine. Das Verbot von Versammlungen unter freiem Himmel bewirkte, daß bis auf wenige Ausnahmen praktisch keine großen Konzerte mehr gegeben werden konnten. Dem AGV Fohnsdorf wurde sogar ein Platzkonzert anläßlich des »Tages der Hausmusik« untersagt. Die Arbeitersängerzeitung wurde zensiert, Vereinslokale wurden nach Waffen durchsucht und wertvolles Notenmaterial vernichtet. Die letzte Großkundgebung der Arbeitersänger fand am 8. Oktober 1933 zur Vierzig-Jahr-Feier des ASB Alsergrund statt, der kurz darauf aufgelöst wurde. 60.000 Besucher erschienen trotz Drohungen der Polizei im Stadion – die Feier wurde auf ausdrücklichen Wunsch der sozialdemokratischen Parteiführung durchgeführt, die das Jubiläum zu einer Massenkundgebung nutzen wollte.

Eine Anzahl von Vereinen, die Ende 1933 oder Anfang 1934 aufgelöst worden waren, kamen zwar im Sommer bzw. Herbst 1934 wieder zusammen – allerdings unter völlig veränderten Bedingungen. Die beschlagnahmten Vereinsgelder wurden ebensowenig zurückerstattet wie Archive und Notenmaterial. Im gleichen Jahr löste man den Dachverband *Österreichischer Arbeitersänger-Bund* auf, die einzelnen Vereine, sofern sie noch existierten, wurden willkürlichen Einheiten zugeordnet (z. B. der ASB Linz dem Gau Graz).

Auch von einigermaßen freier Betätigung konnte keine Rede sein. Zahlreiche Arbeiterlieder waren, wie schon in der Anfangszeit der Arbeitermusikbewegung, verboten. Lieder, die große historische Ereignisse reflektierten, konnten nur geheim gesungen werden, wie das *Lied der Internationalen Brigaden* von Erich Weinert und Rafael Espinosa.

Der Aufruf von Otto Bauer 1926, der den »Genuß von revolutionärer Kunst« forderte, war zu wenig gewesen: es war verabsäumt worden, auch die Arbeiterschaft selbst rechtzeitig gegen die Gefahr des Faschismus zu mobilisieren.

ANMERKUNGEN

1 Zit. nach R. Fränkel: *80 Jahre Lied der Arbeit*, Verlag der Wiener Volksbuchhandlung, Wien 1948
2 Siehe Karl Flanner: *Die Anfänge der Wiener Neustädter Arbeiterbewegung 1865–1868*, Europaverlag, Wien 1975
3 Stephan Großmann: *Eine Sängerpflicht*, In: *Der Kampf*, III, 1. 2. 1910, S. 238
4 Vgl. *Der Kampf*, VI, VII (1913)
5 David Josef Bach: *Der Arbeiter und die Kunst*, In: *Der Kampf*, VII, Okt. 1913, S. 41
6 Siehe Anton Griesauer: *60 Jahre Arbeitersänger-Organisation in Steiermark*, In: *Der Österreichische Arbeitersänger*, April 1952
7 Zit. nach Kotlan-Werner: *Kunst und Volk. David Josef Bach 1874–1947*, Europaverlag, Wien 1977, S. 71
8 Josef Pinter: *Rückblick und Ausblick*, In: *Der Österreichische Arbeitersänger*, Wien 1952 (April)

Rudolf Neck

Aus den letzten Jahren des Sozialistengesetzes

Ein Pamphlet zum neunzigsten Geburtstag Kaiser Wilhelms I.

Am 21. Oktober 1978 jährt sich zum hundertsten Mal der Tag, an dem im deutschen Reichstag jenes »Gesetz gegen die gemeingefährlichen Bestrebungen der Sozialdemokratie« mit 221 gegen 149 Stimmen beschlossen wurde[1], das in die Geschichte der deutschen und internationalen Arbeiterbewegung als »Sozialistengesetz« eingegangen ist. Dem parlamentarischen Akt waren schon jahrelange polizeiliche Unterdrückungs- und Verfolgungsmaßnahmen vorausgegangen. Die Attentate von Hödel und Nibeling gegen Kaiser Wilhelm I. konnten offensichtlich nicht auf das Konto der Sozialdemokratischen Partei und ihrer Organisationen gebucht werden. Dennoch hielt Bismarck den Augenblick für gekommen, den Kampf gegen diesen gefährlichsten innenpolitischen Feind offen und auf breiter Front aufzunehmen. Maßgebend für den Entschluß des Reichskanzlers waren nicht nur politische Gründe, wie das sprunghafte Erstarken der Arbeiterbewegung, das Ende des Kulturkampfes u. a., sondern auch wirtschaftliche Probleme, wie die Frage der Schutzzölle, der Agrarpreise usw.

Das Ausnahmegesetz verbot allen Organisationen der Sozialdemokratischen Partei und der Gewerkschaften, soferne sie sozialistische Ziele verfolgten, jede Betätigung. Alle sozialistischen Presseorgane wurden eingestellt, alle Versammlungen untersagt. Die politische Entrechtung von hunderttausenden, ja Millionen arbeitenden Menschen offenbarte unverhüllt den wahren Charakter des preußisch-deutschen Militär- und Obrigkeitsstaates. So begann 1878 der heroischste Abschnitt in der Geschichte der aufstrebenden Sozialdemokratie im Deutschen Reich, die nun die wenigen verbliebenen legalen Möglichkeiten ausschöpfen mußte und diese mit den ungewohnten illegalen Kampfformen im Untergrund in der Heimat und aus dem Exil verband. Strategie und Taktik der deutschen Arbeiterbewegung mußten sich den neuen Bedingungen anpassen.

Das Sozialistengesetz stellte die deutsche Arbeiterschaft als »vaterlandslose Gesellen« außerhalb der deutschen Rechts- und Staatsgemeinschaft. Erst jetzt erwuchs aus der Enttäuschung und Erbitterung über das gehässige Verhalten des jungen Wilhelminischen Reiches in der Arbeiterbewegung, die seit Lassalle die grundsätzliche Bedeutung des Staates als Institution für die Emanzipation des Proletariats nicht in Frage gestellt hatte, jene – wie Bebel selbst zugab – von Haß und Erbitterung erfüllte Staatsfeindschaft, die sich auch gegen die höchsten Träger der staatlichen Gewalt richtete. Erst jetzt erlangten die Lehren von Marx und Engels für die deutschen Arbeiter jene hervorragende und nahezu ausschließliche Bedeutung, die die eminente Rolle des Marxismus auch in der Ideologie der internationalen Arbeiterbewegung begründete und festigte. Die Ideen und Lehren von Marx und Engels manifestierten sich vor allem in der illegalen Agitation gegen die offizielle Sozialpolitik Bismarcks und trugen so entscheidend dazu bei, daß der Reichskanzler und seine Regierung damit Schiffbruch erlitten. Die Methode von »Zuckerbrot und Peitsche« erwies sich als undurchführbar. Die letzten Jahre vor dem Sturz des alten Reichskanzlers kündigten daher auch bereits das endgültige Scheitern des Sozialistengesetzes an.

Charakteristisch für die Zeit der Illegalität war die Entwicklung einer Reihe von spezifischen Formen des Kampfes der Arbeiterbewegung in organisatorischer Hinsicht, beispielsweise auf dem Gebiet der Propaganda. Diese wurde nicht nur durch Presseerzeugnisse aus dem Ausland geführt, sondern auch durch Erzeugnisse von Geheimdruckereien innerhalb des Hohenzollernreiches. Solche Produkte der Untergrundpresse waren nicht nur an das deutsche Proletariat, an Arbeiter, Lohnempfänger, Angehörige der revolutionären Intelligenz usw. gerichtet, sondern warben gerade in den letzten Jahren der Geltung des Sozialistengesetzes auch bei fortschrittlich und demokratisch gesinnten Angehörigen der anderen Klassen um Sympathien. Dabei mußte von vornherein eine geschickte Tarnung der bestmöglichen Verbreitung Vorschub leisten, um Festnahmen und vorzeitige Konfiskationen nach Möglichkeit zu verhindern.

Das im folgenden publizierte Pamphlet unter dem Mantel eines »Jubelhymnus« ist ein bezeichnendes und köstliches Beispiel für diese Art der Kampfführung. Es ist ein charakeristisches Seiten- und Gegenstück zu der kämpferischen Lyrik innerhalb der deutschsprachigen Arbeiterdichtung jener Zeit mit ihren ernsten und positiven Anliegen. Das Flugblatt selbst stammt aus dem Besitz bzw. Nachlaß des Kronprinzen Rudolf und bildete die Beilage zu einem Schreiben des Journalisten Szeps, der bekanntlich dem Kronprinzen sehr nahestand[2]. Der Brief steht in unmittelbarem Zusammenhang mit dem bekannten Staatsbesuch des österreichisch-ungarischen Kronprinzen in Berlin anläßlich des 90. Geburtstags Kaiser Wilhelms I. am 22. März 1887, einem Besuch, der auch zu der denkwürdigen Unterredung Rudolfs mit Bismarck führte[3].

Es ist, namentlich aus der jüngst erschienenen aufschlußreichen Biographie Rudolfs von Brigitte Hamann, bekannt, wie stark die Abneigung des Kronprinzen gegen den Hohenzollernstaat war, besonders gegen den Prinzen Wilhelm, den späteren Kaiser. Szeps, der den Kronprinzen in dieser Haltung bestärkte, war in jenen Tagen auch in Berlin und traf dort mit Rudolf zusammen[4]. Nach seiner Rückkehr nach Wien faßte er in dem genannten Schreiben seine »wechselvollen« Eindrücke zusammen. Er meinte, die Donaumonarchie und der Kronprinz würden zurzeit in der deutschen Öffentlichkeit günstig beurteilt, Rudolf namentlich weitaus besser als Prinz Wilhelm, von dem man befürchte, daß er die Anschauungen der Gardeoffiziertafel in die Regierung des Reiches hineintragen werde; man sagte ihm auch schon damals eine Günstlingswirtschaft nach und nahm ihm sein schlechtes Verhältnis zu seinen Eltern, namentlich das rüde Verhalten zu seiner Mutter, übel. Szeps spricht in dem Brief auch vom Überhandnehmen sozialistischer Ideen, sogar bis hinein in die Kreise der jungen Beamten. Über das dem Brief beigelegte Flugblatt schreibt er wörtlich:

> Die Socialisten sind in riesiger Zunahme. Dienstag[5] nachts gegen 12 Uhr wollten sie eine große Demonstration vor dem kaiserlichen Palais machen, und es mußte scharf eingehauen werden. Am Dienstag Nachmittag gegen drei Uhr, als ich mich durch die Menschenmassen unter den Linden durchdrängte, um zu meinem Hotel zu gelangen, steckte mir plötzlich ein ordentlich gekleideter Herr das Flugblatt zu, das ich hier beischließe. Ein grimmiges Gedicht, ohne Angabe des Druckortes – ganz nihilistisch. Der Mann verschwand im Gedränge, ich bemerkte nur, daß er noch einige andere Leute mit diesem Opus beteilte, ein in diesem Gedränge ungefährliches Unternehmen. Erst zu Hause konnte ich diesen »Jubelhymnus« lesen. Ob die Berliner Polizei auf Autor und Verbreiter kommen wird? Jedenfalls ist die Sache charakteristisch genug, um einige Aufmerksamkeit zu verdienen.

Ferner berichtete der Redakteur dem Thronfolger, daß die offiziellen Feiern, wie Fackelzüge und dergleichen, miserabel organisiert gewesen seien, daß allerdings auch das schlechte Wetter zu dem ungünstigen Gesamteindruck beigetragen habe.

Kronprinz Rudolf dankte Szeps am folgenden Tag für den Brief, ohne auf die Einzelheiten seines Inhalts eingehen zu können, weil er unmittelbar vor der Abreise nach Budapest stand[6]. Daß er auch die

Beilage aufbewahrte, beweist sein Interesse an dem Flugblatt, weniger wohl aufgrund irgendwelcher Sympathien für die Urheber, sondern eher aus Abneigung gegen jene, gegen die es gerichtet war. Er mag auch am Text an sich Gefallen gefunden haben, da er selbst bisweilen zu Wiener Volksliedern eigene Strophen und Couplets oft sehr satirischen Inhalts gedichtet hat.

Jedenfalls wurde der Brief mit dem Blatt im Nachlaß Rudolfs gefunden und ist vermutlich über Kaiser Franz Josef an Kaiser Karl gelangt, aus dessen Nachlaß es sein Sekretär, Albin Schager-Eckartsau, dem Archiv vermachte.

Bei der 13. Linzer Konferenz der Historiker der Arbeiterbewegung habe ich in der Diskussion zum Thema *Arbeiterbildung unter den Bedingungen des Kapitalismus* im Zusammenhang mit Fragen der Arbeiterdichtung auf diese grimmige Satire auf den preußischen Militarismus und wilhelminischen Byzantismus hingewiesen und einige Strophen davon wörtlich zitiert. Da es den Kollegen aus der Bundesrepublik und der DDR völlig unbekannt war, ist es vielleicht angebracht, dieses nach Form und Inhalt sowie nach den Umständen der Erhaltung und Überlieferung bemerkenswerte Stück einmal im vollen Wortlaut zu veröffentlichen.

Das Flugblatt bildete bei der Verteilung ein einziges Blatt als Halbbogen, vierfach gefaltet zu acht Seiten in der Größe von je 115 zu 165 mm. Nach dem Aufschneiden bringt Seite 1 den Titel, Seite 3 die Widmung, ab Seite 5 folgt nach den Vorbemerkungen und Ratschlägen über die passende Sangesweise der eigentliche Text bis zum Ende auf der Seite 8. Nur die letzten drei Seiten tragen eine Paginierung.

Die beschriebene Art und Weise, wie das Flugblatt zu Verbreitung gelangte, hat zweifellos dazu beigetragen, daß zum Erkennen des eigentlichen Inhalts und des wahren Sinns der Flugschrift einige Zeit erforderlich war. Diesem Umstand hatten es offenbar Autoren und Kolporteure zu verdanken, daß sie einem saftigen Polizei- und Gerichtsverfahren wegen Hochverrats und Majestätsbeleidigung entgingen. Da das Sozialistengesetz in Deutschland auch eine Fernwirkung auf die österreichische Arbeiterbewegung hatte, scheint mir eine Publizierung der Schrift in diesem Rahmen zusätzlich angezeigt.

In der nachstehenden Edition folgen Orthographie, Zeichensetzung und Sperrungen genau dem Original.

TEXT

Kaiser Wilhelm.
Jubelhymnus
als
Festgabe zum 22. März 1887
von
Don Carlos
Seinem lieben Franklin

                                                         Don Carlos.

Der Hymnus ist ev. nach einer der zahlreichen Kornblumenweisen zu singen. Im Uebrigen ist die Wahl der Melodie freigestellt. Wer eine gute erfindet, macht sich verdient.

        Heil dem Kaiser! Lorbeerreiser
        Windet um sein heilig Haupt!
        Niemals war ein Kaiser weiser,
        Milder, freier, schöner, greiser,
        Selig, wer an Wilhelm glaubt!

        Kaiser Wilhelm, Hohenzoller,
        Neunzig Jahre bist du alt –
        Ach, mein Herz wird voll und voller,
        Heil'ger Kaiserlicher Koller,
        Packt mich nun mit Allgewalt.

        O geruhe du in Gnaden,
        Kaiserliche Majestät:
        Darf der Mund im Staube baden
        Und zu Füßen dir entladen
        Meiner Seele Dankgebet?

        Der du Vorbild unsrer Tage,
        Spiegel fernster Zukunft bist –
        Ach, ich zittere und zage,
        Wie ich würdig Leier schlage,
        Als ein Deutscher und ein Christ!

        Wie verdämmern die Gedanken!
        Meine Trunkenheit ist groß.
        Bier her! Meine Sinne schwanken,
        Um dein göttlich Bild sich ranken
        Aureolen grenzenlos.

Einst in Barbarei versunken
War die unglücksel'ge Welt,
Ausgelöscht der Schönheit Funken,
Würde, Freiheit, Stolz ertrunken,
Kraft und Männlichkeit zerschellt.

Sclaven krümmten sich dem Götzen,
Achtung! – stramm! – Parade-marsch!
Hoch zu Rosse dran ergötzen
Durfte sich der Herr und letzen
Seinen heil'gen Reiter-[a].

Menschen waren da Rekruten,
Ueber Allem war der Drill,
Bürgerehre mußte bluten,
Mit Sergeantenhundeknuten
Peitschte man die Knechte still.

Hohen Hauptes zu den Sternen
Reckte sich kein stolzer Mann,
Freiheit trank aus Aetherfernen
Keine Seele – in Kasernen
Schnallte sie ihr Koppel an.

Alles überflüß'ger Krempel,
Scheißdreck, was zum Drill nicht paßt,
Alles Uniform und Stempel,
Schönheit schmiß man aus dem Tempel,
Schwung geknebelt, Kunst geschaßt.

Weh! Das Unrecht stand in Aehren,
Ausnahmsrecht erlog die Ruh,
Wahrheit weinte blut'ge Zähren,
So in schauerlichen Schwären,
Deutsche Mutter, *siechtest* Du.

Aber rettend, gotterkoren,
Lächelnd, überirdisch mild,
Ward der Heiland uns geboren,
Recht sein Helm, *Geist* seine Sporen,
Freiheit, Schönheit, Kunst sein Schild.

Kaiser Wilhelm, Hort der Schwachen,
Hüter der Gerechtigkeit!
Der du gleich Georg den Drachen
Hingebohrt, gespießt den Rachen
Ränkevoller Schlechtigkeit!

Kaiser Wilhelm, Schirm der Freien
Todfeind trotziger Gewalt,
Der du hörst der Armen Schreien,
Leib und Seele uns zu weihen,
Unsres Jammers Hut und Halt.

Kaiser Wilhelm, Freund des Schönen
Ungebundner Harmonie,
Der in Worten, Farben, Tönen
Dieses Dasein zu versöhnen,
Schutz und Gunst und Muth verlieh:

Kaiser Wilhelm − Lorbeerreiser
Windet um sein heilig Haupt!
Niemals war ein Kaiser weiser,
Milder, freier, schöner, greiser −
Selig, wer an Wilhelm glaubt!

ANMERKUNGEN

1 Deutsches Reichsgesetzblatt 1878, Nr. 34.
2 Haus-, Hof- und Staatsarchiv Wien, Hausarchiv, Nachlaß Schager-Eckartsau, Szeps an Kronprinz Rudolf, 1887 März 23, Wien.
3 Oskar Frh. v. Mitis, *Das Leben des Kronprinzen Rudolf.* Neu hg. v. Adam Wandruszka, Wien 1971, S. 136 f. Rudolfs Bericht über die Unterredung mit Bismarck ebd. S. 317 ff. Brigitte Hamann, *Rudolf, Kronprinz und Rebell,* Wien 1978, S. 323 ff. Vergl. auch Peter Broucek, *Kronprinz Rudolf und k. u. k. Oberstleutnant im Generalstab Steiner,* in: Mitteilungen des Österreichischen Staatsarchivs 26, 1973, S. 442 ff.
4 Dies geht aus einem Brief Rudolfs an Szögyényi, dt. Budapest, 1887 März 25, hervor (HHStA., Hausarchiv, Sammlung Kronprinz Rudolf Kart. 22). Vergl. Hamann, a. a. O., S. 321.
5 D. h. 1887 März 22.
6 Kronprinz Rudolf an Szeps 1887 März 24, Wien. (Sammlung Kronprinz Rudolf Kart. 17). Gekürzt wiedergegeben in: Kronprinz Rudolf, *Politische Briefe an einen Freund,* 1882–1889, Hg. v. Dr. Julius Szeps, Wien 1922, S. 152.

[a] Auslassung des Reimworts im Original.

Johann Dvorak/Michael Weinzierl
Wissenschaft, Erziehung und Gesellschaft während der Englischen Revolution 1640–1660

Vorbemerkung

Die Auffassung, daß die Gesellschaft durch Erziehung verändert und verbessert werden könnte, daß die Wissenschaft dazu einen wichtigen Beitrag zu leisten hätte, ist so neu nicht. Spätestens seit Reformation und Aufklärung begleitet sie alle emanzipatorischen Bestrebungen. Wichtig wäre allerdings zu untersuchen, unter welchen Bedingungen Bildung und Wissenschaft in dieser Weise überhaupt wirksam werden können; anders ausgedrückt: Wie müssen Wissenschaft und Bildung inhaltlich und institutionell beschaffen sein, um »emanzipatorisch« zu wirken, d. h. Menschen in die Lage zu versetzen, ihr individuelles und gesellschaftliches Leben bewußt gestalten, verändern, verbessern zu können?

In diesem Beitrag soll versucht werden, am Beispiel der Englischen Revolution 1640–1660 den Zusammenhang zwischen Zielen, Inhalten und Organisation der Wissenschaft sowie des Bildungswesens und der Gestaltung der Gesellschaft herauszuarbeiten.

I

> ... the liberty of the late times gave men so much light, and diffused it so universally amongst the people, that they are not now to be dealt with as they might have been in ages of less inquiry (understandings) ...
>
> generally men are become so good judges of what they hear the clergy ought to be very wary before they go about to impose upon their understandings, which are grown less humble than they were in former times, when the men in black had made learning such a sin in the laity that for fear of offending they made a consciece of being able to read. But now the world is grown saucy, and expecteth reasons, and good ones too, before they give up their own opinions to other men's dictates.
>
> *George Savile, Marquess of Halifax*[1]

Die Reformation im 16. Jahrhundert hatte in ganz Europa eine intensive Beschäftigung mit Fragen der Erziehung mit sich gebracht.

Die Chancen des Protestantismus wurden als eng verknüpft gesehen mit den Möglichkeiten systematischer erzieherischer Maßnahmen, vor allem gegenüber Kindern[2].

Luther trat dafür ein, »in allen Städten, Flecken und Dörfern« Schulen zu errichten, »um die Jugend beiderlei Geschlechts zu unterrichten«; »selbst die Ackerbautreibenden und Handwerker sollten etwa zwei Stunden täglich zur Schule gehen und in nützlichen Kenntnissen, guten Sitten und Gottesfurcht unterwiesen werden[3]«.

Johann Bader meinte 1526: »Sobald wir begonnen haben, unsere Jugend in der christlichen Lehre zu unterrichten, dürfen wir uns eine bessere christliche Gesellschaft erwarten.«

Und Johann Agricola vertrat 1528 die Ansicht: »Kümmern wir uns nicht um die ältere Generation, das wäre bloße Zeitverschwendung. Statt dessen lasset es uns, mit Gottes Hilfe, mit den Kindern versuchen[4].«

Die Reformation kann durchaus begriffen werden als der Versuch der Wiederherstellung einer Einheit von Welterklärung und individueller und sozialer Lebenspraxis. Indem die Autorität des Klerus durch die Autorität der Bibel abgelöst werden sollte, auf rationale und zugleich praxisorientierte Auslegung der Texte insistiert wurde, entstand ein Prozeß des dauernden Infragestellens überkommener Traditionen, angestammter Autorität; ein Prozeß, der auch durch die Verkündung von Prädestinationslehren und der Doktrin des absoluten Gehorsams gegenüber der Obrigkeit nicht völlig eingedämmt werden konnte.

Der Protestantismus beinhaltete als wesentliches Moment das Studium der Bibel in der Landessprache, wofür die Lesekundigkeit Voraussetzung war; daher stieg im Gefolge der Reformation die Alphabetisierungsquote.

Im Gegensatz dazu waren Katholizismus und Analphabetentum eng miteinander verbunden: »The Parish priests of late medieval England were often illiterate and lacked the ability to do more than memorize the sound of the Latin words in the Roman service.«

»By contrast, Protestantism was a culture of the book, of a literate society. . . . God's people were to be a literate people, taking in God's Word from the printed page.«

Aber auch die Henricianische Reformation (ab 1529) in England brachte nicht unbedingt eine wesentliche Steigerung des Bildungsgrades des Klerus mit sich:

In der Diözese von Gloucester z. B. waren im Jahre 1551 168 von 311 Klerikern nicht einmal in der Lage, die Zehn Gebote auswendig herzusagen, zehn beherrschten nicht das Glaubensbekenntnis und weitere zehn nicht das Vaterunser[5].

In England wurde durch die Henricianische Reformation die Kirche der Krone untergeordnet. Seit Henry VIII. herrschten die Tudors *absolut,* zumindest in dem Sinne, daß sie keinerlei Einfluß und Einspruch von außen, von Kaiser oder Papst, ausgesetzt waren.
England bildete eine ökonomische, religiöse und nationale Einheit. Ein geschlossener Binnenmarkt ohne jegliche Zollschranken machte es zur größten Freihandelszone im damaligen Europa. Das durch den Verlust seiner Außenbesitzungen auf seine insulare Position zurückgeworfene England hatte nach der Reformation auch seine spezifische, *nationale* Religion – den Protestantismus englischer Fassung: *englisch* und Protestant sein war von nun an eins. Nicht zu Unrecht bemerkte Sir Lewis Namier: »Religion is a sixteenth-century word for nationalism[6]«.
Der König herrschte, als Oberhaupt der englischen Kirche, uneingeschränkt im religiösen Bereich. Die Geistlichen waren, von den Bischöfen abwärts, Diener der Krone (in einem noch größeren Ausmaß, als sie es ohnehin schon gewesen waren).
Die in der *Convocation* versammelten Vertreter der Geistlichkeit hatten unter anderem die Aufgabe, den König darüber zu informieren, was in der religiösen Sphäre an Maßnahmen notwendig wäre (ebenso wie dies das Parlament in weltlichen Angelegenheiten besorgte).
Aber während das Parlament seine eigene Jurisdiktionsgewalt hatte, wurde diese gegenüber dem Klerus von der Krone durch den *Court of High Commission* ausgeübt. Die Krone stellte somit das einzige Bindeglied zwischen Kirche und Parlament dar: In keiner Weise verfügte das Parlament bis zum Sturz Charles Stuarts über irgendeinen Einfluß auf die Kirche. Dafür vermochte umgekehrt die Krone sehr wohl die Kirche zur Sicherung ihrer Macht zu benutzen[7].
Schulen und Universitäten waren auch nach der Reformation eng mit der Kirche verbunden und unterlagen daher der Kontrolle durch die Krone. Wichtig waren die Wahrung der religiösen Uniformität und der Loyalität gegenüber dem Herrscher. Dementsprechend gab es kein übermäßiges Interesse an Reform und Ausweitung des Erziehungswesens. Das erklärt auch, warum die nächsten wichtigen Impulse für eine Reform der Erziehung aus dem Bereich der Wissenschaft kamen.
Francis Bacon (1561–1627) »findet die kirchliche Reformation als vollendete Tatsache vor. ... Ist die kirchliche Reformation in der englischen Staatskirche festgeworden, so ist dagegen die wissenschaftliche Reformation, die Erweiterung des menschlichen Welthorizontes in Fluß und Fortschritt begriffen. Hier erkennt Bacon seine Aufgabe. ... Es gilt die Erneuerung der Philosophie im Geiste des Zeitalters[8]«.
Es geht Bacon darum, »zu einer vollständigen Erneuerung der

Wissenschaften und Künste, überhaupt der ganzen menschlichen Gelehrsamkeit, auf gesicherten Grundlagen zu kommen[9]«.

Das Ziel der Wissenschaft ist es, »that the human race should be steadily enriched with new works and powers[10]«. Bacon betont, daß das Kriterium der Praxis für die Bedeutung der Wissenschaft maßgeblich ist; Wissen soll nicht um des Wissens willen, sondern zwecks Verbesserung des menschlichen Daseins erworben werden. »Science... must be known by works. It is by the witness of works, rather than by logic or even observation, that truth is revealed and established. Whence it follows that the improvement of man's mind and the improvement of his lot are one and the same thing[11].«

Bacon trachtete zu unterscheiden zwischen den Sphären der Religion, der Politik und der Wissenschaft, um so der Entfaltung der Wissenschaft einen Freiraum zu verschaffen.

»Da aus einer ungesunden Vermischung des Göttlichen und Menschlichen nicht bloß eine phantastische Philosophie, sondern auch eine ketzerische Religion herauskommt«, ist es »nur heilsam, wenn nüchternen Geistes dem Glauben nur das gegeben wird, was des Glaubens ist[12].«

Einige Theologen »beziehen fälschlich das, was in der Bibel... gegen diejenigen gesagt wird, die sich der göttlichen Geheimnisse bemächtigen wollen, auf das Verborgene der Natur. Das aber untersteht keinem Verbot[13].«

Von entscheidender Bedeutung für das Baconsche Wissenschaftskonzept ist der Rekurs auf Naturbeobachtung und Experimente, anstelle des Rückgriffes auf gelehrte Autoritäten: »Science is to be sought from the light of nature, not from the darkness of antiquity[14]«.

In den bestehenden Bildungseinrichtungen sah Bacon eher einen Hemmschuh für den Fortschritt der Wissenschaft, denn: »Die Vorlesungen und Übungen sind so eingerichtet, daß es niemandem so leicht einfällt, etwas anderes als das Herkömmliche zu denken... Das Studium ist auf die Schriften bestimmter Lehrer eingeschränkt. Falls jemand von ihnen abweicht, wird er sofort als ein Unruhestifter, der nach Neuerungen strebt, angepackt[15].«

Insgesamt schätzte er (in einer allerdings zu Lebzeiten nicht publizierten Schrift) die Situation des Bildungswesens wie folgt ein: »The educational policy and administration now in vogue crushes and checks the development and propagation of the sciences[16].«

Die Konzeptionen Bacons waren von Einfluß auf das Denken einer Reihe von Gelehrten und Politikern (vor allem nach 1640)[17], nicht zuletzt auf das des großen Erziehungstheoretikers Johann Amos Comenius.

Comenius trat allerdings für keine Trennung von religiöser und wissenschaftlicher Erkenntnis ein; Erwerb von Kenntnissen und Fertigkeiten, sittliches Handeln und religiöse Frömmigkeit waren ihm durchaus eine harmonische Einheit, die es eben beim Menschen herzustellen galt. In dieser Form waren Baconsche Vorstellungen über den Wert der Beobachtung der Natur, von Experimenten etc. für die englischen Puritaner oft leichter akzeptierbar als im Original. »Wenn wir Gott, dem Nächsten und uns selbst dienen wollen, so müssen wir in Rücksicht auf Gott Frömmigkeit, in Rücksicht auf den Nächsten Sittlichkeit, und in Rücksicht auf uns selbst Wissenschaft besitzen[18].«

»Niemand glaube ..., daß jemand wirklich Mensch sein könnte, wenn er nicht gelernt hätte, als Mensch zu handeln, d. h., wenn er nicht zu dem, was den Menschen ausmacht, gebildet worden wäre[19].«

Es sollen alle Menschen gebildet werden, und was die Schule anbelangt, »nicht nur die Kinder der Reichen oder der Vornehmen, sondern alle in gleicher Weise[20]«. »Es läßt sich auch kaum eine solche Ungunst der natürlichen Anlagen denken, daß ihr die Ausbildung gar keine Besserung bringen könnte[21].«

»Alle Menschen, wie sie auch immer in ihren Anlagen auseinandergehen, besitzen doch eine und dieselbe ... Menschennatur. ... Alle Verschiedenheit der Anlagen ist nichts anderes als ein Übermaß oder ein Mangel bezüglich der natürlichen Harmonie«, und dem »kann begegnet werden, solange sie noch jung sind[22, 23].«

Die Schulen sollen derart eingerichtet sein, daß »die gesamte Jugend ... gebildet werde ... in allem dem, was den Menschen weise, rechtschaffen und heilig zu machen imstande ist«.

Diese Bildung soll vor sich gehen »ohne Schläge, ohne Härte, ohne jeglichen Zwang, möglichst leicht, angenehm und gleichsam von selbst«.

»Der Mensch soll gewöhnt werden, sich nicht durch eine fremde, sondern durch die eigene Vernunft lenken zu lassen, über die Dinge nicht bloß fremde Meinungen in den Büchern zu lesen und einzusehen oder auch gedächtnismäßig festzuhalten und herzusagen, sondern selbständig zu den Wurzeln der Dinge vorzudringen und deren wahres Verständis sowie den Gebrauch derselben sich anzueignen. Von der Gediegenheit der Sitten und der Frömmigkeit soll dasselbe gehalten werden[24].«

»Überhaupt soll man dafür sorgen, und es dahin bringen, daß niemandem auf dieser Welt etwas so Unbekanntes vorkomme, daß er darüber nicht einigermaßen urteilen und dasselbe nicht zu einem bestimmten Zwecke klug und ohne schädlichen Irrtum verwenden könnte[25].«

II

> What good newes doe you heare of the Parliament? I heare that they are generally bent to make a good reformation, but that they have some stops and hinderances, so that they cannot make such quick dispatch as they would.
>
> *Samuel Hartlib* (1641)[26]

Am 3. November 1640 trat das Lange Parlament zusammen, am 29. November predigte John Gauden vor dem House of Commons und verwies in seiner Predigt auf »the noble endeavours of two great and public spirits, who have laboured much for truth and peace, I meane Comenius and Duraeus«. Er regte an, sie einzuladen und ihre Vorstellungen und Pläne bezüglich des Erziehungswesens näher zu betrachten[27]. Comenius kam zwar im September 1641 unter dem Eindruck einer Einladung durch das Parlament nach England, in der Hoffnung, gemeinsam mit John Dury und Samuel Hartlib an einer Reform des Erziehungswesens arbeiten zu können, verließ aber nach einem halben Jahr enttäuscht das Land. Der Konflikt zwischen Krone und Parlament, der schließlich zum Bürgerkrieg eskalierte, ließ entgegen anfänglichem Anschein dem Parlament keine Zeit, sich intensiv mit Fragen der Erziehung zu beschäftigen.

Vorschläge für eine Kirchenreform waren jedoch von Anfang an Gegenstand der Behandlung im Parlament, und infolge des engen personellen und finanziellen Zusammenhanges von Kirche, Universitäten und Schulen war dabei immer auch die Gestaltung des Erziehungswesens betroffen.

Am 11. Dezember 1640 wurde eine Petition mit Forderungen nach einer radikalen Neuordnung der Kirchenverfassung (unter anderem der Abschaffung des Episkopats), versehen mit 15.000 Unterschriften, dem House of Commons übergeben. Diese *London Petition* (auch *Root and Branch Petition* genannt) enthielt auch Klagen darüber, daß die Bischöfe betrieben hätten »the suppressing of that godly design set on foot by certain saints«, nämlich: »maintaining of lectures, and founding of free schools[28]«.

Am 8. Februar 1641 begann im Unterhaus die Debatte darüber, ob die London Petition einem Komitee zur weiteren Behandlung zugewiesen werden sollte[29].

Auf einige Reden in dieser Debatte soll nun näher eingegangen werden.

Lord George Digby sprach sich gegen die Zuweisung der Petition an ein Komitee und gegen die Abschaffung der Bischöfe aus, wobei er keineswegs gegen Kirchenreformen überhaupt war. Er verteidigte nicht die Würden, die Güter, die Privilegien der Bischöfe, aber: »I do not thinke a King can put downe Bishopps totally with safety to Monarchy . . . Upon the putting downe of Bishopps, the Government of Assemblies is likely to succeed it . . . Let us lay aside all thoughts of such dangerous, such fundamentall, such unaccomplished Alterations[30]«.

Die Frage der Religion, oder genauer: der Kirchenverfassung erlangte deshalb besondere Bedeutung, weil die Kirche von Charles I. in außerordentlicher Weise als Herrschaftsinstrument benutzt worden war. Mit der Eliminierung der »weltlichen« Macht des Klerus, insbesondere der Bischöfe, wurde zugleich ein wesentliches Element der absoluten Monarchie zerstört – die Kontrolle der Krone über die Kirche verlor an Bedeutung. Die Attacken gegen die Bischöfe waren eigentlich Attacken gegen die absolute Monarchie. Den Parlamentariern waren nun Petitionen aus dem Volk gegen die Bischöfe durchaus willkommen, aber die Forderungen sollten nicht zu weit gehen, nicht die Interessen der im Parlament versammelten Großgrundbesitzer und Kaufleute berühren.

Die wohl beste Analyse der Gefahren der Root and Branch Petition für die herrschende Klasse lieferte in seiner Rede Edmund Waller:

»I look upon Episcopacy as a Counter-scarf, or outwork, which if it be taken by this assault of the people, and with all this Mysterie once revealed, that we must deny them nothing when they aske it thus in troopes, we may in the next place, have as hard a taske to defend our propriety, as we have lately had to recover it from the prerogative. If by multiplying hands and petitions, they prevail for an equality in things Ecclesiasticall, this next demand may be *Lex Agraria,* the like equality in things Temporall[31].«

Die im Parlament auftretenden Gegensätze zwischen Befürwortern und Gegnern der Root and Branch Petition waren nicht durch unterschiedliche ökonomische Interessen verursacht. Aber die einen mißtrauten den Aktivitäten des Volkes, sie fürchteten, daß die Volksbewegung nicht bloß der Unterstützung des Parlaments, der Einschränkung der Macht des Königs diente, sondern daß die religiösen Forderungen nur die Vorstufe zu künftigen sozialen Forderungen darstellten. Andere Parlamentarier glaubten, die Volksbewegung unter Kontrolle halten und für ihre Zwecke ausnützen zu können.

Am 16. April 1641 beschlossen die Commons, »that it be referred to the Committee for scandalous Ministers, to consider the State of all the Hospitals and Free-Schools within the Kingdom of England and Wales;

and to consider of the Misemployment and Abuses of the Resources, and Government of them and of some Way of Redress[32].«

Am 21. Mai 1641 wurde im Unterhaus die Root and Branch Bill eingebracht, die eine Abschaffung der Deans and Chapters vorsah. Gegner des Gesetzentwurfes wandten ein, daß dadurch der Unterhalt von Schulen gefährdet würde[33].

Am 15. Juni 1641 faßte das Unterhaus den Beschluß, »that all the hands, taken ... from Deans and Chapters, shall be employed to the Advancement of learning and Piety[34]«.

Am 16. November 1641 distanzierten sich die Commons von dem Vorwurf »of Discouraging of learning« und erklärten, »that they will advance learning, and the Maintenance of preaching Ministers[35]«.

Das House of Commons präsentierte dem König am 1. Dezember 1641 ein umfassendes politisches Programm, »The Grand Remonstrance«, darin waren auch zwei Abschnitte über Erziehung enthalten:

»They have maliciously charged us that we intend to destroy and discourage learning, whereas it is our chiefest care and desire to advance it and to provide a competent maintenance for conscionable and preaching ministers throughout the Kingdom, which will be a great encouragement to scholars, and a certain means whereby the want, meanness and ignorance, to which a great part of the clergy is now subject, will be prevented. And we intended likewise to reform and purge the fountains of learning, the two Universities[36]«.

Am 8. April 1642 gab es dann eine gemeinsame Erklärung beider Häuser des Parlaments:

»The Lords and Commons so declare, that they intend a due and necessary reformation of the government and liturgy of the Church ... They will ... use their utmost endeavour to establish learned and preaching ministers, with a good and sufficient maintenance, throughout the whole kingdom, wherein many *dark corners* are miserably destitute of the means of salvation, and many poor ministers want necessary provision[37].«

All diese Absichtserklärungen und Beschlüsse gaben zu einiger Hoffnung Anlaß, daß das Parlament eine gründliche Reform des Erziehungswesens durchführen würde und jene, die schon längere Zeit für Reformen plädierten, Männer wie Comenius, John Dury oder Samuel Hartlib, hofften auch, daß sie entsprechenden Anteil daran haben könnten. Der Ausbruch des Bürgerkrieges im Herbst 1642 machte solche Hoffnungen zunächst zunichte.

III

> The right ordering of ... schools is to be looked upon as the main foundation of a Reformed Commonwealth, without which no other work of Reformation will ever be effectual.
>
> *Samuel Hartlib* (1647)[38].

> Our best and most divine knowledge is intended for action; and those may justly be accounted barren studies which do not conduce to practice as their proper end.
>
> *John Wilkins, Mathematicall Magick* (1648)

> What art or science soever doth not advantage mankind, either to bring him nearer unto God in his soul, or to free him from the bondage of corruption in his body, is not at all to be entertained; because at the best it is but a diversion of the mind.
>
> *A Seasonable Discourse written by Mr. John Dury,* (1649)[39]

Auch während des Bürgerkrieges tauchten immer wieder Forderungen und Vorschläge bezüglich einer Neuordnung des Schulwesens auf. Noch 1642 erschien eine Schrift von Samuel Harmar mit dem Titel *Vox Populi, or Glostersheres Desire*. Darin wird dafür eingetreten, »to set up generall Schooling over the Land«, »Schoole-masters in every Parish throughout the Land generally ... for the training up young Children, both in Godliness and Manners, for the Good of the Land[40].«

Begründet wurde dieser Vorschlag mit dem Hinweis auf soziale Probleme, auf die schädlichen Folgen, die sich für die Gesellschaft ergäben, wenn die Kinder der Armen sich dem Müßiggang ergeben könnten: »This Idleness among the poorer sort of children by playing in the Streets the better part of the Day ... at length leadeth poore children either to become beggers or theeves[41].« Samuel Harmar regte auch an, zum Zwecke der Einrichtung von Schulen eine Abgabe einzuheben, »a rate on men's estates for the teaching of young children[42]«.

Die Einrichtung eines staatlichen Erziehungssystems auf der Grundlage direkter staatlicher Finanzierung hätte das bisherige Schulwesen, das personell und finanziell von der Kirche oder gelegentlich von Zünften und deren Geldern abhängig war, ablösen können; eine Reihe von Reformvorschlägen zielte darauf ab[43].

Aber es gab zwei Schwierigkeiten. Zum einen die Frage der Lehrer und der Lehrerausbildung; diese sahen auch die Reformer. William Petty argumentierte 1648, »that the Business of Education be not, as now, committed to the worst and unworthiest of Men, but that it be seriously studied and practised by the best and ablest Persons[44]«.

Und Samuel Hartlib meinte 1650 in einem Vorwort zu einer Schrift von John Dury (»The Reformed School«): »The training up of Schollars in one School or two, though very great and most exactly Reformed, will be but an inconsiderable matter, in respect of a whole Nation, and have no great influence upon the youth thereof, where so many Schools remain unreformed, & propagate corruptions; therefore the propagation of reformed Schools is mainly aimed at; and to that effect, the training up of Reformed School-Masters is one of the chief parts of this Designe[45].«

Die zweite Schwierigkeit war, daß die Frage einer Neuregelung der Kirchenverfassung während des Bürgerkrieges und des Interregnums umstritten blieb.

Das Parlament hatte zwar dem König die Kontrolle der Kirche entwunden und übte sie nunmehr selber aus, aber es war unmöglich, eine Einigung zwischen Independenten und Presbyterianern innerhalb des Parlaments zu erzielen und schon gar den Sekten, die vor allem in der Armee stark vertreten waren, eine einheitliche Kirchenverfassung aufzuzwingen. Wesentlich war hiebei auch die Frage des Unterhalts der Geistlichen; wer immer für ihren Unterhalt aufkam, vermochte auch den Inhalt ihrer Lehren zu kontrollieren. Staatliche Kontrolle oder Kontrolle durch die jeweilige Gemeinde der Gläubigen, d. h. uniforme Staatskirche oder religiöse Demokratie waren die Alternativen. Und wir haben anläßlich der Root-and-Branch-Petition gesehen, wie sensibel die Parlamentarier in derartigen Angelegenheiten waren. Wenn sich schon die Neuordnung kirchlicher Angelegenheiten derart schwierig gestaltete, wie gering muß dann die Bereitschaft des Parlaments gewesen sein, sich auf – noch dazu kostspielige – Erziehungsexperimente einzulassen? Zumal sogar manche Reformer selbst auf mögliche Gefahren derartiger Experimente hinwiesen, allerdings nicht ohne gleich Rezepte zu ihrer Beseitigung zu liefern.

In einem 1648 anonym erschienenen Werk mit dem Titel *Nova Solyma The Ideal City, or Jerusalem Regained* wurde unter anderem dafür eingetreten, den Kindern der Armen nur eine ihren künftigen Tätigkeiten entsprechende Erziehung angedeihen zu lassen: »The Education of all these goes no farther than reading, writing, arithmetic with geometry, and other such studies as are a help to the mechanical arts, for the higher culture is considered out of place in their stations of life, and even prejudicial, from its tendency to make the working classes dissatisfied with their humble duties, if once they have tasted the dignified ›sweetness and light‹ of the intellectual life[46].«

Die Politik des Langen Parlaments war sicherlich nicht erziehungsfeindlich; immer wieder wird Vorsorge für den Unterhalt von Schulen und Universitäten getroffen, immer wieder darauf geachtet, daß sie durch Konfiskation von Kirchengütern keinen Schaden, keine Einbußen erleiden[47].

Im wesentlichen wird jedoch nur der bestehende Zustand des Erziehungswesens gefördert, wobei allerdings auf die Loyalität der Lehrenden zum neuen Regime Wert gelegt wird[48]. Einzig in den royalistischen Hochburgen im Norden Englands und in Wales wurden nach dem Ende des Bürgerkrieges besondere Anstrengungen unternommen, wurden vom Parlament Kommissionen eingesetzt, die für die Verbreitung der wahren protestantischen Religion in diesen »dark corners of the land« sorgen sollten. Am 22. Februar 1650 verabschiedete das Parlament »An Act for the better Propagation and Preaching of the Gospel in Wales[49]«, und am 1. März 1650 »An Act for the better Propagating and Preaching of the Gospel ... in the Four Northern Counties, and for the Maintenance of godly and able Ministers and Schoolmasters there[50].«

Die erzieherischen Aktivitäten der Mitglieder der eingesetzten Kommissionen waren beträchtlich: in Wales wurden ungefähr 60 Schulen gegründet (von denen nach der Restauration 1660 alle – mit einer Ausnahme – wieder aufgelassen wurden), und auch in den nördlichen Grafschaften wurde einiges für die schulische Versorgung getan[51].

IV

> ... experience daily shews us that nothing is impossible unto man, but that through labour and industry the most difficult things at length may be obtained ...
>
> *The Moderate*, 1648[52]

> Time may come ...
> When ... the ... plebeian rout ... sooner will believe what soldiers preach
> Than what ev'n angels or apostles teach.
>
> *Joseph Beaumont, Psyche* (1648)[53].

> Plebeians and mechanics have philosophized themselves into principles of impiety, and read their lectures of atheism in the streets and highways.
>
> *Bishop S. Parker*, (1681)[54]

Wir haben bis jetzt fast ausschließlich die Politik des Parlaments bzw. die Vorstellung einzelner Reformer, die auf das Parlament in ihrem Sinn einzuwirken versuchten, betrachtet.

Gleichzeitig aber gab es in bezug auf die Bedeutung des Glaubens, der Wissenschaft und der Erziehung Vorstellungen, die von den Ideen von Theoretikern wie Bacon und Comenius bis zu Hartlib und Petty beeinflußt waren, zum Teil aber auch schon weit darüber hinausgingen.

Während der Englischen Revolution wurde – für lange Zeit zum letzten Mal – die Konzeption einer Einheit von Glauben, Wissenschaft und Leben, von Theorie und Praxis entwickelt, vom Zusammenhang von umfassender wissenschaftlicher Erkenntnis, nützlichen technischen Entwicklungen und einer egalitären, herrschaftsfreien Gesellschaft. Beendet werden sollte die Unterscheidung zwischen Spezialisten und Laien im kirchlichen wie im weltlichen Bereich.

Den Industrie-Monopolen war 1641 ein Ende bereitet worden, aber Priester, Rechtsanwälte, Richter und Ärzte hatten noch immer Monopole inne, was sie zu ihrem ökonomischen Vorteil zu nutzen wußten. Gegen sie richtete sich die antiprofessionalistische Kritik: Daß sein Recht bekommen, medizinisch versorgt zu werden, Zugang zu Bildungseinrichtungen zu haben, eine Frage des Reichtums war und davon wiederum eine relativ kleine Gruppe von Professionellen profitierte, wurde als Skandal empfunden. Dies besonders, nachdem Soldaten der Parlamentsarmee zwar Besitz, Leib und Leben für die gute Sache riskieren durften, aber nach Beendigung des Bürgerkrieges selbst das Wahlrecht nicht ausgedehnt und erhoffte und gelegentlich versprochene Reformen (etwa auf dem Gebiet des Rechtswesens) nicht durchgeführt oder verschleppt wurden. Daher kamen auch immer wieder aus dem Bereich der Armee Forderungen nach weitgehenden Reformmaßnahmen, während radikale Reformer sich an die Armee um Unterstützung wandten.

Die radikalen Vorstellungen in bezug auf Wissenschaft, Erziehung, Religion beinhalteten die Einsicht, daß die Organisation des Erwerbs und der Vermittlung von Kenntnissen und Fertigkeiten bestimmend dafür ist, wer und in welchem Maße Zugang zum Wissen hat oder wem dies verwehrt wird. Erkenntnisse über Gott, Natur, Gesellschaft sollten allen Menschen zugänglich sein und der Verbesserung des menschlichen Daseins dienen[55].

V

> The Universities are the fountains of civil and moral doctrine, ... from whence the Preachers and the Gentry sprinkle the same ... upon the People.
>
> *Thomas Hobbes*[56]

Kritik wurde auch gegen die Universitäten laut. Wie sahen nun diese Universitäten aus, und an welchen Punkten entzündete sich Kritik? Die traditionelle Hauptfunktion von Oxford und Cambridge, der beiden einzigen Universitäten Englands, war die Ausbildung von Geistlichen für die Staatskirche. Ferner verbrachten in zunehmendem Maß Söhne des Adels und der Gentry einige »terms« (Trimester) an den Universitäten, um dort so etwas wie Allgemeinbildung zu erwerben. Die erste Hälfte des 17. Jahrhunderts war durch eine Steigerung der Studentenzahlen von Oxford und Cambridge gekennzeichnet, wobei es teilweise auch Kindern der unteren Mittelschicht möglich war, eine – zumeist theologische – Ausbildung zu erhalten[57].

Die zahlenmäßige Expansion war jedoch von keiner Reform der Curricula begleitet: Weder gelangten die sich anderswo entwickelnden Naturwissenschaften und die Medizin zu einer mehr als marginalen Rolle[58], noch bot die Universität eine spezifische Ausbildung für Berufe in der Verwaltung, wie sie etwa die kontinentaleuropäischen Universitäten mit den juridischen Studien boten. Oxford und Cambridge waren vielmehr auf Theologenausbildung konzentriert (wobei jedoch meist kein den kontinentaleuropäischen protestantischen theologischen Fakultäten vergleichbares Niveau erreicht wurde) und offerierten nebenbei humanistische Studien vor allem für Kinder des Adels und der Gentry.

Die Kritik konzentrierte sich vor allem auf zwei Punkte: einerseits forderten in der Tradition Bacons stehende Reformer eine starke Berücksichtigung praxisorientierten Wissens, eine zentrale Stellung für Medizin und Naturwissenschaften[59]; andererseits wurde vor allem von radikalen Gruppen die Rolle der Universität als Ausbildungsstätte einer von den Gläubigen abgesonderten, elitären Priesterkaste grundsätzlich in Frage gestellt. In Rückgriff auf von der englischen Reformation nicht aufgenommene radikale Impulse der reformatorischen Bewegung stellte man der althergebrachten Ordnung das allgemeine Priestertum aller Gläubigen gegenüber. Christopher Hill faßt die Argumente dieser Gruppen folgendermaßen zusammen: »For the radicals ... a state church, tithes [Zehent] and the universities seemed to go together. They did not want to destroy the universities; they wanted to change their function, to secularize them, to end their role as a factory of divines, who by academic training and source of income were inevitably bound to the status quo[60].«

Kritik in diese Richtung kam z. B. von den *Levellers*, einer demokratischen Reformbewegung, die sich vor allem auf das Londoner Kleinbürgertum stützte und in Zusammenhang mit einer Soldatenrätebewegung in der Armee in den Jahren 1647–1649 stand[61]. William Walwyn, ein Levellerführer, der als Autodidakt eine umfassende Bildung erworben hatte, charakterisierte die geistlichen Universitätsabsolventen folgendermaßen: »They have made it a difficult thing to be a minister and so have engrossed the trade to themselves and left other men by reason of their other professions in an incapacity of being such in their sense[62].«

In einem ihrer Verfassungsentwürfe forderten die Levellers dann auch, daß die Gemeinden in freier Wahl ihre Pfarrer selbst bestimmen sollten[63].

In der Staatsutopie des Agrarkommunisten Gerald Winstanley nehmen Erziehung und Bildung einen zentralen Platz ein. Das Bildungssystem seiner Zeit charakterisierte er folgendermaßen: »The universities are the standing ponds of stinking waters, that make those trees grow; the curse of ignorance, confusion and bondage spreads from hence all the nations over[64].« Winstanley will alle religiöse Erziehung zugunsten einer allgemeinen, praxisorientierten Volkserziehung fallenlassen. Die Funktionen von Pfarrer, Arzt, Anwalt etc. sollen von gewählten einfachen Bürgern übernommen werden, die einmal in der Woche Kurse und Diskussionen über Philosophie, Medizin etc. halten sollten.

Die Trennung von berufsbildender und wissenschaftlicher Erziehung soll aufgehoben werden: »But one sort of children shall not be trained up onely to book learning and no other imployment called scholars, as they are in the Government of Monarchy; for then through idleness, and exercised wit therein, they spend their time to find out pollicies to advance themselves, to be Lords and Ministers over their brethren[65].« Allerdings standen Winstanleys Vorschläge in Zusammenhang mit »einem System staatlicher Zwangsregulierung des Verhaltens der Individuen, einer Erziehungsdiktatur mit strenger Disziplin und drakonischen Strafen« – z. B. systematischer Prügelstrafe[66].

Ebenfalls für die Aufhebung der Trennung von wissenschaftlicher und praktischer Ausbildung trat der anonyme radikale Autor der Schrift *Tyranipocrit Discovered* ein, der folgendermaßen argumentierte: »Teachers and preachers ... such as have been brought up in human schools and have no experience in that honest simple life of tilling the land nor keeping of sheep, but some of them are good sophisters that can tell us that hot is cold and cold hot[67].«

Die Niederschlagung der Levellerbewegung im Jahre 1649 führte zu einem Abflauen radikaler Hoffnungen, das sich auch in der Diskussion des Erziehungswesens bemerkbar machte: So forderte im Jahr 1651 Hugh Peters, einer der bekanntesten Feldkapläne der New Model Army und ein engagierter Sozialreformer, zwar weitgehende Reformen der Universitäten wie die Abschaffung der Monopolstellung von Oxford und Cambridge, systematische Förderung begabter armer Studenten durch ein großzügiges Stipendienwesen und die Abschaffung vieler mittelalterlicher Bräuche in Oxford und Cambridge. Er wollte aber an der Funktion der Universität als Ausbildungsstätte von Theologen für eine Staatskirche nichts ändern[68]. Ferner sind seine Vorstellungen über Erziehung von der Intention mitbestimmt, die Armen zur Arbeit anzuhalten und damit eine Disziplinierung der Unterschichten zu erreichen[69].

Einige radikale Reformer setzten aber auch in den Jahren 1649–1653 ihre Kampagne für eine grundsätzliche Neubestimmung der Rolle der Universitäten sowie für ein großzügig auszubauendes Schulwesen für alle Kinder fort.

VI

> The necks of the people of the world have never endured so grievous a yoke from any tyrants as from the doctrine and denomiation of the clergy.
>
> *William Dell*[70]

Cromwells gewaltsame Auflösung des Rumpfparlamentes im Jahre 1653 und die Einberufung eines nominierten Parlamentes, das fast zur Hälfte aus Radikalen bestand, ließen die Hoffnungen auf grundsätzliche Reformen noch einmal aufleben[71]. Dabei konzentrierten sich die Pamphletisten – in Zusammenhang mit der Diskussion um Zehent und Staatskirche – auch auf die Universitäten.

Einer der interessantesten Autoren jener Jahre war der ehemalige Armeekaplan und nunmehrige Master von Gonville and Caius College (Cambridge) William Dell. Er forderte die Abschaffung der theologischen akademischen Grade[72]. Die Curricula der Universitäten sollten sich auf »liberal arts«, Rhetorik, Logik und vor allem Mathematik und Naturwissenschaften konzentrieren[73]. Das Monopol von Oxford und Cambridge sollte gebrochen werden; Universitäten seien vielmehr in jeder größeren Stadt wie etwa York, Bristol oder Exeter zu errichten. Auch er forderte die Kombination von Studium und praktischer Arbeit, um die Studenten vor »ease and idleness« zu bewahren[74]. Zwei »Übel des Antichrist« seien durch eine Hochschulreform vornehmlich zu beseitigen: »The one of making universities the fountain of the ministry . . ., the other, of making the clergy a distinct sect or order, or tribe from other Christians[75].«

Dell forderte auch den großzügigen Aufbau eines nationalen Schulwesens. In seinen schulpolitischen Vorstellungen werden aber auch weniger progressive Aspekte sichtbar. So fordert er die Einstellung der Lektüre klassischer Autoren, unter anderem, um die Moral der Jugend nicht zu untergraben, und meint, Frauen sollten im allgemeinen nicht unterrichten dürfen[76].

Bei ihm wird wie auch bei anderen Reformern eine stark auf soziale Disziplinierung ausgerichtete Tendenz deutlich. Hauptgesichtspunkt der Erziehung nach Dell ist nämlich folgender: »There neither is, nor can be any greater evil than to bring up children in ease and idleness, and to suffer them to live freely and without controul[77].«

Von den vielen Autoren, die in jenen Jahren über Universitätsreform schrieben, scheint ferner John Webster bemerkenswert, der sich besonders mit Curriculumreform befaßte. Er forderte vehement die Zurückdrängung des vorherrschenden Aristotelismus und die stärkere

Berücksichtigung der Naturwissenschaften, aber auch der Rosenkreuzerei und der paracelsischen »natural magic[78]«. Webster ist bereits Anhänger einer vergleichsweise modernen Wissenschaftskonzeption, wie folgende Passage zeigt: »That there might be a general freedom to try all things and to hold fast to that which is good, that so there might be a philosophical liberty to be bound to the authority of none but of truth itself[79].«

Zahlreiche Forderungen, die Funktion der Universität als Ausbildungsstätte der Geistlichkeit einer Staatskirche abzuschaffen, kamen unter anderem von der Sekte der Fifth Monarchy-Men[80]. Als aber mit der Errichtung des Protektorates Oliver Cromwells im Dezember 1653 allmählich konservative Kräfte in Staat, Gesellschaft und Erziehungswesen die Oberhand gewannen, ebbten die radikalen Reformforderungen allmählich ab.

VII

> The Protectorate had come into existence not only in a conservative interest generally, but ... especially for the preservation of an established church and the universities[81].

In den letzten Abschnitten haben wir uns mit den Vorschlägen radikaler Reformer, die diese an Parlament, Armee und Öffentlichkeit richteten, befaßt. Wie reagierten nun Parlament und Armee auf diese Vorschläge? Die Universitäten, besonders Oxford, waren im Bürgerkrieg und in den letzten Jahren vor Ausbruch des Bürgerkrieges Hochburgen des Royalismus gewesen. Das siegreiche Parlament führte daher, besonders in Oxford, umfangreiche Entlassungen royalistischer Gelehrter durch. An eine radikale Änderung der Funktion der Universitäten als Ausbildungsstätte der Pfarrer einer Staatskirche dachten die Parlamentarier jedoch nicht. In Christopher Hills Worten: »Most members of the Parliament, most Presbyterian and Independent divines, accepted the existence of a state church: they simply wanted to put it under new management[82].«

Um 1650 wurden die konservativen presbyterianischen College-Vorstände durch Independenten, also gemäßigte Calvinisten, die an einer etwas demokratisierten Staatskirche festhalten wollten, ersetzt. Auch einige wenige Radikale wie Dell und Webster kamen damals in einflußreiche Stellungen.

Der bedeutendste Universitätspolitiker der Independenten war der Theologe John Owen[83], der als Vice-Chancellor von Oxford in den

Jahren 1652–1656 und als Dean von Christ Church College die Hochschulpolitik jener Jahre entscheidend bestimmte. Er bewährte sich als geschickter Verteidiger von »religion and learning« und machte sich zum Sprecher der personell gesäuberten, grundsätzlich aber nicht veränderten Universität. Die Bestrebungen der Radikalen charakterisierte er z. B. in einer Predigt folgendermaßen: »Our critical situation and our common interests were discussed out of journals and newspapers by every Tom, Dick and Harry[84] . . .«

Auf dem Gebiet der Förderung der Naturwissenschaften wurde in den fünfziger Jahren, besonders in Oxford, ein gewisser Durchbruch erzielt[85]. Es formierte sich – namentlich im Wadham College – eine Gruppe von Naturwissenschaftlern, die später den Kern der Royal Society bildeten. Die Restauration beendete dann diese interessanten Ansätze durch die Entfernung der meisten Träger dieser gemäßigten Reformbewegung von der Universität.

Auf dem Gebiet des Schulwesens wurden ebenfalls umfangreiche Säuberungen vorgenommen: Es gab Schulneugründungen und finanzielle Verbesserungen, doch die weitgehenden Projekte von Reformern wie Hartlib und Comenius wurden nicht in Angriff genommen.

Als Oliver Cromwell im April 1653 das Rumpfparlament, das gesäuberte Lange Parlament, das England in den Jahren 1649–1653 regiert hatte, gewaltsam auflöste und unter dem Einfluß radikaler Kräfte in der Armee *Barebone's Parliament*[86] einberief, schien die Stunde radikaler Reformen der Institutionen Kirche, Schulen und Universitäten gekommen. Denn viele der von Baptisten, radikaleren Independenten und Sekten nominierten Abgeordneten wollten das alte System, das letztlich in allen diesen Bereichen die Vorherrschaft der Gentry garantierte, ein für allemal abschaffen. Es mag in diesem Zusammenhang charakteristisch sein, daß nach Meinung eines Pamphletisten die Frage, wer »für eine gottesfürchtige und gelehrte Geistlichkeit und die Universitäten« sei und wer nicht, als entscheidend für die Zugehörigkeit zur gemäßigten oder zur radikalen Gruppe im Parlament angesehen wurde[87]. Konservative Kreise verbreiteten, daß *Barebone's Parliament* die Universitäten überhaupt zu zerstören gedenke[88].

Das Unterhaus diskutierte weitestgehende Reformen im Bereich des Rechtes und der Kirche. Bezüglich der Kirchenfrage, in deren Zusammenhang ja damals Erziehung diskutiert wurde, beschloß das Haus zunächst, den Einfluß der Gentry auf die Besetzung von Pfarrstellen durch das Kirchenpatronat (»patronage«) abzuschaffen[89]. Dann konzentrierten sich die Bemühungen der Radikalen auf die Abschaffung des Zehents (tithes), der die finanzielle Grundlage der Staatskirche darstellte[90]. Zunächst erscheint die Forderung nach Abschaffung von obligatorischen Zahlungen an eine Staatskirche in einem Staat, der religiöse Pluralität anerkannte, durchaus allgemein einsichtig.

Die konservativen und gemäßigten Kräfte innerhalb und außerhalb des Parlaments sahen jedoch darin eine zweifache Gefahr: Zunächst hätte die Zerstörung der finanziellen Grundlage der Staatskirche deren Ende bedeutet; denn ohne Tithes wäre die Bezahlung von Pfarrern nur durch freiwillige Kontributionen der Gläubigen möglich gewesen, was eine Kontrolle des Geistlichen durch die Geldgeber und damit eine weitestgehende Demokratisierung und wohl auch Dezentralisierung der christlichen Gemeinden bedeutet hätte. Oder aber die Pfarrer wären gezwungen gewesen, ihr Amt nebenberuflich auszuüben – was auf eine Entprofessionalisierung des Pfarreramtes hinausgelaufen wäre. Viele Radikale strebten das unter Hinweis auf das Beispiel der Urkirche und das allgemeine Priestertum aller Gläubigen auch ausdrücklich an[91]. Der traditionelle, klassisch und theologisch universitär gebildete Pfarrer hätte dann wohl bald der Vergangenheit angehört.

Ferner waren für Konservative Angriffe auf die Tithes (die ja »Eigentum« in Form von Rechtsansprüchen auf Abgaben waren) Angriffe auf das Eigentum überhaupt. Und viele meinten, daß die Abschaffung der Tithes nur ein erster Schritt wäre, dem weitere in Richtung auf Gleichmacherei des Besitzes (»levelling of estates«) folgen könnten.

Nach einem heftigen parlamentarischen und außerparlamentarischen Tauziehen[92] wurde mit 56 : 54 Stimmen ein Vorschlag, der eine – wenn auch modifizierte – Beibehaltung der Tithes vorsah, abgelehnt[93]. Da derartige Mehrheitsverhältnisse eine Abschaffung der Tithes befürchten ließen, schalteten die Konservativen mittels verfahrenstechnischer Tricks *Barebone's Parliament* aus und legten das Mandat zurück. Schon wenige Tage später wurde Oliver Cromwell mit der oktroyierten Verfassung des »Instrument of Government« *Lord Protector*. Die radikale Phase der Englischen Revolution und damit auch die begründeten Hoffnungen auf grundlegende Reformen im Erziehungswesen waren endgültig vorbei.

Unter der Federführung John Owens regelte das Protektorat die Kirchenfrage folgendermaßen: Kommissionen von »Triers and Ejectors«, in denen Presbyterianer, Independenten und auch gemäßigte Baptisten Mitglieder waren, entschieden über Zugang zu Pfarrämtern bzw. über Entlassung von Geistlichen. Viele dieser »Triers and Ejectors« waren gleichzeitig Vorstände wichtiger Universitätscolleges.

Staatskirche und Tithes blieben somit erhalten; man eröffnete allerdings verschiedenen Konfessionen den Zugang zu Pfarrämtern und machte die im wesentlichen unreformierten Universitäten zu Zentren einer traditionellen, relativ strikt kontrollierten Theologenausbildung[94]. Kearney faßt dies präzis zusammen: »The linking of the Triers with the universities placed Oxford and Cambridge at the centre of the independent scheme for a guided orthodoxy. No more was to be heard of the sectaries' plans for decentralized colleges, since the two ancient universities filled so efficiently the role of centralizing and controlling higher studies[95].«

Die einzige Ausnahme bildete im Jahr 1657 ein Versuch, in Durham ein College und später eine Universität einzurichten. An den Vorbereitungen beteiligte sich unter anderem Samuel Hartlib[96]. Obwohl auch andere Reformer an dem Projekt teilnahmen, scheint die wesentlichste Motivation für die Gründung weniger die Universitätsreform oder die Möglichkeit des Studiums für Kinder der unteren Mittelschichten (dies war der Hauptgrund der Befürwortung dezentralisierter Universitäten durch die Radikalen) gewesen zu sein als die Intention, im Norden Evangelisation zu betreiben[97]. Dennoch gab es hoffnungsvolle Ansätze, die jedoch durch den Tod Oliver Cromwells (1658), der das Projekt gefördert hatte, zunichte gemacht wurden. Sein Sohn Richard beugte sich nämlich den Argumenten der Universitäten Oxford und Cambridge und strich die Mittel für Durham College[98]. Auch auf dem Gebiet des Schulwesens kam es in den letzten Jahren der Herrschaft Cromwells kaum mehr zu grundlegenden Verbesserungen.

VIII

> That the true Protestant religion may be defended, godly and able ministers continued and the universities and colleges countenanced.
>
> *Royalistenpetition*, Januar 1660[99]

In Opposition zu den konservativen Tendenzen der zweiten Hälfte der fünfziger Jahre stehende Publizisten wiederholten die Argumente der Radikalen aus den Jahren 1648–1653. So forderte selbst der sonst eher konservative republikanische politische Theoretiker James Harrington ein umfassendes, für die Armen kostenloses Schulwesen für alle Kinder zwischen neun und fünfzehn Jahren[100].

Im April 1659 erzwang die Armee den Rücktritt des Protektors Richard Cromwell, und das Rumpfparlament wurde wieder einberufen[101]. Für einige Monate kam es zu einem Wiederaufleben der radikalen Publizistik, und Radikale forderten neuerlich eine weitestgehende Bildungs- und insbesondere eine Universitätsreform. Diese Projekte wurden meist von Angehörigen der Universitäten, nämlich von den durch die Säuberungen des vergangenen Jahrzehnts zu Hochschulposten gelangten Wissenschaftlern, vorgetragen, deren eloquente Argumente in manchem schon an die Bildungsdiskussionen der Aufklärungszeit erinnern. Diese Autoren, wie etwa William Sprigge, verstanden sich als Gegner des als pseudowissenschaftlich kritisierten Aristotelismus und befürworteten ein naturwissenschaftlich ausgerichtetes, praxisorientiertes System des »new learning«.

Sprigge, Fellow des Lincoln College und einer der Hauptpromotoren des Durhamprojektes, bezichtigte die Universitäten offen, Verbündete der Royalisten zu sein. Die Statuten der Colleges, die von »monarchistischen, klösterlich-papistischen und pedantischen Tendenzen« gekennzeichnet seien, förderten letztlich nur die Feinde der Republik. Durch die Ausbildung einer Unzahl von oberflächlich gebildeten Theologen entstehe eine Schwemme nutzloser akademischer Würdenträger. Daher müsse das Curriculum reformiert werden, um die Studenten zu befähigen, Entdeckungen im »Amerika der Natur« zu machen, statt einen unwürdigen Kampf um nutzlose kirchliche Anstellungen zu führen[102].

Der Autor oder die Autoren des Pamphlets *Sundry Things from several Hands . . . from Oxford*[103] forderten die Instruktion der Studenten mit »Prinzipien der Republik« und »nützlichem Wissen«. Man forderte auch, einen Lehrstuhl für »republikanische Politik« einzurichten: »Let there be a professor of civil law and politics, who may instruct all in the foundations of common right, and dispose them to prefer a Commonwealth before Monarchy: let him direct them in a method of particular politics and history[104].«

Doch dem Anwachsen der radikalen Pamphletliteratur entsprach 1659 kein Masseninteresse an grundsätzlichen Reformen.

Schlußbemerkung

> I believe that the light which is now discovered in England ... will never be wholly put out, though I suspect that contrary principles will prevail for a time.
>
> *John Davenport, (1647) (105)*

> To every class we have a school assigned,
> Rules for all ranks and food for every mind.
>
> *George Crabbe*

Die Restauration der Stuarts im Jahre 1660 bereitete allen Reformansätzen im Bereich der Wissenschaft und der Erziehung ein Ende. Selbst die Möglichkeit der Nutzung des Erziehungswesens als Instrument der sozialen Kontrolle der unteren Klassen wurde nicht wahrgenommen; dies blieb dem 19. und 20. Jahrhundert vorbehalten.

Jenes alternative Konzept von Wissenschaft, das wissenschaftliche Arbeit mit der praktischen Zielsetzung von Aufklärung und Emanzipation verbunden hatte und sie dementsprechend institutionell gestalten wollte, ist bis heute ebensowenig verwirklicht worden wie die Idee von der Schule als einer Instanz, die praktikables Wissen vermittelt und einen wesentlichen Beitrag zur humanen und vernünftigen Gestaltung des menschlichen Zusammenlebens leistet[106].

ANMERKUNGEN

1 George Savile, Marquess of Halifax, *Complete Works* (Harmondsworth 1969), 73
2 Cf. Gerald Strauss, *The State of Pedagogical Theory* c. 1530. In: L. Stone (Ed.), *Schooling and Society* (Baltimore and London 1976)
3 Zit. nach: J. A. Comenius, *Große Unterrichtslehre* (Wien und Leipzig 1912), 63.
4 Zit. nach G. Strauss, a. a. O., 71
5 L. Stone, *Literacy and Education in England 1640–1900* in: *Past & Present* No. 42 (1969) 77–79
6 Im Jahre 1576 schrieb John Fox: »God hath so placed us Englishmen here in one commonwealth, also in one Church, as in one ship together: let us not mangle or divide the ship, which being divided perisheth. . . . No storm so dangerous to a ship on the sea, as is discord and disorder in a weal public.«
Zit. n. J. W. Allen, *A History of Political Thought in the Sixteenth Century* (London 1967), 131
7 Über den Zusammenhang Krone, Parlament und Kirche Cf. J. Dvorak, *Staat, Recht und Agrarpolitik während der Englischen Revolution 1642–1653* (Diss., Wien 1976) 2. Kapitel
8 Kuno Fischer, *Francis Bacon und seine Schule* (Heidelberg 1923) 24 f.
9 Francis Bacon, *Das neue Organon* (Berlin 1962), 4
10 Francis Bacon, *Thoughts and Conclusions on the Interpretation of Nature*. In: B. Farrington, *The Philosophy of Francis Bacon* (Liverpool 1964), 76
11 Ibid., 93
12 Francis Bacon, *Das neue Organon* (Berlin 1962), 68
13 Ibid., 100
14 Zit. n. B. Farrington, *The Philosophy of Francis Bacon* (Liverpool 1964), 48
15 Francis Bacon, *Das neue Organon* (Berlin 1962), 101
16 Francis Bacon, *Thoughts and Conclusions on the Interpretation of Nature*. In: B. Farrington, *The Philosophy of Francis Bacon* (Liverpool 1964), 79
17 Cf. Christopher Hill, *Intellectual Origins of the English Revolution* (Panther Books 1966), 85–130
18 J. A. Comenius, *Große Unterrichtslehre* (Wien und Leipzig 1912), 59 f.
19 Ibid., 42
20 Ibid., 54
21 Ibid., 55
22 Ibid., 76 f.
23 Es ist bemerkenswert, daß z. B. Hobbes ebenfalls die natürliche Gleichheit der Menschen betont. Cf. Thomas Hobbes, *Leviathan* (Rowohlts Klassiker, 1965) 122
24 J. A. Comenius, *Große Unterrichtslehre* (Wien und Leipzig 1912), 67
25 Ibid., 58
26 Samuel Hartlib, *A Description of the Famous Kingdom of Macaria*. In: C. Webster (Ed.), *Samuel Hartlib and the Advancement of Learning* (Cambridge 1970), 80 f.
27 Zit. n. W. Al. Vincent, *The State and School Education 1640–1660 in England and Wales* (London 1950), 23
28 Zit. n. S. R. Gardiner, *The Constitutional Documents of the Puritan Revolution* (Oxford 1968), 138
29 S. R. Gardiner, *History of England,* vol. IX (London 1884) 276
30 »The Third Speech of the Lord George Digby, To the House of Commons, Concerning Bishops, and the Citie Petition.« British Museum E. 196 (30)
31 »A Speech made by M[r]. Waller Esquire, in the Honourable House of Commons, concerning Episcopacy.« British Museum E. 198 (30)

32 Journals of the House of Commons (= C. J.) II, 121 f.
33 Cf. die Rede von John Hacket. In: C. Webster (Ed.) *Samuel Hartlib* . . . (Cambridge 1970) 27 f.
34 C. J. II, 176
35 C. J. II, 317
36 S. R. Gardiner, *Constitutional Documents of the Puritan Revolution* (Oxford 1968), 229 f.
37 Ibid., 247 f.
38 Zit. n. Margaret James, *Social Problems and Policy During the Puritan Revolution* (London 1966) 315
39 Zit. n. C. Hill, *Intellectual Origins of the English Revolution* (Panther Books 1972), 85
40 Zit. n. W. A. L. Vincent, *The State and School Education 1640–1660 in England and Wales* (London 1950), 36, 31
41 Ibid., 32
42 Zit. n. Foster Watson, *The State and Education during the Commonwealth.* In: *English Historical Review* 15 (1900) 64
43 In einer »Humble Address of the free and well-affected People and Inhabitants of the County and City of Lincoln«, aus dem Jahre 1649, die an Lord Fairfax, den Oberkommandierenden der Streitkräfte des Parlaments, gerichtet war, hieß es z. B.: »That some more Public Schools for the better education and principling of youth in virtue and justice, would soberly be considered of and settled . . . (the Laws being deficient to instruct them well when children, though not to punish them for it when men).« Zit. n. F. Watson, a. a. O., 63
44 The Advice of W. P. to Mr. Samuel Hartlib, for the Advancement of some particular Parts of Learning. In: *Harleian Miscellany,* vol. VI (London 1745) 3
45 C. Webster (Ed.), *Samuel Hartlib* . . . (Cambridge 1970) 142
46 Zit. n. W. A. L. Vincent, *The State and School Education 1640–1660* (London 1950), 34 f.
47 Cf. C. J. II, 827, 830 f.
C. H. Firth & R. S. Rait (Eds.), *Acts and Ordinances of the Interregnum, 1642–1660* (London 1911) vol. I, 110
48 Cf. C. J. III, 280, 338, 378; C. J. VI, 306 f.
49 C. J. VI, 369 f.
50 C. J. VI, 374
51 Cf. C. Hill, *Puritans and »the Dark Corners of the Land«,* In: C. Hill, *Change and Continuity in 17th Century England* (London 1974), 3–47
52 Zit. n. J. Frank, *The Beginnings of the English Newspaper 1620–1660* (Cambridge, Mass. 1961), 160
53 Zit. n. C. Hill, *The World Turned Upside Down* (Pelican Books, 1975), 57
54 Zit. n. C. Hill, *Intellectual Origins of the English Revolution* (Panther Books, 1972), 127
55 Cf. dazu die angegebenen Werke von Christopher Hill
56 C. B. Macpherson (ed.), Thomas Hobbes, *Leviathan* (Harmondsworth ²1971), 728
57 Lawrence Stone, *The Size and Composition of the Oxford Student Body 1580–1909* in: Lawrence Stone (ed.) *The University and Society 1: Oxford and Cambridge from the 14th to the early 19th Century* (Princeton 1974) 91–93, und Victor Morgan, *Cambridge University and the Country* in: ibid., 244 f.
58 Vgl. dazu zuletzt Charles Webster, *The Great Instauration. Science, Medicine and Reform 1625–1660* (London 1975), 115–122
59 Hierzu und zu folgendem vgl. die präzise Zusammenfassung von Christopher Hill,

The Radical Critics of Oxford and Cambridge in the 1650s, in: Christopher Hill, *Change and Continuity in 17th Century England* (London 1974), 127–148.
60 Hill, *Radical Critics*, 132. Vgl. auch Christopher Hill, *The World Turned Upside Down. Radical Ideas during the English Revolution* (London 1972), 240–245.
61 Für die Levellers vgl. vor allem: H. N. Brailsford, *The Levellers and the English Revolution*, ed. C. Hill (London 1961), und zuletzt Brian Manning, *The English People and the English Revolution 1640–1649* (London 1975), 286–317
62 Hugh Kearney, *Scholars and Gentlemen: Universities and Society in Pre-Industrial Britain 1500–1700* (London 1970), 111.
63 *An Agreement of the People, 30th April 1649*, in: William Haller/Godfrey Davies, *The Leveller Tracts 1647–1653* (ND. Gloucester, Mass. 1964), 318–328, hier 326.
64 Zit. n. Kearney, *Scholars and Gentlemen*, 111.
65 George H. Sabine (ed.) *The Works of Gerard Winstanley* (New York 1941), 577.
66 Vgl. Dazu Dvorak, *Staat, Recht*, 144. Vgl. auch Gerard Winstanley, *The Law of Freedom*, ed. Christopher Hill (Harmondsworth 1973), 324 f.
67 British Museum, Thomason Collection B. M. E 569(4) [anon.] *Tyranipocrit Discovered* (1649), 28.
68 B. M. E 1364 (2) Hugh Peters, *Good Work for a Good Magistrate* (1651), 3–7.
69 Ibid., 18 ff.
70 Zit. n. Hill, *Radical Critics*, 142.
71 Dazu vgl. unten.
72 William Dell, *A Testimony from the Word Against Divinity Degrees in the University*, in: William Dell, *Works* (London 1817), 2, 184–198, hier bes. 185 f.
73 William Dell, *The Right Reformation of Learning, Schools and Universities* in: ibid., 216–224, hier 219.
74 Ibid., 222.
75 Ibid., 223 f.
76 Ibid., 217, 219.
77 Ibid., 217.
78 B. M. E 724 (14) John Webster, *Academiarum Examen* (1654) 19 ff., 26, 68.
79 Ibid., 116.
80 Bernard Capp, *The Fifth Monarchy Men* (London 1972), 177 f., 188–190.
81 David Masson, *The Life of Milton* 4, 566–568, zit. n. Hill, *Radical Critics*, 136.
82 Hill, *Radical Critics*, 130.
83 Zur Universität Oxford in jenen Jahren vgl. Montague Burrows, *The Register of the Visitors of the University of Oxford 1647–1658* (London 1881). Owen versuchte auch – letztlich vergeblich – Unterhausabgeordneter für die Universität Oxford zu werden. Dazu vgl. Millicent D. Rex, *University Representation in England 1604–1690* (London 1954), 188f.
84 Zu Owen vgl. auch Peter Toon, *God's Statesman. The Life and Work of John Owen* (Exeter 1971), 52.
85 Vgl. hierzu die ausführliche Studie Websters in Webster, *Great Instauration*, 129–190.
86 Über Barebone's Parliament vgl. Austin H. Woolrych, *The Calling of Barebone's Parliament*, in: *English Historical Review* 80 (1965), 492 ff.
87 Samuel R. Gardiner, *History of the Commonwealth and Protectorate 1649–1660*, vol. 2 (London 1897), 259–261.
88 Ibid., 275.
89 C. J. VII, 361.
90 Über Tithes vgl. Margaret James, *The Political Importance of the Tithes Controversy in the Puritan Revolution*, in: *History* (NS) 26 (1941), 1–18.

91 Vgl. dazu Hill, *World Turned*, 238–241.
92 Vgl. dazu die wohlinformierte Beschreibung in einem zeitgenössischem Pamphlet: »L. D.«, *An Exact Relation of the Proceeding and Transactions in Somers Tracts* 6, ed. Sir W. Scott (London 1809–25), 266–285, hier 280–285.
93 C. J. VII, 363.
94 Zu Cromwells Staatskirche vgl. Claire Cross, *Church and People 1450–1660* (Glasgow 1976), 214–221.
95 Kearney, *Scholars and Gentlemen*, 121.
96 Vgl. Webster, *Great Instauration*, 232–242, hier 236 f.
97 Kearney, *Scholars and Gentlemen*, 121 f. Webster, *Great Instauration*, 236 f.
98 Webster, *Great Instauration*, 241 f.
99 Zit. n. Vincent, *State and School Education*, 88.
100 James Harrington, *The Oceana and other Works*, ed. John Toland (London 1771) 160 f.
101 Vgl. dazu Michael Weinzierl, *Republikanische Politik und republikanische politische Theorie in England 1658–1660* (phil. Diss., Wien 1975).
102 B. M. E. 1802, William Sprigge, *A modest Plea for an Equal Commonwealth* (1659), 72; vgl. auch 49–55, 66–7, zit. 129 (»America of Nature«).
103 B. M. E 988 (55) anon., Henry Stubbe?, *Sundry Things from several Hands Concerning the University of Oxford*, 1 f., 6.-Webster, *Great Instauration*, 172–178, der Stubbe als vermutlichen Autor identifiziert, schlägt vor, dieses Pamphlet wie auch andere Schriften Stubbes als Satire mit konservativer Intention zu betrachten. Angesichts der Karriere Stubbes in diesen Monaten als Protégé des republikanischen Politikers Vane und Opfer konservativer Säuberungen scheint dies nicht sehr plausibel. Vgl. Perez Zagorin, *A History of Political Thought in the English Revolution* (London 1954), 159–162. Vgl. auch Henry Stubbe, *Legends no Histories*, unpag. Vorwort (p. 13), »I was passionately addicted to the New Philosophy...«
104 Sprigge, *Plea*, 136.
105 Zit. n. Christopher Hill, *Puritanism and Revolution* (Panther Books, 1969), 153
106 Die Abschnitte I–IV wurden von Johann Dvorak, die Abschnitte V–VIII von Michael Weinzierl, Einleitung und Schlußbemerkung von beiden Autoren gemeinsam verfaßt. Michael Weinzierl dankt dem Bundesministerium für Wissenschaft und Forschung für ein einmonatiges Forschungsstipendium für diese Arbeit.

Helmut Konrad

Die Sozialdemokratie und die »geistigen Arbeiter[1]«

Von den Anfängen bis nach dem Ersten Weltkrieg

Die Beschäftigung mit der Frage des Verhältnisses zwischen der Arbeiterbewegung und der sogenannten Intelligenz ist durchaus nicht neu. Es ist vielmehr sogar so, daß heute eine Behandlung dieses Themas vor allem eine Hauptschwierigkeit zu bewältigen hat, nämlich die ungeheure Flut von Publikationen zu dieser Thematik, die, blättert man etwa in den theoretischen Organen der österreichischen und der deutschen Arbeiterbewegung in dem Jahrhundert ihres Bestehens, zu den meistdiskutierten Fragestellungen überhaupt gehört. Die Ursachen dafür hat Otto Leichter schon 1919 pointiert zum Ausdruck gebracht: »Dies geht zum Teil auf die Wichtigkeit der geistigen Arbeiter bei der Überführung des Kapitalismus in den Sozialismus zurück, zum Teil wohl auch darauf, daß diejenigen, die die tägliche sozialistische Literatur produzieren, geistige Arbeiter sind und einiges Interesse auf die Stellung ihres ›Standes‹ innerhalb des Sozialismus konzentrieren, schließlich vielleicht auch darauf, daß den geistigen Arbeitern die echt proletarische Eigenart der Zurückhaltung und ein gewisser angeborener Takt bei der Einschätzung der eigenen Wichtigkeit mangelt, worauf die überlaute und überlange Diskussion über die geistigen Arbeiter zurückgeht[2]«.

Aber nicht nur die Eitelkeit der Intelligenz drückt sich in dieser endlosen Diskussion aus, sondern durchaus auch die Unsicherheit über die eigene Position, da der Eintritt der »geistigen Arbeiter« in die Reihen der Arbeiterbewegung keine Selbstverständlichkeit war und ist. Dieser Zusammenfall von Unklarheit über die eigene politische Funktion mit der überdurchschnittlichen Artikulationsfähigkeit der betroffenen Gruppen kann den Umfang der Diskussion erklären.

Wenn man sich heute diesem Thema zuwendet und über das selbstverständliche Anliegen der eigenen politischen Standortbestimmung hinaus einen wissenschaftlichen Zugang sucht, so bieten sich mehrere methodische Möglichkeiten an. Historisch-deskriptiv könnten die Wellen der Annäherung der sogenannten »geistigen Arbeiter« an das organisierte Proletariat dargestellt, die Ursachen der Annäherung untersucht und die Diskussion darüber referiert werden.

Der Mangel dieses Ansatzes liegt darin, daß ohne quantifizierende Methoden der Aussagewert beschränkt bleibt. Aussagen über die Zahl der Intellektuellen in der Sozialdemokratie sind aber wegen der Quellenlage nicht möglich. Ein weiterer methodischer Einstieg, bei dem allerdings ein Historiker herkömmlicher Ausbildung überfordert ist, wäre die ökonomische Analyse der Lebensverhältnisse der sogenannten Intelligenz und die Änderung dieser Lebensverhältnisse in der Geschichte. Psychologische und soziologische Methoden könnten ebenfalls den Aussagewert einer breiteren Analyse wesentlich verbessern. Hier werden wir uns allerdings im wesentlichen mit dem erstgenannten Ansatz bescheiden müssen. Geschichte der Arbeiterbewegung müßte aber, wenn sie den Anspruch eines eigenständigen akademischen Fachs erheben will, längerfristig ihr methodisches Instrumentarium interdisziplinär finden und neben der politischen Geschichte und der Geistesgeschichte auch für Sozial- und Wirtschaftsgeschichte, Nationalökonomie, Soziologie, Psychologie und Statistik offen sein[3].

Das Thema dieses Beitrages erfordert vorerst eine definitorische Klarstellung, was hier unter »geistigen Arbeitern« und unter der »Intelligenz« zu verstehen ist. Die psychologische Definition der Intelligenz als Gesamtheit der intellektuellen Fähigkeiten eines Menschen braucht uns dabei nicht zu interessieren. Für uns ist Intelligenz hier nur als soziologischer Begriff von Bedeutung. Gesellschaftlich umfaßt die Intelligenz »die soziale Schicht aller berufsmäßig Geistesschaffenden, wie Wissenschafter, Ärzte, Lehrer, Künstler, Ingenieure usw«[4]. Man muß die Intelligenz in unserem Gesellschaftssystem also als soziale Schicht, nicht aber als Klasse definieren, da sie sich aus verschiedenen Klassen und Schichten rekrutiert und keine selbständige Rolle im jeweiligen System der Produktion spielt. »Als geschlossene Gruppe hat die Intelligenz in der Tat keinen Platz in einer Gesellschaft, deren Struktur durch das Klassenschema vermeintlich erschöpfend bestimmt ist[5].«

In der vorkapitalistischen Zeit bietet die Einschätzung der »geistigen Arbeit« wenig Probleme, »weil sie tatsächlich nichts anderes war als einerseits der Luxus der herrschenden Klasse, das kostbare Spitzenmäntelchen, mit dem sie ihren Staatsrock verbrämte, anderseits der besser qualifizierte Dienstbote für ihre Herrschaftszwecke. Galt es doch immer als eine Erhöhung des Ruhmes und Glanzes einer Hofhaltung, von der des Kaisers angefangen bis hinab zu jedem Adeligen, der es sich noch leisten konnte, sich seinen eigenen

Hofdichter und Hofhistoriographen zu halten, seinen Astrologen und Hofnarren, seine Leibärzte und Hofprediger, seine Hofjuristen und Hofgelehrten.

Die ganze künstlerische und gelehrte Arbeit des 17. und 18. Jahrhunderts erwuchs unter der wärmenden Gunst fürstlicher Gnadensonne, und die Schriften selbst des erleuchteten Zeitalters eines Kant und Goethe sind garstig entstellt durch die oft demütigen und würdelosen Widmungen an geistige Nullen, bloß weil diese Kronen auf ihren Schwachköpfen trugen. Und bis in das kleinste Dorf hinein war die geistige Arbeit in der Person eines Dorfschulmeisters, wo es einen solchen gab, oder eines Dorfrichters eine adelige oder kirchliche Pfründe. So war wirklich die ganze geistige Arbeiterschichte eine Masse von Fürstendienern, von Lakaien der Herrschenden[6].«

Die gewaltige ökonomische, soziale, geistige und politische Umwälzung im Gefolge der industriellen Revolution beim Eintritt in das Zeitalter des Kapitalismus hat auch die Position der sogenannten Intelligenz grundlegend verändert. Bereits 1848 sahen Karl Marx und Friedrich Engels die Spaltung der Gesellschaft in zwei einander unversöhnlich gegenüberstehende Klassen, Bourgeoisie und Proletariat, voraus. Für die Intelligenz wird die Konsequenz im *Kommunistischen Manifest* folgendermaßen aufgezeigt: »Die Bourgeoisie hat aller bisher ehrwürdigen und mit frommer Scheu betrachteten Tätigkeiten ihres Heiligenscheines entkleidet. Sie hat den Arzt, den Juristen, den Pfaffen, den Poeten, den Mann der Wissenschaft in ihre bezahlten Lohnarbeiter verwandelt[7].« Wenn diese Schlußfolgerung aus dem Jahre 1848 auch durchaus noch nicht der Realität der Mitte des vorigen Jahrhunderts entsprach, so haben Marx und Engels hier die Entwicklung in den Folgejahrzehnten recht klar erkannt.

Es würde hier zu weit führen, schon in diesem Zusammenhang die Diskussion zu verfolgen, die von den Theoretikern der Arbeiterbewegung jahrzehntelang über die Frage geführt wurde, wie weit das Vordringen kapitalistischer Prinzipien alle Formen der geistigen Arbeit in Lohnarbeit im Sinne des Kapitalismus oder gar in »produktive Arbeit« gewandelt hat. Die Beantwortung dieser Frage wird noch schwieriger, wenn man auch die unterschiedlichen Voraussetzungen etwa von Privatangestellten, Beamten und Freiberuflern ins Auge faßt. Wir wollen uns vorerst damit begnügen, die Trennung von geistiger und körperlicher Arbeit, von Kopf- und Handarbeit als fragwürdig und als besondere Erscheinung der kapitalistischen Epoche zu charakterisieren. Im ersten Band des *Kapitals* führte dazu schon Karl Marx aus:

Wie verschieden die nützlichen Arbeiten oder produktiven Tätigkeiten sein mögen, es ist eine physiologische Wahrheit, daß sie Funktionen des menschlichen Organismus sind und daß jede solche Funktion, welches immer ihr Inhalt und ihre Form, wesentliche Verausgabung von menschlichem Hirn, Nerv, Muskel, Sinnesorgan usw. ist[8].

Geistige Arbeit ist also nichts anderes als Verausgabung von Hirn und Nervenkraft im Arbeitsprozeß und somit ein untrennbarer Bestandteil jeder menschlichen Arbeit.

Ganz ähnlich wie Karl Marx argumentiert zwei Jahrzehnte später auch Karl Kautsky:

> Die Unterscheidung zwischen geistiger und körperlicher Arbeit, zwischen Kopfarbeit und Handarbeit, ist physiologisch nicht gerechtfertigt. Selbst das reine Denken ist eine Funktion des Körpers, und andererseits ist selbst die größte Arbeit nicht bloße Tätigkeit der Muskeln, sondern auch des Geistes, das heißt, des Gehirns und der Nerven ... Indessen sind diese Unterschiede einmal historisch gegeben, und sie sind auch weder zufällig noch willkürlich. Geistige Arbeit, das ist die allgemeine Annahme, ist höher stehende Arbeit, ist geadelte Arbeit, ist Arbeit, die bisher ein gewisses Maß von Ausbeutung voraussetzte, ist Arbeit, die bisher die Ausbeuter sich und ihren Günstlingen vorbehielten. Körperliche Arbeit, das war bisher die Arbeit der Ausgebeuteten, der Unterdrückten, der Geringschätzigen und galt deshalb als geringere Arbeit[9].

Die Trennung der geistigen Arbeit von der körperlichen nützt natürlich jenen, die an der Erhaltung des Systems interessiert sind, da damit die durchaus vorhandene Interessenparallelität der geistig und der körperlich Arbeitenden verschleiert wird. Dieser Prozeß der Trennung wird durch unterschiedliche Bezahlung zusätzlich verstärkt, wobei die unterschiedliche Bezahlung allerdings auch auf die unterschiedlichen Produktionskosten der Arbeitskraft zurückzuführen ist. In der Schrift *Lohnarbeit und Kapital*, zusammengesetzt aus mehreren Leitartikeln der *Neuen Rheinischen Zeitung* des Jahres 1848, stellt Karl Marx die Frage, welches die Produktionskosten der Arbeitskraft sind, und antwortet: »Es sind die Kosten, die erheischt werden, um den Arbeiter als Arbeiter zu erhalten und um ihn zum Arbeiter auszubilden. Je weniger Bildungszeit eine Arbeit daher erfordert, um so niedriger ist der Preis der Arbeit, sein Arbeitslohn[10].«

Und in seiner berühmten Rede: *Lohn, Preis und Profit* meint Marx dazu:

> Was ist nun also der Wert der Arbeitskraft? Wie der jeder andern Ware ist der Wert bestimmt durch das zu ihrer Produktion notwendige Arbeitsquan-

tum. Die Arbeitskraft eines Menschen existiert nur in seiner lebendigen Leiblichkeit. Eine gewisse Menge Lebensmittel muß ein Mensch konsumieren, um aufzuwachsen und sich am Leben zu erhalten. Der Mensch unterliegt jedoch, wie die Maschine, der Abnutzung und muß durch einen andern Menschen ersetzt werden. Außer der zu seiner eignen Erhaltung erheischten Lebensmittel bedarf er einer andern Lebensmittelmenge, um eine gewisse Zahl Kinder aufzuziehn, die ihn auf dem Arbeitsmarkt zu ersetzen und das Geschlecht der Arbeiter zu verewigen haben. . . . Dennoch muß ich diese Gelegenheit zu der Feststellung benutzen, daß, genauso wie die Produktionskosten für Arbeitskräfte verschiedner Qualität nun einmal verschieden sind, auch die Werte der in verschiednen Geschäftszweigen beschäftigen Arbeitskräfte verschieden sein müssen. Der Ruf nach Gleichheit der Löhne beruht daher auf einem Irrtum, ist ein unerfüllbarer, törichter Wunsch. Er ist die Frucht jenes falschen und platten Radikalismus, der die Voraussetzungen annimmt, die Schlußfolgerungen aber umgehn möchte. Auf Basis des Lohnsystems wird der Wert der Arbeitskraft in derselben Weise fortgesetzt wie der jeder andern Ware; und da verschiedne Arten Arbeitskraft verschiedne Werte haben oder verschiedne Arbeitsquanten zu ihrer Produktion erheischen, so müssen sie auf dem Arbeitsmarkt verschiedne Preise erzielen[11].

Doch wenden wir uns nun der Darstellung der Rolle der Intelligenz in der österreichischen Arbeiterbewegung zu.

Es ist ein erstaunliches Phänomen der Frühzeit nicht nur der österreichischen Arbeiterbewegung, daß in jener Phase, als drückende Lebensbedingungen den Schritt von der »Klasse an sich« zur »Klasse für sich« für das Proletariat beinahe unmöglich machten, sozialistisches Gedankengut eher in Intellektuellenkreisen als im Proletariat selbst anzutreffen war. Die Arbeiterklasse selbst kam tatsächlich, wenn überhaupt, nur zu einem gewerkschaftlichen Bewußtsein, das dem kollektiven Erleben des Elends entsprang. Jene Intellektuellen, die in diesem Zeitabschnitt die Träger des sozialistischen Gedankengutes waren, jener Teil der Bourgeoisieideologen, von dem Marx sagte, daß er sich »zum theoretischen Verständnis der ganzen geschichtlichen Bewegung hinaufgearbeitet[12]« hat, hatte also erkannt, daß das Proletariat jene Klasse ist, »welche die Zukunft in ihren Händen trägt[13]«.

Objektiv begingen jene Intellektuellen, die die Theoretiker und Organisatoren der frühen Arbeiterbewegung waren, also »Klassenverrat«. Für diesen Schritt waren neben dem großen moralischen Anspruch, der alle diese Leute auszeichnet, allerdings auch eine Reihe von subjektiven Faktoren wirksam. Für die Intellektuellen in der frühen österreichischen Arbeiterbewegung lassen sich meines Erachtens vor allem drei solcher Beweggründe herausfinden, die jeweils für eine bestimmte Gruppe von Intellektuellen zutrafen und in großem

Ausmaß auch ihre jeweilige politische Position mitbestimmten. Ganz allgemein kann man sagen, daß es sich bei allen Gruppen um Personen handelte, die aus unterschiedlichen Gründen im bürgerlichen politischen Spektrum keinen Platz fanden.

Als erste und wohl auch als bedeutendste dieser Gruppen sind zweifellos die jüdischen Intellektuellen zu nennen, die meist aus dem Großbürgertum stammten und nach der zunehmenden Wandlung der bürgerlich-nationalen politischen Gruppen in deutschnationale Parteien mit ausgeprägt antisemitischen Zügen zu diesen Kreisen jeden Zugang verloren. Der Prozeß der Hinwendung des nationalen Lagers zum Antisemitismus vollzog sich in Österreich in den achtziger Jahren des vorigen Jahrhunderts[14]. Da den jüdischen Intellektuellen die christlichsozialen und konservativen Gruppen nicht offenstanden, fanden sie ihre politische Heimstätte fast ausschließlich in der Sozialdemokratie. Sie waren, generalisierend ausgedrückt, in der österreichischen Arbeiterbewegung wesentlich eher in der Partei als in der Gewerkschaft anzutreffen, sie waren meist gute Theoretiker, Marxisten und Internationalisten. Gerade die letzte Charakterisierung trifft allerdings auf den Hauptrepräsentanten dieser Gruppe, Victor Adler, nicht zu[15]. Politisch kann man diese jüdischen Intellektuellen innerhalb der Bandbreite der österreichischen Sozialdemokratie eher links von der Mitte finden. Aus diesem Kreis kam wohl die größte Zahl der austromarxistischen Theoretiker.

Die zweite Gruppe ist ein Teil der deutschen Aufsteiger-Intelligenz, die aus armen, meist ländlichen Verhältnissen stammte und mit viel sozialem Gewissen ausgestattet war, da sie den Existenzkampf der eigenen Familie trotz ihres persönlichen Aufstiegs nicht vergaß. Im Gegensatz zur ersten Gruppe erfolgte ihr Zugang zur Sozialdemokratie meist nicht über die Lektüre von Marx und Engels, sondern über die konkrete soziale Praxis. Wo sich die Angehörigen dieser Gruppe zu Theoretikern entwickelten, standen sie eher im Gefolge Ferdinand Lassalles als in dem von Marx und Engels. Die deutschnationale Komponente in ihrem Denken ist meist deutlich ausgeprägt, wie gerade unlängst beim Hauptrepräsentanten dieser Gruppe, Karl Renner, wieder nachgewiesen wurde[16]. Als Pragmatiker der Arbeiterbewegung waren sie stark auch in die Organisationsarbeit der Gewerkschaften verstrickt. Im politischen Spektrum war ihr Platz eher rechts von der Mitte.

Die dritte Gruppe ist schließlich eine österreichische Besonderheit. Ihre Tradition reicht bis in die sechziger Jahre des vorigen Jahrhunderts zurück. Damals ermöglichten einige liberale Intellektuelle die Gründung der ersten Arbeiterbildungsvereine, so etwa des Vereines in

Linz im Jahre 1868. Sein Geburtshelfer war Dr. Josef Netwald, der »Alleinredakteur, Herausgeber und Verleger[17]« der *Linzer Tagespost*, eines liberalen Blattes, war. Diese liberalen Intellektuellen waren, ihrem Verhältnis zum Staat entsprechend, eher Anhänger der Ideen von Schultze-Delitsch, also der Selbsthilfe, als Lassalleaner. Ihre Anfangshilfe für die österreichische Arbeiterbewegung war daher bald ein Hemmnis für die weitere Entfaltung. Trotzdem ist das Verdienst dieser Gruppe in den schwierigen Anfangsjahren unbestritten. Als sich schließlich in Österreich in den achtziger Jahren des vorigen Jahrhunderts die Massenparteien im heutigen Sinn bildeten, fehlte im Parteienspektrum eine liberale Partei, und sie fehlt ja bis heute. Die liberale Intelligenz mußte sich in die bestehenden politischen Parteien integrieren, wobei ihr die Annäherung an die christlichsoziale Bewegung wegen ihrer antiklerikalen Tradition am schwersten fiel. So blieben also nur die nationalen Parteien und die Sozialdemokratie übrig, wobei sicherlich der Großteil der liberalen Intelligenz dem nationalen Lager zufiel. Einige liberale Intellektuelle, speziell jene, die die Kleinkariertheit des Nationalismus erfaßten und bei denen die humanistische Tradition dominierte, fanden zur Sozialdemokratie, allerdings überwiegend erst nach 1918, wo man diesen Annäherungsprozeß etwa bei einem Gutteil der Künstler, vor allem der Schriftsteller, beobachten kann. In den ländlichen Gebieten waren es vor allem Lehrer, die aus dieser Traditionslinie kamen und oft entscheidende Positionen innerhalb der Arbeiterbewegung erlangten.

Die österreichische Sozialdemokratie, die ja in ihrer Frühphase tatsächlich keine Klassenpartei war, sondern eher nur den linken Flügel des liberalen Bürgertums bildete, mußte, je mehr die Industrialisierung Österreich erfaßte und je deutlicher die Unmenschlichkeit des Kapitalismus auch vom Proletariat erkannt werden konnte, immer mehr zur Partei der Arbeiterklasse werden und in Konflikte zum Bürgertum geraten. In den Arbeitskämpfen, in der Gewerkschaft reifte aus den gemeinsamen Siegen und Niederlagen die Erkenntnis im Proletariat[17], auch eine »Klasse für sich« zu sein, das Klassenbewußtsein. So wurde die österreichische Sozialdemokratie nach einem Ansatz in den siebziger Jahren des vorigen Jahrhunderts[18] schließlich vor etwa neun Jahrzehnten[19] die Partei des österreichischen Proletariats mit jenen geschilderten Gruppen der Intelligenz, die aus subjektiven Gründen zur sozialistischen Bewegung fanden. In den Entscheidungsgremien aber blieben, trotz des Wandels der Partei, die Intellektuellen dominierend, hatten sie doch wesentlich günstigere Voraussetzungen, sich zu artikulieren. Sie erschienen dadurch der proletarischen Mitgliedschaft der Partei die geeignetsten Repräsentanten zu sein.

So blieb das Bild der Sozialdemokratie nach außen, von wo man ja vor allem auf die Repräsentanten blickte, einige Jahrzehnte verzerrt. Die Sozialdemokratie galt in den politischen Auseinandersetzungen dadurch oftmals als »Judenpartei[20]«. Die Überrepräsentanz der Intelligenz stellte für diese allerdings auch einen leichten und raschen Zugang zur politischen Macht dar, der als weiterer, wenn auch nicht meßbarer subjektiver Faktor den Eintritt der Intelligenz in die Organisation der Arbeiterbewegung begünstigt haben könnte.

Es gibt allerdings keinen Zweifel darüber, daß der Großteil der Intelligenz in den letzten Jahrzehnten der Habsburgermonarchie, also in der Zeit vor dem Ersten Weltkrieg, keinen Zugang zur Arbeiterbewegung fand und ihr ablehnend und verängstigt gegenüberstand. Die breite Masse der damaligen österreichischen Intelligenz kam aus dem Kleinbürgertum und war mit einem ausgeprägten Aufsteigerbewußtsein ausgestattet. Während des Studiums boten vor allem die nationalen Verbindungen, die Burschenschaften, diesen jungen Studenten jene Atmosphäre, die ihren sozialen Aufstieg zu garantieren schien. Nicht zufällig hielt sich noch Jahrzehnte später das nationale Gedankengut vor allem in der Beamtenschaft und an den Universitäten. Diese Aufstiegsgläubigkeit hatte zwar durchaus nicht immer eine reale Grundlage, die meisten dieser jungen Leute waren nach ihrem Studienabschluß ohnehin gezwungen, als Angestellte oder kleine Beamte zu existieren, deren Lebensverhältnisse sich nicht sehr entscheidend von denen des Proletariats unterschieden; doch ihre Bewußtseinslage zwang sie in sogenannte »standesgemäße« Organisationen und verhinderte jeden Kontakt zur »umstürzlerischen« Arbeiterbewegung.

Es ist bezeichnend, daß die Situation vor dem Ersten Weltkrieg im industriell wesentlich weiter fortgeschrittenen Deutschland bereits entscheidend anders war. Die große Depression der Jahre 1873 bis etwa 1890 hatte in Deutschland stärker als in irgendeinem anderen Land der Welt zur Konzentration des Kapitals geführt, und die Imperialismustheorien der Jahre vor dem Ersten Weltkrieg hatten immer diese deutsche Situation als empirische Grundlage vor Augen[21]. Die deutsche Arbeiterbewegung, im Jahre 1890 nach zwölf Jahren der Illegalität unter dem Sozialistengesetz gestärkt wiedererstanden, war sofort die einzige politische Kraft, in der auch die Intelligenz, die aus dem in Deutschland bereits existenzbedrohten Kleinbürgertum kam, ein Gegengewicht zu der Macht der Monopole erblicken konnte. 20 Prozent der Wählerstimmen, das waren anderthalb Millionen, konnte die deutsche Sozialdemokratie damals bereits auf sich vereinigen. Die Eintrittsbewegung der deutschen Intelligenz in die Sozialdemokratische Partei hatte also schon in den neunziger Jahren des vorigen Jahrhunderts eine reale ökonomische Basis. So ist es nicht verwunderlich, daß die erste große Diskussion um das Verhältnis von Intelligenz und Arbeiterklasse mit allen strategischen Fragen in der theoretischen Zeitschrift der deutschen Sozialdemokratie, Karl Kautskys *Neuer Zeit*, in den Jahren 1894 und 1895 geführt wurde. Diese Diskussion wurde in der österreichischen Arbeiterbewegung erst zweieinhalb Jahrzehnte später nachvollzogen, als sich auch die österreichischen Bedingungen grundlegend gewandelt hatten.

Ganz allgemein herrschte in der Diskussion in der *Neuen Zeit* eine gewisse Vorsicht in der Einschätzung des Übertritts der Intelligenz in die Reihen der Arbeiterbewegung vor. Karl Kautsky selbst, der Mann, an dem sich die anderen Theoretiker der deutschen Arbeiterbewegung orientierten, hielt die Intelligenz für eine »privilegierte Klasse« und meinte:

> Durch einen Appell an ihre Klassen- resp. Standesinteressen sind diese . . . nicht zu gewinnen. Wir müssen überhaupt darauf verzichten, diese aristokratischen Schichten in ihrer Gesamtheit in den Klassenkampf des Proletariats eintreten zu sehen. Es kann sich hier nur um die Gewinnung Einzelner handeln. Es wäre aber geradezu verderblich, wollte man diese Einzelnen durch einen Appell an ihre persönlichen Interessen gewinnen. Wer aus persönlichem Interesse zu uns kommt, wer kommt, nicht um den Klassenkampf des Proletariats mitzukämpfen, sondern um im Proletariat die Macht oder die Anerkennung zu finden, die ihm die Bourgeoisie versagt, ist in der Regel ein fauler Kunde und kann, namentlich wenn er aus der Intelligenz kommt, direkt gefährlich werden[22].

Ganz drastisch äußerte sich wenige Monate früher ein unbekannter Verfasser in der *Neuen Zeit:*

> . . . Verfasser hält jeden besonderen Appell an die ›intelligenten‹ Proletarier, wie er seiner Zeit erlassen wurde, für überflüssig, wo nicht von Übel. Was wirklich werthvoll ist an den Deklassirten, kommt auch ohne das zur Partei. Und die ›verbummelten Genies‹, die unthätigen, faullenzenden Auch-Sozialisten, deren größte Thaten in siegreich zu Ende geführten Diskussionen bestehen, mit dem Wahn zu erfüllen, als seien sie berufen, ›eine historische Rolle‹ zu spielen, das hieße mit ihrer Eitelkeit, die schon maßlos genug ist, zugleich ihre Unfähigkeit, ja Schädlichkeit steigern[23].

Trotz dieser Vorbehalte fand man daneben zu einer sehr sachlichen Diskussion über die Rolle der geistigen Arbeit und über die Funktion, die der Intelligenz innerhalb der Arbeiterbewegung zufallen kann.

Auch hier war es Karl Kautsky, der die Richtung der Diskussion entscheidend bestimmte:

> Es sind denn auch bekanntlich vorwiegend aus dem Bürgerthum stammende Elemente gewesen, die aus der unbewußten Klassenbewegung des Proletariats eine bewußte und selbständige machten und dadurch die Sozialdemokratie vorbereiteten und schließlich begründeten. Wohl haben an dem Werke der theoretischen Entwicklung des Sozialismus auch Proletarier hervorragend mitgewirkt – so der Schriftsetzer Proudhon, der Schneider Weitling, der Gerber Dietzgen, der Drechsler Bebel –, aber in der Regel wird dem Proletarier die soziale Praxis näher liegen als die soziale Theorie, und dies gilt heute mehr als je, da heute den Proletarier, je intelligenter und selbstloser er ist, um so mehr die Kleinarbeit der politischen, gewerkschaftlichen, mitunter auch noch genossenschaftlichen Agitation und Organisation vollständig in Anspruch nimmt.
> Es ist also vor Allem die Aufgabe der wissenschaftlich gebildeten bürgerlichen Elemente, der Intellektuellen oder der »Akademiker« in unserer Partei, die Einsicht in die großen gesellschaftlichen Zusammenhänge, eine weitschauende, über das Augenblicksinteresse sich erhebende sozialistische Erkenntniß, das heißt den revolutionären Geist im besten Sinne des Wortes zu entwickeln und zu verbreiten. Die Bedeutung der Akademiker, welche in diesem Sinne wirkten, hat das kämpfende Proletariat stets anerkannt. Zwischen diesen Elementen hat sich nie eine Kluft aufgethan.
> Es ist die Erkenntniß des Zieles, wozu das Proletariat die Akademiker braucht; dagegen bedarf es ihrer nicht zur Führung seiner Klassenbewegung. Wie etwa Gewerkschaften zu organisiren, wie Strikes zu gewinnen, Konsumvereine zu organisiren, ja selbst wie Arbeiterschutzgesetze in den Parlamenten auszuarbeiten und zu vertreten sind, das wissen die in der Bewegung erfahrenen Arbeiter besser als irgend ein Akademiker; soweit diese etwas davon verstehen, haben Sie es von den Arbeitern gelernt.
> Für die Kleinarbeit des Tages sind also die Akademiker überflüssig; in England, dem Musterland der praktischen Arbeiterbewegung ohne Endziel, sind denn auch die proletarischen Bewegungen von den Akademikern frei geblieben; nicht die Anerkennung eines bestimmten Programms, sondern die Zugehörigkeit zur Arbeiterklasse ist dort die Vorbedingung für den Posten eines Arbeitervertreters. Das Ideal der schwieligen Arbeiterfaust ist dort zur vollsten Reinheit entwickelt[24].

Während also in Deutschland um die Jahrhundertwende bereits sachlich über strategische Fragen in Zusammenhang mit der Annäherung der »geistigen Arbeiter« an die Sozialdemokratie diskutiert wurde, hieß es in Österreich am 15. Jänner 1892 in der *Arbeiter-Zeitung* in einem von einem Gewerkschaftsfunktionär verfaßten Artikel, daß die erforderliche »Revolutionierung der Gehirne« nicht durch Lehrer angeregt werden könne, »welche ihrer sozialen Lage und ihrer

Gesinnung nach Gegner der Sozialdemokratie sind ... Deshalb hinaus mit dem Bourgeois[25]«.

Ein Sonderproblem, nicht nur für die Jahre vor dem Ersten Weltkrieg, bildeten zweifellos die Studenten. Einerseits trafen sie auf besonders große Vorbehalte seitens der organisierten Arbeiterbewegung, andererseits war sicherlich die Bereitschaft zur Übernahme revolutionären Gedankengutes und das moralische-soziale Engagement bei ihnen stärker als bei der Intelligenz im Berufsleben. Abneigung und Vorbehalte brachte besonders drastisch ein anonymer Autor im Februar 1894 in der *Neuen Zeit* zum Ausdruck:

> Eine Führerschaft des »geistigen Proletariats«, wie sich die sozialistischen Studenten mit einem übrigens anfechtbaren Ausdruck zu nennen lieben, in dem proletarischen Emanzipationskampfe ist deshalb von vornherein ausgeschlossen. Der Schwerpunkt der sozialdemokratischen Bewegung muß und wird immer in den Arbeitermassen liegen. Bedürften sie noch einer besonderen Aristokratie zur Beratung und Führung ihrer Angelegenheiten, so wäre damit bewiesen, daß sie für die Lösung ihrer weltgeschichtlichen Aufgabe noch nicht reif seien. Sie haben daher mit sicherem Klassenbewußtsein alle literarischen und studentischen Elemente, die sich in ehrgeiziger Absicht an sie herandrängten, sehr kaltblütig abfallen lassen. Und die Geschwindigkeit, womit sich die enttäuschten Weltenstürmer auf die kapitalistischen Fleischtöpfe rückwärts zu konzentriren verstanden, hat auch noch allemal bewiesen, daß ihnen von den vorsichtigen Arbeitern kein Unrecht zugefügt worden war[26].

Selbstverständlich liefen nicht alle Studenten zu den zitierten »kapitalistischen Fleischtöpfen« zurück. Aus den Diskussionszirkeln engagierter Studenten in Österreich bildeten sich bereits in den neunziger Jahren des vorigen Jahrhunderts recht stabile Organisationen, so der 1895 von Ludo Moritz Hartmann gemeinsam mit Carl Grünberg und Karl Renner gegründete *Sozialwissenschaftliche Bildungsverein* und die *Freie Vereinigung Sozialistischer Studenten*. Beide Gruppen sind als organisatorische Vorläufer des VSStÖ zu betrachten, dessen Traditionen also bis in das vorige Jahrhundert zurückreichen[27]. Allerdings war kaum eine Verbindung zu den Organisationen der Arbeiterklasse vorhanden. In reichlich elitären Zirkeln diskutierten Studenten wie Max Adler und Rudolf Hilferding mit Politikern wie Victor Adler und Friedrich Austerlitz, mit dem Psychologen Alfred Adler, mit Literaten und anderen Künstlern. Viele junge Studenten holten sich in diesen Kreisen das theoretische Rüstzeug für ihre späteren wissenschaftlichen und politischen Arbeiten. Die Nützlichkeit dieser Organisationen ist also unbestreitbar, wenngleich man natürlich Verständnis für die großen Vorbehalte der Arbeiter diesen Leuten gegenüber haben muß.

Unter der gesamten Studentenschaft bildeten diese Gruppen eine kleine Minderheit. Das Bild des österreichischen Studenten der Vorkriegszeit war durchaus von Typen geprägt, wie Stefan Zweig sie in seinem Buch *Die Welt von gestern. Erinnerungen eines Europäers* so treffend beschrieben hat, wenn er von ihrer »Lust an der Aggressivität und gleichzeitigen Lust an der Hordenservilität« schreibt und meint: »Schon der bloße Anblick dieser rüden, militarisierten Rotten, dieser zerhackten und frech provozierenden Gesichter hat mir den Besuch der Universitätsräume verleidet[28].« Gerade für diese Typen war der Kampf gegen den, wie sie sich ausdrückten, »vaterlandslosen Judensocialismus« und dessen »krummbeinige und krummnasige« Repräsentanten an der Universität Ehrensache und nationales Anliegen.

Der Erste Weltkrieg hatte die ökonomische und soziale Situation in Österreich ganz entscheidend verändert. Der Vielvölkerstaat war zerfallen, übrig blieb ein kleiner, wirtschaftlich schwacher Reststaat mit etwa einem Achtel der Gesamtbevölkerung der Monarchie. Die deutschsprachende Bevölkerung hatte in den Provinzen der Habsburgermonarchie zum überwiegenden Teil das Heer der Beamten und der leitenden Angestellten gestellt. Vielen dieser Menschen, die jetzt in die Republik strömten, konnte der kleine österreichische Staat keine oder zumindest keine gleichwertige Arbeit bieten. Außerdem war die österreichische Sozialdemokratie in der unmittelbaren Nachkriegszeit die politisch führende Kraft, die den Staatskanzler stellte und die wichtigsten Ministerien kontrollierte. In dieser Phase der politischen Macht der Sozialdemokratie in der sogenannten »österreichischen Revolution« schien vielen Angehörigen der Intelligenz eine Annäherung an die Arbeiterbewegung opportun, weil man sich von dieser politischen Kraft auch beruflich und ökonomisch einiges erhoffen konnte. Wie weit das Ergebnis der Wahlen zur Konstituierenden Nationalversammlung vom 16. Februar 1919 einen breiten Einbruch der Sozialdemokratie in die Schichten der Intelligenz belegen kann, könnte allerdings nur eine detaillierte Analyse dieses Wahlergebnisses klären.

Diese Situation ließ auch in Österreich die Diskussion um die Stellung und die Organisierbarkeit der Intelligenz im Rahmen der Arbeiterbewegung anlaufen. 25 Jahre nach der Diskussionswelle in Deutschland war es nun die Zeitschrift des Austromarxismus, *Der Kampf,* deren Seiten in den Jahren 1919 und 1920 mit Diskussionen über diese Frage gefüllt waren. Unter den Autoren zu dieser Thematik befanden sich Max Adler[29], Otto Leichter[30], Richard Kassel[31], Therese

Schlesinger[32], Alfred Engel[33], Oscar Trebitsch[34] und Hans Deutsch[35]. Diese Diskussion wurde in den Jahren 1919 und 1920 mit ganz besonderer Intensität geführt. Nie vorher und nie nachher erschien im *Kampf* eine solche Zahl von Beiträgen zu diesem Thema. Im Gegensatz zur *Neuen Zeit* finden sich hier kaum mehr Stimmen, die die Vorurteile und Vorbehalte gegen die Intellektuellen in der Arbeiterbewegung formulierten. Man diskutierte vielmehr über die Frage, ob geistige Arbeit im marxistischen Sinn produktiv sein kann, und über die Möglichkeiten der Organisierung der Intelligenz. Die Notwendigkeit dieser Organisierung wurde nicht mehr in Frage gestellt, man erkannte aber richtig, daß nicht bei allen Berufsgruppen unter den geistigen Arbeitern die gleichen Bedingungen herrschten. Richard Kassel etwa analysierte treffend die Situation und erkannte, daß jene Sparten, in denen die Konzentration besonders weit fortgeschritten war, die größten Chancen für die Gewinnung der Intelligenz boten:

Die Bankbeamten sind wohl jene Gruppe unter den geistigen Arbeitern, die am stärksten von sozialistischem Geiste durchsetzt ist, richtiger ausgedrückt, die zum größten Teil sich den bestehenden sozialistischen Parteien und ihrer Gewerkschaft angeschlossen hat. Warum wohl gerade diese? Doch nur, weil sie ihre Klassenlage früher und leichter erkennen konnten als die meisten anderen geistigen Arbeiter, weil sie in ihrer Klassenlage fixiert sind. Jeder Zuckerlverkäufer darf erhoffen, dereinst mit einigen Kronen einen eigenen Zuckerladen zu eröffnen, wohl gar eine Verkäuferin aufzunehmen und so selbst unter die »Ausbeuter« zu gehen. Wie soll der Bankbeamte in einer Zeit, da längst etablierte Privatbankiers von der Konkurrenz der Bankenkartelle erdrückt werden, daran denken, jemals Unternehmer zu werden? Heute tragen nur mehr wenige besonders Begünstigte den Marschallstab des Bankdirektors im Tournister, und auf diese muß und kann auch jede Organisation verzichten. Ist es nicht eine alte Erfahrung jedes Gewerkschaftsbeamten, daß dort, wo ein Organisationszwang nicht durchgesetzt werden konnte, die höchstqualifizierten Arbeiter sich der Organisation entzogen? Da die Gewerkschaft der Natur der Sache nach doch nur Mindestlöhne und andere Minimalbedingungen durchsetzen kann und jene im Bewußtsein ihrer gehobenen Lebenslage keinen Grund sahen, sich für die »Gesamtheit« mit dem Unternehmer zu entzweien.
Die technischen Beamten, Ingenieure, Chemiker usw. werden ins sozialdemokratische und gewerkschaftliche Lager nachfolgen, und zwar dort zuerst, wo einerseits der Großbetrieb mit seiner Arbeitsteilung die Aussicht, dereinst durch eine »Erfindung« ein großer Herr zu werden, genügend abgeschwächt hat, anderseits, wie vor allem in Österreich, der Stand sich zumeist aus minderbemittelten Individuen ergänzt, die auch dazu nicht in der Lage sind, einen kleinen Spezialbetrieb zu übernehmen oder zu begründen. In ihrer Klassenlage fixiert, sind sie infolge der in hohem Grade

durchgeführten Arbeitsteilung meist außerstande, sich über die Stellung des vertretbaren Gutes zu erheben[36].

In der Diskussion ging es vor allem aber auch um die Frage, ob die Intellektuellen ihre eigene Organisation im Rahmen der Arbeiterbewegung haben sollten, oder ob ein solches »Intellektuellengetto« eher schädlich wäre. Die Praxis hatte in dieser Frage die theoretische Diskussion längst überflügelt, da Organisationen der Intelligenz bereits entstanden waren, so die berühmte SOVEGA, die *Sozialistische Vereinigung geistiger Arbeiter,* oder die *Sozialdemokratische Studenten- und Akademikervereinigung,* aus der später sowohl der BSA als auch der VSStÖ hervorgingen. Einen eigenständigen *Verband Sozialistischer Studenten Österreichs,* damals noch VSSÖ abgekürzt, gab es sodann ab dem Jahre 1925[37].

Als nach 1920 die österreichische Sozialdemokratie den Weg in die Opposition antrat, verlor sie selbstverständlich viel an Anziehungskraft für die »geistigen Arbeiter«, die ja rein von ihrer gesellschaftlichen Funktion her eine starke Bindung an die jeweils herrschende Kraft aufweisen, was vor allem für die Beamten gilt. Die Funktion der Intelligenz innerhalb der Arbeiterbewegung und die Form ihrer Organisierung blieben zudem umstritten. Max Adler schrieb schon 1920 über diese Schwierigkeiten:

> Es ist durchaus nur die in den intellektuellen Kreisen fast endemische Nörgelsucht und der Mangel an Zusammengehörigkeitsgefühl zur Partei, mit der sie noch immer nicht verwachsen sind, der gegenüber sie sich immer noch mehr als ihre Förderer, Gönner, ja Lehrmeister fühlen statt als ihre Mitglieder, die jeden Tadel und jede hämische Kritik als Angriff auf sich selbst empfinden müßten – ich sage, es ist nur diese eigentliche Parteifremdheit, unterstützt von einer Überheblichkeit, die ihre eigenen Intellektuellenkreise mit denen der Partei verwechselt[38].

Es gelang nur mangelhaft, sich zu einer Position durchzuringen, die die Notwendigkeit eigener Organisationen der Intelligenz innerhalb der Arbeiterbewegung akzeptiert, ohne allerdings daraus einen Führungsanspruch jener Gruppe abzuleiten, um das zu erreichen, was Otto Bauer als Bündnis von Arbeitern und Intellektuellen ohne Aufgabe des proletarischen Charakters der Gesamtorganisation bezeichnet hat[39].

In den Wellen der Annäherung zwischen Intelligenz und Arbeiterbewegung in Deutschland und Österreich scheint sich, wenn man den hier behandelten Zeitabschnitt im Überblick betrachtet, eine gewisse Gesetzmäßigkeit zu zeigen. Die Konzentration des Kapitals führt notwendigerweise zu einer Annäherung der Lebensbedingungen von

Intelligenz und Arbeitern, und die jeweilige politische Stärke der Arbeiterbewegung beeinflußt wesentlich den Eintritt von Angehörigen der Intelligenzschicht in die Organisationen der Arbeiterklasse. Dennoch zeigen sowohl die historische Analyse als auch ein Blick auf die gegenwärtige Situation etwa an Österreichs Hochschulen, daß zwischen dem Bewußtsein der Intelligenz und ihrer »objektiven« Interessenlage ein gewisser Bruch besteht. Vor allem den jungen Akademikern wurde damals und wird auch heute noch das Bewußtsein vermittelt, Angehörige einer privilegierten Schicht mit notwendiger Orientierung nach »oben« zu sein. Max Adlers Worte von 1920 haben somit auch heute nichts an Aktualität und Richtigkeit eingebüßt:

> Noch tragen allzu viele der geistigen Arbeiter die Livree der herrschenden Klassen in ihren Anschauungen und Bestrebungen. Sie haben doppelte Ketten zu zerbrechen, aus zweifacher Not sich zu befreien: aus der Hörigkeit kapitalistischer Ausbeutung und aus der Gefangenschaft bürgerlicher Ideologie, die nichts anderes ist als eine geistige Hörigkeit[40].

ANMERKUNGEN

1 Die Anregung für die Beschäftigung mit dieser Thematik geht auf eine Einladung des VSStÖ (Verband Sozialistischer Studenten Österreichs), Sektion Linz, zurück, im Rahmen des Symposiums *Zehn Jahre VSStÖ Linz* (Universität Linz 1977) einen Vortrag mit dem Thema *Intelligenz und Arbeiterbewegung* zu halten.
2 Leichter, Otto: *Zum Problem der geistigen Arbeit*. In: *Der Kampf*, XII. Jg., (1919), S. 826.
3 Das Ludwig-Boltzmann-Institut für Geschichte der Arbeiterbewegung fördert seit Jahren interdisziplinäre Projekte. Die Mitarbeiter des Instituts bemühen sich auch im Rahmen ihrer akademischen Lehrtätigkeit um interdisziplinäre Seminare mit Nationalökonomen, Betriebswirten und Soziologen.
4 *Wörterbuch der Ökonomie Sozialismus*. Berlin–DDR 1973. S. 420 f.
5 Geiger, Theodor: *Aufgaben und Stellung der Intelligenz in der Gesellschaft*. Stuttgart 1949. S. 81f.
6 Adler, Max: *Das Kulturproblem der geistigen Arbeit*. In: *Der Kampf*, XIII. Jg. (1920), S. 187.
7 Marx, Karl und Engels, Friedrich: *Manifest der Kommunistischen Partei*. In: Marx-Engels: *Ausgewählte Werke*. Berlin–DDR 1972, Bd. I, S. 28 f.
8 Marx, Karl: *Das Kapital*. Erster Band. Berlin–DDR 1973. S. 85.
9 Kautsky, Karl: *Die Intelligenz und die Sozialdemokratie*. In: *Die Neue Zeit*, XIII. Jg., 2. Bd. (1894–95). S. 13 f.
10 Marx-Engels: *Ausgewählte Werke*, a. a. O., Bd. I, S. 79
11 Ebenda, S. 397 f.
12 Ebenda, S. 35
13 Ebenda, S. 35
14 Dem *Linzer Programm* der Deutschnationalen aus dem Jahre 1882, an dem auch noch Victor Adler mitgearbeitet hatte, wurde 1885 ein Passus angehängt, der »die

Beseitigung des jüdischen Einflusses auf allen Gebieten des öffentlichen Lebens« fordert. Siehe: *Österreichische Parteiprogramme 1868–1966.* Hrsg. v. Klaus Berchtold. Wien 1967. S. 203.

15 Siehe: Konrad, Helmut: *Nationalismus und Internationalismus. Die österreichische Arbeiterbewegung vor dem Ersten Weltkrieg.* Wien 1976. S. 84–87.
16 *Der tragische Irrtum des Karl Renner. Heim ins Reich aus freien Stücken.* In: *Extrablatt. Österreichs Illustriertes Magazin für Politik und Kultur.* 1. Jg., Nr. 1 (September 1977), S. 36 f.
17 Baron, Gerhart: *Der Beginn. Die Anfänge der Arbeiterbildungsvereine in Oberösterreich.* Linz 1971. S. 109.
18 Parteitag in Neudörfl, 1874. Siehe: *100 Jahre sozialdemokratischer Parteitag. Neudörfl 1974. ITH-Tagungsberichte,* Bd. 8, bearbeitet von Josef Weidenholzer, Wien 1976.
19 Parteitag in Hainfeld 1888/1889.
20 Dies wurde etwa von der nationalsozialistischen Propaganda ausgeschlachtet.
21 Dies gilt vor allem für Lenin, *Der Imperialismus als höchstes Stadium des Kapitalismus,* 1917. In: W. I. Lenin: *Ausgewählte Werke.* Bd. I. S. 763–873.
22 Kautsky, Karl: *Die Aristokratie in der Intelligenz:* In: *Die Neue Zeit,* XIII. Jg., 2. Bd. (1894–95). S. 74.
23 *Die Neue Zeit,* XIII. Jg., 1. Bd. (1894). S. 590
24 Kautsky, Karl: *Zur Stellung der Intelligenz in der Arbeiterbewegung.* In: *Die Neue Zeit,* XIX. Jg. 2. Bd. (1900–1901). S. 90.
25 E. W. St.: *Was für Bildung brauchen wir?* In: *Arbeiter-Zeitung,* 15. 1. 1892. Zitiert nach: Zoitl, Helge: *Die sozialistischen Studenten.* Bd. 1.: 1890–1919. VSStÖ-Edition Nr. 8. Wien 1975. S. 3.
26 *Die Neue Zeit,* XII. Jg., 1. Bd. (1893). S. 708.
27 Zoitl, a. a. O.
28 Zweig, Stefan: *Die Welt von Gestern. Erinnerungen eines Europäers.* Frankfurt 1974. S. 78. Zitiert auch bei Zoitl, a. a. O., S. 7.
29 Adler, Max: *Der Kampf der geistigen Arbeiter.* In: *Der Kampf,* XIII. Jg. (1920), S. 60–68, und ders.: *Das Kulturproblem der geistigen Arbeit.* In: *Der Kampf,* XIII. Jg. (1920), S. 184–191.
30 Leichter, a. a. O., S. 826–332
31 Kassel, Richard: *Zum Problem der geistigen Arbeiter.* In: *Der Kampf,* XII. Jg (1919), S. 813–818.
32 Schlesinger, Therese: *Die Stellung der Intellektuellen in der Sozialdemokratie.* In: *Der Kampf,* XVI. Jg. (1923). S. 264–272.
33 Engel, Alfred: *Die Rolle der geistigen Arbeiter.* In: *Der Kampf,* XII, Jg. (1919), S. 567–570.
34 Trebitsch, Oskar: *Die Partei und die geistigen Arbeiter.* In: *Der Kampf,* XII., Jg. (1919). S. 481–484, und ders.: *Zur Frage der Organisation der geistigen Arbeiter.* In: *Der Kampf,* XII. Jg. (1919). S. 653–656.
35 Deutsch, Hans: *Sozialismus und geistige Arbeit.* In: *Der Kampf,* XIII. Jg. (1920). S. 24–28.
36 Kassel, a. a. O., S. 815 f.
37 Siehe Zoitl, a. a. O.
38 Adler, Max: *Der Kampf ...,* a. a. O., S. 62.
39 Das kommt klar im Linzer Programm von 1926 zum Ausdruck, das von Otto Bauer formuliert wurde. *Protokoll des sozialdemokratischen Parteitages 1926, abgehalten in Linz vom 30. Oktober bis 3. November 1926.* Wien 1926. S. 172.
40 Adler, Max: *Das Kulturproblem ...,* a. a. O., S. 191.

Gernot Heiß

Zur antimilitaristischen Taktik der österreichischen Sozialdemokratie vor dem Ersten Weltkrieg

Die Diskussion auf dem Gesamtparteitag von 1903

Auch über den Weg, der im Kampf gegen die Armee als das Machtinstrument der Herrschenden einzuschlagen sei, kam es durch das Weiterwirken verschiedener ideologischer Konzepte innerhalb der organisierten Arbeiterbewegung durch unterschiedliche politische Praxis und – was im militärischen Bereich besonders zum Tragen kam – durch mehr oder weniger weitgehende Anerkennung bestehender ethischer Normen zu divergierenden Ansichten. Nach Lenin war es (1908) sogar »schwer, eine andere Frage zu finden, in der solche Schwankungen, solcher Meinungswirrwarr unter den westeuropäischen Sozialisten herrschen, wie in der Diskussion über die antimilitaristische Taktik«, obwohl es »keine Meinungsverschiedenheiten« darüber gebe, daß »der moderne Militarismus ... eine ›Lebenserscheinung‹ des Kapitalismus« sei[1]. Die militärpolitische Auseinandersetzung auf dem Parteitag von 1903 in Wien war zwar weder klärend noch richtunggebend, an ihr können aber im folgenden einige Gegensätze aufgezeigt werden.

I

In ihren Programmen forderte die Sozialdemokratische Arbeiterpartei in Österreich, in Übereinstimmung mit der deutschen Bruderpartei, die ihr nicht nur hier Vorbild war, und mit den Resolutionen der Zweiten Internationale[2] »Ersatz des stehenden Heeres durch die Volkswehr« und »allgemeine Volksbewaffnung«[3]. Das Ziel war, das stehende Heer – diese »Verneinung jedes demokratischen und republikanischen« Regierungssystems, den »militärischen Ausdruck des monarchischen oder oligarchisch-kapitalistischen Regimes«, dieses »Werkzeug für reaktionäre Staatsstreiche und soziale Unterdrückung[4]« – durch allgemeine Bewaffnung zu ersetzen, was dann »Verfügung über die Waffengewalt« durch das Volk bedeuten würde[5].

Dabei dominierte die Meinung, daß dies über die allgemeine Wehrpflicht im Milizsystem zu erreichen wäre, ein Militärkonzept, das vor allem von Wilhelm Liebknecht und August Bebel, teils gegen Marx und Engels, aus frühliberalen Ideen entwickelt worden war[6]. Für diese Übernahme bürgerlicher Ideologie wurde argumentiert, die von den sozialistischen Theoretikern überschätzte »revolutionäre, oppositionelle Kraft des Bürgertums[7]« sei rasch verflogen, die Bourgeoisie sei »militärfromm« geworden, sobald das Proletariat zur Volksmehrheit zu werden drohte, und »der Militarismus... dankte ihr durch das Privileg der Einjährig-Freiwilligen. Mag der Proletarier zwei, drei, bei der Marine gar vier Jahre dienen – die Söhne der Bourgeoisie dienen nur ein Jahr«[8]. So hätten die bürgerlichen Parteien den Grundsatz der Volksbewaffnung fallengelassen; sie gäben zwar vor, die Interessen des Volkes zu vertreten, verrieten diese jedoch bei jeder Forderung des Militärs: denn es wäre *ihre* Aufgabe, in *ihrem* Parlament für eine Demokratisierung des Heeres und für eine Verringerung der steigenden und das kapitalistische System immer schwerer belastenden Aufwendungen für das monarchistische Heer einzutreten.

Für die Sozialdemokratie ergab sich daraus die Fage: Konnte sie dem Grundsatz, »diesem System keinen Mann und keinen Groschen« zu geben, treu bleiben und weiterhin nur die »Auswüchse des Militarismus« (Soldatenmißhandlungen, »Paradedrill« u. ä.) vor die Öffentlichkeit bringen und anklagen, oder mußte sie auch hier die dem Bürgertum zugedachten revolutionären Aufgaben übernehmen, um die Entwicklung zum Sozialismus zu beschleunigen. Letzteres diente freilich meist dort als Rechtfertigung, wo die politische Praxis ihre systemintegrierende Wirkung getan hatte. In der österreichischen Sozialdemokratie wurde dieser zweite Weg zuerst mit dem Argument der Denunzierung der Politik der bürgerlichen Parteien eingeschlagen.

Die sozialdemokratische Fraktion im Reichsrat hatte zur Rekrutenvorlage im Februar und im September 1903 Dringlichkeitsanträge eingebracht, die eine Verkürzung der Dienstzeit auf zwei Jahre vorsahen, aber auch im Februar eine Erhöhung der Zahl, im September »nur« die Beibehaltung des alten Standes der Rekruten beinhalteten. Das alles sollte nur dazu dienen, um den bürgerlichen Parteien zu zeigen, was ihre Pflicht wäre, um »die bürgerlichen Parteien... bewußt schuldig werden (zu) lassen« und dann außerhalb des Parlaments »gegen sie einen wirksamen Agitationsstoff zu haben«, ihnen immer nachweisen zu können, »daß sie ein falsches Spiel spielen[9]«.

Die parteiinterne Diskussion zeigte aber weitergehende Vorstellungen und Absichten auf. Leopold Winarsky (Führer der organisierten Arbeiterjugend, 1907 jüngster sozialistischer Reichsratsabgeordneter) kritisierte in einer Zuschrift an die *Arbeiter-Zeitung* vom 27. September 1903 die Politik der Fraktion und den Richtungswechsel in den Kommentaren der *Arbeiter-Zeitung*; er verlangte, man solle bei den alten Grundsätzen bleiben und alle Militärvorlagen ablehnen, nicht aber »dem Abgeordnetenhaus den Weg zur patriotischen Pflichterfüllung weisen[10]«. Es sei »Sache der Bürgerlichen, das (die Dienstzeitverkürzung) zu erkämpfen, und wenn die Bürgerlichen das nicht aus eigenem fordern, dann werden sie es auch nicht tun, wenn die Sozialdemokraten es beantragen[11]«, kritisierte Winarsky das »Paktieren« mit dem Militarismus, diese »positive Politik« der Parlamentsfraktion, auf dem Gesamtparteitag im November desselben Jahres und löste damit eine aufschlußreiche Debatte aus.

Franz Schumeier wurde bereits oben zitiert. Er verteidigte die Taktik des Bloßstellens der sich volksnahe gebenden bürgerlichen Parteien und behauptete schließlich noch, die sozialdemokratischen Abgeordneten hätten in der Abstimmung dem zweiten Teil des Antrages – der Rekrutenbewilligung – sicherlich nicht zugestimmt[12]. Friedrich Austerlitz, der nächste Redner gegen Winarskys Kritik, hatte bereits in Erwiderung auf dessen Zuschrift in der *Arbeiter-Zeitung* die Politik der Fraktion verteidigt: Sie habe die »feilen« bürgerlichen Parteien gezwungen, sich zu demaskieren; der Antrag im September sei als Verweigerung von 12.538 Rekruten für das Heer und von 4500 für die Landwehr (Differenz von der alten zur neuen höheren Bewilligung) zu verstehen; es könne beim jetzigen Zahlenverhältnis im Reichstag (von 425 Abgeordneten waren nur zehn Sozialdemokraten) überhaupt nur »geschickt« taktiert werden, denn beim zweiten Weg, dem der Obstruktion, würde die Regierung mühelos und gerne den § 14 anwenden[13].

Dazu vertrat Winarsky auf dem Parteitag die gegenteilige Meinung: Gerade bei der derzeitigen Zusammensetzung des Parlaments sei jede »positive Politik« abzulehnen; die sozialdemokratischen Abgeordneten hätten vielmehr nur »von innen heraus die zerstörende Tätigkeit zu ergänzen, die wir von außen her besorgen[14]«.

Dem Argument gegen die Obstruktion hätte mit der häufig von den Sozialdemokraten zitierten Aufforderung Lassales an die Liberalen geantwortet werden können, den »Scheinkonstitutionalismus« der Regierung zu denunzieren, die das Parlament immer nur dazu einberufe, um sich ihre Wünsche bewilligen zu lassen[15], oder mit dem Hohn der *Arbeiter-Zeitung* selbst über die bürgerlichen Parteien und den »Scheinparlamentarismus«: die Regierung brauche nur mit dem § 14 zu drohen, und schon werde alles bewilligt[16].

Auf dem Parteitag wandte sich Austerlitz gegen die starre Ablehnung aller Forderungen des Militärs sowie auch gegen Schumeiers Vorgangsweise, Anträge nur einzubringen und dann wieder zurückzuziehen oder selbst dagegen zu stimmen. »Wenn man das Abgeordnetenhaus vor die Frage stellt, ob es die Rekruten überhaupt bewilligt oder nicht, so wird nicht Verlegenheit die Wirkung des Antrages sein, sondern allgemeine Verblüffung über eine Lächerlichkeit, derer sich sozialdemokratische Abgeordnete sonst nicht schuldig zu machen pflegen[17].« Er akzeptierte damit die parlamentarische Praxis und verwarf eine grundsätzlich gegen das Heer gerichtete Politik als unseriös.

Auerschen »Praktizismus[18]« vertrat Ignaz Daszynski: Es gebe in der Partei neben »dem radikalen Streben, das Parlament zu vernichten«, vor allem im Wirken der Abgeordneten eine zweite »Strömung« (die freilich – wie er ironisch bemerkte – »klug und weise ist und niemals auf dem Parteitag zum Vorschein kommt«), die »praktische proletarische Politik«, die »praktische Klassenpolitik« der parlamentarischen Arbeit. Er trat damit für eine pragmatische Politik der kleinen Erfolge auf parlamentarischer Ebene ein – dabei müsse man »eben auch die sachliche Politik betreiben mit Erwägung aller Umstände, die nicht immer von uns abhängen...« Er rechtfertigte dies auch als Mittel zur Beschleunigung der Entwicklung der kapitalistischen Gesellschaftsformation: Abgesehen davon, daß »der Militarismus ... auch ohne uns, ja gegen uns mit der zweijährigen Dienstzeit« kommen müßte, »weil sie zu den Notwendigkeiten der kapitalistischen Entwicklung gehört«, wollten die sozialdemokratischen Abgeordneten damit nichts, »als diesen kapitalistischen Entwicklungsprozeß genau so abkürzen, wie wir ja auch sonst nichts wollen, als die Entwicklung der kapitalistischen Gesellschaft zu fördern und so Geburtshelferdienste der neuen Gesellschaftsform zu leisten[19]«.

Victor Adler ging in seiner Rede gegen Winarskys Kritik noch weiter. Er sprach sich nicht nur für die Politik der »allernächsten Forderungen« und – obwohl er das Parlament für nicht lebensfähig und für zerstörenswert hielt – für die parlamentarische Arbeit aus[20], sondern entwarf auch recht unorthodoxe Heeresvorstellungen: Er »würde für die einjährige Dienstzeit ein volles Kontingent *aller* waffenfähigen Leute ohne weiteres eintauschen – bei einer *Demokratisierung* des Heeres«, und das nicht nur im Sinne der allgemeinen Volksbewaffnung, sondern auch »aus dem hygienischen und aus dem erzieherischen Bedürfnis des Volkes heraus«. Er vertrat die Meinung, »daß die Arbeiter, die gedient haben, bei uns und in Deutschland auch für unseren Kampf die tüchtigsten, besten und brauchbarsten sind..., daß der Militarismus auch heute in seiner karikierten, niederträchtigen

Form, wo er die Leute auf das äußerste drangsaliert, noch immer, weil die ganze außermilitärische Erziehung eine noch schlechtere, noch mangelhaftere, ja vielfach gar nicht vorhanden ist, also selbst in dieser niederträchtigen Form *ein gewisses Surrogat* bietet, das für uns nützlich ist. ... Ohne die Sozialdemokratie hätte die deutsche Armee keine Unteroffiziere ... Ohne Militärdienst in der deutschen Armee haben *wir* keine Unteroffiziere oder doch nicht so taugliche, wie wir sie haben«[21].

In diesen Aussagen Adlers interessiert hier weniger die Betonung der oft berufenen, wenn auch sehr verschieden verstandenen »Sozialhygiene« als vielmehr die Anerkennung des Wertes der soldatischen Erziehung, die Übernahme der alten ethischen Normen im militärischen Bereich (der »soldatischen Tugenden«); auch wird das Ethos der militärischen Pflichterfüllung auf die Pflichterfüllung innerhalb der Organisation der Arbeiterbewegung übertragen.

Weiter argumentierte Adler für eine aktive »positive« Militärpolitik der Fraktion, daß er dabei nicht die Greuel des Militarismus vergesse, wie er auch nicht die wachsende wirtschaftliche Ausbeutung des Proletariats bei der Fortentwicklung des Kapitalismus vergesse; in der Expansion des Militarismus (Kostensteigerung und Heranziehung immer größerer Volkskreise zum Waffendienst) liege aber ebenso sein Todeskeim wie in der Vertrustung der des Kapitalismus. »Jeder Schritt, der uns einer Volksbewaffnung näherbringt, zugleich mit einer Demokratisierung der Armee, liegt in unserem Interesse«; »jeder Schritt, der dazu führt, die Dienstzeit abzukürzen, die Gamaschenknopfmethode, die Kavaliersherrschaft in unserer Armee und vor allem die Brutalität in unserer Armee zu untergraben, aus der Armee ein volkstümliches Institut zu machen, ist tatsächlich ein Schritt mehr nicht nur zur Miliz allein, sondern zur Erreichung aller unserer Forderungen.«

Wohl um die Angriffe gegen diese reformistische Konzeption einer schrittweisen Veränderung der Armee in eine Volksmiliz (wie auch der Gesellschaft überhaupt) abzuschwächen, stellte Adler in Anspielung auf die in der militärpolitischen Diskussion in Deutschland an den Reformisten geübte Kritik fest, er wolle dabei »nicht Volksrecht für Kanonen«, sondern höchstens mehr Soldaten für »kürzere Zeit und Reformen« tauschen[22].

Die Reden gegen Winarskys Kritik an der Parlamentsfraktion blieben nicht unwidersprochen. Ein Punkt, auf den schon Winarsky hingewiesen hatte, die Meinung, daß die Verkürzung der Dienstzeit erfahrungsgemäß eine starke Erhöhung der Militärkosten bringen würde[23], wurde vom Gewerkschaftsvorsitzenden Anton Hueber aufgegriffen: »Jetzt, wo unsere Arbeiterschutzgesetzgebung darniederliegt, wo uns zum Beispiel die halbwegs besseren Bestimmungen der Gewerbeordnung genommen werden sollen, wo unsere Sozialpolitik gestorben ist«, sei nicht daran zu denken, die Arbeiter mit den »großen materiellen Opfern für die zweijährige Dienstzeit« zu belasten; auch deshalb müsse an dem Grundsatz »Diesem System keinen Mann und keinen Groschen!« festgehalten werden[24]. Auch der Behauptung einer positiven erzieherischen Funktion des Militärdienstes wurde heftig widersprochen: »Bisher hat es geheißen, daß der militärische Drill eine verheerende und verrohende Wirkung übt[25].«

Außer diesen und ähnlichen Einzelproblemen wurde aber auch der von Victor Adler skizzierte Weg einer allmählichen Demokratisierung der Armee und ihrer schrittweisen Umwandlung in ein Volksheer von mehreren Seiten als unrealistisch kritisiert. Hueber meinte: »Die Demokratisierung der Armee kann nur Hand in Hand mit der gesellschaftlichen Entwicklung erfolgen, wenn jene Massen der Armee zugeführt werden, die schon eine genügende Bildung ins Heer mitbringen. Aber zu glauben, durch die zweijährige Dienstzeit sei das Wesen des Militarismus zu ändern, das ist eine Täuschung[26].« Ludwig Czech war sogar der Ansicht: »Wenn es auch nur eine einjährige Präsenzpflicht gibt, ist daraus beim Geist des Militarismus keine Miliz zu machen[27]«.

Ein grundsätzliches Argument gegen die These von der schrittweisen Demokratisierung des Heeres brachte Engelbert Pernerstorfer vor. Selbst Abgeordneter, verteidigte er zwar die parlamentarische Praxis, wandte sich aber gegen die »Meinung (von Marx und Engels), daß die fortschreitende Demokratisierung der europäischen Länder auch die Wirkung haben werde, alle Institutionen des herrschenden Staates mit demokratischem Geiste zu erfüllen. Diese Vorhersagung hat sich . . nicht bewährt, am allerwenigsten beim Militarismus. Wenn eine moderne Institution dem demokratischen und sozialdemokratischen Geiste unzugänglich ist, so ist es der moderne Militarismus. Wir sehen das am deutlichsten in jenen Ländern, die wirklich demokratisch sind, wie die Schweiz und Frankreich, in denen der Militarismus . . . in den letzten Jahren nicht in der Entwicklung zur Demokratie begriffen (ist), sondern in der Entwicklung zum Militarismus der monarchischen Staaten. Adler ist da nicht allein auf Marx und Engels zurückgegangen, sondern über sie hinaus zu den Utopisten[28].«

Pernerstorfer charakterisierte damit jenes Phänomen, daß sich bei fortschreitender Liberalisierung in einigen »Reservaten der Reaktion« die reaktionären Tendenzen verstärken, wodurch der Demokratie aus diesen Institutionen wieder eine tödliche Bedrohung entstehen kann.

Ich konnte keine derartigen Äußerungen Pernerstorfers oder anderer führender österreichischer Sozialdemokraten mehr finden; ein Grund dafür, daß dieser antimilitaristische Ansatz nicht mehr weitergeführt wurde, könnte gewesen sein, daß die radikale Schlußfolgerung daraus – die Forderung, sich die völlige Zerschlagung der organisierten und institutionalisierten Armee zum Ziel zu setzen – die Sozialdemokratie hier in die nächste Nähe zu den Anarchisten gebracht hätte[29]. Die Sozialdemokratie war aber in anderen, ihr wichtiger scheinenden Bereichen der Politik (wie gegenüber dem Parlamentarismus) keinesfalls mehr institutionsfeindlich genug, um eine derartige Politik auch nur gegenüber dem Militär einzuschlagen. Außerdem hatten sich auch in diesem Bereich evolutionistische Konzeptionen weitgehend durchgesetzt[30].

II

Die Redner behandelten nicht nur sehr unterschiedlich und mit subjektiven Akzentuierungen mehr oder weniger zentrale Probleme, ihre Äußerungen waren auch recht unklar und teils in sich widersprüchlich[31]. Auch in Deutschland, wo im Gegensatz zu Österreich eine ausführliche Diskussion geführt wurde, hatte der Theoretiker des Milizsystems, August Bebel, die Widersprüche nicht klar herausgearbeitet, sondern eher verschleiert[32]. Zwei Gegenpositionen sind aber doch festzustellen und sollen kurz und vereinfachend charakterisiert werden; das Bild ist dann wieder am österreichischen Beispiel zu differenzieren, wobei drei Problemkreise Tendenzen aufzeigen sollen, wie sie sich schon vor 1907 (dem Jahr der Diskussion der Friedenspolitik in der deutschen Sozialdemokratie und in der Internationale) abzeichneten.

Für die einen gab es einen unaufhebbaren Gegensatz zwischen der Miliz als Aufgebot der aufgeklärten, emanzipierten, selbstbewußten und begeisterten Massen zur Verteidigung gegen Angriffe auf die Heimat oder auf das Volksrecht einerseits um dem stehenden Heer als dienstfertigem Werkzeug der Herrschenden andererseits; ein langsames Überleiten vom stehenden Heer zur allgemeinen Volksbewaffnung schien ihnen ebenso unmöglich wie eine demokratische Erziehung in der Armee. Sie wollten auf dem Grundsatz »Diesem System keinen Mann und keinen Groschen!« beharren und antimilitaristische Propaganda betreiben, um die Armee als Machtinstrument der Herrschenden (nicht aber zur Landesverteidigung) funktionsunfähig zu machen.

Die anderen traten für eine »positive Politik« ein, da für sie eine schrittweise Umwandlung des Heeres (gleichlaufend mit einer allgemeinen Demokratisierung der Gesellschaft, wobei sich jeweils Machtverhältnisse und soziale Strukturen in der Armee widerspiegeln sollten) über die allgemeine Wehrpflicht, die Abstellung der »Auswüchse des Militarismus« durch öffentliche Kritik und durch zivile Kontrolle in ein Volksheer nicht nur ein erstrebenswertes Ziel für die Sozialdemokratie war, sondern auch innere Notwendigkeit der militärtechnischen Entwicklung.

Nur einige wenige Probleme können im folgenden zur Differenzierung angeschnitten werden.

1. Zur Widersprüchlichkeit der Meinungen in sich: Die Aussagen der Kritiker der Fraktionspolitik auf dem Parteitag von 1903 zeigen, daß sie kein klares militärpolitisches Konzept hatten. Rudolf Beer und Winarsky beispielsweise sprachen sich gegen die Forderung nach Dienstzeitverkürzung bei gleichbleibender Rekrutenzahl aus, als einer Abrüstungsmaßnahme, die keineswegs im Sinne der sozialdemokratischen Politik sei[33]. Und die Bemerkungen Winarskys und Huebers, es sei vor allem jetzt, bei dieser Zusammensetzung des Parlaments, völlig unangebracht, eine »positive« Militärpolitik zu betreiben[34], lagen auf der Linie der von Ignaz Auer 1898 vorsichtig ausgesprochenen, deshalb jedoch nicht weniger heftig angegriffenen Befürwortung einer Beteiligung der Arbeiterklasse am bestehenden System, sobald ihre Gleichberechtigung anerkannt würde[35].

Winarsky, der im *Jugendlichen Arbeiter* im Sinne Karl Liebknechts gegen den Militarismus agitierte (siehe unten) und zu Beginn des Ersten Weltkrieges dem linken Flügel der Partei, der gegen das patriotische Engagement Stellung nahm, zuzurechnen war, war ansatzweise auch zum Einschwenken auf eine reformistische parlamentarische Praxis bereit und führte damit die Widersprüchlichkeit seiner Aussagen von 1903 weiter: Bereits in der ersten Sommersession des neuen, aufgrund des allgemeinen Wahlrechtes gewählten Reichsrats (im Juli 1907) brachten die sozialdemokratischen Abgeordneten Franz Schumeier, Leopold Winarsky, Ludwig Pick, Dr. Hermann Liebermann und Johann Oliva Gesetzesentwürfe »zur Erleichterung der Militärlasten« ein; es ging vor allem um eine Dienstzeitverkürzung und um eine Entlohnung der zu Waffenübungen eingezogenen Wehrpflichtigen. In der Begründung der Anträge wird festgehalten, daß die Sozialisten grundsätzlich gegen die bestehende Wehrverfassung seien und für eine Volkswehr einträten; mit dem Hinweis auf die »innere Notwendigkeit der militärischen Entwicklung« wird jedoch für eine schrittweise Umgestaltung des Heeres »von innen heraus« plädiert[36].

Dahinter stand freilich nicht Winarsky allein. Aber eben dieses

Eingehen auf Kompromisse innerhalb der eigenen Fraktion ist kennzeichnend für die parlamentarische Politik der Sozialdemokratie; daß sich dahinter oft die verschiedenartigsten Vorstellungen verbargen, hatte sich auch bei den Anträgen von 1903 gezeigt. Hier wurde die parlamentarische Praxis zum Angelpunkt für den reformistischen Kurs[37]. Das blieb vorerst auch deshalb ohne Auswirkungen, weil weder die Regierung noch die Armeeführung auf diese Ansätze einer »positiven« Militärpolitik eingingen; die Sozialdemokratie konnte so bei ihren alten Grundsätzen bleiben, und die Gegensätze brachen nicht auf.

Möglicherweise hätte die für den Parteitag von 1905 vorgesehene militärpolitische Diskussion den einzelnen Exponenten geholfen, zumindest die eigene Position zu klären; aber sie wurde abgesagt und auch nicht nachgeholt. Auch die auf die Einheit der Partei bedachte Parteiführung dürfte an einer Aufdeckung der Gegensätze nicht interessiert gewesen sein. Wegen der vorsichtigen Zurückhaltung der »Praktiker« in theoretischen und programmatischen Diskussionen (wie sie von Daszynski in der oben zitierten Rede zugegeben worden war) wäre auch nicht allzuviel davon zu erwarten gewesen; das zeigte sich deutlich am deutschen Beispiel, wo die lange von den »Linken« und den »Orthodoxen« dominierte Diskussion vor allem zur Verschleierung der praktischen Entwicklung beitrug, die zum 4. August 1914 führte.

2. Zur antimilitaristischen Agitation der sozialistischen Jugendbewegung in den deutsch-österreichischen Ländern (1902 bis 1907): Abgesehen von den parlamentarischen Anfragen zur Abstellung von Mißständen in der Armee gingen antimilitaristische Aktionen meistens von den Jugendorganisationen aus. Dazu erschien 1907 das grundlegende Werk von Karl Liebknecht, der nach einer umfassenden Analyse des »Militarismus nach außen« und des »Militarismus nach innen« als vordringlich die antimilitaristische Propaganda unter den 17- bis 21jährigen forderte (dabei bezog er sich auf einen Beschluß, der auf Antrag Rosa Luxemburgs vom Kongreß der Zweiten Internationale 1900 gefaßt worden war), um den Militarismus in seiner Funktion als »Stütze des Kapitalismus und aller Reaktion gegenüber dem Befreiungskampf der Arbeiterklasse[38]« zu paralysieren; denn bisher sei kaum damit zu rechnen, »daß auch nur annähernd ein Drittel der Armee wirklich eine solche geistige und moralische Disposition besitzt, die seine Verwendung zu einer gewaltsamen verfassungswidrigen, staatsstreichlerischen Aktion gegen den inneren Feind, gegen die Arbeiterbewegung, unmöglich oder auch nur schwierig machte[39]«. Dazu sollte das umfangreiche »antimilitaristische Material« (Unterlagen über

Soldatenmißhandlungen, Militärjustiz u. ä.) gesammelt, gesichtet und bearbeitet werden; es sei die Agitation in Parlament, Presse, Flugschriften und Versammlungen – vor allem aber jene unter den Jugendlichen – zu forcieren, und dabei sollten im verstärkten Maße die Interessen der Soldaten und Unteroffiziere wahrgenommen werden. Liebknecht wollte zwar auch eine Veränderung der Armee und betonte, daß dabei »selbstverständlich ... die gesetzlichen Grenzen innegehabt werden sollen[40]«, aber nicht eine evolutionäre Veränderung zur Volkswehr durch Mitarbeit, sondern eine Veränderung des Bewußtseins der Soldaten durch Agitation, um dadurch Expansionskriege und die Verwendung gegen das Proletariat unmöglich zu machen.

Das Buch erregte großes Aufsehen, wurde beschlagnahmt, und Liebknecht wurde zu Festungshaft verurteilt. Wenn vermutlich gerade deshalb im selben und im folgenden Jahr zuerst Robert Danneberg behauptete, die Jugendorganisation hätte und würde nicht antimilitaristische Propaganda betreiben[41], und dann Leopold Winarsky, »eine *besondere antimilitaristische* Agitation ist von der österreichischen Jugendorganisation *nie* geführt worden«, sondern nur eine »Aufklärung der jungen Leute über die Schäden des Militarismus«, wie er vorsichtig einschränkte[42], so sind diese Erklärungen der beiden wichtigen Propagandisten des Antimilitarismus als Beschwichtigungsversuche zu werten, einerseits gegenüber den staatlichen Behörden, die der politische Arbeit unter der Jugend kaum Möglichkeiten offenließen, andererseits gegenüber der eigenen Parteiführung, die wegen dieser Schwierigkeiten der Jugendorganisation im allgemeinen und der antimilitaristischen Agitation im besonderen unfreundlich gesinnt war[43].

In den deutsch-österreichischen Ländern kam es zwar zu keiner in Umfang und Wirkung mit den antimilitaristischen Demonstrationen der tschechischen Arbeiterjugend vergleichbaren Aktivität[44], aber *Der jugendliche Arbeiter,* das seit Oktober 1902 monatlich in Wien erscheinende Organ des *Vereins jugendlicher Arbeiter,* dann *Verbandes jugendlicher Arbeiter Österreichs,* widmete fast jedes Oktoberheft vor allem der Propaganda gegen den Militarismus. Bezweckt wurde damit, das Klassenbewußtsein der vor dem Einrücken stehenden Jugendlichen zu stärken und – wie es schon im zweiten Heft heißt – sie darauf aufmerksam zu machen, daß nach Meinung der Regierenden die »Armeen ... notwendig (seien), nicht nur gegen den äußeren, sondern gegen den ›inneren Feind‹, ... das werktätige Volk in Stadt und Land, das auf völlig gesetzlichem Wege, durch Organisation und Bildung, durch Anteilnahme an den politischen Kämpfen, sich zu emanzipieren, seine elende wirtschaftliche Lage zu verbessern sucht[45]«. Die Mißstände in der Armee wurden angeprangert, vor allem die unmenschliche

Behandlung der einfachen Soldaten[46], die Belastung dieser und ihrer Familien durch die unnötig lange Dienstzeit[47], und die des ganzen Volkes durch die hohen Ausgaben für das Heer, das nur seiner Unterdrückung diene[48]. Im Rahmen der kapitalistischen Gesellschaft sei die Armee ein Machtinstrument der Herrschenden zur Stabilisierung ihrer Position im Lande und zur »Behauptung ihrer Position nach außen in den Konkurrenzkämpfen mit den Kapitalistengruppen anderer Staaten«; denn um Absatzmärkte und Profite würde zwischen den Staaten gestritten[49]. Auch daß der Militarismus nach dem Jenaer Darwinisten Ernst Haeckel negative sozialhygienische Folgen habe, wurde hervorgehoben: denn der Militarismus fördere eine schlechte Auslese, da er die Tüchtigen einziehe, während sich die Schwächlinge zu Hause fortpflanzen könnten[50].

Auch hier wurde bei aller Heftigkeit der Anklagen nirgends für eine Zerschlagung der bestehenden Armee, sondern für ihre Demokratisierung plädiert. Dazu mögen auch die drohende Zensur und die Kontrolle durch die Parteiführung beigetragen haben. In der Emotionalität der Artikel lag jedoch eine wirksame pazifistische Propaganda: Auf der einen Seite wurde zwar argumentiert, der Weltfriede könne erst in der sozialistischen Gesellschaft erwartet werden[51] und man war überzeugt, »daß die Jugend dieses Volkes nicht nur aus Zwang, sondern aus Begeisterung ihr Vaterland verteidigen wird, wenn vielleicht einmal ein Feind ihr die Bildung und Freiheit rauben wollte[52]«; daneben aber wurde der Militarismus (gleichgesetzt mit der bestehenden Armee) als »furchtbarer, der Zerstörung gewidmeter Mechanismus«, als »Hort der Barbarei« verurteilt[53], und der Krieg (»wenn Menschen Bestien werden[54]«) mit allen seinen Greueln abschreckend geschildert[55].

Durch die propagandistische Betonung und polemische Formulierung der Angriffe gegen die Mißstände in der Armee, bei gleichzeitigem Verschweigen der eigenen Bereitschaft und Ansätze zu einer »positiven« Politik – und das nicht nur im *Jugendlichen Arbeiter*, sondern in der Parteipropaganda allgemein – kam es zu jenem von Julius Deutsch festgestellten Gegensatz zwischen der Einstellung der sozialdemokratischen Massen, die, angeregt durch die Agitation ihrer Partei, den Militarismus aus pazifistischen Überlegungen ablehnten, und der »Beurteilung des Militarismus durch die leitenden Köpfe der Partei, die sich sehr wesentlich von der im Tageskampfe üblichen Agitation abhob«, denn sie traten für ein besseres Heer ein[56]. Diese Beurteilung, die sicherlich aus der Position von Deutsch heraus zu stark verallgemeinert ist, aber die langfristig wirksamste Tendenz in der sozialdemokratischen Militärpolitik trifft, läßt auch die These fragwürdig werden, die patriotische Begeisterung des Parteivolkes habe im August 1914 die Parteiführung in die neue Richtung gezwungen[57].

3. Zu den Vorstellungen über eine innere Reform der Armee: Im Rahmen der Revisionismusdebatte in Deutschland war auch die Militärpolitik der Sozialdemokratie zur Diskussion gestellt worden. Dabei lehnte Eduard Bernstein die allgemeine Volksbewaffnung als unrealistischen Traum und als der organisierten bewaffneten Macht in jedem Fall weit unterlegen ab, rechnete jedoch mit der Möglichkeit, über die allgemeine Wehrpflicht zu einer den Interessen des Volkes entsprechenden Zusammensetzung der Armee zu kommen, die ihren Mißbrauch unmöglich machen würde[58].

Max Schippel, der 1898 die »Milizschwärmerei« heftig angegriffen hatte[59], und der Berliner Abgeordnete und Rechtsanwalt Wolfgang Heine (der als Sozialdemokrat vom Offizierskorps ausgeschlossen worden war) traten offen für eine Kompensationspolitik ein: »militärische Aufwendungen, die an sich zur Vertheidigung der Nation nötig sind und unseren Idealen und Grundsätzen indifferent gegenüberstehen, dazu würden neue Geschütze gehören ... könnte auch der Sozialdemokrat, wenn er als genügende Gegenleistung werthvolle Volksfreiheiten erzielte, dafür bewilligen[60]«. Von ihren Gegnern wurde diese Politik auf die Formel gebracht: »Kanonen für Volksrecht.«

Aber es ging nicht nur um parlamentarische Tauschgeschäfte, sondern deutlich auch um die Frage der nationalen Wehrkraft, wenn beispielsweise Ignaz Auer feststellte, man könne doch nicht »die Soldaten mit Stöcken ausgerüstet« in einen Krieg schicken, den die Sozialdemokratie nicht verhindern könne[61]. Da die Sozialdemokratie nie die Verteidigung des Vaterlandes ablehnte, war es eine Folgerung aus einer negativen Beurteilung der Schlagkraft des Volksaufgebotes, die bestmögliche Ausrüstung zu befürworten. Völlig unbedenklich wurde dies, insofern eine demokratische Entwicklung als durch die »inneren Notwendigkeiten« des Heeres bestimmt angesehen wurde. Nicht »stehendes Heer oder Miliz«, sondern »Regierungsheer oder Volksheer« wurde für diese Richtung zur zentralen Frage, und jenes sei schrittweise, durch »eine Reihe von Maßregeln« in dieses zu verwandeln[62].

Darauf lief auch die von den österreichischen sozialdemokratischen Parlamentariern im Februar 1903 aus verschiedenen tagespolitischen Motiven eingeschlagene Linie der »positiven Politik« hinaus. Hauptvertreter dieser reformistischen Richtung waren zuerst Victor Adler, der dazu oben bereits ausführlich genug zitiert wurde, und der Redakteur der *Arbeiter-Zeitung* und Fachmann für Militärfragen,

Hugo Schulz[63], der auch der Meinung war, mit der zweijährigen Dienstpflicht der allgemeinen Volksbewaffnung näherzukommen[64].

Der erst zwanzigjährige Julius Deutsch konnte im Oktoberheft des *Jugendlichen Arbeiters* von 1904 einen Artikel veröffentlichen, in dem die Ansichten von Schulz aufgenommen und weitergeführt wurden: Um die Armee den Herrschenden zu entreißen, denen sie als Waffe gegen die Arbeiterklasse diene, sollte die Sozialdemokratie sich dem Militarismus gegenüber nicht unbedingt ablehnend verhalten, dafür aber »Militärreformen verlangen, die eine den Militarismus revolutionierende, seinen Geist zersetzende Wirkung haben«. Als solche nannte Deutsch die Verkürzung der Dienstzeit, die Abschaffung »überflüssiger Paradeschnörkel«, die Ausdehnung des Beschwerderechtes und die zivile Gerichtsbarkeit; nötigenfalls sollten sogar Wehrmittel bewilligt werden, da die Volkswehr diese ja ohnedies erben würde! Zwar wollte er nicht Volksrecht gegen Kanonen tauschen, aber »Kanonen gegen Entmilitarisierung des Militarismus, gegen Demokratisierung der Armee«. Mit dieser Veränderung durch Mitarbeit hätte die sozialdemokratische Aufklärungsarbeit unter der heranwachsenden Jugend parallel zu gehen; die Herrschenden würden dann die Armee nicht mehr gegen den »inneren Feind« einsetzen, wenn sie sich ihrer nicht mehr sicher wären[65].

In seinen Erinnerungen schreibt Deutsch, dem ja später die zentrale Rolle in der Wehrpolitik der österreichischen Sozialdemokratie zufiel, dazu: Während man damals »sowohl in den Kreisen der erwachsenen wie in dem Kreis der jungen Sozialisten ... einem grundsätzlichen Pazifismus« huldigte, habe er bereits die Meinung vertreten, »daß die bloße Ablehnung des Militärs nicht unter allen Umständen das Gegebene wäre«; zwar sei es »heute das stärkste Machtmittel der Herrschenden; aber sollte es nicht möglich sein, das Militär anders zu gestalten, es gründlich zu reformieren? Je mehr Macht im Lauf der Zeit die Arbeiterklasse im Staat erringe, um so weniger werde sie ... mit der starren Negation des Militärs auskommen[66].«

Daß er mit diesen Ansichten keinesfalls allein stand, zeigen die Diskussion von 1903 und die Artikel von Hugo Schulz, bald auch die von Karl Leuthner. Die Parteiführung wußte aber auch in diesem Bereich eine schärfere theoretische Auseinandersetzung hintanzuhalten; so berichtet Deutsch weiter, daß weder die Redaktion der Wiener Volksbuchhandlung, in der die sozialistischen Agitationsschriften erschienen, noch der Militärsprecher der Sozialdemokratie im Reichsrat und Redakteur der *Volkstribüne*, Franz Schumeier, diese Vorschläge zu einer geänderten sozialistischen Heerespolitik veröffentlichen wollten, wohl aber Karl Kautsky in Deutschland[67].

Wie bereits festgestellt, hatte diese Bereitschaft zu einer Beteiligung keine unmittelbaren Folgen, da Regierung und Armeeführung nicht darauf reagierten; erst im Weltkrieg erwies sie sich als »Mehrheitsrichtung«, wobei in der Habsburgermonarchie der Nationalismus bei einigen Sozialdemokraten die Stellungnahmen noch verschärfte (vgl. Daszynskis Haltung). Der einstige Gegner einer »positiven Politik«, Winarsky, zählte nun zu der Gruppe um Friedrich Adler, die das patriotische Engagement der Sozialdemokratie im Krieg verurteilte.

III

Für außenstehende Beobachter entstand so der Eindruck, daß die sozialistischen Angriffe gegen die Armee *»nicht als wirksame Argumente gegen den Militarismus,* gegen das bestehende System unserer Wehrverfassung als solches, sondern vielmehr *lediglich als Vorwürfe gegen gewisse soziale Erscheinungen* im allgemeinen betrachtet werden müssen[68]«. Die Wirksamkeit der antimilitaristischen Propaganda zur »allmähliche(n) organische(n) Zersetzung und Zermürbung des militaristischen Geistes[69]« soll aber deshalb, weil sie keinerlei großen Erfolg erzielte und selten allein zu Aktionen motivierte, nicht ganz übersehen werden. Verstärkt durch den Nationalismus, trat der Antimilitarismus bei den Tschechen stark in Erscheinung und bildete eine der geistigen Grundlagen für den ab 1917 zunehmenden Widerstand gegen das Kriegssystem[70]. Ein schwerwiegendes Hindernis für diese Agitation innerhalb der Partei war die Übernahme des Wertsystems der »soldatischen Tugenden[71]« (bis zur Übernahme der – mechanistischen – militärischen Pflichterfüllung in die Organisation des Apparates) durch führende Sozialdemokraten, wie sie oben in Zusammenhang mit Victor Adlers Rede angedeutet wurde. Für das Fortleben eines soldatischen Virilitätsideals finden sich viele Belege in der Sprache der Sozialdemokraten; Hugo Schulz schrieb beispielsweise bereits 1899 gegen die »erniedrigenden Disziplinierungsmethoden« in der Armee: »Der Militarismus rechnet mit den Sklaveninstinkten der Soldaten, während sie in Wahrheit ihre Männermoral zu Kriegern macht[72].« In verschiedener Form findet sich eine Herabsetzung der bürgerlichen Friedensbewegung als »weibisch« in der Art der Feststellung des schwedischen Sozialdemokraten Zeth Hoeglund, die Sozialdemokraten seien eben »keine tolstoianischen Friedensschwärmer oder alten Weiber, die bei dem Wort Blut die bitterlichsten Zähren vergießen[73]«. Auch in diesem Bereich tat die Anerkennung des alten ethischen Normensystems seine systemintegrierende Wirkung[74].

Hier wurden nur einige Probleme der Militärpolitik der österreichischen Sozialdemokratie angeschnitten, wie sie sich bereits ein Jahrzehnt vor Ausbruch des Ersten Weltkrieges abzeichneten (so die systemintegrierende Wirkung der politischen Praxis und der Übernahme ethischer Wertsysteme). Außerdem wurde an einigen wenigen Beispielen die Uneinheitlichkeit und Widersprüchlichkeit der Vorstellungen von der Militärpolitik der Partei aufgezeigt. Die Probleme könnten freilich erst durch eine ausführlichere Untersuchung abgedeckt werden, die sich zeitlich bis in die Erste Republik zu erstrecken hätte; in dieser Zeitspanne boten sich mehrere Konkretisierungsmöglichkeiten für einige der militärpolitischen Konzepte. In diesem größeren Rahmen wäre dann auch aufgrund der modernen Militarismusdiskussion die Tragfähigkeit der damaligen Theorien bezüglich der ökonomischen und sozialen Realität zu diskutieren.

Hier möchte ich nur noch abschließend, zurückkehrend zum eingangs widergegebenen Lenin-Zitat, den Kernpunkt der marxistischen Militarismustheorie in Frage stellen: Die Interpretation des modernen Militarismus als »Lebenserscheinung« des Kapitalismus (sie stand damals in Gegensatz zur bürgerlich-liberalen Interpretation des Militarismus als eines eigenen Phänomens, das die friedlich-liberale Ordnung störe[75]) hat zu einer Unterbewertung der Sonderprobleme der damaligen Armee beigetragen, wie ihrer feudalen Strukturen, ihrer ethischen Atavismen und ihrer dialektischen Eigendynamik (wie sie Pernerstorfer 1903 angedeutet hatte). Die Fassung des Militarismus als eine eigene Kategorie[76] hätte reformistische und attentistische Entwicklungsvorstellungen in diesem Bereich hintanhalten können.

ANMERKUNGEN

1 Wladimir Iljitsch Lenin, *Der streitbare Militarismus und die antimilitaristische Taktik der Sozialdemokratie.* In: *Werke* 15, Berlin 1962, 187.
2 Vgl. die Zusammenfassung dieser Resolutionen von Karl Liebknecht, *Militarismus und Antimilitarismus unter besonderer Berücksichtigung der internationalen Jugendbewegung,* Leipzig 1907, 70 f.
3 Das »Wiener-Programm« 1901, Punkt 11, ed. Klaus Berchtold, *Österreichische Parteiprogramme 1868–1966,* Wien 1967, 148; vgl. Das Ergebnis des Hainfelder Parteitages 1888/89: Prinzipienerklärung Punkt 6, ed. ebenda 139, und das »Kautsky-Programm« 1882 Punkt 7, ed. ebenda 130. Zum Antimilitarismus in der österreichischen Sozialdemokratie vor dem Ersten Weltkrieg, die umfang- und inhaltsreiche Arbeit von Hans Angerer, *Sozialdemokratie und Militarismus im alten Österreich: Annexionskrise 1908/09 – Die österreichischen Sozialdemokraten im Widerstreit von Theorie und Praxis,* masch. phil. Diss. Wien 1976.

4 Resolutionen des Kongresses der Zweiten Sozialistischen Internationale in Paris 1889, zitiert von Liebknecht, *Militarismus und Antimilitarismus*, 70.
5 Karl Mann (Pseudonym Otto Bauers), *Bourgeoisie und Militarismus*. In: *Der Kampf* 5, Wien 1912, 451.
6 Dazu ausführlich Reinhard Höhn, *Sozialismus und Heer* 1, Bad Homburg v. d. H. – Berlin – Zürich 1959, 225–352. Die Übernahme der bürgerlichen Volkswehrideologie skizziert auch Mann (Bauer), *Bourgeoisie und Militarismus*, 451–456. Als Korrektiv zur Engels-Interpretation von Höhn wäre jene von Karl Kautsky, *Friedrich Engels und das Milizsystem* u. a. (gegen Isegrim-Schippel). In: *Die Neue Zeit* 17/1, Stuttgart 1899, 335 ff., 618 ff. und 644 ff. anzuführen. Das Standardwerk der Sozialdemokratie zum Milizsystem war August Bebel, *Nicht stehendes Heer, sondern Volkswehr!* Stuttgart 1898.
7 Karl Kautsky, *Der Weg zur Macht. Politische Betrachtungen über das Hineinwachsen in die Revolution,* Berlin 1909, 9.
8 Mann (Bauer), *Bourgeoisie und Militarismus*, 455 f. Der Artikel erschien zur Diskussion um die Dienstzeitverkürzung 1912. Vgl. auch Hugo Schulz, *Die Wehrreform und die bürgerlichen Parteien.* In: *Der Kampf* 4, Wien 1911, 351–355 und Karl Leuthner, *Das Wehrgesetz des Unrechts und des Privilegs,* Sozialdemokratische Werbeschriften NF 1, Wien 1912, passim.
Als Militarismus wird hier einfach die bestehende Heeresorganisation als Instrument und Triebfeder imperialistischer Expansionsgelüste und als Waffe der Herrschenden zur Unterdrückung des Proletariats verstanden.
9 Der Abgeordnete Franz Schumeier in seiner Stellungnahme zur Kritik Winarskys, *Protokoll über die Verhandlungen des Gesamtparteitages der Sozialdemokratischen Arbeiterpartei in Österreich, abgehalten zu Wien vom 9. bis zum 13. November 1903,* Wien 1903, 88.
10 »Die sozialdemokratischen Anträge«, *Arbeiter-Zeitung* (AZ), 30. September 1903, 4.
11 Protokoll 1903, 86.
12 Ebenda, 90.
13 »Die sozialdemokratischen Anträge«, gezeichnet mit f. a., AZ, 1. Oktober 1903, 2 f.
14 Protokoll 1903, 86 f.
15 Ferdinand Lassalle, *Was nun?* In: *Gesammelte Reden und Schriften,* hrsg. v. Eduard Bernstein, Berlin 1919, 109 und 112 f. Vgl. Mann (Bauer), *Bourgeoisie und Militarismus,* 452, und Höhn, *Sozialismus und Heer* 1, 149–177.
16 AZ 26. September 1903, 1
17 Protokoll 1903, 93 f.
18 Dazu: Hans-Josef Steinberg, *Sozialismus und deutsche Sozialdemokratie. Zur Ideologie der Partei vor dem Ersten Weltkrieg,* Schriftenreihe des Forschungsinstituts der Friedrich-Ebert-Stiftung 50, Bonn – Bad Godesberg[3] 1972, 111–125. Vgl. die häufig zitierte Kritik Ignaz Auers an Eduard Bernstein: ». . . so etwas *beschließt* man nicht, so etwas *sagt* man nicht, so etwas *tut* man«; Brief Ignaz Auers an Eduard Bernstein vom 13. Juli 1899, zitiert von Eduard Bernstein, *Ignaz Auer. Eine Gedenkschrift,* Berlin 1907, 63, und Eduard Bernstein, *Patriotismus, Militarismus und Sozialdemokratie.* In: *Sozialistische Monatshefte* 11/1, Berlin 1907, 438.
19 Protokoll 1903, 101 und 104.
20 Ebenda, 108 und 111.
21 Ebenda, 108 f. Anlehnung an einen Ausspruch Bebels.
22 Ebenda, 109 f.
23 Ebenda, 106.

24 Ebenda, 112 f.
25 Wilhelm Nießner, Redakteur in Brünn und Reichsratsabgeordneter 1907 bis 1911, ebenda 119.
26 Ebenda, 112.
27 Ebenda 120. Ludwig Czech, Brünner Delegierter und später Führer der deutschen Sozialdemokratie in der ČSR, war aus dem Offiziersstand wegen sozialistischer Betätigung ausgeschlossen worden.
28 Ebenda, 116.
29 Als österreichischer Exponent: Pierre Ramus (Pseudonym für Rudolf Großmann), *Der Antimilitarismus als Taktik des Anarchismus.* Referat, gehalten auf dem Internationalen Amsterdamer Kongresse der *Internationalen Antimilitaristischen Assoziation* am 30. und 31. August 1907, Brüssel 1909. Ein differenziertes Bild vom anarchistischen Antimilitarismus gibt Gerfried Brandstetter in: Derselbe, Gerhard Botz, Michael Pollack, *Im Schatten der Arbeiterbewegung. Zur Geschichte des Anarchismus in Österreich und Deutschland.* Schriften des Ludwig-Boltzmann-Instituts für Geschichte der Arbeiterbewegung 6, Wien 1977, 77–80.
30 Vgl. über die Durchsetzung der Ansicht von der »Naturnotwendigkeit der Entwicklung«: Steinberg, *Sozialismus und deutsche Sozialdemokratie,* 56–72.
31 Vgl. die unten gegebenen Beispiele.
32 August Bebel, *Nicht stehendes Heer, sondern Volkswehr!* Stuttgart 1898. – Zur Diskussion vgl. die Auseinandersetzung zwischen Max Schippel und Karl Kautsky in: *Die Neue Zeit* 17, Stuttgart 1898/99.
33 Protokoll 1903, 86 und 99.
34 Ebenda, 86 und 113.
35 Reinhard Höhn, *Sozialismus und Heer* 3, Bad Harzburg 1969, 568 zitiert die Rede Ignaz Auers auf einer Wahlversammlung in Hannover am 9. Februar 1898: »Es kann Regierungen geben, denen wir überhaupt nichts bewilligen können, solange wir nicht als gleichberechtigter Faktor im parlamentarischen und öffentlichen Leben anerkannt werden. Wird die Arbeiterklasse aber . . . anerkannt, so wachsen damit die Aufgaben dieser Klasse und die Verantwortung, und es ist sehr wohl möglich, daß wir von dem Tage an . . . auch mit uns reden lassen über Flottenfragen . . . Zur Zeit müssen wir prinzipiell jeden Mann und jeden Groschen ablehnen.«
36 AZ vom 24. Juli 1907, 2 f.
37 Vgl. zur »zahmen Opposition« gegen die Rekrutenvorlage 1909 Angerer, *Sozialdemokratie und Militarismus* 262–264. Bei einer allgemeinen Interpretation derartiger Einzelbeispiele sind unbedingt die Ausführungen Sternbergs zu beachten, die zeigen, daß nicht »der revolutionäre Marxismus durch die Anpassung an die offizielle Parteitaktik sich in einen ›undialektischen Entwicklungsglauben‹ verwandelt hat«, vielmehr »die Verhältnisse viel komplizierter und die Wirkungen wechselseitig« waren: Sternberg, *Sozialismus und deutsche Sozialdemokratie,* 46.
38 Liebknecht, *Militarismus und Antimilitarismus,* 15.
39 Ebenda, 122. Zu den taktischen Vorschlägen s. ebenda, 121–125.
40 Ebenda, 124.
41 Protokoll über die Verhandlungen des Parteitages der deutschen sozialdemokratischen Arbeiterpartei in Österreich, abgehalten zu Wien vom 30. September bis 4. Oktober 1907, Wien 1907, 157. Vgl. auch Robert Danneberg, *Die österreichische Jugendorganisation.* In: *Der Kampf* 1, 1908, 511 f.
42 Leopold Winarsky, *Die Jugendorganisation in Österreich.* In: *Die Neue Zeit* 26/2, 1908, 766.
43 Julius Deutsch, *Ein weiter Weg. Lebenserinnerungen,* Zürich – Leipzig – Wien

1960, 59: im Parteisekretariat hätten ihnen Ferdinand Skaret und Ludwig Bretschneider klar gemacht, »daß die ›Lehrbubenzeitung‹ ... eine viel zu unsichere Angelegenheit sei, als daß die Partei sie decken könne«. Vgl. auch Julius Deutsch, *Die Lehrlingsbewegung in Österreich*. In: *Socialistische Monatshefte*, 7/1, Berlin 1903, 226, und Wolfgang Neugebauer, *Bauvolk der kommenden Welt. Geschichte der sozialistischen Jugendbewegung in Österreich*, Wien 1975, 75.

44 Auch in den von Robert Danneberg als dem Sekretär der sozialistischen Jugend-Internationale herausgegebenen Berichten wird nichts von antimilitaristischer Agitation der deutsch-österreichischen Jugend, aber viel von der der Tschechen berichtet: Robert Danneberg, *Die Jugendbewegung der sozialistischen Internationale. Bericht über den Stand der Jugendbewegung 1907–1909. Im Auftrag des Internationalen Bureaus der sozialistischen Jugendorganisationen* von ... Wien 1910, und Robert Danneberg, *Die Rekrutenschule der internationalen Sozialdemokratie. Die sozialistische und die bürgerliche Jugendbewegung in den Jahren 1910 bis 1913*, Wien 1914. Angerer, *Sozialdemokratie und Militarismus*, 352–366; zum tschechischen Antimilitarismus vor und im Ersten Weltkrieg vgl. Jan Beránek, *Rakouský militarismus a boj proti němu v Čechách*, Praha 1955, und Karel Prchlík, *Čeští vojáci proti válce (1914–1915)*, Praha 1961; zu den deutsch-österreichischen Ländern vgl. Neugebauer, *Bauvolk*, 38 und 72.

45 *Der jugendliche Arbeiter* (JA), 1/Heft 2, Wien, November 1902., 3.
46 *Lustig ist's Soldatenleben*. In: JA 2/4, April 1903, 2.
47 Ebenda und Leopold Winarsky, *Die Jugend und der Militarismus*. In: JA 7/10, Oktober 1908, 1 f.
48 *Der Moloch Militarismus*. In: JA 3/10, Oktober 1904, 1 ff.
49 Winarsky, *Jugend und der Militarismus* 1f.
50 Siehe Anmerkung 48.
51 *Nieder mit dem Militarismus* (aus *La Jeunesse Socialiste*. In: JA 2/7, Juli 1903, 6.
52 Siehe Anmerkung 46.
53 Winarsky, *Jugend und der Militarismus*, 1 f.
54 Josef Kurth, *Wenn Menschen Bestien werden*. In: JA 3/11, November 1904, 10.
55 Vor allem Robert Danneberg, *Ein furchtbar wütend Schrecknis ist der Krieg*. In: JA 4/5, Mai 1905, 5 und in seiner Serie, *Der russisch-japanische Krieg*. In: JA 4, 1905.
56 Julius Deutsch, *Wehrmacht und Sozialdemokratie*, Schriften zur Zeit 4, Berlin 1926, 6 f.
57 Vgl. Hermann Heidegger, *Die deutsche Sozialdemokratie und der nationale Staat 1870–1920*, Göttinger Bausteine zu Geschichtswissenschaft 25, Göttingen – Berlin – Frankfurt 1956, 71 ff., ausgehend von der Darstellung August Winnigs: »... der deutsche Arbeiter stand auf und riß die Socialdemokratie mit sich fort ...«. Dagegen vgl. auch Walter Bartel, *Die Linke in der deutschen Sozialdemokratie im Kampf gegen Militarismus und Krieg*, Berlin 1958, 160–167.
58 Eduard Bernstein, *Die Voraussetzungen des Sozialismus und die Aufgaben der Sozialdemokratie*, Stuttgart 1899, 142 ff.
59 Isegrim (Max Schippel), *War Friedrich Engels milizgläubig?* In: *Socialistische Monatshefte 2*, Berlin 1898, 495 ff.
60 Heine lt. Friedrich August Carl Geyer: *Protokoll über die Verhandlungen des Parteitages der Deutschen Sozialdemokratie, abgehalten zu Hannover vom 9. bis 14. Oktober 1899*, Berlin 1899, 250, zitiert von Höhn, *Sozialismus und Heer* 3, 568 f.
61 *Protokoll über die Verhandlungen des Parteitages der Sozialdemokratischen Partei Deutschlands, abgehalten zu Hamburg vom 3. bis 9. Oktober 1897*, Berlin 1897, 139.

62 Bernstein, *Voraussetzungen des Sozialismus 142*. Vgl. derselbe, *Der Entwurf des neuen Parteiprogramms*. In: *Die Neue Zeit* 9/2, Stuttgart 1891, 819 (Diskussion um das Erfurter Programm).
63 Zu ihm vgl. Karl Haas, Hugo Schulz, masch. Seminararbeit am Institut für Zeitgeschichte, Wien 1963.
64 Zitiert auf dem Parteitag von 1903 von Beer, Hueber und Winarsky, s. Protokoll 1903, 86, 100, 106 und 112.
65 Julius Deutsch, *Jugend und Militarismus*. In: JA 3/10, Oktober 1904, 3.
66 Deutsch, *Ein weiter Weg*, 59 f.
67 Ebenda 60. Der Artikel konnte jedoch in der *Neuen Zeit* nicht gefunden werden.
68 Dr. G. P., *Gegen den Antimilitarismus*, Teschen-Wien-Leipzig 1914, 39.
69 Liebknecht, *Militarismus und Antimilitarismus*, 114.
70 Neugebauer, *Bauvolk*, 75 schätzt die Wirkung sehr gering ein, wegen »der unbestritten beachteten Disziplin der k. u. k. Armee«, wegen der gelungenen Einsätze gegen den »inneren Feind«; er führt aber auch an, daß der Führer der revolutionären Matrosen von Cattaro im Februar 1918, Franz Rasch, aus der Jugendbewegung kam.
71 Vgl. Arnold J. Toynbee, *Krieg und Kultur. Der Militarismus im Leben der Völker*, Stuttgart 1951, 10–23 (Kapitel: »Der Militarismus und die soldatischen Tugenden«).
72 Hugo Schulz, *Zur Kritik des Militarismus*. In: *Die Neue Zeit* 17/2, Stuttgart 1899, 615 und 617.
73 Zeth Hoeglund, *Die Waffen nieder! Eine Abrechnung mit dem Militarismus*, Elberfeld 1909, 13.
74 Vgl. grundsätzlich dazu: Herbert Marcuse, *Über den affirmativen Charakter der Kultur*. In: *Kultur und Gesellschaft* 1 (= edition suhrkamp 101), Frankfurt a. M. 1965, 56 ff.
75 Vgl. Volker R. Berghahn, *Einleitung*. In: Derselbe (Hrsg.), *Militarismus* (= Neue Wissenschaftliche Bibliothek – Geschichte 83, Köln 1975) 11–13.
76 Ansätze dazu bei Liebknecht, *Militarismus und Antimilitarismus* 22. – Zu dieser Problematik in bezug auf die Bürokratie vgl. Ernest Mandel, *Die Bürokratie* (= *Internationale Sozialistische Publikationen – Theorie* 4) Frankfurt a. M. ⁴1976, 7, wo er derartiges »sekundäre Gruppen« nennt, und in bezug auf die kategoriale Fassung des Nationalismus: Helmut Konrad – N. N., *Nationalismus und Internationalismus. Die österreichische Arbeiterbewegung vor dem Ersten Weltkrieg* (= *Materialien zur Arbeiterbewegung* 4), Wien 1976, 207 und 205.

Melanie A. Sully
Social Democracy in Britain and Austria

The Social Democratic Parties of Europe differ from one another in both philosophy and historical development. There are points of contact although, so far, this has not led to the emergence of a coherent »European« Socialism. The diversification stems, to some extent, from the different economic and social problems existing in each country. These have inevitably influenced the Parties' stance on basic issues such as the analysis of Capitalism, the State, the management of the economy, Democracy, and the role of Revolution.

Otto Bauer recognized in *Zwischen zwei Weltkriegen?* that is was necessary to adopt different tactics depending on the historical situation. Under certain conditions, for example those in Russia in 1917, Bauer considered that an emergency dictatorship was probably necessary. He hoped that democratization in the USSR would follow as a result of an improvement in the standard of living. Bauer, in this work, was concerned with the more fundamental and tragic split in the Labour movement – between Social Democracy and Communism. He believed and hoped that reunification could take place within a new kind of »integral socialism« combining the strengths of both movements. Bauer regarded Reformist Socialism as a tactic which could be fruitfully pursued when there was no possibility of a revolution. As Julius Braunthal mentions in his introduction to Bauer's work[1], the ideas of Revolution and Reform are not diametrically opposed.

The socialist parties of Western Europe have tended to follow the path of Reformism. They have become »system parties« and have been criticised, especially since 1945, for »opportunism« and an abandonment of »Socialist« goals. This de-ideologisation process has been a common feature of most West European Social Democratic Parties. It has left Social Democracy with the task of redefining its goals and priorities. Not only must Social Democracy distinguish itself from Communism but it must now also establish a separate identity vis à vis Liberal and Conservative Parties.

A plethora of interpretations pervade the text books of the terms Socialism, Social Democracy and democratic Socialism until the sad conclusion is that »The truth is that the identity of Socialism is elusive, and one can sympathise with learned commentators who have turned away with despair from the task of definition[2].« One of the greatest obstacles is that Socialism contains inherent ambiguities that are often unresolved. Socialism may profess a commitment to Individualism or Collectivism, violence or pacifism, gradualism or Marxist revolution. »It contains millenial expectations of a future perfect society and it also displays moderation and realism, concentrating on the realisation of immediate tasks. The spirit of compromise and accomodation is by no means foreign to it[3].«

This dualism has characterised Social Democracy in Britain as well as in Austria. The following is an examination of the origins and evolution of the parties in these two countries.

The British Labour Party

At the beginning of the twentieth century there was no well defined party organisation nor even a party programme. A Labour Representation Committee (LRC), a coalition of different interest groups, existed with the explicit aim of furthering the representation of its members in Parliament. The most powerful group on the LRC was the Trade Union movement; this factor committed the LRC to achieving relatively modest reforms and the Marxist influence on the embryonic Labour Party remained weak. Labour was not averse to collaborating with the then dominant Liberal Party to secure electoral success. A real danger, in the early years, seemed that Labour would become merely a satellite of the Liberal Government which was instigating a spate of social welfare legislation. This could hardly be opposed by Labour and yet it made its task of capturing the working-class vote more difficult. The splits within the Liberal Party and the crystallisation of class forces in Britain before the First World War created more propitious conditions for the growth of the Labour movement.

In 1918 the Labour Party felt confident enough to break with Liberalism and to draw up a Constitution which embraced a formal commitment to Socialism. Clause IV (4) of this Constitution outlined the aims of the Party as being: »To secure for the producers by hand or by brain the full fruits of their industry, and the most equitable distribution thereof that may be possible, upon the basis of the common ownership of the means of production and the best obtainable system of popular administration and control of each industry or service.« In 1929 the common ownership of »distribution and exchange« was added to »production«. Despite some opposition in the party this Clause has not been formally disavowed.

In the 1920s the Party established its organisation and was able to form Governments in 1924 and 1929. Despite Clause IV the Party lacked in office any anti-Capitalist strategy. Confronted with a collapsing economic system the Party could only administer medicine at the sick bed of Capitalism. The Party was determined to show that it represented more than Trade Union interests. It wanted to prove that it could be a Government of the *Nation.*

The relationship between the Party and the Trade Unions, although as close as »Siamese twins«, has not been completely harmonious. The first actions of the Party in Government demonstrated that it recognized existing economic and political realities. Its theory still retained opposition to the »System« of private enterprise: »During the 1920s the Party leaders constantly employed the rhetoric of transformation yet their policies, both in Opposition and Government, were essentially pragmatic and cautious[4].« This statement could equally be applied to the Austrian Social Democrats before 1934. The process of assimilation within the Capitalist State had begun yet both parties were reluctant to make a formal recognition of this fact.

The Labour Party continued with unimaginative, traditional economic policies and failed to tackle unemployment. The sacrifices demanded from the working class in the early 1930s eventually provoked opposition from the Labour movement. Unable to secure sufficient acceptance for a cut in unemployment benefit, Ramsay MacDonald formed a National Government with Liberals and Conservatives in 1931. Only three Cabinet Ministers followed the Labour leader. At the next election the Party was decimated and MacDonald's »betrayal« was bitterly resented throughout the movement. MacDonald's action had struck at the heart of the party's commitments to independence and Socialism made in 1918. The years that followed, before the outbreak of War, forced Labour to rethink its position on many issues. Although not as sensational as the Austrian Social Democrats' defeat in a Civil War at the hands of Fascism, this abrupt reversal of Labour's fortunes was a traumatic experience for the Party. Much of the rethinking carried on by the Party was to form the basis for Labour's policies after 1945.

With its huge, unexpected majority in the 1945 election the Labour Party seemed well-placed to implement the ideas it had been nurturing for so long. Part of Labour's victory can be attributed to a feeling in the country of a need for societal change and to a fear of returning to the grim years of the Great Depression. The Party was now accorded a position of respect amongst European Socialist Parties. Previously the German Social Democrats had been admired for their organisational and theoretical brilliance. The British Labour Party had no comparable history of abstract intellectual controversies. »Many leaders had neither an understanding of socialist theory, nor sympathy for it. Their support of the organization was essentially tactical; their aims were restricted largely to lobbying for legislation on specific Trade Union matters[5].«

The reformist, practical aspect of Brtish Socialism evoked a more positive response in the post-War World than debates on ideology. The intensity of the Cold War forced an open choice between Capitalism and Communism. The answer had already been mapped out by the pattern of behaviour of Social Democracy before the war. There were no signs of democratization in the USSR and the end of the Second World War failed to bring with it any promise of the proletarian revolution in Europe. Against this background, Labour's steady implementation of its nationalisation proposals and the creation of the Welfare State seemed a more effective way of realizing Socialism.

In retrospect the radical nature of Labour's achievements (1945–1951) has been questioned. There was considerable consensus between the Labour and Conservative Parties on domestic and foreign policy. It is also significant that when the Conservatives returned to office, there was so systematic dismantling of legislation passed by Labour. There was little opposition to the nationalization of the Bank of England, the Railways nor hopelessly run-down industries such as Coal Mining. Iron and Steel, the last industry to be nationalized, proved to be a more contentious item on Labour's list which also included Electricity, Gas, Civil Aviation and Transport. It seemed that economic efficiency was the main motive for nationalization and not the desire to construct a new Socialist society. A National Health Service was established and the National Insurance Act provided benefits for the sick and unemployed. It is doubtful if the Conservatives would have introduced so much State intervention in such a short time.

Labour's euphoria of the immediate post-war era was rapidly supplanted by a long period in Opposition. It was to lose three successive elections – in 1951, 1955 and 1959. The election of 1951 found the party disunited and identified with some unpopular austerity measures. Nevertheless the party gained marginally more votes than the Conservatives but, because of the peculiarities of the British electoral system, did not win so many seats in the House of Commons. Condemned to the role of Opposition, the party started once again to reexamine its fundamental principles and their relevance in contemporary Britain.

After Labour's defeat at the polls in 1959, the feeling grew that it would never assume the role of a governing party. Some considered that the party's working-class image was an electoral liability in the increasingly affluent society which showed signs of a decline in class consciousness. Others attributed the party's defeat to its lack of Socialist militancy and pressed for more stress on public ownership. A crisis developed in the party on its doctrinal identity. The role of nationalization in the party's strategy played a key part in this debate. Was Labour to continue with a »shopping list« of industries to be nationalized, or should it concentrate on consolidating the progress made under Attlee's Government? If nationalization was to be extended in the future – what was to be the rationale behind this thinking? Intra-party cleavages focussed around these crucial questions and often gave the impression to the public that the party was torn by factional and personal squabbles.

One answer to these questions was presented by the »Revisionists« in the mid-1950s and was associated with Hugh Gaitskell, Roy Jenkins and Anthony Crosland. This was based on what can now be regarded as an overoptimistic belief that Capitalism was no longer crisis prone nor subject to a cycle of booms and slumps. Socialism was defined by Crosland as a set of values and public ownership was to be just *one* way to its achievement. The term Social Democracy rather than Socialism came to be applied to this school of thought. In the 1970s Crosland elaborated on the main points of Social Democracy which he understood to comprise the following:

1. A concern for the poor and the deprived. The relief of poverty, distress and social squalor should be given a high priority.

2. A belief in Equality; the distribution of property, the educational system, class relationships and power in Industry should be reviewed.

3. A recognition of the need to control the exploding problems of urban life, the environment and land use.

4. A belief that a mixed economy is essential for Social Democracy[6].

Crosland believed that the Labour Party is unique in the doctrinal energy it devotes to the question of public ownership. Somewhat enviously he mentioned in 1975 that »The Austrian Party made no mention of nationalization in its 13 point programme for their recent – and brilliantly succesful – election campaign[7]«.

It is ironic that the British Labour Party, one of the less theoretically-minded of Western Labour Parties, has retained Clause IV (4) in its Constitution and has indulged in prolonged internal controversies on its relevance. Gaitskell attempted, after the 1959 election defeat, to convert the party to unambiguous acceptance of the mixed economy. He unsuccessfully tried to push the party towards an open rejection of

Clause IV (4). There was an uneasy feeling in the party that without this traditional Socialist statement, there would be no obvious difference between Labour and its Conservative and Liberal rivals. In addition, many thought that it was Clause IV which held the coalition of different interest groups in the party together.

Although formally defeated, the Revisionists' ideas were increasingly adopted by the party even after Gaitskell's death. The path of the Labour party to Revisionism was shorter than that of many of its Continental counterparts partly because, »from the beginning a major strain in Labour's socialism was in sympathy with the existing order[8]«. It has been said of the Austrian Socialist Party that, »no other socialist party has travelled a longer road faster from Left to Right[9]«. This is probably an exaggeration of the transformation of this party but a similar process of self-questioning and readjustment was taking place in the SPÖ in the 1950s. This culminated in the New Programme of 1958 now under scrutiny for its relevance for the remaining years of this century. This constant reassessment of values and priorities is an indication of Social Democracy's awareness of rapid changes in society. The debate which has been conducted in the SPÖ seems to have been less openly divisive than that in the British Labour Party.

Labour was finally returned to power in 1964 but with a small majority; a second election followd in 1966 which produced substantial gains for the Party. Once again the party in Government was keen to show its concern for the »national interest«. The main aims were to reduce the balance of payments deficit and to defend the Pound sterling. The style of government was described as »pragmatic« and the party's welfare commitment was subordinated to the goals of reviving a sick economy and keeping in power. The deterioration of the economy necessitated the application of more potent and unpopular medicine. Some liberal, humanitarian legislation was passed such as the abolition of capital punishment and reform of the laws on abortion, homosexuality and divorce. This was insufficient to save the party from defeat in 1970 and the Conservatives, to the surprise of many of their own members, were returned to Government. The Labour Government of 1964–1970 had severely strained its old alliance with the Trade Unions. Its overriding concern for the *Nation* had lost its support in traditional working-class districts.

In the 1970s the theory of a »classless« Britain and the acceptance of the end of the age of ideology had to be reexamined. Class continued to be an important factor in voting behaviour. The ideas of class conflict and the crises of Capitalism were once again seriously discussed.

The disrespectful haste to abandon the party's »cloth cap« image seemed in the 1970s to have been premature. Pressure came from the Left to return to the old slogans and to adopt more »full-blooded« Socialism. Faced with an unsympathetic Conservative Government, the Unions looked to the Labour Party for salvation. The head-on collision between the Conservatives and the miners in 1974 brought Labour back into power.

Labour now had more radical policies than for some time yet its performance in Government, to date, has been dominated by the need to fight an economic crisis. Rising unemployment plus cuts in public expenditure on the social services have caused discontent in the Unions and in the extra-Parliamentary Labour Party. Even piecemeal reformism seems to have vanished from the agenda of the present Labour Cabinet. The ideological bankruptcy of Labour's leaders has been summed up by the following: »They do not feel the need, and some do not have the ability, to articulate an explicit philosophy of Social Democracy. They even tend to despise the intellectuals who do, as being politicians whose attachment to dogma or doctrine is probably stronger than their feeling for political reality and present possibilities[10].«

The Social Democratic strategy of the Revisionists, based on a belief in the steady progress and viability of Capitalism, has been eroded by the current crisis. The ability of a Labour Government to control the economy and provide more social justice and increased welfare has been restricted by external pressures und private enterprise. »Thus in 1976 not only was the Party's fundamental ambiguity of purpose unresolved but also the Labour Government was managing the economy through policies which were in fundamental conflict with the revisionist Socialism which was the formal commitment of the majority faction of the Cabinet[11].«

Under these conditions, the Left has been reactivated and has increased its organisational strength within the party. It has a basis for providing Labour with a sense of direction. This is imperative if Labour is not to suffer further defections from its traditional supporters. High unemployment amongst youth could provide the Right-wing National Front with new recruits. The resurrection of the Left in the immediate future is thwarted by its own internal debilitating feuds. Both traditional Socialist and Social Democratic thought have not, so far, provided the party with an intellectual apparatus for solving the problems of Britain in the 1970s.

The Austrian Socialists

Social Democracy in Austria, in the form of the SPÖ, is intently engaged in drawing up a Programme for the 1980s which, it is hoped, will provide guidelines for the rest of the century. The *Problemkatalog*, which was one stage in this process, was heavily criticised for its pseudo-Marxist terminology. Yet the history of the party, which has its origins in the nineteenth century, shows a concern to distinguish itself from Communism. Central to the party's philosophy is the concept of Democracy and the wish to realize democratisation in all spheres of life besides the political. The party has, in practice, shown a willingness to operate within the existing system and, particularly in the Second Republic, its acceptance of Parliamentarism has been unequivocal.

The Austrian Party, like its British equivalent, has always contained diverse views on both the meaning and implementation of a Socialist society. One of its great achievements in the First Republic was the preservation of unity which had the effect of stunting the growth of a strong Communist Party. Otto Bauer is often criticised for his lack of resolution and his vacillation between Reformism and Bolshevism. He and the Party of the First Republic have been accused of poisoning the political atmosphere and increasing the instability of the State. The more positive aspect of avoiding an open split and thus facilitating a strong Social Democratic movement after 1945 has recently been noted by Bruno Kreisky[12].

Reformism from the beginning played a predominant part in the thinking of Social Democracy in Austria. The Myth of the Fall from Marxist orthodoxy is pertinent to the Austrian as well as the British Party. The Nationalities' question initially absorbed much of the intellectual energies of the Social Democrats in the Habsburg Empire. An SPÖ publication sums up their attitude with these word: »Sie wollte das Haus, in dem sie wohnte, nicht zerstören, sondern für alle Mitbewohner bewohnbar machen[13].« This was to typify the method Social Democracy followed in practice although its verbal radicalism frequently gave the impression that it was dedicated to the overthrow of the existing order.

The political revolution which did take place and led to the collapse of the Monarchy in 1918 was precipitated by the national revolutions in the Empire and not by the Party. The January strike of 1918 had already shown that the Social Democrats would prefer to co-operate with the »class enemy« rather than to risk an adventurist revolution. Throughout its history the gains the Party had made and the unity of its organization seemed more important than fragile hopes offered by a post-revolutionary society. The leadership in particular seemed to be acutely aware of the insurmountable problems facing would-be revolutionaries. The comparative insignificance of Austria, its economic weakness and its international vulnerability convinced the Social Democrats that a Marxist revolution would, in any case, be doomed. During its brief spell in Government in the First Republic, the Party acted with caution and major industries and the big banks were not nationalized. This caused Trotsky to deride the Party as »guardian angels protecting the Vienna Kreditanstalt[14]«.

Throughout the 1920s a schism split Austrian society into two ideologically opposed camps – the Bürgerblock and Social Democracy. Bitterness between the two finally led to Civil War and the collapse of any remnants of a democratic society. Social Democracy seemed to pledge its support for Democracy and yet was reluctant, until the eleventh hour, to use violence for its defence. The Linz Programme of 1926 can not be completely absolved from undermining faith in the democratic system. The unfortunate reference to a »dictatorship« in the event of bourgeois obstruction to proposals of any future Socialist Government contributed to an explosive atmosphere. It is apparent from other references at Linz that Bauer and the party agreed that violence and Civil War could only lead to human suffering, loss of life and disaster for the Labour movement. The bloodbath of the July days of 1927 showed that the the party »actuated by a genuine sense of responsibility and an equally genuine lack of revolutionary zeal – was not only unwilling to resort to violence, but on the contrary could always and under any circumstances be relied upon to curb its followers and to avoid any show of force[15].«

After the party had been destroyed by Fascism in 1934, criticism increased of the pusillanimity of the old leadership. There was more pressure for an aggressive Leftist stategy. The name »Revolutionary Socialists« was an indication of this new mood. In retrospect this can be seen as an interlude in the history of Social Democracy and a condition imposed on it by the indigenous dictatorship. After the *Anschluss* many members of the RS were either taken to concentration camps or went into exile. The authority of the old Social Democratic Party reasserted itself during the war years. The new Socialist Party of Austria (SPÖ), established in 1945, although initially a balance between the RS wing and former Social Democrats quickly came under the direction of the latter.

In the Second Republic the party became more attached to the idea of Coalition Government which it had regarded with suspicion before 1934. The Cold War and the danger of a divided Austria between East and West meant that the party had to spell out clearly its objections to Soviet Communism. Theoretical ambiguities were regarded as a luxury which could lead to a repetition of old mistakes.

The SPÖ, although in Government and in a position to exercise an influence on decisions, nevertheless was the junior partner of the post-war Coalition. The New Programme of 1958 was designed to strengthen the party's position with *all* working people. It was the first basic statement of Socialist principles since 1926 and the Party was careful to avoid the charge that it could be associated with »dictatorship«. The party moderated its pre-war anti-clericalism and accepted that Christians and Socialists could work together within the SPÖ. The general tone of the Programme was based on »consensus politics« which was a fundamental break with the *Lagermentalität* of the First Republic. A mixed economy was accepted and nationalisation was only to be pursued in the »public interest«. The aim of the SPÖ was to fight for a new Socialist humanism and a classless society. The party's vote increased at the next election although it slumped again in the 1960s.

Under Kreisky the party seems to have gone from strength to strength and the achievement of winning over 50 per cent of the vote in 1971 and 1975 can not be underestimated[16]. The Party seems determined not to lose momentum and has been campaigning hard to increase its membership. In addition the SPÖ is trying to democratize its structure and involve more members in formulating party policy. By contrast the individual membership of the Labour Party has been on the decline and its electoral basis looks very insecure. One explanation of the SPÖ's success is, perhaps, that full employment has been given a high priority although this has been costly and may prove difficult to sustain. Kreisky seems aware of the need to offer hope of an imaginative, new society. In 1975 he noted that, »So, wie es für Harold Wilson die Gnome von Zürich waren, die ihm das Pfund ruiniert haben, so sage ich, wenn wir Wirtschaftspolitik von Bankdirektoren machen lassen, kann man nicht glaubwürdig sein! Wir müssen, glaube ich, jetzt, da die Leute an der Überlegenheit unserer Wirtschaftsordnung zu zweifeln beginnen, eine Antwort geben. Wir müssen den Menschen ein neues Sicherheitsgefühl vermitteln, ein progressives, nicht dieses konservative[17].«

The Austrian Social Democrats have not faced an economic crisis on the same scale as in Britain. There are signs that the SPÖ in the future will have to tackle the old Social Democratic dilemma of, »how to reconcile the maintenance of a full-employment welfare state (the political objective of the Trade Union movement) with the maximisation of money wages through free collective bargaining (the industrial objective of the trade unions[18]).« The new Party Programme of 1978 may provide the SPÖ with solutions to problems of this kind in the years ahead.

NOTES

1 In Otto Bauer, *Werkausgabe,* Europaverlag, Wien, 1976, vol. 4.
2 R. N. Berki, *Socialism,* J. M. Dent, London, 1975, p. 10.
3 Ibid; p. 19.
4 L. Minkin & P. Seyd in, *Social Democratic Parties in Western Europe,* Edited by W. Paterson & A. Thomas, Croom Helm, London, 1977, p. 108.
5 D. Howell, *British Social Democracy,* Croom Helm, 1976, p. 27.
6 A. Crosland, *Social Democracy in Europe,* Fabian Tract 438, 1975.
7 Ibid; p. 10.
8 D. Howell, op. cit; p. 27.
9 K. L. Shell, *The Transformation of Austrian Socialism,* New York, Albany, 1962, p. 4.
10 A. Arblaster, »Anthony Crosland: Labour's Last Revisionist?«, *The Political Quarterly,* October-December, 1977, p. 416.
11 L. Minkin & P. Seyd, op. cit. p. 128.
12 Preface to Otto Bauer, *Werkausgabe,* EV, Wien, 1975, vol. 1, p. 17.
13 *Das große Erbe,* SPÖ, p. 30.
14 L. Trotsky, *The History of the Russian Revolution,* Victor Gollancz, London, 1965, p. 918.
15 N. Leser, »Austro-Marxism: A Reappraisal«, *Journal of Contemporary History,* vol. 11, July, 1976, p. 144.
16 For further details on the history of the post-war SPÖ: M. A. Sully, »The Socialist Party of Austria« in, *Social Democratic Parties in Western Europe,* eds. W. Paterson & A. Thomas, Croom Helm, 1977.
17 In *Briefe und Gespräche,* Europäische Verlaganstalt, Frankfurt, 1975, p. 121.
18 P. Jenkins, »The Social Democratic Dilemma«, *The New Statesman,* September 20, 1974, p. 373.

IV.
Sozialgeschichte

Einleitung

Obwohl sich die Geschichte der Arbeiterbewegung immer als Teildisziplin der Sozialgeschichte verstanden hat, ja manchmal mit dieser beinahe gleichgesetzt wurde, wenn sich »sozial« auf »soziale Frage« oder »soziale Bewegung« verengte, so blieb sie dennoch lange Zeit bis nahe in die Gegenwart, wie uns heute scheint, in einem allzu großen Ausmaß einer nicht-sozialgeschichtlichen Betrachtungsweise verhaftet, selbst wenn sie sich in den Bahnen von Marx und Engels wähnte und das anspruchsvolle Epitheton »sozialökonomisch« heranziehen mochte. Es ist, wie Robert Wheeler auf der IX. Internationalen Tagung der Historiker der Arbeiterbewegung 1973 in Linz pointiert feststellte, »eine der größten Paradoxien der Geschichtsschreibung, daß gerade solche Historiker, die angeblich über fortschrittliche Kräfte und Bewegungen forschen, sehr konservativ in der Wahl ihrer Mittel und Methoden« waren.

Wenigstens ihrem Anspruch nach hat die Geschichte der Arbeiterbewegung heute ihre fast ausschließliche Ausrichtung auf die Geschichte der sozialistischen Theorien, der etablierten Organisationen der Arbeiterbewegung oder deren Parteiführer und Politik überwunden. Sie versteht sich schon weithin als Teilbereich einer umfassenderen – wie immer verstandenen – Sozialgeschichte. Und Sozialgeschichte ist selbst im traditionellen Wissenschaftsbetrieb etwas, das ebenso wie die Bezugnahme auf wirtschaftliche Faktoren kaum mehr einer besonderen Begründung bedarf. Die historischen Erfahrungen des 20. Jahrhunderts und die Wahrnehmung einer vielfältig verflochtenen, immer komplexer werdenden Gesellschaft lassen eine Vergangenheitsinterpretation in den Bahnen der liberalistischen Trennung von Staat und Gesellschaft, Politischem und Wirtschaftlich-Sozialem nicht mehr zu. Nichtsdestoweniger, trotz allen fast schon modischen Anstrichs, ist »Sozialgeschichte«, in der ja die Gechichte der Arbeiterbewegung und der Arbeiterschaft ihre methodologischen Grundlagen hat, weder sehr häufig in concreto auf eine befriedigende Weise verwirklicht worden, noch ist sie überhaupt ein inhaltlich eindeutig und übereinstimmend definierter Begriff.

Je nach inhaltlichen, erkenntnistheoretischen und spezifisch methodologischen, teilweise überlappenden Kriterien lassen sich jedoch nach Jürgen Kocka etwa folgende Strömungen der gegenwärtigen Sozialgeschichte ausnehmen:

1. eine inhaltlich sektoral bestimmte »Geschichte sozialer Struktu-

ren, Prozesse und Handlungen«, die sich vor allem mit der Entwicklung der gesellschaftlichen Klassen, Schichten und Gruppen, mit ihren inneren Zusammenhängen, ihren konflikt- oder konsenshaften Interaktionen, ihren Handlungsdeterminanten etc., also mit jenem lange Zeit vernachläßigten Teilbereich der gesellschaftlichen Wirklichkeit befassen, der *zwischen* »Wirtschaft« und »Politik« gelegen ist (in diesem Zusammenhang findet auch »Arbeitergeschichte«, die *ein* Anliegen dieses Sammelbandes ist, ihre systematische Zuordnung);

2. eine damit oft verknüpfte, jedoch keinesfalls identische »Strukturgeschichte«, die sich in Abwendung von der hermeneutischen Problematik des Historismus und der Ereignisgeschichte einer Betrachtung der mehr oder weniger dauerhaften Phänomene und der übergreifenden Wirkungsmechanismen, einer Beschreibung und Analyse der »Strukturen« in der Gesellschaft und ihren Teilbereichen, zuwendet;

3. eine diesen theoretischen Ansatz zur Anwendung empirisch-sozialwissenschaftlicher »qualitativer« Methoden und Quantifizierung weiterführende Richtung, die sich als »historische Sozialwissenschaft« versteht; und

4. eine »Gesellschaftsgeschichte« im Sinne Eric Hobsbawms oder der sozialwirtschaftlichen historisch-politischen Schriften der marxistischen »Klassiker«, oder auch etwa Otto Bauers, eine Richtung also, die die beiden zuletzt genannten Ansätze und Methoden inhaltlich auf die als unsegmentierbar betrachtete Gesamtgesellschaft und ihren Wandel in der Zeit bezieht.

5. Als weitere sozialgeschichtliche Richtung wären hier noch solche Versuche anzureihen, die, ausgehend von der Totalität des historisch-gesellschaftlichen Prozesses, politisch-soziale Teilbereiche wie Rechtssysteme, Ideologien, Organisationen, politisches und wirtschaftliches Handeln etc. gesamtgesellschaftlich analysieren. (Auch Geschichte der Arbeiterbewegung ist von diesem Ansatz aus zu betreiben.) Eine solche »gesellschaftsgeschichtliche Teilbereichsgeschichte« könnte sich gerade auch um eine Vermittlung von so disparaten Ansätzen und Erkenntnisbereichen bemühen, wie sie in den Kontrapunkten der erfahrenen historischen Realität Struktur – Ereignis – Persönlichkeit zum Ausdruck kommen. Denn deren Vernachlässigung in der einen oder anderen Richtung müßte auf längere Sicht zu einem Praxisverlust der Geschichtswissenschaft überhaupt führen.

In der Arbeitswirklichkeit der Sozialgeschichte und der Geschichte der Arbeiter und der Arbeiterbewegung sind die Forderungen der hier nur grob skizzierten fünf Richtungen zweifellos sehr schwer voll einlösbar, selbst in Ländern mit einer längeren und intensiveren sozialgeschichtlichen Tradition als Österreich, wo frühe bahnbrechende Studien wie *Die Arbeitslosen von Marienthal* und *Der niederösterreichische Arbeiter* lange Zeit nahezu ohne akademische Folgen geblieben waren. Daher auch können die in dieser Abteilung vereinten Beiträge keineswegs alle Dimensionen oder auch nur den Großteil des hier abgesteckten Rahmens einer sozialgeschichtlichen Geschichte der Arbeiterbewegung und »Arbeitergeschichte« ausfüllen. Ihr Schwergewicht liegt deshalb auf der erstgenannten Richtung (Sozialgeschichte als Teilbereichsgeschichte), wobei jedoch in unterschiedlicher Weise auch die anderen sozialgeschichtlichen Ansätze und Orientierungen einbezogen werden.

An den Beginn der Sektion »Sozialgeschichte« sind zwei Beiträge gestellt, deren erster in programmatischer Weise mögliche Inhalte, Methoden und Quellen einer strukturalen »Arbeitergeschichte« absteckt, während der zweite auch für die Geschichte der Arbeiterbewegung beispielhaft die Grundlinien einer gesellschaftsgeschichtlichen Interpretation von Agrargeschichte vorzeichnet. Die sodann folgenden Beiträge behandeln in eher thematischer als chronologischer Reihenfolge Teilgebiete der sozialen Wirklichkeit der Arbeiterschaft und der Unterschichten überhaupt im 19. und 20. Jahrhundert, wobei allerdings ein so wesentlicher Sozialbereich wie die »Arbeitswelt« wegen der Nichtverfügbarkeit historischer Arbeiten zu diesem Thema in Österreich ausgeklammert werden mußte. Den sozialgeschichtlichen Bedingungen eines ideologischen Phänomens, dem gegenüber sich auch die Arbeiterschaft und die Arbeiterbewegung keinesfalls als gänzlich immun erwiesen, nämlich des Antisemitismus, sind zwei weitere Beiträge gewidmet. Wurden in diesen Beiträgen schon Probleme der Politik – verstanden in einem weiteren, nicht bloß staatlichen Sinne – angeschnitten, so wenden sich die letzten Beiträge wieder stärker einer sozial- oder gesellschaftsgeschichtlichen Untersuchung der Politik der Arbeiterbewegung mit Hilfe sozialwissenschaftlicher Methoden zu.

Sollte es mit dieser Zusammenstellung von Beiträgen gelungen sein, neben der inhaltlichen Information in Österreich eine kritische Auseinandersetzung darüber hervorzurufen und vielleicht einige weiterführende Anregungen auf dem wenig erforschten Gebiet einer Sozialgeschichte der Arbeiterschaft und der Arbeiterbewegung zu geben, so erschiene uns ein wesentlicher Teil des Anliegens dieser Zehn-Jahres-Schrift des Ludwig-Boltzmann-Instituts für Geschichte der Arbeiterbewegung erreicht.

Gerhard Botz

Helene Maimann
Bemerkungen zu einer Geschichte des Arbeiteralltags

> Es verändert sich die Wirklichkeit; um sie darzustellen, muß die Darstellungsart sich ändern.
> *Bertolt Brecht*

1. Alltag: Neues Reden über ein altes Problem

Der Alltag ist heute nicht mehr ein Kampf um das physische Überleben. Zumindest nicht in den hochindustrialisierten Ländern. Die materiellen Grundbedürfnisse der meisten Menschen sind gesichert, und ihr Leben wäre den Stammvätern des Sozialismus völlig utopisch erschienen: die Vierzig-Stunden-Woche mit ihrer täglichen Freizeit, das lange Wochenende, der Jahresurlaub; die vielfältigen Möglichkeiten, zu reisen, sich zu unterhalten, Informationen fast simultan zu beziehen, einfach durch Knopfdruck; die Erleichterung der Hausarbeit durch dutzendfaches Roboter-Know-How; Abbau der Determinanz von sozialer Schichtzugehörigkeit und Familienzwängen zugunsten einer größeren individuellen Beweglichkeit. Und selbst in der Arbeitswelt gibt es neue Organisationsansätze, seit die Industriesoziologie entdeckte, daß solidarische Arbeitsformen, horizontale Kooperation und Betriebsdemokratie die Leistung und Arbeitsmotivation erhöhen – und bei Durchführung Teilfreiräume und Bewußtseinsänderungen hervorbringen, die nicht ohne weiteres integrierbar sind[1].

Dennoch: Mehr denn je scheint der Alltag von außen bestimmt zu sein, Zwängen zu unterliegen, beherrscht von schwer faßbarer Gewalt. »Das Alltägliche wird heute an allen Ecken und Enden zum Problem. Aber nicht, weil einige Leute angefangen haben, darüber zu reden. Daß sie es tun, muß an den Veränderungen im Alltag selbst liegen[2].«

Mit der Steigerung des Lebensstandards, der Technisierung des privaten und öffentlichen Lebens tauchten neue Probleme auf: Arbeitshetze, Leistungsdruck, rapide Zunahme der psychosomatischen Krankheiten, Isolation, Vereinsamung, Jugendkriminalität. »Humanisierung der Arbeitswelt« und »Steigerung der Lebensqualität« heißen die neuen Schlagworte. Bei allem Ideologiegehalt und propagandistischer Verwertbarkeit verweisen sie dennoch darauf, daß unmittelbare materielle Grundbedürfnisse zwar weitgehend befriedigt werden können, andere – soziale, psychische, kulturelle – jedoch nicht.

Die Widersprüche der spätkapitalistischen Gesellschaft, die Stückchen vom Reich der Freiheit produziert, die sich nicht zu einem Puzzle zusammensetzen lassen und neue Bruchstellen entstehen lassen, durch die Entfremdung hervorquillt, manifestieren sich vor allem im Alltagsleben. Der Alltag ist eine Grauzone, diffus und doch streng strukturiert – und alle Hoffnung konzentriert sich darauf, aus ihm auszubrechen, ihn zu ändern.

Aber stand das Alltagsleben und seine Veränderung nicht immer im Mittelpunkt von sozialen Bewegungen, vor allem der Arbeiterbewegung? Denn welches andere Ziel hätte die Arbeiter sonst veranlassen sollen, sich zu organisieren und gegen ihre soziale, ökonomische und politische Unterdrückung zu kämpfen, wenn nicht die Änderung ihrer unmittelbaren Lebensverhältnisse? Und wo sonst hätten sie ihre Unterdrückung erfahren sollen, wenn nicht in ihrem Alltagsleben? Der Alltag als konkreteste Ausformung der politischen Ökonomie ist erst seit kurzem in das öffentliche Bewußtsein getreten und Gegenstand eines quer durch die Sozialwissenschaften, Medien, Institutionen verlaufenden Diskurses geworden. Trotzdem ist er nicht erst seit heute der Ort der konkretesten Lebenserfahrung, der Ort der Unterdrückung und politischen Sozialisation. Die Analyse der alltäglichen Lebenszusammenhänge und des sich darin vollziehenden Prozesses der Erkenntnis und der Aneignung des Alltagslebens ist Voraussetzung für das Verstehen politischer Bewußtwerdung. Das Alltagsleben ist selbstverständlich nicht der einzige Auslöser für politische Bewegungen, auch nicht für die innere Dynamik, die sie entwickeln können; es ist der Humus, aus dem heraus sich die Bedingungen für politische Prozesse formieren, an dem gesellschaftspolitische Strategien ansetzen müssen, wollen sie Erfolg haben.

Der Alltag als individuelle und zugleich kollektiv erkannte, exemplarische Selbsterfahrung hatte für die Herausbildung eines solidarischen Verhaltens und Bewußtseins für die Arbeiterbewegung von Anfang an zentrale Bedeutung, was ihre Pioniere auch klar erkannt haben. Nicht umsonst förderten sie die Selbstdarstellung von proletarischen Lebensläufen und sicherten ihnen durch vielfältige Publikationsformen einen hohen Verbreitungsgrad. Sie waren sich der operativen Wirkung dieser Schilderungen des Alltagselends voll bewußt. »So führt die Kritik des Alltagslebens zur Kritik des politischen Lebens, weil das Alltagsleben diese Kritik bereits enthält und ausbildet: es *ist* nämlich diese Kritik«, schreibt Henri Lefèbvre[3]. Diese notwendige Verschränkung zwischen politischen Erfahrungs- und Lernprozessen und Alltagsbewußtsein wurde jedoch von der Arbeiterbewegung nicht zum bildungspolitischen Programm erhoben. Der Alltag als beherrschte Zone wurde nie zum Ort einer systematischen Mikropolitik. Die Arbeiterkulturbewegung vermochte unzählige Arbeiter aus ihrer Apathie und Unwissenheit herauszureißen, vermochte sie organisatorisch zu verankern – aber sie versäumte es, neue Verkehrs- und Lebensformen zu antizipieren, den Widerspruch zwischen den kollektiven Erfahrungen der Arbeiterklasse und ihren Alltagserfahrungen aufzugreifen. Alltäglichen Bedürfnissen und Wünschen der Menschen – wie immer »verdinglicht«, »widersprüchlich«, »falsch« oder »verzerrrt« – wurde wenig Rechnung getragen: ihre Aufhebung oder Befriedigung wurde in die zukünftige befreite Gesellschaft abgeschoben.

> Seit er von der bevorstehenden Eroberung der Welt durch das Proletariat träumte, hatte der Besitz, den er vorher anstrebte, für ihn allen Reiz verloren. Daß er mit fünf anderen in einer elenden Barackenküche wohnte, worin gekocht, gegessen und geschlafen wurde, verminderte den Reichtum seines neuen Daseins nicht im geringsten: wer die Zukunft in der Tasche hat, dem fällt es leicht, die Beschwerden der Gegenwart zu verachten ... Er kroch in die Höhle für kurze Augenblicke der Fütterung und knappe Stunden des Schlafes. Sein wirkliches Leben lag in dem »Reich der Freiheit« jenseits der achtstündigen Fabriksarbeit, wo er sich als Gleicher unter Gleichen, wie vordem nur im »Angesicht Gottes«, über alle Macht und allen Reichtum dieser Welt erhob[4].

Doch nicht immer gelang diese starke emotionale Besetzung der politischen Bewegung, wie sie Joseph Buttinger hier (satirisch) schildert; die Bedürfnisse und Interessen der Massen sind nach verschiedenen Richtungen hin organisierbar.

> In der Geschichte der Arbeiterbewegung hat es sich in allen industrialisierten Ländern als katastrophal erwiesen, daß die in den Arbeiterparteien, den sozialdemokratischen ebenso wie den kommunistischen, zusammengefaßten Individuen (ganz zu schweigen von den häufig sehr schnell wechselnden Parteiwählern) stets als ganze, eben als Sozialdemokraten, Kommunisten, klassenbewußte Proletarier gefaßt wurden, während ihre spezifischen Interessen – Wohnen, Kindererziehung, Sexualität, Arbeit, Freizeit – unentwickelt, brach liegen blieben oder in einer Weise von oben organisiert wurden, daß die vom Kapitalismus mitproduzierten Bedürfnisse und Interessen sich nicht frei ausdrücken konnten.
> So entsteht bereits in der Phase des Vorfaschismus eine bedrohliche Schere: während man mit Stolz auf die wachsende Zahl klassenbewußter Arbeiter verweist, marschieren die Massen, und keineswegs nur die kleinbürgerli-

chen, schon in eine ganz andere Richtung. Die von den damaligen großen Arbeiterparteien politisch – und das heißt immer auch: mit einem hohen Grad der Selbsttätigkeit und Selbstorganisation – nicht strukturierten und in ihrem materiellen Eigengewicht nicht aufgearbeiteten Interessen und Bedürfnisse konnten vom Faschismus leicht aufgegriffen und gegen die objektiven Interessen der Menschen umgewendet werden[5].

Oskar Negt bezieht sich in dieser Kritik der politischen Bildungsarbeit der Arbeiterparteien in der Weimarer Republik auf Ernst Bloch, der im Jahre 1937 in dem Aufsatz *Sokrates und die Propaganda* den Arbeiterparteien vorwarf, durch ihre schematische, die politische Psychologie vernachlässigende Propaganda die Niederlage der deutschen Arbeiterschaft mitverschuldet zu haben[6].

Dieses Versäumnis der Arbeiterbewegung prägte nicht nur ihr Verhältnis zum »subjektiven Faktor« – der scheele Blick auf die Psychoanalyse, die Verketzerung Wilhelm Reichs –, sondern auch ihre Ziele, die immer eher in Termini der großen Politik angegeben wurden, nicht in Termini eines veränderten, erfreulicheren Alltagslebens. Daß dieses Versäumnis auch ihre Historiographie beeinflussen mußte, liegt auf der Hand. Nicht nur die methodischen Schwierigkeiten, Geschichte des Arbeiteralltags zu schreiben, sondern auch seine Unterbewertung durch die Arbeiterbewegung selbst verhinderten eine intensive Auseinandersetzung mit dieser Frage.

Diese Vernachlässigung betrifft im übrigen nicht nur die Geschichtsschreibung, sondern die gesamte theoretische Entwicklung der Arbeiterbewegung nach dem Ersten Weltkrieg. Lefèbvres *Kritik des Alltagslebens,* 1947 erstmalig erschienen, blieb jahrzehntelang die einzige derartige Untersuchung, die sich auf Marx berief. (»Der Marxismus ist in seiner Ganzheit vor allem eine kritische Erkenntnis -des Alltagslebens[7].«

Das Utopieverbot, die Widerspiegelungstheorie, die ökonomistische Reduktion, die Vernachlässigung der Subjektivität, der Alltäglichkeit und deren Verbannung in den Überbau, wie sie die theoretische Entwicklung des Marxismus seit den zwanziger Jahren kennzeichnete, hatten bereits damals eine Opposition hervorgebracht, die – ungeachtet der Differenzen untereinander – versuchte, die subjektiven Aspekte des Marxismus herauszuarbeiten und sie gegen seine dogmatischen Apologeten zu wenden: Lukács, Korsch, Reich, die *Frankfurter Schule* um Horkheimer und Adorno, an denen sich die Studentenbewegung der sechziger Jahre orientierte[8].

Mit der Infragestellung tradierter Lebens- und Kommunikationsformen griff die Studentenbewegung die Frage »Alltagsleben« unter dem

Anspruch auf, die Trennung des Menschen in einen *homo politicus* und einen *homo privatus* aufzuheben. Was immer auch aus diesem Versuch geworden ist – die Beschäftigung mit dem Subjektiven, mit den alltäglichen Erfahrungs- und Wahrnehmungsprozessen, mit den Bedürfnissen und Wünschen des Individuums ist seither nicht wieder abgerissen. Sie hat – neben vielen anderen Bereichen – den verschiedensten sozialwissenschaftlichen Disziplinen neue Impulse verschafft, ihnen neue Arbeitsfelder eröffnet. Immer mehr Untersuchungen tauchen in den Buchhandlungen auf: Alltagswissen, Alltagsbewußtsein, Alltagssprache, Mythen des Alltags, Politisierung des Alltags, Befreiung des Alltags ...

An diesen Ansätzen – so kritisch sie unter die Lupe genommen werden müssen – kann auch die Geschichtsschreibung nicht vorbeigehen, schon gar nicht die der Arbeiterbewegung. Nach wie vor methodisch an Nachfolgeformen des Historismus orientiert, ist heute die Historiographie der Arbeiterbewegung noch immer überwiegend Organisations- und Ideengeschichte, die dem komplizierten sozioökonomischen und sozialpsychologischen Kontext, innerhalb dessen sich die Arbeiterorganisationen entwickelten, wenig gerecht wird. Dem umfassenden sozialgeschichtlichen Anspruch, wie ihn die Autoren des von Peter Christian Ludz herausgegebenen Sammelbandes *Soziologie und Sozialgeschichte* postulieren, kommen nur wenige Studien nahe[9]. Zu der schwierigen theoretisch-methodologischen Erfassung des Komplexes »Alltagsgeschichte« kommt noch die – zumindest auf den ersten Blick sich darbietende – ungünstige Quellenlage.

Das enthebt den Historiker der Arbeiterbewegung aber nicht der Notwendigkeit, sich mit den konkreten Lebensbedingungen des Subjekts seiner Forschungen zu befassen, sich zu fragen, unter welchen Bedingungen politisches Bewußtsein und Organisierung entstehen und wovon ihre Umsetzung in politisches Handeln nach welcher Richtung hin abhängen. Die Geschichte der Arbeiterbewegung war – wie fast jede andere Geschichte auch – tendenziell immer *Große Geschichte:* Geschichte der Opposition, Geschichte einer sich emanzipierenden Klasse, Geschichte der anderen, künftigen Macht, Geschichte der Theorien, der Ideen, der Organisation, immer repräsentativ geschrieben, in den großen Bewegungen und Gegenbewegungen, in den Schriften und Taten der Führer, in den bedeutenden Aktionen, Aufständen, Revolutionen, Niederlagen... Nach wie vor fehlen »differenzierte Untersuchungen der Reproduktionsbedingungen der Arbeiterklasse und damit auch ein entscheidendes Bindeglied in jeder analytischen Argumentation, ob und gegebenenfalls wie die Arbeiter und ihre Familien sich als Klasse erfahren und verhalten konnten« – so der Wiener Sozialhistoriker Peter Feldbauer[10].

Damit läuft aber die Historiographie der Arbeiterbewegung Gefahr, die »Massen« als gesichtsloses Hintergrund eines Szenarios zu sehen, auf dem Ideen, Linien, Strategien hin und her wogen – eine »Naturgeschichte«, in der revolutionäre Ebben und Fluten, reformistische Strömungen und radikale Wellen, politische Krisen und Aufschwünge einander ablösen, »naturgesetzlich« gekoppelt mit den zyklischen Bewegungen des Kapitals. Welche Erfahrungen des Arbeiteralltags bestimmten die Politik der Parteien und Gewerkschaften, welche nicht? Wie weit reicht der Einfluß des »subjektiven Faktors« in den Arbeiterorganisationen, und zwar nicht nur von »oben« nach »unten«, sondern auch umgekehrt? Wer oder was sind die Voraussetzungen, daß sich die verschiedensten »Strömungen« durchsetzen konnten? Wie weit ist die »Große Geschichte« der Arbeiterbewegung verklammert mit der »Kleinen Geschichte« des täglichen Lebens?

Um keine Mißverständnisse hervorzurufen: Geschichte des Arbeiteralltags kann und soll die »große«, die Ideen- und Organisationsgeschichte nicht ersetzen, auch nicht die vergleichende, longitudinal angelegte Sozialgeschichte: man könnte sie als einen dritten Pol der Arbeitergeschichtsschreibung bezeichnen, die sich ihre Fragestellungen und Methoden erst erarbeiten muß.

2. Alltag und Geschichte

Der Alltag scheint sich dem Historiker zu entziehen; er scheint die *Anti-Geschichte* schlechthin zu sein.

Der Alltag hat kein Datum, keine Orte, kein Zentrum: er findet jederzeit und überall statt. Das Material der Geschichte ist das Seltene, Außerordentliche, nicht das Wiederkehrende, Immer-Gleiche oder sich ganz allmählich Verändernde. Das Material des Alltags ist das Unauffällige, das Offensichtliche, die ungeordnete Fülle, die dem System und der Hierarchie des Besonderen Widerstand entgegensetzt. Was kann man schon von seinem Alltag erzählen, wenn nicht das »Besondere«? Wer vermag schon seinen Alltag mit sämtlichen Bewegungen, Aktionen, Reaktionen, in Gang gesetzten Prozessen nachzuvollziehen, ohne seinen Zuhörer zu langweilen? Die »Fülle des Lebens« – ist sie nicht eher der »graue Alltag«?

Das Alltägliche ist das Unveröffentlichte, auch wenn im Prinzip (außer der *vie intime* vielleicht) nichts geheim ist. Seine Dokumente sind überall auffindbar und dennoch nirgends archiviert: der Alltag kennt keinen kohärenten schriftlichen Diskurs. Er besteht aus Notizkalendern, Speisezetteln, Rechnungen, Fahrscheinen, Mahnbriefen, Stechuhrkarten, Diensteintragungen, kleinen Botschaften an der Tür – »Komme gleich«. Der Alltag produziert kein homogenes Dokumentenkorpus; er konstituiert sich in inhomogenen, oft inkompatiblen Spuren.

Das Alltagsleben der Menschen gerinnt zu statistischen Daten: Einwohnerzahlen, Geburten- und Sterbeziffern, Krankheiten, Steueraufkommen, Konsumgewohnheiten, Einkommensentwicklung... Durchschnittswerte, Eckzahlen, die im Alltag entstehen und zum Rohmaterial der Sozialgeschichte gehören. Der Alltag selbst entzieht sich einer derartigen Beschreibung, er spielt sich »zwischen« seinen eigenen Daten ab. Er läßt sich nicht messen, er hinterläßt in den Ziffernkolonnen, Prozentangaben, Vergleichstabellen keine sichtbaren Spuren.

Der Historiker, gewohnt, seine Informationen aus dem auf uns gekommenen Schrifttum zu erhalten, steht vor dem Problem, daß statistische Angaben zwar ein Bild der äußeren ökonomischen und sozialen Rahmenbedingungen abgeben können, unter denen das Dasein abläuft, aber wenig über alltägliche Erfahrung, alltägliches Bewußtsein, alltägliche Interaktionen. Es fehlt der Kitt der Wahrnehmungsformen, durch die Alltag erfahren wird. Der Alltag ruht sozusagen »unterhalb« der Geschichte.

Jenseits aller Empirie, die noch denk- und durchführbar wäre, muß man unterhalb der faßbaren Alltagsfakten, Verkehrsformen und Räume noch eine Ebene annehmen: die der »zweiten Wirklichkeit« des Individuums, die »Innerlichkeit« des Menschen: seine Empfindungen, Interpretationen, Aggressionen, Erinnerungen, Wünsche, Träume, Phantasien.

Dieser amorphe, zähe, zersplitterte, schwer durchschaubare Alltagsfluß und die Geschichte können dennoch nicht einander gegenübergestellt werden. Die Mächtigkeit der bestehenden Strukturen liegt gerade in der »Einheit« von Geschichte und Alltag, in der fraglosen Koppelung von gesellschaftlichen Produktionsprozessen, Ideologien, Traditionen, Erinnerungen an vergangene und jetzige politische Markierungspunkte und dem Alltagsleben. Der vermeintliche Gegensatz zwischen Alltag und Geschichte erweist sich bei näherem Hinsehen als Mystifikation: beide durchdringen einander. Geschichte ist geronnener, komprimierter Alltag, insofern sie das Außergewöhnliche repräsentiert. Die Wirklichkeit scheint dadurch gespalten zu sein: in die Historizität der Geschichte und in die Ahistorizität des Alltags. »Die Alltäglichkeit, die von der Geschichte abgetrennt ist, entleert sich bis zur absurden Unveränderlichkeit, und die Geschichte, die von der

Alltäglichkeit losgelöst ist, verwandelt sich in einen absurd *ohnmächtigen* Koloß, der als Katastrophe in die Alltäglichkeit einbricht, sie aber nicht verändern, ihre Banalität nicht beseitigen, sie nicht mit Inhalt füllen kann[11].«

Erst in der Erinnerung des Individuums wird das eigene alltägliche Leben zu Geschichte, zu Biographie; im Alltagsleben selbst fühlen sich die »Massen« als anonymes Objekt, hinter deren Rücken sich die Geschichte abspielt. Erst in der Bewegung, in der Aktion bekommen die Menschen einen Begriff von ihrer »Geschichtsmächtigkeit«: »Das sind die großen Augenblicke der Geschichte, die revolutionären Veränderungen«, schreibt Lefèbvre. »In ihnen treffen Alltäglichkeit und Geschichtliches zusammen, bis sie sogar identisch werden – allerdings in der von der Geschichte vollbrachten aktiven und gewaltsam negierenden Kritik des Alltags. Danach fällt die Welle wieder in sich zusammen, und Rückfluß und Verflachung setzen ein[12].«

Denn auch das, was als »Geschichte« figuriert, hat seinen Alltag: Kriege, Revolutionen ... auch sie haben, nach einer Umbruchphase, ihre eigene Alltäglichkeit: wird der alte Alltag durch die Geschichte (den Krieg, die Revolution) zerstört, überlistet sie ein neuer. Woraus denn kann sich Geschichte konstituieren, wenn nicht aus der Alltäglichkeit, die, selbst ein historisches Produkt, ein Reservoir der Geschichtlichkeit ist?

Der Alltag ist Sockel und Material der Geschichte.

3. Archäologie des Alltags

Im Gegensatz zu anderen Sozialwissenschaften verfügt die Historie über kein »lebendes« Feld. Sie kann nicht – um ein berühmt gewordenes Modell zu zitieren – wie Jahoda/Lazarsfeld/Zeisel mit ihrer soziographischen Studie über die *Arbeitslosen von Marienthal*[13] Alltag an Ort und Stelle zu erfassen versuchen. Sie muß ihn rekonstruieren. Sie verfügt dabei über eine Anzahl von schriftlichen Quellen, weitaus mehr, als es zuerst den Anschein hat; und sie kann sich darüber hinaus eine Reihe von illiteralen Quellen erschließen.

Ein wesentlicher Zugang zum historischen Alltagsleben müßte vermutlich der sein, eine Sprachgeschichte zentraler Begriffe des Alltagslebens vergangener Epochen zu erstellen, da allein ein solcher Ansatz die Chance hätte, nicht ausschließlich von unseren gegenwärtigen Begriffen an das historische Material heranzugehen. Das bedeutet, heutige alltagssprachliche Begriffe, deren sozialer, psychologischer und sprachgeschichtlicher Ordnungszusammenhang weitgehend unbekannt ist, nicht bruchlos anzuwenden[14].

Es kann bei einer »Archäologie« des Arbeiteralltags auch nicht darum gehen, aus den unterschiedlichsten Dokumenten Einzelfakten zu sammeln und sie dann »mit Gefühl« untereinander zu einem Puzzle zusammenzusetzen. Wir können nicht *umstandslos* von unserer heutigen Alltagserfahrung, aber ebensowenig von den wissenschaftlichen Prägungen, die der Begriff »Alltag« in zeitgenössischen Forschungsansätzen erfahren hat, auf vergangene historische Phasen rückprojizieren. Wir können uns aber auch weder in außerhalb unserer Erfahrungswelt liegende Situationen »hineindenken« noch sie im Kopf nachvollziehen. Über den historischen Alltag zu schreiben, bedeutet vor allem, sich der Gefahr bewußt zu sein, die eigenen Alltagserfahrungen, Begriffe des Diskurses über den heutigen Alltag, wie einen Raster über den historischen darüberzulegen. Das läßt sich bei keiner Geschichtsschreibung vermeiden; das Gegenteil anzunehmen, hieße die Vorstellung des Historismus akzeptieren, daß ein »Sich-hinein-Versetzen« in die Vergangenheit möglich sei. Karl Popper spricht von der allenfalls zu erreichenden Plausibilität der historischen Aneignung, die das Vergangene nicht wiederherstellen, sondern nur in zeit- und standpunktabhängigen Darstellungen rekonstruieren kann[15].

Wir können demnach nur versuchen, aus dem Tableau von Untersuchungsmöglichkeiten, die seitens der Sozialwissenschaften heute zur Verfügung stehen, jene Methoden auszuwählen, durch die es möglich erscheint, zentrale »strategische« Knoten unserer Frage zu untersuchen; strategisch in bezug auf jene Probleme, die sich notwendig aus der Praxis der Arbeiterbewegung und ihrer Geschichte ergeben: Formen der alltäglichen Wahrnehmung, der Erfahrung, des Bewußtseins, des Handelns oder Nichthandelns, des Leidens, der Solidarität, des Widerstandes, der Anpassung. Ohne Angabe der Fragemotivation gerät der Einsatz sozialwissenschaftlicher Theorien und Methoden für die Aneignung des Vergangenen beliebig. Das »Verstehen« verläuft dabei nicht intuitiv, sich wie unmittelbar vollziehend, sondern über ein vorhergehendes Nichtverstehen, das zu seiner Bewältigung ein weites Feld von indirekten Operationen benötigt[16].

Der folgende Versuch, durch den Komplex »Arbeiteralltag« drei Schnitte anzulegen, kann natürlich nicht den gesamten kategorialen Rahmen skizzieren, durch den das vorhandene Dokumentendickicht zerlegt, gruppiert und analysiert werden kann. Auch innerhalb dieser drei Schnitte – alltägliche materielle Lebensprozesse, Alltag als Feld des sozialen Zwanges, Alltagskultur – konnten nur einige wenige kursorische Überlegungen angestellt werden. Zentrale Fragen – wie familiäre Sozialisation; die »zweite Wirklichkeit« der Hoffnungen,

Wünsche, Bedürfnisse; die Beziehungen der »getrennten Gegenstandswelten« (Alfred Schütz) Arbeit-Freizeit-Wohnen-Arbeiterorganisation untereinander; die Formen der politischen Sozialisation etc. – konnten überhaupt nicht berücksichtigt werden. Andere – wie spezifische Formen der Alltagskultur (Essen, Wohnen, Freizeit, Sport; Alltagswissen, -sprache, -bewußtsein) wurden nur am Rande gestreift.

Faßt man den Alltag als Einheit von komplexen Prozessen und Bezügen – Lebensbedingungen, Sozialisation, Verkehrsformen, Kommunikationsweisen, Zwängen, Kontrollmechanismen, Kulturformen, Bewußtsein, Sprache, Wissen, Wahrnehmungen –, dann ist es sehr schwierig, vergleichende Untersuchungen über längere Zeiträume in dieser Komplexität anzustellen. Man könnte aber ebensogut einzelne Bereiche, Strukturen, Fragen herauslösen und sie longitudinal verfolgen – damit löst sich zwar die Einheit des Alltags auf, kann aber durch spätere Quer- und Längsverbindungen bzw. Knotenpunkte wieder hergestellt werden. So könnte man die Geschichte all jener Institutionen schreiben, die sich um das Alltagsleben der Arbeiter kristallisieren und deren Einflüsse auf ihr Leben noch kaum untersucht wurden: Schule, Heim, Amt, Militär. Zentral wäre auch eine Geschichte der Ängste, zu der Norbert Elias die ersten Ansatzpunkte geliefert hat[17], nicht nur der individuellen, sondern der historischen, gesellschaftlich bedingten Ängste (vielleicht eine Basis einer Reformismuskritik und -analyse?). Aber auch eine Geschichte der Einstellungen und Entlassungen am Arbeitsplatz, eine Geschichte der Arbeitslosigkeit, eine Geschichte der Wohnungssuche, eine Geschichte des Krankenstandes, eine Geschichte der Melde- und Ausweispflicht ist noch ungeschrieben; ebenso eine Geschichte der kindlichen Sozialisation, eine Geschichte des Sexualverhaltens, eine Geschichte der Moral- und Wertvorstellungen der Arbeiter, oder eine Geschichte ihres Körpers[18].

Eine derartige Aufgabe kann ebensowenig wie konkrete Untersuchungen von einzelnen Autoren geleistet werden, sondern nur von interdisziplinären Teams. Daher sind die folgenden methodischen und theoretischen Überlegungen notwendig fragmentarisch geblieben: ein Diskussionsbeitrag, ein erster Versuch.

a) Die alltäglichen materiellen Lebensverhältnisse

Man könnte diesen »Schnitt« als den phänomenologischen bezeichnen – eine Untersuchung der mikropolitischen Ökonomie des Alltagslebens in seinen Teilfeldern. Also die kleinteiligen Produktions-Reproduktions-Austauschprozesse, die täglich wiederkehren: Arbeitsbedingungen, Lohn und Konsum, Wohnverhältnisse, Gesundheitszustand,

Kinderzahl..., wie sie empirisch faßbar sind. Es wären dabei weniger die langfristigen Veränderungen der alltäglichen Produktions- und Reproduktionsbedingungen zu untersuchen, sondern ihre Verkettung, ihre Wirksamkeit in dem *einen* Alltag.

Die Frage ist: *Wie lebt der Arbeiter?* Unter welchen Bedingungen arbeitet er, wie wohnt er mit seiner Familie, wie ernährt er sich? Welche Beziehungen bestehen zwischen Arbeit, Freizeit und Familie? Welche sozialen Beziehungen geht er ein – innerhalb der Verwandtschaft, zu den Nachbarn, Arbeitskollegen, innerhalb der Arbeiterorganisation, in seinem Verein? Wofür gibt er sein Geld aus – welche Formen der Einteilung, des Sparens, des Konsums sind ihm möglich? Welche materiellen Bedürfnisse kann er befriedigen, welche nicht? Welche Rollendifferenzierungen bestehen in seiner Ehe, wie gestaltet sich das Eltern-Kind-Verhältnis? Welche Rolle spielt die Sexualität? Welche Bücher, welche Zeitungen liest er, welche Filme bevorzugt er? Welche Wege legt er täglich zurück? Wie ist die Ausbildungssituation des Arbeiters bzw. der Arbeiterin, des Arbeiterkindes? Wie wird die Freizeit, das Wochenende, der Urlaub genützt, welche Sport-, Erholungs- und Bildungsmöglichkeiten werden ergriffen? Welchen physischen und psychischen Belastungen ist der Arbeiter durch seinen Beruf, aber auch durch seine Wohn- und Familienverhältnisse ausgesetzt, welche Krankheiten treffen ihn besonders? Usw., usf.

Mit einer ausschließlichen Aufzählung und Deskription ist aber der Begriff »Alltäglichkeit« noch nicht gefaßt. So sehr es richtig ist, daß der Alltag rationalen Kriterien der sozialen und ökonomischen Wirklichkeit unterworfen ist, sowenig ist die Alltäglichkeit hinreichend mit Begriffen der formellen und der reellen Subsumtion der Arbeits- und Lebensprozesse unter das Kapital zu erfassen. Der Alltäglichkeit fehlt die kumulative Eigenschaft, und »ohne den Konsequenzen der Akkumulation ganz entgehen zu können, entwickelt das Alltägliche nur einen Abglanz davon[19]«. Der Alltag als Feld von Produktion und Reproduktion des gesamten gesellschaftlichen Lebens wird durch das *Prinzip der Wiederholung* bestimmt, durch immer wiederkehrende Handlungsabläufe, Bewegungen und Beziehungen, durch Vertrautheiten, die vorhanden sind und nicht mehr in Frage gestellt werden. »In der Alltäglichkeit *verwandelt sich* die Tätigkeit und die Lebensweise in einen instinktiven, unter- und unbewußten, unreflektierten *Mechanismus* des Handelns und Lebens: Dinge, Menschen, Bewegungen, Verrichtungen, Milieu und Welt werden nicht in ihrer Ursprünglichkeit und Authentizität erfahren, werden nicht geprüft und offenbaren sich nicht, sondern *sind einfach da* und werden als Inventar, als Bestandteil der vertrauten Welt hingenommen[20].«

Die alltägliche Reproduktion enthält vor allem den Aspekt der Wiederholung, aber auch des Produktiven, der graduellen Veränderung; zugleich auch den der Gewohnheit, der Abstumpfung.

Mit dem Prinzip der Wiederholung taucht die Dimension der Zeit auf.

Lefèbvre unterscheidet zwischen zyklischer und linearer Zeit[21]. Die zyklischen Zeiten sind unmittelbar mit dem Rhythmus der Natur verbunden: vor dem industriellen Zeitalter prägte die Natur das Dasein der Menschen. Die Zyklen und Rhythmen der Natur skandierten ein organisch mit der Natur verbundenes Dasein: Sonnenauf- und untergang, Fortschreiten der Stunden, Tage, Wochen, Monate, Jahreszeiten, Wetter, Saat und Ernte korrespondierten eng mit dem Arbeitsrhythmus, mit dem Nahrungsangebot, mit den beweglichen und unbeweglichen Festen. Die Natur diktierte das tägliche Leben, aber kein Zyklus war genau wie der vorhergehende und konnte in seinem Ablauf und Zeitmaß nicht vom Menschen beherrscht werden. Das Leben der Bauern trägt heute noch Spuren dieses naturbestimmten Daseins, aber auch hier regiert bereits die Uhrzeit, die Mechanik.

Die beginnende Industrialisierung setzte diesem allgemein von zyklischen Zeiten bestimmten Leben ein Ende; den Menschen wurde eine Zeitdisziplin eingebläut, wie sie vorher unbekannt war. »Erst in dieser Epoche nämlich setzt sich die Erkenntnis durch, daß die Zeit durch Geld systematisch substituierbar ist. Erst wenn die Zeit als Arbeitskraft verkauft werden muß und gekauft werden kann, erst wenn sie selbst zur Ware geworden ist, kann es so etwas wie Alltag geben[22].«

Zeit wurde knapp, wurde intensiviert, und wird es bis heute in beständig zunehmendem Maße. Der Zwang zu einer synchronen, kooperativen Produktion verlangte von jedem Arbeiter, sich am Arbeitsrhythmus und Arbeitstempo der anderen zu orientieren. Eine erbarmungslose Pünktlichkeit und selbstdisziplinierte Zeitkontrolle begann das Alltagsleben zu durchsetzen: vom morgendlichen Weckerrasseln zum minutengenau eingehaltenen Waschen, Frühstücken, Die-Straßenbahn-nicht-Versäumen, von der Stechuhr bis zum Fließband bis zu den genau kalkulierten Arbeitspausen. »Die Terminisierung der Arbeitszeit fällt nicht mehr mit der Hervorbringung eines bestimmten Produkts oder dem Abschluß eines gegebenen Produktionsabschnitts, sondern mit dem Ablauf einer festgelegten Anzahl von Stunden zusammen[23].«

Die Bewegungen der parzellierten Arbeit beginnen an einem beliebigen Punkt und hören an einem anderen beliebigen wieder auf. Die immer gleiche Zerstückelung, Terminisierung und Koordination der Alltagszeit, in die Sozialbeziehungen ebenso eingehen wie Produktion und Reproduktion, erzeugen eine Gleichförmigkeit und eine Wiederholung der alltäglichen Verrichtungen, mit denen sich trotz der Zeitverknappung das quälende Gefühl der Banalität, der Langeweile, der Endlosigkeit des Alltags einstellt.

Die Fremdbestimmtheit des Alltags weckt das Bedürfnis, aus dem Trott auszubrechen, ihm zu entfliehen, ihn zu vergessen. Für den jungen Buttinger – und für unzählige andere – begann das »wirkliche« Leben erst nach dem Arbeitstag, in der Partei, sozusagen auf exterritorialem Gebiet. Die politische Bewegung – oder Sport, kulturelle Aktivitäten, Lesen – helfen das aufgezwungene Ritual des Alltags zu ertragen, auch wenn sie selbst ritualisiert werden können. Der Kampf der Arbeiterbewegung gegen den Alkohol wurde nicht nur deswegen geführt, um die Arbeiter aus dem Elend der Apathie, des Vergessenwollens, der Lebensflucht zu holen, ihre Familien vor der Zerrüttung und der allwöchentlichen Angst um den Wochenlohn zu bewahren, sondern auch, um sie überhaupt zu veranlassen, ihre Freizeit kultureller oder politischer Tätigkeit (im weitesten Sinne) widmen zu *können*. Das bedeutet aber noch lange nicht, daß sich die habitualisierten Verhaltensweisen, die der Alltag erzeugt, dadurch real verändern lassen.

Es gibt aber auch Brüche im Alltag – vor allem das Fest. Noch vor kurzer Zeit waren die Feste der »kleinen Leute« wirkliche Ausnahmesituationen, für die man im Alltag sparen mußte, um ihre Durchführung zu ermöglichen. Andere als Bruch erlebte Situationen waren Wohnort- oder Arbeitsplatzwechsel, längere Trennungen von der Familie, Geburten und Todesfälle.

Dagegen können die Katastrophen des Alltags, wenn sie regelmäßig wiederkehren, ihren Bruchcharakter verlieren: man gewöhnt sich daran. Die allmonatliche Angst vor dem zinskassierenden Hausherrn der Gründerzeit, der die häufig zahlungsunfähige Arbeiterfamilie binnen zwei Wochen aus ihrer Behausung werfen konnte, wurde zu einer alltäglichen Angst und damit fast zur Selbstverständlichkeit. Der Haß auf den Urheber der permanenten Unsicherheit auch.

Die alltägliche Wiederholung der Arbeitshetze, des Zeitdrucks, der Langeweile, der Geldknappheit, der schlechten Wohnbedingungen, der gespannten Familienatmosphäre, des Streites, all der kleinen Katastrophen – das stellt die Frage, unter welchen Bedingungen diese traumatische Wiederholung zu Gleichgültigkeit, Abstumpfung, Resignation führt und unter welchen zu Öffnung, Auflehnung, Politisierung.

b) Alltag als Feld des sozialen Zwangs

Die Untersuchung der alltäglichen materiellen Lebensbedingungen unter dem Aspekt der sozialen Zwänge, der Entfremdung, der sozialen Kontrolle, der Unterdrückung, des Bedürfnisses, des Leidens, der Ohnmacht, der Angst ... wirft die Frage auf, was unter »sozialem Zwang« und »Entfremdung« verstanden werden kann.

Lefèbvre entwickelte einen Entfremdungsbegriff, der sich nicht auf den Produktionssektor beschränkt (die Verwandlung der menschlichen Tätigkeiten und Verhältnisse in Dinge, bewirkt durch die Fetische Geld, Ware, Kapital), sondern in einen gesamtgesellschaftlichen Bezugsrahmen gefaßt ist. Danach ist Entfremdung nur bestimmbar im Rahmen sozialer Beziehungen, im Verhältnis zu einem realen und zugleich begrifflichen Esemble. Sie ist also eine jeweils historisch gültige Entfremdung, in stetiger Bewegung begriffen: Entfremdung, Aufhebung oder Befreiung und neue Entfremdung.

> Eine Tätigkeit, die von Entfremdung befreit und im Verhältnis zum Vorausgegangenen nicht mehr entfremdend ist, kann sehr wohl zu einer noch größeren Entfremdung führen. Die Einfügung in ein Kollektiv z. B. »befreit« von der vorherigen Entfremdung durch das Alleinsein, aber sie schließt nicht aus, daß neue Entfremdungen aus dem Kollektiv als solchem kommen. Freizeitbeschäftigungen »befreien« von der Entfremdung durch die Arbeit, aber als »Unterhaltung« und Zerstreuung bringen sie ihre eigene Entfremdung mit sich. Eine neue Technik »befreit« die menschliche Tätigkeit aus der Entfremdung durch Abhängigkeit von der Natur oder von einer weniger wirksamen Technik, aber sie führt zu einer technologischen Entfremdung, die womöglich noch tiefer als die vorige ist (durch parzellierte Arbeit, durch die gesellschaftlichen Imperative der Technik usw.) Die »Reprivatisierung« des Alltagslebens befreit aus der Entfremdung durch Staat und Geschichte. Sie »befreit«, indem sie eine noch tiefere »Privation« hervorruft: die des in seiner Alltäglichkeit fixierten Privatlebens[24].

Die schlimmste Entfremdung besteht aus dem fehlenden (verkennenden, falschen) Bewußtsein; aber auch wenn sie durchschaut wird, kann dies neue, tiefere Entfremdung bedeuten (durch die Fesselung des Scheiterns im Bewußtsein).

Politische Entfremdung ist nach Lefèbvre nicht gleichzusetzen mit ökonomischer, obwohl es an Beziehungen zwischen beiden nicht fehlt. Die Entfremdung des Arbeiters ist nicht die seiner Frau und seiner Kinder. Die Entfremdung der einzelnen gesellschaftlichen Klassen und Schichten, die sie hindert, zur vollen Aneignung ihrer Existenzbedingungen zu gelangen – und sie unter dem Niveau ihrer Möglichkeiten festhält –, unterscheidet sich von der Entfremdung des einzelnen in seiner Gruppe und durch sie (Familie, Klasse, Volk . . .) Die Entfremdung ist unendlich komplex: technologische Entfremdung, Entfremdung durch Unterwerfung eines Individuums unter ein anderes, Entfremdung durch Außenleitung seitens der Gruppe, Entfremdung im Verhältnis zum eigenen Ich. Entscheidend ist, daß hier ein weiter und differenzierter Entfremdungsbegriff gefaßt wird, dessen Vielschichtigkeit sich aber nur in der realen, im Alltag konkretisierten Situation erweist.

Norbert Elias entwirft dagegen ein Bild der differenzierten Selbstkontrolle, der Selbstzwänge, die mit zunehmender »Zivilisierung« und Differenzierung des gesellschaftlichen Gewebes wächst und zu einer genau geregelten, stabilen, zum guten Teil automatisch arbeitenden Selbstkontrollapparatur wird. Diese Stabilität steht im engsten Zusammenhang zu den jeweils geltenden Gewaltmonopolen – in früheren Zeiten vor allem körperliche Gewaltformen, in der Gegenwart vor allem wirtschaftliche Gewalt, ökonomische Zwänge. Mit der Zunahme der Selbstkontrolle, die dem leidenschaftloseren, von physischer Gewalt absehenden, verregelten Kontroll- und Überwachungsapparat in der Gesellschaft entspricht, geht ein weniger affektgeladenes, kontinuierlicheres Verhalten des Individuums einher. Die ökonomischen Zwänge sind »waffenlos«, weniger sprunghaft und furchterregend als physische.

Früher, in der Kriegergesellschaft, konnte der Einzelne Gewalt üben, wenn er stark und mächtig genug dazu war; er konnte seinen Neigungen in vielen Richtungen offen nachgehen, die inzwischen mit gesellschaftlichen Verboten belegt und unauslebbar geworden sind. Aber er bezahlte die größere Chance zur unmittelbaren Lust mit einer größeren Chance der offenliegenden und unmittelbaren Furcht . . . Später, wenn die Fließbänder, die durch das Dasein des Einzelnen laufen, länger und differenzierter werden, lernt das Individuum, sich gleichmäßiger zu beherrschen; der einzelne Mensch ist nun weniger der Gefangene seiner Leidenschaften als zuvor. Aber wie er nun stärker als früher durch seine funktionelle Abhängigkeit von der Tätigkeit einer immer größeren Anzahl von Menschen gebunden ist, so ist er auch in seinem Verhalten, in der Chance zur unmittelbaren Befriedigung seiner Neigungen und Triebe unvergleichlich beschränkter als früher. Das Leben wird in gewissem Sinne gefahrloser, aber auch affekt- oder lustloser, mindestens, was die unmittelbare Äußerung des Lustverlangens angeht; und man schafft sich für das, was im Alltag fehlt, im Traum, in Büchern und Bildern einen Ersatz[25].

Das bedeutet aber nicht, daß sich der Druck der Ängste und Zwänge verringert hat: sie nehmen eine andere Form an, bestimmt durch die spezifischen Verflechtungszusammenhänge der Gesellschaft, durch ihre Niveaudifferenzen und Spannungen, die sie durchziehen. Der Zwang der Konkurrenz bringt dem Menschen Versagungen und Restriktionen, verstärkten Arbeitsdruck und Unsicherheit, erzeugt neue Ängste – vor der Entlassung, vor dem unberechenbaren Ausgeliefertsein an Mächtigere, vor dem Fall in die Armut, wie sie in der Unterschicht vorherrscht; Angst vor der gesellschaftlichen Degradierung, vor den Ausscheidungskämpfen in der eigenen Schicht[26].

Zwei unterschiedliche – und beileibe nicht die einzigen – Ansätze derselben Frage: Welchen Zwängen, Verregelungen, Kontrollen ist der Mensch ausgesetzt, in unserem Fall der Arbeiter in seinem Alltag? Das Problem der *Gewalt* in ihrer jeweils gültigen Verklammerung von politischer Herrschaft und zwischenmenschlichen Beziehungen taucht auf, ein Thema, das bereits eine eigene Literatur hervorgebracht hat[27].
Die Leidensgeschichte der proletarischen Alltäglichkeit, die durch das korrespondierende Verhältnis zwischen politischer Herrschaft und der Gewalt in der sogenannten Privatsphäre gekennzeichnet ist, ist unter anderem auch von Peter Brückner beschrieben worden. Diese Gewaltzusammenhänge sind »eine fortwährend reproduzierte *Klassen-*Erfahrung, den gegenüber einige Veränderungen in der Arbeiterorganisation, dem Einkommen und allgemeinerer gesellschaftlicher Großwetterlagen zwar immer nur Modifikationen darstellen, aber Modifikationen, die dem tradierten ›übersituativen Feld der Verhaltenserwartungen‹, Normen, Standards nur schwer vermittelt werden können.«

Hinter dem gewohnheitsmäßigen Vollzug alltäglicher Verrichtungen und dem zwangsgeregelten Gang der Arbeit und der Konsumtion bleiben Orientierungsverlust, Resignation, Verzicht, Alkoholkonsum, Konkurrenzdruck verborgen, überlagert, verleugnet und verdrängt[28].

Eine Geschichte des Alltags wäre demnach auch eine Geschichte seiner Leiden. In diese Richtung geht die Forderung von Joachim Radkau, wenn er einer kritisch-hermeneutischen Historie abfordert, »wohl oder übel zu einem wesentlichen Teil *Pathologie*« zu sein.

Es läßt sich den Quellen meist nicht mit immanenter Logik deduzieren, daß man es mit wesentlichen passiven Vorgängen, also etwa mit unzureichenden, irrationalen Reaktionen auf übermächtige und unübersehbare Entwicklungen zu tun hat; vielmehr kann der pathologische Stellenwert der überlieferten Artikulationen erst auf der Grundlage metahistorischer Paradigmata erschlüsselt werden. Die Historie braucht dadurch keineswegs auf rein spekulative Gleise zu geraten: das Leiden ist eine besonders intensive Form der Erfahrung, und bei der Untersuchung pathologischer Vorgänge ist der Reflexionskreis von Strukturanalyse, metahistorischen Paradigmata und dem Erfahrbaren, Artikulierten besonders eng geschlossen.

Es wäre die Aufgabe der Geschichtswissenschaft, verdrängte Erinnerungen wieder hervorzuholen – und gerade Erinnerung an Leiden wird auf die Dauer leicht verdrängt oder romantisiert[29].

Eine Geschichte des sozialen Zwanges und Leidens im Alltag fordert auch eine andere heraus: jene der Widerstandsformen und Überlebensstrategien, die noch »unterhalb« einer politischen Einlösung liegen: die Geschichte der Verweigerung – das sogenannte »Krankfeiern«, die Ablehnung von Wertmustern der Disziplin, Ordnung und Zuverlässigkeit, Veruntreuung, Unterschlagung, aber auch Schwarzarbeit, Schmuggel – die Kleinkriminalität des Alltags, minoritäre Tätigkeiten, die sich der ökonomischen und soziologischen Erfassung widersetzen, weil sie weder von »außen« veranlaßt, gesteuert noch (oder kaum) kontrolliert werden. Diese kleinen, täglichen Listen gegen das Reglement, gegen das Absinken des Lebensstandards können Massencharakter annehmen.

Aber auch eine Geschichte der repressiven Weitergabe der Zwänge und Leiden steht noch aus: die der Feindseligkeit der zwischenmenschlichen Beziehungen, innerhalb der Familie, gegenüber den Frauen und Kindern; innerhalb der Klasse, gegenüber unterprivilegierten Arbeitern, Fremdarbeitern und Lehrlingen; innerhalb der Gesellschaft, gegenüber sozialen, ethnischen, politischen Minderheiten – Aggressionen, die gerade in den sozialen Unterschichten zu erschreckender Gewaltausübung und Brutalität werden können. Die Kanalisierung und politische Umsetzung dieses Hasses kann bekanntlich nicht nur in Richtung der emanzipierenden historischen Tendenz, in die Arbeiterorganisation gehen, sondern auch in jene des Faschismus.

c) *Alltagskultur: Wahrnehmung, Bedeutung, Bewußtsein, Wissen, Sprache*

Unter »Kultur« soll hier nicht ein eingeschränkter, auf die Hervorbringung von »Werken« hin orientierter Begriff verstanden werden, sondern eine ganze Lebensweise: *Kultur als Lebenszusammenhang.*

Also schichtspezifische Sozialisations-, Verhaltens-, Bewußtseins- und Sprachformen, die ein bestimmtes soziokulturelles Wertmuster repräsentieren.

Für diese Wertmuster, die die Alltagskultur konstituieren, existieren die verschiedensten theoretischen Ansatzpunkte.

Die Grundüberlegung der Ethnomethodologen, Ethnotheoretiker und Symbolischen Interaktionisten, der neuen Soziologen des Alltags, ist, daß die Kultur einer Gesellschaft aus allem besteht, »was man wissen oder glauben muß, um in einer Weise handeln zu können, die von den Angehörigen einer Kultur akzeptiert wird ... Es geht um die Ordnung der Dinge in den Köpfen der Menschen, um die Modelle der Wahrnehmung und der Deutung, die von ihnen gehandhabt werden[30].« Die Ethnomethodologie setzt sich zum Ziel, »die ›Methoden‹ zu entdecken, die die Menschen in ihrem Alltagsleben einsetzen, um soziale Wirklichkeit zu konstruieren«, und »daß es eben diese Alltags-Klassifikationen, diese Bedeutungen sind, die verstanden werden müssen, wenn man die Lebenswelt konkret handelnder Menschen erfassen will[31]«. Es geht demnach um die »Bedeutung«, welche der Alltag für die Menschen hat, und es gilt, diese »Bedeutungen« zu rekonstruieren (die in einer anderen, klassischen Terminologie mit »Bewußtsein« bezeichnet werden). Es geht also darum, wie z. B. die Arbeit, das Wohnen, die Freizeit erlebt, praktiziert, kommuniziert und vor allem sprachlich geäußert werden.

Die konkreten materiellen Lebensverhältnisse der Individuen in ihrem Alltag sind nur die eine Seite des gesellschaftlichen Seins, das das Bewußtsein, die »Bedeutungen« konstituiert. Das materielle Sein bestimmt nicht direkt das Bewußtsein (nur nach der simplifizierenden Widerspiegelungstheorie).

> Die Theorie, nach der auf der einen Seite das Ding steht und auf der anderen Seite, im Gehirn des Menschen, sein Spiegelbild, ist philosophisch gesehen infantil ... Das Bewußtsein spiegelt und spiegelt nicht. Was es spiegelt, ist nicht das, was es zu spiegeln scheint, sondern etwas *anderes:* das die Analyse erst herausfinden muß. Gerade weil die Produktion von Ideologien eine besondere, spezialisierte Tätigkeit darstellt, ist sie aus dem Alltagsleben herausgetreten – im doppelten Sinne dieses Wortes. Als Produkt des Alltagslebens trennt sich die Ideologie von ihm und gibt sich damit einen *anderen* Sinn als den in ihrer realen Gestalt vorhandenen. Das Problem der Ideologie läßt sich so fassen: Wie kann sich das Bewußtsein auf allen Ebenen (Individuum, Gruppen, Klassen, Völker) über sich selbst und seinen Inhalt – sein Sein – täuschen, wenn doch dieser Inhalt und dieses Sein es bestimmen? Nur eine komplexe Analyse, die sich auf die formale

Struktur und den Inhalt des Bewußtseins gleichermaßen richtet, gestattet ein Verständnis bestimmter Bewußtseinsformen oder Ideologien[32].

Das Bewußtsein, die »Bedeutungen« werden auf dem Weg der sozialen Interaktion und Kommunikation – im weitesten Sinne – geprägt. Das Feld dieser Prozesse und die »Inhalte« können auch unter dem Begriff »Kultur« zusammengefaßt werden.

Es scheint zumindest zwei Weisen zu geben, wie sich »Bedeutungen« für den Arbeiter bilden: erstens über die unmittelbaren Prozesse seines Lebens, seines Alltags, und zweitens »von außen«, in Form jener Inhalte, die die bürgerliche Öffentlichkeit (im Sinn von Negt/Kluge) als »Schein einer gesamtgesellschaftlichen Synthese« auf vielfältige Weise liefert[33]. Einer solchen Infiltration von Bewußtseinsformen und -inhalten kann sich nur eine sehr kompakte Kultur widersetzen. Der Arbeiterbeweung ist es aber nur partiell gelungen, eine solche proletarische Gegenkultur aufzubauen, ebenso wie es kaum gelungen ist, der bürgerlichen Öffentlichkeit – an sich zunächst ein historischer Fortschritt – eine stabile, funktionierende »proletarische Öffentlichkeit« entgegenzusetzen. Die dem bürgerlichen Individualismus entgegengesetzte Idee der vergesellschafteten Produktion und Distribution, des gemeinschaftlichen Zuganges zum gesellschaftlichen Reichtum, das Kollektiv – sie sind das ideologische Fundament der Arbeiterbewegung und auch der Arbeiterkultur. »Die Arbeiterklasse hat seit der industriellen Revolution keine Kultur im engeren Sinne hervorgebracht. Die Kultur, die sie hervorgebracht hat, und das zu erkennen ist wichtig, ist die kollektive demokratische Institution, ob nun in Gewerkschaften, in der Genossenschaftsbewegung oder in einer politischen Partei[34].«

Kooperation, Solidarität – sie entstehen durch die Konzentration der Arbeiter im Produktionsprozeß, in der Arbeiterorganisation (die allerdings selbst eine Form der bürgerlichen Öffentlichkeit und in die Gesellschaft integriert ist); aber sie stehen der herrschenden Kultur entgegen. Und diese setzt sich im Alltag durch: die Arbeiter führen ein »bürgerliches« Ehe- und Familienleben, sie benutzen Sprache und Kultur der bürgerlichen Gesellschaft. Während die Arbeiterpartei »einen politischen Reichtum darstellt«, gibt es in der bürgerlichen Gesellschaft keine proletarische Kultur, keine proletarische Moral und auch keine proletarische Kunst: ideologisch muß alles, was nicht bürgerlich ist, bei der Bourgeoisie borgen«, schreibt Roland Barthes[35]. Diese Bewußtseinsinhalte, diese »Bedeutungen« und diese alltäglichen kulturellen Formen tragen nicht den Namen der Bourgeoisie, weder in der »eigentlichen bürgerlichen Kultur« (deren Revolten immer von minoritären bürgerlichen Avantgarden getragen wurden), noch in ihren »weit verbreiteten, popularisierten Formen« und »dem, was man die öffentliche Philosophie nennen könnte, jene, aus der die alltägliche Moral gespeist wird, die zivilen Zeremonien, die weltlichen Riten, kurz, die ungeschriebenen Normen für die Lebensbeziehungen in der bürgerlichen Gesellschaft«. Als Transmissionsriemen dieser bürgerlichen Kultur zu den Arbeitern hat – so Barthes – in der Folge die kleinbürgerliche »Kultur« gedient, »Rückstände der bürgerlichen Kultur,... degradierte, verkümmerte, kommerzialisierte, bürgerliche Wahrheiten[36]«.

Wilhelm Reich hat dazu angemerkt, daß das kleinbürgerliche Schlafzimmer, das der Arbeiter sich anschafft, sobald er die Möglichkeiten dazu hat, auch wenn er sonst revolutionär gesinnt sei, die Unterdrückung seiner Frau, die »anständige« Sonntagskleidung und tausend andere »Kleinigkeiten« bei chronischer Wirkung mehr rückschrittlichen Einfluß haben, als Tausende von Versammlungsreden und Flugzetteln gutmachen können. Die Arbeiterbewegung hat »die Bedeutung der dem Anschein nach nebensächlichen kleinen Gewohnheiten des Alltags nicht richtig eingeschätzt, ja sehr oft in falscher Weise ausgenützt... Das enge, konservative Leben wirkt unausgesetzt, dringt in jede Ritze des Alltags ein[37].

Für eine Alltagsgeschichte der Arbeiter bedeutet dies, daß zwar die Analyse der konkreten materiellen Lebensverhältnisse auf die Arbeiterschaft selbst beschränkt werden kann, daß aber gerade, was Bewußtseinsinhalte, Bedeutungen, Alltagswissen, Sprache im Rahmen der Alltagskultur betrifft, die kompliziertere Mechanik dieser Wechselwirkungen bürgerlicher und proletarischer sowie kleinbürgerlicher »Bedeutungen« rekonstruiert werden muß. (Welche Momente einer autochthonen Arbeiterkultur, widersprüchlich verwoben mit der vorherrschenden Kultur, heute bestehen, daüber haben Negt/Kluge einige wichtige Erkenntnisse erarbeitet.)

Wie man an diesen Ausführungen bemerken wird, ist die Rekonstruktion gerade dieser »Schnitte« des Arbeiteralltags ein immer wieder sich neu stellendes Problem der Theorierezeption: jede der dabei zu verwendenden Kategorien hat ihren eigenen theoretischen Hintergrund, und allesamt können sie nicht beliebig aneinander gekoppelt und wahlweise verwendet werden.

Ob man die Kulturzusammenhänge des Arbeiteralltags in Kategorien von Norbert Elias schreibt, der als Merkmal der Zivilisation als entscheidende Veränderung des Habitus jedes »zivilisierten« Menschen den Grad der Stabilität seines psychischen Selbstzwang-Apparates ansieht, die mit gesellschaftlichen Gewaltmonopolen in engstem Zusammenhang steht;

ob man wie Antonio Gramsci das Alltagsbewußtsein und das dadurch determinierte Verhalten als Kompendium von unverbundenen, fragmentarischen, heterogenen weltanschaulichen Dispositionen darstellt, wobei die unterdrückte Klasse sich in »ruhigen Zeiten« die Anschauungen der herrschenden Klasse, die Anspruch auf die Gültigkeit ihrer Gesellschaftsinterpretation erhebt und sie durchzusetzen sucht, zu eigen macht und gegen ihre eigenen Interessen vertritt – und erst in der Bewegung, in der Aktion ihre eigene Konzeption zu entwickeln lernt[38];

ob man die Genese bürgerlicher und proletarischer Öffentlichkeit wie Negt/Kluge so beschreibt, daß bürgerliche Öffentlichkeit nicht nur Bezugspunkt für bürgerliche Klassen und Interessen ist, sondern die Funktion zugesprochen bekommt, das Ganze der gesellschaftlichen Lebenszusammenhänge zu repräsentieren (»Proletarisches Leben bildet keinen Zusammenhang, sondern ist durch die Blockierung seiner wirklichen Zusammenhänge gekennzeichnet. Die Form des gesellschaftlichen Erfahrungshorizontes, die diesen Blockierungszusammenhang *nicht* aufhebt, sondern befestigt, ist die bürgerliche Öffentlichkeit[39]«);

ob man die zentralen kulturellen Inhalte im Sinne einer Mythologie des Alltags nach Roland Barthes untersucht oder sich der Begriffsbildungen der Ethnomethodologen bedient;

ob man wie Michael Vester das Zusammengehörigkeitsgefühl, die solidarische, auf Gemeinsamkeit hin ausgerichtete Lebensweise der Arbeiter als zentralen Begriff von Arbeiterkultur faßt;

und nicht zuletzt, wie man die Kategorie der Alltagskultur selbst denkt –

in jedem Fall sind parallel zur materialen Analyse der Dokumente umfangreiche epistemologische Operationen vonnöten.

Ohne Zweifel ist eine solche Forschungsarbeit – die Rekonstruktion der historischen Wahrnehmungsformen von sozialer, ökonomischer und politischer Realität, die Wahrnehmung des eigenen Alltags in Bewußtsein, Wissen, Sprache, Kommunikation sowie die verschiedenen Verarbeitungsformen – für vergangene Epochen nur ansatzweise zu leisten. Zeigen doch schon die Bemühungen der Ethnomethodologen, wie schwer Alltagswissensbestände, Bedeutungen für gegenwärtige Gruppen zu erfassen sind. Die Zugänge können für den Historiker immerhin dadurch erleichtert werden, daß er – im Unterschied zu Analysen des heutigen Alltags – vom »Endergebnis« einer Entwicklung ausgehen und daraus das Verhalten, Bewußtsein der daran Beteiligten wiederherzustellen versuchen kann. In der Verwendung schriftlicher Zeugnisse könnten, ausgehend von den neueren ethnomethodologischen und soziolinguistischen Forschungen, Hypothesen formuliert werden, welche Abweichungen an Alltagssprache, Bedeutungen, Bewußtsein innerhalb einer sozialen Gruppe angenommen werden können, so daß Einzeldokumente »repräsentativ« werden. (Beispiele für die Rekonstruktion von vergangenem Bewußtsein wurden von einigen Annales-Historikern im Rahmen einer *Geschichte der kollektiven Mentalitäten* erarbeitet[40].)

Jedoch sollte man sich nicht allzu sehr auf die Sozialwissenschaften verlassen: auch der Stand ihrer Forschung ist noch kaum so gelagert, daß fertige Theoriemodelle für die Interpretation historischen Materials übernommen werden können. Das gilt für die gesamte Alltagsgeschichtsschreibung: die von den Sozialwissenschaften für eine historische Untersuchung des Arbeiteralltags angebotenen Theorieansätze können nicht fraglos »übersetzt« werden. Eine »Theorie des historischen Arbeiteralltags« kann vermutlich nur entlang der Bearbeitung des Quellenmaterials entwickelt werden.

4. Quellen des Arbeiteralltags

Die erste Frage an eine Alltagsgeschichtsschreibung lautet gewöhnlich: Welche Quellen? Wenn das alltägliche Leben – vor allem das der Unterschichten, die keine Dokumentenmassen produzieren – kein oder nur wenig Schrifttum hinterläßt, welche indirekte Quellen können wir heranziehen? Ein horror vacui braucht nicht zu bestehen, wenn man die Aussagekraft der Quellen nicht an ihrer »Fülle« mißt. Gerade in einer Geschichte des Alltagslebens gilt die von François Furet an den Historiker erhobene Forderung, die für seine Fragestellung relevanten Materialien erst zu erstellen. Die folgenden Hinweise sind daher nicht vollständig, sondern als Vorschlag gedacht.

Literale Quellen

a) Selbstdarstellungen

Eine hervorragende Fundgrube sind alle Formen von proletarischen Selbstdarstellungen – Autobiographien, Erlebnisberichte, erzählte und von anderen aufgeschriebene Erinnerungen, Reportagen, protokollartige Skizzen. In erster Linie als »Agitations- und Lerntexte, schreibbar erst bei Bewußtsein der eigenen Situation verfaßt«, manifestieren sie einen politischen Bewußtwerdungsprozeß, der diese Welt als veränderbar betrachtet und zu Solidarität und Organisierung aufruft. Subjektive

Weltinterpretation und Selbstanalyse, wie sie für bürgerliche Selbstzeugnisse typisch sind, sind dem Arbeiter fremd: Briefe und Tagebücher sind ihm kein Medium einer kontinuierlichen Kommunikation mit sich selbst. Die Arbeiterautobiographie verfügt schon aufgrund der sprachlichen Sozialisation ihrer Autoren über weitaus weniger differenzierte Stilmittel als die bürgerliche, die in vielen Fällen virtuos die Tastatur des psychologischen Klaviers beherrscht. Aber auch wenn der Arbeiter, der über sein Leben schreibt, es weder für einmalig noch für besonders hält, sondern es als Darstellung einer exemplarischen, gleichsam für die gesamte Arbeiterklasse wahrgenommenen Vita betrachtet, kann von seinem Bewußtsein und Wahrnehmungsvermögen nicht automatisch auf jenes der Arbeitermassen geschlossen werden[41].

Nach einer jahrzehntelangen Pause – die Phase der »klassischen« *Arbeiter*autobiographie, die von der *Parteiarbeiter*autobiographie unterschieden werden muß, brach in den zwanziger Jahren ab[42] – schreiben die Arbeiter heute wieder über sich selbst, protokollieren die Bedingungen, unter denen sie arbeiten müssen. Im deutschsprachigen Raum sind diese Ansätze noch auf die BRD und die Schweiz beschränkt; der »Werkkreis Literatur der Arbeitswelt« errichtete in mehr als zwei Dutzend deutschen und Schweizer Städten »Werkstätten«, um Erfahrungsberichte zu sammeln, anzuregen und zu veröffentlichen: Ergebnisse einer neuen Arbeiterliteratur[43].

Eine weitere Möglichkeit zur Erschließung von Selbstzeugnissen wäre eine systematische Befragung von alten Arbeitern, die fern von inquisitorischen Interviewtechniken auf einer über längere Zeiträume sich erstreckenden Gesprächsebene stattfinden und sich in kleinen Gruppen entwickeln sollte. Wenn möglich kann auch versucht werden, Einsicht in aufgehobene schriftliche Materialien zu erhalten: selbstangelegte Haushaltsbücher und Rezeptsammlungen, Rechnungen, Vormerkkalender, Briefe und Postkarten aus Zeiten familiärer Trennungen.

b) Hauswirtschafts- und Kochbücher

Die für Arbeiterfrauen herausgegebenen Haushaltungslehrbücher müssen nicht nur auf ihren Inhalt, sondern vor allem auch auf ihre Autoren hin geprüft werden: Oft handelte es sich um kirchliche oder karitative Organisationen, welche aus ihrem sozialen Gewissen heraus wohlmeinende Anleitungen verfaßten, die der sozialen Lage der Adressaten keineswegs gerecht wurden. Dennoch vermitteln diese Hilfsmittel eindrucksvoll den alltäglichen Kraft- und Zeitaufwand, der zur Bewältigung des Arbeiterhaushaltes notwendig war[44].

c) Sozialwissenschaftliche Untersuchungen

Systematische und in regelmäßiger Folge durchgeführte Untersuchungen über die Lebensverhältnisse der österreichischen Bevölkerung sind bereits in der Donaumonarchie in großer Zahl durchgeführt worden; in der Zwischenkriegszeit errang die empirische Sozial- und Jugendforschung in Österreich – Lazarsfeld, Bühler, Jahoda und viele andere – Weltgeltung. Diese Forschungsarbeiten haben heute erstrangigen Quellenwert für die Erstellung eines sozialstatistischen Rahmens des Arbeiteralltags vor dem Zweiten Weltkrieg[45].

Ähnliches gilt für die Untersuchungen der Arbeiterkammern und jener Autoren, die der Arbeiterbewegung nahestanden oder ihr angehörten und die Ergebnisse ihrer Studien in verschiedenen Einzelpublikationen oder Organen der Arbeiterbewegung veröffentlichten. Die Berichte der Gewerbeinspektorate sollten ebenso wie die Erhebungen über die hygienische und gesundheitliche Situation der Unterschichten herangezogen werden – sie zeichnen sich durch detaillierte Untersuchungen aus[46].

d) Fabriks/Gewerbegesetzgebung und Arbeitsordnungen

Hier sind vor allem Textsammlungen bzw. rechtshistorische Darstellungen über Arbeitsverträge, Arbeitszeit- und Arbeitsschutzregelungen, Arbeitsorganisationen, Arbeits- und Sozialrecht, Fabriksgesetzgebung, Gewerbeordnungen etc. zu erwähnen[47], aber vor allem auch fabriks- und gewerbeinterne Ordnungen für Lehrlinge und Arbeiter, die das innerbetriebliche Wohlverhalten regeln sollten.

e) Strafprozeßakten, Gerichtssaalreportagen, Krankengeschichten

Strafprozeßakten haben den Vorzug, zumeist genauer auf die Lebensläufe und Lebensverhältnisse der Angeklagten einzugehen, was eine kriminalsoziologische Analyse der jeweiligen Vergehen und Verbrechen ermöglicht. Dabei sind weniger die »großen« Fälle interessant, sondern die »kleineren« Delikte, wie Diebstahl, Mundraub, Wirtshausraufereien, Gatten- und Kindermißhandlung, Abtreibung, Schmuggel, Schwarzarbeit etc.

Ähnliches gilt für Polizeiberichte, Kriminalstatistiken, aber auch für die Kriminalberichterstattung und Gerichtssaalreportagen der bürgerlichen und Arbeiterpresse.

Eine aufschlußreiche Quelle sind Krankengeschichten bzw. Patientenkarteien, vor allem von in Arbeitervierteln praktizierenden Ärzten und Kliniken (hier wäre es notwendig, alte Bestände sicherzustellen).

f) Presse und Literatur

Hier wären alle Formen des Diskurses *über* das Alltagsleben der Unterschichten zu berücksichtigen: autobiographische Zeugnisse des Bürgertums über sein Verhältnis zu Arbeitern und Dienstboten; Reiseberichte von Ortsfremden; Presseberichte und Publikationen über die »sociale Frage«; sozialkritische Literatur aller Art – Romane, Essays, Theaterstücke.

g) Bücher, Zeitungen, Zeitschriften, Kalender

Neben der von der Arbeiterbewegung verbreiteten Presse und Literatur – Zeitungen, Zeitschriften, Arbeiterkalender, Festschriften – bietet vor allem die regionale Arbeiterpresse einen guten Einblick in lokale Lebensverhältnisse. Zu berücksichtigen wären auch Leitfäden, die von den Arbeiterorganisationen zum Umgang ihrer Funktionäre mit den Mitgliedern der verschiedenen Partei- und Gewerkschaftsgruppen herausgegeben wurden.

Neben dem Leseangebot der Arbeiterbewegung wäre natürlich für eine Analyse der Lesegewohnheiten auch die weithin verbreitete Trivial- und »Hausschatz«-Literatur zu beachten, die Vorläufer der späteren Regenbogenpresse, sowie religiöse Schriften »fürs Volk«.

h) Arbeiterkulturbewegung

Das von der Arbeiterbildung bzw. von der Arbeiterkulturbewegung hinterlassene Schrifttum ist gerade in Österreich besonders umfangreich; es ist hier nicht möglich, auf die wichtigsten Zeitschriften, Programme, Bildungsinitiativen hinzuweisen. Hervorragend war die Rolle der Volksbildung und der Volksbüchereien, auf die in allen autobiographischen Darstellungen immer wieder hingewiesen wird. Nicht nur eine quantitative und qualitative Aufbereitung der Ausleihziffern der Arbeiterbibliotheken wäre nötig, sondern auch eine Berücksichtigung der Auflagenziffern einzelner Bücher der Verlage der Arbeiterbewegung. Zu beachten ist auch das lokale Milieu der Leser: Das Literaturangebot, sowohl in Buchhandlungen wie auch Bibliotheken, war auf dem Lande und in Kleinstädten, die bis in die jüngste Zeit oft nur über Pfarrbüchereien verfügten, sehr verschieden von dem in größeren Industriezentren, wo die Arbeiterorganisationen ihre Kulturarbeit entfalten konnten. Es wäre zu untersuchen, *was* gelesen wurde, sofern überhaupt gelesen wurde. Dabei spielt die Schichtung innerhalb der Arbeiterschaft und der Grad der Einbezogenheit in Arbeiterorganisationen eine erhebliche Rolle[48].

2. Illiterale Quellen

Illiterale Quellen – Wohnung, Wohnungseinrichtung, Anordnung der Möbel, Einteilung der Zimmer; Kleidung; Gebrauchsgegenstände; Kennzeichen und Fetische (»der extra breite Socialdemokratenhut«) – sollten vor allem auf ihre »Bedeutung« hin, als Stereotyp, als Klischee, untersucht werden[49]. Eine spezielle »Feldforschung« könnte die Funktion von Kommunikationsorten (wie etwa das »Beisl« oder der Sportplatz) aufzuschlüsseln versuchen. Andere Materialien sind Fotos[50], Souvenirs, aufgehobene Erinnerungsstücke. Ein eigener Forschungsschwerpunkt wäre die Analyse der (nichtschriftlichen) Bewußtseinsindustrie: Werbung, Radio, in den letzten zwanzig Jahren das Fernsehen, und vor allem das Kino, die »Couch der Armen« (Félix Guattari).

ANMERKUNGEN

1 Serge Mallet, *Die neue Arbeiterklasse in Frankreich,* in: Karl H. Hörning (Hg), *Der »neue« Arbeiter. Zum Wandel sozialer Schichtstrukturen,* Frankfurt/Main 1971, S. 191–200.
2 Karl Markus Michel, *Unser Alltag: Nachruf zu Lebzeiten,* in: *Kursbuch* 41 (1975), S. 3.
3 Henri Lefèbvre, *Kritik des Alltagslebens,* 3 Bde. Kronberg/Ts 1977, Bd. 1, S. 100.
4 Joseph Buttinger, *Am Beispiel Österreichs. Ein geschichtlicher Beitrag zur Krise der sozialistischen Bewegung,* Köln 1953, S. 449 f.
5 Oskar Negt, *Nicht nach Köpfen, sondern nach Interessen organisieren,* in: ders., *Keine Demokratie ohne Sozialismus. Über den Zusammenhang von Politik, Geschichte und Moral,* Frankfurt/Main 1976, S. 308.
6 Zum Bezug Oskar Negts auf Ernst Bloch vgl. vor allem: Oskar Negt, *Soziologische Phantasie und exemplarisches Lernen,* Frankfurt/Main 1971. Rudolf Burger schreibt in einem Aufsatz über Negt dazu: »In krassem Gegensatz zur Propaganda der Nazis, die ausgezeichnete ›Gelegenheitsmaterialisten‹ (Kluge) waren, wo es um das raffiniert-betrügerische Aufgreifen frustrierter Interessen und verkorkster anti-kapitalistischer Ressentiments ging, fand die schematische Propaganda der Linksparteien nicht das Ohr der Massen. Auf die lange Elendsgeschichte erschlagener Hoffnungen der Arbeiterbewegung zurückblickend, verlangte Bloch für die Zukunft eine konkrete, an lebensgeschichtlich geformte Interessen anknüpfende Aufklärung und sagte: ›Von oben kommt man Fliegen bei, nicht Menschen . . . Woher stammt nur der Aberglaube, daß die Wahrheit sich selber Bahn breche? Daß sie auch erhört werde, wenn sie gehört ist, daß sie bei denen, die sie angeht, augenblicklich einschlage? Ungeprüft läuft dieses allzu direkte Wesen unter den Propagandisten der Vernunft als Aberglaube der Vernunft selbst . . . Die Linke hat das wahre Bewußtsein, aber auch daß es ein falsches, sich sperrendes Bewußtsein gibt, ist wahr. Neben der Wissenschaft steht die Weisheit, Menschen zu sehen, und dies gerade kommt einer guten Praxis am nächste n. Daß aber das Wahre nur *gesagt*

zu werden brauche, um unweigerlich zu wirken, dieser bare Idealismus war im materialistischen Lager jedenfalls ein Wunder. Der Aberglaube an die automatische Wirkung der Einsicht kommt außerhalb der schematischen Propaganda nur noch bei alten Mathematiklehrern vor. Er serviert Formeln, je dürrer, desto besser, und hält den Menschen für Wasser, worin sie sich auflösen.‹« Rudolf Burger, *Der Oberlehrer als Scharfrichter. Zur Kritik der »Beiträge zum wissenschaftlichen Sozialismus« an Oskar Negt*, in: *Ästhetik und Kommunikation* 31 (1978), S. 98. Das Zitat von Ernst Bloch entstammt dem Aufsatz *Sokrates und die Propaganda*, in: Bloch, *Gesamtausgabe*, Bd. 11, Frankfurt 1970, S. 402 f.

7 Lefèbvre, a. a. O. S. 153.
8 Thomas Kleinspehn, *Der verdrängte Alltag. Henri Lefèbvres marxistische Kritik des Alltagslebens,* Gießen 1975, S. 10 f.
9 Peter Christian Ludz (Hg), *Soziologie und Sozialgeschichte. Kölner Zeitschrift für Soziologie und Sozialpsychologie,* Sonderheft 16/1972, Opladen 1973.
10 Peter Feldbauer, *Die Wohnverhältnisse der Unterschichten im Franzisko-Josefinischen Wien. Thesen und Probleme,* in: *Studien zur Wiener Geschichte. Jahrbuch des Vereins für Geschichte der Stadt Wien,* Wien 1978, S. 359.
11 Karel Kosik, *Dialektik des Konkreten. Eine Studie zur Problematik des Menschen und der Welt,* Frankfurt/Main 1967, S. 76 f.
12 Lefèbvre, a. a. O., Bd. 2, S. 28.
13 Marie Jahoda/Paul F. Lazarsfeld/Hans Zeisel, *Die Arbeitslosen von Marienthal. Ein soziographischer Versuch* (Leipzig 1933), Frankfurt/Main 1975.
14 Vgl. dazu Michel Foucault, *Archäologie des Wissens,* Frankfurt/Main 1973, Einleitung.
15 Karl Popper, *Die offene Gesellschaft und ihre Feinde,* Bern 1970, Bd. 2, S. 332. Aaron V. Cicourel schreibt zum Problem der (soziologischen) Inhaltsanalyse von historischen Dokumenten: »Historische und zeitgenössische nicht-wissenschaftliche Materialien enthalten spezifische Verzerrungen, und der Forscher hat im allgemeinen keinen Zugang zu der Umgebung, in der sie produziert wurden; die Bedeutungen, die von dem Hersteller eines Dokumentes beabsichtigt waren, und die kulturellen Umstände, die seine Montage ergeben, sind nicht immer der Manipulation und Kontrolle unterworfen. Es ist schwierig, Rekonstruktion und Rekreation von Unterstellungen und Neuerungen, die aus der dem Forscher eigenen Perspektive stammen, zu trennen . . .« Cicourel zitiert Louis Gottschalk, der vom Historiker fordert, seine Phantasie nicht auf Kreation, sondern auf Rekreation zu richten, da gegenwärtige Generationen vergangene Generationen nur im Sinne (im gleichen oder ungleichen) ihrer eigenen Erfahrung verstehen können, und fährt fort: »Es ist die Imaginationsfähigkeit des Historikers, sich mit solch vergleichendem begrifflichen Spiel zu beschäftigen, gestützt auf logische Argumentation und sorgfältige Benutzung von Dokumenten, die die Vergangenheit sinnvoll erklären. Das Ausmaß, in dem die Vergangenheit erklärt werden kann, mag variieren mit den zur Verfügung stehenden Materialien ergänzender Information – zum Beispiel eine besondere Lokalsprache und Syntax, die unausgesprochene Bedeutungsstrukturen enthält, die ein Verstehen des Alltagslebens einzelner Personen und Zeitalter erfordern.« Aaron V. Cicourel, *Methode und Messung in der Soziologie.* Frankfurt/Main 1974, S. 203–205.
16 Joachim Radkau, *Aufgaben für die Praxis der Geschichtswissenschaft,* in: Imanuel Geiss/Rainer Tamchina (Hg), *Ansichten einer künftigen Geschichtswissenschaft,* München 1974, S. 176.
17 Norbert Elias, *Entwurf zu einer Theorie der Zivilisation,* in: ders. *Über den Prozeß der Zivilisation,* Frankfurt/Main 1976, Bd. 2, 312–490.

18 Vgl. Dietmar Kamper/Volker Rittner (Hg), *Zur Geschichte des Körpers. Perspektiven der Anthropologie,* München 1976.
19 Lefèbvre, a. a. O.
20 Kosik, a. a. O., S. 72.
21 Lefèbvre, a. a. O., S. 55–59.
22 Klaus Laermann, *Alltags-Zeit. Über die unauffälligste Form sozialen Zwangs,* in: *Kursbuch* 41, a. a. O., S. 93. Vgl. dazu: Alfred Krovoza, *Die Verinnerlichung der Normen abstrakter Arbeit und das Schicksal der Sinnlichkeit,* in: *Das Vermögen der Realität. Beiträge zur einer anderen materialistischen Ästhetik,* Berlin 1974, S. 13–36. Vgl. auch: Alfred Schütz/Talcott Parsons, *Zur Theorie des sozialen Handelns. Ein Briefwechsel,* Frankfurt/Main 1977.
23 Laermann, a. a. O., S. 96.
24 Lefèbvre, a. a. O., Band 2, S. 36. Zur Genese des Entfremdungsbegriffs vgl. z. B. den Reader von Joachim Israel: *Der Begriff der Entfremdung. Makrosoziologische Untersuchung von Marx bis zur Soziologie der Gegenwart,* Reinbek 1972.
25 Elias, a. a. O., S. 329 f. Vgl. auch: Klaus Ottomeyer, *Ökonomische Zwänge und menschliche Beziehungen. Soziales Verhalten im Kapitalismus,* Reinbek 1977.
26 Elias, a. a. O., S. 448 f.
27 Gegenüber den traditionellen marxistischen Begriffsfassungen von Macht/Gewalt – Macht des Eigentums; Staatsmacht, lokalisiert im Staatsapparat und der herrschenden Produktionsweise untergeordnet; Repression und Ideologie – entwickelt z. B. Michel Foucault einen Begriff der Macht, der nicht *notwendig* als Repression, Verhinderung oder Ausschluß, als (falsche) Ideologie verfährt, sondern auch in sich produktiv ist: sie wirkt, indem sie das gesamte gesellschaftliche Feld durchzieht, als *Normalisierung.* »Innerhalb des gesellschaftlichen Feldes sichert sie gleichzeitig die Differenzierung und die gegenseitige Anpassung, die Heterogenität und die Korrelation der Inhalts- und Ausdrucksformen, der entscheidenden Aussageordnungen . . . der Perzeptions- und Wissensfelder. Daher ist es müßig, sich die Macht als ›Eigentum‹ vorzustellen, sie bei einem besonderen Apparat zu lokalisieren, sie von einer Infrastruktur abhängen zu lassen oder ihre Aktionsweise als die einer Superstruktur zu bestimmen.« Gilles Deleuze, *Kein Schriftsteller. Ein neuer Kartograph,* in: Gilles Deleuze/Michel Foucault, *Der Faden ist gerissen,* Berlin 1977, 124 f. Zum Machtbegriff Foucaults vgl. v. a.: Michel Foucault, *Sexualität und Wahrheit. Der Wille zum Wissen,* Frankfurt/Main 1977, S. 101–124; ders., *Mikrophysik der Macht,* Berlin 1976; ders., *Dispositive der Macht,* Berlin 1978.
28 Peter Brückner, *Zur Sozialpsychologie des Kapitalismus,* Bd. 1, Frankfurt/Main 1972, S. 52.
29 Radkau, a. a. O., S. 180 f. Vgl. dazu: R. Koselleck, *Kritik und Krise. Ein Beitrag zur Pathogenese der bürgerlichen Welt,* Freiburg–München 1959.
30 Arbeitsgruppe Bielefelder Soziologen (Hg), *Alltagswissen, Interaktion und gesellschaftliche Wirklichkeit,* 2 Bd., Reinbek 1973, Bd. 2. S. 265. Vgl. auch: Elmar Weingarten/Fritz Sack/Jim Schenkein (Hg), *Ethnomethodologie. Beiträge zu einer Soziologie des Alltagshandelns,* Frankfurt/Main 1976; sowie Shelden Stryker, *Die Theorie des Symbolischen Interaktionismus,* in: Manfred Auwärter/Edit Kirsch/Manfred Schröter (Hg), *Kommunikation, Interaktion, Identität,* Frankfurt/Main 1976, S. 257–274.
31 Bielefelder, a. a. O., S. 268.
32 Lefèbvre, a. a. O., Bd. 1, S. 100 f. Einen mehr »klassischen«, von der Arbeiterorganisation sich herleitenden Bewußtseinsbegriff entwickelt: Frank Deppe, *Das Bewußtsein der Arbeiter. Studien zur politischen Sozialisation des Arbeiterbewußtseins,* Köln 1971.

33 »Dieser Aspekt der Öffentlichkeit muß die Existenz eines Gemeinwillens, eines die ganze Welt zusammenfassenden Sinnzusammenhanges und den Schein der Partizipation aller Gesellschaftsglieder herstellen. Sie ist *eine* der Grundlagen gesellschaftlicher Disziplin. Ohne sie könnte weder die installierte Ordnung noch der sie schützende Block hemmender Verfahren aufrechterhalten werden.« Oskar Negt/ Alexander Kluge, *Öffentlichkeit und Erfahrung. Zur Organisationsanalyse von bürgerlicher und proletarischer Öffentlichkeit,* Frankfurt/Main 1972, S. 105.
34 Michael Vester, *Was dem Bürger sein Goethe, ist dem Arbeiter seine Solidarität. Zur Diskussion der »Arbeiterkultur«,* in: *Ästhetik und Kommunikation* 24 (1976), S. 63. Das Zitat wurde von Vester folgender Publikation entnommen: Raymond Williams, *Culture and Society,* Harmondsworth 1963. Arbeiterbildung und Arbeiterkultur unter den Bedingungen des Kapitalismus war eines der beiden Hauttthemen der 13. internationalen *Linzer Konferenz* der Historiker der Arbeiterbewegung im Herbst 1977, deren Protokolle sich im Druck befinden. Eine gute Übersicht über die Diskussion, die sich durchweg im Rahmen der traditionellen Begriffsfassung von Arbeiterkultur (= Arbeiterkulturbewegung) bewegte, bietet der Tagungsbericht von Wolfgang Renzsch in der *Internationalen Wissenschaftlichen Korrespondenz zur Geschichte der deutschen Arbeiterbewegung* 1/1978, S. 34–39.
35 Roland Barthes, *Mythen des Alltags,* Frankfurt/Main 1964, S. 125.
36 Ebenda, S. 127.
37 Wilhelm Reich, *Die Massenpsychologie des Faschismus* (1933), Frankfurt/Main 1974, S. 80.
38 Antonio Gramsci, *Philosophie der Praxis,* Frankfurt/Main 1967, S. 132 f. Vgl. auch: Thomas Leithäuser, *Formen des Alltagsbewußtseins,* Frankfurt/Main–New York 1976.
39 Negt/Kluge, a. a. O., S. 39.
40 Claudia Honegger, *Geschichte im Entstehen. Notizen zum Werdegang der Annales,* in: dies. (Hg), *Schrift und Materie der Geschichte. Vorschläge zur systematischen Aneignung historischer Prozesse,* Frankfurt/Main 1977, S. 31–34. Vgl. im selben Band: Lucien Febvre, *Sensibilität und Geschichte. Zugänge zum Gefühlsleben früherer Epochen,* a. a. O., 313–334.
41 Richard Kluscarits/Friedrich G. Kürbisch (Hg), *Arbeiterinnen kämpfen um ihr Recht. Autobiographische Texte rechtloser und entrechteter »Frauenspersonen« in Deutschland, Österreich und der Schweiz des 19. und 20. Jahrhunderts,* Wuppertal 1975, S. 239–251. Vgl. dazu: Wolfgang Emmerich, *Proletarische Lebensläufe. Autobiographische Dokumente zur Entstehung einer Zweiten Kultur in Deutschland,* 2 Bde., Reinbek 1974/75; Ursula Münchow, *Frühe deutsche Arbeiterautobiographien,* Berlin/DDR 1973.
42 Wolfgang Emmerich, *Zwischen Anpassung und Widerstand: Lernen aus Lebensläufen,* in: *Berliner Hefte* 5 (1977), S. 55.
43 Der »Werkkreis Literatur der Arbeitswelt« hat in den letzten fünf Jahren etwa 25 Bände in einer eigenen Serie der Fischer-Taschenbücher veröffentlicht, darunter Betriebstagebücher, Reportagen über Rationalisierungsauswirkungen, Schichtarbeit, Entlassungen und Disziplinierungen, aber auch Berichte und Erzählungen von Veteranen der Arbeiterbewegung aus der Zeit von 1914–1945 sowie Romane und Lyrik.
44 Vgl.: *Das häusliche Glück. Vollständiger Haushaltsunterricht nebst Anleitung zum Kochen für Arbeiterfrauen. Zugleich ein nützliches Hülfsbuch für alle Frauen und Mädchen, die »billig und gut« haushalten lernen wollen* (Gladbach und Leipzig 1882), München 1975.
45 Vgl. Helene Maimann: *Studien zur sozialen Ungleichheit in Österreich seit 1918,* in:

Institut für Höhere Studien/Wien (Hg.), *Strukturen der sozialen Ungleichheit in Österreich. Analysen zur Klassenstruktur und sozialen Schichtung in Österreich*, 3 Bde., Wien 1978, Bd. 1, 239–336.

46 Vgl.: Hans Schroth, *Verlag der Wiener Volksbuchhandlung 1894–1934. Eine Bibliographie*. Schriftenreihe des Ludwig Boltzmann Instituts für Geschichte der Arbeiterbewegung 7, Wien 1977. Siehe auch die zahlreichen Studien in den verschiedensten Wochenschriften bzw. Fachzeitschriften, wie etwa: *Gewerbeinspektorenberichte*, Wien 1884–1915; *Die Arbeitseinstellungen und Aussperrungen im Gewerbebetriebe in Österreich*. Herausgegeben von Statistischen Department im k. k. Handelsministerium, Wien 1895–1910; *Bergwerkinspektion in Österreich. Berichte der k. k. Bergbehörden bei Handhabung der Bergpolizei und Beaufsichtigung der Bergarbeiterverhältnisse*, Wien 1893–1902; *Arbeiterschutz. Organ für soziale Gesetzgebung*. Publikationsorgan der Reichskommission der Krankenkassen Österreichs, Wien 1890–1929; *Österreichische Monatsschrift für Christliche Social-Reform, Gesellschafts-Wissenschaft, volkswirtschaftliche und verwandte Fragen*, Wien 1883–1893; *Soziale Rundschau*. Herausgegeben vom k. k. arbeitsstatistischen Amt im Handelsministerium, Wien 1900–1915; *Arbeit und Wirtschaft. Halbmonatsschrift für volkswirtschaftliche, sozialpolitische und gewerkschaftliche Fragen*. Organ der Gewerkschaftskommission, Arbeiterkammern und Betriebsräte Österreichs, Wien 1923–1933; 1947 ff. (herausgegeben vom Arbeiterkammertag); *Die Neue Zeit. Wochenzeitschrift der Deutschen Sozialdemokratie*, Stuttgart 1883–1930; *Zeitschrift für soziale Medizin* (später: *Archiv für soziale Hygiene und Demographie*), Leipzig 1906–1914; *Archiv für Sozialwissenschaft und Sozialpolitik*, Tübingen 1906–1932; *Schriftenreihe des Vereins für Sozialpolitik*. Leipzig 1888–1935. Die angeführten Reihen befinden sich im Verein für Geschichte der Arbeiterbewegung, Wien. Die deutschen Zeitschriften enthalten auch Beiträge über Österreich.

47 Vgl. dazu die einschlägige Bibliographie in: Kurt Ebert, *Die Anfänge der modernen Sozialpolitik in Österreich. Die Taaffesche Sozialgesetzgebung für die Arbeiter im Rahmen der Gewerbeordnungsreform (1879–1885)*, Wien 1975.

48 Vgl. dazu: Buttinger, a. a. O., S. 450–453 und demgegenüber, sozusagen als Kontrapunkt: Rolf Engelsing, *Dienstbotenlektüre im 18. und 19. Jahrhundert*, in: ders., *Zur Sozialgeschichte deutscher Mittel- und Unterschichten*, Göttingen 1973, S. 180–224.

49 Für den Bereich »Wohnen« hat die Volkskunde bereits einige Fragen im Hinblick auf den »Arbeiteralltag« aufgegriffen: vgl. Margret Tränkle, *Wohnkultur und Wohnweisen*. Verein für Volkskunde, Tübingen 1972; Hans-Georg Schmeling, *Beispiele zum Wohnen und Arbeiten in drei Bergarbeiterdörfern des Oberwesterwaldes um 1900*, in: *Rheinisches Jahrbuch für Volkskunde*, Bonn 1977, S. 125–250. Vgl auch Lutz Niethammer/Franz Brüggemeier, *Wie wohnten die Arbeiter im Kaiserreich?*, in: *Archiv für Sozialgeschichte* 16 (1976), 61–134.

50 Vgl. *Ästhetik und Kommunikation* 28, Juni 1977 – »Fotografieren« – und darin besonders: Wolfgang Kunde, »... halb Kunst ...«. *Zur Pierre Bourdieus »Versuch zum gesellschaftlichen Gebrauch der Fotografie«*, S. 34–52.

Ulrich Kluge

Agrarpolitik und Agrarkrise 1918 bis 1933. Möglichkeiten und Grenzen agrarhistorischer Forschung in Österreich und Deutschland

1. Die agrarwirtschaftlichen Systeme in Österreich und Deutschland als Problem der historischen Forschung

Sozial- und wirtschaftshistorische Analysen, in deren Mittelpunkt die Entwicklung der agrarwirtschaftlichen Systeme Österreichs und Deutschlands im 19. Jahrhundert bis zum Beginn des Weltkrieges 1914 steht[1], konzentrieren sich hauptsächlich auf zwei Fragen: Welche volkswirtschaftliche Bedeutung kam der Landwirtschaft innerhalb des sich verändernden ökonomischen Gesamtsystems zu, und wie veränderte sich die Landwirtschaft unter dem Einfluß konjunktureller Wechsellagen? Aus der ersten Frage ergeben sich mehrere spezielle Fragen, unter anderem die nach den Folgen der expandierenden Industriewirtschaft für die Agrarwirtschaft, nach den Reaktionen organisierter agrarischer Interessen auf die Industrialisierung, schließlich nach der Zukunft des ökonomischen Gesamtsystems (Agrar-Industriestaat oder Industriestaat?). Im zweiten Falle stellen sich spezielle Fragen nach Veränderungen im Produktionsbereich (Getreidewirtschaft – Viehwirtschaft) sowie nach Beschaffenheit und Intensität staatlicher Politik, tiefgreifenden, zu Lasten der Produzenten und/oder Konsumenten gehenden Veränderungen der Agrarwirtschaft entgegenzuwirken.

Verglichen mit dem in diesen besonderen Punkten sich verbreiternden Themenspektrum hat die agrarhistorische Forschung sowohl für Deutschland[2] wie für Österreich[3] in der Zeit zwischen den Weltkriegen viel weniger aufzuweisen. Sie arbeitete insofern eindimensional, als sie die landwirtschaftliche Entwicklung entweder nur unter volks- und betriebswirtschaftlichem Gesichtswinkel oder nur im Zusammenhang mit agrarpolitischem Handeln »des Staates« und der organisierten Interessen interpretierte. Im Gegensatz zur österreichischen Seite sind für die deutsche Entwicklung zumindest sporadisch Ansätze gemacht worden, Wechselwirkungen zwischen Agrarwirtschaft einerseits, Industriewirtschaft, Staatsbürokratie, politischen und wirtschaftlichen Interessenträgern sowie bestimmten Teilen der Gesellschaft andererseits zu analysieren, aber sie blieben unvollkommen. Ebenso wie im thematischen Bereich steht die neuere agrarhistorische Forschung im methodischen Bereich noch vor vielen ungelösten Aufgaben: So ist die landwirtschaftliche Entwicklung zwischen beiden Kriegen bisher nur oberflächlich periodisiert worden. Die dreigeteilte Gliederung sieht die Phasen von 1918 bis in die Mitte der zwanziger Jahre, danach bis 1929, schließlich bis zum Kriegsausbruch 1939 vor. Während 1918 und 1939 als Eckdaten unbestritten sind, herrscht Verwirrung über die Daten im zeitlichen Mittelteil und darüber, wie sie festzusetzen sind. Abel[4] orientierte sich an den Weltpreisen für Weizen, Haushofer[5] richtete sich nach der deutschen Währungssituation (1924) und der internationalen Marktlage (1929), während Meihsl für Österreich Maßnahmen staatlicher Agrarpolitik heranzog und dabei die Perioden von 1918 bis 1921[6], von 1922 bis 1928 (»die Jahre bis zur Agrarkrise«), 1929/30 (Zeit der »Agrarkrise«) und ab 1938 (Zeit der »Besetzung Österreichs«)[7] unterschied.

Außer dieser zweifelhaften Periodisierung fällt auf, daß agrarhistorische Forschungsinteressen thematisch einseitig sind, indem sie, ohne es erkennbar zu begründen, wichtige Themenbereiche aus der politischen Geschichte der betreffenden Länder ausblenden, andere ebenso unbegründet in den Mittelpunkt stellen. Beispielsweise ist die Frage, wie sich unter dem Einfluß der dirigistischen staatlichen Wirtschaftspolitik im Ersten Weltkrieg die politischen, sozialen und ökonomischen Komponenten des Agrarwirtschaftsbereichs veränderten, nicht deutlich und mit Aussicht auf eine befriedigende Antwort gestellt worden. Den Krieg machte Haushofer[8] dafür verantwortlich, daß »radikale Gedankengänge« sich entwickeln konnten, bestimmte staatlich-bürokratische Instanzen entstanden und das »Hindenburgsche Siedlungsversprechen« das Verhältnis zwischen Stadt und Land in Deutschland störte. Für ihn standen Kriegswirtschaft, Planwirtschaft und Sozialisierungsbewegung in einem Entwicklungszusammenhang; ohne ihre unterschiedliche Bedeutung zu erkennen, fügte er sie in seine oberflächliche, nicht vorurteilsfreie und dem agrarwissenschaftlichen Forschungsstand im ökonomischen Bereich nicht entsprechende Studie ein. Um die Lage der österreichischen Agrarwirtschaft[9] unter den Bedingungen des Weltkrieges zu charakterisieren, ließ man es dabei bewenden, ältere Behauptungen[10] von der »Systemlosigkeit und den Widersprüchen der Ernährungswirtschaft« und ihrer organisatorischen Zersplitterung zu wiederholen.

Auch auf viele Fragen nach den Entwicklungsbedingungen und -möglichkeiten der Landwirtschaft in beiden Ländern ab November 1918 blieb die agrarhistorische Forschung die Antworten schuldig; deshalb läßt sich nur vermuten, wie der verfassungspolitische Umbruch in Berlin und Wien wirkte und welche politischen, sozialen und wirtschaftlichen Hindernisse sich den Sozialdemokraten bei ihrem Versuch entgegenstellten, die überkommene Agrarverfassung zu reformieren und soziale Probleme auf dem Lande zu lösen[11]. Demgegenüber behauptete Haushofer[12], daß es am Ende des Weltkrieges hauptsächlich darauf ankam, den Einfluß der »Ideen des deutschen Sozialismus, nun unterstützt durch die ideologische Stoßkraft der Sowjetunion«, in der deutschen und österreichischen Landwirtschaft aufzuhalten. Wie unhaltbar diese These ist, ergibt sich schon aus der oberflächlichen Kenntnis der zeitgenössischen Literatur[13].

Die Agrarwirtschaftssysteme beider Länder sind in ihren politischen Dimensionen teilweise von Fehlurteilen belastet, in ihren ökonomischen Dimensionen standen sie die meiste Zeit ihrer Entwicklung außerhalb des Interesses agrarhistorischer Forschung, so daß übergreifende Fragen wie diese nicht gestellt wurden: Wie beeinflußte die fortschreitende Industrialisierung die landwirtschaftlichen Produktionsverhältnisse oder wie veränderte sich der agrarwirtschaftliche Bereich, als neue Produktionsverfahren eingeführt wurden und andere Marktbedingungen entstanden, oder welche Faktoren begünstigten sektorale Sonderentwicklungen (Veredlungswirtschaft, Grünland-»Bewegung«[14])? Außerdem sind Strukturen und Funktion des ländlichen Vereinswesens nur oberflächlich bekannt, was wohl hauptsächlich darauf zurückzuführen ist, daß ausschließlich deskriptiv und nicht analytisch verfahren wurde[15].

Fraglos ist »Agrarpolitik« für die historische Forschung ein so wichtiger Begriff, daß er sorgfältig und umfassend definiert werden sollte, doch davon ist in den Darstellungen agrarwirtschaftlicher Systeme der Zwischenkriegszeit in beiden Fällen nichts zu spüren. Im großen und ganzen wurde »Agrarpolitik« mit nicht näher beschriebenen, auf das Agrarsystem gerichteten Handlungsabsichten und -weisen staatlicher Stellen, organisierter Interessen oder Einzelpersonen gleichgesetzt. Haushofer[16] lieferte Beispiele dafür, wie dürftig die agrarhistorische Forschung diesen Begriff ausgestattet hat. Sie unterschied nie zwischen Zielen, Motiven, Mitteln, Ansatzstellen und möglichen Folgen agrarpolitischen Handelns, sondern bezeichnete bestenfalls einige Träger, aber diese nur pauschal. In Deutschland waren das die »Weimarer Republik«, die Reichs- und Länderregierungen (oftmals ohne zeitlichen Bezug), die »Wirtschaft« im allgemeinen oder die »Landwirtschaft« im besonderen, die »revolutionären, eigentumsfeindlichen Kräfte« (in der Sozialdemokratie) und die »konservativen Kräfte« in der Bauernschaft. In einigen Fällen wurden politische Persönlichkeiten als Träger der »Agrarpolitik« genannt (u. a. Helfferich, Aereboe, Warmbold, Hindenburg), wobei darüber hinweggesehen wurde, welche Position sie im politischen System der Weimarer Republik einnahmen. Aus Scheu davor, einen eigenen Standpunkt einzunehmen, vermied besonders Haushofer, die unterschiedlichen Interessen und Absichten auf der Seite der bürgerlichen Parteien und Organisationen zu charakterisieren, als 1924/25 von protektionistisch orientierten Agrarproduzenten mit allen Mitteln angestrebt wurde, den alten Zollschutz von 1902 für bestimmte Agrarstoffe wieder einzuführen. An einem weiteren markanten Beispiel zeigt sich, wie unberührt Haushofer von den erkennbaren politischen und sozialen Folgen tiefer Einbrüche in das Produktions- und Absatzvolumen der Landwirtschaft blieb, als er das Gesetz über Zolländerungen (15. April 1930) und »manche andere im Verlauf der Krise ergriffenen Maßnahmen« auf lange Sicht als »richtig angelegt« herausstellte, weil sich diese über die Krisenzeit hinaus auch weiterhin als »produktiv« erwiesen hätten[17].

Diese und andere fragwürdige Werturteile wirken provozierend und machen die Notwendigkeit plausibel, die vielfältigen Dimensionen des Agrarsystems in historischer Perspektive methodisch fundiert und inhaltlich umfassend darzustellen. Dieses Problem ergibt sich nach den Erfahrungen mit der agrarhistorischen Forschung auch für Österreich; denn Meihsl benutzte wie Haushofer den zweifelhaften Begriff »Agrarpolitik«, den er mit anonymen Trägern (Staat, Landwirtschaft[18]) in Verbindung brachte. Aber schon aus der zeitgenössischen politischen und Wirtschaftspublizistik läßt sich ein erkenntnisfördernder Begriff bilden. Danach waren die Träger agrarpolitischen Handelns die Parteien und agrarischen Interessenverbände (Bauernräte und -bünde), auch ihre Ziele waren bekannt, ebenso ihre Mittel; denn besonders die christlichsozialen und die großdeutschen Bauernführer beherrschten ausgezeichnet die Technik der öffentlichen Meinungsbeeinflussung.

Meihsl vermied, innere Verbindungen zwischen »Agrarpolitik«, bäuerlichen Genossenschaften und Kammern zu sehen und ließ es überall dort mit der Beschreibung von Organisationsentwicklung und -strukturen bewenden, wo sich wichtige Fragen nach funktionalen und kausalen Zusammenhängen, zum Beispiel von Bauernkammern und Ministerialbürokratie, stellten. Sein Beitrag zur agrarhistorischen Forschung ist typisch für eine Reihe anderer Beiträge; er enthüllt den Mangel vor allem von volks- und betriebswirtschaftlichem Interesse inspirierter Arbeiten, politische Prozesse wie das Wechselverhältnis zwischen staatlichem und ökonomischen System zu erkennen. Aber aus der historischen Forschung über den industriewirtschaftlichen Bereich gibt es überzeugende Beispiele dafür, wie Politik und Ökonomie in ihren vielfältigen, komplizierten und oftmals widersprüchlichen inneren Zusammenhängen zu sehen sind.

Im großen und ganzen sind die Leistungen der agrarhistorischen Forschung über die Zwischenkriegszeit in Deutschland und Österreich pessimistisch zu beurteilen. Die kritischen Einwände ergeben sich hauptsächlich aus der provozierenden Diskrepanz zwischen Anspruch und Leistung, der häufig naiven und vereinfachenden Darstellung komplizierter historisch-politischer und ökonomischer Sachverhalte, der starken Verengung des Themenspektrums und der Untersuchungszeiträume und aus der unüberlegten Anwendung mißverständlicher Begriffe. Aber es gibt Anzeichen dafür, daß in der Bundesrepublik Deutschland stärker als zuvor das Agrarsystem in seinen politischen, sozialen und wirtschaftlichen Dimensionen in die Diskussion um die Entwicklung der Weimarer Republik in den zwanziger und dreißiger Jahren einbezogen wird[19]; allerdings hat sich in Österreich das wissenschaftliche Interesse noch nicht in diese wünschenswerte Richtung gewandt.

Auch der Begriff »Agrarkrise« gehört zum zentralen Themenbereich der zeitlich auf die Zwischenkriegszeit bezogenen agrarhistorischen Forschung; hauptsächlich diente er bisher dazu, eine Zeitspanne in der landwirtschaftlichen Entwicklung gegen Ende der zwanziger Jahre zu markieren und mit dem Vorzeichen des Ungewöhnlichen zu versehen. Aber dieser Krisenbegriff ist noch dürftiger ausgestattet als der Begriff »Agrarpolitik« und wurde immer wieder unüberlegt angewendet, obwohl er unzuverlässig ist und einer genauen Prüfung nicht standhält. Nach dem gegenwärtigen Wissensstand kann »Agrarkrise« einen »besonderen Notstand« (Haushofer) und eine »Depression« der Landwirtschaft (Puhle) bedeuten. Entstehung und Begrenzung sind nicht genau bestimmt worden, auch ihre Übergänge von der angeblich »latenten« in die »akute« Phase der Entwicklung nicht; ihre Ursachen werden im allgemeinen in einem plötzlichen Preisverfall für bestimmte Agrarstoffe gesehen[20], dessen Wirkung auf die ökonomische Seite des Agrarsystems aber widersprüchlich bleibt[21], ebenso wie der Einfluß der »Krise« auf die politische Haltung der ländlichen Produzenten[22]. »Agrarkrise« ist buchstäblich ein Allerweltsbegriff[23], dem sich allerlei zuschreiben läßt.

2. »Agrarpolitik« und »Agrarkrise« in historischer Perspektive

Die agrarhistorische Forschung verliert sich zur Zeit immer mehr in unüberschaubaren Einzelheiten und entzieht sich damit immer mehr der Möglichkeit, das übergreifende inhaltliche Leitmotiv ihrer Arbeit über die Zwischenkriegszeit zu bestimmen. Vordringlich stellt sich die Aufgabe, die zentralen Begriffe wie den der »Agrarpolitik« kritisch zu prüfen. Aber hierfür kann der Historiker keine Hilfe von der modernen *Wirtschaftstheorie* erwarten, die bisher nur einen unrealistischen Begriff angeboten hat[24]. Es dürfte auch unmöglich sein, diesen Begriff oder zumindest einige seiner Bausteine aus der politischen, auf das Agrarsystem gerichteten Praxis staatlicher Stellen in Deutschland und Österreich zu ermitteln; erfolgversprechend sind dagegen die Arbeiten, in denen die *wissenschaftliche Volkswirtschaftspolitik* sich um diesen Begriff bemüht hat.

Es fällt auf, daß seit den siebziger Jahren des vorigen Jahrhunderts bis zum Beginn des Ersten Weltkrieges diese Bemühungen zwar besonders zahlreich[25], aber letztlich nicht sehr überzeugend waren; denn sie verbanden sich eng mit dem Problem »Agrarschutz[26]« und setzten »Agrarpolitik« weitgehend mit »Konjunkturpolitik« gleich, was schon in der zeitgenössischen Kritik als unzulänglich empfunden wurde. In konstruktiver Weise formulierten sie die Grundfragen der wissenschaftlichen »Agrarpolitik«: Worin bestehen die die Landwirtschaft betreffenden Zielsetzungen? Worauf sind sie zurückzuführen? Welche Motive sind für ihre Entstehung entscheidend gewesen? Inwieweit lassen sich agrarpolitische Faktoren in einer Systematik zusammenfassen[27]?

Der Weltkrieg veränderte die ökonomischen Strukturen Deutschlands und Österreich-Ungarns grundlegend: Die beiden ehemals in ein außenwirtschaftliches System integrierten Staaten wurden auf die Stufe von »Eigenwirtschaftsstaaten« zurückgeführt[28]. Die kontrollierende staatliche Bürokratie breitete sich stark aus, indem sie aus der traditionellen Verwaltungsorganisation Sonderformen schuf (Kriegsernährungsamt u. a.[29]) und die privatwirtschaftliche Verfügungsgewalt drastisch einschränkte oder sogar aufhob[30]. Aus der anfänglich partiellen staatlichen Beeinflussung entwickelte sich immer stärker ein mehr oder weniger funktionierendes planwirtschaftliches System, insbesondere ab 1915, als die Ernteerträge sanken, die Friedensreserven schwanden, regionale Unterschiede sich in der Versorgung der Bevölkerung immer deutlicher zeigten und den sozialen Frieden bedrohten. Unter diesen Umständen entbrannte in der wissenschaftlichen Volkswirtschaftspolitik ein heftiger Streit um »Kriegswirtschaft« und »Kriegswirtschaftspolitik« im allgemeinen, um »Agrarpolitik« im besonderen, in dem keine Einigung erreicht wurde. Was unter kriegswirtschaftlichen Bedingungen »Agrarpolitik« bedeutete, läßt sich nur mit äußerster Vorsicht umschreiben: Im Krieg schufen die stürmische Nachfrage nach Agrarprodukten einerseits und die damit wachsende Macht der ländlichen Produzenten andererseits problematische Marktverhältnisse, die nach Ansicht führender Agrarwissenschaftler (unter ihnen Aereboe und Warmbold) nur durch staatliche Regelung gelöst werden konnten. Danach sollte der Staat »die angebliche oder tatsächliche Ohnmacht des Käufers im Konkurrenzkampf... zu einer dem Verkäufer gegenüber wirksamen Macht gestalten« und ihm »einen Teil seiner Machtfülle« leihen[31]. »Agrarpolitik« war demnach überwiegend als »Ernährungspolitik« und protektionistische staatliche Konsumentenpolitik verstanden worden.

In der Nachkriegszeit war die wissenschaftliche Volkswirtschaftspolitik in vielen Fällen darüber enttäuscht, wie wenig die staatliche Bürokratie auf ökonomischem Gebiet geleistet hatte[32]. Als besonders mißlich wurde die »Hilflosigkeit« empfunden, mit der die »vorherrschenden Richtungen« besonders im deutschen Wissenschaftszweig dem ökonomischen Prozeß im Kriege gegenübergestanden hatten[33]. Kritik und Selbstkritik führten zu einer neuen Auffassung von dem, was wissenschaftliche Volkswirtschaftspolitik künftig leisten sollte[34]. Vor allem sollten ökonomische »Gesetzmäßigkeiten« herausgefunden werden, um mit deren Hilfe wirtschaftliche Schäden »auf das notwenige Minimum« zu beschränken[35]. Auch die wissenschaftliche Agrarwirtschaftspolitik wurde von dieser Umorientierung berührt, dazu kam ihre skeptische Haltung gegenüber der »staatskapitalistischen Bewältigung einer allgemeinen Mangelwirtschaft« (Baade) im Krieg und in der unmittelbaren Nachkriegszeit sowie gegenüber den gravierenden Veränderungen der nationalen und europäischen Agrarwirtschaftsstrukturen und politischen Systeme.

Auch für die zwanziger Jahre läßt sich kein allgemeingültiger Begriff »Agrarpolitik« ermitteln. Insofern er von den Begleiterscheinungen des wenig leistungsfähigen Eigenwirtschaftssystems 1914 bis 1918/19 beeinflußt war, bedeutete er hauptsächlich »Freihandelspolitik«; er bedeutete aber auch »Produktionspolitik«, weil er von den negativen Erfahrungen jahrelanger Ernährungsschwierigkeiten geprägt war. Dieser Begriff wurde zum Leitgedanken der deutschen und österreichischen Agrarwirtschaft, die aus traditionellen Bahnen herauszufinden versuchte und sich nach neuen, am Prinzip vermehrter Rentabilität und rationeller Produktionsweise orientierten Vorbildern richtete.

Gewiß nicht zufällig fanden die amerikanischen Studien von O. B. Jesness (1923), Th. Macklin (1924) und J. E. Boyle (1925) über »corporative« und »efficient marketing« in der wissenschaftlichen Agrarpolitik starke Beachtung[36]. Aber es wäre völlig verfehlt, für die Zeit der Weimarer Republik und der Ersten Republik Österreich von diesem in doppelter Weise akzentuierten gültigen Begriff »Agrarpolitik« auszugehen; denn am Ende der zwanziger Jahre erfuhr er einen entscheidenden Bedeutungswandel und wurde überwiegend als »Produktionsregelungs«- und »Preisfestsetzungs«-Politik[37] unter dem ausschließlichen Einfluß organisierter staatlicher Instanzen[38] verstanden.

Da der Begriff »Agrarpolitik« innerhalb von siebzig Jahren unter wechselnden politischen, ökonomischen und sozialen Einflüssen seine hauptsächliche Bedeutung verändert hat, ist er vorsichtig anzuwenden. Er ist instabil und nur für zeitlich engbegrenzte Entwicklungsphasen des Agrarsystems gültig; ob er für ganz bestimmte Perioden anwendbar ist oder nicht, muß fortwährend überprüft werden. Für die historiographische Praxis, die auf einen ausdrucksvollen Begriff wegen seiner zentralen Bedeutung nicht verzichten kann, bedeutet das, ihn aus folgenden Elementen jeweils neu zu bilden: erstens der (oder die) Urheber politischen Handelns im Agrarwirtschaftsbereich, zweitens ihre Motive und Zielsetzungen, drittens die Ansatzstellen dieses Handelns im Agrarsystem, viertens das Instrumentarium des Handelns, fünftens die erkennbaren oder möglichen Folgen dieses Handelns für die mittel- oder unmittelbar Betroffenen. Hierbei sollte an die Rahmenbedingungen der wissenschaftlichen Volkswirtschaftspolitik gedacht werden, die der österreichische Nationalökonom Eugen von Philippovich formuliert hat: diejenigen Kräfte feststellen, die auf die bestehenden ökonomischen Kräfte einwirken, ihre Stärke und ihre Bedeutung für die gesamte Gesellschaft prüfen und diese Entwicklung im gesamtgesellschaftlichen Zusammenhang untersuchen; dann die verschiedenen Möglichkeiten der Entwicklung bestehender ökonomischer Verhältnisse sowie deren Folgen für die gesamte Gesellschaft prüfen[39].

»Wie die meisten neuen Errungenschaften auf historischem Gebiet, so hat auch der Begriff der ›Krise‹ eine lange eigene Geschichte in der Geschichte«[40], die aber in unsererem Zusammenhang auf das Gebiet der Nationalökonomie und dort wiederum auf die agrarwirtschaftliche Seite beschränkt bleiben soll. Der industrielle Wachstumsprozeß seit dem frühen 19. Jahrhundert war besonders in England und Frankreich von einer kritischen Literatur begleitet, die seine Veränderungen und Wirkungen auf die Gesellschaft aufmerksam verfolgte. Hierzu gehören die Bücher von Chalmers, Malthus, Say und Sismondi in den dreißiger

Jahren des 19. Jahrhunderts. Einen bedeutenden Impuls erhielt die ökonomische Krisenliteratur einige Jahrzehnte später durch die kritische Herausforderung von Marx und Engels, und bis zum Ende des 19. Jahrhunderts war ihre Zahl Legion[41].

Zu Recht ist behauptet worden[42], daß der Erste Weltkrieg das Krisenbewußtsein der Zeitgenossen schärfte, die bis dahin gültigen Theorien über »Fortschritt und Finalität des Nationalstaates« in Frage stellte und so günstige Bedingungen schuf, unter denen sich die »Krisentheorie« als Sonderdisziplin der Volkswirtschaftslehre entwikkeln konnte[43].

Die agrarwissenschaftliche »Krisen«-Literatur ist im Vergleich zu der auf die Industriewirtschaft bezogenen um einige Jahrzehnte jünger. Im Zusammenhang mit ihr stehen Namen wie Fraas (1866), Wagner (1866), Wirth (1881) und Sering (1887). Die bedeutendsten Vertreter der wissenschaftlichen Agrarwirtschaftspolitik in der Zeit der Monarchie, zum Beispiel Buchenberger (1893) und Conrad (1909), haben in ihren Arbeiten zu agrarpolitischen Themen der »Agrarkrisis« große Aufmerksamkeit geschenkt, ohne sich aber darüber verständigen zu können, was »Krisis« bedeutet und welche Faktoren sie auslöst. »Agrarkrisis« hieß alles, was die agrarische Produktion, den Absatz und die Stellung der ländlichen Produzenten störend beeinflußte: Preisschwankungen, »Kreditklemme«, Mißernten und »Bodenrente«. Vielleicht lag in dieser begrifflichen Unschärfe der Grund dafür, daß »Agrarkrise« im Ringen um die Einführung von Getreidezöllen (1902) zum Schlagwort wurde, das sich sowohl von Schutzzöllnern wie von Freihändlern benutzen ließ. Ebenso wie der Begriff »Agrarpolitik« stand der der »Agrarkrise« bis zum Ersten Weltkrieg in einem unauflöslichen Zusammenhang mit dem Problem des staatlichen »Agrarschutzes«.

In dieser Koppelung ist wahrscheinlich die Erklärung dafür zu finden, daß der Krisenbegriff ab 1914 bis in die frühen zwanziger Jahre völlig aus dem Themenkreis der wissenschaftlichen Agrarwirtschaftspolitik verschwand[44]. Erst 1925 versuchte Max Sering »Agrarkrisen« von »allgemeinen Wirtschaftskrisen« abzuheben und sie als eine besondere Form der »Preisgestaltung« mit dem daraus folgenden »Verhältnis der Einnahmen zu den Kosten und Lasten« zu bezeichnen[45]. Nur auf den ersten Blick vermag Serings Analyse der deutschen Landwirtschaft nach dem Ersten Weltkrieg zu beeindrucken, doch bei genauerer Prüfung der Argumente erscheint ihr eigentlicher Zweck: Sering wollte mit wissenschaftlichen Mitteln politischen Zwecken (»gründliche Revision des Versailler Diktates«) dienen, er versuchte, das erneute Ringen um die Einführung von Schutzzöllen im Sinne der

Agrarprotektionisten zu beeinflussen und aktivierte schließlich die agrarische Agitation gegen Schwerindustrie und Eisenzölle, »den größten Hemmschuh der deutschen Landwirtschaft« (Aereboe)[46].

Die »Krise« in der Landwirtschaft trug nicht den »Stempel eines wissenschaftlich erfaßten Vorganges« (Starn), sondern entpuppte sich als Interpretationsschema für den angeblich schlechten Zustand des agrarwirtschaftlichen Systems. Ökonomische Daten lenkten die Aufmerksamkeit des Historikers auf wechselnde Faktoren im makroökonomischen Bereich, aber sie beschrieben nicht die jeweilige Qualität seines Zustandes. Ob er als »normal« oder als »krisenhaft« zu bezeichnen war, lag ausschließlich in der Überzeugung des Analytikers.

Der Begriff »Agrarkrise«, der allenthalben in der agrarhistorischen Forschung zum festen Bestandteil geworden ist, erfüllt mit Skepsis, denn er sagt mehr über den politischen Standort der Forschung aus als über den Zustand des agrarwirtschaftlichen Systems.

3. Das österreichische Agrarsystem in der Zwischenkriegszeit

Wenn heute die Frage gestellt wird, welchen Beitrag die agrarhistorische Forschung zu einer sozial- und wirtschaftsgeschichtlichen Analyse der Ersten Republik geleistet hat, so fällt die Antwort negativ aus. Das österreichische Agrarsystem und seine Träger, organisierte agrarische Interessen, die vielfältigen Wechselbeziehungen zwischen ökonomischem, sozialem und politischem System haben nie mehr als punktuelle und flüchtige Aufmerksamkeit auf sich gezogen. Gründe für dieses große thematische Defizit lassen sich weder aus der Materialbasis noch aus dem politischen Stellenwert der »Agrarier« in Österreich 1918 bis 1938 ermitteln, sondern hauptsächlich aus der Unsicherheit über das Leitmotiv zeitgeschichtlicher Forschung zur Ersten Republik.

Gegenwärtig bieten die Ergebnisse engagierter Zeitgeschichtsforschung in Österreich ein Sammelsurium interessanter Einzelergebnisse, aus denen heraus sich noch kein geschlossenes Bild von der Entwicklung des Landes zwischen den Weltkriegen ergibt. Sehr attraktiv für die Forschung sind die Jahre 1927 bis 1938, während die Jahre davor (einschließlich die Zeit des Ersten Weltkrieges) ohne nähere Begründung ausgespart bleiben. Ferner gibt es bestimmte soziale und politische Gruppen, die im Mittelpunkt des Interesses stehen (Arbeiterschaft, Arbeiterbewegung und Heimwehren), desgleichen einzelne Parteien, aber kaum Interessenverbände, doch immer wieder einzelne Ereignisse, die aus der Gesamtentwicklung herausragen (Brand des Justizpalastes, Aufstand des Republikanischen Schutzbunds, nationalsozialistischer Putschversuch und Dollfuß-Mord). Unvermindert stark ist das Interesse, bestimmte Ereignisse in Entstehung und Verlauf minutiös zu rekonstruieren und dabei große Quantitäten von Quellenmaterial zu »verarbeiten«. In methodischer Hinsicht gelten in vielen Fällen die Sympathien traditionellen ereignis-, handlungs- und personengeschichtlichen Sichtweisen. Damit soll weder der bisherigen thematischen Auswahl noch dem methodischen Traditionalismus die Daseinsberechtigung abgesprochen werden; aber es wird bezweifelt, und diesen Zweifel teilen nicht nur westdeutsche Historiker, sondern auch viele im Lande selbst, daß die gegenwärtige Forschungsdiskussion über die Erste Republik aus dem Dilemma des Diffusen sich löst und zu prinzipiellen Problemstellungen hinfindet.

Es ist versucht worden, die komplizierte Geschichte Europas in der Zwischenkriegszeit auf die beiden Formeln »Zerstörung und Selbstzerstörung der Demokratie« (K. J. Newman) und »Krise des liberalen Systems« (E. Nolte) zu bringen und nach den »Vorbelastungen« der politischen Systeme (E. Fraenkel), hauptsächlich des Parlamentarismus, zu fragen; man vermutete sie in der obrigkeitsstaatlichen Vergangenheit und in den akuten sozialen und wirtschaftlichen Problemen und erklärte daraus die zwangsläufige Finalität dieser Systeme in verschiedenartig ausgeprägten autokratischen Herrschaftsverhältnissen. Dieses Interpretationsmuster hat zeitweilig den Blick auf mögliche Chancen verstellt, der Demokratie eine breitere, tragfähige Mehrheit zu geben.

In einem Land wie Österreich, das nach dem Zerfall der Donaumonarchie nicht mehr ein »Agrarstaat« im Sinne des 19. Jahrhunderts, aber auch noch nicht überwiegend ein »Industrie«- und »Dienstleistungsstaat« war, in dem jedoch die agrarstaatlichen Elemente vom demokratischen Impuls der Revolutions- und Rätebewegung 1918/19 nahezu unberührt geblieben sind, stellt sich die *grundlegende Frage* nach der Verträglichkeit einer größtenteils vorindustriellen Sozial- und Wirtschaftsordnung mit dem parlamentarisch-demokratischen System und denjenigen Kräften in der Industriearbeiterschaft und im städtischen Mittelstand, die auf eine weitgehende wirtschaftliche und soziale Orientierung an den westlichen Nachbarstaaten drängten. Die Elemente dieser Wirtschafts- und Sozialordnung sind das Haupterkennungsfeld der agrarhistorischen Forschung.

Die für die überwiegend agrarstaatlichen Systeme Ostmitteleuropas formulierte These Conzes, das »Agrarproblem« sei das »schwerste Hindernis gesellschaftspolitischer Gestaltung« in der Zwischenkriegszeit gewesen[47], kann in gewissem Sinne auch für Österreich gelten, ohne daß man dabei die Einflüsse der verschiedenen sozialen Gruppierungen im städtischen Bürgertum aus den Augen verliert. Die einzelnen Elemente des österreichischen »Agrarproblems« sind noch gar nicht herausgearbeitet worden, sie dürften aber zahlreicher sein, als sich aus dem unzulänglichen Stand der agrarhistorischen Forschung zur Zeit entnehmen läßt. Aufmerksam sollte die Behauptung geprüft werden, daß die »neuen Demokratien« Mittel- und Osteuropas auf eine ihrer wichtigsten Möglichkeiten zur Stabilisierung verzichteten: eine solide Schicht zufriedener Mittelbauern zu schaffen, die einen »Grundpfeiler der Demokratie« bildet[48].

Damit öffnet sich der Forschung ein weites Problemfeld und ein breites Spektrum von politischen, sozialen und wirtschaftlichen Fragen, unter anderem nach den Möglichkeiten und Grenzen einer den demokratischen Verhältnissen von 1918/19 angemessenen Reform der österreichischen »Agrarverfassung«: Bodenreform, Wiederbesiedlung und Entmachtung alter agrarischer Besitz- und Machteliten hingen unauflöslich zusammen und bildeten ein brisantes Konfliktpotential, das nur behutsam entschärft werden konnte, ohne weite Teile der kriegsgeschädigten Gesellschaft in ihrer materiellen und sozialen Existenz zu gefährden. Inwieweit der Verzicht, die überkommene »Agrarverfassung« mit revolutionären Mitteln zu lösen, den Verlust einer breiten demokratischen Basis bei den mittleren und kleinen Landbesitzern verursachte, ist wert, vorrangig untersucht zu werden.

In diesem Zusammenhang könnte das Phänomen der ostmitteleuropäischen »Bauerndemokratien« auch für Österreich aktualisiert werden. Damit würde auch Licht auf das Problem des »Agrarismus« fallen, d. h. auf die Ideologie der *Grünen Internationale,* einer ab 1922 sich kräftig entwickelnden bäuerlichen »Mittelstands«bewegung in verschiedenen Ländern Europas, die ihren Weg zwischen »Feudalismus« und »Sozialismus« suchte. In Österreich spitzte sie die Verfassungsfrage zu und propagierte im *Feistritzer Landbundprogramm* vom August 1929 die Einführung der »ständischen Verfassung«.

Als weiteres vordringliches Problem stellt sich der agrarhistorischen Forschung die Frage nach den Wurzeln des bäuerlichen Rechtsradikalismus, wie er sich in Teilen der Heimatwehren und der mit ihnen konkurrierenden »Bauernwehren« in einigen Landesteilen zeigte. Die kausalen Zusammenhänge zwischen ständestaatlicher Ordnung und bäuerlichen Interessen sind schließlich weitere Ansatzstellen künftiger agrarhistorischer Forschung wie die zwischen dem Nationalsozialismus und Teilen der österreichischen Bauernschaft. Eine generelle, allgemein verbindliche thematische Strukturierung der agrarhistorischen Probleme der Ersten Republik ergibt sich hieraus ohne weiteres nicht;

sie stellt sich als interessante Herausforderung an die Forschung und sollte mit energischer Ausdauer, mit dem Mut zum intellektuellen Experiment und gewiß auch mit der Aussicht auf partielle Mißerfolge angenommen werden.

Die Wahl der Mittel sollte von dem Wunsch bestimmt sein, Erkenntnisse aus einem möglichst breiten Wirklichkeitsbereich zu gewinnen, und die Betrachtungsweise sollte sich weniger von dem Interesse an einzelnen begrenzten Ereignissen und Personen leiten lassen als vielmehr von den Bemühungen, gesamtgesellschaftliche Zusammenhänge, »Verhältnisse« und »Zustände« zu analysieren und darzustellen.

ANMERKUNGEN

1 Hierzu zählen in einer Auswahl des Wichtigsten: W. Schiff, *Österreichs Agrarpolitik seit der Grundentlastung*, Tübingen 1898. Ders., *Geschichte der österreichischen Land- und Forstwirtschaft und ihrer Industrien 1848–1898*, in: *Jahrbücher für Nationalökonomie und Statistik*, 3. Folge, 21 (1901), S. 375–412; H. Dietzel, *Agrar-Industriestaat oder Industriestaat?*, in: *Handwörterbuch der Staatswissenschaften*, 1. Bd., Jena 1923, S. 62–72; aus der Sicht der marxistisch-leninistischen Geschichtsschreibung der DDR: K. Ritter, *Agrarwirtschaft und Agrarpolitik im Kapitalismus*, 2 Bde, Berlin 1956 und 1959. Außerdem sind zu nennen H. Haushofer, *Die deutsche Landwirtschaft im technischen Zeitalter*, 2., verbesserte Auflage, Stuttgart 1972. W. Abel, *Agrarkrisen und Agrarkonjunktur*, 3. neubearb. u. erw. Auflage, Hamburg 1978; F. Facius, *Staat und Landwirtschaft in Württemberg 1780–1920*, in: *Wege und Forschungen der Agrargeschichte, Festschrift für G. Franz*, Frankfurt/Main 1967, S. 288–313; P. Bairoch, *Die Landwirtschaft und die Industrielle Revolution 1700–1914*, Stuttgart 1976 (= *Europäische Wirtschaftsgeschichte*, Bd. 3), S. 297–332; F.-W. Henning, *Produktionskosten und Preisbildung für Getreide in den letzten Jahrzehnten des 19. Jahrhunderts*, in: *Zeitschrift für Agrargeschichte und Agrarsoziologie* 25 (1977), S. 214–236; E. Bruckmüller, *Landwirtschaftliche Organisationen und gesellschaftliche Modernisierung*, Salzburg 1977. Über die Forschungsdefizite in der Agrargeschichte des 19. Jahrhunderts siehe H.-U. Wehler, *Theorieprobleme der modernen deutschen Wirtschaftsgeschichte (1800–1945)*, in: *Entstehung und Wandel der modernen deutschen Gesellschaft. Festschrift für H. Rosenberg*, Berlin 1970, S. 81 und 83–86; mit welchen starken konzeptionellen und inhaltlichen Mängeln eine Reihe deutscher Beiträge zur Agrargeschichte im 19. Jahrhundert behaftet sind, darauf hat Hans Rosenberg pointiert und überzeugend hingewiesen: *Deutsche Agrargeschichte in alter und neuer Sicht*, in: H. Rosenberg, *Probleme der deutschen Sozialgeschichte*, Frankfurt/Main 1969, S. 81–147. Vgl. die weitgehend aus marxistisch-leninistischem Forschungsansatz resultierende und diskussionswürdige Kritik von G. Heitz, *Landwirtschaft, Agrarverfassung, Bauernstand*, in: *Jahrbuch für Wirtschaftsgeschichte* 1977 (I), S. 183–207.

2 W. Tornow, *Die Entwicklungslinien der landwirtschaftlichen Forschung in Deutschland unter besonderer Berücksichtigung ihrer institutionellen Formen*, Hiltrup

(1955), insbesondere S. 87–178; H. Haushofer, *Landwirtschaft*, insbesondere S. 230–57; H. Rheinwald, *Zur Entwicklung der landwirtschaftlichen Beratung unter dem Einfluß der Weltwirtschaftskrise*, in: *Festschrift für G. Franz*, S. 314–27; G. Schulz, *Staatliche Stützungsmaßnahmen in den deutschen Ostgebieten*, in: *Festschrift für H. Brüning*, Berlin 1967, S. 141–204; D. Hertz-Eichenrode, *Politik und Landwirtschaft in Ostpreußen 1919–1930*, Köln 1969; H. Barmeyer, *Andreas Hermes und die Organisation der deutschen Landwirtschaft*, Stuttgart 1971; W. Tornow, *Chronik der Agrarpolitik und Agrarwirtschaft des Deutschen Reiches von 1933–1945*, Hamburg 1972; E. Klein, *Geschichte der deutschen Landwirtschaft im Industriezeitalter*, Wiesbaden 1973; J. Flemming, *Landarbeiter zwischen Gewerkschaften und »Werksgemeinschaft«*, in: *Archiv für Sozialgeschichte* 14 (1974), S. 351 bis 418; ders., *Großagrarische Interessen und Landarbeiterbewegung*, in: H. Mommsen u. a., Hg., *Industrielles System und politische Entwicklung in der Weimarer Republik*, Düsseldorf 1974, S. 745–62; D. Gessner, *Industrie und Landwirtschaft 1928–1930*, in: ebda., S. 762–78; W. A. Boelcke, *Wandlungen der deutschen Agrarwirtschaft in der Folge des Ersten Weltkriegs*, in: *Francia* 3 (1975), S. 498–532; A. Panzer, *Industrie und Landwirtschaft in Deutschland im Spiegel der Außenwirtschafts- und Zollpolitik von 1870 bis heute*, in: *Zeitschrift für Agrargeschichte und Agrarsoziologie* 23 (1975), S. 71–85; H.-J. Puhle, *Politische Agrarbewegungen in kapitalistischen Industriegesellschaften*, Göttingen 1975; D. Gessner, *Agrarverbände in der Weimarer Republik. Wirtschaftliche und soziale Voraussetzungen agrarkonservativer Politik vor 1933*, Düsseldorf 1976.

3 P. Meihsl, *Die Landwirtschaft im Wandel der politischen und ökonomischen Faktoren*, in: W. Weber, Hg., *Österreichs Wirtschaftsstruktur gestern, heute, morgen*, Bd. 2, Berlin 1961, S. 551–838; mehr dem Charakter einer harmonisierenden Jubiläumsschrift entsprechend: K. Dinklage, *Geschichte der Kärntner Landwirtschaft*, Klagenfurt 1966; in einigen, die hier wegen ihrer geringeren Bedeutung im vorliegenden Zusammenhang nicht genannten agrarhistorischen Studien wird auffallenderweise auf die Arbeit von Harald Schöhl, *Österreichs Landwirtschaft. Gestalt und Wandlung 1918–1938*, Berlin 1938, zurückgegriffen. Das ist in mancherlei Hinsicht befremdlich: zum einen wegen der von Schöhl sehr beliebig ausgewählten statistischen Basis, zum anderen wegen der deutlich pronationalsozialistischen Haltung des Autors. In dem Vorwort bezeichnete der damalige Minister für Land- und Forstwirtschaft, Reinthaller, das Landvolk als »Blutsquell der Nation«, und Schöhl stellte sich als Aufgabe, »Ausgangspunkte« festzuhalten, »bei denen die nationalsozialistische Agrarpolitik ihre Arbeit beginnt«. In völliger Verdrehung des Sachverhalts bemerkte er außerdem: »Die allgemeine schwierige Lage der Landwirtschaft (der Ersten Republik – U. K.) hatte somit ihre Ursache in ihrer Struktur, in der Disharmonie der einzelnen Teile, hauptsächlich jedoch darin, daß das kleine Wirtschaftsgebiet Österreich trotz mancher Erfolge in den letzten Jahren in sich krank war und keine blühende Landwirtschaft entwickeln konnte« (S. 125). Hieraus dürfte sich der Verzicht auf Schöhls Darstellung wohl von selbst verstehen.

4 W. Abel, *Agrarkrisen*, S. 261.

5 H. Haushofer, *Landwirtschaft*, S. 264–93.

6 »Von einer echten Agrarpolitik kann in dieser Zeit nicht gesprochen werden; plan- und systemlos wurden Einzelmaßnahmen durchgeführt, die für kurzfristige Probleme große Mittel verschwendeten« (S. 561).

7 P. Meihsl, *Landwirtschaft*, S. 562–70.

8 H. Haushofer, *Landwirtschaft*, S. 263–70.

9 P. Meihsl, *Landwirtschaft*, S. 556–57.

10 H. Löwenfeld-Russ, *Die Regelung der Volksernährung im Kriege,* Wien 1926, passim.
11 Trotz breiter Quellenbasis gibt es bisher in Österreich keine diskussionswürdigen Beiträge zur Frage der Bodenreform und der Wiederbesiedlung sowie zum Landarbeiterproblem; auch ist die Rätebewegung in Teilen der österreichischen Bauernschaft bisher niemals Gegenstand wissenschaftlicher Erörterung gewesen. Für die deutschen Verhältnisse liegen kleinere Studien vor, die aber keinesfalls den Anspruch erheben können, einen Gesamteindruck zu vermitteln. Vgl. die beiden genannten Beiträge von J. Flemming, siehe auch H. Muth, *Die Entstehung der Bauern- und Landarbeiterräte im November 1918 und die Politik des B(undes) d(er) L(andwirte),* in: *Vierteljahrshefte für Zeitgeschichte* 21 (1973), S. 1–38.
12 H. Haushofer, *Landwirtschaft,* S. 264.
13 Aus einer reichhaltigen Literatur zum Beispiel E. H. Vogel, *Die Gesetzgebung auf dem Gebiete der Innenkolonisation in den österreichischen Nachfolgestaaten,* in: *Archiv für Sozialwissenschaft und Sozialpolitik* 48 (1920/21), S. 419–34.
14 Siehe zu den aufgeführten Punkten H. Haushofer, *Landwirtschaft,* S. 273–82, außerdem E. Klein, *Geschichte,* S. 164–65. In diesem Zusammenhang fällt besonders die lückenhafte Literaturbasis bei Haushofer auf.
15 H. Muth, *Führungsschichten der Bauernverbände,* in: G. Franz, Hg., *Bauernschaft und Bauernstand 1500–1970,* Limburg/Lahn 1975, S. 314; das gilt vor allem für folgende in diesem Band enthaltenen Beiträge: K. Dinklage, *Bäuerliche Führungsschichten Österreich-Ungarns im 19. und 20. Jahrhundert und ihre Leistungen* (S. 195–223); H. Haushofer, *Bäuerliche Führungsschichten im 19. und 20. Jahrhundert* (S. 225–43); L. Lenk, *Bauern im Bayerischen Landtag 1819 bis 1970* (S. 245–64); W. Schlau, *Bäuerliche Führungsschichten in Hessen im 19. und 20. Jahrhundert* (S. 265–90).
16 H. Haushofer, *Landwirtschaft,* passim.
17 Ebda., S. 290.
18 P. Meihsl, *Landwirtschaft,* S. 559 und 564.
19 H. Mommsen, Hg., *Industrielles System,* S. 745–62 u. 763–78; J. Flemming, *Landarbeiter,* passim.
20 H. Haushofer, *Landwirtschaft,* S. 283.
21 D. Gessner, *Agrarverbände,* S. 95: »Also alle Zweige der deutschen Landwirtschaft, Ackerbau und Veredlungswirtschaft ebenso wie die Holzwirtschaft, unabhängig von ihrer Betriebsklasse und (ihren) regionalen Bedeutungen, erwiesen sich in der Krise wenig widerstandsfähig.« Dagegen H.-J. Puhle, *Agrarbewegungen,* S. 90: Die Auswirkungen der »Agrarkrise« trafen »die kleinen und mittleren Besitze wesentlich härter ... als die Großbesitzer ...«
22 Gessner kombinierte den als »Agrarkrise« gekennzeichneten ökonomischen Zustand der deutschen Landwirtschaft mit »Unruhe unter der ländlichen Bevölkerung.« *Agrarverbände,* S. 103. Aber er blieb die Erklärung der kausalen Zusammenhänge zwischen gesellschaftlichen Vorgängen und wirtschaftlichen Veränderungen schuldig.
23 »Die Krise erfaßte nicht einzelne Produkte, sondern die gesamte Landwirtschaft, ja die Volkswirtschaft und internationale Wirtschaft überhaupt.« P. Meihsl, *Landwirtschaft,* S. 563.
24 H. Niehaus, *Agrarpolitik,* in: *Handwörterbuch der Sozialwissenschaften,* 1. Bd., Stuttgart 1956, S. 85: »Agrarpolitik« ist die »ordnende Tätigkeit des Staates und der von ihm autorisierten öffentlich-rechtlichen Körperschaften«, und zwar »insofern sich diese Tätigkeit auf die Gestaltung der kulturellen, sozialen, rechtlichen und wirtschaftlichen Verhältnisse der Landbevölkerung und der Land- und

Forstwirtschaft richtet«. Die von organisierten Interessen »an den Gesetzgeber und die Verwaltung herangetragenen Wünsche und Forderungen sind ›Rohstoffe‹ und Triebkräfte der Agrarpolitik, aus denen die Scheidekraft des Parlaments *(sic)* und die Unparteilichkeit der Staatsverwaltung *(sic)* erst noch ein Endprodukt herzustellen hat, das die Bezeichnung Agrarpolitik verdient«.

25 Siehe den Überblick über die agrarpolitische Literatur des 19. Jahrhunderts von K. Grünberg, *Agrarpolitik*, in: *Die Entwicklung der deutschen Volkswirtschaftslehre im 19. Jahrhundert. Festschrift für G. Schmoller*, Bd. 2, Leipzig 1908, Teil XXI, S. 1–67.

26 Aufschlußreich ist die engagierte und gegen Lujo Brentano gerichtete Darstellung von Adolph Wagner, *Agrar- und Industriestaat. Die Krise des Industriestaats und die Rechtfertigung agrarischen Zollschutzes mit besonderer Rücksicht auf die Bevölkerungsfrage*, 2., verm. und umgearb. Auflage, Jena 1902. Siehe auch den kritischen Überblick von G. Schmoller, *Grundriß der Allgemeinen Volkswirtschaftslehre*, 2. Teil, Leipzig 1904, S. 1103–04. Außerdem: J. Conrad, *Die neueste Literatur über Getreidezölle*, in: *Jahrbücher für Nationalökonomie und Statistik* 33 (1878), S. 145–58.

27 H. Schack, *Agrarpolitik als Wissenschaft*, in: *Jahrbücher für Nationalökonomie und Statistik* 121 (II) (1923), S. 549.

28 G. Briefs, *Kriegswirtschaftslehre und Kriegswirtschaftspolitik*, in: *Handwörterbuch der Staatswissenschaften*, 4. Auflage, Bd. 5, Jena 1923, S. 984–1022; W. Federn, *Österreich-Ungarns Geld- und Kreditwesen im Kriege*, in: *Archiv für Sozialwissenschaft und Sozialpolitik* 40 (1915), S. 323–50; E. Perels, *Die wirtschaftlichen Kriegsmaßnahmen in Österreich*, ebda., S. 351–70; F. Eulenburg, *Literatur über Krieg und Volkswirtschaft*, ebda. 43 (1916/17), S. 302–47, 1041–95; O. Neurath, *Aufgabe, Methode und Leistungsfähigkeit der Kriegswirtschaftslehre*, ebda. 44 (1917/18), S. 768–70.

29 Für Österreich: H. Wittek, *Die kriegswirtschaftlichen Organisationen und Zentralen in Österreich*, in: *Zeitschrift für Volkswirtschaft und Sozialpolitik* N. F. 2 (1922), passim.

30 H. Lehmann, *Die Kriegsbeschlagnahme als Mittel der Organisation der Rohstoff- und Lebensmittelversorgung*, Jena 1916, passim.

31 F. Terhalle, *Freie oder gebundene Preisbildung?*, Jena 1920; vgl F. Aeroboe, H. Warmbold und A. Hesse, *Preisverhältnisse landwirtschaftlicher Erzeugnisse im Kriege*, Berlin 1917, passim.

32 A. Weber, *Der Anteil Deutschlands an der nationalökonomischen Forschung seit dem Weltkrieg*, in: *Die Wirtschaftswissenschaft nach dem Kriege. Festschrift für L. Brentano*, 2. Bd., München 1925, S. 8.

33 Ebda., S. 26.

34 W. Heller, *Die Theorie der Volkswirtschaftslehre und der Weltkrieg*, in: *Zeitschrift für Volkswirtschaft und Sozialpolitik*, N. F. 2 (1922), S. 624–25. Mehr oder weniger deutlich stehen diese Bemerkungen im Zusammenhang mit der damals sehr breiten und kontroversen Diskussion um die »Grenznutzentheorie«, die eng mit dem Werk der österreichischen Nationalökonomen F. Wieser, E. Böhm-Bawerk, E. Sax und R. Zuckerkandl verbunden ist.

35 A. Weber, *Anteil*, S. 10.

36 G. Kuehne, *Die Technik in der Landwirtschaft der Vereinigten Staaten von Nordamerika*, Berlin 1926; Th. Roemer, *Beobachtungen auf dem Gebiet des Ackerbaues in den Vereinigten Staaten von Nordamerika*, Berlin 1926; Th. Brinkmann, *Aus dem Betrieb und der Organisation der amerikanischen Landwirtschaft*, Berlin 1927. Siehe den Beitrag »Rationalisierung« von K. Ritter, in:

Handwörterbuch der Staatswissenschaften, 4. Auflage, Erg.-Bd., Jena 1929, S. 765–95.
37 M. Sering, *Deutsche Agrarpolitik auf geschichtlicher und landeskundlicher Grundlage,* Leipzig 1934, S. 162.
38 Serings enger Mitarbeiter *Heinrich Niehaus* umriß in deutlicher Sympathie für den Nationalsozialismus das folgendermaßen: »Schnelle Entschlüsse, schnelles Handels, zentrale Kommandostellen, gut organisierte Manövriereinheiten, das sind Erfordernisse in dem Vielfrontenkrieg gegen die Krise mit ihren überraschenden Vorstößen. Daher das Bestreben, die Zentralgewalt zu stärken und die Trennung zwischen Legislative und Exekutive aufzuheben... Es ist kein Zweifel, daß dieser neue agrarpolitische Stil sich unter autoritärer Staatsführung... besser durchsetzen kann als in parlamentarisch regierten Ländern.« H. Niehaus, *Grundlinien agrarpolitischer Entwicklungen und Anschauungen,* in: *Jahrbücher für Nationalökonomie und Statistik* 141 (1935), S. 80.
39 E. von Philippovich, *Grundriß der Politischen Ökonomie,* 2. Bd., 1. Teil, 13. Auflage Tübingen 1922 (1. Auflage 1899), S. 7–8.
40 R. Starn, *Historians and »Crisis«,* in: *Past & Present,* H. 52 (1971), S. 3–22, deutsch: *Historische Aspekte des Krisenbegriffs,* in: M. Jänicke (Hg.), *Politische Systemkrisen,* Köln 1973, S. 52–69.
41 Vgl. H. Herkner, *Krisen,* in: *Handwörterbuch der Staatswissenschaften,* 3. Auflage, 6. Bd., Jena 1910, S. 274–76.
42 R. Starn, S. 58.
43 U. a. N. D. Kondratieff, *Die Preisdynamik der industriellen und landwirtschaftlichen Waren,* in: *Archiv für Sozialwissenschaft und Sozialpolitik* 60 (1928), S. 1–85; J. Kitchin, *Cycles and Trends in Economic Factors,* in: *Review of Economic Statistics* 5 (1923), S. 10–16; S. S. Kuznets, *Secular Movements in Production and Prices,* Boston 1930; G. Clausing, *Die wirtschaftlichen Wechsellagen von 1919 bis 1932, Jena 1933.*
44 C. von Dietze, *Erfahrung und Entscheidung in der Agrarschutzpolitik,* in: *Festschrift für A. Hermes,* Neuwied 1948, S. 37.
45 M. Sering, *Agrarkrisen und Agrarzölle,* Berlin 1925, S. 7.
46 C. von Dietze, *Erfahrung,* S. 39.
47 W. Conze, *Die Strukturkrise des östlichen Mitteleuropas vor und nach 1919,* in: *Vierteljahrshefte für Zeitgeschichte* 1 (1953), S. 329.
48 K. J. Newman, *Zerstörung und Selbstzerstörung der Demokratie. Europa 1918–1938,* Köln 1965, S. 39.

Edith Saurer

Steuerwiderstand und Strafe. Schmuggel in Österreich im Vormärz und im Neoabsolutismus*

Eine Beschäftigung mit dem Schmuggel oder Schleichhandel, worunter nach dem österreichischen Gefällsstrafgesetz von 1835 alle Übertretungen gegen die indirekten Steuern zu verstehen sind, hat sich mir von folgender Überlegung her nahegelegt: Indirekte Steuern sind eine alltägliche Konfrontation mit den Ansprüchen des Staates an seine Bürger. Sie belasten die ungleichen Börsen von jedermann in gleichem Maße. Sie sind durchschaubar, weil täglich spürbar: ob beim Eintritt in das eigene Land die im Ausland billiger gekauften Waren verzollt oder die vor den Toren einer Stadt viel preiswerter erstandenen Konsumgüter beim Überschreiten eines Linienwalls versteuert werden müssen und sich die Kosten dadurch oft verdreifachen: täglich Gelegenheit zum Unmut oder zum Nachdenken, wie diese Versteuerung-Verteuerung umgangen werden kann. Das bedeutet täglich Schmuggel Hunderter Personen und für die Staatsorgane das alltägliche Risiko eines gewaltsamen Steuerwiderstandes.

Die quantitativen Angaben über diesen Steuerwiderstand und die Gerichtsakten mit den Verhören der Schmuggler[1] bringen uns jene Menschen aus der sonst stummen Masse näher, von denen die Historiker schon seit einiger Zeit mehr wissen wollen und über die das Geschehen hinwegschreitet, ohne viel Spuren zu hinterlassen.

Ich möchte mich hier mit dem Schmuggel als sozialer Protestbewegung, als dem Illegalismus des kleinen Mannes – einer der Profitquellen der Großen – einerseits, und mit der staatlichen Reaktion – dem Gefällsstrafgesetz – andererseits auseinandersetzen.

Bis zu 720 Personen, von den Finanzorganen angehalten, überschritten in Österreich (ohne Ungarn) täglich die Zoll- und Steuergrenzen mit verheimlichten Waren in den Händen oder auf dem Rücken. Ihre Geschichten ruhen noch in den Archiven. Das Interesse der Forschung hat schon immer die großen Steuerrevolten umfaßt und hat sich in jüngster Zeit verstärkt. Im Zuge einer Neubewertung kollektiver

---

* Dieser Aufsatz ist das überarbeitete Manuskript eines Vortrages, den ich im April 1978 auf dem Österreichischen Historikertag gehalten habe.

Gewalt, als Indikator sozialer Unruhe, haben sich quantitative Untersuchungen wie jene der Tillys auf jedes manifeste, gewaltsame, illegale Auftreten von mehr als 20 Personen ausgerichtet[2]. Für die Zeit vor 1848 konnte auch eine große Anzahl von Steuerunruhen für drei europäische Länder ausgemacht werden. Die Tillys zählen Steuerrevolten zu den »reaktiven« Formen kollektiver Gewalt, wie sie vor allem in der ersten Hälfte des 19. Jahrhunderts auftraten. Die illegalen Aktionen von Einzelpersonen finden hier keinen Platz. So werden Kriminalität kaum, Finanzübertretungen überhaupt nicht berücksichtigt. Wenn man auch den Umstand übergeht, daß täglich Hunderte Personen schmuggelten, daß Schmugglerbanden oft aus 60 bis 100 Personen bestanden, so bleibt doch die Tatsache, daß der Individualschmuggel häufig Ausgangspunkt, Ursache und Anlaß von Steuerrevolten war.

So kam es im Oktober 1830 bei der Verhaftung des Tabakschwärzers Giovanni Boscolo aus Chioggia zu einem Volksaufstand, und man mußte den Schwärzer entkommen lassen. Das gleiche im August in Wien an der Verzehrungssteuerlinie. Das gleiche im Oktober in Prag, als der Zimmergeselle Mallak bei einer allgemeinen Weigerung der die Tore Durchschreitenden, die Steuer zu bezahlen, Reden gegen die Verzehrungssteuer hielt[3].

Der Sprung von einer individuellen, illegalen und gewaltlosen Handlung in eine illegale, gewaltsame und kollektive war klein. Eine genauere Untersuchung könnte sogar ergeben, daß bei den Steueraufständen der alltägliche individuelle Widerstand die Voraussetzung des kollektiven gewesen ist. Sind die rein quantitativen Forschungen der Tillys auch ein Weg zur Registrierung sozialen Protests, so liegt ihre Schwäche in ihrer Abstraktion von den in den Unruhen verwickelten sozialen Gruppen, deren ökonomischer Situation und Zielsetzungen, die ihrerseits selbst Kategorien sozialen Protests sind[4].

Hobsbawm und Rudé haben schon 1969 darauf verwiesen, daß Schmuggel und Wildern »nicht eine reine Einkommensquelle, sondern auch eine primitive Erklärung sozialer Gerechtigkeit und Rebellion waren[5]«. Sie sehen in Schmugglern und Wilderern »natürliche Rebellen« und weisen auf ihre hohe Teilnahme an den Aufständen in England von 1830 hin. Ich schließe mich ihrer Interpretation des Schmuggels als einer Form des sozialen Protests an, wenn auch mit einer Einschränkung in Hinblick auf die profitorientierten Hintermänner.

Die Möglichkeiten der Kritik an der Staatsgewalt waren vor allem im Vormärz kaum vorhanden. Während Handel und Gewerbe durch zünftische Organisation oder durch Gewerbevereine ab den dreißiger

Jahren, von den Ständen gar nicht zu sprechen, mit den Regierungsorganen ständig in Kontakt waren und ihre wirtschaftlichen, rechtlichen und sozialen Bedürfnisse artikulieren konnten, fehlte den Bauern, den ländlichen und städtischen Unterschichten diese Möglichkeit. Wir werden ihren hohen Anteil an den Steuerübertretungen noch feststellen können. Einig aber waren sich alle Schichten der Bevölkerung, daß Steuern eine unzulässige Bürde seien, Schmuggel daher der Ausübung eines Rechts näherkomme als einem Verbrechen. Auch aus diesem Grunde stellte der Schleichhandel für die staatlichen Behörden ein schwieriges Problem dar.

Im Österreich des Vormärz hatten die Hofkammer und die Hofkommission in Justizgesetzessachen über dreißig Jahre an der Kodifikation des Gefällsstrafgesetzes gearbeitet, das dann allerdings auch, mit Ergänzungen und Veränderungen, bis 1938 in Kraft war[6]. Es faßte erstmalig alle Übertretungen gegen die indirekte Besteuerung zusammen, wozu vorzüglich Zoll, Staatsmonopole und Verzehrungssteuer zählten. Diese drei Gefälle, bei den Staatsmonopolen Salz und Tabak, machten 70 bis 90 Prozent der gesamten Übertretungen aus. Ähnlich verhielt sich der Prozentsatz bei den Einnahmen aus den indirekten Steuern, auf deren Ertrag in der Zukunft die verschuldete Regierung setzte. Von der bisherigen Haupteinnahme, der Grundsteuer – die 80 Prozent der direkten Steuern ausmachte – war nicht mehr viel zu hoffen, sie sank[7]: Anlaß für eine großangelegte Neuordnung auf dem Gebiet der indirekten Steuern.

1829 wurde die Allgemeine Verzehrungssteuer eingeführt, 1835 neben dem Strafgesetz über Gefällsübertretungen die Zoll- und Staatsmonopolordnung erlassen. Um den Schmuggel besser bekämpfen zu können, wurde auch die Grenzwache reorganisiert.

Diesen Intentionen, die Staatseinnahmen zu erhöhen, stand die Masse der Übertreter entgegen: 131.000 im Jahre 1837. Für die Jahre zuvor gibt es keine veröffentlichten statistischen Angaben. Und diese 131.000 stellten, den Schmuggelprämien nach zu schließen, nur etwa 20 Prozent dar[8]. Über die finanziellen Einbußen des Staates gab es nur vage Gerüchte. Ich schätze den finanziellen Verlust bei den Zöllen aufgrund einer für die Lombardei vorgefundenen Tabelle[9] allein für das Jahr 1854 auf etwa 8 bis 10 Millionen Gulden im Jahr, das entspricht der Hälfte bis zwei Drittel der Zolleinnahmen. Für die vierziger Jahre ist aber, wegen des doppelt so hohen Schmuggels und der höheren Zolltarife, die geschätzte Summe bedeutend zu erhöhen.

Die Hofkammer betonte in ihrer Argumentation nicht die finanziellen Einbußen, um nicht die fiskalischen Interessen des Staates in den Vordergrund zu stellen, sondern die Bedrohung der gesamten Wirtschaft und Gesellschaft durch den Schmuggel: Er schädige das Privateigentum vorzüglich der Handel- und Gewerbetreibenden durch seine unlautere Konkurrenz und er verleite »die Bewohner ganzer Landstriche zu Müßiggang, zu einem unsteten Leben und zu einem offenen und versteckten Widerstand gegen die Anordnungen der Staatsverwaltung ... [er] geht Hand in Hand mit Gewalttätigkeit und den gefährlichsten Verbrechen und ist, wie die Erfahrung täglich lehrt, eine nur zu fruchtbare Pflanzschule für Mörder, Räuber und Diebe[10]«. Die Hofkammer zog jedoch nicht die Konsequenz, die Finanzübertretungen in das Strafgesetz zu inkorporieren. Sie milderte im Gegenteil die noch geltenden josephinischen Strafen, bzw. im Lombardo-Venetianischen Königreich die napoleonischen.

Der spätere Finanzminister Philipp Krauss, der Verfasser des Gesetzes, sah gerade in der Milde der Strafen ihre Wirksamkeit. Die vielfach im Europa seiner Zeit für Schmuggel verhängten zwei-, drei-, zehn-, ja fünfzehnjährigen Arreststrafen sah er als undurchführbar an.

> Ich kann mir aber auch von all diesen überspannten Strafbestimmungen keinen Erfolg versprechen. Die öffentliche Meinung, nicht allenfalls bloß des Volkes, sondern auch der Behörden, der Richter und der vollstreckenden Organe, würde solche Strafen als unpassend verwerfen[11].

Tatsächlich aber hatte schon Maria Theresia darüber geklagt, daß die Richter gegenüber den Schwärzern zu große Milde übten und bewaffneten Widerstand mit anschließenden Tumulten wie normalen Schmuggel bestraften[12]. Auf bewaffneten Widerstand stand die Todesstrafe. Dieses Problem der zu hohen, undurchführbaren Strafen war ein allgemeines Problem der Strafgesetzgebung. Das bekannteste Beispiel ist England, wo die Bevölkerung vor Anzeigen zurückschreckte und Richter zur Methode fiktiver Wertangaben griffen, um Todesstrafen zu verhindern[13]. Finanzübertretungen waren zusätzlich von einem größeren gesellschaftlichen Konsens getragen als sonstige Kriminalität. Todesurteile gegen Schmuggler waren politisch riskant. Es galt, ein Massenphänomen zu bekämpfen.

Wählte hier die österreichische Gesetzgebung insofern eine fortschrittliche Lösung, als sie sich den seit Ende des 18. Jahrhunderts in Europa erhobenen Forderungen nach Strafmilderungen anschloß, so tat sie auf dem Gebiet des Strafverfahrens das Gegenteil. Schon unter Joseph II. war das inquisitorische, geheime und schriftliche Verfahren allgemein in der Kriminalgerichtsordnung eingeführt worden. Darin fungierte der Richter als Ankläger und Verteidiger in einer Person. Der Beschuldigte war einer geheimen Untersuchung ausgeliefert. Das

Verfahren mit seiner Konzentration auf das Geständnis war mit allen Erinnerungen an die Folter verknüpft (die erst 1776 abgeschafft worden war). Es galt als Inbegriff absolutistischer Willkür. Während von seiten der italienischen Provinzen, wo Napoleon das akkusatorische, öffentliche und mündliche Verfahren eingeführt hatte, die dringendsten Vorstellungen erhoben wurden, von solchen Maßnahmen Abstand zu nehmen, die nur Unruhe im Land hervorrufen würden, hielt Krauss an seiner Entscheidung fest, weil, wie er meinte, ein öffentliches Verfahren nur Zeitverschwendung sei[14].

Galt das Inquisitionsverfahren in Österreich mit einer kurzen Unterbrechung bis zum Jahre 1873, so hielt es sich im Finanzstrafrecht bis zum Jahre 1938. Dieses vormärzliche Relikt mit all seinen belastenden Erinnerungen war für österreichische Juristen seit dem letzten Drittel des 19. Jahrhunderts ein Stein des Anstoßes[15]. Alle Reformversuche aber scheiterten.

De facto erweiterte die Entscheidung von Krauss die Kompetenzen der Finanzorgane. Er knüpfte damit an das schon im frühen 18. Jahrhundert vorhandene Verwaltungsstrafrecht an[16], das erst von Joseph II. aufgehoben worden war.

In minderen Straffällen entschieden die Finanzbehörden, in höheren Fällen von der Justiz- und Finanzverwaltung getragene gemischte Gefällsgerichte. Das Oberste Gefällsgericht in Wien – für die gesamte Monarchie mit Ausnahme der ungarischen Länder zuständig – hatte seinen Sitz im Finanzministerium, sein Vorsitzender war der Präsident der Obersten Justizstelle, nach 1848 der Präsident des Obersten Gerichtshofs. Über das Funktionieren dieser Gefällsgerichte gibt es die verschiedensten Aussagen, wobei die kritischen überwiegen, die die Belastung und die Überforderung der Richter durch die Finanzproblematik hervorheben[17]. Der Gesetzgeber wollte die Interessen der Finanz wahren und stärken, ohne die Verbindung zur Justiz zu verlieren, die nicht nur bei Strafverfahren und Gerichtsorganisation berücksichtigt wurde, sondern auch bei den Strafhöhen zu erkennen ist. Die Höhe der Strafen lag zwischen denen für Verbrechen und jenen für schwere Polizeiübertretungen, Schmuggel wurde also geringer bestraft als Holz-, Flur- und Walddiebstahl im Wert von mehr als fünf Gulden. Die maximale selbständige Gefängnisstrafe betrug ein Jahr, die maximale Vermögensstrafe 10.000 Gulden. Die Geldstrafen waren Abgaben-, keine Wertstrafen. Es gab kostbare Güter, wie Spitzen und feine Baumwolltücher, bei denen auch die maximale Abgabenstrafe nie den Warenwert erreichte. Bei Zahlungsunfähigkeit konnten bis zu vierjährige Gefängnisstrafen verhängt werden.

Zum Unterschied vom Strafgesetz verzichtete das Gefällsstrafgesetz schon im Vormärz auf die Patrimonialgerichte. Schon in mariatheresianischer Zeit waren die Grundobrigkeiten nur zum Verhör im Beisein der Finanzbeamten berechtigt, zur Assistenzleistung bei Verhaftung des Schmugglers, auch im Falle eines Aufstandes, jedoch bei Strafe verpflichtet. Aus den immer wiederkehrenden Ermahnungen in den Patenten der Kaiserin, die Grundobrigkeiten mögen die Schwärzer bekämpfen, läßt sich schließen, daß das Gegenteil der Fall gewesen ist[18]. Es soll sogar vorgekommen sein, daß die Grundobrigkeiten die Finanzorgane nicht nur nicht unterstützten, sondern auch deren Leben bedrohten[19]. Auch Zusagen, verhaftete Schmuggler vom Rekrutenkontingent der Obrigkeit abzuziehen, scheinen nicht sehr viel geholfen zu haben. Der Geistlichkeit wurde direkte Unterstützung vorgeworfen, Klöster und geistliche Wohnungen hätten geschwärzte Waren verborgen[20]. Dieses Phänomen, die Unterstützung und Förderung des Schleichhandels durch die traditionellen Führungsschichten, ist auch aus anderen Ländern wie England und Frankreich bekannt[21] und erklärt für Österreich den Verzicht auf die Einschaltung der Patrimonialgerichte. Der jahrhundertelange Kampf des Herrschers mit den Ständen um Steuerhoheit[22], der sich nun auf einer anderen Ebene fortsetzte, antizipierte nicht nur auf dem Gebiet des Finanzstrafrechts eine erst viel später durchgeführte allgemeine Gerichtsordnung, sondern schaffte auch schon früh manche Standesprivilegierungen ab. So hatten Standes- und Militärpersonen keine eigene Gerichtsbarkeit, eine Tradition des 18. Jahrhunderts, die auch im Vormärz wieder aufgegriffen wurde.

Der Verzehrungssteuerschmuggel war eine Domäne der kleinen Gewerbetreibenden und der städtischen Unterschichten und hauptsächlich ein städtisches Phänomen, was allein durch die Bierbrauer, Wirte und Fleischhauer des offenen Landes durchbrochen wurde; dort wurde nur der Kleinverschleiß, wenn auch viel geringer als in der Stadt, versteuert. Die Verzehrungssteuerübertretungen wurden hauptsächlich individuell betrieben, wenn man von vereinzelten anderen Versuchen und von den häufigen Aufläufen an den Linien absieht. Die Regierung wußte von dem großen Anteil der Gewerbetreibenden an dieser Steuerübertretung. So waren in Niederösterreich im Jahre 1830 von 44 Ansuchen um Strafmilderungen 41 von Gewerbeleuten eingereicht worden. Ebenso wußte man um den Anteil von Großhandel und Industrie am Zollschmuggel, wenn er auch kaum überprüfbar war. Auch der Vizepräsident der Hofkammer Eichhoff beklagte diesen Zustand:

> Die Vollstreckung der Gefällsvorschriften findet nicht die gleiche Unterstützung in der öffentlichen Meinung und die Mitwirkung eines Beschädig-

ten fehlt gänzlich. Im Gegenteil geben nur zu oft die Gewerbetreibenden, deren Wohlstand und blühenden Gewerbsbetrieb die Gefällsvorschriften bezwecken, die gefährlichsten Anstifter und Gehilfen von Übertretungen ebendieser Vorschriften ab[24].

Zum Unterschied von der maria-theresianischen und josephinischen Gesetzgebung aber wandelte die Hofkammer 1835, entgegen einem ursprünglich anderen Plan, die Mußbestimmung des Gewerbeverlusts bei zweimaligem Ertapptwerden in eine Kannbestimmung um[25]. In der Diskussion zwischen den Hofräten der Hofkommission in Justizgesetzessachen und jenen der Hofkammer war die Mehrheit der Überzeugung, daß es nicht angehe, kostspielige Unternehmungen, wie z. B. Zuckerfabriken mit einem Schlage für immer zu vernichten; es gab nur eine Gegenstimme[26].

Bei dieser Entscheidung zeigt sich die Problematik einer Gesetzgebung gegen Finanzvergehen. Zuckerfabriken, wie die Industrie überhaupt, wurden im Vormärz gefördert und finanziell unterstützt[27]. Die Hofkammer hätte sich daher bei einer rigorosen Gesetzgebung sozusagen ins eigene Fleisch geschnitten. Konsequenterweise führte sie diese Bestimmung bei Hausierern und Verkäufern von Staatsmonopolen nicht ein: diese verloren ihre Befugnis sofort.

Andererseits machte die Regierung die Gewerbetreibenden für den Schmuggel ihrer Gewerbsgesellen und Abhängigen haftbar, was sonst nur bei Familienoberhäuptern der Fall war. De facto stellte diese Bestimmung eine Druckausübung auf das Kleingewerbe dar. Es war ja bekannt, daß Fleischer und Wirte ihre Gesellen über die Verzehrungssteuerlinien pendeln ließen. Der Wein war in Wien dreimal so teuer wie auf dem offenen Land. Die Abgaben für Fleisch betrugen in der Hauptstadt das Achtfache[28]. Ohne Zweifel war auch das Kleingewerbe von den hohen Abgaben der Verzehrungssteuer schwer getroffen und bangte um seine Existenz. Krauss betonte ausdrücklich, die Abhängigkeit sei nirgends so groß wie bei den Gewerbetreibenden[29]; wahrscheinlich dachte er an die Fleischergesellen, die mehrmals täglich die Linien überqueren mußten. Größere Unternehmungen waren von der Bestimmung kaum betroffen. Sie bestellten ihre illegal importierten Waren über Versicherungshäuser benachbarter Staaten oder organisierten in großem Stil.

Die großen Unternehmungen des Zollschmuggels waren die Banden. Zusammen mit den Schleichhandelsgesellschaften waren sie die größten Konkurrenten des legalen Handels, mit dem sie Organisation und Struktur teilten. Sie waren in Österreich noch bis zur Revolution von 1848 sehr zahlreich und bestanden je aus 40 bis 100 Personen, die von einem Verantwortlichen gegen einen bestimmten Lohn für eine Unternehmung auf der Straße oder im Wirtshaus angeheuert wurden und die dann als Träger mit einer Hocke auf dem Rücken die Waren über die Grenze beförderten. Manchmal waren sie bewaffnet, immer aber hatten sie Wegweiser und Kundschafter. Diese Unternehmungen befanden sich in der Hand des Handelskapitals, waren von ihm finanziert und bei einer Versicherungsgesellschaft versichert. Niemand machte sich Illusionen über die Auffindbarkeit dieser Hintermänner:

> Da in den zahlreichsten Fällen die Täter der Gefällsübertretungen von denselben eben den geringsten Vorteil beziehen, diejenigen, für welche sie die Übertretung verfügen, hingegen so vorsichtig zu Werk gehen, daß man ihnen die Urheberschaft oder die Mitschuld nur selten zu erweisen vermag, so wäre für den Zweck des Strafgesetzes nur höchst unvollständig gesorgt, wenn man sich bloß auf die Bestrafung der unmittelbar Schuldigen beschränken wollte[30]...

So sah das Gesetz für Urheber und Anführer einer Bande Strafen bis zu einem Jahr vor, für die Träger bis zu sechs Monaten[31], wobei allerdings zu bedenken ist, daß die Träger fast immer zahlungsunfähig waren, wodurch sich ihr Arrestaufenthalt verlängerte. Bei großer, pfarrämtlich erwiesener Armut wurde ihnen ein Teil der Strafe nachgelassen.

Die Versicherer wurden ebenso wie die Träger bestraft. Sie befanden sich aber nie in Österreich. Weitaus radikaler war Napoleon gewesen. Er hatte einen Keil zwischen Unternehmer, Versicherer und Anführer einerseits und die Träger andererseits getrieben. Die ersteren wurden bis zu zehn Jahren Zwangsarbeit verurteilt, die Träger bis zu zwei Jahren[32]. Napoleons Kampf gegen den Schmuggel ging um die Wirksamkeit der Kontinentalsperre.

Über die Hintermänner der Banden gibt es zumindest in Romanen auch andere Spekulationen. So in Viganòs *Il contrabbandiere di Olginate*[33], wo der Schmuggelunternehmer, ein Marchese, die Einnahmen aus dem illegalen Handel für eine politisch-gesellschaftliche Befreiungsbewegung einsetzte. Viganò, Lombarde und offenbar ein Kenner des Schmugglerlebens, mag hier an der Heroisierung des Schmugglers mitgewebt haben; vielleicht wußte er mehr aus eigener Erfahrung. Für uns können es nur Vermutungen für Einzelfälle sein.

Die großen Schmugglerbanden verloren in den fünfziger Jahren des 19. Jahrhunderts immer mehr an Bedeutung. Solange ein Schmugglerpfad einer unter Tausenden war, die das Land durchzogen und nur für Fußgänger benützbar waren, und solange die Höchstgeschwindigkeit der Verkehrsmittel 20 km/h nicht überschritt, hatte der personenintensive Bandenschmuggel Chancen. Nach Darlegungen amerikanischer Historiker über den englischen Teeschmuggel im 18. Jahrhundert kann man auch sagen, daß der organisierte Schmuggel, der den legalen Handel in eine schwierige Konkurrenzsituation brachte, innovatorische Bedeutung hatte[34]. Er weckte den Konsum in Gebieten, in die der legale Handel noch nicht vorgedrungen war.

Mit dem Aufkommen und der Verbreitung der Eisenbahn mußte aber das Ende der Banden kommen. Trotzdem: die Eisenbahn war nicht der Hauptverantwortliche für das Schwinden der Gefällsübertretungen nach der Revolution von 1848. Bis zur Revolution war der Schmuggel in ständigem Steigen begriffen: 131.000 Beschuldigte im Jahre 1837, neun Jahre später waren es doppelt soviel. Im Jahre 1844 wurde gegen jeden 34. Niederösterreicher wegen illegalen Handels eine Untersuchung eingeleitet. Im Jahre 1850 sank die Zahl auf 130.000, 1860 auf 89.000, 1870 auf 66.000. Erste Vermutungen würden versuchen, dieses Phänomen folgendermaßen zu erklären: Aufhebung der Zwischenzollinie zu Ungarn, Einführung des Tabakmonopols auch in diesem Gebiet, Senkung der Zolltarife, wirtschaftlicher Aufschwung. Gegen diese Vermutungen aber erheben sich die Tatsachen. Die Aufhebung der Zwischenzollinie wurde zwar 1850 beschlossen, aber erst 1851 durchgeführt, auch das Tabakmonopol wurde erst in diesem Jahr eingeführt. Die Senkungen der Zolltarife aber setzten erst nach 1851 ein. Ebenso läßt sich beobachten, daß der Schmuggel nicht nur in den an Ungarn grenzenden Ländern wie Niederösterreich und Galizien um 40 bis 50 Prozent sank, sondern auch im entfernten Lombardo-Venetien, sogar um 53 Prozent.

Es bestätigt sich also zunehmend die These vom Schmuggel als Gradmesser sozialer Unruhe, die bis zum Ausbruch der Revolution in ständigem Steigen begriffen war. Daß sich nach 1848 sozialer Protest nicht mehr in Steuerübertretungen darstellte, können wir vermuten. Wir können aber auch beobachten, daß die Gefällsübertreter, teilweise Lohnabhängige von Schmuggelunternehmern, den ökonomisch benachteiligtesten Schichten angehörten. So waren nach den Akten des Obersten Gefällsgerichts in Wien im Jahre 1847 80 Prozent der galizischen Übertreter Bauern, 50 Prozent der böhmischen Taglöhner und Lumpensammler, 20 Prozent der niederösterreichischen Taglöhner, 30 Prozent kleinere Handwerker und Gewerbsgesellen. Das Entgelt für einen Träger war nach den Vorstellungen ihrer Empfänger unvorstellbar hoch. So erhielt ein lombardischer Bauer im Jahre 1857 für das Befördern einer Ware einen Gulden bis einen Gulden sechs Kreuzer. Sein Jahresverdienst – es ist das eines schlechtgestellten

Pächters – betrug 33 Gulden, seine tägliche Nahrung bestand aus Maisbrot, und seine Krankheit war die Pellagra. Lombardo-Venetien war im Neoabsolutismus das einzige Land mit steigenden Gefällsübertretungen. Wir können daher mit einigem Grund vermuten, daß auch die Bauern, die Hauptträger des Schmuggels in der Lombardei, nicht mehr so kaisertreu waren, wie oft angenommen wird, und daß eine soziale Unruhe die nationale des Bürgertums begleitete.

Die Finanzwache, 1842 eingeführt, wurde im Neoabsolutismus um 18 Prozent reduziert. Für den Rückgang der Finanzübertretungen ist daher auch nicht eine geringere staatliche Repression verantwortlich zu machen.

Wenn auch die Finanzübertretungen vor 1848 von Konjunkturschwankungen abhängig waren – wie z. B. ihre starke Zunahme in der Zeit der Hungersnot von 1846 zeigt –, so hat ihr Rückgang nach 1848 doch nichts mit diesen Abhängigkeiten zu tun. Lombardo-Venetien konnte sich wirtschaftlich von Revolution, Krieg und österreichischer Militärbesetzung nie mehr erholen, wozu auch noch die große Krise der Jahre 1852 bis 1856 beitrug. Der Schmuggel aber, wenn auch relativ steigend, erreichte nie mehr seine vorrevolutionäre Höhe. Auch in Böhmen ließen die der Rezession von 1853 folgenden Krisenjahre nie mehr den Steuerwiderstand als Massenphänomen entstehen.

Dem Absinken des Schmuggels nach 1848 stand eine steigende Kriminalität gegenüber[35]. Dieser Umstand würde der These des französischen Historikers und Philosophen Michel Foucault entgegenkommen, die in der wachsenden Bedeutung der Eigentumsrechte und Eigentumsinteressen des Bürgertums das Ende der *illégalismes populaires*, wozu auch der Schmuggel zählt, und den Beginn ihrer Marginalisierung bzw. Kriminalisierung sieht[36]. Um diese anregende These halten zu können, müßte aber noch eine genauere Untersuchung der Kriminalität und der Finanzübertretungen für die zweite Hälfte des 19. Jahrhunderts durchgeführt werden. Mit Sicherheit kann man jedoch sagen, daß die Unterschichten in zunehmendem Maße aus den Finanzdelikten hinausgedrängt wurden. Die wachsende Bedeutung von Produktionssteuern, die allmählich die an den Linien entrichteten Abgaben ablösten, mag auch hierzu beigetragen haben. Die nähere Zukunft des Schmuggels lag in der »intellektuellen« Form der Fälschung von Bolletten, wofür nicht mehr Träger angeheuert werden mußten. Hier liegen auch die Wurzeln der modernen Wirtschaftskriminalität, die nun nicht mehr der Illegalismus des kleinen Mannes, sondern ein Privileg der Besitzenden ist.

Sicherlich erhielt auch das Auseinanderbrechen der Interessen der alten Führungsschichten und des Handels- und Finanzbürgertums einerseits und der wirtschaftlich bedrängten sozialen Gruppen andererseits durch den Verlauf der Revolution von 1848 neue Akzente: die rechtliche und ökonomische Einheit der Grundherrschaft fiel durch die Grundentlastung auseinander, und damit löste sich auch eine scheinbare und tatsächliche Interessensgemeinschaft auf (das gilt nicht für Lombardo-Venetien, wo es keine Grundherrschaft mehr gegeben hatte). Das Auftreten des vierten Standes in der Revolution beunruhigte das Bürgertum. Die politische Erfahrung ergänzte längerfristige ökonomische Entwicklungen. Mit dem Aufstieg der Industriearbeiter, die sich auch in einem neuen Arbeitsdisziplinierungsprozeß befanden, änderten sich Träger (teilweise), Form und Zielgruppe des sozialen Protests. Die Industriearbeiter hatten großteils keine Möglichkeit, zeitintensiven Illegalismen nachzugehen, »denn man zerreißt sich ein Kapital an Stiefeln oder Schuhen, wenn man täglich seine wenigen Lebensmittel in Ortschaften vor den Linien holen soll, um einen so kleinen Steuerbetrag zu ersparen. Dies können hauptsächlich nur solche Leute unternehmen, die viel freie Zeit haben und bloß an Sonn- und Feiertagen sich mit Stiefeln und Schuhen zu schmücken pflegen[37]«. Der Verfasser dieser Zeilen, ein österreichischer Finanzbeamter, sprach von jenen, die es sich leisten konnten, den von der Verzehrungssteuer freien Betrag von drei Kreuzern auszunützen. Zweifelsohne deckte sich diese Gruppe mit jenen, die schmuggelten. Man darf aber nicht vergessen, daß jene, »die viel freie Zeit haben« aufgrund von Absatzkrisen und noch nicht voll durchgesetzter Arbeitsdisziplinierung, in allen Schichten zu finden waren, periodisch auch bei den Industriearbeitern[38].

Steuerwiderstand als ein für den Staat bedrohliches Massenphänomen starb in der Revolution. Heinrich Volkmann ist zuzustimmen, daß der traditionelle Protest unzeitgemäß wird, »bevor er seine historische Mission erfüllt und ... ein Mindestmaß an Grundrechten und öffentlicher Kontrolle von Herrschaft durchgesetzt hat[39]«.

ANMERKUNGEN

1 Für Österreich: ab 1845 befindet sich eine Statistik der Gefällsübertretungen in den Tafeln zur Statistik der österreichischen Monarchie (in manchen Ausgaben schon ab 1842). Für die Zeit von 1836 bis 1843 vgl. Aloys Dessary, *Beyträge zur Statistik der österreichischen Gefälls-Strafjustizpflege; enthaltend die Nachweisungen über die Handhabung des Strafgesetzes über Gefällsübertretungen vom 1. April 1836 bis Ende 1843,* in: *Der Jurist* 18 (1847), S. 52–120.
Die Akten der Gefällsbezirksgerichte, die sich am Sitz jeder Finanzbezirksbehörde

befanden, der Gefällsobergerichte bei den Finanzlandesbehörden, dürften nicht mehr überall vorhanden sein. Erhalten sind aber die Akten des Obersten Gefällsgerichts in Wien, letzte Instanz für alle Gebiete der Monarchie, für die das Gefällsstrafgesetz gültig war (nicht für Ungarn, Siebenbürgen und Dalmatien).

2 Vgl. dazu Richard Tilly/Gerd Hohorst, *Sozialer Protest in Deutschland im 19. Jahrhundert. Skizze eines Forschungsansatzes,* in: Konrad Jarausch (Hg.), *Quantifizierung in der Geschichtswissenschaft: Probleme und Möglichkeiten,* Düsseldorf 1976, S. 232–279; Charles Tilly/Louise Tilly/Richard Tilly, *The Rebellious Century 1830–1930,* Cambridge, Mass. 1975; Charles Tilly, *Hauptformen kollektiver Aktion in Westeuropa 1500–1975,* in: *Sozialer Protest. Geschichte und Gesellschaft* 3 (1977), S. 153.

3 Haus-, Hof- und Staatsarchiv, Kolowratakten 1830: Vortrag der Polizeihofstelle, 31. 8. 1830, des Obersten Kanzlers 13. 10. 1830 und 18. 10. 1830.

4 Zur Kritik an der sozialen Protestforschung und am Tillyschen Ansatz vgl. Karin Hausen, *Schwierigkeiten mit dem sozialen Protest. Anmerkungen zu einem historischen Forschungsansatz,* in: *Sozialer Protest,* a. a. O., S. 257–263; und Heinz Gerhard Haupt, *Zur historischen Analyse von Gewalt. Charles Tilly . . ., The Rebellious Century 1830–1930,* ebd. S. 236–257.
Die Tillys sehen in Festen, Demonstrationen, Streiks die Voraussetzung für kollektive Gewalt. »Without them the collective violence can hardly occur. People who do not take part in them can hardly get involved in violence«. Charles Tilly . . ., *Rebellious Century,* S. 46.

5 Eric J. Hobsbawm/George Rudé, *Captain Swing,* 2. Aufl., Bungay, Suffolk 1973, S. 50.

6 *Strafgesetz über Gefällsübertretungen, ergänzt und erläutert von Alois Jahn,* 5. Aufl., Wien 1905 (= Manzsche Taschenausgabe der österreichischen Gesetze 15). Zu den jahrzehntelangen Diskussionen vgl. u. a. Finanzarchiv (in Hinkunft abgekürzt: FA.) Pr. 1944/1835. Über Probleme des Gefällsstrafgesetzes im 20. Jahrhundert: Oskar Manuel, *Die Reform des Gefällsstrafrechtes* (=Sonderdruck aus dem Gutachtenband des 7. Deutschen Juristentages in der Tschechoslowakei), Gablonz 1935.

7 Friedrich Engel-Janosi, *Über die Entwicklung der sozialen und staatswirtschaftlichen Verhältnisse im deutschen Österreich 1815–1848,* in: *Vierteljahrsschrift für Sozial- und Wirtschaftsgeschichte* 17 (1924), S. 97. 1819 hatte die Einzahlung der Kontribuenten noch 38 Mill. Gulden betragen, 1827 waren es nur mehr 32 Mill.: Tafeln zur Statistik 1829.

8 Die Versicherungsprämie für Schmugglerunternehmen schwankte – je nach Entfernung – zwischen 5 und 30 Prozent. Vgl. dazu u. a. Otto Hübner, *Österreichs Finanzlage und seine Hilfsquellen,* Wien 1849, S. 123.

9 *Prospetto di tutti i fermi eseguiti dalla Guardia di Finanza Lombarda durante l'anno Camerale 1854 per contrabbando mediante illegale importazione ed esportazione di merci o nel o dal territorio doganale dai confini verso la Svizzera ed il Piemonte,* FA., Pr. 10524/1855.

10 Vortrag Philipp Krauss über den Entwurf eines Strafgesetzes über Gefällsübertretungen 28. 6. 1834, FA., Pr. 1944/1835.

11 Ebd.

12 *Cameral- und Bancalgefällen Defraudatorum Bestrafung,* 3. 11. 1750, Codex Austriacus 5, Wien 1777.

13 Jerome Hall, *Theft, law and society,* Boston 1935, S. 87–92.

14 Vortrag Krauss, undatiert, FA., Pr. 2624/1833.

15 Die Diskussion um die Reform des Gefällsstrafgesetzes wurde im letzten Drittel des

19. Jahrhunderts und im frühen 20. sehr lebhaft geführt. Vgl. u. a. Gotthard Buschmann, *Zur Reform der österreichischen Strafgesetzgebung im Gefällswesen,* in: *Allgemeine Österreichische Gerichtszeitung 1872,* Nr. 74–78. Theodor Eglauer, *Das österreichische Steuerstrafrecht. Grundlagen und Reformvorschläge,* Innsbruck 1886. Vgl. auch die Artikel von Eglauer und Meisel über Gefällsstrafrecht und Gefällsstrafverfahren, in: Mischler-Ulbrich, *Österreichisches Staatswörterbuch* 2, 2. Aufl. Wien 1906, S. 205–243.
16 Friedrich Tezner, *Die landesfürstliche Verwaltungsrechtspflege in Österreich. Vom Ausgang des 15. bis zum Ausgang des 18. Jahrhunderts,* 2, Wien 1902, S. 257–305.
17 Buschmann, *Reform,* passim.
18 *Salzeinschwärzung für Niederösterreich, 7. 6. 1747, Tabaksgefällspatent 21. 5. 1749, Salzeinschwärzung Ob der Enns, 22. 12. 1753,* alle in *Codex Austriacus 5, Tabaksgefällspatents Erneuerung und Verschärfung 1. 2. 1764;* Codex Austriacus 6, Wien 1777.
19 Tezner, a. a. O., S. 79.
20 *Tabaksgefällspatent 1764:* »Wir mißfällig vernehmen müssen, daß auch in einigen geistlichen Wohnungen und Klöstern die Tabakschwärzer gehäget, selben Unterschleif gegeben, auch von ihnen eingeschwärzter Tabak erkaufet und allda fabriziert werde.«
21 Marie Hélène Bourquin et Emmanuel Hepp, *Aspects de la contrebande au 18e siècle.* (= *Travaux et recherches de la faculté de droits et des sciences économiques de Paris. Série »Sciences historiques«,* No. 14) Paris 1969; Arthur Lyon Cross, *Eighteenth Century Documents Relating to the Royal Forests, the Sheriffs and the Smuggling,* New York 1928.
22 Tezner, a. a. O., S. 79.
23 Hofkammerarchiv (in Hinkunft abgekürzt: HK), *Bankale* 11. 8. 1830.
24 Vortrag, 29. 3. 1835, in der Einleitung zum Strafgesetz über Gefällsübertretungen, a. a. O., S. XVII.
25 § 121 des Zollpatents vom 2. 1. 1788, in: *Handbuch aller unter der Regierung des Kaisers Joseph II. für die k. k. Erbländer ergangenen Verordnungen und Gesetze in einer systematischen Verbindung* 16 (1788), Wien 1789; Vgl. die §§ 68, 212–215 des Gefällsstrafgesetzes 1835.
26 FA. 1944/1835.
27 Johann Slokar, *Geschichte der österreichischen Industrie und ihrer Förderung unter Kaiser Franz I.* Wien 1914.
28 Vgl. einige Wahrnehmungen über die allgemeine Verzehrungssteuer FA., Pr. 6135/1830. Aloys Dessary, *Systematisches Handbuch der Gesetze und Vorschriften über die in den k. k. österreichischen Staaten bestehende Allgemeine Verzehrungssteuer* 1, Wien 1839, S. 392.
29 Krauss, FA., 1944/1835; in den Versicherungsgesellschaften für illegale Transporte vgl. Hübner, *Österreichs Finanzlage,* S. 123.
30 Eichhoff, Vortrag a. a. O., S. XVIII.
31 §§ 227–236.
32 Dekret vom 29. 1. 1811 in: *Bollettino delle leggi del Regno d'Italia* 19 (1811).
33 Francesco Viganò, *Il contrabbandiere di Olignate. Romanzo storico del secolo 18,* Milano 1861.
34 Hoh-Cheung and Lorna H. Mui, *Smuggling and the British Tea Trade before 1784,* in: *American Historical Review* 74 (1968), S. 44–73; Dieselben, *Trends in Eighteenth Century Smuggling Reconsidered,* in: The Economic History Review, 2nd ser. 28 (1975), S. 28–43.
35 Auf die umfangreichen Probleme, die die österreichische Kriminalstatistik vorzüg-

lich bis zu den sechziger Jahren des 19. Jahrhunderts einem Historiker aufdrängt, kann ich hier nicht ausführlich eingehen. Die im Neoabsolutismus eingetretenen Veränderungen der Strafprozeßordnung (12. 1. 1850 und 29. 7. 1853), die Aufhebung der Patrimonialgerichte, die sich bis 1855 erstreckte, die kurzfristige Aufhebung des Inquisitionsverfahrens, Gerichtsordnungen (1. Juli 1850 und 14. 9. 1852), das neue Strafgesetzbuch (27. 5. 1852) haben immer nahegelegt, einen Vergleich mit den Daten des Vormärz zu vermeiden. Vgl. dazu Hugo Forcher, *Die österreichische Kriminalstatistik*, in: *Statistische Monatsschrift*, N. F. 18 (1913), S. 593–660; »Kriminalstatistiken sind Teil der gesellschaftlichen Reaktion auf Kriminalität« Arno Pilgram, *Kriminalität in Österreich 1853–1974. Teilbericht 1: Ein Begriff von Kriminalstatistik*. Ludwig Boltzmann Institut für Kriminalsoziologie, Wien, Oktober 1976, S. 1), und in diesem Sinne sind auch die Statistiken vor und nach 1848 zu vergleichen, sofern alle Daten verfügbar sind (was nicht für alle Jahre der Fall ist).

36 Michel Foucault, *Überwachen und Strafen. Die Geburt des Gefängnisses,* Frankfurt a. M. 1977 (= Suhrkamp Taschenbuch 184), S. 107–113.

37 Aloys Dessary, *Soll die Verzehrungssteuer aufgehoben werden?,* Wien 1848, S. 32.

38 Nach Gustav Otruba (*Wirtschaft und soziale Lage im Vormärz*, in: *Österreich in Geschichte und Literatur* 10 (1966), S. 174) waren die Industriearbeiter durchschnittlich drei Monate im Jahr arbeitslos.

39 Heinrich Volkmann, *Kategorien des sozialen Protests im Vormärz*, in: *Sozialer Protest*, a. a. O., S. 188.

Hans Hautmann

Hunger ist ein schlechter Koch. Die Ernährungslage der österreichischen Arbeiter im Ersten Weltkrieg

Der Erste Weltkrieg war ein Ereignis, dessen tiefe geschichtliche Bedeutung heute unbestritten ist. Er veränderte die Welt mit einer Gründlichkeit, die vielleicht nur mit den sozialen Auswirkungen der Französischen Revolution in einen annähernden Vergleich zu setzen ist. Vom welthistorischen Standpunkt betrachtet, war der Erste Weltkrieg für die gesellschaftliche Entwicklung der Menschheit auch höchstwahrscheinlich bedeutsamer, gravierender und wichtiger als der Zweite Weltkrieg: weil an seinem Ende der Kapitalismus und die bürgerliche Gesellschaft als weltumspannendes System an einer entscheidenden Stelle erstmals zerbrach und die große Alternative des Sozialismus in Form Sowjetrußlands auf die Bühne der Geschichte trat.

Heute, sechzig Jahre nach dem Ende des Krieges, wissen wir über ihn immer noch zuwenig. Während die Feldzüge und Schlachten der Jahre 1914 bis 1918 in dickleibigen Wälzern bereits bis ins letzte Detail durchleuchtet sind, blieb die Sozial- und Wirtschaftsgeschichte des Weltkrieges ein sträflich vernachlässigtes Kapitel der österreichischen Geschichtsforschung. Dabei könnte gerade sie so manche Frage nach den tieferen Ursachen der revolutionären Erschütterungen der Jahre 1917 bis 1919 in unserem Lande beantworten. An Quellen herrscht gewiß kein Mangel. Aber nicht einmal das für uns mühelos greifbare, reichhaltige Material der in den zwanziger und dreißiger Jahren erschienenen, meist von Nichthistorikern verfaßten *Wirtschafts- und Sozialgeschichte des Weltkrieges (Österreichische und ungarische Serie)* der Carnegie-Stiftung ist wirklich rezipiert und für die Forschung verwertet worden.

Der vorliegende Aufsatz versucht, einen Aspekt – notgedrungenerweise sehr kurz und daher mehr experimentell – zu behandeln, der für die ökonomische, soziale und innenpolitische Situation in der österreichischen Reichshälfte über die gesamte Kriegszeit hinweg im wahrsten Sinne des Wortes lebenswichtige Bedeutung besaß: die Ernährungslage der breiten Volksmassen, konkret und im besonderen analysiert am Beispiel der Arbeiterschaft.

Es ist allgemein bekannt, daß von 1914 bis 1918 für die Arbeiterschaft der am Kriege beteiligten europäischen Staaten eine Verschlechterung ihrer gesamten Lebensbedingungen eintrat. Weniger bekannt ist, daß die Arbeiter Österreich-Ungarns (und hier vor allem die der österreichischen Reichshälfte) in der relativen und absoluten Verelendung an der europäischen Spitze rangierten. Sehr wenig bekannt ist, wie sich diese Verelendung – darunter die Ernährung als einer der entscheidenden Indikatoren für die Bestimmung der objektiven Lage des Proletariats – in Quantität und Qualität, in Zahl und Größenordnung äußerte. Die nachfolgenden Ausführungen werden möglicherweise mithelfen, das Phänomen der spontanen Revolutionierung der österreichischen Arbeiter am Ende des Ersten Weltkrieges besser zu erklären.

Die Ausgangssituation

Österreich-Ungarn war trotz mancher Unzulänglichkeiten vor 1914 ein in wirtschaftlicher Hinsicht funktionsfähiges Gebilde. Dem Charakter nach war die Donaumonarchie ein Agrarstaat mit einer zwar regional sehr leistungsfähigen, *insgesamt* jedoch ungenügend entwickelten Industrie. Die Mehrheit der Bevölkerung war in der Land- und Forstwirtschaft tätig: in Ungarn 66,7 Prozent, in der österreichischen Reichshälfte 53,1 Prozent. Die deutschsprachigen Österreicher der Alpenländer (und von ihnen soll im folgenden ausschließlich die Rede sein) hatten von allen Nationalitäten den *geringsten* Anteil an landwirtschaftlicher und den *größten* Anteil an industrieller Bevölkerung. In den Alpenländern waren 1910 38,7 Prozent der Berufstätigen in Land- und Forstwirtschaft, 32,4 Prozent in Industrie und Gewerbe und 28,9 Prozent im Handel und im tertiären Sektor tätig[1].

Auf landwirtschaftlichem Gebiet konnte Österreich-Ungarn vor 1914 den Bedarf an Brotgetreide aus der eigenen Produktion im allgemeinen decken, bei Vieh, Fleisch, tierischen Produkten, Zucker, Obst und Hülsenfrüchten gab es sogar einen Überschuß. In der Ernährung der Bevölkerung war die Monarchie vom Ausland viel unabhängiger als etwa Großbritannien oder das Deutsche Reich. Das galt aber nur für den *Gesamtstaat*. Die österreichische Reichshälfte *allein* war auf fast allen Sektoren der landwirtschaftlichen Produktion auf Importe von außen, besonders aus Ungarn, angewiesen[2].

Österreich-Ungarn schien also bei einem etwaigen Krieg ökonomisch nichts Arges befürchten zu müssen. Vorausgesetzt, *es war ein begrenzter Krieg von einigen wenigen Monaten Dauer!* Auf einen Krieg an mehreren Fronten mit jahrelanger Dauer war aber die Doppelmonarchie überhaupt nicht vorbereitet. Es existierten weder ausreichende Vorräte an lebenswichtigen Gütern, noch war das Verhältnis zu Ungarn geklärt. Ungarn hatte sich zwar *Rechte* für den Export landwirtschaftlicher Produkte nach Österreich gesichert, war aber auf keine formellen Liefer*verpflichtungen* eingegangen. Im Falle einer Blockade von außen konnte Zisleithanien über die Vorräte Ungarns nicht verfügen und auch keine Zwangsmaßnahmen ergreifen. Tatsächlich lieferte Ungarn von 1914 bis 1918 nur unzureichende, weit unter dem Friedensausmaß liegende Mengen nach Österreich. Besonders gefährlich mußte die Situation für die Zweimillionenstadt Wien werden, die ihre Lebensmittel zum allergrößten Teil aus Ungarn bezog[3].

Während die Monarchie nach außen als ein Ganzes Krieg führte, mangelte im Inneren die unentbehrliche, einheitliche Organisation: beide Staaten wirtschafteten unabhängig nebeneinander und zwischen ihnen, wie ein dritter Staat im Staate, die Heeresverwaltung[4].

Die ersten Kriegsmonate

Sofort nach Ausbruch des Krieges begann sich die materielle Lage der österreichischen Arbeiter in jeder Beziehung zu verschlechtern. Durch die Einberufungen entstand bei sämtlichen Industriezweigen ein empfindlicher Mangel an qualifizierten Facharbeitern, Banken sperrten ihre Kredite, Truppenverschiebungen überlasteten die Bahn und ließen den Güterverkehr stocken, der Außenhandel kam zum Erliegen, der Binnenhandel stagnierte. Vom 1. August bis zum 15. Oktober 1914 wurden nicht weniger als 15.154 Betriebe stillgelegt, 7728 Betriebe in der Produktion eingeschränkt und 221.677 Arbeiter und Angestellte entlassen[5]. In Wien allein wurden im August 1914 566 Betriebe der Metallindustrie (also einer kriegswichtigen Sparte!) mit 10.102 Beschäftigten gänzlich gesperrt[6]. So herrschte im Herbst 1914 in der österreichischen Reichshälfte eine fast katastrophal zu nennende Arbeitslosigkeit. In der österreichischen Textilindustrie waren z. B. Ende September 1914 von 350.000 Arbeitern 80.850, also etwa ein Viertel, arbeitslos[7].

Schwer getroffen wurde die arbeitende Bevölkerung auch von den chaotischen Zuständen, die sofort nach Kriegsausbruch auf dem Nahrungsmittelsektor eintraten. Es war gerade Erntezeit, und die allerersten Notverordnungen der Regierung vom 1. und 5. August

1914 waren der Sicherstellung der Ernte durch Zwangsrekrutierung von Zivilpersonen gewidmet. Die Verletzung der Lieferungspflicht und die Verheimlichung von Lebensmittelvorräten wurde für strafbar erklärt[8]. Letzteres blieb nur sehr bedingt wirksam, weil die riesigen Lebensmittelkäufe des Militärs sofort zu rapiden Preissteigerungen vor allem bei Getreide und Mehl führten, die Erzeuger und Händler wiederum aus Spekulationsgründen die Waren zurückhielten. Panikkäufe und Hamstereien taten ein übriges. Die Ernte 1914 fiel außerdem unterdurchschnittlich aus. Bei Weizen, Roggen und Gerste waren die Indizes, nimmt man für 1913 = 100 : 95, 91 und 94[9]. Nach einer kurzen Beruhigung im September 1914 wurde bereits im Oktober die Blockade durch die Entente allerorten fühlbar. Als erste Sparmaßnahme wurde ab Oktober 1914 das Brot zu 30 Prozent mit Gersten- oder Maismehl oder mit Kartoffeln »gestreckt«, also in der Qualität stark vermindert[10].

Die unerträgliche Teuerung ließ in der Bevölkerung die Forderung nach Höchstpreisen für landwirtschaftliche Produkte laut werden. Die österreichische Regierung mußte nach längerem Zögern im November 1914 dem Druck der Öffentlichkeit weichen und erließ eine diesbezügliche Verordnung. Der *Höchstpreis*, ein durch Strafsanktion geschützter Grenzpreis nach oben bei sonst freiem Verkehr, wurde während des Krieges in der Praxis zum *Mindestpreis,* da natürlich ein jeder zum Höchstpreis verkaufte. General Landwehr, 1917/18 Chef des *Gemeinsamen Ernährungsausschusses,* schrieb:

> Sobald für eine Ware der Höchstpreis verlautbart wurde, verschwand sie vom Markte, um dann auf den dunklen Wegen des Schleichhandels um ein Mehrfaches des Höchstpreises abgesetzt zu werden[11].

Im Jänner 1915 setzte in Wien nach wiederholtem Ausbleiben von Brot und Mehl eine erneute Einkaufspanik ein, die ein wildes Hinauflizitieren der Preise nach sich zog und die Höchstpreisvorschriften unwirksam machte. Das führte im Februar 1915 zur Gründung der *Kriegs-Getreide-Verkehrsanstalt,* mit der die Kriegswirtschaft in Österreich eigentlich erst so richtig begann. Der Staat übernahm die Bestände an Getreide gegen Bezahlung eines Festpreises (er hatte auch das Recht, Vorräte zu beschlagnahmen) und verteilte das Getreide nach bestimmten Relationen und zu festen Preisen. Die *Getreideanstalt* war auch die erste Kriegszentrale, die im April 1915 das Bezugskartensystem, und zwar für Brot und Mehl, einführte. Danach kam es wieder zu einer Beruhigung. Die Versorgung der Bevölkerung mit Brot war nun für einige Zeit zwar knapp, aber halbwegs gesichert.

Entwicklung der landwirtschaftlichen Produktion

Vorhin wurde erwähnt, daß die nicht ungünstige Lage der landwirtschaftlichen Erzeugung im Österreich-Ungarn der Vorkriegszeit in Wirklichkeit ein trügerischer Schein war und die österreichische Reichshälfte allein ihren Bedarf an agrarischen Produkten in keiner Weise decken konnte. Während in Ungarn auf 10,5 Millionen Selbstversorger 6,5 Millionen Nichtselbstversorger kamen, standen in Zisleithanien neun Millionen Selbstversorger 16,5 Millionen Nichtselbstversorgern gegenüber. Mit anderen Worten bedeutete dies: In Ungarn mit Kroatien-Slawonien kamen beinahe zwei Bauern auf einen Städter, in Österreich dagegen hatte ein Bauer fast zwei Städter zu versorgen[12].

Der Index der Ernteerträge 1914 bis 1917 in den Alpenländern, Böhmen und Mähren entwickelte sich wie folgt (1913 = 100)[13]:

	1914	1915	1916	1917
Weizen	95	71	54	47
Roggen	91	62	46	43
Gerste	94	48	42	29
Hafer	101	44	54	25
Kartoffeln	101	82	51	?
Zuckerrüben	100	68	60	43

Der Ernteertrag in Österreich allein (also den Alpenländern) betrug (Zahlen in 1000 Meterzentnern)[14]:

	1913	1917	1918
Weizen	2.899	1.630	1.401
Roggen	6.040	2.774	2.693
Hafer	4.658	1.582	1.877
Hülsenfrüchte	164	83	59
Kartoffeln	15.083	8.951	5.850
Futterrüben	11.756	3.595	5.361

Der Viehbestand Österreichs verringerte sich von 1910 bis April 1918 bei Stieren um 36,4 Prozent, bei Kühen um 18,4 Prozent, bei Ochsen um 37,2 Prozent, bei Schweinen um 60,5 Prozent und bei Schafen um 15 Prozent. Lediglich der Bestand an Ziegen erhöhte sich im gleichen Zeitraum um 17,3 Prozent[15].

Die Fleischversorgung der Millionenstadt Wien entwickelte sich so (jährliche Liefermengen)[16]:

	Rindfleisch (in Tonnen)	Schweinefleisch (in Tonnen)
1914	20.681	13.453
1915	21.441	7.932
1916	14.504	3.653
1917	14.508	861
1918	7.500	852

Die tägliche Milchanlieferung in Wien betrug im Juni 1915 727.542 Liter, im Juni 1916 600.791, Juni 1917 384.859 und im Juni 1918 181.922 Liter. Während sich 1914 in Wien der durchschnittliche Milchverbrauch pro Kopf und Tag auf 0,41 bis 0,44 Liter belief, waren es im Herbst 1918 nur noch 0,07 Liter[17]!

Kartensystem und Quoten

Befragt man Personen, die den Ersten Weltkrieg im Hinterland miterlebten, nach ihrem »unvergeßlichsten« Eindruck von jener Zeit, so antwortet jeder: Es war die horrende Verteuerung aller lebenswichtigen Güter, das stundenlange und schließlich oft erfolglose Anstellen vor den Lebensmittelläden, das Kartensystem, die Quotenkürzungen, die Hamsterfahrten, der »Genuß« von Ersatzmitteln, mit einem Wort, der *Hunger*.

Trotz Einführung von Höchstpreisen, Gründung von Nahrungsmittelzentralen, Verordnungen über Lebensmittelkarten und -quoten wurde die Lage auf dem Ernährungssektor von Jahr zu Jahr und von Monat zu Monat schlechter. Die schon erwähnte *Kriegs-Getreide-Verkehrsanstalt*, die im April 1915 das Mehl- und Brotkartensystem einführte, wurde sehr rasch zum organisatorischen Vorbild für die nachfolgenden »Zentralen«. Sparmaßnahmen anderer Art kamen hinzu. So wurden im Mai 1915 für die österreichische Reichshälfte zwei »fleischlose Tage« pro Woche dekretiert[18]. Für die arbeitende Bevölkerung war dies eine bittere Ironie. Hunderttausende von Familien, deren Ernährer im Felde standen, längere Zeit arbeitslos waren oder eine minderbezahlte Tätigkeit aufnehmen mußten, waren längst nicht mehr in der Lage, regelmäßig hochwertige Lebensmittel wie Fleisch oder Butter kaufen.

Im Sommer 1915 kam es zur Gründung weiterer Zentralen für Futtermittel, Öle und Fette, Milch und sogar für das ursprüngliche Überschußgut Zucker. Trotzdem blieb die staatliche Leitung der Ernährungsagenden weiterhin zersplittert. Erst im November 1916, sehr verspätet, wurde das *Amt für Volksernährung* in der österreichischen Reichshälfte errichtet. Es brachte keine Besserung der Lage. Der furchtbare »Steckrübenwinter« 1916/17 und die schlechte Ernte des Jahres 1917 bewirkten, daß das Amt für Volksernährung bloß den *Mangel* gleichmäßig verteilen konnte: auf die arbeitende Bevölkerung.

Die Lebensmittelzentralen führten zu verschiedenen Zeitpunkten das Kartensystem ein. Brot und Mehl wurden schon im April 1915 rationiert, die Zuckerkarte folgte im März 1916, die Milchkarte im Mai 1916, die Kaffeekarte im Juni 1916 und die Fettkarte im September

1916. Im Herbst 1917 schlossen sich die Kartoffel- und Marmeladekarte an. Zuletzt wurde, im September 1918, die Fleischkarte eingeführt. Daneben existierten noch für nicht streng rationierte Lebensmittel sogenannte »Einkaufsscheine«, z. B. für Eier, Käse, Reis und Dörrgemüse[19].

Die Kopfquoten der Lebensmittelkarten unterschieden drei Kategorien:
1. *Selbstversorger* (landwirtschaftliche Verbraucher)
2. *Nichtselbstversorger* (städtische Bevölkerung)
3. *Schwerarbeiter*

Unter »Schwerarbeiter« wurde der größte Teil der industriellen Arbeiter gefaßt (Kumpel im Bergbau, Stein- und Ziegelarbeiter, Schmiede, Schlosser, der Großteil der *männlichen* Arbeiter in der Rüstungsindustrie usw.), weiters alle Bediensteten der Eisenbahn sowie Sicherheitsorgane (Gendarmerie und Polizei)[20].

Wie sah nun die Höhe der Quoten aus? Bei Mehl und Brot wurde im April 1915 für Selbstversorger eine Quote von 300 Gramm pro Tag festgelegt (ebenso für Schwerarbeiter), für Nichtselbstversorger 200 Gramm. Diese Rationenmenge blieb bis Jänner 1918 bestehen, obwohl von Fall zu Fall oft weniger und selten mehr zugeteilt wurde. Die offizielle, sehr einschneidende Quotenkürzung für Brot vom 14. Jänner 1918 (bei Selbstversorgern von 300 Gramm auf 225 Gramm pro Tag, bei Schwerarbeitern von 300 auf 264 und bei Nichtselbstversorgern von 200 auf 165 Gramm) sowie der wöchentlichen Mehlbezugsmenge von 500 auf 250 Gramm[21] war dann der unmittelbare Anlaß zum großen Jännerstreik.

Bei Fett waren im September 1916 ursprünglich 120 Gramm pro Woche für Nichtselbstversorger und 150 Gramm für Schwerarbeiter festgelegt worden. Diese Quote hielt nur bis Juli 1917, dann wurde sie drastisch verkürzt: auf 60 Gramm pro Woche für Nichtselbstversorger und 80 Gramm für Schwerarbeiter. Erneut eingeschränkt wurde die Fettration im März 1918: 40 Gramm pro Woche für Nichtselbstversorger, 60 Gramm für Schwerarbeiter. Diese »Menge« blieb bis Kriegsende bestehen[22].

Bei Zucker war die Kopfquote bei Einführung der Zuckerkarte im März 1916 1,25 Kilogramm für vier Wochen, im Februar 1917 nur mehr 1 kg und im Oktober 1917 75 dag[23].

Die Wochenquote an Rindfleisch war für Nichtselbstversorger in Wien seit Februar 1918 20 dag pro Kopf, im September 1918 15 dag und ab Mitte Oktober 1918 12,5 dag[24].

Dabei muß berücksichtigt werden, daß die erhältlichen Lebensmittel keineswegs vollwertig waren, sondern durch Beimengungen aller Art

»gestreckt«, also in der Qualität ständig schlechter wurden und teilweise zur Gänze aus Surrogaten bestanden. Das »Kriegsbrot«, das schon seit Herbst 1914 durch 30prozentige Beimischung von Gerste-, Mais- und Kartoffelmehl gestreckt worden war, bestand 1918 beinahe nur mehr aus Maismehl. Bei jedem Versuch, es in Scheiben zu schneiden, zerfiel es in Krümel. Der »Kriegskaffee« bestand zunächst noch aus einigen Kaffeebohnen, vermischt mit Rübenschnitzeln und karamelisiertem Rohzucker. Gegen Kriegsende gab es nur noch ein Kaffeesurrogat, ein Gemenge aus gemahlenen Zichorienwurzeln, Feigen, Gerste, Malz, Zuckerrüben, Lupinen und Eicheln[25]. An Stelle von Zucker mußte allenthalben Sacharin zur Süßung verwendet werden. Frisches Gemüse war eine Rarität erster Ordnung. An seine Stelle trat das berüchtigte »Dörrgemüse« und als weiterer Ersatz die Steckrübe (»Wrucke«, eigentlich ein Viehfutter). Speiseessig wurde aus Obstschalen bereitet.

Die katastrophalste Situation herrschte aber auf dem Gebiet der Öl- und Fettversorgung. Butter oder Schweineschmalz war nur im Schleichhandel zu Phantasiepreisen erhältlich. Die angebotene »Kriegsmargarine« bestand aus Speisetalg und gehärteten Pflanzenölen. An Stelle des Milchzusatzes wurde sie mit 17 Prozent Wasser gestreckt. Die pflanzlichen Öle gewann man aus Bucheckern, Kürbis- und Obstkernen, Lindenfrüchten, Unkrautsamen (Hederich, Leindotter), Roßkastanien, ja sogar aus Kaffeesud. Bei der Gewinnung von Fetten wurden teilweise Tierkadaver und Knochen herangezogen, schließlich wurde sogar versucht, das Fett aus Spülwässern rückzugewinnen. In Wirtshäusern oder Selchereien wurden in Abwasserrohre »Fettfänger« eingebaut und das gewonnene »Produkt« tatsächlich beigemischt[26]. Schließlich ging man allen Ernstes an den Versuch, Fett aus Käfern, Fliegenlarven und Ratten zu gewinnen[27].

Kalorienmengen

Betrachten wir nun, aus welchen Mengen sich die täglichen Mahlzeiten etwa eines Wiener Metallarbeiters zusammensetzten und welchen Kaloriengehalt sie besaßen[28]:

	Zu Beginn der Karteneinführung Tagesmenge (in Gramm)	Kalorien	gegen Kriegsende Tagesmenge (in Gramm)	Kalorien
Mehl	150	450	35,7	107,1
Brot	210	525	320	800
Fett	21,4	192,6	5,7	51,3
Fleisch	28,5	28,5	17,8	17,8

	Zu Beginn der Karteneinführung Tagesmenge (in Gramm)	Kalorien	gegen Kriegsende Tagesmenge (in Gramm)	Kalorien
Milch	0,12 l	82,5	— gab es nicht mehr —	
Kartoffeln	214	171,2	71,4	57,1
Zucker	54,1	216,4	50	200
Marmelade	29,7	59,4	29,7	59,4
Kaffee	8,9	–	8,9	–
Kaloriensumme		1.725,6		1.292,7

Das wären also die Zahlen für den Schwerarbeiter, die Kategorie, die am höchsten eingestuft war. Der städtische Nichtselbstversorger (»Normalverbraucher«) kam demgegenüber zu Beginn der Karteneinführung auf 1300, gegen Kriegsende gar nur mehr auf 830 Kalorien im Tag[29]. Stellt man dazu in Vergleich, daß ein Mensch bei vollkommener Ruhe (im Bett liegend) in 24 Stunden etwa 1500 Kalorien verbraucht, Menschen mit leichter Arbeit (Büroberufe) zwischen 2400 und 2700 und Schwerarbeiter 3900 Kalorien und mehr pro Tag benötigen, um ihre Arbeitskraft ausreichend regenerieren zu können, so drängt sich unweigerlich die Frage auf, wie der österreichische Arbeiter den Ersten Weltkrieg im Hinterland überhaupt überleben konnte. Er hätte, wäre er auf die offiziell zugeteilten Lebensmittelmengen angewiesen geblieben, entweder verhungern oder zum Skelett abmagern müssen.

Hamsterfahrten

Die zusätzliche Aufbringung von Nahrungsmitteln – egal wie – war daher für den Arbeiter und seine Familie eine Existenzfrage. Jeden Sonntag waren die Bahnhöfe und Eisenbahnzüge überfüllt mit Menschen, die zu den Bauern aufs Land fuhren, um wenigstens ein Stück Fleisch, Speck oder Wurst, einige Eier und einige Dekagramm Butter oder Schweineschmalz zu ergattern. Bezahlt wurde nicht mit Geld – darauf waren die Bauern nicht versessen –, sondern mit Naturalien. Leute, die schon bessere Tage gesehen hatten (Beamte, Angestellte, Angehörige der Intelligenz) tauschten Wertsachen (das ging von goldenen Siegelringen bis zu Porzellanservices), Arbeiter, die dergleichen nicht zu bieten hatten und daher geringere Mengen bekamen, tauschten oft ihre besseren Kleidungsstücke (Mäntel, Anzüge, Schuhe) oder Bettwäsche und dergleichen mehr. Manchmal waren die Hamsterfahrten erfolgreich, manchmal umsonst. Man mußte sie aber allsonntäglich wiederholen, wollte man nicht eines Tages am Arbeitsplatz entkräftet zusammenbrechen.

Schrebergärten

Ein zweites Mittel der zusätzlichen Lebensmittelaufbringung war der teilweise Übergang zur Selbstversorgung. Die heute noch sehr verbreitete Kleingarten- und Siedlerbewegung in den Wiener Außenbezirken geht zum überwiegenden Teil auf die Lebensmittelnot im Ersten Weltkrieg zurück. Gab es 1917 in Wien etwa 34.000 »Schrebergärtner«, waren es im Herbst 1918 schon 157.300[30]. Der »Kriegsgemüsegarten« wurde also zu einem begehrten Objekt, und die Schar der Bewerber so groß, daß der Bedarf nicht mehr gedeckt werden konnte.

Die Wiener Schrebergartenzentren befanden sich im Prater (auf der »Wasserwiese«, die ab Juni 1917 parzelliert wurde), auf der Schmelz, auf der Simmeringer Heide, in Floridsdorf und auf dem Laaerberg. Der Schrebergarten bestand normalerweise aus einem umzäunten Stück Wiese in der Größenordnung zwischen 100 und 300 m^3, der Besitzer pflanzte darauf Obstbäume und -sträucher, legte Gemüsebeete an, baute sich eine kleine Hütte und einen Verschlag für Kaninchen, Hühner oder eine Ziege. Es wurden in Wiens Kleingärten geerntet: 1914 rund 40 Tonnen Kartoffeln, 280 Tonnen Gemüse, 60 Tonnen Obst und 10 Tonnen Beerenobst; 1918 aber bereits 720 Tonnen Kartoffeln, 5040 Tonnen Gemüse, 1080 Tonnen Obst und 180 Tonnen Beerenobst[31].

Ohne die Schrebergartenbewegung wäre es in den beiden letzten Kriegsjahren sicherlich zu einer noch tieferen Versorgungskrise gekommen. Außerdem war die Bewegung der Regierung genehm. Kaiser Karl selbst schenkte der Stadt Wien das Wasserwiesenareal im Prater mit der Auflage, es Kleingärtnern zu widmen. Der offen ausgesprochene Grund für die Protegierung der Schrebergartenbewegung von allerhöchster Stelle war, daß sie »den seit Ausbruch der russischen Revolution in bedrohlichem Maße um sich greifenden *bolschewistischen Tendenzen einigermaßen entgegenwirken konnte.* Sie konnte vielen bisher gänzlich besitzlosen Menschen das Gefühl verschaffen, daß sie nunmehr *ein kleines Eigentum besäßen*[32].«

Entwicklung der Preise

Die Lebensmittelnot im Ersten Weltkrieg hatte mehrere Ursachen. In den historischen Darstellungen wird zumeist der Blockade durch die Entente und dem Egoismus Ungarns, seiner Weigerung, feste Kontingente an Nahrungsmitteln nach Österreich zu liefern, die Hauptschuld gegeben. In solchen Untersuchungen erscheinen Lebensmittelnot und

Teuerung als ein bloßes Verhängnis, als ein »Walten des Schicksals«, das unvermeidlich und unregulierbar war.

In Wahrheit aber stand die steigende Not der Volksmassen mit der *Kriegspolitik der herrschenden Klassen* in einem unmittelbaren Zusammenhang. Staatliche Bemühungen, die Versorgung der Arbeiter im Gesamtinteresse der Herrschenden auf einem einigermaßen erträglichen Niveau zu halten, kollidierten mit den Profitinteressen der Großgrundbesitzer, Nahrungsmittelindustriellen und Großhändler, die sich jeder Beeinträchtigung ihres Gewinnstrebens erbittert widersetzten. Sowohl diese Gruppen als auch ihre Kompagnons – Schieber, Spekulanten, Kriegsgewinnler – nützten den Nahrungsmittelmangel rücksichtslos aus. Sie horteten die aufgekauften Waren in ihren Lagern, um sie bei weiterer Verknappung eines Artikels mit großem Gewinn zu verkaufen. Lebensmittel wurden auch dann zu Höchstpreisen verkauft, wenn sie zu wesentlich niedrigeren Preisen bezogen worden waren. Obwohl Höchstpreise nur für beste Qualität gelten sollten, wurden sie auch für minderwertige Waren gefordert.

Es herrschte ein eklatanter Gegensatz zwischen dem allgemeinen Interesse der herrschenden Klasse, nämlich um der Aufrechterhaltung der Arbeitskraft und des Burgfriedens willen eine ausreichende Versorgung der Bevölkerung zu gewährleisten, und den unmittelbaren Profitinteressen der Monopolisten, Großhändler und Großgrundbesitzer. Entsprechende Maßnahmen des Staates mußten daher völlig ungenügend bleiben. Da man über staatliche Regulierungen und Eingriffe die Teuerung höchstens zu bremsen, nicht aber aufzuhalten vermochte, suchten die Herrschenden die Feindstaaten dafür verantwortlich zu machen: Den Notleidenden wurde bloß empfohlen, die »Zähne zusammenzubeißen«, die Erregung der Arbeiter sollte auf den äußeren Feind, »britischen Neid und welsche Arglist«, abgelenkt werden.

Damit und mit der Lüge vom »gerechten Verteidigungskrieg« gelang es einige Zeit, die Mehrheit der österreichischen Arbeiter irrezuführen und sie vom Kampf gegen die eigene Regierung zurückzuhalten. Im Winter 1916/17 trat jedoch die große Wende ein. Im Proletariat kam ein tiefgehender Prozeß des Umdenkens in Gang. Zur dumpfen Erbitterung über die verschärfte Ausbeutung und Entbehrung gesellte sich allmählich die Frage nach dem Ausweg.

Eine nicht geringe Rolle in diesem Wandlungsprozeß spielte die ununterbrochene Teuerung, die ab 1917 in geometrische Progression überging. Betrachten wir nun die Entwicklung der Preise einer Anzahl von Gütern von 1914 bis Kriegsende. Aufgezählt werden Waren, die für die Lebenshaltung der Bevölkerung damals die ausschlaggebenden waren, also in erster Linie Nahrungsmittel, Bekleidung und Brennstoffe. Dabei muß zwischen dem Kleinhandelspreis (KHP), der über Höchstpreisverordnungen geregelt war, und dem Schleichhandelpreis (SHP) unterschieden werden. Nur allzu oft waren Güter im Kleinhandel überhaupt nicht erhältlich, und man mußte – sofern man dazu in der Lage war – auf den teuren Schleichhandelskauf ausweichen.

		KHP (in Kronen)	SHP (in Kronen)
1 kg Mehl:[33])	1914	0,44	0,44
	1915	0,80	0,80
	1916	0,99	5,00
	1917	1,20	22,00
	1918	2,76	25,00
Oktober	1918	2,76	30,00
1 kg Würfelzucker:	1914	0,86 – 0,96	0,90
	1915	0,92 – 0,96	0,94
	1916	1,04	4,00
	1917	1,19 – 1,23	7,00
	1918	1,48 – 1,60	20,00
Oktober	1918	–	30,00
1 Liter Milch:	1914	0,30	0,30
	1915	0,40	0,40
	1916	0,52	1,00
	1917	0,56	4,00
	1918	0,80	6,00
1 kg Butter:	1914	3,20	3,20
	1915	4,80	4,90
	1916	8,00	25,00
	1917	12,80	50,00
	1918	20,60	120,00
Oktober	1918	–	140,00
1 kg Margarine:	1914	2,00	
	1915	4,00	
	1916	8,40	
	1917	12,00	
	1918	10,00	
Oktober	1918	16,75	
1 kg Rindfleisch:	1914	1,80 – 2,60	2,20
	1915	4,00 – 6,00	5,00
	1916	9,60 – 11,40	10,50
	1917	6,98 – 10,20	12,00
	1918	7,20 – 18,00	30,00
Oktober	1918	6,90 – 20,00	–

		KHP (in Kronen)
1 kg Schweinefleisch:	1914	2,00 – 3,00
	1915	4,40 – 6,00
	1916	8,40 – 11,20
	1917	7,00 – 10,90
	1918	22,00 – 30,00
1 kg Schweineschmalz:	1914	1,64 – 1,90
	1915	4,80 – 5,20
	1916	18,00
	1917	30,00
	1918	60,00
1 kg Kartoffeln:	1914	0,24
	1915	0,36
	1916	0,48
	1917	1,12
	1918	1,32
1 m³ Brennholz:	1914	9,50 – 12,50
	1915	10,00 – 16,00
	1916	22,00 – 32,00
	1917	30,00 – 44,00
	1918	46,00 – 70,00
1 Herrenanzug:	1914	60,00
	1915	100,00
	1916	200,00
	1917	300,00
	1918	800,00
1 Damenkostüm:	1914	70,00
	1915	120,00
	1916	140,00
	1917	450,00
	1918	900,00
1 Paar Männerschuhe:	1914	16,50
	1915	20,00
	1916	50,00
	1917	120,00
	1918	200,00

Zur weiteren Illustration sei noch erwähnt, daß ein Ei im Frieden (1911–1914) durchschnittlich 9 Heller kostete, Anfang 1917 40 Heller und im Herbst 1918 im Schleich mit 40 Kronen gehandelt wurde[34]! Die Preise für Hülsenfrüchte (Kocherbsen oder Linsen) ebenso wie für Kraut schlossen sich der Progression würdig an.

Indexentwicklung für die Arbeiterfamilie

Wir sehen also, daß allein die für die wichtigsten Nahrungsmittel festgesetzten Höchstpreise von 1914 bis 1918 eine Steigerung von 300 bis 1000 Prozent aufwiesen. Der Schleichhandelspreis und der Preis für nicht preisgeregelte Waren stieg demgegenüber noch viel stärker. Er lag zumeist über der 1000-Prozent-Marke.

Betrachten wir noch kurz die Wirkung der Teuerung auf den Arbeiter selbst. Das *Statistische Handbuch für die Republik Österreich* aus dem Jahre 1921 enthält dazu eine aufschlußreiche Tabelle. Hier werden die Kosten des vierwöchigen Lebensmittelverbrauches einer Wiener Arbeiterfamilie in den Jahren 1914 bis 1918 berechnet. Unter »Lebensmittel« fungieren, nach Verbrauchsmengen gestaffelt: Milch, Brot, Eier, Kartoffel, Fleisch, Gemüse, Bier, Mehl, Zucker, Fett, Wein und Hülsenfrüchte. Berechnet waren die Verbrauchsmengen nach der durchschnittlichen Zusammensetzung des Verbrauches von 100 Wiener Arbeiterfamilien in den Jahren 1912 bis 1914. Die »Modellfamilie« bestand im Mittelwert aus fünf (genauer 4,65) Köpfen. Die Kosten der Verbrauchsmengen beliefen sich im Juli 1914 auf 84,46 Kronen, 1915 auf 110,70, 1916 auf 208,88, 1917 auf 474,82 und 1918 auf 699,94 Kronen. Die Indexzahlen waren also (nimmt man für Juli 1914 = 100): 1915 = 131, 1916 = 247, 1917 = 562 und 1918 = 828[35]. Dabei muß noch berücksichtigt werden, daß die Zahlen sich auf die zu Jahres*beginn* obligaten Preise beziehen, die galoppierende Teuerung von Jänner bis Oktober 1918 nicht klar genug zur Geltung kommt. Für Jänner 1919 lautet die Indexzahl nämlich 2854! Wir können also sagen, daß die Nahrungsmittelkosten *allein* bis Oktober 1918 um 1200 bis 2000 Prozent stiegen. Andere Faktoren der Lebenserhaltung wie Brennstoffe, Bekleidung, Miete, Gas und elektrischer Strom bleiben dabei ausgeklammert.

Verschlechterung der Volksgesundheit

Der Lebensmittelmangel, die Minderung der Nahrungsmittelqualität sowie Faktoren wie sinkender Reallohn, erhöhte Arbeitszeit und -intensität führten im Ersten Weltkrieg zu einer bedeutend höheren Krankheitsanfälligkeit und damit zu einer ununterbrochenen Verschlechterung der Volksgesundheit. Die Gesamtzahl der im Hinterland Gestorbenen in Österreich betrug[36]:

	1914	1915	1916	1917	1918	1919
Männer	61.810	73.874	71.013	78.672	83.328	61.466
Frauen	56.368	63.496	62.330	65.695	81.408	63.983
Zusammen	118.178	137.370	133.343	144.367	164.736	125.449

Die hauptsächlichen Todesursachen waren[37]:

	1914	1915	1916	1917	1918	1919
Tuberkulose	16.667	20.734	24.664	27.332	25.124	21.760
Lungenentzündung	8.739	11.366	10.880	11.205	21.065	9.981
Ruhr	207	228	562	2.446	2.600	1.839
Infektionskrankheiten (z. B. Grippe)	473	860	602	612	15.305	2.423

Wir sehen, daß die »klassische« Proletarierkrankheit, die Tuberkulose, stetig mehr grassierte und besonders 1917/18 Seuchen wie Ruhr und Grippe sprunghaft um sich griffen. Die verheerenden Grippeepidemie des Herbstes und Winters 1918/19 ist ja allgemein bekannt.

Daneben traten noch Krankheiten auf, die man schon seit langem ausgerottet wähnte, wie etwa das Hungerödem. Fälle von Hungerödem wurden ab 1917 in den Industriezentren Österreichs beobachtet (ländliche Gebiete blieben verschont), z. B. in Wien von Juni bis Dezember 1917 748 und 1918 1263 Fälle[38].

Erwähnt soll noch werden, daß die Zahl der im Hinterland Gestorbenen sofort nach Kriegsende schlagartig absank, ebenso die Zahl der Tuberkulose-, Ruhr-, Lungenentzündung-, Grippe- und Hungerödemerkrankungen. Letztere fielen in Wien 1919 auf 503 und 1920 auf 79 Fälle.

Staatsmonopolistischer Kapitalismus in Österreich

Der Erste Weltkrieg stellte den ersten Höhepunkt in der Entwicklung des staatmonopolistischen Kapitalismus dar, der eine Verflechtung der Macht der Monopole mit der Macht des Staates zu einem einzigen Riesenmechanismus bedeutete. Die österreichische Kriegswirtschaft war auf allen Gebieten der Ökonomie durch staatliche Zwangs- und Lenkungsmaßnahmen gekennzeichnet.

Objektive Triebkräfte der Verflechtung von Monopolen und Staat waren:

1. die Sicherung und Vermehrung der industriellen Rohstoffe für die Kriegsproduktion,

2. die Sicherung der Lebensmittel für die Versorgung der Bevölkerung,

3. die Sicherung von ausreichenden Arbeitskräften für die Kriegsproduktion, und

4. die Sicherung der Finanzierung des Krieges.

Subjektive Triebkraft war das Streben des Monopolkapitals, eine Umverteilung des Nationaleinkommens zu seinen Gunsten zu erreichen. Dazu wurde die ökonomische Aktivität des Staates ausgenützt, die daher im Ersten Weltkrieg weniger gesamtkapitalistischen als vielmehr speziellen monopolkapitalistischen Interessen diente. Der Staat wurde zum Hauptabnehmer der Produkte der privatkapitalistischen Wirtschaft und damit zum hauptsächlichen und für viele Unternehmer einzigen Markt.

Die wichtigste Aufgabe der Kriegswirtschaft ließ sich mit behördlicher Erfassung bzw. Beschlagnahme der Waren sowie deren zentraler Bewirtschaftung und Verteilung umschreiben. Zu den ausführenden Organen wurden eine Reihe von »Zentralen« für die einzelnen Bedarfsgüter, z. B. die *Metallzentrale, Baumwollzentrale, Häute- und Lederzentrale,* die *Kriegsgetreideverkehrsanstalt,* die *Öl- und Fettzentrale* usw. Zu Kriegsende existierten mehr als neunzig solcher Institutionen. Gemeinsam war ihnen, daß sie von Monopolisten beherrscht wurden. In den Industriezentralen besaßen die Großunternehmer, in den Ernährungszentralen die Großgrundbesitzer die Schlüsselpositionen.

Nehmen wir ein Beispiel, die *Österreichische Vieh- und Fleischverwertungsgesellschaft.* Präsident des Verwaltungsrates war Bernhard Freiherr von Ehrenfels (Mitglied des Herrenhauses, Präsident der *Österreichischen Landwirtschaftlichen Gesellschaft* in Wien, »Herrschaftsbesitzer«). Im Verwaltungsrat saßen noch unter anderen ein Eugen Graf Braida (»Grundbesitzer« in Loosdorf bei Melk), Rudolf Graf Coloredo-Mannsfeld (k. u. k. Kämmerer, niederösterreichischer Landtagsabgeordneter und natürlich Großgrundbesitzer) und Dr. Marian Ritter von Lisowiecki, ein galizischer Großgrundbesitzer[39].

Die Kriegszentralen zeigten ganz deutlich ein Hauptmerkmal des staatsmonopolistischen Kapitalismus, nämlich die *institutionelle* Verschmelzung des staatlichen mit dem monopolkapitalistischen Apparat. Im Verwaltungsrat der Zentralen saßen neben den Industriebossen und den adeligen Gutsherrn auch Vertreter der tangierten Ministerien (Handels-, Kriegs-, Eisenbahn- oder Ackerbauministerium) mit Stimm- und Einspruchsrecht. Hier wurde während des Krieges im kleinsten Kreis der Wille der Monopolisten mit Hilfe staatlicher Autorität nicht nur gegenüber der Arbeiterschaft und den Bauern, sondern auch gegen die Interessen kleinerer Konkurrenten durchgesetzt.

Einbindung der Sozialdemokratie und der Gewerkschaften

Im Lauf des Krieges vollzog sich eine *qualitative* Veränderung im Verhältnis zwischen der österreichischen Bourgeoisie und der Sozialdemokratischen Partei. Während vor 1914 in der Arbeiterbewegung und der Sozialdemokratie ein außerhalb des Systems stehender »marxistischer« Feind gesehen wurde und von 1914 bis 1916/17 die Sozialdemokratie die Rolle eines eher passiv benützten Faktors im Rahmen der Burgfriedenspolitik spielte, wurde sie seit Frühjahr 1917 (also in dem Augenblick, als in Österreich eine revolutionäre Situation einsetzte) und noch verstärkt nach dem Sieg der russischen Oktoberrevolution ein *aktiv* mitagierender, in das System voll integrierter, ja zu seiner Stützung unentbehrlich gewordener Bündnispartner.

Diese Integration bezog sich nicht nur auf die Sphäre der allgemeinen Politik (etwa im Reichsrat oder den Gemeindevertretungen), sondern auch auf staatliche Institutionen und Ministerien. Dazu zwei Beispiele:

Am 1. Dezember 1916 wurde das *Amt für Volksernährung* errichtet. Seine Aufgabe waren die Erfassung der Lebens- und Futtermittelvorräte, die Verhinderung der Zurückhaltung von Vorräten, die planmäßige Verteilung im Großen an die Konsumplätze, die gerechte Aufteilung an die Konsumenten, die technische Verbesserung des Verteilungsapparates und die angemessene Regelung der Preise – alles zum Zweck der »verläßlichen Sicherung des *Durchhaltens* im Kriege[40]«. Dem *Amt für Volksernährung* eingegliedert wurden lokale Preisprüfungsstellen, die sogenannten *Kriegswucherämter*. Letztere sollten Preistreiberei, Lebensmittelwucher und Kettenhandel bekämpfen und die Zwischengewinne einschränken[41].

Sehr bemerkenswert war die Tatsache, daß dem Direktorium des *Amtes für Volksernährung* (einem »gutachtlichen und mitarbeitenden« Organ) neben einem Großindustriellen, einem Großgrundbesitzer und zwei Vertretern des Militärs und der Behörde auch drei Reichsratsabgeordnete angehörten: Jodok Fink, Dr. Robert Freißler und Dr. Karl Renner. Damit war erstmals in der Geschichte der österreichischen Sozialdemokratie ein Mitglied dieser Partei in regierungsamtliche Funktion berufen worden. Die *Arbeiter-Zeitung* schrieb dazu, daß es der Partei »nicht leicht« gefallen sei, ihre Zustimmung zur Delegierung Renners zu geben. Erst als Ministerpräsident Koerber die Versicherung abgab, daß für alle Verfügungen des Ernährungsamtes selbstverständlich die Regierung allein die Verantwortung trage und die Mitarbeit Renners in keiner Weise die Kritik der Sozialdemokratischen Partei an der staatlichen Ernährungspolitik einschränken könne und solle, wurde die Entsendung Renners genehmigt. Die *Arbeiter-Zeitung* schloß: »Selbstverständlich kann unter diesen Umständen *weder von einer sachlichen Bindung noch von einer politischen Verantwortung der Partei* irgend eine Rede sein[42].«

Diese auffallend scharf formulierte Abgrenzung galt natürlich der Arbeiterschaft, die über die katastrophale Ernährungssituation äußerst erbittert und aufgebracht war und keinerlei Illusionen über eine etwaige künftige Verbesserung der Lage hatte. So ist es dann auch gekommen: Die Versorgung der Bevölkerung mit Nahrungsmitteln wurde im späteren Verlauf des Krieges trotz aller legistischen Maßnahmen, trotz staatlicher Eingriffe und hektischer Gründung diverser »Ämter« und »Zentralen« nicht besser, sondern immer schlechter. Auch die Institutionen der *Kriegswucherämter* hatte mehr eine papierene Beschwichtigungsfunktion. Die Preistreiber, Wucherer und Lebensmittelverheimlicher großen Formats wurden kaum getroffen, sondern fast ausschließlich kleine Ladenbesitzer.

Aber auch durch die Integration der Gewerkschaftsführer in das bestehende staatsmonopolistische System versuchte die Regierung einen Ausweg aus der Krise zu finden.

Dem diente z. B. die am 30. März 1917 verkündete Verordnung »betreffend die Errichtung eines *Generalkommissariates für Kriegs- und Übergangswirtschaft* im Handelsministerium[43]«. Das Generalkommissariat, in Haupt- und Unterausschüsse gegliedert, hatte folgende Aufgaben: Beschaffung und rechtzeitige Besorgung der notwendigen Rohstoffe für die Industrie, Wiederherstellung des gestörten Verkehrswesens und der zerrütteten Valuta, Regelung der künftigen Demobilisierung der Armee und Schaffung einer staatlichen Arbeitsvermittlung in *Zusammenarbeit mit den Gewerkschaften.* So wurden für den »Arbeitsausschuß« die Gewerkschafts- und Parteiführer Hueber, Ellenbogen und Reumann, für den »Ausschuß für soziale Aufgaben« Domes, Gion, Grünwald, Hanusch, Hueber und Huppert als Mitglieder vom Handelsministerium ernannt[44]. Damit waren ein weiteres Mal Vertreter der Arbeiterschaft in staatliche, regierungsamtliche Funktionen berufen worden.

Obwohl das *Generalkommissariat für Kriegs- und Übergangswirtschaft,* an dessen Spitze der Sektionschef im Handelsministerium Dr. Richard Riedl trat, »nach echt österreichischer Art verschlampte und zum Schluß dem Gespött und der Verachtung der Allgemeinheit anheimfiel[45]«, markierte es in gewisser Weise den Beginn der Sozialpartnerschaftspolitik in Österreich.

Ergebnis

»Ein hungriger Mann ist ein zorniger Mann«, lautet ein Sprichwort. Es gilt vor allem dann, wenn eine Periode relativ auskömmlichen Lebens von plötzlicher Not, Entbehrung und Hunger abgelöst wird.

Dies war in Österreich von 1914 bis 1918 in noch nie dagewesener Weise der Fall. Der Krieg ließ die langsame, bescheidene, aber doch statistisch nachweisbare Verbesserung des Lebensstandards, die von der Arbeiterschaft und ihren Organisationen in langwierigen und hartnäckigen Auseinandersetzungen erkämpft worden war, abbrechen und rückläufig werden. Dazu kam, daß die Not höchst ungleich verteilt war. Auch noch im Herbst 1918 war es wenigen Begüterten ohne Schwierigkeiten möglich, für teures Geld Waren in beliebiger Menge zu erwerben. Wer Geld hatte, konnte sich über den Schleichhandel jederzeit nicht nur gut, sondern reichlich versorgen. In Wiens Nachtlokalen tummelten sich ungeniert die Schieber und Kriegsgewinnler, und in Offizierskasinos wurden bis zuletzt die feinsten Delikatessen aufgetischt.

War also schon die Verschlechterung der Lebensbedingungen für den Arbeiter ein Faktor, den er von einem gewissen Zeitpunkt an nicht mehr so ohne weiteres hinzunehmen gewillt war, so wirkte für ihn über die Knappheit der Güter hinaus deren *ungleiche und ungerechte Verteilung* maßlos aufreizend. Gerade die zunehmenden und immer sichtbarer werdenden ökonomischen und sozialen Unterschiede zwischen den Volksmassen und der kleinen Schicht der Herrschenden führten in Österreich im Ersten Weltkrieg dazu, daß sie von den Arbeitern ab 1916/17 eben nicht mehr resignierend akzeptiert wurden. Zum Schrecken der kaiserlichen Regierung und zum Unbehagen der auf die Burgfriedenspolitik eingeschworenen Führer der Sozialdemokratischen Partei und der Gewerkschaften begann sich die österreichische Arbeiterschaft ab Frühjahr 1917 kräftig zur Wehr zu setzen: mit dem Mittel des Massenstreiks. Die Bourgeoisie konnte sich in der Endphase des Ersten Weltkrieges glücklich schätzen, daß an der Spitze der österreichischen Arbeiterbewegung keine revolutionäre, sondern eine reformistische Partei stand.

ANMERKUNGEN

1 Hans Hautmann/Rudolf Kropf, *Die österreichische Arbeiterbewegung vom Vormärz bis 1945. Sozialökonomische Ursprünge ihrer Ideologie und Politik*, 2. Aufl., Wien 1976 = Schriftenreihe des Ludwig-Boltzmann-Instituts für Geschichte der Arbeiterbewegung 4, S. 88

2 Hans Loewenfeld-Russ, *Die Regelung der Volksernährung im Kriege*, Wien 1926 = Carnegie-Stiftung für internationalen Frieden. Abteilung für Volkswirtschaft und Geschichte. *Wirtschafts- und Sozialgeschichte des Weltkrieges. Österreichische und ungarische Serie*, S. 28 f.

3 Ebenda.
4 Ebenda, S. 46
5 Wilhelm Winkler, *Die Einkommensverschiebungen in Österreich während des Weltkrieges*, Wien 1930 = Carnegie-Stiftung für internationalen Frieden. Abteilung für Volkswirtschaft und Geschichte. *Wirtschafts- und Sozialgeschichte des Weltkrieges. Österreichische und ungarische Serie*, S.36
6 Fritz Klenner, *Die österreichischen Gewerkschaften. Vergangenheit und Gegenwartsprobleme*, 1. Band, Wien 1951, S. 401
7 Ernst Hübel, *Die Arbeitsverhältnisse in der Textilindustrie*, in: Ferdinand Hanusch/ Emanuel Adler (Hrsg.), *Die Regelung der Arbeitsverhältnisse im Kriege*, Wien 1927 = Carnegie-Stiftung für internationalen Frieden. Abteilung für Volkswirtschaft und Geschichte. *Wirtschafts- und Sozialgeschichte des Weltkrieges. Österreichische und ungarische Serie*, S. 271
8 H. Loewenfeld-Russ, a. a. O., S. 47
9 W. Winkler, a. a. O., S. 44
10 H. Loewenfeld-Russ, a. a. O., S. 120
11 General Landwehr, *Hunger. Die Erschöpfungsjahre der Mittelmächte 1917/18*, Zürich-Leipzig-Wien 1931, S. 26
12 Ebenda, S. 25
13 W. Winkler, a. a. O., S. 44 ff.
14 *Statistisches Handbuch für die Republik Österreich*, 1. Jahrgang, Wien 1920, S. 26
15 W. Winkler, a. a. O., S. 47
16 H. Loewenfeld-Russ, a. a. O., S. 205
17 Ebenda, S. 219 ff.
18 Ebenda, S. 51 ff.
19 *Die Gemeindeverwaltung der Stadt Wien in der Zeit vom 1. Jänner 1914 bis 30. Juni 1919*, Wien 1923, S. 379
20 H. Loewenfeld-Russ, a. a. O., S. 117 ff.
21 *Die Gemeindeverwaltung der Stadt Wien ...*, a. a. O., S. 337
22 H. Loewenfeld-Russ, a. a. O., S. 205 ff.
23 Ebenda, S. 277 ff.
24 Ebenda, S. 191 ff.
25 Landwehr, a. a. O., S. 73 ff.
26 Richard Riedl, *Die Industrie Österreichs während des Krieges*, Wien 1932 = Carnegie-Stiftung für internationalen Frieden. Abteilung für Volkswirtschaft und Geschichte. *Wirtschafts- und Sozialgeschichte des Weltkrieges. Österreichische und ungarische Serie*, S. 306 ff.
27 Landwehr, a. a. O., S. 73 ff.
28 H. Loewenfeld-Russ, a. a. O., S. 335
29 Ebenda.
30 Landwehr, a. a. O., S. 71 f.
31 *Das Neue Wien. Städtewerk*, Band 1, Wien 1926, S. 294
32 Landwehr, a. a. O., S. 71 f, Hervorhebungen von H. H.
33 Zahlen aus W. Winkler, a. a. O., S. 124 ff. und aus dem *Statistischen Handbuch für die Republik Österreich*, 1. Jg., Wien 1920, S. 49 ff.
34 H. Loewenfeld-Russ, a. a. O., S. 104
35 *Statistisches Handbuch für die Republik Österreich*, 2. Jg., Wien 1921, S. 102
36 Ebenda, S. 20
37 Ebenda, S. 23
38 Siegfried Rosenfeld, *Die Gesundheitsverhältnisse der industriellen Arbeiterschaft Österreichs während des Krieges*, in: Hanusch/Adler, a. a. O., S. 431

39 Siehe: *Compass,* Jg. 1919, Band 2, S. 545 und das Verzeichnis der Verwaltungsräte und Direktoren im 3. Band desselben Jahrganges
40 Siehe: *Arbeiter-Zeitung,* 1. Dezember 1916. Hervorhebung von H. H.
41 Siehe: *Denkschrift über die von der k. k. Regierung aus Anlaß des Krieges getroffenen Maßnahmen,* 4. Teil, Wien 1918, S. 66 ff.
42 *Arbeiter-Zeitung,* 1. Dezember 1916. Hervorhebungen von H. H.
43 *Reichsgesetzblatt für die im Reichsrate vertretenen Königreiche und Länder,* Jg. 1917, Wien 1917, S. 333 ff.
44 *Bericht der Gewerkschaftskommission Deutschösterreichs an den ersten deutschösterreichischen (achten österr.) Gewerkschaftskongreß in Wien 1919,* Wien o. J. (1920), S. 109
45 So ist die wörtliche Charakteristik seitens der Gewerkschaftskommission, ebenda, S. 110.

Peter Feldbauer/Wolfgang Hösl

Die Wohnverhältnisse der Wiener Unterschichten und die Anfänge des genossenschaftlichen Wohn- und Siedlungswesens

1. Die Wohnverhältnisse der Wiener Unterschichten

Die Wohnungsnot hatte sich in Wien, um mit Friedrich Engels zu sprechen, im gesamten 19. Jahrhundert als ständige Begleiterin der unterdrückten Klassen erwiesen[1]. Schon im Jahr 1767 hatten in der Habsburgerresidenz äußerst unbefriedigende Wohnverhältnisse geherrscht, wie aus einem Handschreiben von Kaiserin Maria Theresia hervorgeht[2], und im ersten Jahrzehnt des 19. Jahrhunderts brachten die kontinuierlichen Zinssteigerungen einen Großteil der Staatsbeamten in größte Schwierigkeiten, so daß man schon damals den Gedanken einer Stadterweiterung durch Beseitigung der Befestigungsanlagen diskutierte und allen Ernstes die Entfernung aller Pensionisten aus der Stadt erwog[3], nachdem der josephinische Chronist Johann Pezzl bereits 1786 die Vertreibung der Schottenpatres zur Gewinnung von Wohnraum für 2000 Personen vorgeschlagen hatte[4]. Nach einer kurzfristigen Milderung des Wohnungselends in den ersten Jahren des Vormärz kam das chronische Übel um 1830 erneut zum Vorschein und nahm im weiteren Verlauf des 19. Jahrhunderts immer ärgere Formen an[5].

Trotz einer beträchtlich steigenden Bautätigkeit in den zyklisch wiederkehrenden Konjunkturspitzen blieb die Wohnungsproduktion von 1848 bis 1914 immer hinter den Minimalbedürfnissen der rasch wachsenden Stadtbevölkerung zurück, wenn man von Adel und Großbürgertum absieht. Die Zeiten besonders drückender Wohnungsnot wurden zwar immer wieder durch Entspannungsphasen unterbrochen, aber langfristig ging der Anteil jener Stadtbewohner, die in sehr kleinen Quartieren ohne jeden Wohnkomfort lebten, nicht zurück, so daß der Wohnungsreformer Emil Sax eines seiner 1869 erschienenen Bücher mit der alarmierenden Feststellung einleitete: »Die Wohnungsnoth ist in Wien zu einer bleibenden Calamität geworden[6].« Die rasch steigenden Mieten, die sich von der Mitte des 19. Jahrhunderts bis zum Ausbruch des Weltkriegs auch unter Berücksichtigung der Geldwertschwankungen fast vervierfachten und damit der Entwicklung der Löhne und der durchschnittlichen Lebenshaltungskosten weit vorauseilten, sowie das unzureichende Angebot an kontinuierlich kleiner werdenden Arbeiterwohnungen, die lediglich aus Zimmer und Küche oder Kabinett und Küche bestanden, machten es für die überproportional zunehmende Unterschichtbevölkerung unmöglich, eine der österreichischen Wirtschaftsentwicklung seit 1848 angemessene Verbesserung der Wohnverhältnisse zu erreichen. Nur die ziemlich schmale, relativ wohlhabende Mittelschicht aus Angestellten, Beamten, Gewerbetreibenden und einer geringen Anzahl von qualifizierten Facharbeitern konnte seit der Jahrhundertwende die ärgsten Formen quantitativer Wohnungsnot überwinden und die Qualität des Wohnens allmählich verbessern. Die Mehrheit der Bevölkerung vermochte aus diesem Aufstieg keinen Nutzen zu ziehen und hauste 1914 noch in ähnlichen Elendsquartieren wie in der gesamten zweiten Hälfte des 19. Jahrhunderts.

Das Wohnungselend betraf praktisch alle Bewohner der kleinen und kleinsten Unterkünfte, deren Anteil am gesamten Wohnungsbestand vor Kriegsausbruch immer noch 75 Prozent betrug. Die Ergebnisse der Volkszählungen von 1890 bis 1910 legen zwar infolge sinkender Belagszahlen und abnehmender Aftermieter- bzw. Bettgeherquoten eine Verbesserung der durchschnittlichen Wohnverhältnisse in der Gesamtstadt nahe, bei genauer Analyse entpuppt sich dieses Ergebnis jedoch als statistische Täuschung[7]. Die zunächst sehr positiv erscheinenden Zahlen, deren Aussagekraft allerdings von vornherein durch die Reduktion auf den Mittelwert der Wohnungsgrößen stark eingeschränkt wird, signalisieren zum einen die zunehmende Polarisierung der Stadtbevölkerung hinsichtlich der Befriedigung der Wohnbedürfnisse und sind zum anderen Ausdruck der sich allmählich wandelnden Formen des Wohnungselends. Die aus den Statistiken abzulesende Verringerung der Wohnfläche pro Unterschichtenhaushalt bewirkte im Verein mit dem immer häufiger ausgesprochenen Verbot, Untermieter und Bettgeher aufzunehmen, sowie infolge der steigenden Heiratshäufigkeit der Unterschichtbevölkerung eine Reduktion der Haushaltsgrößen und eine deutliche Verringerung der auf eine Wohnung entfallenden Personen, ohne daß deswegen die Überfüllung nachgelassen hätte. Die von den Wohnungsreformern freudig begrüßte Dezimierung familienfremder Personen wurde durch die geringe Größe der am Wohnungsmarkt vorhandenen Quartiere und die zunehmende Härte der Vorschriften erzwungen, jedoch nur ausnahmsweise durch eine materielle Besserstellung der betroffenen Haushalte verursacht. Der Verlust der aus der Vermietung einer Schlafstelle zu ziehenden Einnahmen brachte für manche Familie Zahlungsunfähigkeit und die gerichtliche Kündigung durch den Wohnungseigentümer mit sich, trug also kaum zur Verbesserung der Wohnungssituation bei.

Wie wenig sich trotz der Zunahme von Reformprogrammen und trotz der nach 1890 allmählich einsetzenden wohnungspolitischen Maßnahmen des Staates für die unterprivilegierten Bevölkerungsschichten in den dreißig Jahren vor dem Ersten Weltkrieg änderte, geht insbesondere aus einer Reihe von privaten bzw. halbamtlichen Stichprobenerhebungen hervor, die in den Jahren 1884, knapp nach 1890, etwa vor 1910, 1912 bis 1914 und unmittelbar vor Kriegsausbruch 1914 durchgeführt wurden[8].

Die erste dieser Erhebungen aus dem Jahre 1884 zeigt, daß der von den Wohnungsreformern immer wieder als untragbar beklagte monatliche Mietaufwand von 20 bis 25 Prozent des Einkommens, den Taglöhner, unqualifizierte Hilfsarbeiter, Kleingewerbetreibende und Beamte in untergeordneter Stellung für meist extrem schlechte Quartiere aufwenden mußten, unter dem Druck ungünstiger privater oder konjunktureller Verhältnisse auf ein Drittel oder noch höher ansteigen konnte. Die Stichprobenuntersuchung zeigt, daß in den Haushalten eines Viktualienhändlers in Fünfhaus, eines Diurnisten in Hernals, eines Sitzgesellen in Ottakring, einer Bedienerin in Neu-Penzing und eines Taglöhners in Breitensee zwischen 21 und 35 Prozent des Einkommens für die Miete reserviert werden mußten, wozu noch 5 bis 7 Prozent Heiz- und Beleuchtungskosten kamen. Im Fall der Bedienerin betrug der Wohnungszins genau die Hälfte ihres persönlichen Einkommens, wozu allerdings ein geringer Nebenverdienst der Tochter kam, so daß die beiden Frauen doch »nur« 35 Prozent ihres Jahresbudgets für eine Einzimmerwohnung von 22 m² zu entrichten hatten[9].

Daß das Wohnungselend nicht nur an gewisse Bezirke und Stadtviertel geknüpft war, wie die Volks- und Wohnungszählungen nahelegen, sondern insbesondere mit bestimmten Wohnungskategorien und den entsprechenden Bevölkerungsklassen korrelierte, beweist die vom Wiener Universitätsprofessor Eugen von Philippovich in Privatinitiative durchgeführte Erhebung. Unter anderem ergab die Aufnahme von 101 Wohnungen, daß lediglich drei den Minimalluftraum und eine ausreichende Bodenfläche aufwiesen[10]. Den Anforderungen des Arbeiterwohnungsgesetzes von 1892, das etwa für einräumige Wohnungen 15 m² Bodenfläche oder mehr als Voraussetzung für eine Steuerbefreiung verlangte[11], hätte kaum ein Dutzend der untersuchten Objekte genügt. Bei den genau beschriebenen Unterkünften handelte es sich aber keineswegs um Armen-, sondern um recht typische Arbeiterwohnungen[12]. Obwohl die Jahre vor 1890 eine beträchtliche Ausweitung des Wohnbauvolumens gebracht hatten, waren die Wohnverhältnisse für etwa zwei Drittel der Einwohner Wiens um nichts besser geworden[13].

Wie schlecht die Wohnverhältnisse in den hauptsächlich von Arbeitern bewohnten Stadtvierteln Wiens knapp vor 1910 noch immer waren, geht aus einer Stichprobenuntersuchung hervor, in deren Rahmen für einige zufällig ausgesuchte Mietskasernen die Anzahl der Wohnungen und der Bewohner, die jeweilige Wohnfläche und die Höhe des Mietzinses erhoben wurden[14]. Besonders schlimme Zustände herrschten in einem Haus in Simmering, in dem auf 31 Wohnungen nicht weniger als 276 polizeilich gemeldete Bewohner, auf ein Quartier demnach 8,9 Personen kamen. Obwohl pro Untermieter nur eine Wohnfläche von 3,68 m^2 zur Verfügung stand, betrug der Jahreszins fast aller Unterkünfte mehr als 300 Kronen, zehrte also wiederum 20 bis 30 Prozent des Gesamteinkommens auf. Daß nur wenige der erfaßten Wohnungen etwas billiger auf den Wohnungsmarkt gelangten, ist nicht weiter verwunderlich, waren doch die Mieten seit der Jahrhundertwende etwa doppelt so rasch gestiegen wie die durchschnittlichen Lebenshaltungskosten der Wiener Unterschichten[15].

Daß die Mehrheit der Wiener Bevölkerung vom Wirtschaftsaufschwung der unmittelbaren Vorkriegszeit hinsichtlich der Befriedigung ihrer Wohnbedürfnisse keinen nennenswerten Nutzen ziehen konnte, belegen zwei umfangreiche, einander recht gut ergänzende Stichprobenerhebungen. Zum einen wurden vom Arbeitsstatistischen Amt im Handelsministerium die Lebensverhältnisse von Wiener Arbeiterfamilien in den Jahren 1912 bis 1914 auf der Basis von exakten Wirtschaftsrechnungen der einzelnen Haushalte erhoben. Da nur Familien aus der Oberschicht der Arbeiter in der Lage waren, detaillierte Wirtschaftsbücher ordentlich zu führen, blieben Taglöhner und sonstige ungelernte Arbeiter in der Untersuchung stark unterrepräsentiert. Dennoch ergaben sich Verhältnisse, die wesentlich schlimmer waren, als man nach den Daten der Volkszählung des Jahres 1910 und der Wohnungserhebung 1914 angenommen hätte. Der durchschnittliche Wohnungsbelag betrug 5,25 Bewohner, in 35 Prozent aller Fälle hausten mehr als sechs Personen in einem einzigen Raum[16]. Bei den 119 erfaßten Familien blieb die Anzahl der Schlafgelegenheiten insgesamt um 167 hinter der der Bewohner zurück. Nicht weniger als 358 Personen (= 58 Prozent) waren also gezwungen, ein Bett mit anderen zu teilen. Obwohl die Raumverhältnisse in der Regel äußerst beschränkt waren, lebten in gut einem Drittel aller Haushalte längere Zeit hindurch Aftermieter oder Bettgeher. Dieses triste Bild wird noch weiter durch die Tatsache verdüstert, daß ein knappes Drittel der Wohnungen regelmäßig für gewerbliche Zwecke, besonders in Form von Heimarbeit, verwendet wurde[17].

Die fast zum gleichen Zeitpunkt durchgeführte Erhebung der Redaktion des *Abend* bezog sich auf Kleinwohnungen und kleine Mittelwohnungen mit der Maximalgröße von zwei Zimmern, Küche und Vorzimmer, in denen vorwiegend Hilfsarbeiter, Handwerker, kleinere Beamte und mit deutlichem Abstand Facharbeiter wohnten. In 68 Quartieren der Bezirke Brigittenau und Leopoldstadt wohnten 404 Personen, also durchschnittlich sechs in einer Wohnung. In 94 Prozent der Unterkünfte wurde das von Garnisons- und Gefängnisordnungen aufgestellte Mindestmaß an Wohnqualität nicht erfüllt. Der Aftermieter- und Bettgeheranteil von nahezu 40 Prozent lag weit über dem Wiener Durchschnitt. Seit den neunziger Jahren hatte sich die Durchschnittsmiete pro Quadratmeter in der Regel verdoppelt, die Verbesserungen hinsichtlich der Wohnungsausstattung waren dagegen in bescheidenen Grenzen geblieben. Unter 25 vergleichbaren Fällen gaben zwei Haushalte sogar 44 Prozent des Einkommens für die Miete aus, ein Anteil von 20 bis 25 Prozent für die Miete ohne Heizung und Beleuchtung war keine Seltenheit. Nicht einmal 20 Prozent aller Wohnungen verfügten über eigene Betten für alle Bewohner[18].

Wie um die Mitte des 19. Jahrhunderts erschöpfte sich die Wohnungsnot also auch knapp vor Ausbruch des Weltkrieges keineswegs in Detailmängeln, sondern war beinahe mit dem gesamten Kleinwohnungswesen gleichzusetzen. Im Unterschied zu früher wurden seit 1870 aber immer häufiger Reformvorschläge diskutiert und kleinere Flickversuche durch Staat und Gemeinde unternommen, welche besonders in der Vorkriegszeit durch Versuche privater Wohnungsreformen ergänzt wurden.

2. Wohnungsreformbewegung und Wohnungspolitik

Die extremen Formen des Wohnungselends waren zwar keine Besonderheiten der zweiten Hälfte des 19. und des frühen 20. Jahrhunderts. Die Beständigkeit des Problems sowie die Verschärfung der Situation im Gefolge von beschleunigtem Stadt- und Bevölkerungswachstum entfachten aber immerhin seit den sechziger Jahren des 19. Jahrhunderts eine umfangreiche Reformdiskussion, die eine der Voraussetzungen für die Anfänge staatlicher und kommunaler Wohnungspolitik seit der Jahrhundertwende war. Vermutlich beeinflußte auch das Beispiel der industriell weiter fortgeschrittenen westeuropäischen Staaten und Deutschlands, in denen die schlechten Wohn- und Lebensverhältnisse der Unterschichten zunehmend als Gefahr für Gesellschaftsordnung und Wirtschaftssystem interpretiert wurden, die in Österreich wesentlich später einsetzende Diskussion über die Wohnungsfrage[19].

Abgesehen von einer Minderheit linksliberaler und sozialistischer Autoren, wandten sich während der österreichischen Frühindustrialisierung insbesondere konservative Sozialreformer der Wohnungsfrage zu, denen es hinsichtlich der Lohnarbeiterschaft und des von der Modernisierung existenziell bedrohten Kleingewerbes vorrangig um die »Hilfe zur Selbsthilfe« ging[20]. Die meisten Reformer warnten vor den »destruktiven Tendenzen« der aufkommenden Arbeiterbewegung, durch die sie die Einheit des Volkes bedroht sahen. Dementsprechend sparte die »Hilfe zur Selbsthilfe« alle Themen von Selbst- und Mitbestimmung weitgehend aus und rückte derartige Forderungen in die Nähe »anarchistischer Umtriebe«. Nicht Emanzipation wurde angestrebt, vielmehr sollten für die aufsteigenden Schichten der Arbeiterklasse Hilfen bereitgestellt werden, mit denen sich diese in die gesellschaftliche Ordnung erneut und stabil einfügen sollten. Dafür mobilisierte man das bürgerliche Vernunftinteresse an sozialer und kultureller Reform und die Abwehrbereitschaft gegen die sich allmählich formierende Arbeiterbewegung[21].

Baulich-räumlich wurden vorrangig zwei alternative Reformkonzeptionen vertreten, die mit unterschiedlicher, teilweise sogar konträrer kultureller Bedeutung aufgeladen waren: die »Arbeiterkaserne« und die »Gartenstadt«. Langfristig sollte sich zwar die erste Konzeption in bezug auf die Wiener Verhältnisse als realistischer erweisen, die Gartenstadtidee gewann aber immerhin so viele Anhänger, daß jahrzehntelange Auseinandersetzungen um die Hegemonie im Arbeiterwohnungsbau die Folge waren. Die Vorschläge zur Errichtung von am Stadtrand gelegenen Gartensiedlungen wiesen viele gemeinsame Züge mit den Programmen zur Errichtung eines mittelständischen »bürgerlichen Wohnhauses« auf, waren stark an englischen und französischen Vorbildern orientiert und wurden durch die Schriften von Emil Sax in die österreichische Debatte eingebracht[22].

> Die Arbeiterkaserne nimmt in den Gemeinschaftseinrichtungen, die sie betont, Anleihen an sinnlich-kooperativen Traditionen und Erinnerungen des städtisch aggregierten Proletariats und führt diese in entstellter Form ihrem Ordnungsrahmen zu, der die »Sittlichmachung der untern Stände« mit der Ökonomisierung der Produktionsvoraussetzungen der Großindustrien verbinden will[23].

Eine erste, um 1848 ausgearbeitete Reformschrift zur Milderung der Wohnungsnot in Wien sah Kasernen vor, die »wie für die Soldaten für Arbeiter errichtet werden sollten[24]«. Beachtung verdient besonders der Vorschlag, die Kaserne von den Bewohnern selbst verwalten zu lassen, wodurch von den älteren, angeseheneren Arbeitern ein positiver moralischer Einfluß ausgehen sollte.

Durch die Revolutionsereignisse zur Beschäftigung mit der Arbeiterwohnungsfrage gedrängt, publizierte der Wiener Architekt Ludwig Förster im Jahre 1849 ein Reformkonzept, dessen geplante Arbeiter-Wohnhausanlage deutliche Bezüge zur *Cité ouvrière* von Mühlhausen und zur *Berliner gemeinnützigen Baugesellschaft* aufweist und einen frühen Vorläufer der kommunalen Wohnhausanlagen Wiens während der Ersten Republik darstellt[25]. Förster nahm massive Anleihen bei Traditionen kollektiver Lebensweisen, so daß er Selbsthilfe und Selbstorganisation stark betonte und eine Vielzahl von Gemeinschaftseinrichtungen vorsah: Kaufläden, Werkstätten, Waschküche, Gemeinschaftsküche, Kinderbewahranstalt, Turnplatz und Bibliothek. Kann man die Baustrukturen als richtungsweisend für die Großwohnanlagen der zwanziger Jahre unseres Jahrhunderts interpretieren, wobei kollektive Wohnbereiche sogar stärker betont erscheinen und eher auf das Modell des Einküchenhauses verweisen[26], so stellt die Begründung einen sehr frühen Versuch dar, ein allgemeines Interesse des kapitalistischen Gesellschaftssystems an sozialen Reformen zu formulieren[27]. Der von Förster propagierte Finanzierungsmodus der Ausgabe von Hypothekarscheinen nahm bereits viele Argumentationsmuster der bürgerlichen Wohnungsreformer vorweg, indem zur Ausrottung proletarischen Bewußtseins und Verhaltens die Verwurzelung des Arbeiters durch Wohnungseigentum sowie die Hebung von Sittlichkeit und Moral empfohlen wurde.

Eine dramatische Verschärfung der Wohnungsnot sowie der allmähliche Aufschwung der Arbeiterbewegung während der liberalen Phase der Wiener Gemeindeführung verliehen den Fragen von Wohnungsreform in den sechziger Jahren verstärkte Aktualität. Ein äußerer Anlaß war bereits die im Jahr 1857 beschlossene Stadterweiterung Wiens gewesen. Da in steigendem Maß auch die Bourgeoisie und insbesondere das Kleinbürgertum mit dem Problem unzureichender Wohnverhältnisse konfrontiert wurde[28], entfaltete man gerade in bürgerlichen Kreisen besondere Anstrengungen zur Lösung der Wohnungsfrage. Die diskutierten Vorschläge und Reformprogramme stellten lange Zeit entweder Illusionen über eine mögliche Umkehrung des Prozesses der Expansion, Konzentration und Monopolisierung des Kapitals oder Variationen des Credos der Liberalen dar, wonach es gegen Armut und somit auch gegen Wohnelend kein »wirksameres und kräftigeres Gegenmittel« gebe, »als jenen Armen, die guten Willens sind, die Möglichkeit zu bieten, sich selbst durch beharrlichen Fleiß ihrer traurigen Lage zu entreißen[29]«. Während der Kunsthistoriker Rudolf von Eitelberger und der Architekt Heinrich Ferstel offensichtlich den kapitalistischen Prozeß möglichst umkehren und großbetriebliche Formen mit Hilfe des Wohnhausbaues zugunsten von Handwerk und Gewerbe wieder zurückdrängen wollten[30], publizierte J. P. Fischer 1860 ebenfalls einen für die Vorstellungen des liberalen Lagers paradigmatischen Beitrag zur Wohnungsfrage[31]. Konnte sich Fischer die Lösung der Wohnungsfrage noch durch den Bau von weiteren neuen Arbeitshäusern nach seinem »Musterbeispiel« in Erdberg erhoffen, so »stellte der liberalistische Aufschwung der Stadt in den Gründerjahren das Problem auf neuer Stufenleiter und die liberale Gemeindeverwaltung, die ebenso mit der sozialistischen Arbeiterbewegung wie mit der christlich-sozialen Opposition und deren ersten Vorstellungen des ›Gemeindesozialismus‹ zu rechnen hatte, vor neue Aufgaben[32]«. Im Rahmen dieser Entwicklung ist D'Avigdors Beitrag zur Wohnungsreform, in dessen Mittelpunkt die Regulierung des Wienflusses stand, zu interpretieren[33].

D'Avigdor stellte das Modell der Arbeiterkaserne in den Kontext eines umfassenden Stadtsanierungs- und Entwicklungsplanes, dem es neben klaren Ordnungsprinzipien nach dem Vorbild der Innenstadt von Paris um die Rationalisierung der Produktionsvoraussetzungen für den kapitalistischen Akkumulationsprozeß ging. Er propagierte im Gegensatz zur großflächigen Anlage kleiner Einzelhäuser die rasche und kostensparende Errichtung von Arbeiterkasernen auf billigen Grundstücken. Als Vorteile wurden angeführt die geringen Aufwendungen für die notwendige Infrastruktur, die Konzentration von Arbeitern in unmittelbarer Nachbarschaft zu den Produktionsstätten und organisatorische Einsparungen durch Zentralisation des Wohnbetriebes. Die dafür notwendigen Gemeinschaftseinrichtungen wie Waschküche, Badeanstalten, Krankenzimmer, Zentralheizung und Speisesaal sollten überdies kommunikative Traditionen und Bedürfnisse der Bewohner aufnehmen, was sich besonders an der Planung von Lese- und Schreibzimmern zeigt, in denen Zeitschriften und Bücher aufliegen und Anregungen zur gemeinschaftlichen Selbstbildung gegeben werden sollten[34].

Die Vorschläge D'Avigdors stießen auf heftigen Widerstand bei vielen Wohnungsfachleuten aus dem bürgerlichen Lager, die in der Einrichtung von Großhaushalten eine Bedrohung für die sittliche und moralische Kraft der Familie sahen[35]. Die Angst der Philanthropen vor der Kaserne als Basis für kollektives Wohnen, in der sich möglicherweise neue Formen von Solidarität im Wohnbereich hätten entwickeln können, nahm lieber die Verschwendung von Bausubstanz, Boden und Arbeitskraft in Kauf, wie sie mit den Gartenstadt-Konzepten verbunden war.

Der bekannteste Vertreter entsprechender Modelle war Emil Sax, dessen bereits im Jahr 1869 publizierten Bücher nicht zuletzt wegen der scharfen Kritik durch Friedrich Engels auch international Beachtung fanden[36]. Sax schilderte zwar die Wohnungszustände der »arbeitenden Classen« in den düstersten Farben, er fand aber auch, daß »der eigentliche Mittelstand, der Hauptstamm der Bevölkerung ... zu beschränkt wohne«. Als besonders schädlich prangerte er die Tatsache an, daß gerade kleine Wohnungen die relativ teuersten waren, ohne allerdings zu sehen, daß dies eine Konsequenz der Kapitalverwertungsbedingungen bei der Wohnungsproduktion und nur in bescheidenem Maß eine Folge überhöhter Forderungen durch die Hausbesitzer war[37]. Es verdient jedoch Beachtung, daß Sax das Wiener Wohnungselend nicht vorrangig stadtspezifischen Besonderheiten, sondern den im Gefolge der Industrialisierung international auftretenden Problemen des beschleunigten Stadtwachstums zuordnete. In vielen Passagen seiner Bücher setzte Sax zur Erklärung der Wiener Wohnungsnot konsequent bei den ökonomischen Gesetzmäßigkeiten und politischen Determinanten an, hielt diese realitätsgerechten Ansätze in der Regel aber nicht durch, sondern schob auf der Basis fragwürdiger internationaler Vergleiche schließlich die verfehlten Bauformen in der österreichischen Residenz als Hauptgrund der Wohnungsmisere vor. »Die ständige Wohnungsnoth, unter welcher wir leiden, ist dem Casernement zuzuschreiben«, ist dann der Weisheit letzter Schluß. Abhilfe wäre zu schaffen, wenn die »wohlhabenden Classen, bewußt und energisch, die Colonisation aufgreifen« würden, betont Sax in seinem Reformkonzept. Die vorgeschlagene Übernahme des englischen Cottagesystems, also die Errichtung von Einfamilienhäusern für Kleinbürger und Arbeiter in Form der Gartenstadt, offenbart die mittelständische Komponente der Argumentation von Sax. Der Auszug aus der Stadt in scheinbar freie Gegenden erschien als einziger Weg der Heilung des von Zinskasernen zerstörten Wien. Trotz vieler richtiger Einsichten waren die Analysen von Sax letztlich doch Programme zur Identitätsfindung für das Kleinbürgertum, zur Festigung der Eigentumsideologie, zur Domestizierung der systembedrohenden Arbeiterschaft und somit zur Harmonisierung von Klassengegensätzen[38].

Die Wirtschaftskrise von 1873 führte dazu, daß die Vorschläge von Sax und D'Avigdor ad acta gelegt wurden. Von Sax' Konzeption blieb allerdings die Idee des eigenen Herdes für jedermann als ideologisch tragfähiger Mythos in der Diskussion und erhielt wesentlich später im gemeinnützigen und genossenschaftlichen Wohnungsbau einen gewissen Stellenwert. Insgesamt erlangten die publizierten Reformvorschläge in den sechziger und siebziger Jahren keine nennenswerte Resonanz im Sinne staatlicher oder kommunaler wohnungspolitischer Maßnahmen. Für die liberale Staats- und Gemeindeführung der Gründerzeit galten selbst bescheidene Reformen als schlicht unvertretbar. Daran änderte sich auch nach dem jähen Ende der Hochkonjunktur 1873 und den Anfängen einer staatlichen Sozialpolitik nach der Ablösung der Liberalen durch die konservative Regierung Taaffe (1879–1893) nur wenig. Obwohl schon damals die Bedeutung der Wohnungsfrage für die Sicherung und Reproduktion der Arbeitskraft erkannt wurde, blieb sie zunächst aus dem Komplex von Arbeiterschutz und Sozialgesetzgebung ausgeklammert.

Durch den Niedergang des Liberalismus und die Schwächung der industriekapitalistischen Fraktionen infolge der wirtschaftlichen Stagnation nach 1873 erhielten die agrarromantischen Ideologien neuen Auftrieb, und 1884 führte Steiner gegen den »sittlich-ökonomischen Niedergang der Bevölkerung« die »moralische Kraft der Familie« ins Feld.[39]

> In offener Kampfansage an die sozialistische Arbeiterbewegung propagiert er den Bau von Einfamilienhäusern mit eigenem Garten, womöglich im Eigentumstitel der Bewohner, und will damit den Facharbeiter in das kleinbürgerliche Lebensmodell integrieren und gegen die »anarchistischen Umtriebe« immunisieren. Dies sind die »sozial-pädagogischen Zwecke, welche gerade durch die Isolierung der Familie erreicht werden sollen«, und dafür gründet Steiner 1886 den *Verein für Arbeiterhäuser,* der nach diesem Muster Einfamilienhäuser baut[40].

Erst als seit den späten neunziger Jahren rasch wachsende Baukosten und Mieten der stagnierenden Konsumkraft des Großteils der Wiener Bevölkerung buchstäblich davonliefen, drohte sich die Wohnungsfrage zu einer Gefahr für das gesamte Gesellschaftssystem auszuweiten: das Kleingewerbe fand immer weniger erschwingliche Betriebsstätten, die Reproduktion der Arbeitskraft entsprach nur noch unzureichend den Bedürfnissen der rasch voranschreitenden Industrialisierung, die für die Ausweitung des Binnenmarktes notwendige Steigerung der Massenkaufkraft drohte an überproportional wachsenden Mieten zu scheitern[41]. Mit den seit der Jahrhundertwende in großer Anzahl publizierten Reformvorschlägen aus dem bürgerlichen Lager sollten sowohl soziale Spannungen durch kontrollierbare Reformen gemildert als auch die Bedürfnisse der Wirtschaft nach gesunden, billigen und doch ausreichend kaufkräftigen Arbeitern befriedigt werden. Recht drastisch wurde wiederholt auf die gefährlichen Folgen des Wohnungselends für die Reproduktion der Arbeitskraft hingewiesen. Aber auch die Systembedrohung durch politische Radikalisierung wurde klar erkannt und sollte durch wohnungspolitische Maßnahmen verringert werden[42].

Das anwachsende Reformschrifttum soll aber nicht darüber hinwegtäuschen, daß wohnungspolitische Maßnahmen zwar bereits in der Vorkriegszeit als sehr wünschenswert erschienen, aber nicht unabdingbar notwendig waren, wie nach dem Ende des Weltkriegs[43]. Die Interessenkonflikte zwischen den Kapitalfraktionen der Vorkriegszeit, die sich in stark unterschiedlichen Reformvorschlägen von Industriellen, Kleingewerbetreibenden und Agrariern niederschlugen, waren zweifellos ein Haupthindernis für wirkungsvolle Maßnahmen. Darüber hinaus hatte die Christlichsoziale Partei im großstädtischen Hausbesitz eine tragfähige Basis gefunden, was ein stärkeres Engagement der Kommunalverwaltung Wiens zur Verbesserung der Wohnverhältnisse wesentlich erschwerte, wenn nicht überhaupt blockierte.

Unter den gegebenen politischen und ökonomischen Rahmenbedingungen waren die geringen Fortschritte der staatlichen Wohnungspolitik und der kommunalen Wohnungsreform bis zum Jahr 1914 durchaus konsequent[44]. Steuererleichterungen halfen zwar bisweilen der Bauwirtschaft, aber kaum der Bevölkerung[45], und die Arbeiterwohnungsgesetze der Jahre 1892 und 1902 blieben im Fall von Wien nahezu wirkungslos[46]. Auch die Gründung der *Kaiser Franz Josef-Jubiläumsstiftung für Volkswohnungen und Wohlfahrtseinrichtungen* hatte mit ihren Arbeiterquartieren bestenfalls Vorbildwirkung[47]. Gezielte wohnungspolitische Maßnahmen wurden überhaupt erst in den letzten fünf Jahren vor Ausbruch des Ersten Weltkrieges gesetzt, ihre Reichweite blieb aber insgesamt recht beschränkt, und ihre Wirksamkeit kann wegen des Kriegsausbruches kaum eingeschätzt werden. Beachtung verdienen in diesem Zusammenhang die Reform der Hauszinssteuer (1911), die Einführung des Erbbaurechtes in die österreichische Gesetzgebung (1912) sowie die Einrichtung eines staatlichen Wohnungsfürsorgefonds (1910), der die Haftung für Verzinsung und Tilgung von Hypothekardarlehen übernahm[48]. Die staatliche Wohnungspolitik beschränkte sich also weitgehend auf die Förderung des gemeinnützig-genossenschaftlichen Wohnungsbaues und der allgemeinen Baukonjunktur. Ebenso wie die Gemeinde, die im Gefolge der Mieterbewegung des Jahres 1911 lediglich einige Alibihandlungen setzte[49], wollte auch der Staat nicht unmittelbar zur Lösung der

Wohnungsfrage beitragen, sondern nur »Hilfe zur Selbsthilfe« anbieten. Der Arbeiterwohnungsbau wurde zwar von einigen liberalen Wohnungsreformen und im sozialdemokratischen Kommunalprogramm als Aufgabe von Staat und Kommune bezeichnet. Regierung und Gemeindeverwaltung wiesen die entsprechenden Forderungen bis 1914 jedoch kategorisch zurück und setzten sich auf den bequemeren und billigeren Weg privater Wohnungsreform durch genossenschaftlichen Wohnungsbau, den man nach Maßgabe der Möglichkeiten in einem für Bauwirtschaft und Hausbesitzer gleichermaßen erträglichen Umfang zu unterstützen gedachte.

3. Die gemeinnützige und genossenschaftliche Bautätigkeit als eine Form der Realisierung privater Wohnungsreform

Die Hauptmotivation für einige Privatleute, zumeist Architekten, Ökonomen und Sozialpolitiker, praktisch wohnreformerisch tätig zu werden, lag darin, einerseits den durch die Wohnungsnot verursachten »moralischen Notstand« der Unterschichten zu beseitigen und andererseits der »sozialistischen Propaganda« den Boden, der diesen Leuten durch die katastrophalen Wohnungsverhältnisse dafür besonders gut gedüngt schien, zu entziehen[50]. Diesen Leuten war klar geworden, was H. Rauchberg kurz und prägnant so formulierte: »Die Wohnungsnot ist also eine sociale Gefahr[51].«

Der Ehrgeiz der privaten aktiven Wohnungsreform war, zu zeigen, daß es unter den vorherrschenden Bedingungen in der Wirtschaft, im speziellen in der Bauwirtschaft und auf dem Wohnungsmarkt, möglich sei, rentabel, und das heißt auch mit Gewinnausschüttung, ausreichend Wohnungen für die Unterschichten zu bauen, und zwar so, daß die Wohnungsmieten die finanziellen Möglichkeiten der betroffenen Bevölkerung nicht überstiegen.

Alle gemeinnützigen Bauunternehmungen waren bewußt bloß als Demonstrationen in dieser Hinsicht gedacht: sie sollten dazu anregen, dem vorgegebenen Beispiel folgend, mehr Kapital in die Wohnungswirtschaft zu investieren. Im Gefolge von Sax, Reschauer und Ferstel[52], die der Meinung waren, daß großangelegte Siedlungen von Einzelhäusern auf den Stadterweiterungsgründen die Wohnungsnot beseitigen würden, erschöpfte sich die private wohnungsreformerische Bautätigkeit bis zur Jahrhundertwende im demonstrativen »Cottagebau« oder im »Einfamilienhausbau in geschlossener Bauweise«. Im folgenden ein kurzer Überblick über diese Bautätigkeit und ihre dringlichsten Probleme.

Als eine der ersten gemeinnützigen Baugesellschaften ist die *Wiener gemeinnützige Baugesellschaft* bekannt, die 1868 als Aktiengesellschaft mit dem Ziel gegründet worden war, »vorzugsweise gesunde, geräumige und zweckmäßig eingerichtete Wohnungen mit besonderer Rücksichtnahme auf die Bedürfnisse des Arbeiterstandes herzustellen und die Gebäude entweder zu vermiethen oder gegen Zahlung in Annuitäten an ihre Miether als Eigenthum zu überlassen[53]«. Eines der Vorbilder für ihren Versuch war die Berliner Cottageanlage auf der Brennerhöhe, die 1852 von der *Berliner gemeinnützigen Baugesellschaft* geplant und dann 1873 auch auf der Wiener Weltausstellung gezeigt wurde[54]. Da die Gesellschaft mit Gewinn arbeitete, waren ihre Häuser nur der gehobenen Bürgerschicht zugänglich.

Einen ähnlichen Versuch stellt der *Wiener Wohnungsreform-Verein* dar, der sich 1871 in Wien konstituierte und »der in Wien bestehenden Wohnungsnot und den damit in sittlicher und sanitärer Hinsicht verbundenen Übelständen durch Herstellung gesunder und billiger Familienhäuser mit kleinen Gärten in Wien und dessen nächster Umgebung allmälig abhelfen[55]« wollte. Die Familienhäuser sollten an die Mitglieder des Vereines zum Kostenpreis gegen Abzahlung in Jahresraten überlassen werden. Über die Tätigkeit liegen keine weiteren Berichte vor.

Das bekannteste Unternehmen dieser Art von wohnreformerischer Bautätigkeit stellt zweifellos der auf Anregung des Architekten H. von Ferstel 1872 konstituierte *Wiener Cottage-Verein* dar, der es sich ebenfalls zum Ziel gesetzt hatte, »gesunde und billige Familienwohnhäuser mit Gärten in Wien und Umgebung herzustellen und dieselben an die Mitglieder des Vereines gegen mäßige Ratenzahlungen zu überlassen[56]«. Der Verein war »von Beamten für Beamte und deren Witwen gegründet[57]« worden und schloß daher von Anfang an die Arbeiterbevölkerung aus. Dies ist auch ein Indiz dafür, daß selbst mittleren Beamten der Wohnungsmißstand in Wien zu schaffen machte. Das Cottage-System wurde wegen »der durch die Statistik erwiesenen enormen Vortheile in sanitärer, sittlicher und finanzieller Beziehung« und auch wegen des »moralischen Element(s) . . ., nämlich die successive Eigenthumserwerbung solcher Häuser durch ratenweise Abzahlung des Kostenpreises[58]«, gewählt. Der Verein begann mit einer Anlage in Währing, bestehend aus fünfzig Einzelparzellen. In der Spätgründerzeit entwickelte sich das Währinger-Cottage, nach Döbling übergreifend, immer mehr zu einem Luxusvillenviertel, das von den einstigen Absichten der Gründer nichts mehr erkennen ließ. Die Einwohnerschaft des Cottage setzte sich nicht mehr aus dem Mittelstand, sondern aus Angehörigen von »Eliten« zusammen, was auch heute noch der Fall ist[59]. Schon der Mittelstand war also von dieser Wohnbauart ausgeschlossen. Das Cottagesystem war demnach als Versuch, in Wien das Einfamilienhaus als Wohnform für einkommensschwache Bevölkerungsgruppen einzuführen, gescheitert.

Einen neuen grundsätzlichen Versuch, das Wohnproblem für die Unterschichten zu lösen, unternahm Max Steiner, der 1886 mit einigen Privatleuten den *Verein für Arbeiterhäuser* mit dem Ziel gründete,

> eine Anzahl von Arbeiterfamilien in eine Gruppe von Einzelhäusern (Cottages) zu versetzen, in welchen für einen mäßigen Mietschilling anstatt der sanitätswidrigen, engen unreinlichen Wohnung, eine reinliche, geräumigere Wohnung geboten würde, die außer Zimmer und Küche noch eine Bodenkammer zum Wäschetrocknen, noch einen kleinen Vorhof oder Garten zum Waschen oder zum Spielen für die Kinder enthalte und wo die lästige Controle des Wohnungsnachbars, das böse Beispiel der Nachbarkinder, die unmittelbare Infectionsgefahr entfiele, weil jedes Häuschen nur für eine einzige Partei bestimmt wäre.

Dabei wollte Steiner auch beobachten, ob sich durch die Verbesserung der Wohnverhältnisse der sanitäre und moralische Standard der Unterschichten heben ließe. Er wollte es den Mietern möglich machen, durch Ratenzahlungen allmählich das Eigentumsrecht auf das von ihnen bewohnte Einzelhaus zu erwerben, denn:

> Ist der Proletarier nur erst zum Realitätenbesitzer geworden, so wird er ... sich als einen Gegenstand im Gemeinwesen fühlen und aufhören, ein geeignetes Object für die anarchistische Propaganda zu bieten[60].

Max Steiner hatte 1884 im Rahmen einer privaten Erhebung der Wohnverhältnisse herausgefunden, daß die Relation Einkommen-Miete-Wohnungsgröße speziell für die Unterschichten am ungünstigsten war: je niedriger das Jahreseinkommen, desto höher war der Prozentsatz, der für die Wohnungsmiete aufgebracht werden mußte; und je niedriger die Miete, d. h. je kleiner die Wohnung, desto höher war der Quadratmeterpreis[61]. Da von den Arbeiterführern aus politischen Gründen Selbsthilfevereine boykottiert wurden und auch die zuständigen Behörden keinerlei Interesse zeigten, die Wohnungsmisere zu beheben, entschloß sich Steiner, selbst »einen praktischen Versuch auf dem Gebiete der Wohnungs-Reform anzustellen[62]«. Steiners beabsichtigte Wohnungsreform sollte dabei keine Wohlfahrtsangelegenheit sein, sondern auf einer tragfähigen wirtschaftlichen Basis durchgeführt werden. Steiner glaubte und wollte mit seinem Beispiel zeigen, daß ein privatwirtschaftliches Unternehmen, das ohne Wohnungswucher, aber doch mit Gewinn arbeitete, imstande sein müßte, wesentlich mehr billige Kleinwohnungen herzustellen als alle Wohltätigkeitsvereine. Bei der Überlegung, ob Mietskasernen oder kleinere Gruppen von Familienhäusern gebaut werden sollten, entschied Steiner sich aus verschiedenen Gründen für letzteres. Nach der Kapitalaufnahme (der Stadterweiterungsfonds gewährte 40.000 Gulden Bankkredit mit 2 Prozent Verzinsung) wurden im 10. Bezirk achtzehn Häuser (eine Reihenhausanlage mit zwölf Häusern vom Architekten J. Unger und eine Reihenhausanlage mit sechs Häusern vom Architekten A. Gürlich) gebaut. Als Verkaufspreis wurde dann der Kostenpreis angesetzt, wobei der Käufer 10 Prozent bar zu bezahlen hatte und den Rest bei einer 4prozentigen Verzinsung in 300 Monatsraten; die jährlichen Hausspesen hatte der Mieter bzw. der Käufer selbst aufzubringen[63]; Bedingung für den Mieter bzw. den Käufer war der Nachweis eines regelmäßigen Monatseinkommens von 75 Gulden, und zwar innerhalb der letzten drei Jahre. Unter den ausgewählten Bewerbern befanden sich demnach Schriftsetzer, Mechaniker, Schmiede, Tischler und Amtsdiener[64]. Es handelte sich also trotz der mustergültigen Gemeinnützigkeit des Vereins um eine kleine, relativ gehobene Arbeiterbevölkerung, die imstande war, die gestellten Forderungen zu erfüllen. Trotzdem glaubte Steiner, nachdem sich der Verein 1894 wegen der Schwierigkeit, neuen Baukredit zu bekommen, aufgelöst und sein Aktivvermögen dem Stadterweiterungsfonds mit der Auflage, im Sinne des Vereins weiter zu wirtschaften und eine »Stiftung für Volkswohnungen« einzurichten, übertragen hatte, 1896 feststellen zu können, daß Familienhäuser wohlfeil genug hergestellt werden könnten und gewerbliche Hilfsarbeiter und Bedienstete leistungsfähig genug wären, um solche Familienhäuser als Eigentum zu erwerben. Nachfolger fand der Verein aber nicht, und zwar »infolge der seither eingetretenen Verhältnisse[65]«, wie Steiner meinte.

Als einmalig in der Gründerzeit müssen die realisierten Projekte der entsprechend den Forderungen Steiners und anderer prominenter Ökonomen und Architekten[66] 1886 gegründeten *Kaiser Franz Josef I.-Jubiläums-Stiftung für Volkswohnungen und Wohlfahrtseinrichtungen* gelten. Diese Stiftung stellt das erste, auch in den höchsten Gesellschaftskreisen zur Kenntnis genommene und von diesen Kreisen finanziell geförderte Programm zur Beseitigung der Wohnungsnot in Wien dar.

Im Stiftbrief ist der Zweck und die Wirkungsbasis der Stiftung festgelegt:

> Die Stiftung hat den Zweck, auf die Verbesserung der Wohnungsverhältnis-

se der ärmeren Bevölkerung, zunächst der k. k. Reichshaupt- und Residenzstadt Wien, dann aber eventuell auch anderer Ortsgemeinden in Österreich u. d. Enns hinzuwirken. Die Erreichung dieses Zweckes soll erfolgen: a) durch käufliche oder durch pachtweise Erwerbung von Grundstücken und Häusern, b) durch Erbauung von geeigneten Wohnhäusern, c) durch Verwaltung der eigenen, sowie fremder Häuser, welche der Stiftung zu diesem Zwecke übergeben werden, d) durch Vermiethung der Räumlichkeiten dieser Häuser an Lohnarbeiter, an Gewerbliche oder Handlungsgehilfen oder an sonstige Personen mit kärglichem Einkommen, e) durch Schaffung von Wohlfahrts-Einrichtungen für die Bewohner dieser Häuser und, soweit thunlich, auch für weitere Kreise der Bevölkerung, f) durch Anregung und Anbahnung von Maßnahmen allgemeiner Art zur Verbesserung der Wohnverhältnisse[67].

Zur Erlangung von Entwürfen für Musterwohnungen wurde im Juli 1897 ein Wettbewerb ausgeschrieben: für einen 49.175 m^2 großen Baugrund[68] sollte die geeignetste Form für Arbeiterwohnbauten gefunden werden[69]. Bis zum Oktober 1897 liefen elf Projekte ein, und auf der Grundlage dieser eingesandten Projekte wurden von der Stiftung unter der Leitung der prämiierten Architekten Th. Bach und L. Simony[70] zwei Wohnhöfe in Breitensee errichtet: der *Stiftungshof* und der *Lobmeyerhof*[71]. Die Konzeption und Realisierung dieser Projekte ist als revolutionär zu bezeichnen. Die Bebauungsdichte betrug bloß 45 Prozent des Nettobaulandes: die Anlagen wurden so gestaltet, daß der Wohnblock jeweils eine große Grünfläche umschloß, die mit Kinderspielplätzen und Erholungsmöglichkeiten für die Erwachsenen ausgestattet war. Ursprünglich geplant waren insgesamt 480 Wohnungen, ausgeführt in zwei Wohnblöcken mit je sechzehn Stiegenhäusern und jeweils fünfzehn Wohnungen pro Stiegenhaus. Der Stiftungshof wurde komplett ausgeführt, vom Lobmeyerhof konnten nur zehn Stiegenhäuser (der Restgrund diente als Gartenanlage mit Nutzbeeten) realisiert werden. Architektonisch integriert enthielt der Stiftungshof noch ein Männer- und ein Frauenheim. Von den insgesamt 383 Wohnungen bestanden 251 (also rund zwei Drittel) aus Zimmer-Küche; die Quadratmetermiete betrug 1910 jährlich 10 Kronen, was nach Angaben der Stiftung um 10 Prozent billiger gewesen sein soll als die Mietzinse vergleichbarer Wohnungen in der Umgebung der Wohnhöfe[72]; trotzdem standen immer Wohnungen leer, weil es verboten war, Untermieter zu nehmen. Die Mieter waren durchwegs der Unterschicht zugehörig[73]. An »Wohlfahrtseinrichtungen« enthielten die Stiftungshäuser Gemeinschaftsküchen, zentrale Badeanlagen, die Ordination eines praktischen Arztes, je eine Volksbibliothek und einen Vortragssaal; die Gründung eines Konsumvereines scheiterte. Die

Versorgung mit weiteren Dienstleistungen und Lebensmitteln erfolgte durch private Geschäftsleute in den Anlagen: je eine Gemischtwarenhandlung, ein Fleischhauer, eine Stehbierhalle, eine Milchhalle, eine Trafik und ein Friseur.

Diese beiden Projekte blieben wegweisend und vorbildlich für die darauffolgende Zeit: für den sozialen kommunalen Wohnbau nach 1923. Die Entscheidung zugunsten des mehrgeschossigen Massenmiethauses, die zwangsläufig eine Folge der exorbitanten spekulativen Bodenpreise, der unzureichenden Massenverkehrsmittel und des niedrigen Lohnniveaus war, war zumindest bis 1914 bei den gemeinnützigen Bauvereinigungen gefallen.

Einen bemerkenswerten Versuch in dieser Hinsicht stellt die *Gemeinnützige Baugesellschaft für Arbeiterwohnhäuser* dar, die durch das Bemühen des Nationalökonomen Felix Oppenheimer und des Architekten Leopold Simony 1902 gegründet wurde. Diese Gesellschaft versuchte die gemeinnützige Bautätigkeit auf etwas breiterer Basis zu organisieren. Sie baute in der Brigittenau bis 1907 128 Wohnungen, und zwar auf der Grundlage, daß die Wohnungsmiete die Leistungsfähigkeit eines Durchschnittsarbeiters nicht übersteigen durfte und doch eine 4prozentige Verzinsung des Kapitals erfolgte. Nach den Berichten Simonys[74] waren die Baukosten und Mieten nur um weniges höher als bei den Wohnungen der Stiftungshäuser, und die Wohnungen fanden reißenden Absatz. Das Rezept für eine fundierte gemeinnützige Bautätigkeit schien gefunden. 1907 löste sich die ursprüngliche Baugesellschaft Oppenheimers und Simonys auf und verzweigte sich in verschiedene Teilgruppen: Gruppe Brigittenau, Gruppe Stadlau, Gruppe Wiener Neustadt[75].

Das Beispiel dieser Baugesellschaften, praktisch gewinnlos zu bauen (abgerechnet die indirekten Gewinne im Sinne der Erwirtschaftung vom Immobilienkapital) und eine 4prozentige Verzinsung des investierten Kapitals aus den Mieten zu erwirtschaften, wurde in weiterer Folge weitgehend als Wesensmerkmal bestimmend für Baugesellschaften, die sich als in ihren Statuten »gemeinnützig« ausgaben. Insgesamt bestanden Ende 1909: 27, 1910: 51, 1911: 104 gemeinnützige Bauvereine in Wien und Niederösterreich[76]: teils Genossenschaften von Eisenbahnern, Beamten etc., teils von Unfallversicherungsinstituten, Sparkassen, Krankenkassen initiierte gemeinnützige Bauvereine. Die sprunghafte Zunahme der Zahl gemeinnütziger Bauvereinigungen ab 1910/11 ist der Gründung des *Staatlichen Wohnungsfürsorgefonds für Kleinwohnungen* im Jahre 1910 zuzuschreiben[77].

Damit ist auch das Stichwort gegeben, sich dem dringlichsten Problem der gemeinnützigen Bautätigkeit, dem der Finanzierung von

Bauprojekten, zuzuwenden. Wie den obigen Ausführungen zu entnehmen ist, stellte sich die gemeinnützige Bautätigkeit die Aufgabe, Gebäude mit kleineren, gesunden und billigen Wohnungen für Personen mit beschränktem Arbeits- und Diensteinkommen herzustellen. Als Bauunternehmungen traten dabei solche auf, denen aus eigenem Vermögen nur ein Bruchteil der erforderlichen Kapitalien zur Verfügung stand. In der gemeinnützigen Bautätigkeit war die Wohnungsfrage also nicht selten schlicht eine Kreditfrage. Der normale, gesetzlich beschränkte Kreditmarkt funktionierte so, daß maximal 40 Prozent des Schätzwertes eines Projektes mit zinsgünstigen Krediten von *einer* Bank bedacht werden konnten, also bis zur pupillarsicheren Grenze; 10 Prozent mußten auf jeden Fall aus eigenen Mitteln aufgebracht werden; die restlichen 50 Prozent konnte eine zweite Bank gewähren: aber die Bedingungen dafür waren so ungünstig, daß dadurch die Rentabilität eines Bauprojektes in der Regel verlorenging. Aufgrund dieser Kreditlage blieb die gemeinnützige Bautätigkeit bloß auf Demonstrationsprojekte beschränkt und jede genossenschaftliche Bautätigkeit gelähmt[78].

Eine der dringlichsten Aufgaben der 1907 von Heinrich Rauchberg gegründeten *Zentralstelle für Wohnungsreform in Österreich* war, die Organisierung und Förderung der gemeinnützigen Bautätigkeit und somit auch das Hauptproblem, nämlich das der Finanzierung in der gemeinnützigen Bautätigkeit zu lösen. Ab 1907/08 wurden von der Zentralstelle laufend Berichte, Anregungen und Forderungen etc. in den *Schriften* und in den *Mitteilungen* der Zentralstelle für Wohnungsreform herausgegeben und damit die Wohnungsnot als ein soziales Anliegen erster Ordnung deklariert und behandelt. Die Zentralstelle und ihre Mitarbeiter forderten Steuererleichterungen[79], diskutierten die Möglichkeit, die diversen Versicherungsanstalten zur Kreditgewährung heranzuziehen[80], diskutierten auch die Errichtung von Bankenketten (wobei man sich vorstellte, daß durch gegenseitige Garantie mehrerer Banken die zweiten Kreditsätze günstiger zu bekommen gewesen wären) und einer neuen Kreditorganisation überhaupt[81], und schließlich, weil alle diese Bemühungen fruchtlos blieben, forderte Rauchberg auf dem 9. Internationalen Wohnungskongreß in Wien Anfang Juni 1910, nachdem er nochmals die miserable Organisation des gemeinnützigen Baukredits in Österreich unterstrichen hatte, einen Staatlichen Wohnungsfürsorgefonds[82]. Allgemein war man der Meinung, daß ein solcher staatlicher Wohnungsfürsorgefonds, der hauptsächlich der Bürgschaft für zweite Sätze dienen sollte, die Voraussetzung »zu einer ungeahnten Entwicklung der gemeinnützigen Bautätigkeit und Beseitigung der Wohnungsnot[83]« bieten würde.

Ein solcher *Staatlicher Wohnungsfürsorgefonds* wurde schließlich durch ein Gesetz vom 22. Dezember 1910 eingerichtet[84]. Dieser staatliche Fonds gewährte mittelbare Kredithilfe, d. h., der Staat übernahm die subsidiäre Haftung für den zweiten Satz bis zu einem Höchstbetrag von 200 Millionen Kronen. Der Fonds war beschränkt auf Körperschaften, deren Reingewinn satzungsgemäß auf 5 Prozent beschränkt war[85]. Der Fonds ermöglichte also den Kreditinstituten, zweite Sätze zu einem niedrigen Zinsfuß zu gewähren, da der Staat die Haftung dafür übernahm. Somit wäre die Basis für die »ungeahnte Entwicklung der gemeinnützigen Bautätigkeit« gegeben gewesen.

Tatsächlich war auch ein spürbarer Aufschwung in den ersten drei Jahren nach Einrichtung des Fonds zu verzeichnen: die Gründung gemeinnütziger Vereine nahm sprunghaft zu; es konstituierten sich endlich auch in größerem Umfang Baugenossenschaften[86] (die de jure seit einem Gesetz vom 19. April 1873, RGBL. Nr. 70 zugelassen waren, aber deren Gründung bis dahin praktisch unmöglich gewesen war[87]).

Die meisten der neugegründeten Vereine und Genossenschaften kamen jedoch über die Konstituierungsphase nicht hinaus, denn:

> Leider machte sich im Frühjahr ganz unvorhergesehenermaßen eine große Geldknappheit fühlbar, welche infolge der langandauernden ungeklärten politischen Lage im Herbst 1912[88] zu einer schweren Geldkrise auf dem Hypothekenmarkte führte, die heute noch in nahezu unveränderter Schärfe andauert. So stieß denn leider diese junge aufstrebende Baugenossenschaftsbewegung ... auf neue Schwierigkeiten in der Kapitalbeschaffung. Von den Sparkassen ... waren im allgemeinen nur sehr geringfügige Mittel zu erlangen, da infolge der allgemeinen Teuerung und der Konkurrenz der Banken ihr Einlagestand sehr stark zurückgegangen war. Der Kurs der Pfandbriefe sank infolge der Konkurrenz der Staatsrenten und Industriepapiere tief unter den normalen Kursstand. Dadurch wurde das Baugeld immer teurer, da die Darlehensvaluten in der Regel der Fälle in Pfandbriefen zugezählt werden. Die große Geldknappheit veranlaßte endlich die wenigen Kreditinstitute, mit der Kreditgewährung sehr sparsam umzugehen. Die Kreditquelle für die gemeinnützige Bautätigkeit versiegte rasch. Zweifellos hat die seit Jahrzehnten nicht beobachtete Geldkrise die Baugenossenschaften an der Entfaltung einer ersprießlichen Tätigkeit in der letzten Zeit sehr gehemmt. Viele Projekte scheiterten an der Unmöglichkeit der Kreditbeschaffung[89].

Inwieweit der Aufschwung des gemeinnützigen genossenschaftlichen Wohnungsbaus und insofern die staatlichen und kommunalen Reformmaßnahmen seit dem Jahr 1910 die Lage am Wohnungsmarkt positiv beeinflußt haben, läßt sich aus dem vorhandenen statistischen Material nur in groben Linien erkennen, weil längere Zeitreihen infolge des Kriegsausbruches fehlen. Es verdient jedenfalls Beachtung, daß die gemeinnützige Bautätigkeit im Jahre 1913 immerhin etwa ein Fünftel der gesamten Wohnungsproduktion ausmachte[90]. Ohne Ausbruch des Weltkrieges wäre der Bauwirtschaft in Form des genossenschaftlichen Wohn- und Siedlungswesens vermutlich ein neues, wesentliches Element zugewachsen, das jedoch kaum die Lebensverhältnisse der Unterschichten verbessert, sondern insbesondere den Mittelschichtfamilien einen steigenden Wohnkomfort eingebracht hätte, was sich bereits in den Jahren 1910 bis 1914 als Trend feststellen ließ[91].

Daß die beachtlichen Erfolge der gemeinnützigen Bautätigkeit im Jahre 1913 unter anderem einen ersten Erfolg mittelständischer Wohnungspolitik signalisieren, ist zumindest nicht unwahrscheinlich. Fest steht, daß die gemeinnützige Bautätigkeit oft als Hilfsmaßnahme für einkommensschwache Arbeiterfamilien deklariert wurde, Struktur und Ausstattung der Wohnungen sowie die Normen der Genossenschafts-Statuten aber von vornherein Angestellte, Beamte und hochqualifizierte Facharbeiter begünstigten. Analog dazu kamen mittelständische Selbsthilfeorganisationen nicht selten vornehmlich der Oberschicht zugute, wie dies beispielsweise im Fall der Cottage-Anlage in Wien-Währing der Fall war[92]. Diesbezüglich kann dem Urteil von R. Schweitzer zugestimmt werden, welche »die Cottage-Anlage in Währing als einen in seiner Art durchaus geglückten Versuch« wertet, »eine neue, menschenwürdige Wohnform in der dicht bebauten Großstadt einzuführen. Daß diesem Experiment dennoch kein durchschlagender Erfolg beschieden war, liegt zum Teil an der nicht ganz klaren Erfassung der Probleme, die dazu führte, daß man einer Schicht half, die dieser Hilfe weniger dringend bedurft hätte als die große Masse der Wohnungssuchenden. Dadurch wurden die Probleme automatisch auf eine Ebene verlagert, von der aus keine Impulse mehr auf die Lösung der Wohnungsfrage für die Mehrzahl der Stadtbewohner rückwirken konnten[93]«.

Zweifellos hat der Cottage-Verein mit seiner Musteranlage zwar keiner Wohnbaureform zum Durchbruch verholfen, durch seine Tätigkeit aber doch eine Siedlung geschaffen, die sowohl zu einer baulichen als auch zu einer sozialen Einheit wurde, und einen gewichtigen Beitrag zu einer ästhetisch befriedigenden Wohnumgebung leistete. Die im Zeichen von Gartenstadt und Kolonisation angestrebten Ideale, die freilich an den Emanzipationsbedürfnissen der Arbeiterschaft vorbeigingen, wurden zwar nur in Teilbereichen verwirklicht und von der sozialistischen Kritik als kleinbürgerlich denunziert. In diesem Zusammenhang stellt sich aber die Frage, ob es für den Marxismus und die sozialistische Arbeiterbewegung, die im Vertrauen auf die anstehende Revolution die Frage nach den Möglichkeiten einer offensiven Reformpolitik pauschal als »kleinbürgerlich« ausgeklammert haben, nicht möglich gewesen wäre, die Ideen von Gartenstadt und genossenschaftlichem Siedlungsbau in verschiedenen Punkten in ihrem Sinne zu politisieren, wozu eine Reihe von Ansätzen vorlag[94].

Man sollte eben nicht übersehen, daß sowohl die stärker industriekapitalistisch ausgerichtete »Arbeiterkaserne« als auch die mehr agrarromantische »Gartenstadt« im Rahmen von genossenschaftlichem Siedlungs- und Wohnungswesen zumindest tendenziell Hilfen für eine lebenswürdige Verstädterung der Arbeiterbevölkerung und ihre Integration in den werdenden Industriestaat anboten:

> Als Kultivierungsarbeit, die dem Terror der Zinskaserne die reformerische Antizipation der Kleinwohnung (plus Gartenstadt) entgegensetzte und den Gründungsversuchen autonomer Fraktionen der Arbeiterklasse in die neuen »Superstrukturen« industriekapitalistischer Vergesellschaftung gaben[95].

Die zukunftsweisende Bedeutung dieser Ansätze wird durch den leicht möglichen Nachweis kleinbürgerlicher Klassenbasis und Interessenlage der Sozialreformer ebensowenig widerlegt wie durch das ebenfalls außer Zweifel stehende historische Scheitern.

Sicherlich trug der genossenschaftliche Wohnungsbau in seinen unterschiedlichen Varianten letztlich nicht zur Emanzipation der Arbeiterschaft bei, sondern förderte historisch-konkret die Parzellierung des Lebens der städtischen Bevölkerung und zerriß, entweder über den Umweg repressiver Hausordnungen und strikter Überwachung in den gemeinnützigen »Arbeiterkasernen« oder im Fall der »Gartenstadt« baulich-räumlich direkt, einen wichtigen Teil der solidarischen Traditionen und Verhaltensweisen der Arbeiterbevölkerung im städtischen Alltagsleben und Wohnen[96]. Zumindest in den siebziger Jahren des vorigen Jahrhunderts schien aber eine alternative Entwicklung virulent. Die starken Tendenzen zur Herausbildung eines kollektiven Lebenszusammenhanges im Proletariat und auch im Kleinbürgertum, die von Sax mehrfach beklagt wurden, lassen sich besonders deutlich an einer Bemerkung D'Avigdors belegen:

> Ein glänzendes Resultat ist von der Einführung des Einzelsystems bei Wien kaum zu hoffen, erstens weil es innerhalb der Linien wegen der teueren Gründe nicht möglich und dermalen die Kommunikation noch schwierig und ungenügend ist; zweitens weil die sozialen Verhältnisse gar nicht dieselben sind; dagegen haben die Arbeiter-Hotels eine Zukunft. Hier ist

der Hang zum gesellschaftlichen Leben so groß, daß es äußerst schwer fallen würde, die Leute an das Einzelsystem zu gewöhnen[97].

Erst jahrzehntelange Disziplinierungsarbeit und Kriminalisierungsdrohung erstickten alle Ansätze solidarischer, über den Rahmen der Kleinfamilie hinausweisender Kommunikationsformen und Verhaltensweisen der Unterschichtbevölkerung. Die Rigidität der Hausordnungen von »Musterhäusern« und genossenschaftlichen Arbeiterkasernen sowie die immer wieder aufbrechenden Konflikte verweisen auf die Langwierigkeit des Sozialisationsprozesses zur hermetisch abgeschlossenen Kleinfamilie, der selbst um die Jahrhundertwende noch nicht vollendet war.

Noch 1897 beklagte Rauchberg, daß in Wien 13,3 Prozent der Bevölkerung in fremden Wohnungen leben und

> durch ihre bloße Anwesenheit dazu beitragen, das Familienleben derjenigen zu zersetzen, deren Haushalt sie teilen. Daß unter solchen Umständen die Geschlossenheit und Reinheit des Familienlebens in jenen Schichten nicht gewahrt werden kann, bedarf keiner weiteren Darlegung. Es bildet sich anstatt dessen ein anderer ganz eigenartiger Gemeinschaftsbegriff, welcher direkt zu Lebens- und Gemeinschaftsformen hinüberführt, die mit den Grundlagen unserer Gesellschaftsordnung in gefährlichem Widerspruche stehen und nur jene nicht schrecken, welche darin eine vielleicht nicht unwillkommene Überleitung zu dem sehr erweiterten sozialistischen Familienideal erblicken[98].

Die offenbar vorhandenen historischen Möglichkeiten, die zweifellos gerade auch durch den gemeinnützig-genossenschaftlichen Wohnungsbau realisierbar gewesen wären, wurden jedoch von der sozialistischen Strategie nicht ergriffen und durch die konservativen Sozialreformer konsequent behindert. Diese meldeten zwar wiederholt Schwierigkeiten durch die »Gegnerschaft der radikalen Arbeitervereine[99]«, es ist jedoch andererseits von seiten der sozialistischen Arbeiterbewegung kein Versuch bekannt, solidarische Lebensweisen in neuem städtischen Kontext zu einem eigenen autonomen »Familienideal« zu entwickeln, für das man Wohnsysteme fordern und insbesondere den genossenschaftlichen Siedlungsbau ausnützen hätte können. Die Arbeiterschaft war zwar dabei, sich als selbständige Partei zu konstituieren und ein »Recht auf Wohnung« im Wahlprogramm zu fordern; wie jedoch die entsprechenden Wohn- und Lebensformen aussehen sollten, war kein Punkt der politischen Auseinandersetzungen und Reformdiskussionen.

Das Fehlen autonomer kollektiv organisierter Gegengesellschaften und einer verallgemeinerbaren authentischen Arbeiterkultur, der massive Kulturkampf von oben, der beginnende ökonomische Aufstieg gegen Ende des 19. Jahrhunderts und die soziale Besserstellung der sich herausbildenden Schicht der industriellen Facharbeiter wirkten insgesamt als Affirmation vor allem der aufsteigenden Teile der Arbeiterklasse zum kleinbürgerlichen Wohn- und Lebensmodell, das allmählich auch von sozialdemokratischen Bildungsvereinen übernommen wurde und das fehlende »sozialistische Familienideal« ersetzte[100].

Diesbezüglich brachte auch die Zeit des sozialdemokratisch regierten Nachkriegs-Wien nur geringe Fortschritte, wobei aber nicht der genossenschaftliche Wohnbau, sondern die kommunale Bautätigkeit die entscheidende Rolle spielte[102]. Aus hier nicht weiter auszuführenden Gründen blieb das avantgardistische Reformexperiment Einküchenhaus der kleinbürgerlichen Klasse überlassen, an der es scheiterte, »und die spätere Affirmation der Sozialdemokratie an den Staat führte zur Übernahme des toten bürgerlichen Erbes, des Produkts von Rationalisierung und Kulturkampf von oben, der Kleinwohnung im Arbeiterwohnungsbau der Ersten Republik[102]«.

Vermutlich wäre die Wohnungsgenossenschaft ein geeignetes Mittel gewesen, um einerseits das Einküchenhaus als progressives bürgerliches Erbe für eine zu schaffende authentische Arbeiterkultur fruchtbar zu machen und andererseits die bereits verlorenen gegenkulturellen Traditionen innerhalb der Genossenschaftsbewegung wiederaufzunehmen, als Gegengewicht zur Bürokratisierung und institutionellen Erstarrung der Sozialdemokratie. Die unmittelbare Nachkriegszeit war tatsächlich geprägt von der umfangreichen Bautätigkeit verschiedener Siedlungsbaugenossenschaften am Stadtrand Wiens, in denen jedoch das wohnungsreformerische Element der philanthropen Bourgeoisie sowie die mittelständische Politik der Hilfe zur Selbsthilfe dominierte. Den meisten Genossenschaften wurde durch den 1921 erfolgten Beschluß der Schaffung einer »Kleingarten- und Siedlungszone« umfangreiche Baugründe von der Stadt in Baurecht zur Verfügung gestellt, ohne daß damit irgendwelche kulturpolitische Maßnahmen zur Schaffung einer sozialistischen Wohnkultur verbunden waren. Als die Gemeinde im Jahr 1926 die mittelbare und unmittelbare Kredithilfe an die Genossenschaften einstellte und selbst umfangreich zu bauen begann, versiegte sehr rasch die genossenschaftliche Bautätigkeit, an deren Stelle der kommunale Häuserbau der Jahre bis 1934 trat. Trotz unbestreitbarer organisatorischer und architektonischer Leistungen der Wohnbaupraxis der Gemeinde Wien rückte auch die sozialdemokratische Kommunalverwaltung dem »alten häuslichen Jammer des Proletariats« nicht direkt zu Leibe, da etwa Otto Bauers Konzeption der »Sozialisierung der Haushaltungen« durch Schaffung der »Zentralhauswirtschaft« nicht realisiert wurde, sondern die großzügig geplanten Gemeinschaftseinrichtungen von den Arbeiterwohnungen der kommunalen Großwohnanlagen baulich und funktionell getrennt blieben.

ANMERKUNGEN

1 Friedrich Engels, *Die Wohnungsfrage*, 2. Aufl. 1887.
2 Heinrich Reschauer, *Vorschlag zur raschen und möglichst vollständigen Beseitigung der Wohnungsnoth in Wien*, 1871, S. 45.
3 Vgl. dazu: Franz Baltzarek, *Die Rolle der Stadterweiterung im Rahmen des Aufstiegs Wiens zur modernen Großstadt*, in: Franz Baltzarek/Alfred Hoffmann/Hannes Stekl, *Wirtschaft und Gesellschaft der Wiener Stadterweiterung (Die Wiener Ringstraße. Bild einer Epoche* 5, hrsg. von Renate Wagner-Rieger), 1975, S. 92.
4 Johann Pezzl, *Skizze von Wien* 1, 1786, S. 26.
5 Eine ausführliche Darstellung der Entwicklung seit 1848 bei: Peter Feldbauer, *Stadtwachstum und Wohnungsnot. Determinanten unzureichender Wohnungsversorgung in Wien 1848 bis 1914 (Sozial- und wirtschaftshistorische Studien* 9), 1977, S. 120 ff.
6 Emil Sax, *Der Neubau Wiens im Zusammenhang mit der Donau-Regulierung. Ein Vorschlag zur gründlichen Behebung der Wohnungsnot*, 1869, S. 5.
7 Ausführlich dazu: Feldbauer, *Stadtwachstum*, S. 166 ff.
8 Die Ergebnisse dieser Erhebungen finden sich bei: Maximilian Steiner, *Der »Verein für Arbeiterhäuser« in Wien*, 1896; Eugen von Philippovich, *Wiener Wohnungsverhältnisse*, Archiv für Soziale Gesetzgebung und Statistik 7, 1894, S. 215–277; Heinrich Goldemund, *Die Wiener Wohnungsverhältnisse und Vorschläge zur Verbesserung derselben*. Wien 1910, in: *Zeitschrift des Österreichischen Ingenieur- und Architekten-Vereines* 62 (1910), S. 665–671, S. 677–682; Viktor Mataja, *Wiener Arbeiterhaushaltungen*, in: *Statistische Monatsschrift*, NF 21, 1916, S. 701–727; Bruno Frei, *Wiener Wohnungs-Elend*, in: *Flugschriften des »Abend«* 3, 1919. – Die Erhebungen hatten zwar keinen repräsentativen Charakter, erbrachten aber durchwegs über den Einzelfall hinausreichende Resultate. Vgl. dazu: Feldbauer, *Stadtwachstum*, S. 174.
9 Ausführliche Daten bei: Steiner, *Verein*, S. 4 ff.
10 Gemessen an den eher bescheidenen Maßstäben, die der Oberste Sanitätsrat und die Gesellschaft der Ärzte in Wien ihren Reformvorschlägen zur Wiener Bauordnung zugrunde gelegt hatten. Vgl. dazu: *Bericht des Ausschusses der k. k. Gesellschaft der Ärzte zur Beratung der Reform der Wiener Bauordnung*, 1892, S. 14 ff.; und: *Anhaltspunkte für die Verfassung neuer Bauordnungen in allen die Gesundheitspflege betreffenden Beziehungen. Bericht, erstattet dem k. k. Obersten Sanitätsrat*, von Hofrat Franz von Gruber und Professor Dr. Max Gruber, S. 42.
11 Vgl.: Gustav Gross, *Das Gesetz betreffend die Begünstigung für Neubauten mit Arbeiterwohnungen*, in: *Zeitschrift für Volkswirtschaft, Sozialpolitik und Verwaltung* 1 (1892), S. 279–287.
12 Eingehend dargestellt in: Philippovich, *Wiener Wohnungsverhältnisse*, S. 223 ff.
13 Dies folgt auch daraus, daß 1890 sogar laut amtlicher Statistik in Ottakring, Meidling und Favoriten 29,3 Prozent, 30,8 Prozent und 31,26 Prozent der ein- und zweiräumigen Quartiere als überfüllt galten.

14 Goldemund, *Wohnungsverhältnisse*, S. 5 ff.
15 Vgl. dazu: David F. Good, *Stagnation and »Take-Off« in Austria 1873–1913*, The Economic History Review II/27/1 (1974), S. 87, sowie allgemein Roman Sandgruber, *Österreichische Agrarstatistik 1750–1918 (Materialien zur Wirtschafts- und Sozialgeschichte 2)*, 1978.
16 Im Extremfall war für zehn Bewohner außer der Küche nur noch ein sehr kleines Kabinett vorhanden.
17 Mataja, *Arbeiterhaushaltungen*, S. 701 ff; Karl Pribram, *Wiener Wohnungsverhältnisse im Lichte der amtlichen Statistik, Mitteilungen der Zentralstelle für Wohnungsreform in Österreich* 49/50, 1917, S. 15 ff.; *Wirtschaftsrechnungen und Lebensverhältnisse von Wiener Arbeiterfamilien in den Jahren 1912 bis 1914*, Sonderheft zur *Sozialen Rundschau*, hrsg. vom k. k. Arbeitsstatistischen Amt im Handelsministerium, 1916.
18 Vgl.: Frei, *Wohnungs-Elend*, S. 29 ff.
19 In England wurden bereits im Jahre 1851 Subventionen zur Errichtung von Arbeitshäusern bereitgestellt, in Frankreich wurden 1852 durch ein Dekret Napoleons III. staatliche Gelder in beträchtlichem Umfang der Verbesserung der Wohnverhältnisse in den Manufakturstädten gewidmet, in Paris gab es seit 1850 ein Stadtplanungsgesetz, mit dessen Hilfe die Sanierung alter Wohnviertel eingeleitet werden konnte. In beiden Ländern waren schon vor der Jahrhundertmitte erste Versuche zur Errichtung billiger Arbeiterquartiere bzw. eigener Arbeiterkolonien gemacht worden. Schon im Jahre 1847 hatte man in Preußen zur Gründung der *Berliner Gemeinnützigen Bau-Gesellschaft* aufgerufen. Zu den Anfängen von Wohnungsreform und Wohnungspolitik in den wichtigsten europäischen Industriestaaten vgl.: Rudolf Eberstadt, *Neue Studien über Städtebau und Wohnungswesen*, 3 Bde., 1909–1912; Stanley D. Chapman (Hg.), *The History of Working-Class Housing. A Symposium*, 1971; Enid Gauldie, *Cruel Habitations. A History of Working-Class Housing 1780–1918*, 1974; Anthony S. Wohl, *The Eternal Slum. Housing and Social Policy in Victorian London (Studies in Urban History* 5), 1977; Anthony Sutcliffe, *The Autumn of Central Paris. The Defeat of Town Planning 1850–1970 (Studies in Urban History* 1), 1970; Werner Hegemann, *Das steinerne Berlin. Geschichte der größten Mietskasernenstadt der Welt (Bauwelt Fundamente* 3), 1963; Horant Faßbinder, *Berliner Arbeiterviertel 1800–1918 (Analysen zum Planen und Bauen* 2), 1975; Hans-Jürgen Nörnberg/Dirk Schubert, *Massenwohnungsbau in Hamburg. Materialien zur Entstehung und Veränderung Hamburger Arbeiterwohnungen und -siedlungen 1800–1967 (Analysen zum Planen und Bauen* 3), 1975; Ebenezer Howard, *Gartenstädte von morgen. Das Buch und seine Geschichte*, hrsg. von Julius Posener (*Bauwelt Fundamente* 21), 1968; Leonardo Benevolo, *Die sozialen Ursprünge des modernen Städtebaus. Lehren von gestern – Forderungen für morgen (Bauwelt Fundamente* 29), 1971; Mechthild Schumpp, *Stadtbau-Utopien und Gesellschaft. Der Bedeutungswandel utopischer Stadtmodelle unter sozialem Aspekt (Bauwelt Fundamente* 32), 1972; Kristina Hartmann, *Deutsche Gartenstadtbewegung. Kulturpolitik und Gesellschaftsreform*, 1976. – Vgl. auch: Renate Schweitzer, *Der staatlich geförderte, der kommunale und der gemeinnützige Wohnungs- und Siedlungsbau in Österreich bis 1945*, 2 Bde., Diss. Wien 1972.
20 Vgl. dazu: Gottfried Pirhofer/Günther Uhlig, *Selbsthilfe und Wohnungsbau, Arch + 33*, 1977.
21 Ausführlich dazu: Gottfried Pirhofer, *Linien einer kulturpolitischen Auseinandersetzung in der Geschichte des Wiener Arbeiterwohnungsbaues, Wiener Geschichtsblätter*, 33 (1978), S. 11.

22 Emil Sax, *Die Wohnungszustände der arbeitenden Klassen und ihre Reform*, 1869; ders., *Der Neubau Wiens im Zusammenhang mit der Donau-Regulierung. Ein Vorschlag zur gründlichen Behebung der Wohnungsnot*, 1869.
23 Pirhofer, *Linien*, S. 11.
24 Anton Langer, *Kasernen für die Arbeiter! Ein Wort an den Minister der Arbeit*, 1848.
25 Ludwig Förster, *Entwurf zu einem Etablissement für Arbeiterwohnungen in Wien*, in: *Allgemeine Bauzeitung* 14 (1849), S. 119 f.
26 Vgl. dazu: Schweitzer, *Wohnungs- und Siedlungsbau*, S. 89. Zur Frage des Einküchenhauses ausführlich: Pirhofer, *Linien*, S. 4 ff.
27 Försters Formel wurde von vielen Sozialformen ins Repertoire übernommen und gelangte fast wörtlich in die Wohnbauprogramme der Zwischenkriegs-Sozialdemokratie. Ausführlicher bei: Pirhofer, *Linien*. Zum Stellenwert der Vorschläge Förster vgl. auch: Peter Feldbauer, *Die Wohnverhältnisse der Unterschichten im Franzisko-Josefinischen Wien. Thesen und Probleme* 1, in: *Jahrbuch des Vereins für Geschichte der Stadt Wien* 34 (1978), S. 376, und: Peter Feldbauer/Gottfried Pirhofer, *Wohnungsreform und Wohnungspolitik im liberalen Wien?*, in: *Forschungen und Beiträge zur Wiener Stadtgeschichte* 1 (1978), S. 159 f..
28 Im Zuge der Citybildung wurden die Kleingewerbetreibenden seit den sechziger Jahren durch die Konkurrenz von öffentlichen Gebäuden, Banken, Firmensitzen und Luxuswohnungen zunehmend aus ihren im Stadtzentrum gelegenen Quartieren, die häufig auch als Werkstätte gedient hatten, verdrängt. Vgl. dazu neuerdings: Elisabeth Lichtenberger, *Die Wiener Altstadt. Von der mittelalterlichen Bürgerstadt zur City*, 2 Bde., 1977.
29 J. P. Fischer, *Die Wohnungsnot in Wien. Ein Vorschlag zu deren Abhilfe unter Hinweisung auf das in Wien (Erdberg) bestehende Musterhaus*, 1860, S. 3.
30 Rudolf von Eitelberger/Heinrich Ferstel, *Das bürgerliche Wohnhaus und das Wiener Zinshaus. Ein Vorschlag aus Anlaß der Erweiterung der inneren Stadt Wiens*, 1860.
31 Vgl. Fischer, *Wohnungsnot*.
32 Pirhofer, *Linien*, S. 14 f.
33 E. H. D'Avigdor, *Der Wienfluß und die Wohnungsnoth*, 1873; ders., *Das Wohlsein der Menschen in Großstädten. Mit besonderer Rücksicht auf Wien*, 1874.
34 Ausführlich dazu Feldbauer/Pirhofer, *Wohnungsreform*, S. 163 f.
35 Vgl. dazu: Leopoldine Dvorak, *Arbeiterwohnungsbau im 19. Jahrhundert*, phil. Diss. Wien 1975.
36 Vgl.: Sax, *Wohnungszustände;* ders., *Neubau;* Friedrich Engels, *Zur Wohnungsfrage*, 2. Aufl., 1887.
37 Eingehend zu den Determinanten unzureichender Wohnungsversorgung: Feldbauer, *Stadtwachstum*, S. 209 ff.
38 Eine ausführliche Bewertung der Reformvorschläge von Sax bei Feldbauer/Pirhofer, *Wohnungsreform*, S. 164 ff.
39 Maximilian Steiner, *Über die Errichtung von Arbeiterwohnungen in Wien*, 1884, S. 9.
40 Pirhofer, *Linien*, S. 18.
41 Eine ausführliche Darstellung dieser Entwicklung bei: Feldbauer, *Wohnverhältnisse*. Vgl. auch: Wolfgang Maderthaner, *Die Wohnungspolitik als Bestandteil der Sozialpolitik in Österreich (1848–1914)*, phil. Hausarbeit, Wien 1977 (ungedruckt), S. 26.
42 Vgl. etwa: Walter Conrad, *Die Kosten einer Wiener Wohnungsreform und ihre Deckung (Schriften der Zentralstelle für Wohnungsreform in Österreich 6)*, 1908,

S. 4: »Mit einer arbeitsunwilligen oder arbeitsunfähigen Bevölkerung kann aber niemand etwas anfangen. Sie ist und bleibt nutzloser Ballast, kann nicht über Bord geworfen werden und zehrt an der Arbeitskraft der Übrigen.«

43 Zu diesem Problem insbesondere: Rainer Bauböck, *Zur sozialdemokratischen Wohnungspolitik 1919–1934. Mieterschutz, Wohnungsanforderung und kommunaler Wohnbau unter besonderer Berücksichtigung Wiens*, phil. Diss. Wien 1976, S. 35 ff und S. 193 ff.

44 Etwas näher beleuchtet bei: Feldbauer, *Wohnverhältnisse*, S. 375 ff.

45 Vgl. dazu Feldbauer/Pirhofer, *Wohnungsreform*, S. 172 f., und Feldbauer, *Stadtwachstum*, S. 270 ff.

46 Die Gesetze sind abgedruckt bei: Franz von Meinzingen/Franz Pauer, *Die Wohnungsfürsorgegesetze nebst einschlägigen Verordnungen, Erlässen und Publikationen*, 1912. Eine aufschlußreiche Darstellung der Entstehung dieser Gesetze, insbesondere der Debatten im Abgeordnetenhaus des österreichischen Reichsrates bei: Maderthaner, *Wohnungspolitik*, S. 53 ff.

47 Zur Gründung vgl: Heinrich Rauchberg, *Die Kaiser-Franz-Joseph-I.-Jubiläums-Stiftung für Volkswohnungen und Wohlfahrtseinrichtungen*, 1897. Weitere Literaturhinweise bei: Feldbauer, *Stadtwachstum*, S. 108, Anm. 151.

48 Ausführliche Literaturangaben zu Diskussion und Durchführung der einzelnen Gesetze bei: Feldbauer, *Stadtwachstum*, S. 118 f., Anm. 172–174.

49 Die Gemeindeverwaltung beschränkte sich in ihren Aktivitäten auf die Errichtung von Notstandsbauten für Randschichten der städtischen Bevölkerung (vgl. Protokoll des Gemeinderates Nr. 18 vom 17. 10. 1911, S. 365 f.). Erst im Jahre 1913 wurde eine neue Magistratsabteilung geschaffen, die für die kommunale Wohnungsfürsorge kompetent war, bis zum Kriegsausbruch aber keine Zeit für umfangreichere Maßnahmen fand. Die an sich positive Politik des Ankaufs von billigem Baugelände durch die Gemeinde und der gleichzeitigen Verbesserung der öffentlichen Verkehrsmittel blieb infolge der schwierigen Finanzlage Stückwerk. Vgl. dazu: Felix Oppenheimer, *Die Wohnungsfürsorge in Österreich*, in: *Zeitschrift für Volkswirtschaft, Sozialpolitik und Verwaltung* 13 (1914), S. 677.

50 Vgl. dazu: Rauchberg, *Jubiläumsstiftung*, S. 1 ff.; Steiner, *Verein*, S. 9 f.

51 Rauchberg, *Jubiläumsstiftung*, S. 3.

52 Vgl.: Sax, *Neubau;* Reschauer, *Vorschlag;* und: Eitelberger/Ferstel, *Wohnhaus*.

53 Statuten der Wiener gemeinnützigen Baugesellschaft, 1868. S. 1, § 2.

54 Vgl. dazu: Werner Hegemann, *Das steinerne Berlin. Geschichte der größten Mietkasernenstadt der Welt*, 1930, S. 288 ff.; Kristina Hartmann, *Deutsche Gartenstadtbewegung. Kulturpolitik und Gesellschaftsreform*, 1976, S. 22 ff. Eindrucksvoll die zeitgenössische Darstellung: C. W. Hoffmann, *Die Wohnungen der Arbeiter und Armen 1: Die Berliner Gemeinnützige Bau-Gesellschaft*, 1852. – Das Hauptmotto der Berliner gemeinnützigen Baugesellschaft, die »nur vollständig unbescholtene, zwar unbemittelte, aber fleißig und als ordentlich bekannte Familien, deren Häupter in gültiger Ehe leben«, zugelassen hatte, war die »Verwandlung von eigenthumslosen Arbeitern in arbeitende Eigenthümer«. Diesem Programm folgte grundsätzlich auch der von bürgerlichen Kreisen inaugurierte genossenschaftliche Siedlungsbau in Wien.

55 Statuten des Wiener Wohnungsreform-Vereines, 1872, S. 1, § 1.

56 Der Wiener Cottage-Verein seit seinem Entstehen bis zur Vollendung der ersten Cottageanlage in Wien-Währing, 1875, S. 4.

57 Bericht der Handels- und Gewerbekammer Niederösterreich, 1872–1874, S. 449.

58 Wiener Cottage-Verein, S. 4

59 Vgl. dazu auch: Renate Schweitzer, *Die Cottage-Anlage in Wien-Währing*, in: *Wiener Geschichtsblätter* 82/4 (1967), S. 240–252.
60 Steiner, *Verein*, S. 9 f.
61 Ebenda, S. 4 ff.
62 Ebenda, S. 8 f.
63 Ebenda, S. 13 f.
64 Ebenda, S. 16.
65 Ebenda, S. 18 f.
66 Zu den Umständen der Gründung und über die Aufbringung des erforderlichen Baukapitals vgl.: *Der Wettbewerb für Volkswohnungen und Wohlfahrtseinrichtungen*, in: *Wiener Bauindustriezeitung* 15 (1897), S. 129; weiters: *Stiftbrief der Kaiser Franz-Joseph-I.-Jubiläums-Stiftung*, in: Rauchberg, *Jubiläums-Stiftung*, S. 35 ff.
67 Rauchberg, *Jubiläums-Stiftung*, S. 38.
68 Vgl. etwa: *Entwürfe für Volkswohnungen und Wohlfahrtseinrichtungen in Wien, Zeitschrift des österreichischen Ingenieur- und Architektenvereines* 6, 1898, S. 79.
69 Über den Verlauf des Wettbewerbs und die Prämierungen siehe: *Wiener Bauindustriezeitung* 15 (1897), S. 129 ff.; *Zeitschrift des Österreichischen Ingenieur- und Architektenvereines* 6 (1898), S. 77 ff.; 7 (1898), S. 93 ff.; 15 (1898), S. 241 f. und 51 (1899), S. 644 f.
70 Vgl.: *Die Kaiser Franz-Joseph-I.-Jubiläums-Stiftung für Volkswohnungen und Wohlfahrts-Einrichtungen*, 1900, S. 6.
71 Zusammenfassend über die Bauphasen, die Baukosten, die Ausstattung und die Mietpreise: *Die Kaiser Franz-Joseph-I.-Jubiläums-Stiftung für Volkswohnungen und Wohlfahrtseinrichtungen*, 1910, S. 7 ff. Für den *Stiftungshof* vgl. auch: *Jubiläums-Stiftung* (1900), S. 6 ff. mit Plänen.
72 Vgl.: *Jubiläums-Stiftung* (1910), S. 15.
73 Über die Belagsziffer, die soziale Zusammensetzung der Mieter usw. informiert: *Jubiläums-Stiftung* (1910), S. 15 ff.
74 Leopold Simony, *Die Tätigkeit des Komitees zur Begründung gemeinnütziger Baugesellschaften für Arbeiterwohnhäuser in Wien, Zeitschrift des Österreichischen Ingenieur- und Architektenvereines* 62 (1910), S. 403–410.
75 Vgl.: Felix Oppenheimer/Leopold Simony, *Die Tätigkeit der gemeinnützigen Baugesellschaft für Arbeiterwohnhäuser in Brigittenau und Wiener Neustadt*, 1910.
76 Die Zahlen sind zusammengefaßt bei: Schweitzer, *Wohnungs- und Siedlungsbau*, S. 424.
77 Vgl. unter anderem: Karl Pribram, *Der Wohnungsfürsorgefonds*, in: *Mitteilungen der Zentralstelle für Wohnungsreform in Österreich* 17 (1911), S. 1–9.
78 Vgl. Felix Oppenheimer, *Die Beschaffung der Geldmittel für die gemeinnützige Bautätigkeit* (Schriften der Zentralstelle für Wohnungsreform in Österreich 4), 1908.
79 Vgl. dazu: *Die Steuer- und Gebührenlast der gemeinnützigen Vereinigungen zum Zwecke der Errichtung von Kleinwohnungen* (Schriften der Zentralstelle für Wohnungsreform in Österreich 3), 1908.
80 Oppenheimer, *Beschaffung*.
81 Karl Pribram, *Der Plan einer Garantiebank zur Organisation des Kredits für die gemeinnützige Bautätigkeit*, in: *Mitteilungen der Zentralstelle für Wohnungsreform in Österreich* 8 (1908), S. 1–8.
82 Heinrich Rauchberg, *Bericht über den 9. Internationalen Wohnungskongreß in Wien*, 1910, S. 233–248.
83 Diese optimistische Auffassung beispielsweise in: *Schriften der Zentralstelle für Wohnungsreform in Österreich* 9/10 (1909), S. 7.
84 Über die Mühseligkeit des Zustandekommens dieses Fonds, der dann in den Jahren

1919 und 1921 zum Bundes-Wohn- und Siedlungsfonds ausgestaltet wurde und noch heute besteht, vgl.: *Der Wohnungsfürsorgefonds und seine Schicksale*, in: *Mitteilungen der Zentralstelle für Wohnungsreform in Österreich* 15 (1910), S. 7–10.
85 Siehe: Karl Pribram, *Das Statut des Wohnungsfürsorgefonds, Mitteilungen der Zentralstelle für Wohnungsreform in Österreich* 19 (1911), S. 1–17. Vgl. auch: Meinzingen/Pauer, *Wohnungsfürsorgegesetze*.
86 In Wien unter anderem die gemeinnützigen Ein- und Mehrfamilienhäuser-Baugenossenschaft für Eisenbahner, r. G. m. b. H. (vgl. dazu: *Wiener Bauindustriezeitung* 31 (1913/14), S. 51 f.) und die gemeinnützige Bau- und Wohnungsgenossenschaft der Krankenkassen Wiens und Niederösterreichs in Wien, r. G. m. b. H. (vgl.: *Wiener Bauindustriezeitung* 32 (1914/15), S. 62–65). Beide zusammen haben bis 1914 rund 500 Wohnungen gebaut.
87 Etwas global ausgefallen ist die Einschätzung von Ewald Pribram, *Die Leistungen der Baugenossenschaften seit der Errichtung des Wohnungsfürsorgefonds*, in: *Mitteilungen der Zentralstelle für Wohnungsreform in Österreich* 30 (1913), S. 1–6.
88 Infolge des ersten Balkankrieges im Oktober 1912.
89 Pribram, *Leistungen*, S. 5 f.
90 Vgl.: Oppenheimer, *Wohnungsfürsorge*, 678 f., sowie allgemein dazu: Pribram, *Leistungen*.
91 Deutliche Indikatoren liefern disbezüglich die Wohnungszählungen der Jahre 1910 und 1914, die eingehend interpretiert sind bei: Feldbauer, *Stadtwachstum*, S. 196 ff. und 201 ff.
92 Grundlegend dazu: Renate Schweitzer, *Die Cottage-Anlage in Wien-Währing. Ein Beispiel früher Siedlungsplanung*, in: *Wiener Geschichtsblätter* 82/4 (1967), S. 240–252.
93 Schweitzer, *Cottage-Anlage*, S. 252.
94 Vgl. dazu: Feldbauer/Pirhofer, *Wohnungsreform*, S. 183 ff.
95 Pirhofer, *Linien*, S. 18.
96 Zum allgemeinen Zusammenhang vgl.: Peter Brückner/Gabriele Ricke, *Über die ästhetische Erziehung des Menschen in der Arbeiterbewegung*, in: *Das Unvermögen der Realität*, 1974. – Dazu und zum folgenden grundlegend: Pirhofer, *Linien*, S. 18 ff.
97 D'Avigdor.
98 Rauchberg, *Jubiläums-Stiftung*, S. 5.
99 Steiner, *Verein*, S. 17.
100 Pirhofer, *Linien*, S. 20.
101 Allgemein zu diesem Problemkreis: Gottfried Pirhofer, *Wiener Arbeiterquartiere: Geschichtlichkeit,* ›*Milieu*‹ *und soziale Planung*, 1977 (ungedruckter Forschungsbericht).
102 Pirhofer, *Geschichtlichkeit*, S. 94.

Robert Hoffmann

Entproletarisierung durch Siedlung? Die Siedlungsbewegung in Österreich 1918 bis 1938

Mit der schrittweisen Verankerung des Mieterschutzes ab 1917 und dem Bau von fast 64.000 gemeindeeigenen Mietwohnungen in Wien ab Mitte der zwanziger Jahre konnte die österreichische Sozialdemokratie bis 1934 im Bereich des Wohnungswesens einen Teil ihrer gesellschaftspolitischen Zielvorstellungen gegen den Widerstand des Bürgertums verwirklichen. Die revolutionär erscheinenden Neuerungen bildeten einen integralen Bestandteil des reformistischen Gesamtkonzepts der sozialdemokratischen Politik nach dem Ersten Weltkrieg, obgleich der grundsätzlich systemstabilisierende Charakter der sozialdemokratischen Wohn- und Mietenpolitik von der lautstarken Polemik des konservativen Lagers mit Erfolg verdeckt wurde. Die wirksamen Maßnahmen gegen die Wohnungsnot trugen aber ohne Zweifel dazu bei, daß große Teile der Arbeiterschaft die Nachkriegszeit trotz Depression und Inflation immerhin als eine Epoche des sozialen Fortschritts ansahen. Die Verteidigung des sozialdemokratischen Wohnungsprogramms zielte im übrigen ganz offen darauf ab, mit einem »Appell an das wohlverstandene Interesse eines fiktiven Gesamtkapitalisten ... die Gegner des Programms von der wirtschaftlichen Notwendigkeit und systemimmanenten Rationalität sozialer Maßnahmen« zu überzeugen[1]. Die faktisch einer Enteignung nahekommende Mietpreisbegrenzung wurde etwa damit begründet, daß die Konkurrenzfähigkeit der österreichischen Industrie »nur durch verhältnismäßig niedere Löhne aufrecht erhalten werden« könne und der Wohnungsaufwand die einzige Komponente sei, »die aus dem Lohn entfernt werden kann, ohne die Leistungsfähigkeit der Arbeiter, der Angestellten herabzudrücken[2]«.

Mit ähnlich pragmatischen Gründen rechtfertigte man auch die Entscheidung für die Errichtung der Wiener Gemeindebauten in Geschoßbauweise und in innerstädtischer Lage bei gleichzeitigem weitgehenden Verzicht auf Eigenheimsiedlungen am Stadtrand nach angelsächsischem Vorbild. Denn für ein solches Vorhaben, so hieß es, seien weder geeignete Baugründe vorhanden, noch stünden die finanziellen Mittel für die Erschließung derartiger Siedlungen mit der entsprechenden Infrastruktur zur Verfügung[3].

Ohne diese Argumentation hier einer Überprüfung unterziehen zu wollen, sei nur vermerkt, daß die Gegner der Wiener Gemeindebauten die wirtschaftliche Notwendigkeit blockartigen Mietwohnhausbaus vehement bestritten und dahinter bekanntlich ein wehr- und parteipolitisches Konzept der Sozialdemokratie zu erkennen glaubten. Bezeichnenderweise wurde aber gerade der von christlichsozialen und völkischen Kreisen als Alternative propagierte Siedlungsgedanke vielfach mit ideologischem Ballast befrachtet. Die Utopie von der partiellen Rückkehr zu einer vorindustriellen Wirtschafts- und Gesellschaftsordnung[4] blieb etwa im katholisch-konservativen Lager während der ganzen Zwischenkriegszeit lebendig. »Innere Kolonisation« und »Siedlung« sollten eine teilweise Reagrarisierung der großstädtischen Bevölkerung bewirken und den politisch links organisierten Industriearbeiter in einen eigentumsbewußten Haus- und Grundbesitzer verwandeln.

Im Zentrum dieser Entproletarisierungskonzeption stand die Verteilung verfügbaren Grundbesitzes, des nach bürgerlichem Verständnis einzig verfügbaren Gutes, das auch bei nur geringfügigem Eigentum einen politischen Gesinnungswandel des vordem Besitzlosen herbeizuführen versprach. »Siedlung« wurde zum Schlagwort der Epoche, zum allseits angepriesenen Allheilmittel gegen die tatsächlichen und auch nur vermeintlichen sozioökonomischen Krisensymptome der Zwischenkriegszeit. Diese Entwicklung kulminierte schließlich in der Blut- und Bodenideologie des Nationalsozialismus, der in der Tradition der wilhelminischen Ostkolonisation das Element der Entproletarisierung mit dem einer radikalen Volkstumspolitik verband.

Ziel der folgenden kurzen Darstellung ist es, einige Schwerpunkte des österreichischen Siedlungswesens in der Ersten Republik, das sich im wesentlichen auf den Typus der Nebenerwerbs- und Stadtrandsiedlung beschränkte, aufzuzeigen. Obwohl der Höhepunkt der Siedlungsaktionen in den Zeitraum nach 1932 fällt, erscheint es sinnvoll, die Kontinuität der Diskussion über Sinn und Form des Siedelns bis zum Beginn der zwanziger Jahre zurückzuführen.

Eigenheim kontra »Mietkaserne«

Die österreichische Sozialdemokratie stand nach dem Ersten Weltkrieg vor der Notwendigkeit, ihre Einstellung gegenüber dem Problem der Eigenheimsiedlung den veränderten Verhältnissen anzupassen. Noch 1912 hatte der Reichsratsabgeordnete Rudolf Müller die Arbeiterschaft davor gewarnt, ein »Opfer des Eigentumsfanatismus« zu werden, und den Miethausbau mit der Begründung gefordert, daß das Eigenhaus »die Solidaritätsbestrebungen und Organisationsmöglichkeiten der Arbeiterschaft« untergrabe und das »Klasseninteresse der Arbeiter zum Teil« aufhebe[5].

Die kriegsbedingte Notlage auf dem Ernährungssektor und die durch die Einführung des Achtstundentages vermehrte Freizeit schufen aber die Basis für eine rasche Ausbreitung der Kleingarten- bzw. Schrebergartenbewegung in der Arbeiterbevölkerung der Großstädte. Nach 1918 geriet in Österreich vorübergehend fast das ganze organisierte Siedlungswesen unter sozialdemokratischen Einfluß, da hier kein bürgerlicher Organisationsapparat der Siedler und Kleingärtner wie in Deutschland und Westeuropa vorhanden war[6]. Das Eigenheim inmitten eines landwirtschaftlich genutzten Gartens entwickelte sich in der Folge zum Wohnideal auch des Proletariats und stellte die sozialdemokratische Parteiführung vor die Notwendigkeit, die Siedlungsbewegung in ihre Überlegungen hinsichtlich einer Lösung des akuten Wohnungsnotstandes miteinzubeziehen.

Nicht zufällig wurde deshalb 1919 Hans Kampffmeyer, der Generalsekretär der 1902 gegründeten Deutschen Gartenstadtgesellschaft, als Siedlungssekretär nach Wien berufen[7]. Die sozialreformerische deutsche Gartenstadtbewegung wirkte nach dem Vorbild der englischen *Garden-Cities-Association* und hatte das Ziel, durch eine fortschreitende Innenkolonisation die »evolutionäre Veränderung des autoritären, antiparlamentarischen Staates in einen demokratischen, sozialen Kulturstaat« herbeizuführen[8]. Da die Gartenstadtidee allen imperialistischen »Lebensraum-Ideologien« fern stand, bot sie sich auch der österreichischen Sozialdemokratie zumindest aus taktischen Überlegungen als (hypothetische) Alternative zum Miethausbau an. So vertrat Julius Wilhelm 1920 im *Kampf* die Ansicht, daß das Eigenheim mit kleinem Garten »im heutigen Wien zur zwingenden Notwendigkeit« geworden sei[9]. Und sogar der »sonst kompromißlose[10]« Adolf Loos, damals beratender Architekt im Siedlungsamt der Stadt Wien, ließ sich 1921 von der allgemeinen Siedlungseuphorie mitreißen:

> Für alle kommenden Zeiten wird dies Stück Land, das der Mensch sich selbst bebaut, das bleiben was es heute ist: die Zuflucht zur Mutter Natur, sein wahres Glück und seine einzige Seligkeit[11].

Bevor aber noch die Entscheidung für oder gegen eine Forcierung des Siedlungsbaus gefallen war, sah sich die Parteiführung unmittelbar nach den Wahlen vom Oktober 1920 mit dem Faktum konfrontiert, daß die christlichsoziale Regierungspartei nun offensichtlich bestrebt war, die Initiative in dieser populären Frage an sich zu reißen. Denn schon in der ersten Sitzung des neugewählten Nationalrates brachte Richard Schmitz den Antrag auf Schaffung eines Wohnsiedlungsgesetzes ein, das wenig später als Regierungsvorlage übernommen wurde[12]. Der sozialdemokratische Parteivorstand beschloß daraufhin die Schaffung eines Zentralausschusses aller am Siedlungswesen interessierten parteinahen Organisationen, dessen Sekretär Kampffmeyer werden sollte. Im übrigen hielt man es für zweckmäßig, »daß einzelne Genossen in der Bewegung tätig sind, daß aber die Partei als solche sich nicht um die Sache zu kümmern habe[13]«. Als die Großdeutschen Anfang 1921 die Einsetzung einer Siedlungskommission beantragten und die Christlichsozialen diesem Vorschlag zustimmten, entschloß sich auch die sozialdemokratische Führung zur Entsendung von drei Delegierten[14]. Über das Ergebnis des Meinungsaustausches zwischen den Parteien berichtete Wilhelm Ellenbogen am 3. Februar dem Parteivorstand, daß die Forderungen der Großdeutschen (Errichtung eines Siedlungsamtes, Kredite durch den Staat, Lieferung von Baumaterialien und ein Enteignungsgesetz) mit den eigenen fast identisch seien. Der Parteivorstand beauftragte in der Folge Julius Deutsch, Ellenbogen, Kampffmeyer und andere mit der Ausarbeitung eines Siedlungsgesetzes[15].

Die sozialdemokratischen und christlichsozialen Vorstellungen vom zukünftigen Siedlungsgesetz unterschieden sich vor allem in einem Punkt: während Deutsch im Finanz- und Budgetausschuß des Nationalrates die »Enteignung von zu Siedlungszwecken geeigneten Grundstücken« forderte[16], witterte Schmitz dahinter »ein Stück versteckter Sozialisierung[17]«. Offen zutage trat dieser Konflikt anläßlich eines Massenaufmarsches von verschiedenen Siedlerorganisationen am 4. April 1921 in der Wiener Innenstadt. Diese Veranstaltung war vom sozialdemokratisch gelenkten *Hauptverband für Siedlungswesen* initiiert worden und sollte vor allem der Forderung nach einem »weitreichenden und raschen Enteignungsverfahren« Nachdruck verleihen[18]. Während die Großdeutschen an dem Aufmarsch der Siedler teilnahmen, sah man auf christlichsozialer Seite darin einen Versuch, die Massen gegen den eigenen Siedlungsgesetzentwurf zu mobilisieren. Der ihr nahe stehende *Reichsverband der gemeinnützigen Baugenossenschaft* war folglich schon vor der Veranstaltung aus dem Hauptverband ausgetreten[19].

Debatte und Abstimmung über das Bundesgesetz vom 15. April 1921[20], mit welchem der *Staatliche Wohnungsfürsorgefonds* zum *Bundes-Wohn- und Siedlungsfonds* (BWSF) umgestaltet wurde, verliefen dann allerdings ohne die erwartete Konfrontation. Deutsch kritisierte wohl, daß der Regierungsentwurf die Lösung der Enteignungsfrage nicht ernsthaft in Angriff genommen habe, und brachte deshalb entsprechende Minderheitsanträge seiner Partei ein, doch verhinderte deren Ablehnung keineswegs die Zustimmung der Sozialdemokraten zum vorliegenden Gesetz. Deutsch begründete diese Kooperationsbereitschaft mit dem Hinweis auf die Notwendigkeit, schon »die diesjährige Bauperiode« auszunutzen und dafür wenigstens die im Gesetz vorgesehene Kredithilfe bereitzustellen[21]. Die endgültige Regelung des Siedlungsproblems sollte nach Ansicht aller drei großen Parteien in einem späteren umfassenden Gesetz in Angriff genommen werden.

Dazu sollte es aber nie kommen. Das neue Gesetz erwies sich überdies als nicht sehr wirkungsvoll, denn der von den bürgerlichen Regierungen nur unzureichend dotierte BWSF stand häufig vor leeren Kassen, was eine langsame und teure Bauweise zur Folge hatte. Einmal, im Oktober 1922, mußte der Fonds sogar die Weisung geben, alle Bauvorhaben sofort einzustellen, da bis auf weiteres keine Bauraten ausgezahlt werden könnten[22]. Die Erfolgsbilanz des BWSF (der dem Bundes-Wohn- und Siedlungsamt im Ministerium für Soziale Verwaltung anvertraut war) hielt sich deshalb in einem bescheidenen Rahmen und vermochte nicht einmal im Bereich des Siedlungswesens nennenswerte Erfolge aufzuzeigen. Zwischen 1921 und 1928 wurden mit seiner Unterstützung lediglich 8654 Wohnungen (darunter wiederum nur 592 Siedlungshäuser) errichtet[23]. Verglichen mit dem Volumen des ersten Wiener Wohnbauprogramms erscheint dieses Ergebnis dann noch bescheidener: zwischen 1928 und 1932 wurden in der Bundeshauptstadt nicht nur die geplanten 25.000 Wohnungen fertiggestellt, sondern im Rahmen eines »Zwischenprogramms« sogar noch 5000 zusätzliche Wohnungen gebaut[24].

Die Entscheidung des Wiener Gemeinderates für den forcierten Bau von mehrgeschossigen Miethäusern erfolgte im September 1923 und bedeutete de facto eine Brüskierung der im *Österreichischen Verband für Siedlungs- und Kleingartenwesen* organisierten sozialdemokratischen Siedlungsinteressen. Otto Neurath, als Sekretär des Verbandes selbst ein engagierter Vertreter des Siedlungsgedankens[25], erkannte die daraus resultierende Gefahr für die Einheit der Arbeiterbewegung in der Wohnungsfrage. Er appellierte an die Einsicht der Betroffenen in die wirtschaftliche Notwendigkeit des Wiener Gemeinderatsbeschlusses: denn »durch den Bau von Siedlungen *unter den gegebenen geschichtlichen Verhältnissen* (könnte) der Wohnungsbedarf nicht gedeckt werden«. Außerdem wies er darauf hin, daß es dem Geist proletarischer Solidarität widerspräche, wenn die Siedler und Kleingärtner um jeden Preis ihren Willen durchsetzen wollten; sie können auf die Dauer *nur als Teil des Gesamtproletariats* gestaltend eingreifen. Nur dann, wenn die Siedlungs- und Kleingartenanlagen von allen Werktätigen gewollt werden, sind sie dem Stadtganzen dauernd eingefügt. So kommt es, daß gerade die Siedler und Kleingärtner, welche eine von vielen Parteigenossen angezweifelte Sache vertreten, sich bemühen müssen, sie einem einheitlichen Plan einzugliedern, der den gesamten Städtebau umfaßt[26].

Es ist hier nicht der Ort, Konzeption und Bedeutung der Wiener Gemeindebauten einer Analyse zu unterziehen. Es sei nur darauf verwiesen, daß deren bauliche Gestaltung vornehmlich durch Architekten aus der Schule Otto Wagners insgesamt einen in dieser Zeit atypischen, gegenläufigen Trend repräsentierte, nämlich ein positives Bekenntnis zur Großstadt, und den Versuch, Probleme des Massenwohnbaus »im Geiste hoher Urbanität« zu lösen[27]. Eine Ausnahme stellte Josef Frank dar, der, nicht aus der Schule Otto Wagners stammend, im Siedlungshaus nach wie vor »die Grundlage unserer gesamten modernen Baukunst und unserer Stadtanlagen« sah, »denn die moralische Kraft, die ein Stück Erde mit dem Haus drauf, das in den Raum weist, ausstrahlt, kann eben durch nichts ersetzt werden[28]«.

Die Wiener Gemeindebauprogramme bedeuteten übrigens keinen vollständigen Bruch der Sozialdemokratie mit dem Siedlungsgedanken. Die ihrem Umfang nach bedeutsamste Festsetzung von Siedlungsgebieten erfolgte wohl schon 1921, also noch in einer Zeit des allgemeinen Siedlungsüberschwangs. Damals wurden nicht weniger als 1215 Hektar zur Verbauung mit Kleinwohnungshäusern auf genossenschaftlicher Basis freigegeben. Aber auch nach 1923 nutzte die Gemeindeverwaltung verschiedentlich die Möglichkeit, kleinere Gartensiedlungen zu schaffen. Insgesamt wurden immerhin 11 Prozent aller in Wien erstellten Wohnungen als Einfamilienhäuser errichtet[29], ein in seiner Gesamtsumme durchaus beachtliches Ergebnis, das den durch Gelder des BWSF geförderten Siedlungsbau weit hinter sich liegen läßt. (Mit BWSF-Kredithilfe wurden 1921 bis 1928 454 Siedlungshäuser in Wien gebaut[30].) Anton Weber, der ressortzuständige Wiener Stadtrat, betonte schließlich noch 1929, daß nur wirtschaftliche Gründe die Gemeinde daran hinderten, die Lösung des Wohnungsproblems in einem größeren Umfang im Einfamilienhausbau zu suchen[31].

Dennoch läßt sich nicht leugnen, daß die österreichische Sozialdemokratie mit ihrem Konzept einer großstadtbewußten Lösung des Wiener Wohnungsproblems einen Weg einschlug, der im Vergleich mit dem internationalen zeitgenössischen kommunalen Städtebau einen gegenläufigen Trend repräsentierte. In Deutschland ließ die neue »Bauherrschaft«, die von den Sozialdemokraten mitgetragene Demokratie, nach 1918 die Innenstädte zurück und konzentrierte sich auf den Siedlungsbau an der Peripherie der großstädtischen Ballungsräume. Hier übernahm auch die sozialistische Stadtplanung vom bürgerlichen Städtebau und der sozialpolitischen Wohnreformdiskussion die Gartenstadt- und die Trabantenstadtkonzeption, »Modelle des Ausgleichs von Stadt und Land, wobei Rolle und Wert der existierenden Groß- und Weltstädte in Deutschland unterschiedlich eingeschätzt wurden[32]«. Es gelang aber weder der österreichischen noch der deutschen Sozialdemokratie, »die tendenziell antikapitalistischen Trends der ›Land-Stadt‹-Bewegung« aufzunehmen und sie »vor der faschistischen Okkupierung« zu bewahren[33].

Wirtschaftskrise und Massenarbeitslosigkeit trafen die Arbeiterbewegung in beiden Ländern unvorbereitet und schwächten sie. Während aber die Wiener Gemeindebauten auch in den Jahren wirtschaftlicher Depression und zunehmender Faschisierung des politischen Lebens Zentren des proletarischen Selbstbewußtseins blieben, übernahm das Bürgertum im Bereich des Siedlungswesens zur Gänze die Initiative. Eine riesig aufgeblasene Siedlungsideologie beherrschte vor allem in Deutschland die Diskussion über die, wie man meinte, unumgängliche und in der Folge bleibende Reagrarisierung der arbeitslosen städtischen Arbeitermassen. »Entproletarisierung durch Siedlung« wurde zum Schlagwort der konservativen Siedlungsideologen, die, meist auf deutsche Vorbilder zurückgreifend, ihre Ideen auch in Österreich propagierten.

Wirtschaftskrise und Siedlungswesen

Die bürgerliche Wohn- und Siedlungspolitik erwies sich während der zwanziger Jahre als völlig unfähig, aus der grundsätzlichen Opposition gegen das sozialdemokratische Wohn- und Mietenkonzept heraus eine brauchbare Alternative zu entwickeln. Effektive Maßnahmen im Bereich des Wohnungswesens ließen sich in keinem Fall gegen den Widerstand politisch und wirtschaftlich einflußreicher Interessengruppen im eigenen Lager verwirklichen, und auch die gemäßigten Reformvorstellungen der christlichen Arbeiterbewegung fanden keine Verwirklichung auf Gesetzesebene. Die im Linzer Programm der christlichen Arbeiterbewegung aufgestellten Forderungen nach »Bodenreform, Förderung der gemeinnützigen Bautätigkeit und des Kleingartens« sowie nach »Bekämpfung des Bodenwuchers, Schutz der kleinen Pächter[34]« wurden überdies zu keinem wirklichkeitsnahen Wohnbauprogramm ausformuliert, sondern blieben in ihrer Begründung merkwürdig diffus und farblos. Als ein wichtiges Diskussionsforum für Wohnungs- und Siedlungsfragen im Bereich der katholischen Gesellschaftskritik entwickelte sich schließlich die 1926 von Joseph Eberle gegründete Zeitschrift *Schönere Zukunft*. In Deutschland und Österreich gleichermaßen verbreitet, bildete sie bis hin zum Anschluß ein Organ des publizistischen Transfers reichsdeutscher Siedlungspolitik bzw. -ideologie und ihrer Anwendung auf die österreichischen Verhältnisse.

Der thematische Bogen spannte sich von der Propagierung der Siedlungspflege als Stütze einer wahren Entproletarisierung[35] bis hin zur Forderung nach einer Entsiedlung der Großstädte und der Schaffung landstädtischer Heimsiedlungen[36]. Stil und Inhalt der siedlungsapologetischen Argumentation kamen einander auf katholischer und deutschnationaler Seite sehr nahe. Die offenkundigen Schwächen der herrschenden Wirtschafts- und Gesellschaftsordnung bewirkten im Zuge einer einfach strukturierten Kapitalismuskritik die Entstehung einer tiefen »Kluft zwischen ökonomisch-sozialen Realitäten und einem rückwärts gewandten Bewußtsein«.

Bergmann interpretiert diese Differenz zwischen realen Verhältnissen und Bewußtseinslage mit dem Bedürfnis des Bürger- und Kleinbürgertums, »die Ursachen der Krise lokalisiert und personifiziert zu sehen«: »Die Aggressionsbereitschaft wurde auf die Großstadt, auf das Judentum und die marxistischen Parteien gelenkt[37].« Der Rückzug auf überkommene vorindustrielle Lebensformen sollte die Abhängigkeit aller Bevölkerungsschichten von konjunkturellen Schwankungen vermindern. So wurden in der *Schöneren Zukunft* beispielsweise die abstrusen Vorstellungen Rudolf Böhmers verbreitet, der in den Großstädten nichts anderes sah als »große Volkskirchhöfe«, deren Bevölkerung durch einen Diktator aufs Land zurückgeführt werden sollte[38].

Ähnlich, aber noch um einige Nuancen mythischer, argumentierte der frühe Nationalsozialist Alexander Schilling im *Getreuen Eckart*, der hier das idyllische Bild des mit der Scholle verbundenen Menschen zeichnete, der »völlig ungeeignet für den Radikalismus, für Revolutionen und Putsche« sei, »die nur auf dem Boden der Verzweiflung und Deklassierung ganzer Stände aufkeimen können«. Denn einmal im Besitz von Eigentum, habe der »Proletarier eben etwas zu verlieren und wäre es auch nur ein kleines Schrebergärtchen und eine efeuumrankte Laube, in der man zur Laute sang und wenigstens für Stunden glücklich war[39] ...«.

Mit dem Einsetzen der großen wirtschaftlichen Depression Ende der zwanziger Jahre trat die Siedlungsdiskussion auch auf politischer

Ebene in ein neues Stadium. Auf dem Höhepunkt der Krise waren 44 Prozent der arbeitenden Bevölkerung in Deutschland voll arbeitslos, und die vermeintlich »unaufhaltsame Schrumpfung der europäischen Industrie« ließ es nach der Ansicht der meisten konservativen Sozialpolitiker »als völlig aussichtslos erscheinen, daß jemals die Wiedereinstellung des Arbeitslosenheeres in seinem ganzen Umfang durchgeführt werden könnte[40]«. Aus dieser Überzeugung ergab sich auf politischer Ebene eine zunehmend positive Einschätzung der Siedlung, denn von der Unterbringung eines Teils der Arbeitslosen auf dem Lande versprach man sich eine Anpassung an die voraussichtlich noch langandauernde Krise. Der ideologisch übersteigerte Gegensatz zwischen der verhaßten »Asphaltkultur«, die für die »Vermassung der Menschen im industriellen Massenproletariat[41]« verantwortlich gemacht wurde, und einer als »Bodenfrömmigkeit« (Altreichskanzler Hans Luther) umschriebenen Verwurzelung des Menschen auf eigener Scholle gewann in dieser Situation eine aktuelle Dimension. Die agrarromantischen Siedlungspläne fanden nämlich ab Herbst 1931 Eingang in die Arbeitsbeschaffungsprogramme der Regierung Brüning. Zwei Konzeptionen standen nebeneinander. Während Arbeitsminister Adam Stegerwald Arbeitsbeschaffung nur in enger Verbindung mit kleinbäuerlicher Siedlung denkbar erschien, zielten die Vorstellungen von Finanzminister Hermann Dietrich auf eine Nebenform der landwirtschaftlichen Siedlung, die Nebenerwerbs- bzw. Stadtrandsiedlung[42].

Uns interessiert hier die zweite Form der Siedlung, denn nur diese erwies sich in größerem Umfang als realisierbar und auch im Falle Österreichs als anwendbar. Die von der Regierung Brüning im Herbst 1931 mit beachtlichen Mitteln in Gang gesetzte Stadtrandsiedlungsaktion wurde im Nachbarland genau verfolgt und diente als Diskussionsgrundlage für die eigenen, allerdings erst nach 1933 voll wirksamen Maßnahmen zur Förderung des Siedlungswesens. Vor dem Einsetzen der Randsiedlungsaktionen I und II beschränkte sich die Wohn- und Siedlungspolitik der österreichischen Regierungen auf die ineffektive Durchführung des Wohnbauförderungsgesetzes von 1929 und die langwierige Diskussion um die Schaffung eines Siedlungsförderungsgesetzes.

Das Wohnbauförderungs- und Mietengesetz beendete die langen und heftigen Auseinandersetzungen um eine von bürgerlicher Seite geforderte Reform des Mieterschutzes. Die Zustimmung der Sozialdemokraten zur stufenweisen Anhebung des Mietzinses auf rund ein Fünftel des Vorkriegszinses wurde durch das gleichzeitig erlassene Wohnbauförderungsgesetz erkauft, das durch die Gewährung staatlicher Darlehen an private und öffentliche Bauwerber eine Belebung der stagnierenden Bautätigkeit und damit eine Linderung von Arbeitslosigkeit und Wohnungsnot herbeiführen sollte. Gemessen an dieser Intention erwies sich das aus einem Kompromiß heraus entstandene Gesetz aber weitgehend als Mißerfolg, denn die sozialdemokratische Vorstellung von einem in erster Linie von Gemeinden und Baugenossenschaften getragenen Kleinwohnungsbau wurde zugunsten einer extensiven Bevorzugung des privaten Wohnbaus vernachlässigt. Von insgesamt 381 Millionen Schilling entfielen 235 Millionen auf Privatbauten, von sozialem Wohnbau konnte somit keine Rede sein[43].

Bevorzugt wurde, gemessen an der zu vergebenden Gesamtsumme, der aufwendige Einfamilienhausbau. In Wien betrugen beispielsweise die Baukosten der bis Ende 1931 bewilligten 130 Einfamilienhäuser durchschnittlich 70.522 Schilling, was eine Gesamtsumme von 9,16 Millionen Schilling ergab, mit welcher die Gemeinde Wien 611 Wohnungen hätte einrichten können[44]. Das Wohnbauförderungsgesetz von 1929 diente folglich, wie Hofrat Bonczák, der Präsident des Zentralverbandes der gemeinnützigen Bauvereinigungen beklagte, vor allem »an der Wohnungswirtschaft geschäftlich interessierten Kreisen, ... die sich nicht mit der Lockerung des Mieterschutzes allein begnügen«, sondern »auch am Baugeschäft auf Staatskosten beteiligt« sein wollten[45].

Zu diesen Kreisen zählte übrigens nicht nur das österreichische Baugewerbe, sondern über die Finanzierung der im Gesetz vorgesehenen Zwischenkredite auch die deutsche Bau- und Bodenbank, die Ende 1929 den Mantel der Wiener Baukreditbank erwarb. Da die österreichische Regierung letzterer die Baukontrolle bei den Wohnbauförderungsbauten übertragen hatte, kontrollierte nunmehr ein zu 80 Prozent in Reichsbesitz befindliches Unternehmen die mit österreichischen Steuergeldern durchgeführte Wohnbauaktion[46]. Unter dem Beistand des Rechtsanwaltes Arthur Seyß-Inquart wurde überdies in Wien mit deutschem Stammkapital eine Baugesellschaft etabliert, die über »höheren Auftrag« die Anerkennung der Gemeinnützigkeit erhielt und somit ein quasi deutsches Unternehmen in den direkten Genuß österreichischer Bundeszuschüsse gelangte[47].

Die allgemeine Hoffnung, daß durch dieses massive deutsche Engagement zumindest die Zwischenkreditsfragen einer glücklichen Lösung zugeführt werden würde, erfüllte sich aber nicht und schon im Januar 1931, fast zwei Jahre vor dem programmgemäßen Abschluß der Wohnbauförderung, erfolgte eine Ansuchensperre, die praktisch einen abrupten Abbruch der staatlich geförderten Wohnbautätigkeit bedeutete[48]. Alles in allem wurden im Rahmen dieser den privaten Wohnbau einseitig fördernden Aktion 1006 Einfamilienhäuser, 1082 Zwei- und Mehrfamilienhäuser und 710 Miethäuser mit insgesamt 16.801 Wohnungen errichtet[49].

Der vorzeitige Abbruch der *Wohnbauförderung 1929* verstärkte die konjunkturelle Krise auf dem Bausektor beinahe bis zur totalen Stagnation. Die Anzahl der zur Vermittlung vorgemerkten Arbeitslosen erhöhte sich im Baugewerbe von 33.488 im Juni 1931 auf 54.397 im Juni 1932 und kulminierte (auf die Saison bezogen) mit 65.432 im Juni 1933[50]. Naturgemäß wurde auch der Bereich der Baustoffindustrie, hauptsächlich die Zementindustrie und die Ziegelfabriken, durch die miserable Auftragslage voll in Mitleidenschaft gezogen. In dieser Situation bildeten die Spitzenorganisationen des Baugewerbes eine tatkräftig agierende propagandistische Stoßgruppe in Form der *Notgemeinschaft für das Baugewerbe,* die sich zum Ziel setzte, die seit 20. Mai 1932 im Amt befindliche Regierung Dollfuß für die Durchführung eines neuen Bauprogrammes zu gewinnen. Im Mittelpunkt aller Vorschläge stand nunmehr nach deutschem Vorbild der Gedanke einer Innenkolonisation bzw. Siedlung.

Die bereits erwähnten, im Herbst 1931 einsetzenden Maßnahmen der Regierung Brüning beflügelten die Hoffnungen aller am Baugewerbe Interessierten auf eine Überwindung der Baukrise auch in Österreich durch staatlich geförderte Siedlungsvorhaben in einem mit dem deutschen Beispiel vergleichbaren Umfang. Um die »bereits bestehenden zahlreichen, aber *uneinheitlichen und zersplitterten Aktionen* auf diesem Gebiet *zusammenzufassen und gleichzurichten*«, begann das *Österreichische Kuratorium für Wirtschaftlichkeit* (ÖKW) schon gegen Ende des Jahres 1931 mit »Vorarbeiten für den systematischen Aufbau des Siedlungswerkes[51]«. Wettbewerbe zur Erlangung von Typenentwürfen wurden ausgeschrieben, Ausstellungen veranstaltet und umfangreiche Stellungnahmen in Fachorganen sowie in Form von Einzelstudien initiiert[52]. Sogar ein Film, *Die Drei von der Stempelhaltestelle,* beschäftigte sich mit der Siedlungsthematik[53]. Am 6. Mai 1932 traten dann im Rahmen des ÖKW die verschiedenen Interessenvertretungen (einschließlich der Arbeiterkammer) zusammen, um die Ausarbeitung eines richtungsweisenden Maßnahmenkatalogs in Auftrag zu geben[54]. Der ÖKW-Arbeiterausschuß *Innenkolonisation* übermittelte den Landesregierungen noch im Mai die Anregung, zunächst Landessiedlungsausschüsse unter Berücksichtigung der gegebenen Siedlungsgebiete zu bilden, in welchen dann alle Interessengruppen zur Mitarbeit vereinigt werden sollten[55].

Vorläufig fehlten aber noch die notwendigen finanziellen Mittel. Die *Notgemeinschaft für das Baugewerbe* sprach deshalb Anfang Juni bei

Bundeskanzler Dollfuß, Vizekanzler Winkler, Sozialminister Josef Resch und Innenminister Franz Bachinger vor. Die Pressure Group stieß bei allen auf »volles Verständnis[56]«. Um eine den Interessen des Baugewerbes entgegenkommende Unterstützung in der Finanzierungsfrage bemühte sich während der nächsten Monate allerdings nur der Landbündler Bachinger. Sozialminister Resch, der dem Ministerrat vom 7. Juli ein Sofortprogramm der Arbeitsbeschaffung vorlegte, trat wohl auch für eine »möglichste Förderung des Siedlungswesens« ein, befürwortete aber »Randsiedlungen für Arbeitslose«. Damit wurde eine Siedlungskonzeption in die Diskussion eingeführt, deren Verwirklichung nur eine geringfügige Belebung des Baumarktes in Aussicht stellte, denn der größte Teil des Arbeitsaufwandes sollte durch Mithilfe der Siedlungswerber und vor allem im Rahmen der geplanten Ausgestaltung des *Freiwilligen Arbeitsdienstes* (FAD) geleistet werden.

Der Ministerrat fällte vorläufig aber keine Entscheidung, sondern setzte ein Ministerkomitee für Arbeitsbeschaffung ein, dem Bachinger, Resch, Anton Rintelen (Unterricht) und Guido Jakoncig (Handel und Verkehr) angehörten[57]. Diesem Komitee legte Bachinger sein eigenes »detailliertes Arbeitsbeschaffungsprogramm« vor[58], das den Forderungen des Baugewerbes weit mehr entsprach. Bachinger dachte dabei an ein umfassendes Siedlungsgesetz, das sowohl die gartenwirtschaftliche Siedlung als auch die landwirtschaftliche Kleinsiedlung fördern sollte. Um die Finanzierung der notwendigen Hypotheken zu sichern, trat er in Verhandlungen mit Vertretern der Deutschen Reichsregierung, der Berliner Bau- und Bodenbank und ihrer Filiale, der Wiener Baukreditbank, ein. Letztere hatte übrigens schon die »Grundzüge eines Programms zwecks Arbeitsbeschaffung durch Errichtung von Siedlungen« ausgearbeitet, das Gegenstand einer am 15. Juli stattfindenden Unterredung zwischen Bachinger und den Bankiers war[59].

Die Vorschläge des Tochterunternehmens der größten Zwischenkreditstelle des gemeinnützigen Wohnbaues im Deutschen Reich sahen ausschließlich eine Ansiedlung bemittelter Bewerber vor, und zwar im Rahmen von drei Siedlungstypen: städtische Randsiedlung (1300 m²); vorstädtische (Kurzarbeiter-) Siedlung bzw. Landarbeitersiedlung (1,1 Hektar); kleinbäuerliche Siedlung (3 bis 8 Hektar). Der Siedlungsanwärter sollte mehr als 30 Prozent des Gesamterfordernisses selbst beisteuern und sich außerdem um die Beschaffung eines erststelligen Hypothekendarlehens im Umfang von 40 Prozent des Gesamterfordernisses kümmern. Der noch ausständige Restbetrag konnte dann in Form einer zweitstelligen Hypothek von der Wiener Baukreditbank beigesteuert werden. Für diese Hypothek sollte der Siedler allerdings seinerseits noch eine teilweise Deckung durch den Verkauf von

Schuldverschreibungen an Verwandte und Bekannte beschaffen. Zu guter Letzt hätte schließlich noch der Bund 10 Prozent der Gesamtherstellungskosten flüssig machen sollen, »um ein Notleidendwerden dieser Schuldverschreibungen durch Verluste aus dem zweitstelligen Realkreditgeschäft zu vermeiden«. Die Annuitätenbelastung war dementsprechend hoch angesetzt und betrug beim Typ der Stadtrandsiedlung in der Vorausplanung S 885,–. (Diese Summe sollte sich durch den Verkauf selbstgeernteter Lebensmittel auf S 305,– vermindern[60].)

Bachinger verarbeitete die Pläne der Baukreditbank sogleich zu einem Gesetzesentwurf, in dem statt drei Siedlungstypen nur mehr zwei aufschienen: gartenwirtschaftliche Siedlungen von 600 bis 2500 m² und landwirtschaftliche Kleinsiedlungen mit mehr als 2500 m². Am 9. August legte er diesen dem Kabinett mit der Forderung um Weiterleitung an die Wirtschaftskörperschaften zwecks Stellungnahme vor. Da Resch der Ansicht war, »daß die im Entwurf behandelten Probleme noch nicht vollkommen geklärt seien«, wurde die Vorlage lediglich als »Referentenentwurf« weitergeleitet[61].

Während Dollfuß, Resch und Finanzminister Weidenhoffer den Siedlungsplänen Bachingers skeptisch gegenüberstanden, weil innenkolonisatorische Maßnahmen erfahrungsgemäß Widerstände im Lager der christlichsozialen Agrarier provozierten, führte der Entwurf eines Siedlungsförderungsgesetzes im Baugewerbe zu Lobeshymnen auf den Innenminister[62]. Die Hoffnung auf eine Verbauung von 80 Millionen Schilling allein im ersten Jahr der geplanten Siedlungsaktion[63] wurde aber noch im August 1932 empfindlich gedämpft. Das Bundeskanzleramt entwickelte nämlich einen eigenen Entwurf, der »ausschließlich landwirtschaftliche Kleinsiedlungen für Familien, die infolge ihrer Abstammung, ihrer beruflichen Ausbildung, ihrer Erfahrungen auf landwirtschaftlichem Gebiete die Gewähr für ein Gelingen der Siedlung bieten«, gefördert sehen wollte. Der gänzliche Verzicht auf Stadtrandsiedlung führte sogleich zu heftigen Protesten, die am 16. August in einer Demonstration von hundert delegierten Funktionären aus der Baubranche vor Ballhausplatz und Parlament gipfelten[64].

Dollfuß ließ sich vorläufig aber nicht umstimmen, und so dauerte die Kontroverse um das Siedlungsförderungsgesetz bis Anfang 1933 an, ohne daß ein Kompromiß erzielt wurde. Während sich Bachinger zunehmend darauf beschränkte, die landwirtschaftlichen Hauptkörperschaften wenigstens für das kleinbäuerliche Siedlungswesen zu gewinnen, was ihm Dezember auch gelang[65], war den Bestrebungen des Baugewerbes nach einer gesetzlichen Fixierung der Stadtrandsiedlung kein Erfolg beschieden. Sozialminister Resch beanspruchte als Ressortchef des Bundes-Wohn- und Siedlungsamtes die Kompetenz über diese Form der Siedlung für sein Ministerium. Wie schon erwähnt, befürwortete er außerdem im Gegensatz zum Baugewerbe die »Randsiedlung« für Erwerbslose im Sinne einer reinen Sozialhilfe[66]. Die Diskussion um das eigentliche Siedlungsförderungsgesetz engte sich folglich immer mehr auf landwirtschaftliche bzw. kleinbäuerliche Siedlungskonzeptionen ein.

Da der Entwurf des Bundeskanzleramtes sowohl vom ÖKW[67] als auch von den landwirtschaftlichen Hauptkörperschaften heftig kritisiert wurde[68], kamen Bachingers Vorstellungen wenigstens in diesem Restbereich teilweise zur Geltung. Als er dem Ministerrat vom 17. Januar 1933 einen Gesetzesentwurf vorlegen konnte, fand er die folgende versöhnliche Formel, die indirekt eine Ausklammerung der Stadtrandsiedlung implizierte: „Wenngleich die Bestimmungen des Entwurfes auf alle Siedlertypen Anwendung finden können, so wird das Gesetz mit Rücksicht auf die hohen Anforderungen, die es an den Siedler stellt, praktisch sich vor allem auf landwirtschaftliche Kleinsiedlungen auswirken[69].« Nach § 2 (1) des Gesetzesentwurfes waren vorgesehen:

a) Neusiedlungen, die von dem Siedler und seiner Familie ohne dauernde Inanspruchnahme fremder Hilfskräfte bewirtschaftet werden können . . .,
b) Anliegersiedlungen zum Zwecke der Ausgestaltung bestehender Wirtschaften bis zu dem in lit. a bezeichneten Ausmaße[70],
c) Siedlungsstellen, die sich als Restgüter bei der Schaffung von Siedlungen nach lit. a oder b ergeben[71].

Die Finanzierungsbestimmungen gleichen den ursprünglichen Vorschlägen der Baukreditbank bis ins Detail, nur in der Frage des Bundesbeitrages, der in Form einer Übernahme von auf den zweitstelligen Hypotheken fundierten Schuldverschreibungen geleistet werden sollte, gab es bis zuletzt noch Differenzen, die schließlich auch in diesem Punkt zu einer Reduzierung der von Bachinger geforderten Prozentsätze führten. Zunächst schien es sogar, als würde der Bund 22 Prozent statt 15 Prozent des Gesamterfordernisses übernehmen[72], doch opponierte vor allem Finanzminister Weidenhoffer gegen die damit verbundenen Mehrausgaben[73]. Als das Siedlungsförderungsgesetz Anfang Februar 1933 endlich als Vorlage der Bundesregierung im Nationalrat eingebracht wurde, war in § 5 (1) nur noch von »Schuldverschreibungen zum Nennwerte von höchsten 12 vom Hundert« die Rede[74].

Die Scheu der Bundesregierung, insbesondere des Bundeskanzlers und des Finanzministers, vor der Übernahme auch nur relativ geringfügiger Verpflichtungen zu Lasten des Staatshaushaltes muß vor dem Hintergrund der trostlosen wirtschaftlichen und sozialen Lage Österreichs zu Beginn des Jahres 1933 gesehen werden. Das im Nationalrat mit nur einer Stimme Mehrheit angenommene Anleiheprotokoll von Lausanne (15. Juli 1932) verpflichtete die Regierung zu einer streng deflationistischen Budgetpolitik. Auch der absolute Höhepunkt der Arbeitslosigkeit im Februar 1933[75] vermochte die christlichsozialen Politiker vorerst nicht von der Notwendigkeit öffentlicher Arbeitsbeschaffungspläne zu überzeugen. Die Regierung nahm diese vielmehr »allein aus propagandistischen und taktischen Gründen in ihr Programm und strich sie groß heraus, obwohl ihr in erster Linie an einem Erstarken der Kredit- und Außenhandelsposition des Landes gelegen war[76]«. Besonders aus dieser Grundhaltung heraus läßt sich die Verzögerungstaktik des Bundeskanzlers gegenüber Bachinger, seinem Koalitionspartner und Innenminister, in der Siedlungsfrage erklären. Wie wenig Dollfuß tatsächlich an einem Siedlungsförderungsgesetz gelegen war, sollte sich binnen kurzem erweisen.

Die Reaktion auf die Veröffentlichung des Gesetzesentwurfs war gespalten; vor allem das Baugewerbe beklagte, daß damit nicht die »Förderung aller privatwirtschaftlich finanzierbaren Siedlungen« umfaßt würde, sondern sich das Gesetz leider »auf einseitige Hilfeleistungen für landwirtschaftliche Siedler« beschränke. Der Verzicht auf eine Förderung der Stadtrandsiedlung bedeute, so hieß es, den gleichzeitigen Verzicht auf Arbeitsbeschaffung, denn nur für diese Art der Siedlung bestünde ein entsprechend großer Kreis an Interessenten. Heftig abgelehnt wurde deshalb auch die symptomatische Zuweisung der geplanten Aktion in die beinahe ausschließliche Zuständigkeit des Landwirtschaftsministers[77].

Eine gänzliche Ablehnung erfuhr der Gesetzesentwurf übrigens von den Interessenten für eine Ansiedlung der Erwerbslosen, die in dieser Situation vielleicht das größte Reservoir an echten Siedlungswilligen ausmachten. Unter diesen war die Enttäuschung schon deshalb besonders groß, weil die Begriffe »Erwerbslosensiedlung« und »Stadtrandsiedlung« in den vorangegangenen Monaten vielfach undifferenziert verwendet worden waren und folglich auch zahlreiche Arbeitslose dem neuen Gesetz mit Hoffnung entgegensahen. Die im Gesetzesentwurf enthaltenen Anforderungen an die Eigenkapitalleistung des Siedlungsanwärters schlossen diesen Kreis der Bevölkerung naturgemäß weitestgehend aus[78].

Zu einer Diskussion und Abstimmung über das umstrittene Siedlungsförderungsgesetz im Nationalrat kam es aber nicht mehr. Die unglücklichen Vorgänge vom 4. März 1933 boten Bundeskanzler

Dollfuß bekanntlich die Gelegenheit zur Ausschaltung des Parlaments, ausgerechnet in einer Situation, in der sich das labile politische Gleichgewicht zu seinen Ungunsten zu verändern drohte. Dollfuß griff folglich ohne Zögern nach der günstigen Gelegenheit und regierte fortan mit Notverordnungen. Dieser Staatsstreich und Verfassungsbruch ermöglichte es dem Bundeskanzler, die bis in die eigenen Reihen reichende Opposition gegen die mit der Unterzeichnung des Protokolls von Lausanne vorgezeichnete Wirtschaftspolitik zu ignorieren und alle Widerstände aus dem Weg zu räumen[79].

Da das Siedlungsförderungsgesetz de facto gegen den Willen von Dollfuß und eines Teils der christlichsozialen Bauernschaft[80] bis zur Regierungsvorlage gediehen war und außerdem schon zu Beginn des Jahres 1933 das Budget für das anlaufende Jahr überschritten wurde, bestand für die Regierung angesichts der veränderten politischen Voraussetzungen kein Anlaß mehr, das Vorhaben weiter zu verfolgen. Bachinger unternahm wohl im März und April noch Versuche, wenigstens einen Teil seines Siedlungsprogramms zu retten, doch gelang es ihm nicht, die notwendigen Mittel im Ministerrat zugesprochen zu erhalten. In der Sitzung vom 23. März, in welcher über die Sanierung der Niederösterreichischen Eskompte-Gesellschaft und des Wiener Bankvereins verhandelt wurde, vermochte »er wohl für die Landwirtschaft einen Kredit in der Höhe von 40 Millionen Schilling herauszuschlagen, der der Arbeitsbeschaffung zugute kommen sollte«, doch scheiterte der Vorschlag, davon zehn Millionen für das Siedlungsprogramm abzuzweigen, am heftigen Widerstand des Bundeskanzlers[81].

Im Verlauf einer Ministerratsdiskussion über die Erstellung eines Arbeitsbeschaffungsprogramms bemühte sich Bachinger schließlich Ende April ein letztes Mal um eine Berücksichtigung seiner Siedlungspläne. Diese Lücke sei, so äußerte er sich, für ihn untragbar, um so mehr, als er unter Hinweis darauf, daß das vorhandene Geld ausreiche, daran gehindert worden sei, von einem auf sieben Millionen Schilling lautenden Kreditangebot aus dem Deutschen Reich Gebrauch zu machen[82]. Dollfuß kündigte darauf »für die nächste Zeit Vorschläge auf dem Gebiet des Siedlungswesens an, die unter der Heranziehung des freiwilligen Arbeitsdienstes zur Durchführung kommen sollten[83]«. Bachingers Konzeption einer privatwirtschaftlich finanzierbaren und gleichzeitig durch Bundesmittel abgesicherten Siedlungsart wurde damit endgültig zugunsten der »Randsiedlung« für Erwerbslose fallen gelassen.

Inwiefern diese nicht verwirklichten Pläne einer Siedlungsförderung tatsächlich, wie das Baugewerbe hoffte, die »Initialzündung« für eine

Belebung der Bautätigkeit bedeutet und damit auch im Sinne einer Arbeitsbeschaffung gewirkt hätten, läßt sich schwer beurteilen. Das für damalige Verhältnisse relativ hohe Eigenmittelerfordernis betrug nach Berechnungen der Baukreditbank bei der Stadtrandsiedlung ca. 5000 Schilling und bei der kleinbäuerlichen Siedlung etwa das Doppelte[84]. Zieht man außerdem die aus der hohen Hypothekenlast resultierende Annuitätenverpflichtung und die Notwendigkeit eines Kaufs von Schuldverschreibungen durch Verwandte und Bekannte in Betracht, so scheinen nachträgliche Zweifel an den Erfolgsaussichten dieser Siedlungspläne als begründet. Erwerbslose kamen unter diesen Voraussetzungen nicht einmal für den Typ der Stadtrandsiedlung in Frage, und damit fiel nach den ausdrücklichen Wünschen des Baugewerbes ausgerechnet jene Gruppe von Siedlungsinteressenten weg, die nach übereinstimmendem Urteil aller Siedlungsfachleute einer Existenzabsicherung durch extensive gärtnerische Bewirtschaftung eines Grundstückes am meisten bedurfte[85].

Die Stadtrandsiedlung sollte nach den Vorstellungen Bachingers und des Baugewerbes offenbar Angestellte und Arbeiter mit regelmäßigem Einkommen sowie Beamte und kleine Gewerbetreibende ansprechen, Bevölkerungsgruppen also, denen mit einem kaum höheren finanziellen Aufwand auch der Erwerb eines Eigenheims mit Hilfe einer Bausparkasse möglich war. Die in den Jahren ab 1930 stark rückläufige Bilanz an Geldeingängen und Kreditzuteilungen bei der Bausparkasse Wüstenrot[86] deutet aber darauf hin, daß sich die Zahl der angepeilten potentiellen Siedlungsanwärter durch die Auswirkungen der Krise stark vermindert hatte und auch eine tendenzielle Zurückhaltung bei Investitionen bestand.

Ferner ist die Frage nach dem tatsächlichen »Siedlungsinteresse« des städtischen Bürgertums angebracht, denn eine agrarromantisch verbrämte Sicht verleitete die Siedlungsstrategen nicht selten dazu, die Neigung zum vorstädtischen Eigenheimbau mit dem Streben nach landwirtschaftlichem Nebenerwerb zu verwechseln. Die von christlichsozialer Seite durchgesetzte Beschränkung von Bachingers Siedlungsförderungsgesetz auf die kleinbäuerliche Siedlung trug vermutlich in diese Richtung gehenden Bedenken Rechnung. Aber auch die letztgenannte Siedlungsform konnte kaum durch ein tatsächlich vorhandenes Bedürfnis gerechtfertigt werden. Die Bauernschaft wies vielmehr selbst auf die Gefahr hin, »durch ein solches Gesetz von Anfang an existenzunfähige Siedlerstellen« zu schaffen[87]. Die Regierungen Dollfuß und Schuschnigg ließen in der Folge auch den innenkolonisatorischen Aspekt weitgehend am Rande liegen. Die Randsiedlungsaktionen der Jahre 1932 bis 1937 erfolgten unter einer grundverschiedenen, sozialpolitisch motivierten Zielsetzung, die Rentabilitäts- und Arbeitsbeschaffungsrücksichten weitgehend außer acht ließ und ab 1934 vorrangig eine Pazifierung der Arbeiterschaft bezweckte.

Die Randsiedlungsaktionen der Regierungen Dollfuß und Schuschnigg

Wie schon erwähnt, veranlaßten die im Oktober 1931 im Deutschen Reich ergriffenen Maßnahmen zur Schaffung von vorstädtischen Kleinsiedlungen auch eine Aktualisierung der Siedlungsdiskussion in Österreich, wobei innerhalb der Regierung neben Bachinger vor allem Sozialminister Resch eine eigene Konzeption verfolgte. Resch ging es nicht um eine neue gesetzliche Regelung des Siedlungswesens, sondern um die möglichst getreue Nachahmung des deutschen Beispiels im Rahmen des Bundes-Wohn- und Siedlungsfonds[88]. Besonders nachahmenswert erschien die im Reich seit dem Frühjahr 1932 angewandte Primitiv- oder Notsiedlung, die durch laufende Verminderung des Bauaufwandes die Baukosten bis zu einem absoluten Minimum von 3000 RM (einschließlich der mit 500 RM zu bewertenden Eigenarbeit des Siedlers) senkte[89].

Die deutsche und später auch die österreichische Regierung entschieden sich für diese Siedlungsform, weil sie den Ausweg aus einem wirtschafts- und sozialpolitischen Dilemma zu eröffnen schien. Einerseits bestand die Auffassung, daß die bloße Erwerbslosenfürsorge billiger käme als ein produktives Arbeitsbeschaffungsprogramm mit Straßen-, Kleinwohnungs- und Kanalbau etc. Andererseits »vermehrten sich die Sorgen darüber, welche politischen Radikalisierungen sich durch die Dauerarbeitslosigkeit einstellen könnten«[90]. Eine Reagrarisierung und Eigentumsbindung der erwerbslosen Arbeiterschaft durch Randsiedlung bot sich von dieser Warte als die billigste und zugleich erfolgversprechendste Form der Krisenlösung an. Die dahinter verborgene ideologische Motivation trat in Österreich allerdings erst nach der Ausschaltung der Arbeiterbewegung in der offiziellen Argumentation offen zutage. Vorläufig beherrschten großstadtfeindliche Siedlungsapologeten das Feld, die etwa die Hoffnung hegten, daß »die Kinder jener Arbeiter, die im Besitz einer Stadtrandsiedlung sind..., viel leichter ganz aufs Land und zum bäuerlichen Leben zurückzuführen sein würden als jene großen Arbeitslosenmassen, die an das Leben in der Stadt gewöhnt sind und deren Rücksiedlung aufs Land sich fast unüberwindbare psychologische Schwierigkeiten entgegenstellen[91]«.

Die Randsiedlungsaktion der österreichischen Regierung setzte im Dezember 1932 ohne große Publizität ein. Der BWSF erhielt aus

Bundesmitteln eine Spezialdotierung in der Höhe von knapp einer Million Schilling, die an acht Siedlungsträger weitergegeben wurde[92]. Nach den einvernehmlich mit dem Parlamentarischen Beirat des BWSF, in dem auch die Sozialdemokraten vertreten waren, ausgearbeiteten und schon Ende Oktober herausgegebenen Richtlinien sollte die Siedlerstelle dem Siedler eine zusätzliche Nahrungsquelle erschließen, nicht kleiner als 600 m², nicht größer als 2500 m² und derart gelegen sein, daß dem erwerbslosen Siedler die Rückkehr in eine haupt- oder nebenberufliche Tätigkeit gewahrt bleibe[93]. Für die unter Mitarbeit der Siedler und auf das »denkbar billigste« zu errichtenden Siedlungshäuser, die vor allem für Erwerbslose, Saison- und Kurzarbeiter bestimmt waren, gewährte der BWSF im Rahmen von 90 Prozent der reinen Baukosten Darlehen im Höchstbetrage von 4500 Schilling. 10 Prozent des Barerfordernisses mußte der Siedlungsanwärter aus eigenem aufbringen und sicherstellen. Bei der Verzinsung und Tilgung der Fondsdarlehen wurde ein Schonjahr eingeräumt, danach stiegen die Verzinsungsraten bei Häusern, die für eine Eigentumsübertragung vorgesehen waren, bis auf 4 Prozent. Die Tilgungsrate betrug aber nur 1,8 Prozent im Jahr. Als Träger des Siedlungsvorhabens kamen nur Selbstverwaltungskörper, öffentliche Körperschaften und Anstalten sowie gemeinnützige Bauvereinigungen in Betracht, die ihrerseits die Auswahl der Siedler und die Organisation der Siedlungsvorhaben zu übernehmen hatten[94].

Zusammen mit den bereits bestehenden Baugenossenschaften bewarben sich auch einige neu gegründete gemeinnützige Siedlungsgenossenschaften sowie einzelne Stadtgemeinden um die zunächst recht spärlich fließenden Mittel für die Randsiedlung. Erst in den Jahren 1934 bis 1936 erhielt der BWSF insgesamt rund 20 Millionen Schilling aus den Überschüssen der Zinsgroschensteuer für die sog. Randsiedlungsaktion I zugewiesen[95]. Randsiedlungsaktion II wurde hingegen eine aus den normalen jährlichen Gebarungsüberschüssen des BWSF finanzierte Bauförderung genannt, mit der Einfamilienhäuser für Angestellte und Pensionisten (Höchsteinkommen 350 Schilling) mit Fondsdarlehen von 7000 Schilling gebaut werden konnten[96]. Die Grundkosten mußten bei beiden Varianten vom Siedlungswerber getragen werden, betrugen aber bei der Randsiedlung I kaum mehr als einen Schilling pro m², d. h. ca. 1000 Schilling für das Normgrundstück von 1000 m². Die Bauarbeiten wurden wohl privaten Bauunternehmen übergeben, doch führten diese den größten Teil der Arbeiten mit Hilfe des FAD und der Siedler selbst aus. Der Bauwert eines solchen Hauses setzte sich nach einer Durchschnittsberechnung aus 5071 Schilling Barauslagen und der mit 1804 Schilling zu bewertenden Siedler- und

FAD-Leistung zusammen[97]. Bautätigkeit und Kreditbewilligungen im Rahmen der österreichischen Randsiedlungsaktionen I und II in den Jahren 1932 bis 1936 hatten den folgenden Umfang[98]:

Randsiedlungsaktionen in Österreich 1932–1936

Jahr	Randsiedlungsaktion I		Randsiedlungsaktion II	
	Siedlerstellen	Betrag	Siedlerstellen	Betrag
1932	209	911.650		
1933	418	1,882.200		
1934	1.343	6,074.100		
1935	2.081	9,472.495	234	1,445.890
1936	1.001	4,557.918	112	708.500
Summe	5.052	22,899.263	346	2,254.390

Nach einer anderen Berechnung wurden im Rahmen der Randsiedlungsaktion I 1932 bis 1937 5221 Siedlungshäuser, und zwar 3092 von Genossenschaften und 2129 von Gemeinden, nach 1934 in der Hauptsache von der Gemeinde Wien, gebaut[99]. Rechnet man pro Siedlerstelle im Durchschnitt mit einer vierköpfigen Familie, so fanden durch beide Randsiedlungsaktionen ca. 22.000 Menschen in kleinen Häuschen eine bescheidene Unterkunft, die meist nur zwei Wohnräume mit insgesamt wenig mehr als (den gesetzlich vorgeschriebenen) 26 m^2 Wohnfläche besaßen. Da man 1933 mit ca. »100.000 nach den jetzigen Verhältnissen als dauernd nicht unterbringlich zu bezeichnenden Arbeitslosen und Ausgesteuerten« rechnete und hoffte, von diesen wenigstens 60.000 über das Siedlungswerk Existenzmöglichkeiten schaffen zu können[100], blieb die Verwirklichung trotz fast gleichbleibender Arbeitslosenrate weit hinter dem selbstgesteckten Ziel zurück. In der Propaganda des Ständestaates wurden die Maßnahmen auf dem Gebiete des Siedlungswesens jedoch zu großen Erfolgen aufgebauscht, die vor allem die Wohnbaupolitik der Gemeinde Wien im nachhinein diskreditieren sollten.

Hätte diese nämlich nicht eine Milliarde Schilling für »Massenquartiere« verschleudert, in denen nie die »Vorstellung eines Vaterhauses« aufkommen konnte, sondern »das traurige und zugleich aufreizende Gefühl der Besitzlosigkeit ... fast das einzige einigende Band innerhalb der Bewohnerschaft eines solchen Riesenhauses« darstellte, dann wäre es, nach der Ansicht Professor Hans Sperls, nie zu den »schweren Faschingstagen des Jahres 1934« gekommen. Denn mit derselben Summe wäre die Errichtung von 40.000 »Familienhäuschen ... mit Gärtchen« für 240.000 bis 280.000 Menschen möglich gewesen[101].

Auch Josef Pessl, ein einflußreiches Vorstandsmitglied des Zentralverbandes der gemeinnützigen Wohnbauvereinigungen, wurde durch die »traurigen Ereignisse des Jahres 1934«, welche »die Tatsache der weit fortgeschrittenen Verproletarisierung des österreichischen Volkes« bezeugt hätten, veranlaßt, auf die Notwendigkeit besitzfördernder Maßnahmen hinzuweisen. Die Kosten-Nutzen-Rechnung war nach der Ansicht Pessls einfach, denn: »Die Finanzierung des Siedlungswerkes in Österreich dürfte dem Staat kaum so kostspielig kommen wie die Niederschlagung eines Aufstandes, der letzten Endes doch die Folge von Arbeitslosigkeit und Massenproletarisierung ist, welche im kapitalistischen System heraufbeschworen und vom Marxismus vollendet wurde[102].«

Ähnlich argumentierte auch Fürsterzbischof Sigismund Waitz von Salzburg, der die Eigenheimbewegung mit Evangelium und katholischer Soziallehre in Einklang zu bringen versuchte. Schon Papst Leo XIII. habe nämlich gesagt: »Am häuslichen Herd, in der Familie wird das Glück der Staaten bewirkt.« Waitz präzisierte diese Aussage noch:

> Eine seßhafte Bevölkerung ist eine rührige Bevölkerung; diese will keinen Umsturz, weil sie dabei nur verlieren kann. Das glückliche Familienleben im eigenen Heim gleicht dem Paradiesgarten, von dem Ströme des Segens nach allen Seiten sich ergießen[103].

Zahlreiche ähnliche Beispiele für die Ideologisierung des Siedlungswesens im autoritären Ständestaat ließen sich noch anfügen, doch ist es bezeichnend, daß gerade die den Randsiedlungsaktionen implizite Komponente der Erwerbslosenfürsorge alsbald auf massive Kritik stieß.

Vorerst setzte die Regierung Dollfuß auf dem Gebiet des Siedlungswesens aber tatsächlich einige Impulse, die weit über den Umfang aller früheren staatlichen Förderungsmaßnahmen hinausgingen. »Es war offenkundig«, wie Hofrat Bonczák betonte, »man wollte durch diese Maßnahme die Arbeiterschaft beruhigen[104].« Kurz nachdem aufgrund der Verordnung vom 3. März 1934[105] bei allem Wohn- und Siedlungsgenossenschaften der sozialdemokratische Einfluß ausgeschaltet worden war, wurde noch im März ein Kommuniqué des Bundes-Wohn- und Siedlungsamtes durch das Radio, die Presse und durch Versendung an alle interessierten Körperschaften verbreitet (»das erste und einzige Mal einer so solennen Kundgebung, seit dieses Amt bestand«). In diesem wurde gemäß den Intentionen des neuen Sozialministers Odo Neustädter-Stürmer bekanntgegeben, daß »in Anbetracht der großen Bedeutung der Randsiedlung« dem BWSF 5,6 Millionen

Schilling zur Verfügung gestellt und »die Genossenschaften und Gemeinden aufgefordert wurden, ihre Siedlungsprojekte zur schleunigen Inangriffnahme derselben ehestens einzureichen[106]«.

Der in der Arbeiterschaft höchst unbeliebte Heimwehrideologe Neustädter-Stürmer, dessen »unzulängliche Eignung zum Amte des Sozialministers« – nach der Ansicht von Leopold Kunschak – überdies noch »mit einer ganz ungezügelten Neigung zu Rechthaberei und Machtdünkel« gepaart war[107], wurde im Oktober 1935 von Josef Dobretsberger abgelöst. Auch dieser eher nüchtern eingestellte Nationalökonom hielt die Nebenerwerbssiedlung für das einzig wirksame Mittel, um die sozialen Folgen des vermeintlich in alle Zukunft andauernden Produktivitätsrückganges zu bewältigen[108]. Anläßlich einer Siedlungseinweihung in Salzburg führte er aus, daß »diese Heime in der freien Natur ... dem Arbeiter eine dreifache Freiheit« wiedergeben würden, und zwar: »die Freiheit des Denkens, die er im Banne der Wohnkasernen der Städte nicht finden konnte, zweitens bekommt der Arbeiter die natürliche Lebensweise zurück ..., drittens gewinnt der Arbeiter hier heraußen auch seine wirtschaftliche Freiheit zurück[109]«.

Dobretsberger war aber während seiner siebenmonatigen Amtszeit vergeblich bemüht, den Siedlungsbau aus der Abhängigkeit von den Zufallserträgnissen der Zinsgroschensteuer zu lösen und eine gesicherte Dotation des BWSFs herbeizuführen. Wie aus einer Anfang Dezember 1935 vor dem Finanz- und Budgetausschuß gehaltenen Rede hervorgeht, dachte er vor allem daran, den Rückfluß aus den bereits vergebenen Siedlungsdarlehen als Zinsenzuschuß für Bankdarlehen einzusetzen, die der BWSF für Siedlungszwecke aufnehmen sollte[110]. Dies geschah jedoch nicht, denn Dobretsberger, der vor allem in Industriellenkreisen Anstoß erregte[111], wurde schon im Mai 1936 durch Resch ersetzt. Die Überschüsse aus der Zinsgroschensteuer flossen ab 1936 wieder zunehmend ins allgemeine Budget[112], und Anfang 1937 reichten die beschränkten Mittel des Staatshaushaltes gerade noch für die Beschäftigung von 3000 Arbeitswilligen im Rahmen des FAD[113], während 1934 noch 15.000 Arbeitsdienstwillige im Einsatz standen[114].

Die vehementeste Kritik an den Randsiedlungsaktionen der Jahre 1932 bis 1938 kam von seiten der Bausparkassen. Wortführer war dabei die Bausparkasse Wüstenrot in Salzburg, deren Gesellschaftskapital sich fast ausschließlich in den Händen des Ludwigsburger Stammhauses befand. Diese größte Bausparkasse Österreichs kontrollierte fast das gesamte Bauvolumen im privaten Eigenheimbau und stand überdies im Verdacht, ein Zentrum der illegalen Salzburger

Nationalsozialisten zu sein[115]. Wüstenrot wandte sich schon zu Beginn der Randsiedlungsaktionen gegen das Prinzip der Erwerbslosensiedlung. Vorstand Siegfried Gmelin kritisierte vor allem die geringe Eigenmittelforderung, die eine 90prozentige Beleihung aus öffentlichen Mitteln notwendig mache, während die Bausparer eine jahrelange Sparleistung aufweisen müßten: »Die Zuerkennung von Darlehen nach freiem Ermessen irgendeines Ministeriums ... kann auch beim besten Willen nicht so treffsicher sein, wie die natürliche Selbstauslese der Bausparer[116].«

Konkurrenzängste erregte vorübergehend der Umstand, daß die vom BWSF 1935 zur Verfügung gestellten Darlehen von 10,8 Millionen Schilling das erste (und einzige) Mal die von den Bausparkassen zugeteilten Bausparsummen (11,6 Millionen Schilling) zu überflügeln drohten[117]. Die sozialpolitische Zielsetzung der Erwerbslosensiedlung wurde folglich von Wüstenrot gänzlich abgelehnt und als Alternative eine »staatliche Förderung der Bauspar- und Eigenheimbewegung durch direkte Gewährung billiger und langfristiger Kredite an die österreichischen Bausparkassen« gefordert[118]. Dazu war die Regierung aber nicht bereit.

Seit 1935 läßt sich allerdings eine Verwässerung der ursprünglichen sozialpolitischen Konzeption bei der Fortführung der Randsiedlungsaktion I konstatieren. Da das Bundes-Wohn- und Siedlungsamt einerseits das Höchsteinkommen der Siedlungsanwärter mit 150 Schilling monatlich festgesetzt hatte, andererseits aber doch eine 10prozentige Eigenmittelleistung zu erbringen war, mußten die Siedlungsgenossenschaften alsbald feststellen, daß nur wenige Siedler die geforderten Bedingungen erfüllen konnten[119]. Vor allem 1934 behalf man sich deshalb »aus sozialpolitischen Erwägungen« mit einem Verzicht auf Erbringung des vollen Eigenmittelanteils. Die Förderung fast mittelloser Siedlungsanwärter hatte nun zur Folge, daß diese oft nicht einmal in der Lage waren, die ohnehin sehr geringe Annuitätenleistung regelmäßig zu erbringen und somit die Siedlungsgenossenschaften ihrerseits Gefahr liefen, gegenüber den Forderungen des BWSFs in Rückstand zu geraten[120].

Ab 1936 wurde folglich ein neuer Weg eingeschlagen: nun sollte versucht werden, »Vollarbeiter gegen Erlangung einer Nebenerwerbssiedlung für eine Arbeits- und Lohnkürzung zu gewinnen, um Arbeitsplätze für Erwerbslose freizumachen[121]«. Die Hoffnung auf einen freiwilligen Verzicht auf Vollbeschäftigung erwies sich – wie zu erwarten war – als illusorisch; verwirklicht wurde deshalb nur die Öffnung der Randsiedlungsaktion I auch für voll erwerbstätige Arbeiter, Beamte, Angestellte und sogar kleine Gewerbetreibende.

Eine Aufschlüsselung der Berufsstruktur von 156 Siedlern der Salzburger Gemeinnützigen Siedlungsgenossenschaft[122] ergab, daß der größte Anteil (33 Prozent) als gelernte Handwerker einzustufen ist. Fast ebenso viele (29 Prozent) gehörten dem öffentlichen Dienst (inkl. Eisenbahn und Post) an. Nur ca. ein Zehntel der Siedler waren ungelernte Arbeiter. (Bei weiteren 10 Prozent ließ sich kein Beruf eruieren.) Die beiden dominierenden Berufsgruppen wiesen eine besondere Eignung als Siedler auf: erstens, weil die (teilweise arbeitslosen) Handwerker wegen ihrer beruflichen Kentnisse für die Mithilfe bei der Errichtung der Siedlungsbauten besonders qualifiziert waren und dabei den größten Teil der erforderlichen Eigenmittel durch Arbeitsaufwand leisten konnten; zweitens, weil die öffentlich Bediensteten der unteren Ränge ein geringes, aber regelmäßiges Einkommen bezogen. Völlig mittellose Bewerber bzw. ungelernte Arbeiter, die in diesen Jahren nur sehr geringe Aussichten auf einen Arbeitsplatz besaßen, waren häufig nicht in der Lage, die Siedlerstelle über längere Zeit zu halten. Ab 1936 besaß diese Gruppe von Siedlungsinteressenten deshalb nur mehr geringe Chancen auf den Erwerb einer Siedlerstelle, denn die offizielle Siedlungspolitik bevorzugte nun die Bezieher regelmäßiger Einkommen. Das sozialpolitische Konzept der Erwerbslosensiedlung war damit gescheitert.

Faßt man die Ergebnisse der österreichischen Siedlungspolitik in den Jahren 1932 bis 1938 zusammen, so ergibt sich ein zwiespältiges Bild. Die Gesamtzahl der errichteten Siedlerstellen betrug lediglich etwas mehr als 5000, d. h. sie entsprach, gerechnet nach Wohneinheiten, ca. 10 Prozent der zwischen 1924 und 1934 errichteten Wiener Gemeindebauwohnungen. Dieses also eher unbedeutende Ergebnis wurde propagandistisch als sozialpolitische Glanzleistung und bedeutender Markstein in der angestrebten »Entproletarisierung der Arbeiterschaft« herausgestellt. Tatsächlich gelang es den Regierungen Dollfuß und Schuschnigg aber nur in bescheidenen Ansätzen, die verheerenden sozialen Auswirkungen der großen Wirtschaftskrise auf Österreich durch Arbeitsbeschaffungsmaßnahmen, zu welchen auch die Randsiedlungsaktionen zählten, zu mildern. Die verfehlte Sozialpolitik trug vielmehr sogar wesentlich dazu bei, daß auch große Teile der Arbeiterschaft den Sieg des Nationalsozialismus, der endlich den ersehnten wirtschaftlichen Fortschritt zu bringen versprach, vorerst begrüßten.

Die Förderung des Siedlungswesens erfolgte insgesamt mit recht geringen finanziellen Mitteln und erlaubte deshalb nur Bauvorhaben geringen Umfangs und bescheidenster Ausstattung. Der Anspruch, Erwerbslosen eine ausreichende Existenzabsicherung und Kurzarbeitern einen Nebenerwerb zu bieten, wurde nicht erfüllt, da die mit der

Siedlung verbundenen ökonomischen Hoffnungen auf ideologischen Wunschvorstellungen basierten[123]. Nicht verschwiegen sei abschließend aber, daß die Mehrzahl der kleinbürgerlich-proletarischen Siedler langfristig gesehen aus dem Besitz der billig erworbenen Grundstücke einen beträchtlichen materiellen Vorteil ziehen konnten, da die sogenannten »Tausendschillingshäuseln« heute meist in begehrten Stadtrandlagen situiert sind und (nach dem fast immer erfolgten Ausbau) ein vergleichsweise hohes Maß an Wohnqualität bieten. Vom Standpunkt der Stadtplanung stellen die großparzellierten Randsiedlungen der dreißiger Jahre aber ein typisches Beispiel für die Vergeudung kostbarer Grundreserven in stadtnaher Lage auf Kosten der Allgemeinheit dar.

ANMERKUNGEN

1 Karla Krauss/Joachim Schlandt, *Der Wiener Gemeindewohnungsbau. Ein sozialdemokratisches Programm,* in: Hans G. Helms/Jörn Janssen, (Hg.), *Kapitalistischer Städtebau,* 3. Aufl., Neuwied 1971, S. 113–124, hier S. 115.
2 *Die Wohnungspolitik der Gemeinde Wien. Ein Überblick über die Tätigkeit der Stadt Wien seit dem Kriegsende zur Bekämpfung der Wohnungsnot und zur Hebung der Wohnkultur,* Wien 1926, S. 30.
3 Ebd.
4 Vgl. dazu allgemein: Klaus Bergmann, *Agrarromantik und Großstadtfeindschaft,* Meisenheim am Glan 1970 (*Marburger Abhandlungen zur Politischen Wissenschaft* 20).
5 Rudolf Müller, *Die Kehrseite des Eigenhauses,* in: *Der Kampf. Sozialdemokratische Monatsschrift* 5 (1912), S. 170–176, hier S. 172; Müllers Stellungnahme diente konservativen Siedlungsapologeten bis in die späten zwanziger Jahre als Beweis für die siedlungsfeindliche Einstellung der Sozialdemokraten. Vgl. u. a. *Reichspost,* 2. April 1921, Spätabendblatt, und: »Kassandra« (Pseud.), *Der Wille des Proletariats zum Eigentum,* in: *Schönere Zukunft* (in Hinkunft abgekürzt: SZ.) 1 (1926), S. 900.
6 Bericht der Parteivertretung der Sozialdemokratischen Arbeiterpartei Deutschösterreichs an den Parteitag in Salzburg 1924, Wien 1924, S. 100; vgl. auch Otto Bauer, *Die österreichische Revolution,* Wien 1965, S. 204 f.
7 Kristiana Hartmann, *Deutsche Gartenstadtbewegung. Kulturpolitik und Gesellschaftsreform,* München 1976, S. 32.
8 Ebd., S. 44
9 Julius Wilhelm, *Innere Kolonisation,* in: *Der Kampf* 13 (1920), S. 232–237, hier S. 232.
10 Jörn Janssen, *Sozialismus, Sozialpolitik und Wohnungsnot,* in: Helms/Janssen (Hg.), *Kapitalistischer Städtebau,* S. 78.
11 Adolf Loos, *Tag der Siedler,* in: *Neue Freie Presse,* 3. April 1921.
12 Antrag der Abg. Schmitz, Dr. Schneider und Gen. betreffend ein Gesetz über Wohnsiedlung, in: *Stenographische Protokolle des Nationalrates,* 1920–21, Sitzung vom 19. November 1920, Wien 1923.

13 *Protokoll des Parteivorstandes der Sozialdemokratischen Arbeiterpartei,* 16. Dezember 1920, Verein für Geschichte der Arbeiterbewegung, Altes Parteiarchiv.
14 Ebd., 13. Jänner 1921; in welchem Gremium diese Parteienkontakte stattfanden, geht aus dem Protokoll nicht hervor.
15 Ebd., 3. Februar 1921.
16 *Die Tätigkeit des Verbandes der sozialdemokratischen Abgeordneten in der Konstituierenden Nationalversammlung und im Nationalrat der Republik Deutschösterreich,* 14. Heft (August 1920 bis Februar 1921), Wien 1921, 88.
17 Richard Schmitz, *Für die Siedlerbewegung,* in: *Reichspost,* 3. April 1921, Morgenblatt.
18 Resolution der Siedler, in: *Arbeiter-Zeitung,* 5. April 1921.
19 *Reichspost,* 2. April 1921, Spätabendblatt.
20 BGBl. Nr. 252, 15. April 1921.
21 *Stenographisches Protokoll des Nationalrates,* 1920–21, Sitzung vom 15. April 1921, S. 1328.
22 Wilhelm Bonczák, *Ein Leben im Dienste der gemeinnützigen Wohnungsfürsorge,* Wien 1947, S. 95.
23 Ebd., S. 88.
24 Felix Czeike, *Wirtschafts- und Sozialpolitik der Gemeinde Wien in der Ersten Republik (1919–1934),* 2. Teil, Wien 1959 (*Wiener Schriften* 11), S. 53 f.
25 Otto Neurath, *Österreichs Kleingärtner- und Siedlerorganisation,* Wien 1923; der Österreichische Verband für Siedlungs- und Kleingartenwesen wurde vom Parteitag 1923 als »proletarische Spitzenorganisation« erklärt: *Bericht der Parteivertretung...* 1924, S. 100.
26 Otto Neurath, *Städtebau und Proletariat,* in: *Der Kampf* 16 (1923), S. 236–242, hier S. 237 (Hervorhebung wie im Original).
27 Wilhelm Holzbauer, *Die Wiener Gemeindebauten der Ersten Republik,* in: *Zeitgeschichte* 1 (1973), S. 10–12, hier S. 12.
28 Josef Frank, *Der Volkswohnungspalast,* in: *Der Aufbau* (1926), Heft 1, zit. nach: Holzbauer, S. 11.
29 Czeike, S. 48 und S. 53.
30 Bonczák, S. 92.
31 Vorwort zu: Friedrich Wiser/Hanns Weeh, (Hg.), *Unser Eigenheim. Im Auftrage des Vereines für Eigenheimbau und Wohnbauförderung,* Wien 1930, S. 8.
32 Günter Uhlig, *Stadtplanung in der Weimarer Republik: Sozialistische Reformaspekte,* in: *Wem gehört die Welt. Kunst und Gesellschaft in der Weimarer Republik,* 4. Aufl., Berlin 1977, S. 54.
33 Ebd., S. 67.
34 *Das Linzer Programm der christlichen Arbeiter Österreichs.* Erörtert von Karl Lugmayer, Wien 1924, S. 126.
35 Z. B. Theodor Bauer, *Wege der Entproletarisierung,* in: SZ. 3 (1927/28), S. 101–103.
36 Z. B. Franz Sturm, *Die soziale Krise der Großstadt,* in: SZ. 4 (1929), S. 1079–80, und ders.: *Die wirtschaftliche Krise der Großstadt,* in: SZ. 4 (1929), S. 1098–1099.
37 Bergmann, *Agrarromantik und Großstadtfeindlichkeit,* S. 325.
38 Ebd., S. 1079 und S. 1099; Sturm bezieht sich auf: Rudolf Böhmer, *Das Erbe der Enterbten,* München 1928. Böhmer war Kolonialbeamter in Deutschsüdwestafrika und beeinflußte mit seinen Gedanken zeitweise die Jugendbewegung völkischer Richtung: Bergmann, S. 286.
39 Alexander Schilling, *Zinskaserne oder Siedlung,* in: *Der getreue Eckart* (1926/27), S. 93.

40 Gregor Uhlhorn, *Für und wider die Stadtrandsiedlung,* in: SZ. 7 (1932) S. 763–764, hier S. 763.
41 Andreas Hermes/Oswald v. Nell-Breuning: *Siedlung,* Abschnitt I und II, in: *Staatslexikon,* Bd. 4, Freiburg i. Br. 1931.
42 Henning Köhler, *Arbeitsbeschaffung, Siedlung und Reparationen in der Schlußphase der Regierung Brüning,* in: *Vierteljahreshefte für Zeitgeschichte* 17 (1969), S. 276–307, hier S. 290 f.
43 *Antimarxistische Wohnbaupolitik. Die Wohnbauförderung des Bundes,* Wien 1932, S. 10.
44 Ebd., S. 12.
45 Bonczák, S. 172.
46 Ebd., S. 166 f.; Norbert Schausberger, *Der Griff nach Österreich. Der Anschluß,* Wien 1978, S. 180.
47 Bonczák, S. 166.
48 Ebd., S. 167 f.
49 Ebd., S. 170; *40 Jahre Baugenossenschaft »Heim«,* Wien 1942, S. 21.
50 *Wirtschaftsstatistisches Jahrbuch* 1930/31, S. 429; 1932/33, S. 417; 1933/35, S. 402.
51 *Der Aufbau des österreichischen Siedlungswerkes. Bericht des ÖKW-Arbeitsausschusses »Innenkolonisation«,* Wien 1933 (Österreichisches Kuratorium für Wirtschaftlichkeit, Veröffentlichung 14.), S. 4 f.; (Hervorhebung wie im Original) das ÖKW wurde 1928 vom späteren Bundeskanzler Streeruwitz gegründet und hatte den Auftrag, Probleme der Rationalisierung und Produktivitätssteigerung zu bearbeiten. Formal paritätisch besetzt, wirkte es dennoch weitgehend im Sinne wirtschaftlicher Interessenvertretungen. Den Arbeitsausschuß »Innenkolonisation« leitete Franz Thurn-Valsassina, sein Stellvertreter war Seyß-Inquart.
52 Vgl. etwa: Paul Theer, *Die Stadtrandsiedlung als Vollerwerbsquelle,* Linz 1932.
53 Hans Helge Strobl, *Der Landbundpolitiker Franz Bachinger (1892–1938). Versuch einer Biographie,* phil. Diss., Wien 1966, S. 85.
54 *Aufbau des österreichischen Siedlungswerkes,* S. 5.
55 Ebd., S. 22.
56 *Der Österreichische Bauführer. Zeitschrift für das Baugewerbe,* 15. Juni 1932, S. 1.
57 Ministerratsprotokoll vom 7. Juli 1932: Allgemeines Verwaltungsarchiv (in Hinkunft abgekürzt AVA.), Ministerratsprotokolle (in Hinkuft abgekürzt MP.), 815/3.
58 *Allgemeine Bauzeitung. Fachzeitschrift für die Interessen der Baubranche,* 16. Juli 1932.
59 Ministerratsprotokoll vom 22. Juli 1932: AVA., MP. 812/22; »Grundzüge eines Programms zwecks Arbeitsbeschaffung durch Siedlung«: ebd., Beilage T.
60 Ebd., Beilage T; eine Übersicht über weitere 1932 entwickelte Finanzierungsvorschläge findet sich in: *Aufbau des österreichischen Siedlungswerkes,* S. 85–93.
61 Ministerratsprotokoll vom 9. August 1932: AVA., MP. 822/14.
62 *Der Österreichische Bauführer,* 1. August 1932, S. 5. Vgl. auch: Strobl, *Franz Bachinger,* S. 88 f.
63 *Der Österreichische Bauführer,* 15. August 1932, S. 3.
64 Vorschlag des Bundeskanzleramtes, Z. 75.790 W. A. 1932, vom 14. August: zit. nach: *Der Österreichische Bauführer,* 1. September 1932, S. 6.
65 Strobl, *Franz Bachinger,* S. 94.
66 Ebd., S. 90.
67 *Der Österreichische Bauführer,* 1. Dezember 1932, S. 12.
68 Ebd.; zur Propagierung des Entwurfs für ein Siedlungsförderungsgesetz im Herbst und Winter 1932 vgl.: Strobl, *Franz Bachinger,* S. 89–96.

69 Ministerratsprotokoll v. 17. Jänner 1933: AVA., MP. 841/10, Beilage J.
70 Den Typ der Anliegersiedlung hielt Bachinger u. a. für Besitzabrundungen im Burgenland als angebracht: Strobl, *Franz Bachinger,* S. 93.
71 *Stenographische Protokolle des Nationalrates,* 1932–33, IV. Gesetzgebungsperiode, Beilage 483.
72 Ministerratsprotokoll vom 17. Jänner 1933: AVA., MP. 841/10, Beilage J.
73 Ebd.; Weidenhoffer erreichte mit dem Vorwand, er »habe nicht Gelegenheit gehabt, die finanziellen Auswirkungen des Gesetzesentwurfs zu überprüfen«, die Übertragung der letzten Entscheidung an ein aus dem Bundeskanzler, ihm selbst und Bachinger bestehendes Komitee. In diesem wurde dann offensichtlich der Prozentsatz auf nur 12 v. H. festgelegt.
74 *Stenographische Protokolle des Nationalrates,* 1932–33, Beilage 483.
75 Grete Klingenstein, *Die Anleihe von Lausanne. Ein Beitrag zur Geschichte der Ersten Republik in den Jahren 1931–1934,* Wien, Graz 1965 (Publikationen des österreichischen Instituts für Zeitgeschichte 5) S. 157, Tafel 5; 401.321 unterstützte Arbeitslose im Februar 1933 bedeuteten den höchsten Stand während der ganzen Zwischenkriegszeit.
76 Ebd., S. 114 f.
77 Österreichischer Arbeitgeberbund für das Bauwesen an BM. Resch, 21. Februar 1933: AVA., Bundes-Wohn- und Siedlungsamt (in Hinkunft abgekürzt BWSA.) 818/15699; ähnliche Argumente finden sich in der *Allgemeinen Bauzeitung,* Nr. 377, Feb. 1933.
78 Stadtrandsiedlungsgenossenschaft der Arbeitslosen und erwerbslosen Kriegsgeschädigten Oberösterreichs, r. G. m. b. H. in Linz, an das Bundeskanzleramt, 30. März 1933: AVA., BWSA. 818/26864.
79 Vgl.: Karl Ausch, *Als die Banken fielen. Zur Soziologie der politischen Korruption,* Wien 1968, S. 410 ff.
80 Strobl, *Franz Bachinger,* S. 97.
81 Ebd., S. 97 f.
82 Ministerratsprotokoll vom 25./26. April 1933: AVA., MP. 869/2.
83 Ebd., der Abgeordnete Odo Neustädter-Stürmer sprach in einem Rundfunk-Vortrag allerdings Ende April noch davon, daß Bachingers Siedlungsgesetz jeden Tag durch Notverordnung in Kraft gesetzt werden könne: *Salzburger Volksblatt,* (in Hinkunft abgekürzt SV.), 27. April 1933.
84 Zitat siehe Anm. 59; Walter Krones kritisiert, »daß das jährliche Erfordernis für die Verzinsung und Amortisation von größeren Hypotheken unter den heutigen Verhältnissen von keiner wie immer gearteten Wirtschaftssiedlung aus dem Reinertrag abgedeckt werden kann«: *Aufbau des österreichischen Siedlungswerkes,* S. 90.
85 Vgl., z. B.: *Aufbau des österreichischen Siedlungswerkes,* S. 25 f.
86 Bausparkasse Gemeinschaft der Freunde Wüstenrot, Salzburg, Geschäftsbericht 1932, S. 7.
87 *Der Österreichische Bauführer,* 1. Dezember 1932, S. 12.
88 Das Bundesgesetz vom 15. April 1921 bot grundsätzlich eine Basis für die Förderung von ›Wohn- und Kleinwirtschaftssiedlungen‹ durch die öffentliche Hand, doch seien bislang »für die Gewährung der Kredithilfen hauptsächlich wohnwirtschaftliche Gesichtspunkte maßgebend« gewesen. *Aufbau des österreichischen Siedlungswerkes,* S. 145.
89 Köhler, *Arbeitsbeschaffung, Siedlung und Reparationen,* S. 294; *Aufbau des österreichischen Siedlungswerkes,* S. 111.
90 Uhlig, *Stadtplanung,* S. 62.

91 Uhlhorn, *Für und wider die Stadtrandsiedlung*, S. 764.
92 *Aufbau des österreichischen Siedlungswerkes*, S. 178 f.
93 Erlaß vom 16. Oktober 1932, Z. 83.103/32. Ebd., S. 146.
94 Ebd., S. 157.
95 Bonczák, S. 156.
96 Ebd., S. 157; *25 Jahre Baugenossenschaft Heim. Ein Tätigkeitsbericht anläßlich der Vollendung des 25. Bestandsjahres der »Gemeinnützigen Bau-, Wohn- und Siedlungsgenossenschaft Heim«*, (Wien 1937), S. 13.
97 *40 Jahre Baugenossenschaft »Heim«. Eine Rückschau am Ende des 40. Bestandsjahres* etc., Wien 1952, S. 25.
98 *25 Jahre Baugenossenschaft Heim*, S. 14.
99 Bonczák, S. 157.
100 SV., 2. Juni 1933; das *Salzburger Volksblatt* erwies sich in der Berichterstattung über das Siedlungswesen vielfach als ausführlicher denn die Wiener Blätter. Die Ursache dafür ist u. a. in der engen Verbindung zur Salzburger Wüstenrot zu sehen.
101 *Städtische Baupolitik und Volkswohnungen*, in: *Wiener Zeitung*, 9. März 1934.
102 Josef Pessl, *Siedlung schafft Brot und Frieden*, in: *Volkswohl* (1934), S. 302–306, hier S. 302 und 304.
103 Sigismund Waitz, *Zur Eigenheimbewegung*, in: SZ. 11 (1935), S. 118–119, hier S. 119.
104 Bonczák, S. 156.
105 BGBl. Nr. 130/I v. 3. März 1934.
106 Bonczák, S. 156.
107 Zit. nach: Anton Pelinka, *Stand oder Klasse? Die christliche Arbeiterbewegung Österreichs 1933–1938* (Veröffentlichungen des Ludwig-Boltzmann-Instituts für Geschichte der Arbeiterbewegung), S. 84.
108 Josef Dobretsberger, *Die wirtschaftspolitischen Aufgaben des neuen Staates*. Wien 1937, S. 68f.
109 SV., 4. November 1935.
100 SV., 2. Juni 1933; das *Salzburger Volksblatt* erwies sich in der Berichterstattung
111 Gerhard Silberbauer, *Österreichs Katholiken und die Arbeiterfrage*, Graz 1966, S. 307.
112 Bonczák, S. 156.
113 SV., 13. Jänner 1937.
114 Karl Doleschal, *Siedlung und Arbeitsdienst – ein Weg zum wirtschaftlichen Aufbau. Eine volkswirtschaftliche Betrachtung*, Rechts- und staatswiss. Diss. (Auszug), Wien (1935), S. 330.
115 Karl Stuhlpfarrer, *Zum Problem der deutschen Penetration Österreichs*, in: *Das Juliabkommen von 1936*, Wien 1977 (Veröffentlichungen der Wissenschaftlichen Kommission des Theodor-Körner-Stiftungsfonds und des Leopold-Kunschak-Preises zur Erforschung der österreichischen Geschichte der Jahre 1927 bis 1938, Bd. 4), S. 315–327, hier S. 322.
116 Siegfried Gmelin, *Strittige Siedlungsfragen*, in: SV., 7. Oktober 1933.
117 Bausparkasse Gemeinschaft der Freunde Wüstenrot, Geschäftsbericht 1935, S. 4 f.
118 Bausparkasse Gemeinschaft der Freunde Wüstenrot, Geschäftsbericht 1936, S. 4.
119 Salzburger Gemeinnützige Siedlungsgenossenschaft, Revisionsbefund vom Dezember 1936: Bezirksgericht Salzburg, Handelsregister.
120 SV., 23. Dezember 1936.
121 *Österreich hilft seinen Arbeitslosen, sich selbst zu helfen*, Wien 1935, S. 30.
122 Siedlungsregister der Salzburger Gemeinnützigen Siedlungsgenossenschaft (Heute: Neue Wohnheim).

123 Josef Wysocki, *Landwirtschaftlicher Nebenerwerb und soziale Sicherheit*, in: Hermann Kellenbenz, (Hg.): *Agrarisches Nebengewerbe und Formen der Reagrarisierung im Spätmittelalter und 19./20. Jahrhundert*, Stuttgart 1975 (*Forschungen zur Sozial- und Wirtschaftsgeschichte* 21), S. 125–136, ist der Ansicht, »daß die Nebenerwerbslandwirtschaft, abgesehen von kriegsbedingten Versorgungsengpässen, ihre Rechtfertigung immer durch Argumente gefunden hat, die Produktionseffekte als sekundär erscheinen ließen«. Hier: S. 130.

John Bunzl

Arbeiterbewegung, »Judenfrage« und Antisemitismus. Am Beispiel des Wiener Bezirks Leopoldstadt

1. Zur Struktur des Bezirks

Es ist sehr schwierig und oft auch nicht sinnvoll, einen Stadtbezirk isoliert zu betrachten, der in jeder Hinsicht eng mit den wirtschaftlichen, politischen und sozialen Gegebenheiten seiner Umgebung, der Stadt und des Staates, verbunden ist[1]. Hier soll nur auf strukturelle Besonderheiten eingegangen werden, die einen Einfluß auf die Entwicklung der Arbeiterbewegung hatten.

Zu diesen Besonderheiten des Wiener Bezirks Leopoldstadt gehören die Insellage und die wirtschaftsgeschichtlichen Implikationen der Nähe des Donaustroms.

Ein weiteres, für die gesellschaftliche Situation im Bezirk nicht unwesentliches Kennzeichen besteht in der Existenz des Praters. 1766 für die Öffentlichkeit freigegeben, wurde er bald zu einem soziokulturellen Zentrum; hier entstanden die ersten Volksbühnen, die Figur des »Kasperls« und eine Atmosphäre, die sowohl Johann Strauß wie Johann Nestroy tief beeindruckt haben. Hier bot sich auch eine – wenngleich beschränkte – Möglichkeit der Äußerung oppositioneller und kritischer Stimmungen im Volke. In den Prater führte auch seit 1890 die 1. Mai-Demonstration der klassenbewußten Wiener Arbeiter, die noch einen »Sorgentag für einen großen Teil der Wiener Bürger[2]« darstellte.

Die Leopoldstadt war nie ein ausgesprochener Arbeiterbezirk, sie lag, was den Arbeiteranteil betrifft, immer eher im Mittelfeld der Wiener Bezirke. 1900 etwa lag dieser Anteil bei 20 bis 25 Prozent, während er z. B. in Favoriten oder Meidling 30 bis 35 Prozent betrug[3]. Die wichtigsten Betriebe wurden um die Jahrhundertwende gegründet. Der lange Zeit politisch entscheidende Betrieb war Siemens-Schuckert (1904). Für die Entwicklung der Arbeiterbewegung wurde auch der Vorgartenbahnhof der Wiener Straßenbahn wichtig.

Die soziale Besonderheit der Leopoldstadt besteht in ihrer Verbindung zur Geschichte der Juden in Österreich und Wien. 1624 bis 1670 bestand in der sumpfigen Gegend des *Unteren Werd* eine »Judenstadt«, das Wiener Getto. Seit dem Anfang des 18. Jahrhunderts konnten sich wieder (meist spaniolische[4]) Juden in Wien ansiedeln. Josef II. brachte zwar Fortschritte für die bürgerliche Gleichberechtigung der Juden, aber erst die Revolution von 1848 und die durch sie erreichte Freizügigkeit brachten eine starke jüdische Zuwanderung mit sich[5].

Tabelle 1   *Die Juden in Wien*

Jahr	Gesamtbevölkerung	Juden	% der Gesamtbevölkerung
1857	287.824	6.217	2,16
1869	607.510	40.227	6,10
1880	721.551	72.588	10,06
1890	1,363.678	118.495	8,69
1900	1,675.325	146.926	8,77
1910*	2,020.309	175.318	8,63
1923	1,865.780	201.513	10,08

* Nach der Stadterweiterung von 1900.

Die jüdische Bevölkerung hatte sich rund fünfmal stärker vermehrt als die Gesamtbevölkerung. Im II. Bezirk lebten 1910 56.779 Juden, das waren 33,9 Prozent der Bevölkerung, 1923 erreichten sie mit 59.722 38,5 Prozent[6]. Ihr Anteil lag damit deutlich über dem Durchschnitt der Stadt. Die Juden waren durch ihre Geschichte und durch ihre städtische, kommerzielle Tradition prädestiniert, im Zeitalter der Industrialisierung und der Ausbreitung der Warenwirtschaft eine wichtige Rolle zu spielen. Das ist der tiefere Grund für die Periode der Emanzipation der Juden und ihrer Assimilation an die aufsteigende bürgerliche Gesellschaft. Aber die in Mitteleuropa Jahrzehnte dauernden Auseinandersetzungen um die rechtliche Gleichstellung verfestigten das Bewußtsein einer »Judenfrage«, so daß die »Stellung der Juden in der bürgerlichen Gesellschaft als problematisch und nicht selbstverständlich[7]« galt.

In Wien, besonders aber in der Leopoldstadt, wurde der Assimilationsprozeß noch zusätzlich gehemmt durch den ständigen Zustrom zum Teil nichtassimilierter Juden aus anderen Gebieten der Monarchie. Die Juden im I. Bezirk waren »schon« Wiener und wollten nicht mit ihren zugewanderten »Verwandten« verwechselt werden[8]. Aber auch durch die jüdische Bevölkerung des II. Bezirks selbst ging eine solche Differenzierung. Obwohl es natürlich zahlreiche jüdische Lohnabhängige gab, war die Gesamtstruktur der jüdischen Bevölkerung für eine Integration in die Arbeiterbewegung und Sozialdemokratie eher ungünstig:

Tabelle 2 *Strukturvergleich jüdischer und nichtjüdischer Erwerbstätiger in Wien 1910*

Von je 100	jüdischen Erwerbstätigen waren Prozent	nichtjüdischen Erwerbstätigen Prozent
in Handel und Verkehr		
selbständig	29,62	9,75
nicht selbständig	70,48	90,25
in Industrie und Handwerk		
selbständig	38,11	30,64
nicht selbständig	61,89	89,36
öffentlicher Dienst und freie Berufe		
selbständig	95,73	73,90
nicht selbständig	4,27	26,10

Diese Struktur, die für die Leopoldstadt etwas zu modifizieren ist, erklärt die relativ bedeutende Rolle der Handelsangestellten unter den zur Arbeiterbewegung stoßenden Juden sowie den starken jüdischen Beitrag zur gewerkschaftlichen Organisierung der Handelsangestellten überhaupt.

Der Erste Weltkrieg brachte viele Flüchtlinge aus den von den russischen Truppen in Galizien besetzten Gebieten nach Wien. Die jüdische Bevölkerung stieg sprunghaft an, was die Struktur der Gemeinde stark veränderte: das orthodoxe und zionistische Element wurde gestärkt. Ein amtlicher Bericht des Innenministeriums vom Herbst 1915 zählte in Wien insgesamt 137.000 Flüchtlinge, davon waren 77.090 (= ca. 60 Prozent) Juden[9]. Während die Gesamtbevölkerung der Leopoldstadt zwischen 1910 und 1920 um rund 15.000 abnahm, erhöhte sich die jüdische Bevölkerung um 3000. Obwohl die in Wien eintreffenden Flüchtlinge Bürger der Monarchie waren, gab es doch große kulturelle und soziale Unterschiede zu den schon integrierten Juden und zur übrigen Bevölkerung.

Ursprünglich dachten die Flüchtlinge nur an einen vorübergehenden Aufenthalt, aber die Unsicherheit der militärischen Lage, die Zunahme des Antisemitismus in Galizien bei gleichzeitiger Abnahme des Einflusses der als Schutzmacht empfundenen Zentralbehörden sowie die Kriegsschäden und Zerstörungen verbauten ihnen die Rückkehr. Da die Stadt nicht auf eine so rasche Aufnahme von Flüchtlingen vorbereitet war, gab es große Probleme auf dem Gebiet der Beschäftigung und des Wohnungswesens. Mangelnde Berufsmöglichkeit züchtete auch Hausierer und »Schnorrer« heran. Bald setzte die antisemitische Hetze gegen die »Zugereisten« ein. Nach den amtlichen Zahlen vom 1. April 1918 gab es in Wien 38.772 mittellose Flüchtlinge, davon waren 34.233 Juden.

Josef Roth hat ihre Lage anschaulich beschrieben. Wir zitieren einige der bezeichnendsten Stellen[10]:

> Die Ostjuden, die nach Wien kommen, siedeln sich in der Leopoldstadt an... Die Leopoldstadt ist ein freiwilliges Getto... Es gibt kleine Wohnungen, in denen sechsköpfige Familien wohnen. Es gibt kleine Herbergen, in denen fünfzig, sechzig Leute auf dem Fußboden übernachten. Im Prater schlafen die Obdachlosen. In der Nähe der Bahnhöfe wohnen die ärmsten aller Arbeiter... Niemand nimmt sich ihrer an. Ihre Vettern und Glaubensgenossen, die im ersten Bezirk in den Redaktionen sitzen, sind »schon« Wiener und wollen mit den Ostjuden nicht verwandt sein oder gar verwechselt werden. Die Christlichsozialen und die Deutschnationalen haben den Antisemitismus als wichtigen Programmpunkt. Die Sozialdemokraten fürchten den Ruf einer »jüdischen Partei«. Die Jüdischnationalen sind ziemlich machtlos. Außerdem ist die jüdischnationale Partei eine bürgerliche. Die große Masse der Ostjuden aber ist Proletariat... Die jüdische Wohltätigkeit ist eine ebenso unvollkommene Einrichtung wie jede andere. Die Wohltätigkeit befriedigt in erster Linie die Wohltäter... Es ist furchtbar schwer, ein Ostjude zu sein; es gibt kein schwereres Los als das eines fremden Ostjuden in Wien... Für Christlichsoziale sind's Juden. Für Deutschnationale sind sie Semiten. Für Sozialdemokraten sind sie unproduktive Elemente...

2. Die Juden in der Arbeiterbewegung

Diese Situation muß man sich vergegenwärtigen, wenn von der Arbeiterbewegung in der Leopoldstadt die Rede ist. Für die jüdischen Teilnehmer an dieser Bewegung ergaben sich je nach familiärem und herkunftsmäßigem Background unterschiedliche Übergangsschwierigkeiten. Aus zwei wesentlichen Gründen kam es letztlich nicht zu einer nennenswerten selbständigen jüdischen Arbeiterbewegung wie in Osteuropa[11]: Erstens beherrschten die Einwanderer ein – wenn auch meist idiomatisches – Deutsch. Der Weg zur sprachlichen Assimilation gelang zwar nicht in allen Fällen und nicht immer in der erwünschten Zeit, aber die Kenntnisse waren ausreichend, um das gesprochene und geschriebene Wort der Bewegung zu verstehen. Das war ein Grund für das Fehlen eigener jüdischer Strukturen in den Wiener Arbeiterparteien. Zweitens gab es kaum einen eigenen Wirtschaftssektor, den man als jüdisch bezeichnen könnte, insofern in ihm jüdisches Kapital und jüdische Arbeit in einem hohen Grad von Ausschließlichkeit vorhanden waren, so daß weder die kulturell-sprachlichen noch die ökonomischen Besonderheiten der jüdischen Bevölkerung ausgeprägt genug waren, um als Grundlage einer Massenbewegung jüdischer Arbeiter und halbproletarischer Handwerker, wie dies in Rußland und Polen der Fall war, zu dienen.

Freilich war es ein Unterschied, ob man als Kind »alter« oder »neuer« Zuwanderer zur Bewegung stieß. Wenn die Eltern »aus Brünn[12]« gekommen waren, man schon in Wien die Schule besucht, eine wie auch immer unvollkommene »Allgemeinbildung« erhalten hatte und weitgehend assimiliert war, dann stand einem Eintritt in die Sozialdemokratie wenig im Wege. Die Assimilation (bzw. der Assimilationswunsch) gingen oft so weit, daß die Flüchtlinge von Juden, wenn auch aus anderen Motiven, ebenso abgelehnt wurden wie von Nichtjuden. Die »Polnischen« waren ihnen fremdartig und unlieb, da sie drohten, die eigene mühsam erworbene Stellung zu untergraben.

Wenn die Eltern aus Galizien stammten, wenn sie streng religiös und chassidisch lebten und man selbst in diesem Milieu aufgewachsen war, mußte man ungleich schwierigere Barrieren überwinden, um sich in Wien politisch zu engagieren. Für solche Menschen bedeutete der Anschluß an die sozialistische Bewegung nicht nur den Beginn eines allgemeinen Kampfes gegen den Kapitalismus (und – zumindest im Selbstverständnis – gegen den Antisemitismus), sondern auch den Beginn eines neuen Lebens jenseits starrer Rituale und mittelalterlicher Denkweisen.

Nach dem Ersten Weltkrieg erlebte die Gesamtpartei in Wien einen deutlichen quantitativen Aufstieg. Trotz einiger »Ungleichzeitigkeiten« (1921/1922 hatte der II. Bezirk die höchste Zunahme aller Bezirke; 1927/1928 lag die Leopoldstadt mit einer Zunahme von +26,57 Prozent voran, als der Wiener Durchschnitt +17,41 Prozent betrug) entsprach die Zunahme dem Gesamtbild. Zwischen 1922 und 1932 erfolgte sowohl im Bezirk als auch in der Stadt eine »Verzweieinhalbfachung« der Mitgliederschaft[13]. Dennoch gab es sowohl in der Struktur der Parteimitgliederschaft als auch im Wahlverhalten der Leopoldstadt Besonderheiten, die durch den jüdischen Faktor erklärt werden können. Im II. Bezirk wurden »Selbständige« in viel höherem Maße für die Partei rekrutiert als in Bezirken mit niedrigem jüdischen Bevölkerungsanteil.

Berufsstruktur der Parteimitgliedschaft des II. Bezirks und in Wien (1931), in Prozenten

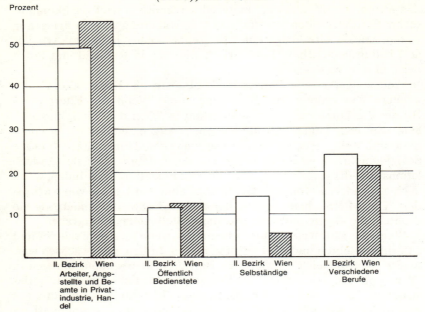

Von der gesamten Parteimitgliederschaft in Wien waren 5,65 Prozent Selbständige, in der Leopoldstadt waren es hingegen 12,80 Prozent. Man kann diese Struktur auch erkennen, wenn man innerhalb der einzelnen Berufsgruppen den Anteil der Leopoldstädter ermittelt. Insgesamt stellte der II. Bezirk 1931 6,32 Prozent der sozialdemokratischen Parteimitglieder. Bei den Selbständigen lag ihr Anteil jedoch deutlich über dieser Marke. So wohnten etwa 12,5 Prozent der sozialdemokratischen Ärzte, 16,93 Prozent der sozialdemokratischen Rechtsanwälte und 16,60 Prozent aller sozialdemokratischen Kaufleute und Gewerbetreibenden Wiens in der Leopoldstadt[14].

Es waren dies gerade jene Berufsgruppen, in denen der jüdische Anteil, aber auch die antisemitische »Mauer« besonders hoch waren. Ähnlich lagen die Dinge bei den Angestellten. Die Statistik zeigt, daß im II. Bezirk die absolut höchste Zahl von Mitgliedern der *Freien Vereinigung sozialdemokratischer Angestellter* aufscheint[15]. Es war bei diesen Gruppen häufig weniger die Hinwendung zum Klassenkampf und zum Sozialismus als die schroffe Zurückweisung durch ihre Berufskollegen und der Boykott, dem sie ausgesetzt waren, was sie zur Sozialdemokratie führte.

Wie der folgende Vergleich zeigt, gingen die steten Wahlerfolge der Sozialdemokratie in Wien auf Kosten der liberalen und nationaljüdischen Parteien. Die Liberalen kandidierten 1919 als *Bürgerlich-Demokratische Gruppen,* 1923 als *Bürgerliche Arbeiterpartei* und 1927 als *Demokratische Liste;* die Jüdischnationalen 1919 als *Jüdisch-nationale Partei,* 1923 als *Jüdische Wahlgemeinschaft* und 1927 als *Jüdische Partei.* Walter B. Simon zeigt in einer Analyse[16], daß die liberalen Stimmen am schnellsten in jenen Bezirken zurückgingen, in denen der Anteil der Juden vergleichsweise gering war – am langsamsten in jenen, wo dieser Anteil relativ hoch war. Schon 1923 dürfte ein großer Teil des jüdischen Mittelstands sozialdemokratisch gewählt haben, denn im Verhältnis zur Zahl der Selbständigen hatten die Christlichsozialen in allen Bezirken mehr Stimmen als dieser Berufsgruppe zuzuzählen sind. Nur im II. und im XX. Bezirk blieben die christlichsozialen Stimmen hinter dieser Marke zurück[17].

Vergleich der Wahlergebnisse zum Gemeinderat zwischen dem II. Bezirk und Wien insgesamt, 1919–1932 in Prozent

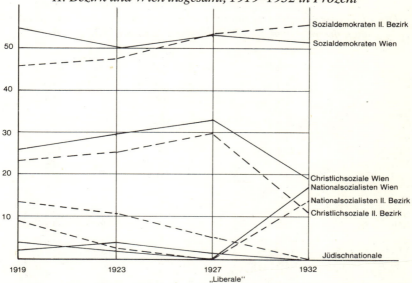

Während rund 10 Prozent der Wiener Bevölkerung Juden waren, erhielten die jüdisch-nationalen Gruppierungen bei den Nationalratswahlen 1920 nur 2 Prozent, 1923 2,4 Prozent, 1927 0,9 Prozent und 1931 0,2 Prozent. Bei den letzten Gemeinderatswahlen der Republik (1932) stellten weder die Liberalen noch die Jüdischnationalen Kandidaten auf.

Ein Vergleich der sozialdemokratischen Stimmen in nicht-jüdischen Arbeiterbezirken zwischen 1923 und 1932 zeigt ein relativ konstantes Bild, während in den Mittelstandsbezirken mit hohem jüdischem Bevölkerungsanteil bedeutende Zunahmen zu verzeichnen sind. Die Relevanz dieses Faktors kann auch am relativen Rückgang des sozialdemokratischen Anteils in diesen Bezirken nach 1945, bei gleichbleibenden Anteilen in den Arbeiterbezirken, abgelesen werden. Zwischen 1923 und 1932 gab es im I. Bezirk einen sozialistischen Vormarsch von 18 Prozent, im II. Bezirk einen von 12 Prozent. In anderen Mittelstandsbezirken betrug der Zuwachs nur rund 3 Prozent[19].

Diese Aussage kann durch folgende Übersicht veranschaulicht werden[20].

Tabelle 3

Die 21 Wiener Bezirke nach ihrem Anteil an Industriearbeitern und nach ihrem Anteil an SD-Stimmen 1923 und 1932 gereiht

	% Arbeiter	% SD 1923	% SD 1932
I.	10	10	(20)
II.	16	(20)	10
III.	21	21	21
IV.	11	16	11
V.	14	11	16
VI.	(20)	14	(2)
VII.	12	12	14
VIII.	17	17	12
XI.	5	15	13
X.	15	13	5
XI.	13	5	17
XII.	3	(2)	15
XIII.	19	19	19
XIV.	(2)	(9)	(9)
XV.	18	3	3
XVI.	6	18	6
XVII.	7	6	7
XVIII.	(9)	7	18
XIX.	8	8	(1)
XX.	4	4	8
XXI.	(1)	(1)	4

( ) = Bezirk mit über 15 Prozent jüdischer Bevölkerung.

3. Soziale Zusammensetzung und ideologische Implikationen

3.1 Radikalismus

Die Auswirkungen des Ersten Weltkriegs waren für die Arbeiterbewegung in der Leopoldstadt ebenso verheerend wie für die ganze Stadt. Hinzu kam aber, daß dieser Bezirk im Laufe des Krieges eine große Zahl von Flüchtlingen aufnehmen mußte.

Im II. Bezirk gab es von Anfang an einen Widerstand gegen die Kriegspolitik der sozialdemokratischen Parteiführung und Kritik an der Aufgabe revolutionärer Positionen. In den Reihen des Verbandes Jugendlicher Arbeiter waren diese Positionen besonders ausgeprägt.

> Bereits in den ersten Kriegsmonaten regte sich in den Wiener Ortsgruppen Ottakring und Leopoldstadt ... eine revolutionäre Opposition, die mit Flugblättern an die Öffentlichkeit trat und die Erklärungen Karl Liebknechts gegen den Krieg verbreitete[21].

Unter den Vertrauensleuten der Jugendgruppe in der Leopoldstadt befand sich auch der Anarchosyndikalist Leo Rothziegel, der 1919 bei der Verteidigung der ungarischen Räterepublik fiel. Er wurde wegen »linker Abweichungen« seiner Funktionen enthoben. Zu den wichtigen Aktivisten der Linksradikalen um Franz Koritschoner gehörten auch Otto Pfeffer und Max Lazarowitsch:

> Die ersten Erfolge der oppositionellen Jugendlichen zeigten sich darin, daß es ihnen in Wien Leopoldstadt gelang, die Ortsgruppenleitung zu stürzen und durch eine linksradikale zu ersetzen[22].

Pfeffer wurde Obmann, Lazarowitsch Bildungsbeirat. Analoge Tendenzen entwickelten sich beim Allgemeinen Jüdischen Arbeiterverein und dessen Jugendgruppe, die hauptsächlich in der Leopoldstadt ihre Basis hatten. Ihr wichtigster Vertreter war Michael Kohn (»Eber«)[23]. Gemeinsam mit anderen (aus der Sozialdemokratie ausgeschlossenen) oppositionellen Gruppen gründeten sie einen illegalen »Arbeiterrat«, der die Agitation für einen Massenstreik in allen größeren Werkstätten Wiens aufnahm[24]. Unter diesen Vorzeichen begann der Jännerstreik 1918, die gewaltigste politische Massenbewegung des österreichischen Proletariats. Ausgelöst durch Hunger, Nahrungsmittelknappheit und Kriegsmüdigkeit, angespornt durch das Beispiel der russischen Revolution und initiiert durch die Linksradikalen, erfaßte der Streik nahezu eine Million Arbeiter[25].

In den Polizeiberichten zum Jännerstreik spielte die Leopoldstadt eine prominente Rolle. Viele Fäden wurden zum Zentralkomitee der zionistischen Jugend gezogen. Durch das Einströmen der Flüchtlinge war der zionistische Arbeiterverein gewachsen. Die Erschütterungen des Krieges begünstigten auch hier eine zunehmende Radikalisierung. Das Lokal der Poale Zion wurde zum Treffpunkt für viele Aktivisten, die ihr nicht direkt angehörten (Rothziegel, Baral, Wertheim). Die große Rolle von Revolutionären, die mit der Poale Zion in Verbindung standen und im Jännerstreik sowie in der radikalen Bewegung überhaupt wirkten, verleitete die k. k. Behörden zu der Annahme, die ganze Bewegung sei auf eine »internationale jüdische Verschwörung« zurückzuführen[26]. Diese Annahme war freilich einfacher als die Analyse der wirklichen Ursachen für die Unzufriedenheit der Massen.

Ihre besondere Entwurzelung als Flüchtlinge und als Juden, ihre enge Anteilnahme an den Ereignissen in Rußland, ihre »existentielle« Ablehnung von Nationalismus und Krieg müssen als die eigentlichen Faktoren angesehen werden, die den großen jüdischen Anteil an den revolutionären Aktivitäten des Jahres 1918 erklären können.

Eine radikale und kritische Jugend blieb dem II. Bezirk auch in der Ersten Republik erhalten. Vielleicht war ein Grund für den »Extremismus« der sozialdemokratischen und kommunistischen Jugendorganisationen der Leopoldstadt die Tatsache, daß viele ihrer Mitglieder aus kleinbürgerlichen Familien stammten, ihre Eltern in gewissem Sinn »Interessen-Sozialisten« waren, sie aber »Ideen-Sozialisten« sein wollten; viele wollten wahrscheinlich auch ihre kleinbürgerliche Herkunft dadurch kompensieren, daß sie besonders »proletarisch« dachten und handelten. Das machte sie aber auch sensibler für die revolutionäre Kritik an der Partei und der Gesellschaft überhaupt, sensibler auch für die Gefahren, die der Bewegung (und ihnen) drohten, wenn das Pendel nach rechts ausschlagen würde.

Die sozialdemokratische Jugendorganisation mußte nach 1918 im Bezirk neu aufgebaut werden. Die kommunistische Herausforderung, zu der die Radikalisierung in den letzten Kriegsjahren geführt hatte, spielte von Anfang an in der Leopoldstadt eine für Wiener Verhältnisse außerordentlich große Rolle. Auf Verbandsebene bildete die Leopoldstadt während der Auseinandersetzungen in den zwanziger Jahren einen Teil der »Wiener Richtung«, die für eine stärkere Politisierung der SAJ gegenüber der »jugendbewegt-pädagogischen« Richtung um Otto Felix Kanitz eintrat[27]. Der Bezirk war immer links, betonte die Notwendigkeit politischer Aktivität, grenzte sich aber deutlich von der kommunistischen Konkurrenz ab. Die Verbandsführung versuchte, ihr durch eigene Radikalität den Wind aus den Segeln zu nehmen. Trotz dieser Aktivität war die Leopoldstadt einer der wenigen Bezirke, wo es schon vor 1934 relevante Übertritte zu den Kommunisten gab. Die wichtigsten fanden 1925 und 1931 statt. Beim ersten ging es eher um internationale Fragen, beim zweiten eher um hausgemachte Probleme. Das jüdisch-intellektuelle Element und der Stachel der Kommunisten[28] förderten eine Atmosphäre der ständigen Diskussion und Auseinandersetzung (zu denen auch die Situation der häufigen Arbeitslosigkeit Zeit gab). In die Auseinandersetzungen wurden auch Typen aus dem Unterwelt-Milieu des Praters verwickelt.

Bei der schon erwähnten Berufsstruktur der sozialdemokratischen Mitglieder im II. Bezirk wird es kaum überraschen, daß in der Leopoldstadt die Zahl der sozialistischen Mittelschüler besonders groß war. Der VSM II war zuweilen größer als im ganzen übrigen Wien. Ein Bericht über die Mittelschule in der Zirkusgasse[29] erwähnt, daß die sozialistische Gruppe fast ausschließlich aus Juden bestand. Die zwei bis drei »Paradegojim« hatten es schwer, sie wurden von »ihren« Leuten verachtet, weil sie sich mit Juden »einließen«. So stark war der Antisemitismus unter den nichtjüdischen bürgerlichen Schichten verbreitet, daß man von einem Zustand der Apartheid sprechen kann. Die »Hürde« zum Kontakt mit Juden war für »Proleten« geringer. Zwischen jüdischen und nichtjüdischen Mittelschülern aber gab es normalerweise keinen gesellschaftlichen Verkehr. Dies und die antisemitischen Kränkungen wurden von den assimilierten Jugendlichen besonders stark empfunden. Der VSM wurde für sie aber auch zu einer Möglichkeit, ihren »jüdischen Ballast« abzuwerfen und sich »vom Getto zu emanzipieren«. Das jüdische Thema wurde dementsprechend verdrängt: »Wir sind Sozialisten geworden, um das loszukriegen[30].«

Jene, die ihren »jüdischen Ballast« nicht loswerden wollten oder konnten, gleichzeitig aber »links« waren, sammelten sich in eigenen jüdisch-sozialistischen (bzw. zionistischen) Gruppen. Die 1926 gegründete JSAJ (Jüdisch-Sozialistische Arbeiterjugend) oder Teile von ihr hatten ein gutes Verhältnis zu den Kommunisten. Die Basis der Organisation bildeten junge Arbeiter und Lehrlinge. Ihre allgemeine Tätigkeit unterschied sich wenig von der SAJ. Das zionistische Selbstverständnis dürfte nicht sehr ausgeprägt gewesen sein, und gleichzeitige Aktivitäten bei SAJ und KJV waren häufig.

Neben der JSAJ gab es den Shomer Hazair, der als radikalste jüdische Jugendorganisation galt. »Radikal« muß hier in einem ganz bestimmten Sinn verstanden werden. »Die Anziehungskraft des Shomer lag in der solidarischen Verbundenheit, im Gemeinschaftsgeist seiner Mitglieder[31].« Diese resultierten aus der intensiven Vorbereitung auf ein kollektives Leben (Kibutz) in Palästina. Die meisten

Initiatoren dieser Bewegung kamen aus dem Osten. Für sie bedeutete der »Shomer« einen radikalen Bruch mit Familie, Tradition und Karriere; er war Ausdruck des Wunsches, »das jüdische Volk auf sozialistischer Basis zu erneuern«. Durch die Berührung mit kommunistischen Genossen überzeugten sich viele jedoch allmählich, »daß die an sich positiven Qualitäten des Shomer einem falschen Ziel dienten; der Flucht vor der Verantwortung des Kampfes in unserer eigenen Umgebung, der Ablenkung vom Solidaritätskampf mit den Arbeitern unseres eigenen Landes, der Perspektive eines großen Neo-Gettos...« So begann die Opposition im Shomer, die ab 1931 zahlreiche Mitglieder zur KP und durch sie zu den »Schlachtfeldern der Weltrevolution« (Februar 1934, Spanien, antifaschistischer Widerstand) führte.

Sicherlich lag ein Faktor für die Anziehungskraft des Kommunismus auf (ost)jüdische Jugendliche im Messianismus der kommunistischen Bewegung, einem Messianismus, der auch in jüdischer Frömmigkeit angelegt ist. Die jüdischen Jugendgruppen standen wahrscheinlich auch wegen der leicht antisemitischen Atmosphäre in der SP der KP näher, obwohl man weder in der SAJ noch im KJV sein Judentum zu verbergen brauchte.

Einen zusätzlichen Faktor bildete das Vorbild der Sowjetunion. Es schien, als hätte die »Rätemacht« die Gleichberechtigung der Juden und die Ausschaltung des Antisemitismus erreicht. Auch die Errichtung eines jüdischen autonomen Gebiets (Birobidschan) wurde als Zeichen des Verständnisses für die Lage der Juden gedeutet.

Dennoch gab es auch in der KP ein Unbehagen über Juden in höheren Positionen[32].

3.2 Gegen Antisemitismus und Nazismus

Zusammenstöße mit den Nazis oder »Hakenkreuzlern«, wie sie von ihren Gegnern verächtlich genannt wurden, gab es seit den frühen zwanziger Jahren. Aber erst ab 1932 wurden die Nazis zu einer realen Gefahr, als sie im Zuge der Weltwirtschaftskrise, der Massenarbeitslosigkeit und des Aufstiegs Hitlers in Deutschland ihre Basis verbreitern konnten. Auch in der Leopoldstadt versuchten sie »fanatisch«, ihre reaktionäre und rassistische Ideologie »unters Volk« zu bringen. Mit erstaunlich geringem Erfolg übrigens. Natürlich betrachteten die Nazis gerade diesen Bezirk als Exerzierplatz ihres »völkischen« Kreuzzugs. »Der letzte arische Volksgenosse ›auf der Judeninsel‹ muß zu uns[33]...« Trotz intensiver Hetze gelang es ihnen selbst in den Krisenjahren jedoch kaum dieses Ziel zu erreichen. Noch im September 1932 klagten sie: »Verwunderlich ist nur, daß es immer noch einige (!) arische Arbeiter gibt, die den asiatischen Hetzern aufsitzen[34]...« Die Wut darüber, daß die übergroße Mehrheit der Arbeiter ihren Traditionen treu blieb und sich nicht für die faschistische Konterrevolution einspannen ließ, äußerten sie mit folgenden »teutschen« Worten:

> Die Leopoldstadt ist altes Kampfgebiet der nationalen Bewegung, den(!) hier im verjudetsten Bezirk Wiens fühlt es der deutsche, christliche Mensch am deutlichsten, das(!) er seinen Platz in den Reihen seiner Volksgemeinschaft hat und nicht in den Sauhaufen der Internationale gehört[35].

Die ständig zerstrittenen Gruppen der Nazis kamen mitgliedermäßig sehr schleppend vorwärts, ihr Blättchen mußte ab 1930 hektographiert erscheinen, erst im Jahre 1932 konnten sie sich auf Kosten der Christlichsozialen stärken.

Ein Grund des relativen nazistischen Mißerfolgs bestand paradoxerweise wahrscheinlich gerade in der Existenz einer starken jüdischen Bevölkerung. Diese Realität war wohl eine anschauliche Widerlegung des nazistischen Wahnbildes der jüdischen Allmacht. »Sie werden von denselben Wanzen gefressen wie ich, und sie leben im selben Schmutz wie ich.« Auf diese einfache Formel bringt ein ehemaliger Arbeiter seine klassenbewußte Einstellung[36]. Das Treiben der Nazis erregte schon früh den Ärger und die Abwehr von Sozialdemokraten und Kommunisten.

Aus mehreren Gründen gelang es den Nazis auch nach 1934 nicht, in der Leopoldstadt Einbrüche in die Reihen der organisierten Sozialisten und Kommunisten zu erzielen. Einmal aus den schon erwähnten, für den Bezirk spezifischen Bedingungen, zum anderen wegen der schon mehrjährigen Tradition eines scharfen Kampfes gegen die Nazis, schließlich aber auch, weil die Hetze gegen die jüdischen Führer, die die Februar-Niederlage verschuldet haben sollten, hier nicht so »zog« wie anderswo, weil gerade im II. Bezirk es die nichtjüdischen Leiter des Republikanischen Schutzbundes waren, die »versagt« hatten (der Bezirk war im Februar praktisch ausgefallen). Nach 1934 gingen zwar viele Enttäuschte zu den Kommunisten, aber »zu den Nazis ging niemand; die Erinnerungen an die Schlachten, die vor dem Februar ausgetragen wurden, machte eine derartige Reaktion unmöglich. Im II. Bezirk gab es praktisch keine Verräter[37]«. Natürlich »bewarben sich die Nazis des Bezirks von Anfang an um uns..., besonders eifrig vor dem Juli-Putsch 1934. Die politische Schulungstätigkeit trug aber ihre Früchte, und kein einziger von uns erlag ihren Einflüsterungen«, berichtete uns ein alter Kommunist[38].

Andererseits darf nicht übersehen werden, daß es den Nazis natürlich gelang, außerhalb der Reihen der Organisierten Einbrüche zu erzielen; weniger bei Industriearbeitern als bei den vielen Arbeitslosen und Jugendlichen, die noch nie Arbeit gehabt hatten. Es war wahrscheinlich ihre Verwirrung, Demoralisierung und Verzweiflung, die sie für die Demagogie der Nazis empfänglich machte. Waren sie einmal fanatisiert, war es schwierig, diese Leute durch Diskussion zu überzeugen. Ein typisches Beispiel:

> Ich war eine Woche in einer Zelle mit einem jungen Nazi. Wir diskutierten Tag und Nacht. Nach ein paar Tagen hatten wir die gleiche Ansicht. Ich denke, daß ich ihn überzeugt hatte, bis, ja bis er erfuhr, daß ich jüdisch war. Jetzt wußte er natürlich, daß in meinen Argumenten etwas Fremdes zu spüren war, etwas typisch Jüdisches. Und alles war plötzlich wie weggewischt[39].

Obwohl der Ständestaat offiziell keine explizit antijüdischen Maßnahmen traf, spürte die jüdische Bevölkerung doch ständig die Zunahme der Nazigefahr. Bei den engagierten jüdischen Jugendlichen bewirkte dies einerseits eine intensive Beteiligung am linken Untergrund, andererseits eine erhöhte Attraktivität der zionistischen Organisationen. Innerhalb der revolutionären Linken gab es praktisch kein »jüdisches Problem«. Ein führender Aktivist der Revolutionären Sozialistischen Jugend im Bezirk erinnert sich:

> Vor 34 wurde diese Frage niemals gestellt, obwohl der Großteil der Mitglieder in der Oberen Leopoldstadt... jüdisch, während der Prater mehr proletarisch war. Auch in der Illegalität, als die meisten gar nicht wußten, daß ihre Mitkämpfer und Gesinnungsgenossen einen jüdischen Eltern- oder Großelternteil hatten, gab es in dieser Beziehung keine Schwierigkeiten oder Spannungen; ... Erst im März 1938, als die Verfolgungen der Nazis einsetzten, wurde die »rassische« Zugehörigkeit aufgerollt und mancher war erstaunt, als seine Freunde eingesperrt wurden oder flüchten mußten, weil ihr »Verbrechen« darin bestand, nicht der »arischen« Rasse anzugehören[40].

Auch die ersten antijüdischen Maßnahmen (die sogenannten »Reibaktionen«, als Juden gezwungen wurden, die für die Volksabstimmung vorgesehenen VF-Wand- und Straßenbemalungen abzuwaschen) stießen nicht auf die einhellige Zustimmung, von der später gesprochen wurde, um eine Kollektivschuld jenseits der politischen und Klassenschranken zu beweisen. Die sich gegen die jüdische Bevölkerung richtenden Maßnahmen der Nazi-Behörden waren natürlich in der

Leopoldstadt besonders sichtbar. Die meisten von uns Befragten haben solche Dinge erlebt; sie bestätigen, daß nur ein Teil der »Zuschauer« sich durch Lachen, Zustimmung etc. bemerkbar machte, während ein anderer Teil empört war und Worte wie »Gemeinheit« vor sich hinsprach, es aber wegen der Isolierung und des terroristischen Drucks nicht wagte, offen aufzutreten.

Eine kleine Episode mag die Haltung dieses zum Schweigen gebrachten Teils der Bevölkerung illustrieren: Im Gemeindebau Wohlmuthstraße, dessen Bewohner fast zu 90 Prozent sozialdemokratisch eingestellt waren, befand sich eine jüdische Küche; von dort stahl eine Bewohnerin des Gemeindebaus Geschirr und Besteck, worauf sie von den übrigen Bewohnern gemieden und boykottiert wurde[41].

Auf der Grundlage sozialistischer Gesinnung erfolgten auch in den Jahren des schärfsten Terrors individuelle Handlungen der Hilfe und Solidarität für jüdische Bekannte und Freunde.

4. Arbeiterbewegung und Antisemitismus

Der Widerstand hätte breiter, die Immunisierung gegen das antisemitische Gift stärker sein können. In der Theorie und Praxis der österreichischen Arbeiterbewegung mangelte es an Klarheit in der Beurteilung dieses Phänomens.

Im II. Bezirk gab es auch reale sozialistisch-jüdische Konkurrenz und Konfrontation, vor allem nach dem Ersten Weltkrieg, als sich aus den nach Wien gekommenen Flüchtlingen und Teilen des durch den Antisemitismus »nationalisierten« jüdischen Bürgertums eine eigene Partei bildete, die sowohl an den Liberalen als auch an den Sozialdemokraten Kritik übte. Beiden wurde vorgeworfen, sich zu wenig für die spezifischen Interessen und Leiden der jüdischen Bevölkerung zu engagieren. Die »jüdischnationale« (zum Teil zionistische) Tendenz »eroberte« die Kultusgemeinde und war bis zum Jahre 1927 im Gemeinderat vertreten.

Die »schon« in die Sozialdemokratie integrierten, aber »noch« für spezifisch jüdische Belange engagierten Mitglieder sprachen vor allem die jüdischen Wähler des Bezirks an. Nach ihrer Überzeugung würde das Judenproblem nicht durch die nationale Einstellung der Juden, sondern durch die sozialistische Bewegung gelöst werden. »Was nützt uns das, wenn jemand an Schekel [als ›Steuer‹ für die zionistische Organisation, JB] kauft und dort [in Palästina, JB] a Baum auf'gstellt wird...«, so faßt heute ein Zeitgenosse seinen damaligen Standpunkt zusammen[42]. Bei den Wahlkämpfen 1919 bis 1927 kam es regelmäßig zu sozialdemokratisch-jüdischnationalen Auseinandersetzungen in der

Leopoldstadt. 1923 etwa: »In der Leopoldstadt hatten die Sozialdemokraten im Zuge einer Auseinandersetzung versucht, in ein jüdischnationales Wahllokal einzudringen, was die jüdischen Wähler zeitweise sehr erregte[43].«

Dank dem Einsatz der Sozialdemokraten, vor allem aber infolge der Perspektivlosigkeit isolierter jüdischer Politik angesichts der drohenden reaktionären und faschistischen Gefahren ging das Gros der jüdischen Wähler allmählich zur Sozialdemokratie über, von der zwar keine energische Politik bei der Vertretung jüdischer Interessen, aber ein Kampf gegen die Feinde der Demokratie erwartet wurde.

Die eingangs erwähnten Mängel in der sozialdemokratischen Theorie und Praxis hatten eine lange Tradition.

Als in den achtziger Jahren der »moderne« politische Antisemitismus virulent wurde, hatte die gespaltene sozialdemokratische Bewegung noch kein brauchbares Rezept des Widerstandes. Kautsky berichtet 1884:

> Wir haben Mühe, unsere eigenen Leute zu hindern, daß sie nicht mit den Antisemiten fraternisieren. Die Antisemiten sind jetzt unsere gefährlichsten Gegner, weil sie oppositionell und demokratisch auftreten, also den Instinkten der Arbeiter entgegenkommen[44].

Die wenigen Publikationen zu diesem Thema führen den Antisemitismus auf die Deklassierung kleinbürgerlicher Schichten durch den kapitalistischen Produktionsprozeß zurück. Solche Strömungen hatten auch lange in der Arbeiterschaft eine Rolle gespielt, vor allem als noch keine klare soziologische Trennung vom Kleinbürgertum erfolgt war. Mit der fortschreitenden Industrialisierung wurde aber das Fabrikproletariat zur Basis der Arbeiterbewegung, und erst von diesem Standpunkt waren die Worte Engels' verständlich, der Antisemitismus sei eine »Reaktion mittelalterlicher, untergehender Schichten gegen die moderne Gesellschaft, die wesentlich aus Kapitalisten und Lohnarbeitern besteht[45]«; politisch diene er reaktionären Zwecken, und damit könne die Sozialdemokratie nichts zu schaffen haben. Trugen diese Formulierungen auch zur politischen Immunisierung der Arbeiterschaft gegen antisemitische Demagogie bei, so stellte sich ihre ökonomisch-gesellschaftliche Begründung als unzureichend und mechanistisch heraus. Das Vertrauen in ein automatisches Verschwinden der vorkapitalistischen Schichten mitsamt ihrer Ideologie sowie die Annahme, die vorerst antisemitisch aufgewühlten Unterschichten würden bald zur einzig wirklich antikapitalistischen Sozialdemokratie stoßen, erwiesen sich als voreilig und zu optimistisch. Diese Annahmen verleiteten zu einer Bagatellisierung des Antisemitismus und zu dementsprechend ungenügenden Abwehrmaßnahmen.

Es wurde oft behauptet, die sozialdemokratischen Führer jüdischer Herkunft hätten zur Verharmlosung des Antisemitismus beigetragen, um nicht als Verteidiger spezifisch jüdischer Interessen zu erscheinen. Dies hat sicherlich eine Rolle gespielt, ebenso wie das Bemühen, der antisemitischen Hetze gegen die »jüdischen Verführer« keinen Vorwand zu liefern. Im allgemeinen dürfte aber zugetroffen haben, was Eduard Bernstein berichtet: Er sei sich seiner jüdischen Herkunft bewußt gewesen, habe sich nicht gezwungen gefühlt, dies zu verleugnen, sei aber durch seine Assimilation und Integration in die Arbeiterbewegung über seinen spezifisch jüdischen Background hinausgetreten. Trotz einiger Ausnahmen (z. B. Victor Adler) dürfte diese Haltung repräsentativ gewesen sein.

Die meisten Sozialdemokraten nahmen an, daß dieselben Prozesse sowohl den Antisemitismus als auch die Sonderstellung der jüdischen Gruppe beseitigen würden. Obwohl objektive Tendenzen für diese Prognose sprachen, mag auch der subjektive Wunsch eine Rolle gespielt haben, die »leidige Judenfrage« loszuwerden.

Das »Leitmotiv« der sozialdemokratischen Politik in dieser Frage, das sich trotz aller Schwankungen und »Abweichungen« wie ein roter Faden durch die Geschichte zieht, hat Otto Bauer so formuliert:

> Es gibt für die Sozialdemokratie keine andere »Judenfrage« als die, wie wir möglichst schnell und möglichst wirksam an die Stelle des kleinbürgerlichen Kampfes gegen das jüdische Kapital den proletarischen Kampf gegen den Kapitalismus überhaupt stellen können[46].

In der Frage, *wie* diese Aufgabe zu lösen sei, ergaben sich beträchtliche Schwierigkeiten, und in gewisser Weise »mußte« man dem antisemitischen Druck Rechnung tragen und auf seine »Logik« eingehen. Dies führte schon 1897 zu einer innerparteilichen Kritik, deren Gültigkeit (leider) bis in die Erste Republik hinein andauerte:

> Die Taktik der Partei ging bis jetzt dahin, unter keiner Bedingung den Verdacht aufkommen zu lassen, als wäre die Partei verjudet. Man wollte nur zeigen, daß wir keine Judenknechte sind. Ich sage Ihnen, wenn wir hundert Jahre alt werden, werden wir die Spießbürger davon nicht überzeugen[47] . . .

An dieser Stelle können wir einige Überlegungen zum Trennenden und zum Gemeinsamen von »jüdischen« und proletarischen Interessen anmerken.

Ein fundamentaler Unterschied zwischen der Lage der Juden und der Lage des Proletariats bestand darin, daß – im ganzen gesehen – die Juden im letzten Drittel des 19. Jahrhunderts eine sozial aufsteigende Schicht darstellten, während das Proletariat aus einem Deklassierungsprozeß hervorging; daher auch die unterschiedlichen Emanzipationsvorstellungen und -wünsche, die für die Juden im Bereich der politischen Gleichberechtigung (des politischen Liberalismus), für das Proletariat jedoch primär im sozioökonomischen Bereich lagen[48].

Gemeinsam war ihnen hingegen die Ablehnung der vorkapitalistisch-feudalklerikalen Reaktion, die sich unter anderem des Antisemitismus bediente. Insofern das Proletariat ein Stück Weges mit der liberalen Bourgeoisie gemeinsam gehen konnte, gab es keine fundamentalen Interessenkonflikte. Als die Basis des politischen Liberalismus verschwand, blieb vielen Juden nur der »Klassenverrat«, um sich eine Möglichkeit gesellschaftlicher Partizipation zu erhalten.

Daraus ergab sich häufig das Gefühl der proletarischen Dankbarkeit für den »selbstlosen« bürgerlich-jüdischen Intellektuellen. (»Für die Arbeiter wurde dadurch, daß sich Juden ihrer Bewegung anschlossen, das Stereotyp von der ihrer ›Rasse‹ verhafteten unheilbar habgierigen Gruppe widerlegt[49]«. Angesichts der vielen jüdischen Kollegen und Genossen dürfte dies in der Leopoldstadt besonders zugetroffen haben.)

Folgende weitere Faktoren dürften dem Antisemitismus innerhalb der Arbeiterklasse entgegengewirkt haben:

Die Bedeutungslosigkeit von Herkunft und »Rasse« des Klassengegners, die Entlarvung des hinter den antisemitischen Parteien stehenden kleinbürgerlichen Klasseninteresses und die Verankerung in der Produktion immunisierten gegen eine antisemitische Agitation, welche die Zirkulationssphäre als den Ort der kapitalistischen Ausbeutung anprangerte.

Die starke ostjüdische Zuwanderung und die verstärkte antisemitische Hetze nach dem Ersten Weltkrieg zwangen die Sozialdemokraten häufiger zu Stellungnahmen als davor. Hinzu kam, daß die antisemitische Demagogie sich nun häufiger direkt gegen die marxistische Arbeiterbewegung wandte, während ihre »antikapitalistischen« Elemente an Gewicht verloren. Außerdem erhöhte sich, mangels einer liberalen Partei, der jüdische Anteil an sozialdemokratischen Wählern, Mitgliedern und Funktionären, ein Faktum, das die antisemitische Reaktion fortgesetzt »auszuschlachten« suchte.

In ihrer Abwehr blieb die Sozialdemokratie bei der schon skizzierten Argumentation. In ihrem Bemühen, den Klassencharakter des Antisemitismus herauszustreichen, verwendete sie Klischees und Karikaturen, in denen gerade jene Klassenspezifität verschwand und jüdische Kapitalisten nicht nur als Kapitalisten, sondern auch als Juden angegriffen wurden. Sie wiederholten die Vogelsangsche Formulierung, daß der »Judengeist« der Geist des Kapitalismus sei, und folgerten daraus, daß sich die »echten« Antisemiten jener Partei anschließen müßten, die den Kapitalismus wirklich bekämpfe. Sie versuchten, sich als »bessere Antisemiten« zu präsentieren, andererseits aber die Unsinnigkeit des Antisemitismus nachzuweisen; ein Dilemma, dem sie nie ganz entrannen[50].

Selbst nach Hitlers Machtübernahme wurde diese Linie fortgesetzt. Um den Klassencharakter der Nazi-Diktatur zu verdeutlichen, wurde (in den ersten Jahren) behauptet, das jüdische Kapital werde nicht angetastet. »In den Spitzen des Dritten Reiches... entscheidet die Klasse und nicht die Rasse[51].« Die deutsche Bourgeoisie konnte jedoch (unähnlich der österreichischen und ungarischen) auf ihren jüdischen Teil verzichten und das jüdische Kapital beseitigen bzw. sich aneignen.

Freilich soll trotz mancher »Ausrutscher« nicht vergessen werden, daß nur die Arbeiterbewegung einen konsequenten und chancenreichen Kampf gegen die Nutznießer des Antisemitismus führte und daß das Proletariat als Klasse in einem objektiven Interessengegensatz zu diesen Nutznießern stand. Die spezifische Taktik in der hier diskutierten Frage aber führte eher zur Stärkung des Antisemitismus als der Arbeiterbewegung.

ANMERKUNGEN

1 Ernst K. Herlitzka, *Zur Geschichte der sozialdemokratischen Bezirksorganisation Favoriten,* in: *Archiv. Mitteilungsblatt des Vereins für Geschichte der Arbeiterbewegung,* 1/1975, S. 3.
2 Lehrer-Arbeitsgemeinschaft II. Bezirk, *Die Leopoldstadt Ein Heimatbuch,* Wien 1937, S. 209.
3 Renate Schweitzer, *Die Entwicklung Favoritens zum Arbeiterbezirk,* in: *Wiener Geschichtsblätter,* Jg. 29, Heft 4 (1974), S. 261.
4 Spaniolisch – Sprache der 1492 aus Spanien vertriebenen Juden.
5 L. Goldhammer, *Die Juden Wiens. Eine statistische Studie,* Wien 1927, S. 9.
6 Ebenda, S. 10.
7 Reinhard Rürup, *Emanzipation und Antisemitismus,* Göttingen 1975, S. 90.
8 Vgl. dazu die Schilderung Joseph Roths weiter unten (Anmerkung 10).
9 Nach J. Kreppel, *Juden und Judentum von heute,* Wien 1925, S. 67.
10 Josef Roth, *Juden auf Wanderschaft (Berichte aus der Wirklichkeit* 4), Berlin 1927; hier zitiert nach derselbe, *Romane-Erzählungen-Aufsätze,* Köln 1964, S. 559 f.
11 Siehe mein Buch: *Klassenkampf in der Diaspora. Zur Geschichte der jüdischen Arbeiterbewegung,* Wien 1975.

12 Sammelbegriff für die Einwanderer aus dem Norden, die meist schon der deutschen Sprache mächtig waren.
13 Quellen für diese und folgende Angaben: *Der Sozialdemokrat* (Organ der Wiener Partei) 1919–1925, und: Berichte des Vorstands der Organisation Wien der Sozialdemokratischen Arbeiterpartei Österreichs an die Jahreskonferenz(en) in Wien, 1927–1933.
14 Ebenda für das Jahr 1931, eigene Prozent-Berechnung.
15 *Der Sozialdemokrat,* 4/1920.
16 Walter B. Simon, *Jewish Vote in Austria,* in: *Leo-Baeck-Yearbook,* London/Jerusalem/New York, 1971, S. 97 f.; hier S. 113.
17 Robert Danneberg, *Entwicklungsmöglichkeiten der Sozialdemokratie in Österreich,* Wien 1924, S. 48.
18 Dieses Schaubild stützt sich auf die Angaben bei Franz Patzer, *Der Wiener Gemeinderat 1918–1934,* Wien 1961 und eigene Prozent-Berechnungen.
19 Simon, S. 118.
20 Ebenda, S. 119
21 Hans Hautmann, *Die verlorene Räterepublik,* Wien 1971, S. 23; Walter Göhring, *Der illegale KJV,* phil. Diss., Wien 1971, S. 5; Wolfgang Neugebauer, *Bauvolk der kommenden Welt,* Wien 1975, S. 96.
22 Göhring, S. 8.
23 Neugebauer, S. 98.
24 Göhring, S. 13 f.
25 Hans Hautmann/Rudolf Kropf, *Die österreichische Arbeiterbewegung vom Vormärz bis 1945,* Wien 1974, S. 122.
26 *Amtserinnerung des Ministeriums des Innern über bolschewistische Agitation unter den Sozialdemokraten.* Allgemeines Verwaltungsarchiv Wien, Md I. 22 i. g. 3619.
27 Interview des Verfassers mit Alfred Weissmann, 20. September 1976; Neugebauer, S. 125 f.
28 Interview des Verfassers mit Jenny Strasser, 24. August 1976.
29 Interview des Verfassers mit Ernst Epler, 30. August 1976.
30 Ebenda.
31 Zitate aus einem Brief von Koppel Fiderer an Zalel Schwager, Paris 18. März 1973.
32 Interview des Verfassers mit Erich Fein, 13. August 1976.
33 NS-Nachrichten für die Leopoldstadt, Nr. 13, August 1932.
34 Ebenda, Nr. 14, September 1932.
35 Ebenda.
36 Interview des Verfassers mit Gottlieb Donka, 24. August 1976.
37 Interview Wolfgang Neugebauers mit Fritz Weber, 16. Oktober 1967.
38 Hermann Leitner, *Einige Episoden aus dem Kampf der Kommunisten in der Leopoldstadt – Gebiet Prater* (Manuskript), 1975, in der Bezirksleitung der KPÖ, Wien II.
39 Brief Egon Breiners an den Verfasser, 14. September 1976.
40 Interview Wolfgang Neugebauers mit Fritz Weber, 16. Oktober 1967.
41 Interview des Verfassers mit Franz Jakl, 9. August 1976.
42 Interview des Verfassers mit Alfred Weissmann, 20. September 1976.
43 Arbeiter-Zeitung, 22. Oktober 1923.
44 Friedrich Engels, *Briefwechsel mit Karl Kautsky,* Wien 1955, S. 125.
45 Engels in der *Arbeiter-Zeitung,* 9. Mai 1890.
46 Otto Bauer, *Sozialismus und Antisemitismus,* in: *Der Kampf,* November 1910, S. 94
47 Jakob Brod (Böhmen) am Wimberger Parteitag; zit. nach: *Der Neue Weg,* Jüdisches Organ, Nr. 19, Mitte Oktober 1949, Wien.

48 Zu diesen Überlegungen: Jacob Toury, *Die Dynamik der Beziehungen zwischen Juden und Arbeiterbewegung im Deutschland des 19. Jahrhundert, Beitrag zum Symposium über »Juden und jüdische Aspekte in der deutschen Arbeiterbewegung 1848–1918« am Institut für Deutsche Geschichte der Universität Tel-Aviv,* Dezember 1976.
49 P. W. Massing, *Vorgeschichte des politischen Antisemitismus,* Frankfurt/M. 1959, S. 218.
50 Beispielhaft die Broschüre: *Der Judenschwindel* von Christoph Hinteregger, Wien 1923, im sozialdemokratischen Parteiverlag.
51 *Das Kleine Blatt,* Wien 4. Jänner 1934.

Bernd T. Marin

Antisemitismus unter Arbeitern? Einige Daten und Thesen zum »Klassencharakter« des nachfaschistischen Antisemitismus in Österreich

Welche Frage und weshalb?

Fragen wie die im Titel sind geeignet, Mißtrauen zu erregen, Abwehrgesten hervorzurufen – wohl nicht zu Unrecht. Allzu leicht können solche Fragen, an sich schon peinigend, zu anklagenden oder auch beschönigenden Antworten führen, die wiederum außer Gegnern oder bestimmten Funktionären der Arbeiterbewegung niemandem helfen und schon gar nicht wissenschaftlich interessieren.

Das Bemühen um eine möglichst illusionslose Wirklichkeitserfassung ist selbst Ausdruck mehrschichtiger Erkenntnisinteressen: theoretisch, um an einem historisch folgenschweren Aspekt die politisch-kulturellen, ideologischen Hegemonialstrukturen[1] der österreichischen Gegenwartsgesellschaft exemplarisch, gleichsam mikroskopisch zu untersuchen. Dieses theoretische Interesse mündet wiederum in ein praktisch-politisches: nur wenn wir auch so herausfordernde Probleme wie Antisemitismus unter Arbeitern »unter die Lupe« nehmen und »durchschauen«, können wir nicht nur die Vorurteile wirksam bekämpfen, sondern auch jene »Soziopathologie des politischen Alltagslebens[2]«, für die sie nur ein – bezeichnendes – Symptom sind, sowie schließlich jene Bedingungen, die diesen Kampf unwirksam zu machen drohen. Solange antisemitische und andere Vorurteile auch in der Arbeiterklasse fortbestehen, haben vor allem auch wir versagt und Schuld auf uns geladen, die wir als Kopfarbeiter der Arbeiterbewegung verbunden sind.

Alle vorliegenden Untersuchungen bestätigen, daß antisemitische Vorurteile auch in der Nachkriegszeit in Österreich noch weit verbreitet sind. Bevor diese Tatsache wissenschaftlich befriedigend erklärt werden kann, muß vieles geklärt werden – zuerst einmal, bei wem genau welche Vorurteilsaspekte wie auftreten. Einige ziemlich gesicherte empirischen Befunde lassen die Frage nach den spezifischen

Trägergruppen und damit auch Determinanten des Antisemitismus vorweg einschränken:

a) *Der nachfaschistische Antisemitismus in Österreich ist kaum (sozial-)psychologisch oder durch psychopathologische Persönlichkeitsfaktoren bestimmt.* Der unerwartet geringe empirische Zusammenhang zwischen Ethnozentrismus und Antisemitismus, zwischen allgemeiner Vorurteilsneigung und antisemitischen Vorurteilen in Österreich[3] zeigt, daß dieses Vorurteil im Gegensatz zu anderen Ländern kaum psychologisch determiniert sein kann. Dieses eigentümliche und überraschende Phänomen läßt geradezu von einem »typisch österreichischen Antisemitismus« sprechen.

b) Der nachfaschistische Antisemitismus ist in Österreich ein »*untypisches*« *oder* »*Ausnahme-Vorurteil*«, vergleicht man ihn bezüglich seiner *sozialen und demographischen Determinanten* mit anderen Vorurteilen. Antisemitische Dispositionen werden von merklich anderen beruflichen, bildungsmäßigen, politischen, altersmäßigen, regionalen usw. Gruppen ausgedrückt als andere Vorurteile. Empirische Befunde wie die folgenden legen die Frage nach der Sozialstruktur seiner Träger, nach der »Klassenbasis« der Vorurteile bzw. ihren schichtspezifischen Determinanten nahe:

i) Der allgemein signifikante Zusammenhang zwischen höherer Schulbildung und geringerer Vorurteilsbereitschaft wird allein von bestimmten Dimensionen der Abneigung gegen »Juden« durchbrochen: Idiosynkrasie und Schuldumkehr sind gerade bei sonst »toleranteren« Akademikern und Maturanten am heftigsten.

ii) Nur gegenüber »Juden« und nur in »verschobenen«, indirekten und vorsichtigen Ausdrucksformen zeigen leitende Angestellte und Selbständige merklich höhere Vorurteilsneigung als herkömmlich »vorurteilsvollere« Berufsgruppen wie Hilfsarbeiter oder Landwirte.

iii) Während im allgemeinen das Erleben eines sozialen Abstiegs in Österreich die Vorurteilsneigung überraschenderweise nicht generell erhöht, so steigt doch der Antisemitismus bei Abwärtsmobilen sprunghaft an. Verbitterung durch erlebte Abwärtsmobilität wird also durch antisemitische Vorurteile völlig »kanalisiert«; zugleich ist sie die wirksamste Determinante dieses Vorurteils.

Demnach kann eine klassen-, schicht- oder gruppenspezifisch unterschiedliche Erfüllung allgemeiner Vorurteilsfunktionen durchaus vermutet und überprüft werden: dient der Antisemitismus beispielsweise tatsächlich der Enttäuschungserklärung und Unsicherheitsabsorption bei Deklassierungsängsten oder der Artikulation von Klassenressentiments der unteren Schichten gegen »die da oben«, so müßte er sich in besonders deklassierten bzw. verunsicherten, abstiegsgefährdeten oder statusbedrohten »frustrierten« Mittel- oder unteren Schichten stärker bzw. anders – nämlich diesen Ängsten entsprechend – zeigen.

Die Frage nach dem »Klassencharakter« des nachfaschistischen Antisemitismus kann, genauer gefaßt, zweierlei bedeuten:
– Ist der nachfaschistische Antisemitismus in Österreich in verschiedenen sozialen Schichten unterschiedlich stark verbreitet, gar typisch für bestimmte Milieus? und
– bedeutet »der« Antisemitismus, unabhängig von seiner unterschiedlichen Verbreitung, in verschiedenen sozialen Schichten Verschiedenes?

Abschnitt (I) sucht eine vorläufige Antwort auf die erste, Abschnitt (II) auf die zweite Fragestellung. Die vorhandenen Daten erlauben keine Aufschlüsselung nach Sozialschichten; am ehesten dürfte dieser Strukturfaktor noch von den Determinanten Ausbildungsniveau und Berufszugehörigkeit beeinflußt werden.

I. Schichtspezifische Vorurteilsverteilung: nachfaschistischer Antisemitismus als typisches Unterschicht- oder Mittelstandsphänomen?

In der sozialwissenschaftlichen Literatur gibt es zahlreiche Arbeiten, die eine erhöhte Neigung zu Vorurteilen und stereotypem Denken in den unteren Sozialschichten behaupten. Vor allem gilt ein negativer Zusammenhang zwischen Ausbildungsstand und allgemeiner Vorurteilsbereitschaft als weitgehend gesichert[4]. Andererseits wird gerade bezüglich des Antisemitismus immer wieder auf eine höhere Anfälligkeit der Mittelschichten verwiesen[5]. Bis heute sind jedenfalls beide Tendenzen keineswegs endgültig erwiesen, so daß weder eine verstärkte Vorurteilsneigung der unteren noch der mittleren oder oberen Schichten generell angenommen werden kann.

Eine ähnliche Situation ergibt sich auch hinsichtlich des Nachkriegsantisemitismus in Österreich. Verschiedene empirische Befunde zeigen zwei einander entgegengesetzte Tendenzen und ergeben ein widersprüchliches Gesamtbild, das eine bildungs- und berufsbedingte und damit schichtspezifische Variation antisemitischer Vorurteile nicht ohne weiteres behaupten läßt. Diese Mehrdeutigkeit manifestiert sich in mehrfacher Weise.

a) Nach der gesamtösterreichischen IMAS-Untersuchung[6] nimmt ein extrem starker und offener, »extremistischer« Antisemitismus mit steigender Schulbildung und entsprechenden Berufsqualifikationen deutlich ab und erweist sich so als eine Art »typisches Unterschichtphänomen«, wie die folgende Tabelle zeigt.

Offener extremer Antisemitismus als »Unterschicht-Phänomen«?

Schulbildung/Berufskreis	»Starke antisemitische Neigung« (Index)
1. Landwirte	32%
2. Volksschulabsolventen	30%
3. Arbeiter, Landarbeiter	27%
4. Haupt- und Berufsschulabsolventen ohne Matura	23%
5. Selbständige Geschäftsleute, freie Berufe	21%
6. Angestellte, Beamte	17%
7. Maturanten, Hochschulabsolventen	13%

Quelle: IMAS, 1973, Tab. 16 (N=963)

Landwirte, Volksschulabsolventen ohne auch nur mittleres Ausbildungsniveau sowie Arbeiter sind diesem zusammenfassenden Index zufolge die wichtigsten Vorurteilsträger. Ähnliches manifestiert sich an der sozialen Gegengruppe, die keinerlei offen antisemitisches Vorurteil äußerte: etwa jeder zweite Maturant oder Hochschulabsolvent (51 Prozent), aber nur etwa jeder fünfte Volksschulabsolvent (18 Prozent) oder Landwirt (22 Prozent) gehört nach dieser Umfrage zu den eher vorurteilsfreien Österreichern. Dieses Ergebnis fügt sich bruchlos jener allgemeinen Vorurteilstheorie ein, die irrationale Feindseligkeit gegen Juden wie gegen abweichende Minderheiten überhaupt als Ausdruck mangelnder Aufklärung und unzureichenden Wissens sieht und damit als kennzeichnend für die deprivierte Lebenssituation der unteren und randständigen, bildungsmäßig und beruflich benachteiligten Sozialschichten.

b) Gegen diese Deutung sprechen gegenteilige Befunde beispielsweise aus einer repräsentativen IFES-Umfrage[7], die einen offenen und starken Antisemitismus eher als eine Art »typisches Mittelschichtphänomen« ausweisen.

Offener extremer Antisemitismus als »Mittelschicht-Phänomen«?

Schulbildung/Berufskreis	Juden »selbst schuld« an Verfolgung
1. Pensionisten	35%
2. Hochschulabsolventen, Studenten	33%
3. Maturanten, Selbständige	32%
4. leitende Angestellte	30%
5. Angestellte	29%
6. Lehrabsolventen, Handelsschulabsolventen	26%

Schulbildung/Berufskreis	Juden »selbst schuld« an Verfolgung
7. Volksschulabsolventen, Landwirte	25%
8. Hauptschulabsolventen	24%
9. Hausfrauen	22%
10. Facharbeiter	21%
11. Hilfsarbeiter	20%

	ununterdrückbarer »körperlicher Widerwille« gegen Juden
1. leitende Angestellte	18%
2. Selbständige	17%
3. Maturanten, Landwirte	16%
4. Volksschulabsolventen	15%
5. Hauptschulabsolventen, Hilfsarbeiter	14%
6. Studenten, Angestellte, Pensionisten	12%
7. Hochschulabsolventen	11%
8. Lehrabsolventen, Handelsschulabsolventen, Hausfrauen, Facharbeiter	10%

Quelle: IFES, 1972, Tab. 2 (N=1712)

In dieser bislang einzigen, für ganz Österreich streng repräsentativen Erhebung zeigen gerade beruflich und bildungsmäßig bevorzugte Mittelschichtgruppen (leitende Angestellte, Selbständige, Hochschulabsolventen, Studenten, Maturanten) die heftigste Vorurteilsdisposition gegen Juden. Offenkundig ist darüber hinaus auch die geringere Wiedergutmachungsbereitschaft der »Gebildeteren«: mit steigender Schulbildung nimmt (selbst in der IMAS-Umfrage) auch eine entschiedene Schuldabwehr zu (die sonst mit keinem anderen sozialen Faktor wie Alter, Parteineigung usw. in Zusammenhang steht).

Abnehmende Schuldeinsicht und Wiedergutmachungsbereitschaft bei den »Gebildeteren«?

»Manchmal wird behauptet, die Österreicher müssen sich besonders für die Juden einsetzen, weil Österreicher an den Verbrechen gegen die Juden in der Hitler-Zeit beteiligt gewesen sind. Stimmen Sie dieser Ansicht zu oder stimmen Sie ihr nicht zu?«

Schulbildung	stimme voll und ganz zu	stimme teilweise zu	stimme nicht zu	unentschieden
Volksschule	4%	16%	60%	20%
Haupt-, Berufsschule etc. ohne Matura	5%	15%	70%	10%
Matura, Hochschule	8%	13%	72%	7%

Quelle: IMAS, 1973, Tab. 9 (N=963)

c) Drittens sind zahlreiche Einzelkomponenten antisemitischer Einstellung – und gerade zentrale Auffassungselemente – von der Sozialschicht (Beruf – Ausbildung) völlig *unabhängig* oder allenfalls vom Ausbildungsniveau beeinflußt. Wiederum seien nur einige typische Beispiele gebracht.

So ist etwa die Vermutung einer Identifizierbarkeit von »Juden« an ihrem Aussehen vollkommen bildungsunabhängig; wenngleich zumindest die Ablehnung dieses traditionell antisemitischen Topos vom »Judenriecher« mit zunehmender Schulbildung etwas steigt.

Bildungsunabhängiger »Judenriecher«

»Glauben Sie, daß man die meisten Juden an ihrem Aussehen erkennen kann, oder glauben Sie das nicht?«

Schulbildung	Ja, kann an Aussehen erkennen	Nein, glaube ich nicht	Unentschieden
Volksschule	38%	43%	19%
Haupt-, Berufsschule ohne Matura	39%	50%	11%
Matura, Hochschule	35%	53%	12%

Quelle: IMAS, 1973, Tab. 2 (N=963)

Noch deutlicher ist die Unabhängigkeit vom Schulbildungsniveau in einem Zusammenhang, der als Kernvorstellung einer – wahrscheinlich häufig unbeabsichtigten – latent biologistischen und rassistischen Auffassung vom »Juden« (im Gegensatz zu einer religiösen, ethnischen oder kulturellen) verstanden werden muß – die Vorstellung, »Jude bleibt Jude«.

Bildungsunabhängiger Rassismus – »Jude bleibt Jude«

»Angenommen, ein Jude gibt seine Religion auf und wechselt zum Christentum über. Würden Sie ihn dann trotzdem noch als Juden betrachten, oder ist er Ihrer Meinung nach dann kein Jude mehr?«

Schulbildung	Trotzdem noch als Juden betrachten	Ist dann kein Jude mehr	Unentschieden
Volksschule	56%	22%	22%
Haupt-, Berufsschule	62%	23%	15%
Matura, Hochschule	55%	26%	19%

Quelle: IMAS, 1973, Tab. 3 (N=963)

Andere Einstellungskomponenten wiederum, wie etwa die Exogamiebereitschaft (»Würden Sie ein Mädchen/einen Mann jüdischer

Abstammung heiraten oder geheiratet haben?«) oder die einfache Bereitschaft, mit der jüdischen Minderheit auch nur zusammen- bzw. nebeneinander zu leben, zeigen wohl deutliche Bildungseffekte, doch nur geringfügige Unterschiede nach verschiedenen Berufsgruppen.

Diskriminierungsneigung unabhängig von Berufsgruppen

»... es wäre für Österreich besser, keine Juden im Land zu haben«

Berufsgruppen	Zustimmung (»hat recht«)
Landwirte	26%
Arbeiter, Landarbeiter	22%
Angestellte, Beamte	19%
Selbständige Geschäftsleute, freie Berufe	25%

Quelle: IMAS, 1973, Tab. 7 (N=963)

d) Schließlich wird der nachfaschistische Antisemitismus im Ausmaß seiner »Mäßigung«, Latenz oder »Verdrängung« eine allgemeinere schichtunabhängigere Erscheinung; ist er nach der (sehr kruden) »Intensitäts-Skala« der IMAS-Studie in seiner extremen Ausprägung ein typisches Phänomen der bildungsmäßig und beruflich unterprivilegierten Schichten (Volksschulabsolventen, Landwirte, Arbeiter) und zeigt auch die abgeschwächte Form eines »Alltagsantisemitismus« noch ein merkliches Bildungsgefälle, so weist die Verteilung über die Berufsgruppen kaum Unterschiede auf – eine »schwache antisemitische Neigung« ist noch am ehesten bei Angestellten und Beamten, selbständigen Geschäftsleuten und freien Berufen, am wenigsten bei der Arbeiterschaft anzutreffen.

Offener gemäßigter Antisemitismus schichtneutral?

Schulbildung/Berufskreis	»Schwache antisemitische Neigung«
1. Volksschulabsolventen	52%
2. Angestellte, Beamte	49%
3. Selbständige Geschäftsleute, freie Berufe	47%
4. Landwirte	46%
5. Haupt-, Berufsschulabsolventen ohne Matura	45%
6. Arbeiter, Landarbeiter	44%
7. Maturanten, Hochschulabsolventen	36%

Quelle: IMAS, 1973, Tab. 16 (N=963)

In einer neueren und genauer ausgewerteten Fragebogenerhebung[8], deren Ergebnisse freilich leider nur für die Wiener Bevölkerung gelten, wird diese Hypothese einer schichtunabhängigen Vorurteilsverteilung weiter bestätigt: das Ausmaß des Antisemitismus ist weitgehend unabhängig von Berufszugehörigkeit *(Ausnahme: Hilfsarbeiter),* persönlichem Einkommen und auch Netto-Haushaltseinkommen, wie die folgende Tabelle zeigt.

Schicht(Berufs-, Einkommens-)unabhängigkeit antisemitischer Vorurteile in Wien

Beruf		Antisemitismus-Index			
		hoher As.	mittlerer As.	niedriger As.	
Hilfsarbeiter	(7,6%)	28,3	58,5	13,2	
Facharbeiter	(16,4%)	21,9	59,6	18,4	
Kleine und mittlere Angestellte und Beamte	(44,4%)	16,5	62,5	21,0	100,0%
Leitende Angestellte, Selbständige u. freie Berufe	(31,6%)	22,3	50,0	27,7	Wien gesamt
Wien gesamt	(100,0%)	20,1	57,8	22,1	
cc=.14 df=6 s.				(N=969)	
Haushalts-Nettoeinkommen					
bis 5.000 S	(12,0%)	24,1	56,3	19,5	
5.000 bis 11.000 S	(47,0%)	21,2	59,3	19,5	100,0%
11.000 S und mehr	(41,0%)	17,6	57,8	24,7	
Wien gesamt	(100,0%)	20,1	58,3	21,6	Wien gesamt
cc=.08 df=4 n. s.				(N=722)	

Quelle: Weiss JaS (II), 1977, Tab. 4/2, 4/3

Auch eine durchgeführte Diskriminanzanalyse, die »starke«, »mittlere« und »schwache« Antisemiten nach unterscheidenden sozialen Merkmalen beschreiben lassen sollte, erhärtet die These einer nicht schichtspezifischen Vorurteilsvariation. Wohl scheint es bestimmte »Milieus« zu geben, die antisemitische Tendenzen fördern, sie decken sich indes keineswegs mit genau umschreibbaren sozialstrukturellen, klassen- oder schichtspezifischen Bedingungen; vielmehr scheinen »subjektive« Faktoren wie berufliche Unzufriedenheit, Gefühle relativer Benachteiligung und unzureichender Anerkennung, blockierter Aufstiegschancen oder Abstiegsgefährdung und Einflüsse einer entsprechenden Primärsozialisation im Elternhaus »objektive« Lebenszusammenhänge wie niedrigere oder mittlere Bildung und Qualifikation, Immobilität oder Abwärtsmobilität, eingeschränkten und homogenen Verkehrskreis und Lebensraum usw. erst wirklich »vorurteilsprägend« zu machen.

Faßt man die referierten Befunde in einem Blick zusammen, so ergibt sich wohl kein einfaches, eindeutiges, doch ein klareres, differenzierteres Bild – mit freilich unterschiedlich deutbaren Konturen – als erste Antwort auf die Ausgangsfrage nach einer klassen- oder schichtspezifischen Vorurteilsverteilung. Verschiedene Interpretationsmöglichkeiten sollen nun erörtert werden.

I/1. Zwei überzeichnende Interpretationsansätze zum »Klassencharakter« des Antisemitismus und ihre Kritik

Ist auch der nachfaschistische Antisemitismus weiterhin in allen Klassen und Schichten der österreichischen Bevölkerung verbreitet, so zeigen die Variationen nach Sozialschichten so widersprüchliche und ungesicherte Ergebnisse, daß selbst das Vorliegen eines einzigen, einheitlichen Syndroms »Antisemitismus« angezweifelt werden kann. Geht man trotzdem vorläufig von einem abgrenzbaren Erscheinungsbild »des« Antisemitismus aus, dann sind (beim gegebenen Wissensstand) sowohl jene Interpretationen bestreitbar, die darin ein bloßes oder wenigstens typisches Unterschichtphänomen oder ein ausschließliches Vorurteil randständiger Sozialschichten sehen wollen; als auch die entgegengesetzte Deutung des Nachkriegsantisemitismus als wesentlich (klein)bürgerliches und mittelständisches Phänomen, das als Symptom eines autoritären oder »faschistoiden« Potentials auch innerhalb der Arbeiterklasse verharmlost oder überhaupt geleugnet wird.

a) Die These vom *Unterschicht-Antisemitismus,* die insbesondere von liberalen oder konservativen Sozialwissenschaftern häufig vertreten wird, beruht auf der Gleichsetzung antisemitischer mit anderen Vorurteilen. Gerade diese Annahme wurde aber *für Österreich* schon eindrucksvoll widerlegt bzw. in ihrer Gültigkeit allenfalls auf die sehr oberflächliche Ebene verbaler Äußerungen extremer Vorurteilsneigung eingeschränkt. Tatsächlich dürften Mittelschichtangehörige die gesellschaftliche Geringschätzung von »Vorurteilen« im allgemeinen, besonders aber tabuierter Vorurteile wie des nachfaschistischen Antisemitismus stärker beachten, selbst und gerade wenn sie diese auf einer tieferliegenden psychischen Ebene entweder teilen oder schon unbewußt entsprechende Verschiebungen auf sozial »gestattete« Ausdrucksformen vornehmen.

Empirische Hinweise auf solche verschobenen Manifestationen von Ambivalenz oder Abneigung gegen Juden in den »gebildeteren« mittleren oder oberen Gesellschaftsschichten sind etwa die heftigere Schuldabwehr bezüglich der NS-Vergangenheit oder eine unterschiedliche Bewertung von gleichwohl stereotyp wahrgenommenen Eigenschaftszuschreibungen, bis hin zu einer mechanischen »philosemitischen« Umkehrung der herkömmlichen Klischees. Vorbehalte gegen »Juden« werden in den höheren Schichten aufgrund ihrer stärkeren Affektkontrolle jedenfalls vorsichtiger, gleichsam »zensurierter« und in größerer Übereinstimmung mit den jeweils vorherrschenden Ideologien geäußert – in der Nachkriegszeit also kaum mehr öffentlich. Diese verdeckte Form der Vorurteilskonservierung im Bürgertum darf indes über den Verbreitungsgrad nicht täuschen, obschon er mit den kruden Meßinstrumenten von Meinungsbefragungen kaum erfaßbar ist und darum wahrscheinlich systematisch unterschätzt wird.

Umgekehrt dürfte es sich bei den Angehörigen der Arbeiterschaft oder marginaler und unterer Gesellschaftsschichten verhalten. Sie scheinen Vorbehalte gegen Minderheiten sozusagen naiver und offener zu äußern, oft ohne – paradoxerweise – durch die Übernahme vorformulierter Stereotypen die angesprochenen Ressentiments oder Feindseligkeiten tatsächlich zu entwickeln. Sie reden gleichsam in den von höheren Schichten »geborgten« sprachlichen Stereotypen, ohne damit irgendwelche eigenen Vorstellungen oder gar Gefühle zu verbinden; ohne aber auch jenes wohlantrainierte Mißtrauen und jene Scham der Mittelschichten gegen ihr eigenes beschämendes und vorurteilhaftes Mißtrauen (oder auch die Angst vor Sanktionen) zu haben, das zu reservierteren Vorurteilsäußerungen oder ihrer verbalen Dementierung führt. Mißtrauen ist darum gegenüber allen Ergebnissen von Befragungen angebracht, die ohne projektive – auf die seelischen Tiefenschichten zielende – Techniken angestellt werden: durch nichtprojektive Fragen nach (verpönten) Vorurteilen wird unvermeidlich eine Verzerrung zugunsten der – bildungsmäßig – höheren Sozialschichten und zum Nachteil jener unterprivilegierten Gruppen, die – nachdem sie sich fremde Vorurteile angeeignet haben – auf die nunmehr »eigenen« Vorurteile gleichsam »hereinfallen«[9].

b) Andererseits impliziert die Kritik der einen These nicht die Annahme der gegenteiligen, die den Antisemitismus auch heute noch *als ausschließlich »kleinbürgerliche« Erscheinung* deutet und seine Existenz in der Arbeiterklasse einfach weginterpretiert. Sie begreift das antisemitische Vorurteils-Syndrom als genuin »bürgerliches« Bewußtsein, das der Arbeiterklasse schon aus ihrer materiellen Interessenlage heraus fremd sein müsse und stets fremd gewesen sei und allenfalls in einigen Randschichten wie der unteren Angestelltenschaft eine gewisse Verbreitung haben könne. Konfrontiert mit gegenteiligen Befunden der Sozialwissenschaft, reduzieren sie diese – in Übergeneralisierung eines an sich zutreffenden Einwandes – auf bloße Artefakte einer zugunsten der Mittelschichten verzerrten Befragungstechnik. Die ebenfalls richtige Einsicht, daß Antisemitismus in der Arbeiterschaft etwas anderes *bedeuten* könne als in den Mittelschichten, macht ihn darum aber noch nicht zu einer harmlosen Fehlartikulation eines grundsätzlich zielsicheren »Klasseninstinkts«.

Jedenfalls scheint der Versuch, den nachfaschistischen Antisemitismus in Österreich als typisches Mittelschicht-Phänomen zu behaupten, ebenso unhaltbar zu sein wie jener, ihn als bloßes Unterschicht-Phänomen zu charakterisieren. Die folgende Interpretation hingegen könnte eine angemessene Aufhebung der beiden gegensätzlichen Deutungen auf Grundlage der schon angemerkten Modifikationen darstellen.

I/2. Diffusion und Zirkulation von Ideologien und Vorurteilen – ein dynamischer Erklärungsversuch

Selbst wenn man nämlich das Vorurteilssyndrom genetisch als genuin »bürgerliche« Erscheinung begreift, so kann der Befund eines Antisemitismus auch in der Arbeiterschaft eher als ein Hinweis auf das Ausmaß ihrer Integration in eine »bürgerliche Gesellschaft« verstanden werden; in eine Gesellschaftsordnung, die durch die Basisinstitutionen marktgesteuerter und privat verfügter und angeeigneter Produktion sowie eine »bürgerliche hegemoniale« Wertordnung geprägt ist. Eine solche »Verbürgerlichung« der Arbeiterklasse[10] wird von verschiedenster Seite – hämisch oder klagend – immer wieder behauptet, ebenso aber auch – mißtrauisch oder optimistisch – bestritten.

Nun wäre eine »Verbürgerlichungs«-These in dem Sinne, daß die »Ideologie der Herrschenden« als »herrschende Ideologie« auch die unterworfenen Klassen mangels eines eigenen »Klassenbewußtseins« in ihren Bann ziehe und damit eine Art totaler Herrschaft konstituiere, im vorliegenden Fall einfach absurd. Tatsächlich ist ja der nachfaschistische Antisemitismus keine Ideologie mehr[11] und schon gar nicht eine der Herrschenden, wenn er dies überhaupt je war. Vielmehr hat er seine Funktion einer ideologischen Waffe des Bürgertums als politischer Klasse verloren und ist zu einer privaten Bewußtseinsdeformation vor allem der im wörtlichsten Sinne »heruntergekommenen« oder »unten gehaltenen« Schichten geworden. Hält man dennoch die Existenz eines Antisemitismus in der Arbeiterklasse nicht für ein bloßes Konstrukt, so kann man sich dessen soziale Reproduktion etwa so vorstellen:

Ein merkwürdig »verschämter«, »verschobener« latenter Vorurteilsbestand strahlt insbesondere von jenem »alten Mittelstand« und dem »neuen Kleinbürgertum« aus, die zwar in ihrer sozialen Stellung bedroht oder abgewertet sind, aber immer noch – vor allem informell –

meinungsbildend wirken. Die relative Macht dieser Schichten zwingt das politische System über Intervention der Parteien und Verbände immer wieder zu protektionistischen wirtschaftspolitischen Maßnahmen, denen ein sozialpsychologisches »Vorurteilsmanagement« der somit reproduzierten »rückständigen« Bewußtseinsformationen folgen muß. Das erklärt auch die erstaunlich starke Persistenz, zugleich die nichtmilitante (»gemütliche«) Form: spätbürgerlicher »Alltagsantisemitismus« artikuliert sich selten als offene Feindseligkeit oder Haß, sondern eher als latentes Stereotyp und Unbehagen, das freilich intensive Affekte hervorrufen kann.

»Verbürgerlichung der Arbeiterklasse« kann in diesem Zusammenhang dann nur mehr die Übernahme gerade jener »rückständigsten« Bewußtseinsrelikte gerade der zunehmend rück- und randständigsten bürgerlichen Schichten durch die Arbeiterschaft bis in ihre Kernschichten hinein heißen. Eine solche »bewußtseinsmäßige Assimilation« der Arbeiterschaft an das Kleinbürgertum erstaunt wenig, wenn man bedenkt, daß sozialer Aufstieg und Mittelschichtzugehörigkeit zu den wichtigsten Merkmalen inauthentischer Selbsteinschätzung der österreichischen Arbeiterklasse gehören.

Die – mangels einer bedeutsamen homogenen Oberschicht in Österreich – weithin dominierenden »neuen« Mittelschichten sowie die aufstrebenden Segmente des »Kleinbürgertums« und der Arbeiterschaft dürften angesichts ihrer höheren Interessendurchsetzungsfähigkeit weniger Ressentiments und Vorurteilsbereitschaft haben und in ihren Vorurteilen (etwa gegen »Verbrecher«, »Anarchisten« usw.) konformer gegenüber dem vorherrschenden Sozialklima sein als die von Deklassierung und Bedeutungsverlust bedrohten Gruppen des »alten Mittelstands« und der dequalifizierten oder aufstiegsblockierten Arbeiter- und Angestelltenschaft.

Die Arbeiterklasse war in der Zwischenkriegszeit wohl eher immun gegen den »bürgerlichen« Antisemitismus als Ideologie der Klassenauseinandersetzung. Obschon wir darüber nur von der Politik der Organisationen der Arbeiterbewegung, nicht aber vom Alltagsbewußtsein der Angehörigen der Arbeiterklasse wissen, dürfte doch ein damals wesentlich festeres und allgemeiner verbreitetes proletarisches Klassenbewußtsein die Arbeiter gegen eine antisemitische Mystifikation von Klassenantagonismen stärker immunisiert haben[12]; eine Immunisierung, die freilich der nationalsozialistischen Propagandamaschinerie – die gerade in Österreich besonders »sozialistisch« verkleidet argumentierte, um die Arbeiterschaft zu gewinnen[13] – nicht standhalten konnte. Nach dieser Niederlage scheint – paradoxerweise – der Antisemitismus als ehemalige Ideologie des »Klassengegners«

nunmehr als Vorurteil von einer wiederaufsteigenden Arbeiterklasse »auffälliger« konserviert worden zu sein als im Bürgertum selbst, das diese »unhaltbar« gewordene Ideologie als »sichtbares« Vorurteil rascher und entschiedener abzustoßen vermochte, ohne allerdings von seiner Vorstellungswelt losgekommen zu sein.

Dieser Umschichtungsprozeß von Bewußtseinskonfigurationen kann als eine Art Diffusion oder »Kreislauf von Ideologien und Vorurteilen« begriffen werden: die von den – gerade auch über ihre Ideologieproduktion – vorherrschenden »bürgerlichen« Schichten als (offizielle) Ideologien aufgegebenen und durch »zeitgemäßere« ersetzten Bewußtseinsdeformationen leben dort höchstens noch im »Untergrund« der Privatheit fort und sinken bei fehlender Resistenz allmählich über informelle Mechanismen der Meinungs- und Bewußtseinsbildung ab, in allen Klassen und Schichten der Gesellschaft, wo sie allerdings hauptsächlich bei den gesellschaftlich absinkenden oder aufstiegsblockierten Sozialschichten über stereotype Wahrnehmung und umgangssprachliche Klischees hinaus als gefühlsintensive Vorurteile fortbestehen.

II. Schichtspezifische »Antisemitismen« – ein erster Test zur Vorurteilsstruktur

Die vorgebrachte These einer Vorurteilsdiffusion und -zirkulation in der Folge der Auflösung des Antisemitismus als Ideologie sowie von Umschichtungen gesellschaftlicher Gruppen läßt sich zwar mit den verfügbaren Daten durchaus bestätigen, ist aber wegen deren unzulänglicher Qualität empirisch noch ungenügend gesichert.

Immerhin könnte die Inkonsistenz der Ergebnisse bezüglich der Schicht(un)abhängigkeit antisemitischer Vorurteile auch bedeuten, daß der Antisemitismus entweder gar nicht nach Schichtzugehörigkeit, sondern mehr nach konkomitanten Faktoren variiert; oder daß es so etwas wie »den« Antisemitismus als wohlabgrenzbares, einheitliches Phänomen »in den Köpfen« der Österreicher gar nicht gibt, sondern jeder einzelne oder jede Sozialschicht unter entsprechenden Fragestimuli versteht, was sie will bzw. was sie aufgrund ihrer Erfahrung(slosigkeit) verstehen kann. Eine wichtige Frage ist daher, ob bzw. inwieweit unterschiedliche Projektionen psychischer Bedürfnisse auf einen stereotypisierten Reizkomplex sozialen Strukturen folgen.

Ausgangspunkt ist die These, daß die (Rest-)Funktionen des nachfaschistischen Antisemitismus nur dadurch von verschiedenen Bevölkerungsgruppen unterschiedlich beansprucht werden können, daß sie den gleichen Stereotypen unterschiedliche Bedeutungen zuordnen. Sollten sich systematische Diskrepanzen in den übernommenen Klischees bei verschiedenen Sozialschichten nachweisen lassen, die sich insgesamt einem sinnvollen Interpretationsmuster fügen, so wäre die Hypothese von den verschiedenen »Antisemitismen« verschiedener Sozialschichten erwiesen.

Leider erlaubt auch hier die unzureichende Datenlage eher eine punktuelle empirische Illustration als eine abschließende Beweisführung. Immerhin wurde die Hypothese am bislang umfassendsten und differenziertesten, wenngleich unrepräsentativen empirischen Datenmaterial des IFES systematisch getestet und – hinsichtlich der allein erhobenen Komponenten aggressiver Projektion – bestätigt: jede Gruppe der Versuchspersonen, die verschiedenen Sozialschichten zugerechnet werden konnten[14], »verwendete« das Judenstereotyp so, wie sie es ihrer Lebenslage nach zu brauchen schien – verschiedene Sozialschichten kennen verschiedene »Antisemitismen«, wie die Tabelle 9 verdeutlicht.

Sie ermöglicht es, über die systematischen Divergenzen in den Stereotypen und Einstellungsmustern zwischen Angehörigen der Arbeiterschaft und des Mittelstandes »den« Antisemitismus in die schichtspezifischen »Antisemitismen« eines »working class authoritarianism« und eines »kleinbürgerlich-mittelständischen« Antisemitismus typisierend aufzugliedern.

Tabelle 9   Schichtspezifische *»Antisemitismen«*

	»Arbeiter« Gewerkschaftsfunktionäre (N=33)	»Mittelstand« Stud. d. Päd. Akademie (N=32)
	% zustimmende Antworten (15) (in Klammern: Trennschärfe)	
Stereotypie und Identifizierbarkeit von Juden		
»Man soll seinen Kindern beibringen, einen Juden zu erkennen«	31% (59)	21% (38)
»Es mag Ausnahmen geben, aber im großen und ganzen sind alle Juden gleich«	58% (49)	45% (45)
»Die Juden, die sich durch Kleidung und Haartracht als Juden kennzeichnen, sind noch am sympathischsten«	64% (17)	39% (33)
Soziale Distanz – Exogamie – extreme Idiosynkrasie – Rassismus		
»Eine gewisse Ablehnung der Juden ist in Österreich allgemein verbreitet«	58% (37)	91% (09)
»Die Juden gehören ihrer Abkunft nach einer anderen Rasse an – und das läßt sich nie völlig verleugnen«	75% (34)	82% (30)

	»Arbeiter« Gewerkschaftsfunktionäre (N=33)	»Mittelstand« Stud. d. Päd. Akademie (N=32)
	% zustimmende Antworten (15) (in Klammern: Trennschärfe)	
»Wie sehr sich ein Jude auch an unsere Verhältnisse angepaßt haben mag, er bleibt doch anders als die Österreicher«	53% (58)	64% (22)
»Ein Jude muß, ob er will oder nicht, in einem gewissen Gegensatz zum Nichtjuden stehen«	53% (43)	61% (40)
»Ich kann mir nicht vorstellen, daß ich mit einem Juden (einer Jüdin) verheiratet wäre«	34% (73)	36% (27)
»Ehen zwischen Juden und Nichtjuden sind so mit Problemen belastet, daß davon eher abzuraten ist«	45% (53)	61% (40)
»Die Erfolge der Juden in Israel gehen vor allem darauf zurück, daß durch die Auswanderung mitteleuropäischer Juden und Mischlinge sehr viel mitteleuropäisches Erbgut nach Israel gebracht wurde«	69% (40)	88% (17)
». . . schwer, einen gewissen körperlichen Widerwillen zu unterdrücken«	28% (73)	36% (55)

Schuldabwehr, Schuldumkehr und NS-Rechtfertigung

»Das Judenproblem wird nicht damit gelöst, wenn man dauernd von den Konzentrationslagern redet«	78% (02)	91% (30)
»Prozesse gegen sogenannte ›Judenmörder‹. . . sind sinnlos«	50% (54)	85% (40)
»Es ist nicht nur Zufall, daß die Juden so oft verfolgt wurden; zumindest zum Teil sind sie selbst daran schuld«	66% (40)	79% (35)
»Die Juden sollten sich nicht nur beklagen, daß sie verfolgt werden, sie müssen sich ehrlich anstrengen, ihre Fehler abzulegen«	66% (40)	79% (35)
»So verwerflich die Art war, in der die Nationalsozialisten schließlich das Judenproblem zu lösen versuchten, so muß man doch zugeben, daß dadurch für Österreich manches besser geworden ist«	41% (59)	48% (39)
»Wenn man rechtzeitig dafür gesorgt hätte, daß nicht so viele Juden in leitende und einflußreiche Stellungen gekommen wären, hätte es in Deutschland nie eine Judenverfolgung gegeben.«	55% (55)	61% (53)

Klischee von »jüdischer Macht« und Bedrohlichkeit

»Der jüdische Einfluß hat Amerika erst gegen Hitler-Deutschland in den Krieg geführt – und damit den Kommunismus unter Stalin vor der totalen Niederlage gerettet«	64% (44)	45% (33)
»In allen kommunistischen Parteien spielen die Juden eine große Rolle«	41% (43)	42% (27)
»Die Juden haben . . . einen politischen und wirtschaftlichen Einfluß ausgeübt, der weit über dem lag, was ihnen aufgrund ihrer tatsächlichen Stärke zugestanden wäre«	61% (30)	85% (24)

	»Arbeiter« Gewerkschafts- funktionäre (N=33)	»Mittelstand« Stud. d. Päd. Akademie (N=32)
	% zustimmende Antworten (15) (in Klammern: Trennschärfe)	
»... Übergewicht an Juden in so entscheidenden Berufen, wie Journalisten, Schriftsteller, Politiker ...«	56% (44)	70% (01)
»Die internationale Hochfinanz ist großteils in den Händen von Juden«	66% (33)	73% (18)
»Welche finanzielle und politische Macht hinter dem Judentum steht, zeigt sich heute ganz deutlich in Israel; nur durch die Unterstützung des internationalen Judentums kann Israel die Araber schlagen«	69% (37)	82% (14)
»... Juden haben es immer verstanden, die Menschen zu manipulieren«	58% (43)	82% (14)
»Jüdische Geschäftsleute halten besser zusammen und verschaffen sich so Vorteile«	86% (18)	100% (00)
»Das Eindringen ausländischer Firmen nach Österreich wird durch die Juden begünstigt«	44% (61)	61% (−08)

Überheblichkeit – Arbeitsscheu – Zwangsassimilation

»Der Hauptfehler der Juden ist ihre Einbildung, einem auserwählten Volk anzugehören«	61% (54)	55% (39)
»Juden haben eine Abneigung gegen harte Arbeit, sie suchen daher immer nach bequemen, einträglichen Positionen«	62% (25)	39% (33)
»Die Juden sollten sich mehr bemühen, ihre fremdartigen religiösen Sitten völlig abzulegen, und sich wie alle anderen Österreicher benehmen«	49% (60)	30% (15)

Quelle: IFES, 1969 a, 10 ff.

II/1. Antisemitismus als Moment eines »working class authoritarianism«

Die wichtigsten Vorbehalte der Arbeitervertreter gegen »die Juden«, die sich von denen der Mittelschichtangehörigen abheben, betreffen die vermeintliche prätentiöse »Fremdartigkeit« und überhebliche »Einbildung, einem auserwählten Volk anzugehören«; den Verdacht parasitärer Arbeitsscheu – »Juden haben eine Abneigung gegen harte Arbeit, sie suchen daher immer nach bequemen, einträglichen Positionen«; die besondere Betonung »jüdischen Einflusses«, der »Amerika erst gegen Hitler-Deutschland in den Krieg geführt – und damit den Kommunismus unter Stalin vor der totalen Niederlage gerettet« hätte; zugleich sind sie durch höhere Stereotypie der Wahrnehmung (»alle Juden sind gleich«) und Wünsche nach Identifizierung bzw. Identifizierbarkeit von »Juden« gekennzeichnet. Hingegen sind die – immer noch sehr starken – Bedürfnisse nach Schuldabwehr und Schuldumkehr bei den Arbeitervertretern deutlich geringer als im Mittelstand; dasselbe gilt für die Klischees von »jüdischer Macht« und unangemessener Vorherrschaft ebenso wie von den Ausdrucksformen sozialer Distanz und Idiosynkrasie, und zwar um so mehr, je indirekter sie vorgebracht werden.

Sieht man die einzelnen Komponenten etwas genauer an, so drängen sich sogleich auch entsprechende Ad-hoc-Interpretationen für diese unterschiedliche Vorurteilsstruktur gegenüber dem Mittelstand auf, die mit den unterschiedlichen Lebenslagen und Arbeitsbedingungen bzw. -erfahrungen zu tun haben.

Die Arbeiter hegen vor allem Ressentiments, die grundlegende Deprivationen ihrer eigenen Arbeits- und Lebenswelt betreffen. So glauben sie weit mehr als Mittelschichtangehörige, »Juden haben eine Abneigung gegen harte Arbeit«, zu der sie selbst gezwungen waren oder immer noch sind, und »Juden suchen immer nach bequemen, einträglichen Positionen« (62 zu 39 Prozent!), die ihnen selbst verwehrt sind und die sie dennoch begehren.

Mehr als die Mittelschichtangehörigen reizen die Arbeiter die vermutete Überheblichkeit und die als kapriziös erlebten kulturellen Absonderungsbestrebungen der Minderheit, vielleicht, weil das ihre stärker egalitären Werte und Ansprüche zu verletzten scheint, vielleicht, weil sie kulturellen Pluralismus und daher Identitätsdifferenzen, die sich nicht ausschließlich durch beruflich-hierarchische Stellungsunterschiede oder Marktbezüge legitimieren, weniger anerkennen. Seien es nun fehlverstandene demokratische Gesinnung oder andere Motive, in jedem Falle sind die Arbeitervertreter härtere Verfechter einer autoritären Zwangsassimilation als die hierin vorsichtigeren Mittelschichtangehörigen.

Immer noch rechnen sie eher den Kriegseintritt Amerikas »jüdischem Einfluß« zu (64 zu 45 Prozent), was den »Kommunismus unter Stalin vor der totalen Niederlage gerettet« hätte, da sie vom Faschismus am meisten betrogen wurden, ohne gelernt zu haben, das auch zu verstehen. Hier könnte allerdings auch ein Alterseffekt gegenüber den jüngeren Studenten mitwirken, insbesondere über die Vermittlung durch einen militanten Antikommunismus. Immerhin sind diese Auffassung und jene, daß »in allen kommunistischen Parteien ... die Juden eine große Rolle« spielten, die einzigen, in denen die Vorstellung von übermäßiger »jüdischer Macht« ebenso stark ausgeprägt war wie bei den künftigen Lehrern.

Die Arbeitervertreter manifestieren die eher naive und offene

Vorurteilsneigung der bildungsmäßig Unterprivilegierten: so gestehen sie stereotype Wahrnehmung (»Es mag Ausnahmen geben, aber im großen und ganzen sind alle Juden gleich«, 58 Prozent) freimütiger als die Studenten, weil sie allemal zu undifferenzierterem Erleben angehalten sind, und billigen auch heute noch ungenierter diskriminierende Maßnahmen gegen Juden – etwa im Betrieb (»Ein Betrieb, der etwas auf sich hält, muß es vermeiden, allzuviele Juden zu beschäftigen«, 34 Prozent). Ihre hohe soziale Orientierungsunsicherheit läßt unverhältnismäßige Identifizierungswünsche entstehen: Juden mögen sich wenigstens als Juden »kennzeichnen« (»die Juden, die sich durch Kleidung und Haartracht als Juden kennzeichnen, sind noch am sympathischsten . . .«, 64 Prozent); da sie dies nicht tun, scheint es vielen Arbeitern lebenspraktisch und nützlich, »seinen Kindern beizubringen, einen Juden zu erkennen . . .« (31 Prozent). Hingegen ist das Ausmaß offener sozialer Distanz etwa gleich groß, der Grad verdrängter, uneingestandener Ressentiments und Abneigung jedoch deutlich niedriger als bei den Mittelschichtangehörigen.

Im übrigen dürfte die folgende Formulierung besonders typisch für diese Form des Antisemitismus sein: »Die Juden sollten sich mehr bemühen, ihre fremdartigen religiösen Sitten völlig abzulegen und sich wie alle anderen Österreicher benehmen« (49 zu 30 Prozent).

Insgesamt entspricht die Haltung der Arbeiter(funktionäre) deutlich dem, was Lipset[16] als »working class authoritarianism« analysiert hat. Er versteht darunter eine in internationalen Vergleichsstudien immer wieder bestätigte und leicht erklärbare Neigung der Arbeiterschaft bzw. der unteren Sozialschichten im allgemeinen, nur in wirtschaftspolitischen Fragen wohl eine eher »liberale« oder »linke« Position einzunehmen. So werden etwa wohlfahrtsstaatliche Maßnahmen, wirtschaftspolitische Interventionen oder Verstaatlichungen, verstärkte Steuerprogression, erhöhte Mindestlöhne, Unterstützung gewerkschaftlicher Forderungen nach Mitbestimmung usw. stärker befürwortet. Zugleich zeigen Arbeiter aber außerhalb der unmittelbaren Wirtschaftssphäre weniger Liberalität oder Fortschrittlichkeit – sei es Unterstützung für Bürger- und Menschenrechte zu fordern bzw. gegen Verletzungen zu protestieren, Toleranz gegenüber ethnischen, sozialen oder politischen Minderheiten zu üben, Schutz der Rechtsstaatlichkeit oder der Privatsphäre vor Übergriffen der Exekutive zu behaupten usw., Forderungen, die in »westlich«-demokratischen Ländern eher von – liberalen – Mittel- und Oberschichten vertreten werden.

Auch die für Österreich vorliegenden empirischen Befunde deuten darauf hin, daß die extrem deprivierenden Arbeitsverhältnisse und die höhere wirtschaftliche Unsicherheit, geringe Ausbildung und Bildung,

Informiertheit und Partizipation in Parteien und Verbänden, rigide familiäre Beziehungsmuster und andere Merkmale einer benachteiligten Lebenslage in den Unterklassen zu einem erhöhten Autoritarismus »klassischer« Prägung führen. Antisemitische Vorurteile haben freilich in diesem Syndrom keine besondere Stellung; sie sind vielmehr – vielleicht mit Ausnahme der allgemeiner militant konservativen Landwirte – ein fester, aber grundsätzlich beliebiger und austauschbarer Bestandteil eines durch Verwirrung und Starrheit gekennzeichneten Unverständnisses gegenüber gesellschaftlichen Zusammenhängen. »Die Juden« scheinen in diesem desorientierten Weltbild oft nicht mehr als die Funktion einer Chiffre für ein Unbehagen zu haben, das die Undurchsichtigkeit der Triebkräfte und Bewegungsgesetze der Gesellschaft insgesamt im Bewußtsein des einzelnen Arbeiters hinterläßt.

Beunruhigend ist allerdings, daß sich Funktionäre der Arbeiterbewegung in keiner Weise durch beispielgebende Vorurteilsfreiheit auszuzeichnen, sondern eher die Gewaltverhältnisse in den Köpfen ihrer Klasse zu reproduzieren scheinen. Die folgenden empirischen Befunde sind in diesem Zusammenhang bemerkenswert:

Ethnozentrismus, allgemeine Vorurteilsneigung und Feindseligkeit gegenüber ethnischen, sozialen, religiösen, kulturellen, politischen, sexuellen usw. Minderheiten scheint von politischer Gesinnung, wie sie auch durch Zugehörigkeit zur organisierten Arbeiterbewegung vermittelt wird, weitgehend unabhängig zu sein[17]. Sozialistische Arbeiter oder Funktionäre scheinen andere, nicht weniger und weniger gefährliche Vorurteile zu haben.

Im Gegensatz zu Vorurteilen gegen andere Minderheiten ist der Antisemitismus nicht nur in Extremgruppen (Vorurteilsfreier oder extrem Vorurteilsbehafteter), sondern schon im Durchschnitt noch stark politisch beeinflußt: Anhänger »linker« Parteien und Bewegungen sind immer noch deutlich weniger antisemitisch, »rechts« gesinnte merklich antisemitischer. Gerade das dürfte aber ein »historisches Relikt« sein: der immunisierende Einfluß »linker« politischer Ideologie nimmt in den jüngeren Generationen laufend ab.

Soweit die Zugehörigkeit von Arbeitern zur Arbeiterbewegung mit einer sozialistischen Parteipräferenz verbunden ist, lassen neuere Studien eine verringerte Vorurteilsfreiheit im Vergleich mit Sympathisanten des christlich-sozial-konservativen oder des nationalliberalen »Lagers« erkennen.

II/2. Kleinbürgerlich-mittelständischer Antisemitismus als verdrängtes Ressentiment

Eine andere Struktur zeigt hingegen der kleinbürgerlich-mittelständische Antisemitismus besitz- und bildungsprivilegierter, aber statusgefährdeter Sozialschichten. Allgemein inhaltlich kann er durch diffus rassistische Vorstellungen; unterdurchschnittliche Schuldeinsicht und Wiedergutmachungsbereitschaft bezüglich der Verbrechen an den Juden während der nationalsozialistischen Herrschaft; überdurchschnittlich starke Beschäftigung mit »jüdischer Macht«, die für größer, bedrohlicher und unangemessener gehalten wird als von den Arbeitern; sowie verhaltenstypisch durch eine Prävalenz aller indirekten, versteckten und verschobenen, vermeintlich unmerklichen Ausdrucksformen eines anderen oder gar sich selbst uneingestandenen Ressentiments charakterisiert werden. Daran wird die höhere Konformität dieser Sozialschichten mit der nach dem Faschismus »offiziellen« Diffamierung des Antisemitismus als Ideologie, ohne daß dieser als Vorurteil bewältigt wurde, offenkundig.

Sehen wir uns diese Konfiguration etwas genauer an.

Auffällig ist vor allem das letztgenannte *Phänomen einer Tabuierung offener Äußerung antisemitischer Einstellungen im Mittelstand,* die gleichwohl beibehalten werden, wie an den Antwortdifferenzen zwischen direkten oder offenen und indirekten oder projektiven Fragen erkennbar ist. Hiezu ein Beispiel: Zwischen Arbeitern und Studenten besteht praktisch kein Unterschied in der Ablehnung einer Außenheirat mit Angehörigen der jüdischen Minderheit – 34 Prozent der Arbeiter und 36 Prozent der künftigen Lehrer können sich »nicht vorstellen, daß ich mit einem Juden (einer Jüdin) verheiratet wäre – es würde da immer Schwierigkeiten geben[19]«. Verallgemeinert man jedoch die Frage ins Unpersönliche und formuliert sie als allgemeine Problemstellung, um die hemmende Zensur bei individuell zuordenbaren Einstellungen zu unterlaufen, so wird plötzlich eine beachtliche Differenz zwischen den Angehörigen der Arbeiterschaft und des Mittelstandes sichtbar: künftige Lehrer raten numehr von »Ehen zwischen Juden und Nichtjuden« ungleich häufiger ab, als sie dies für sich selbst eingestanden haben und auch als dies Arbeiter in irgendeiner Form tun.

Schichtspezifische Verdrängungsunterschiede am Beispiel der Ablehnung von Außenheirat

	»Arbeiter«	»Mittelstand«
Direkte, offene Ablehnung der Exogamie (»Ich kann es mir nicht vorstellen, daß ich mit einem Juden verheiratet wäre – es würde da immer Schwierigkeiten geben«).	34%	36%
Indirekte, verdrängte Ablehnung der Exogamie (»Ehen zwischen Juden und Nichtjuden sind so mit Problemen belastet, daß davon eher abzuraten ist«)	45%	61%
Quelle: IFES, 1969 1, p 7		(N=65)

Auch diese Tendenz wäre durchgehender zu belegen, obschon sich selten eine so vortreffliche Vergleichsbasis zwischen projektiven und nichtprojektiven Fragen anbietet. Häufig kann nur aus den Häufigkeitsdifferenzen bei zustimmenden Antworten auf projektive Fragen auf eine *schichtspezifisch unterschiedliche Verdrängung vorhandener Vorbehalte* geschlossen werden.

So gibt es beispielsweise außerordentlich starke Unterschiede in der Vermutung, daß »eine gewisse Ablehnung der Juden ... in Österreich allgemein verbreitet ist« (91 zu 58 Prozent), was als bestätigende Absicherung der eigenen Abneigung aufgefaßt werden kann. Auch diffus rassistische Vorstellungen von »den Juden« (»Die Juden gehören ihrer Abkunft nach einer anderen Rasse an – und das läßt sich nie völlig verleugnen«, 82 zu 75 Prozent) oder die Annahme unüberbrückbarer Andersartigkeit (»Wie sehr sich ein Jude auch an unsere Verhältnisse angepaßt haben mag, er bleibt doch anders als die Österreicher«, 64 zu 53 Prozent) oder sogar Gegensätzlichkeit (»Ein Jude muß, ob er will oder nicht, in einem gewissen Gegensatz zum Nichtjuden stehen«, 61 zu 53 Prozent), selbst extreme Idiosynkrasie (»körperlicher Widerwille«, 36 zu 28 Prozent) sind bei den Mittelstandsangehörigen durchgehend etwas stärker ausgeprägt. Diese Differenz vergrößert sich bei indirekten biologistischen und rassistischen Ideen wie der vom Vorzug »mitteleuropäischen Erbguts« in Israel (88 zu 69 Prozent). Offenbar herrschen konfuse rassistische Vorstellungen in bildungsmäßig gehobenen bzw. strategisch zentralen Schichten (Lehrern) mehr noch als in allen anderen Bevölkerungsgruppen vor und strahlen wahrscheinlich von dorther aus.

Unvergleichlich heftig ist zudem die Zurückweisung jeder Verantwortung für die Verbrechen gegen die Juden während des Faschismus. Hier wäre zu unterscheiden zwischen mangelnder Schuldeinsicht und Wiedergutmachungsbereitschaft bzw. insbesondere der fehlenden Zustimmung, auch nur die als Verbrecher verdächtigen »Judenmörder« der Gerichtsbarkeit zu überantworten (»Das Judenproblem wird nicht damit gelöst ... wenn man dauernd von den Konzentrationslagern redet«, 91 zu 78 Prozent; »Prozesse gegen sogenannte ›Judenmörder‹ sind sinnlos ...«, 85 zu 50 Prozent!); zweitens der über die bloße Abwehr von Einsicht und Verantwortung hinausgehenden Umkehrbeschuldigung (»Es ist nicht nur Zufall, daß die Juden so oft verfolgt wurden: zumindest zum Teil sind sie selbst daran schuld«, 79 zu 66 Prozent; »die Juden sollten sich nicht nur beklagen, daß sie verfolgt werden, sie müßten sich ehrlich anstrengen, ihre Fehler abzulegen...«, 79 zu 66 Prozent); sowie drittens schließlich einer bis zur Rechtfertigung für die jüngsten Verfolgungen gehenden bedingten Zustimmung bzw. Verständnis für Nazi-Maßnahmen (»So verwerflich die Art war, in der die Nationalsozialisten schließlich das Judenproblem zu lösen versuchten, so muß man doch zugeben, daß für Österreich dadurch manches besser geworden ist«, 48 zu 41 Prozent; »wenn man rechtzeitig dafür gesorgt hätte, daß nicht so viele Juden in leitende und einflußreiche Stellungen gekommen wären, hätte es in Deutschland nie eine Judenverfolgung gegeben«, 61 zu 55 Prozent).

Der gesamte Abwehr- und Verdrängungskomplex ist bei den Mittelschichtangehörigen ausgeprägter als in der Arbeiterschaft. Der durch Aufgliederung der Dimensionen aufgezeigte Zusammenhang zwischen Schuldabwehr – Schuldumkehr – Rechtfertigung von Verfolgung erweist auch die oft vordergründig »versachlichten« Einwände gegen eine grundlegende Auseinandersetzung mit der (eigenen) Vergangenheit und schuldhaften historischen Verstrickungen als *offensichtlich »zeitgemäße«, sozial »erlaubte« Rationalisierungen antisemitischer Vorurteile.*

Zuletzt muß auf die bemerkenswerten Differenzen in den Vorstellungen von einer bedrohlichen »jüdischen Macht« bzw. Übermacht hingewiesen werden: 70 Prozent der künftigen Lehrer gegenüber 56 Prozent der Arbeitervertreter geben ein »Übergewicht an Juden in so entscheidenden Berufen wie Journalisten, Schriftsteller, Politiker« an; wesentlich größer ist der Unterschied (85 zu 61 Prozent!), wenn dieser Einfluß als nicht zustehend beurteilt wird: »Die Juden haben ... einen politischen und wirtschaftlichen Einfluß ausgeübt, der weit über dem lag, was ihnen aufgrund ihrer tatsächlichen Stärke zugestanden wäre.« Obschon auch die traditionell antisemitischen Stereotypen von der »finanziellen und politischen Macht ... des internationalen Judentums« (82 zu 69 Prozent) oder einer »internationalen Hochfinanz... in den Händen von Juden« (73 zu 66 Prozent) mehr Zustimmung im Kleinbürgertum finden, wird das Ausmaß des dumpfen Bedrohungsgefühls dieser Zwischenschicht noch deutlicher an Überzeugungen wie die »...Juden... haben es immer verstanden, die Menschen zu manipulieren« (82 zu 58 Prozent).

Während der Antikommunismus so allgemein wirksam ist, daß Schichtunterschiede nivelliert werden (»In allen kommunistischen Parteien spielen die Juden eine große Rolle«, 42 bzw. 41 Prozent), bestehen schichtspezifische Allmachtsphantasien über »die Juden« vor allem in der Geschäftswelt: alle (100 Prozent!) der Pädagogikstudenten (gegenüber 86 Prozent der Arbeiter) bejahen: »Jüdische Geschäftsleute stehen besser zusammen und verschaffen sich so Vorteile.« 61 Prozent der künftigen Lehrer (gegenüber 44 Prozent der Gewerkschaftsfunktionäre) glauben sogar, daß »das Eindringen ausländischer Firmen nach Österreich durch die Juden begünstigt« wird. Vor einem solchen Hintergrund werden nicht nur wichtige Momente des emotionellen Resonanzbodens einer – an sich durchaus rationalen, ja notwendigen – Kritik an den multinationalen Konzernen, sondern auch ein zentraler Reproduktionsmechanismus irrationaler Gesellschaftsbilder in den Ausbildungsstätten aufgedeckt. Selbst wenn es nämlich gelänge, die Schulbücher von reaktionärem Unfug freizumachen, so wäre das eben skizzierte Bewußtsein von Lehrern (etwa im Sozialkunde-Unterricht oder in Politischer Bildung) immer noch ein wirksames Hindernis politischer Aufklärung von Kindern und Jugendlichen.

Zusammenfassung: »Schichtspezifische Antisemitismen«

Insgesamt ist der kleinbürgerlich-mittelständische Antisemitismus dem traditionellen Vorurteilssyndrom gleich nahe oder gleich weit davon entfernt wie jener der Arbeiterschaft. Während jener der Arbeiter schematischer, stereotyper, aber emotional oberflächlicher und »aufgesetzter« erscheint und sich um die Vorwürfe von Andersartigkeit, Überheblichkeit und parasitärer Arbeitsscheu kristallisiert, kann der Antisemitismus der Mittelschichten[19] durch seine Konzentration auf vermeintliche und bedrohliche »jüdische« Übermacht und Vorherrschaft in entscheidenden Berufen, durch Abwehrversuche gegen jede Schuldeinsicht, Verantwortung und Wiedergutmachungsbereitschaft bezüglich der faschistischen Vergangenheit bis hin zu Schuldumkehr und bedingten Rechtfertigungen für Nazi-Maßnahmen gegen Juden und Schutzforderungen für NS-Verbrecher charakterisiert werden.

Hervorstechendstes Merkmal dieser Version des Antisemitismus ist, daß er nicht eingestanden wird, vielmehr sich selbst gleichsam ständig dementiert; sich in indirekten, als vorurteilshaft bestreitbaren, »verschämten« Äußerungsformen zeigt. Diese Zurückweisung der eigenen Vorurteile ist an sich kein völlig neues Phänomen, denn immer schon gab es Antisemiten, die bestritten, »Antisemiten« und also »dumme Kerle« zu sein, sozusagen Brandstifter, die Biedermänner sein wollten. Neu ist heute hingegen, daß diese schamvolle Selbstverleugnung zum Kernelement, quasi zur Signatur dieses Vorurteils geworden ist[20] und so den Konflikt zwischen einem als Ideologie nunmehr inexistenten und als Vorurteil diffamierten, wenngleich im Bewußtsein immer noch existenten Antisemitismus widerspiegelt.

Insoweit diese Konstellation sich vor allem im Kleinbürgertum und im Mittelstand manifestiert, ist der Nachkriegsantisemitismus darum zwar noch kein »typisches Mittelschichtphänomen«, wohl aber ist der »klammheimliche« kleinbürgerlich-mittelständische Antisemitismus die für den nachfaschistischen Antisemitismus typische Erscheinung.

ANMERKUNGEN

1 Zum Begriff der Hegemonie eher scheinpräzise gegenüber der »historizistischen« Auffassung A. Gramscis: N. Poulantzas, *Politische Macht und gesellschaftliche Klassen,* 1. dt. Aufl., Frankfurt/M. 1974, S. 140 ff. Für die neuere österreichische Diskussion wiederentdeckt bei: E. Matzner, *Bürgerliche Hegemonie und Gesellschaftsreform,* in: ders., *Wohlfahrtsstaat und Wirtschaftskrise,* Reinbeck 1978, S. 90 ff.
2 Dazu mein Aufsatz: *Sozialer Friede und Aggression im Alltag. Zur Zukunft autoritärer Vorurteile in Österreich,* in: *wiener blätter zur friedensforschung,* Nr. 13/14 (1977), S. 44–64.
3 Vgl. D. Bichlbauer, E. Gehmacher, *Vorurteile in Österreich,* in: *Kölner Zeitschrift für Soziologie und Sozialpsychologie,* 24. Jg. (1972), S. 734–746, auch für die folgenden Befunde.
4 Dies stellen etwa B. Bettelheim, M. Janowitz, *Trends in Prejudice,* in: dies., *Social Change and Prejudice,* New York 1964, S. 102 ff., in einer Zusammenfassung von ca. 25 Untersuchungen aus der Nachkriegszeit fest. Einen inversen Zusammenhang zwischen Bildungsniveau und Vorurteilsneigung bestätigen auch G. W. Allport, *Die Natur des Vorurteils,* 1. dt. Aufl. 1971, p 92; Ch. H. Stember, *Education and Attitude Change. The Effect of Schooling on Prejudice against Minority Groups,* New York 1961 oder: J. Harding et al, *Prejudice and Ethnic Relations,* in: S. Lindzey, E. Aronson (Eds.), *The Handbook of Social Psychology,* vol. 5, Reading, Mass. 1969, S. 1–76.
5 So für die BRD beispielsweise schon F. Pollock, *Das Gruppenexperiment. Ein Studienbericht,* Frankfurt/M. 1955, S. 170; allgemein siehe G. W. Allport, 1971.
6 IMAS, *Die Meinung über die Juden. Ergebnisse einer repräsentativen Bevölkerungsumfrage* (unveröffentlichter Forschungsbericht), Linz 1973.
7 IFES, *Vorurteile in Österreich* (unveröffentlichter Forschungsbericht), Wien 1972.
8 Im Rahmen des Forschungsprojekts »Vorurteile und Gesellschaft in Österreich«, durchgeführt von D. Bichlbauer, J. Bunzl, E. Hindler, B. T. Marin, H. Weiss, Wien

1976. Statistisch ausgewertet und veröffentlicht bei H. Weiss, *Antisemitismus. Inhalte und Ausmaß antijüdischer Einstellungen in der Wiener Bevölkerung* (I), (II), (III), in: *Journal für angewandte Sozialforschung* (JaS) 17. und 18. Jg., 3/1977, 4/1977, 1/1978.

9 Diese Deutung wird nicht nur durch Ergebnisse von Antisemitismus- und Vorurteilsstudien selbst erhärtet, sondern auch durch ein verblüffend analoges Datum im Zusammenhang mit (Status)unsicherheit, Verbrechensangst und Strafbedürfnis: C. Pichler, *Öffentliche Sicherheit in Österreich* Teil I (unveröffentlichter Forschungsbericht), Institut für Konfliktforschung, Wien, Februar 1977, hat herausgefunden, daß die im gehobenen Mittelstand von Angestellten, Beamten, zum Teil auch selbständigen Geschäftsleuten und Angehörigen freier Berufe stark bekundete Liberalität in moralischer und strafrechtlicher Hinsicht und in Strafvollzugsangelegenheiten gegenüber dem höheren Konservativismus der Arbeiterschaft und des »alten Mittelstands« sich sehr rasch in rigides Strafbedürfnis verwandelt, wenn von der unverbindlichen Ebene allgemeiner Einstellungen auf konkretere, gefühlsbezogenere und verhaltensrelevante Fragen gewechselt wird. Liberalität und Vorurteilsfreiheit scheinen demnach eine Art »Status-Symbol« und Selbstbescheinigung aufgeklärter Vernunft in den (»neuen«) Mittelschichten zu sein, um sich von der »Rückständigkeit« des »einfachen Volkes« und der »Masse« abzusetzen; zugleich aber nur eine Oberflächen-Attitüde ohne tiefgreifende Einsicht und gefühlsmäßige Verankerung zu sein, die in handlungsrelevanten oder gar extremen Situationen schnell zusammenbricht.

10 Für die an die Arbeiten von D. Lockwood und J. H. Goldthorpe anschließende Diskussion siehe als neuere, deutschsprachige Textsammlung K. H. Hörning (Hg.), *Der »neue« Arbeiter. Zum Wandel sozialer Schichtstrukturen,* Frankfurt/M. 1971.

11 »Er ist kein notwendig falsches Bewußtsein, auch keine Ideologie der Herrschenden; selbst von Befürwortern der bestehenden Gesellschaftsverhältnisse wird er heute abgelehnt, mitunter bekämpft; seine herrschaftsstabilisierenden Funktionen sind allenfalls peripher und ersetzbar, nicht notwendig und zentral; nur partiell klassen- und schichtspezifisch wirksam, nicht allgemein wie Ideologien; nur in der Reproduktionssphäre, nicht aber relevant für die Legitimation der ökonomischen Basisinstitutionen; keine Bedingung oder Voraussetzung, sondern ein Folgephänomen der gesellschaftlichen Organisationsprinzipien, ›rückständig‹, ›überflüssig‹ und ›destruktiv‹ gerade auch im Sinne ›zeitgemäßer‹ Ideologien – ein unzufällig entstandenes und fortbestehendes, gleichwohl historisch ›überlebtes‹ Erzeugnis mystifizierter Herrschaftsverhältnisse.« Aus: B. T. Marin, *Zur historischen Neuartigkeit des nachfaschistischen Antisemitismus in Österreich,* erscheint in: *Geschichte und Gesellschaft. Zeitschrift für Historische Sozialwissenschaft,* 5. Jg. (1979).

12 So vermutet zumindest J. Bunzl, *Arbeiterbewegung, »Judenfrage« und Antisemitismus,* in diesem Band, ohne allerdings die auch in der Zwischenkriegszeit zwiespältige Haltung der sozialdemokratischen Arbeiterbewegung und ihre theoretisch unzulänglichen Einschätzungen zu übersehen.

13 Dazu R. Schwarz, *»Sozialismus« der Propaganda. Das Werben des »Völkischen Beobachters« um die österreichische Arbeiterschaft 1938/39,* Materialien zur Arbeiterbewegung 2, Wien 1975; sowie insbesondere die Einleitung von G. Botz, *Ideologie und soziale Wirklichkeit des »nationalen Sozialismus« in der »Ostmark«,* ebd., S. 5–46. Zu den Spätfolgen mein Beitrag, B. T. Marin, *Nachwirkungen des Nationalsozialismus im nachfaschistischen Antisemitismus in Österreich,* ersch. in: P. Bosch (Hrsg.), *Vorurteil ohne Ende?,* Düsseldorf 1979.

14 Die Heranziehung gerade dieser Daten bedarf einer kurzen Begründung. Sie sind der bislang gründlichsten quantifizierten Studie entnommen, die zu diesem Thema

in Österreich verfügbar ist; gewonnen wurden sie vom »Arbeitskreis für Stereotypieforschung« an drei Eichpopulationen von insgesamt 87 Versuchspersonen, von denen 65 für unseren Vergleich verwendet wurden. Die gesamte Eichpopulation bestand aus 22 Teilnehmern eines »Führungskräfteseminars«, 32 Studenten der Pädagogischen Akademie und 33 Gewerkschaftsfunktionären. Die Teilnehmer des Führungskräfteseminars wurden in den Vergleich nicht miteinbezogen, da ihre soziale Zugehörigkeit unklar war: sie hätten als »leitende Angestellte« und »Manager« der »oberen Mittelschicht« oder gar »Oberschicht« ebenso zugerechnet werden können, wie dem »Mittelstand«. Dagegen sprachen allerdings ihre deutlich geringer und anders »antisemitischen« Reaktionen als die der beiden anderen Gruppen, vor allem der zweifelsfrei »mittelständischen« Studenten und künftigen Lehrer. Die Studenten der Pädagogischen Akademie wurden als typische Vertreter des »Mittelstands« oder »Kleinbürgertums« eingestuft, während die Gewerkschaftsfunktionäre als Vertreter der Arbeiterschaft eingeschätzt wurden. Dem naheliegenden Einwand, daß Interessenvertreter der Arbeiterschaft nicht unbedingt bzw. sogar nur selten den »typischen« Angehörigen der Arbeiterklasse auch selbst darstellen, sich vielmehr von den Vertretenen in ihrem sozialen Habitus als Zugehörige des »Kleinbürgertums« abheben, dieser Einwendung steht immerhin schon neben der gleichen Klassenlage, meist auch gleicher sozialer Herkunft, Sozialisation, primärer Berufserfahrung als »Arbeiter« auch eine stärkere ideologische Schulung der Funktionäre entgegen. Jedenfalls dürften sie in ihrer gesamten Lebenserfahrung und Lebenskultur der Kultur des »wohlhabenden Arbeiters« näherstehen als der »Mittelschicht«-Kultur angehender Lehrer. Gerade weil ihnen aber »kleinbürgerliche« Züge und Ambitionen gewiß nicht fehlen, bedeuten etwaige durchgehende Auffassungsunterschiede gegenüber den »Mittelstands«-Repräsentanten eine um so wichtigere Differenz vorurteilhafter Mentalität und ließen bei weiteren Tests noch deutlichere Unterschiede zwischen den verschiedenen Sozialschichten erwarten.

15 Berechnet als Vierfelderkorrelation Gesamtvorurteilsscore/Beantwortung des jeweiligen items bei Medianhalbierung.
16 Siehe S. M. Lipset, *Political Man,* London 1960, S. 97 ff.
17 Dieser und die folgenden Befunde werden durch alle einschlägigen Untersuchungen bestätigt. Der bedauerliche Ethnozentrismus sozialistischer Partei- und Gewerkschaftsfunktionäre richtet sich gegen »Gastarbeiter« oder abweichende Minderheiten noch stärker als gegen Juden (IFES 1969 a), wie erste Ergebnisse entsprechender Befragungen durch Innsbrucker Studenten im Winter 1978 vermuten lassen.
18 Das Ergebnis zeigt übrigens, daß die Antworten dieses sorgfältigen Tests durchaus vorsichtig verallgemeinerbar sind, stimmen sie doch eindrucksvoll genau mit einem Befund der einige Jahre später durchgeführten, repräsentativen IMAS-Studie überein: 35 Prozent aller Österreicher können demnach nicht »... ein Mädchen (einen Mann) jüdischer Abstammung heiraten oder geheiratet haben«.
19 Zum Klassen- und Schichtungsbegriff im Zusammenhang mit der österreichischen Sozialstruktur und ihrer empirischen Erfassung vgl. als ersten, systematischen Versuch Institut für höhere Studien, Wien, *Strukturen der sozialen Ungleichheit in Österreich. Analysen zur Klassenstruktur und sozialen Schichtung in Österreich,* dreiteiliger Forschungsbericht, wien 1978.
20 Für eine entsprechende empirisch fundierte Theorie siehe meinen Aufsatz in: *Geschichte und Gesellschaft,* 1979, sowie: *Antisemitismus ohne Antisemiten? Zum nachfaschistischen Antisemitismus in Österreich,* in: *Österreichische Zeitschrift für Soziologie,* 1. Jg. (1976), Heft 1, S. 1–14. Eine gleichnamige Buchveröffentlichung ist in Vorbereitung.

Everhard Holtmann

Thesen zur gewerkschaftlichen Politik in der Übergangsperiode von der Demokratie zur Diktatur

Der Zusammenbruch der sozialistischen Arbeiterbewegung, der den Weg für die offene Machtergreifung des Faschismus in Mitteleuropa öffnete, ist Gegenstand anhaltender wissenschaftlicher Diskussion und einer richtungspolitisch scharf polarisierten Kritik. Selbst Autoren, die der Sozialdemokratie nahestehen, bewerten das unrühmliche Ende der gewerkschaftlichen Organisationen in Deutschland im Mai 1933 als zwangsläufiges Ergebnis einer verfehlten Politik. Die deutschen Gewerkschaften, schrieb Franz L. Neumann, bis zu seiner Emigration Rechtsbeistand von SPD und ADGB, schon im Jahre 1935, »haben sich langsam von der Sozialdemokratischen Partei getrennt, um ihre Organisation zu retten. Sie haben versucht, ›unpolitisch‹ zu werden, obwohl sie – noch mehr als die Sozialdemokratische Partei – Verantwortung trugen, denn sie sahen, daß Politik das Risiko einschließt, im Kampfe für die Freiheit und die Demokratie zerstört zu werden. Sie sind dieses Risiko nicht eingegangen, aber sie sind konsequenterweise dennoch zerstört worden[1].« Wie zuvor den italienischen, habe auch den deutschen Gewerkschaften der legalistische Rückzug in das rein gewerkschaftliche Gebiet, der Versuch, unpolitisch zu werden, um die Existenz der Organisation zu retten, nichts genützt; sie hätten das Schicksal erlitten, »das ihnen jeder totale Staat bereiten muß[2]«.

Die Freien Gewerkschaften Österreichs sind dem ADGB auf dem Weg der unverhüllten Anpassung und kampflosen Kapitulation bekanntlich nicht gefolgt. In den Monaten der sich zuspitzenden innenpolitischen Krise zwischen der Parlamentsausschaltung im März 1933 und dem Bürgerkrieg im Februar 1934 traten Partei und Gewerkschaft nach außen hin als handelnde Einheit auf. Entscheidungen, die der sozialdemokratische Parteivorstand fällte, haben, so scheint es, auch den Kurs der Gewerkschaften gegenüber der Regierung Dollfuß festgelegt; umgekehrt waren prominente Gewerkschaftsführer an der Ausarbeitung jener sehr weitgehenden Vorschläge zur »friedlichen Entwirrung der Lage«, welche die Sozialdemokratie hart an den Rand politischer Selbstaufgabe rückten, die aber der rechte Flügel um

Renner, Helmer und Schneidmadl Ende Januar 1934 in den Spitzengremien der Partei dennoch durchzusetzen wußte, erkennbar nicht beteiligt[3].

Dollfuß' wiederholtes Werben um »das Vertrauen der ehrlichen Arbeitervertreter«, durchschaubar in der Absicht, mit diesen die Masse der Arbeiter in das Regierungslager herüberzuziehen[4], blieb ohne positiven Widerhall. Für die Freien Gewerkschaften antwortete August Forstner, der Führer der Transportarbeiter, dem Kanzler am Vorabend des Bürgerkrieges:

> Die ehrlichen Arbeiter: sie sind ein Leib und eine Seele mit den freien Gewerkschaften und mit der Partei. Und sie werden es bleiben[5]!

Von daher erklärt es sich wohl, daß in der einschlägigen Literatur der Primat der Partei, dem sich die Gewerkschaften auch in den spannungsreichen Monaten vor dem Februaraufstand anscheinend wie selbstverständlich fügten, niemals problematisiert worden ist. Tiefergehende Fragen, die den inneren Spannungsbogen der beiden Säulen der österreichischen Arbeiterbewegung freilegen und einem möglichen Eigenanteil der Freien Gewerkschaften an der sozialdemokratischen Kompromißtaktik nachspüren könnten, werden ausgeklammert. Die programmatische, personelle und praktisch-politische Verflechtung von Gewerkschaften und Partei, die in Österreich seit jeher stark ausgeprägt war, legt eine heteronomistische Einschätzung des Gewerkschaftsproblems gewiß nahe. Das viel beschworene, freilich dann auch zum Einheitsmythos stilisierte Bild Victor Adlers, der Partei und Gewerkschaften mit »siamesischen Zwillingen« verglichen hat, spiegelt im großen und ganzen auch die Wirklichkeit der ersten Republik[6]. Die 1926 im Linzer Programm der SDAP bekräftigte Strategie des legalen Aufstiegs zur Macht, der Wille, den durch die Verfassung verbürgten Rechtsstaat durchzusetzen und die soziale Emanzipation der Arbeiterklasse voranzutreiben, war Ausdruck einer parteiübergreifenden Politikauffassung, die den Schatten ihrer latenten Schwäche, das Erstarren im Legalismus, allerdings vorauswarf. Man wird Joseph Buttinger, dem nachmaligen Obmann der Revolutionären Sozialisten, zustimmen können, daß die überwältigende Mehrheit der sozialdemokratisch organisierten Gewerkschafter die parteioffizielle Taktik des Zögerns und Zuwartens in der Krisenphase 1933/34, wenn auch vereinzelt nicht ohne einen verdrängten Rest von Skepsis, mitgetragen hat[7].

Noch völlig ungeklärt ist aber, in welchem Ausmaß die legalistische Starre der österreichischen Sozialdemokratie, die sich in der Auseinandersetzung mit Dollfuß auf verbale Drohgebärden und eingeübte parlamentarische Protestriten zurückzog, ja sogar die Unterhöhlung des legalen Aktionsbodens im Zuge einer scheinlegalen Verordnungspraxis hinnahm, von gewerkschaftlicher Seite befestigt worden ist. Es scheint daher lohnend, abweichend vom gewohnten historischen Erscheinungsbild zu prüfen, ob »nurgewerkschaftliche« Strömungen hochgestiegen sind, die unter massivem politischen und ökonomischen Druck in Bestrebungen mündeten, wenigstens die Organisation und für diese ein eingeschränktes, »entpolitisiertes« Tätigkeitsfeld zu retten. Für diese Hypothese spricht, daß der Gewerkschaftsflügel der deutschen Sozialdemokratie, die der österreichischen bei aller Besonderheit des Austromarxismus strukturell und geistig nah verwandt war, nach 1930 in einer ähnlichen ökonomischen und politischen Krisensituation diesen Weg beschritten hat. Dafür spricht auch, daß ältere wie jüngere Darstellungen zur Geschichte der Arbeiterbewegung in der Umbruchphase 1933/34 trotz unterschiedlicher politischer Standorte der Verfasser darin übereinstimmen, daß in den Reihen der Gewerkschaften nach dem 12. Februar legalistische Tendenzen aufgetaucht sind[8]. Verstreute Quellen zeigen dies noch deutlicher.

Bemühungen, der Regierung um den Preis politischen Wohlverhaltens den Widerruf des Organisationsverbots und die Zusage einer selbstverwalteten, rein gewerkschaftlichen Interessenvertretung abzuhandeln, waren angesichts der regimefeindlichen Stimmung der Arbeiterschaft und aufgrund der schwachen Position des regierungstreuen christlichen Gewerkschaftsflügels, der von Dollfuß und Neustädter-Stürmer glatt überspielt wurde, zwar zum Scheitern verurteilt; sie wurden aber von der Pariser Gewerkschaftsinternationale und entschieden oppositionellen Funktionären in Österreich in der Situation des organisatorischen Vakuums bis zum 3. Mai 1934 als gefährlich eingeschätzt. Das Generalsekretariat des Internationalen Gewerkschaftsbundes (IGB) schaltete sich Anfang März in die innerösterreichische Gewerkschaftsdebatte aktiv ein und empfahl,

> 1. sich mit allen Mitteln gegen eine Eingliederung in die Einheitsgewerkschaft von Dollfuß zur Wehr zu setzen;
> 2. jede Zusammenarbeit, Kompromiß oder Abkommen mit den christlichsozialen oder Unabhängigen Gewerkschaften (Heimwehren) abzulehnen, desgleichen persönliche Verabredungen mit christlich-sozialen Führern[9].

Diese Richtlinien sollten als erste Orientierungshilfe gegenüber den Gleichschaltungsversuchen der Regierung dienen. Eine Vereinheitlichung gewerkschaftlicher Propaganda wurde in Paris als »notwendig und dringend« angesehen. Walter Schevenels, der Generalsekretär des

IGB, zitierte in einem vertraulichen Zirkular für Landeszentralen und Berufssekretariate aus einem Bericht österreichischer Kollegen, der die im Lande herrschende Verwirrung anschaulich machte:

> Der kleine Kreis bemüht sich ununterbrochen, alle Illusionen zu zerstören, verweist auf die Meinung der Internationale, argumentiert mit Charakter und Gesinnung usw. Ob er sich aber durchsetzen wird, ist eine Frage. Sehr erschwert wird unsere Arbeit eigentlich weniger durch die direkten Überläufer als durch diejenigen, die zwei bzw. drei Eisen im Feuer haben (Christen, Heimwehr [UG], und noch die Genossen spielten) und durch ihre unentschlossene Haltung sehr demoralisierend wirken[10]...

Die hier angedeuteten Anpassungstendenzen, die sich bekanntlich nicht durchsetzten, waren in ihrem tatsächlichen Ausmaß unklar und in ihren Zielsetzungen zweifellos diffus. Sie lassen sich weder mit ad hoc aufbrechenden Irritationen und Illusionen einzelner verunsicherter Funktionäre, die durch den politischen Schwebezustand und die Aussicht auf Weiterbeschäftigung schwankend wurden, noch, unter dem Vorzeichen pauschaler Reformismusschelte, als Verrat opportunistischer »Arbeiterkommis der Bourgeoisie[11]« hinreichend erklären. Geht man von der Annahme aus, daß legalistische Tendenzen mit der Verschärfung des semifaschistischen Regierungskurses freigesetzt wurden, erscheint das Spektrum freigewerkschaftlicher Politik in dem spannungsreichen Jahr zwischen Parlamentsausschaltung und EG-Dekret als »Vorillegalität[12]« zu einseitig charakterisiert. Im folgenden soll, mit der Vorläufigkeit und Vorsicht, die im Stadium einer ersten Auswertung des gemischten, lückenhaften und überhaupt nur noch fragmentarisch vorhandenen Quellenmaterials geboten ist, dargelegt werden, daß »nurgewerkschaftliche« Erwägungen und Sondierungen, die im Funktionärskader der Freien Gewerkschaften Österreichs nach dem Bürgerkrieg offener hervortraten, Ausläufer und zugleich extreme Ausformung einer Anpassungshaltung waren, deren Ursachen in die Zeit vor dem Notverordnungsregime zurückreichten. Verdeckt und gedeckt durch den strategischen Konsens mit der verbündeten Partei, gleichsam in deren politischem Windschatten, bildete sich dann ein spezifisch gewerkschaftliches Element des sozialistischen Legalismus heraus.

Im Frühjahr 1934 lag dem Vorstand des IGB ein zweiteiliger Bericht über die Ereignisse in Österreich vor, den Walter Schevenels und Johann Schorsch, der geflüchtete Sekretär und geschäftsführende Vorsitzende des Bundes der Freien Gewerkschaften Österreichs, verfaßt hatten[13]. Aus den Ausführungen von Schorsch geht hervor, daß die Beziehungen zwischen Gewerkschaften und Partei nach 1930 durch Meinungsverschiedenheiten in der Lohn- und Arbeitsmarktpolitik zeitweise erheblich getrübt waren:

> Selbst über die Frage des Widerstandes gegen die Lohn- und Gehaltsreduzierungen und ihre Auswirkung auf die Volkswirtschaft gingen die Meinungen der Parteigenossen und der Gewerkschafter auseinander. Die Ansicht vieler Parteigenossen war, daß es in Zeiten der Krise unmöglich sei, die Errungenschaften, die nur bei guter Konjunktur zu erreichen waren, aufrechtzuerhalten.

In der Frage des Freiwilligen Arbeitsdienstes (FAD), der im Sommer 1932 im Nationalrat erörtert wurde, spitzten sich die internen Konflikte zum »offenen Widerspruch« zu; die Vorbehalte der Gewerkschaften, die um das System der Kollektivverträge fürchteten, hätten aber, so Schorsch, »der positiven Einstellung der Partei keinen Abbruch tun« können[14].

Schevenels berichtete über die Aktivitäten des IGB, dessen leitende Stellen mit der Lage in Österreich fortlaufend befaßt waren. Demnach erörterten bereits im März 1933, wenige Tage nach dem kalten Staatsstreich von Dollfuß, die IGB-Ausschuß-Mitglieder Jouhaux und Citrine in Wien mit den Partei- und Gewerkschaftsleitungen »verschiedene Maßnahmen zur Verteidigung der Arbeiterklasse[15]«. Ganz offensichtlich unter dem Eindruck der Katastrophe, die sich in Deutschland anbahnte[16], überzeugte die Mission Citrine-Jouhaux die IGB-Spitze von der »absoluten Notwendigkeit, alle verfügbaren Mittel für die solidarische Hilfe nicht nur gegenüber den deutschen, sondern auch gegenüber den österreichischen Genossen einzusetzen[17]«.

Einem ordentlichen Vorstandsbeschluß vom 17./18. März vorgreifend, stellte Schevenels unverzüglich die eingerichteten antifaschistischen Solidaritätsfonds für Österreich zur Verfügung[18]. Im September 1933 gewann der IGB aber den Eindruck, daß »eine gewisse Schwächung des Willens der österreichischen Führer in der schärfsten Abwehr aller faschistischen Angriffe« eingetreten sei. Man habe, so Schevenels, befürchten müssen, daß in Österreich »über alle vernünftigen Grenzen hinaus eine Politik des kleineren Übels« verfolgt werde, die seit den Erfahrungen in Deutschland »auf nationalem und internationalem Gebiet als verhängnisvoll für die gegenwärtigen und zukünftigen Interessen der Arbeiterschaft« angesehen werden müsse[19].

Als Geste der Solidarität mit der österreichischen Linken und als Demonstration gegenüber dem autoritären Regime berief die IGB-Leitung für den 6. und 7. Oktober 1933 eine außerordentliche

Ausschußsitzung in das Wiener Gewerkschaftshaus ein. Nachdem die Gewerkschaftsinternationale schon im Sommer 1933 entschieden hatte, »bei gewissen Regierungen direkt zu intervenieren[20]«, beschloß man jetzt, den diplomatischen Druck zu verstärken. Tatsächlich bedeuteten britische Gewerkschaftsführer dem österreichischen Gesandten in London im Dezember 1933 und dann nochmals kurz vor Ausbruch der Februarkämpfe, die Führer der österreichischen Sozialdemokratie seien zu »weitgehenden Kompromissen« bereit, aber auch entschlossen, »einer noch weitergehenden Entrechtung der Freien Gewerkschaften mit den äußersten Mitteln Widerstand zu leisten[21]«.

Weitere Beschlüsse, die auf der Oktobersitzung gefaßt wurden, sahen finanzielle Hilfen und zusätzliche flankierende Maßnahmen (Transportsperre, Blockade) für den Fall eines Generalstreiks vor[22].

In der Folge flossen den Österreichern »bedeutende Summen« zu. Tatsächlich trat aus der Sicht des IGB auch vorübergehend »eine Stärkung des Vertrauens, der Hingabe und Bereitschaft der Arbeiter und ihrer Führer« ein. »Nichtsdestoweniger«, resümierte Schevenels, »muß gesagt werden, daß wiederholt die in gemeinsamem Einverständnis ins Auge gefaßten Maßnahmen, für deren Durchführung Fristen gesetzt wurden, zu spät oder überhaupt nicht getroffen wurden[23].«

Der Hinweis auf Konflikte zwischen Partei und Gewerkschaften und die Kritik an der resignativen bzw. passiven Einstellung österreichischer Arbeiterführer stehen im Bericht von Schorsch und Schevenels unverbunden nebeneinander. In diesem Punkt ging Otto Bauer analytisch einen Schritt weiter, indem er, wenige Tage nach dem gescheiterten Februaraufstand und seiner Flucht nach Brünn, aus der Sicht des Parteiführers explizit Zusammenhänge zwischen ökonomisch-sozialer Krise und sozialdemokratischem Defensivkonzept herstellte[24]. Franz Neumann hat, vor dem Hintergrund seiner deutschen Erfahrungen und stärker auf gewerkschaftliche Aspekte eingehend, ähnliche Wirkungslinien aufgezeigt. Fern jeglicher Apologie von Schwächen und Fehler sozialdemokratischer Strategie, bietet sich der Ansatz Neumanns an für eine Analyse der strukturellen Bedingungen, die den legalistischen Wandel der gewerkschaftlichen Politik in der relativ kurzen Zeitspanne zwischen der Weltwirtschaftskrise und der politischen Agonie der Ersten Republik mit herbeigeführt haben.

Neumann hat den langfristigen Entwicklungsprozeß skizziert, der durch beschleunigte Rationalisierung und monopolistische Tendenzen der kapitalistischen Wirtschaft einerseits und eine zunehmende Abhängigkeit gewerkschaftlicher Interessenvertretung vom intervenierenden Staat andererseits gekennzeichnet war: In dem Maße, wie sich die

Tätigkeit des Staates als Arbeitgeber, Zwangsschlichter und Garant sozialer Daseinsvorsorge ausdehnt, verlieren Streik und frei ausgehandelter Tarifvertrag an Bedeutung, geht die wirtschaftliche Macht der Gewerkschaften zurück. Für die Arbeiterschaft ist daher, folgerte Neumann, die Durchdringung und Kontrolle des Staatsapparates zur Absicherung ihrer materiellen und politischen Interessen notwendig, was allerdings die Existenz demokratischer Freiheitsrechte und der parlamentarischen Ordnung unbedingt voraussetzt – einschließlich der Risikobereitschaft, im Falle einer von oben drohenden Faschisierung den »Generalstreik mit Bürgerkrieg von ungewissem Ausgang« auszulösen[25].

Gegenüber der politischen Folgerung Neumanns ist festzuhalten, daß die fortschreitende Durchdringung des sozialen Verwaltungsapparates des Staates die Militanz der Gewerkschaften zwangsläufig eher vermindern mußte. Zwar war die staatliche Schiedsautorität in der Ersten Republik gegenüber Weimar geringer ausgeprägt[26]; die Zwangsschlichtung kam ja erst in der Ära Dollfuß. Aber der öffentlichrechtliche bzw. halbstaatliche Rang der autonomen gewerkschaftlichen Interessenvertretung war vergleichsweise gewichtiger, und dies beeinflußte die politische Praxis der Freien Gewerkschaften und begünstigte das Entstehen einer sozialkonservativen Mentalität. Auch das Proletariat hatte, wie Max Adler treffend anmerkte, »etwas in der heutigen Gesellschaft zu verteidigen und zu vermehren[27]« – allerdings nicht nur die Pfründen einer – vor und nach Max Adler scharf kritisierten – Arbeiteraristokratie[28], sondern auch Mandat und Einfluß in Betriebs- und Personalräten, Einigungsämtern und Gewerbegerichten, Sozialversicherungsinstituten, Arbeitslosenvermittlung und Arbeiterkammern. Diese funktionale Seite des gewerkschaftlichen Apparats war gemeint, wenn etwa Johann Janecek davor warnte, im Kampf gegen die Reaktion »*alle* Mittel bedenken- und rücksichtslos« anzuwenden, um nicht »alles zu gefährden, was wir an Errungenschaften besitzen[29]«.

Gleichzeitig wurden im Zuge der (1928 abgeschlossenen) Zentralisierung der Berufsverbände, einer gestärkten Richtlinienkompetenz der Vorstände und der Aufgabenmehrung eines vielgliedrigen Apparats radikale Strömungen, etwa in den Betrieben, mehr und mehr eingebunden.

Um diesen Aspekt der mentalitätsverändernden Wirkung staatlicher Integration ergänzt, widerspiegelt die Parallelentwicklung von wirtschaftlichem Wandel, sich ausdehnender Staatsintervention und zunehmender Staatsbindung der Arbeiterbewegung die politische Wirklichkeit der Ersten Republik Österreich. Der ökonomisch-soziale Einbruch um 1930 beschleunigte die Staatsaffinität. Nach dem 7. März

1933 dürften diese durch die Wirtschaftskrise dynamisierten Strukturbedingungen entscheidend dazu beigetragen haben, daß die österreichische Sozialdemokratie, in ihrer politischen Praxis seit den Zeiten Victor Adlers und Anton Huebers durch die Tradition der Reform und der Gewaltlosigkeit geprägt, auf die autoritäre Umbiegung der Staatsgewalt und die scheinlegale Zersetzung der parlamentarischen Demokratie nur mehr passivistisch reagierte. Dieselben Faktoren bewirkten, daß sich in den Gewerkschaften, denen der gewohnte Boden tagespolitischer Tätigkeit ja nicht abrupt entzogen wurde, die Illusion festsetzte, man werde durch Anpassung einen entpolitisierten Kern gewerkschaftlicher Organisation und Aktion in ein ständisch »erneuertes« Österreich, dessen endgültige Umrisse in der gewerkschaftlichen Sphäre bis zum 3. März 1933 im Nebel blieben, hinüberretten können.

Die hier angedeuteten Etappen der gewerkschaftlichen Politik zwischen 1930 und 1934 lassen sich am konkreten Beispiel teils mehr, teils weniger deutlich nachzeichnen. Die parlamentarische Behandlung der Krise der Creditanstalt, von deren Zusammenbruch zwei Drittel der österreichischen Industrie betroffen waren, wie auch das im September 1931 vorgelegte Arbeitsbeschaffungsprogramm, das eine deutlich staatskapitalistische Tendenz aufwies[30], zeigen exemplarisch, daß die österreichische Sozialdemokratie, noch bevor ernste Störungen der parlamentarischen Konfliktregelung eintraten, gegen vergleichsweise bescheidene sozialpolitische Zugeständnisse zur fallweisen Tolerierung bürgerlicher Regierungen bereit war.

Der Tolerierungskurs wurde mit der Verpflichtung begründet, daß man den geplanten rapiden Abbau des öffentlichen Unterstützungssystems, der die Verelendung des wachsenden Arbeitslosenheeres beschleunigt hätte, vereiteln müsse. An diesem Einzelfall wird das Dilemma sozialdemokratischer Politik nach 1930 bereits deutlich: Mit der Wirtschaftskrise verschärfte sich der soziale Druck, der von einer rasch wachsenden Arbeitslosigkeit ausging, aber auch von seiten der Unternehmer, die drastische Lohnsenkungen verlangten und den gesetzlichen Arbeiterschutz häufig unterliefen. Die Spitzen der organisierten Arbeiterschaft, deren Substanz dünner und deren taktische Beweglichkeit folglich geringer wurde, suchten zunächst, nicht ganz ohne Erfolg, auf parlamentarischem Boden die Entscheidungen der bürgerlichen Regierungen stärker zu beeinflussen. Nach dem überraschenden Parlamentscoup von Dollfuß wurde sehr bald spürbar, daß gerade jene Positionen, die, wie Betriebsräte und Arbeiterkammern, Grundlage *sozialer* Gegenmacht der Arbeiterschaft waren, einerseits auf staatlichen Schutz angewiesen waren, andererseits aber durch eine allmählich autoritär werdende Staatsgewalt bedroht wurden.

Eine besondere gewerkschaftliche Spielart legalistischer Politik, die sich vor diesem Hintergrund zu einer von der Sozialdemokratischen Partei tendenziell unabhängigen Einstellung gegenüber der autoritären Regierung verdichtet hätte, ist auf der Grundlage bekannter Quellen außerordentlich schwer nachzuweisen. Einige indirekte Hinweise gibt es immerhin. Nach dem Wortlaut der Depesche, die der Gesandte Franckenstein am 11. Februar 1934 dem Ballhausplatz übermittelte, verlangten die vorsprechenden britischen Gewerkschaftsführer nachdrücklich, »daß die österreichische Regierung eine Verständigung – nicht mit der politischen Arbeiterpartei und den politischen Führern –, sondern mit den Gewerkschaften erwäge, die, wie hiesige Gewerkschaften wüßten, zu jedem vernünftigen Entgegenkommen bereit wären[31]«.

Die englische Delegation, die eine separate Verständigungsbereitschaft der Gewerkschaften derart hervorhob, bezog sich auf Informationen des eben aus Wien zurückgekehrten Schevenels. Einen Monat zuvor hatten Franckensteins Gesprächspartner eine derartige Differenzierung noch vermieden. Seinerzeit hieß es, die österreichische Sozialdemokratie sei der Regierung Dollfuß »keineswegs unfreundlich gesinnt«; sie verlange nur die Freiheit, »mit den Arbeitgebern unbehindert verhandeln und die Rechte der Arbeiter wahren zu können[32]«. Man kann diese feinen Nuancen dahingehend deuten, daß der zum Jahreswechsel verschärfte Konfrontationskurs des Wiener Regimes – am 21. Dezember 1933 wurden die Arbeiterkammern gleichgeschaltet, seit Ende Januar 1934 wurden bei staatlichen Bauprojekten nur noch regierungstreu organisierte Arbeiter beschäftigt – das Streben der Freien Gewerkschaften nach einem friedlichen Ausgleich eher noch forcierte.

Auch in Österreich finden sich Belege, die in dieselbe Richtung weisen. So wurde von einem »Informationsdienst«, der offenbar in Wirtschaftskreisen vertraulich zirkulierte, in seinem Quellenwert allerdings schwer einzuschätzen ist, Mitte November 1933 verbreitet, daß zwar die SDAP-Führung unter Otto Bauer berufsständische Experimente nach wie vor ablehne, daß aber »in den freigewerkschaftlichen, der Sozialdemokratie nahestehenden wirtschaftlichen Arbeiterorganisationen mehr Verständnis für den Ständegedanken herrscht als in der Partei[33]«. Für die zitierten Gewerkschaftskreise war demzufolge eine berufsständische Ergänzung der Verfassung unter folgenden Bedingungen grundsätzlich diskutabel: erstens, daß den Arbeitern und Angestellten eine ihrer Bedeutung im Wirtschaftsleben entsprechende Stellung eingeräumt werde, zweitens, daß die bestehenden Organisationen zum »Aufbau« verwendet, und drittens, daß der Nationalrat und die anderen demokratischen Staatseinrichtungen nicht zerstört würden. Der Gedanke des Verfassungsbeauftragten Ender, die bestehenden Kammern auszubauen, werde als »im Prinzip durchaus sympathisch« bezeichnet; »man betont dabei, daß es auch in den Rahmen der marxistischen Ideologie passen würde, wirtschaftliche Fragen durch die beteiligten Wirtschaftskreise selbst austragen zu lassen[34]«.

Den Kammern sollten nach diesen gewerkschaftlichen Überlegungen alle Wirtschaftsfragen zur Beratung und Beschlußfassung vorgelegt werden. Käme zwischen den Kammern keine Einigung zustande, solle der Nationalrat, eventuell auch der Landtag jenen Beschluß, der von der Majorität der Kammern getragen werde, nur mit qualifizierter (Zweidrittel-) Mehrheit verwerfen können. Andernfalls solle das Gesetz in Kraft treten. »Diese Konstruktion«, referierte der *Informationsdienst* seinen anonym bleibenden gewerkschaftlichen Gewährsmann, »hätte den Vorteil, daß die Erstattung einseitiger Gutachten bei einzelnen Kammern vermieden wird, und daß die einzelnen Interessenvertretungen unter Ausschaltung politischer Kämpfe gezwungen wären, rein sachlich zu beraten und die sachlichen Gegensätze in sich auszutragen[35].« In allen nichtwirtschaftlichen Fragen müsse die Entscheidungskompetenz den frei gewählten Parlamenten verbleiben. Der *Informationsdienst* schloß:

> Einer Lösung, wie sie hier in großen Zügen skizziert wurde, könnte, wie erklärt wird, auch die Sozialdemokratische Partei zustimmen, da die erwähnten, der Sozialdemokratischen Partei nahestehenden Gewerkschaftskreise überzeugt sind, daß es ihnen gelingen werde, den oben angedeuteten, gegenwärtig noch recht starken Widerstand des links eingestellten Führerkreises der Partei schließlich zu überwinden[36].

Bekanntlich veröffentlichte die *Arbeiter-Zeitung* am 1. Dezember 1933 den ersten aufsehenerregenden Leitartikel, in dem Otto Bauer die berufsständische Selbstverwaltung grundsätzlich bejahte. Es sei auch daran erinnert, daß Karl Renner im November 1933 prominenten christlichsozialen Politikern, die als Exponenten des konservativ-demokratischen Regierungsflügels galten, den Entwurf für ein »Staatsnotstandsgesetz« übergab, das Dollfuß eine vorläufige Generalvollmacht zur Fortsetzung der autoritären Verordnungspolitik hätte einräumen sollen[37]. In der Tendenz, den parlamentarischen Rahmen zu erhalten, stimmten die vom *Informationsdienst* kolportierten Verfassungsreformvorschläge der Gewerkschaftskreise mit den parteioffiziösen Angeboten Bauers und Renners überein. Der Konsens steckte zudem im Detail: Renners Gedanke einer »Spitzenzusammenfassung«

der Arbeiterkammern[38] kehrt in der gewerkschaftlichen Version des *Informationsdienstes* als Konstrukt einer übergeordneten »Bundeskammer« wieder[39]. Das, was Bauer über eine mögliche Ergänzung der politischen Demokratie um Elemente berufsständischer Selbstverwaltung ausführte, die das Koalitionsrecht garantieren und aus schon vorhandenen Institutionen heraus entwickelt werden sollte[40], deckte sich inhaltlich mit Erwägungen, die der *Informationsdienst* zuvor als gewerkschaftliche Position umschrieben hatte.

Deutlich wird aber auch, daß die gewerkschaftlichen Überlegungen, ihre Authentizität vorausgesetzt, weiter gingen als die Angebote der Partei. Bekenntnisse zur Entpolitisierung und Versachlichung oder auch die Absage an jede »einseitige klassenmäßige Opposition[41]« mögen rhetorische Leerformeln, taktische Zugeständnisse an den Jargon der Herrschenden gewesen sein. Der Vorschlag jedoch, den Kammern in Fragen der Wirtschaftspolitik künftig legislative Kompetenz zu übertragen, verwischte zumindest an diesem Punkt die Grenze, die Otto Bauer zwischen Staat und ständisch strukturierter Gesellschaft immer noch scharf markierte[42].

Der Unterschied läßt sich mit dem realpolitischen Interesse der Gewerkschaften begründen, wenigstens auf dem engeren Feld der Wirtschafts- und Sozialpolitik den faktischen Ausfall der Sozialdemokratischen Partei wettzumachen, die den freigewerkschaftlichen Spitzenorganisationen bisher als parlamentarische Basis und verlängerter legislativer Arm gedient hatte: Kammer-Korporativismus als Ersatz für den entmachteten Parteienstaat. In der Doppelrolle als teilautonomer Interessenverband und ständisch-staatliche Institution schien Gewerkschaftstätigkeit im schlimmsten Fall auch ohne die Stütze der Partei denkbar. Man überließ Dollfuß die beanspruchte »starke autoritäre Führung« und begnügte sich mit einem Segment korporativ-staatlicher Mitwirkung in der Hoffnung, einen von den Gewerkschaften gehüteten letzten Damm gegen Unternehmerwillkür und staatlich geförderte Entrechtung der Arbeiterklasse zu halten. Eine solche Taktik ging zwar, im Unterschied zum Leipart-Kurs des ADGB, nicht schon im Ansatz von der Zielsetzung aus, eine Lösung der sozioökonomischen Gesamtprobleme unter Ausschluß der Parteien direkt durch die Gewerkschaften zu erreichen[43]; die Entpolitisierung hätte aber, konsequent zu Ende geführt, die Freien Gewerkschaften Österreichs in ein »Stück Sozialversicherung« verwandelt, »das sich im wesentlichen bürokratisch verwalten läßt[44]«. Hier wird eine Verbindungslinie zwischen den legalistischen Strömungen vor und nach dem 12. Februar 1934 erkennbar.

Man mag einwenden, daß derartige politische Vorleistungen jener vergleichsweise unnachgiebigen und staatskritischen Haltung zuwiderliefen, die (Schorsch zufolge) die Freien Gewerkschaften sozialen Austerity-Maßnahmen und dem Arbeitsdienstprojekt gegenüber zuvor eingenommen hatten. Die von Schorsch angedeuteten Differenzen zwischen Gewerkschaft und Partei sind bisher nicht untersucht. Sie lassen sich als Ausdruck unterschiedlicher Funktionsschwerpunkte und Organisationsinteressen verstehen, die im Zuge der ökonomisch-sozialen Krise deutlich auseinandertraten[45]. Die Sozialdemokratische Partei suchte unter dem Druck wachsender Zahl und Radikalität ihrer erwerbslosen Anhänger sogar solche Notstandshilfen, die, wie das Arbeitsdienstgesetz, durch die weltanschauliche Nähe zu faschistischen Modellen problematisch waren[46], positiv zu beeinflussen. Die Freien Gewerkschaften optierten ihrerseits aus vitalem Eigeninteresse gegen das staatliche Arbeitsreglement und für den frei vereinbarten Kollektivvertrag, gegen einen künstlichen Beschäftigungsboom, der neue Formen gewerkschaftsfremder Lohnabhängigkeit förderte, und für produktive Alternativprogramme, die der im normalen Produktionsprozeß stehenden bzw. in diesen wieder (voll) einzugliedernden Arbeiterschaft zugute kommen sollten[47].

Alfred Sohn-Rethel hat für die Weimarer Republik den Zusammenhang zwischen einer vorrangig an den Bedürfnissen der beschäftigten Arbeiterschichten orientierten Politik und der staatstreuen, a-revolutionären Grundeinstellung der SPD und der Gewerkschaften hergestellt. Die politische Grenze zwischen Sozialdemokratie und Kommunismus verlaufe, so Sohn-Rethel im September 1932, fast genau auf der sozialen und wirtschaftlichen Linie jenes Schleusendamms, der den beschäftigten und fest organisierten Teil von der arbeitslosen und fluktuierenden Masse der Arbeiterschaft getrennt habe[48]. Ganz ähnlich attackierte ein Jahr später Max Adler die »Scheidung der Parteien in eine Partei der Arbeitenden und in eine solche der Arbeitslosen« als Ergebnis reformistischer Politik[49]. Die These Adlers und Sohn-Rethels, die auch für Weimar empirisch so nicht haltbar ist[50], läßt sich auf die Erste Republik Österreich nicht übertragen. Das Schisma der Arbeiterbewegung blieb bekanntlich aus. Die SDAP integrierte bis Ende 1933 einen großen – im Vergleich zu den Freien Gewerkschaften zunehmend höheren – Teil der Erwerbslosen[51].

Dennoch lassen sich, Sohn-Rethels Ansatz aufnehmend, die gewerkschaftliche Lohn- und Arbeitsmarktpolitik 1932/33, die mit staatlichen Maßnahmen teilweise hart kollidierte, und der oben skizzierte Anpassungskurs 1933/34, der solchen Zusammenstößen möglichst auswich, als zeitbedingte Erscheinungsformen ein und desselben Grundinteresses begreifen. Die industrielle bzw. gewerbliche Produktionssphäre war für die Freien Gewerkschaften eine wichtige, rechtlich gesicherte Ebene tarifparteilicher Konfliktaustragung und bedeutendes Mitgliederreservoir zugleich. Bei der Verteidigung dieser Basis bedingten sich erstrangige Organisations- und Funktionssicherungsinteressen also wechselseitig. Das »Nein« der Gewerkschaften zum Arbeitsdienstgesetz 1932 galt einer *befürchteten, indirekten, wirtschaftspolitischen Beschneidung,* die legalistische Taktik nach dem 7. März 1933 der Abwehr einer *beinahe täglichen konkreten, direkten, machtpolitischen Beseitigung* dieser Basis.

Auf diesen Kern reduziert, kehrt das gewerkschaftliche Selbstverständnis in der Selbsttäuschung wieder, dem Verbot der freien Assoziation durch berufsständische Metamorphose entgehen zu können. Die strukturelle Verschmelzung des autoritären Maßnahmenstaates mit einem korporativstaatlichen Freiraum sich selbst regulierender Wirtschaftskräfte schien der Ausweg, zumal sich dieser Gedanke mit bestimmten Vorstellungen im politischen Katholizismus berührte[52]. Die Idee einer autoritären Staatsführung mit freien ständischen Organisationen neben ihr wurde bereits im Herbst 1933 von klarsichtigen bürgerlichen Liberalen als scheindemokratischer Zwischenschritt zum Faschismus entlarvt[53]. Sie entpuppte sich am 3. März 1934 für die Freien Gewerkschaften endgültig als Illusion.

ANMERKUNGEN:

1 Leopold Franz (d. i. F. Neumann), *Die Gewerkschaften in der Demokratie und in der Diktatur,* Karlsbad 1935, S. 39.
2 Ebenda.
3 Vgl. Everhard Holtmann, *Sozialdemokratische Defensivpolitik vor dem 12. Februar 1934,* in: *Vom Justizpalast zum Heldenplatz, Studien und Dokumentationen 1927–1938,* hrsg. von L. Jedlicka und R. Neck, Wien 1975, S. 113 ff. sowie Karl Haas, *Der »zwölfte Februar 1934« als historiographisches Problem,* ebenda, S. 156 ff.
4 Vgl. die Dollfuß-Reden vom 18. und 28. Januar, zit. in: *Christliche Arbeiterzeitung,* 3. Februar 1934, S. 2 und 27. Januar 1934, S. 1.
5 *Sind wir ehrliche Arbeitervertreter?,* in: *Arbeiter-Sonntag,* 11. Februar 1934, S. 3/4.
6 Victor Adler an Anton Hueber, 16. April 1909; Original im Verein für Geschichte der Arbeiterbewegung, Wien.
7 Brief Joseph Buttingers an den Verfasser vom 26. Juli 1973.
8 Vgl. Joseph Buttinger, *Das Ende der Massenpartei* (Neudruck von: *Am Beispiel Österreichs*), Frankfurt/M. 1972, S. 202 ff.; Otto Leichter, *Österreichs freie Gewerkschaften im Untergrund,* Wien 1963, S. 19 ff.; Arnold Reisberg, *Februar 1934,* Wien 1974, S. 199 ff.; Josef Hindels, *Österreichs Gewerkschaften im Widerstand 1933–1945,* Wien 1976, S. 62 ff.

9 IGB-Paris (Schevenels), Zirkular vom 28. März 1934; Internationales Institut für Sozialgeschichte (abgekürzt: IISG), Amsterdam.
10 Ebenda.
11 Vgl.: *Die Kommunistische Internationale,* Heft 15/1933, S. 710 ff.
12 Hindels, S. 56.
13 IISG Amsterdam, Bestand IGB, Varia, undatiert. Der Bericht wurde vor Ende Mai, wahrscheinlich schon im Laufe des März 1934 gefertigt. Siehe: Schevenels an Friedrich Adler, 22. Mai 1934, Archiv der polnischen Arbeiterpartei, Kopie im Dokumentationsarchiv des österr. Widerstandes (abgekürzt: DÖW), Akt 2806.
14 Ebenda.
15 Protokollauszug (in Hinkunft abgekürzt: PA) der Vorstandssitzung des IGB, 17./18. März 1933 (Paris); IISG-IGB (Zirkulare 1933/34).
16 Am 8. März äußerte Schevenels intern die Befürchtung, die Taktik der ADGB-Führung laufe darauf hinaus, »durch passives Verhalten und möglichst weitgehendes Entgegenkommen die Bewegung über Wasser zu halten«. PA der Vorstandssitzung des IGB, Zürich, 8. März 1933; IISG-IGB (Zirkulare 1933/34).
17 IGB (Schevenels) an angeschlossene Landeszentralen und internationale Berufssekretariate, Paris, 3. Mai 1933, IISG, a. a. O.
18 Ebenda.
19 Bericht Schevenels, a. a. O.
20 Schevenels, a. a. O.
21 Franckenstein an Bundeskanzler Dollfuß, 11. Februar 1934, Haus-, Hof- und Staatsarchiv Wien (in Hinkunft abgekürzt: HHStA), Fasz. 474, folio 104/105, 159–170.
22 PA der Wiener Sitzung, Paris, 6. November 1933; IISG-IGB (Zirk. 1933/34)
23 Schevenels, a. a. O.
24 Otto Bauer, *Der Aufstand der österreichischen Arbeiter. Seine Ursachen und seine Wirkung,* Wien 1947, S. 26 ff.
25 Neumann, S. 35 ff.
26 Vgl. Hans Mommsen, *Staatliche Sozialpolitik und gewerkschaftliche Strategie in der Weimarer Republik,* in: *Gewerkschaftliche Politik: Reform aus Solidarität,* hrsg. v. U. Borsdorf u. a., Köln 1977, S. 61 ff.
27 Max Adler, *Wandlungen der Arbeiterklasse?* in: *Der Kampf* 26 (1933), S. 367 ff. und 406 ff., hier zit. nach Ilias Katsoulis, *Sozialismus und Staat,* Meisenheim a. Glan 1975, S. 296.
28 Vgl. Karl Högers Rede auf dem Parteitag 1891, zit. bei: Julius Deutsch, *Geschichte der österreichischen Gewerkschaftsbewegung,* Bd. 1, Wien 1929, S. 244 f.; Adler, a. a. O.; zur Geschichte des Begriffs jetzt ausführlich Gerhard Beier, *Das Problem der Arbeiteraristokratie im 19. und 20. Jahrhundert,* in: *Herkunft und Mandat. Beiträge zur Führungsproblematik in der Arbeiterbewegung,* Frankfurt/M. 1976, S. 9 und passim.
29 Rede auf dem IV. Gewerkschaftskongreß 1931, zit. nach Fritz Klenner: *Die österreichischen Gewerkschaften,* Band 2, Wien 1953, S. 915 ff.
30 Vgl. SDAP-Jahrbuch 1931; Klenner, Band 2, S. 893 f.
31 HHStA-NPA, a. a. O.
32 Vertraulicher Brief Franckensteins an Dollfuß über die Unterredung vom 12. Dezember 1933; HHStA-NPA, Fasz. 642, folio 159 ff.; vgl. auch die ausführlichere Aufzeichnung über dasselbe Gespräch, ebenda, folio 164–170.
33 *Vertrauliche Führerbriefe* (Informationsdienst), Geschäftsstelle Wien: Dr. Alexander Redlich, Nr. 93/11. November 1933. Für den Hinweis danke ich meinem Kollegen Dr. Karl Haas, Institut für Zeitgeschichte, Wien.

34 Ebenda.
35 Ebenda, S. 3.
36 Ebenda, S. 4.
37 Vgl. Haas, a. a. O.; Holtmann, a. a. O.
38 Haas, a. a. O.
39 *Informationsdienst,* S. 3.
40 Art. *Sozialdemokratie und »Ständeordnung«,* AZ v. 27. Dezember 1933, S. 1/2.
41 *Informationsdienst,* a. a. O.
42 AZ, a. a. O.
43 Mommsen, S. 75.
44 *Österreichischer Volkswirt* (in Hinkunft abgekürzt: ÖVW) 35/1933, S. 824.
45 Vgl. den Debattenbeitrag Witternigg auf dem Parteitag 1932: »In der Arbeitslosenfrage haben uns in den Ländern die Gewerkschaften im Stich gelassen, und die ganze Sorge hat die Partei gehabt.« (Parteitagsprotokoll, S. 22.)
46 Zum FAD-Gesetz vgl. ÖVW 47/1932, S. 1127 sowie ÖVW 21/1934, S. 451 f.
47 Vgl. den Arbeitsbeschaffungsplan der Wiener Arbeiterkammer vom März 1933 (ÖVW 26/1933, S. 599 f.). Auf der Vollversammlung der Wiener Kammer Ende 1932 kritisierte Dr. Palla den Arbeitsdienst als »einen sehr schwer gangbaren und nur mit größter Vorsicht zu beschreitenden Nebenweg« der wirtschaftlichen Entwicklung; vorrangig sei, »auf Grund eines Arbeitsbeschaffungsprogrammes normale Arbeitsgelegenheiten bereitzustellen.« (Arbeit und Wirtschaft, Heft 1/1933, S. 20).
48 Vgl.: Alfred Sohn-Rethel, *Die soziale Rekonsolidierung des Kapitalismus* (September 1932), Wiederabdruck in: *Kursbuch* 21 (1970), S. 17 ff.
49 Max Adler, *Wandlungen der Arbeiterklasse?,* a. a. O., hier zit. nach Katsoulis, S. 296.
50 Vgl. die von Katsoulis erwähnte KPD-Studie Flechtheims (a. a. O., S. 296 f.). Die gewerkschaftliche Arbeitsmarktstatistik weist zwischen Februar und September 1932 unter den Gewerkschaftsmitgliedern einen fast konstanten Arbeitslosenanteil von 44 bis 45 Prozent aus. Vgl. W. Woytinski, *Der deutsche Arbeitsmarkt während der Krise,* in: *Arbeit und Wirtschaft,* Heft 2/1933, S. 6 ff.
51 Die Mitgliederzahl der Freien Gewerkschaften, die 1929 noch rund 737.000 (SDAP: 718.000) betragen hatte, unterschritt bereits 1930 mit 655.000 die der Partei (698.000) erheblich. Bis Ende 1932 vergrößerte sich der Abstand. 1931 (in Tausend): 583 zu 654,– 1932: 520 zu 648. Angaben nach: Jahrbücher der SDAP und der Freien Gewerkschaften 1930–1932; ÖVW 46/1933, S. 1102. Gleichzeitig nahm der Anteil der Arbeitslosenmarken am Beitragsaufkommen der Partei deutlich zu (vgl. Jahrbuch SDAP 1932, S. 80).
52 Vgl.: Benedikt Kautsky, *Die Enzyklika »Quadragesimo Anno« über Stände und Gewerkschaften,* in: ÖVW 16/1934, S. 359 ff. Franz Klein, *Revolutionssichere Verfassung,* in: ÖVW 48/1933, S. 1153 ff.
53 Vgl.: Hans Fest, *Staat und Gesellschaft im ständischen Aufbau,* in: ÖVW 1/1933, S. 14 ff.

Gerhard Botz

Streik in Österreich 1918 bis 1975. Probleme und Ergebnisse einer quantitativen Analyse[1]

I. Problemstellung

Anders als in Westeuropa haben in den deutschsprachigen Ländern empirische wie auch theoretische Untersuchungen über Streik und andere Formen des Arbeitskampfes bei Sozialwissenschaftlern und Historikern (der Arbeiterbewegung) in den letzten Jahrzehnten nur geringes Interesse gefunden[2], eine Tatsache, die als der Ausdruck eines weit verbreiteten harmonisierenden, konfliktscheuen Gesellschafts- und Politikverständnisses aufzufassen ist. Die Vorstellungen über Erscheinungsformen von Arbeitskonflikten überhaupt und Streik im besonderen, über ihre Entwicklung, Ursachen und Funktionen sind daher im Bereich der Wissenschaft nur ungenau, lückenhaft und widersprüchlich. Daneben haben sich allerdings die Praktiker der Arbeiterbewegung, insbesondere der Gewerkschaften, nicht selten ein sehr weitgehendes, aber ungenütztes Detail- und Allgemeinwissen über Streiks bewahrt. Wenn in diesem Beitrag daher versucht wird, das Auftreten von Streiks über mehr als ein halbes Jahrhundert österreichischer Geschichte hinweg quantitativ zu rekonstruieren und auf ihre wirtschaftlich-sozial-politischen Bedingungen hin zu untersuchen, so ist klar, daß es sich dabei nur um einen unzulänglichen ersten Versuch handeln kann, sowohl was die Bearbeitung des Themas als auch was die Anwendung adäquater Methoden anlangt.

Streiks als spontane oder organisierte »Arbeitsniederlegungen von Lohnarbeitern zum Zwecke, durch wirtschaftlichen Druck sozialen Widerstand zu leisten, mit dem Ziel, persönliche, gesellschaftlich vermittelte Interessen durchzusetzen[3]«, sind zunächst eine Austragungsform gesellschaftlicher Konflikte auf betrieblich-wirtschaftlicher Ebene. Doch kommen in ihnen meist auch gesamtwirtschaftliche, soziale und politisch-herrschaftsbezogene Spannungen und Protesthaltungen zum Ausdruck. Als multidimensionales gesellschaftliches Phänomen sind Streiks daher nur analytisch aus dem gesamten Spektrum individueller und kollektiver, offener oder verborgener, gesellschaftlich anerkannter oder verpönter, gewaltfreier oder gewaltsamer Konfliktäußerungen herauszupräparieren. Daher sind Streiks auch in der historischen Wirklichkeit eher vielschichtig verursacht und als Instrument in konflikthaften Beziehungen auf unterschiedlichen gesellschaftlichen Ebenen mehrfach (und gleichzeitig) verwendbar.

Wirtschaftliche Streiks, auf die sich diese Untersuchung konzentriert, sind daher fast immer auch politisch motiviert und wirksam. Wenn Streikhandlungen hier dennoch als ein brauchbarer Indikator wenigstens für wirtschaftliche Konflikte verwendet werden sollen, so deswegen, weil sie als sozusagen höchste Spitze des wirtschaftlich-klassenmäßigen Konfliktsystems, das von friedlichen Lohnverhandlungen und psychosomatischen Erkrankungen bis zu Absentismus, Arbeitsniederlegung und gewaltsamem Widerstand reicht, Spannungszustände, wenn sie ein gewisses Ausmaß überschreiten, allgemein sichtbar machen. Denn der Streik ist sehr häufig nur die ultima ratio[4] der ihm vorgelagerten Konflikt-Austragungsstufen, obwohl er durchaus zu den »normalen«, verfassungsmäßig garantierten Handlungsweisen demokratischer marktwirtschaftlicher Industriegesellschaften gehört[5].

Diese Auffassung vom Streik als einem weitgehend formalisierten betrieblich-wirtschaftlichen Konflikt ist allerdings historisch an spezifische Organisationsformen der Arbeiterbewegung und ihres Handlungsrahmens gebunden und daher nur sinnvoll auf die Periode des »organisierten Kapitalismus« und für einen gesellschaftlichen Rahmen anwendbar, der durch Abbau der Konkurrenzwirtschaft und verstärkte betriebliche Konzentration, durch wachsende Verflechtung von ökonomischem und staatlichem Bereich und durch fortgeschrittene Verbandsbildung und hohen Organisationsgrad auf seiten der Unternehmer ebenso wie der Lohnabhängigen charakterisiert ist[6]. In Österreich ist die Erste Republik – in Fortsetzung des Entwicklungstrends des letzten Jahrzehnts der Habsburgermonarchie – zum Großteil als die Übergangsphase zu diesem »organisierten« Entwicklungsstadium kapitalistischer Gesellschaften, die Zweite Republik schon als ihre nahezu idealtypische Verwirklichung aufzufassen.

Deshalb auch erscheint eine Sichtweise, die massenhafte Streiks *generell* als die Vorstufe zur »sozialen Revolution« auffaßt, von vornherein zum Herangehen an das Thema wenig geeignet. Marx und Engels, von denen sich diese dramatische Auffassung von Streiks letztlich herleitet, haben allerdings ihre Analysen auf eine noch vor-organisierte, zum Teil noch frühindustrielle Gesellschaft abgestellt und sich im übrigen keineswegs einer Überzeichnung des gesellschaftssprengenden Aspekts von Streiks schuldig gemacht. So schreibt etwa Engels, nachdem er über die großen englischen Streikbewegungen der ersten Hälfte des 19. Jahrhunderts – noch in der Periode des Chartismus – festgestellt hat, wie sehr sich in diesen Streiks schon der »soziale Krieg« verwirklicht habe:

> Diese Strikes sind allerdings erst Vorpostenscharmützel, zuweilen auch bedeutendere Gefechte; sie entscheiden nichts, aber sie sind der sicherste Beweis, daß die entscheidende Schlacht zwischen Proletariat und Bourgeoisie herannaht. Sie sind die Kriegsschule der Arbeiter, in der sie sich auf den großen Kampf vorbereiten, der nicht mehr zu vermeiden ist ... Und als Kriegsschule sind sie von unübertrefflicher Wirkung[7].

An dieser Aussage ist in diesem Zusammenhang vor allem interessant, daß die Funktion von Streiks auch in einem Lernprozeß innerhalb der Arbeiterbewegung gesehen wird. Und gerade dieser Lernprozeß trug entscheidend dazu bei, daß in der Periode des »klassischen« Konkurrenzkapitalismus in der zweiten Hälfte des 19. Jahrhunderts ausgedehnte Massenstreiks eine bedeutende Rolle in den europäischen Arbeiterbewegungen zu spielen begannen. Arbeiter traten nicht mehr nur unvorbereitet, räumlich zersplittert, mit unterschiedlichen Zielen und kurzfristig in den Streik. Ein solches »Strohfeuer« der Klassenauseinandersetzung mußte der Gegenseite den Sieg erleichtern und durch die Niederlage einer noch stärkeren Verschlechterung der Arbeits-, Lohn- oder politischen Situation Vorschub leisten. Gut organisierte und einheitlich geführte, vielleicht sogar gesamtstaatliche Streiks erwiesen sich dagegen der organisatorischen Überlegenheit des »Kapitals« eher als angemessen, vor allem, wenn zwei Voraussetzungen gegeben waren: eine starke Gewerkschaftsbewegung und eine günstige Konjunkturlage[8]. Durch Erfolg und Mißerfolg lernten die europäischen Arbeiterbewegungen daher, den Streik und zugleich sich selbst zu organisieren und ihn zur Verbesserung der Lage der Arbeiter anzuwenden. Der Streik wechselte so seinen Charakter. Er wurde von einem zunächst meist spontan aufbrechenden sozialen Protest im Stadium ärgster Verzweiflung zu einem strategisch eingesetzten Mittel, das zu seinem erfolgreichen Einsatz das Kalkül vieler Rahmenbedingungen einschloß.

Daß die Stärke der gewerkschaftlichen (und politischen) Organisation einen erfolgreichen Ausgang von Arbeitskämpfen begünstigte, ist naheliegend. Sie mußte daher auch die Streikaktivität im allgemeinen begünstigen[9]. Da jedoch die gewerkschaftliche Stärke hinsichtlich Mitgliederzahl, Ausstattung mit Streikfonds, Einsatzbereitschaft ihrer Mitglieder etc. direkt von der wirtschaftlichen Gesamtsituation und der sozialen Lage der Arbeiterschaft abhängt, ist der in Westeuropa und

Deutschland im ausgehenden 19. und frühen 20. Jahrhundert empirisch gut belegte Zusammenhang von günstiger Konjunkturentwicklung und hoher allgemeiner Streikaktivität einerseits, Depression und Streikarmut andererseits auch theoretisch einleuchtend[10], obwohl dies einer weit verbreiteten »marxistischen« Hypothese widerspricht, nämlich der Annahme eines überall gültigen, gleichförmigen An- und Abschwellens von Streiks je nach der Abfolge von Krise und Konjunktur im Wirtschaftszyklus.

Zweifellos haben auch Verschlechterungen der sozialen Lage, wenn sie als solche wahrgenommen werden, eine streikfördernde Wirkung. Die politisch wie wissenschaftlich relevante Frage ist nur, ob sich mit der zum Protest drängenden sozialen Unzufriedenheit nicht auch Momente einstellen, die eine Protestäußerung risikoreicher erscheinen lassen, und ob nicht die krisenbedingten Hemmechanismen von Streik gar den latenten Protestwillen unterdrücken. Streiks in relativ günstigen (jedenfalls nicht krisenhaften) Wirtschaftslagen wären dann umgekehrt als Moment des Verteilungskampfes in Perioden, in denen es etwas zu verteilen gibt, aufzufassen.

Aus diesen skizzenhaften theoretischen Vorüberlegungen ergibt sich, daß das Ziel dieser Untersuchung nicht darin liegen kann, einen einzigen, vielleicht allein bestimmenden sozial-ökonomischen Ursachenfaktor von Streiks, der womöglich zeitunabhängig gelten soll, ausfindig zu machen. Worum es aber hier gehen kann, ist, zu überprüfen, inwiefern westeuropäische und deutsche historiographisch-politologische Befunde über Streikentwicklung und Streikursachen am österreichischen Beispiel bestätigt werden können und welche verursachende Faktoren zusammen die Streikverlaufskurven in der Ersten und der Zweiten Republik, wiederum zeitlich differenziert, zu erklären vermögen.

II. Methodologische Überlegungen

Relativ quantifizierbare und überdies für einen verhältnismäßig langen Zeitraum in vergleichbarer Form vorliegende Datenreihen wie jene über Streik legen quantitative Analysetechniken von vornherein nahe. Besonders zweckmäßig erscheint jedoch eine makroanalytische Zeitreihenuntersuchung, wenn es wie im vorliegenden Fall zunächst um ein Abtasten eines wenig untersuchten Arbeitsfeldes geht. Die damit einhergehende Unschärfe im einzelnen und eine teilweise mechanistisch wirkende korrelative Parallelisierung von erklärenden und zu erklärenden Variablen werden dabei bewußt in Kauf genommen. Doch erst in einer späteren Forschungsphase könnten Fall- und

Tiefenstudien fruchtbarer angewandt werden. Von wesentlicher Bedeutung ist also, abgesehen von Relevanzproblemen des Indikators für das Anzuzeigende, in diesem Fall, wie sich die unabhängigen und abhängigen Variablen der quantitativen Analyse in meßbarer Form bestimmen lassen.

Das generelle Ausmaß der Arbeitskonflikte wird hier wie in ähnlichen Untersuchungen[11] in Streiktagen pro Jahr, d. h. in jährlich durch Streiks verlorenen Arbeitstagen operational festgelegt. Daneben werden als Indikator für die Breitenwirkung von Streikaktionen die Beteiligungsrate (Streikende je 100.000 unselbständig Beschäftigte pro Jahr) und als Indikator für die zeitliche Dauer und Härte des Arbeitskampfes die durchschnittliche Ausstandsdauer für jeden Streikenden (Streiktage je Streikenden) herangezogen[12]. In diesem Sinne sind in Hinkunft Bezeichnungen wie Streikausmaß, bzw. Streikbeteiligung oder Streikintensität zu verstehen. Dabei wurden nur Daten über wirtschaftliche und gewerkschaftlich anerkannte Streiks, für die also von den Gewerkschaften Unterstützungsgelder ausgezahlt wurden, herangezogen. Vollständige Datenreihen für »wilde« oder »politische« Streiks sowie über Aussperrungen waren nicht verfügbar. Ebenso fehlen in den gedruckten statistischen Quellen durchgehende Angaben über Anzahl, Erfolg oder Mißerfolg und spartenweise Verteilung der Streiks. Nur periodenweise kann darauf zurückgegriffen werden.

Als erklärende Faktoren werden

— für die gesamtwirtschaftliche Ebene die jährliche reale prozentuelle Wachstumsrate des Bruttonationalprodukts (BNP, in Hinkunft auch alternativ als Volkseinkommen bezeichnet) gegenüber dem Vorjahr[13],

— für die soziale Situation der Arbeiterschaft die Arbeitslosenrate (berechnet als Prozentanteil der vorgemerkten Arbeitslosen an den unselbständig Erwerbstätigen[14]) und

— für den organisatorisch(-politischen) Bereich der gewerkschaftliche Organisationsgrad (Gewerkschaftsmitglieder je 100.000 unselbständig Erwerbstätige[15]) herangezogen[16].

Die Problematik der drei zuletzt genannten Indikatoren kann hier im einzelnen nicht aufgezeigt werden. Nur hinsichtlich der Streik-Variablen sind einige Einschränkungen unumgänglich. Zunächst ist allgemein zu beachten, daß soziale Konflikte nicht nur hinsichtlich ihres quantifizierbaren Intensitätsgrades, etwa gemessen nach Häufigkeit eines Ereignisses und der beteiligten Personen oder nach der Dauer in Tagen, Schwankungen unterliegen. Vielmehr können sie auch, wie einleitend angedeutet, hinsichtlich der Austragungsformen in qualitativ-sprunghafter Weise variieren, was unter Umständen einen

Schluß auf den anzuzeigenden Sachverhalt beträchtlich erschweren muß. Etwa daß sich industrielle Konflikte üblicherweise in einer Stufenfolge von Lohnverhandlungen über Drosselung des Arbeitstempos und Sabotage bis zu Streik, Aussperrung und Fabrikbesetzung abspielen, impliziert qualitative Sprünge, die eine quantitative Analyse beeinträchtigen müssen. Nur eine breit angelegte Untersuchung, die hier schon aus Platzgründen ausgeschlossen war, könnte eine Lösung dieses Problems versprechen.

Zur Gewährleistung der Vergleichbarkeit der Daten sollten zwei weitere Voraussetzungen gegeben sein: das Vorhandensein halbwegs konstanter Rahmenbedingungen für Arbeitskonflikte und die Beteiligung etwa derselben Konfliktpartner. So ist es nicht gleichgültig, ob Streiks in einem rechtsstaatlich-parlamentarischen System untersucht werden oder unter Bedingungen diktatorischer Herrschaft, die Arbeitsniederlegungen untersagt und gewaltlose Protestäußerungen verbietet und unterdrückt. Der autoritär-halbfaschistische »Ständestaat« Dollfuß' und Schuschniggs ist daher mit der demokratischen Periode der Ersten Republik auch nur bedingt vergleichbar.

Ebenso können wechselnde Regierungskonstellationen jener Parteien, die den überwiegenden Teil der betrieblich-wirtschaftlichen Konfliktpartner auf politischer Ebene vertreten, die Bedingungen der Manifestierung sozialer Spannungen verändern und somit einen Vergleich über längere Zeiträume hinweg zusätzlich einschränken. Daß sich das politisch-gesellschaftliche System in Österreich vor dem Zweiten Weltkrieg und danach tatsächlich auf den gemeinsamen Nenner einer mäßig bis stark industrialisierten, marktwirtschaftlich gesteuerten Gesellschaft bringen läßt, ist nicht fraglos hinzunehmen und keineswegs eine Frage, die für das Streikverhalten der österreichischen Arbeiterbewegung irrelevant ist.

Hinsichtlich der Konfliktparteien im Streik sind die demokratische Periode der Ersten Republik und die Zweite Republik nicht so weitgehend voneinander unterschieden, daß die Bildung einer Zeitreihe nicht sinnvoll wäre. Doch weist ihre organisatorische Beschaffenheit manche Unterschiede auf. Immer stehen aber Lohnabhängige einerseits und Eigentümer oder Verfügungsberechtigte andererseits einander gegenüber, und zwar jeweils in Interessenverbänden organisiert. Doch während die Lohnabhängigen in der demokratischen Periode der Ersten Republik von Richtungsgewerkschaften, die im wesentlichen den politischen Lagern entsprachen, vertreten wurden[16], verordnete der »Ständestaat« im März 1934 die Bildung einer Einheitsgewerkschaft, eine Einrichtung, die nach 1945 auf freiwilliger Basis und mit wesentlich höherem Wirkungsgrad fortgesetzt wurde.

Auch auf der Unternehmerseite kam es nach 1945 zu einer nicht geringen Veränderung insofern, als neben privaten Unternehmern (und ihren Organisationen) in verstärktem Maße der Staat, vor allem in den Sektoren Schwerindustrie, Verkehr und Finanz, in Erscheinung trat und bei Lohnverhandlungen in bestimmten Wirtschaftsgruppen als Gegenpart zu den »Arbeitnehmern« sogar eine führende Rolle übernahm. Dennoch wurde für die Zwecke dieser Untersuchung auf der Ebene des Arbeitskonflikts in der Zweiten Republik das Weiterbestehen derselben wirtschaftlich-klassenmäßigen Konfliktlinien wie in der Ersten Republik angenommen.

In der Folge wird jeweils zunächst der Streikverlauf in der Ersten und Zweiten Republik beschrieben und sodann auf seine Abhängigkeit von den drei ausgewählten erklärenden Variablen hin untersucht.

III. Streik und wirtschaftlich-politische Krise in der Ersten Republik

Der beste Indikator für das gesamte Ausmaß von Streiks ist, wie erwähnt, die Kombination der Anzahl der Streikenden und der Dauer

Graphik I

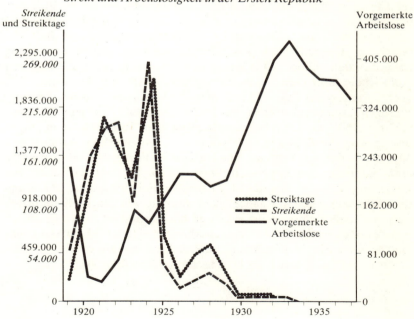

des Streiks. *Graphik I* stellt für die Erste Republik den Verlauf dieses kombinierten Merkmals, die jährliche Zahl der Streiktage, und die Zahl der Streikenden (Beteiligten an Streiks) dar. Zum Vergleich ist auch die Arbeitslosigkeit eingetragen. Nach politisch-wirtschaftlichen Perioden zusammengefaßt, bietet dazu *Tabelle 1* weitere Informationen, die hier allerdings nicht ausgeschöpft werden können.

Nach einem raschen, kontinuierlichen Anstieg der Streiks in der ausgehenden »österreichischen Revolution« (1918–1921), die wirtschaftlich von den Problemen der Wiederumstellung der Kriegs- auf die Friedensproduktion und damit durch eine zunächst noch hohe Arbeitslosenrate, politisch durch ein Übergewicht der Sozialdemokratischen Arbeiterpartei während ihrer Regierungskoalition mit der Christlichsozialen Partei, und sozial durch eine Reihe von zum Teil bahnbrechenden Sozialgesetzen gekennzeichnet wurde, erreichte das Streikausmaß schon 1921 einen ersten Höhepunkt. Sie war zugleich auch die Periode einer raschen Festigung der Gewerkschaftsbewegung, vor allem der sozialdemokratischen Freien Gewerkschaften, die 1921 vorübergehend mehr als eine Million Mitglieder erreichten. Wirtschaftlich waren die Jahre 1921 und 1922 durch ein krisenhaftes Anwachsen der Inflation und eine relativ florierende industrielle Produktion, die zu jährlichen Wachstumsraten des BNP von neun bis zehn Prozent führten, und durch eine ansteigende, jedoch im allgemeinen niedrige Arbeitslosenrate (1,4 bzw. 3,4 Prozent der Unselbständigen) gekennzeichnet. Das seit 1921 sinkende gesamtgesellschaftlich-politische Gewicht der sozialdemokratischen Arbeiterbewegung kommt in dem allmählich beginnenden, aber nicht mehr aufhaltbaren Abbröckeln ihrer Gewerkschaftsmitgliederschaft zum Ausdruck.

Doch schon das Jahr 1923, in dem die von Seipel rigoros durchgeführte Inflationsbekämpfung und Budgetsanierung zu einem Schrumpfen des BNP um 1,1 Prozent gegenüber dem Inflationsboom führte und in dem die Zahl der zur Vermittlung vorgemerkten Arbeitslosen 145.000 (oder 6,6 Prozent der Unselbständigen) erreichte, brachte eine deutliche Abnahme der Streiks. Eine kräftige wirtschaftliche Besserung (BNP-Wachstum 11,7 Prozent) und eine leichte Milderung der Arbeitslosigkeit im Jahre 1924 werden von einem neuerlichen Emporschnellen der Streiks auf ihren höchsten Wert in der gesamten neueren Geschichte Österreichs überhaupt begleitet. Mit diesem Jahr endet aber auch die insgesamt streikreichste Periode der österreichischen Republik (jährlich im Durchschnitt 1,668.000 Streiktage).

Tabelle 1
Streiks und wirtschaftlich-soziale Lage in der Ersten Republik

Arithmetische Mittel (periodenweise)	Teilperioden					demokr. Per.	„Ständestaat"	
	1919–21	1922–24	1925–29	1930–33		1919–33	1934–37	1919–37
(anerkannte) Streiktage (in 1.000)	970	1.668	445	72		695	0,5	549
(anerkannte) Streikende je 100.000 unselbständig Beschäftigte	6.835	9.535	1.506	354		3.871	23	3.060
Streikdauer je Streikenden (in Tagen)	5,7	6,0	14,8	11,4		11,0	1,4	8,9
Anteil der erfolglosen Streiks (in % der Streikenden)	9,3	4,7	15,1	27,4+		7,0++		
durch Aussperrungen verlorene Arbeitstage (in 1.000)	118 *	420	194	50		176	0,1	139
gewerkschaftlicher Organisationsgrad in % der unselbständig Erwerbstätigen	44,7	46,8	41,3	35,6		41,6	15,4	36,1
Arbeitslosenrate (% der vorgemerkten Arbeitslosen an den unselbständig Erwerbstätigen**)	4,2	5,3	8,8	16		9,1	17,6	10,9
BNP-Änderung gegenüber dem Vorjahr in %	8,8*	6,5	3,5	–7,7		1,6	2,8	1,9

+ Nur 1930–32
++ Nur 1919–32
* Nur 1920–21
** Summe der unselbständig Beschäftigten und der vorgemerkten Arbeitslosen

Die nächsten fünf Jahre (1925-1929) sind von der weiteren zögernden Überwindung der Stabilisierungskrise und von einer kurzen Hochkonjunktur (1927-1929) gekennzeichnet. Das wirtschaftliche Charakteristikum dieser Jahre ist ein bis 1929 im jährlichen Durchschnitt um 3,5 Prozent, im einzelnen aber unterschiedlich steigendes BNP bei einer gleichzeitig um die 200.000-Marke pendelnden Arbeitslosigkeit (7,9 bis 9,2 Prozent). Die Hauptursache dieser Erscheinung liegt in dem stürmischen Nachholen von Rationalisierungen in der Industrie, die bis zum Höhepunkt der Inflation unterblieben waren – ein internationales Phänomen – und in der Durchführung von einschneidenden Personaleinsparungen im öffentlichen Dienst, im Verkehrswesen und Bankensektor, die sich zum Teil aus dem Zusammenbruch der Habsburgermonarchie ergaben. Zugleich vollzog sich während der relativ stabilen Regierungen der Ära Seipel (1922-1924, 1926-1928) und auf dem ersten Höhepunkt faschistischer Aktivität in Form der Heimwehr (1928/29) ein weiterer politischer Positionsverlust der (sozialdemokratischen) Arbeiterbewegung, dem eine weitere Abnahme der Gewerkschaftsmitglieder entsprach. Dieser Vorgang schlug allerdings infolge von Gewinnen der christlichen und deutschnationalen Gewerkschaften nicht voll auf den gewerkschaftlichen Organisationsgrad durch. Die Verlaufskurven von Streikaktivität und Arbeitslosigkeit verhalten sich in diesem halben Jahrzehnt genau spiegelbildlich, während Streiks und BNP-Anstieg, wie zu erwarten, in derselben Richtung variieren. Im jährlichen Durchschnitt erreichten die Streiktage mit 445.000 in dieser Periode kaum noch ein Viertel jener des Zeitraumes vor 1925.

Der Einbruch der Weltwirtschaftskrise Ende 1929 mit dem Schrumpfen des realen BNP um durchschnittlich jährlich 7,7 Prozent war von einem katastrophalen Ansteigen der Arbeitslosigkeit im Jahre 1933 auf 406.000 oder 20,3 Prozent der Unselbständigen begleitet. Da sich viele früher Beschäftigte, durch die oft langjährige Arbeitslosigkeit entmutigt, überhaupt vom Arbeitsmarkt zurückgezogen hatten, ist die wirkliche Arbeitslosigkeit auf dem Höhepunkt der Krise noch um etwa 5 bis 6 Prozentpunkte höher anzusetzen als in der amtlichen Arbeitslosenstatistik[18]. Die Streikaktivität im allgemeinen ist von einem sofort mit Krisenbeginn einsetzenden Abfallen auf ein sehr niedriges Niveau gekennzeichnet. Sie betrug im jährlichen Durchschitt nur 72.000 Streiktage, einen Bruchteil (1/18) der Periode von 1919 bis 1924 und (ein Sechstel) der relativen Stabilitätsperiode (1925 bis 1929).

Politisch ist die Weltwirtschaftskrise durch eine trotz des sozialdemokratischen Wahlerfolges von 1930 weitergreifende Erosion der sozialdemokratischen Positionen im Staat, die Ablösung der Heimwehr durch den Nationalsozialismus (ab 1932) und Anzeichen von Instabilität im bürgerlichen Regierungslager zu charakterisieren. Schon vor der Beschneidung der Organisationsfreiheit der Arbeiter und Angestellten durch Dollfuß wurde auch die gewerkschaftliche Organisationsstärke (durch Wirtschaftslage und Arbeitslosigkeit) ganz entscheidend geschwächt. Nur 33, 8 Prozent aller Lohnabhängigen, das sind um 30 Prozent weniger als 1921, waren Ende 1933 noch gewerkschaftlich organisiert.

Die seit März 1933 sich rasch zum diktatorischen Regime wandelnde Regierung Dollfuß veränderte mit einschneidenden Beschränkungen der politischen und gewerkschaftlichen Rechte und der 1934 erfolgenden Beseitigung jeder legalen politischen Opposition das innenpolitische System und die Bedingungen für Streiks grundlegend. Das Ansteigen des *Gewerkschaftsbundes der österreichischen Arbeiter und Angestellten,* der »Einheitsgewerkschaft« des Regimes, von 148.000 Mitgliedern (7,7 Prozent der Unselbständigen) und 316.000 (16 Prozent) Mitte 1934 bzw. 1935 auf immerhin 354.000 (17,9 Prozent) bzw. 401.000 (20,1 Prozent) Mitte 1936 und 1937 kann nur als ein sehr schwaches Indiz für echte gewerkschaftliche organisatorische Aktivität gelten[19].

Die Jahre 1934 bis 1937 sind daher auch hinsichtlich der Streikaktivität ganz anders zu bewerten als die vorangegangenen fünfzehn Jahre. Da Streiks verboten waren, kam es bis zum erzwungenen Anschluß an das nationalsozialistische Deutschland zu nahezu keinen Ausständen mehr (im jährlichen Durchschnitt nur 545 Streiktage!). Die nur allmählich sinkende Arbeitslosigkeit (von 370.000 auf 321.000, 18,8 auf 16,1 Prozent) und eine zögernde, erst 1937 sich etwas beschleunigende Wiederbelebung des wirtschaftlichen Leistungsvolumens (durchschnittliches BNP-Wachstum: 2,8 Prozent) waren die wirtschaftlich-soziale Entsprechung der politisch eingeschränkten Lebensbedingungen der Bevölkerung und die innenpolitische Voraussetzung für die fortschreitende nationalsozialistische Subversion[20].

IV. Wirtschaftlich-soziale und organisatorische Streikursachen in der Ersten Republik

Aus einer Gegenüberstellung von Streikbeteiligung und Streikdauer wird ersichtlich, daß die unmittelbare Nachkriegs- und Stabilisierungsperiode durch eine verhältnismäßig kurze Streikdauer von durchschnittlich 5,7 bzw. 6,0 Tagen, jedoch durch eine auch im internationalen Vergleich ungewöhnliche Breitenwirkung von Streiks (6835 bzw. 9535 Streikende je 100.000 Unselbständige pro Jahr) von den beiden folgenden Perioden deutlich abstach, in denen die Zahl der Streikenden noch stärker als die allgemeine Streikaktivität sank, während die Streiks nunmehr von einer bedeutend längeren Dauer (14,8 und 11,4 Tage) und damit auch größeren Härte der Auseinandersetzung gekennzeichnet waren (siehe *Tabelle 1*).

Als Tendenz kann auch eine zunehmende Verschärfung der Arbeitskonflikte im Lauf der demokratischen Periode aus dem Steigen der erfolglos bleibenden Streiks und dem weitaus schwächeren Abnehmen der Aussperrungen (verglichen mit dem Zusammenbruch der Streikaktivität gegen die dreißiger Jahre hin) abgelesen werden. Während noch 1919 bis 1924 im Durchschnitt 94,5 Prozent aller Streikenden ganz oder teilweise Erfolg hatten, war dies 1925 bis 1929 nur noch für knapp 85 Prozent der Streikenden der Fall. In der Weltwirtschaftskrise konnten schließlich bloß 72,6 Prozent der ohnehin schon wenigen Streikenden einer vollständigen Streikniederlage entgehen.

Die Aussperrung dagegen wurde als Waffe der Unternehmer durch Arbeitslosigkeit und Wirtschaftskrise viel weniger beeinträchtigt als der Streik, wenn sie nicht überhaupt unverändert blieb und ihre Reduktion vom Stand der Nachkriegsjahre (durchschnittlich 249.000 Aussperrungstage) in der Weltwirtschaftskrise auf ein Fünftel (50.000 Aussperrtage) nicht eine bloße Funktion der abnehmenden allgemeinen Streikaktivität war.

Somit kann versucht werden, eine wirtschaftlich-soziale Erklärung des Streikverhaltens in der Ersten Republik zu geben. Aus der bisherigen Darstellung und aus den in *Tabelle 3* wiedergegebenen Korrelationskoeffizienten ergibt sich, daß in der Periode von 1919 bis 1937 ein hochsignifikanter positiver Zusammenhang besteht zwischen Änderung des BNP und Streikausmaß (Streiktage) sowie Streikbeteiligung. Die Koeffizienten betragen hier 0,68 und 0,65. Da Arbeitslosenrate und BNP-Änderung ebenfalls sehr hoch, aber negativ korrelieren ($-0,67$), ergeben sich umgekehrt auch hohe negative Korrelationen ($-0,78$) der Arbeitslosigkeit mit dem Streikausmaß und der Streikbeteiligung. Eine vermittelnde Rolle spielt dabei die gewerkschaftliche Organisationsstärke, die eng von der BNP-Änderung und der Arbeitslosigkeit abhängt und durch Koeffizienten von 0,67 bzw. 0,63 positiv mit Streikausmaß und Streikbeteiligung korreliert ist.

Die Streikdauer ist dagegen nicht signifikant mit den beiden wirtschaftlich-sozialen Indikatorwerten verknüpft, doch ist für die demokratische Periode eine schwach positive Korrelation von Streikdauer und Arbeitslosigkeit von 0,44 vorhanden. Für die gesamte Zwischenkriegszeit ergibt sich ein positiver Zusammenhang von Streikdauer und gewerkschaftlicher Mitgliederstärke ($r = 0,56$).

Als Ursachen von allgemeiner Streikaktivität und Umfang der Streiks können also für die demokratische Periode in der Tat alle generellen Katastrophen-Theorien, die einen direkten Wirkungszusammenhang von konjunkturellen wirtschaftlichen Krisen und dem Auftreten von Streiks postulieren, ausgeschlossen werden. Steigender wirtschaftlicher Druck und zunehmende Arbeitslosigkeit haben in der Ersten Republik weder zu einer Stärkung der Gewerkschaften noch in der weiteren Folge zu einer Zunahme von Streik und Streikbereitschaft geführt. Vielmehr waren 1919 bis 1937 Streikausmaß und -beteiligung um so größer, je höher das Wirtschaftswachstum und die Beschäftigung sowie die gewerkschaftliche Mitgliederzahl waren.

Somit kann auch ein ursächlicher Zusammenhang der Entwicklung des BNP mit den Streiks hinsichtlich Ausmaß und Beteiligtenanzahl, vermittelt durch Arbeitslosigkeit und Organisationsgrad der Gewerkschaften, angenommen werden. Einerseits bestätigt sich auf diese Weise die Ausgangsannahme, daß Streiks in erster Linie die Konsequenz von verstärkten Verteilungskämpfen sind in solchen Perioden, in denen es ein Mehr an wirtschaftlichen Gütern gibt. Andererseits drücken tatsächlich wirtschaftliche Krisen, die eine hohe Arbeitslosigkeit hervorrufen, durch die Schaffung einer industriellen Reservearmee den Streikwillen der Lohnabhängigen ganz beträchtlich. Beim Fehlen von substantiellen arbeitsrechtlichen Garantien und von starken Gewerkschaften wird jeder Arbeitskampf für die Lohnabhängigen zu einem riskanten Unternehmen.

Das gleiche gilt jedoch nicht für die Unternehmerseite. Wie schon festgestellt, zeigt die Zunahme von erfolglosen Streiks bei einer Verschlechterung der gesamtwirtschaftlichen Situation und der Beschäftigungslage und die Tatsache, daß das Mittel der Aussperrung relativ scharf bleibt, daß somit die Position der Unternehmer, ob direkt oder – wahrscheinlicher – vermittelt über politische Faktoren wie unternehmerfreundliche Wirtschaftsgesetzgebung und autoritären Regierungsstil oder faschistische Organisationen, in Krisenzeiten stärker wird.

Zwar wäre eine wirtschaftsspartenmäßige Aufgliederung der Streiks nützlich, doch kann schon mit dem vorgelegten Material begründet werden, daß von 1919 bis 1933 eine zunehmende Tendenz zur Verschärfung des Klassenkonflikts zwischen Unternehmern und Lohnabhängigen bestand, der sich jedoch nicht mehr in großen Streiks, wohl aber in politischen Gewalttaten äußerte. Zugleich erfolgte eine Stärkung der besitzenden Seite auf Kosten der Lohnabhängigen. Der gleichlaufende Prozeß von Konfliktverschärfung und Schwächung der sozialdemokratischen Arbeiterbewegung auf den Ebenen der Verbandsmacht und des politischen Systems findet also seine Entsprechung auf der wirtschaftlichen Ebene. Die dominante Ursache-Folge-Richtung ist in diesem Fall klar, obwohl ein gewisser Rückwirkungseffekt der politischen Veränderungen auf das wirtschaftliche Konfliktverhalten damit noch nicht auszuschließen ist.

Die zentrale Vermittlungsinstanz zwischen den Ursachenfaktoren BNP-Änderung und Streikhandlungen stellt jedoch die Arbeitslosigkeit dar. Darüber hinaus können ihre Auswirkungen auch auf die gewerkschaftlichen Interessenorganisationen und die »Streikmoral« der Arbeiter eine Austragung primär ökonomischer Konflikte in den geregelten Bahnen der Arbeitsbeziehungen blockieren. Damit kann sich auf der wirtschaftlichen Ebene ein Konfliktpotential anstauen, das dann auch auf der politischen Ebene zur Wirkung kommt. Und ebendies ist für die besondere Schärfe gewaltsam ausgetragener politischer Konflikte in der Ersten Republik anzunehmen[21].

V. Streik und politisch-wirtschaftliche Stabilität in der Zweiten Republik

Kontrastierend zu der dramatischen Entwicklung in der österreichischen Zwischenkriegszeit verweisen Arbeitskonflikte in der Zweiten Republik im allgemeinen nicht auf starke soziale Spannungen. Sie verlaufen daher gedämpft und in geregelten Bahnen. Die Waffe des Streiks kommt von seiten der Lohnabhängigen nur relativ selten zum Einsatz (siehe Graphik II), die Unternehmerseite greift praktisch nie zum Mittel der Aussperrung. Eher schon kommt es zu spezifischen Unternehmerprotesten. Insgesamt dürfte es daher nur stark abge-

Graphik II

Streik und Arbeitslosigkeit in der Zweiten Republik

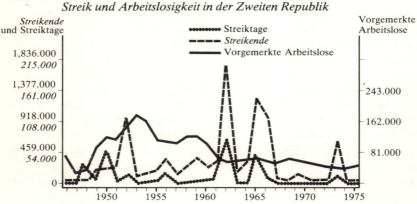

schwächt und episodisch zu einem Übergreifen der Spannungen von der ökonomischen auf die Ebene politischer Konflikte kommen.

Am Beginn der Zweiten Republik steht wiederum eine Erschütterung der wirtschaftlichen, sozialen und politischen Verhältnisse, als Folge des Nationalsozialismus und des Zweiten Weltkriegs. Doch stellt sich diese Erschütterung aus historischer Sicht eher als Unterbrechung einer schon seit längerem andauernden Entwicklung denn als tiefgreifender ökonomischer und sozialer Wandel heraus. Ein tiefgreifender Wandel der österreichischen Gesellschaft ist erst in den fünfziger Jahren eingetreten. Dennoch gibt es auch gesellschaftliche Bereiche, in denen 1945 die Diskontinuität stärker hervortrat, etwa in der politischen Sphäre und auf dem Feld der Konflikte und ihrer Austragung.

Die ersten sieben Jahre der Zweiten Republik, zunächst ganz im Zeichen der Wiedergutmachung der Kriegsschäden, aber auch umfassender Verstaatlichungen, wurden dominiert von einem stürmischen Wirtschaftsaufschwung mit jährlichen Wachstumsraten von durchschnittlich mehr als 10 Prozent. Fünf Lohn- und Preisabkommen zwischen der ÖVP-SPÖ-Regierung und den großen Interessenverbänden — darunter der nun drei politische Richtungen vereinende Österreichische Gewerkschaftsbund — legten einen dauerhaften Grundstock für die Sozialpartnerschaft, ohne den Lohnabhängigen jenen Anteil am Volkseinkommen zu bringen, den sie sich in dieser Wachstumsperiode erwarteten. Wohl nicht zufällig kam es daher seit 1948 zu einem raschen Ansteigen von Streiks, so daß im Durchschnitt dieser Teilperiode jährlich 169.000 Arbeitstage entfielen. Insgesamt 31.500 Lohnabhängige waren daran im jährlichen Durchschnitt beteiligt *(Tabelle 2)*.

Für die Härte der Arbeitskämpfe in dieser Periode, die auch in dieser Hinsicht noch an die Erste Republik anknüpft, zeugt die nach 1953 niemals mehr erreichte Dauer, die jeder Streikende damals im Ausstand war (im jährlichen Durchschnitt 5,4 Tage), und der relativ hohe Anteil von gänzlich erfolglosen Streiks (9,3 Prozent). Ein anderes, in der neueren österreichischen Streikstatistik nur noch in den siebziger Jahren in einem größeren Umfang auftretendes Signal für relativ breite latente Unzufriedenheit der Lohnabhängigen mit ihrer wirtschaftlichen oder sozialen Lage und der Politik der Gewerkschaftsführung sind die »wilden« Streiks. Ohne das Jahr 1950 macht ihr Anteil an den gewerkschaftlich anerkannten Streiktagen mehr als 12 Prozent aus, unter Einschluß des Jahres 1950, in dem das Verhältnis von anerkannten zu »wilden« (überwiegend »politischen«) Streiks etwa zehn zu acht war, sogar mehr als 20 Prozent im jährlichen Durchschnitt.

Tabelle 2

Streiks und wirtschaftlich-soziale Lage in der Zweiten Republik

	Teilperioden					ganze 2. Republik
	1946–52	1953–58	1959–65	1966–69	1970–75	1946–75
Arithmetische Mittel (periodenweise)						
(anerkannte) Streiktage (in 1.000)	169	65	196	28	26	107
(anerkannte) Streikende je 100.000 unselbständig Beschäftigte	1.636	1.202	3.218	1.563	986	1.719
Streikdauer je Streikenden (in Tagen)	5,4	2,6	2,6	1,3	1,5	2,8
Anteil der erfolglosen Streiks (in % der anerkannten Streiks)	9,3*	5,1	7,2	2,4	8,6	6,1**
»wilde« Streiks (in % der anerkannten Streiktage)	21,9	5,5	14,9	3,9	35,2	17,3
gewerkschaftlicher Organisationsgrad (in % der unselbständig Erwerbstätigen)	62,4	63,1	63,2	62,7	59,0	62,3
Arbeitslosenrate (% der vorgemerkten Arbeitslosen an den unselbständig Erwerbstätigen)	4,5	6,2	3,2	2,7	1,9	3,8
BNP-Änderung gegenüber dem Vorjahr in %	10,9	6,8	4,7	4,4	4,6	6,5

* Nur 1951 und 1952
** Nur 1951–1975

Unter diesem Aspekt ist auch der »Oktoberstreik« 1950 zu sehen, der spontan aus einem weitverbreiteten Gefühl der Unzufriedenheit über ein aktuelles, zu weites Öffnen der Lohn-Preis-Schere entstand und unter kommunistischer Führung politische Dimensionen (mit Stoßrichtung gegen die Regierung und die sozialistische ÖGB-Führung) annahm. Insgesamt dürften etwa 200.000 Arbeiter (oder 10 Prozent der Unselbständigen) daran beteiligt gewesen sein[22].

Die Periode zwischen 1953 und 1958 war wirtschaftlich durch eine rasche Wiederbelebung nach einem vorübergehenden Rückschlag 1952/53, zugleich aber durch ein nur zögerndes Zurückgehen der 1953 mehr als 183.000 Menschen treffenden Arbeitslosigkeit auf 123.000 im Jahre 1958 gekennzeichnet, was eine durchschnittliche Arbeitslosenrate von mehr als 6 Prozent bedeutete. Die Sozialpartnerschaft erfuhr im selben Zeitraum mit der Schaffung der *Paritätischen Kommission für Lohn- und Preisfragen* (1957) ihre volle Ausgestaltung. Die Streikaktivität hinsichtlich ihres gesamten Umfanges (durchschnittlich 65.000 Streiktage pro Jahr), die Beteiligungsrate wie die Dauer von Streiks gingen dementsprechend stark zurück, ebenso die »wilden« Streiks, aber auch die erfolglos verlaufenden Ausstände.

Die folgenden Jahre der Hochkonjunktur, zugleich auch die der Agonie der großen Koalition, brachten eine Halbierung der Arbeitslosenzahlen und ein Wiederansteigen der Streiks. 1963 und 1965 waren nicht nur Gipfelpunkte in der Streikkurve des gesamten neueren Österreich, auch die Durchschnittswerte der Jahre von 1959 bis 1965 lagen mit 169.000 Streiktagen und einer Beteiligung von mehr als 3200 je 100.000 unselbständig Erwerbstätigen schon beinahe in der Größenordnung der relativen Konjunkturperiode der Ersten Republik. Während die Streikdauer für jeden Streikenden jedoch nicht anstieg (2,6 Tage), deutet eine gegenüber den fünfziger Jahren merkliche Zunahme von Fehlschlägen bei Streiks und von ohne gewerkschaftliche Billigung ausbrechenden Arbeitskonflikten auf eine wiederum etwas erhöhte Konfliktbereitschaft unter den Lohnabhängigen.

Die vierjährige Alleinregierung der ÖVP ab 1966 begann mit einer Konjunkturverflachung und leitete zu einem neuerlichen Wirtschaftswachstum über, das somit im Durchschnitt jährlich 4,4 Prozent betrug. Bei relativer Vollbeschäftigung gab es nahezu keine Arbeitslosigkeit mehr, aber auch die Streiks erreichten nur noch ein Ausmaß von durchschnittlich 28.000 Tagen im Jahr, an denen sich nur 1,6 Prozent der Beschäftigten durchschnittlich 1,3 Tage lang beteiligten. Wenn Streiks aber überhaupt geführt wurden, waren sie nahezu immer erfolgreich. Auch »wilde« Streiks gab es kaum.

Der Regierungswechsel des Jahres 1970 von der ÖVP zur SPÖ markiert die bisher letzte politische Zäsur in der Zweiten Republik. Wirtschaftlich wies die erste Hälfte der siebziger Jahre im Durchschnitt wieder gegenüber der Vorperiode ein verstärktes, tendenziell jedoch sinkendes Wachstum auf. Die den inländischen Arbeitsmarkt ausschöpfende Vollbeschäftigung brachte bis 1973 226.000 ausländische Arbeitskräfte ins Land. Dadurch dürfte sich teilweise die ab 1971 leicht sinkende Tendenz des international beachtlichen gewerkschaftlichen Organisationsgrads in Österreich erklären, der nach einem absoluten Höhepunkt von 66 Prozent schon im Jahre 1948 ab 1950 konstant etwa 63 Prozent betragen hatte. Zum Teil dürfte diese relative Abnahme auch auf eine teilweise Entfremdung von der Verbandsführung hinweisen, die sich offensichtlich in ihrer Politik nunmehr stärker von der Rücksichtnahme auf die Bedürfnisse der Wirtschaftspolitik der Regierung leiten ließ. Die häufigeren Fehlschläge von Streiks (8,6 Prozent) und ein stark erhöhter Anteil der »wilden« Streiks an den gewerkschaftlich genehmigten Ausständen deuten in dieselbe Richtung. Doch bedeutet dieser Tatbestand bei Betrachtung der absoluten Zahlen nicht allzu viel; denn jährlich gingen seit 1970 nur noch 26.000 Arbeitstage verloren, an denen sich weniger als 18.000 Arbeitskräfte für die durchschnittliche Dauer von eineinhalb Tagen beteiligten[23].

VI. Gesamtgesellschaftliche und politische Streikursachen von 1946 bis 1975

Während der untersuchten Jahre der Zweiten Republik änderte sich auch der Charakter der Streikbewegungen, deren Gesamtausmaß eine Tendenz zur Abnahme zeigt. Die Streiks werden im allgemeinen kürzer, die Beteiligung an ihnen weist jedoch keinen linearen Trend auf. Die Streikbeteiligung ist durch ein Anschwellen gegen die Mitte der sechziger Jahre und ein daraufffolgendes Wiederabschwellen gekennzeichnet. War also die Streikcharakteristik der ersten sieben Jahre der Zweiten Republik noch eine Mischform aus den Anfangsjahren der Ersten Republik einerseits und aus deren mittleren und späteren Perioden andererseits, so entwickelte sie sich ab 1953 entgegengesetzt zu der Richtung, in die der Verlauf 1919 bis 1938 gegangen war. Wenn man die Beteiligung an Streiks als Indikator für die Organisationskraft und das Klassenbewußtsein der Arbeiterschaft auffaßt[24], dann unterscheidet sich die Zweite Republik in dieser Hinsicht merklich von der Ersten Republik insgesamt und besonders markant von der »österreichischen Revolution«, sie übertrifft aber auch die weltwirtschaftliche Krisenperiode und kommt den Konjunkturjahren der Ersten Republik gleich.

Das Kürzerwerden der Streiks in der Zweiten Republik ist dann auch in Übereinstimmung mit einem allgemein westeuropäischen Trend zu sehen, der Streiks in den letzten Jahrzehnten weniger häufig, kürzer und weniger heftig werden läßt. Dies ist der Ausdruck der Fortdauer des eingangs skizzierten Wandels der Taktik der Arbeiterschaft und der Gewerkschaftsführungen, die lernen, kürzere, gezielte und doch effiziente Streiks von relativ breitem bis gesamtnationalem Umfang zu führen. Die Streikform, nicht der gesamte Streikumfang, entspricht daher seit Beginn der fünfziger Jahre zunehmend (in verkleinertem Maßstab) dem Muster, das sich etwa zur selben Zeit auch in Frankreich und England ausgebildet hat[25]. Die österreichischen

Streiks der Jahre 1919 bis 1924 waren dann schon relativ »modern« in ihrer Form, während dann vorübergehend eine eher im 19. Jahrhundert typische Streikform, die der langdauernden, aber beteiligungsschwachen Streiks, wiederauflebte. Die Rolle politischer Entscheidungen über Streik oder Weiterarbeit und überhaupt die Bedeutung der Politik als Streikursache[26] muß dagegen in der Zweiten Republik stärker wirksam geworden sein.

Dies hat sich auch in einem Nachlassen der Wirksamkeit der wirtschaftlich-sozialen Faktoren niedergeschlagen. *Tabelle 3* (rechte Hälfte)[27] zeigt in der Tat, daß in der Zweiten Republik ein wesentlich geringerer Zusammenhang zwischen volkswirtschaftlicher Änderungsrate und Streikausmaß (Streiktage) und Streikbeteiligung besteht. Die beiden Koeffizienten (deren Werte von 0,23 bzw. −0,20 nur mit einer Sicherheitswahrscheinlichkeit von weniger als 90 Prozent assoziiert sind) haben allerdings, anders als in der Ersten Republik, unterschiedliche Vorzeichen. Das bedeutet, daß ein wachsendes BNP zwar mit einem leichten Zunehmen des gesamten Streikausmaßes einhergeht, daß aber die Beteiligungsrate nicht gleichfalls steigt, sondern leicht abnimmt. Dieselbe Umkehrung zeigt sich auch im Zusammenhang zwischen BNP-Änderung und Streikdauer je Streikenden, der nunmehr stark positiv (0,75) ist.

Mit Arbeitslosigkeit bzw. Vollbeschäftigung ergibt sich bei keiner der drei Streikdimensionen irgendein signifikanter Zusammenhang, ein Befund, der noch ausführlichere Interpretation verdiente.

Aber auch zwischen der gewerkschaftlichen Mitgliederstärke und Umfang, Beteiligung und Dauer von Streiks besteht ein schwächerer Zusammenhang als in der Ersten Republik. Auch darin kommt die stärkere Wirkungskraft anderer, wahrscheinlich politischer Streikursachen, zum Ausdruck.

Das für die Erste Republik geltende Modell der Streikverursachung – Wirtschaftswachstum bewirkt, zum Teil vermittelt über Arbeitslosigkeit und gewerkschaftliche Stärke, Streik – gilt nach 1945 nur stark eingeschränkt und muß durch den völligen Ausfall des Faktors Arbeitslosigkeit modifiziert werden.

VII. Vergleichende Zusammenfassung

Allgemein gesehen, haben in der Ersten und Zweiten Republik Konjunkturperioden und, weniger ausgeprägt, wirtschaftlicher Zusammenbruch die Austragung von ökonomisch-sozialen Konflikten in Form von Streiks (gemessen an Streiktagen) begünstigt, wirtschaftlich (mäßig) schlechte Zeiten haben sie behindert. Einerseits sind vor allem in der Ersten Republik Streiks hauptsächlich die Konsequenz von verstärkten Verteilungskämpfen in solchen Perioden, in denen es ein Mehr an wirtschaftlichen Gütern gibt. Andererseits drückten wirtschaftliche Krisen im Zusammenhang mit hoher Arbeitslosigkeit und Schwächung der Gewerkschaften den Streikwillen beträchtlich. Damit wird die Geltung des westeuropäischen und deutschen langfristigen Streikverlaufs, wonach die Streikhäufigkeit annähernd im Gleichklang mit konjunkturellen Schwankungen variiert, auch für Österreich, insbesondere für die Erste Republik, bestätigt. Streiks können dann auch nicht als direkte Folge wirtschaftlich-sozialer Verschlechterung aufgefaßt werden.

Die Zunahme von erfolglosen Streiks bei einer Verschlechterung der gesamtwirtschaftlichen Situation und die Zunahme der Aussperrungen zeigt, daß weiterhin die Waffe der Unternehmer wirkungsvoll bleibt, und daß somit die Position der Eigentümer in Krisenzeiten stärker wird. Das heißt auch, daß sich in Krisenzeiten eine gesellschaftlich-politische Gewichtsverlagerung von den Lohnabhängigen auf die Unternehmer ergibt. Zugleich aber werden Arbeitskonflikte, wenn sie einmal ausbrechen, härter geführt, was gesamtgesellschaftlich ein stärkeres Hervortreten von Klassengegensätzen bedingt, die sich jedoch weniger in Streiks als in zunehmenden politischen Gegensätzen im Parlament, in der Regierung und in politischer Gewaltanwendung äußern. Unter den Bedingungen einer organisiert-kapitalistischen Gesellschaft können daher Streiks nicht ohne weiteres als Beginn des »sozialen Krieges« im Sinne Engels', eher bloß als Vorstufe dazu, die durchaus wieder reversibel ist, aufgefaßt werden.

Eine entscheidende vermittelnde Rolle spielen in diesem Zusammenhang die Arbeitslosigkeit und die organisatorische Stärke der Gewerkschaften. Hohe Arbeitslosigkeit schwächt ja tendenziell die Position der »Arbeitnehmer« auf dem Arbeitsmarkt und beeinträchtigt auch subjektiv ihr Selbstvertrauen. Zugleich schwächt sie auch die Gewerkschaftsorganisationen. Schwache Gewerkschaften und unsichere Lohnabhängige streiken aber weniger häufig als starke Organisationen und sich stark fühlende Beschäftigte. Auch in dieser Hinsicht stimmt die österreichische Streikstatistik des 20. Jahrhunderts mit der westeuropäischen überein.

Die hier festgestellten Zusammenhänge zwischen BNP-Wachstum, Arbeitslosigkeit und gewerkschaftlicher Organisationsstärke auf der einen Seite und den Streikdimensionen auf der anderen gelten allerdings uneingeschränkt nur für die Erste Republik. In der Zweiten Republik dagegen ist dieser sozial-ökonomische Wirkungszusammenhang an einigen Stellen unterbrochen. Daher erscheinen Streiks nach

1945 in einem stärkeren Ausmaß auch von nicht-wirtschaftsstrukturellen, politisch-strategischen Überlegungen und – im sozialstatistischen Betrachtungsrahmen – vom »Zufall« bewirkt. Das angewandte Analyseverfahren und die herangezogenen erklärenden Variablen, die sich in der Ersten Republik durchaus bewährt haben, sind für eine Untersuchung des Streiks in der Zweiten Republik daher nur bedingt brauchbar.

Methodologisch relevant ist folglich die Beobachtung, daß die Ursachen von Streik und politischer Gewalt in den beiden österreichischen Republiken nicht mit genau demselben Erklärungsmuster hinreichend zu erfassen sind. Politisch-soziale Konflikte im allgemeinen sind in der Ersten Republik überwiegend von der wirtschaftlichen Lage gesteuert, in der Zweiten Republik sind sie aber stark von politischen Faktoren überlagert: das Österreich der Zwischenkriegszeit stand unter dem Primat einer katastrophalen Ökonomie, in der Zweiten Republik kann der Primat einer konsolidierten Politik festgestellt werden.

Doch bedarf das unterschiedliche Auftreten wirtschaftlich-sozialer Konflikte in Form von Streiks in der Ersten und Zweiten Republik – nach 1918: Streikaktivität hoch in Perioden relativer Konjunktur, niedrig in Wirtschaftskrisen; nach 1945: Streikaktivität niedrig trotz günstiger Wirtschaftslage – zusätzlicher Erklärungsfaktoren. Solange darüber jedoch tiefergreifende Untersuchungen ausstehen, kann nur vermutet werden, worauf diese unterschiedliche Streikcharakteristik insgesamt zurückzuführen ist, und zwar:

1. betrug die durchschnittliche Arbeitslosenrate nach 1945 nur etwa 4 Prozent (gegenüber rund 11 Prozent in der Ersten Republik),

2. hatten sinkende (oder negative) wirtschaftliche Wachstumsraten infolge einer ganz anderen Arbeitsplatzpolitik, vor allem in den letzten zehn Jahren, nicht mehr automatisch auch hohe Arbeitslosigkeit zur Folge;

3. sind die arbeitsrechtlichen und sozialpolitischen Garantien in der Zweiten Republik stärker als in der Ersten, so daß Arbeitslosigkeit nicht mehr in ganz demselben Ausmaß existenzbedrohend ist;

4. ist die gesellschaftliche Position der viel stärkeren einheitlichen Gewerkschaft im Rahmen von sozialpartnerschaftlichen Institutionen nach 1945 viel gewichtiger als selbst vor 1933, so daß sie manche Verbesserungen ohne Einsatz ihres äußersten Mittels, des Streiks, erreichen kann;

5. dämpfen sozialpartnerschaftliche Gesellschaftsvorstellungen eine allfällige Konfliktbereitschaft der Gewerkschaftsfunktionäre und der Lohnabhängigen in der Zweiten Republik.

Diese gewiß nicht umfassende Aufzählung von Bedingungen für den Konfliktreichtum in der Ersten und die relative Konfliktfreiheit in der Zweiten Republik kann man trotz der vermuteten Vielfalt der Ursachen auf einen gemeinsamen Nenner bringen, auf den des beschleunigten, aber ungleichmäßigen Modernisierungsprozesses, in den das Land schon um die Jahrhundertwende eingetreten ist. Österreich befand sich, generalisierend gesehen, in der Zwischenkriegszeit im konfliktreichen Übergangsstadium von der Traditionalität zur Modernität, aus dem es erst nach dem Ende des Zweiten Weltkriegs endgültig heraustrat. Seit den fünfziger Jahren kann Österreich zu den hochentwickelten, stabilen und über lange Perioden hin Konflikte in geregelten Bahnen austragenden Staaten des organisierten Kapitalismus gerechnet werden.

ANMERKUNGEN

1 Dieser Beitrag ist zum Teil identisch mit meinem schriftlichen Referat »Formen und Intensität politisch-sozialer Konflikte in der Ersten und Zweiten Republik« auf dem Symposium *Deux fois l'Autriche: Après 1918 et après 1945,* Rouen, 8.–12. November 1977 (erscheint in: *Austriaca,* 1979). Diese Arbeit und der vorliegende Aufsatz sind Vorarbeiten zu meinem Beitrag *Bedingungen »sozialen Friedens« und politischer Gewalt in Perioden wirtschaftlicher Krisen in Österreich,* der in dem vom Institut für Konfliktforschung, Wien herausgegebenen Sammelband *Krisen-Szenarios. Folgeprobleme von Wachstumskrisen in Österreich,* (Studienreihe Konfliktforschung, Bd. 2) Wien 1979, erscheinen und eine Erweiterung in einer späteren, umfangreicheren Veröffentlichung erfahren wird. Für die Unterstützung bei der Vorbereitung und Durchführung dieser Untersuchungen schulde ich dem genannten Institut, dessen Leiter, Prof. Dr. Friedrich Hacker, und vor allem dessen Stellvertreter, Dr. Bernd T. Marin, aufrichtigen Dank. Ebenso bin ich für kritische Anmerkungen zu einer früheren Fassung dieses Aufsatzes Dr. Fritz Weber, Wien, zu Dank verpflichtet.
2 Th. Pirker, *Streik,* in: Wilhelm Bernsdorf (Hg.), *Wörterbuch der Soziologie,* Bd. 3, Frankfurt a. M. (1972), S. 834 f.; Hartmut Kaelble/Heinrich Volkmann, *Konjunktur und Streik während des Übergangs zum Organisierten Kapitalismus in Deutschland,* in: *Zeitschrift für Wirtschafts- und Sozialwissenschaften* 92, 2. Halbbd. (1972), S. 513. Als Ausnahmen in Österreich siehe jedoch etwa: Herbert Steiner, *Über die Massenkämpfe in Österreich 1907–1912,* in: *Internationale Tagung der Historiker der Arbeiterbewegung (»VIII. Linzer Konferenz«),* Linz, 12. bis 16. September 1972. *Tagungsberichte* Bd. 6, Wien 1974, S. 68–76; Hans Hautmann/Rudolf Kropf, *Die österreichische Arbeiterbewegung vom Vormärz bis 1945. Sozialökonomische Ursprünge ihrer Ideologie und Politik,* 2. Aufl., Wien (1974), vor allem S. 191 ff.; Fritz Klenner, *Die österreichischen Gewerkschaften. Vergangenheit und Gegenwartsprobleme,* 2. Bde., Wien (1951) und 1953; und das Referat »Die soziale Lage der Arbeiterschaft in Österreich 1880–1914 – unter besonderer Berücksichtigung

der Streikstatistik und der Veränderung in der Struktur der Arbeiterklasse«, das Prof. Dr. Gustav Otruba, Linz, für den 7th International Economic History Congress, Edinburgh 1978, vorbereitet.
3 Siegfried Braun, *Thesen zur Soziologie des Streiks,* in: Friedrich Fürstenberg (Hg.), *Industriesoziologie* II, Darmstadt 1974, S. 212.
4 Eduard Bernstein, *Der Streik. Sein Wesen und sein Wirken,* Frankfurt a. M. 1906, S. 33 ff.
5 Arthur M. Ross, *The Natural History of the Strike,* in: Arthur Kornhauser/Robert Dubin/Arthur M. Ross (Hg.), *Industrial Conflict,* New York 1954, S. 23 f.; Braun, S. 210 f.
6 Heinrich August Winkler (Hg.), *Organisierter Kapitalismus. Voraussetzungen und Anfänge,* Göttingen 1974, S. 214 ff.; vgl. zum Periodisierungsschema des Kapitalismus auch: Eric J. Hobsbawm, *Labouring Men. Studies in the History of Labour,* 4. Aufl., London 1974, S. 147.
7 Friedrich Engels, *Die Lage der arbeitenden Klasse in England,* in: Marx/Engels, *Gesamtausgabe,* Bd. 2, Berlin (DDR) 1970, S. 441.
8 Grundlegend für Deutschland: Kaelble/Volkmann, S. 529.
9 Siehe etwa: Edward Shorter/Charles Tilly, *The Shape of Strikes in France, 1830–1960,* in: *Comparative Studies in Society and History* 13 (1971), S. 60–68; dieselben, *Strikes in France 1830–1968,* London 1974, S. 174 ff.
10 Kaelble/Volkmann, S. 527 f.
11 Siehe die Arbeiten von (und weitere Literatur bei) Shorter/Tilly (Anm. 9) und Peter N. Stearns: *Strike Movements in 1912: A Comparative Assessment,* in: *Internationale Tagung der Historiker der Arbeiterbewegung 1972 (VIII. Linzer Konferenz),* ITH-Tagungsberichte 6, Wien 1974, S. 185 ff.
12 Quellenbasis für die erforderlichen Streikvariablen ist: Theodor Tomandl, *Streik und Aussperrung als Mittel des Arbeitskampfes,* Wien 1965, S. 34; *Wirtschaftsstatistisches Handbuch 1945–1969,* 11. Jg., Wien 1970 und 18. Jg., Wien 1976.
13 Datenbasis für das reale BNP auf der Basis von 1937 (gewichtete Berechnung nach Wirtschaftszweigen) und für die jährliche Wachstumsrate des Volkseinkommens: (Anton Kausel/Nandor Nemeth/Hans Seidel), *Österreichs Volkseinkommen* 1913 bis 1963, in: *Monatsberichte des österreichischen Instituts für Wirtschaftsforschung,* Sonderheft 14, Wien 1965, S. 38 (1920–1963, eigene Schätzung für 1919); eigene Umrechnung für die Jahre 1955–1975 nach: *Österreichs Volkseinkommen im Jahre 1963 (... bis 1975),* Beilagen zu *Statistische Nachrichten* S. 20 ff., Neue Folge (jeweils Heft 2 oder 3), Wien (1965 ff.); *Statistisches Handbuch für die Republik Österreich* 27, Neue Folge, Wien 1976.
14 Quellen hiezu siehe in Anmerkungen 12 und 13 sowie: *Wirtschaftsstatistisches Jahrbuch* 1924 ff., 1 ff. (1925 ff.) (Schätzung der vorgemerkten Arbeitslosen der Jahre 1919 und 1920 unter Heranziehung der unterstützten Arbeitslosenzahlen und Annahme ihres 1919–1929 gleichbleibenden Verhältnisses).
15 Quellenbasis für Gewerkschaftsmitglieder: Klenner, Bd. 2, S. 1097; *Wirtschaftsstatistisches Jahrbuch* 1931/32, 8. Jg., Wien 1933, S. 164; *Arbeit und Wirtschaft,* 31. Jg., Nr. 6 (Juni 1977), S. 7; und für unselbständige Beschäftigte: Kausel/Nemeth/Seidel, S. 44; *Statistisches Handbuch* 27 (1976).
16 Zu den verwendeten numerischen Werten siehe meinen Beitrag: *Bedingungen »sozialen Friedens« ...,* in: *Krisen-Szenarios* (siehe Anm. 1). Einen allgemeinen Überblick vermitteln auch die Graphiken I und II in dem vorliegenden Beitrag.
17 Die »gelben« oder »neutralen«, von der Heimwehr abhängigen Gewerkschaften der ausgehenden zwanziger Jahre können hier mit ihren rund 45.000 Mitgliedern vernachlässigt werden (Klenner, Bd. 2, S. 1097).

18 Vgl. *Die Ergebnisse der österreichischen Volkszählung vom 22. März 1934. Bundesstaat.* Textheft, Wien 1935, S. 253 ff.; *Wirtschaftsstatistisches Jahrbuch 1933/35,* 9, Wien 1935, S. 398.
19 Anton Pelinka, *Stand oder Klasse? Die Christliche Arbeiterbewegung Österreichs 1933 bis 1938,* Wien 1972, S. 105.
20 Zum ganzen Abschnitt siehe vor allem: Klenner, Bd. 1 und 2, passim; Hautmann/ Kropf, S. 125 ff.; Kurt W. Rothschild, *Wurzeln und Triebkräfte der Entwicklung der österreichischen Wirtschaftsstruktur,* in: Wilhelm Weber (Hg.), *Österreichs Wirtschaftsstruktur, gestern – heute – morgen,* Bd. 1, Berlin 1961; Gustav Otruba, *Österreichs Wirtschaft im 20. Jahrhundert,* Wien 1968; Ferdinand Tremel, *Wirtschafts- und Sozialgeschichte Österreichs,* Wien 1969; vgl. ferner: Erich Zöllner, *Geschichte Österreichs. Von den Anfängen bis zur Gegenwart,* 4. Aufl., Wien 1974; Otto Bauer, *Die österreichische Revolution,* Wien 1923; Otto Leichter, *Glanz und Ende der Ersten Republik,* Wien 1964.
21 Siehe dazu näher meine Arbeiten: *Gewalt und politisch-gesellschaftlicher Konflikt in der Ersten Republik (1918 bis 1933),* in: *Österreichische Zeitschrift für Politikwissenschaft* 4 (1975), S. 511–534; und: *Gewalt in der Politik. Attentate, Zusammenstöße, Putschversuche, Unruhen in Österreich 1918 bis 1934,* München 1976, S. 235 ff.
22 Klenner, Bd. 2, S. 1465 ff.; Ronald Gruber/Manfred Hörzinger, *„. . . bis der Preistreiberpakt fällt.« Der Massenstreik der österreichischen Arbeiter im September/ Oktober 1950,* Wien 1975.
23 Zur Literatur dazu siehe die in Anmerkung 20 genannten Arbeiten sowie vor allem: Karl Gutkas/Alois Brusatti/Erika Weinzierl, *Österreich 1945–1970. 25 Jahre Zweite Republik,* Wien 1970; Erika Weinzierl/Kurt Skalnik (Hg.), *Österreich. Die Zweite Republik,* 2. Bd., Graz 1972; Erich Bodzenta (Hg.), *Die österreichische Gesellschaft. Entwicklung – Struktur – Probleme,* Wien 1972; Klaus W. Mayer, *Die Sozialstruktur Österreichs,* Wien 1970; Eduard März, *Die Klassenstruktur der Zweiten österreichischen Republik,* in: *Probleme der österreichischen Politik,* Bd. 1, Wien 1968; Heinz Fischer (Hg.), *Das politische System Österreichs,* Wien 1974; vgl. auch: Kenneth D. McRae (Hg.), *Consociational Democracy. Political Accomodation in Segmented Societies,* Toronto 1974; Kurt L. Shell, *Jenseits der Klassen? Österreichs Sozialdemokratie seit 1934,* Wien 1969.
24 Stearns, *Strike Movements,* S. 186.
25 Ebenda; Shorter/Tilly, *Shape of Strikes,* S. 66 ff.
26 Arthur M. Ross/Paul Hartmann, *Changing Patterns of Industrial Conflict,* New York 1960, S. 115 ff.
27 Zum Zusammenhang von Streikdimensionen (und politischen Gewaltopfern) mit Wirtschaftswachstum, Arbeitslosigkeit und Gewerkschaftsmitgliederzahl (Produkt–Moment–Korrelationskoeffizienten) siehe die folgende Korrelationsmatrix (Tabelle 3).

Tabelle 3

Zusammenhang von Streikdimensionen (und politischen Gewaltopfern) mit Wirtschaftswachstum, Arbeitslosigkeit und Gewerkschaftsmitgliederzahl (Produkt–Moment–Korrelationskoeffizienten)

	Erste Republik (1919–1937)			Zweite Republik (1946–1975)		
	Streiktage	Streikende je unselbständig Beschäftigte	Streikdauer je Streikenden	Streiktage	Streikende je unselbständig Beschäftigte	Streikdauer je Streikenden
BNP-Änderung −0,67* −0,01*	*0,68*	*0,65*	−0,21	0,23	−0,20	*0,75*
Arbeitslosenrate −0,84** 0,15**	*−0,78*	*−0,78*	−0,18	0,05	0,07	−0,07
Gewerkschaftlicher Organisationsgrad 0,28*** 0,54***	*0,67*	*0,63*	*0,56*	0,25	0,16	0,33
95%-Zufallshöchstwert	0,44			0,36		

* Korrelationskoeffizienten für Erste und Zweite Republik für BNP-Änderung – Arbeitslosenrate
** Korrelationskoeffizienten für Erste und Zweite Republik für Arbeitslosenrate – gewerkschaftlicher Organisationsgrad
*** Korrelationskoeffizienten für Erste und Zweite Republik für gewerkschaftlicher Organisationsgrad – BNP-Änderung
Auf dem 95%-Sicherheitsniveau signifikante Koeffizienten sind *kursiv* gesetzt.

Die Autoren der Festschrift

RUDOLF G. ARDELT, Dr. phil., Universitätsassistent, geb. 1944. Veröffentlichungen u. a.: *Zwischen Demokratie und Faschismus. Deutschnationales Gedankengut in Österreich 1919–1930,* Wien 1972. Laufende Arbeiten: Biographie Friedrich Adlers. Adresse: Institut für Geschichte der Universität Salzburg, Mirabellplatz 2, A-5020 Salzburg.

GERHARD BOTZ, Dr. phil., Universitätsdozent, geb. 1941. Veröffentlichungen u. a.: *Die Eingliederung Österreichs in das Deutsche Reich,* Wien 1972, 2. Aufl., 1976; *Wohnungspolitik und Judendeportation in Wien 1938 bis 1945,* Wien 1975; *Gewalt in der Politik. Attentate, Zusammenstöße, Unruhen, Putschversuche in Österreich 1918 bis 1934,* München 1976; *Wien vom Anschluß zum Krieg. Nationalsozialistische Machtübernahme und politisch-soziale Umgestaltung am Beispiel der Stadt Wien 1938/39,* Wien 1978. Beiträge in Sammelbänden und Zeitschriften zu den Themen: österreichische Zeitgeschichte, Arbeiterbewegung, politisch-soziale Konflikte, Faschismus. Laufende Arbeiten: Sozialstruktur des österreichischen Nationalsozialismus 1918 bis 1945; Politische Gewalt und Streik in Österreich in der Ersten und Zweiten Republik. Adresse: Institut für Neuere Geschichte und Zeitgeschichte, Johannes-Kepler-Universität Linz, A-4045 Linz-Auhof.

GERFRIED BRANDSTETTER, Mag. phil., Dr. phil., Professor an der Handelsakademie I in Salzburg, geb. 1949. Veröffentlichungen u. a. gemeinsam mit Gerhard Botz und Michael Pollak: *Im Schatten der Arbeiterbewegung. Zur Geschichte des Anarchismus in Österreich und Deutschland,* Wien 1977. Laufende Arbeiten: über die gegenwärtige Arbeiterbewegung in England. Adresse: Otto-Glöckel-Straße 17, A-5082 Grödig/Salzburg.

JOHN BUNZL, Dr. rer. soc. oec., Soziologe, geb. 1945. Veröffentlichungen u. a.: *Klassenkampf in der Diaspora. Zur Geschichte der jüdischen Arbeiterbewegung,* Wien 1975; gemeinsam mit Bernd T. Marin Herausgabe einer Textsammlung *Der Nahost-Konflikt. Analysen, Perspektiven, Dokumente* (erscheint in Wien 1979); zahlreiche Zeitschriftenveröffentlichungen zu Fragen des Antisemitismus und des Nahost-Konflikts. Laufende Arbeiten zur Sozialgeschichte der Einwanderung in Wien um die Jahrhundertwende. Adresse: Institut für Konfliktforschung, Lisztstraße 3, A-1030 Wien.

JOHANN DVORAK, Dr. phil., Sachbearbeiter im Bundesministerium für Unterricht und Kunst, geb. 1946. Veröffentlichungen: Dissertation über *Staat, Recht und Agrarpolitik während der Englischen Revolution 1642–1653,* mehrere Aufsätze zu Bildungsfragen. Laufende Arbeiten: »Die Entstehung des modernen Staates und seine Bedeutung für die Durchsetzung der kapitalistischen Produktionsweise«. Adresse: Karolinengasse 24/11, A-1040 Wien.

PETER FELDBAUER, Dr. phil., Universitätsdozent, geb. 1945. Veröffentlichungen u. a.: *Der Herrenstand in Oberösterreich,* Wien 1972; *Herrschaftsstruktur und Ständebildung 1: Herren und Ritter,* Wien 1973; *Stadtwachstum und Wohnungsnot. Determinanten unzureichender Wohnungsversorgung in Wien 1848 bis 1914,* Wien 1977; *Kolonialismus, Imperialismus, Dritte Welt.* Lehrbehelf, Salzburg 1977. Laufende Arbeiten zur Geschichte der österreichischen Jugendfürsorge, zu vorindustriellen Sozialkonflikten in Europa, zur Geschichte der internationalen Beziehungen (Imperialismus). Adresse: Institut für Wirtschafts- und Sozialgeschichte, Universität Wien, Dr.-Karl-Lueger-Ring 1, A-1010 Wien.

KURT GREUSSING, Student der Iranistik und der Politikwissenschaft an der FU Berlin, geb. 1946. Veröffentlichungen: Beiträge in Zeitschriften und Sammelbänden zur Geschichte und Theorie sozialer Bewegungen im Mittleren Orient (Iran und Kurdistan); Mitherausgeber der Zeitschrift *mardom nameh – Hefte zur Geschichte und Gesellschaft des Mittleren Orients* (Berlin). Laufende Arbeiten: Zur Soziologie religiöser Volksbewegungen im Iran ab der Mitte des 19. Jh.; zur Klassenentwicklung und Änderung des Herrschaftssystems im Iran 1941–1978. Adresse: Berliner Institut für Vergleichende Sozialforschung, Postfach 1125, D-1000 Berlin 30.

HANNS HAAS, Dr. phil., Universitätsassistent, geb. 1943. Veröffentlichungen: *Österreich und seine Slowenen* (gem. mit Karl Stuhlpfarrer), Wien 1977; Aufsätze in Sammelbänden und Zeitschriften zur Stellung Österreichs in den internationalen Beziehungen. Laufende Arbeiten: Henry Allizé und die französische Österreichpolitik nach dem Ersten Weltkrieg. Adresse: Institut für Geschichte der Universität Salzburg, Mirabellplatz 2, A-5020 Salzburg.

ERNST HANISCH, Dr. phil., Universitätsdozent, geb. 1940. Veröffentlichungen: *Konservatives und revolutionäres Denken. Deutsche Sozialkatholiken und Sozialisten im 19. Jahrhundert,* Wien–Salzburg 1975; *Karl Marx und die Berichte der österreichischen Geheimpolizei,* Trier 1976; *Die Ideologie des Politischen Katholizismus in Österreich 1918–1938,* Wien–Salzburg 1977; *Der kranke Mann an der Donau. Marx und Engels über Österreich,* Wien 1978. – Mehr als zwanzig Aufsätze. Adresse: Internationales Forschungszentrum für Grundfragen der Wissenschaften Salzburg. Institut für kirchliche Zeitgeschichte, Mönchsberg 2a, A-5020 Salzburg.

WOLFGANG HÄUSLER, Dr. phil., Universitätsassistent, geb. 1946. Veröffentlichungen: *Das Judentum im Revolutionsjahr 1848* (1974); *Das Gefecht bei Schwechat am 30. Oktober 1848* (1977); *Melk und der Dunkelsteiner Wald* (1978); *Judaica, Kult und Kultur des europäischen Judentums* (1978); Aufsätze in Sammelwerken und Zeitschriften über die Geschichte der österreichischen Revolution von 1848 und des österreichischen Judentums; *Demokratie und soziale Frage in der Wiener Revolution von 1848* (Habilitationsschrift). Laufende Arbeiten: Österreichische Arbeiterdichtung der Frühzeit; Die Unterdrückung der demokratischen und der Arbeiterbewegung nach der Revolution von 1848 in Wien. Adresse: Institut für österreichische Geschichtsforschung, Universität Wien, A-1010 Wien.

HANS HAUTMANN, Dr. phil., Universitätsassistent, geb. 1943. Veröffentlichungen: *Die Anfänge der linksradikalen Bewegung und der Kommunistischen Partei Deutschösterreichs 1916–1919,* Wien 1970; *Die verlorene Räterepublik. Am Beispiel der Kommunistischen Partei Deutschösterreichs,* Wien 1971; gemeinsam mit Rudolf Kropf: *Die österreichische Arbeiterbewegung vom Vormärz bis 1945. Sozialökonomische Ursprünge ihrer Ideologie und Politik,* Wien 1974, 3. Auflage 1978; Aufsätze in Sammelbänden und Zeitschriften zur Geschichte der österreichischen Arbeiterbewegung. Laufende Arbeiten: gemeinsam mit Peter Hautmann über die Gemeindebauten des Roten Wien 1923–1934; zur Geschichte der österreichischen Rätebewegung 1918–1924. Adresse: Institut für Neuere Geschichte und Zeitgeschichte, Johannes-Kepler-Universität Linz, A-4045 Linz-Auhof.

GERNOT HEISS, Dr. phil., Universitätsassistent, geb. 1942. Veröffentlichungen: *Politik und Ratgeber der Königin Maria von Ungarn in den Jahren 1521–1531,* in: MIÖG 82 (1974); *Die ungarischen, böhmischen und österreichischen Besitzungen der Königin Maria (1505–1558) und ihre Verwaltung,* in: MÖStA 27 (1974) und 29 (1976); *Erziehung der Waisen zur Manufakturarbeit. Pädagogische Zielvorstellungen und ökonomische Interessen der mariatheresianischen Verwaltung,* in: MIÖG 85 (1977). Laufende Arbeiten: Zur Geschichte der Erziehung; Erziehung zur »industriellen« Arbeit vor der Industrialisierung (Arbeitsdisziplinierung); Militarismus–Antimilitarismus und die österreichische Sozialdemokratie vor und nach dem Ersten Weltkrieg. Adresse: Historisches Institut der Universität Wien, Luegerring 1, A-1010 Wien.

ERNST K. HERLITZKA, Professor, Archivleiter des Vereins für Geschichte der Arbeiterbewegung, geb. 1914. Veröffentlichungen: zahlreiche Aufsätze zur Geschichte der Arbeiterbewegung und der Sozialdemokratischen Partei Österreichs. Adresse: Verein für Geschichte der Arbeiterbewegung, Albertgasse 23, A-1080 Wien.

ROBERT HINTEREGGER, Mag. phil., Dr. phil., Lehrer an allgemeinbildenden höheren Schulen, geb. 1947. Veröffentlichungen: *Graz zwischen Wohlfahrtsausschuß und Räteherrschaft,* in: *Jahrbuch der Stadt Graz,* 1975; *Abwehrmaßnahmen an der untersteirischen Grenze 1918/19. Ein Beitrag zur Gesamtproblematik der Grenzziehung zwischen der Republik Deutsch-Österreich und dem SHS-Königreich,* in: *Zeitschrift des Historischen Vereins für Steiermark,* 1975; *Die Anschlußagitation österreichischer Bundesländer wäh-*

rend der Ersten Republik als europäisches Problem, in: *Österreich in Geschichte und Literatur*, 1978; *Schulreform und Bildungspolitik in Österreich nach 1918*, in: *Wiener Beiträge*, 1978. Adresse: Turmgasse 31, A-8707 Leoben.

ROBERT HOFFMANN, Dr. phil., Universitätsassistent, geb. 1946. Veröffentlichungen u. a.: *Die britische Intervention bei der Ausreise Kaiser Karls aus Österreich im März 1919*, in: *Zeitgeschichte* 1/1 (1973); *Zur missionarischen Aktivität der christlichen Kirchen seit dem Ende des 18. Jahrhunderts*, in: *Zeitgeschichte* 1/6 (1974); *The British Military Representative in Vienna, 1919*, in: *The Slavonic and East European Review* 52/11–12 (1974); *Strafprozeßakten als sozialgeschichtliche Quelle*, in: Erika Weinzierl und Karl R. Stadler (Hrsg.), *Justiz und Zeitgeschichte*, Wien 1977; *Die wirtschaftlichen Grundlagen der britischen Österreichpolitik 1919*, in: *Mitteilungen des Österreichischen Staatsarchivs* 30 (1977). Laufende Arbeiten: Eigenheim- und Siedlungswesen in Österreich 1919–1938. Adresse: Institut für Geschichte der Universität Salzburg, Mirabellplatz 2, A-5020 Salzburg.

EVERHARD HOLTMANN, Dr. phil., Wissenschaftlicher Assistent, geb. 1946. Veröffentlichungen u. a.: Zu Problemen der politischen Justiz im Februar und Juli 1934, in: Bd. 2 und Bd. 3 der Veröffentlichungen der sog. »Körner-Kunschak-Kommission«, Wien 1975; *Sozialdemokratische Defensivpolitik vor dem 12. Februar 1934*, in: *Vom Justizpalast zum Heldenplatz*, Wien 1975; *Autoritätsprinzip und Maßnahmegesetz. Zur verfassungsrechtlichen Stellung der Justiz im österreichischen Ständestaat* (erscheint in den Veröffentlichungen der »Körner-Kunschak-Kommission«, Bd. 6); *Zwischen Unterdrückung und Befriedung. Sozialistische Arbeiterbewegung und autoritäres Regime in Österreich 1933–1938*, Wien 1978. Laufende Arbeiten zu Problemen der Strategie und Politik der Arbeiterbewegung in der Ersten Republik sowie zu Strukturproblemen der westdeutschen Presse. Adresse: Institut für Politische Wissenschaft, Universität Erlangen–Nürnberg, Kochstraße 4, D-8520 Erlangen.

WILLIBALD I. HOLZER, Dr. phil., Universitätsassistent, geb. 1945. Veröffentlichungen: Zu Gestalt und Problematik jugoslawisch-österreichischer Kooperation im Widerstand gegen den Nationalsozialismus; zu Idee und Funktion des proletarisch-internationalistischen Prinzips im Widerstand der europäischen Arbeiterbewegung; zum Zusammenhang von Geschichtswissenschaft und politischem Bewußtsein in Kärnten und zu Erscheinungsformen des Rechtsradikalismus im Österreich der Ersten und Zweiten Republik. Adresse: Universität für Bildungswissenschaften Klagenfurt, Institut für Zeitgeschichte, Universitätsstraße 65–67, A-9010 Klagenfurt.

WOLFGANG HÖSL, Student der Wirtschafts- und Sozialgeschichte, geb. 1954. Laufende Arbeiten: Dissertation zum Thema »Die Anfänge des genossenschaftlichen Wohn- und Siedlungswesens in Österreich«, Wien.

Adresse: Institut für Wirtschafts- und Sozialgeschichte, Universität Wien, Dr.-Karl-Lueger-Ring 1, A-1010 Wien.

REINHARD KANNONIER, Dr. phil., geb. 1947. Veröffentlichungen: *Zu einer materialistischen Grundlegung der Organisationstheorie*, phil. Diss., Salzburg 1977. Laufende Arbeiten: Zur Geschichte der Arbeitermusikbewegung Österreichs; Dokumentation zur Geschichte Österreichs nach 1945. Adresse: Aubergstraße 42/18, A-4020 Linz.

ULRICH KLUGE, Dr. phil., Wissenschaftlicher Assistent, geb. 1935. Veröffentlichungen u. a.: *Soldatenräte und Revolution. Studien zur Militärpolitik in Deutschland 1918/19*, Göttingen 1975; *Das »württembergische Volksheer« 1918/19. Zum Problem der bewaffneten Macht in der deutschen Revolution*, in: *Klassenjustiz und Pluralismus*. Festschrift für Ernst Fraenkel, Hamburg 1973. Laufende Arbeiten: Demokratie, Autokratie und »Austrofaschismus«. Studien zur inneren Entwicklung Österreichs 1918/19 bis 1934 (Habilitationsschrift). Adresse: Historisches Seminar der Albert-Ludwigs-Universität, Werthmannplatz, D-7800 Freiburg i. Br.

HELMUT KONRAD, Dr. phil., Universitätsassistent, geb. 1948. Veröffentlichungen: *Nationalismus und Internationalismus. Die österreichische Arbeiterbewegung vor dem Ersten Weltkrieg*. Wien 1976. *Widerstand an Donau und Moldau. KPÖ und KSČ zur Zeit des Hitler-Stalin-Paktes*, Wien 1978. Aufsätze in Sammelbänden und Zeitschriften zur Zeitgeschichte und zur Geschichte der Arbeiterbewegung. Laufende Arbeiten: Die Anfänge der oberösterreichischen Arbeiterbewegung 1840–1889. Adresse: Institut für Neuere Geschichte und Zeitgeschichte, Johannes-Kepler-Universität Linz, A-4045 Linz-Auhof.

HELENE MAIMANN, Dr. phil., Wissenschaftlicher Sekretär des Projektteams Geschichte der Arbeiterbewegung, geb. 1947. Veröffentlichungen u. a.: *Politik im Wartesaal. Österreichische Exilpolitik in Großbritannien 1938–1945*, Wien, 1975; *Gandhi oder Möglichkeiten und Grenzen der Gewaltfreiheit*, in: *Gewalt und Gewaltlosigkeit. Probleme des 20. Jahrhunderts* (= Wiener Beiträge zur Geschichte der Neuzeit 4), Wien 1977; *Studien zur sozialen Ungleichheit in Österreich seit 1918*, in: Institut für Höhere Studien, Wien (Hrsg.), *Strukturen der sozialen Ungleichheit in Österreich*. Endbericht, Bd. 1, Wien 1978; *Arbeitergeschichte und Arbeiterbewegung. Dissertationen und Diplomarbeiten in Österreich 1918–1978* (unter Mitarbeit von Roswitha Böhm), Wien 1978. Laufende Arbeiten: Bibliographie österreichische Arbeitergeschichte und Arbeiterbewegung (seit 1945); Exil als Lebensform. Zur Kultursoziologie und Sozialpsychologie des Exils. Adresse: Projektteam Geschichte der Arbeiterbewegung, Albertgasse 23, A-1080 Wien.

BERND T. MARIN, Dr. rer. soc. oec., Soziologe, Universitätslektor (Innsbruck), geb. 1948. Veröffentlichungen u. a.: *Zur politischen Organisation sozialwissenschaftlicher Forschungsarbeit,* Wien 1978; *Wachstumskrisen in Österreich.* Bd. 1 (gemeinsam mit Michael Wagner): *Zur Theorie temporärer Stagnation,* Bd. 2 (Hrsg.): *Krisen-Szenarios. Folgeprobleme wirtschaftlicher Stagnation in Österreich* (erscheint in Wien 1979). Laufende Arbeiten: Antisemitismus- und Vorurteilsforschung; Probleme politischer Gewalt, öffentlicher Sicherheit und institutioneller Konfliktregelung in Österreich; Nahost-Konflikt. Adresse: Institut für Konfliktforschung, Lisztstraße 3, A-1030 Wien.

JOSEF MARSCHNER, Mag. rer. soc. oec., Universitätsassistent, geb. 1952. Laufende Arbeiten: Dissertation über die Wissenschaftstheorie der Sozialwissenschaften, Mitarbeit an einem vergleichenden Lexikon wichtiger Begriffe der Sozialdemokratie und des Marxismus, Studien zu Problemen des Zusammenhangs von empirischer Wissenschaftsforschung und metawissenschaftlicher Wissenschaftsphilosophie. Adresse: Johannes-Kepler-Universität Linz, Institut für Philosophie und Wissenschaftstheorie, A-4045 Linz-Auhof.

RUDOLF NECK, Dr. phil., Wirkl. Hofrat, Direktor des Allgemeinen Verwaltungsarchivs Wien, geb. 1921. Veröffentlichungen u. a.: *Arbeiterschaft und Staat im Ersten Weltkrieg 1914–1918,* Band 1, Wien 1964, Band 2, Wien 1968; zahlreiche Beiträge in Zeitschriften und Sammelbänden zur österreichischen Geschichte und zur Geschichte der Arbeiterbewegung. Adresse: Allgemeines Verwaltungsarchiv Wien, Wallnerstraße 6a, 1010 Wien.

WOLFGANG NEUGEBAUER, Dr. phil., Wissenschaftlicher Beamter, geb. 1944. Veröffentlichungen: *Bauvolk der kommenden Welt. Geschichte der sozialistischen Jugendbewegung in Österreich,* Wien 1975; *Widerstand und Verfolgung in Wien 1934–1945. Eine Dokumentation,* 3 Bde., Wien 1975 (Bearbeiter); *Vom Vormärz zum Spätkapitalismus. Die geistige Entwicklung der österreichischen Sozialdemokratie,* Wien 1977; *Die illegale Arbeiterbewegung in Österreich 1934–1936,* in: *Das Juliabkommen von 1936,* Wien 1977; *Aktuelle faschistische Strömungen in Österreich,* in: *Zeitgeschichte,* 1977; *Politische Justiz in Österreich 1934–1945,* in: *Justiz und Zeitgeschichte,* Salzburg 1977. Laufende Arbeiten: Herausgabe der Dokumentationen über Widerstand und Verfolgung in österreichischen Bundesländern. Adresse: Dokumentationsarchiv des österreichischen Widerstandes, Wipplingerstraße 8, A-1010 Wien.

GERHARD OBERKOFLER, Dr. phil., Universitätsdozent, Wissenschaftlicher Rat, geb. 1941. Veröffentlichungen: *Die geschichtlichen Fächer an der Philosophischen Fakultät der Universität Innsbruck 1850–1945* (= Forschungen zur Innsbrucker Universitätsgeschichte VI), Innsbruck 1969; *Februar 1934. Die historische Entwicklung am Beispiel Tirols,* Innsbruck 1974; *Die Rechtslehre in italienischer Sprache an der Universität Innsbruck (1864–1904)* (= Forschungen zur Innsbrucker Universitätsgeschichte XI). Innsbruck 1975; *Arbeiterbewegung in Tirol. Ein Beitrag zu ihrer Geschichte vom Vormärz bis*

1917, Innsbruck 1976; *Zur Geschichte der Katholischen Soziallehre in Österreich. Victor Cathrein, Joseph Biederlack, Sigismund Waitz und Johannes Messner über die Klassenorganisationen der Arbeiterbewegung,* in: *Alpenregion und Österreich. Festschrift für Hans Kramer,* Innsbruck 1976. Laufende Arbeiten: Forschungen zur österreichischen Wissenschaftsgeschichte und Geschichte der österreichischen Arbeiterbewegung. Adresse: Universitätsarchiv Innsbruck, Innrain 52, A-6020 Innsbruck.

MICHAEL POLLAK, Mag. rer. soc. oec. (Linz), Dr. (Paris–Sorbonne), Soziologe, geb. 1948. Veröffentlichungen: *Gesellschaft und Soziologie in Frankreich,* Kronberg/Ts., 1978; gemeinsam mit G. Botz und G. Brandstetter: *Im Schatten der Arbeiterbewegung,* Wien 1977; *La planification des sciences sociales,* in: *Actes de la recherche en sciences sociales,* 2/3, Paris 1976. Laufende Arbeiten: zur Sozialwissenschaftspolitik und Wissenssoziologie, zur Organisation und Ideologie der Umweltschutzbewegung, sowie deren Auswirkungen auf die bestehenden politischen Strukturen. Adresse: Cornell Univ. Science, Technology, Society, 628 Clark Hall, Ithaca, NY 14853, USA.

EDITH SAURER, Dr. phil., Universitätsassistent, geb. 1942. Veröffentlichungen u. a.: *Die politischen Aspekte der österreichischen Bischofsernennungen 1867–1903,* Wien–München 1968; Aufsätze in Sammelbänden und Zeitschriften zur Kirchengeschichte und zur Geschichte des Steuerwiderstandes. Laufende Arbeiten zu einer Geschichte der Steuern und des Steuerwiderstandes in Österreich mit besonderer Berücksichtigung Lombardo-Venetiens (im Vormärz und Neoabsolutismus). Adresse: Historisches Institut, Universität Wien, Dr.-Karl-Lueger-Ring 1, A-1010 Wien.

HANS SCHAFRANEK, Student, geb. 1951. Laufende Arbeiten: Die innerparteiliche Entwicklung der Kommunistischen Partei Österreichs bis 1929 (Dissertation am Institut für Zeitgeschichte, Wien); Kurt Landau – eine politische Biographie; Dokumentation der Schriften Kurt Landaus (POUM-Publikation, Barcelona); Probleme der Einheitsfrontpolitik der KPÖ in den Jahren 1921–1923. Adresse: Mechelgasse 6/2, A-1030 Wien.

KATALIN SOÓS, Dr. phil., Kandidat der geschichtlichen Wissenschaften; Wissenschaftliche Hauptmitarbeiterin, geb. 1932. Veröffentlichungen: *Die westungarische Frage nach dem Ersten Weltkrieg,* in: *Österreichische Osthefte,* März 1966; *Magyar-bajor-osztrák titkos tárgyalások és együttmüködés 1920–1921.* (Ungarisch-bayrisch-österreichische geheime Verhandlungen und Zusammenarbeit 1920–1921), (=Acta Universitatis Szegediensis, tomus XXVII), Szeged 1967; *Burgenland az európai politikában 1918–1921.* (Burgenland in der europäischen Politik 1918–1921). Akadémiai Kiadó Budapest 1971. Laufende Arbeiten: Monographie über Koloman Wallisch. Adresse: Historisches Institut der Szegeder Universität Attila József, H-6722 Szeged, Egyetem u. 2, Ungarn.

HERBERT STEINER, Dr. phil., Professor, wissenschaftlicher Sekretär des Dokumentationsarchivs des österreichischen Widerstandes, geb. 1923. Veröffentlichungen: *Die Arbeiterbewegung Österreichs 1867–1889,* Wien 1964; *Bibliographie zur Geschichte der österreichischen Arbeiterbewegung 1867–1945* (3 Bände), Wien 1962 ff.; *Käthe Leichter. Leben und Werk,* Wien 1973; *Karl Marx in Wien,* Wien 1978. Adresse: Dokumentationsarchiv des österreichischen Widerstandes, Wipplingerstraße 8 – Altes Rathaus, A-1010 Wien.

MELANIE A. SULLY, B. A. (Nottingham), M. A. (Leicester), Lecturer in History, geb. 1949. Veröffentlichungen: *The Austrian Parliamentary Election of 1975,* in: *Parliamentary Affairs,* Summer 1976; *The Socialist Party of Austria,* in: *Social Democratic Parties in Western Europe,* edited by W. Paterson and A. Thomas, London 1977; *Austrian Social Democracy: A New Party Programme,* in: *The Political Quarterly,* April–June 1978. Laufende Arbeiten: Dissertation über die Sozialistische Partei Österreichs. Adresse: Deparment of Humanities, Nord Staffordshire, Polytechnic, Beaconside, Stafford, G. B.

REINHOLD WAGNLEITNER, Dr. phil., geb. 1949. Veröffentlichungen: *Diplomatische Dokumente zur Geschichte Österreichs 1918–1945 im Londoner Public Record Office,* in: *Scrinium,* 1975; *Die britische Österreichpolitik 1936 oder »The Doctrine of Putting Off the Evil Day«,* in: *Das Juliabkommen von 1936. Vorgeschichte, Hintergründe und Folgen.* Wissenschaftliche Kommission des Theodor-Körner-Stiftungsfonds und des Leopold-Kunschak-Preises zur Erforschung der österreichischen Geschichte der Jahre 1927 bis 1938. Veröffentlichungen Band 4, Wien 1977; *Die Kontinuität der britischen Außenpolitik nach dem Wahlsieg der Labour Party im Juli 1945,* in: *Zeitgeschichte,* 1978, 5. Jg., Heft 17, S. 273–291. Laufende Arbeiten: Edition des Nachlasses von Botschafter Dr. Walter Wodak aus den Jahren 1945–1950 (Rolle der SPÖ in der ersten Phase der Staatsvertragsverhandlungen). Adresse: Institut für Geschichte der Universität Salzburg, Mirabellplatz 2, A-5020 Salzburg.

JOSEF WEIDENHOLZER, Mag. rer. soc. oec., Dr. rer. soc. oec, geb. 1950. Veröffentlichungen: *Bildungs- und Kulturarbeit der sozialistischen Bildungszentrale in der Ersten Republik,* sozial-wirtschaftswiss. Diss., Linz 1977; Beiträge in Zeitschriften zur Industriesoziologie, Sozialpolitik und Erwachsenenbildung. Laufende Arbeiten: Strukturen und Bedingungen integrierter Gesellschaftspolitik seit der Gründung der Republik; Studien zur Tradierung autoritärer und faschistischer Einstellungen in Österreich. Adresse: Institut für Gesellschaftspolitik, Universität Linz, A-4045 Linz.

MICHAEL WEINZIERL, Dr. phil., Universitätsassistent, geb. 1950. Veröffentlichungen: Aufsätze, vor allem zur Geschichte Englands im 17. und 18. Jahrhundert. Laufende Arbeiten: Aufsätze zur Geschichte Englands im

17. und 18. Jahrhundert. Adresse: Historisches Institut der Universität Wien, Luegerring 1, A-1010 Wien.

HELGE ZOITL, Dr. phil., Vertragsassistent, geb. 1945. Veröffentlichungen: *Kampf um Gleichberechtigung. Die sozialdemokratische Studentenbewegung in Wien 1914–1925,* phil. Diss., Salzburg 1976; *Hochschulautonomie und Studentenrecht,* in: *Justiz und Zeitgeschichte,* Salzburg 1977. Adresse: Institut für Geschichte der Universität Salzburg, Mirabellplatz 2, A-5020 Salzburg.

Publikationen des Ludwig Boltzmann Instituts für Geschichte der Arbeiterbewegung

Anton Pelinka
Stand oder Klasse? Die christliche Arbeiterbewegung Österreichs 1933 bis 1938. Mit einem Vorwort von Karl R. Stadler, 1972, 334 Seiten, Leinen, 15 × 22 cm, DM 40,–, sfr 46,–, S 280,–

Herbert Steiner
Käthe Leichter. Leben und Werk. Mit einem Vorwort von Bundesminister Dr. Hertha Firnberg, 1973, 528 Seiten, Leinen, 15 × 22 cm, DM 35,–, sfr 40,–, S 248,–.

Karl R. Stadler
Opfer verlorener Zeiten. Geschichte der Schutzbund-Emigration 1934. Mit einem Vorwort von Bundeskanzler Dr. Bruno Kreisky, 1974, 400 Seiten, Leinen 13 × 21 cm, DM 28,–, sfr 33,–, S 198,–

»*Geschichte und Gesellschaft*«. *Festschrift für Karl R. Stadler.* Herausgegeben von Gerhard Botz, Hans Hautmann und Helmut Konrad. Mit einem Vorwort von Bundesminister Dr. Christian Broda, 1974, 584 Seiten, Leinen, 15 × 22 cm, DM 45,– sfr 50,–, S 320,–

Wolfgang Neugebauer
Bauvolk der kommenden Welt. Geschichte der sozialistischen Jugendbewegung in Österreich. Mit einem Vorwort von Bundeskanzler Dr. Bruno Kreisky, 1975, 496 Seiten und 16 Seiten Bildteil, Leinen 15 × 22 cm, DM 65,– sfr 78,–, S 468,–

Inez Kykal/Karl R. Stadler
Richard Bernaschek – Odyssee eines Rebellen. 1976, 320 Seiten (mit Namenregister), Leinen, 13 × 21 cm, DM 28,–, sfr 30,–, S 198,–

Erwin Weissel
Die Ohnmacht des Sieges. Arbeiterschaft und Sozialisierung nach dem Ersten Weltkrieg in Österreich. 1976, 468 Seiten, Leinen, 15 × 22 cm, DM 38,–, sfr 38,–, S 268,–

Ludger Rape
Die österreichischen Heimwehren und die bayerische Rechte 1920–1923. Mit einem Vorwort von Ludwig Jedlicka †, 1977, 460 Seiten + 8 Seiten Bildteil, Leinen, 13 × 21 cm, DM 92,–, sfr 92,–, S 712,–

Friedrich Scheu
Humor als Waffe. Politisches Kabarett in der Ersten Republik. Mit einem Vorwort von Bundesminister Dr. Hertha Firnberg, Leinen, 13 × 21 cm, 304 Seiten Text und 16 Seiten Bildteil, DM 32,–, sfr 32,–, S 228,–

Gerhard Botz / Hans Hautmann / Helmut Konrad / Josef Weidenholzer (Hrsg.)
Bewegung und Klasse. Studien zur österreichischen Arbeitergeschichte. 10 Jahre Ludwig Boltzmann Institut für Geschichte der Arbeiterbewegung. Mit einem Vorwort von Bundesminister Dr. Hertha Firnberg, 1978, Leinen, 15 × 22 cm, 848 Seiten, DM 93,–, sfr 81,25, S 650,–

Karl Schneller
Gefangenschaft. Ein Buch Sonette. Mit einem Vorwort von Franz Taucher, 1978, gebunden mit Umschlag, 13 × 21 cm, 200 Seiten, DM 21,–, sfr 18,50, S 148,–

Ernst Hanisch
Der kranke Mann an der Donau. Marx und Engels über Österreich. Mit einem Vorwort von Eduard März, 1978, Leinen, 15 × 22 cm, 440 Seiten, DM 52,–, sfr 52,–, S 368,–

Helmut Konrad
Widerstand an Donau und Moldau. KPÖ und KSČ zur Zeit des Hitler-Stalin-Pakts. Mit einem Vorwort von Karl R. Stadler, 1978, Leinen, 13 × 21 cm, 352 Seiten, DM 38,–, sfr 38,–, S 268,–

ZUSAMMEN MIT DEM VEREIN FÜR GESCHICHTE DER ARBEITERBEWEGUNG

Karl Renner: Eine Bibliographie: Zusammengestellt von Hans Schroth, unter Mitarbeit von Elisabeth Spielmann, Gerhard Silvestri und Ernst K. Herlitzka. Mit einem Geleitwort von Bundespräsident Franz Jonas † und einer Einleitung von Karl R. Stadler: »Karl Renner: der Mann und sein Werk«, 1970, 152 Seiten, gebunden, 15 × 22,5 cm, DM 40,–, sfr 45,–, S 260,–

SCHRIFTENREIHE DES LUDWIG BOLTZMANN INSTITUTS FÜR GESCHICHTE DER ARBEITERBEWEGUNG

Band 1:
Gerhard Botz
Die Eingliederung Österreichs in das Deutsche Reich. Planung und Verwirklichung des politisch-administrativen Anschlusses 1938–1940, 1972, 196 Seiten, Paperback, 13 × 20,8 cm, zeite ergänzte Auflage 1976, DM 21,–, sfr 21,–, S 148,–

Band 2:
Hans Schroth/Herbert Exenberger
Max Adler. Eine Bibliographie. Mit einem Geleitwort von Bundesminister Dr. Hertha Firnberg, 1973, 64 Seiten, Paperback, 13 × 20,8 cm, DM 19,–, sfr 20,–, S 128,–

Band 3:
Otto Staininger (Hrsg.)
Ferdinand Hanusch. Ein Leben für den sozialen Aufstieg (1866–1923). Mit Beiträgen von Bundespräsident Franz Jonas †, Anton Benya, Rudolf Häuser, Wilhelm Hrdlitschka, Gerhard Botz, Hans Hautmann und Helmut Konrad, 1973, 112 Seiten, Paperback, 13 × 20,8 cm, DM 14,–, sfr 14,–, S 98,–

Band 4:
Hans Hautmann/Rudolf Kropf
Die österreichische Arbeiterbewegung vom Vormärz bis 1945. Sozialökonomische Ursprünge ihrer Ideologie und Politik. Mit einem Vorwort von Karl R. Stadler, 1974, 220 Seiten, Paperback, 13 × 20,8 cm, 2. korrigierte und ergänzte Auflage, 1976, DM 21,–, sfr 21,–, S 148,–, 3. unveränderte Auflage, 1978

Band 5:
John Bunzl
Klassenkampf in der Diaspora. Zur Geschichte der jüdischen Arbeiterbewegung. Mit einem Vorwort von Karl R. Stadler, 1975, 2. Auflage, 184 Seiten, Paperback, 13 × 20,8 cm, DM 18,–, sfr 19,50, S 128,–

Band 6:
Gerhard Botz / Gerfried Brandstetter / Michael Pollak
Im Schatten der Arbeiterbewegung. Zur Geschichte des Anarchismus in Österreich und Deutschland. Mit einem Vorwort von Karl R. Stadler, 1977, 192 Seiten und 16 Seiten Bildteil, Paperback, 13 × 20,8 cm, DM 26,–, sfr 26,–, S 198,–

Band 7:
Hans Schroth
Verlag der Wiener Volksbuchhandlung 1894–1934. Eine Bibliographie. Mit einem Geleitwort von Bundeskanzler Dr. Bruno Kreisky, 1977, 64 Seiten, Paperback, 13 × 20,8 cm, DM 19,80, sfr 19.80, S 128,–

Band 8:
Franz West
Die Linke im Ständestaat Österreich. Revolutionäre Sozialisten und Kommunisten 1934–1938. Mit einem Vorwort von Karl R. Stadler, 1978, 356 Seiten, Paperback, 13 × 20,8 cm, DM 32,–, sfr 32,– S 228,–

MATERIALIEN ZUR ARBEITERBEWEGUNG

Band 1:
Karl Flanner
Die Anfänge der Wiener Neustädter Arbeiterbewegung 1865 bis 1868. Eingleitet von Eduard März, 1975, 160 Seiten, Paperback, DM 11,–, sfr 12,–, S 80,–

Band 2:
Robert Schwarz
»Sozialismus« der Propaganda. Das Werben des »Völkischen Beobachters« um die Österreichische Arbeiterschaft 1938/39. Mit einer Einleitung von Gerhard Botz, 1975, 160 Seiten, Paperback, DM 11,–, sfr 12,–, S 80,–

Band 3:
Marie Tidl
Die Roten Studenten. Dokumente und Erinnerungen 1938 bis 1945. Mit einem Vorwort von Karl R. Stadler, 1976, Paperback, DM 24,–, sfr 24,–, S 168,–

Band 4:
Helmut Konrad
Nationalismus und Internationalismus. Die österreichische Arbeiterbewegung vor dem Ersten Weltkrieg. Mit einem Vorwort von Karl R. Stadler, 1976, 216 Seiten, Paperback, DM 14,–, sfr 14,–, S 98,–

Band 5:
Roman Rosdolsky
Die Bauernabgeordneten im Konstituierenden Österreichischen Reichstag 1848–1849. Mit einer Einleitung von Eduard März, 1976, Paperback, 234 Seiten, DM 18,–, sfr 18,–, S 128,–

Band 6:
Henriette Kotlan-Werner
Kunst und Volk. David Josef Bach, 1874–1947. Mit einem Vorwort von Bundesminister Dr. Hertha Firnberg, 1977, Paperback, 174 Seiten, DM 18,– sfr 18,–, S 128,–

Band 7:
Friedrich Vogl
Widerstand im Waffenrock. Österreichische Freiheitskämpfer in der Deutschen Wehrmacht 1938–1945. Mit einem Geleitwort von Bundespräsident Dr. Rudolf Kirchschläger, 1977, Paperback, 264 Seiten, DM 21,–, sfr 21,–, S 148,–

Band 8:
Karl Flanner
Die Revolution von 1848 in Wiener Neustadt. Mit einer Einleitung von Wolfgang Häusler, 1978, Paperback, 330 Seiten, illustriert, DM 24,–, sfr 24,–, S 168,–

Band 9 (in Vorbereitung):
Gustav Otruba
Wiener Flugschriften zur sozialen Frage 1848. I – Arbeiterschaft, Handwerk und Handel

Band 10:
Fritz Keller
Gegen den Strom. Fraktionskämpfe in der KPÖ – Trotzkisten und andere Gruppen 1919 bis 1945. Mit einer Einleitung von Helmut Konrad, 1978, Paperback, 308 Seiten, DM 24,–, sfr 21,–, S 168,–

Band 11 (in Vorbereitung):
Franz Seibert
Die Konsumgenossenschaften in Österreich. Geschichte – Wirtschaftliche und soziale Funktion – Perspektiven. Mit einer Einleitung von Josef Weidenholzer